Relatório de Desenvolvimento Humano **2007/2008**

Combater as alterações climáticas:
Solidariedade humana num mundo dividido

Publicado para
o Programa das
Nações Unidas
para o Desenvolvimento
(PNUD)

Agradecimento:

A tradução e a publicação da edição portuguesa
do *Relatório de Desenvolvimento Humano 2007/2008*
só foram possíveis graças ao apoio do IPAD

Depósito Legal: 267948/07

ISBN 978-972-40-3313-6

Edições Almedina, SA
Avenida Fernão de Magalhães, N.° 584, 5.° Andar
3000-174 Coimbra/Portugal
www.almedina.net

10 9 8 7 6 5 4 3 2 1
Impresso pela G.C. – Gráfica de Coimbra, Lda. A capa foi impressa em cartolina Trucard 260 grs com baixa gramagem e revestimento numa das faces, sem cloro e em conformidade com as linhas directrizes do Plano de Desenvolvimento Sustentável da Floresta.
As páginas de texto foram impressas em 80 grs Munken Lynx – um papel obtido a partir de fibra branqueada 30% reciclada pós-consumidor, certificado pelo Forest Stewardship Council, e sem cloro. Tanto a capa como as páginas de texto são impressas usando tintas vegetais e produzidas por meio de tecnologias compatíveis com o ambiente.

Mixed Sources

Product group from well-managed forests, controlled sources and recycled wood or fiber

www.fsc.org Cert no. SCS-COC-00648
© 1996 Forest Stewardship Council

Edição: Green Ink Inc.
Capa: talking-box
Design de informação: Mapping Worlds, Phoenix Design Aid e Zago
Layout: G.C. – Gráfica de Coimbra, Lda.
Tradução: CEQO – Tradução, Consultoria linguística e Ensino

Para uma lista de eventuais erros ou omissões encontrados posteriormente à impressão, visite, por favor, o nosso *website* at http://hdr.undp.org

Equipa responsável pela elaboração do Relatório de Desenvolvimento Humano 2007/2008

Director e redactor principal:
Kevin Watkins

Pesquisa e estatística:
Cecilia Ugaz (Directora adjunta e redactora chefe), Liliana Carvajal, Daniel Coppard, Ricardo Fuentes Nieva, Amie Gaye, Wei Ha, Claes Johansson, Alison Kennedy (Chefe de Estatística), Christopher Kuonqui, Isabel Medalho Pereira, Roshni Menon, Jonathan Morse e Papa Seck.

Produção e tradução:
Carlotta Aiello e Marta Jaksona

Promoção e divulgação:
Maritza Ascencios, Jean-Yves Hamel, Pedro Manuel Moreno e Marisol Sanjines (Chefe de Promoção).

O Gabinete do Relatório de Desenvolvimento Humano (GRDH): O Relatório de Desenvolvimento Humano é o resultado de um trabalho colectivo. Os membros da Unidade do Relatório Nacional de Desenvolvimento Humano (RNDH) colaboram com informação detalhada e aconselhamento ao longo do processo de investigação. Do mesmo modo, ligam o Relatório a uma rede mundial de pesquisa nos países em vias de desenvolvimento. A equipa da RNDH é composta por Sharmila Kurukulasuriya, Mary Ann Mwangi e Timothy Scott. O GRDH conta com o apoio administrativo de uma equipa constituída por Oscar Bernal, Mamaye Gebretsadik, Melissa Hernandez e Fe Juarez-Shanahan. As operações são da responsabilidade de Sarantuya Mend.

Prefácio

O modo como actuamos hoje relativamente às alterações climáticas acarreta consequências que perdurarão um século ou mais. Num futuro próximo, o resultado das emissões de gases com efeito de estufa não será reversível. Os gases retentores de calor emitidos em 2008 irão permanecer na atmosfera até 2108, e até para além disso. Por isso, as escolhas que actualmente fazemos não afectam apenas as nossas vidas, mas mais ainda as dos nossos filhos e netos. Isto faz das alterações climáticas um problema único, e mais difícil do que outros desafios políticos.

As alterações climáticas são um facto científico incontestável. Não é fácil de prever com precisão o impacto inerente às emissões de gases com efeito de estufa, e há muita incerteza científica no que respeita à capacidade de previsão. Mas sabemos o suficiente para reconhecer que estão em jogo sérios riscos, potencialmente catastróficos, incluindo o degelo das calotes glaciares na Gronelândia e na Antártida Ocidental (o que deixaria muitos países submersos) e as alterações no curso da Corrente do Golfo, significando alterações climáticas dramáticas.

A prudência e a preocupação com o futuro dos nossos filhos e dos seus filhos exigem que actuemos agora, como forma de seguro contra possíveis e significativas perdas. O facto de não conhecermos as probabilidades de tais perdas, ou quando terão lugar, não é um argumento válido para não tornarmos medidas de precaução. Sabemos que o perigo existe. Sabemos que os danos causados pela emissão dos gases com efeito de estufa serão irreversíveis por muito tempo. Sabemos que os danos aumentarão por cada dia em que não actuarmos.

Mesmo que vivêssemos num mundo onde todos tivessem o mesmo nível de vida e sofressem o impacto causado pelas alterações climáticas da mesma forma, teríamos, ainda assim, de agir. Se o mundo fosse um único país, e os seus cidadãos usufruíssem do mesmo nível de rendimentos, e todos estivessem mais ou menos expostos aos efeitos das alterações climáticas, a ameaça de aquecimento global podia ainda, no final deste século, provocar danos substanciais ao bem-estar e prosperidade humanos.

Na verdade, o mundo é um lugar heterogéneo: as pessoas têm diferentes níveis de rendimentos e riqueza, e as alterações climáticas irão diferenciar as regiões afectadas. Para nós, esta é a razão que nos deve levar a actuar rapidamente. As alterações climáticas já afectam, em todo o mundo, algumas das comunidades mais pobres e vulneráveis. Um aumento mundial de 3ºC na temperatura média nas próximas décadas (em comparação com as temperaturas pré-industriais) resultaria numa série de aumentos localizados que, em algumas regiões, poderiam atingir duas vezes aquele valor. O efeito que as secas, as perturbações climatéricas acentuadas, as tempestades tropicais e a subida dos níveis do mar terão em extensas áreas de África, pequenos estados insulares e zonas costeiras será sentido durante as nossas vidas. Estes efeitos, a curto prazo, podem não ser muito significativos em termos da totalidade do produto interno bruto (PIB) mundial. Mas para alguns dos mais pobres povos da Terra, as consequências poderiam ser apocalípticas.

A longo prazo, as alterações climáticas são uma ameaça massiva ao desenvolvimento humano e, em alguns lugares, já minam os esforços da comunidade internacional para reduzir a pobreza extrema.

Conflitos violentos, recursos insuficientes, falta de coordenação e políticas ineficientes continuam a atrasar o progresso do desenvolvimento, especialmente em África. No entanto, assinalam-se avanços significativos em alguns países. O Vietname, por exemplo, conseguiu reduzir os níveis de pobreza em metade e alcançou a escolaridade básica para toda a população, muito antes de 2015, altura para a qual se previa a concretização deste objectivo. Moçambique também conseguiu reduzir a pobreza significativamente e aumentou o número de matrículas escolares, tendo ainda reduzido as taxas de mortalidade infantil e materna.

Este progresso em desenvolvimento é, cada vez mais, interrompido pelas alterações climáticas. Por isso, devemos encarar a luta contra a pobreza e a luta contra os efeitos das alterações climáticas como um conjunto de esforços interrelacionados, que mutuamente se acentuam, pelo que o sucesso deve ser alcançado em ambas as frentes. O sucesso deverá envolver uma grande capacidade de adaptação, pois as alterações climáticas irão ainda afectar significativamente os países mais pobres, mesmo que se empreenda de imediato sérios esforços para reduzir as emissões. Os países terão que desenvolver os seus próprios planos de adaptação, mas a comunidade internacional terá de os ajudar.

Como resposta ao desafio e ao pedido urgente lançado pelos líderes dos países em vias de desenvolvimento, sobretudo na África Subsariana, o Programa das Nações Unidas para o Desenvolvimento (PNUD) e o Programa das Nações Unidas para o Meio Ambiente (PNUMA) iniciaram uma parceria em Nairobi, durante a última convenção sobre o clima, em Novembro de 2006. As duas agências comprometeram-se a dar assistência na redução da vulnerabilidade e na possibilidade dos países em vias de desenvolvimento usufruírem, amplamente, dos benefícios do Mecanismo de Desenvolvimento Limpo (MDL) em áreas como o desenvolvimento de energias renováveis e mais limpas, resiliência às alterações climáticas e esquemas de substituição de combustíveis.

Ao permitir que o sistema das Nações Unidas actue prontamente em resposta às necessidades dos governos que procuram factores de impacto sobre as alterações climáticas para a tomada de decisões de investimento, esta parceria constitui a prova viva da determinação das Nações Unidas em agir como um todo relativamente ao desafio que é o combate às alterações climáticas. Por exemplo, podemos ajudar os países a melhorarem as infra-estruturas existentes, de modo a que as pessoas saibam lidar com grandes inundações e perturbações climatéricas mais frequentes e acentuadas. Também se podiam desenvolver colheitas mais resistentes ao clima.

Embora se almeje uma adaptação, temos que começar a reduzir as emissões e a dar novos passos rumo à sua mitigação, para que as alterações climáticas irreversíveis, e que já estão em curso, não sejam agravadas nas próximas décadas. Se a mitigação não tiver início de imediato, e se não for levada com seriedade, os custos de adaptação daqui a 20 ou 30 anos serão proibitivos para os países mais pobres.

Estabilizar as emissões de gases com efeito de estufa para limitar as alterações climáticas é uma estratégia de seguro eficaz para o mundo enquanto um todo, incluindo os países mais ricos, e é uma parte essencial da nossa luta global contra a pobreza e para os Objectivos de Desenvolvimento do Milénio. Esta dualidade no propósito das políticas climáticas devia torná-las uma prioridade para os líderes em todo o mundo.

Todavia, depois de se estabelecer a necessidade de se impor limites às alterações climáticas futuras e de se ajudar os mais vulneráveis a se adaptarem a circunstâncias inevitáveis, é necessário prosseguir e identificar a natureza das políticas que nos ajudarão a atingir os resultados que pretendemos.

Muito se pode dizer à partida. Primeiro, é necessário implementar alterações de base, dado o caminho que o mundo está a tomar. Precisamos de grandes alterações e de políticas novas e ambiciosas. Segundo, haverá custos significativos a curto prazo. Temos que investir na limitação das alterações climáticas. Com o tempo, haverá grandes benefícios líquidos, mas de início, tal como em qualquer investimento, devemos estar dispostos a incorrer em custos. Será um desafio para a governação democrática: os sistemas políticos terão de concordar em pagar os custos iniciais para, a longo prazo, colher os ganhos. A liderança necessitará de olhar para além dos ciclos eleitorais.

Não estamos a ser demasiado pessimistas. Na luta contra as altas taxas de inflação do passado distante, as democracias criaram instituições, tais como bancos centrais mais autónomos, e firmaram compromissos políticos preestabelecidos que permitiram atingir uma menor taxa de inflação, apesar das tentações a curto prazo de recorrerem à imprensa escrita. O mesmo terá que acontecer com o clima e o meio ambiente: as sociedades terão de assumir pré-compromisso e renunciar a gratificações mais imediatas em prol do bem-estar futuro.

Gostaríamos de acrescentar que, embora a transição para energias e estilos de vida amigos do ambiente tenham custos a curto prazo, poderão existir benefícios económicos para além daquilo que já se obtém ao se estabilizar as temperaturas. Estes benefícios são, provavelmente, comprovados à luz de mecanismos Keynesianos e Schumpeterianos, visto que novos incentivos para investimentos em massa estimulam a procura global e a destruição criativa leva à inovação e a saltos de produtividade em variados sectores. É impossível prever quantitativamente a dimensão que estes efeitos possam ter, mas tê-los em linha de conta poderia conduzir a rácios benefício-custo mais elevados para boas políticas climáticas.

Na elaboração de boas políticas, é necessário levar em consideração o perigo de uma confiança excessiva nos controlos burocráticos. Embora a liderança governamental seja essencial à correcção da enorme exterioridade que as alterações climáticas representam, há que colocar mercados e preços em funcionamento, para que as decisões sectoriais privadas possam levar, mais naturalmente, a decisões óptimas de investimento e de produção.

O carbono e outros gases equivalentes têm de ter um preço para que o seu uso reflicta o seu verdadeiro custo social. Esta deve ser a essência da política da mitigação. O mundo passou décadas a libertar-se de restrições quantitativas em vários domínios, e não menos no que respeita ao comércio externo. Não é o momento de regressar a um sistema de quotas massivas e controlos burocráticos por causa das alterações climáticas. Os objectivos referentes às emissões e à eficiência energética têm um papel de relevo, mas é o sistema de tributação que nos deverá permitir atingir os nossos fins mais facilmente. Torna-se assim necessário um diálogo mais profundo do que aquele que se tem verificado até aqui entre economistas, cientistas do clima e ambientalistas. Temos esperança que este *Relatório de Desenvolvimento Humano* contribua para esse diálogo.

Os desafios políticos mais difíceis relacionar-se-ão com a distribuição. Embora haja potencialmente riscos de catástrofe para todos, a distribuição dos custos e benefícios a curto e médio prazo estará longe de ser uniforme. Este desafio da distribuição torna-se particularmente difícil na medida em que aqueles que são os maiores responsáveis pelo problema – os países ricos – não serão os que a curto prazo mais irão sofrer. Os pobres, que não contribuíram nem contribuem significativamente para a emissão dos gases com efeito de estufa, são os mais vulneráveis. Entretanto, vários países de rendimento médio estão a tornar-se emissores de relevo, tal como se conclui fazendo-se o cálculo aos valores totais atingidos pelo seu conjunto. Contudo, estes países não têm a dívida para com o mundo pelo carbono emitido que os países ricos têm vindo a acumular, e ainda são pequenos emissores em termos *per capita*. Temos que encontrar uma via ética e politicamente aceitável que nos permita encetar caminho – seguir em frente, ainda que haja grande desacordo na divisão do peso e dos benefícios a longo prazo. Não devemos permitir que os desacordos com a distribuição nos impeçam de prosseguir o caminho em frente, tal como não nos podemos dar ao luxo de esperar por uma certeza acerca do rumo que as alterações climáticas poderão tomar antes de começar a agir. Também neste aspecto temos esperança que este *Relatório de Desenvolvimento Humano* facilite o debate e permita que a jornada se inicie.

Kemal Derviş
Administrador
Programa das Nações Unidas para o Desenvolvimento

Achim Steiner
Director Executivo
Programa das Nações Unidas para o Meio Ambiente

As recomendações de análise e de políticas mencionadas no Relatório não reflectem necessariamente as perspectivas do Programa das Nações Unidas para o Desenvolvimento, ou do seu Conselho Executivo ou mesmo dos seus Estados-Membros. O Relatório é uma publicação independente sob a responsabilidade do PNUD. É fruto de um esforço de cooperação por parte de uma equipa de consultores e conselheiros eminentes e da equipa do *Relatório de Desenvolvimento Humano*. Kevin Watkins, Director do Gabinete do Relatório de Desenvolvimento Humano, coordenou este grupo de trabalho.

Agradecimentos

A elaboração deste Relatório não teria sido possível sem o generoso contributo das muitas pessoas e organizações abaixo enumeradas. Dever-se-á, contudo, fazer uma especial menção a Malte Meinshausen do Instituto de Potsdam para a Pesquisa sobre o Impacto Climático (que pacientemente nos prestou um constante apoio sobre uma vasta gama de assuntos técnicos). Muitas outras pessoas contribuíram para o Relatório quer directamente através de documentos de referência, comentários aos primeiros textos e debate de ideias, quer indirectamente através das pesquisas que realizaram. Os autores desejam igualmente manifestar o seu reconhecimento pelo contributo do Quarto Relatório de Avaliação do Painel Intergovernamental para as Alterações Climáticas, o qual representa uma fonte incontornável de evidências científicas, bem como pelo trabalho de Sir Nicholas Stern e do grupo de trabalho por detrás deste Relatório sobre *A Economia das Alterações Climáticas*. Muitos colegas no sistema das Nações Unidas foram extremamente generosos em despender do seu tempo, partilhando connosco o seu conhecimento científico e ideias. O grupo de trabalho do Relatório de Desenvolvimento Humano usufruiu do precioso apoio de Kemal Derviş, Administrador do PNUD. Agradecemos a todos aqueles que estiveram directa ou indirectamente envolvidos na orientação dos nossos esforços, assumindo a sua responsabilidade individual por erros de omissão e de comissão.

Contributos

Os estudos, documentos e notas de referência foram preparados com base num vasto leque de questões temáticas relacionadas com o Relatório. Para esse fim contribuíram: Anu Adhikari, Mozaharul Alam, Sarder Shafiqul Alam, Juan Carlos Arredondo Brun, Vicki Arroyo, Albertina Bambaige, Romina Bandura, Terry Barker, Philip Beauvais, Suruchi Bhadwal, Preety Bhandari, Isobel Birch, Maxwell Boykoff, Karen O'Brien, Oli Brown, Odón de Buen, Peter Chaudhry, Pedro Conceição, Pilar Cornejo, Caridad Canales Dávila, Simon D. Donner, Lin Erda, Alejandro de la Fuente, Richard Grahn, Michael Grimm, Kenneth Harttgen, Dieter Helm, Caspar Henderson, Mario Herrero, Saleemul Huq, Ninh Nguyen Huu, Joseph D. Intsiful, Katie Jenkins, Richard Jones, Ulka Kelkar, Stephan Klasen, Arnoldo Matus Kramer, Kishan Khoday, Roman Krznaric, Robin Leichenko, Anthony Leiserowitz, Junfeng Li, Yan Li, Yue Li, Peter Linguiti, Gordon MacKerron, Andrew Marquard, Ritu Mathur, Malte Meinshausen, Mark Misselhorn, Sreeja Nair, Peter Newell, Anthony Nyong, David Ockwell, Marina Olshanskaya, Victor A. Orindi, James Painter, Peter D. Pederson, Serguey Pegov, Renat Perelet, Alberto Carillo Pineda, Vicky Pope, Golam Rabbani, Atiq Rahman, Mariam Rashid, Bimal R. Regmi, Hannah Reid, J. Timmons Roberts, Greet Ruysschaert, Boshra Salem, Jürgen Schmid, Dana Schüler, Rory Sullivan, Erika Trigoso Rubio, Md. Rabi Uzzaman, Giulio Volpi, Tao Wang, James Watson, Harald Winkler, Mikhail Yulkin e Yanchun Zhang.

Várias organizações partilharam generosamente os seus dados, bem como outros materiais de pesquisa: Agência Francesa de Desenvolvimento, Amnestia Internacional, Centro de Análise e Informação sobre o Dióxido de Carbono, Secretariado da Comunidade das Caraíbas, Centro de Comparações Internacionais de Produção, Rendimento e Preços da Universidade da Pensilvânia; Iniciativas de Desenvolvimento; Departamento para o Desenvolvimento Internacional;

Instituto de Alterações Ambientais da Universidade de Oxford; Comissão Europeia; Organização para a Alimentação e Agricultura; Fundo para o Ambiente Global; Projecto Global IDP; Centro de Previsão de Tempo e Estudos Climáticos da IGAD; Instituto de Estudos de Desenvolvimento; Centro Internacional de Estudos Penitenciários; Centro de Monitorização das Deslocações Internas; Instituto de Pesquisa Internacional para o Clima e a Sociedade; Agência Internacional de Energia; Instituto Internacional para o Ambiente e Desenvolvimento; Instituto Internacional de Estudos Estratégicos; Organização Internacional do Trabalho; Fundo Monetário Internacional; Organização Internacional para as Migrações; União Internacional das Telecomunicações; União Interparlamentar; Programa Conjunto das Nações Unidas sobre VIH/SIDA; Estudos de Rendimento do Luxemburgo; Macro International; Organização de Cooperação e o Desenvolvimento Económico, Instituto de Desenvolvimento Ultramarino; Oxfam; Centro Pew para as Alterações Climáticas; Practical Action Consulting; Instituto Internacional de Investigação para a Paz de Estocolmo; Instituto Internacional da Água de Estocolmo; Instituto Tata para a Pesquisa de Energia; Met Office; Fundo das Nações Unidas para a Infância; Conferência das Nações Unidas sobre Comércio e Desenvolvimento; Departamento dos Assuntos Económicos e Sociais das Nações Unidas, Divisão de Estatística e Divisão da População; Fundo de Desenvolvimento das Nações Unidas para a Mulher; Instituto de Estatística da Organização das Nações Unidas para a Educação, Ciência e Cultura; Alto Comissariado das Nações Unidas para os Refugiados; Secção dos Tratados do Gabinete das Nações Unidas para a Droga e a Criminalidade; Gabinete de Assuntos Jurídicos das Nações Unidas; Universidade de Ânglia Oriental; WaterAid, Banco Mundial; Organização Mundial de Saúde; Organização Meteorológica Mundial; Organização Mundial do Comércio; Organização Mundial da Propriedade Intelectual; e o Fundo Mundial de Vida Selvagem.

Painel de Consultores

O Relatório beneficiou em grande medida do apoio e da orientação intelectual prestados por um painel de consultores especialistas em colaboração externa. O painel incluiu Monique Barbut, Alicia Bárcena, Fatih Birol, Yvo de Boer, John R. Coomber, Mohammed T. El-Ashry, Paul Epstein, Peter T. Gilruth, José Goldemberg, HRH Crown Prince Haakon, Saleem Huq, Inge Kaul, Kivutha Kibwana, Akio Morishima, Rajendra Pachauri, Jiahua Pan, Achim Steiner, HRH Princess Basma Bint Talal, Colleen Vogel, Morris A. Ward, Robert Watson, Ngaire Woods e Stephen E. Zebiak. Também um painel de consultores na área das estatísticas prestou um contributo de valor inestimável, particularmente, Tom Griffin, principal Consultor de Estatística do Relatório. Os membros deste painel são: Carla Abou-Zahr, Tony Atkinson, Haishan Fu, Gareth Jones, Ian D. Macredie, Anna N. Majelantle, John Male-Mukasa, Marion McEwin, Francesca Perucci, Tim Smeeding, Eric Swanson, Pervez Tahir e Michael Ward. A equipa agradece a Partha Deb, Shea Rutstein e Michael Ward, que procederam à revisão e comentário de uma análise de risco e vulnerabilidade do GRDH, oferecendo os seus conhecimentos estatísticos.

Consultas

Os membros da equipa do Relatório de Desenvolvimento Humano beneficiaram individual e colectivamente de um abrangente processo de consultoria. Os participantes num debate acerca de uma Rede de Desenvolvimento Humano ofereceram profundas reflexões e observações sobre os elos de ligação entre alterações climáticas e desenvolvimento humano. A equipa do relatório deseja também agradecer a Neil Adger, Keith Allott, Kristin Averyt, Armando Barrientos, Haresh Bhojwani, Paul Bledsoe, Thomas A. Boden, Keith Briffa, Nick Brooks, Katrina Brown, Miguel Ceara-Hatton, Fernando Calderón, Jacques Charmes, Lars Christiansen, Kirsty Clough, Stefan Dercon, Jaime de Melo, Stephen Devereux, Niky Fabiancic, Kimberley Fisher, Lawrence Flint, Claudio Forner, Jennifer Frankel-Reed, Ralph Friedlaender, Oscar Garcia, Stephen Gitonga, Heather Grady, Barbara Harris-White, Molly E. Hellmuth, John Hoddinott, Aminul Islam, Tarik-ul-Islam, Kareen Jabre, Fortunat Joos, Mamunul Khan, Karoly Kovacs, Diana Liverman, Lars Gunnar Marklund, Charles McKenzie, Gerald A. Meehl, Pierre Montagnier, Jean-Robert Moret, Koos Neefjes, Iiris Niemi, Miroslav Ondras, Jonathan T. Overpeck, Vicky Pope, Will Prince, Kate Raworth, Andrew Revkin, Mary Robinson, Sherman Robinson, Rachel Slater, Leonardo Souza, Valentina Stoevska, Eric Swanson, Richard Tanner, Haiyan Teng, Jean Philippe Thomas, Steve Price Thomas, Sandy Tolan, Emma

Tompkins, Emma Torres, Kevin E. Trenberth, Jessica Troni, Adriana Velasco, Marc Van Wynsberghe, Tessa Wardlaw e Richard Washington.

Leitores do PNUD

Um grupo de leitores, composto por colegas do PNUD, forneceu diversos comentários, sugestões e informações úteis durante a redacção do Relatório. Nesse sentido, o contributo e o apoio prestados por Pedro Conceição, Charles Ian McNeil e Andrew Maskrey merecem uma especial menção. Todos eles foram generosos no tempo que dispensaram, e os seus contributos para o Relatório foram efectivamente assinaláveis.

Recebemos também contributos de: Randa Aboul-Hosn, Amat Al-Alim Alsoswa, Barbara Barungi, Winifred Byanyima, Suely Carvalho, Tim Clairs, Niamh Collier-Smith, Rosine Coulibaly, Maxx Dilley, Philip Dobie, Bjørn Førde, Tegegnework Gettu, Yannick Glemarec, Luis Gomez-Echeverri, Rebeca Grynspan, Raquel Herrera, Gilbert Fossoun Houngbo, Peter Hunnam, Ragnhild Imerslund, Andrey Ivanov, Bruce Jenks, Michael Keating, Douglas Keh, Olav Kjorven, Pradeep Kurukulasuriya, Oksana Leshchenko, Bo Lim, Xianfu Lu, Nora Lustig, Metsi Makhetha, Cécile Molinier, David Morrison, Tanni Mukhopadhyay, B. Murali, Simon Nhongo, Macleod Nyirongo, Hafiz Pasha, Stefano Pettinato, Selva Ramachandran, Marta Ruedas, Mounir Tabet, Jennifer Topping, Kori Udovicki, Louisa Vinton, Cassandra Waldon e Agostinho Zacarias.

Edição, Produção e Tradução

O Relatório usufruiu do apoio e contributo de uma equipa editorial da Green Ink. Anne Moorhead prestou apoio na estrutura e apresentação do argumento. A edição técnica e de produção foi realizada por Sue Hainsworth e Rebecca Mitchell. A capa e os separadores foram concebidos pela Talking Box, com contributos conceptuais de Martín Sánchez e Ruben Salinas, com base num padrão desenhado pela Grundy & Northedge em 2005. O design de informação foi realizado pela Phoenix Design Aid e a Zago; um mapa (mapa 1.1) foi desenhado pela Mapping Worlds. A Phoenix Design Aid, sob a coordenação de Lars Jørgensen, produziu também o *layout* do Relatório.

A produção, tradução, distribuição e promoção do Relatório beneficiaram da ajuda e apoio do Gabinete de Comunicações do PNUD, e particularmente de Maureen Lynch e Boaz Paldi. As traduções foram revistas por Iyad Abumoghli, Bill Bikales, Jean Fabre, Albéric Kacou, Madi Musa, Uladzimir Shcherbau e Oscar Yujnovsky.

O Relatório também beneficiou com o trabalho e dedicação de Jong Hyun Jeon, Isabelle Khayat, Caitlin Lu, Emily Morse e Lucio Severo. Swetlana Goobenkova e Emma Reed prestaram um contributo valioso à equipa de estatística. Margaret Chi e Juan Arbelaez do Gabinete das Nações Unidas para os Serviços e Projecto ofereceram um significativo apoio administrativo, bem como serviços de gestão.

Kevin Watkins
Director
Relatório de Desenvolvimento Humano 2007/2008

Índice

Prefácio v
Agradecimentos viii

Introdução **Combater as Alterações Climáticas: Solidariedade humana num mundo dividido** 1

Capítulo 1 **O desafio climático do século XXI** 19

1.1 As alterações climáticas e o desenvolvimento humano 24
O retrocesso 24
Alterações climáticas perigosas – cinco "pontos de viragem" do desenvolvimento humano 26
1.2 A ciência climática e os cenários futuros 31
Alterações climáticas induzidas pelo Homem 31
Contabilidade geral do carbono – *stocks*, fluxos e sumidouros 32
Cenários das alterações climáticas – os conhecidos, os desconhecidos que se conhecem e os incertos 34
1.3 Do global ao local – medir as pegadas de carbono num mundo desigual 40
Pegadas nacionais e regionais – os limites da convergência 40
Desigualdades nas pegadas de carbono – algumas pessoas deixam menos rastros do que outras 43
1.4 Evitar alterações climáticas perigosas – um percurso sustentável de emissões 44
Orçamento de carbono para um planeta frágil 46
Cenários para a segurança climática – o tempo esgota-se 47
O custo da transição para as baixas emissões de carbono – é possível investir na mitigação? 51
1.5 A trajectória actual – caminhos para um futuro climático insustentável 52
Um olhar sobre o passado – o mundo a partir de 1990 53
Um olhar sobre o futuro – presos a um percurso ascendente 53
Factores para o aumento de emissões 56
1.6 Porque devemos agir para evitar as alterações climáticas perigosas 58
A gestão climática responsável num mundo interdependente 58
A justiça social e a interdependência ecológica 59
O processo económico para uma acção urgente 60
Mobilização da acção pública 64
Conclusão 68
Tabela 1.1 do Apêndice: Medição das pegadas de carbono em termos globais – países e regiões seleccionados 71

Capítulo 2 **Choques climáticos: risco e vulnerabilidade num mundo desigual** 71

2.1 Os choques climáticos e as armadilhas de baixo desenvolvimento humano 75
Desastres climáticos – uma tendência crescente 75
Risco e vulnerabilidade 78
As armadilhas de baixo desenvolvimento humano 83

Dos choques climáticos de hoje às privações de amanhã – as armadilhas de baixo desenvolvimento humano em acção 88
2.2 Um olhar sobre o futuro – os velhos problemas e os novos riscos das alterações climáticas 90
Produção agrícola e segurança alimentar 90
Stress e escassez hídricos 95
Aumento do nível do mar e exposição a riscos climáticos extremos 98
Ecossistemas e biodiversidade 102
Saúde humana e fenómenos climáticos extremos 105
Conclusão 107

Capítulo 3 **Evitar alterações climáticas perigosas: estratégias para mitigação** **109**

3.1 Estabelecer metas para a mitigação 112
Orçamento de carbono – viver dentro dos nossos recursos ecológicos 113
Proliferação das metas de redução das emissões 113
Quatro problemas para o orçamento de carbono 118
As metas são importantes, mas os resultados também 119
3.2 Atribuir um preço ao carbono – o papel dos mercados e dos governos 125
Taxação *versus* "limite-e-negociação" 125
"limite-e-negociação" – lições do Regime Comunitário de Comércio de Emissões da União Europeia 129
3.3 O papel crucial da regulação e da acção governamental 133
Produção de energia eléctrica – mudar a trajectória das emissões 134
O sector residencial – mitigação de baixo custo 137
Padrões de emissão por veículo 139
A I&D e a disposição das tecnologias de baixas emissões de carbono 145
3.4 O papel decisivo da cooperação internacional 148
Um papel alargado para as mudanças tecnológicas e financiamentos 149
Reduzir a desflorestação 159
Conclusão 162

Capítulo 4 **Adaptação ao inevitável: acção nacional e cooperação internacional** **165**

4.1 O desafio nacional 170
Adaptação nos países desenvolvidos 170
Viver com as alterações climáticas – adaptação nos países em vias de desenvolvimento 173
Estruturação de políticas nacionais de adaptação 174
4.2 Cooperação internacional na adaptação às alterações climáticas 187
O processo para a acção internacional 187
Actual financiamento para a adaptação – demasiado pequeno, tardio e fragmentado 188
Despertar para o desafio da adaptação – reforço da cooperação internacional para a adaptação 194
Conclusão 200

Notas **201**
Bibliografia **206**

Caixas

1.1 Os efeitos de reacção poderão acelerar as alterações climáticas 38
1.2 Milhões de pessoas não têm acesso aos serviços modernos de energia 45
1.3 Os países desenvolvidos ficaram aquém dos seus compromissos de Quioto 54

1.4 Gestão, ética e religião – fundamentos comuns nas alterações climáticas 61
1.5 Análise custo-benefício e as alterações climáticas 65
2.1 Subnotificação de desastres climáticos 77
2.2 A indústria global de seguros – reavaliação dos riscos climáticos 79
2.3 Furacão Katrina – as questões sócio-demográficas de uma catástrofe 81
2.4 Seca e insegurança alimentar em Níger 85
2.5 Vendas de emergência nas Honduras 87
2.6 A "inundação do século" no Bangladesh 88
2.7 As alterações climáticas no Malawi – mais e piores 93
2.8 As alterações climáticas e a crise hídrica da China 97
2.9 O degelo dos glaciares e a redução das prospecções para o desenvolvimento humano 99
2.10 As alterações climáticas e o desenvolvimento humano no Delta do Mekong 100
3.1 Exemplo de liderança no orçamento de carbono – Califórnia 116
3.2 Metas e resultados divergem no Canadá 120
3.3 O preço das alterações climáticas no Reino Unido – estabelecer um orçamento de carbono 121
3.4 A União Europeia – metas de 2020 e estratégias para as alterações climáticas e energia 123
3.5 Redução da intensidade de carbono em economias de transição 124
3.6 Energia nuclear – algumas questões difíceis 134
3.7 Energia renovável na Alemanha – sucesso da "tarifa de injecção" 136
3.8 Os níveis de emissões dos veículos nos Estados Unidos 139
3.9 A expansão do óleo de palma e do biocombustível – uma história de advertência 144
3.10 Reforma das políticas energéticas e de carvão na China 151
3.11 Descarbonização do crescimento na Índia 152
3.12 Articular os mercados de carbono com os MDGs (Objectivos de Desenvolvimento do Milénio) por ODMs e o desenvolvimento sustentável 155
4.1 A adaptação nas ilhas char do Bangladesh 179
4.2 Programa da Rede de Segurança da Produção na Etiópia 182
4.3 Transferências monetárias condicionais – Programa Bolsa de Família do Brasil 183
4.4 Reduzir vulnerabilidades através da agricultura em Malawi 184
4.5 Seguro contra riscos e adaptação 185
4.6 Aprendizagem pela experiência em Moçambique 186
4.7 Programas de Acção Nacional para a Adaptação (NAPAs) – uma abordagem limitada 191

Tabelas

1.1 As variações de temperatura aumentam com os *stocks* de CO_2 34
1.2 As pegadas de carbono globais, nos níveis da OCDE, exigiriam mais do que um planeta 48
2.1 As emergências alimentares associadas às secas e o desenvolvimento humano estão intimamente relacionados no Quénia 80
2.2 A seca no Malawi – como lutam os pobres 84
2.3 O impacto das secas na Etiópia 85
2.4 A agricultura desempenha um papel crucial nas regiões em vias de desenvolvimento 91
2.5 O aumento dos níveis do mar provocaria elevados impactos sociais e económicos 101
3.1 As metas de redução das emissões variam 114
3.2 Propostas para o Regime Comunitário de Comércio de Emissões da União Europeia 131
3.3 As emissões de carbono estão associadas às tecnologias das centrais de carvão 149
3.4 A eficácia da energia industrial varia bastante 150
4.1 Estimativa do financiamento para a adaptação multilateral 192

4.2 O custo do desenvolvimento da resistência às alterações climáticas 195
4.3 Investir na adaptação até 2015 196

Figuras

1.1 O aumento das emissões de CO_2 está a agravar os stocks e a fazer subir as temperaturas 32
1.2 A previsão das temperaturas globais: três cenários do PIAC 35
1.3 As emissões dos gases com efeito de estufa são dominadas pela energia e alterações do uso do solo e silvicultura 40
1.4 Os países desenvolvidos predominam na estimativa das emissões cumulativas 40
1.5 Elevada concentração das emissões globais de CO_2 41
1.6 Países desenvolvidos – pegadas de carbono profundas 43
1.7 Viver sem electricidade 44
1.8 A dependência da biomassa permanece em muito países 44
1.9 Os riscos das alterações climáticas perigosas aumentam com os stocks de gases com efeito de estufa 46
1.10 O orçamento de carbono para o século XXI terá uma expiração a curto prazo 47
1.11 Reduzir as emissões para metade, em 2050, poderia evitar alterações climáticas perigosas 49
1.12 Diminuir e convergir para um futuro sustentável 50
1.13 Uma mitigação restrita não proporciona resultados rápidos 51
1.14 Alguns países desenvolvidos estão aquém das metas e compromissos de Quioto 53
1.15 Trajectória actual: emissões de CO_2 em ascensão 56
1.16 A intensidade do carbono diminui a um ritmo demasiado lento para o corte das emissões globais 57
2.1 Os desastres climáticos afectam mais pessoas 75
2.2 Os riscos de desastres pendem para os países em vias de desenvolvimento 76
2.3 Os desastres climáticos propiciam a perda de bens segurados 78
2.4 A provisão do seguro social é bem maior nos países desenvolvidos 80
2.5 A variação dos rendimentos acompanha a variação da precipitação na Etiópia 91
2.6 As alterações climáticas irão prejudicar a agricultura nos países em vias de desenvolvimento 91
2.7 A redução dos glaciares da América Latina 98
3.1 A queda da intensidade do carbono nem sempre diminui as emissões 119
3.2 Os preços do carbono na União Europeia têm sido volúveis 130
3.3 O carvão determina o aumento das emissões de CO_2 no sector energético 133
3.4 Energia Eólica nos EUA – a capacidade aumenta e os custos diminuem 135
3.5 Os padrões de eficiência dos combustíveis nos países ricos variam bastante 138
3.6 A transição rápida da frota de automóveis é possível – Paquistão 142
3.7 Alguns biocombustíveis são mais baratos e cortam as emissões de CO_2 143
3.8 O aumento da eficiência do carvão poderia reduzir as emissões de CO_2 149
3.9 As florestas estão em decréscimo 158
4.1 A adaptação constitui um bom investimento na União Europeia 172
4.2 Falhas de informação climática cm África 175
4.3 É preciso acelerar os fluxos de ajuda para cumprir compromissos 190
4.4 A ajuda capital para a África Subsariana é insuficiente 190
4.5 Os investimentos dos países desenvolvidos abrandam os fundos internacionais de adaptação 192
4.6 A ajuda é vulnerável às alterações climáticas 193

Mapas

1.1 Registo da variação global das emissões de CO_2 42

2.1 Aridez: aumento da área de seca em África 92

Contributos especiais

Alterações climáticas – juntos podemos vencer a batalha, *Ban Ki-moon* 23

Política climática enquanto política de desenvolvimento humano, *Amartya Sen* 28

O nosso futuro comum e as alterações climáticas, *Gro Harlem Bruntland* 59

As alterações climáticas enquanto questão de direitos humanos, *Sheila Watt-Cloutier* 82

Nova Iorque na liderança das alterações climáticas, *Michael R. Bloomberg* 117

Acção nacional para enfrentar um desafio global, *Luiz Inácio Lula da Silva* 141

Não precisamos de um *apartheid* na adaptação às alterações climáticas, *Desmond Tutu* 168

A nossa escolha é a de não ter escolha, *Sunita Narain* 189

Indicadores de desenvolvimento humano

Indicadores de desenvolvimento humano **221**

Guia do leitor e notas das tabelas **223**

Acrónimos e abreviaturas **230**

Monitorizar o desenvolvimento humano: alargar as escolhas das pessoas ...

1 Índice de desenvolvimento humano 231

1a Indicadores básicos para outros estados-membros das Nações Unidas 235

2 Tendências do índice de desenvolvimento humano 236

3 Pobreza humana e de rendimentos: países em vias de desenvolvimento 240

4 Pobreza humana e de rendimentos: países da OCDE, Europa Central e de Leste e a CEI 243

... para viverem uma vida longa e saudável ...

5 Tendências demográficas 245

6 Compromisso com a saúde: recursos, acesso e serviços 249

7 Água, saneamento e estado de nutrição 253

8 Desigualdades na saúde materna e infantil 257

9 Principais crises e riscos de saúde mundiais 259

10 Sobrevivência: progressos e retrocessos 263

... adquirem conhecimento ...

11 Compromisso com a educação: despesa pública 267

12 Alfabetização e escolarização 271

13 Tecnologia: difusão e criação 275

... terem acesso aos recursos necessários para um nível de vida digno ...

14 Desempenho económico 279

15 Desigualdade em rendimentos e consumo 283

16 Estrutura do comércio 287

17 Despesas dos países da OCDE-CAD com a ajuda 291

18 Fluxos de ajuda, capital privado e dívida 292
19 Prioridades da despesa pública 296
20 Desemprego nos países da OCDE 300
21 Desemprego e trabalho do sector informal em países que não integram a OCDE 301

... enquanto os preservam para as gerações futuras ...
22 Energia e ambiente 304
23 Recursos energéticos 308
24 Emissões e *stocks* de dióxido de carbono 312
25 Posição dos principais tratados internacionais do ambiente 316

... protegendo a segurança pessoal ...
26 Refugiados e armamentos 320
27 Crime e justiça 324

... e alcançando a igualdade para todas as mulheres e homens
28 Índice de desenvolvimento relativo ao género 328
29 Medida de participação segundo o género 332
30 Desigualdade de género na educação 336
31 Desigualdade de género na actividade económica 340
32 Género, trabalho e afectação do tempo 344
33 Participação política das mulheres 345

Instrumentos dos direitos humanos e do trabalho
34 Posição dos principais instrumentos internacionais de direitos humanos 349
35 Posição das convenções sobre direitos fundamentais do trabalho 353

Nota técnica 1 **357**
Nota técnica 2 **364**
Definições de termos estatísticos **366**
Referências estatísticas **374**
Classificação de países **376**
Índice de indicadores **380**
Índice de indicadores dos Objectivos de Desenvolvimento do Milénio nas tabelas dos indicadores **385**

Combater as alterações climáticas: solidariedade humana num mundo dividido

"O progresso humano não é automático nem inevitável. Somos actualmente confrontados com o facto de o amanhã ser hoje, e colocados perante a urgência cruel do agora. Neste enigma da vida e da história é possível ser demasiado tarde... Podemos gritar desesperadamente para que o tempo pare, mas o tempo ensurdece a cada súplica e continua a passar rapidamente. Sobre as ossadas descoradas e a mistura de restos de numerosas civilizações está escrita uma expressão patética: Demasiado tarde."

Martin Luther King Jr. *'Where do we go from here: chaos or community'*

As palavras de Martin Luther King, proferidas num discurso sobre justiça social há quatro décadas, retêm uma ressonância poderosa. No início do século XXI, também nós somos confrontados com a "urgência cruel" de uma crise que envolve o hoje e o amanhã – as alterações climáticas. É uma crise que ainda se pode prevenir, mas apenas por enquanto. O mundo tem menos de uma década para mudar o seu rumo. Não há assunto que mereça atenção mais urgente – nem acção mais imediata.

As alterações climáticas são a questão central do desenvolvimento humano para a nossa geração. Com desenvolvimento pretende-se, em última análise, expandir o potencial humano e fomentar a liberdade humana. As pessoas procuram desenvolver capacidades que as possibilitem fazer escolhas e ter uma vida que valorizem. As alterações climáticas ameaçam corroer a liberdade humana e limitar o poder de escolha. Colocam em causa o princípio iluminista de que o progresso humano leva a que o futuro se afigure melhor que o passado.

Os primeiros sinais de alerta são já perceptíveis. Hoje, testemunhamos em primeira-mão o que pode ser o início do maior retrocesso em desenvolvimento humano durante o nosso período de vida. Nos países em vias de desenvolvimento, entre as populações mais pobres do mundo, milhões de pessoas são já obrigadas a lidar com os impactos das alterações climáticas. Esses impactos não captam uma atenção de destaque nos meios de comunicação mundiais enquanto eventos apocalípticos. Efectivamente, passam despercebidos nos mercados financeiros e nos valores do PIB. Mas o crescente número de situações de seca, de tempestades mais violentas, de cheias, e de *stress* ambiental está a travar os esforços das populações mais pobres do mundo no sentido de construírem uma vida melhor para si e para os seus filhos.

As alterações climáticas irão minar os esforços internacionais de combate à pobreza. Há sete anos, líderes políticos de todo o mundo reuniram-se para definir metas que acelerassem o progresso de desenvolvimento humano. Os Objectivos de Desenvolvimento do Milénio (MDGs) definiram uma nova ambição para 2015. Muito foi conquistado, apesar de vários países permanecerem perdidos no rumo que deveriam seguir. As alterações climáticas estão a dificultar os esforços para a concretização da promessa de se alcançar os MDGs. Olhando para o futuro, o perigo é que o mundo fique estagnado para depois sofrer um retrocesso no progresso desenvolvido ao longo de

As alterações climáticas recordam-nos vivamente aquilo que todos nós temos em comum: chama-se planeta Terra. Todas as nações e todos os povos partilham a mesma atmosfera

gerações, não só na redução da pobreza extrema, mas também na saúde, nutrição, educação e outras áreas.

O modo como o mundo lida hoje com as alterações climáticas envolve consequências directas nas perspectivas de desenvolvimento humano para uma grande parte da humanidade. O insucesso irá consignar os 40% mais pobres da população mundial – cerca de 2.6 mil milhões de pessoas – a um futuro de oportunidades diminutas. Irá exacerbar desigualdades profundas no seio dos países e minar os esforços para construir um padrão de globalização mais inclusivo, reforçando as enormes disparidades entre os que "têm" e os que "não têm".

No mundo de hoje, são os pobres que suportam o maior fardo causado pelas alterações climáticas. Amanhã será a humanidade no seu todo que enfrentará os riscos inerentes ao aquecimento global. A rápida acumulação de gases com efeito de estufa na atmosfera terrestre está a alterar significativamente a previsão meteorológica para as gerações futuras. Aproximamo-nos da beira do abismo, o que se traduz em eventos imprevisíveis e não lineares, que podem abrir a porta a catástrofes ecológicas – como sendo, nomeadamente, o acelerado degelo das calotes glaciares – que irão transformar os padrões de colonização humana e minar a viabilidade das economias nacionais. Talvez a nossa geração não viva para ver as consequências. Mas os nossos filhos e os seus netos não terão outra alternativa se não viver com elas. O combate à pobreza e à desigualdade nos dias de hoje, bem como aos riscos catastróficos do futuro, constituem um forte fundamento racional para uma acção urgente.

Alguns comentadores continuam a apontar para a incerteza acerca dos resultados futuros para justificar uma resposta limitada às alterações climáticas. Esse é um mau princípio. Há, de facto, muitas incertezas: a ciência climática lida com probabilidades e riscos, não com certezas. No entanto, se valorizamos o bem-estar dos nossos filhos e netos, até pequenos riscos de catástrofe merecerão uma abordagem de precaução baseada em seguro. E, para além disso, as incertezas persistirão sempre em ambas as perspectivas: os riscos poderão até ser maiores do que actualmente os concebemos.

As alterações climáticas exigem neste momento uma acção urgente para lidar com uma ameaça a dois grupos de eleitores com fraca voz política: os pobres do mundo e as gerações futuras. Elas levantam questões profundamente importantes sobre justiça social, equidade e direitos humanos nos países e em todas as gerações. No *Relatório de Desenvolvimento Humano 2007/2008* abordamos estas questões. O nosso ponto de partida é a ideia de que a batalha contra as alterações climáticas pode – e deve – ser ganha. Ao mundo não faltam recursos financeiros nem capacidade tecnológica para agir. Se falharmos na resolução do problema das alterações climáticas será porque fomos incapazes de fomentar a vontade política de cooperar.

Tal resultado representaria não só falta de imaginação e liderança políticas, mas seria também uma falha moral numa escala sem paralelo na história. Durante o século XX, falhas na liderança política conduziram a duas guerras mundiais. Milhões de pessoas pagaram um preço muito elevado por aquilo que eram catástrofes evitáveis. As perigosas alterações climáticas são a catástrofe evitável do século XXI e dos séculos vindouros. As gerações futuras julgar-nos-ão com rudeza por termos olhado para a evidência das alterações climáticas, termos percebido as consequências e termos ainda assim continuado num caminho que consignou milhões dos povos mais vulneráveis à pobreza, e colocou as gerações futuras perante o risco de um desastre ecológico.

Interdependência ecológica

As alterações climáticas são distintas de outros problemas que assolam a humanidade – e desafiam-nos a pensar de modo distinto a vários níveis. Desafiam-nos, sobretudo, a reflectir sobre o que significa fazer parte de uma comunidade humana ecologicamente interdependente.

A interdependência ecológica não é um conceito abstracto. Actualmente vivemos num mundo dividido, a vários níveis. Os povos estão afastados por profundos hiatos de riqueza e oportunidades. Em muitas regiões, nacionalismos rivais são fonte de conflito. Demasiadas vezes, as identidades religiosas, culturais e étnicas são tratadas como fonte de cisões e diferenças para com o outro. Face a todas estas distinções, as alterações climáticas recordam-nos vivamente aquilo que todos nós temos em comum: chama-se planeta Terra. Todas as nações e todos os povos partilham a mesma atmosfera. E temos apenas uma.

O aquecimento global é a prova de que estamos a sobrecarregar a capacidade da atmosfera terrestre. Os *stocks* de gases com efeito de estufa que retêm o calor na atmosfera terrestre estão a acumular-se a um nível sem precedentes. As concentrações actuais chegaram a 380 partes por milhão (ppm) de equivalente dióxido de carbono (CO_2e), excedendo os limites naturais dos últimos 650,000 anos. No decurso do século XXI, ou talvez um pouco para além disso, as temperaturas globais médias podem aumentar em mais de 5º- C.

Se contextualizarmos esse valor, ele é o equivalente à alteração de temperatura desde a última idade do gelo – uma era em que uma parte considerável da Europa e da América do Norte estavam cobertas por mais de um 1 km de gelo. O limiar do perigo de alterações climáticas corresponde a um aumento de cerca de 2ºC. Este limiar define, de um modo geral, o ponto em que será muito difícil evitar rápidos retrocessos em desenvolvimento humano e o rumo a danos ecológicos irreversíveis.

Por detrás dos valores e medidas esconde-se um facto simples e avassalador. Estamos a gerir mal e imprudentemente a nossa interdependência ecológica. A nossa geração está a cumular uma dívida ecológica insustentável, a qual será herdada pelas gerações futuras. Estamos a perder os fundos do capital ecológico dos nossos filhos. Alterações climáticas perigosas representarão o ajuste a um nível insustentável de emissão de gases com efeito de estufa.

As gerações futuras não são o único grupo de eleitores que terá de se adaptar a um problema que não criou. São as populações pobres do mundo que irão sofrer os primeiros e mais prejudiciais impactos. As nações mais ricas e os seus cidadãos são responsáveis pelo pesado volume de gases com efeito de estufa retidos na atmosfera terrestre. Mas os países pobres e os seus cidadãos pagarão o preço mais alto pelas alterações climáticas.

Por vezes esquecemo-nos da relação inversa entre responsabilidade pelas alterações climáticas e vulnerabilidade ao seu consequente impacto. O debate público nas nações ricas enfatiza cada vez mais a ameaça que surge com o aumento das emissões de gases com efeito de estufa por parte dos países em vias de desenvolvimento. A ameaça é real. Mas não deve obscurecer o problema subjacente. Mahatma Gandhi reflectiu certa vez sobre quantos planetas seriam precisos se a Índia seguisse os padrões de industrialização da Grã-Bretanha. Somos incapazes de responder a essa questão. Contudo, calculamos neste relatório que, se todos os povos do mundo emitissem gases com efeito de estufa ao mesmo nível de alguns países industrializados, precisaríamos de nove planetas.

Embora os povos pobres do mundo caminhem pela Terra deixando apenas uma leve pegada de carbono, são eles que suportam o maior peso de uma gestão insustentável da nossa interdependência ecológica. Nos países ricos, lidar com as alterações climáticas tem sido, até hoje, largamente uma questão de se ajustar os termóstatos, lidar com verões mais quentes e longos e com mudanças sazonais. Cidades como Londres e Los Angeles poderão enfrentar o risco de inundação caso o nível do mar suba, mas os seus habitantes estão protegidos por elaborados sistemas de defesa contra cheias. Em contraste, quando o aquecimento global altera os padrões meteorológicos no Corno de África, isso significa que as colheitas serão destruídas e as pessoas passarão fome, ou que mulheres e raparigas precisarão de mais tempo para ir buscar água. E, quaisquer que sejam os riscos que afectem as cidades nos países ricos, hoje as verdadeiras vulnerabilidades que emergem das alterações climáticas ligadas às tempestades e cheias podem ser detectadas nas comunidades rurais junto aos deltas de grandes rios como o Ganges, o Mekong e o Nilo, e em bairros de lata urbanos que crescem por todo o mundo em vias de desenvolvimento.

Os riscos emergentes e a vulnerabilidade associados às alterações climáticas são o resultado de processos físicos. Mas são também consequência de acções e decisões humanas. Este é outro aspecto da interdependência ecológica que, por vezes, esquecemos. Quando uma pessoa, numa cidade americana, liga o ar condicionado ou uma outra pessoa na Europa conduz o seu carro, as suas acções têm consequências. Essas consequências ligam-nas às comunidades rurais no Bangladesh, aos lavradores na Etiópia e aos habitantes de bairros degradados no Haiti. Com estas conexões humanas vem uma responsabilidade moral, incluindo a responsabilidade de reflectir sobre – e mudar – as políticas energéticas que prejudicam outros povos ou as gerações futuras.

O momento para agir

Se o mundo agir agora será possível – e apenas possível – manter o aumento da temperatura global do século XXI no limiar de 2ºC acima dos níveis da era pré-industrial. Para atingir esta situação no futuro será necessário um elevado nível de liderança e uma cooperação internacional sem paralelos. No entan-

Estamos a gerir mal e imprudentemente a nossa interdependência ecológica. A nossa geração está a cumular uma dívida ecológica insustentável, a qual será herdada pelas gerações futuras

A verdadeira escolha que os líderes políticos e os povos enfrentam é uma escolha entre os ideais humanos universais, por um lado, e a participação na violação sistemática e generalizada dos direitos humanos, por outro

to, as alterações climáticas são uma ameaça que nos oferece uma oportunidade. Acima de tudo, oferece a oportunidade do mundo se unir e forjar uma resposta comum a uma crise que ameaça deter o progresso.

Os valores que inspiraram os responsáveis pela Declaração Universal dos Direitos do Homem fornecem um ponto de referência de relevo. Aquele documento foi a resposta ao fracasso político que originou o nacionalismo extremista, o fascismo e a guerra mundial. Estabeleceu um conjunto de autorizações e direitos – civis, políticos, culturais, sociais e económicos – para "todos os membros da família humana". Os ideais que inspiraram a Declaração Universal eram vistos como um código de conduta para a humanidade, que poderia evitar o "desrespeito e desprezo pelos direitos humanos que originaram actos de barbárie e que ultrajaram a consciência da humanidade".

Os autores do projecto da Declaração Universal dos Direitos do Homem reportaram-se à segunda guerra mundial, uma tragédia humana que já havia acontecido. A questão das alterações climáticas é diferente. Elas são uma tragédia humana em curso. Permitir que essa tragédia evolua seria um fracasso político que iria "ultrajar a consciência da humanidade". Representaria uma violação sistemática dos direitos humanos dos pobres e das gerações futuras, e seria um passo atrás nos valores universais. Contrariamente, prevenir alterações climáticas perigosas ofereceria a esperança para um desenvolvimento de soluções multilaterais para os problemas mais abrangentes com que se depara a comunidade internacional. As alterações climáticas confrontam-nos com questões extraordinariamente complexas que incluem a ciência, a economia e as relações internacionais. Estas questões têm de ser abordadas através de estratégias práticas. Contudo, é importante não perder de vista as questões mais abrangentes que estão em jogo. A verdadeira escolha que os líderes políticos e os povos enfrentam é uma escolha entre os ideais humanos universais, por um lado, e a participação na violação sistemática e generalizada dos direitos humanos, por outro.

O ponto de partida para evitar o perigo de alterações climáticas consiste em reconhecer três características distintivas do problema. A primeira é a força combinada da inércia e de resultados acumulados das alterações climáticas. Assim que é emitido, o dióxido de carbono (CO_2) e outros gases com efeitos de estufa ficam na atmosfera durante muito tempo. Não é possível premir um botão que leve o tempo para trás para que se possa diminuir os stocks. Os povos que viverem no início do século XX viverão com as consequências das nossas emissões, tal como nós vivemos as consequências das emissões desde a revolução industrial. Os intervalos de tempo são uma importante consequência da inércia nas alterações climáticas. Mesmo medidas rigorosas de mitigação não irão afectar significativamente mudanças da temperatura média até meados de 2030 – e as temperaturas não atingirão o seu máximo antes de 2050. Por outras palavras, durante a primeira metade do século XXI o mundo em geral, e os pobres em particular, terão de viver com as alterações climáticas com que estamos já comprometidos.

A natureza acumulativa das alterações climáticas tem implicações de grande alcance. Talvez a mais importante seja a de que os ciclos de carbono não acompanham os ciclos políticos. A geração actual de líderes políticos não pode resolver o problema climático, porque é necessário seguir uma via sustentável de emissões durante décadas, não anos. Contudo, temos o poder de arrombar essa janela de oportunidade para as gerações futuras ou, pelo contrário, de a fechar.

A segunda característica do desafio climático é a urgência – e um corolário de inércia. Em muitas outras áreas de relações internacionais, a inactividade ou os atrasos nos acordos têm custos limitados. O comércio internacional é um exemplo. Esta é uma área em que as negociações podem ser interrompidas e reiniciadas de novo, sem prejudicar o sistema subjacente a longo prazo – como testemunhado pela infeliz história da Agenda de Desenvolvimento de Doha. No que se refere às alterações climáticas, por cada ano que demoramos a chegar a um consenso para reduzir as emissões estamos a aumentar os stocks de gases com efeito de estufa, determinando uma mais elevada temperatura para o futuro. Para continuar a analogia, nos sete anos que se seguiram ao começo da Agenda de Desenvolvimento de Doha, os gases com efeito de estufa aumentaram cerca de 12 ppm de CO_2e – estes gases ainda existirão quando os ciclos de negociação do século XXII estiverem em progresso.

Não há analogias históricas óbvias na urgência do problema das alterações climáticas. Durante a Guerra Fria, grandes reservas de mísseis nucleares apontadas às cidades representavam uma grave ameaça à segurança da humanidade. No entanto, "não fazer nada" era uma estratégia para contenção dos riscos. O conhecimento comum da possibilidade real e assegurada de uma destruição mútua oferecia uma estabilidade perversamente previsível. Em contraste, não fazer nada relativamente às alterações climáticas significa seguir o caminho da acumulação de gases com efeito de estufa e da destruição mútua e certeira do potencial de desenvolvimento humano.

A terceira dimensão do desafio das alterações climáticas é a sua escala global. A atmosfera da Terra não distingue os gases com efeito de estufa por país de origem. Uma tonelada de gases com efeito de estufa emitida pela China tem o mesmo peso que uma tonelada de gases com efeito de estufa emitida pelos Estados Unidos – e as emissões de um país são o problema climático de outro. Além disso, nenhum país consegue vencer a batalha contra a mudança climática agindo sozinho. A acção colectiva não é uma opção mas um imperativo. Diz-se que, quando Benjamin Franklin assinou a Declaração da Independência em 1776, comentou: "Devemos todos permanecer juntos, ou, certamente, iremos permanecer separados." No nosso mundo desigual alguns povos – especialmente os mais pobres – podem "permanecer separados" mais cedo que outros, no caso de não conseguirmos desenvolver soluções comuns. Mas, em última análise, esta é uma crise que se pode evitar, que ameaça todos os povos e todos os países. Também nós podemos escolher permanecer juntos e forjar soluções comuns para um problema colectivo, ou podemos permanecer separados.

Aproveitar o momento – para além de 2012

Confrontado com um problema tão intimidador como a mudança climática, o pessimismo resignado parece ser uma reacção justificada. No entanto, o pessimismo resignado é um luxo a que os pobres e as futuras gerações não se podem dar – e há uma alternativa.

Há razão para optimismo. Há cinco anos, o mundo ainda debatia se as alterações climáticas estavam a acontecer e se eram, ou não, provocadas pelo Homem. O cepticismo perante estas alterações representava uma indústria em crescimento. Hoje, o debate terminou e o cepticismo é uma perspectiva cada vez mais à margem. Mais, a quarta convenção do Painel Intergovernamental para as Alterações Climáticas (PIAC) estabeleceu um profundo consenso científico segundo o qual se assumiu que as alterações climáticas são reais e provocadas pelo Homem. Quase todos os governos partilham desse consenso. Após a publicação do Relatório Stern, *The Economics of Climate Change*, a maior parte dos governos também aceita que é possível custear as soluções para as alterações climáticas – mais do que pagar os custos da inacção.

O ímpeto político também ganha ritmo. Muitos governos definiram objectivos ousados para reduzir a emissão dos gases com efeito de estufa. A mitigação das alterações climáticas está agora firmemente implementada na agenda do industrializado Grupo dos Oito (G8). E o diálogo entre os países desenvolvidos e em vias de desenvolvimento está a fortalecer-se.

Tudo isto é positivo. Os resultados práticos são, porém, menos impressionantes. Apesar de os governos reconhecerem a realidade do aquecimento global, a acção política continua a ficar aquém do mínimo necessário para solucionar o problema. O fosso entre as evidências científicas e a resposta política continua grande. No mundo desenvolvido, alguns países têm ainda que definir objectivos ambiciosos para reduzir as emissões. Outros definiram metas ambiciosas sem colocar em prática as reformas energéticas necessárias para as atingir. O problema mais profundo é que falta ao mundo uma estrutura multilateral clara, credível e duradoura que estabeleça um percurso que evite as alterações climáticas – um percurso que abarque a divisão entre os ciclos políticos e os ciclos de carbono.

Quando terminar o prazo, em 2012, do actual compromisso definido no Protocolo de Quioto, a comunidade internacional terá oportunidade de materializar essa estrutura. Será necessária uma liderança corajosa para aproveitar essa oportunidade. Não a aproveitar irá deixar o mundo no caminho das alterações climáticas.

Os países desenvolvidos terão de pegar nas rédeas da liderança. Carregam o fardo da responsabilidade histórica no que se refere às alterações climáticas. Para além disso, têm os recursos financeiros e a capacidade tecnológica para iniciar uma redução profunda e imediata das emissões. Atribuir um preço ao carbono através de sistemas de tributação ou de limite e negociação parecem ser um ponto de partida. Mas atribuir um preço não é suficiente. O desenvolvimento de sistemas reguladores e parcerias públicas – privadas para uma transição para baixos índices de carbono são também prioridades.

O princípio de "uma responsabilidade comum mas diferenciada" – um dos pilares da estrutura de Quioto – não significa que os países em vias de de-

Nenhum país consegue vencer a batalha contra a mudança climática agindo sozinho. A acção colectiva não é uma opção mas um imperativo

Os pobres e as gerações futuras não se podem dar ao luxo de aceitar a complacência e prevaricação que continua a caracterizar as negociações internacionais relativamente ao clima

senvolvimento não devam ajudar. A credibilidade de qualquer acordo multilateral depende da participação de importantes emissores do mundo em vias de desenvolvimento. Contudo, os princípios básicos de equidade e o imperativo de desenvolvimento humano de expandir o acesso à energia exigem que os países em vias de desenvolvimento tenham a flexibilidade necessária para efectuar a transição para baixos índices de carbono, num ritmo consistente com as suas capacidades.

A cooperação internacional desempenha um papel crítico a muitos níveis. O esforço da mitigação global sairia dramaticamente reforçado se uma estrutura de Quioto pós-2012 incorporasse mecanismos para a transferência de financiamento e tecnologia. Estes mecanismos poderiam ajudar a remover obstáculos ao desembolso célere das tecnologias com baixos índices de carbono, para evitar alterações climáticas perigosas. A cooperação que apoia a conservação e gestão sustentável das florestas tropicais também fortaleceria os esforços da mitigação.

Devemos, também, pensar nas prioridades de adaptação. Durante muito tempo, a adaptação às alterações climáticas tem sido tratada como uma questão periférica, em vez de parte nuclear do programa internacional para a redução da pobreza. A mitigação é um imperativo porque irá definir perspectivas com vista a evitar alterações climáticas perigosas no futuro. Mas os pobres não podem ser deixados ao abandono com os seus próprios recursos enquanto os países ricos protegem os seus cidadãos com fortalezas "à prova de clima". A justiça social e o respeito pelos direitos humanos requerem um compromisso internacional para a adaptação.

O nosso legado

A estrutura de Quioto pós-2012 irá influenciar poderosamente as perspectivas com vista a evitar as alterações climáticas – e com vista a lidar com aquelas que neste momento são inevitáveis. Nessa estrutura as negociações serão moldadas pelos governos com diferentes níveis de influência. Também se farão ouvir os interesses mais influentes do sector colectivo. Enquanto os governos embarcam em negociações para um Protocolo de Quioto pós-2012, é importante que reflictam sobre dois grupos eleitorais que, embora tenham poder de acção limitado, têm uma reivindicação de justiça social e respeito pelos direitos humanos: os pobres e as gerações futuras.

As pessoas envolvidas numa luta diária para melhorar as suas vidas, que enfrentam fome e pobreza severas, deviam ser as primeiras a receber solidariedade humana. Certamente merecem mais que líderes políticos que se reúnem em cimeiras internacionais, fazem eco dos grandes objectivos a atingir e, depois, minam a realização desses mesmos objectivos ao falharem na tomada de acção contra as alterações climáticas. E os nossos filhos e os netos dos seus filhos têm o direito de nos responsabilizar seriamente quando o futuro deles – e talvez a sua sobrevivência – pender por um fio. Efectivamente, eles merecem mais do que uma geração de líderes políticos que se recostam na cadeira frente ao maior desafio que a raça humana alguma vez enfrentou. Sem rodeios, os pobres e as gerações futuras não se podem dar ao luxo de aceitar a complacência e prevaricação que continua a caracterizar as negociações internacionais relativamente ao clima. Nem podem permitir o grande fosso existente entre o que os líderes do mundo desenvolvido dizem sobre a ameaça das alterações climáticas e o que fazem nas suas políticas energéticas.

Há 20 anos o ambientalista brasileiro Chico Mendes morreu ao tentar defender, da destruição, a floresta tropical da Amazónia. Antes da sua morte, falou dos laços que uniam a sua luta local com o movimento global para a justiça social: "primeiro pensei que lutava para salvar as seringueiras, depois pensei que lutava para salvar a floresta da Amazónia. Agora sei que lutava pela humanidade."

A batalha contra o perigo das alterações climáticas faz parte da luta pela humanidade. Vencer exigirá mudanças profundas a vários níveis – no consumo, na produção e atribuição de um preço da energia e na cooperação internacional. Mas, sobretudo, irá requerer alterações significativas no modo como nós pensamos sobre a nossa interdependência ecológica, justiça social para os pobres, direitos humanos e direitos das gerações futuras.

O desafio climático do século XXI

O aquecimento global já está em curso. As temperaturas mundiais aumentaram em cerca de 0.7° C desde o advento da era industrial – e o ritmo de crescimento é cada vez mais célere. Há evidências impressionantes que associam o aumento das temperaturas ao aumento da concentração de gases com efeito de estufa na atmosfera terrestre.

Não existe uma linha bem definida que separe alterações climáticas "perigosas" e "seguras". Muitas das populações mais pobres e dos sistemas ecológicos mais frágeis do mundo estão já a ser forçados a adaptar-se às alterações climáticas perigosas. Porém, para além do limiar dos 2°C o risco de um retrocesso no desenvolvimento humano em grande escala e de catástrofes ecológicas irreversíveis aumentará vertiginosamente.

A trajectória actual levará o mundo muito para além desse limiar. Ter 50% de probabilidades de limitar o aumento da temperatura em 2°C acima dos níveis pré-industriais irá requerer a estabilização dos gases com efeito de estufa em concentrações de cerca de 450ppm CO_2e. Uma estabilização de 550ppm CO_2e elevaria a probabilidade de ultrapassar o limiar em 80%. Nas suas vidas pessoais, poucas pessoas correriam riscos desta magnitude conscientemente. Contudo, enquanto comunidade global, estamos a correr riscos muito maiores com o planeta Terra. As projecções para o século XXI apontam para focos potenciais de estabilização em excesso de 750ppm CO_2e, com possíveis alterações de temperatura com 5°C em excesso.

Os cenários relativos à temperatura não captam os potenciais impactos de desenvolvimento humano. Alterações médias nas temperaturas na escala projectada pelos cenários nas trajectórias actuais irão espoletar retrocessos em larga escala no desenvolvimento humano, minando vivências e causando deslocações em massa. No final do século XXI, o espectro de impactos ecológicos catastróficos poderão ter ultrapassado os limites do possível para o provável. Provas recentes sobre o colapso acelerado das calotes glaciares na Antártida e na Gronelândia, a acidificação dos oceanos, a redução dos sistemas da floresta tropical e o degelo dos solos perenemente gelados do Ártico têm o potencial de – separadamente ou em interacção – apontarem para pontos críticos.

A contribuição dos países para as emissões de gases com efeito de estufa que se acumulam na atmosfera varia muito. Representando 15 % da população mundial, os países ricos contam com quase metade das emissões de CO_2. O grande crescimento na China e na Índia está a conduzir uma convergência gradual em emissões totais. Contudo, a convergência das pegadas de carbono *per capita* é mais limitada. A pegada de carbono dos Estados Unidos é cinco vezes maior do que a da China e 15 vezes mais do que a da Índia. Na Etiópia, a média *per capita* da pegada é 0,1 toneladas de CO_2 (tCO_2) em comparação com 20 toneladas no Canadá.

O que é que o mundo precisa de fazer para seguir uma via de emissões que evite alterações climáticas perigosas? Nós colocamos a questão baseando-nos em simulações de modelos climáticos. Estas simulações definem um orçamento de carbono para o século XXI.

Se tudo o resto fosse igual, os orçamentos globais de carbono para as emissões relacionadas com energia chegariam a cerca de 14.5 mil milhões de toneladas (Gt) de CO_2 anualmente. As emissões actuais são o dobro. A má notícia é que as emissões têm tendência a aumentar. Resultado: o orçamento de carbono para o século XXI pode expirar em 2032. Com efeito, estamos a aumentar as dívidas ecológicas insustentáveis, relegando as gerações futuras para alterações climáticas perigosas.

A análise do orçamento de carbono traz uma nova perspectiva às preocupações sobre as quotas de emissão de gases com efeito de estufa dos países em vias de desenvolvimento. Apesar dessa quota parecer aumentar, não deverá desviar a atenção das responsabilidades subjacentes das nações mais ricas. Se cada pessoa no mundo em vias de desenvolvimento tivesse a mesma pegada de carbono que o cidadão médio tem na Alemanha ou Reino Unido, as emissões actuais seriam quatro vezes o limite definido pela nossa via sustentável de emissões, aumentado para nove vezes se a pegada *per capita* do mundo em vias de desenvolvimento chegasse aos níveis dos Estados Unidos ou Canadá.

Para alterar estes dados serão precisas adaptações profundas. Se o mundo fosse um só país, teria de reduzir as emissões de gases com efeito de estufa em 50% até 2050, tendo em conta os níveis da década de 1990, com reduções sustentáveis no final do século XXI. Contudo, o mundo não é um só país. Usando pressupostos plausíveis, prevemos que, para evitar alterações climáticas perigosas, será necessário que as nações mais ricas reduzam as sua emissões em pelo menos 80%, com reduções de 30% em 2020. Emissões dos países em vias de desenvolvimento deverão ter um máximo próximo de 2020, com reduções de 20% em 2050.

A nossa meta de estabilização é severa mas possível. Entre o momento actual e 2030, o custo médio anual chegaria a 1.6% do PIB. Não se trata de um investimento insignificante. Porém, representa menos de dois terços dos gastos militares globais. Os custos de não se tomar as acções necessárias poderiam ser

No final do século XXI, o espectro de impactos ecológicos catastróficos poderão ter ultrapassado os limites do possível para o provável

Os padrões actuais de investimento estão a formar uma infra-estrutura intensiva de carbono como fonte de energia, assumindo o carvão um papel predominante

muito maiores. Segundo o Relatório Stern, poderiam chegar a 20% do PIB mundial, dependendo de como os custos são calculados.

Ter em conta a anterior tendência das emissões sublinha a escala do desafio que temos pela frente. As emissões de CO_2 relativas a energia aumentaram drasticamente desde 1990, anos de referência para as reduções acordadas no Protocolo de Quioto. Nem todos os países desenvolvidos ratificaram os objectivos do Protocolo, o que teria reduzido as suas emissões médias em cerca de 5%. A maioria dos que os ratificaram não estão a conseguir atingir as suas metas. E os poucos que estão a conseguir alcançá-las podem dizer que a sua redução das emissões foi resultado de um compromisso político de mitigação das alterações climáticas. O Protocolo de Quioto não colocou restrições quantitativas nas emissões dos países em vias de desenvolvimento. Se os próximos 15 anos de emissões seguirem a tendência dos últimos 15, alterações climáticas perigosas tornar-se-ão inevitáveis.

As estimativas para o uso de energia apontam precisamente nesta direcção ou pior ainda. Os padrões actuais de investimento estão a formar uma infra-estrutura intensiva de carbono como fonte de energia, assumindo o carvão um papel predominante. Na base das tendências actuais e das presentes políticas, as emissões de CO_2 relativas a energia podem subir mais de 50%, acima dos níveis de 2005 em 2030. Os 20 biliões de dólares americanos (US$) que se previa serem gastos entre 2004 e 2030 para dar resposta à procura de energia podem colocar o mundo numa trajectória insustentável. Em alternativa, novos investimentos poderão ajudar a "descarbonizar" o crescimento económico.

Choques climáticos: risco e vulnerabilidade num mundo desigual

Os choques climáticos já fazem parte da vida dos mais pobres. Eventos como secas, cheias e tempestades são experiências terríveis para aqueles que são afectados: ameaçam as suas vidas, deixando-lhes um sentimento de insegurança. Mas os choques climáticos também corroem oportunidades a longo prazo para o desenvolvimento humano, minando a produtividade e desgastando as capacidades humanas. Os choques climáticos não poderão ser atribuídos às alterações climáticas. Contudo, as alterações incrementam os riscos e as vulnerabilidades que as populações mais pobres enfrentam. Procura-se desenvolver ainda mais os procedimentos, já de si bastante rebuscados, para se tentar lidar com estas situações, e as populações ficam presas em espirais de crescente privação.

A vulnerabilidade aos choques climáticos está desigualmente distribuída. O furacão Katrina foi um poderoso sinal da fragilidade humana face à mudança climática, mesmo nos países ricos – especialmente quando os impactos interagem com a desigualdade institucionalizada. No mundo desenvolvido, a opinião pública mostra-se cada vez mais preocupada relativamente aos riscos climáticos extremos. Com cada inundação, tempestade ou onda de calor, a preocupação aumenta. No entanto, os desastres climáticos estão fortemente concentrados nos países pobres. Cerca de 262 milhões de pessoas foram anualmente afectadas por desastres climáticos entre 2000 e 2004, mais de 98% nos países em vias de desenvolvimento. Na Organização de Cooperação e de Desenvolvimento Económico (OCDE) uma em cada 1500 pessoas foi afectada por um desastre climático. A proporção comparável nos países desenvolvidos é de 1 para 19 – um risco diferencial de 79.

Elevados índices de pobreza e baixos níveis de desenvolvimento humano limitam a capacidade dos agregados familiares pobres de gerirem riscos climáticos. Com um acesso limitado a um seguro formal, baixos rendimentos e escassos bens, os lares pobres têm de lidar com os choques climáticos sob condições restritivas.

As estratégias para lidar com os riscos climáticos podem reforçar a privação. Para minimizar os riscos, os produtores que vivem em áreas sujeitas a secas renunciam muitas vezes a produções agrícolas que poderiam resultar num aumento dos rendimentos, preferindo colheitas com retornos económicos mais baixos mas resistentes às secas. Quando os desastres climáticos ocorrem, os mais pobres são muitas vezes forçados a vender bens produtivos, que teriam implicações certas de retorno, de modo a proteger o consumo. E quando isso não é suficiente, os agregados lidam com a situação de outros modos: reduzem as refeições, gastam menos em saúde e tiram os filhos da escola. Estas são medidas desesperadas que podem criar ciclos de vida com desvantagens, relegando os agregados mais vulneráveis para armadilhas de baixo desenvolvimento humano.

A pesquisa efectuada neste relatório sublinha o quão incontornáveis estas situações podem ser. Se usarmos informação sobre as famílias, a um nível micro, examinamos alguns dos impactos dos choques climáticos nas vidas dos mais pobres a longo prazo. Na Etiópia e no Quénia, dois dos países mais propensos a secas, as crianças com 5 anos ou menos têm, respectivamente, entre 36% e 50% mais possibilidades de estarem mal nutridas se tiverem nascido em tempo de seca. Na Etiópia, isso traduz-se em cerca de mais 2 milhões de crianças mal nutridas, em 2005. Na Niger, crianças com 2 anos ou menos nascidas num ano de secas tinham mais 72% de probabilidades de serem pouco desenvolvidas. E as mulheres indianas nascidas em tempo de cheias, na década de 1970, têm menos 19% de probabilidades de terem frequentado a escola primária.

Os danos no desenvolvimento humano gerados a longo prazo pelos choques climáticos são insuficientemente compreendidos. As informações sobre os desastres relacionados com o clima, transmitidas pelos meios de comunicação, desempenham muitas vezes um papel preponderante na formação de opinião – e na captação do consequente sofrimento humano. Contudo, também fomentam a ideia de que estas experiências vêm e vão, desviando a atenção das consequências das cheias e secas para a humanidade a longo prazo.

As alterações climáticas não são anunciadas como acontecimentos apocalípticos nas vidas dos mais pobres. É ainda impossível atribuir a responsabilidade às alterações climáticas por um evento específico. Contudo, a mudança climática irá aumentar a vulnerabilidade das famílias mais pobres aos choques climáticos e colocará uma maior pressão em implementar estratégias de resolução que, com o tempo, poderão efectivamente corroer as capacidades humanas.

Identificamos cinco mecanismos de transmissão essenciais, através dos quais as alterações climáticas se poderão instalar e posteriormente inverter o desenvolvimento humano:

- *Produção agrícola e segurança alimentar.* As alterações climáticas irão afectar a pluviosidade, a temperatura e a disponibilidade de água para a agricultura em áreas vulneráveis. Por exemplo, áreas afectadas pelas secas na África Subsariana poderão expandir em 60-90 milhões de hectares, com zonas áridas a sofrer perdas de US$26 mil milhões em 2060 (preços de 2003), um valor que excede o auxílio bilateral à região em 2005. Outras áreas em desenvolvimento – incluindo a América Latina e o sul da Ásia – viverão perdas na produção agrícola, minando-se assim os esforços para reduzir a pobreza rural. O número adicional afectado pela subnutrição pode ascender aos 600 milhões em 2080.
- *Crise e insegurança da água.* Padrões de alteração e degelo dos glaciares irão juntar-se ao *stress* ecológico, comprometendo as correntes de água para irrigação e a colonização humana no processo. Haverá mais de 1.8 milhares de milhão de pessoas num ambiente de escassez de água em 2080. Ásia central, norte da China e parte norte do sul da Ásia enfrentam imensas vulnerabilidades associadas ao recuo dos glaciares a um ritmo de 10-15 metros por ano nos Himalaias. Sete dos grandes rios da Ásia terão um aumento na subida dos níveis da água a curto prazo, seguido por um declínio, enquanto os glaciares derretem. A região dos Andes também enfrenta iminentes ameaças à segurança da água com o colapso dos glaciares tropicais. Vários países, em regiões já por si com elevados níveis de carências hídricas, como no Médio Oriente, podem sofrer grandes perdas de disponibilidade de água.
- *Subida de nível dos oceanos e exposição a desastres climáticos.* O nível dos oceanos pode subir rapidamente com a célere desintegração das calotes glaciares. Um aumento da temperatura global de 3-4°C pode resultar em 330 milhões de pessoas temporária ou permanentemente deslocadas devido às inundações. Mais de 70 milhões no Bangladesh, 6 milhões no Baixo Egipto e 22 milhões de pessoas no Vietname podem ser afectadas. Pequenos estados insulares no Pacífico e nas Caraíbas podem sofrer danos catastróficos. O aquecimento dos mares também fomentará tempestades tropicais mais intensas. Com mais de 344 milhões de pessoas actualmente expostas a ciclones tropicais, as tempestades tropicais mais intensas podem ter consequências devastadoras para um grande grupo de países. O milhar de milhão de pessoas que actualmente vivem em bairros urbanos degradados, em frágeis encostas, ou em margens de rio sujeitas a inundações, enfrentam vulnerabilidades acutilantes.
- *Ecossistemas e biodiversidade.* As alterações climáticas já estão a transformar os sistemas ecológicos. Cerca de metade dos sistemas de recife de corais do mundo sofreram "branqueamento" como resultado do aquecimento dos mares. O aumento da acidez dos oceanos é outra ameaça, a longo prazo, para os ecossistemas marinhos.

Um aumento da temperatura global de 3-4°C pode resultar em 330 milhões de pessoas temporária ou permanentemente deslocadas devido às inundações

Evitar as ameaças sem precedentes originadas pelas perigosas alterações climáticas irá requerer um exercício colectivo sem igual na cooperação internacional

As ecologias glaciares também sofreram impactos devastadores devido às alterações climáticas, especialmente na região do Árctico. Embora alguns animais e espécies de plantas se adaptem, o ritmo das alterações climáticas é demasiado rápido para muitos outros: os sistemas climáticos movem-se mais depressa do que poderão alguma vez acompanhar. Com um aquecimento de 3ºC, 20-30% de espécies terrestres podem estar à beira da extinção.

- *Saúde humana* – Os países ricos já se encontram a desenvolver sistemas de saúde públicos para lidar com os choques climáticos futuros, como a onda de calor de 2003 e condições mais extremas no Verão e no Inverno. Contudo, os maiores impactos na saúde serão sentidos nos países em vias de desenvolvimento, devido aos elevados índices de pobreza e à limitada capacidade de resposta dos sistemas de saúde. Doenças fatais podem estender-se num raio muito superior. Por exemplo, entre 220 e 400 milhões de pessoas podem ser expostas à malária – uma doença que atinge cerca de 1 milhão de pessoas anualmente. Já se notam níveis mais altos da febre de Dengue do que alguma vez se verificou, especialmente na América Latina e em zonas da Ásia oriental. As alterações climáticas podem expandir a doença.

Nenhum destes cinco fios condutores se desenvolverá isolado. Irão interagir com processos sociais, económicos e ecológicos mais vastos que moldam oportunidades para o desenvolvimento humano. Inevitavelmente, a combinação precisa de mecanismos de transmissão de mudança climática para o desenvolvimento humano irá variar de país para país e dentro de cada um. Permanecem grandes incertezas. O que é certo é que as alterações climáticas perigosas poderão, sistematicamente, resultar em violentos choques no desenvolvimento humano, e em vários países. Em contraste com os choques económicos que afectam o crescimento, ou a inflação, muitos dos impactos no desenvolvimento humano – oportunidades perdidas na saúde e na educação, diminuição do potencial produtivo e a perda de sistemas ecológicos vitais, por exemplo – serão provavelmente irreversíveis.

Evitar alterações climáticas perigosas: estratégias para a mitigação

Evitar as ameaças sem precedentes originadas pelas perigosas alterações climáticas irá requerer um exercício colectivo sem igual na cooperação internacional. As negociações sobre os limites das emissões no período de compromisso estabelecido no protocolo de Quioto pós-2012 podem – e devem – enquadrar o orçamento global de carbono. Contudo, uma via de emissões globais sustentável só terá significado se se traduzir em estratégias nacionais práticas – e orçamentos nacionais de carbono. A mitigação das alterações climáticas está a transformar o modo como produzimos e usamos energia, e implicará viver dentro dos limites da sustentabilidade ecológica.

O ponto de partida para a transição para uma via de emissões sustentável traduz-se na definição de objectivos credíveis ligados aos objectivos globais de mitigação. Estes objectivos podem fornecer a base para exercícios orçamentais de carbono que ligam o presente e o futuro através de uma série de planos. Contudo, os objectivos credíveis têm de ser apoiados por políticas claras. O relatório nesta área, até ao momento, não é encorajador. A maior parte dos países desenvolvidos está a ficar aquém dos objectivos definidos sob o Protocolo de Quioto. O Canadá é um exemplo gritante. Em alguns casos, objectivos ambiciosos "Quioto-mais" foram adoptados. O Reino Unido e a Europa abraçaram esses objectivos. No entanto, e por diferentes razões, em princípio ambos ficarão aquém das metas definidas, a menos que movam esforços rapidamente para colocar a mitigação climática no centro das reformas das políticas energéticas.

Dois dos maiores países da OCDE não estão vinculados pelos objectivos de Quioto. A Austrália optou por uma iniciativa de voluntariado mais abrangente, que produziu resultados mistos. Os Estados Unidos não têm um objectivo federal para reduzir as emissões. Em vez disso, têm uma meta de redução da "intensidade de carbono" que mede a eficiência. O problema é que os ganhos da eficiência não conseguiram evitar elevados aumentos de emissões totais. Na ausência de objectivos federais, vários estados dos Estados Unidos definiram as suas próprias metas de mitigação. A Lei de Aquecimento Global da Califórnia de 2006 é uma tentativa ousada de alinhar as metas de redução dos gases com efeito de estufa com reformas de políticas energéticas.

Definir objectivos ambiciosos para a mitigação é um primeiro passo importante. Transformar os objectivos em medidas é politicamente mais desafiante. O primeiro passo: fixar um preço para as emissões de carbono. Estruturas de mudança de incentivo são uma combinação vital para uma transição mais rápida rumo a um crescimento com baixos índices de carbono. Num cenário optimizado, o preço do carbono seria global. Isto é politicamente irrealista a curto prazo porque falta ao mundo o sistema de governação necessário. A opção mais realista será a dos países ricos desenvolverem estruturas de tributação do carbono. Enquanto estas estruturas evoluem, os países em vias de desenvolvimento poderiam ser integrados com o tempo, e conforme as condições institucionais o permitissem.

Há dois modos de atribuir um preço ao carbono. O primeiro é tributar directamente as emissões de CO_2. É importante notar que a tributação do carbono não implica um aumento da carga fiscal. As receitas podem ser usadas de modo fiscalmente neutral para apoiar reformas fiscais ambientais – por exemplo, reduzindo a tributação do trabalho e do investimento. Níveis marginais de tributação iriam requerer uma adaptação à luz das tendências das emissões de gases com efeito de estufa. Uma abordagem, de modo geral, consistente com a nossa via de emissões sustentável, iria levar à introdução da tributação ao nível de US\$10-20/t CO_2, com aumentos anuais de US\$5--10/t CO_2, até atingir um nível de US\$60- 100/t CO_2. Essa abordagem iria fornecer aos investidores e mercados uma estrutura clara e previsível para planear investimentos futuros. E iria gerar fortes incentivos para uma transição para baixos índices de carbono.

A segunda opção para fixar um preço no carbono é limitar e negociar. Sob um sistema de limite-e-negociação, o governo define um limite geral de emissões e distribui quotas de emissão negociáveis, permitindo o direito de emitir uma certa quantidade. Aqueles que conseguem reduzir as emissões de modo mais barato poderão vender essas quotas. Uma desvantagem provável nesta escolha de limitar e negociar é a instabilidade do preço da energia. A potencial vantagem é a certeza ambiental: o limite em si é um tecto quantitativo para as emissões. Dada a urgência em atingir reduções consideráveis e imediatas nas emissões dos gases com efeito de estufa, programas bem elaborados de limite e negociação têm o potencial de desempenhar um papel essencial na mitigação.

O Regime Comunitário de Comércio de Emissões (RCLE UE) é o maior programa de limite-e-negociação do mundo. Apesar de muito se ter atingido, há sérios problemas a ter em conta. Os limites nas emissões foram demasiado altos, sobretudo devido ao fracasso dos estados membros da União Europeia em resistir aos esforços lobistas de poderosos interesses pessoais. Alguns sectores – notavelmente poderosos – têm lucros inesperados à custa do público. E só uma pequena fracção das licenças do RCLE UE – menos de 10% na segunda fase – pode ser leiloada, privando os governos de receitas de reformas fiscais, abrindo a porta à manipulação política e gerando ineficiências. Restringir a atribuição de quotas no RCLE UE, seguindo a linha do compromisso da União Europeia de reduzir entre 20-30% nas emissões até 2020, ajudaria a alinhar os mercados de carbono com os objectivos da mitigação.

Os mercados de carbono são uma condição necessária para uma transição para uma economia com baixos índices de carbono. Mas não são o suficiente. Os governos têm um papel crítico a desempenhar na definição de padrões reguladores e no apoio à pesquisa, ao desenvolvimento e à implementação de baixos níveis de carbono.

Não há escassez de bons exemplos. A disposição de energias renováveis está a expandir, em parte devido à criação de incentivos através da regulamentação. Na Alemanha, a tarifa de injecção *(feed-in tariff)* aumentou a quota de fornecedores renováveis na grelha nacional. Os Estados Unidos têm usado, com sucesso, incentivos fiscais para encorajar o desenvolvimento de uma indústria eólica vibrante. Contudo, apesar do rápido crescimento de energias renováveis ter sido encorajado, o progresso geral fica aquém do que é possível – e do que é necessário para a mitigação das alterações climáticas. A maior parte dos países da OCDE têm o potencial de aumentar a quota de energias renováveis na geração de electricidade em pelo menos 20%.

Aumentar a eficiência energética tem a potencialidade de oferecer um "duplo dividendo". Pode reduzir emissões de CO_2 e reduzir os custos energéticos. Se todos os aparelhos eléctricos a funcionar nos países da OCDE em 2005 tivessem conhecido os melhores padrões de eficiência, ter-se-ia poupado alguns 322 Mt CO_2 de emissões até 2010 – o equivalente a retirar da estrada 100 milhões de carros. O consumo de electricidade nos agregados familiares, por seu lado, teria decrescido um quarto.

O transporte individual é outra área em que os padrões de regulamentação podem desbloquear duplos-dividendos. O sector automóvel é responsável

Os mercados de carbono são uma condição necessária para uma transição para uma economia com baixos índices de carbono. Mas não são o suficiente

O rápido desenvolvimento e a implementação de tecnologias com baixos índices de carbono são vitais para a mitigação das alterações climáticas

por cerca de 30% das emissões de gases com efeito de estufa nos países desenvolvidos – e a quota está a aumentar. Padrões de regulamentação são importantes porque podem influenciar a eficiência da frota, ou o número médio de kms percorridos por litro (e por isso emissões de CO_2). Nos Estados Unidos, os padrões de eficiência de combustível foram derrapando com o tempo. São agora mais baixos do que na China. Aumentar os padrões até 8.5kms por litro iria reduzir o consumo até 3.5 milhões de barris por dia e poupar 400 Mt CO_2 de emissões por ano – mais do que o total das emissões da Tailândia. Os esforços para aumentar padrões de eficiência de combustível são muitas vezes contrapostos por poderes pessoais muito influentes. Na Europa, por exemplo, as propostas da Comissão Europeia para aumentar os níveis foram contrariadas por uma coligação de produtores de automóveis. Vários estados membros rejeitaram as propostas, levantando questões mais vastas sobre a capacidade da União Europeia para transformar os objectivos das alterações climáticas em políticas tangíveis.

O comércio internacional poderia desempenhar um papel mais preponderante na expansão de mercados para combustíveis alternativos. O Brasil é mais eficiente do que os Estados Unidos ou a União Europeia em produzir etanol. Além disso, o etanol produzido com cana-de-açúcar é mais eficiente na redução de emissões de carbono. O problema é que as importações de etanol brasileiro são limitadas por elevadas taxas de importação. O levantamento destas taxas iria gerar ganhos não apenas para o Brasil, mas para a mitigação das alterações climáticas.

O rápido desenvolvimento e a implementação de tecnologias com baixos índices de carbono são vitais para a mitigação das alterações climáticas. Escolher vencedores na tecnologia é algo arriscado. Na melhor das hipóteses, os governos têm um registo misto. Contudo, quando confrontados com uma ameaça nacional e global na escala das alterações climáticas, os governos não se podem permitir recuar e esperar que os mercados actuem. A política energética é uma área na qual se combinam uma escala de investimentos iniciais, um horizonte temporal, e a incerteza, pelo que os mercados, isoladamente, fracassarão no lançamento de alterações tecnológicas ao ritmo necessário para a mitigação. Noutros tempos, grandes descobertas tecnológicas seguiram acções governamentais decisivas: o projecto Manhattan e o programa espacial americano são exemplos.

A Captura e Armazenamento de Carbono (CAC) é uma descoberta tecnológica chave. O carvão é a maior fonte de electricidade em todo o mundo. As reservas estão amplamente dispersas. Se a isso juntarmos o aumento do preço do petróleo e do gás natural, esta é uma razão para que o carvão figure, proeminentemente, na combinação energética presente e planeada de grandes emissores como a China, a Índia, e os Estados Unidos. A CAC é importante porque assegura a promessa de produção de energia através do carvão com quase zero emissões. Com programas mais activos de investimentos públicos e privados, alinhados com atribuição de um preço ao carbono, as tecnologias de CAC podiam ser desenvolvidas e implementadas mais rapidamente. Tanto os Estados Unidos como a União Europeia têm a capacidade de colocar em campo pelos menos 30 centrais de demonstração até 2015.

Os baixos níveis de eficiência energética nos países em vias desenvolvimento são actualmente uma ameaça aos esforços de mitigação das alterações climáticas. Aumentar os níveis de eficiência através de cooperação internacional pode transformar essa ameaça numa oportunidade, gerando muitos ganhos no processo de desenvolvimento humano. Demonstramos isto examinando o impacto de emissões de CO_2 de um programa de transferência de tecnologia acelerada para o sector do carvão na China. Só na China, as emissões em 2030 seriam de 1.8 Gt CO_2 abaixo do nível projectado pela Agência Internacional de Energia (AIE). Este valor é equivalente a cerca de metade das emissões actuais na União Europeia. Ganhos de eficiência similares são atingíveis noutras áreas.

Aumentar a eficiência energética é um cenário em que todos ganham. Os países em vias de desenvolvimento ganham com uma eficiência energética melhorada e baixos índices de poluição ambiental. E, de um modo geral, todos os países beneficiarão com a mitigação de CO_2. Infelizmente, o mundo não tem, actualmente, um mecanismo credível para desbloquear este cenário onde todos possam ficar a ganhar. Propomos o desenvolvimento, sob o auspício da estrutura de Quioto pós-2012, de um Mecanismo para Mitigação das Alterações Climáticas (MMAC) para colmatar esse hiato. O MMAC mobilizaria anualmente entre US$25 e US$50 mil milhões para financiar investimentos energéticos de baixos índices de carbono em países em vias de desenvolvimento. Estes financiamentos seriam adaptados às circunstâncias individuais de cada país, e envolveriam a disponibilização de um leque de bolsas, a concessão de apoios e garantias de risco. O apoio basear-se-ia em programas. Cobriria os custos incrementais de concretizar os objectivos definidos de redução de emissões, aumentando políticas energéticas nacionais em áreas como a das energias renováveis, carvão limpo e o aumento de padrões de eficiência para os transportes e construções.

A desflorestação é outra questão central para a cooperação internacional. Actualmente, o mundo está a perder os fundos de carbono existentes na floresta tropical à fracção do valor de mercado que teriam, mesmo no caso de carbono a baixos preços. Na Indonésia, cada dólar americano gerado através da desflorestação para produzir óleo de palma iria traduzir-se numa perda entre US$50 e US$100, se a capacidade reduzida do carbono pudesse ser comercializada através de RCLE UE. Para além destes fracassos de mercado, a perda das florestas tropicais representa a erosão de um recurso que desempenha um papel vital nas vidas dos mais pobres, na provisão de serviços de ecossistema e na manutenção da biodiversidade.

É possível explorar a potencialidade dos mercados de carbono através da criação de incentivos para evitar a desflorestação. De um modo geral, os recursos financeiros de carbono poderiam ser utilizados para apoiar o restabelecimento de prados degradados, gerando benefícios para a mitigação das alterações climáticas, para a adaptação e para a sustentabilidade ambiental.

Adaptação ao inevitável: acção nacional e cooperação internacional

Sem uma acção urgente para a mitigação, o mundo não poderá evitar perigosas alterações climáticas. Mas mesmo a mais acentuada mitigação será insuficiente para evitar grandes reveses em desenvolvimento humano. O mundo já não poderá escapar a um maior aquecimento devido à inércia relativamente aos sistemas climáticos e ao tempo que medeia a mitigação e os respectivos resultados. Durante a primeira metade do século XXI não haverá outra alternativa se não uma adaptação às alterações climáticas.

Os países mais ricos já reconhecem que a adaptação é imperativa. Muitos estão, nesse sentido, a investir fortemente no desenvolvimento de infra-estruturas de defesa climáticas. De facto, estão a ser concebidas estratégias nacionais para nos prepararmos para futuros padrões meteorológicos – mais extremos e menos fiáveis. O Reino Unido gasta anualmente US$1.2 mil milhões em planos de protecção contra as inundações. Na Holanda, as pessoas investem em casas que flutuam. A indústria de *ski* nos Alpes suíços investe em máquinas de neve artificial.

Os países em vias de desenvolvimento enfrentam desafios de adaptação bastante mais severos. Esses desafios têm de ser enfrentados por governos que operam sob condicionantes financeiras restritivas e pelas populações mais pobres. No Corno de África, "adaptação" significa mulheres e raparigas andarem mais para conseguirem água. No Delta do Ganges, as pessoas estão a erigir abrigos flutuantes de bambu, muito acima do nível do solo. E no Delta do Mekong as populações plantam mangais para se protegerem contra vagas de tempestades, enquanto mulheres e crianças aprendem a nadar.

As desigualdades na capacidade de adaptação às alterações climáticas são cada vez mais perceptíveis. Numa parte do mundo – a parte mais rica – proceder-se à adaptação é apenas uma questão de se erigir infra-estruturas elaboradas de defesa contra clima, e de construir casas que *flutuam* nas cheias. Ao contrário das populações de Londres e de Los Angeles que vivem resguardadas pelos sistemas de defesa contra as inundações, as raparigas no Corno de África e a população no Delta do Ganges não têm uma pegada de carbono profunda. Tal como disse Desmond Tutu, Arcebispo Emérito da Cidade do Cabo, estamos a rumar para um mundo de *apartheid* em termos de potencialidades de adaptação.

Estamos a rumar para um mundo de apartheid em termos de potencialidades de adaptação

Planear uma adaptação às alterações climáticas constitui um desafio a muito níveis para os governos nos países em vias de desenvolvimento. Estes desafios representam ameaças sistemáticas. No Egipto, as cheias nos deltas podem transformar as condições para a produção agrícola. Alterações nas correntes costeiras no sul de África podem comprometer o futuro do sector pesqueiro na Namíbia. A produção de energia hidroeléctrica será afectada em muitos países.

Para responder às alterações climáticas será necessário uma integração da adaptação em todos os aspectos de desenvolvimento de políticas e de planeamento para a redução da pobreza. Contudo, a capacidade de planeamento e de implementação é limitada:

- *Informação.* Muitos dos países mais pobres do mundo não têm a capacidade nem os recursos

Os apoios para os MDGs fornecem outra filosofia de acção: a adaptação é um requisito essencial para se atingir os objectivos de 2015 e criar condições de progresso sustentáveis

para avaliar os riscos climáticos. Na África Subsariana, os altos níveis de pobreza rural e de dependência de uma agricultura de rega a partir exclusivamente da chuva leva a que a informação meteorológica tenha um papel fundamental na adaptação. Contudo, esta região tem a mais baixa densidade de estações meteorológicas. Em França, o orçamento meteorológico chega a US$388 milhões anuais, comparados com apenas US$2 milhões na Etiópia. A cimeira do G8 em 2005 exigiu a tomada de medidas para fortalecer a capacidade de monitorização meteorológica de África. A sua execução ficou, porém, aquém dos compromissos assumidos.

- *Infra-estruturas.* Na adaptação às alterações climáticas, como em outras áreas, mais vale prevenir do que remediar. Cada dólar americano investido na gestão da prevenção de risco de desastre nos países em vias de desenvolvimento pode evitar perdas de US$7. No Bangladesh, uma pesquisa efectuada junto da população empobrecida que vive nas ilhas *char* mostra o modo como a adaptação às cheias pode fortalecer as condições de vida, mesmo em condições extremas. Muitos países não têm os recursos financeiros necessários à adaptação em infra-estruturas. Para além da prevenção de desastres, o desenvolvimento de infra-estruturas na comunidade para a recolha de água para as suas colheitas pode reduzir a sua vulnerabilidade e conferir-lhe capacidade para lidar com os riscos climáticos. Parcerias entre comunidades e governos locais em estados indianos, como Andhra Pradesh e Gujarat, fornecem exemplos daquilo que poderá ser concretizado.
- *Seguro para protecção social.* As alterações climáticas estão a gerar riscos suplementares nas vidas dos mais pobres. Os programas de protecção social poderão ajudar as pessoas a lidar com esses riscos ao proporcionarem simultaneamente mais oportunidades em termos de emprego, nutrição e educação. Na Etiópia, o Programa de Rede de Segurança Produtiva é uma tentativa de fortalecer as capacidades dos lares mais pobres de lidarem com as secas, sem terem de sacrificar as oportunidades na saúde e na educação. Na América Latina, as transferências de dinheiro condicionais poderão ser amplamente usadas para apoiar uma vasta gama de objectivos de desenvolvimento humano, incluindo a protecção das capacidades básicas durante uma crise súbita. No sul de África, as transferências monetárias têm sido usadas em épocas de seca para proteger a longo prazo a capacidade produtiva. Apesar da protecção social figurar apenas marginalmente em estratégias de adaptação às alterações climáticas actuais, ela permite criar significativos benefícios associados a desenvolvimento humano.

A acção internacional sobre os processos de adaptação tem raízes em compromissos passados, em valores comuns, no compromisso global para reduzir a pobreza e na responsabilidade das nações mais ricas perante os problemas das alterações climáticas. Nos termos da Convenção Quadro das Nações Unidas para as Alterações Climáticas (CQNUAC), os governos do Norte são obrigados a apoiar o desenvolvimento da capacidade de adaptação. Os apoios para os MDGs fornecem outra filosofia de acção: a adaptação é um requisito essencial para se atingir os objectivos de 2015 e criar condições de progresso sustentáveis. A aplicação dos princípios legais de protecção contra danos e de compensações por prejuízos constitui mais uma razão para agir.

Enleada numa linguagem diplomática, a resposta internacional à adaptação ficou aquém do que era necessário. Vários mecanismos de financiamento multilateral foram criados, incluindo o Fundo para os Países Menos Desenvolvidos e o Fundo Especial para as Alterações Climáticas. Os resultados destes mecanismos têm sido limitados. O valor total de financiamento, até à data, chegou a cerca de US$26 milhões – uma resposta irrisória. Em termos comparativos, este valor equivale ao que se gasta no Reino Unido no programa de defesa contra inundações numa semana. Os fundos empenhados actualmente ascendem a US$279 milhões, a serem gastos em vários anos. Trata-se de uma melhoria relativamente a valores anteriores, mas, mesmo assim, é apenas uma fracção do que seria necessário. Representa menos de metade daquilo que o estado alemão de Baden-Wurtemberg irá investir nos reforços de defesa contra as inundações.

Não são apenas as vidas e os quotidianos dos mais pobres que requerem protecção através da adaptação. Os programas de ajuda estão também ameaçados. Calculamos que cerca de um terço da actual assistência ao desenvolvimento esteja concentrada em áreas que enfrentam variados riscos de alterações climáticas. Isolar os orçamentos de ajuda relativamente a esses riscos requer investimentos adicionais de cerca de US$4.5 mil milhões. Simultaneamente, as alterações climáticas estão a contribuir para um desvio da ajuda para uma minimização do desastre. Esta tem sido uma das áreas de maior crescimento em termos de fluxos de auxílio, representando 7,5% dos compromissos totais de 2005.

Calcular os requisitos de financiamento para o auxílio na adaptação é inerentemente difícil. Na ausência de avaliações nacionais detalhadas sobre os riscos climáticos e a vulnerabilidade, qualquer avaliação irá necessariamente representar um "cálculo adivinhado". A nossa adivinhação é que até 2015 pelo menos US$44 mil milhões serão anualmente necessários para investimentos de desenvolvimento de resiliência ao clima (preços de 2005). Fortalecer a resistência humana é outra área prioritária. Os investimentos na protecção social e em estratégias de desenvolvimento humano mais vastas são necessários para fortalecer a capacidade dos povos mais vulneráveis de lidarem com o risco. A nossa estimativa aproximada é de que irão ser precisos, pelo menos, US$40 mil milhões até 2015 para fortalecer as estratégias nacionais no sentido da redução da pobreza face aos riscos das alterações climáticas. Se contextualizarmos este valor, ele representa cerca de 0.5% do PIB previsto para 2015 em países de baixo e médio-baixo rendimento. Os auxílios perante um desastre e no período posterior ao mesmo têm também de ser fortalecidos, já que as secas, cheias, tempestades e desmoronamentos são grandes ameaças. Provisões de mais US$2 milhares de milhão por ano estão implícitas nos nossos cálculos.

Os requisitos para o financiamento da adaptação devem ser vistos como compromissos *novos e adicionais*. Isto é, devem ser um complemento e não um desvio dos compromissos de ajuda já existentes. Os governos do norte prometeram duplicar a ajuda até 2010, apesar do registo de financiamento ser misto. Ficar aquém nesta situação irá comprometer o progresso relativamente aos MDGs e trazer problemas na adaptação às alterações climáticas.

O valor do financiamento para a adaptação nova e adicional é aparentemente grande – mas tem de ser contextualizado. Um total de cerca de US$86 mil milhões em 2015 pode ser necessário para prevenir uma dispersão da ajuda. Representaria cerca de 0.2% do PIB dos países desenvolvidos, ou cerca de um décimo daquilo que actualmente se gasta em despesas militares. Medido em termos de benefícios para a segurança humana, o financiamento para a adaptação é um investimento de custos altamente eficiente. Há uma série de mecanismos de financiamento inovadores que podem ser explorados para mobilizar recursos. Estes incluem a tributação do carbono, quotizações administradas ao abrigo de programas de limite-e-negociação, e incidências de impostos nos transportes e veículos.

O apoio internacional para a adaptação deverá ainda ir para além dos financiamentos. Os actuais esforços internacionais sofrem não só de sub-financiamento, mas também de uma falta de coordenação e de coerência. Um conjunto retalhado de mecanismos multilaterais resulta na atribuição de pequenas quantias de financiamento com custos de transacção muito elevados, e na sua maioria através de projectos individuais. Apesar de o apoio com base em projectos desempenhar um papel importante, o lugar para o planeamento da adaptação deverá centrar-se nos programas e nos orçamentos nacionais.

A integração do planeamento da adaptação nas estratégias mais abrangentes de redução de pobreza é uma prioridade. As políticas de adaptação bem sucedidas não poderão ser levadas para sistemas que falham na sua abordagem às causas de pobreza, de vulnerabilidade e às maiores disparidades entre níveis de riqueza, género e localização. O diálogo sobre o Documento Estratégico de Redução de Pobreza (DERP) oferece uma estrutura possível para que se possa integrar a adaptação no planeamento da redução da pobreza. A revisão do DERP, através de processos nacionais para identificar os requisitos de financiamento e opções políticas para a adaptação, pode fornecer um ponto fulcral para a cooperação internacional.

Conclusão e resumo das recomendações

As alterações climáticas colocam a humanidade perante árduas escolhas. Podemos evitar retrocessos no desenvolvimento humano e riscos catastróficos para as gerações futuras no século XXI, mas só se escolhermos agir com um sentido de urgência. Esse sentido de urgência está actualmente em falta. Os governos podem fazer uso da retórica ao falarem de uma "crise de segurança global" sempre que se referem ao problema das alterações climáticas, mas as suas acções – e inacções – ao nível das reformas das políticas energéticas dizem-nos algo diferente. O ponto de partida para a liderança e para a acção políticas por parte dos

Não poderia haver nada mais claro do que o clima para demonstrar que criação de riqueza económica não é o mesmo que desenvolvimento humano

Para a geração actual, o desafio é manter uma janela de esperança aberta através da redução das emissões de gases com efeito de estufa

governos deve ser o reconhecimento de que estamos perante aquela que poderá ser a mais grave ameaça que alguma vez assolou a humanidade.

Encarar essa ameaça criará desafios a muitos níveis. Talvez o mais fundamental de todos respeita ao modo como pensamos o progresso. Não poderia haver nada mais claro do que o clima para demonstrar que criação de riqueza económica não é o mesmo que desenvolvimento humano. Sob as actuais políticas energéticas, a crescente prosperidade económica caminhará de mãos dadas com as crescentes ameaças ao desenvolvimento humano de hoje e ao bem-estar de gerações futuras. Mas o crescimento económico intensivo em carbono é sintomático de um problema mais profundo. Uma das lições mais difíceis que as alterações climáticas nos ensinam é que o modelo económico subjacente ao actual crescimento, e o consumo imoral nos países desenvolvidos que lhe é inerente, é ecologicamente insustentável. Não poderia haver maior desafio às nossas concepções sobre progresso que a necessidade de reconduzir as actividades económicas e de consumo na direcção de uma harmonia com as realidades ecológicas.

O combate às alterações climáticas exige que coloquemos imperativos ecológicos no coração da economia. Esse processo tem que começar no mundo desenvolvido – e tem que começar hoje. As incertezas têm de ser reconhecidas. Neste relatório argumentamos que, com as reformas certas, não é demasiado tarde para reduzir as emissões dos gases com efeito de estufa até níveis sustentáveis sem sacrificar o crescimento económico: a crescente prosperidade e a segurança climática não são metas em conflito.

O estado actual da cooperação internacional e do multilateralismo sobre as alterações climáticas não serve o nosso propósito. O mundo precisa, com a máxima prioridade, de um acordo internacional vinculativo para reduzir as emissões de gases com efeito de estufa ao longo de um horizonte temporal, mas com objectivos rigorosos a curto e médio prazos. A maior parte dos países em vias de desenvolvimento têm de tomar parte neste acordo e comprometer-se em reduzir as emissões. Contudo, este compromisso terá que reflectir as suas circunstâncias e capacidades e a necessidade abrangente de sustentar o progresso da redução de pobreza. Qualquer acordo multilateral sem compromissos quantitativos por parte dos países em vias de desenvolvimento não será credível em termos da mitigação das alterações climáticas. Assim, não haverá qualquer possibilidade de acordo a menos que se incluam disposições de financiamento e de fornecimento de meios tecnológicos por parte dos países mais ricos, sendo que é sobre eles que recai a responsabilidade histórica pelas alterações climáticas.

A cooperação internacional também deve ter em conta o tema urgente da adaptação às alterações climáticas. Mesmo com uma mitigação rigorosa, o mundo já não poderá evitar o aquecimento global sustentável na primeira metade do século XXI. Havendo criado o problema, os países mais ricos não se podem manter à margem dos acontecimentos, enquanto as esperanças e aspirações das populações mais pobres do mundo são minadas pela crescente exposição aos riscos e às vulnerabilidades resultantes das alterações climáticas.

Combater as alterações climáticas é um exercício que atravessa gerações. Para a geração actual, o desafio é manter uma janela de esperança aberta através da redução das emissões de gases com efeito de estufa. O mundo tem uma oportunidade histórica de iniciar esta tarefa. O actual compromisso do Protocolo de Quioto expira em 2012. O acordo sucessor poderá marcar um novo rumo, impondo limites rigorosos nas emissões futuras e fornecendo uma estrutura para uma acção comum internacional. As negociações poderão avançar no sentido de se definir metas quantitativas até 2010, fornecendo aos governos objectivos para os orçamentos nacionais de carbono. Orçamentar o carbono com o apoio de políticas energéticas radicais e uma acção governamental que vise alterar estruturas de incentivos para os consumidores e investidores são passos eficazes e fundamentais para uma mitigação efectiva das alterações climáticas. Não há tal coisa como uma última oportunidade quando se trata de assuntos humanos. Mas a estrutura de Quioto pós-2012 aproxima-se.

Recomendações

1 Desenvolver uma estrutura multilateral, ao abrigo do Protocolo de Quioto pós--2012, para evitar alterações climáticas perigosas

- Estabelecer um limiar comum, para as alterações climáticas perigosas, de 2°C acima de níveis pré-industriais.
- Definir um objectivo de estabilização das concentrações atmosféricas em 450 ppm CO_2e em 450ppm (os custos são calculados numa percentagem de 1.6% de média global do PIB em 2030.
- Concordar com uma via global e sustentável de emissões com vista a reduzir em 50% as emissões de gases com efeito de estufa até 2050, tendo em conta o nível da década de 1990.
- Executar os objectivos definidos, no actual período de compromisso de Quioto, por parte dos países desenvolvidos através de um acordo mais alargado para reduzir as emissões dos gases com efeito de estufa em, pelo menos, 80% em 2050, com reduções de 20-30% em 2020.
- Os principais emissores nos países em vias de desenvolvimento devem visar valores de emissões que atinjam um pico em 2020, e reduções de 20% até 2050.

2 Agenda para a mitigação – colocar em prática políticas para o orçamento de carbono

- Definir um orçamento nacional de carbono em todos os países desenvolvidos com vista a reduzir as emissões de um modo geral, tendo como referência o ano de 1990, incorporado na legislação nacional.
- Atribuir um custo ao carbono através de programas de tributação, por um lado, e de limite-e-negociação, por outro, consistentes com as metas nacionais do orçamento de carbono.
- Apresentar a tributação do carbono a um nível de US$10-20/t CO_2 em 2010, com incrementos anuais até US$60 – US$100/t CO_2.
- Adoptar programas de limite-e-negociação que apontem para 20-30% de redução de emissões de CO_2 até 2020 com 90-100% de quotas de emissão leiloadas até 2015.
- Utilizar as receitas da tributação do carbono e de limite-e-negociação para financiar reformas fiscais progressivas com reduções na tributação do trabalho e dos investimentos, e para o desenvolvimento de incentivos para tecnologia com baixos índices de carbono.
- Reformar o Regime Comunitário de Comércio de Emissões da União Europeia para reduzir quotas, aumentar leilões e limitar lucros inesperados no sector privado.
- Cria um ambiente que promova energia renovável através de tarifas de injecção e regulação de mercados, com uma meta de 20% até 2020 de produção de energia renovável.
- Aumentar a eficiência energética através de padrões reguladores nos aparelhos e edifícios.
- Reduzir as emissões de CO_2 dos transportes através de padrões de eficiência de combustíveis mais exigentes na União Europeia, com uma meta de 120gr de CO_2/km em 2012 e 80gr de CO_2/km em 2020, e padrões mais rigorosos de acordo com a Economia de Combustível Média Empresarial (*CAFE*) nos Estados Unidos, com a introdução de tributação na aviação.
- Aumentar financiamento, incentivos e apoio regulador para o desenvolvimento de inovações tecnológicas, com ênfase na Captura e Armazenamento de Carbono – os Estados Unidos deveriam visar implementar 30 centrais de demonstração até 2015 e a União Europeia deveria ser igualmente ambiciosa.

3 Fortalecer a estrutura para cooperação internacional

- Desenvolver a cooperação internacional para enfatizar o acesso a serviços modernos de energia e reduzir a dependência na biomassa, a fonte primária de energia para cerca de 2.5 mil milhões de pessoas.

- Reduzir a taxa de aumento de emissões de carbono nos países em vias de desenvolvimento através de reformas reforçadas no sector energético, apoiado por programas de financiamento e meios tecnológicos.
- Criar um Mecanismo para Mitigação de Alterações Climáticas para mobilizar US$25-US$50 mil milhões necessários anualmente com vista a apoiar as transições para baixos índices de carbono nos países em vias de desenvolvimento através de uma combinação de concessões, apoios e garantias contra riscos para investimento, ao abrigo de programas de reforma do sector energético privatizados.
- Integrar o financiamento de carbono baseado em projectos, através de Mecanismo de Desenvolvimento Limpo e outros mecanismos de flexibilidade de Quioto com base em programas e estratégias nacionais sectoriais para apoiar a transição para baixos índices de carbono.
- Fortalecer significativamente a cooperação internacional no que se refere ao carvão, com a criação de incentivos para o desenvolvimento e implementação de tecnologias de Ciclo Combinado e Gaseificação Integrada, e de Captura e Armazenamento de Carbono.
- Desenvolver incentivos internacionais para conservação e gestão sustentável das florestas tropicais.
- Alargar o financiamento de carbono para além da mitigação do sector industrial aos programas de utilização do solo – como sendo os de conservação das florestas e de recuperação das pastagens –, os quais oferecem benefícios aos mais pobres.

4 Centrar a adaptação às alterações climáticas na estrutura de Quioto pós-2012 e parcerias internacionais para reduzir a pobreza

- Reconhecer que o mundo está empenhado na luta das alterações climáticas, e que até a mais rigorosa mitigação não influenciará materialmente uma alteração de temperaturas até meados de 2030, sendo que as temperaturas médias globais subirão até 2050, mesmo em cenários mais positivos.
- Fortalecer a capacidade dos países em vias de desenvolvimento em avaliar riscos das alterações climáticas e integrar estratégias de adaptação em todos os aspectos do planeamento nacional.
- Actuar de acordo com os compromissos do G8 para consolidar a capacidade de monitorização meteorológica na África Subsariana através de parcerias, sob o Sistema de Observação Global para o Clima.
- Capacitar e permitir aos povos mais vulneráveis adaptar-se às alterações climáticas, criando resiliência através de investimentos na protecção social, saúde, educação e outras medidas.
- Integrar a adaptação nas estratégias de redução da pobreza que abordam vulnerabilidades ligadas às desigualdades baseadas na riqueza, género, localização e outros factores de desigualdade.
- Providenciar pelo menos US$86 mil milhões em financiamento *novo e adicional* para a adaptação, através de transferências monetárias dos mais ricos para os mais pobres até 2016, com vista a proteger o progresso dos MDGs e evitar retrocessos no desenvolvimento humano após 2015.
- Expandir disposições multilaterais para responder às emergências humanitárias relacionadas com o clima e apoiar recuperações de desastres, com vista a fomentar uma futura resiliência, com US$2 mil milhões em financiamento até 2016 ao abrigo de convénios como o Fundo de Resposta de Emergência Central das Nações Unidas e o Equipamento Global para a Redução e Recuperação de Desastres Climáticos do Banco Mundial.
- Explorar um leque de opções financeiras inovadoras para além da assistência ao desenvolvimento para mobilizar apoios para a adaptação, incluindo a tributação do carbono, taxas por quotas emitidas sob programas de limite-e-negociação, impostos dos transportes aéreos e medidas abrangentes.
- Optimizar a estrutura actual de fundos multilaterais especiais, que fornecem apoio limitado (US$26 milhões até à data e US$253 milhões encaminhados, com altos custos de transição), e alterar a posição de apoio de financiamento com base em projectos para financiamento enraizados em programas.
- Usar os Documentos Estratégicos de Redução de Pobreza para conduzir as estimativas nacionais dos custos do alargamento de programas existentes, identificando áreas prioritárias com vista a reduzir a vulnerabilidade.

1

O desafio climático do século XXI

**“Uma geração planta uma árvore;
e a seguinte terá sombra.”**

Provérbio Chinês

“Já sabes o suficiente. Eu também. Não é o conhecimento que nos falta. O que falta é a coragem de compreender o que sabemos e de tirar conclusões.”

Sven Lindqvist

CAPÍTULO 1 O desafio climático do século XXI

A suprema realidade do nosso tempo é agora o espectro do perigo resultante das alterações climáticas

A Ilha de Páscoa no Oceano Pacífico é um dos locais mais remotos na Terra. As estátuas de pedra gigantes situadas na cratera vulcânica de Rono Raraku são tudo o que resta daquilo que foi uma civilização complexa. Essa civilização desapareceu devido à sobre-exploração de recursos ambientais. A competição entre clãs rivais levou a um rápido processo de desflorestação, erosão do solo e a destruição de populações de aves, minando os alimentos e os sistemas agrícolas na base da vida humana.[1] Os sinais de alerta para impedir a destruição foram ouvidos demasiado tarde para evitar o colapso.

A história da Ilha de Páscoa está a ser alvo de estudo no que respeita às consequências que decorreram da incapacidade de gerir recursos ecológicos partilhados. As alterações climáticas estão a tornar-se uma versão do século XXI da mesma história a uma escala global. Há, contudo, uma diferença importante. A população da Ilha de Páscoa foi atingida por uma crise que não podia prever – e sobre a qual teriam pouco controlo. Hoje em dia, a ignorância não constitui um argumento de defesa válido. Temos as provas, temos os recursos para evitar a crise, e conhecemos as consequências de permanecermos na trajectória actual.

O presidente John F. Kennedy comentou certa vez que "a realidade suprema do nosso tempo é a nossa indivisibilidade e a nossa vulnerabilidade comum neste planeta".[2] Referia-se, em 1963, ao resultado da Crise dos Mísseis de Cuba no apogeu da Guerra Fria. O mundo viva sob o espectro do holocausto nuclear. Quatro décadas depois, a suprema realidade do nosso tempo é agora o espectro do perigo resultante das alterações climáticas.

Essa perspectiva confronta-nos com a ameaça de uma catástrofe dupla, nomeadamente, e em primeiro lugar, afectando directamente o desenvolvimento humano. As alterações climáticas afectam todas as populações em todos os países. Todavia, as mais pobres populações do mundo estão em primeira linha, na medida em que se encontram mais directamente sujeitas a sofrer as respectivas consequências – e são elas também quem possui menos recursos de combate e recuperação. Esta primeira catástrofe não se refere a um cenário de um futuro longínquo. Ela está a já a manifestar-se hoje, retardando o progresso no sentido de se alcançar os Objectivos de Desenvolvimento do Milénio (ODMs) e agravando as desigualdades não só entre diferentes países, mas também dentro das fronteiras de um mesmo país. Se a negligenciarmos, ela levará a recuos no que respeita ao desenvolvimento humano ao longo do século XXI.

A segunda catástrofe situa-se no futuro. Tal como a ameaça de um confronto nuclear durante a Guerra Fria, as alterações climáticas representam riscos não só para a população pobre, mas para todo o planeta – e para as gerações futuras. A nossa actual conduta remete-nos para um percurso de sentido único em direcção aos desastres ecológicos. Há, de facto, incertezas quanto à rapidez do processo de aquecimento, bem como quanto à sua altura exacta e as suas formas de impacto. Mas os riscos associados à desintegração acelerada dos grandes glaciares da terra, o aquecimento dos oceanos, o colapso dos sistemas da floresta tropical e outros resultados possíveis são reais. Têm a capacidade de espoletar processos que poderão alterar profundamente a geografia humana e física do nosso planeta.

A nossa geração detém os meios – e a responsabilidade – de evitar esses resultados. Os riscos imediatos pendem fortemente para o lado dos países mais pobres do mundo, e, por conseguinte, para os cidadãos mais vulneráveis. Contudo, a longo prazo não existirão quaisquer refúgios – os países ricos e as populações que não sofrem em primeira-mão o desastre que agora se começa a revelar serão, em última instância, também afectados. Por isso, a mitigação das

Capacidade da Terra em absorver dióxido de carbono (CO_2) e outros gases com efeito de estufa está a ser suplantada

alterações climáticas como medida de precaução é uma garantia essencial contra futuras catástrofes para a humanidade no seu todo, incluindo as gerações futuras no mundo desenvolvido.

O cerne do problema das alterações climáticas é que a capacidade da Terra em absorver dióxido de carbono (CO_2) e outros gases com efeito de estufa está a ser suplantada. A humanidade está a viver para além dos seus meios ambientais e a acumular dívidas ecológicas que as futuras gerações serão incapazes de compensar.

As alterações climáticas obrigam-nos a pensar de um modo profundamente diferente sobre a interdependência humana. Independentemente de tudo aquilo que nos possa dividir, a humanidade partilha um mesmo planeta, assim como a população da lha de Páscoa partilhara uma única ilha. Os laços que unem a comunidade humana no planeta abrangem diferentes países e gerações. Nenhuma nação, grande ou pequena, poderá ficar indiferente ao destino de uma outra, ou esquecer as consequências que as acções de hoje terão para as pessoas que viverem no futuro.

As gerações futuras verão a nossa resposta às alterações climáticas como uma medida dos nossos valores éticos. Essa resposta oferecerá um testemunho de como os líderes políticos de hoje agiram nos seus compromissos de combate à pobreza e um mundo mais inclusivo. Deixar grandes secções da humanidade ainda mais marginalizadas significaria escamotear a justiça e a equidade sociais entre os países. As alterações climáticas também colocam difíceis questões sobre o que pensamos sobre as nossas ligações com as pessoas no futuro. As nossas acções servirão como barómetro do nosso compromisso para com a justiça social e a equidade transgeracionais – e como um registo à luz do qual as gerações futuras julgarão as nossas acções.

Há sinais encorajadores. Há cinco anos, o cepticismo em relação às alterações climáticas era uma indústria em expansão. Liberalmente financiados por grandes empresas, recorrentemente citados pelos *media* e atentamente ouvidos por alguns governantes, os cépticos das alterações climáticas exerceram uma influência indevida junto da opinião e do discernimento públicos. Hoje, todos os cientistas do clima credíveis são da opinião de que as alterações climáticas são reais e sérias, e estão associadas às emissões de CO_2. Os governos em todo o mundo partilham essa opinião. O consenso científico não significa o fim dos debates sobre as causas e consequências do aquecimento global: a ciência das alterações climáticas lida com probabilidades, não com certezas. Mas pelo menos o debate político está agora fundamentado nas provas científicas.

O problema é que existe um grande hiato entre a apresentação de provas científicas e a acção política. Até agora, os governos têm vindo a falhar no teste da mitigação das alterações climáticas. A maioria reagiu ao Quarto Relatório de Avaliação do Painel Intergovernamental para as Alterações Climáticas (PIAC), recentemente publicado, reconhecendo que as evidências das alterações climáticas são inequívocas, e que é necessária uma acção urgente. Os sucessivos encontros dos países industrializados do Grupo dos Oito (G8) reiteraram a necessidade de medidas concretas a serem postas em prática. Estes reconheceram que o navio está a dirigir-se a um objecto que se assemelha a um *iceberg*. Infelizmente, têm ainda de iniciar uma acção evasiva decisiva, registando uma nova trajectória de emissões para os gases com efeito de estufa.

Há uma noção muito concreta de que o tempo se está a esgotar. As alterações climáticas são um desafio que tem de ser abordado ao longo do século XXI. Não dispomos de remédios tecnológicos rápidos. Mas o horizonte a longo prazo não constitui uma janela de oportunidades que permita a prevaricação e a indecisão. Em busca de uma solução, os governos têm de se confrontar com o problema dos stocks e fluxos no orçamento do carbono global. Os stocks dos gases com efeito de estufa estão a aumentar, como consequência de crescentes emissões. Contudo, mesmo que suspendêssemos todas as emissões amanhã, os stocks só iriam baixar muito lentamente. A razão prende-se com o modo como, uma vez emitido, o CO_2 permanece na atmosfera durante um longo período de tempo, sendo que os sistemas climáticos respondem lentamente. Esta inércia do sistema significa que existe um longo retardamento entre a mitigação de carbono de hoje e os resultados climáticos de amanhã.

A janela de esperança de uma mitigação bem sucedida está a fechar-se. Existe um limite de quantidade de dióxido de carbono que a terra poderá absorver sem se criar efeitos das alterações climáticas perigosos – e nós estamos já perto desse limite. Temos menos de uma década para nos assegurarmos de que a janela de esperança se mantenha aberta. Isso não significa, contudo, que temos uma década para decidir se devemos agir e traçar um plano, mas sim uma década para começar a transição para sistemas de energia baixos em carbono. Uma certeza podemos ter no meio de todas as incertezas que caracterizam este tema: se a próxima década decorrer da mesma forma que a última, o mundo não mais poderá evitar as "duplas catástrofes" referidas há pouco de retrocessos no desenvolvimento humano a curto prazo, por um lado, e o risco de desastres ecológicos para as gerações futuras, por outro.

Tal como a catástrofe que atingiu a Ilha de Páscoa, esses resultados são evitáveis. O fim do período de vigência do Protocolo de Quioto em 2012 oferece-nos uma oportunidade de desenvolver uma estratégia multilateral que poderia redefinir a nossa abordagem da interdependência ecológica global. A prioridade nas negociações dos governos de todo o mundo é definir um orçamento de carbono sustentável para o século XXI, e desenvolver uma estratégia para a implementação de orçamentos que reflictam as responsabilidades "comuns, mas diferenciadas" dos países.

Para se atingir o sucesso, é necessário que os países mais ricos do mundo demonstrem liderança: eles têm as pegadas de carbono mais profundas e os meios tecnológicos e financeiros para atingir profundas e imediatas reduções nas emissões. Contudo, uma estrutura multilateral bem sucedida necessitará da participação activa de todos os principais emissores, incluindo aqueles do mundo em vias de desenvolvimento.

O estabelecimento de uma estrutura para a acção colectiva que garanta um equilíbrio entre urgência e equidade é o ponto de partida para evitarmos alterações climáticas perigosas.

Este capítulo apresenta a escala do desafio que temos pela frente. A secção 1 aborda a interacção entre as alterações climáticas e o desenvolvimento humano. Na secção 2 apresentaremos as evidências apuradas pela ciência climática, bem como os cenários para as alterações de temperatura. A secção 3 oferece uma análise da pegada de carbono no mundo e, de seguida, na quarta secção, faremos contrastar as tendências de emissões actuais e um percurso de emissões sustentável para o século XXI com base em dados estatísticos – e debruçar-nos-emos sobre os custos da transição para um futuro mais sustentável.

Participação especial

Alterações climáticas – juntos podemos vencer a batalha

O *Relatório de Desenvolvimento Humano 2007/2008* emerge numa altura em que as alterações climáticas – há muito na agenda internacional – estão devidamente a merecer a máxima atenção. Os dados recentemente avançados pelo Painel Intergovernamental para as Alterações Climáticas deixaram soar o alarme: eles constituem declarações inequívocas de que o aquecimento do clima é uma realidade, estando, para mais, directamente associado à acção do homem.

Os efeitos destas alterações são já graves, e estão a aumentar. O Relatório deste ano vem recordar com veemência tudo aquilo que está em jogo: as alterações climáticas ameaçam provocar uma catástrofe sem precedentes na nossa memória, envolvendo reveses no desenvolvimento humano desde muito cedo para as mais pobres populações do mundo, e trazendo, a mais longo prazo, uma série de perigos para toda a humanidade.

Começamos já a observar o modo como estas catástrofes se vão revelando. À medida que sobem os níveis do mar e as tempestades tropicais se tornam mais intensas, milhões de pessoas enfrentam situações de desalojamento. Os habitantes de zonas áridas, que constam entre as populações mais vulneráveis do nosso planeta, têm de saber lidar com secas mais frequentes e persistentes. E à medida que se derretem os glaciares, os recursos de água estão a ser colocados em risco.

Este resultado inicial de aquecimento global está a produzir um efeito desproporcionado nos povos mais pobres, e a colocar entraves aos esforços de se atingir os ODM. Não obstante, e a longo prazo, ninguém – seja rico ou pobre – poderá permanecer imune aos perigos espoletados pelas alterações climáticas.

Estou convencido de que o modo como abordarmos este desafio influenciará definitivamente a era em que vivemos, tanto quanto ela nos influencia a nós. Creio também que as alterações climáticas são exactamente o tipo de desafio global que mais se adequa a uma abordagem das Nações Unidas. É por essa razão que estabeleci como prioridade pessoal trabalhar com os Estados Membros para assim garantir que as Nações Unidas desempenhem o seu papel ao nível mais elevado.

Procurar travar as alterações climáticas é algo que requer uma tomada de acção em duas frentes. Primeiro, o mundo precisa urgentemente de encetar medidas para mitigar as emissões de gases com efeito de estufa. Os países industrializados precisam de proceder a reduções de emissões mais dramáticas. É necessário haver um maior compromisso por parte dos países em vias de desenvolvimento, assim como incentivos para que limitem as suas emissões, salvaguardando-se simultaneamente o crescimento económico e os esforços para a erradicação da pobreza.

A adaptação é a segunda necessidade global. Muito países, especialmente as nações em desenvolvimento mais vulneráveis, precisam de assistência no melhoramento da sua capacidade de adaptação. É também necessário haver um impulso significativo no sentido de se produzir novas tecnologias que sejam economicamente viáveis, e de se promover uma rápida difusão dos meios tecnológicos.

As alterações climáticas ameaçam toda a humanidade. Porém, elas também nos oferecem a oportunidade de nos juntarmos e de estabelecermos em conjunto uma resposta que procure fazer face a um problema global. Tenho esperança de que nos uniremos para enfrentar este desafio, e de que iremos deixar um mundo melhor para as gerações futuras.

Ban Ki-moon
Secretário-Geral das Nações Unidas

As alterações climáticas serão um dos factores que irão definir as perspectivas para o desenvolvimento humano durante o século XXI

A secção 5 estabelece uma comparação entre o nosso trajecto de emissões sustentável e o trajecto actual em alternativa. O capítulo terminará com a definição de situações éticas e económicas que carecem de uma acção urgente no sentido da mitigação e adaptação às alterações climáticas.

1.1 As alterações climáticas e o desenvolvimento humano

O desenvolvimento humano diz respeito às pessoas. Diz respeito ao alargamento do seu leque de escolhas e das suas liberdades essenciais – o seu potencial humano – de modo que lhes seja permitido viver uma vida que valorizem. Para o desenvolvimento humano, o poder de escolha e a liberdade significam mais do que uma mera ausência de restrições.[3] As pessoas cujas vidas são corroídas pela pobreza, doença ou analfabetismo não são, em nenhuma acepção do sentido da palavra, livres de levarem uma vida que valorizem. O mesmo se passa com as pessoas a quem lhes foi negado os direitos civis e políticos de que necessitam para influenciar decisões que afectam as suas vidas.

As alterações climáticas serão um dos factores que irão definir as perspectivas para o desenvolvimento humano durante o século XXI. Através do seu impacto na ecologia, precipitação, temperatura e sistemas climáticos, o aquecimento global afectará directamente todos os países. Ninguém estará imune às suas consequências. Porém, alguns países e populações são mais vulneráveis que outros. A longo prazo, toda a humanidade enfrentará os riscos mas as vulnerabilidades e riscos pedem de fora mais imediata para as populações mais pobres do mundo.

As alterações climáticas sobrepor-se-ão num mundo marcado por grandes défices de desenvolvimento humano. Embora haja muitas incertezas relativamente ao tempo, natureza e grau dos futuros impactos do aquecimento global, as suas consequências deverão agravar as desvantagens com que já se debatem os mais desfavorecidos. A localização geográfica e as infra-estruturas das condições de vida poderão definir fortes desvantagens. Concentrados em áreas ecologicamente frágeis, terras áridas com tendência à seca, áreas costeiras sujeitas a cheias e bairros de habitação precária, os pobres estão altamente expostos aos riscos inerentes às alterações climáticas – sobretudo porque carecem de meios para fazer face a esses riscos.

O retrocesso

As relações entre as alterações climáticas e os resultados do desenvolvimento humano serão influenciadas pelas diferenças dos efeitos climáticos localizados, diferenças na capacidade de recuperação socio-económica, bem como por decisões políticas, entre outros factores. O ponto de partida para qualquer consideração acerca de como os cenários de alterações climáticas possam resultar é o pano de fundo do desenvolvimento humano.

O pano de fundo inclui algumas boas notícias que são muitas vezes omitidas. Desde que o primeiro *Relatório e Desenvolvimento Humano* foi publicado em 1990, registaram-se avanços estrondosos – se não mesmo extraordinariamente estrondosos – no desenvolvimento humano. A parte da população a viver em países em vias de desenvolvimento com menos de US$1 por dia baixou de 29% em 1990 para 18% em 2004. No mesmo período, as taxas de mortalidade infantis desceram de 106 mortes em cada mil nados-vivos para 83 e a esperança média de vida aumentou em 3 anos. O progresso na educação ganhou o seu ritmo. De uma forma global, a taxa de conclusão do ensino básico elevou-se de 83% para 88% entre 1999 e 2005.[4]

O crescimento económico, uma condição para um progresso sustentável na redução da pobreza, acelerou num vasto conjunto de países. Com base neste forte crescimento, o número de pessoas a viver em condições de extrema pobreza desceu em 135 milhões entre 1999 e 2004. Muito deste progresso se deve ao leste da Ásia, em geral, e à China, em particular. Mais recentemente, a emergência da Índia como uma economia em grande crescimento, com rendimentos *per capita* a aumentar a uma média de 4-5% desde a metade de 1990, criou enormes oportunidades para acelerar o desenvolvimento humano. Embora a África Subsariana tenha ficado para trás em várias dimensões de desenvolvimento humano, também aqui é possível constatar sinais de progresso. O crescimento económico recuperou desde 2000 e o número de pessoas na região a viver em extremas condições de pobreza começou finalmente a descer, ainda que o número absoluto de pobres não tenha diminuído.[5]

As más notícias são que as consequências espoletadas pelas alterações climáticas sobrepor-se-ão num mundo marcado por défices de desenvolvimento humano profundos e pervasivos, e por disparidades entre os que "têm" e os que "não têm". Embora a globalização tenha criado oportunidades sem precedentes para alguns, outros foram ficando para trás. Em alguns países – e a Índia é um exemplo - o rápido crescimento económico produziu progressos modestos na redução da pobreza e na alimentação. Noutros – incluindo a maior parte da África Subsariana – o crescimento económico é demasiado lento e desigual para poder levar a um rápido progresso na redução da pobreza. Apesar do elevado crescimento numa grande parte da Ásia, com as actuais tendências verificadas conclui-se que a maioria dos países não irá atingir os ODMs para a redução da extrema pobreza e privação, em outras áreas em 2015.

O estado do desenvolvimento humano é apresentado em maior detalhe noutro ponto deste Relatório. O que é importante no contexto das alterações climáticas é que os riscos que estão a emergir diminuirão desproporcionalmente em países que já são caracterizados por elevados níveis de pobreza e de vulnerabilidade:

- *Baixos Rendimentos:* há ainda cerca de um milhar de milhão de pessoas a viver no limiar da sobrevivência com menos de US$1 por dia, com 2,6 mil milhões – 40% da população mundial – a viver com menos de US$2 por dia. Fora da Ásia de Leste, a maioria das regiões em desenvolvimento estão a reduzir os índices de pobreza a um ritmo lento – demasiado lento para atingir os ODMs de reduzir para metade a extrema pobreza em 2015. A não ser que se verifique uma aceleração na redução de pobreza a partir de 2008, o objectivo não deverá ser cumprido para cerca de 380 milhões de pessoas.[6]
- *Nutrição.* Estima-se que cerca de 28 % de todas as crianças em países em vias de desenvolvimento estejam abaixo do peso indicado ou a sofrer de raquitismo. As duas regiões que dão conta do grosso do défice são o Sul da Ásia e África Subsariana – nenhuma irá, portanto, atingir os ODMs de reduzir a subnutrição para metade em 2015. Se o crescimento económico da Índia é inequivocamente uma boa notícia, a má notícia é que isso não se traduziu numa aceleração do progresso, no sentido de reduzir a subnutrição. Metade de todas as crianças do meio rural está abaixo do peso para a sua idade – de um modo geral, na mesma proporção de 1992.[7]
- *Mortalidade Infantil.* O progresso ao nível da mortalidade infantil está atrás do progresso noutras áreas. Cerca de 10 milhões de crianças morrem por ano antes de atingirem os cinco anos de idade devido, na sua grande maioria, à pobreza e à subnutrição. Apenas cerca de 32 países dos 147 monitorizados pelo Banco Mundial estão no bom caminho para atingir os ODMs de reduzir em dois terços a mortalidade infantil até 2015.[8] A Ásia do Sul e a África Subsariana estão completamente desfasadas desse objectivo, já que se continuarem a seguir o seu actual rumo, os ODMs não serão cumpridos por uma margem que representará um acréscimo de 4,4 milhões de baixas em 2015.[9]
- *Saúde.* As doenças infecciosas continuam a minar as vidas das populações mais pobres de todo o mundo. Estima-se que 40 milhões de pessoas sofram do VIH/SIDA, tendo-se alcançado 3 milhões de mortes em 2004. Todos os anos, conta-se 350 – 500 milhões casos de malária e 1 milhão de óbitos: 90 por cento das mortes devido à malária são em África, e o número de crianças africanas atingidas constitui 80 por cento das vítimas da malária em todo o mundo.[10]

Estas deficiências no desenvolvimento humano chamam a atenção para as profundas desigualdades que se verificam por todo o mundo. Os 40 por cento da população mundial a viverem com menos de US$2 por dia correspondem a 5 por cento do rendimento global Os 20 por cento mais ricos correspondem a três quartos do rendimento mundial. No caso da África Subsariana, toda uma região ficou para trás: corresponderá a quase um terço da pobreza mundial em 2015, um número muito acima do valor de um quinto atingido em 1990.

A desigualdade de rendimentos dentro dos países está também a aumentar. A distribuição de rendimentos influencia a medida em que o crescimento económico se traduz em redução de pobreza. Mais de 80 por cento da população mundial vive em países em que as diferenças de rendimento estão a aumentar. Como consequência, é necessário um maior crescimento para que se consiga alcançar resultados equivalentes no que

Embora a globalização tenha criado oportunidades sem precedentes para alguns, outros foram ficando para trás

Com o aumento global da temperatura os padrões de precipitação locais alteram--se, as zonas ecológicas mudam, os oceanos aquecem e os glaciares derretem-se

respeita a redução da pobreza. De acordo com uma análise, os países em vias de desenvolvimento terão de crescer acima de três vezes mais relativamente aos valores do período anterior a 1990 para atingirem a mesma redução na incidência de pobreza.[11]

O desequilíbrio na distribuição de rendimentos sobrepõe-se a outras desigualdades. As taxas de mortalidade infantil no $^1/_5$ mais pobre dos países em vias de desenvolvimento estão a descer a metade da média dos mais ricos, reflectindo-se profundas disparidades na nutrição e acesso aos cuidados de saúde.[12] Num mundo cada vez mais urbano, as disparidades entre as populações rurais e urbanas continuam a ser assinaláveis. Com efeito, é nas áreas rurais que encontraremos três em cada quatro pessoas que vivem com menos que US$1 por dia, bem como uma equivalente proporção referente à população mundial que sofre de subnutrição.[13] Contudo, o urbanismo não é sinónimo de progresso humano. O crescimento de bairros urbanos degradados está a suplantar o crescimento urbano por uma larga margem.

O estado do ambiente é um elo vital entre as alterações climáticas e o desenvolvimento humano. Em 2005, a *Avaliação por Ecossistêmica do Milénio* das Nações Unidas chamou a atenção para a deterioração global de ecossistemas vitais, incluindo mangais, pântanos e florestas. Estes ecossistemas são extremamente vulneráveis às alterações climáticas – tal como as populações que dependem dos serviços que eles oferecem.

Numa altura em que por todo o mundo aumentam as preocupações relativas às alterações climáticas, é importante que cenários futuros complexos sejam considerados no contexto das condições de desenvolvimento humano iniciais. As alterações climáticas são um fenómeno global. Porém, os impactos das alterações climáticas sobre o desenvolvimento humano não podem ser automaticamente inferidos a partir de cenários globais, ou de oscilações previstas nas temperaturas médias globais. As populações (e os países) variam na sua resiliência e capacidade de lidar com os crescentes riscos associados às alterações climáticas. Variam na sua capacidade de adaptação.

As desigualdades na capacidade de fazer face a estes riscos conduzirão a maiores desigualdades em termos de oportunidades. À medida que os riscos criados pelas alterações climáticas se intensificam com o passar do tempo, eles irão interagir com situações de desvantagem já existentes. As perspectivas para um desenvolvimento humano sustentado nos anos e décadas que se seguirão a 2015, o ano estabelecido como o de concretização dos ODMs, estão directamente ameaçadas.

Alterações climáticas perigosas - cinco "pontos de viragem" do desenvolvimento humano

As médias globais da temperatura tornaram-se um popular meio de avaliação do estado global do clima.[14] Essa avaliação diz-nos algo importante. Sabemos que o planeta está a aquecer e que a temperatura média global aumentou em cerca de 0,7 °C desde o advento da era industrial. Sabemos também que a tendência está a acelerar: em média global a temperatura está a aumentar 0,7 °C em cada década. Com o aumento global da temperatura os padrões de precipitação locais alteram-se, as zonas ecológicas mudam, os oceanos aquecem e os glaciares derretem-se. Por todo o mundo já se assiste a uma adaptação forçada às alterações climáticas. No Corno de África, e nomeadamente para as mulheres, a adaptação traduz-se por terem de caminhar mais longas distâncias para encontrarem água na estação seca. No Bangladesh e no Vietname, traduz-se pelos pequenos agricultores terem de fazer face às perdas causadas por tempestades mais violentas, cheias e marés-cheias.

Fez agora quinze anos que a Convenção Quadro das Nações Unidas para as Alterações Climáticas (CQNUAC) estabeleceu os objectivos gerais para uma acção multilateral. Esses objectivos incluem a estabilização da concentração de gases com efeito de estufa na atmosfera a "um nível que permita evitar uma interferência antropogénica perigosa das concentrações na atmosfera de gases com efeito de estufa com o sistema climático". Os indicadores para a prevenção do perigo incluem a estabilização dentro de um período de tempo que permita que os ecossistemas se adaptem naturalmente, evitar que o sistema de produção de alimentos seja afectado e a conservação das condições para um desenvolvimento económico sustentável.

Definir o perigo

A partir de que ponto devemos considerar perigosas as alterações climáticas? Essa questão leva-nos a uma outra: "perigosas" para quem?[15] O que é perigoso para um pequeno agricultor no Malauí poderá não surgir como muito perigoso para uma herdade grande que disponha de recursos tecnológicos avançados no

Centro-Oeste americano. Os cenários de alterações climáticas em termos do aumento do nível dos oceanos poderão ser vistos com tranquilidade por detrás dos sistemas de protecção contra as cheias de Londres ou da baixa de Manhattan, serão provavelmente recebidos com alarme no Bangladesh, ou no Delta do Mekong no Vietname.

Estas reflexões levam-nos a concluir a impossibilidade de se definir uma nítida fronteira que distinga entre alterações climáticas "seguras" e "perigosas". Com efeito, não se poderá inferir a existência de alterações climáticas perigosas somente a partir de um conjunto de observações científicas. O limiar do que é perigoso depende de juízos válidos sobre o ponto a partir do qual os custos sociais, económicos e ecológicos de um determinado nível de aquecimento passarão a ser inaceitáveis. Para milhões de pessoas e para muitos ecossistemas, o mundo já ultrapassou essa fronteira de perigo. Determinar qual o limite aceitável para futuros aumentos na temperatura global levanta questões fundamentais sobre poder e responsabilidade. O ponto até ao qual os que enfrentam riscos maiores serão capazes de articular as suas preocupações, bem como o relevo atribuído à sua voz têm uma enorme importância.

Não obstante todas estas advertências, qualquer esforço de mitigação das alterações climáticas que se pretenda bem sucedido terá de começar pelo estabelecimento de um objectivo. O nosso ponto de partida é o crescente consenso entre cientistas especializados nas questões climáticas sobre uma marca que determine a existência de perigo nas alterações climáticas. Assim, segundo o actual consenso, 2 °C são um limite máximo razoável.[16]

Para além deste ponto, os riscos de futuras alterações climáticas catastróficas aumentam significativamente. A rápida destruição dos mantos de gelo da Gronelândia e da Antártida Ocidental poderão espoletar processos irreversíveis, conduzindo por fim ao aumento dos níveis dos mares em vários metros – um resultado que causaria mudanças forçadas na fixação populacional a uma larga escala. Grandes áreas de florestas tropicais poder-se-iam transformar em savanas. Os glaciares do planeta, que já começaram a diminuir entrariam num trajecto de rápido definhamento. Acima do limite dos 2 °C, a pressão sobre os sistemas ecológicos, tais como os recifes de coral, e a biodiversidade intensificar-se-ia. Os efeitos do carbono sobre a biodiversidade associados ao aquecimento os oceanos, a perda das florestas tropicais e a destruição dos mantos de gelo acelerariam o ritmo das alterações climáticas.

Ultrapassar o limite dos 2 °C significaria dar um passo para além do limite que determina o risco significativo de resultados catastróficos para as gerações futuras. Mais concretamente, iria espoletar retrocessos no desenvolvimento humano. Os países em vias de desenvolvimento têm aqui uma dupla desvantagem, nomeadamente, pelo facto de estarem localizados em áreas tropicais, onde há um maior risco de se sofrerem alguns dos mais violentos impactos iniciais das alterações climáticas; e pelo facto do seu sector com maior papel social e económico, a agricultura, sair por conseguinte fortemente afectado. Acima de tudo, estes países caracterizam-se por elevados níveis de pobreza, subnutrição e sistemas de saúde precários. A combinação de acentuadas condições de privação, por um lado, o fraco apoio ao nível de sistemas de segurança social e uma capacidade estrutural limitada para fazer face aos riscos climáticos, por outro, aponta para uma elevada possibilidade de retrocessos no desenvolvimento humano.

Das alterações climáticas à estagnação do progresso humano – os mecanismos de transmissão

As alterações climáticas são globais, mas os seus efeitos serão locais. Os impactos físicos serão determinados pela geografia e interacções de micronível entre o aquecimento global e padrões climáticos existentes. O imenso âmbito destes impactos torna difícil uma generalização: áreas com tendência para as secas na África Subsariana enfrentarão problemas diferentes daqueles ligados às áreas propensas a cheias no Sul da Ásia. Os impactos sobre o desenvolvimento humano também variarão, uma vez que as alterações nos padrões climáticos interagem com vulnerabilidades sociais e económicas preexistentes. No entanto, poder-se-á identificar cinco multiplicadores de risco de retrocesso no desenvolvimento humano em específico:

- *Produtividade agrícola reduzida.* Cerca de três quartos da população mundial que vive com menos de US$1 por dia depende directamente da agricultura. Os cenários das alterações climáticas apontam para grandes perdas na produção de géneros alimentícios associadas à seca e à variação da precipitação em zonas da África Subsariana e Sul e Este da Ásia. As perdas de rendimento estimadas para zonas áridas na África Subsaria-

Através do seu impacto na agricultura e na produção de géneros alimentícios para consumo interno, as alterações climáticas poderão levar a que 600 milhões de pessoas enfrentem uma subnutrição acentuada na década de 2080

Participação especial

Política climática enquanto política de desenvolvimento humano

Como é que o desenvolvimento humano se relaciona com as nossas preocupações ambientais, em geral, e com as alterações climáticas, em particular? Existem tradições bem enraizadas no debate político que nos levam a pensar que os requisitos para o desenvolvimento e as exigências ao nível da preservação do ambiente são necessidades antagónicas. Foca-se frequentemente o facto de muitas das tendências de deterioração do meio ambiente, incluindo o aquecimento global e outras evidências preocupantes das alterações climáticas, estarem associadas à evolução da actividade económica, tal como o crescimento industrial, o aumento do consumo de energia, a maior intensidade de irrigações, o derrubamento de árvores para fins comerciais, e outras actividades que estão tendencialmente relacionadas com a expansão económica. À primeira vista, o processo de desenvolvimento económico parece ser responsável pela deterioração ambiental.

Por outro lado, os entusiastas do desenvolvimento acusam frequentemente os protagonistas da defesa ambiental de serem "antidesenvolvimento", em virtude de o seu activismo se traduzir muitas vezes numa aversão a processos que possam trazer rendimentos e reduzir a pobreza, por causa do seu impacto alegadamente negativo sobre o ambiente. As fracções envolvidas nesta batalha poderão ou não estar claramente definidas, mas é difícil contornar a tensão que emerge, com mais ou menos intensidade, entre os defensores do desenvolvimento e da redução da pobreza, por um lado, e aqueles que argumentam a favor da ecologia e da preservação ambiental, por outro.

Uma apreciação do desenvolvimento humano poderá prestar-nos algum esclarecimento no sentido de nos dizer se este aparente conflito entre o desenvolvimento e a sustentabilidade ambiental é real ou imaginário? Na verdade, a avaliação do desenvolvimento humano poderá prestar um enorme contributo se se adoptar uma perspectiva intermédia, em que o desenvolvimento é visto em termos da expansão das liberdades essenciais à vida humana - aquilo que deverá ser verdadeiramente o seu ponto de partida. Nesta perspectiva mais abrangente, a avaliação do desenvolvimento não poderá ignorar as vidas das pessoas e as suas liberdades essenciais. O desenvolvimento não poderá ser visto meramente em termos de aumentos materiais, tais como um aumento do PIB (ou dos rendimentos individuais de cada um). Esse é o princípio básico que a apreciação do desenvolvimento humano trouxe logo à partida para a literatura sobre o desenvolvimento, e que tem hoje uma importância capital para a clarividência no que respeita à sustentabilidade ambiental.

A partir do momento em que compreendermos a necessidade de ver o mundo na perspectiva mais lata das liberdades essenciais dos seres humanos, tornar-se-á imediatamente evidente que o desenvolvimento não poderá ignorar questões ecológicas e ambientais. Com efeito, componentes das liberdades humanas importantes - e cruciais para a nossa qualidade de vida - dependem em larga medida da integridade do meio ambiente, já que o que está aqui em causa é o próprio ar que respiramos, a água que bebemos, os contextos epidemiológicos em que vivemos, etc. O desenvolvimento terá de incluir o meio ambiente, e a ideia de que o desenvolvimento e o meio ambiente têm de estar em rota de colisão não é compatível com os princípios centrais de uma abordagem ao desenvolvimento humano.

O meio ambiente é por vezes erradamente visto como o estado da 'natureza', que se traduz, por exemplo, pela extensão da área florestal, o nível dos lençóis freáticos, e por aí em diante. Esta ideia está todavia incompleta por duas razões importantes.

Primeiro, o valor do ambiente não pode corresponder apenas àquilo que existe, mas também às oportunidades que ele efectivamente oferece. O impacto do ambiente nas vidas humanas tem necessariamente de ser incluído na reflexão central da avaliação da riqueza ambiental. De facto, o Relatório visionário da Comissão Mundial sobre o Meio Ambiente e Desenvolvimento presidido por Gro Brundtland, *O Nosso Futuro Comum* (1987), tornou este aspecto bem claro através do seu enfoque no preenchimento das 'necessidades' humanas. Podemos, efectivamente, ir para além do enfoque do Relatório de Brundtland nas necessidades humanas e alcançar um domínio mais amplo, nomeadamente, aquele que diz antes respeito às liberdades do homem, uma vez que uma abordagem ao desenvolvimento humano implica que olhemos para as pessoas não apenas como indivíduos 'necessitados', mas como pessoas cuja liberdade de fazer o que devem fazer é importante e merece apoio (e alargamento, se possível).

Claro que as pessoas deverão satisfazer as suas necessidades, e as aplicações elementares da abordagem ao desenvolvimento humano (por exemplo, aquilo que obtemos do simples Índice de Desenvolvimento Humano, o IDH) focam exactamente isso. Mas o domínio das liberdades pode ir muito além disso, e o uso desta perspectiva de desenvolvimento humano mais alargada poderá tomar em linha de conta a liberdade que as pessoas têm de desempenharem acções que não se regem exclusivamente pelas suas próprias necessidades. Os seres humanos poderão aparentemente não necessitar, por exemplo, da coruja pintada, e porém, se tiverem razões para se oporem à extinção dessa espécie, garantir a liberdade de atingirem o propósito da sua defesa poderá corresponder a um princípio básico racional. Impedir a extinção de espécies animais que nós, seres humanos, queremos preservar (não tanto porque 'precisamos' especifica-

Participação especial

Política climática enquanto política de desenvolvimento humano (continuação)

mente desses animais, mas porque partimos do princípio que é errado permitirmos o desaparecimento de espécies para sempre) poderá ser uma parte integrante da apreciação do grau de desenvolvimento humano. Com efeito, a preservação da biodiversidade fará provavelmente parte de uma reflexão responsável acerca das alterações climáticas.

Segundo, o meio ambiente não é apenas uma questão de preservação passiva, mas também de uma demanda activa. Não devemos pensar no meio ambiente exclusivamente em termos de condições naturais pré-existentes, uma vez que ele poderá também incluir os resultados da criação humana. Por exemplo, com a despoluição das águas melhoramos o meio ambiente em que vivemos. A erradicação de epidemias, tais como a da varíola (que já ocorreu) e da malária (que deverá ocorrer dentro de muito em breve se conseguirmos concertar acções), é um bom exemplo de um melhoramento ambiental que está ao nosso alcance realizar.

Claro que o reconhecimento destas acções positivas não muda o importante facto de que o processo de desenvolvimento económico e social pode, em muitas circunstâncias, ter também consequências altamente prejudiciais. Esses efeitos indesejáveis deverão ser claramente identificados e firmemente contrariados à medida que se fortalece os contributos positivos e construtivos do desenvolvimento. Muito embora muitas actividades humanas que acompanham o processo de desenvolvimento possam ter resultados destrutivos, está também na mão do homem impedir e reverter muitas dessas consequências nefastas, tomando oportunamente as devidas providências.

Pensando-se nos passos a tomar para parar a destruição ambiental, temos de procurar elaborar uma intervenção construtiva. Por exemplo, investir num mais elevado nível de educação e no emprego para as mulheres poderá ajudar a reduzir as taxas de fertilidade, o que a longo prazo poderá vir a reduzir a pressão do aquecimento global e o aumento da destruição de habitats naturais. Do mesmo modo, a propagação da educação escolar e os melhoramentos na sua qualidade poder-nos-á conceder uma maior consciência ecológica. Melhor comunicação e uma maior riqueza nos *media* poder-nos-á tornar mais cientes da necessidade de pensarmos mais no ambiente.

Com efeito, a necessidade da participação pública para garantir uma sustentabilidade ambiental é extremamente importante. É igualmente crucial não fazer diminuir questões importantes para a avaliação humana que necessitam de reflexão e uma apreciação social deliberativa, transformando-as em matérias estritamente tecnocráticas para cálculos "formulaicos". Por exemplo, considere-se o actual debate sobre qual a 'taxa de desconto' a utilizar para se pesar os sacrifícios que presentemente teremos de fazer para assegurarmos o nosso futuro. Um aspecto central desse desconto é a avaliação social de ganhos e perdas ao longo do tempo. Este é, na sua essência, um exercício de profunda reflexão e uma matéria de ponderação pública, mais do que algo que possa ser sujeito a uma resolução mecânica com base numa qualquer fórmula simplificada.

A questão que porventura será mais relevante emerge da incerteza que está necessariamente associada a qualquer previsão do futuro. Uma razão para termos cautela na nossa tentativa de atingir o máximo de correcção possível nas previsões relativamente ao futuro é a possibilidade de, se errarmos, o mundo com que acabamos por ficar poder ser extremamente precário. Há até mesmo o receio de que aquilo que possa ser prevenido agora possa chegar a ser quase irreversível se nenhuma acção de prevenção for imediatamente tomada, independentemente de quanto as gerações futuras estão dispostas a gastar para reverter a catástrofe. Algumas destas situações difíceis poderão ser particularmente prejudiciais para o mundo em vias de desenvolvimento (por exemplo, a submersão de partes do Bangladesh ou de todo o território das Maldivas, devido à subida dos níveis dos oceanos).

Estas questões são extremamente importantes e deverão ser levadas a debate público, O desenvolvimento desse diálogo constitui uma parte importante da abordagem ao desenvolvimento humano. A necessidade dessa reflexão pública é tão importante para a tomada de medidas em relação às alterações climáticas e perigos ambientais, como para travar os problemas mais tradicionais da privação e contínua pobreza. O que caracteriza os seres humanos – talvez mais do que qualquer outra coisa – é a nossa capacidade de pensar e conversar uns com os outros, e decidir o que fazer, e depois fazê-lo. Precisamos de fazer um bom uso desta quinta-essência humana tanto no sentido de uma preservação sustentada e racional do meio ambiente, como de uma erradicação coordenada da velha pobreza e privação. O desenvolvimento humano envolve ambas.

Amartya Sen

Em 2080, as alterações climáticas poderão aumentar o número de pessoas que enfrenta a escassez de água em todo o mundo em cerca de 1,8 mil milhões

na ascendem aos 26% em 2060, com perdas de rendimentos totais de US$26 mil milhões (mantendo-se a tendência de 2003) – excedendo as transferências de ajuda bilateral à região. Através do seu impacto na agricultura e na produção de géneros alimentícios para consumo interno, as alterações climáticas poderão levar a que 600 milhões de pessoas enfrentem uma subnutrição acentuada na década de 2080, ultrapassando em muito o nível num eventual cenário em que as alterações climáticas não entrassem.[17]

- *Maior insegurança quanto aos recursos de água.* Ultrapassar o limite dos 2 °C irá alterar substancialmente a distribuição dos recursos de água no mundo. O derretimento acelerado dos glaciares nos Himalaias envolverá já problemas ecológicos graves ao longo do norte da China, Índia e Paquistão, aumentando inicialmente os níveis do mar e depois reduzindo os cursos de água dos principais sistemas fluviais vitais para as irrigações. Na América Latina, a acelerada redução dos glaciares tropicais ameaçará o abastecimento de água junto das populações urbanas, na agricultura e na hidroelectricidade, especialmente na região dos Andes. Em 2080, as alterações climáticas poderão aumentar o número de pessoas que enfrenta a escassez de água em todo o mundo em cerca de 1,8 mil milhões.[18]
- *Maior exposição às cheias costeiras e episódios de enchentes.* O PIAC prevê um aumento no número de episódios de enchentes.[19] As secas e as cheias são já os factores principais que actuam no constante aumento no número de desastres climáticos. Em média, cerca de 262 milhões de pessoas foram afectadas todos os anos entre 2000 e 2004, mais de 98% das quais residentes em países em vias de desenvolvimento. Com um aumento de temperaturas acima dos 2 °C, os mares mais quentes provocarão ciclones tropicais mais violentos. As áreas afectadas por secas aumentaram em extensão, colocando vidas em perigo e comprometendo o progresso ao nível da saúde e da alimentação. O mundo já assistirá necessariamente à subida dos níveis do mar no século XXI em virtude das anteriores emissões de gases poluentes. Aumentos de temperatura superiores aos 2 °C acelerariam essa subida, tornando necessária a deslocação generalizada das populações de países como o Bangladesh, o Egipto e o Vietname, e levando à submersão de vários pequenos Estados insulares. A subida dos níveis do mar e a intensificação das tempestades tropicais poderão resultar num aumento do número de pessoas a sofrerem cheias costeiras, entre 180 e 230 milhões.[20]
- *O colapso dos ecossistemas.* Todas as taxas de extinção de espécies estimadas sobem rapidamente ao se considerar um aumento de temperaturas superior a 2 °C, sendo que um aumento na ordem dos 3 °C corresponderá a uma situação na qual que se prevê que 20 a 30 por cento das espécies estariam em "elevado risco" de extinção.[21] Os recifes de coral, já em processo de declínio, sofreriam uma acentuada e extensa "descoloração", levando à transformação da ecologia marinha, envolvendo grandes perdas em termos de biodiversidade e ecossistemas. Este panorama afectaria centenas de milhões de pessoas cuja subsistência e alimentação se baseia no peixe.
- *Acrescidos riscos para a saúde.* As alterações climáticas terão impacto sobre a saúde humana a diversos níveis. Em termos gerais, mais 200 - 400 milhões de pessoas poderiam ser colocadas perante um acrescido risco de contraírem malária. Estima-se que as taxas de exposição referentes à África Subsariana, as quais correspondem a cerca de 90 por cento das mortes, aumentem em 16-28 por cento.[22]

Estes cinco factores que levariam a um enorme retrocesso no desenvolvimento humano não poderão ser considerados de forma isolada. Antes entrarão em interacção entre si, por um lado, e com outros problemas de desenvolvimento humano preexistentes, por outro, criando poderosas espirais de declínio. Embora este processo já se manifeste em muitos países, a transgressão do limite dos 2 °C significaria uma alteração qualitativa, nomeadamente, a transição para danos ecológicos, sociais e económicos muito mais graves.

Essa transição terá implicações importantes para as perspectivas de desenvolvimento humano a longo prazo. Os cenários das alterações climáticas fornecem-nos uma imagem de um futuro possível. Não nos permitem prever quando ou onde uma dada ocorrência climatérica poderá ocorrer, mas possibilitam-nos estimar as probabilidades médias associadas aos padrões climáticos que estão actualmente a emergir.

Da perspectiva do desenvolvimento humano, estas consequências poderão espoletar processos dinâmicos e acumulativos de desvantagens. No capítulo 2, apresentaremos um modelo que capta este processo através de uma análise detalhada de dados recolhidos de um inquérito a agregados familiares. Os resultados ilustram vigorosamente uma dimensão oculta dos custos humanos associados às alterações climáticas. Para dar um exemplo, as crianças etíopes que nasceram num ano marcado por secas na sua região são 41 por cento mais propensas a sofrerem de raquitismo do que outras crianças que tenham nascido em anos em que essa situação não se registou. Para 2 milhões de crianças etíopes isto significa um reduzido grau de oportunidades para o desenvolvimento de capacidades humanas. Para mais, note-se bem que o mais pequeno aumento no risco de secas poderá levar a enormes reveses no desenvolvimento humano. Assim, as alterações climáticas criarão grandes riscos que eventualmente se poderão agravar.

Nem todos os danos para o desenvolvimento humano associados às alterações climáticas poderão ser comensurados quantitativamente. Com efeito, o desenvolvimento humano assenta em larga medida do modo como as pessoas têm uma palavra a dizer relativamente às decisões que afectam as suas vidas. Na articulação de uma perspectiva de desenvolvimento enquanto liberdade, o Prémio Nobel da Economia Amartya Sen chama a atenção para o papel do ser humano enquanto agente de mudanças sociais, sublinhando tanto "os processos que permitem liberdades de acção e de decisão, como as actuais oportunidades de que as pessoas gozam, face as suas circunstâncias pessoais e sociais".[23] As alterações climáticas constituem uma profunda negação da liberdade de acção e uma fonte de obstáculos. Uma fracção da humanidade – a saber, os 2,6 mil milhões que constituem a população mais pobre no mundo – terá de fazer face à força da alterações climáticas, sobre a qual não têm controlo, produzida através de escolhas políticas em países nos quais não têm voz.

Neste momento, o mundo está ou estará perto de atingir o nível de temperaturas mais elevado registado no actual período interglacial, que começou há cerca de 12.000 anos

1.2 A ciência climática e os cenários futuros

Compreender as evidências científicas relativamente às alterações climáticas é o ponto de partida para compreender os desafios colocados ao desenvolvimento humano no século XXI. Existe uma vasta quantidade de referências bibliográficas sobre o assunto. Porém, concentrar-nos-emos aqui no consenso apresentado pelo PIAC, à medida que chamamos a atenção para as grandes áreas de incerteza sobre as consequências futuras. Olhando para o futuro sob o panorama das alterações climáticas, sabemos que há muitos aspectos que desconhecemos, ou seja, situações que podem ser previstas, mas sem qualquer certeza quanto ao tempo ou à magnitude em que poderão ocorrer. Não é de espantar que os cientistas não saibam ao certo o modo como os sistemas ecológicos da Terra irão reagir às emissões de gases com efeito de estufa por acção humana: estamos a viver uma experiência que nunca foi realizada anteriormente.

Uma das questões que se sabe é que se não corrigirmos o rumo que estamos neste momento a tomar, sermos postos perante uma elevada probabilidade de sofrer as consequências de alterações climáticas perigosas. Essas consequências poderão fazer a ponte entre retrocessos para o desenvolvimento humano a curto prazo e verdadeiros desastres ecológicos a ocorrerem a longo prazo.

Alterações climáticas induzidas pelo Homem

Ao longo da sua história, a Terra tem sofrido oscilações entre períodos quentes e períodos frios. Estas mudanças no clima foram atribuídas a uma variedade de forças que actuam sobre o mesmo, incluindo variações de órbita, flutuações solares, a actividade vulcânica, o vapor de água e a concentração atmosférica de gases com efeito de estufa tais como o CO_2. As mudanças que vemos acontecerem hoje estão a desenrolar-se a um ritmo mais acelerado, e com magnitudes e padrões mais fortes, pelo que não poderão ser atribuídas a ciclos naturais.

A temperatura média da superfície global é a informação mais básica que aponta para o processo das alterações climáticas. As temperaturas na segunda metade do século passado foram provavelmente as

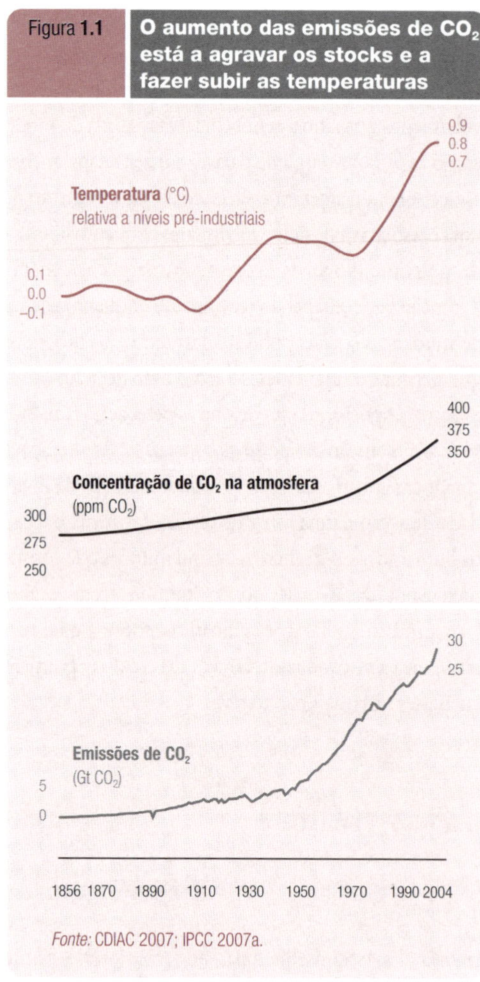

Fonte: CDIAC 2007; IPCC 2007a.

mais altas registadas em qualquer período de 50 anos dos últimos 1.300 anos. Neste momento, o mundo está ou estará perto de atingir o nível de temperaturas mais elevado registado no actual período interglacial, que começou há cerca de 12.000 anos. Há fortes indícios de que o processo está a tornar-se cada vez mais rápido. Onze dos doze anos mais quentes desde 1850 ocorreram entre 1995 e 2006. Nos últimos 100 anos a Terra aqueceu em cerca de 0,7 °C. Há, para além disso, grandes variações interanuais. Contudo, numa análise realizada a cada conjunto de dez anos, verificar-se-á que a tendência de aquecimento nos últimos 50 anos é de quase duas vezes aquela respeitante aos últimos 100 anos (figura 1.1).[24]

Existe um enorme conjunto de evidências científicas associando o aumento das temperaturas ao aumento das concentrações atmosféricas de CO_2 e de outros gases com efeito de estufa. O efeito destes gases traduz-se pela retenção de parte da radiação solar na atmosfera, fazendo, assim, aumentar as temperaturas da Terra. Este "efeito de estufa" natural é o que faz com que o nosso planeta seja habitável: sem ele, o planeta seria 30 °C mais frio. Ao longo dos quatro ciclos glaciais e de aquecimento anteriores da Terra, em havido uma elevada correlação entre as concentrações atmosféricas de CO_2 e as temperaturas.[25]

O que difere no actual ciclo de aquecimento é o rápido ritmo a que as concentrações de CO_2 estão a aumentar. Desde o período pré-industrial, os *stocks* de CO_2 na atmosfera aumentaram em cerca de um terço – uma taxa de aumento sem precedentes durante pelo menos os últimos 20.000 anos. Evidências recolhidas a partir amostras de gelo mostram que as actuais concentrações atmosféricas excedem os valores normais dos últimos 650.000 anos. O aumento dos *stocks* de CO_2 tem-se feito acompanhar por um aumento de concentrações de outros gases com efeito de estufa.

Embora o actual ciclo de aquecimento não seja único em termos de mudança de temperatura, é único num aspecto importante: é a primeira vez que a humanidade mudou decisivamente um ciclo. O homem tem vindo a emitir CO_2 para a atmosfera através da combustão e de mudanças no uso do solo por cerca de 500.000 anos. Mas as alterações climáticas poderão ser atribuídas a duas grandes transformações no uso da energia. Em primeiro lugar, a água foi substituída pelo carvão – uma fonte de energia condensada pela natureza durante milhões de anos. Foi a introdução do carvão nas novas tecnologias que permitiu o evento da Revolução Industrial, fomentando aumentos na produtividade sem precedentes.

A segunda grande transformação ocorreu 150 anos mais tarde. O petróleo havia já sido uma fonte de energia humana milenar: a China tinha poços de petróleo no século IV. Porém, a introdução do petróleo nos motores de combustão interna no início do século XX marcou o começo de uma revolução ao nível dos transportes. A combustão do carvão e do petróleo, associada à utilização do gás natural, transformou as sociedades, tornando possível uma produção de energia capaz de levar a um vasto alargamento da riqueza e da produtividade. Mas também fomentou as alterações climáticas.

Nos anos recentes, tem havido um prolongado debate sobre a atribuição das mudanças de temperatura globais à actividade humana. Alguns cientistas defendem que os ciclos naturais e outras forças desempenharam um papel mais importante. No entanto, embora se possa enumerar factores naturais, tais como a actividade vulcânica e a intensidade solar, que poderão em larga medida explicar a tendência global das temperaturas no início do século XIX, os mesmos factores já não serão válidos para justificar o seu aumento a partir de então. Outros elementos apontados para explicar este fenómeno também já foram postos de parte. Por exemplo, defendera-se que as alterações recentes das temperaturas poderiam ser atribuídas não aos gases com efeito de estufa, mas ao aumento da energia solar e dos raios cósmicos. Uma investigação detalhada levada a cabo para atestar esta hipótese acabou por demonstrar que, nas últimas duas décadas, a energia solar sofreu até mesmo um declínio enquanto s temperaturas subiam.[26]

As discussões com vista a apurar as causas deste fenómeno poderão prolongar-se. Mas as conclusões científicas apontam para questões-chave há já algum tempo. Essas conclusões foram confirmadas pelas avaliações mais recentes do PIAC, a partir das quais se chegou ao veredicto de que "é extremamente improvável que as alterações climáticas globais possam ser explicadas sem ser à luz da presença de um agente externo impulsionador".[27] Com efeito, ao contrário do que se poderia pensar, há uma probabilidade superior a 90 por cento de que a maior parte do aquecimento observado se deve aos gases com efeito de estufa emitidos pelo homem.

Contabilidade geral do carbono - *stocks*, fluxos e sumidouros

As alterações climáticas representam um importante aviso em relação a um facto por vezes esquecido. A actividade humana tem lugar em sistemas ecológicos que não são limitados pelas fronteiras nacionais. Uma gestão insustentável desses sistemas acarreta consequências para o meio ambiente e para o bem-estar das pessoas hoje e no futuro. Reduzida à sua essência, a ameaça de alterações climáticas perigosas é um indício de uma gestão de recursos ecológicos insustentável a uma escala global.

Os sistemas de energia humana interagem com sistemas ecológicos globais de formas complexas. A combustão de combustíveis fósseis, as alterações na utilização do solo, bem como outras actividades libertam gases com efeito de estufa, que são continuamente reciclados entre a atmosfera, os oceanos e a biosfera da terra. As actuais concentrações de gases com efeito de estufa constituem os resultados líquidos de emissões passadas, contrabalançadas por processos de remoção químicos e físicos. Os solos, a vegetação e os oceanos da Terra actuam como grandes "sumidouros de carbono". As emissões de CO_2 são a primeira fonte do aumento das concentrações. Outros gases com efeito de estufa de longa duração como o metano e o dióxido nitroso, produzidos a partir de actividades agrícolas e da indústria, misturam-se com o CO_2 na atmosfera. O efeito de aquecimento total, ou de "força radiativa", é medido em termos de equivalência ao CO_2, ou CO_2e.[28] O constante aumento na força radiativa com base em gases com efeito de estufa tem sido, pelo menos, seis vezes mais rápido nas últimas quatro décadas do que em qualquer outro período anterior à Revolução Industrial.

O ciclo global do carbono pode ser expresso em termos de um sistema simples de fluxos positivos e negativos. Entre 2000 e 2005 foi libertada uma média de 26 Gt CO_2 para a atmosfera em cada ano. De este fluxo, cerca de 8 Gt CO_2 foram absorvidos pelos oceanos e outros 3 Gt CO_2 foram removidos pelos oceanos, terra e vegetação. O efeito líquido: um aumento anual de 15 Gt CO_2 nos *stocks* de gases com efeitos de estufa na atmosfera da Terra.

Em termos globais isto significa que a concentração de CO_2 em 2005 rondava as 379 ppm. Outros gases com efeito de estufa de longa duração acrescem cerca de 75 ppm a este *stock* medidos em termos de efeitos de força radiativa. Todavia, o efeito líquido de todas as emissões de gases com efeito de estufa induzidas pelo homem é reduzido pelo efeito de arrefecimento dos aerossóis.[29] Existem um elevado grau de incerteza associado a estes efeitos de arrefecimento. Segundo o PIAC, estes são grosso modo equivalentes ao aquecimento gerado por gases com efeito de estufa que não aqueles de CO_2.[30]

As concentrações atmosféricas de CO_2 apresentam uma tendência de acentuado aumento.[31] Com efeito, elas estão a aumentar cerca de 1,9 ppm por ano. Só no que diz respeito ao CO_2, o ritmo de crescimento da concentração anual nos últimos 10 anos foi cerca de 30 por cento mais rápido do que a média nos últimos 40 anos.[32] De facto, nos 8.000 anos anteriores à industrialização, o índice de CO_2 na atmosfera aumentou apenas em cerca de 20 ppm.

As actuais quantias de absorção pelos sumidouros de carbono confundem-se por vezes com a quantia "natural". Na realidade, os sumidouros de carbono estão esgotados. Tome-se como exemplo o maior sumidouro do mundo – os oceanos. Estes absorvem

As concentrações atmosféricas de CO_2 apresentam uma tendência de acentuado aumento

naturalmente apenas mais 0,1 Gt CO_2 por ano do que libertam. Neste momento, estão sobrecarregados com cerca de 2 Gt extra por ano – um valor superior a 20 vezes acima da quantia natural.[33] O resultado são graves danos ecológicos Os oceanos estão a tornar-se mais quentes e cada vez mais ácidos. O aumento da acidez ataca o carbonato, um dos constituintes essenciais para o coral e para os pequenos organismos no começo da cadeia alimentar do mar. Seguindo-se tendências actuais, as libertações futuras de dióxido de carbono poderão produzir condições químicas nos oceanos que já não são testemunhadas nos últimos 300 milhões de anos, excepto durante breves eventos catastróficos.[34]

As futuras taxas de acumulação em *stocks* de gases com efeito de estufa serão determinadas pela relação entre as emissões e os sumidouros de carbono. E há más notícias em ambas as frentes. Prevê-se que em 2030 as emissões de gases com efeito de estufa deverão aumentar em cerca de 50 a 100 por cento acima dos valores atingidos em 2000.[35] Entretanto, a capacidade dos sistemas ecológicos da Terra de absorver estas emissões poderão diminuir, em virtude de as reacções entre o clima e o ciclo do carbono poderem estar a enfraquecer a capacidade de absorção dos oceanos e florestas. Por exemplo, os oceanos mais quentes absorvem menos CO_2 e as florestas tropicais poderão diminuir devido às mais elevadas temperaturas e redução da precipitação.

Mesmo não se considerando as incertezas sobre a absorção de carbono no futuro, estamos a caminhar para um rápido aumento na acumulação dos *stocks* de gases com efeito de estufa. Efectivamente, estamos como que a abrir as torneiras para aumentar o fluxo de água para dentro de uma banheira que já está a transbordar. Esse transbordar reflecte-se na proporção a que o CO_2 está a entrar e a ficar encerrado na atmosfera terrestre.

Cenários das alterações climáticas - os desconhecidos, os desconhecidos que se conhecem e os incertos

O mundo já não poderá contornar a realidade das futuras alterações climáticas. Os *stocks* de gases com efeito de estufa na atmosfera estão a aumentar, acompanhando os incrementos nas emissões. As emissões totais de todos os gases com efeito de estufa deviam rondar as 48 Gt CO_2e em 2004 – um aumento de um quinto desde 1990. O aumento das concentrações dos gases com efeito de estufa levará a que as temperaturas globais continuem a subir com o tempo. Os valores desse aumento e o grau das mudanças de temperatura serão determinados pelas concentrações de CO_2 e de outros gases com efeito de estufa.

Os modelos climáticos não poderão prever ocorrências específicas associadas ao aquecimento global. Antes permitirão realizar simulações dos níveis de probabilidade de mudança das temperaturas em média. Embora a construção de modelos seja extremamente complexa, emerge uma simples conclusão: se as actuais tendências de concentrações de gases com efeito de estufa não forem revertidas, o mundo poderá sofrer alterações climáticas a níveis muito acima do limite estabelecido dos 2° C.

O mundo está a aquecer

Um dos primeiros cientistas a debruçar-se sobre os estudos climáticos, o físico sueco Svante Arrenhuis, vaticinou, com uma precisão surpreendente, que uma duplicação de *stocks* de CO_2 na atmosfera terrestre aumentaria, em média, o aquecimento global entre 4 e 5° C – uma avaliação excessiva de acordo com os modelos do PIAC.[36] De forma menos exacta, Arrenhuis assumiu que as concentrações atmosféricas levariam cerca de 3000 anos a atingir mais do dobro dos níveis pré-industriais. A tendência actual é para que o objectivo de cerca de 550 ppm possa ser alcançado em meados de 2030.

Os futuros aquecimentos globais dependerão do ponto em que os *stocks* dos gases com efeito de estu-

Tabela 1.1 As variações de temperatura aumentam com os *stocks* de CO_2 - projecções para 2080

Cenários do PIAC	Relativamente às temperaturas médias para 1980-1999	Relativamente à temperatura (°C) pré-industrial
Concentrações constantes em 2000	0,6 (0.3–0,9)	1,1
Cenário B1	1,8 (1.1–2,9)	2,3
Cenário A1T	2,4 (1.4–3,8)	2,9
Cenário B2	2,4 (1.4–3,8)	2,9
Cenário A1B	2,8 (1.7–4,4)	3,3
Cenário A2	3,4 (2.0–5,4)	3,9
Cenário A1FI	4,0 (2.4–6,4)	4,5

Nota: **Os cenários do PIAC** descrevem os padrões futuros prováveis do crescimento populacional, do crescimento económico, da mudança tecnológica e das emissões de CO2 associadas. O **cenário A1** pressupõe o rápido crescimento económico e populacional com confiança nos combustíveis fósseis (A1FI), energia não-fóssil (A1T) ou uma combinação (A1B). **O cenário A2** pressupõe menor crescimento económico, menos globalização e continuado crescimento populacional. Os **cenários B1** e **B2** contêm alguma mitigação de emissões através do recurso crescente à eficiência e ao avanço tecnológico (B1) e através de soluções mais localizadas (B2).
Fonte: PIAC 2007[a]

Figura 1.2 **A previsão das temperaturas globais: três cenários do PIAC**

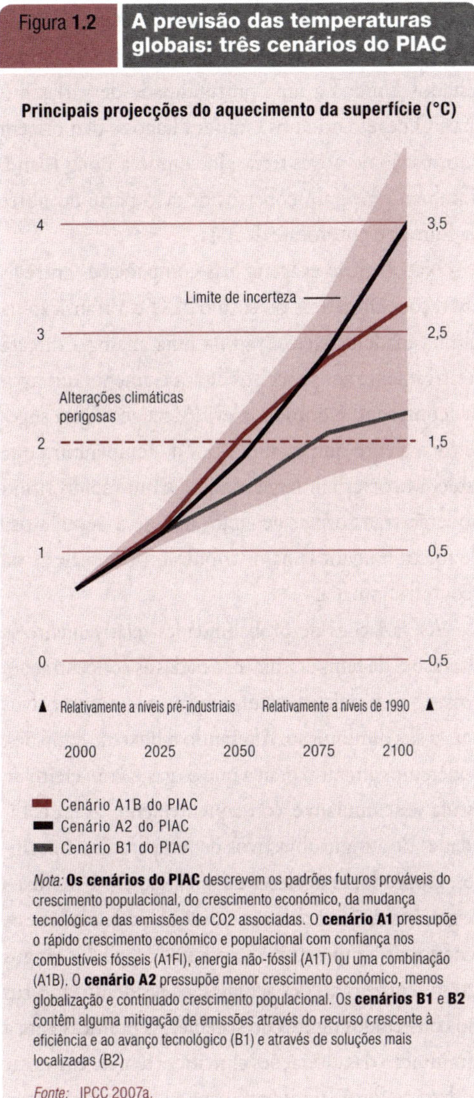

Nota: **Os cenários do PIAC** descrevem os padrões futuros prováveis do crescimento populacional, do crescimento económico, da mudança tecnológica e das emissões de CO2 associadas. O **cenário A1** pressupõe o rápido crescimento económico e populacional com confiança nos combustíveis fósseis (A1FI), energia não-fóssil (A1T) ou uma combinação (A1B). O **cenário A2** pressupõe menor crescimento económico, menos globalização e continuado crescimento populacional. Os **cenários B1** e **B2** contêm alguma mitigação de emissões através do recurso crescente à eficiência e ao avanço tecnológico (B1) e através de soluções mais localizadas (B2)

Fonte: IPCC 2007a.

fa estabilizarem. Seja qual for o nível, a estabilização requer a redução das emissões até ao ponto equivalente em que o CO_2 possa ser absorvido através de processos naturais, sem prejudicar os sistemas ecológicos dos sumidouros de carbono. Quanto mais distantes permanecerem as emissões acima deste nível, mais elevado será o ponto em que a acumulação se estabilizará. A longo prazo, a capacidade natural da Terra para remover os gases com efeito de estufa sem prejuízo para os sistemas ecológicos situa-se, provavelmente, entre 1 e 5 Gt CO_2e. Com as emissões atingindo cerca de 48 Gt CO_2e, estamos presentemente a sobrecarregar a capacidade terrestre num coeficiente entre 10 e 50.

Se as emissões continuarem a aumentar, então os *stocks* crescerão 4 – 5 ppm por ano, por volta de 2035 – quase o dobro do índice actual, o que atingirá 550 ppm. Mesmo sem aumentos superiores, os *stocks* de gases com efeito de estufa atingiriam mais de 600 ppm, por volta de 2050, e 800 ppm, no final do século XXI.[37]

O PIAC desenvolveu um conjunto de seis cenários, identificando prováveis trajectos de emissões para o século XXI. Estes cenários diferenciam-se, atendendo à mudança da população, ao crescimento económico, aos padrões energéticos e formas de redução. Nenhum dos cenários aponta para a estabilização abaixo dos 600 ppm e três deles estão associados às concentrações de gases com efeito de estufa de 850 ppm ou mais. É incerta a relação entre o ponto de estabilização e as alterações de temperatura. Os cenários do PIAC têm sido utilizados para identificar um conjunto de acções possíveis para as alterações de temperatura para o século XXI, com um indicador estimado dentro de cada raio de acção (tabela 1.1 e figura 1.2). Essa estimativa situa-se entre 2,3° C e 4,5° C (com um crescimento de 0,5° C desde o início da era industrial até 1990).[38] Com a duplicação das concentrações atmosféricas, o PIAC prevê um aquecimento global de 3° C como sendo o mais provável resultado, com a cláusula de que "não podem ser excluídos valores substancialmente superiores a 4,5° C".[39] Por outras palavras, nenhum dos cenários do PIAC aponta para um futuro limiar inferior a 2° C no que respeita às alterações climáticas perigosas.

Em direcção a alterações climáticas perigosas

Em dois aspectos importantes, o PIAC considera ser possível minimizar o problema no século XXI. Primeiro, as alterações climáticas não são um fenómeno exclusivo deste século. Os ajustes de temperatura para aumentar as concentrações de CO_2 e outros gases com efeito de estufa continuarão a ter lugar no século XXII. Segundo, as estimativas do PIAC não excluem a possibilidade de maiores níveis de alterações climáticas. Em qualquer dos níveis de estabilização, há a probabilidade de exceder uma temperatura específica. As probabilidades ilustrativas identificadas nos modelos incluem o seguinte:

- A estabilização em 550 ppm, inferior ao ponto mais baixo nos cenários do PIAC, alcançaria uma probabilidade de 80% em exceder o limiar de 2° C das alterações climáticas perigosas.[40]
- A estabilização em 650 ppm alcança uma probabilidade entre 60 e 95% de exceder os 3° C. Alguns

Hoje, vivemos com as consequências dos gases com efeito de estufa lançados pelas primeiras gerações – e as futuras gerações viverão com as consequências das nossas emissões

estudos prevêem a probabilidade de uma percentagem de 35 – 68% ao se exceder os 4º C.[41]

- Com cerca de 883 ppm, bem dentro dos limites do cenário de não-mitigação do PIAC, haveria 50% de hipóteses de se exceder um aumento de temperatura na ordem dos 5º C.[42]

As variações de probabilidade são um plano complexo para o alcance de algo verdadeiramente importante para o futuro do nosso planeta. Um aquecimento global excedendo 2 – 3º C causaria danos ecológicos, sociais e económicos. Criaria igualmente um elevado risco de impactos catastróficos, actuando como espoletador de efeitos poderosos, desde alterações de temperatura até ao ciclo de carbono. O aquecimento global acima dos 4 – 5º C ampliaria os efeitos, aumentando marcadamente a probabilidade de resultados catastróficos. Em pelo menos três dos cenários do PIAC, as possibilidades do aumento exceder os 5º C são superiores a 50%. Por outras palavras, de acordo com cenários comuns, há uma possibilidade muito mais forte de o mundo ultrapassar o limiar dos 5º C do que conservar as alterações climáticas dentro dos 2º C.

Uma forma de compreender estes riscos é a reflexão sobre o que eles poderão significar para a vida das pessoas. Todos vivemos em permanente risco. Quem conduz um carro ou passeia na rua enfrenta um pequeno risco de acidente que, no entanto, poderá causar sérios danos. Se o risco de acidentes deste tipo aumentasse acima de 10%, muitas pessoas pensariam duas vezes antes de conduzir ou passear: uma em cada dez possibilidades de danos graves não é um risco de todo desprezível. Se a probabilidade de um acidente grave aumentasse para 50:50, a tomada de medidas sérias para a redução desse risco seria aconselhável. Porém, estamos num trajecto de emissões de gases com efeito de estufa, que transforma as perigosas alterações climáticas numa certeza virtual, com um elevado risco de se atravessar a fronteira para uma catástrofe ecológica. Isto é um caso para se pensar seriamente numa redução do risco, mas o mundo não actua.

No decurso de um século ou pouco mais, há uma previsão muito real de que as tendências são no sentido de se verificar aumentos das temperaturas globais superiores a 5º C. Estes valores aproximam-se dos do aumento da temperatura média que teve lugar nos finais da última idade do gelo há 10.000 anos. Durante esse período, a maior parte do Canadá e grandes áreas dos Estados Unidos encontravam-se cobertas em gelo. A camada de gelo *Laurentidea* cobria de gelo grande parte do nordeste e do centro norte dos Estados Unidos a uma profundidade de várias milhas. O degelo criou os Grandes Lagos e deu origem à formação de novas terras, incluindo a Long Island. Também estiveram cobertos de gelo parte do norte da Europa e o noroeste da Ásia.

Não se deve exagerar nas comparações entre as alterações climáticas do século XXI e a transição da última idade do gelo. Não há uma analogia directa relativamente aos processos de aquecimento que agora acontecem. Contudo, a evidência geológica sugere fortemente que as alterações de temperatura que estão a ocorrer em larga escala e a um rápido ritmo poderão transformar geograficamente a Terra, a par de fortes mudanças na distribuição de espécies e na geografia humana.

As variações de probabilidades relativamente às alterações de temperatura associadas às concentrações de gases com efeito de estufa ajudam a identificar alvos para a sua diminuição. Alterando o fluxo de emissões, poderemos alterar o grau a que os gases com efeito de estufa se acumulam e, consequentemente, as probabilidades de atingir objectivos de temperatura específicos. Contudo, estabelecer uma relação entre os fluxos de gases com efeito de estufa, os *stocks* acumulados e os cenários de temperatura futuros não é fácil. Os longos atrasos entre as acções actuais e os resultados futuros são construídos dentro do sistema. As políticas para a diminuição das alterações climáticas têm de enfrentar poderosas forças de inércia, que possuem uma posição importante no que respeita a essas diminuições.

- *Emissões actuais definem* stocks *futuros.* A química básica é uma força de inércia. Quando o CO_2 é libertado na atmosfera, permanecerá aí durante um longo período de tempo. Cada meia tonelada emitida fica na atmosfera por um período compreendido entre vários séculos e vários milhares de anos. Isto significa que ainda existem na atmosfera sinais de CO_2 lançado quando as primeiras máquinas movidas a carvão, projectadas por John Newcomen, funcionavam no início do século XVIII. Existem também sinais das emissões efectuadas pela primeira máquina geradora de carvão incandescente, projectada por Thomas Edison e aberta em Manhattan em 1882. Hoje, vivemos com as consequências dos gases com efeito de estufa lançados pelas primeiras gerações – e as futuras gerações viverão com as consequências das nossas emissões.

- *Stocks, derramamentos e estabilização.* Não há botões de rebobinagem rápida para enfraquecer o *stock* de gases com efeito de estufa. As pessoas que viverem no final do século XXI não terão oportunidade de voltar a um mundo de 450 ppm, se nós continuarmos a trajectória actual. Os gases com efeito de estufa acumulados, que herdarem, dependerão das emissões que ligam o presente ao futuro. Os níveis actuais de emissão, a continuarem, não reduzirão o *stock*, porque excedem a capacidade de absorção dos sumidouros de carbono existentes na Terra. Se se estabilizassem as emissões aos níveis de 2000, os montantes armazenados aumentariam mais de 200 ppm no final do século XXI. Devido a processos cumulativos, a taxa de redução exigida, com um objectivo estabilizador, é bastante sensível ao ritmo e ao nível do pico das emissões. Quanto mais tardio e mais alto o pico for, mais profundas e mais rápidas terão de ser as reduções para se atingir uma meta de estabilização específica.
- *Os sistemas climáticos reagem lentamente.* No final do século XXI, as acções de hoje serão o maior factor a afectar as alterações climáticas. Contudo, os actuais esforços para mitigar essas alterações não produzirão efeitos significativos antes de 2030.[43] A razão prende-se com o facto de as tentativas de alteração não produzirem uma resposta simultânea nos sistemas climáticos. Os oceanos, que absorveram cerca de 80% do aumento do aquecimento global, continuariam a subir, e as superfícies geladas continuariam a derreter-se.

Futuro incerto e 'surpresas desagradáveis' – risco de catástrofes durante as alterações climáticas

O aumento global das temperaturas médias é um resultado previsível das alterações climáticas. É um 'conhecimento' que emerge dos exercícios de construção de modelos climáticos. Há também um vasto campo de 'conhecidos desconhecimentos'. São acontecimentos previsíveis com elevados grau de incerteza no domínio do seu ritmo e magnitude. Incertos mas significativos riscos de consequências catastróficas fazem parte do cenário das alterações climáticas.

A quarta avaliação do PIAC chama a atenção para o elevado grau de incertezas relacionadas com acontecimentos potencialmente catastróficos. Dois destes acontecimentos figuraram, com relevância, em debates sobre alterações climáticas. O primeiro é a inversão da circulação meridional (MOC), o grande transmissor de água quente no Oceano Atlântico. O calor transportado pela corrente marítima quente é equivalente a cerca de 1% do consumo da energia eléctrica da humanidade.[44] Como resultado, a Europa aqueceu mais de 8° C, com os efeitos que já se fazem sentir no Inverno. É o perigo do clima comparativamente ameno da Europa, bem como questões climáticas referentes a outros locais, que levantaram preocupações quanto ao futuro da MOC.

A água fresca que entra no Atlântico Norte, como resultado do degelo, tem sido identificada como uma força potencial para o encerramento ou o abrandamento da MOC. Fechando a corrente marítima quente, o norte da Europa caminharia para uma prematura idade do gelo. Enquanto o PIAC conclui que é muito improvável uma transição brusca no século XXI, avisa que "as mudanças a longo prazo na MOC não podem ser asseguradas fielmente". Além disso, a probabilidade de uma transição brusca é ainda de 5 – 10%. Apesar de isto poder ser 'muito improvável', segundo as estatísticas do PIAC a magnitude do perigo e a sua considerável incerteza devem levar a um comportamento de precaução nos interesses das gerações futuras.

O mesmo se aplica à subida do nível do mar. O PIAC aponta para aumentos entre 20 e 60 centímetros no final do século XXI. Isto é mais do que uma mudança marginal. Além disso, a quarta avaliação admite que "não será de rejeitar valores mais elevados". Os resultados dependerão dos processos de formação de gelo e sua dissolução, e dos efeitos no ciclo do carbono mais vastos. O PIAC antecipa a contracção contínua do grande manto de gelo na Gronelândia como uma fonte da subida do nível do mar, com incerteza sobre o futuro dos mantos de gelo da Antártida. Contudo, no caso da Antártida, o PIAC admite que exemplos recentes fornecem evidências apontando para processos que poderiam "aumentar a vulnerabilidade das camadas geladas para um aquecimento".[45]

Estas incertezas são mais do que simples questões académicas. Consideremos primeiro as evidências sobre o degelo e a subida do nível do mar. Até aqui, a subida do nível do mar tem sido dominada pela expansão térmica devido mais ao aumento das temperaturas do que ao degelo – mas isto poderá mudar. Para a humanidade como um todo, a desintegração acelerada e o eventual desaparecimento da Gronelândia e da gelada Antártida Ocidental são talvez os maiores de

Incertos mas significativos riscos de consequências catastróficas fazem parte do cenário das alterações climáticas

todos os perigos associados às alterações climáticas. As evidências recentes sugerem que as quentes águas oceânicas estão a estreitar os recifes gelados da Antártida Ocidental em vários metros por ano. A área da Gronelândia, em que o degelo de Verão teve lugar, aumentou mais de 50% durante os últimos 25 anos. O destino dos recifes de gelo da Antártida tem vindo a ser mais preocupante desde o desaparecimento do enorme Larsen B, em 2002. Vários outros recifes de gelo fragmentaram-se rapidamente em anos recentes.[46]

Uma das razões da incerteza sobre o futuro é que a desintegração das camadas geladas, ao contrário da sua formação, pode acontecer muito rapidamente. De acordo com um dos maiores cientistas do mundo, que trabalha na Agência Espacial Norte-Americana, um cenário da trajectória actual para a desintegração das camadas geladas no século XXI podia produzir aumentos do nível do mar na ordem dos 5 metros, neste século. De notar que não se está a tomar em linha de conta o degelo acelerado na Gronelândia, em que a eliminação do gelo por completo acrescentaria 7 metros ao nível do mar.[47] O PIAC mostra o que pode ser imaginado como o menor denominador comum. Contudo, a sua avaliação dos riscos e incertezas não inclui a evidência recente do degelo acelerado, nem a possibilidade em larga escala, embora mal compreendida, dos efeitos cíclicos do carbono. A conclusão é que os números de risco assinalados podem pecar por uma avaliação incompleta.

Aquilo que sabemos desconhecer relativamente à subida dos níveis do mar é um exemplo particularmente significativo dos perigos que toda a humanidade enfrenta. A única certeza é que as tendências actuais e a evidência passada são um fraco guia para o futuro. As alterações climáticas poderão espoletar muitas 'surpresas': respostas não lineares e rápidas para a componente humana (caixa 1.1).

Os cientistas que estudam o clima apresentaram uma distinção entre 'surpresas imagináveis', que são actualmente vistas como possíveis, mas improváveis (o degelo polar ou as inversões da MOC são exemplos) e as 'surpresas verdadeiras' ou riscos não identificados devido à complexidade dos sistemas climáticos.[48] Efeitos de regeneração entre alterações climáticas e o ciclo do carbono, com mudanças na temperatura conduzindo a resultados imprevistos, são a fonte destas potenciais surpresas.

Existe uma crescente evidência de que a absorção do carvão natural enfraquecerá à medida que as temperaturas aumentam.

As projecções do Centro Hadley sugerem que os efeitos das alterações climáticas conseguiriam reduzir a capacidade de absorção consistente com

Caixa 1.1 Os efeitos de *feedback* poderão acelerar as alterações climáticas

Há muitos efeitos de *feedback* que podem transformar o cenário das alterações climáticas no século XXI. Elevados níveis de incerteza sobre os efeitos de *feedback* positivos estão reflectidos nas projecções do PIAC.

Múltiplos *feedbacks* têm sido observados no processo do degelo. Um exemplo é o *'albedo flip'* – um processo que ocorre quando a neve e o gelo começam a derreter-se. O gelo coberto de neve reflecte para o espaço uma grande parte da luz solar que incide sobre ele. Quando o gelo da superfície se derrete, o gelo das camadas mais profundas absorve mais energia solar. A água da neve produz covas nas camadas de gelo, lubrificando a base, e acelerando a descarga dos icebergs no oceano. Com a descarga de icebergs no oceano, este último perde massa e a sua superfície baixa para um nível de altitude inferior, onde a temperatura é mais quente, levando o iceberg a derreter-se ainda mais rapidamente. Entretanto, os oceanos em aquecimento apresentam outro feedback positivo neste processo, derretendo a acumulação de gelo junto às costas – os bancos de gelo – que, muitas vezes, formam uma barreira entre as camadas de gelo e o oceano.

O acelerado derretimento do subsolo gelado na Sibéria devido ao aquecimento global é uma outra questão. Isto poderia lançar grandes quantidades de metano – um gás com efeito de estufa altamente potente – para a atmosfera, o que elevaria a temperatura e o ritmo do derretimento do subsolo.

A interacção entre as alterações climáticas e a capacidade de sumidouro de carbono das florestas tropicais dá-nos um outro exemplo de incertezas de *feedbacks* positivos. Podemos ver as florestas tropicais como 'bancos de carbono'. Só as árvores da região amazónica do Brasil armazenam 49 milhares de milhão de toneladas de carbono. As florestas da Indonésia armazenam 6 milhares de milhão de toneladas. Conforme as temperaturas globais aumentam, as mudanças nos padrões climáticos poderiam gerar processos que conduziriam à libertação de grandes quantidades de carbono a partir destes reservatórios.

As florestas tropicais estão já a diminuir, de forma alarmante, face às pressões empresariais, derrubamento ilegal de árvores e outras actividades. No cenário da actual trajectória, as temperaturas na região amazónica aumentariam cerca de 4-6°C por volta de 2100. Segundo o Instituto Nacional de Pesquisas Espaciais (INPE), isto poderia transformar mais de 30 % da floresta tropical amazónica num tipo de savana seca. Tal resultado poderia elevar as emissões globais líquidas de CO_2. Porque as florestas tropicais lançam de novo para a atmosfera pelo menos metade da água da chuva, a desflorestação acelerada aumentaria também a seca e a propagação das áreas de savana.

Fonte: FAO 2007b; Hansen 2007a, 2007b; Houghton 2005; Nobre 2007; Volpi 2007.

a estabilização em 450 ppm por 500 Gt CO_2 ou 17 anos de emissões globais face os níveis actuais.[49] A consequência prática dos efeitos do ciclo do carbono é que as emissões poderão necessitar de atingir níveis inferiores ou serem reduzidas mais rapidamente, especialmente em níveis mais elevados de concentração de gases com efeito de estufa.

A preocupação com os resultados potencialmente catastróficos não deverá desviar a atenção dos riscos mais imediatos. Há uma grande parte da humanidade que não teria de esperar pela desintegração avançada dos mantos de gelo para experienciar catástrofes nestas condições. Poder-se-á debater números precisos, mas para os 40% mais pobres do mundo – cerca de 2,6 mil milhões de pessoas – estamos à beira de ocorrências inerentes às alterações climáticas que porão em perigo s perspectivas de desenvolvimento humano. Desenvolveremos este ponto mais tarde, no capítulo 2.

Risco e incerteza como motivos para agir

Como deverá o mundo reagir às incertezas associadas às alterações climáticas? Alguns comentadores são da opinião de que se deve esperar para ver, aumentando os esforços no sentido da mitigação à luz dos desenvolvimentos. O facto da avaliação do PIAC e a ciência que estuda o clima apontarem para riscos incertos, com baixas probabilidades de catástrofe global a médio prazo, leva a uma acção retardada.

Essas respostas falham um número de testes da política pública para o desenvolvimento de estratégias de mitigação das alterações climáticas. Considere-se primeiro a resposta ao conjunto de possibilidades identificadas pela ciência climática. A existência deste conjunto de possibilidades não justifica, porém, a inacção. São antes um convite para avaliar a natureza dos riscos identificados e desenvolver estratégias para a minimização desses riscos. De acordo com os argumentos de um grupo de eminentes líderes militares dos Estados Unidos, nenhum comandante em campo olharia para riscos semelhantes aos das alterações climáticas e decidiria não actuar por causa das incertezas: "Não podemos esperar por certezas. Não é aceitável deixar de actuar porque um aviso não é suficientemente preciso".[50]

A natureza dos riscos associados às incertezas das alterações climáticas reforça aquela perspectiva em três aspectos. Primeiro, são riscos que ameaçam todas as gerações futuras da humanidade, com resultados catastróficos. A subida do nível dos mares que acompanha o degelo na Gronelândia e na Antártida Ocidental destruiria os sistemas de defesas contra inundações mesmo dos países mais ricos, fazendo submergir vastas áreas da Florida e dos Países Baixos, e inundando o Delta do Ganges, Lagos e Xangai. Segundo, os resultados associados aos riscos são irreversíveis: os mantos de gelo da Antártida Ocidental não podem ser reconstruídos pelas gerações futuras. Terceiro, a incerteza existe em ambos os sentidos: existe a possibilidade de resultados tanto malignos como benignos.

Num mundo de um único país, habitado por cidadãos que partilhassem a preocupação pelo bem-estar das gerações futuras, a mitigação das alterações climáticas seria uma prioridade urgente. Seria vista como uma política de segurança contra riscos de catástrofes e como um imperativo radicado em considerações de justiça social e equidade entre gerações. A incerteza neste mundo de um único país seria vista, não como um motivo para a inacção, mas como uma razão para agir com o intuito de reduzir os riscos.

Num mundo de muitos países, e de diferentes níveis de desenvolvimento, há um motivo adicional para se encetar uma acção urgente. Esse motivo está, primeiramente, radicado em factores de justiça social, direitos humanos e questões éticas para com os povos mais pobres e mais vulneráveis. Milhões dessas pessoas lidam já com os primeiros impactos das alterações climáticas. Estes impactos estão já a diminuir o progresso humano e todos os cenários plausíveis apontam para um agravamento da situação. Porque a mitigação terá uma influência limitada nas alterações climáticas durante várias décadas, o investimento na adaptação deveria ser visto como parte de uma política de segurança para os mais pobres.

Tanto a mitigação como a adaptação deveriam ser vistas, em sentido lato, como imperativos de segurança humana. As perigosas alterações climáticas e o risco ecológico que delas resulta ameaçam, em larga escala, uma deslocação humana em massa e o colapso de meios de subsistência. Os efeitos da movimentação estender-se-iam para lá das localidades directamente afectadas. Mais, os resultados associados a esta situação traduzir-se-ão não só pela transposição de limites nacionais, mas também pelo potencial colapso dos estados mais frágeis. Num mundo interdependente, ninguém ficaria imune às consequências. Claro que muitos países ricos deverão procurar proteger os seus cidadãos através de investimentos na defesa contra as cheias e outras acções. Contudo, a revolta e o ressentimento dos mais directamente afectados criariam maiores inseguranças.

Num mundo de um único país, habitado por cidadãos que partilhassem a preocupação pelo bem-estar das gerações futuras, a mitigação das alterações climáticas seria uma prioridade urgente

Figura 1.3 **As emissões dos gases com efeito de estufa são dominadas pela energia e alterações do uso do solo e silvicultura**

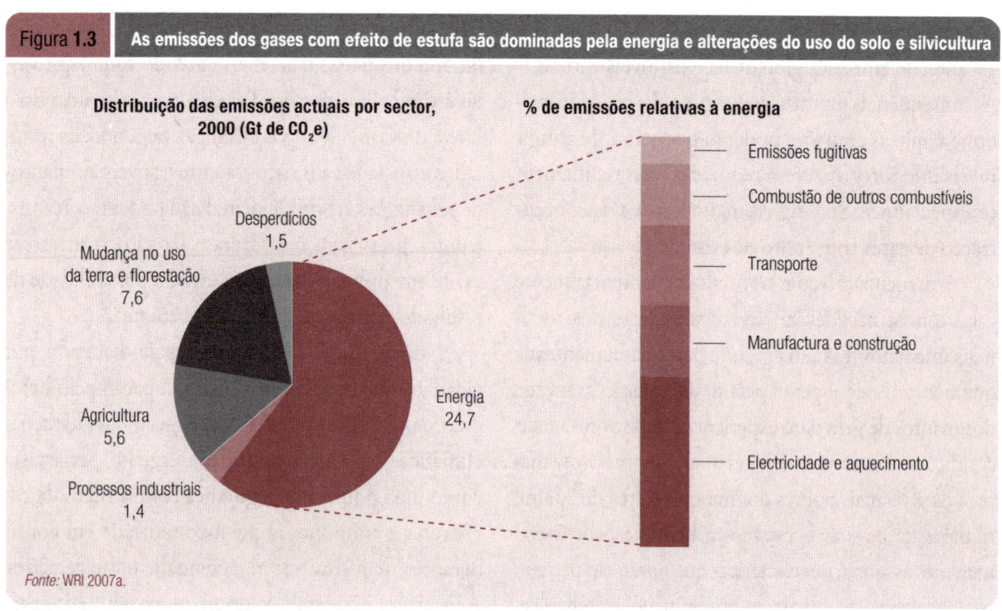

Fonte: WRI 2007a.

1.3 Do global ao local – medir pegadas de carbono num mundo desigual

Para propósitos de quantificação do carbono global, o mundo é como que um único país. A atmosfera terrestre é um recurso comum sem fronteiras, sendo que os gases com efeito de estufa se misturam nela livremente. Não faz diferença para as alterações climáticas se o excesso de CO_2 provém de uma casa incendiada, de um carro ou de uma perda de sumidouros de carbono nas florestas tropicais. Do mesmo modo, quando os gases com efeito de estufa entram na atmosfera terrestre não são segmentados de acordo com o país de origem: uma tonelada de CO_2 de Moçambique equivale a uma tonelada de CO_2 dos Estados Unidos.

Figura 1.4 **Os países desenvolvidos predominam na estimativa das emissões cumulativas**

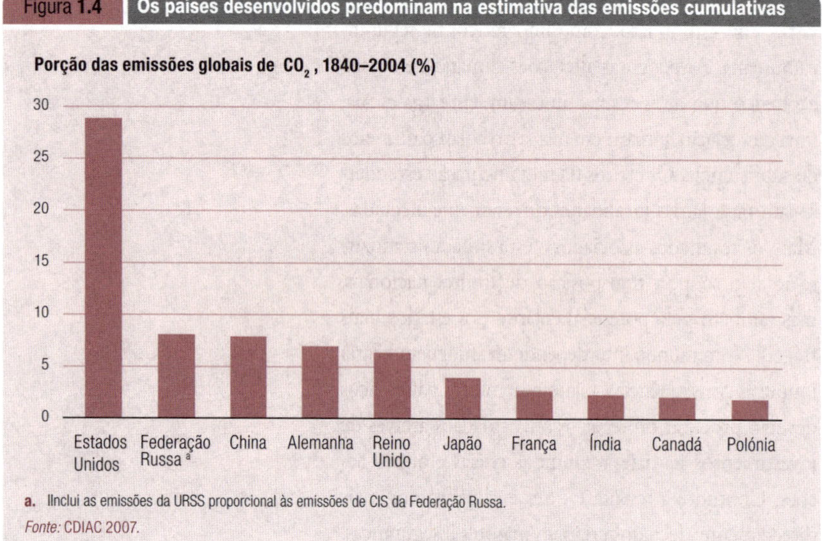

a. Inclui as emissões da URSS proporcional às emissões de CIS da Federação Russa.
Fonte: CDIAC 2007.

Embora cada tonelada de dióxido de carbono tenha o mesmo peso, o cálculo global encobre grandes variações nos contributos para os valores totais de emissões provenientes de diferentes origens. Esse cálculo engloba todas as actividades, todos os países e todos os povos – mas alguns contribuem mais para os valores contabilizados do que outros. Nesta secção, verificamos as pegadas de carbono deixadas pelas emissões de CO_2. As diferenças nas profundidades das pegadas de carbono podem ajudar a identificar importantes questões relativas à equidade e à distribuição na abordagem à mitigação e à adaptação.

Pegadas nacionais e regionais – os limites da convergência

Muitas actividades humanas – a combustão de combustíveis fósseis para a produção de energia, o transporte, as mudanças no uso da terra e os processos industriais – geram emissões de gases com efeito de estufa. É uma das razões pelas quais a mitigação apresenta desafios assustadores.

A proporção desequilibrada da distribuição das emissões de gases com efeito de estufa sublinha bem a extensão do problema (figura 1.3). Em 2000, mais de metade de todas as emissões tiveram origem na combustão de combustíveis fósseis. Foram contabilizados cerca de 10 Gt de CO_2e, ou cerca de ¼ do total. O transporte é a segunda maior fonte de emissões de CO_2e relacionadas com a produção de energia. Nas últimas três décadas, o fornecimento de energia e o transporte aumentaram as suas emissões de gases com efeito de estufa em cerca de 145 e 120%, respectivamente. O vasto papel do sector da energia no que respeita às emissões globais não é completamente captado pelos valores da sua actual participação. A produção de energia baseia-se em intensos investimentos infra-estruturais. Esses investimentos criam recursos que perduram por longo período de tempo: as centrais de energia que abrem hoje emitirão CO_2 durante 50 anos.

As alterações no uso da terra têm também um papel importante. A desflorestação é, sem dúvida, a maior fonte das emissões de CO_2, libertando carbono sequestrado para a atmosfera como resultado da queima e perda de biomassa. Os dados nesta área são mais incertos do que para outros sectores. Contudo, estimativas credíveis sugerem que são libertadas, anualmente, cerca de 6 Gt de CO_2.[51] De acordo com o PIAC, a porção de CO_2 causada pela desflorestação, atinge entre 11 a 28% das emissões totais.[52]

Uma das conclusões a retirar da análise sectorial das pegadas de carbono é que o objectivo de reduzir as emissões de CO_2 na produção de energia, no transporte e na desflorestação poderá gerar um assinalável retorno.

As pegadas de carbono nacionais podem ser medidas em termos de *stocks* e fluxos. A profundidade das pegadas nacionais está intimamente ligada tanto a padrões históricos como aos do actual uso de energia. Embora as pegadas do mundo em desenvolvimento sejam cada vez mais profundas, a responsabilidade histórica das emissões reside fortemente no mundo desenvolvido.

Os países ricos dominam na soma total de emissões (figura 1.4). Colectivamente, os cálculos revelam que 7 em cada 10 toneladas de CO_2 emitido desde o início da era industrial são da sua responsabilidade. O histórico de emissões revela que cerca de 1.100 toneladas de CO_2 *per capita* foram emitidas pela Grã-Bretanha e pela América, comparadas com 66 toneladas *per capita* emitidas pela China e 23 toneladas *per capita* pela Índia.[53] Esta avaliação histórica das emissões têm uma dupla importância: primeiro, conforme anteriormente assinalado, a acumulação de emissões passadas conduziram às actuais alterações climáticas; segundo, a capacidade de absorção de emissões futuras é uma função determinada pelas emissões passadas. Com efeito, o 'espaço' ecológico

Figura 1.5 **Elevada concentração das emissões globais de CO_2**

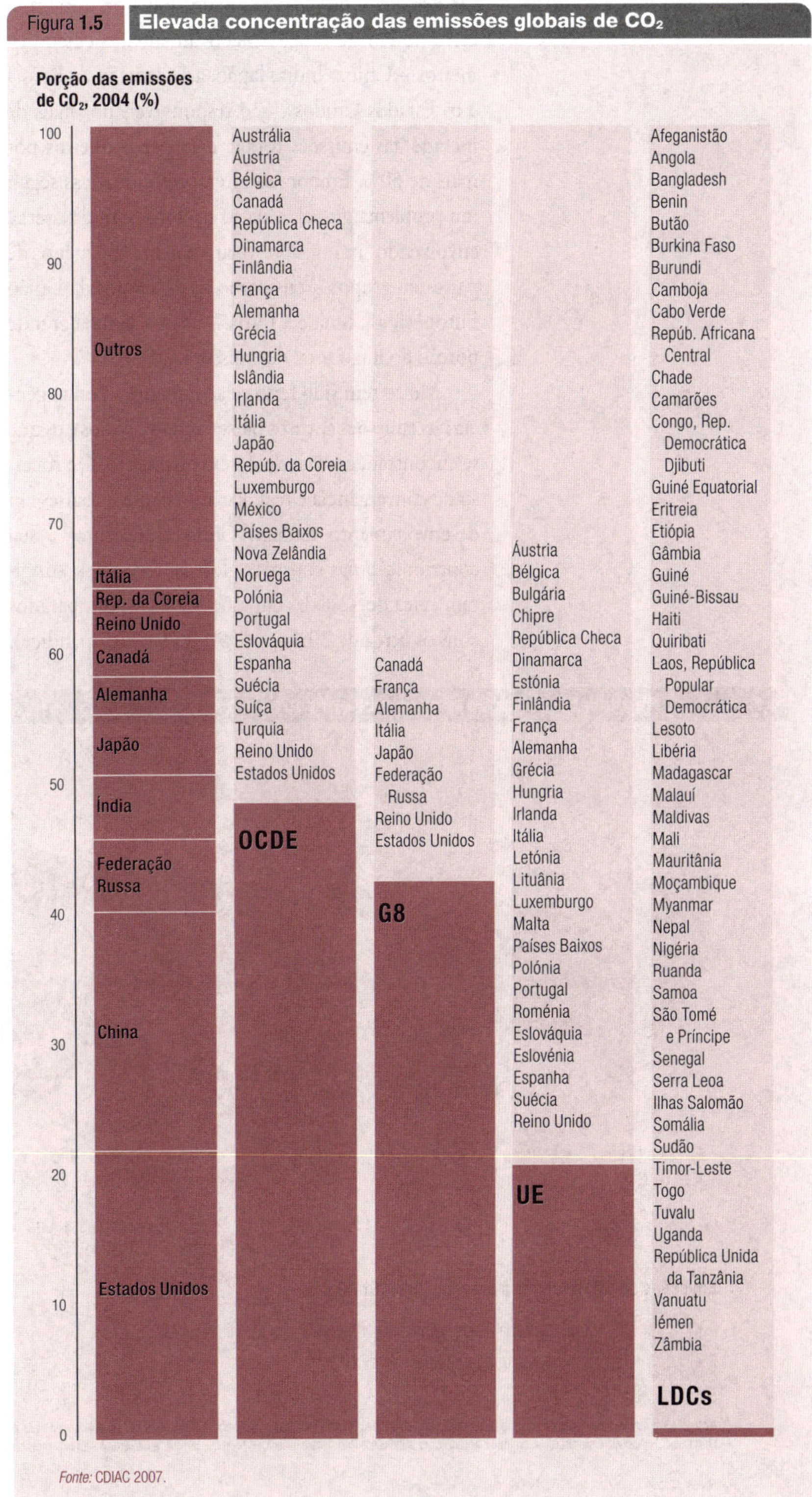

Fonte: CDIAC 2007.

disponível para futuras emissões é determinado por acções passadas.

A passagem de *stocks* para fluxos produz uma panorâmica diferente. Uma característica notável dessa panorâmica é que as emissões estão altamente concentradas num pequeno grupo de países (figura 1.5). Os Estados Unidos são o maior emissor, atingindo cerca de 1/5 do total. Colectivamente, os cinco primeiros – China, Índia, Japão, a Federação da Rússia e os Estados Unidos – são responsáveis por mais de metade das emissões totais; e os dez primeiros por mais de 60%. Embora as alterações climáticas sejam um problema global, a acção nacional e multilateral, envolvendo um grupo relativamente pequeno de países ou grupos – tais como os do G8, os da União Europeia, a China e a Índia – abarcaria uma grande porção do fluxo total de emissões.

Muito tem sido feito relativamente à convergência nas emissões entre os países desenvolvidos e os que se encontram em vias de desenvolvimento. O processo de convergência é real. Estima-se que os países em desenvolvimento tenham vindo a aumentar a sua contribuição nas emissões globais. Em 2004, atingiram cerca de 42% das emissões de CO_2, comparados com os cerca de 20% em 1990 (tabela do apêndice). A China deve estar quase a alcançar os Estados Unidos como o maior emissor mundial e a Índia é agora o quarto maior emissor do mundo. Por volta de 2030, estima-se que os países em vias de desenvolvimento atinjam mais de metade das emissões totais.[54]

O factor de desflorestação reconfigura a tabela das emissões globais de CO_2. Se as florestas tropicais do mundo fossem um país, esse país estaria no topo da tabela mundial das emissões de CO_2. Tendo apenas em conta as emissões provenientes dessa desflorestação, a Indonésia classificar-se-ia como a terceira maior fonte anual de emissões de CO_2 (2,3 Gt de CO_2), com o Brasil na quinta posição (1,1 Gt de CO_2).[55] Há grandes variações de ano para ano nas emissões, o que dificulta a comparação entre países. Em 1998, quando o *El Niño* provocou graves secas no sudeste asiático, estimou-se que 0,8 – 2,5 mil milhões de toneladas de carbono foram lançados para a atmosfera através de fogos florestais.[56] Na Indonésia, estima-se que as alterações no uso da terra e a silvicultura libertem cerca de 2,5 Gt de CO_2e anualmente – cerca de seis vezes o conjunto das emissões provenientes da energia e da agricultura.[57] Para o Brasil, as emissões relacionadas com as alterações no uso da terra atingem cerca de 70% do total nacional.

Mapa 1.1 Registo da variação global das emissões de CO_2

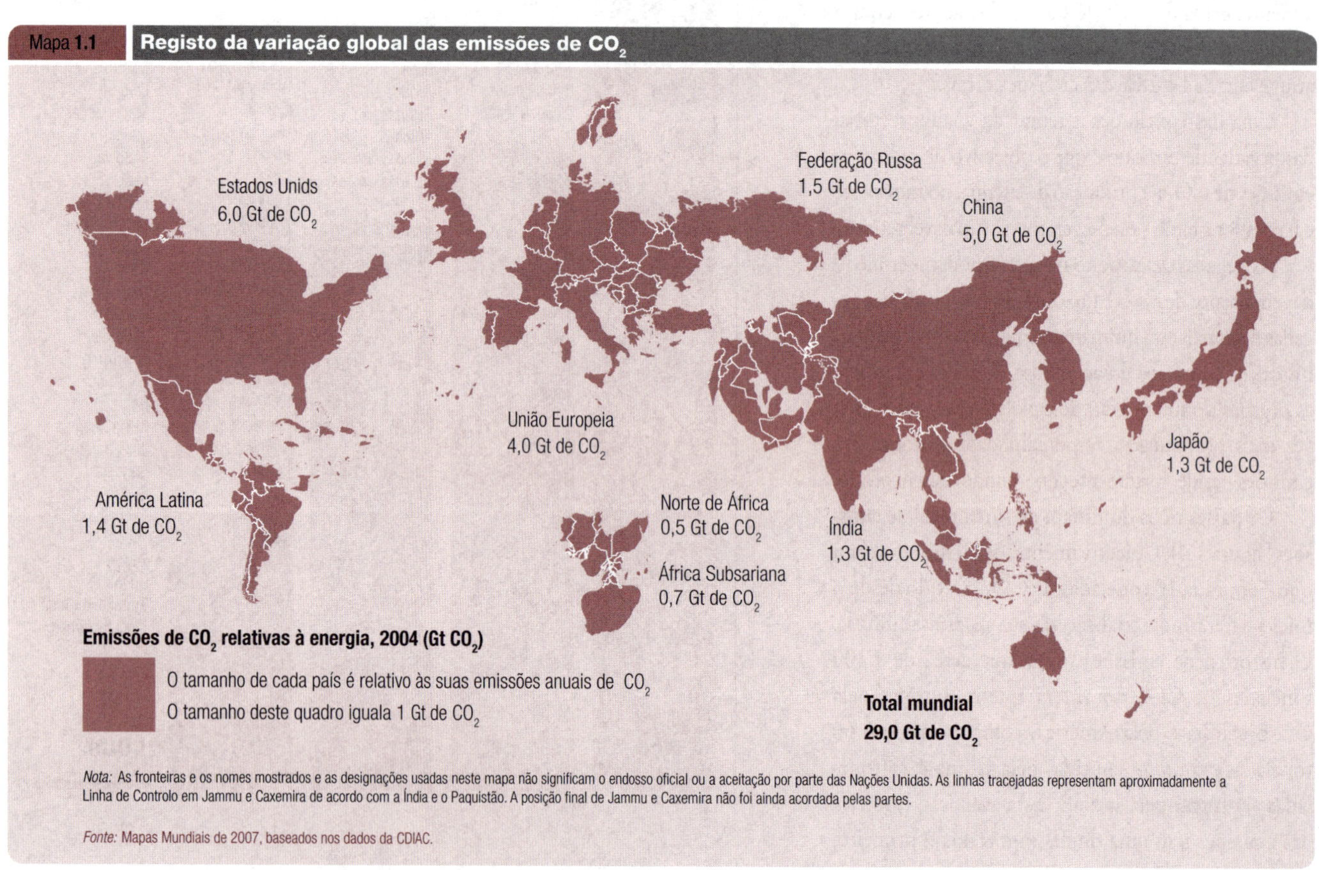

Nota: As fronteiras e os nomes mostrados e as designações usadas neste mapa não significam o endosso oficial ou a aceitação por parte das Nações Unidas. As linhas tracejadas representam aproximadamente a Linha de Controlo em Jammu e Caxemira de acordo com a Índia e o Paquistão. A posição final de Jammu e Caxemira não foi ainda acordada pelas partes.

Fonte: Mapas Mundiais de 2007, baseados nos dados da CDIAC.

A convergência nas emissões totais é por vezes citada como uma evidência que os países em desenvolvimento como um todo necessitam de iniciar uma mitigação imediatamente. Essa perspectiva contempla algumas considerações importantes. Será necessária a participação dos países em vias de desenvolvimento para que a mitigação global seja um êxito. Contudo, a extensão da convergência tem sido fortemente exagerada.

Com apenas 15% da população mundial, os países ricos atingem cerca de 45% das emissões de CO_2. A África Subsariana também compreende cerca de 11% da população mundial, mas representa 2% das emissões globais. Os países de baixos rendimentos no seu conjunto compreendem cerca de 1/3 da população mundial, mas são responsáveis por apenas cerca de 7% de emissões.

Desigualdades nas pegadas de carbono – algumas pessoas deixam menos rastros do que outras

As diferenças na profundidade das pegadas de carbono estão relacionadas com a história do desenvolvimento industrial. Mas reflectem também a grande 'dívida de carbono' acumulado pelos países ricos – uma dívida baseada na sobre-exploração da atmosfera terrestre. As populações dos países ricos estão cada vez mais preocupadas com as emissões dos gases com efeito de estufa dos países em vias de desenvolvimento. Tendem a prestar menos atenção ao seu próprio país na distribuição global das emissões de CO_2 (mapa 1.1). Consideremos os seguintes exemplos:

- O Reino Unido (60 milhões de habitantes) emite mais CO_2 do que o Egipto, a Nigéria, o Paquistão e o Vietname em conjunto (população total de 472 milhões).
- Os Países Baixos emitem mais CO_2 do que a Bolívia, a Colômbia, o Perú, o Uruguai e os sete países da América Central em conjunto.
- O estado do Texas (23 milhões de habitantes), nos Estados Unidos, regista emissões de CO_2 na ordem dos 700 Mt ou 12% das emissões totais dos Estados Unidos. Esta quantia é maior do que a pegada de CO_2 deixada pela África Subsariana – uma região com 720 milhões de pessoas.
- O estado da *Nova Gales do Sul*, na Austrália (população de 6,9 milhões), tem uma pegada de CO_2 de 116 Mt. Esta quantia é comparável à soma dos valores totais do Bangladesh, Cambodja, Etiópia, Quénia, Marrocos, Nepal e Sri Lanca.
- Os 19 milhões de pessoas que vivem no estado de Nova Iorque têm uma pegada de carbono mais elevada do que os 146 Mt CO_2 deixados pelas cerca de 766 milhões de pessoas que vivem nos 50 países menos desenvolvidos.

As extremas desigualdades nas pegadas de carbono reflectem as disparidades nas emissões *per capita*. Ajustando os valores das emissões de CO_2 em correspondência com estas disparidades, temos a demonstração dos limites marcados para a convergência do carbono (figura 1.6).

A convergência das pegadas de carbono tem sido um processo limitado e parcial, que se iniciou a partir de diferentes níveis de emissão. Embora a China esteja prestes a ultrapassar os Estados Unidos como o maior emissor mundial de CO_2, as emissões *per capita* são de 1/5 dos seus valores. As emissões da Índia estão a aumentar. Mesmo assim, as suas pegadas de carbono *per capita* são menos de 1/10 das dos países com maiores rendimentos. Na Etiópia, a estimativa das pegadas de carbono médias *per capita* são de 0,1 toneladas, comparadas com as 20 toneladas no Canadá. O aumento das emissões *per capita* desde 1990 nos Estados Unidos (1,6 toneladas) é maior do que o total das emissões *per capita* na Índia em 2004 (1,2 toneladas). O aumento total das emissões nos Estados Unidos excede as emissões totais da África Subsariana. O aumento *per capita* no Canadá desde 1990 (5 toneladas) é maior do que as emissões *per capita* da China em 2004 (3,8 toneladas).

A distribuição de emissões actuais aponta para uma relação desequilibrada entre o risco de alterações climáticas e a responsabilidade que cabe a cada país. As pegadas de carbono da população mundial mais pobre são mais leves. Estimamos que as pegadas de carbono de um milhar de milhão da população mais pobre do planeta rondem os 3% da totalidade das pegadas mundiais. Vivendo em áreas rurais vulneráveis e em bairros pobres da cidade, esta população mais pobre está altamente exposta às ameaças de alterações climáticas sem que possuam grande responsabilidade.

Divisão da energia global

As desigualdades nas pegadas de carbono em conjunto ou *per capita* estão intimamente relacionadas com as mais vastas desigualdades. Espelham a relação entre o crescimento económico, o desenvolvimento industrial e o acesso aos serviços de electricidade. Essa relação chama a atenção para um assunto importante do desenvolvimento humano. As alterações climáti-

Figura 1.6 Países desenvolvidos - pegadas de carbono profundas

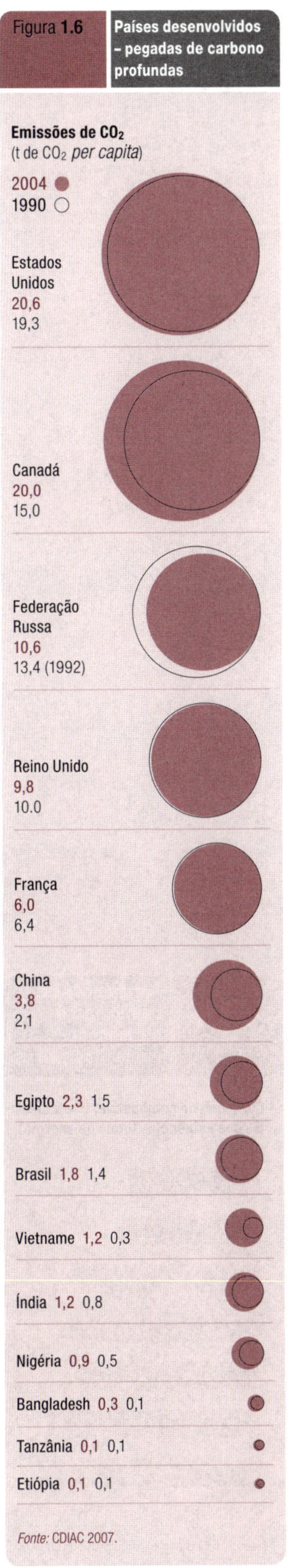

Fonte: CDIAC 2007.

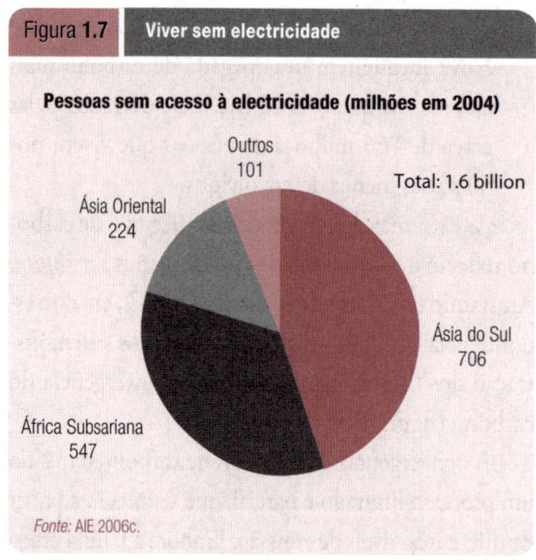

Figura 1.7 Viver sem electricidade

Fonte: AIE 2006c.

cas e a redução do uso excessivo de combustível fóssil podem ser o maior desafio do século XXI, mas um desafio igualmente urgente e mais imediato é o alargamento da disponibilização sustentável de energia às populações pobres do nosso mundo.

Viver sem electricidade afecta muitas dimensões do desenvolvimento humano. Os serviços de electricidade têm um papel importante, não só no desenvolvimento económico e na criação de emprego, mas também no aumento da qualidade de vida das populações. Cerca de 1,6 mil milhões de pessoas no mundo carecem desses serviços (figura 1.7). Muitas delas vivem no Sul da Ásia e na África Subsariana, onde só cerca de ¼ da população usa serviços de electricidade modernos.[58]

O vasto défice global no acesso aos serviços básicos de electricidade tem de ser considerado lado a lado com o aumento das emissões de CO_2 nos países em desenvolvimento. As emissões de CO_2 da Índia podem ter-se tornado um assunto de interesse global para a segurança climática. Esta perspectiva é muito parcial. O número de pessoas na Índia sem acesso à electricidade ronda os 500 milhões – mais do que a população total de toda a União Europeia. Estas pessoas nem sequer possuem uma lâmpada eléctrica em suas casas, e recorrem a fogueiras ou estrume de animais para cozinhar.[59] Embora o acesso à electricidade esteja a aumentar nos países em desenvolvimento, o progresso continua a ser lento e irregular, impedindo avanços na redução da pobreza. Por todo o mundo, haverá ainda 1,4 mil milhões de pessoas sem acesso ao fornecimento moderno de electricidade em 2030, caso a actual tendência se mantenha (caixa 1.2).[60] Presentemente cerca de 2,5 mil milhões de pessoas dependem da biomassa, (figura 1.8).

A alteração deste panorama é vital para o desenvolvimento humano. O desafio é a expansão do acesso aos serviços básicos de energia, limitando simultaneamente os aumentos das profundidades das pegadas de carbono *per capita* no mundo em desenvolvimento. Uma maior eficiência energética e o desenvolvimento de tecnologias de baixo carbono são a chave, como mostraremos no capítulo 3. Há enormes razões práticas e de equidade social para uma abordagem que reflicta as responsabilidades passadas e capacidades presentes. A responsabilidade e a capacidade referentes à redução não podem derivar da aritmética das pegadas de carbono. Mesmo assim, essa aritmética fornece alguns critérios óbvios. Por exemplo, se tudo o resto fosse igual, uma diminuição de 50% nas emissões de CO_2 no Sul da Ásia e na África Subsariana reduziria as emissões globais para perto dos 4%. Reduções semelhantes nos países com elevados rendimentos reduziriam as emissões para perto dos 20%. Os argumentos de justiça e equidade social são igualmente persuasivos. Um aparelho de ar condicionado médio na Florida emite mais CO_2 num ano do que uma pessoa no Afeganistão ou no Cambodja durante toda a sua vida. Uma máquina de lavar louça média na Europa emite tanto CO_2 num ano, como três etíopes. Embora a mitigação das alterações climáticas seja um desafio global, o ponto de partida para a mitigação deverá situa-se nos países com responsabilidade histórica e junto das populações que deixam as pegadas mais profundas.

Figura 1.8 A dependência da biomassa permanece em muitos países

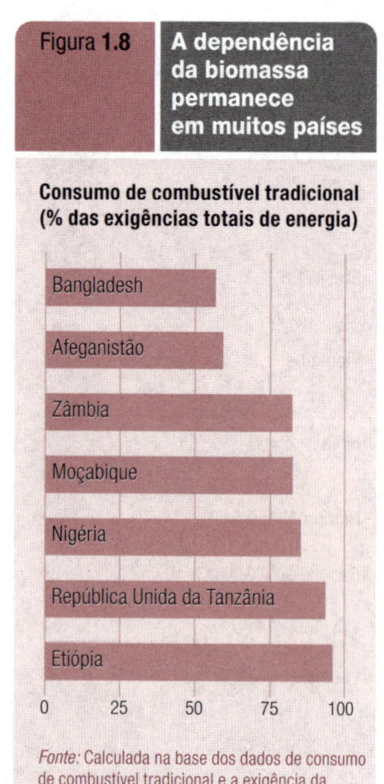

Fonte: Calculada na base dos dados de consumo de combustível tradicional e a exigência da energia total das NU 2007c.

1.4 Evitar alterações climáticas perigosas – um percurso sustentável de emissões

As alterações climáticas são um problema global, que exige uma solução internacional. O ponto de partida deve ser um acordo internacional para a limitação das emissões de gases com efeito de estufa. As estratégias para essa limitação têm de ser desenvolvidas a nível nacional. O que se pretende,

Caixa 1.2 **Milhões de pessoas não têm acesso aos serviços modernos de energia**

"O nosso dia começa antes das cinco da manhã, pois precisamos de arranjar água, preparar o pequeno-almoço para a família e arranjar os filhos para irem para a escola. Por volta das oito, começamos a recolher lenha. A viagem é de vários quilómetros. Quando não conseguimos madeira, utilizamos o esterco dos animais para cozinhar – mas isto é mau para os olhos e para as crianças." - Elisabeth Faye, agricultora, 32 anos, Mbour, Senegal.

Em muitos países ricos está garantido o acesso à electricidade. Com um breve estalido, as luzes acendem-se, a água aquece e a comida é cozinhada. O emprego e a prosperidade são suportados pelos sistemas de energia, que sustêm a indústria moderna, accionam computadores e redes de meios de transporte.

Para pessoas como Elisabeth Faye, o acesso à energia tem um significado muito diferente. Recolher madeira para arder é uma actividade árdua e demorada. Leva 2 a 3 horas diárias. Quando não consegue recolher madeira, não tem outra hipótese senão utilizar o esterco dos animais para cozinhar – o que é um perigo para a saúde.

Em países em vias de desenvolvimento existem cerca de 2,5 milhares de milhão de pessoas como Elisabeth Faye, que são forçadas a recorrer à biomassa – madeira combustível, carvão vegetal e esterco de animais – para conseguirem a energia que precisam para cozinhar (figura 1.8). Na África Subsariana, mais de 80% da população depende da biomassa tradicional para cozinhar, tal como acontece também com mais de metade da população da Índia e da China.

O acesso desigual à electricidade moderna está intimamente relacionado com a enorme desigualdade de oportunidades para o desenvolvimento humano. Os países com baixos níveis de acesso aos serviços modernos de electricidade figuram no grupo mais baixo do desenvolvimento humano. Dentro dos países, as desigualdades de acesso aos serviços modernos de electricidade entre ricos e pobres e entre áreas rurais e urbanas interagem com as elevadas desigualdades de oportunidades.

As populações e os países pobres pagam um preço elevado pelos défices em abastecimento de energia moderna:

- *Saúde*. A poluição do ar dentro de casa, resultante do uso de combustíveis sólidos, é o pior assassino. Mata 1,5 milhões de pessoas por ano, mais de metade com menos de cinco anos, o que equivale a 4000 mortes por dia. Contextualizando este número, ele excede os valores referentes à malária e a tuberculose. A maior parte das vítimas são mulheres, crianças e pobres das zonas rurais. A poluição do ar dentro das casas é também uma das principais causas de infecções respiratórias e pneumonia nas crianças. No Uganda, as crianças com menos de cinco anos sofrem 1 a 3 ataques de infecções respiratórias graves por ano. Na Índia, onde três em cada quatro casas nas áreas rurais dependem dos biocombustíveis para cozinharem e para se aquecerem, a poluição daí derivada mata 17% das crianças. A electrificação está muitas vezes associada aos avanços no campo da saúde. Por exemplo, no Bangladesh, a electrificação no meio rural elevou os rendimentos em 11% – e evitou a morte de 25 crianças nas 1000 casas electrificadas.
- *Género*. As mulheres e as raparigas demoram muito tempo a recolher madeira, acentuando a desigualdade de oportunidades no sustento e na educação. Este trabalho é desgastante e exaustivo, sendo que carregam pesos que ultrapassam em média os 20 Kg. Uma investigação na parte rural da Tanzânia apurou que as mulheres, nalgumas áreas, andam 5-10 Km por dia, recolhendo e carregando madeira, com pesos calculados entre 20 e 38 Kg. Na Índia rural, este trabalho pode ultrapassar as três horas diárias. Para além da sobrecarga imediata sobre o físico e em tempo despendido, a recolha de madeira combustível leva as raparigas a não irem à escola.
- *Custos económicos*. As casas pobres gastam muito em madeira combustível ou no carvão vegetal. Na Guatemala e no Nepal, o gasto em madeira representa 10-15% das despesas totais dos mais pobres. O tempo que as mulheres despendem na recolha de madeira combustível tem significativos custos, limitando as suas oportunidades. De um modo mais geral, o acesso inadequado aos serviços modernos de electricidade diminui a produtividade e as pessoas continuam pobres.
- *Ambiente*. A falta de acesso à energia moderna pode criar um ciclo vicioso de retrocesso ambiental, económico e social. A produção insustentável de carvão vegetal em resposta à crescente procura urbana provocou uma imensa tensão em áreas circundantes de cidades como Luanda, em Angola, e Adis Abeba, na Etiópia. Nalguns casos, a produção de carvão vegetal e a recolha de madeira contribuíram para a desflorestação. À medida que os recursos diminuem, o esterco e os resíduos são desviados para o uso do petróleo em vez de serem aproveitados para lavrar os campos, diminuindo a produtividade da terra.

O acesso dos pobres à electricidade disponível permanece uma prioridade no desenvolvimento. Projecções actuais mostram que aumentou o número de pessoas que confiam na biomassa, durante e para lá da próxima década, especialmente na África Subsariana. Isto comprometerá o progresso para vários ODMs, incluindo os que se relacionam com a sobrevivência materna e infantil, educação, redução da pobreza e sustentabilidade ambiental.

Fonte: AIE 2006c; Kelkar e Bhadwal 2007; Modi et al. 2005; Seck 2007b; OMS 2006; Banco Mundial 2007b.

a nível internacional, é uma estrutura que limite as emissões em todo o lado. Essa estrutura tem de apostar num percurso de emissões consistente com o objectivo de evitar alterações climáticas perigosas.

Nesta secção, apresentamos esse percurso. Começamos por identificar o orçamento de carbono global para o século XXI. O conceito de orçamento de carbono não é novo. Foi desenvolvido no Protocolo de Quioto e tem sido seguido por alguns governos

O nosso orçamento de carbono tem um único objectivo: conservar o aumento das temperaturas médias globais (acima dos níveis pré-industriais) abaixo dos 2° C

(capítulo 3). Com efeito, o orçamento de carbono é semelhante a um orçamento financeiro. Tal como estes têm de equilibrar os gastos mediante os recursos, assim os orçamentos de carbono têm de equilibrar as emissões de gases com efeito de estufa mediante a capacidade ecológica. Contudo, os orçamentos de carbono têm de operar a longo prazo. Porque as emissões que conduzem à acumulação de *stocks* de gases com efeito de estufa são cumulativos e de longa duração, temos de estabelecer uma estrutura de avaliação que contabilize a despesa em décadas em vez de em alguns anos.

Há mais semelhanças entre os dois tipos de orçamentos. Quando famílias ou governos apresentam orçamentos, traçam um conjunto de objectivos. As famílias têm de evitar despesas supérfluas, senão endividam-se. Os governos têm de se ajustar ao leque dos objectivos políticos públicos em áreas como o emprego, a inflação e o crescimento económico. Se as despesas públicas forem excedidas em larga escala, as consequências reflectem-se em défices fiscais, na inflação e na acumulação de dívidas. Por último, os orçamentos devem enquadrar-se dentro dos limites da sustentabilidade financeira.

Orçamento de carbono para um planeta frágil

Os orçamentos de carbono definem os limites da sustentabilidade ecológica. O nosso orçamento de carbono tem um único objectivo: conservar o aumento das temperaturas médias globais (acima dos níveis pré-industriais) abaixo dos 2° C. A base lógica para este objectivo está, como vimos, fixada em imperativos da ciência climática e do desenvolvimento humano. A ciência climática identifica os 2° C como um potencial 'ponto de viragem' para resultados catastróficos a longo prazo. De uma forma mais imediata, representa um 'ponto de viragem' para retrocessos no desenvolvimento humano em larga escala, durante o século XXI. A permanência dentro do limite dos 2° C deverá ser vista como um objectivo a longo prazo prudente e racional para a prevenção de alterações climáticas perigosas. Muitos governos adoptaram esse objectivo. A gestão do orçamento de carbono sustentável deverá ser vista como um meio para atingir esse fim.

Qual é o limite máximo das emissões de gases com efeito de estufa que permite ainda evitar alterações climáticas perigosas? Colocamos essa questão, usando simulações realizadas pelo Instituto de Potsdam para a Pesquisa sobre o Impacto Climático.

A estabilização dos *stocks* de gases com efeito de estufa requer uma comparação entre as actuais emissões e a absorção. Um objectivo específico de estabilização poderá ser alcançado através de um número de possíveis trajectórias de emissão. Em termos gerais, as emissões podem chegar cedo a um pico e diminuir gradualmente, ou atingir o pico mais tarde e diminuir mais rapidamente. Se o objectivo é evitar alterações climáticas perigosas, o ponto de partida é identificar um objectivo de estabilização consistente com o compromisso mundial em cumprir o referido limite dos 2° C.

Manter o limite dos 2° C – o meio-termo

Na nossa simulação, colocamos a estaca ao nível razoavelmente mais baixo. Isto é, identificamos o nível de *stocks* de gases com efeito de estufa consistente com a possibilidade aproximada de evitar as alterações climáticas perigosas. Este nível ronda as 450 ppm de CO_2e. Poder-se-á argumentar que ele não é suficientemente ambicioso: a maioria das pessoas não

Figura 1.9 **Os riscos das alterações climáticas perigoas aumentam com os *stocks* de gases com efeito de estufa**

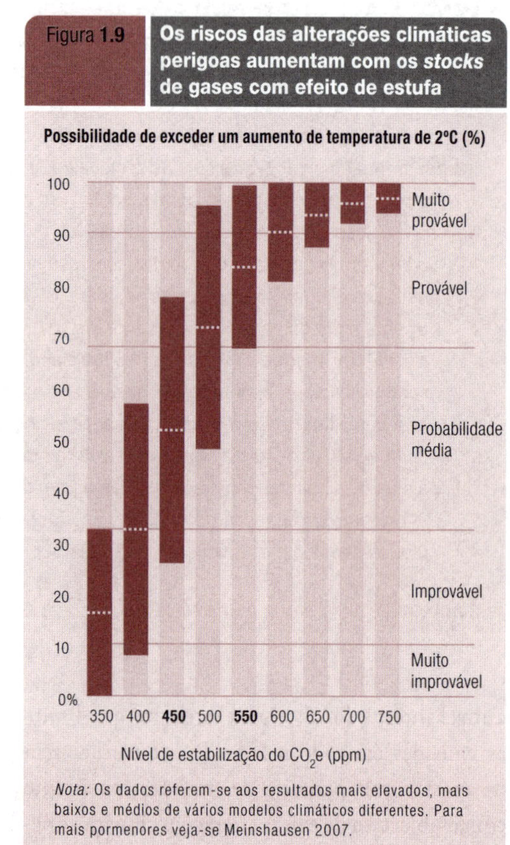

Nota: Os dados referem-se aos resultados mais elevados, mais baixos e médios de vários modelos climáticos diferentes. Para mais pormenores veja-se Meinshausen 2007.

Fonte: Meinshausen 2007.

arriscaria o seu bem-estar futuro atirando a moeda ao ar. Contudo, a estabilização em 450 ppm CO_2e envolverá um esforço global sustentável. Colocar a estaca abaixo da nossa meta afastará a possibilidade de se evitar as alterações climáticas perigosas. Níveis de *stock* de gases com efeito de estufa de 550 ppm de CO_2e aumentariam a possibilidade de ultrapassar o limiar dos 2º C das alterações climáticas perigosas para cerca de 80% (figura 1.9). Optar por uma meta de 550 ppm de CO_2e seria um risco para o futuro do planeta e para o desenvolvimento humano do século XXI. De facto, haveria uma oportunidade em cada três de exceder os 3º C.

O crescente consenso de que as alterações climáticas devem ser limitadas a 2º C constitui um objectivo ambicioso, mas exequível. Para tal, terá de haver estratégias concertadas para limitar a acumulação de *stocks* de gases com efeito de estufa às 450 ppm. Embora haja uma certa margem de incerteza, esta é a estimativa mais plausível para um orçamento de carbono sustentável.

Se o mundo fosse um único país, estaria a implementar um orçamento de carbono sustentável temerariamente extravagante. Se esse orçamento fosse financeiro, o governo desse país enfrentaria um grande défice fiscal, expondo os seus cidadãos a uma elevada inflação e a dívidas insustentáveis. A falta de prudência no orçamento de carbono pode ser melhor descrita ao se considerar todo o século.

Usamos as simulações do Instituto de Potsdam para encetar esta tarefa. A nossa abordagem refere-se às emissões de CO_2 provenientes do combustível fóssil, na medida em que estas são as que têm um relevo mais directo nos debates políticos sobre a redução das alterações climáticas. Identifica-se um nível de emissões que permita evitar as alterações climáticas perigosas. Sumariamente, o orçamento do século XXI é de cerca de 1,456 Gt CO_2, ou de 14,5 Gt CO_2 na base de uma média anual simples.[61] As actuais emissões registam duas vezes este nível. Em termos financeiros, a despesa é o dobro em relação aos pagamentos.

As más notícias são que as coisas são piores do que parecem, porque as emissões estão a aumentar com o crescimento económico e da população. Seguindo os cenários do PIAC, um orçamento para o século XXI que permita evitar as alterações climáticas perigosas poderia expirar já em 2032, ou em 2042 na melhor das hipóteses (figura 1.10).

Cenários para a segurança climática - o tempo esgota-se

Estas projecções contam uma história importante em duas partes. A primeira parte relaciona-se com a gestão básica do orçamento. Como comunidade global, estamos a falhar nas provas mais básicas de uma boa prática orçamental. Com efeito, estamos a gastar um rendimento mensal em 10 dias. A utilização da energia e os padrões de emissão actuais estão a reduzir os recursos ecológicos da Terra e a aumentar as insustentáveis dívidas ecológicas. Essas dívidas serão herdadas pelas gerações futuras, que terão de compensar, com elevados custos humanos e financeiros, as nossas acções, e também enfrentar as ameaças colocadas pelas alterações climáticas perigosas.

A segunda parte da história orçamental é igualmente severa. O facto de o orçamento do carbono vir a expirar entre 2032 e 2042 não significa que temos duas ou três décadas para actuar. Uma vez alcançado o limite crítico, não há retorno para uma opção climática mais segura. Além disso, os trajectos das emissões não podem ser alterados do dia para a noite. Requerem reformas extensas nas políticas energéticas

Figura 1.10 **O orçamento do carbono para o século XXI terá uma expiração a curto prazo**

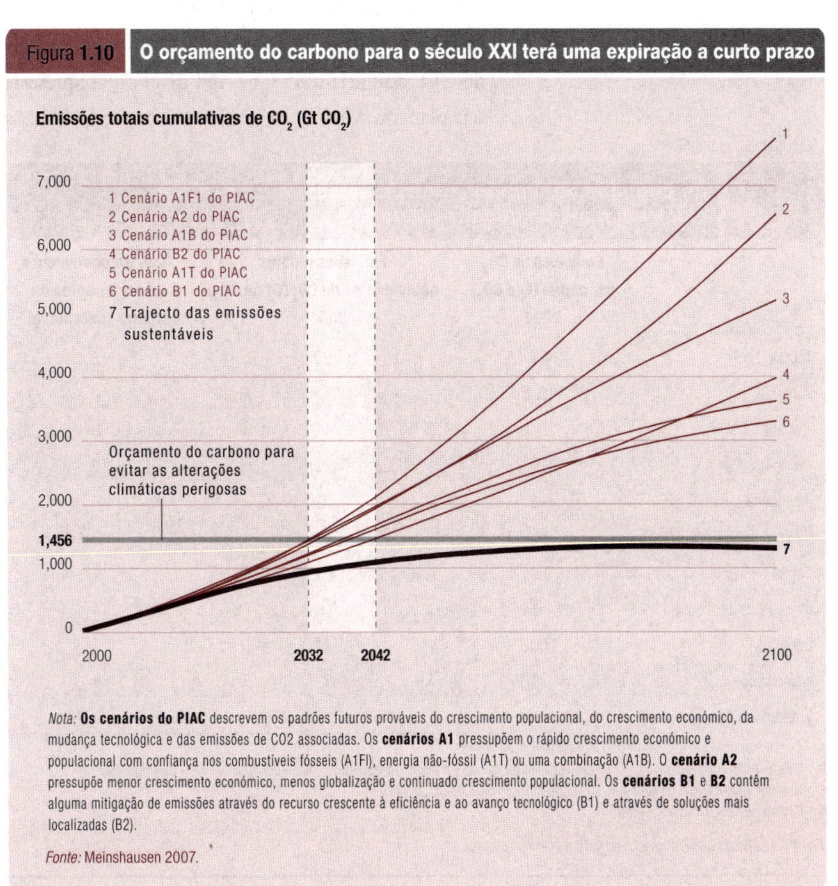

Nota: **Os cenários do PIAC** descrevem os padrões futuros prováveis do crescimento populacional, do crescimento económico, da mudança tecnológica e das emissões de CO2 associadas. Os **cenários A1** pressupõem o rápido crescimento económico e populacional com confiança nos combustíveis fósseis (A1FI), energia não-fóssil (A1T) ou uma combinação (A1B). O **cenário A2** pressupõe menor crescimento económico, menos globalização e continuado crescimento populacional. Os **cenários B1** e **B2** contêm alguma mitigação de emissões através do recurso crescente à eficiência e ao avanço tecnológico (B1) e através de soluções mais localizadas (B2).

Fonte: Meinshausen 2007.

e a implementação de novos comportamentos por vários anos.

Quantos planetas?

Nas vésperas da independência da Índia, perguntaram a Mahatma Gandhi se ele pensava que o país podia seguir o modelo britânico do desenvolvimento industrial. A sua resposta repercutiu-se num mundo que tem de redefinir a sua relação com a ecologia terrestre: "A Grã-Bretanha usou metade dos recursos deste planeta para alcançar a sua prosperidade. De quantos planetas precisará a Índia para o seu desenvolvimento?"

Fizemos a mesma pergunta para um mundo a caminho das alterações climáticas perigosas. Utilizando o tecto actual de 14,5 Gt CO_2, se as emissões estagnassem a um nível de 29 Gt CO_2, precisaríamos de dois planetas. Contudo, alguns países estão a fazer um cálculo menos sustentável do que outros. Com 15% da população mundial, os países ricos estão a usar 90% do orçamento sustentável. De quantos planetas precisaríamos se os países em desenvolvimento seguissem o seu exemplo?

Se todas as pessoas do mundo em desenvolvimento tivessem as pegadas de carbono que têm em média as dos países mais desenvolvidos, as emissões globais de CO_2 atingiriam 85 Gt – um nível que requereria seis planetas. Com uma pegada *per capita* global aos níveis apresentados pela Austrália, precisaríamos de sete planetas, e de nove num mundo que tivesse os níveis de emissões *per capita* do Canadá e dos Estados Unidos (tabela 1.2).

A resposta à pergunta de Gandhi envolve outras questões sobre justiça social na mitigação das alterações climáticas. Como comunidade global, estamos a acumular uma dívida de carbono enorme e insustentável, mas o tamanho dessa dívida tem sido da responsabilidade dos países mais ricos do mundo. O desafio é desenvolver um orçamento de carbono global, que apresente um percurso justo e sustentável, e que se afaste das alterações climáticas perigosas.

Tabela 1.2 As pegadas de carbono globais, nos níveis da OCDE exigiram mais do que um planeta [a]

	Emissões de CO_2 *per capita* (t de CO_2) 2004	Emissões globais equivalentes de CO_2 (Gt de CO_2) 2004 [b]	Número equivalente de orçamentos de carbono sustentável [c]
Mundo [d]	4,5	29	2
Austrália	16,2	104	7
Canadá	20,0	129	9
França	6,0	39	3
Alemanha	9,8	63	4
Itália	7,8	50	3
Japão	9,9	63	4
Países Baixos	8,7	56	4
Espanha	7,6	49	3
Reino Unido	9,8	63	4
Estados Unidos	20,6	132	9

a. Conforme calculado nos orçamentos de carbono sustentável.
b. Refere-se às emissões globais se todos os países do mundo emitissem tanto o mesmo nível *per capita* como o país específico.
c. Baseado num trajecto de emissões sustentáveis de 14,5 Gt de CO_2 por ano.
d. Pegada actual de carbono global.

Fonte: Cálculos do GRDH baseados na Tabela 24 de indicadores.

Projecção de um caminho que se afaste das alterações climáticas perigosas

Utilizamos o modelo do Instituto de Potsdam para identificar trajectos plausíveis para o cumprimento do limite dos 2° C. Um dos trajectos configura o mundo como um único país para efeitos da soma dos valores do carbono, e depois identifica metas de partilha de responsabilidades. Contudo, a viabilidade de qualquer sistema de partilha de responsabilidades depende dos participantes considerarem ou não justa a distribuição. A própria CQNUAC reconhece-o apelando à "protecção do sistema climático... numa base de justiça e de acordo com... responsabilidades comuns mas diferenciadas e respectivas capacidades".

Embora a interpretação desse apelo constitua matéria de discussão, distinguimos os países industrializados dos países em desenvolvimento, traçando caminhos separados para os dois grupos. Os resultados estão sintetizados na figura 1.11. As reduções, tendo por base o ano de 1990, no nosso trajecto de emissões sustentáveis são as seguintes:

- *O mundo.* As emissões para o mundo terão de ser reduzidas em cerca de 50% por volta de 2050, com um pico por volta de 2020. As emissões cairiam para zero, em termos líquidos, no final do século XXI.
- *Países desenvolvidos.* Nestes países, o pico das emissões teria lugar entre 2012 e 2015, com reduções de 30% em 2020 e pelo menos de 80% em 2050.
- *Países em desenvolvimento.* Embora com grandes variações, os maiores emissores no mundo em desenvolvimento manteriam uma trajectória de emissões crescentes até 2020, sendo o seu pico de

Figura 1.11 **Reduzir as emissões para metade, em 2050, poderia evitar alterações climáticas perigosas**

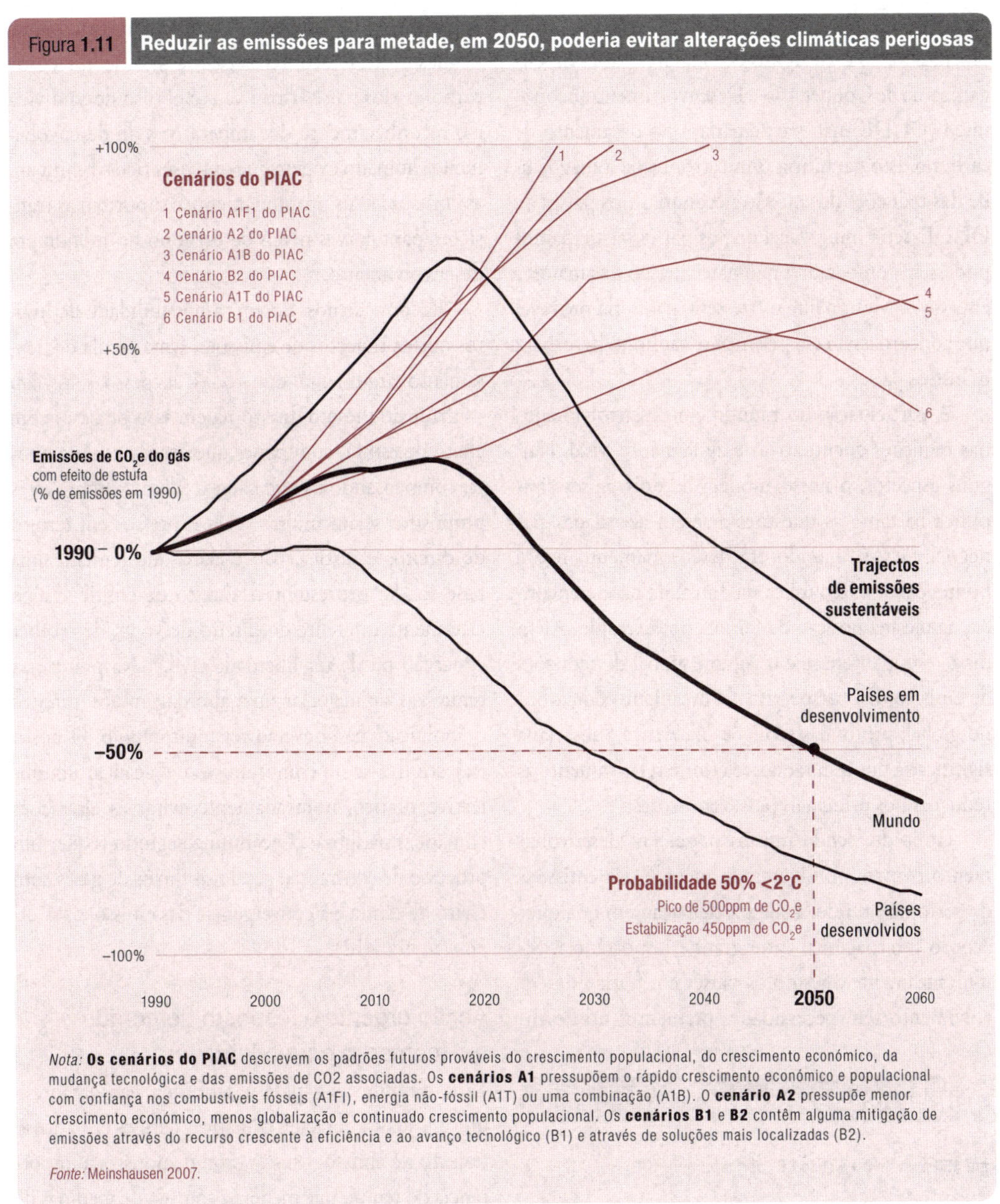

Nota: **Os cenários do PIAC** descrevem os padrões futuros prováveis do crescimento populacional, do crescimento económico, da mudança tecnológica e das emissões de CO2 associadas. Os **cenários A1** pressupõem o rápido crescimento económico e populacional com confiança nos combustíveis fósseis (A1FI), energia não-fóssil (A1T) ou uma combinação (A1B). O **cenário A2** pressupõe menor crescimento económico, menos globalização e continuado crescimento populacional. Os **cenários B1** e **B2** contêm alguma mitigação de emissões através do recurso crescente à eficiência e ao avanço tecnológico (B1) e através de soluções mais localizadas (B2).

Fonte: Meinshausen 2007.

cerca de 80% acima dos níveis actuais, com reduções de 20% em 2050 relativamente aos níveis de 1990.

Contracção e convergência - sustentabilidade com justiça

Salientamos que se trata de trajectos possíveis. Não são propostas específicas para os países individualmente. Porém, os trajectos satisfazem um propósito importante. Os governos estão a envolver-se em negociações para o acordo multilateral a suceder ao actual Protocolo de Quioto após o término do respectivo período de compromisso em 2012. As simulações do Instituto de Potsdam identificam a escala desejada das reduções de emissão, para que se possa evitar as alterações climáticas perigosas. Há várias trajectórias que podiam ser adoptadas para alcançar os objectivos para 2050. O que o nosso trajecto de emissões sustentável faz é realçar a importância da ligação entre os objectivos a curto prazo e aqueles longo prazo.

Os trajectos das emissões também servem para evidenciar a importância de uma acção breve e concertada. Teoricamente, os pontos de partida para as reduções da emissão de carbono podiam ser repelidos. Mas o resultado seria ter de proceder a reduções muito mais profundas num limitado espaço de tempo. Do nosso ponto de vista, seria um prenúncio de fracasso, porque os custos subiriam e os ajustamentos tornar-se-iam mais difíceis. Um outro cenário podia ser traçado, no qual alguns dos maiores países da Organização de Cooperação e Desenvolvimento Económico (OCDE) não participariam no orçamento de carbono. Isto garantiria o fracasso. Dada a magnitude das reduções de emissão necessárias nos países da OCDE, seria improvável que os países participantes pudessem compensar a não participação dos maiores emissores. Mesmo que o fizessem, não seria provável que concordassem em permitir o 'caminho livre' para os outros países.

A participação do mundo em desenvolvimento nas reduções quantitativas é, igualmente, vital. Nalguns aspectos, o nosso modelo de dois países simplifica bastante as questões a serem abordadas nas negociações. O mundo em desenvolvimento não é homogéneo: a República da Tanzânia não se encontra na mesma posição da China, por exemplo. Além disso, o que interessa é o volume global de reduções de emissão. Da perspectiva do orçamento do carbono global, profundas reduções na África Subsariana significaria um resultado irrelevante relativamente às reduções nos principais países emissores.

Contudo, sendo que os países em desenvolvimento contam com cerca de metade das emissões do resto do mundo, a sua participação em qualquer acordo internacional é de grande importância. Simultaneamente, mesmo os países em franco desenvolvimento têm necessidades prementes no desenvolvimento humano, que devem ser tidas em conta. O mesmo deve acontecer com a grande 'dívida de carbono' dos países ricos. O reembolso dessa dívida e o reconhecimento dos imperativos do desenvolvimento humano exigem que os países ricos diminuam as emissões mais profundamente e suportem as transições para baixos níveis de carbono no mundo em desenvolvimento.

Reconhecemos, porém, a possibilidade de muitos outros trajectos de emissões. Uma escola de pensamento argumenta que todas as pessoas deviam usufruir do mesmo direito na emissão de gases com efeito de estufa, com países que excedem a sua quota, compensando os que não excedem. Embora estes propósitos sejam muitas vezes expressos em termos de direitos e justiça, não é claro que tenham uma base sólida: o presumível 'direito de emitir' é algo claramente diferente do direito de votar, de receber educação ou de ter liberdade civil.[62] Na prática, as tentativas de negociar uma abordagem aos 'direitos de poluição' não deverão ter muito apoio. O nosso trajecto fixa-se no compromisso de alcançar um objectivo prático, nomeadamente evitar as alterações climáticas perigosas. O caminho seguido requer um processo de contracção geral nos fluxos de gases com efeito de estufa e a convergência das emissões *per capita* (figura 1.12).

Figura **1.12** **Diminuir e convergir para um futuro sustentável**

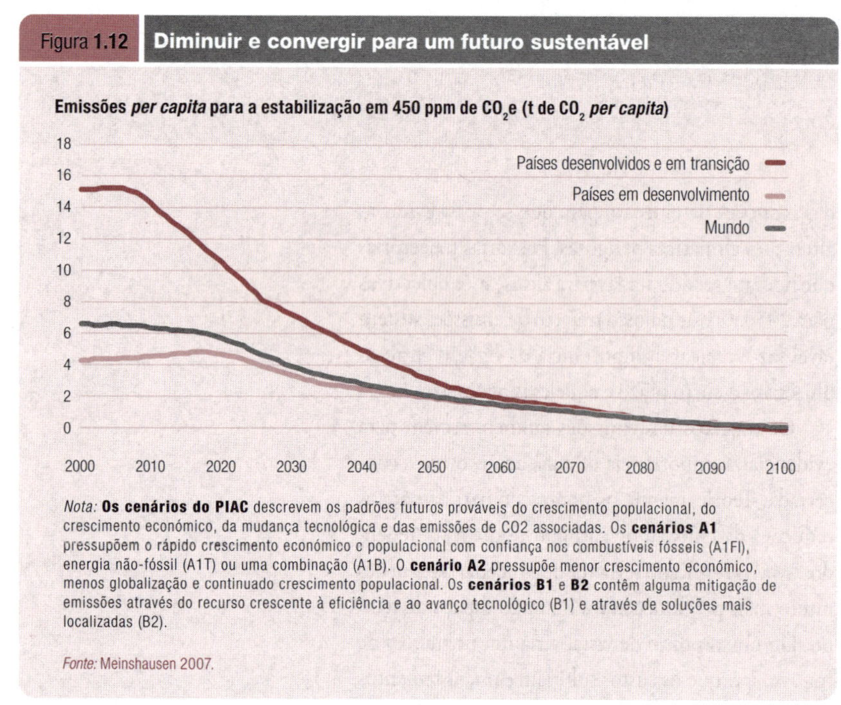

Nota: **Os cenários do PIAC** descrevem os padrões futuros prováveis do crescimento populacional, do crescimento económico, da mudança tecnológica e das emissões de CO2 associadas. Os **cenários A1** pressupõem o rápido crescimento económico e populacional com confiança nos combustíveis fósseis (A1FI), energia não-fóssil (A1T) ou uma combinação (A1B). O **cenário A2** pressupõe menor crescimento económico, menos globalização e continuado crescimento populacional. Os **cenários B1** e **B2** contêm alguma mitigação de emissões através do recurso crescente à eficiência e ao avanço tecnológico (B1) e através de soluções mais localizadas (B2).

Fonte: Meinshausen 2007.

Acção urgente e resposta demorada – o momento para adaptação

Uma diminuição rápida e profunda não garante a prevenção de alterações climáticas perigosas. O nosso trajecto de emissões sustentável demonstra a importância do tempo que medeia a tomada de medidas de mitigação e a obtenção de resultados. A figura 1.13 apresenta o movimento retardatário. Compara-se o grau de aquecimento acima dos níveis pré-industriais, em associação com os cenários de não mitigação do PIAC, com o aquecimento antecipado se o mundo estabilizar os *stocks* de gases com efeito de estufa em 450 ppm de CO_2e. A divergência de temperatura começa entre 2030 e 2040, tornando-se mais marcante depois de 2050, altura em que todos excepto um dos cenários do PIAC ultrapassam o limite dos 2° C das alterações climáticas perigosas.

O tempo de divergência da temperatura chama a atenção para duas questões importantes da política pública. Primeiro, até uma diminuição rigorosa contida no nosso trajecto de emissões sustentável

Figura 1.13 **Uma mitigação restrita não proporciona resultados rápidos**

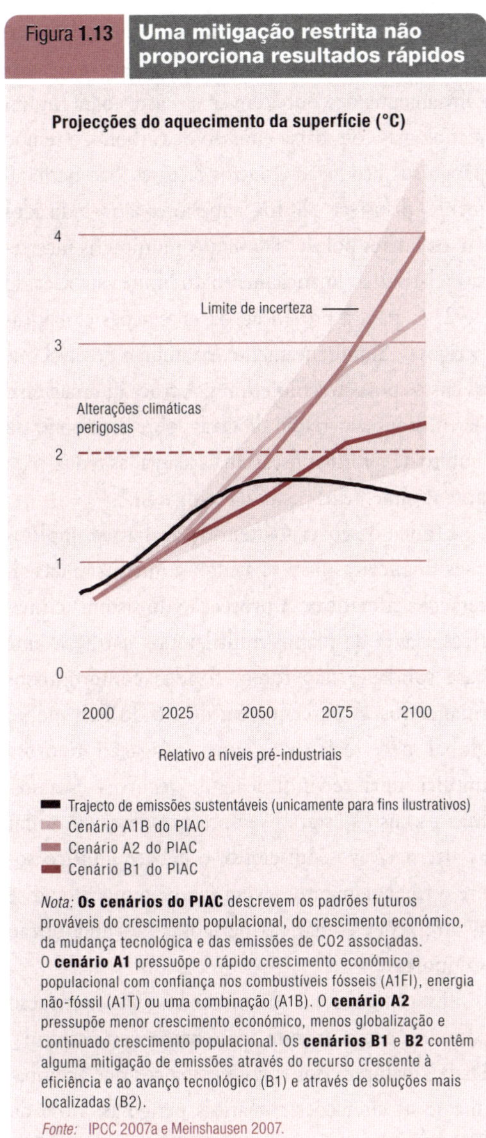

Nota: **Os cenários do PIAC** descrevem os padrões futuros prováveis do crescimento populacional, do crescimento económico, da mudança tecnológica e das emissões de CO2 associadas. O **cenário A1** pressupõe o rápido crescimento económico e populacional com confiança nos combustíveis fósseis (A1FI), energia não-fóssil (A1T) ou uma combinação (A1B). O **cenário A2** pressupõe menor crescimento económico, menos globalização e continuado crescimento populacional. Os **cenários B1** e **B2** contêm alguma mitigação de emissões através do recurso crescente à eficiência e ao avanço tecnológico (B1) e através de soluções mais localizadas (B2).

Fonte: IPCC 2007a e Meinshausen 2007.

não fará diferença às tendências da temperatura mundial até depois de 2030. Até lá, o mundo em geral e os pobres em particular terão de viver com as consequências das emissões do passado. Lidar com estas consequências simultaneamente progredindo em direcção aos ODMs e desenvolver esse progresso depois de 2015 é um assunto de adaptação e não de diminuição. Segundo, os verdadeiros benefícios da mitigação desenvolver-se-ão de forma cumulativa ao longo da segunda metade do século XXI e para além disso.

Uma implicação importante é que a motivação para a mitigação urgente tem de ser denunciada no interesse das gerações futuras. Os pobres enfrentarão os impactos adversos mais imediatos da divergência de temperatura. No final do século XXI, com alguns dos cenários do PIAC apontando para aumentos da temperatura de 4 – 6º C (e superiores), a humanidade no seu todo irá confrontar-se com ameaças potencialmente catastróficas.

O custo da transição para as baixas emissões de carbono - é possível investir na mitigação?

Os orçamentos do carbono têm implicações nos orçamentos financeiros. Embora tenha havido muitos estudos sobre o custo dos objectivos da mitigação específicos, o nosso limite de 2º C é de longe um objectivo mais rigoroso do que os da maior parte desses estudos. Embora o nosso trajecto climático sustentável seja efectivamente desejável, será também comportável?

Colocamos esta questão, fazendo uma abordagem que combina resultados quantitativos de um grande número de modelos, a fim de investigarmos os custos para se alcançarem resultados de estabilização específicos.[63] Estes modelos incorporam interacções dinâmicas entre tecnologia e investimento, explorando um leque de cenários para atingir metas de mitigação específicas.[64] Usamo-los para identificar custos globais para atingir uma meta de 450 ppm de CO_2e.

As emissões de CO_2 podem ser reduzidas de vários modos. O aumento da eficiência energética, a redução na procura de produtos com elevado teor de carbono, as alterações nas combinações energéticas – todos terão o seu papel. Os custos da mitigação variarão de acordo com o grau de reduções e o tempo para as alcançar. Resultam do financiamento para o desenvolvimento de novas tecnologias e do custo para os consumidores decorrentes da transição para bens e serviços envolvendo baixas emissões. Nalguns casos, as maiores reduções podem ser alcançadas a baixo custo: o aumento da eficiência energética é um bom exemplo. Noutros, os custos iniciais poderão gerar benefícios a longo prazo. Podemos colocar nesta categoria o desenvolvimento de centrais termoeléctricas a carvão de baixas emissões. A redução gradual do fluxo de gases com efeito de estufa é uma opção que envolve mais baixos custos do que uma alteração abrupta.

O trabalho de prospecção realizado para este Relatório estima os custos de estabilização em 450 ppm de CO_2e sob vários cenários. Em termos de dólares,

Em termos contabilísticos, uma mitigação rigorosa faz também sentido ao nível económico

os valores são enormes. Contudo, os custos da acção repartir-se-ão por muitos anos. Num simples cenário referencial, os custos médios anuais rondam 1,6% do PIB mundial, desde o presente até 2030.[65]

Não se trata de um investimento insignificante. Seria errado subestimar o enorme esforço para que possamos estabilizar as emissões de CO_2e em 450 ppm. Contudo, os custos deverão ser considerados em perspectiva. Conforme o Relatório Stern fortemente recordou os governos mundiais, eles terão de ser avaliados à luz dos custos da inércia. A percentagem de 1,6 do PIB global para alcançar os 450 ppm de CO_2e representa menos de 2/3 das despesas militares globais. Nos países da OCDE, onde as despesas governamentais representam geralmente 30 a 50% do PIB, os objectivos de mitigação mais rigorosos dificilmente parecerão incomportáveis, especialmente quando os gastos noutras áreas - tais como no orçamento militar e nos subsídios para a agricultura - podem ser reduzidos.

Os custos ecológicos e humanos de alterações climáticas perigosas não podem ser comensurados na base de uma simples análise da relação custos - benefícios. Contudo, em termos contabilísticos, uma mitigação rigorosa faz também sentido ao nível económico. A longo prazo, os custos da inércia serão superiores aos da mitigação. É bastante difícil estimar os custos dos impactos das alterações climáticas. Com um aquecimento de 5 - 6° C, os modelos económicos, que incluem o risco de alterações climáticas abruptas e em larga escala, apontam para perdas de 5 a 10% do PIB global. Os países pobres poderão sofrer perdas para além dos 10%. [66] Os impactos de alterações climáticas catastróficas poderiam até mesmo elevar as perdas acima deste nível. Reduzir o risco de consequências catastróficas é um dos mais poderosos argumentos a favor de um breve investimento na mitigação para atingir o objectivo das 450 ppm.

Deve realçar-se que há largas margens de incerteza em qualquer das taxas de custos da mitigação. Obviamente, desconhecem-se os custos para futuras tecnologias com baixa emissão de carbono, o tempo para a sua produção e outros factores. São perfeitamente plausíveis custos superiores aos indicados - e os líderes políticos devem comunicar as incertezas relativas ao financiamento do limite estabelecido de 2° C para a prevenção das alterações climáticas perigosas. Simultaneamente, é também possível que os custos possam ser inferiores. A troca internacional de emissões e a criação de taxas sobre o carbono no âmbito de reformas fiscais mais alargadas reduziriam potencialmente os custos da mitigação. [67]

Todos os governos têm de avaliar as implicações financeiras para se atingir a mitigação das alterações climáticas. A protecção do sistema climático através de planos multilaterais não terá uma base sólida se não forem fixados compromissos financeiros. A percentagem de 1,6 do PIB médio global necessária para uma mitigação rigorosa implica uma reivindicação de recursos escassos. Mas os custos estarão sempre presentes em todas as alternativas. Com efeito, o debate político sobre o financiamento deverá também questionar se as alterações climáticas perigosas são uma opção comportável.

Esta questão vai ao âmago da dupla motivação para uma acção urgente apresentado neste capítulo. Dada a natureza dos riscos ecológicos que acompanharão as alterações climáticas perigosas, 1,6% do PIB global deve ser visto como uma pequena parcela a pagar numa política de segurança para a protecção do bem-estar das gerações futuras. Dado que o mesmo investimento deverá prevenir os retrocessos imediatos e a larga escala no desenvolvimento de milhões de pessoas entre as mais vulneráveis do mundo, os imperativos de justiça social entre gerações e entre países potenciam-se mutuamente.

1.5 A trajectória actual - caminhos para um futuro climático insustentável

As tendências não estão escritas no destino e o desempenho do passado pode ter apenas uma fraca influência nos resultados futuros. No caso das alterações climáticas, isso é, inequivocamente, uma boa notícia. Porém, se os próximos 20 anos forem semelhantes aos últimos 20, a batalha contra as alterações climáticas perigosas estará perdida.

Um olhar sobre o passado – o mundo a partir de 1990

O Protocolo de Quioto prestou-nos lições importantes para o desenvolvimento de um orçamento do carbono para o século XXI. O Protocolo fornece uma estrutura multilateral que limita as emissões de gases com efeito de estufa. Sob os auspícios da CQNUAC, o acordo teve de ser negociado durante cinco anos, e outros oito foram necessários para reunir um número suficiente de países que ratificassem o acordo de modo a este se tornar operacional.[68] A meta principal para as reduções de emissões de gases com efeito de estufa foi de 5% a partir dos níveis de 1990.

Em termos de emissões globais, o Protocolo de Quioto não colocou metas particularmente ambiciosas. Além disso, não foram aplicados limites quantitativos para os países em vias de desenvolvimento. As decisões da Austrália e dos Estados Unidos em não ratificarem o protocolo limitou a dimensão das reduções pretendida. A implicação destas excepções pode ser ilustrada por referência às emissões de CO_2 relativas à energia. A partir de 1990, o compromisso assumido pelo Protocolo de Quioto traduz uma redução de 2,5% das emissões de CO_2 relativas à energia, em termos reais, por volta de 2010/2012.[69]

Os resultados têm desapontado até agora. Em 2004, as emissões totais de gases com efeito de estufa dos países referidos no Anexo I foram 3% abaixo dos níveis de 1990.[70] Contudo, encobrem-se dois grandes problemas. Primeiro, desde 1990, todas as emissões tendem a aumentar, levantando questões sobre se todas as metas serão atingidas. Segundo, há grandes variações no desempenho dos países (figura 1.14). Muitas das diminuições podem indicar reduções profundas nas emissões na Federação Russa e noutras economias de transição – nalguns casos excedendo 30%. Este resultado deve-se menos à reforma política para a energia do que aos efeitos de uma profunda recessão económica em 1990. As emissões estão agora a subir com o crescimento económico. No seu conjunto, as partes do Anexo I de não transição – essencialmente, a OCDE – aumentaram as emissões em cerca de 11% desde 1990 até 2004 (caixa 1.3).

Um olhar sobre o futuro – presos a um percurso ascendente

Olhando para trás, as tendências desde o ponto referencial de 1990 para o Protocolo de Quioto constituem um motivo de preocupação. Olhando para a frente, os cenários para a utilização futura de energia e as emissões apontam, inequivocamente, para uma realidade climática perigosa no futuro, a menos que se altere o curso das tendências mundiais.

Figura 1.14 **Alguns países desenvolvidos estão aquém das metas e compromissos de Quioto**

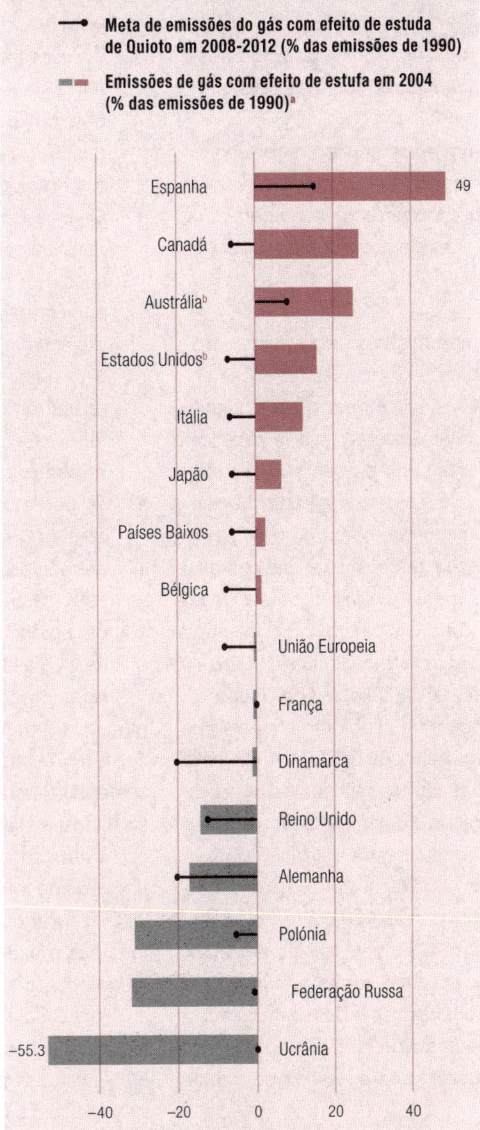

a. Exclui as emissões das mudanças do uso da terra. **b.** Austrália e os Estados Unidos assinaram, mas não ratificaram, o Protocolo de Quioto; por isso, não estão obrigados aos seus orçamentos.

Fonte: EEA 2006 e UNFCCC 2006.

Olhando para a frente, os cenários para a utilização futura de energia e as emissões apontam, inequivocamente, para uma realidade climática perigosa no futuro, a menos que se altere o curso das tendências mundiais

Caixa 1.3 **Os países desenvolvidos ficaram aquém dos seus compromissos de Quioto**

O Protocolo de Quioto foi o primeiro passo na resposta multilateral às alterações climáticas. Colocou metas para 2010 – 2012 referentes às reduções das emissões dos gases com efeito de estufa relativamente aos níveis de 1990. Com as negociações governamentais para depois de 2012 na continuação dos actuais compromissos, é importante que se retirem algumas lições.

Há três lições particularmente importantes. A primeira é sobre o nível ambicionado. As metas referidas no primeiro período do compromisso foram modestas, alcançando à volta de 5% para os países desenvolvidos. A segunda lição diz-nos que o estabelecimento de objectivos é importante. Muitos países estão no caminho errado. A terceira lição é que a estrutura multilateral tem de cobrir todas as principais nações emissoras. Sob o actual Protocolo, dois dos maiores países desenvolvidos – a Austrália e os Estados Unidos – assinaram o acordo, mas não o ratificaram, criando um entrave às metas. Também não há metas quantitativas para os países em desenvolvimento.

Embora seja muito cedo para um veredicto final sobre os resultados do Protocolo de Quioto, o registo sumário com os valores das emissões sem alterações do uso da terra não é encorajador. Mais de 68 países estão fora dos limites do acordo. Além disso, as emissões aumentaram a partir de 2000.

Entre os primeiros resultados:

- A União Europeia assumiu o compromisso de redução de emissões média em 8% sob o acordo de Quioto. As reduções actuais atingiram cerca de 2% e a Agência Europeia do Ambiente estima que as políticas actuais não deverão levar a qualquer alteração em 2010. As emissões a partir do sector dos transportes aumentaram cerca de ¼. As emissões a partir da electricidade e do aquecimento aumentaram cerca de 6%. Serão necessários grandes aumentos no fornecimento de energias renováveis para que se atinja as metas de Quioto, mas a União Europeia está a ficar aquém dos investimentos necessários para que possa atingir a sua própria meta de 20% em 2020.
- O Reino Unido ultrapassou a meta de Quioto da redução de emissões de 12%, mas está aquém de atingir a meta nacional para a redução de emissões em cerca de 20% relativamente aos níveis de 1990. Muita da redução foi conseguida antes de 2000 em resultado da reestruturação industrial e de acentuadas medidas de liberalização, que conduziram à utilização do gás natural. As emissões aumentaram em 2005 e 2006 em resultado da mudança do gás natural para o carvão (capítulo 3).
- As emissões da Alemanha foram 17% mais baixas em 2004 do que em 1990. As reduções reflectem cortes profundos de 1990 a 1995, na sequência da reunificação e da reestruturação industrial na Alemanha de Leste (mais de 80% da redução total), complementadas por um declínio de emissões do sector residencial.
- A Itália e a Espanha estão fora do caminho para as suas metas de Quioto. Na Espanha, as emissões aumentaram quase 50% desde 1990, com um forte crescimento económico e a utilização crescente do carvão. Na Itália, o primeiro sector a aumentar as emissões foi o dos transportes.
- O Canadá concordou, no Protocolo de Quioto, cortar as emissões em 6%. As emissões aumentaram em cerca de 27% e o país está agora à volta de 35% acima da sua meta de Quioto. Embora a intensidade dos gases com efeito de estufa tenha decaído, os ganhos de eficiência foram alargados por um aumento em emissões com base na expansão da produção do petróleo e produção de gás. As emissões associadas às exportações do petróleo e do gás aumentaram mais do dobro desde 1990.
- As emissões do Japão em 2005 foram 8% acima dos níveis de 1990. A meta de Quioto era para uma redução de 6%. Está previsto que o país falhe a sua meta em cerca de 14%. Embora as emissões industriais tenham caído marginalmente desde 1990, têm sido registados grandes aumentos de emissões no sector dos transportes (50% dos veículos de passageiros) e no sector residencial. As emissões provenientes das casas têm crescido mais rapidamente do que o número de habitações.
- Os Estados Unidos assinaram o Protocolo de Quioto, mas não o ratificaram. Se o tivessem feito, teriam de reduzir as suas emissões, por volta de 2010, abaixo dos 7% de 1990. As emissões aumentaram em cerca de 16%. Por volta de 2010, as emissões projectadas são de 1,8 Gt acima dos níveis de 1990, com tendência a aumentar. As emissões aumentaram em todos os sectores, apesar do declínio de 21% na intensidade de gases com efeito de estufa da economia dos Estados Unidos, conforme medido pelo rácio de gases de efeito de estufa relativamente ao PIB.
- Tal como os Estados Unidos, a Austrália não ratificou o Protocolo de Quioto. As emissões cresceram à volta de duas vezes o pretendido, com emissões a aumentarem cerca de 25% desde 1990. Grandes níveis de dependência do carvão contribuíram para grandes aumentos no sector da energia, com as emissões de CO_2 a elevarem-se acima dos 40%.

Após o ano de 2012, a ideia será de um acordo internacional que comprometa todos os principais países emissores, a longo prazo, a um esforço para a execução de um orçamento de carbono sustentável para o século XXI. Os governos pouco podem fazer hoje com efeitos significativos nas emissões entre 2010 e 2012: tal como os navios tanque a petróleo, os sistemas de energia têm grandes períodos de retorno.

O que agora é necessário é uma estrutura para combater as alterações climáticas perigosas. Essa estrutura terá de dar um prazo longo aos políticos, com curtos períodos de compromisso ligados a objectivos a médio e longo prazo. Para os países desenvolvidos, esses objectivos têm de incluir reduções de emissão em cerca de 30% por volta de 2020 e pelo menos 80% por volta de 2050 – consistente com o nosso trajecto de emissões sustentável. As reduções nos países em desenvolvimento podiam ser facilitadas através de cláusulas de transferência tecnológica e financeira.

Fonte: EEA 2006; EIA 206; Governo do Canadá 2006; AIE 2006c; Governo do Reino Unido 2007c; Ikkatal 2007; Pembina Institute

Esta mudança de curso necessitará da introdução de alterações nos padrões energéticos, tal como se verificou na revolução industrial. Mesmo sem alterações climáticas, o futuro dos sistemas energéticos de combustíveis fósseis será objecto de um intenso debate. A segurança energética – essencialmente definida como o acesso a fornecimentos seguros e comportáveis – é um tema de enorme interesse na agenda internacional.

Desde 2000, os preços do petróleo subiram, em termos reais, para cerca de US$ 70 o barril. Mesmo que os preços possam baixar, é improvável voltar-se aos níveis baixos do final de 1990. Alguns comentadores interpretam estas tendências como uma evidência que suporta a tese do *peak oil* ('pico petrolífero') - a ideia de que a produção se encontra num declínio a longo prazo até à exaustão das reservas conhecidas.[71] Paralelamente a estes desenvolvimentos, o interesse político sobre a garantia dos fornecimentos de energia aumentou face às crescentes ameaças terroristas, à instabilidade política na maioria dos países exportadores, às rupturas no fornecimento e às disputas entre importadores e exportadores.[72]

Segurança energética e segurança climática – empurrando em diferentes direcções?

As práticas para uma segurança energética são importantes para as estratégias de mitigação das alterações climáticas. Contudo, a esperança de que o aumento dos preços dos combustíveis fósseis conduza a uma breve transição para a diminuição das emissões do carbono é infundada. Os defensores da tese do 'pico petrolífero' exageram esta questão. Os novos fornecimentos irão certamente ser mais dispendiosos e de mais difícil extracção, levando ao aumento do preço marginal do barril do petróleo ao longo do tempo. Todavia, o mundo não esgotará tão cedo o petróleo: as reservas podem cobrir quatro décadas de consumos e muitas mais reservas poderão ser descobertas. [73] Há um número mais do que suficiente de combustíveis fósseis disponíveis para levar o mundo acima do limiar das alterações climáticas perigosas.

Com as actuais tecnologias, a exploração de uma pequena fracção do vasto reservatório de combustíveis fósseis que existe no mundo garantiria esse resultado. Independentemente da pressão nas fontes de petróleo convencionais, as reservas excedem o volume utilizado desde 1750. No caso do carvão, as reservas conhecidas estão a cerca de doze vezes o uso posterior a 1750. O uso de metade das reservas de carvão conhecidas no mundo durante o século XXI elevaria para cerca de 400 ppm os *stocks* de gases com efeito de estufa na atmosfera, garantindo alterações climáticas perigosas.[74] A disponibilidade das reservas de combustíveis fósseis sublinha os motivos para uma gestão prudente do orçamento de carbono.

As tendências do mercado reforçam a situação. Uma resposta possível para o aumento dos preços do petróleo e do gás natural é um 'investimento no carvão'. Este é o combustível fóssil mais barato do mundo, mais disseminado e com mais CO_2: para cada unidade de energia produzida, o carvão gera cerca de 40% mais CO_2 do que o petróleo e quase 100% mais do que o gás natural. Além disso, o carvão surge com valores elevados nos perfis de energia actuais e futuros dos principais emissores de CO_2, tais como a China, a Alemanha, a Índia e os Estados Unidos. A experiência das economias de transição aponta para problemas mais amplos. Consideremos a direcção da política energética na Ucrânia. Nos últimos 10 a 15 anos, o carvão foi substituído por um gás natural importado mais barato (e menos poluente). Contudo, com a interrupção nos fornecimentos por parte da Federação Russa, no início de 2006, e a duplicação dos preços de importação, o governo ucraniano está a considerar o regresso ao carvão. [75] Esta situação demonstra o modo como a segurança energética nacional pode entrar em conflito com os objectivos de segurança climática global.

Os cenários da procura de energia confirmam que a subida dos preços do combustível fóssil não levam o mundo para o caminho das emissões sustentáveis. Estima-se que a procura aumente em metade entre o presente e 2030, envolvendo um aumento de 70% proveniente dos países em vias desenvolvimento[76]. Estas projecções sugerem que o mundo gastará cerca de US$20 biliões entre 2005 e 2030 para ir ao encontro dessa procura. Muito desse investimento está ainda a ser direccionado para infra-estruturas envolvendo elevadas emissões de carbono que ainda estarão a produzir energia – e a emitir CO_2 – na segunda metade do século XXI. As consequências podem ser avaliadas, comparando-se os cenários de emissões de CO_2 relacionadas com a energia desenvolvidos pela Agência Internacional de Energia (AIE) e o PIAC e as nossas simulações do trajecto sustentável de emissões:

- O nosso trajecto sustentável de emissões aponta para uma trajectória que requer uma redução de

Há um número mais do que suficiente de combustíveis fósseis disponíveis para levar o mundo acima do limiar das alterações climáticas perigosas

50% nas emissões de gases com efeito de estufa por volta de 2050 relativamente aos níveis de 1990. O cenário da AIE, pelo contrário, aponta para um aumento de cerca de 100%. Só entre 2004 e 2030, pensa-se que as emissões de energia aumentarão em cerca de 14 Gt de CO_2, ou 55%.

- Enquanto o nosso trajecto sustentável de emissões aponta para reduções de pelo menos 80% para os países da OCDE, o cenário de referência da AIE indica um aumento de 40% – uma expansão total de 4,4 Gt de CO_2. Aos Estados Unidos corresponderá à volta de metade do aumento, elevando as suas emissões em 48% acima dos níveis de 1990 (figura 1.15).
- De acordo com a AIE, aos países em desenvolvimento caberão ¾ do aumento das emissões globais de CO_2, enquanto o nosso trajecto sustentável de emissões aponta para a necessidade de reduções à volta de 20% em 2050 relativamente aos níveis de 1990. A expansão estimada representaria um aumento quatro vezes maior do que os níveis de 1990.
- Enquanto as emissões *per capita* aumentarão mais rapidamente em países em vias de desenvolvimento, a convergência será limitada. Em 2030, as emissões da OCDE serão de 12 toneladas de CO_2 *per capita*, comparadas com as 5 toneladas de CO_2 nos países em desenvolvimento. Em 2015, as emissões *per capita* da China e da Índia deverão ser de 5,2 e 1,1 toneladas, comparadas com as 19,3 toneladas dos Estados Unidos.

Figura 1.15 **Trajectória actual: emissões de CO_2 em ascensão**

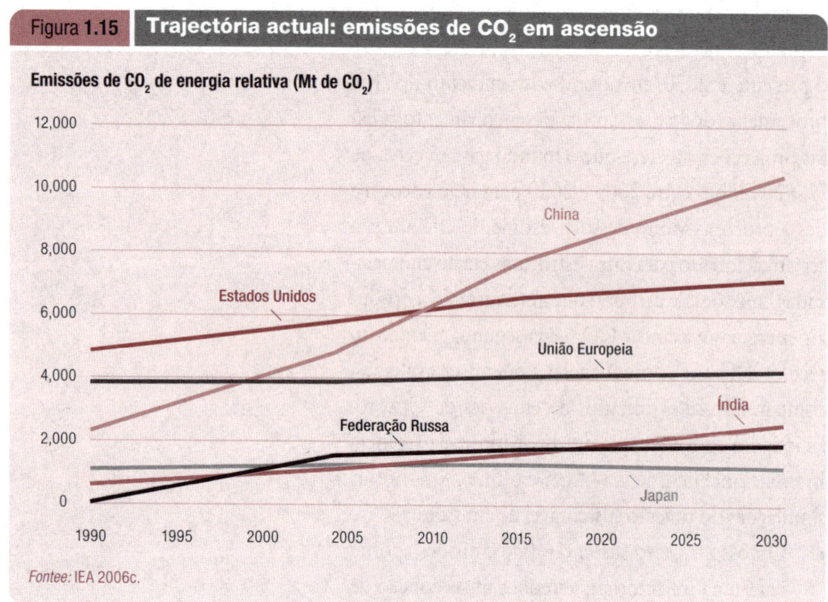

Fontee: IEA 2006c.

- Os cenários do PIAC são mais abrangentes do que os da AIE, porque incorporam outras fontes de emissões, incluindo a agricultura, as alterações no uso da terra, o lixo e um vasto leque de gases com efeito de estufa. Estes cenários apontam para níveis de emissão de 60 – 79 Gt de CO_2e em 2030, valores com forte tendência para aumentar. A percentagem mais baixa é de 50% acima do nível referencial de 1990. Um dos cenários de não mitigação do PIAC apresenta a duplicação de emissões nas três décadas até 2030.[77]

Factores para o aumento de emissões

Estes valores têm de ser considerados com cautela, tal como em qualquer projecção de cenários futuros. Representam a melhor estimativa baseada em pressupostos de crescimento económico, a alteração da população, os mercados de energia, a tecnologia e as políticas actuais. Os cenários não demonstram uma trajectória predeterminada. Antes sublinham o facto de o mundo estar numa trajectória de emissões que garantidamente poderá acabar numa colisão entre o homem e o planeta.

Será difícil mudar a trajectória. Há três poderosos factores para o aumento de emissões que interagirão com a tecnologia, as mudanças nos mercados energéticos e escolhas da política pública.

- *Tendências demográficas.* As projecções actuais apontam para um aumento da população mundial dos actuais 6,5 milhares de milhão para os 8,5 milhares de milhão em 2030. Assim, a nível global, e mesmo que ficássemos parados, só esse facto leva à necessidade de efectuar reduções totais na ordem dos 30% em emissões *per capita* médias – e não podemos ficar parados se quisermos evitar as alterações climáticas perigosas. Quase todos os aumentos na população terão lugar nos países em desenvolvimento, onde há consideráveis necessidades de energia e níveis mais baixos de eficiência energética.
- *Crescimento económico.* O crescimento económico e a presença de carbono no crescimento são dois dos mais poderosos condutores das tendências de emissão. Quaisquer projecções nesta área estarão sujeitas a um dado grau de incerteza. As próprias alterações climáticas poderiam actuar como um travão no crescimento futuro, especialmente no caso de catastróficas subidas do nível

do mar ou 'surpresas desagradáveis' imprevistas. Contudo, esse travão poderá não se aplicar nas próximas décadas: não é expectável que o clima tenha efeitos significativos nos condutores do crescimento mundial até ao fim do século XXI.[78] De forma mais imediata, a economia global experimenta um dos mais longos períodos de pouco crescimento. O crescimento mundial foi em média mais de 4% ao ano, na última década.[79] A este ritmo, a produção duplica de 18 em 18 anos, aumentando a necessidade de energia, por um lado, e as emissões de CO_2, por outro. O montante de CO_2 produzido por cada dólar de crescimento na economia mundial – a 'intensidade de carbono' do PIB mundial – tem vindo a cair nas últimas duas décadas e meia, enfraquecendo a ligação entre o PIB e as emissões de carbono. Essa tendência reflecte melhorias na eficiência energética, alterações na estrutura económica – com a taxa de produção envolvendo intensos níveis de carbono a cair relativamente aos sectores de serviços em muitos países – e as alterações na combinação de energia. Contudo, o declínio na intensidade do carbono estacionou desde 2000, criando um aumento de emissões (figura 1.16).

- *Energia combinada.* No passado quarto de século, as emissões de CO_2 relacionadas com a energia cresceram menos rapidamente do que a procura de energia primária. Contudo, segundo o cenário da AIE, o período até 2030 poderá assistir a um aumento de emissões de CO_2 mais rápido do que o da procura de energia primitiva. A razão: um aumento da taxa do carvão na energia primária. Estima-se que as emissões de CO_2 provenientes do carvão irão aumentar em cerca de 2,7% ao ano até 2015 – uma percentagem 50% superior àquela referente ao petróleo.

Figura 1.16 A intensidade do carbono diminui a um ritmo demasiado lento para o corte das emissões globais

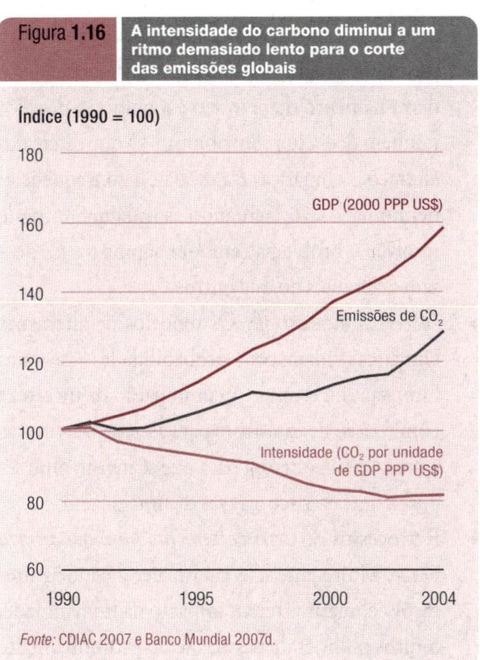

Fonte: CDIAC 2007 e Banco Mundial 2007d.

Alcançar a mitigação das alterações climáticas à escala pretendida face estas pressões requerá um esforço político apoiado pela cooperação internacional. Por si só, as tendências actuais nos mercados energéticos não conduzirão o mundo a uma diminuição das emissões de carbono. Contudo, as tendências e as preocupações recentes sobre a segurança energética poderiam vir incentivar a um futuro baixo em carbono. Com os preços do petróleo e do gás natural a permanecerem elevados, os incentivos para o desenvolvimento da capacidade energética baixa em emissões de carbono têm tido resultados favoráveis. Do mesmo modo, os governos preocupados com a dependência no petróleo e com a segurança no fornecimento de energia têm fortes razões para avançarem com programas conducentes ao aumento da eficiência energética, à criação de incentivos para o desenvolvimento e emprego de tecnologias de baixas emissões e à promoção de uma maior independência através das energias renováveis. Veremos com mais detalhe a estrutura da mitigação no capítulo 3. Mas as quatro fórmulas para o sucesso são:

- Atribuir um preço às emissões de carbono através de regimes fiscais e sistemas de limite-e-negociação.
- Criar uma estrutura reguladora que aumente a eficiência energética, estabeleça padrões para reduzir as emissões e crie oportunidades de mercado para fornecedores de energia de baixas emissões de carbono.
- Acordar uma cooperação internacional multilateral para financiar transferências de tecnologia para os países em desenvolvimento, suportando uma transição para fontes de energia com baixas emissões de carbono.
- Desenvolver uma estrutura multilateral pós-2012 para continuar o trabalho iniciado com o Protocolo de Quioto, com metas mais ambiciosas para a redução das emissões de gases com efeito de estufa.

Por si só, as tendências actuais nos mercados energéticos não conduzirão o mundo a uma diminuição das emissões de carbono

As políticas para a mitigação das emissões de gases com efeito de estufa requerem alterações de grande projecção na política energética e nos comportamentos

1.6 Porque devemos agir para evitar as alterações climáticas perigosas

Vivemos num mundo profundamente dividido. A grande disparidade entre extremos de pobreza e prosperidade continuam a chocar. As diferenças de cultura e religião são uma fonte de tensão entre países e povos. As atitudes de competição entre os países ameaçam a segurança colectiva. Perante este quadro, as alterações climáticas prestam-nos uma forte lição sobre um facto básico da vida humana: partilhamos o mesmo planeta.

Vivam onde viverem e façam o que fizerem, as pessoas são parte de um mundo ecologicamente interdependente. Tal como os negócios e os recursos pecuniários juntam as pessoas numa economia global integrada, também as alterações climáticas despertam a nossa atenção para os vínculos ambientais que nos ligam num futuro partilhado.

As alterações climáticas são a evidência de que estamos a administrar mal esse futuro. A segurança climática é um bem comum: a atmosfera mundial é partilhada por todos, no sentido óbvio de que ninguém poderá ser 'excluído'. Por contraste, as alterações climáticas perigosas são um mal comum. Ainda que algumas pessoas (os mais pobres) e alguns países sofram perdas mais rapidamente do que outros, todos acabaremos por perder, a longo prazo, com as gerações futuras a enfrentarem crescentes riscos de catástrofes.

No século IV a.C., Aristóteles observou que "o que é comum ao maior número de pessoa é aquilo que geralmente nos merece menos cuidados". Podia estar a tecer um comentário sobre a atmosfera terrestre e a nossa falta de atenção relativamente à capacidade do nosso planeta de absorver carbono. Criar as condições para uma mudança requer novas formas de pensar sobre a interdependência humana num mundo que se precipita em direcção às alterações climáticas perigosas.

A gestão climática responsável num mundo interdependente

Para tentar resolver as alterações climáticas, os governos enfrentam dificuldades. Estão em causa questões complexas envolvendo ética, equidade entre gerações e países, economia, tecnologia e comportamentos individuais. As políticas para a mitigação das emissões de gases com efeito de estufa requerem alterações de grande projecção na política energética e nos comportamentos.

Neste capítulo, debruçámo-nos sobre um conjunto de questões importantes para dar resposta às alterações climáticas. Quatro temas merecem ênfase especial, porque vão ao âmago da ética e da economia de qualquer estrutura política para a mitigação:

- *Irreversibilidade.* As emissões de CO_2 e de outros gases com efeito de estufa são, a todos os níveis, irreversíveis. A sua duração na atmosfera terrestre é medida em séculos. Aplica-se uma lógica semelhante aos impactos climáticos. Ao contrário de muitas outras questões ambientais, onde o perigo pode ser banido de forma relativamente rápida, o perigo formado pelas alterações climáticas tem o potencial de se expandir a partir de populações vulneráveis, através de gerações, e a toda a humanidade, num futuro distante.
- *Escala global.* A pressão sobre o clima provocado pela acumulação de gases com efeito de estufa não distingue nações, mesmo se os efeitos divergirem. Quando um país emite CO_2, o gás expelido vai afectar o mundo inteiro. As emissões de gases com efeito de estufa não são a única forma de poluição ambiental: a chuva ácida, o derramamento de petróleo e a poluição dos rios também dão a sua contribuição. O que difere das alterações climáticas é a escala e a consequência: nenhuma nação, actuando isoladamente, pode resolver o problema (embora alguns países possam fazer mais do que outros).
- *Incerteza e catástrofe.* Os modelos de alterações climáticas lidam com probabilidades – e estas implicam incertezas. A combinação da incerteza com o risco de catástrofe para as gerações futuras é uma razão poderosa para que se invista num seguro contra o risco através da mitigação.
- Retrocessos no *desenvolvimento humano a curto prazo.* Muito antes das catástrofes devido às alterações climáticas terem impacto na humanidade, muitos milhões de pessoas serão profundamente

afectadas. Poderá ser possível proteger Amesterdão, Copenhaga e Manhattan do aumento dos níveis do mar no século XXI, se bem que a custo elevado. Mas as defesas contra as cheias não salvarão os meios de subsistência ou as casas de centenas de milhões de pessoas que vivem no Bangladesh, no Vietname, em Níger ou nos deltas do Nilo. A mitigação urgente das alterações climáticas reduziria os riscos de retrocessos no desenvolvimento humano no decurso do século XXI, embora muitos dos benefícios ocorram apenas depois de 2030. A redução dos custos humanos antes desta data requer auxílio para adaptação.

A justiça social e a interdependência ecológica

Há muitas teorias de justiça social e de abordagem à eficiência que podem ser trazidas ao debate sobre as alterações climáticas. Talvez a mais adequada tenha sido a do filósofo iluminista e economista Adam Smith. Tecendo considerações sobre como determinar uma forma de acção justa e ética, sugeriu um teste simples: "examinar a nossa própria conduta, como imaginamos que qualquer outro espectador imparcial e justo o faria." [80]

Este "espectador imparcial e justo" teria uma visão sombria sobre a geração que falhou na actuação das alterações climáticas. Expor as gerações futuras a riscos potencialmente catastróficos atingiria os próprios valores humanos. O artigo terceiro da Declaração Universal dos Direitos Humanos estabelece que "todos têm direito à vida, à liberdade e à segurança pessoal". A inacção relativamente à ameaça de alterações climáticas representaria uma violação imediata deste direito universal.

O princípio da equidade intergeracional está no centro da ideia de sustentabilidade. Passaram duas

Contributo especial **O nosso futuro comum e as alterações climáticas**

O desenvolvimento sustentável está quase a atingir as necessidades das gerações presentes sem comprometer a capacidade das gerações futuras em atingir as suas próprias capacidades. Mais do que isso, trata de justiça social, igualdade e respeito pelos direitos humanos das gerações futuras.

Passaram duas décadas sobre o privilégio que tive em presidir à Comissão Mundial para o Ambiente. O Relatório que surgiu do nosso procedimento teve uma mensagem simples apreendida no título – *O Nosso Futuro Comum*. Afirmámos que a humanidade estava a ultrapassar os limites de sustentabilidade e a diminuir os recursos ecológicos mundiais de um modo que podia comprometer o bem-estar das gerações futuras. Também foi claro que a maior parte da população mundial teve uma pequena participação no uso excessivo dos nossos limitados recursos. No centro dos problemas identificados estava a desigualdade nas oportunidades e na distribuição.

Hoje precisamos de reflectir detalhadamente sobre as alterações climáticas. Mas há mais alguma demonstração poderosa do que significa viver em insustentabilidade?

O *Relatório de Desenvolvimento Humano 2007/2008* demonstra o que descreve como 'orçamento de carbono' para o século XXI. Tendo em atenção as melhores ciências climáticas, essa provisão estabelece o volume de gases com efeito de estufa que podem ser emitidos sem causar alterações climáticas perigosas. Se continuarmos na nossa trajectória actual de emissões, a estimativas de carbono para o século XXI expirarão em 2030. Os nossos padrões no consumo de energia traduzem vastas dívidas ecológicas que serão herdadas pelas gerações futuras – dívidas que não conseguirão pagar.

As alterações climáticas são uma ameaça sem precedentes. De forma imediata, é uma ameaça para as populações mais pobres e mais vulneráveis do mundo: estão ainda a viver com as consequências do aquecimento global. No nosso mundo, profundamente dividido, o aquecimento global está a aumentar as disparidades entre ricos e pobres, negando às pessoas a oportunidade de melhorar a sua vida. Olhando para o futuro, as alterações climáticas colocam riscos de uma catástrofe ecológica.

Devemos aos pobres e às gerações futuras a actuação para resolver e parar urgentemente as alterações climáticas perigosas. A boa notícia é que não é demasiado tarde. Ainda temos oportunidade, mas sejamos claros: o relógio está a trabalhar e o tempo está a esgotar-se.

As nações ricas devem mostrar liderança e conhecimento da sua responsabilidade histórica. Os seus cidadãos deixam as maiores pegadas de carbono na atmosfera terrestre. Além disso, possuem as capacidades financeiras e tecnológicas necessárias para fazerem reduções breves e profundas nas emissões de carbono. Isto não significa que a mitigação tenha de ser suportada pelo mundo rico. Na verdade, uma das prioridades mais urgentes é a cooperação internacional na transferência tecnológica para permitir que os países em desenvolvimento façam a transição para sistemas de energia com baixas emissões de carbono.

Hoje, as alterações climáticas estão a ensinar-nos o duro caminho de algumas lições apontadas no *Nosso Futuro Comum*. A sustentabilidade não é uma ideia abstracta. É encontrar um balanço entre as pessoas e o planeta – um balanço que trate, hoje, dos grandes desafios da pobreza e proteja os interesses das gerações futuras.

Gro H. Brundtland

Gro Harlem Brundtland
Presidente da Comissão Mundial do Desenvolvimento Sustentável
Ex-Primeira Ministra da Noruega

O desafio é suster hoje o progresso humano, enfrentando os riscos crescentes, provocados pelas alterações climáticas, na vida de um significativo número de pessoas

décadas desde que a Comissão Mundial sobre o Meio Ambiente e Desenvolvimento trouxe a ideia de desenvolvimento sustentável para a agenda internacional. Vale a pena apresentar novamente o princípio central, nem que seja apenas para destacar o modo como ele será amplamente violado pela contínua falha em dar prioridade à mitigação das alterações climáticas: "O desenvolvimento sustentável procura ir ao encontro das necessidades e aspirações do presente sem comprometer o mesmo fim no futuro". [81]

Essa visão tem uma poderosa ressonância e aplicação no debate político público sobre as alterações climáticas. Sem dúvida, o desenvolvimento sustentável não pode significar que as gerações deixem o ambiente exactamente como o encontraram. O que se deve conservar é a possibilidade das gerações futuras gozarem das suas liberdades, poderem fazer escolhas e terem uma vida que possam valorizar.[82] As alterações climáticas poderão eventualmente limitar essas liberdades e escolhas e as pessoas não controlarão os seus destinos.

Pensar no futuro não significa que devamos prestar menos atenção à justiça social no nosso tempo. Um observador imparcial pode também reflectir sobre as atitudes actuais de justiça social, pobreza e desigualdade, devido à inacção face às alterações climáticas. O fundo ético de qualquer sociedade tem, em parte, de ser avaliado com base no modo como trata os seus membros mais vulneráveis. Permitir que os pobres venham a sofrer devido às alterações climáticas que não ajudaram a criar conduz à desigualdade e à injustiça.

Em termos de desenvolvimento humano, o presente e o futuro estão ligados. Não há possibilidade de negociar a longo prazo a mitigação das alterações climáticas e o desenvolvimento das capacidades humanas. Conforme Amartya Sen afirma, no seu contributo especial a este Relatório, o desenvolvimento humano e a sustentabilidade ambiental são elementos integrantes na liberdade dos seres humanos.

Tentar resolver as alterações climáticas com políticas bem delineadas reflectirá um compromisso de expansão para as gerações futuras das liberdades que as pessoas têm hoje. [83] O desafio é suster hoje o progresso humano, enfrentando os riscos crescentes, provocados pelas alterações climáticas, na vida de um significativo número de pessoas.

Há uma percepção fundamental, segundo a qual as alterações climáticas nos levam a pensar de forma diferente sobre a interdependência humana. Os filósofos gregos afirmavam que a afinidade humana podia ser compreendida em termos de círculos concêntricos que se alargam a partir da família até à localidade, ao país e ao mundo – e enfraquecem com qualquer alteração vinda do centro. Os economistas do Iluminismo, tal como Adam Smith, e filósofos, como David Hume, usaram algumas vezes esta imagem para explicar a motivação humana. No mundo de hoje mais interdependente ecológica e economicamente, os círculos concêntricos tornaram-se mais chegados uns aos outros. O filósofo Kwame Appiah escreveu: "Temos responsabilidades sobre as pessoas que conhecemos e que influenciamos: isto é apenas a afirmação da ideia de moralidade". [84] Hoje "sabemos acerca de" pessoas em lugares distantes – e sabemos que o modo como usamos a nossa energia "influencia" as suas vidas através das alterações climáticas.

Desta perspectiva, as alterações climáticas colocam algumas questões morais. O uso de energia e as emissões associadas a gases com efeito de estufa não são conceitos abstractos. São aspectos de interdependência humana. Quando uma pessoa acende uma luz na Europa ou o ar condicionado na América, elas estão ligadas através do sistema climático global, a algumas das mais vulneráveis pessoas do mundo – pequenos agricultores da Etiópia, habitantes de bairros pobres em Manila e pessoas que vivem no Delta do Ganges. Também estão ligadas a gerações futuras, não só aos seus próprios filhos e netos, mas também aos filhos e netos das pessoas de todo o mundo. Dada a evidência das implicações das alterações climáticas perigosas na pobreza e em riscos futuros de catástrofes, seria imoral descartar as responsabilidades da interdependência ecológica que estão a associadas às alterações climáticas.

O imperativo moral para tentar resolver as alterações climáticas está assente sobretudo em ideias sobre gestão, justiça social e responsabilidade ética. Num mundo em que as pessoas estão muitas vezes divididas pelas suas crenças, estas ideias cruzam religião e cultura. Proporcionam uma base potencial para uma acção colectiva de líderes religiosos e outros (caixa 1.4).

O processo económico para uma acção urgente

A ambição de mitigar as alterações climáticas requer, hoje, a transição para baixas emissões de carbono. Os custos cairão predominantemente na geração actual, com os ricos a pagarem a maior factura. Os benefícios serão distribuídos pelos países e pelo tempo. As gerações futuras terão riscos menores e os pobres beneficiarão bastante do desenvolvimento humano no nosso tempo. Os custos e os benefícios da mitigação das alterações climáticas justificam a tomada de medidas urgente?

Esta pergunta foi feita pelo Relatório Stern, no artigo *A economia das alterações climáticas.* Instada pelo governo do Reino Unido, a Revista deu uma resposta forte. Utilizando uma análise de custos e benefícios baseada num modelo económico a longo prazo, concluiu-se que os futuros custos do aquecimento global representariam provavelmente 5 e 20% do PIB mundial ao ano. Estas perdas futuras poderiam

Caixa 1.4 Gestão, ética e religião – fundamentos comuns nas alterações climáticas

"Não herdámos a Terra dos nossos antepassados, pedimo-la emprestada aos nossos filhos"

Provérbio dos índios americanos

A sustentabilidade não foi um conceito inventado no Topo Terrestre em 1992. A crença nos valores da gestão, da justiça através das gerações e da responsabilidade partilhada sustentam muitos sistemas religiosos e éticos. As religiões têm um papel importante no levantamento das questões sobre as alterações climáticas.

Podem também actuar como agentes de mudança, mobilizando milhões de pessoas com base nos valores partilhados para uma actuação no que respeita à questão da moral fundamental. Enquanto as religiões divergem na sua interpretação espiritual e teológica da gestão, partilham um compromisso comum nos princípios centrais da justiça através das gerações e da vulnerabilidade.

Num tempo em que o mundo foca demasiada atenção nas diferenças religiosas como uma fonte de conflito, as alterações climáticas oferecem oportunidades de acção e diálogo entre as fés. Com notáveis excepções, os líderes religiosos podiam fazer mais na esfera pública. Um resultado é a insuficiente reflexão moral nas questões sobre as alterações climáticas. Os fundamentos para uma acção entre religiões fixam-se nas escrituras básicas e no ensino corrente:

- *Budismo*. O termo budista para indivíduo é *Santana*, ou corrente. A intenção é captar a ideia da interligação entre as pessoas e o ambiente, e entre gerações. O ensinamento budista dá ênfase à responsabilidade pessoal para mudar o mundo através da mudança no comportamento pessoal.
- *Cristianismo*. Teólogos de muitas tradições cristãs levantaram a questão das alterações climáticas. De uma perspectiva católica, o Observador Permanente da Santa Sé para as Nações Unidas exigiu uma "conversão ecológica" e "compromissos precisos no confronto efectivo do problema das alterações climáticas". A Assembleia Mundial de Igrejas fez um apelo constrangedor e poderoso para a acção nos interesses tecnológicos: "As comunidades pobres e vulneráveis do mundo e as gerações futuras sofrerão demasiado com as alterações climáticas... As nações ricas utilizam mais do que o seu valor justo de todos os povos comuns. Devem pagar esss dívida ecológica aos outros povos, compensando-os dos custos de adaptação para as alterações climáticas. Pedem-se aos ricos reduções drásticas de emissões, para que possam ser alcançadas as necessidades legítimas de desenvolvimento dos pobres mundiais."
- *Hinduísmo*. A ideia da natureza como uma construção sagrada está profundamente fixada no Hinduísmo. Mahatma Gandhi valeu-se dos valores hindus tradicionais para enfatizar a importância da não violência, do respeito por todas as formas de vida e da harmonia entre as pessoas e a natureza. As ideias de gestão estão reflectidas nas afirmações da fé hindu sobre ecologia. Como escreveu o líder espiritual Swami Vibudhesha: "Esta geração não tem o direito de gastar toda a fertilidade do solo e deixar uma terra infértil para as futuras gerações."
- *Islamismo*. As fontes primárias do ensinamento islâmico sobre o ambiente natural são as *Quaran*, as colecções de *hadiths* – episódios discretos sobre as afirmações e as acções do Profeta – e a Lei Islâmica (*al-Sharia*). Porque os seres humanos são vistos como parte da natureza, um tema recorrente nestas fontes é a oposição ao desperdício e à destruição ambiental. A Lei Islâmica tem numerosas determinações para proteger e conservar os recursos ambientais comuns numa base partilhada. O conceito corânico de 'tawheed' ou unidade capta a ideia de unidade de criação através das gerações. Determina também que a Terra e os seus recursos naturais devem ser preservados para as gerações futuras, com os seres humanos actuando como administradores do mundo natural. Debruçando-se sobre estes ensinamentos, a Assembleia Australiana das Assembleias Islâmicas comentou: "Deus confia nos seres humanos para desfrutarem da generosidade da natureza com a condição estrita de cuidarem dela... O tempo esgota-se. Os religiosos devem esquecer as suas diferenças teológicas e trabalhar em conjunto para salvar o mundo da ruína climática."
- *Judaísmo*. Muitas das mais profundas crenças do Judaísmo são compatíveis com a protecção ambiental. De acordo com um teólogo, embora a Torá deva dar à humanidade um lugar privilegiado na ordem da criação, isto não é "o domínio de um tirano" – e muitos mandamentos interessam-se pela preservação do ambiente natural. Aplicando a filosofia judaica às alterações climáticas, a Conferência Central dos Rabis Americanos comentou: "Temos a obrigação solene de, dentro da razoabilidade, prever o mal para as gerações actuais e futuras e prevenir a integridade da criação... Não o fazer quando temos a capacidade tecnológica – como no caso da energia de combustível não fóssil e das tecnologias de transporte – é uma abdicação imperdoável das nossas responsabilidades."

Fonte: Instituto Climático 2006; IFEES 2006; Krznaric 2007.

Os custos e os benefícios da mitigação das alterações climáticas justificam a tomada de medidas urgente?

ser evitadas, de acordo com a análise do Relatório, se se incorresse nos modestos custos da mitigação anual de cerca de 1% do PIB para alcançar a estabilização dos gases com efeito de estufa em 550 ppm de CO_2e (muito mais do que os ambiciosos 450 ppm deste Relatório). Conclusão: é melhor e mais barato haver reduções rápidas, imediatas e urgentes nas emissões de gases com efeito de estufa do que a inacção.

Alguns críticos do Relatório Stern chegaram a conclusões diferentes. Mantêm que a análise de custos – benefícios não comporta o processo envolvido na mitigação imediata e profunda. Os contra-argumentos são vastos. O Relatório Stern e os seus críticos partiram de uma proposição semelhante: nomeadamente, que os verdadeiros prejuízos globais das alterações climáticas, sejam quais forem os seus níveis, terão repercussões no futuro. Onde diferem é na avaliação desses prejuízos. Os críticos do Relatório Stern afirmam que o bem-estar das pessoas que viverão no futuro deverá ser descontado a um mais alto nível. Isto é, deveriam receber um peso menor do que aquele permitido no Relatório Stern, comparado com os custos incorridos no presente.

As posições políticas que emergem destas posições opostas são diferentes.[85] Contrariamente ao Relatório Stern, os críticos defendem reduções de emissões modestas no futuro próximo, seguidas de reduções mais bruscas, a longo prazo, à medida que a economia mundial se torna mais rica – e à medida que os meios tecnológicos se desenvolvem com o tempo.[86]

O actual debate provocado pelo Relatório Stern interessa em muitos aspectos. Interessa imediatamente, porque vai ao âmago da questão central colocada pelos decisores políticos de hoje: nomeadamente, devemos actuar com urgência agora para mitigar as alterações climáticas? E interessa porque levanta questões económicas e éticas interligadas – questões que nos levam a pensar sobre a interdependência humana face aos perigos de alterações climáticas perigosas.

Descontar o futuro – ética e economia

Muita da controvérsia tem-se centrado no conceito de desconto social. Porque a mitigação das alterações climáticas implica custos presentes para o benefício de gerações futuras, um dos aspectos importantes da análise é acerca de como tratar os resultados futuros relativamente aos resultados presentes.

A que nível deverão os impactos futuros ser descontados ao presente? A taxa de desconto é o instrumento usado para abordar a questão. A determinação da taxa envolve atribuir um valor ao bem-estar futuro simplesmente porque é no futuro (uma taxa pura de preferência temporal). Também envolve uma decisão sobre o valor social do dispêndio de mais um dólar no consumo. Este segundo elemento capta a ideia da diminuição da utilidade marginal à medida que os rendimentos aumentam.[87]

A discussão gerada entre o Relatório Stern e os seus críticos acerca dos custos e benefícios da mitigação – e o tempo para a acção – pode ser atribuído, em larga escala, à taxa de desconto. Para se perceber porque é que as diferentes abordagens interessam à mitigação das alterações climáticas, consideremos o seguinte exemplo. A uma taxa de desconto de 5%, valeria a pena gastar só US$9 hoje para prevenir uma perda de US$100 causada pelas alterações climáticas em 2057. Sem qualquer desconto, valeria a pena gastar hoje até US$100. Assim, à medida que a taxa de desconto aumenta a partir de zero, os futuros perigos do aquecimento avaliados hoje diminuem. Aplicados a longo prazo, tal como necessário para considerar os impactos das alterações climáticas, a magia dos juros compostos invertidos poderá fornecer uma forte razão para suspender a acção para a mitigação, se as taxas de desconto forem elevadas.

Numa perspectiva do desenvolvimento humano, acreditamos que o Relatório Stern tem razão na escolha de um baixo valor para a taxa pura de preferência temporal – a componente do valor do desconto que leva ao bem-estar das gerações futuras em comparação com o nosso.[88] Não se justifica a redução do bem-estar dos que viverão no futuro só porque viverão no futuro.[89] O modo como encaramos o bem-estar das gerações futuras é um julgamento ético. Na verdade, o pai do desconto descreveu uma taxa pura de preferência temporal positiva como uma prática que é "eticamente indefensável e que emerge da simples fraqueza da imaginação".[90] Tal como não descontamos nos direitos humanos das gerações futuras visto que são equivalentes aos nossos, devemos também aceitar a responsabilidade da 'gestão da terra' de modo a conferir o mesmo peso ético às futuras gerações e às gerações actuais. Ao se seleccionar uma taxa pura de preferência temporal de 2%, o peso ético de alguém que nasça em 2043 seria metade do de alguém que nasça em 2008.[91]

Não actuando hoje porque se deveria esperar que as gerações futuras com um menor peso arcassem com uma maior fatia os custos da mitigação não é um princípio eticamente defensável – e é inconsistente com as responsabilidades morais associadas à comunidade humana ligada através de gerações. Os princípios éticos são o veículo através do qual os interesses da população que não está representada no mercado (as gerações futuras) ou que não tem voz (os mais novos) são introduzidos no cálculo político. É por isso que a ética terá de ter um papel explícito e transparente ao se determinar uma abordagem de mitigação. [92]

Incerteza, risco e irreversibilidade – motivos para se prevenir o risco de catástrofes

Qualquer consideração acerca de uma acção urgente a favor e contra as alterações climáticas tem de partir de uma avaliação da natureza e do tempo dos riscos envolvidos. A incerteza é importante para a discussão.

Conforme já foi demonstrado anteriormente neste capítulo, a incerteza acerca das alterações climáticas está intimamente associada à possibilidade de resultados catastrófico. Num mundo em que é mais provável ultrapassar os 5º C do que ficar abaixo dos 2º C, com o tempo é possível que ocorram 'surpresas desagradáveis' associadas a verdadeiras catástrofes. O impacto dessas ocorrências é incerto. Contudo, incluem a possível desintegração do manto de gelo da Antártida Ocidental com implicações para a fixação humana e para a actividade económica. A mitigação ambiciosa pode ser justificada como um baixo valor a pagar pela segurança e prevenção de catástrofes para as gerações futuras. [93]

Riscos de catástrofes provocados pelas alterações climáticas oferecem motivos para a tomada de medidas imediata. A ideia de que se poderão protelar as acções que envolvem custos até que mais se saiba sobre o assunto não se poderá aplicar. No que respeita à protecção e à defesa nacionais contra o terrorismo, os governos não se recusam a investir hoje devido à incerteza de alcançarem benefícios futuros desses investimentos ou da verdadeira natureza dos futuros riscos. Melhor, avaliam os riscos e determinam a possibilidade de haver suficientes probabilidades de prejuízos graves no futuro que os deva levar a uma tomada de medidas destinadas à redução dos riscos. [94] Isto é, pesam os custos, os benefícios e os riscos, e tentam proteger os seus cidadãos contra incertas mas potenciais catástrofes.

A perspectiva contra a acção urgente para combater as alterações climáticas apresenta imensas falhas. Há muitas áreas da política pública, em que o 'esperar para ver' faria sentido – mas as alterações climáticas não pertencem a nenhuma delas. Porque a acumulação de gases com efeito de estufa é cumulativa e irreversível, os erros políticos não podem ser facilmente corrigidos. Uma vez alcançadas as emissões de CO_2e ao nível das 750 ppm, por exemplo, as gerações futuras não terão oportunidade de exprimir a sua preferência por um mundo que tivesse sido estabilizado ao nível das 450 ppm. Esperar para ver se o colapso do manto de gelo da Antártida Ocidental produz resultados catastróficos é uma opção irrevesível: os mantos de gelo não se poderão fixar novamente no fundo do mar. A irreversibilidade das alterações climáticas representa um preço demasiado elevado a pagar pela não aplicação de princípios de prevenção. A possibilidade de ocorrerem resultados catastróficos numa área marcada por várias incertezas faz do uso da análise marginal um método limitado para a formulação de respostas aos desafios da mitigação das alterações climáticas. Por outras palavras, uma pequena probabilidade de uma perda infinita pode ainda representar um enorme risco.

Para além de um mundo – a razão pela qual a distribuição importa

Também tem havido um debate sobre o segundo aspecto da taxa de desconto. Como podemos avaliar o dispêndio de um dólar a mais no futuro se, nessa altura, o dispêndio desse montante é diferente do de hoje? Muitas das pessoas que atribuiriam o mesmo valor ético às gerações futuras concordariam que, se as gerações futuras pudessem ser mais prósperas, um aumento nas suas despesas valeria menos do que hoje. Como o rendimento aumenta com o tempo, a questão levanta-se relativamente ao valor de um dólar adicional. O valor que estamos a descontar, aumentando o consumo futuro, depende da preferência social: o valor associado ao dólar adicional. Os críticos do Relatório Stern afirmaram que a sua escolha de parâmetro era demasiado baixa, levando por sua vez aquilo que é, a seu ver, uma taxa de desconto total irrealisticamente baixa. As questões relacionadas com esta parte do debate são diferentes das que se relacionam

No que respeita à protecção e à defesa nacionais contra o terrorismo, os governos não se recusam a investir hoje devido à incerteza de alcançarem benefícios futuros desses investimentos ou da verdadeira natureza dos futuros riscos

Os custos de uma mitigação tardia não serão distribuídos equitativamente entre países e povos

com pura preferência temporal e projectam cenários de crescimento com um elevado grau de incerteza.

Se o mundo fosse um único país com uma preocupação ética relativamente ao futuro dos seus cidadãos, investiria fortemente na segurança e prevenção do risco de catástrofes através da mitigação das alterações climáticas. No mundo real, os custos de uma mitigação tardia não serão distribuídos equitativamente entre países e povos. Os impactos económicos e sociais das alterações climáticas afectarão mais fortemente os países mais pobres e os cidadãos mais vulneráveis. A questão da distribuição ligada ao desenvolvimento humano reforça grandemente a necessidade de uma acção urgente. De facto, estas questões representam uma das partes mais importantes da situação. Este ponto é largamente ignorado pelos que discutem sobre as taxas de desconto em modelos de 'um único mundo'.

Uma análise global dos custos e benefícios que exclua os pesos da distribuição poderá obscurecer as questões associadas à reflexão sobre as alterações climáticas. Pequenos impactos nas economias de países ricos (ou em pessoas ricas) apresentam valores mais elevados, precisamente porque são mais ricos. Isto pode ser ilustrado através de um exemplo simples. Se os 2,6 milhares de milhão das pessoas mais pobres do mundo vissem as suas despesas reduzidas em 20%, o PIB mundial cairia *per capita* menos de 1%. Do mesmo modo, se as alterações climáticas espoletassem uma seca, e que esta se dividisse em partes iguais, a despesa dos 28 milhões de pessoas pobres da Etiópia representaria um valor baixo e o PIB mundial cairia 0,003%. Há também problemas que essa análise não contempla. O valor que damos àquilo que é intrinsecamente importante não é facilmente captado pelos preços do mercado (caixa 1.5).

Os imperativos de distribuição são muitas vezes omitidos na abordagem a uma acção para a mitigação das alterações climáticas. Tal como com o mais vasto debate sobre o desconto, é necessário considerar explicitamente o peso de ganhos e perdas de consumo para as populações e países com diferentes níveis de rendimento. Há, contudo, uma diferença fundamental entre as questões de distribuição relacionadas com a distribuição intergeracional e aquelas relacionadas com a distribuição entre as populações de hoje. Relativamente às primeiras, a razão de uma mitigação ambiciosa é a necessidade de nos protegermos contra o incerto mas potencial risco de catástrofe. No que respeita às segundas, reside nos custos 'certos' que as alterações climáticas acarretam para a subsistência dos povos mais pobres do mundo.[95]

A preocupação com os resultados da distribuição entre países e povos de níveis de desenvolvimento muito diferentes não se restringe à mitigação. Hoje a mitigação criará benefícios no desenvolvimento humano, que se estenderão para a segunda metade do século XXI. Na ausência de uma mitigação urgente, os esforços para a redução da pobreza sairão afectados, e muitos milhões de pessoas enfrentarão resultados catastróficos. A deslocação em massa, devido à submersão de países como o Bangladesh, e a fome generalizada, devido à seca na África Subsariana são dois exemplos.

Contudo, não uma linha que claramente divida o presente e o futuro. As alterações climáticas já causam impacto na vida dos pobres e o mundo sofrerá certamente os efeitos das alterações climáticas, independentemente dos esforços no sentido da mitigação.

Isto significa que a mitigação só por si não providenciará uma protecção contra resultados de distribuição adversos ligados às alterações climáticas – e que, na primeira metade do século XXI, a adaptação às alterações climáticas deve ser prioritária, paralelamente aos esforços para uma mitigação ambiciosa.

Mobilização da acção pública

Através do trabalho do PIAC e outros, a ciência que estuda o clima melhorou o nosso conhecimento sobre o aquecimento global. Debates sobre a economia das alterações climáticas ajudaram a identificar escolhas sobre a distribuição de recursos. Porém, no fim será a opinião pública que conduzirá a mudança política

Opinião pública – uma força para a 'mudança'

A opinião pública importa a muitos níveis. Uma população informada sobre a prioridade urgente que se deve atribuir às alterações climáticas poderá criar o espaço político necessário para os governos introduzirem reformas energéticas radicais. Como em muitas outras áreas, o escrutínio público sobre as políticas do governo é importante. Na ausência de escrutínio, há o perigo das declarações de intenção bem sonantes substituírem uma acção política relevante – um problema contínuo com os compromissos do G8 para a ajuda aos países em desenvolvimento. As alterações climáticas colocam um desafio distinto, porque, talvez mais do que em qualquer outra esfera da política pública, o processo de reforma tem de ser mantido a longo prazo.

Novas e poderosas alianças para a mudança estão a surgir. Nos Estados Unidos, a Aliança contra as Alterações Climáticas reuniu organizações não governamentais (ONGs), líderes empresariais e instituições de investigação. Por toda a Europa, as ONGs e grupos ligados à igreja estão a promover poderosas campanhas para uma acção urgente. 'Parar o Caos Climático' tornou-se uma acção mobilizadora e um ponto de reunião para a mobilização. A nível internacional, a Campanha Climática Global está a realizar um trabalho de mobilização, pressionando os governos antes, durante e depois dos encontros intergovernamentais. Há 5 anos, muitas das grandes companhias multinacionais eram indiferentes ou hostis aos problemas das alterações climáticas. Agora, um número crescente dessas organizações faz pressão para a tomada de medidas e há sinais claros dos governos para apoiar a mitigação. Muitos líderes empresariais verificaram que as tendências actuais são insustentáveis e que precisam de dirigir as suas decisões de investimento numa direcção mais sustentável.

Através da história, as campanhas públicas têm tido uma influência formidável nas alterações de rumo. Desde a abolição da escravatura, passando pelas lutas pela democracia, pelos direitos civis, pela justiça e pelos direitos humanos, até à campanha *Faça a Pobreza Passar à História*, a mobilização pública criou novas oportunidades para o desenvolvimento humano. O desafio específico das campanhas sobre as alterações climáticas reside na própria natureza do problema. O tempo esgota-se, o insucesso levará a recuos irreversíveis no desenvolvimento humano, e a alteração política tem de ser mantida em muitos países por um longo período de tempo. Não há qualquer cenário de 'resolução rápida'.

Inquéritos de opinião revelam uma história preocupante

Apesar de todo o progresso que se tem verificado, a luta pelos corações e mentalidades da opinião pública ainda não está ganha. É difícil avaliar o estado dessa batalha. Inquéritos de opinião revelam-nos uma his-

Caixa 1.5 Análise custo-benefício e as alterações climáticas

Muitos dos debates sobre os prós e os contras da mitigação urgente foram conduzidos em termos da análise custo-benefício. Levantaram-se questões importantes. Ao mesmo tempo, têm de ser avaliadas as limitações das aproximações do custo-benefício. A estrutura é essencial como auxílio à decisão racional. Mas tem acentuadas limitações no contexto da análise das alterações climáticas e não pode, por si só, resolver questões éticas fundamentais.

Uma das dificuldades com a aplicação da análise custo-benefício para as alterações climáticas é o horizonte temporal. Qualquer análise de custo-benefício é uma incerteza. Aplicado à mitigação das alterações climáticas, o grau de incerteza é muito grande. A projecção dos custos e dos benefícios por um período superior a 10 ou 20 anos pode ser um desafio, mesmo para projectos de investimento simples, tal como a construção de uma estrada. A sua projecção para 100 anos ou mais é um exercício altamente especulativo. De acordo com um comentador: "Tentar prever custos e benefícios dos cenários das alterações climáticas, cem anos a partir de agora, é mais a arte de uma estimativa inspirada por analogia do que uma ciência."

O problema fundamental consiste no que está a ser medido. As mudanças do GDP oferecem um aspecto importante na medida da saúde económica das nações. Mesmo aqui há limitações. O pagamento nacional considera mudanças recordes no bem-estar e a depreciação do principal stock usado na sua criação. Não apreendem os custos de perigo ambiental ou depreciação dos recursos tecnológicos tais como florestas ou recursos hidráulicos. Aplicado às alterações climáticas, o bem-estar gerado através do uso de energia surge no interesse nacional, o que não acontece com o perigo associado à diminuição dos esgotos de carbono da Terra.

Abraham Maslow, o grande psicólogo, disse uma vez: "Se a única ferramenta que se tiver for um martelo, todos os problemas começam a parecer-se com uma unha." Do mesmo modo, se a única ferramenta usada para medir o custo for o preço do mercado, as coisas sem preço marcado – a sobrevivência das espécies, um rio limpo, florestas estáveis, desertos – parece não terem qualquer valor. Os pontos não focados podem tornar-se invisíveis, mesmo assim têm um grande valor intrínseco para as gerações actuais e futuras. Há algumas coisas que, uma vez perdidas, nenhum dinheiro poderá trazer de volta. E há algumas coisas que não se emprestam às estimativas do mercado. Para estas coisas, fazer perguntas apenas através da análise custo-benefício pode produzir respostas erradas.

As alterações climáticas tocam um ponto fundamental na relação entre as pessoas e os sistemas ecológicos. Oscar Wilde definiu, uma vez, um cínico como "alguém que sabe o preço de tudo e o valor de nada." Muitos dos impactos que advirão com as alterações climáticas consumadas tocarão aspectos da vida humana e do ambiente intrinsecamente valiosos – e não podem ser reduzidos à economia da folha do livro razão. Finalmente, as decisões de investimento na mitigação das alterações climáticas não podem ser tratadas da mesma maneira das decisões de investimento (ou taxas de desconto) aplicadas a carros, máquinas industriais ou máquinas de lavar louça.

Fonte: Broome 2006b; Monbiot 2006; Singer 2002; Weitzman 2007.

Apesar de todo o progresso que se tem verificado, a luta pelos corações e mentalidades da opinião pública ainda não está ganha

tória preocupante – especialmente nos países mais ricos do mundo.

As alterações climáticas figuram, com premência, no debate público no mundo desenvolvido. A cobertura da comunicação social relativamente à questão elevou-se a níveis sem precedentes. O filme *Uma verdade inconveniente* reuniu um público de milhões de pessoas. Relatórios sucessivos – sendo o Relatório Stern um exemplo incontornável – estreitaram o hiato entre a compreensão popular e a análise económica rigorosa. As advertências sobre a saúde do planeta apresentadas pelo PIAC fornecem uma base clara para a compreensão das evidências de alterações climáticas. Perante tudo isto, as atitudes públicas continuam a ser dominadas pela apatia e pelo pessimismo.

Recentes relatórios apresentam números que demonstram a situação. Um dos maiores relatórios apurou que a população dos países desenvolvidos vê as alterações climáticas como uma ameaça menor em relação aos povos dos países em desenvolvimento. Por exemplo, apenas 22% dos Britânicos viram as alterações climáticas como "uma das maiores questões" que o mundo enfrenta, comparado com metade da população da China e 2/3 da Índia. Os cidadãos dos países em desenvolvimento vêem as alterações climáticas com grande preocupação, estando no topo da tabela países como o Brasil, a China e o México. O mesmo inquérito encontrou um muito mais elevado nível de fatalismo nos países ricos, com um cepticismo enorme sobre a possibilidade de evitar as alterações climáticas. [96]

Detalhados inquéritos a nível nacional confirmam estas afirmações. Nos Estados Unidos, a mitigação das alterações climáticas é, agora, assunto de intenso debate no Congresso. Contudo, segundo a opinião pública não existe fundamento para uma acção urgente:

- Cerca de quatro em cada dez americanos acreditam que a actividade humana é responsável pelo aquecimento global, mas outros tantos acreditam que o aquecimento se situa nos padrões normais do sistema climático terrestre (21%) ou que não há evidência de aquecimento global (20%). [97]
- Enquanto 41% dos americanos vêem as alterações climáticas como um "problema grave", 33% vêem-no apenas como "algo grave" e 24% como "sem gravidade". Só 19% se mostraram preocupados – um nível muito mais baixo do que noutros países do G8 e dramaticamente mais baixo do que em muitos países em desenvolvimento.[98]
- As opiniões mantêm-se divididas ao nível político. Os que votam nos Democratas demonstram uma maior preocupação do que aqueles que votam nos Republicanos, mas nenhuma das fracções coloca as alterações climáticas perto do topo da sua lista de prioridades. Numa escala de 19 questões eleitorais, os Democratas situaram as alterações climáticas no 13º lugar e os Republicanos no 19º.
- Níveis moderados de interesse público estão associados à percepção dos locais de risco e vulnerabilidade. Só 13% da população inquirida mostrou preocupação pelos os impactos na sua família ou comunidade, enquanto metade considera que os impactos imediatos afectam pessoas de outros países ou a natureza.[99]

Devemos ter cuidado na interpretação dos estudos de opinião. A opinião pública não é estática e pode mudar. Há algumas notícias positivas. Cerca de 90% dos Americanos que têm ouvido falar do aquecimento global pensa que o país deveria reduzir as suas emissões de gases com efeito de estufa, independentemente do que fizerem os outros países.[100] Mesmo assim, se "toda a política é local" as avaliações de risco por parte da opinião pública deverão fornecer um ímpeto político poderoso. As alterações climáticas são ainda vistas, em grande medida, como um risco distante e moderado, que afectará pessoas em lugares distantes e a longo prazo. [101]

A evidência de que a opinião pública europeia vai muito à frente da americana não é corroborada pelos resultados dos inquéritos. Mais de oito em cada dez cidadãos da União Europeia estão conscientes de que a forma como consomem e produzem energia tem um impacto negativo no clima. [102] Porém, só metade afirma que "está até certo ponto preocupado" – um número muito superior exprime interesse sobre a necessidade de a Europa possuir uma diversidade maior no fornecimento de energia.

Nalguns países europeus, a opinião pública é marcada por um grau extraordinário de pessimismo. Por exemplo, na França, na Alemanha e no Reino Unido, as pessoas que acreditam que "vamos fazer parar as alterações climáticas" situam-se entre os 5 e os 11%. É também alarmante que quatro em cada dez pessoas na Alemanha pensam que não vale a pena fazer nada e muitas delas chegam ao ponto de afirmar que nada pode ser feito.[103] Tudo isto leva à necessidade de intensificar as abordagens a esta questão ao nível da educação pública e das campanhas.

A evidência dos inquéritos de opinião é preocupante a vários níveis. Em primeiro lugar, levanta questões sobre a compreensão das populações de nações ricas sobre as consequências das suas acções. Se o público tivesse uma compreensão mais clara das consequências das suas acções nas gerações futuras e nas pessoas mais vulneráveis dos países em desenvolvimento, registar-se-iam imperativos mais fortes para actuar. O facto de que muitas pessoas vêem as alterações climáticas como um problema insolúvel é outro obstáculo para a acção, porque cria um sentido de impotência.

O papel dos meios de comunicação social

Os *media* têm um papel crucial na informação e na alteração da opinião pública. Para além do seu papel de escrutínio relativamente às acções governamentais e aos decisores políticos, os *media* são a principal fonte de informação para o público em geral no que respeita à ciência das alterações climáticas. Dada a imensa importância da matéria em causa, trata-se de um papel de grande importância e de enorme responsabilidade.

O desenvolvimento das novas tecnologias e de redes globalizadas expandiram o poder dos *media* a todo o mundo. Nenhum governo democrático pode ignorar os *media*. Mas o poder e a responsabilidade nem sempre caminharam juntos. Em 1998, Carl Bernstein disse: "A realidade é que os *media* são, provavelmente, a mais poderosa de todas as nossas instituições de hoje, mas eles, ou melhor, nós (jornalistas) muitas vezes negligenciamos o nosso poder e ignoramos as nossas obrigações".[104] Esta observação tem uma repercussão poderosa no debate das alterações climáticas.

Há muitas variações na forma como os *media* dentro e fora dos países reagiram à questão das alterações climáticas. Muitos jornalistas e muitos órgãos dos *media* têm prestado um extraordinário serviço, mantendo o debate público aceso e aprofundando o conhecimento das pessoas. Contudo, existe um inverso da moeda. Até há pouco tempo, o princípio do 'equilíbrio editorial' foi aplicado de formas que fizeram atrasar debates informativos. Um estudo nos Estados Unidos [105] concluiu que mais de metade dos artigos de jornais de prestígio deram, entre 1990 e 2002, igual importância às descobertas do PIAC e à comunidade do estudo do clima, e aos cepticismos em relação aos aspectos climáticos – muitos deles patrocinados por grupos de interesses. Consequentemente, a confusão no seio da opinião pública continuou. [106]

O equilíbrio editorial é de importância vital numa imprensa livre. Mas equilíbrio entre o quê? Se houver uma perspectiva 'maioritária' forte e incontornável entre os cientistas de topo mundiais que lidam com questões ligadas às alterações climáticas, os cidadãos têm o direito de ser informados sobre essa perspectiva. Sem dúvida que têm também o direito de ser informados sobre as opiniões minoritárias, que não reflectem um consenso científico. Contudo, não se contribui para um juízo informado quando a selecção editorial trata as duas visões como equivalentes.

A cobertura dos *media* sobre as alterações climáticas enfrenta enormes problemas. Muitas das questões que têm de ser tratadas são de enorme complexidade, pelo que se tornam difíceis de serem transmitidas. Alguns *media* não as conseguiram esclarecer – pelo contrário. Por exemplo, tem havido um esforço mais forte nos riscos de catástrofes do que nas ameaças imediatas para o desenvolvimento humano – e, em muitos casos, as duas dimensões confundem-se.

Nos últimos dois anos, a cobertura que se faz das alterações climáticas aumentou, em quantidade e em qualidade. Mas, nalgumas áreas, os *media* continuam a não esclarecer as informações debatidas. Picos de atenção pública são registados durante os desastres naturais ou por ocasião do lançamento de relatórios importantes, precedendo muitas vezes longos períodos baixa cobertura. A tendência de focar emergências actuais e futuros acontecimentos apocalípticos obscurece um facto importante: os mais perigosos efeitos a médio prazo das alterações climáticas intensificar-se-ão, cada vez mais, junto dos povos altamente vulneráveis. Entretanto, a responsabilidade das populações e dos governos dos países ricos é um tema pouco representado. Consequentemente, a consciência pública da importância de apoiar medidas de adaptação para a resiliência continua a ser limitada – tal como a ajuda ao desenvolvimento internacional para a adaptação.

Os *media* têm um papel crucial na informação e na alteração da opinião pública

As alterações climáticas perigosas são uma crise previsível, mas que nos concede uma oportunidade

Conclusão

A ciência que estuda as alterações climáticas estabeleceu uma meta clara e razoável para a acção internacional, que se traduz pela tentativa de manter as subidas de temperatura dentro de um valor limite de 2° C. O Relatório Stern teve um papel importante, fornecendo argumentos base económica poderosos no sentido da mobilização. A ideia de que a batalha contra as alterações climáticas é comportável e vencível criou atritos com os decisores políticos. O argumento a favor da prevenção a longo prazo dos riscos de catástrofes e o imperativo de desenvolvimento humano apresentam razões racionais para encetar uma acção. A mitigação das alterações climáticas coloca desafios políticos, tecnológicos e financeiros, mas também exige profundos princípios éticos e morais da nossa geração. Face à evidência de que a inacção prejudicará milhões de pessoas e conduzi-las-á à pobreza e vulnerabilidade, podemos justificar a inacção? Nenhuma comunidade civilizada ainda que com padrões éticos rudimentares responderia afirmativamente a essa questão, especialmente se não carecer de recursos financeiros e tecnológicos para actuar decisivamente.

As alterações climáticas perigosas são uma crise previsível, mas que nos concede uma oportunidade. Essa oportunidade está prevista nas negociações do Protocolo de Quioto. Sob uma estrutura multilateral pós-2012 revitalizada, o Protocolo podia apontar para reduções profundas nas emissões, aliadas a um plano de adaptação que lidasse com as consequências das emissões do passado.

Tabela 1 do Apêndice — Medição das pegadas de carbono em termos globais - países e regiões seleccionadas

	Emissões de dióxido de carbono[a]								
	Emissões totais (Mt CO_2)		Taxa de crescimento (%)	Contribuição mundial total (%)		População (%)	Emissões de CO_2 per capita (t CO_2)		Emissão ou sequestro de CO_2 de florestas[b] (Mt CO_2 / ano)
Os 30 principais emissores de CO_2	1990	2004	1990–2004	1990	2004	2004	1990	2004	1990–2005
1 Estados Unidos	4.818	6.046	25	21,2	20,9	4,6	19,3	20,6	-500
2 China [c]	2.399	5.007	109	10,6	17,3	20,0	2,1	3,8	-335
3 Federação Russa	1.984 [d]	1.524	-23 [d]	8,7 [d]	5,3	2,2	13,4 [d]	10,6	72
4 Índia	682	1.342	97	3,0	4,6	17,1	0,8	1,2	-41
5 Japão	1.071	1.257	17	4,7	4,3	2,0	8,7	9,9	-118
6 Alemanha	980	808	-18	4,3	2,8	1,3	12,3	9,8	-75
7 Canadá	416	639	54	1,8	2,2	0,5	15,0	20,0	..
8 Reino Unido	579	587	1	2,6	2,0	0,9	10,0	9,8	-4
9 Coreia (República da)	241	465	93	1,1	1,6	0,7	5,6	9,7	-32
10 Itália	390	450	15	1,7	1,6	0,9	6,9	7,8	-52
11 México	413	438	6	1,8	1,5	1,6	5,0	4,2	..
12 África do Sul	332	437	32	1,5	1,5	0,7	9,1	9,8	(.)
13 Irão (República Islâmica do)	218	433	99	1,0	1,5	1,1	4,0	6,4	-2
14 Indonésia	214	378	77	0,9	1,3	3,4	1,2	1,7	2.271
15 França	364	373	3	1,6	1,3	0,9	6,4	6,0	-44
16 Brasil	210	332	58	0,9	1,1	2,8	1,4	1,8	1.111
17 Espanha	212	330	56	0,9	1,1	0,7	5,5	7,6	-28
18 Ucrânia	600 [d]	330	-45 [d]	2,6 [d]	1,1	0,7	11,5 [d]	7,0	-60
19 Austrália	278	327	17	1,2	1,1	0,3	16,3	16,2	..
20 Arábia Saudita	255	308	21	1,1	1,1	0,4	15,9	13,6	(.)
21 Polónia	348	307	-12	1,5	1,1	0,6	9,1	8,0	-44
22 Tailândia	96	268	180	0,4	0,9	1,0	1,7	4,2	18
23 Turquia	146	226	55	0,6	0,8	1,1	2,6	3,2	-18
24 Cazaquistão	259 [d]	200	-23 [d]	1,1 [d]	0,7	0,2	15,7 [d]	13,3	(.)
25 Algéria	77	194	152	0,3	0,7	0,5	3,0	5,5	-6
26 Malásia	55	177	221	0,2	0,6	0,4	3,0	7,5	3
27 Venezuela (República Boliviana da)	117	173	47	0,5	0,6	0,4	6,0	6,6	..
28 Egipto	75	158	110	0,3	0,5	1,1	1,5	2,3	-1
29 Emirados Árabes Unidos	55	149	173	0,2	0,5	0,1	27,2	34,1	-1
30 Países Baixos	141	142	1	0,6	0,5	0,2	9,4	8,7	-1
Totais mundiais									
OCDE [e]	11.205	13.319	19	49	46	18	10,8	11,5	-1.000
Europa Central e de Leste e CEI	4.182	3.168	-24	18	11	6	10,3	7,9	-166
Todos os países em desenvolvimento	6.833	12.303	80	30	42	79	1,7	2,4	5.092
Extremo Oriente e o Pacífico	3.414	6.682	96	15	23	30	2,1	3,5	2.294
Sul da Ásia	991	1.955	97	4	7	24	0,8	1,3	-49
América Latina e Caraíbas	1.088	1.423	31	5	5	8	2,5	2,6	1.667
Estados Árabes	734	1.348	84	3	5	5	3,3	4,5	44
África Subsariana	456	663	45	2	2	11	1,0	1,0	1.154
Países menos desenvolvidos	74	146	97	(.)	1	11	0,2	0,2	1.098
Elevado desenvolvimento humano	14.495	16.616	15	64	57	25	9,8	10,1	90
Médio desenvolvimento humano	5.946	10.215	72	26	35	64	1,8	2,5	3.027
Baixo desenvolvimento humano	78	162	108	(.)	1	8	0,3	0,3	858
Alto rendimento	10.572	12.975	23	47	45	15	12,1	13,3	-937
Médio rendimento	8.971	12.163	36	40	42	47	3,4	4,0	3.693
Baixo rendimento	1.325	2.084	57	6	7	37	0,8	0,9	1.275
Mundo	22.703 [f]	28.983 [f]	28	100 [f]	100 [f]	100	4,3	4,5	4.038

NOTAS

a Dados que se referem a emissões de dióxido de carbono provenientes do consumo de combustíveis fósseis sólidos, líquidos e gasosos, da combustão de gás e da produção de cimento.

b Dados que se referem apenas à biomassa viva – acima e abaixo do solo, carbono em madeira morta – solo e lixo não estão incluídos. Referem-se à média anual de emissões líquidas ou sequestro devido a alterações no stock de carbono ou biomassa florestal. Um número positivo sugere emissões de carbono.

c Emissões de CO_2 para a China não incluem emissões para o Taiwan, Província da China, que eram de 124Mt CO_2 em 1990 e 241Mt CO_2 em 2004.

d Os dados referem-se a 1992 e as taxas de crescimento referem-se ao período de 1992 - 2004 .

e A OCDE enquanto região inclui os seguintes países, que estão também incluídos noutras subregiões aqui listadas: República Checa, Hungria, México, Polónia, República da Coreia e Eslováquia. Portanto, em determinadas circunstâncias, a soma das regiões individualmente poderá ascender a valores mais elevados.

f Os valores totais mundiais incluem emissões de dióxido de carbono não incluídas nos totais de cada país, tais como aqueles de combustíveis residuais e da oxidação de hidrocarbonetos não voláteis (por exemplo, o asfalto), e emissões por parte de países que não são mencionados nas tabelas dos principais indicadores.

Fonte: Tabela 24 de indicadores.

2

Choques climáticos: risco e vulnerabilidade num mundo desigual

"Os países mais vulneráveis são menos capazes de se protegerem. Também contribuem menos para as emissões globais de gases com efeito de estufa. Sem qualquer acção, irão pagar um preço elevado pelas acções dos outros."

Kofi Annan

"Tal como a escravatura e o apartheid, a pobreza não é natural.
É fruto da acção do homem e pode ser superada e eliminada através das acções dos seres humanos."

Nelson Mandela

CAPÍTULO

2 Choques climáticos: risco e vulnerabilidade num mundo desigual

É fácil esquecermo-nos do rosto das pessoas que estão mais vulneráveis às alterações climáticas

"O furacão Jeanne levou-me tudo o que tinha... fiquei sem emprego e sem casa. Costumava ter comida. Agora ando a pedir no mercado."

Rosy-Claire Zepherin, Gonaives, Haiti, 2005[1]

"Comemos apenas uma vez por dia para que o milho dure mais tempo, ainda assim, irá durar pouco. Nessa altura, iremos passar dificuldades."

Margaret Mpondi, Mphako, Malaui, 2002[2]

"Se as chuvas não vierem, como no ano anterior, iremos passar fome. Os ricos têm economias. Têm reservas de comida. Podem trocar bois por dinheiro. Mas o que temos nós? Se vender o meu boi, como plantarei no próximo ano? Se não tivermos colheita, não restará mais nada. É sempre assim. Tudo depende da chuva."

Kaseyitu Agumas, Lat Gayin, sul do Gonda, Etiópia, 2007[3]

"Nunca tínhamos assistido a tais inundações. Muitas casas ficaram destruídas, muitas pessoas morreram, os nossos terrenos agrícolas ficaram submersos, perderam-se as colheitas armazenadas. Perdeu-se, igualmente, muito gado. Não estávamos simplesmente preparados para enfrentar tamanhas inundações. Como tal, não tínhamos dinheiro ou comida de reserva."

Pulnima Ghosh Mahishura Panchayat, Distrito de Nadia, Oeste de Bengala, Índia, 2007[4]

"Existem mais inundações agora e as margens dos rios estão a ser rapidamente arrastadas. Não temos para onde ir. O meu terreno está no rio, agora não tenho nada".

Intsar Husain, Antar Para, Noroeste de Bangladesh, 2007.[5]

A ciência climática funciona no âmbito da medição. As emissões de dióxido de carbono (CO_2) são equacionadas em toneladas e gigatoneladas. As concentrações de gases com efeitos de estufa na atmosfera terrestre são dimensionadas em partes por milhão (ppm). Em conformidade com os dados, é fácil esquecermo-nos do rosto das pessoas que estão mais vulneráveis às alterações climáticas – pessoas como as que foram acima citadas.

O rosto humano das alterações climáticas não pode ser captado e incluído em estatísticas. É impossível separar muitos dos actuais impactos de pressões mais vastas. Outros irão ocorrer no futuro. Não existem certezas quanto ao local, tempo e magnitude

O que os pobres do mundo enfrentam é um inexorável aumento dos riscos e vulnerabilidades associados ao clima

de tais impactos. No entanto, a incerteza não é uma causa para a complacência. Estamos conscientes de que os riscos climáticos constituem uma poderosa causa do sofrimento humano, da pobreza e da escassez de oportunidades. Sabemos que as alterações climáticas estão implicadas. E também sabemos que esta ameaça se irá intensificar ao longo do tempo. No capítulo 1 apontamos os futuros riscos devastadores para toda a humanidade como um dos mais fortes fundamentos para a urgente acção no campo das alterações climáticas. Neste capítulo focamos uma potencial catástrofe mais imediata: a prospecção de uma recessão do desenvolvimento humano, em larga escala, nos países mais pobres do mundo.

Essa catástrofe não se anunciará como um evento apocalíptico do género "big bang". O que os pobres do mundo enfrentam é um inexorável aumento dos riscos e vulnerabilidades associados ao clima. A fonte destes crescentes riscos poderá ser detectada desde as alterações climáticas aos padrões de consumo e escolhas políticas nos países ricos.

O clima surge, já, como uma poderosa força que influencia as oportunidades de vida dos mais pobres. Em muitos países, a pobreza está intimamente ligada à contínua exposição aos riscos climáticos. Para as pessoas que dedicam as suas vidas à agricultura, a precipitação variável e incerta constitui uma poderosa fonte de vulnerabilidade. Para os habitantes das áreas urbanas mais pobres, as inundações constituem uma ameaça constante. Por todo o mundo, as vidas dos pobres são marcadas pelos riscos e vulnerabilidades provocados por um clima incerto. As alterações climáticas irão, gradualmente, aumentar estes riscos e vulnerabilidades, pressionando estratégias de intervenção já largamente utilizadas e aumentando as disparidades baseadas no género e em outros indicadores de desvantagem.

A escala dos potenciais retrocessos do desenvolvimento humano que as alterações climáticas irão provocar tem vindo a ser amplamente subestimada. Fenómenos climáticos extremos como secas, inundações e ciclones são, efectivamente, acontecimentos terríveis. Proporcionam sofrimento, aflição e miséria às vidas de todos os que são afectados, submetem comunidades inteiras a forças que estão para além do seu controlo e contribuem para uma constante consciencialização da fragilidade humana. Quando os choques climáticos se manifestam, as pessoas devem, primeiramente, enfrentar as consequências imediatas: riscos de saúde e nutrição, perda de bens e poupanças, danos de propriedades ou destruição de colheitas. Os custos a curto prazo poderão ter elevadas e manifestas consequências para o desenvolvimento humano.

Os impactos a longo prazo são menos visíveis, porém, não menos devastadores. Para os 2.6 mil milhões de pessoas que vivem com menos de US$2 por dia, os impactos climáticos poderão desencadear poderosas quebras no desenvolvimento humano. Enquanto que os ricos podem enfrentar tais impactos através de seguros privados, venda de bens ou do recurso às suas poupanças, os pobres enfrentam um conjunto de opções diferente. Poderão não ter outra alternativa senão reduzir o consumo, diminuir a nutrição, retirar as crianças da escola ou vender os bens de produção, dos quais depende a sua reabilitação. Estas opções limitam as capacidades humanas e constituem um reforço das desigualdades.

Tal como Amartya Sen escreveu: " A melhoria das capacidades humanas está, também, relacionada com a expansão da produtividade e com a aquisição de poder."[6] A erosão das capacidades humanas produz o efeito contrário. Os retrocessos na nutrição, saúde e educação são intrinsecamente negativos, uma vez que reduzem as prospecções para o progresso da economia e do emprego. Quando as crianças são retiradas das escolas para ajudar os pais, têm falhas no seu rendimento ou sofrem mal nutrições devido à escassa disponibilidade de alimentos, as consequências podem permanecer para o resto das suas vidas. Quando os pobres perdem os bens que foram adquirindo ao longo da vida, há um agravamento do seu estado de pobreza e um abrandamento dos esforços para reduzir vulnerabilidades e privações extremas a médio e longo prazo. Os impactos climáticos isolados podem, por conseguinte, criar ciclos cumulativos de desvantagem, que são transmitidos geração após geração.

As alterações climáticas são importantes porque podem aumentar a intensidade e a frequência dos impactos climáticos. A médio e longo prazo, as consequências serão influenciadas pelo esforço de mitigação internacional. Os profundos e atempados cortes nas emissões de carbono diminuirão os progressivos riscos associados às alterações climáticas, a partir de 2030. Até lá, o mundo, em geral, e os pobres, em particular, terão de viver com as consequências das emissões do passado. É por esta razão que, tal como é referido no capítulo 4, as estratégias de adaptação são cruciais para as prospecções do desenvolvimento humano.

Neste capítulo observamos os impactos dos choques climáticos no desenvolvimento humano, de forma a lançar uma luz sobre as futuras ameaças. Traçamos uma distinção fundamental entre risco e vulnerabilidade. O risco climático constitui um facto da vida externo para o mundo inteiro. A vulnerabilidade é algo bastante diferente. Descreve uma incapacidade em lidar com os riscos, sem que haja uma obrigação de tomar decisões que comprometam o bem-estar humano ao longo do tempo. As alterações climáticas irão fortalecer os mecanismos de transmissão que convertem os riscos em vulnerabilidades, agindo contra os esforços dos pobres em fazer progredir o desenvolvimento humano.

A primeira secção deste capítulo coloca em evidência um conjunto de impactos climáticos. Há uma análise da distribuição da exposição a desastres climáticos e das consequências a longo prazo destes atentados contra o desenvolvimento humano. Na segunda secção, utilizamos cenários climáticos desenvolvidos pelo PIAC, bem como outros, para avaliar os mecanismos através dos quais os progressivos riscos gerados pelas alterações climáticas poderão causar impactos sobre o desenvolvimento humano, ao longo do século XXI.

O risco climático constitui um facto da vida externo para o mundo inteiro. A vulnerabilidade é algo bastante diferente

2.1 Os choques climáticos e as armadilhas de baixo desenvolvimento humano

Os desastres climáticos têm sido um tema recorrente ao longo da história da Humanidade. O mito da Atlântida, de Platão, capta o poder destrutivo das inundações. O desaparecimento da civilização Maia foi desencadeado por uma sucessão de secas. O século XXI possui, já, poderosos marcadores da fragilidade humana face a fenómenos climáticos extremos.

Os desastres climáticos estão a aumentar na sua frequência e a influenciar a vida de mais pessoas. As consequências imediatas são terríveis. Porém, os choques climáticos estão, também, a promover riscos e vulnerabilidades mais vastos, gerando retrocessos de longo prazo para o desenvolvimento humano.

Desastres climáticos – uma tendência crescente

Os fenómenos climáticos extremos são uma fonte de preocupação progressiva por todo o mundo. Em décadas recentes, o número de pessoas afectadas por desastres climáticos como secas, inundações e tempestades, tem vindo a aumentar. Seguem-se, a quase todos os desastres, especulações sobre as possíveis ligações às alterações climáticas. À medida que a ciência climática se desenvolve, fornecerá perspectivas mais claras sobre a relação entre o aquecimento global e os efeitos do sistema climático. No entanto, as actuais evidências apontam, claramente, para uma direcção: as alterações climáticas irão, designadamente, aumentar o risco de exposição aos desastres climáticos.

Os registos dos desastres climáticos estão tendencialmente a crescer. Entre 2000 e 2004 foi registada uma média de 326 desastres climáticos por ano. No mesmo período, cerca de 262 milhões de pessoas foram, anualmente, afectadas, mais do dobro do que foi registado na primeira metade da década de 80 (figura 2.1).[7]

Figura 2.1 **Os desastres climáticos afectam mais pessoas**

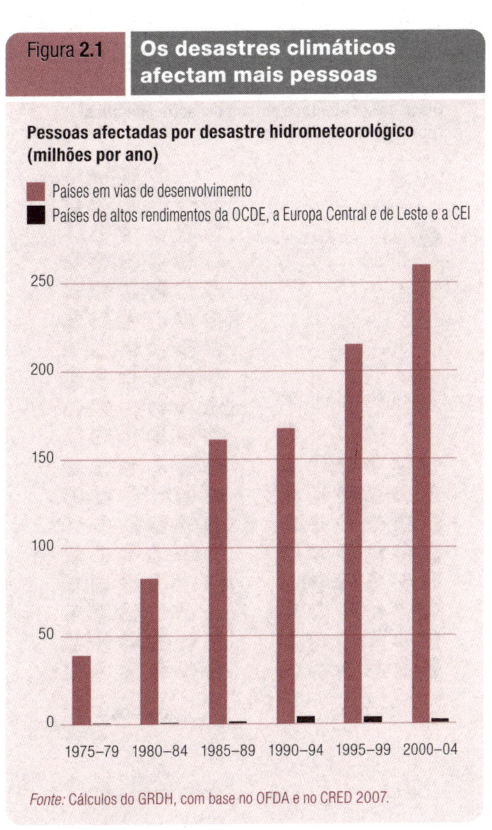

Fonte: Cálculos do GRDH, com base no OFDA e no CRED 2007.

No período 2000-2004, numa base média anual, um em cada 19 habitantes do mundo em vias de desenvolvimento foi afectado por um desastre climático

Os países desenvolvidos têm registado um crescente rol de desastres climáticos. Em 2003, a Europa defrontou a mais intensa onda de calor em mais de 50 anos – um fenómeno que causou milhares de mortes de idosos e de outras pessoas mais vulneráveis. Um ano depois, o Japão debateu-se com mais ciclones tropicais do que em qualquer ano do século anterior.[8] Em 2005, o Furacão Katrina, um fenómeno que ocorreu na pior época de furacões do Atlântico de que existe registo, forneceu a aterradora consciência de que mesmo as nações mais ricas do mundo não estão imunes aos desastres climáticos.[9]

A intensa cobertura da imprensa que acompanha estes desastres nos países ricos garante a propagação de uma consciencialização pública dos impactos. Cria, igualmente, uma perspectiva destorcida. Enquanto que os desastres climáticos afectam um número crescente de pessoas por todo o mundo, a esmagadora maioria vive nos países em vias de desenvolvimento (figura 2.2). No período 2000-2004, numa base média anual, um em cada 19 habitantes do mundo em vias de desenvolvimento foi afectado por um desastre climático. O cenário de comparação para os países da OCDE foi de um em 1.500 – um risco diferencial de 79.[10] As inundações afectaram a vida de cerca de 68 milhões de pessoas no leste da Ásia e 40 milhões no sul. Na África Subsariana, 10 milhões foram afectados pelas secas e 2 milhões pelas inundações, em muitos casos, quase em episódios simultâneos. Eis alguns exemplos de fenómenos que sustentam os números apresentados:[11]

- A época de monção de 2007, no leste asiático, obrigou à deslocação de 3 milhões de habitantes da China, em que as vastas áreas do país atingiam os maiores níveis de precipitação de que há registo. Segundo a Associação Meteorológica da China, as inundações e os tufões do ano anterior causou a segunda taxa mais mortífera registada, em termos de vidas perdidas.
- As inundações e tempestades na Ásia do Sul, durante a época de 2007, deslocaram mais de 14 milhões de pessoas na Índia e 7 milhões no Bangladesh. Mais de 1 000 de pessoas perderam a vida no Bangladesh, Índia, sul do Nepal e Paquistão.
- A época de ciclones de 2006-2007, no leste da Ásia, assistiu à inundação de vastas áreas de Jacarta, levando à deslocação de 430 000 pessoas. O Furacão Durian causou deslizamentos de lama e extensas perdas de vida nas Filipinas, seguidos de um rastro de destruição de tempestade no Vietname.
- Em termos de actividade geral, a época de furacões atlânticos de 2005 foi a mais activa de que há registo. O Furacão Katrina constou na maioria dos cabeçalhos, tendo provocado uma vasta destruição em Nova Orleães. No entanto, as 27 tempestades identificadas, dessa época, – incluindo Stan, Wilma e Beta – afectaram comunidades por toda a América Central e Caraíbas. O Furacão Stan provocou a morte de mais de 1 600 pessoas, na sua maioria, Maias residentes nas Terras Altas da Guatemala Central – um número mais elevado do que o do Furacão Katrina.[12]
- Secas no Corno de África e no sul de África, em 2005, ameaçaram as vidas de mais de 14 milhões de pessoas, ao longo de vários países: desde a Etiópia e Quénia a Malaui e Zimbabué. No ano seguinte, a seca deu lugar a extensas inundações, que se propagaram pelos países mencionados.[13] Os dados registados, referentes aos números afectados pelos desastres, proporcionam perspectivas importantes. No entanto, os dados apenas revelam a ponta do iceberg. Muitos desastres climáticos locais são pouco conhecidos ou não se conhe-

Figura 2.2 Os riscos de desastres pendem para os países em desenvolvimento

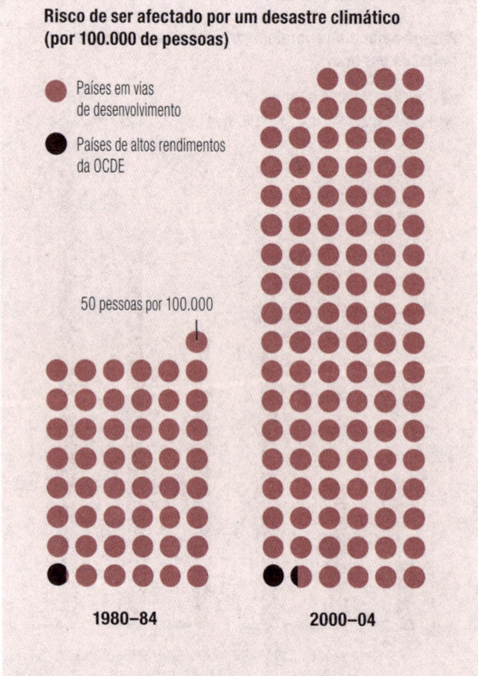

Risco de ser afectado por um desastre climático (por 100.000 de pessoas)

Países em vias de desenvolvimento

Países de altos rendimentos da OCDE

50 pessoas por 100.000

1980–84

2000–04

Fonte: Cálculos do GRDH, com base no OFDA e no CRED 2007.

Caixa 2.1 **Subnotificação dos desastres climáticos**

Os números associados aos desastres climáticos são fundamentados a partir da EM-DAT - *Base de Dados Global sobre Emergências,* controlada pelo Centro de Investigação de Desastres Epidémicos (CRED). Esta base de dados tem desempenhado um papel crucial na melhoria do fluxo de informação sobre desastres ao longo do tempo. No entanto, encerra algumas limitações.

As fontes para a EM-DAT vão desde agências governamentais, sistema das NU, às ONG, companhias de seguros e agências de imprensa. Alguns fenómenos são mais notificados do que outros: aparatosas catástrofes como o Furacão Katrina atraem uma maior atenção por parte da imprensa do que secas locais. De igual modo, alguns grupos têm, quase de certeza, pouca visibilidade: habitantes de bairros degradados e pessoas de zonas rurais remotas ou marginais constituem alguns exemplos.

Os critérios para que um fenómeno seja classificado como desastre são limitados. Os requisitos de elegibilidade incluem o número de mortes ou de pessoas afectadas (pelo menos 10 e 100, respectivamente), a declaração de um estado de emergência nacional, ou um pedido de assistência internacional. Alguns desastres climáticos não cumprem estes critérios. Por exemplo, ao longo de 2007, mais de 1 milhão de pessoas na Etiópia recebeu assistência nos efeitos da seca, ao abrigo de programas de ajuda internacional, registados na base de dados dos desastres climáticos. O mesmo número, multiplicado por sete, recebeu apoio de um programa nacional de protecção dos níveis de nutrição, em zonas propensas à seca. Tal programa não constou da base de dados porque não foi contabilizado como ajuda humanitária.

Existem fontes mais vastas de subnotificação. Em 2006 a crise causada por chuvas tardias na Tanzânia não constaram na base de dados do CRED. No entanto, uma avaliação nacional da vulnerabilidade da segurança alimentar concluiu que o fenómeno e o aumento dos preços dos alimentos deixaram 3,7 milhões de pessoas em risco de fome e 600 000 indigentes. As estatísticas relativas aos desastres também falharam na exposição dos riscos eminentes, enfrentados pelos mais pobres. No Burkina Faso, por exemplo, uma boa colheita em 2007 significava que o país não recorrera a um pedido de ajuda de emergência alimentar. Ainda assim, a avaliação da segurança alimentar realizada pela Agência dos Estados Unidos para o Desenvolvimento Internacional (USAID) alertou que, em caso de ocorrência de alguma anomalia associada à precipitação, mais de 2 milhões de pessoas correriam riscos de segurança alimentar.

Por último, a base de dados referente aos desastres fornece uma lista dos números afectados imediatamente após o fenómeno, mas não subsequentemente. Quando o Furacão Stan atingiu a Guatemala, em Outubro de 2005, afectou meio milhão de pessoas, a maioria residente em habitações pobres e indigentes nas Terras Altas Ocidentais. Constaram na base de dados desse ano. Em 2006, as avaliações de segurança alimentar demonstraram que muitos dos afectados não conseguiam restabelecer os seus bens e que os agricultores de produção de subsistência não tinham recuperado. Entretanto, os preços dos alimentos aumentaram significativamente. O resultado foi um acréscimo da subnutrição crónica nas áreas afectadas pelo Furacão Stan. Este facto representou um desastre local, que não ficou registado na base de dados.

Fonte: Hoyois et al. 2007; Maskrey et al. 2007; USAID NET 2006.

cem – e muitos outros nem sequer ficam registados, uma vez que não correspondem aos critérios de um desastre humanitário (caixa 2.1).

A propensão associada ao género, no impacto de desastres é, também, pouco conhecida. Quando os desastres ocorrem, prejudicam comunidades inteiras – mas as mulheres sofrem, frequentemente, as consequências. As inundações provocam, em grande parte, um maior número de vítimas do sexo feminino devido à sua limitada mobilidade e porque não foram ensinadas a nadar. Quando o Bangladesh se defrontou com um ciclone, acompanhado de inundações, em 1991, a taxa de mortalidade foi, estatisticamente, cinco vezes mais elevada entre as mulheres. Posteriormente ao desastre, as restrições relativas a títulos e direitos legais das mulheres a terras e propriedades podem limitar o acesso ao crédito, necessário à recuperação. [14]

As perdas económicas registadas também conferem um quadro distorcido.

Embora mais de 98% das pessoas afectadas pelos desastres climáticos residam nos países em vias de desenvolvimento, os impactos económicos pendem para os países desenvolvidos. A razão é de que os custos são equacionados com base nos valores de propriedade e em perdas seguradas, que, por sua vez, têm vindo a aumentar significativamente (figura 2.3). Os oito desastres climáticos que provocaram mais de US$10 mil milhões de prejuízo, desde 2000, ocorreram em países ricos, seis dos quais nos Estados Unidos.

Os mercados de seguros subnotificam as perdas nos países desenvolvidos, especialmente as suportadas pelos pobres. Isto porque as indemnizações de perdas reflectem o valor dos bens e o bem-estar dos que foram afectados. Quando os ciclones tropicais varrem a Flórida, atingem um dos espaços físicos de luxo do mundo, com propriedades protegidas por seguros com elevados níveis de cobertura. Quando os mesmos ciclones atingem zonas degradadas no Haiti ou na Guatemala, o valor de mercado é mais baixo e o espaço físico dos pobres é pouco segurado.

Estarão as alterações climáticas envolvidas no aumento dos desastres climáticos? É impossível haver uma implicação directa. Cada fenómeno climático é fruto de forças aleatórias e de factores sistémicos. Se o Furacão Katrina tivesse permanecido na zona do

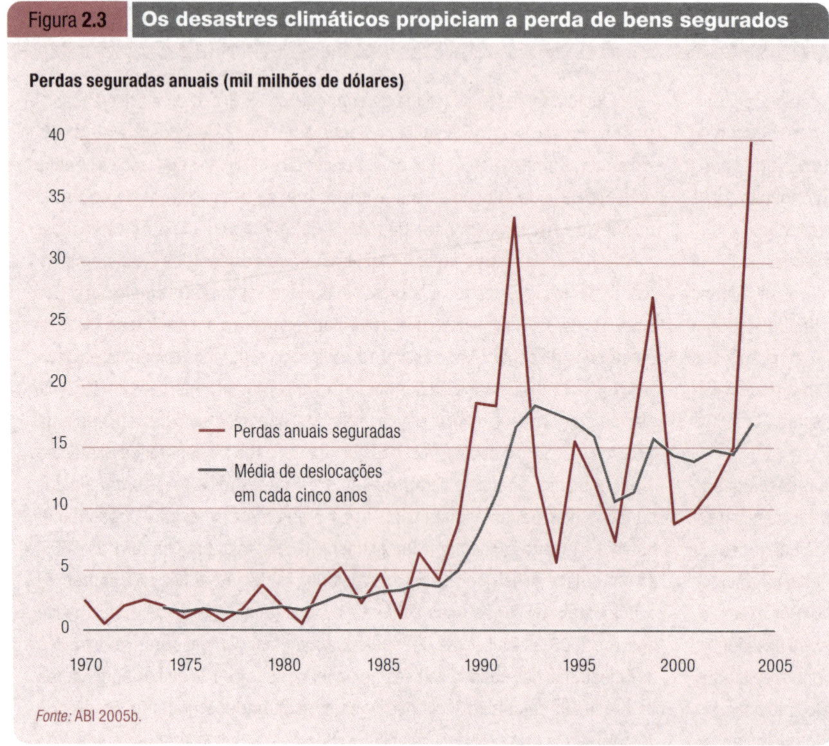

Fonte: ABI 2005b.

Choques climáticos: risco e vulnerabilidade num mundo desigual

mar, teria apenas constituído mais um terrível ciclone tropical. No entanto, as alterações climáticas estão a criar condições sistémicas para fenómenos climáticos mais extremos. Todos os furacões concentram a sua força a partir do calor dos oceanos – e os oceanos do mundo estão a aquecer devido às alterações climáticas. Mais tempestades intensas, com a velocidade dos ventos a atingirem valores mais elevados e precipitações mais fortes, são os resultados previsíveis. De modo semelhante, embora as secas isoladas na África Subsariana não possam ser atribuídas às alterações climáticas, os modelos climáticos prevêem decréscimos das precipitações em áreas subtropicais – mais de 20% em algumas regiões.

O papel preciso das alterações climáticas na influência do número de pessoas afectadas por desastres climáticos está, igualmente, aberto à discussão. Os factores sociais tiveram um claro contributo. O aumento da população, a expansão de construções humana em locais de risco – por exemplo, em bairros degradados, construídos em encostas, e em aldeias localizadas em zonas propensas a inundações. Os registos demonstram que as secas na África Subsariana se tornaram mais frequentes e prolongadas. As tempestades tropicais aumentaram de intensidade. As alterações climáticas podem não constituir a justificação total – mas estão significativamente implicadas.[15]

Os debates sobre as atribuições irão continuar. Tal como é demonstrado no capítulo 1, a ciência climática não fornece certezas. No entanto, a incerteza não constitui uma razão para a inacção. A indústria global de seguros tem, forçosamente, vindo a reapreciar, radicalmente, as implicações dos riscos climáticos para os seus modelos de negócios (caixa 2.2). Por todo o mundo, as pessoas são obrigadas a adaptarem-se, no seu quotidiano, aos riscos climáticos emergentes. Para os agricultores de pequena escala, habitantes de áreas urbanas degradadas e pessoas residentes em zonas ribeirinhas, estes riscos ameaçam ser um poderoso obstáculo ao desenvolvimento humano.

Risco e vulnerabilidade

Os cenários das alterações climáticas fornecem um quadro para a identificação de mudanças estruturais nos sistemas climáticos. A forma como estas mudanças se transmitem nos resultados do desenvolvimento humano, é condicionada através da interacção entre riscos e vulnerabilidades.

O risco afecta todos. Pessoas, famílias e comunidades estão em permanente exposição a riscos que podem ameaçar o seu bem-estar. A saúde-doença, o desemprego, crimes violentos e uma mudança repentina nas condições de mercado podem, em princípio, afectar toda a gente. O clima cria um conjunto específico de riscos. As secas, inundações, tempestades e outros fenómenos têm potencial para destruir a vida das pessoas, conduzindo a perda de rendimentos, bens e oportunidades. Os riscos climáticos não se distribuem de um modo uniforme, mas têm um preço bastante elevado.

A vulnerabilidade é diferente do risco. A base etimológica da palavra advém do verbo latino "ferir". Enquanto que o risco implica a exposição a perigos externos em relação aos quais as pessoas têm um controlo limitado, a vulnerabilidade mede a capacidade de combate a tais perigos sem que se sofra, a longo prazo, uma potencial perda de bem-estar.[16] Esta extensa ideia pode ser reduzida ao "sentimento de insegurança de um potencial sofrimento que as pessoas poderão temer – de que "algo terrível" pode acontecer e que "lançará a ruína".[17]

As ameaças das alterações climáticas ilustram a distinção entre risco e vulnerabilidade.[18] As pessoas que vivem no Delta do Ganges e na baixa de Manhattan partilham os riscos de inundações associados ao

Caixa 2.2 **A indústria global de seguros – reavaliação dos riscos climáticos**

Os pedidos de indemnização às seguradoras relacionados com o clima sofreram um rápido aumento nas passadas duas ou três décadas. Enquanto que os cépticos nas questões climáticas e alguns governos insistem em questionar as relações entre as alterações climáticas e os desastres climáticos, muitas companhias de seguros gerais traçam um percurso contrário.

Nos cinco anos que precederam 2004, as perdas seguradas sofridas devido a fenómenos climáticos atingiram uma média de US$17 mil milhões por ano – o quíntuplo (a preços de 2004) comparativamente aos quatro anos anteriores a 1990. Os pedidos de indemnização às seguradoras relacionados com o clima estão a crescer mais do que a população, rendimentos e prémios dos seguros, incitando a indústria a reavaliar a viabilidade dos modelos de negócio actuais.

Essa reapreciação adoptou formas distintas nos vários países. Em alguns casos, a indústrias têm surgido como poderosas defensoras do desenvolvimento de infra-estruturas vocacionadas para a redução das perdas seguradas. No Canadá e no Reino Unido, por exemplo, as companhias de seguros elaboraram pedidos para que houvesse um aumento dos investimentos públicos em sistemas de protecção contra tempestades e inundações e pediram aos governos para cobrirem as perdas, na qualidade de seguradores de último recurso.

Nos Estados Unidos, as companhias de seguros já reapreciavam activamente a exposição aos riscos climáticos, mesmo antes do Furacão Katrina ter entrado para a História em termos de custos dos prejuízos causados pela tempestade. Têm vindo a estabelecer *plafonds* na indemnização de perdas, a transferir grande parte dos riscos para os consumidores e a evitar zonas de alto risco. Um dos efeitos secundários do Furacão Katrina foi o aumento dos títulos de riscos catastróficos, que transfere os riscos das seguradoras para os mercados financeiros: a remuneração dos proprietários dos títulos cessa na ocorrência de uma catástrofe climática. O mercado, em 2006, manteve-se nos US$3.6 mil milhões, em comparação com US$1 milhar de milhão nos dois anos anteriores.

Os programas de seguros desenvolvidos pelo governo federal e estadual não ficaram imunes às pressões associadas ao clima. A apresentação de dois programas fundamentais - The National Flood Insurance Programme (exposição de cerca de US$1 bilião) e o Federal Crop Insurance Programme (exposição de cerca de US$44 mil milhões) – incitou o Gabinete de Contabilidade Governamental a prevenir que as " As alterações climáticas têm implicações para a saúde fiscal do Governo Federal."

A experiência nos mercados de seguros dos países desenvolvidos realça um problema mais vasto. As alterações climáticas geram grandes incertezas. O risco é uma característica inerente a qualquer mercado segurador. Os prémios são calculados com base na avaliação dos riscos. Com as alterações climáticas, é provável que os pedidos de indemnização aumentem ao longo do tempo. Segundo uma estimativa realizada pela Associação das Seguradoras Britânicas, o dobro do CO_2 poderia maximizar as perdas seguradas – causadas por tempestades extremas – para a indústria global em US$ 66 mil milhões por ano (a preços de 2004). A dificuldade para a indústria é que esta tendência será pontuada por fenómenos catastróficos que irão arruinar os contratos mútuos de riscos.

Fonte: ABI 2004, 2005b;Brieger,Fleck e Macdonald 2001;CEI 2005; GAO 2007; Mills 2006; Mills, Roth e Leomte 2005; Thorpe 2007.

aumento do nível das águas. Não partilham as mesmas vulnerabilidades. Eis a razão: o Delta do Ganges é marcado por níveis de pobreza elevados e por baixos níveis de protecção de infra-estruturas. Quando os ciclones tropicais e inundações atingem Manila, nas Filipinas, expõem a cidade inteira aos riscos. No entanto, as vulnerabilidades concentram-se nas habitações provisórias, com excesso de pessoas, das zonas degradadas que se estendem ao longo das margens do rio Pasig e não nas zonas mais abastecidas.[19]

Os processos através dos quais o risco se converte em vulnerabilidade, em qualquer país, são modelados pelo estado latente do desenvolvimento humano, que inclui as desigualdades dos rendimentos, as oportunidades e o poder político que marginaliza os mais pobres. Os países em vias de desenvolvimento e os seus cidadãos mais pobres estão mais vulneráveis às alterações climáticas. Elevados níveis de dependência económica na agricultura, média de rendimentos mais baixa, condições ecológicas já fragilizadas e a localização em áreas tropicais que enfrentam padrões climáticos mais extremos são, todos eles, factores de vulnerabilidade. Os factores que se seguem estão entre os que criam uma predisposição para a conversão do risco em vulnerabilidade:

- *Pobreza e baixo desenvolvimento humano.* As elevadas concentrações de pobreza entre a população exposta aos riscos climáticos são uma fonte de vulnerabilidade. Os 2,6 mil milhões de pessoas – 40% da população do mundo – que vivem com menos de US$2 por dia estão intrinsecamente vulneráveis porque têm menos recursos para fazerem face aos riscos. De modo semelhante, para os 22 países com uma população total de 509 milhões de pessoas a viverem na categoria de baixo desenvolvimento humano do Índice do Desenvolvimento Humano (IDH), mesmo os pequenos acréscimos dos riscos climáticos podem conduzir à vulnerabilidade em massa. Em grande parte do mundo desenvolvido (incluindo países da categoria de médio desenvolvimento humano), existe uma interacção bilateral entre vulnerabilidade associada ao clima, pobreza e desenvolvimento humano. Os mais pobres estão, frequentemente, subnutridos porque, em parte, habitam áreas marcadas por secas

Tabela 2.1 **As emergências alimentares associadas às secas e o desenvolvimento humano estão intimamente relacionados no Quénia**

Distritos quenianos	Valor do índice do Desenvolvimento Humano 2005
Distritos em emergência alimentar (Novembro 2005 – Outubro 2006)	
Garissa	0,267
Isiolo	0,580
Mandera	0,310
Masrabit	0,411
Mwingi	0,501
Samburu	0,347
Turkana	0,172
Wajir	0,256
Outros	
Mombaça	0,769
Nairobi	0,773
Média nacional do Quénia	0,532

Fonte: PNUD 2006a; USAID FEWS NET 2007.

e baixas produções; estão vulneráveis a riscos climáticos porque são pobres e estão subnutridos. Em alguns casos, essa vulnerabilidade está directamente relacionada com os choques climáticos. Dados do IDH desagregados referentes ao Quénia demonstram, por exemplo, um ajustamento próximo entre emergências alimentares associadas a secas e distritos onde o desenvolvimento humano é baixo (tabela 2.1). No Gana, metade das crianças da região Norte, propensa a secas, estão subnutridas, em comparação com os 13%, em Acra.[20]

- *Disparidades no desenvolvimento humano.* As desigualdades dentro dos países são outro marcador de vulnerabilidade aos choques climáticos. Uma recente avaliação dos impactos humanos das catástrofes concluiu que os "países com elevados níveis de desigualdade económica sentem os efeitos dos desastres climáticos com maior profundidade do que as sociedades mais igualitárias.[21] Os níveis médios de desenvolvimento humano podem esconder elevados níveis de privação. A Guatemala, por exemplo, é um país de desenvolvimento humano médio, marcado por grandes disparidades sociais entre indígenas e não indígenas. A subnutrição entre os indígenas representa o dobro da dos não indígenas. Quando o Furacão Stan atingiu as terras altas do ocidente da Guatemala, em 2005, o seu impacto foi mais intensamente sentido pelos indígenas, na sua maioria, camponeses de subsistência ou agricultores. A perda de cereais básicos, o esgotamento de reservas alimentares e a queda das oportunidades de emprego amplificaram os já rigorosos níveis de privação, com as desigualdades a constituírem barreira a uma atempada recuperação.[22] As disparidades do desenvolvimento humano expõem, também, as populações mais vulneráveis aos riscos climáticos, em alguns dos países mais ricos do mundo. Quando o Furacão Katrina atingiu Nova Orleães, foram afectadas algumas das mais pobres comunidades da América. A recuperação foi dificultada pelas profundas desigualdades subjacentes (caixa 2.3).
- *Falta de infra-estruturas de protecção aos impactos climáticos.* As disparidades de infra-estruturas ajudam a justificar a razão pela qual os impactos climáticos semelhantes produzem diferentes resultados. O elaborado sistema de diques, nos Países Baixos, constitui um poderoso atenuador entre risco e vulnerabilidade. Os sistemas de defesa contra as inundações, as infra-estruturas hídricas e atempados sistemas de prevenção reduzem a vulnerabilidade. O Japão enfrenta uma maior exposição a riscos associados com ciclones e inundações, comparativamente às Filipinas. No entanto, entre 2000 e 2004, a média de fatalida-

Figura 2.4 **A provisão de seguro social é bem maior nos países desenvolvidos**

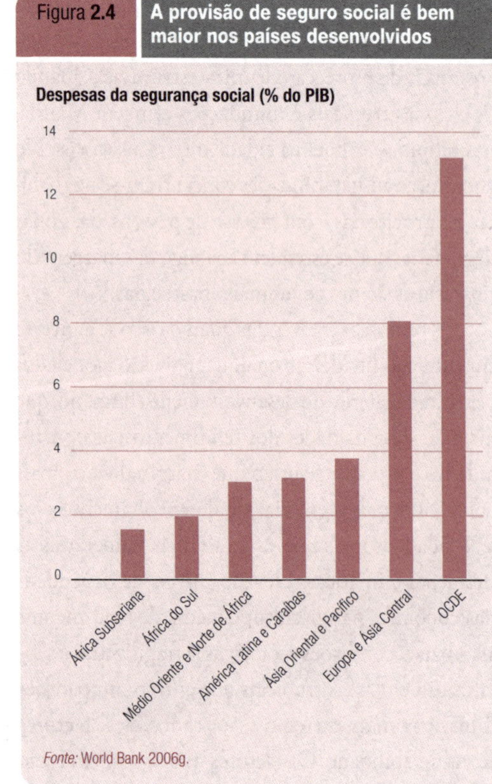

Fonte: World Bank 2006g.

Caixa 2.3 Furacão Katrina – as questões sócio-demográficas de uma catástrofe

Quando o Furacão Katrina destruiu os diques de Nova Orleães, houve um sofrimento humano e danos físicos em larga escala. À medida que o nível das águas das inundações diminuía, colocava a descoberto as graves vulnerabilidades associadas aos elevados níveis de desigualdades sociais já existentes. Os danos causados pelas inundações sobrepuseram-se a uma cidade dividida, assim como as alterações climáticas se irão sobrepor a um mundo dividido. Dois anos após a tragédia, as desigualdades continuam a travar a recuperação.

Situada na Costa do Golfo do México dos Estados Unidos, Nova Orleães está numa das zonas de furacões de alto risco do mundo. Em Agosto de 2005, as protecções contra inundações, que atenuavam este risco, foram destruídas, com consequências trágicas. O Furacão Katrina retirou cerca de 1500 vidas, deslocou 780000 pessoas, destruiu ou danificou 200000 casas, danificou as infra-estruturas da cidade e traumatizou a sua população.

O furacão causou impacto nas vidas de algumas das pessoas mais pobres e vulneráveis da nação mais rica do planeta. As taxas de pobreza infantil, anteriores ao fenómeno Katrina, em Nova Orleães, constavam entre as mais altas nos Estados Unidos, com uma criança, em cada três, a viver abaixo do limite da pobreza. As provisões para a saúde eram limitadas, com cerca de 750000 pessoas sem cobertura de seguro.

O Furacão Katrina seleccionou incisivamente as suas vítimas nas áreas mais desvantajosas da cidade. Os distritos mais pobres sofreram as consequências. Os danos causados pelas inundações cruzavam-se com as profundas desigualdades raciais (taxas de pobreza entre pessoas de raça negra três vezes mais altas do que entre as de raça branca). Estima-se que 75 % da população residente em bairros inundados era de raça negra. Duas das mais pobres e vulneráveis comunidades da cidade, Lower Ninth Ward e Desire/Florida, foram totalmente devastadas pelo Katrina.

As imagens do sofrimento humano em Nova Orleães foram transmitidas em todo o mundo, uma vez que a cidade se tornava no centro das atenções da imprensa internacional. Porém, à medida que as pessoas se preparavam para reconstruir as suas vidas, após a retirada das câmaras, as desigualdades existentes anteriores ao furacão surgiam como uma barreira à recuperação.

O sector da saúde fornece um exemplo chocante. Muitas instalações de saúde do sistema de rede de segurança que recebiam os mais pobres ficaram danificadas pelo Furacão Katrina, com o Charity Hospital, que fornecia a maioria dos cuidados médicos a este sector – urgência, intermédio e geral – ainda encerrado. Enquanto se aplicava um programa de isenção da Medicaid, para proporcionar uma cobertura temporária a todas as pessoas evacuadas sem seguro, as suas regras de elegibilidade restringiam os títulos para famílias de baixo rendimento sem crianças, conduzindo a um substancial número de pedidos indeferidos. O Congresso e a Administração demoraram 6 meses para autorizar uma provisão de US$ 2 mil milhões para a Medicaid cobrir os custos de saúde não segurados.

Uma pesquisa conduzida pela Kaiser Family Foundation, 6 meses após a tempestade, revelou que muitas pessoas não tinham capacidade para manter tratamentos já existentes ou aceder aos cuidados necessários para lidar com as suas novas condições. Em entrevistas domiciliárias, mais de 80% dos inquiridos identificaram a necessidade de mais provisões de saúde alargadas e melhoradas como um desafio vital para a cidade. Dois anos depois, o desafio mantém-se.

Dos muitos factores que impedem a recuperação social e económica de Nova Orleães, o sistema de cuidados de saúde poderá constituir o mais importante. Apenas um dos sete hospitais gerais estão em estado de funcionamento normal; dois estão em funcionamento parcial e quatro permanecem encerrados. O número de camas de hospital, em Nova Orleães, sofreu uma quebra de dois terços. Existem, actualmente, menos 16800 empregos do sector médico, menos 27%, em comparação com o período anterior à tempestade, em parte devido à escassa oferta de enfermeiros e outros profissionais de saúde.

Há duas importantes lições a retirar do Furacão Katrina e que exercem uma influência significativa nas estratégias das alterações climáticas. A primeira é a de que os elevados níveis de pobreza, marginalização e desigualdade criam uma predisposição para que os riscos se convertam em vulnerabilidades em massa. O segundo é a de que as políticas públicas são importantes. As políticas que proporcionem direitos de saúde e provisões habitacionais podem facilitar uma recuperação rápida, enquanto que a falta de direitos poderão gerar o efeito contrário.

Pobreza em Nova Orleães

Pessoas em estado de pobreza, 2000 (%)	Nova Orleães	Estados Unidos
População total	28	12
População com 18 anos ou menos	38	18
Brancos	12	9
Afro-americanos	35	25

Fonte: Perry et al. 2006.

Fonte: Perry et al. 2006; Rowland 2007; Turner e Zedlewski 2006; Urban Institute 2005.

des chegou às 711 nas Filipinas contra apenas 66 no Japão.[23]

- *Limitado acesso ao seguro.* O seguro pode contribuir para o aumento da capacidade das pessoas lidarem com os riscos, sem terem de reduzir o consumo ou perder bens. Os mercados privados e as políticas públicas podem desempenhar um papel importante. As famílias dos países ricos têm acesso ao seguro privado, para uma autoprotecção contra as perdas associadas ao clima. A maioria das famílias mais pobres, nos países em vias de desenvolvimento, não tem este acesso. A segurança social constitui outro atenuador da vulnerabilidade. Permite que as pessoas possam lidar com os riscos, sem que afectem as oportunidades do desenvolvimento humano a longo prazo. Pode auxiliar os idosos, assegurar a protecção em períodos de doença ou desemprego, apoiar o desenvolvimento de crianças e proteger a nutrição básica. Os países variam bastante no apoio à segurança social (figura 2.4). São os países

Contributo especial **As alterações climáticas enquanto questão de direitos humanos**

Durante muitas gerações, os Inuits observaram de perto o ambiente, prevendo o clima com precisão, de forma a proporcionarem segurança às viagens pelos mares gelados. No entanto, a nossa capacidade de ler e prever as condições e os padrões climáticos à nossa volta enfrenta, actualmente, um enorme desafio devido às alterações climáticas. Durante décadas, os nossos caçadores registavam degelos no solo gelado, reduções da espessura do gelo, diminuição dos glaciares, novas espécies invasoras, rápidas erosões costeiras e climas perigosamente imprevisíveis. Da nossa perspectiva longínqua do Norte, observámos que o debate sobre as alterações climáticas globais foca, mais frequentemente, questões económicas e técnicas do que os impactos humanos e as consequências das alterações climáticas. Os Inuis sentem, já, estes impactos e irão, brevemente, ter de enfrentar deslocações sociais e culturais dramáticas.

As alterações climáticas são o nosso maior desafio: para além de extenso e complexo, exige uma acção imediata. Representa, ainda, uma oportunidade de relacionamento entre as pessoas, uma humanidade em comum que ultrapassa todas as diferenças. Tendo isto em conta, decidi consultar os regimes internacionais de direitos humanos, concebidos para proteger os povos da extinção cultural – o mesmo problema que nós, os Inuits, poderíamos estar a enfrentar. A questão colocada foi sempre a mesma: como poderemos nós trazer alguma clareza de objectivos e de enfoque a um debate que parece estar sempre preso a argumentos técnicos e a ideologias opositoras de curto prazo?

Penso que é pertinente, a nível internacional, que as alterações climáticas globais sejam debatidas e analisadas no âmbito dos direitos humanos. Tal como Mary Robinson referiu "os direitos humanos e o ambiente são interdependentes e estão interrelacionados". É por esta razão que, juntamente com mais 61 Inuits, trabalhei para lançar a Petição Direitos Humanos e Alterações Climáticas, em Dezembro de 2005.

Na sua essência, a petição afirma que os governos deveriam desenvolver as suas economias usando tecnologias apropriadas que diminuam, de forma significativa, as emissões de gases com efeito de estufa. Alcançámos, porém, muito mais do que isso.

Através deste trabalho, tornámos os rostos humanos – e os nossos destinos – no centro das atenções. No discurso internacional, alterámos as frias discussões técnicas para debates sobre valores, desenvolvimento e direitos humanos. Concedemos um ritmo às conferências das Nações Unidas e um renovado sentido de urgência. Fizemo-lo lembrando às pessoas distanciadas do Árctico que estamos todos ligados: os caçadores Inuits que caem através do gelo fino estão ligados às pessoas que enfrentam o degelo dos glaciares dos Himalaias e as inundações dos pequenos estados insulares; porém, este facto também se relaciona com a forma como o mundo segue o seu dia-a-dia, em termos dos automóveis que conduzimos, das indústrias que sustentamos e das políticas que adoptamos e incentivamos.

Há uma pequena janela de oportunidade que ainda permanece aberta para salvar o Árctico e, em última análise, o planeta. Uma acção coordenada poderá prevenir o futuro projectado na Avaliação do Impacto Climático no Árctico. As nações poderão unir-se novamente, como fizemos em Montreal, em 1987, e em Estocolmo, em 2001. A nossa camada de ozono está já a restabelecer-se; os químicos tóxicos que contaminavam o Árctico estão já a diminuir. Agora, os maiores emissores do planeta devem estabelecer compromissos de obrigação de forma a actuar. Apenas espero que as nações aproveitem esta oportunidade para, mais uma vez, se unirem através da consciência da nossa ligação, da nossa partilha de atmosfera e, em última instância, da nossa humanidade.

Sheila Watt-Cloutier

Sheila Watt-Cloutier
Representante das Alterações climáticas no Árctico

ricos a gastar a maior fatia das suas receitas, em média, mais elevadas, na segurança social. Em termos de gestão dos riscos globais das alterações climáticas, isto significa que há uma relação inversa entre vulnerabilidade (que se concentra nos países pobres) e segurança (que se concentra nos países ricos).

As desigualdades associadas ao género cruzam-se com os riscos e vulnerabilidades climáticos. As desvantagens históricas das mulheres – o seu acesso limitado a recursos, a restrição de direitos e a falta de voz na formulação de decisões – tornam-nas altamente vulneráveis às alterações climáticas. A natureza dessa vulnerabilidade varia bastante, alertando para as generalizações. Porém, é provável que as alterações climáticas agravem os padrões da desvantagem de género existentes. No sector agrícola, as mulheres rurais dos países em vias de desenvolvimento são as principais produtoras de alimentos básicos, um sector fortemente exposto a riscos causados por secas e precipitação incerta. Em muitos países, as alterações climáticas obrigam mulheres e jovens do sexo feminino a percorrerem distâncias maiores para se abastecerem de água, especialmente na estação seca. Para além disso, é possível que as mulheres se dediquem mais ao trabalho relacionado com o combate aos riscos climáticos, como a conservação do solo e da água, a construção de reservas e o crescente emprego fora do âmbito da agricultura. Um corolário da vulnerabilidade associada ao género é a importância da participação da mulher em qualquer processo de planeamento para a adaptação às alterações climáticas.[24]

As alterações climáticas proporcionam, também, um marcador da relação simbiótica entre cultura humana e sistemas ecológicos. Esta relação é bastante evidente no Árctico, onde estão a ser afectados alguns dos mais frágeis ecossistemas do mundo devido ao rápido aquecimento. Os indígenas do Árctico tornaram-se as sentinelas de um mundo que passa por alterações climáticas. Tal como um dos líderes da comunidade Inuit comentou: "O Árctico é o barómetro das alterações climáticas do mundo. Os Inuits são o mercúrio desse barómetro."[25] Para o povo Inuit, o aquecimento, fruto da trajectória actual, irá romper ou mesmo destruir uma cultura baseada na caça e na partilha de alimentos, uma vez que a redução dos mares de gelo tornam os animais que deles dependem menos acessíveis, podendo levá-los, possivelmente, à extinção. Em Dezembro de 2005, representantes de organizações Inuit entregaram uma petição à Comissão Inter-americana de Direitos Humanos, reiterando que as emissões ilimitadas dos Estados Unidos violavam os direitos humanos dos Inuits. O objectivo não era procurar danos, mas antes repará-los, liderando na mitigação das alterações climáticas perigosas.

As armadilhas de baixo desenvolvimento humano

O desenvolvimento humano prende-se com a expansão da liberdade e da escolha. Os riscos associados ao clima geram dilemas, que limitam a liberdade substantiva e anulam o poder de escolha das pessoas. Estes dilemas podem constituir uma ida sem retorno em armadilhas de baixo desenvolvimento humano – espirais descendentes de desvantagem que destroem as oportunidades.

Os choques climáticos afectam a subsistência de várias formas. Varrem colheitas, reduzem as oportunidades de emprego, obrigam ao aumento do preço dos alimentos e destroem propriedades, confrontando as pessoas com decisões difíceis. As famílias mais abastadas podem fazer face aos choques apoiando-se nos seguros privados, usando as suas poupanças ou vendendo alguns dos seus bens. Têm capacidade de proteger o seu consumo habitual – "aligeirar o consumo" – sem diminuir as suas capacidades de produção ou reduzir as suas aptidões humanas. Os pobres têm menos opções.

Com um acesso limitado ao seguro formal, com baixos rendimentos e bens de pouco valor, as famílias pobres têm de se adaptar aos choques climáticos sob condições mais restritas. Num esforço para diminuir o habitual consumo, são, frequentemente, obrigadas a vender bens de produção, comprometendo futuras criações de rendimento. Quando os já baixos rendimentos diminuem, podem não ter outra escolha senão reduzir o número de refeições que tomam, cortar as despesas de saúde ou retirar as crianças da escola de forma a aumentar a mão-de-obra laboral. As estratégias utilizadas variam. No entanto, os dilemas que se seguem aos choques climáticos podem destruir rapidamente as capacidades humanas, estabelecendo uma série de ciclos de privação.

As famílias pobres não são passivas face aos riscos climáticos. Por falta de acesso ao seguro formal, desenvolvem mecanismos de auto-segurança. Um deles é criar bens – como o gado – durante os períodos "normais", para vender na eventualidade de uma crise. Outra é o investimento de recursos familiares na prevenção de catástrofes. Sondagens domiciliárias em áreas urbanas degradadas, propensas a inundações, em El Salvador, registaram que as famílias gastavam mais de 9% dos seus rendimentos no reforço das suas casas contra as inundações e aproveitavam o trabalho da família para construir paredes de retenção e fazer a manutenção dos canais de drenagem.[26] A diversificação de produção e as fontes de rendimentos são outras formas de auto-segurança. Por exemplo, as famílias rurais procuram reduzir o seu risco de exposição criando uma associação de culturas de alimentos básicos e comerciais e praticando comércio de pequena escala. O problema é que os mecanismos de auto-segurança se degradam, frequentemente, em confronto com os severos e recorrentes choques climáticos.

A pesquisa aponta para quatro grandes canais ou "multiplicadores de risco", através dos quais os choques climáticos podem prejudicar o desenvolvimento humano: "perdas de produtividade "anteriores ao fenómeno", custos de recuperação antecipados, erosão de activos do capital físico e erosão de oportunidades humanas.

Perdas de produtividade "anteriores ao fenómeno"

Nem todos os custos de desenvolvimento humano dos choques climáticos ocorrem depois do fenómeno. Para pessoas com um modo de subsistência precário, residentes em áreas de variabilidade climática, os riscos não segurados constituem um forte impedimento ao aumento da produtividade. Com menos capacidade para lidar com os riscos, os pobres enfrentam obstáculos para adoptarem o investimento alto rendimento, alto risco. De facto, são excluídos das oportunidades de criarem a sua saída da pobreza.

Por vezes afirma-se que os pobres são pobres porque são menos "empreendedores" e que optam por

Os riscos associados ao clima geram dilemas, que limitam a liberdade substantiva e anulam o poder de escolha das pessoas

evitar investimentos de risco. A falácia desta ideia reside na confusão entre aversão ao risco e capacidade de inovação. À medida que as famílias se aproximam da pobreza extrema, tornam-se adversas ao risco por uma boa razão: os maus resultados podem afectar as oportunidades de vida em muitos níveis.

Ao habitar, sem um seguro formal, em áreas de exposição de alto risco – planícies de inundação, regiões propensas a secas ou encostas frágeis – as famílias pobres optam, de um modo consciente, por investimentos com rendimentos potencialmente maiores, em função dos interesses da segurança familiar. Os agricultores poderão ser obrigados a tomar decisões relativas à produção, que sejam menos sensíveis à variação da precipitação, mas também menos lucrativos.

Pesquisas realizadas em aldeias indianas, nos anos 90, revelaram que mesmo as mais leves variações na duração da precipitação poderiam reduzir os lucros agrícolas do quartil mais pobre dos respondentes para um terço, enquanto que, no quartil mais rico, provocariam um imperceptível impacto nos lucros. Confrontados com o alto risco, os agricultores pobres penderam para um excesso de segurança: as decisões sobre a produção conduziram a uma média de lucros mais baixa da que poderia atingir no âmbito de riscos segurados. [27] Na Tanzânia, uma pesquisa a nível da aldeia descobriu agricultores pobres a especializarem-se na produção de colheitas resistentes às secas – como o sorgo e a mandioca – que proporcionam uma maior segurança alimentar, embora menores rendimentos financeiros. A gama de colheitas dos quintis mais ricos apresenta mais 25 % do que a do quintil mais pobre. [28]

Isto faz parte de um padrão mais vasto relativo ao verdadeiro seguro de riscos, que, em interacção com outros factores, aumenta a desigualdade e prende as famílias pobres em sistemas de produção de baixos rendimentos. [29] À medida que as alterações climáticas avançam no terreno, a produção agrícola, em muitos países em vias de desenvolvimento tornar-se-á mais arriscada e menos lucrativa (ver, mais abaixo, a secção sobre agricultura e segurança alimentar). Estando três quartos dos pobres do mundo dependentes da agricultura, este facto tem implicações para os esforços na redução da pobreza global.

Os pobres do mundo não são os únicos a terem de se adaptar aos novos padrões climáticos. Os produtores agrícolas, nos países ricos, também terão de lidar com as consequências, porém, os riscos são menos severos e são bastante atenuados através de subsídios de grande escala – cerca de US$225 mil milhões, nos países da OCDE, em 2005 – e do apoio público ao seguro privado. [30] Nos Estados Unidos, as indemnizações do seguro do Governo Federal para os danos de colheitas eram, em média, de US$4 mil milhões por ano, de 2002 a 2005. A combinação de subsídios e seguro permite aos produtores dos países desenvolvidos adoptarem investimentos de alto risco, de forma a obterem rendimentos mais elevados do que teriam sob as condições de mercado. [31]

Tabela 2.2 **A seca no Malaui – como lutam os pobres**

Comportamentos adoptados para enfrentar a seca, 1999 (% de pessoas)	Cidade de Blantyre (%)	Zomba rural (%)
Adaptações de dieta		
• Substituíram carne por vegetais	73	93
• Comeram porções mais pequenas para que as refeições durassem mais tempo	47	91
• Reduziram o número de refeições por dia	46	91
• Comiam alimentos diferentes, como mandioca, em vez de milho	41	89
Redução da despesa		
• Compraram menos lenha ou parafina	63	83
• Compraram menos fertilizante	38	33
Obtenção de dinheiro para comida		
• Esgotaram poupanças	35	0
• Pediram dinheiro emprestado	36	7
• Procuraram trabalho precário (*ganyu*) para obterem dinheiro e comida	19	59
• Venderam gado e aves domésticas	17	15
• Venderam bens de família e roupas	11	6
• Mandaram as crianças em busca de dinheiro	10	0

Fonte: Devereux 1999.

Os custos humanos da "resolução"

A incapacidade das famílias pobres em lidarem com os choques climáticos reflecte-se nos impactos humanos imediatos e na pobreza crescente. As secas constituem um bom exemplo.

Quando a chuva falha, a corrente de efeitos alastra-se por diversas áreas. As perdas de produção podem gerar escassez de alimentos, aumento dos preços, falta de emprego e diminuição dos salários agrícolas. Os impactos reflectem-se nas estratégias de resolução, que variam desde a nutrição à venda de bens (tabela 2.2). No Malaui, a seca de 2002 deixou perto de 5 milhões de pessoas em necessidade de ajuda alimentar urgente. Muito antes da ajuda chegar, as famílias foram obrigadas a tomar medidas extremas de sobrevivência, incluindo o furto e a prostituição. [32] As acentuadas vulnerabilidades que podem ser desencadeadas pelos choques climáticos, em países com baixos níveis de desenvolvimento humano, foram fortemente demonstrados na crise de segurança alimentar de 2005, em Níger (caixa 2.4).

As secas são, muitas vezes, registadas como fenómenos isolados de curto prazo. Esta prática esconde alguns impactos importantes em países cujas secas múltiplas ou sequenciais criam repetidos choques durante vários anos. Pesquisas na Etiópia ilustram este facto. O país passou por, pelo menos, cinco grandes secas nacionais, desde 1980, juntamente com várias dúzias de secas locais. Os ciclos de seca geram armadilhas de pobreza para muitas famílias, frustrando os esforços de criação de bens e de aumento de rendimentos. Os dados da sondagem demonstram que, entre 1999 e 2004, mais de metade das famílias do país sentiram um grande choque de seca.[33] Estes choques são uma causa importante para a pobreza transitória: se as famílias tivessem sido capazes de controlar o consumo, a pobreza, em 2004, teria sido, pelo menos 14% mais baixa (tabela 2.3) – um cenário que se traduz numa redução de 11 milhões de pessoas abaixo do limiar de pobreza.[34]

Tabela 2.3 **O impacto das secas na Etiópia**

	Pessoas em pobreza (%)
Pobreza observada	47,3
Pobreza prevista sem choques de seca	33,1
Pobreza prevista sem nenhum choque	29,4

Fonte: Dercon 2004.

Os impactos humanos dos actuais choques climáticos fornecem um quadro, largamente ignorado, para uma compreensão das implicações das alterações climáticas para o desenvolvimento humano. Os níveis de subnutrição aumentam e as pessoas ficam presas em armadilhas de pobreza. Se os cenários das alterações climáticas estiverem correctos (previsão de secas e inundações mais intensas), as consequências poderão constituir grandes e rápidos retrocessos no desenvolvimento humano nos países afectados.

Erosão dos bens – capital físico

Os choques climáticos podem ter consequências devastadoras para os bens e poupanças de família. Bens

Caixa 2.4 **Secas e segurança alimentar em Níger**

O Níger é um dos países mais pobres do mundo. Posiciona-se perto do fundo do IDH, com uma esperança média de vida de cerca de 56 anos, em que 40% das crianças tem, numa média anual, pouco peso para a sua idade, e em que mais de uma em cada cinco crianças morre antes do seu quinto aniversário. A vulnerabilidade aos choques climáticos no Níger está ligada a vários factores, incluindo a vasta pobreza, os elevados níveis de subnutrição, a precária segurança alimentar em "anos normais", a restrita cobertura de saúde e os sistemas de produção agrícolas que têm de enfrentar precipitações incertas. Durante 2004 e 2005, as implicações destas vulnerabilidades latentes foram fortemente demonstradas através de um choque climático, com o fim precoce das chuvas e o alastramento de prejuízos causados pela praga de gafanhotos.

A produção agrícola foi imediatamente afectada. Os produtos diminuíram significativamente, criando um défice de cereais de 223 000 toneladas. Os preços do sorgo e do milheto aumentaram 80% acima da média de 5 anos. Para além dos elevados preços dos cereais, a deterioração das condições relacionadas com o gado privou as famílias de uma fonte imprescindível de rendimento e de segurança de riscos. A perda de pastagens e de cerca de 40% das colheitas de forragem, a juntar ao preço crescente dos preços de ração para animais e às "vendas de emergência", fizeram diminuir os preços do gado, privando as famílias de uma fonte indispensável de rendimento e de segurança de riscos. Com as famílias vulneráveis tentando vender animais subnutridos para obterem rendimentos e comprarem cereais, a queda dos preços afectou, pelo contrário, a sua segurança alimentar em termos de comércio.

Em meados de 2005, cerca de 56 zonas do país enfrentavam riscos de segurança alimentar. Perto de 2.5 milhões de pessoas – cerca de um quinto da população do país – solicitaram assistência de emergência alimentar. Doze zonas em regiões como Maradi, Tahoua e Zinder foram classificadas como "extremamente críticas", o que significa que as pessoas reduziram o número de refeições tomadas por dia, consumindo raízes selvagens e sementes e vendendo gado de reprodução e equipamentos de produção. A crise na agricultura conduziu a graves custos humanos, incluindo:

- A emigração para países vizinhos e para zonas menos criticamente afectadas.
- Em 2005, os Médicos Sem Fronteiras (MSF) voltaram a registar uma grave taxa de subnutrição, composta por 19% de crianças com 6-59 meses em Maradi e Tahoua, representando uma acentuada quebra dos níveis médios. Os MSF registaram, também, um número quatro vezes superior de crianças em estado de subnutrição severa nos centros terapêuticos de alimentação.
- A equipa de sondagem da USAID registou mulheres recolhendo, durante dias inteiros, anza, um alimento selvagem.

De certo modo, o baixo nível de desenvolvimento humano no Níger torna o país um caso extremo. No entanto, os desenvolvimentos de 2005 demonstraram, na íntegra, os mecanismos através dos quais os crescentes riscos associados ao clima podem destruir estratégias de resolução e criar extensas vulnerabilidades.

Fonte: Chen e Meisel 2006; Mousseau e Mittal 2006; MSF 2005; Seck 2007a.

Os dilemas que os choques climáticos trazem às pessoas reforçam e perpetuam maiores desigualdades baseadas no rendimento, género e outras disparidades

como animais vivos representam mais do que uma rede de segurança para enfrentar os choques climáticos. Constituem um recurso de produção, nutrição, uma garantia colateral de crédito e uma fonte de rendimento para cobrir os custos de saúde e educação, fornecendo também segurança na eventualidade de estragos nas colheitas. A sua perda aumenta a vulnerabilidade futura.

Os choques climáticos geram uma notável ameaça às estratégias de solução. Ao contrário, por exemplo, da saúde-doença, muitos choques climáticos são covariados: ou seja, afectam comunidades inteiras. Se todas as famílias afectadas venderem, simultaneamente, os seus bens para proteger o consumo, é possível que os preços dos bens decresçam. A resultante perda do valor pode, de um modo rápido e severo, destruir estratégias de resolução, reforçando desigualdades do processo mais amplas. A pesquisa sobre as secas de 1999/2000, na Etiópia, ilustra este facto. A catástrofe começou com a falha das chuvas de curta duração ou *belg*, que podem ocorrer entre Fevereiro e Abril. Isto frustrou as tentativas dos agricultores de lavrar e semear produções. A redução da precipitação durante a estação de chuvas (as chuvas *meher* de Junho-Setembro) causou a ruína alastrada das colheitas. Quando a estação *belg* seguinte, no início de 2000, assistiu, igualmente, a uma fraca precipitação, o resultado foi uma enorme crise de segurança alimentar. As vendas de bens de emergência – maioritariamente gado – começaram mais cedo e prolongaram-se por 30 meses. No final de 1999, os vendedores de gado recebiam menos de metade do preço do período anterior à seca, constituindo uma perda enorme de capitais. No entanto, nem todos os agricultores adoptaram as mesmas estratégias de recuperação. Os dois quartis de topo, com gado bastante mais numeroso, venderam, atempadamente, os animais no clássico padrão de " aligeirar o consumo", investindo no prémio do seguro de riscos, de forma a poderem ter acesso à comida. Por outro lado, os dois quartis mais baixos mantiveram, obstinadamente, o seu reduzido número de animais, apenas com pequenas descidas de posses de gado até ao final do período de seca. Eis a razão: os animais constituíam um recurso vital para o semeio. De facto, os ricos conseguiram aligeirar o consumo sem dissipar os bens de produção, enquanto que os pobres foram obrigados a optar por um dos dois.[35]

As famílias pastoris e agropastoris, para quem o gado tem uma importância ainda maior no seu modo de subsistência, também sofrem graves perdas de bens durante as secas. Tal como a experiência na Etiópia tem vindo, repetidamente, a demonstrar, é provável que as consequências incluam impactos adversos nas suas condições de comércio, com os preços do gado em acentuado decréscimo, relativamente aos preços dos cereais.

Outro exemplo advém das Honduras. Em 1998, o Furacão Mitch deixou um rastro de destruição por todo o país. Neste caso, os pobres foram obrigados a vender uma fatia dos seus bens significativamente maior do que as famílias mais abastadas, de forma a enfrentar o aumento abismal da pobreza. Gerando a diminuição dos bens produtivos dos pobres, o choque climático, neste caso, criou condições para um aumento das desigualdades futuras (caixa 2.5).

Erosão de bens – oportunidades humanas

As imagens de imprensa relativas ao sofrimento humano durante os choques climáticos não captam os devastadores dilemas a que as famílias pobres estão sujeitas. Quando secas, inundações, tempestades e outros fenómenos climáticos destroem produções, cortam rendimentos e dissipam bens, os pobres enfrentam um grave dilema: devem compensar as perdas de bens ou cortar nas despesas. Independentemente da escolha, as consequências constituem custos a longo prazo que podem colocar em risco os progressos do desenvolvimento humano. Os dilemas que os choques climáticos trazem às pessoas reforçam e perpetuam maiores desigualdades baseadas no rendimento, género e outras disparidades. Eis alguns exemplos:

- *Nutrição.* Choques climáticos como secas e inundações podem causar graves retrocessos no estado nutricional: à medida que a oferta de alimentos decresce, os preços aumentam e as oportunidades de emprego diminuem. O declínio da nutrição fornece a mais relatada prova de que as estratégias de recuperação estão a falhar. A seca que se alastrou pelas vastas áreas do leste de África, em 2005, ilustra este facto. No Quénia, as vidas de cerca de 3,3 milhões de pessoas, de 26 distritos, estiveram em risco de fome. Em Kajiado, o distrito mais afectado, o efeito cumulativo das duas estações de chuva mais fracas de 2003 e a total falta de precipitação de 2004 estragaram, quase completamente, as produções. De um modo particular, o declínio da produção nas colheitas dependentes da chuva, como o milho e o feijão, prejudicaram a dieta das pessoas e o seu poder de compra. Os centros de saúde do distrito registaram um aumento da subnutrição, em que 30% das crianças que procuravam assistência médica, tinham pouco peso, comparado com os 6 % dos anos normais. [36] Em alguns casos, os dilemas entre consumo e sobrevivência podem agravar a influência do género na nutrição. Pesquisas realizadas na Índia revelaram que a nutrição das raparigas enfrenta um número maior de períodos de baixo consumo e de aumento dos preços dos alimentos e que a escassez da chuva está mais fortemente relacionada com as mortes de raparigas do que de rapazes. [37]

- *Educação.* Para as famílias mais pobres, aumentar a mão-de-obra pode representar a transferência de crianças das salas de aula para o mercado de trabalho. Mesmo em anos "normais", as famílias pobres são, muitas vezes, forçadas a recorrer ao trabalho infantil, por exemplo, durante a estação mais fraca, antes das colheitas. As secas e inundações intensificam estas pressões. Na Etiópia e Malaui, as crianças são, habitualmente, retiradas da escola para participarem em actividades de obtenção de rendimentos. No Bangladesh e na Índia, as crianças de famílias pobres trabalham no campo, guardam o gado ou praticam outras actividades em troca de alimento durante os períodos de crise. Na Nicarágua, no período após o Furacão Mitch, a porção de crianças que trabalhava em vez de frequentar a escola aumentou de 7,5 para 15,6% em famílias afectadas. [38] Não são apenas os países de baixos rendimentos a sofrerem tais consequências. Uma pesquisa domiciliária realizada no México, durante o período 1998-2000, demonstrou um aumento do trabalho infantil em consequência da seca.
- *Saúde.* Os choques climáticos são uma forte ameaça aos bens mais valiosos dos pobres – a saúde e o trabalho. O declínio da nutrição e a queda de rendimentos geram uma dupla ameaça: uma crescente vulnerabilidade à doença e menos recursos

Os choques climáticos são uma forte ameaça aos bens mais valiosos dos pobres – a saúde e o trabalho

Caixa 2.5 Vendas de emergência nas Honduras

As alterações climáticas irão trazer um maior número de tempestades tropicais intensas à medida que a temperatura das águas for aumentando. Os riscos adicionais constituem um peso que sociedades terão de suportar. No entanto, as famílias pobres, com uma capacidade limitada de gestão de riscos, irão sofrer mais. Evidências observadas na América Central, que será uma das regiões mais afectadas, demonstram a forma como as tempestades podem destruir bens e maximizar as desigualdades.

Ao contrário das secas, que surgem em crises de "lento rastilho"com duração de vários meses, as tempestades criam efeitos instantâneos. Quando o Furacão Mitch atingiu as Honduras em 1998, produziu um impacto imediato e devastador. Dados recolhidos logo após o furacão, demonstraram que as famílias rurais mais pobres tinham perdido 30% a 40 % dos seus rendimentos de produção de colheitas. A pobreza aumentou 8%, de 69% a 77 %, a nível nacional. As famílias de baixos rendimentos também perderam, em média, 15% a 20% dos seus bens produtivos, comprometendo as suas projecções de recuperação.

Cerca de 30 meses após o Furacão Mitch, uma sondagem domiciliária forneceu perspectivas elucidativas sobre as estratégias de gestão de bens num ambiente de esforços de recuperação da tragédia. Quase metade das famílias registou uma perda de bens produtivos. Como seria de se esperar, especialmente num país altamente desigual como as Honduras, o valor das perdas aumentou com o nível de riqueza: a média do valor dos bens no período anterior ao furacão, registado pelo quartil mais rico, foi de 11 vezes maior do que no quartil mais pobre. No entanto, o quartil mais pobre perdeu cerca de um terço do valor dos seus bens, em comparação com os 7% do quartil mais rico (ver tabela). No esforço de reconstrução, a média da assistência ao quartil mais rico perfez um total de US$320 por família – quase mais do dobro do nível para o quartil mais pobre.

Uma detalhada análise da recuperação de bens após o período de choque realçou o modo como o Furacão Mitch acentuou as desigualdades baseadas nos rendimentos. Quando as taxas de crescimento do valor dos bens, nos dois anos e meio após o furacão, foram comparadas com a tendência prevista baseada em dados anteriores ao desastre, concluiu-se que, enquanto que os ricos e os pobres reconstruíam uma base de bens, a taxa líquida de crescimento para o quartil mais pobre era de 48% abaixo da tendência prevista no período anterior ao Mitch, enquanto que para o quartil mais rico era apenas de 14%. O aumento nas desigualdades de bens tem implicações importantes, as Honduras é um dos países com maiores disparidades do mundo, com um índice de Gini para a distribuição de rendimentos de 54. Os 20% mais pobres são responsáveis por 3% dos rendimentos nacionais. A perda de rendimentos entre os pobres irá traduzir-se na diminuição de oportunidades de investimento, no aumento de vulnerabilidades e na crescente desigualdade de rendimentos no futuro.

O Furacão Mitch arruinou os bens dos pobres

	Mais pobres 25%	Segundos 25%	Terceiros 25%	Mais ricos 25%
Parcela de bens perdidos devido ao Furacão Mitch (%)	31.1	13.9	12.2	7.5

Fonte: Carter et al. 2005.

Fonte: Carter et al. 2005; Morris et al. 2001.

para tratamentos médicos. As secas e inundações são, frequentemente, catalisadores de um variado leque de problemas de saúde, incluindo o aumento da diarreia entre as crianças, cólera, problemas de pele e grave subnutrição. Entretanto, a capacidade de resolver velhos problemas e de lidar com os novos é dificultado pela crescente pobreza. A pesquisa para este Relatório demonstra que, no México Central, no período entre 1998 e 2000, as crianças menores de cinco anos tinham maior probabilidade de adoecerem após sofrerem um choque climático: a probabilidade de doença aumentou 16% com as secas e 41% com as inundações.[39] Durante a crise alimentar de 2002, no sul de África, mais de metade das famílias de Lesoto e Suazilândia registaram uma redução das despesas de saúde.[40] A quebra ou o atraso no tratamento de doenças é uma opção forçada que pode ter consequências fatais.

Caixa 2.6 **A "inundação do século" em Bangladesh**

As inundações constituem uma parte normal da ecologia de Bangladesh. Com as alterações climáticas, é provável que as inundações "anormais"se tornem uma característica permanente da futura ecologia. As experiências vividas após o fenómeno de inundação de 1998 – designada de "a inundação do século" – realçam o perigo de que o crescente número de inundações irá dar lugar a retrocessos de longo prazo no desenvolvimento humano. A inundação de 1998 foi um fenómeno extremo. Num ano normal, cerca de um quarto do país passa por inundações. No seu auge, a inundação de 1998 cobriu dois terços do país. Mais de 1 000 pessoas morreram e 30 milhões ficaram desalojadas. Perdeu-se, aproximadamente, 10% do total das colheitas de arroz do país. Com a duração da inundação a evitar a replantação, dezenas de milhares de milhões de famílias enfrentaram a crise de segurança alimentar.

As importações de alimentos em larga escala e as transferências de ajuda alimentar governamentais contornaram a catástrofe humanitária. No entanto, não evitaram alguns retrocessos vitais do desenvolvimento humano. A porção de crianças a sofrer subnutrição duplicou depois da inundação. Quinze meses depois da catástrofe, 40% das crianças com um débil estado nutricional no período da inundação, ainda não tinham recuperado o já pobre nível de nutrição que tinham no período anterior ao fenómeno natural.

As famílias adaptaram-se às inundações de várias formas: através da contenção de despesas, da venda de bens e do aumento de empréstimos, tudo combinado. Era mais provável que as famílias pobres vendessem bens e contraíssem dívidas. Quinze meses depois do final das inundações, a dívida familiar, para os 40% da população mais pobre, rondava uma média de 150% da despesa mensal – o dobro do nível anterior à inundação.

A gestão das inundações de 1998 é, por vezes, vista como uma história de sucesso na gestão de desastres. Na medida em que se pôde evitar um número maior de perdas de vidas, esta percepção é parcialmente justificada. No entanto, as inundações provocaram impactos negativos de longo prazo, principalmente no estado de nutrição de crianças já subnutridas. As crianças afectadas poderão nunca estar em posição de se recuperarem das consequências. As famílias pobres sofreram a curto prazo, através da quebra de consumo, do aumento das doenças e do peso de elevados níveis de dívidas familiares – uma estratégia que se poderá juntar à vulnerabilidade.

Fonte: del Ninno e Smith 2003; Mallick et al. 2005.

Os dilemas forçados em áreas como a nutrição, educação e saúde têm consequências que se estendem pelo futuro. A análise detalhada de uma sondagem realizada no Zimbabué demonstra que a longevidade dos impactos do desenvolvimento humano está relacionada com os choques climáticos. Depois de escolherem um grupo de crianças com idades compreendidas entre 1 e 2 anos, durante uma série de secas entre 1982 e 1984, os investigadores entrevistaram as mesmas crianças entre 13 a 16 anos mais tarde. Descobriram que a seca tinha diminuído a estatura média em 2,3 centímetros, atrasado o início da escola, resultando numa perda de 0,4 anos de escolaridade. As perdas na educação traduziram-se numa perda de 14% nos ganhos de uma vida inteira. Os impactos do Zimbabué foram mais severos em crianças de famílias com pouco gado – o principal bem de auto-segurança para aligeirar o consumo.[41]

A precaução deve ser praticada através da interpretação de resultados de um caso específico. Porém, a experiência do Zimbabué revela os mecanismos de transmissão desde os choques climáticos à nutrição, à privação educacional e de crescimento e às perdas do desenvolvimento humano a longo prazo. Quando o Bangladesh foi atingido por uma inundação devastadora, em 1998, as famílias mais pobres foram forçadas a adoptar estratégias de recuperação que levaram a perdas de longo prazo na nutrição e saúde. Actualmente, muitos adultos vivem com as consequências da privação que as crianças sofreram no período imediatamente posterior à inundação (caixa 2.6).

Dos choques climáticos de hoje às privações de amanhã – as armadilhas de baixo desenvolvimento humano em acção

A ideia de que um choque isolado externo pode provocar resultados permanentes fornece uma ponte de ligação que vai desde os choques climáticos – e as alterações climáticas – à relação entre riscos e vulnerabilidades, abordada neste capítulo. O impacto directo e imediato de secas, furacões, inundações e outros choques climáticos pode ser terrível. Porém, os desenvolvimentos posteriores ao choque interagem com forças mais extensas que atrasam as capacidades do desenvolvimento humano.

Estes desenvolvimentos podem ser entendidos através da analogia da armadilha de pobreza. Os economistas já se aperceberam da presença de armadilhas de pobreza nas vidas dos pobres. Embora haja várias versões da armadilha de pobreza, estas tendem a focar o rendimento e o investimento. Nalguns registos, a pobreza é entendida como o resultado da auto-subsistência, em consequência de restrições de crédito que limitam a capacidade de investimento dos pobres.[42] Outros registos apontam para um ciclo de auto-reforço de baixa produtividade, baixo rendimento, baixos investimentos e de poupanças escassas. Relacionados com estes factos estão a débil saúde e as oportunidades limitadas de educação, que, por sua vez, restringem as oportunidades de aumento de rendimentos e produtividade.

Quando os desastres climáticos ocorrem, algumas famílias são imediatamente capazes de reconstruir a sua subsistência e restabelecer os seus bens. Para outras famílias, o processo de recuperação é mais lento. Para alguns – especialmente os mais pobres – a reconstrução pode ser algo impossível de concretizar. As armadilhas de pobreza podem ser entendidas como um limite mínimo para bens ou rendimentos, abaixo do qual as pessoas se tornam incapazes de criar bens produtivos, educar as suas crianças, melhorar a sua saúde e nutrição e aumentar os rendimentos ao longo do tempo.[43] As pessoas acima desse limite são capazes de lidar com os riscos por caminhos que não conduzem a ciclos descendentes de pobreza e vulnerabilidade. As pessoas abaixo do limiar são incapazes de atingir o ponto crítico, para lá do qual poderão escapar da força gravítica da pobreza.

As análises sobre as armadilhas de pobreza de rendimentos têm desviado a atenção para os processos através dos quais a privação se transmite ao longo do tempo. Seguindo a mesma linha, têm desvalorizado a importância das capacidades humanas – o conjunto alargado de atributos que determinam as escolhas à disposição das pessoas. Desviar o enfoque em direcção à capacidade não significa que se ignore o papel do rendimento. O baixo rendimento é, claramente, a principal causa da privação humana. No entanto, o rendimento limitado não é o único factor que atrasa o desenvolvimento de capacidades. A exclusão de oportunidades para a educação básica, saúde e nutrição são fontes de privação de capacidade. Estas associam-se, por sua vez, à falta de progresso em outras dimensões, incluindo a capacidade das pessoas de participarem na elaboração de decisões e defender os seus direitos humanos.

Tal como as armadilhas de pobreza, as malhas do baixo desenvolvimento humano surgem quando as pessoas não são capazes de ultrapassar o limite acima do qual poderão construir um círculo virtuoso de expansão de capacidades. Os choques climáticos estão entre os muitos factores que sustêm tais armadilhas ao longo do tempo. Interagem com outros fenómenos – saúde-doença, desemprego, conflito e rupturas de mercado. Embora estes sejam importantes, os choques climáticos estão entre as forças mais potentes que sustêm as armadilhas de baixo desenvolvimento humano. A pesquisa realizada para este Relatório fornece evidências relativas ao funcionamento das armadilhas de baixo desenvolvimento humano. De forma a seguir o impacto dos choques climáticos nas vidas dos que foram afectados, ao longo do tempo, desenvolvemos um modelo econométrico para explorar os microníveis dos dados da sondagem domiciliária (*Nota Técnica 2*). Observámos resultados de desenvolvimento humano específicos, associados a um choque climático identificado. Qual a diferença para o estado nutricional das crianças se estas nascerem durante a seca? Através do nosso modelo, colocámos esta questão em vários países que enfrentam secas recorrentes. Os resultados demonstram o devastador impacto da seca nas oportunidades de vida das crianças afectadas:

- Na Etiópia, as crianças com cinco ou menos de cinco anos têm uma probabilidade de subnutrição de 36% e de um baixo crescimento de 41%, se tivessem nascido durante um ano de seca e fossem afectados pela mesma. Isto traduz-se em cerca de 2 milhões de crianças subnutridas "adicionais".
- No Quénia, nascer num ano de seca aumenta a probabilidade de subnutrição das crianças em 50 %.
- No Níger, as crianças com dois ou menos anos de idade, que nasceram num ano de seca e foram afectadas pela mesma, têm uma probabilidade de baixo crescimento de 72%, apontando para uma conversão rápida das secas em graves défices nutricionais. Estas conclusões têm importantes implicações no contexto das alterações climáticas. Mais claramente, demonstram que a incapacidade das famílias pobres em lidar com os choques climáticos "actuais" é, já, uma fonte imprescindível da dissolução das capacidades humanas.

A subnutrição não constitui uma efeito negativo que desaparece quando as chuvas regressam ou quando o nível das águas das inundações desce. Cria ciclos de desvantagem que as crianças abarcarão para o resto das suas vidas. As mulheres indianas nascidas durante uma seca ou inundação

Os governos podem desempenhar um papel crucial na criação de mecanismos de construção da resiliência, de apoio à gestão de riscos em benefício dos pobres e de redução da vulnerabilidade

Prevê-se que os países em vias de desenvolvimento se tornem mais dependentes das importações do mundo desenvolvido, com os seus agricultores a perder quotas de mercado no comércio agrícola

nos anos 70 tinham uma probabilidade de 19% de nunca frequentarem a escola primária, em comparação com as mulheres, da mesma idade, que não foram afectadas por desastres naturais. Os riscos adicionais associados às alterações climáticas têm potencial para fortalecer estes ciclos de desvantagem.

Realçamos a palavra "potencial". Nem todas as secas são prelúdios de fomes, subnutrições ou de privação educacional. E nem todos os choques climáticos desencadeiam vendas de emergência de bens, aumentos, a longo prazo, de vulnerabilidades ou o alastramento de armadilhas de baixo desenvolvimento humano. Trata-se de uma área na qual as políticas e instituições públicas marcam a diferença. Os governos podem desempenhar um papel crucial na criação de mecanismos de construção da resiliência, de apoio à gestão de riscos em benefício dos pobres e de redução da vulnerabilidade. As políticas, nestes campos, podem criar um ambiente propício ao desenvolvimento humano. Com as alterações climáticas, a cooperação internacional para a adaptação é a condição principal para levar estas políticas ao encontro dos riscos adicionais – um assunto ao qual regressamos no capítulo 4.

2.2 Um olhar sobre o futuro – os velhos problemas e os novos riscos das alterações climáticas

"A previsão é muito difícil, especialmente em termos de futuro", comentou Niels Bohr, o físico dinamarquês laureado com o prémio Nobel. A observação feita aplica-se, com especial intensidade, ao clima. No entanto, enquanto que os fenómenos específicos são incertos, as mudanças, em condições médias associadas às alterações climáticas, podem ser previstas. O Quarto Relatório de Avaliação do PIAC fornece um conjunto devidamente estimado de projecções para o futuro climático. Estas projecções não constituem prognósticos climáticos para cada país. O que oferecem é um conjunto de probabilidades para as grandes alterações dentro dos padrões climáticos. A história subjacente tem implicações importantes para o desenvolvimento humano. Ao longo das futuras décadas irá haver um crescimento continuado na exposição humana a tais fenómenos como secas, inundações e tempestades. Os fenómenos climáticos extremos tornar-se-ão mais frequentes e intensos, com uma menor exactidão e previsibilidade das épocas de chuvas e monções. Nesta secção, concedemos um quadro geral das relações desde as projecções do PIAC aos efeitos para o desenvolvimento humano.[44] Focamos os efeitos "prováveis" e "muito prováveis" para o clima, definidos como resultados com uma probabilidade de ocorrência com mais de 66% e 90%, respectivamente.[45] Ainda que estes efeitos correspondam apenas a condições médias globais e regionais, ajudam a identificar fontes emergentes de riscos e vulnerabilidades.

Produção agrícola e segurança alimentar

Projecção do PIAC: Aumentos da precipitação em elevadas latitudes e decréscimos nas latitudes subtropicais, permanecendo o padrão actual de aridez em algumas regiões. Prevê-se que o aquecimento esteja acima da média geral ao longo da África Subsariana, do leste e sul da Ásia. Em muitas regiões marcadas pela escassez hídrica, prevê-se que as alterações climáticas reduzam bastante a disponibilidade da água através do aumento da frequência de secas, da crescente evaporação e das mudanças nos padrões de precipitação e de escoamento. [46]

Projecção para o desenvolvimento humano: Grandes perdas na produção agrícola, que irão levar a uma crescente subnutrição e a escassas oportunidades para a redução da pobreza. De um modo geral, as alterações climáticas irão baixar os rendimentos e reduzir as oportunidades das populações vulneráveis. Em 2080, o número de pessoas acrescidas em risco de fome poderá atingir 600 milhões – o dobro do número de pessoas que vive, actualmente, na pobreza na África Subsariana. [47]

As avaliações globais do impacto das alterações climáticas na agricultura escondem variações bastante extensas ao longo e mesmo dentro dos países. Em termos gerais, as alterações climáticas irão aumentar os riscos e reduzir a produtividade da agricultura dos países em vias de desenvolvimento. Por outro lado, a produção poderá aumentar nos países desenvolvidos e, logo, a distribuição da produção alimentar do mundo poderá sofrer uma mudança. Prevê-se que os países em vias de desenvolvimento se tornem mais dependentes das importações do mundo desenvolvido, com os seus agricultores a perder quotas de mercado no comércio agrícola.[48]

Os padrões emergentes dos riscos das alterações climáticas na agricultura terão importantes implicações para o desenvolvimento humano. Cerca de três em cada quatro pessoas no mundo que vivem com menos de US$1 por dia residem em áreas rurais. O seu sustento depende da agricultura de subsistência, do trabalho de campo ou da pastorícia. [49] O mesmo de aplica à maioria dos 800 milhões de pessoas no mundo em estado de subalimentação. Os impactos das alterações climáticas na agricultura terão, por conseguinte, efeitos multiplicadores importantes. A produção agrícola e o emprego sustêm muitas economias nacionais (tabela 2.4). O sector agrícola é responsável por mais de um terço das receitas de exportação em cerca de 50 países em vias de desenvolvimento e por quase metade dos empregos no mundo em vias de desenvolvimento. [50] Na África Subsariana, em particular, as taxas de crescimento económico estão intrinsecamente relacionadas com as chuvas, tal como foi demonstrado através da experiência na Etiópia (figura 2.5). Para além disso, estima-se que cada US$1 gerado pelo sector agrícola, na África Subsariana, crie até US$3 no sector não-agrícola.[51]

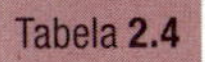

Tabela 2.4 — A agricultura desempenha um papel crucial nas regiões em vias de desenvolvimento

	Valor acrescentado agrícola (% do GDP) 2005	Força laboral agrícola (% do total da força laboral) 2004
Estados Árabes	7	29
Ásia Oriental e Pacífico	10	58
América Latina e Caraíbas	7	18
Ásia do Sul	17	55
África Subsariana	16	58

Fonte: Coluna 1: World Bank 2007d; coluna 2: WRI 2007b.

Exercícios de modelos climáticos apontam para mudanças bastante extensas nos padrões de produção. Um estudo realizou a média dos resultados de seis exercícios destes, identificando mudanças no potencial de produção para a década de 2080. [52] Os resultados formam um quadro preocupante. A nível global, o potencial agregado da produção agrícola será relativamente pouco afectado pelas alterações agrícolas. No entanto, a média esconde variações significativas. Por volta da década de 2080, o potencial agrícola poderá aumentar em 8% nos países desenvolvidos, fundamentalmente em resultado de ciclos mais prolongados de crescimento de culturas, enquanto que nos países em vias de desenvolvi-

Figura 2.5 — A variação dos rendimentos acompanha a variação da precipitação na Etiópia

Fonte: World Bank 2006e.

Figura 2.6 — As alterações climáticas irão prejudicar a agricultura nos países em vias de desenvolvimento

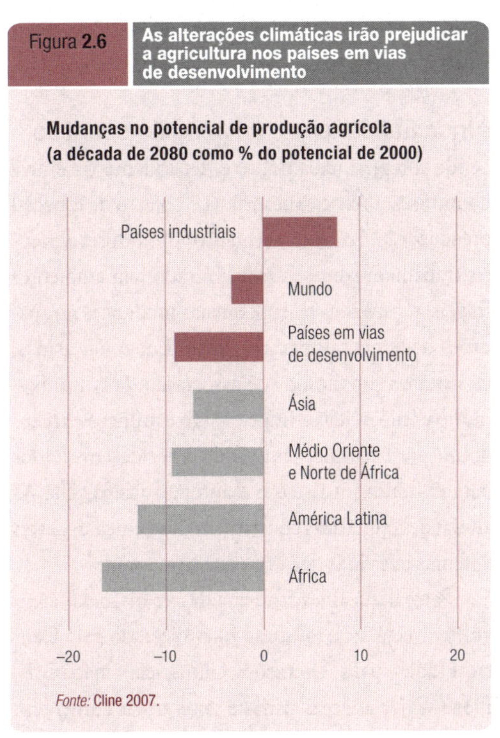

Fonte: Cline 2007.

Mapa 2.1 Aridez: aumento da área de seca em África

A severidade da seca num cenário A2 do PIAC (mudança relativa ao período 2000-2090)

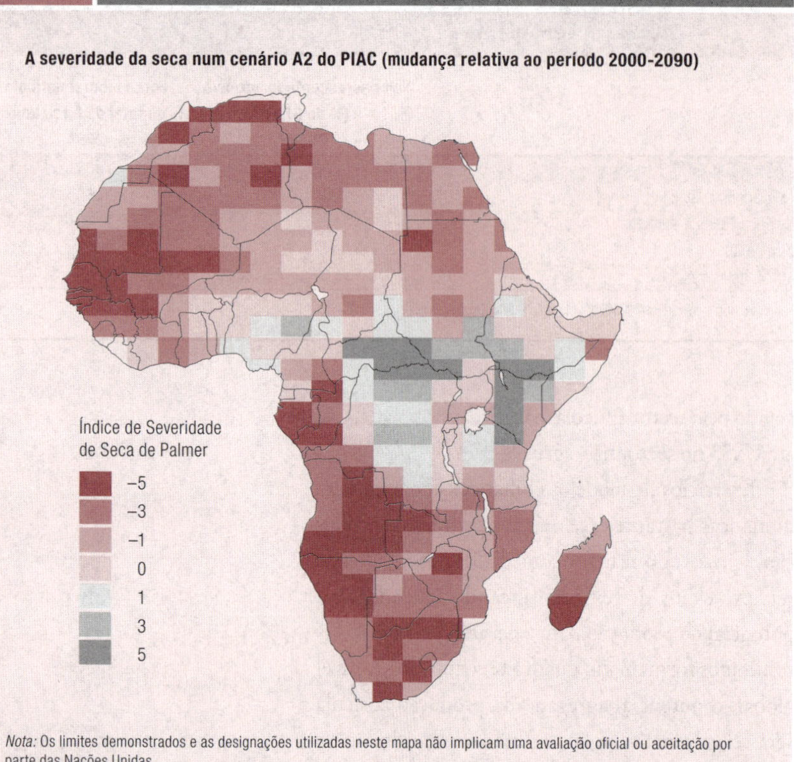

Nota: Os limites demonstrados e as designações utilizadas neste mapa não implicam uma avaliação oficial ou aceitação por parte das Nações Unidas.
Os cenários do PIAC descrevem plausíveis padrões futuros do crescimento da população, do crescimento económico, das mudanças tecnológicas e das emissões de CO_2 associadas. Os **cenários A1** pressupõem um rápido crescimento económico e populacional conjugado com uma dependência nos combustíveis fósseis (A1FI), na energia não fóssil (A1T) ou numa combinação (A1B). O **cenário A2**, aqui utilizado, pressupõe um menor crescimento económico, uma menor globalização e um crescimento populacional continuado. Uma mudança negativa no Índice de Severidade de Seca de Palmer, calculado com base nas projecções da precipitação e evaporação, pressupõe secas mais severas.

Fonte: Met Office 2006.

mento poderá cair em 9%, com a África Subsariana e a América Latina projectadas para sofrerem as maiores perdas (figura 2.6).

África Subsariana – uma região em risco

Sendo a região mais pobre e dependente da chuva do mundo, a África Subsariana é objecto de especial preocupação. Por toda a região, os produtores agrícolas trabalham com recursos limitados em ambientes frágeis, sensíveis às mais pequenas mudanças nos padrões de temperatura e de chuva. Em zonas áridas, os sistemas sofisticados de associação de culturas – milho e feijões, feijão-frade e sorgo e milheto e amendoim, por exemplo, têm vindo a ser desenvolvidos para enfrentar os riscos e manter a subsistência. As alterações climáticas constituem uma ameaça a estes sistemas e às vidas que estes que sustentam.

Parte desta ameaça advém da expansão das áreas vulneráveis à seca, tal como foi projectado pelo Centro Hadley para Alterações Climáticas (mapa 2.1). Prevê-se que as áreas áridas e semi-áridas aumentem em 60 a 90 milhões de hectares. Por volta de 2090, em algumas regiões, as alterações climáticas terão potencial para causar danos extremos. A África Austral enfrentará ameaças especialmente severas: as produções resultantes da agricultura de sequeiro poderão diminuir até 50% entre 2000 e 2020, segundo o PIAC.[53]

Os sistemas agrícolas das zonas áridas irão registar alguns dos impactos mais devastadores das alterações climáticas. Um estudo observou as potenciais implicações para as zonas áridas na África Subsariana, conjugando uma subida da temperatura de 2,9° C com uma redução de 4 % na precipitação, em 2060. Eis o resultado: uma redução de lucros por hectare de cerca de 25%, em 2060. Nos preços de 2003, as perdas gerais de lucros representariam cerca de US$26 mil milhões em 2060 [54] – um número que representa mais do que a ajuda bilateral à região, em 2005. De um modo mais extenso, o perigo reside no facto de que episódios de insegurança alimentar extremos, como os que têm frequentemente afectado países como Malaui, se tornarão mais comuns (caixa 2.7).

A produção de culturas de rendimento, em muitos países, poderia ser posta em causa devido às alterações climáticas. Com um aumento de 2° C na média das temperaturas, prevê-se que o solo disponível para a plantação de café no Uganda diminua.[55] Trata-se de um sector responsável por uma grande parcela de rendimentos nas zonas rurais e figura, proeminentemente, nas receitas de exportação. Em alguns casos, os exercícios de modelos geram resultados optimistas que escondem os processos pessimistas. Por exemplo, no Quénia, poderia ser possível manter a produção de chá, mas não nas zonas actuais. A produção no Monte Quénia teria de ser deslocada para as encostas mais altas, actualmente ocupadas por florestas, sugerindo que os danos ambientais poderiam constituir o corolário da produção sustentada. [56]

As alterações climáticas, à escala projectada para a África Subsariana, terão consequências que irão para além das do nível agrícola. Em alguns países, existem perigos bastante graves que os alterados níveis climáticos transformarão em forças de conflito, por exemplo, os modelos climáticos para o Cordofão do Norte, no Sudão, indicam que as temperaturas irão aumentar em 1,5° C, entre 2030 e 2060, com a precipitação a descer em 5%. Os possíveis impactos na agricultura incluem uma queda de 70% na produção de sorgo. Este facto vem contrariar o cenário de fundo de um declínio a longo prazo na precipitação

Caixa 2.7 As alterações climáticas em Malaui – mais e piores

Os modelos das alterações climáticas pintam um quadro desolador para o Malaui. Prevê-se que o aquecimento global aumente as temperaturas em 2 a 3° C em 2050, com um declínio dos níveis de precipitação e redução da disponibilidade da água. A combinação entre temperaturas mais elevadas e a menor quantidade de água traduzir-se-á numa redução acentuada da humidade do solo, afectando os 90% dos agricultores de subsistência que dependem da produção de sequeiro. Prevê-se que a produção potencial para o milho, a principal cultura alimentar de subsistência, que, num ano normal, é fonte de três quartos do consumo de calorias, sofra uma queda de mais de 10%.

É difícil estabelecer as implicações para o desenvolvimento humano. Os impactos das alterações climáticas irão sobrepor-se a um país assinalado por elevados níveis de vulnerabilidade, incluindo a fraca nutrição, e por uma das mais intensas crises de VIH/SIDA: perto de um milhão de pessoas padecem desta doença. A pobreza é endémica. Dois em cada três malauianos vivem abaixo do limite de pobreza nacional. Entre os 177 países avaliados no IDH, Malaui encontra-se em 164° lugar. A esperança média de vida caiu para cerca de 46 anos.

As secas e inundações sucessivas nos recentes anos demonstraram as pressões acrescidas que as alterações climáticas poderão gerar. Em 2001/2002, o país sofreu uma das piores crises de fome dos últimos tempos, uma vez que as inundações cortaram um terço das produções de milho. Entre 500 e 1 000 de pessoas do centro e sul do país morreram durante o desastre ou no período imediatamente após o mesmo. Estima-se que cerca de 20 000 pessoas tenham morrido em consequência indirecta de subnutrição e doença associadas. À medida que os preços do milho subiram, a subnutrição aumentou: de 9% a 19% entre Dezembro de 2001 e Março de 2002, no distrito de Salima.

A seca de 2001/2002 dificultou as estratégias de resolução. As pessoas foram não apenas forçadas a cortar as refeições, a retirar as crianças da escola, a vender bens de família e a aumentar o trabalho precário, como também a comer sementes que serviriam para plantar e a transaccionar bens de produção por alimentos. Assim, muitos agricultores não tinham sementes para plantar, em 2002. Em 2005, o país estava novamente preso a uma crise causada pela seca, com mais de 4,7 milhões de pessoas, de uma população de mais de 13 milhões, a sofrerem privações alimentares.

As alterações climáticas ameaçam fortalecer os já poderosos ciclos de privação criados pelas secas e inundações. Os riscos adicionais irão sobrepor-se a uma sociedade assinalada por profundas vulnerabilidades. Num ano "normal", dois terços das famílias são incapazes de produzir milho suficiente para cobrir as necessidades do agregado familiar. O declínio da fertilidade do solo, associado ao acesso limitado a fertilizantes, créditos e outros recursos, reduziu a produção do milho de 2,0 toneladas por hectare a 0,8 toneladas, nas últimas duas décadas. As perdas de produtividade associadas à redução da precipitação irão piorar um quadro já desolador por si só.

À parte das consequências imediatas para a saúde, o vírus VIH/SIDA criou novas categorias de grupos vulneráveis. Estes incluem famílias sem trabalhadores adultos ou lideradas por idosos ou crianças e famílias com membros doentes, incapacitados de manter a produção. As mulheres enfrentam o triplo peso da produção agrícola, dos cuidados prestados às vítimas com o VIH/SIDA e órfãos e do abastecimento de água e lenha. Quase todas as famílias afectadas com o VIH/SIDA, incluídas numa sondagem à região Central, registaram uma diminuição da produção agrícola. Os grupos afectados com o VIH/SIDA estarão na linha da frente, enfrentando os riscos adicionais das alterações climáticas.

Para um país como Malaui, as alterações climáticas têm potencial para criar retrocessos extremos no desenvolvimento humano. Prevê-se que mesmo os mais pequenos aumentos dos riscos, causados pelas alterações climáticas, poderão criar rápidas espirais descendentes. Alguns riscos poderão ser mitigados através de uma melhor informação, de infra-estruturas de gestão de inundações e de medidas de resposta às secas. A resiliência social tem de ser desenvolvida através da provisão social, de subsídios de assistência social e de redes de segurança que aumentem a produtividade das famílias mais vulneráveis, capacitando-os para enfrentarem os riscos de um modo mais eficaz.

Fonte: Devereux 2002, 2006c; Menon 2007a; Phiri 2006; República de Malaui 2006.

que, juntamente com o sobrepastoreio, tem assistido a um avanço dos desertos de 100 quilómetros, em algumas regiões do Sudão, nos últimos 40 anos. A interacção entre as alterações climáticas e a contínua degradação ambiental possui potencial para agravar um vasto leque de conflitos, dificultando os esforços para a construção de uma base de segurança humana e de paz a longo prazo. [57]

Ameaças mais abrangentes

Estas ameaças extremas na África Subsariana não deverão desviar a atenção de riscos mais abrangentes para o desenvolvimento humano. As alterações climáticas terão importantes, embora incertas consequências para os padrões de precipitação no mundo em vias de desenvolvimento.

Muitas incertezas rondam o El Niño/Oscilação Sul (ENSO) – um ciclo atmosférico a nível das águas dos oceanos que abrange um terço do globo Em termos gerais, o El Niño aumenta o risco de seca no sul e leste da Ásia e acresce a actividade de furacões no Atlântico. Uma pesquisa realizada na Índia reuniu evidências de ligações existentes entre o EL Niño e a época de monção, da qual depende a viabilidade de todo um sistema agrícola. [58] Mesmo as pequenas alterações na intensidade das monções podem gerar consequências dramáticas para a segurança alimentar no sul da Ásia.

As projecções globais das alterações climáticas podem esconder efeitos locais importantes. Consi-

As perdas de produtividade associadas às alterações climáticas agravarão as desigualdades entre os produtores de culturas comerciais e de sequeiro, dificultarão os modos de subsistência e contribuirão para as pressões que estão a conduzir a migrações forçadas

dere o caso da Índia. Algumas projecções apontam para aumentos agregados substanciais na precipitação de todo o país. No entanto, é provável que haja mais precipitação durante os períodos de monções intensas em partes do país já com abundância de água (criando um risco crescente de inundação), enquanto que outras zonas extensas registarão uma menor precipitação. Estas incluem zonas propensas a secas em Andhra Pradesh, Guzerate, Madhya Pradesh e Rajastão. A pesquisa do micronível climático, realizada para Andhra Pradesh, demonstra temperaturas a subir em 3,5° C, em 2050, levando a um declínio de 8% a 9% nos rendimentos de culturas intensamente dependentes da água, como o arroz.[59] Perdas a esta escala representariam uma fonte de vulnerabilidades bastantes acrescidas no modo de subsistência rural. A diminuição da produção reduziria o total de alimentos produzidos pelas famílias para o seu próprio consumo, cortaria os abastecimentos dos mercados locais e diminuiria as oportunidades de emprego. Nesta área, também as evidências do passado poderão lançar uma luz sobre as futuras ameaças. Em Andhra Pradesh, uma sondagem em oito distritos de zonas áridas revelou que as secas ocorriam, em média, uma vez em 3 a 4 anos, conduzindo a perdas no valor de produção de 5% a 10%. Isto é o suficiente para colocar muitos agricultores abaixo da linha de pobreza. Os modelos para os rendimentos agrícolas, na Índia, sugerem que uma subida da temperatura de 2° C a 3,5° C poderia estar associada a uma redução dos rendimentos líquidos agrícolas de 9% a 25%. [60]

As implicações desta projecção não deveriam ser subestimadas. Embora a Índia seja uma economia de elevado crescimento, os lucros têm vindo a ser distribuídos de uma forma desigual e existe um grande atraso no desenvolvimento humano. Cerca de 28% da população, 320 milhões de pessoas, vive abaixo do limite de pobreza, com três quartos dos pobres a residir em zonas rurais. O desemprego entre os trabalhadores rurais, um dos grupos mais pobres, está a aumentar, e quase metade das crianças do meio rural têm um peso insuficiente para a sua idade. [61] A imposição de riscos adicionais das alterações climáticas neste grande défice de desenvolvimento humano iria comprometer a ambição do "crescimento inclusivo", estabelecido no décimo-primeiro Plano 5 Anos da Índia.

As projecções para outros países da Ásia Austral também não são animadoras:

- Os exercícios dos cenários climáticos para Bangladesh sugerem que uma subida de temperatura de 4°C poderia reduzir a produção do arroz em 30% e a produção de trigo em 50%. [62]
- No Paquistão, os modelos climáticos simulam perdas de produções agrícolas de 6% a 9% para o trigo, com a subida de 1° C de temperatura. [63]

As projecções nacionais para as alterações climáticas em outras regiões confirmam as perdas económicas em larga – escala e danos para as famílias. Na Indonésia, os modelos climáticos que simulam o impacto das alterações de temperatura, o teor da humidade do solo e a precipitação na produtividade agrícola demonstram uma enorme dispersão de resultados, com as produções a diminuírem em 4% para o arroz e em 50% para o milho. As perdas serão especialmente assinaladas nas zonas costeiras, onde a agricultura é vulnerável à incursão da água salgada. [64]

Na América Latina, a agricultura de subsistência é particularmente vulnerável, por um lado devido ao acesso limitado à irrigação e por outro porque o milho, um alimento básico em quase toda a região, é altamente sensível ao clima. Há uma considerável incerteza quanto às projecções para a produção de colheitas. No entanto, modelos recentes apontam como plausíveis os resultados que se seguem:

- Para a agricultura de subsistência, as perdas de produção de milho irão rondar uma média de 10% por toda a região, mas irão atingir os 25% no Brasil. [65]
- As perdas na produção de milho em regime de sequeiro serão bem maiores do que na produção em regime de irrigação, com alguns modelos a preverem perdas até 60% no México. [66]
- Crescente erosão do solo e desertificação causadas pelo aumento das chuvas e da temperatura no sul da Argentina, com precipitações intensas e uma crescente exposição à danificação de produções de soja devido a inundações no distrito húmido e central de Pampas. [67]

As mudanças na produção agrícola associadas às alterações climáticas terão importantes implicações para o desenvolvimento humano da América Latina. Embora a agricultura seja responsável por uma pequena parcela do emprego regional e do PIB, permanece como fonte de subsistência para uma grande parte dos pobres. No México, por exemplo, cerca de 2 milhões de produtores de baixo rendimento dependem do cultivo do milho de sequeiro. O milho é o principal alimento básico para os produtores nos estados do "cintura de pobreza" do sul do México, como o estado de Chiapas. A produtividade nestes estados anda, actualmente, à volta de um terço do nível na agricultura comercial de irrigação, dificultando os esforços de redução da pobreza. As perdas na produtividade associadas às alterações climáticas agravarão as desigualdades entre os produtores de culturas comerciais e de sequeiro, dificultarão os modos de subsistência e contribuirão para as pressões que estão a conduzir a migrações forçadas.

Stress e escassez hídricos

Projecção do PIAC: As mudanças dos padrões climáticos terão importantes implicações na disponibilidade da água. É bastante provável que os glaciares de montanha e as camadas de gelo continuem a decrescer. Com a subida das temperaturas, as mudanças nos padrões de escoamento e na crescente evaporação da água, as alterações climáticas terão um forte impacto na distribuição da água do planeta e no período dos seus fluxos.

Projecção para o desenvolvimento humano: Existem vastas zonas do mundo em vias de desenvolvimento que enfrentam a iminente perspectiva do aumento do *stress* hídrico. É provável que os fluxos de água para as instalações humanas e para a agricultura diminuam, somando-se às já graves pressões nas zonas de *stress* hídrico. O degelo dos glaciares apresenta distintas ameaças para o desenvolvimento humano. No curso do século XXI, a água disponível armazenada nos glaciares e nas camadas de gelo irão escassear, colocando vários riscos para a agricultura, para o ambiente e para as instalações humanas. O *stress* hídrico irá figurar de um modo proeminente nas armadilhas de baixo desenvolvimento humano, esgotando os recursos ecológicos dos quais os pobres dependem e restringindo opções de emprego e de produção.

A água é fonte de vida e de subsistência. Tal como demonstrámos no Relatório de Desenvolvimento Humano de 2006, é vital para a saúde e para o bem-estar das famílias e constitui um recurso essencial para a agricultura e para outras actividades produtivas. O acesso seguro e sustentável à água – a segurança hídrica no seu sentido mais vasto – é uma condição para o desenvolvimento humano.

As alterações climáticas irão sobrepor-se a pressões mais amplas sobre os sistemas hídricos. Muitas bacias fluviais e outros recursos hídricos estão já a ser insustentavelmente "explorados". Actualmente, cerca de 1,4 mil milhões de pessoas vivem em bacias fluviais "fechadas", onde a utilização da água excede os níveis dos caudais, criando sérios danos ecológicos. Os sintomas do *stress* hídrico incluem o colapso de sistemas fluviais no norte da China, a rápida queda dos níveis das águas subterrâneas no sul da Ásia e no Médio Oriente e os crescentes conflitos referentes ao acesso à água.

As alterações climáticas irão intensificar muitos destes sintomas. Ao longo do século XXI, estes poderão transformar os caudais de água que sustêm os sistemas ecológicos, a agricultura de irrigação e os abastecimentos domésticos de água. Num mundo que já enfrenta pressões cada vez maiores sobre os recursos hídricos, as alterações climáticas poderão adicionar cerca de 1,8 mil milhões de pessoas à população que vive num ambiente de escassez hídrica – definida em termos de um limite de 1000 metros cúbicos per capita por ano – em 2080. [68]

Os cenários para o Médio Oriente, que já é, actualmente, a região com maior *stress* hídrico do mundo, apontam na direcção de uma crescente pressão. Nove de catorze países na região apresentam, já, uma média de água disponível per capita abaixo do limite da escassez hídrica. Prevê-se uma diminuição da precipitação no Egipto, Israel, Jordão, Líbano e Palestina. Entretanto, as crescentes temperaturas e mudanças nos padrões de escoamento irão influenciar o fluxo dos rios dos quais dependem os países da região. De seguida estão alguns resultados que emergem dos exercícios nacionais de modelos relativos ao clima:

- No Líbano, prevê-se que uma subida na temperatura de 1,2° C irá fazer descer a disponibilidade da água em 15% devido à mudança dos padrões de escoamento e de evaporação. [69]
- No Norte de África, mesmo as mais pequenas subidas da temperatura poderão alterar dramaticamente a disponibilidade da água. Por exemplo, uma subida de 1° C poderia reduzir o escoamento da água da bacia de drenagem do rio Ouergha de Marrocos, em 10%, em 2020. Se os mesmos resultados se mantiverem para as outras bacias de drenagem, o efeito será equivalente à perda de água armazenada numa grande represa, todos os anos. [70]
- As projecções para a Síria apresentam reduções ainda mais profundas: um declínio de 50% na

As alterações climáticas irão sobrepor-se a pressões mais amplas sobre os sistemas hídricos. Muitas bacias fluviais e outros recursos hídricos estão já a ser insustentavelmente "explorados"

Os últimos 25 anos assistiram à transformação de alguns sistemas glaciares dos trópicos. O seu inevitável desaparecimento acarreta implicações potencialmente devastadoras para o crescimento económico e para o desenvolvimento humano

disponibilidade de água renovável, em 2050 (baseado em níveis de 1997).[71]

Os cenários das alterações climáticas para a água no Médio Oriente não podem ser vistos de uma forma isolada. O rápido crescimento populacional, o desenvolvimento industrial, a urbanização e a necessidade de água de irrigação para alimentar uma população em crescente número, estão já a exercer imensa pressão sobre os recursos hídricos. Os efeitos adicionais das alterações climáticas irão somar-se a esta pressão dentro dos países, gerando, potencialmente, tensões sobre os fluxos hídricos entre países. Os acessos às águas do rio Jordão, aos aquíferos transfronteiriços e ao rio Nilo poderão constituir alvos de tensões políticas na ausência de fortes sistemas de gestão hídrica.

O recuo dos glaciares

O degelo glaciar apresenta ameaças para mais de 40% da população mundial.[72] A hora e a magnitude específicas destas ameaças permanece incerta. No entanto, não são uma prospecção distante. Os glaciares estão já em degelo a um nível galopante. É pouco provável que esta tendência se reverta nas próximas duas ou três décadas, mesmo sob uma mitigação urgente. Os cenários das alterações climáticas apontam para um aumento dos fluxos hídricos a curto prazo, seguido de uma aridez a longo prazo.

Os milhares de glaciares situados ao longo de 2 400 quilómetros da cadeia montanhosa dos Himalaias constituem o epicentro de uma crise emergente. Estes glaciares formam extensos tanques de água. Armazenam água e neve em forma de gelo, desenvolvendo reservatórios durante o Inverno e libertando o conteúdo durante o Verão. O caudal sustenta os sistemas fluviais que constituem a fonte de subsistência de muitos sistemas ecológicos e agrícolas.

Himalaias é uma palavra sânscrita que se traduz por "morada da neve" Actualmente a morada dos glaciares, a maior massa de gelo fora das camadas polares, está a diminuir a uma taxa de 10 a15 metros por ano.[73] As evidências demonstram que o ritmo do degelo é incerto. Porém, o caminho da mudança é transparente.

Em taxas actuais, dois terços dos glaciares da China – incluindo o Tian Shan – irão desaparecer em 2060, com um degelo total em 2100.[74] O glaciar Gangotri, uma das maiores reservas de água que abastece 500 milhões de pessoas a viverem na bacia do Ganges, está a diminuir em 23 metros por ano. Um estudo recente realizado pela Agência Espacial Indiana, utilizando imagens de satélite e abrangendo 466 glaciares, observou 20% de redução nas dimensões dos mesmos. Os glaciares do planalto Qinghai – Tibete, um barómetro mundial das condições climáticas e fonte dos rios Amarelo e Yangtze, têm vindo a derreter em 7% por ano.[75] Em qualquer cenário referente às alterações climáticas que exceda o perigoso limite de mudanças climatéricas de 2° C, haverá um aceleramento do nível do recuo glacial.

O rápido degelo glacial cria alguns riscos imediatos para o desenvolvimento humano. As avalanches e inundações criam especiais riscos para as regiões montanhosas com uma elevada densidade populacional. Actualmente, um dos países que enfrenta graves riscos e o Nepal, onde os glaciares estão a recuar a uma taxa de vários metros por ano. Lagos formados por águas de glaciares em degelo estão a aumentar a um ritmo alarmante – o Lago Tsho Rolpa constitui um desses casos e tem aumentado sete vezes mais nos últimos 50 anos. Uma abrangente avaliação realizada em 2001 identificou 20 lagos glaciares que poderão potencialmente exceder as suas reservas, com consequências devastadoras para as pessoas, agricultura e infra-estruturas hidroeléctricas, caso não sejam tomadas medidas urgentes.[76]

À medida que os reservatórios glaciares se esgotarem, os caudais irão diminuir. Sete dos grandes sistemas fluviais da Ásia – Bramaputra, Ganges, Amarelo, Indo, Mekong, Salwin e Yangtze – serão afectados. Estes sistemas fluviais fornecem água e garantem o abastecimento de alimentos para mais de 2 mil milhões de pessoas.[77]

- O caudal do Indo, que recebe perto de 90% da sua água a partir de reservatórios das altas montanhas, poderá diminuir cerca de 70% em 2080.
- O Ganges poderá perder dois terços do seu caudal do período Julho – Setembro, causando a diminuição de água para mais de 500 milhões de pessoas e para um terço do solo de irrigação da índia.
- As projecções para o rio Bramaputra apontam para reduções dos caudais entre 14% e 20%, em 2050. Na Ásia Central, os efeitos das perdas recorrentes do degelo glaciar nos rios Amu Dária e Sir Dária poderiam restringir o caudal de água para irrigação no Uzbequistão e Cazaquistão e comprometer os planos de desenvolvimento de energia hidroeléctrica no Quirguistão.

Caixa 2.8 **As alterações climáticas e a crise hídrica da China**

Ao longo das duas últimas décadas, a China tem vindo a emergir como a fábrica do mundo. O rápido crescimento económico tem andado lado a lado com um acentuado declínio na pobreza e com um melhoramento dos indicadores do desenvolvimento humano. No entanto, a China é altamente vulnerável às alterações climáticas.

Em 2020, prevê-se que a média das temperaturas na China sejam 1,1° C e 2° C acima dos níveis do período 1961 – 1990. Neste país tão vasto, os efeitos serão diversos e complexos, estendendo-se por várias zonas climáticas. No entanto, uma Avaliação Nacional das Alterações Climáticas prevê mais secas, uma maior extensão de desertos e uma redução de recursos hídricos. As projecções para a agricultura sugerem que a produção do arroz, milho e trigo poderão cair em 10% em 2020 e até 37% durante a segunda metade do século devido aos factores associados ao clima. Tal como em outros países, as alterações climáticas na China fornecem uma poderosa demonstração das pressões ecológicas criadas pelo rápido crescimento económico. As bacias fluviais do Hai, Huai e Huang (Amarelo) (as bacias dos 3 Hs) abastecem pouco menos de metade da população da China. Com as crescentes exigências da indústria, dos centros urbanos e da agricultura, a água que está a ser retirada das bacias representa o dobro da taxa do seu reabastecimento. Eis o resultado: rios que já não chegam ao mar e decréscimo das águas subterrâneas.

Qualquer redução nos caudais das bacias dos 3 Hs poderia rapidamente transformar uma crise ecológica num franco desastre socio-económico. Cerca de um terço do PIB da China tem a sua origem nas bacias, juntamente com uma vasta parcela da sua produção de grãos. Um em cada dois pobres rurais vive aqui – a sua maioria é directamente dependente da agricultura. Tal como a seca, as crescentes temperaturas e o reduzido escoamento, em resultado das alterações climáticas, criam efeitos, e o claro perigo é que os custos de adaptação serão suportados primeiramente pelos pobres.

No oeste da China todos os sistemas ecológicos estão sob ameaça. Os aumentos de temperatura projectados para esta região são de 1° C a 2,5° C, em 2050. O planalto Qinghai- Tibete cobre uma superfície do tamanho da Europa Ocidental e contêm mais de 45 000 glaciares. Estes glaciares estão a recuar a uma taxa de 131,4 quilómetros quadrados por ano. Segundo as tendências actuais, a maioria irá desaparecer completamente no final do século.

O que está a ocorrer com os glaciares da China constitui uma crise de segurança ecológica nacional de primeira ordem. A curto prazo, é provável que os crescentes caudais de água resultantes do degelo conduzam a um maior número de inundações. A longo prazo, o recuo dos glaciares privará as comunidades que habitam as montanhas dos seus recursos de água e transformará grandes faixas do meio ambiente da China. A desertificação irá marcar passo à medida que as crescentes temperaturas e as actividades de utilização do solo aceleram a erosão do mesmo. Fenómenos como as 13 maiores tempestades de areia registadas em 2005, tendo uma depositado 330 000 toneladas de areia em Beijing, irão tornar-se mais comuns. Entretanto, os caudais do rio Yangtze, do rio Amarelo e de outros rios que têm a sua origem no planalto Qinghai – Tibete irão sofrer um declínio, somando-se ao *stress* dos sistemas ecológicos hídricos. Não são apenas os ambientes rurais que irão sofrer. A cidade de Xangai é particularmente vulnerável aos acontecimentos associados ao clima. Situado na foz do rio Yangtze, a uma altitude de apenas 4 metros acima do nível da água, a cidade enfrenta graves riscos de inundação. Os tufões de Verão, os surtos de tempestades e o excessivo escoamento dos rios contribuem para as inundações extremas.

Os 18 milhões de habitantes da cidade de Xangai enfrentam, sem excepção, riscos de inundações. A subida dos níveis da água do mar e os crescentes surtos de tufões colocaram a cidade costeira na lista de perigo. No entanto, a vulnerabilidade está principalmente concentrada entre os estimados 3 milhões de residentes temporários que migraram das zonas rurais. Vivendo em acampamentos provisórios à volta de locais de construção ou em zonas propensas a inundações e com direitos e títulos limitados, esta população está sujeita a uma enorme exposição aos riscos, apresentando uma vulnerabilidade extrema.

Fonte: Cai 2006; O'Brien e Leichenco 2007; República Popular da China 2007; Shen e Liang 2003.

Os cenários das alterações climáticas para o degelo dos glaciares irão interagir com os já graves problemas ecológicos e exercer pressão sobre os recursos hídricos. Na Índia, a competição entre a indústria e a agricultura está a criar tensões sobre a distribuição das águas entre os estados. A redução dos caudais recorrentes dos glaciares irá intensificar as tensões. O norte da China é já uma das regiões com maior *stress* hídrico do mundo. Em partes das bacias do Huai, Hai e Huang (Amarelo) (as bacias dos "3 Hs"), a actual extracção de águas constitui 140% de abastecimento renovável – um facto que explica a rápida diminuição dos principais sistemas fluviais e a redução das águas subterrâneas. A médio prazo, os alterados padrões do degelo dos glaciares irão juntar-se a esse *stress* hídrico. Numa zona que alberga cerca de metade dos 128 milhões de pobres rurais, que contém cerca de 40% do solo agrícola do país e é responsável por um terço do PIB, esta situação acarreta sérias implicações para o desenvolvimento humano (caixa 2.8).[78]

Os glaciares tropicais estão também a diminuir

Os glaciares tropicais estão a recuar de um modo ainda mais rápido do que os dos Himalaias. No tempo de existência de um glaciar, um quarto de século representa um piscar de olhos. Porém, os últimos 25 anos assistiram à transformação de alguns sistemas glaciares dos trópicos. O seu inevitável desaparecimento acarreta implicações potencialmente devastadoras para o crescimento económico e para o desenvolvimento humano.

Figura 2.7 A redução dos glaciares da América Latina

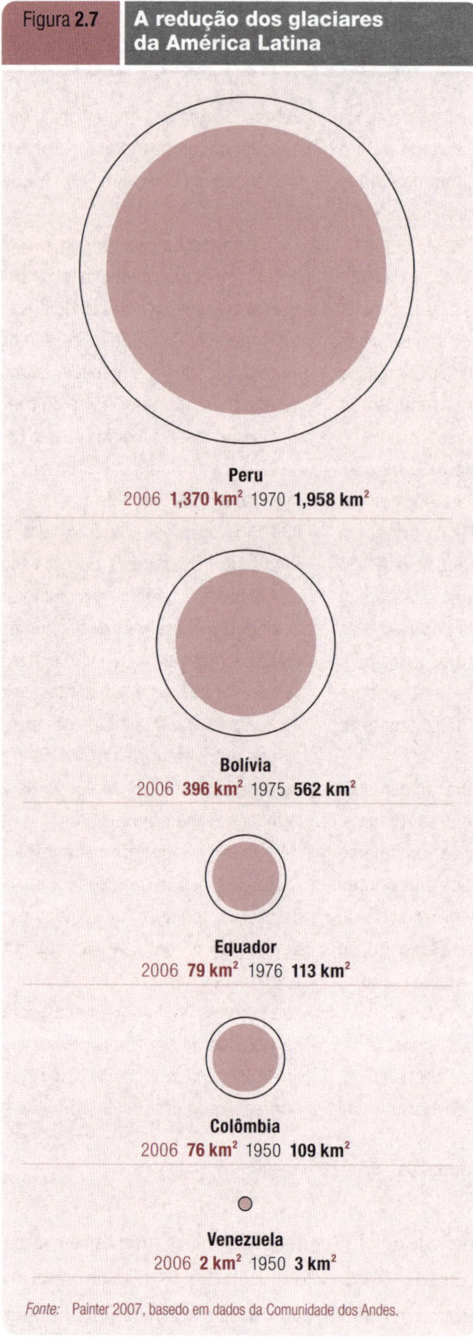

Fonte: Painter 2007, basedo em dados da Comunidade dos Andes.

Sondagens realizadas por geólogos sugerem que o nível a que os glaciares da América Latina recuam está a aumentar. Existem 2 500 quilómetros quadrados de glaciares nos Andes tropicais, de entre os quais 70% se situam no Peru e 20% na Bolívia. A restante massa distribui-se pela Colômbia e Equador. Desde o início dos anos 70 que se estima que a área da superfície dos glaciares do Peru tenha reduzido entre 20% e 30%, com a superfície de gelo de Quelcaya na vasta Cordilheira Branca a perder quase um terço da sua área. Alguns dos mais pequenos glaciares na Bolívia desapareceram (figura 2.7). Uma pesquisa realizada pelo Banco Mundial prevê que muitos dos mais pequenos glaciares dos Andes serão, dentro de uma década, matéria de discussão nos livros de História. [79]

Um dos perigos imediatos é o facto do degelo levar à formação de lagos glaciares mais amplos, causando um crescente risco de inundações, avalanches, deslizamentos de lamas e o rebentamento de represas. Os sinais do aquecimento são já bastante evidentes: por exemplo, a área de superfície do Lago Safuna Alta, na Cordilheira Branca, no Peru, aumentou por um factor, de entre cinco, desde 1975. [80] Muitas bacias hidrográficas alimentadas por glaciares têm sofrido, nos últimos anos, um aumento do escoamento. No entanto, os modelos prevêem uma rápida queda dos caudais após 2050, especialmente na estação seca.

Este facto constitui uma especial preocupação para o Peru. As populações que vivem nas zonas áridas costeiras, incluindo a capital, Lima, dependem, de um modo crítico, dos recursos hídricos dos glaciares em degelo dos Andes. Num país que se encontra já na luta do fornecimento de serviços hídricos básicos às populações urbanas, o degelo dos glaciares constitui uma real e eminente ameaça ao desenvolvimento humano (caixa 2.9).

Aumento do nível do mar e exposição a riscos climáticos extremos

Projecção do PIAC: É provável que os ciclones tropicais – tufões e furacões – se tornem mais intensos à medida que os oceanos aquecem, com picos de velocidade mais elevados e com precipitações mais intensas. Todos os tufões e furacões são desencadeados pela energia glacial libertada dos oceanos – e os níveis de energia irão aumentar. Um estudo revelou o dobro do poder de dissipação nos ciclones tropicais, ao longo das últimas décadas. [81] Os níveis das águas do mar continuarão a subir, embora não se saiba quanto. Os oceanos absorveram mais de 80% do crescente calor gerado pelo aquecimento global, prendendo o mundo a uma contínua expansão termal. [82] As secas e inundações irão tornar-se mais frequentes e alastradas por uma grande parte do mundo. *Projecção para o desenvolvimento humano*: Os cenários dos riscos emergentes ameaçam muitas dimensões do desenvolvimento humano. Os fenómenos climáticos extremos e imprevisíveis são já uma enorme fonte de pobreza. Proporcionam uma insegurança a curto prazo e destroem os esforços de longo prazo

Caixa 2.9 **O degelo dos glaciares e a redução das prospecções pra o desenvolvimento humano**

Durante séculos, o escoamento dos glaciares na cadeia montanhosa dos Andes tem irrigado os solos agrícolas e abastecido as instalações humanas com um caudal previsível. Actualmente, os glaciares estão entre os primeiros perigos das alterações climáticas. Estão a derreter depressa e o seu eminente desaparecimento tem implicações potencialmente negativas para o desenvolvimento humano na região Andina.

O Peru e a Bolívia são os locais com a maior superfície de glaciares tropicais do mundo – cerca de 70% do total, da América Latina, situa-se no Peru e 20% na Bolívia. Estes países albergam também algumas das maiores concentrações de pobreza e de desigualdades socio-económicas da América Latina – a região mais desigual do mundo. O degelo dos glaciares ameaça não apenas diminuir a disponibilidade da água como também ameaça acentuar estas disparidades.

A geografia constitui uma parte da explicação para os riscos que países como o Peru enfrentam. O Peru Oriental tem 98% dos recursos hídricos do país, porém, dois em cada três peruanos vivem na costa do deserto ocidental – umas das regiões mais áridas do mundo. Os abastecimentos urbanos de água e a actividade económica são suportados por cerca de 50 rios que correm desde os Andes, com cerca de 80% dos recursos de água doce resultantes do derretimento glacial ou da neve. As águas de superfície alimentadas pelos glaciares constituem uma fonte hídrica, não apenas para muitas zonas rurais, como também para as principais cidades e para a produção da energia hidroeléctrica.

O Peru tem registado algumas das taxas mais rápidas do recuo dos glaciares do mundo. Entre 20% e 30% da área de superfície glaciar desapareceu nas últimas três décadas. Essa área é equivalente à superfície glaciar total do Equador.

A capital, Lima, com uma população de aproximadamente 8 milhões, situa-se na costa. Lima recebe a água a partir do Rio Rimac e de outros rios da Cordilheira Central, todos dependentes, a diversos níveis, do degelo glaciar. Existe, já, um enorme espaço entre a oferta e a procura de água. A população, em geral, está a crescer em 100 000 pessoas por ano, aumentando a procura de água. O racionamento é já comum durante os meses de Verão. Com reservas limitadas e com o aumento da exposição às secas, a cidade irá deparar-se, a curto prazo, com um maior racionamento.

A rápida recessão glacial na vasta Cordilheira Branca, no norte dos Andes, iria colocar em questão o futuro da agricultura, da extracção mineral, da produção eléctrica e dos abastecimentos de água ao longo de extensas áreas. Um dos rios alimentados pela Cordilheira Branca é o Rio Santa. O rio é responsável por um vasto conjunto de modos de subsistência e de actividades económicas. Em altitudes entre os 2 000 e os 4 000 metros, o rio fornece a água que irriga, maioritariamente, a agricultura de subsistência. Nos vales mais baixos, irriga, principalmente, a agricultura comercial de grande escala e contribui para dois grandes projectos de irrigação destinados a colheitas de exportação. Os seus caudais geram energia hidroeléctrica e fornecem água potável a duas grandes áreas urbanas na costa do Pacífico – Chimbote e Trujillo – com uma população conjunta de mais de um milhão de pessoas.

O problema é que até 40% do caudal da estação seca do Rio Santa resulta do degelo da superfície gelada, que não é reabastecida por meio da precipitação anual. As consequências poderiam incluir grandes perdas económicas e prejuízos para os modos de subsistência. O projecto de irrigação Chavimochic, no Rio Santa, tem contribuído para um notável *boom* nacional na agricultura não-tradicional. O total de exportações do sector aumentou de US$302 milhões, em 1998, a US$1 mil milhões, em 2005. O *boom* tem vindo a ser suportado por produtos de irrigação intensiva como alcachofras, espargos, tomates e outros vegetais. O degelo glaciar ameaça destruir a viabilidade dos investimentos na irrigação, dificultando o emprego e o crescimento económico no processo.

Monitorizar o recuo dos glaciares tropicais na Andes peruanos é algo relativamente linear. Desenvolver uma resposta é um desafio maior. A compensação pelas perdas dos fluxos dos glaciares, a médio prazo, iria exigir milhares de milhões de dólares de investimento na construção de túneis por baixo dos Andes. A compensação pelas perdas de energia iria exigir investimentos na produção de energia termal, que, segundo a estimativa do Banco Mundial seriam de US$1,5 mil milhões. O preço estipulado coloca sérias questões relativamente à partilha de custos, tanto a nível doméstico como a nível internacional. No Peru, as pessoas não são responsáveis pelo degelo glaciar: respondem por 0,1% das emissões de carbono do mundo. No entanto, enfrentam a prospecção de pagarem um elevado preço financeiro e humano pelas bem mais elevadas emissões de carbono dos outros países.

Fonte: Carvajal 2007; CONAM 2004; Coudrain, Francou e Kundzewicz 2005; Painter 2007.

vocacionados para o aumento da produtividade, melhoria da saúde e desenvolvimento da educação, perpetuando, assim, as armadilhas de baixo desenvolvimento humano, caracterizadas anteriormente neste capítulo. Muitos países têm populações numerosas e bastante vulneráveis que irão enfrentar um aumento acentuado dos riscos associados ao clima, em que as pessoas residentes em zonas costeiras, deltas, zonas urbanas degradadas e regiões propensas a secas, enfrentarão as ameaças imediatas.

As alterações climáticas são apenas uma das forças que irão influenciar o perfil da exposição aos riscos nas próximas décadas. Outros processos globais, entre eles o *stress* ecológico, a urbanização e o crescimento da população, irão, igualmente, ser importantes. No entanto, as alterações climáticas irão reconfigurar os padrões de riscos e vulnerabilidades pelas regiões. É provável que a combinação entre os crescentes acidentes climáticos e a decrescente resiliência demonstre ser uma mistura letal para o desenvolvimento humano.

Qualquer aumento da exposição aos riscos associados com o clima tem de ser avaliado à luz do quadro geral da actual exposição. Este quadro inclui os seguintes números de pessoas que enfrentam acidentes associados ao clima: [83]

- 344 milhões expostos a ciclones tropicais;
- 521 milhões expostos a inundações;
- 130 milhões expostos a secas;
- 2,3 milhões expostos a deslizamentos de terra.

Tal como estes cenários indicam, mesmo os mais pequenos aumentos de exposição a riscos ao longo do tempo irão afectar números bastante alargados de pessoas. Tal como as próprias alterações climáticas, as potenciais ligações entre as alterações dos padrões climáticos e as tendências de progressão dos riscos e vulnerabilidades são complexas. São, igualmente, não-lineares. Não existem cálculos preparados para avaliar o impacto que uma subida do nível do mar de 2 metros, a par com um aumento da intensidade das tempestades tropicais possa ter no desenvolvimento humano. Porém, é possível identificar algumas das ligações e mecanismos de transmissão.

Seca

A crescente exposição a secas constitui uma especial preocupação na África Subsariana, embora existam outras regiões, como o sul da Ásia e a América Latina, que poderão, também, ser afectadas. É provável que, nestas regiões, a produção agrícola seja prejudicada, especialmente as que são dominadas por produções de sequeiro. Na África Subsariana, prevê-se que as áreas adequadas para a actividade agrícola, a duração dos ciclos de crescimento e o potencial de produção de alimentos básicos diminuam (ver, acima, a secção sobre a Produção agrícola e a segurança alimentar). Em 2020, entre 75 milhões a 250 milhões de pessoas na África Subsariana poderão ter as suas prospecções de subsistência e de desenvolvimento humano comprometidas devido à combinação de secas, crescentes temperaturas e aumento do *stress* hídrico. [84]

Inundações e tempestades tropicais

Existem largas margens de incerteza nas projecções para as populações expostas aos riscos de inundações.[85] A desintegração acelerada da superfície gelada da Antártida Ocidental poderia multiplicar as subidas dos níveis da água do mar por um entre cinco factores acima ou abaixo do máximo previsto pelo PIAC. No entanto, mesmo os cenários mais optimistas constituem uma fonte de preocupação.

Caixa 2.10 As alterações climáticas e o desenvolvimento humano no Delta do Mekong

Ao longo dos últimos 15 anos, o Vietname tem traçado um notável progresso no desenvolvimento humano. Os níveis de pobreza diminuíram e os indicadores sociais melhoraram, colocando o país na linha da frente de quase todos os ODMs. As alterações climáticas colocam um eminente e real perigo para estas metas – e o Delta do Mekong é o melhor exemplo disso.

O Vietname tem uma longa história de experiência com alterações climáticas. Situado numa zona de tufões, com uma longa linha de costa e deltas extensos, o país está perto do topo da lista dos desastres climáticos. Em média, existem seis a oito tufões por ano. Muitos deixam um rastro de destruição, matando e ferindo pessoas, danificando casas e barcos de pesca e destruindo colheitas. Os 8 000 quilómetros de diques marítimos e fluviais do país, alguns dos quais desenvolvidos através do trabalho cooperativo ao longo dos séculos, são uma prova da escala do investimento nacional no âmbito da gestão de riscos.

O Delta do Mekong constitui uma zona de especial preocupação. Sendo uma das partes com maior densidade populacional do Vietname, alberga 17,2 milhões de pessoas. Constitui, igualmente, o "cesto de arroz" do país, desempenhando um papel crucial na segurança alimentar nacional. O Delta do Mekong produz metade do arroz do Vietname e uma parcela ainda maior de produtos de pesca e fruta.

O desenvolvimento da agricultura tem desempenhado um papel central na redução da pobreza do Delta do Mekong. Os investimentos nos sistemas de irrigação e o apoio aos serviços de mercado e de extensão têm permitido aos agricultores intensificarem a produção, desenvolvendo duas ou mesmo três colheitas por ano. Os agricultores têm, igualmente, construído diques e represas para proteger os seus terrenos das inundações que poderão acompanhar os tufões ou as chuvas intensas.

As alterações climáticas provocam ameaças a vários níveis. Prevê-se que a precipitação aumente e que o país enfrente tempestades tropicais mais intensas. Espera-se que o nível das águas do mar suba 33 cm em 2050 e 1 metro em 2100.

Para o Delta do Mekong de baixa altitude este facto representa um cruel prognóstico. A subida do nível das águas do mar previsto para 2030 iria expor cerca de 45% do território do Delta do Mekong a uma salinização extrema e a prejuízos nas colheitas devido às inundações. O prognóstico para a produtividade das colheitas de arroz revela uma queda de 9%. Se os níveis das águas do mar subirem 1 metro, grande parte do Delta do Mekong ficaria completamente inundado em alguns períodos do ano.

Como poderão estas alterações produzir impactos no desenvolvimento humano do Delta do Mekong? Enquanto que os níveis de pobreza têm vindo a descer, a desigualdade tem vindo a aumentar, conduzida, em parte, por elevados níveis de ausência de superfície terrestre. No Delta do Mekong, existem, ainda, 4 milhões de pessoas a viverem na pobreza. Muitas destas pessoas carecem de uma protecção básica de saúde e as taxas de abandono escolar das crianças são elevadas. Para este sector, mesmo a mais pequena descida no rendimentos ou a perda de oportunidades de emprego associados às inundações provocariam consequências adversas na nutrição, saúde e educação. Os pobres enfrentam um duplo risco. Têm uma maior probabilidade de residirem em zonas vulneráveis às inundações e têm uma menor probabilidade de residirem em habitações sólidas permanentes.

Fonte: Chaudhry e Ruysschaert 2007; Nguyen; UNDP e AusAID 2004.

Um modelo que utiliza um cenário do PIAC para o elevado crescimento da população estima que o número de pessoas adicionais que irão sofrer inundações costeiras será de 134 a 332 milhões de pessoas, a uma subida da temperatura entre 3°C a 4°C. [86] Considerando a actividade das tempestades tropicais como mais um factor, os números afectados subiriam para 371 milhões no final do século XXI. [87] De entre as consequências do aumento dos níveis da água do mar para 1 metro destacam-se os seguintes:

- No Baixo Egipto, haverá uma potencial deslocação de 6 milhões de pessoas e inundações de 4,500 km² de solo agrícola. Trata-se de uma região marcada por elevados níveis de privação em muitas zonas rurais, com 17% da população – cerca de 4 milhões de pessoas – a viver abaixo do limiar de pobreza. [88]
- A deslocação até 22 milhões de pessoas no Vietname, com perdas até 10% do PIB. As inundações e tempestades mais intensas poderão abrandar o progresso do desenvolvimento humano em grandes zonas populacionais, incluindo o Delta do Mekong (caixa 2.10).
- No Bangladesh, a subida de um metro nos níveis das águas do mar inundaria 18% do território, ameaçando, directamente, 11 % da população. O impacto da subida das águas do mar nos níveis fluviais poderia afectar mais de 70 milhões de pessoas. [89]

Ainda que a maioria das pessoas afectadas pela subida dos níveis da água do mar residam num pequeno número de países com um largo número de população, os impactos distribuir-se-ão de um modo bem mais extenso (tabela 2.5). Para muitos estados insulares de baixa altitude, a subida dos níveis das águas do mar e as tempestades apontam para uma crise socioeconómica e ecológica altamente previsível. Para as Maldivas, onde 80% do território está a menos de um metro acima do nível da água, mesmo os cenários das alterações climáticas mais optimistas apontam para profundas vulnerabilidades.

Os pequenos Estados insulares em vias de desenvolvimento estão na linha da frente das alterações climáticas. São já altamente vulneráveis aos desastres climáticos. Estima-se que os danos anuais para as ilhas do Pacífico de Fiji, Samoa e Vanuatu rondem os 2% a 7% do PIB. Em Kiribati, uma estimativa do custo combinado anual de danos relativo às alterações climáticas e às subidas do nível das águas do mar, sem a adaptação, forma um cenário com um nível equivalente a 17%-34% do PIB. [90]

Tabela 2.5 O aumento dos níveis do mar provocaria elevados impactos sociais e económicos

Magnitude da subida do nível da água do mar (m)	Impacto (% do total global)					
	Superfície terrestre	População	PIB	Área urbana	Zona agrícola	Zona húmida
1	0,3	1,3	1,3	1,0	0,4	1,9
2	0,5	2,0	2,1	1,6	0,7	3,0
3	0,7	3,0	3,2	2,5	1,1	4,3
4	1,0	4,2	4,7	3,5	1,6	6,0
5	1,2	5,6	6,1	4,7	2,1	7,3

Fonte: Dasgupta et al. 2007.

Algumas ilhas das Caraíbas correm, igualmente, riscos. Com uma subida de 50 centímetros dos níveis das águas do mar, mais de um terço das praias das Caraíbas se perderiam, implicando prejuízos para a indústria turística da região. Com um aumento de 1 metro, cerca de 11% do território das Bahamas poderia ficar permanentemente submerso. Entretanto, a intrusão da água do mar iria comprometer a disponibilidade de água doce, forçando os governos a assumir investimentos dispendiosos na dessalinização. [91]

A actividade mais intensa das tempestades tropicais é uma das certezas resultantes das alterações climáticas. O aquecimento dos oceanos irá impulsionar ciclones mais intensos. Simultaneamente, as temperaturas mais elevadas dos oceanos e as alterações climáticas mais vastas poderão, também, alterar a direcção da rota dos ciclones e a distribuição da actividade das tempestades. O primeiro furacão da história do sul do Atlântico atingiu o Brasil em 2004 e, o ano de 2005, assinalou o primeiro furacão a passar pela Península Ibérica desde a década de 1820.

Os cenários da actividade das tempestades tropicais demonstram a importância da interacção com os factores sociais. De modo particular, a rápida urbanização está a colocar a crescente população na direcção da calamidade. Há, aproximadamente, mil milhões de pessoas que vivem já em habitações urbanas informais, com números em contínuo crescimento. O UN-HABITAT estima que, se as tendências actuais continuarem, cerca de 1,4 mil milhões de pessoas irão viver em zonas degradadas em 2020, chegando aos 2 mil milhões em 2030, ou seja, um em cada três habitantes urbanos. Embora mais de metade da população das zonas degradadas resida na Ásia, a África Subsariana regista

As perdas de biodiversidade estão a acumular-se em muitas regiões. As alterações climáticas constituem uma das forças que provocam estas tendências. Ao longo do tempo, tornar-se-á uma força mais poderosa

algumas das zonas degradadas com crescimento mais rápido do mundo. [92]

Vivendo em habitações improvisadas, frequentemente situadas em encostas vulneráveis a inundações e deslizamentos de terra, os habitantes das zonas degradadas estão altamente expostos e vulneráveis aos impactos das alterações climáticas.

Estes impactos não serão somente determinados por processos físicos. As políticas públicas podem melhorar a resiliência em muitas zonas, desde o controlo de inundações à protecção infraestrutural contra os deslizamentos de terra e à provisão de direitos formais de habitação aos habitantes das áreas urbanas degradadas. Em muitos casos, a ausência de direitos formais constitui um entrave ao investimento em materiais de construção mais sólidos.

As alterações climáticas irão gerar ameaças crescentes. A consistente mitigação será, ainda assim, insuficiente para amenizar estas ameaças até 2020. Até lá, os pobres urbanos terão de se adaptar às alterações climáticas. As políticas públicas de apoio poderão auxiliar nessa adaptação. Eis os pontos de partida: criar direitos de posse mais seguros, investir no melhoramento das áreas degradadas e fornecer água potável e saneamento básico aos pobres das áreas urbanas.

Ecossistemas e biodiversidade

Projecção do PIAC: Existe uma probabilidade de alta fiabilidade de que a resiliência de muitos ecossistemas será dificultada pelas alterações climáticas, devido ao aumento dos níveis de CO_2 a reduzir a biodiversidade, danificando ecossistemas e comprometendo os serviços que estes proporcionam.

Projecção do desenvolvimento humano: O mundo caminha em direcção a perdas de biodiversidade sem precedentes e ao colapso dos sistemas ecológicos ao longo do século XXI. Com subidas das temperaturas a mais de 2° C, as taxas de extinção começarão a subir. A degradação ambiental irá acelerar o ritmo, com os sistemas de corais, florestais e de zonas húmidas a sofrerem rápidas perdas. Os processos estão em andamento. As perdas de ecossistemas e biodiversidade são intrinsecamente más para o desenvolvimento humano. O ambiente é, por seu direito, importante para as gerações actuais e futuras. No entanto, os ecossistemas vitais que fornecem um vasto leque de serviços também se perderão. Os pobres, que dependem mais intensamente desses serviços, suportarão o peso dos custos.

Tal como em outras áreas, os processos das alterações climáticas irão interagir com pressões mais vastas sobre os ecossistemas e a biodiversidade. Muito dos grandes ecossistemas do mundo estão já sob ameaça. As perdas da biodiversidade estão a acumular-se em muitas regiões. As alterações climáticas constituem uma das forças que provocam estas tendências. Ao longo do tempo, tornar-se-á uma força mais poderosa.

O estado de rápida deterioração do ambiente global fornece o contexto para a avaliação do impacto das alterações climáticas futuras. Em 2005, a *Avaliação Ecossistemica do Milénio* revelou que 60% da totalidade dos serviços de ecossistemas estavam ora degradados ora a ser utilizados de uma forma insustentável.[93] A perda de pântanos de mangue, sistemas de recifes de corais, florestas e zonas húmidas foi realçada como uma preocupação crucial, com a agricultura, o crescimento da população e o desenvolvimento industrial em acção conjunta para destruir a base dos recursos ambientais. Cerca de um em cada quatro mamíferos encontra-se em grave declínio. [94]

As perdas dos recursos ambientais irão comprometer a resiliência humana face às alterações climáticas. As zonas húmidas são um exemplo. As zonas húmidas do mundo fornecem um esplêndido conjunto de serviços ecológicos. Detêm biodiversidade, fornecem produtos medicinais e madeireiros e sustêm *stocks* de peixe. Para além disso, protegem as zonas costeiras e as margens dos rios das tempestades e inundações, defendendo as instalações humanas das vagas do mar. Ao longo do século XX, o mundo perdeu metade das suas zonas húmidas devido à drenagem, à conversão à agricultura e à poluição. Actualmente, a destruição permanece a um ritmo acelerado, numa altura em que as alterações climáticas ameaçam criar tempestades mais intensas e vagas marítimas. [95] No Bangladesh, a contínua erosão das áreas de mangue no Sundabarns e em outras regiões, tem dificultado os modos de subsistência, aumentando a exposição à subida dos níveis das águas do mar.

As alterações climáticas estão a transformar a relação entre as pessoas e a natureza. Muitos ecossistemas e a maioria das espécies são altamente susceptíveis a mudanças no clima. Os animais e plantas estão adaptados a zonas climáticas específicas. Existe apenas umas espécie capaz de se adaptar ao clima através de termóstatos com aparelhos de aquecimento ou arrefecimento – trata-se da espécie responsável pelo aquecimento global. As plantas e animais têm de se adaptar através da deslocação.

Os mapas ecológicos estão a ser reconfigurados. Nas últimas três décadas, as linhas que assinalavam as regiões nas quais prevalecem as temperaturas médias – "isotérmicas" – têm-se deslocado em direcção aos pólos Norte e Sul, a um nível de cerca de 56 km por década.[96] As espécies tentam seguir as suas zonas climáticas. As mudanças nas estações de florescimento, nos padrões de migração e na distribuição da fauna e flora têm vindo a ser detectadas por todo o mundo. As plantas alpinas estão a ser empurradas em direcção a altitudes mais elevadas, por exemplo. Porém, quando o ritmo do clima se tornar demasiadamente rápido ou quando as barreiras naturais, como os oceanos, bloquearem as rotas de migração, a extinção surgirá no horizonte. As espécies de maior risco são as dos climas polares, uma vez que não têm para onde ir. As alterações climáticas estão, literalmente, a empurrá-las para fora do planeta.

As alterações climáticas têm já contribuído para a perda de espécies – e o aquecimento global, na mesma linha de conduta, irá contribuir para essa perda. Porém, irão ocorrer impactos bem maiores a 2° C sobre os níveis pré-industriais. Este é o limite para que as taxas de extinção previstas comecem a subir. Segundo o PIAC, prevê-se que 20% a 30% das espécies animais e vegetais estejam em risco acrescido de extinção, caso as subidas das temperaturas médias globais excedam 1,5° C a 2,5° C, incluindo os ursos polares e os peixes que se alimentam nos recifes de corais. Cerca de 277 mamíferos de médio ou grande porte, em África, estariam em risco caso ocorresse um aquecimento de 3° C. [97]

O Árctico sob ameaça

A região do Árctico proporciona um antídoto à visão de que as alterações climáticas constituem uma ameaça futura incerta. Aqui, os frágeis sistemas ecológicos entraram em contacto com as subidas extremas de temperatura. Nos últimos 50 anos, a temperatura média anual à superfície em zonas desde o Alaska à Sibéria, tem aumentado em 3,6° C – mais do dobro da média total. A camada de neve desceu em 10% nos últimos 30 anos e a média da superfície gelada do mar em 15% a 20%. O *permafrost* está a derreter e a linha das árvores está a mudar em direcção ao norte.

Os cenários das alterações climáticas apontam para um caminho preocupante. Prevê-se que as temperaturas médias de superfície aumentem em 3° C, em 2050, com reduções dramáticas na superfície gelada do mar no Verão intrusões de florestas em regiões de tundra, extensas perdas de ecossistemas e de vida selvagem. Existem várias espécies em risco. Tal como a Avaliação do Impacto Climático no Árctico afirma: "É provável que as espécies marinhas dependentes dos mares gelados, incluindo ursos polares, focas, morsas e algumas aves marinhas, diminuam e algumas delas se extingam". [98]

Os Estados Unidos reconheceram o impacto das alterações climáticas no Árctico. Em Dezembro de 2006, o Departamento do Interior dos Estados Unidos da América formulou uma proposta com base nas "melhores evidências científicas", colocando o urso polar na Lista de Espécies Ameaçadas. Este acto reconhece, efectivamente, o papel desempenhado pelas alterações climáticas no aumento da sua vulnerabilidade – sendo necessárias agências governamentais para proteger as espécies. Mais recentemente, a somar aos ursos polares, foram anexadas 10 espécies de pinguim à lista que, por sua vez, estão também sob ameaça. Infelizmente, a melhor "evidência científica" aponta para uma preocupante direcção: dentro de algumas gerações, os únicos ursos polares do planeta poderão ser os que estão nos jardins zoológicos do mundo. O mar gelado do Árctico de Verão, do qual dependem para a caça, tem vindo a diminuir em mais de 7% por década, desde o final dos anos 70. Estudos científicos recentes sobre ursos polares adultos no Canadá e Alaska apresentaram uma perda de peso desta espécie, uma reduzida sobrevivência das crias e um aumento do número de ursos afogados, devido ao facto de terem de nadar mais longe em busca de presas. Na Baía de Hudson ocidental, as populações caíram em 22%. [99]

As acções do Departamento do Interior dos Estados Unidos da América estabelecem um importante princípio de partilha de responsabilidades além fronteiras. Tal princípio possui ramificações mais vastas. Os ursos polares não podem ser tratados em isolamento. Fazem parte de um sistema ecológico e social mais extenso. E, se os impactos das alterações climáticas e as responsabilidades associadas dos governos são reconhecidos no caso do Árctico, o princípio deveria ser aplicado a exemplos mais vastos. As pessoas que vivem em zonas propensas a secas na África e em regiões propensas a inundações na Ásia são também afectadas. Seria inconsistente a aplicação de um conjunto

A melhor "evidência científica" aponta para uma preocupante direcção: dentro de algumas gerações, os únicos ursos polares do planeta poderão ser os que estão nos jardins zoológicos do mundo

Os recifes de corais não abrigam, apenas uma biodiversidade excepcional, mas também constituem uma fonte de subsistência, nutrição e crescimento económico para mais de 60 países

de regras para os ursos polares e outro para as pessoas vulneráveis, no âmbito da abordagem da mitigação e adaptação das alterações climáticas.

O simples ritmo das alterações climáticas ao longo do Árctico está a criar desafios a muitos níveis. A perda do *permafrost* poderá libertar grandes quantidades de metano – um poderoso gás com efeito de estufa que poderia constituir uma barreira aos esforços de mitigação, agindo contra as "retrospectivas positivas". O rápido derretimento do gelo do Árctico abriu novas zonas de exploração de petróleo e gás natural, dando origem a tensões entre os estados relativamente à interpretação da Convenção da Lei do Mar, de 1982. [100] No interior dos países, as alterações climáticas poderão levar a enormes prejuízos socio-económicos, danificando infra-estruturas e ameaçando as construções humanas. Os cenários para a Rússia ilustram este facto. Com as alterações climáticas, a Rússia irá viver efeitos climáticos que poderiam desenvolver a produção agrícola, ainda que a elevada exposição às secas possa impedir quaisquer lucros. Uma das consequências mais previsíveis das alterações climáticas para a Rússia é o crescente derretimento do *permafrost*, que cobre aproximadamente 60% do país. O derretimento já causou subidas nos caudais de Inverno dos principais rios. O degelo acelerado irá afectar as construções humanas nas margens fluviais e costeiras, expondo muitas pessoas ao risco de inundação. Irá, igualmente, exigir enormes investimentos na adaptação de infra-estruturas, como estradas, linhas de transmissão eléctrica e caminhos-de-ferro de Baikal Amur, potencialmente afectados. Estão já a ser traçados caminhos para proteger o planeado oleoduto de exportação de petróleo Sibéria Oriental – Pacífico, através de uma extensa escavação, de modo a combater a erosão costeira associada ao derretimento do *permafrost* – mais uma demonstração de que as alterações ecológicas provocam verdadeiros custos económicos. [101]

O recife de corais – um barómetro das alterações climáticas

As regiões do Árctico oferecem ao mundo um sistema de alerta precoce bastante visível para as alterações climáticas. Existem outros ecossistemas que proporcionam um barómetro igualmente sensível, embora com uma visibilidade menos imediata. Os recifes de corais constituem um exemplo. Durante o século XXI, o aquecimento das águas do mar e a crescente acidificação poderão destruir grande parte dos corais do planeta, gerando consequências socio-económicas e ecológicas devastadoras.

O aquecimento das águas do mar têm contribuído para a destruição de recifes de corais a uma larga escala, com metade dos sistemas em declínio.[102] Mesmo os períodos bastante curtos de temperaturas anormalmente elevadas – ainda que seja 1° C acima da média a longo prazo – podem levar os corais a expelirem as algas que fornecem grande parte do seu alimento, causando o seu "branqueamento" e a rápida morte do recife. [103] Os sistemas de recifes de corais do mundo já suportam cicatrizes causadas pelas alterações climáticas. Cerca de metade destes sistemas já foram afectados pelo branqueamento. Os 50 000 km^2 de extensão do recife de corais na Indonésia, 18% do total do planeta, estão em acelerada deterioração. Uma sondagem ao Parque Nacional de Bali Barat, em 2000, revelou que grande parte do recife tinha sido deteriorada, maioritariamente devido ao branqueamento.[104] As observações aéreas da Grande Barreira de Recife, na Austrália, também captam a extensão do branqueamento.

Porém, o pior poderá estar para vir. Com as subidas das temperaturas médias acima dos 2° C, tornar-se-á comum a ocorrência de branqueamentos anuais. Os principais fenómenos de branqueamento que acompanharam o El Niño de 1998, altura em que 16% dos corais do mundo ficaram destruídos em apenas 9 meses, tornar-se-ão regra e não excepção. Os episódios de detecção de branqueamentos estão a tornar-se mais frequentes em muitas regiões. Por exemplo, em 2005, o leste das Caraíbas sofreu um dos piores episódios de branqueamento de que há registo.[105]

O branqueamento constitui apenas uma das ameaças provocadas pelas alterações climáticas. Muitos organismos marinhos, incluindo o coral, obtêm as suas conchas e esqueletos a partir de carbonato de cálcio. A camada superior dos oceanos encontra-se com excesso destes minerais. No entanto, os aumentos da acidez dos oceanos causados por 10 mil milhões de toneladas de CO_2 por eles absorvidos atacam o carbonato, removendo um dos materiais de construção essenciais aos corais.[106]

Os cientistas marinhos apontaram para um preocupante facto semelhante. Os sistemas oceânicos reagem de uma forma lenta e a longo prazo a mudanças no ambiente atmosférico. A trajectória actual das alterações climáticas no século XXI poderia tornar os oceanos mais ácidos ao longo dos próximos séculos do que jamais poderiam ter estado, em 300 milhões de anos, com uma excepção: um único episódio catastrófico que ocorreu há 55 milhões de anos. Esse episódio resultou da rápida acidificação oceânica causada pela libertação de 4 500 gigatoneladas de carbono.[107] Foram necessários cerca de 100.000 anos para que os oceanos retomassem os níveis de acidez anteriores. Entretanto, os registos geológicos assinalam uma extinção em massa de criaturas marinhas. Tal como um dos principais oceanógrafos do mundo afirma: "Quase todos os organismos marinhos que obtêm a sua concha ou o seu esqueleto a partir de carbonato de cálcio desapareceram dos registos geológicos...se as emissões de CO_2 não diminuírem, poderemos tornar os nossos oceanos mais corrosivos para os minerais de carbonato do que qualquer outro período desde a extinção dos dinossauros. Pessoalmente, acredito que isto causará a extinção dos corais."[108]

O colapso dos sistemas de corais representaria um fenómeno catastrófico para o desenvolvimento em muitos países. Os recifes de corais não abrigam, apenas uma biodiversidade excepcional, mas também constituem uma fonte de subsistência, nutrição e crescimento económico para mais de 60 países. A maioria dos 30 milhões de pequenos pescadores no mundo em vias de desenvolvimento depende, de alguma forma, dos recifes de corais para garantir as bases de alimentação e de criação. Mais de metade das proteínas e dos nutrientes essenciais às dietas de 40 milhões de pessoas residentes nas zonas costeiras tropicais são fornecidas pelos peixes.

Os recifes de corais constituem uma parte vital dos ecossistemas marinhos que sustentam os *stocks* de peixe, apesar do aquecimento dos oceanos proporcionarem ameaças mais abrangentes. Na Namíbia, as correntes de águas anormalmente quentes – a corrente Niño de Benguela –, em 1995, provocou a deslocação de *stocks* de peixe a 4° – 5° de latitude sul – um efeito que destruiu a indústria piscatória de pequena escala de sardinhas. [109]

Para além do valor que representam nas vidas e nutrição dos pobres, os corais têm um valor económico mais vasto. Geram rendimentos, exportações e, em regiões como o Oceano Índico e as Caraíbas, constituem um suporte do turismo. O reconhecimento do importante papel dos corais na vida ecológica e socio-económica incitou muitos governos e benfeitores a investirem na reabilitação. O problema reside no facto das alterações climáticas constituírem uma força poderosa que actua na direcção contrária.

Saúde humana e fenómenos climáticos extremos

Projecção do PIAC: As alterações climáticas irão afectar a saúde humana através de sistemas complexos que envolvem mudanças na temperatura, exposição a fenómenos extremos, acesso à nutrição, qualidade do ar e outros vectores. Poderá prever-se, com uma fiabilidade bastante alta, que os actuais pequenos efeitos de saúde irão progressivamente aumentar em todas os países e regiões, com os mais adversos efeitos nos países de baixo rendimento.

Projecção do desenvolvimento humano: o clima irá interagir com a saúde humana de diversos modos. Os que estão menos capacitados para responder às ameaças de mudanças na saúde – predominantemente os pobres em países pobres – irão suportar o peso dos retrocessos na saúde. A saúde-doença é uma das mais poderosas forças que atrasa o potencial do desenvolvimento humano das famílias pobres. As alterações climáticas irão intensificar o problema.

É provável que as alterações climáticas tenham implicações mais vastas para saúde humana no século XXI. Existem grandes áreas de incerteza à volta das avaliações, reflectindo a complexa interacção entre a doença, o ambiente e as pessoas. No entanto, na saúde, tal como em outras áreas, o reconhecimento da incerteza não é um motivo suficiente para a inacção. A Organização Mundial da Saúde (OMS) prevê que o impacto geral será negativo. [110]

Os efeitos da saúde pública associados às alterações climáticas serão modelados por vários factores. A epidemiologia preexistente e os processos locais serão importantes. Com a mesma importância, serão, igualmente, os níveis de desenvolvimento preexistentes e as capacidades dos sistemas de saúde pública. Muitos dos riscos emergentes para a saúde pública estarão concentrados nos países em vias de desenvolvimento, onde a saúde precária constitui já uma enorme fonte de sofrimento humano e de pobreza e cujos sistemas de saúde pública não têm recursos (humanos e financeiros) suficientes para fazer face às ameaças. Um claro perigo existente é o de que as alterações climáticas, sob estas condições, irão agravar as já extremas desigualdades gerais na saúde pública.

As alterações dos padrões climáticos estão já a criar novos perfis de doenças em várias regiões

É necessária uma acção urgente para proceder a avaliações dos riscos provocados pelas alterações climáticas para a saúde pública no mundo em vias de desenvolvimento, bem como mobilizar recursos para criar um ambiente qualificado para a gestão dos riscos

A malária constitui uma das maiores fontes de preocupação. Trata-se de uma doença que, actualmente, custa cerca de 1 milhão de vidas por ano, mais de 90% em África. Na África Subsariana, morrem aproximadamente 800 000 crianças abaixo dos 5 anos de idade por ano, em resultado da doença da malária, tornando-a na terceira maior causa de morte de crianças em todo o mundo.[111] Para além destes cenários gerais, a malária causa um enorme sofrimento, retira oportunidades de educação, emprego e produção, forçando as pessoas a gastarem os seus escassos recursos em tratamentos paliativos. A precipitação, temperatura e humidade são três variáveis que mais influenciam a transmissão da malária – e as alterações climáticas irão afectar as três.

O aumento da precipitação (mesmo com curtos períodos de chuva intensa), as temperaturas mais elevadas e a humidade criam a "tempestade perfeita" no alastramento do parasita *Plasmodium*, responsável pela malária. As crescentes temperaturas poderão aumentar a abrangência e a elevação das populações de mosquitos, bem como a redução dos períodos de incubação para metade. Na África Subsariana, em particular, qualquer extensão da área abrangida pela doença suscitaria graves riscos para a saúde pública. Cerca de quatro em cinco pessoas na região vivem já em zonas de malária. As projecções para o futuro são incertas, embora permaneça a preocupação de que a zona abrangida pela doença se estenda às áreas mais elevadas. A somar a este desconcertante panorama, é possível que o período sazonal de transmissão aumente, elevando, efectivamente, a média de exposição à infecção da malária per capita em 16% a 28%.[112] Estima-se que um número adicional de 220 a 400 milhões de pessoas possam ficar expostas à malária, em todo o mundo. [113] As alterações dos padrões climáticos estão já a criar novos perfis de doenças em várias regiões. No leste de África, a inundação de 2007 gerou novos locais de criação para vectores de doenças como os mosquitos, desencadeando epidemias de Febre do Vale do Rift e aumentando os níveis de malária. Na Etiópia, uma epidemia de cólera, após as extremas inundações em 2006, conduziu a um alastramento de perdas de vidas e de doenças. As condições anormalmente secas e quentes no leste de África têm vindo a estar associadas à proliferação da febre *Chikungunya*, uma doença viral que se tem alastrado por toda a região.[114]

As alterações climáticas poderão igualmente aumentar a população exposta à febre de dengue. Trata-se de uma doença extremamente sensível ao clima que, actualmente, se encontra largamente confinada às zonas urbanas. A expansão latitudinal associada às alterações climáticas poderá aumentar a população em risco de 1,5 mil milhões a 3,5 mil milhões de pessoas, em 2080.[115] A febre de dengue encontra-se já em altitudes elevadas, em áreas da América Latina anteriormente libertas desta doença. Na Indonésia, as temperaturas mais elevadas levaram à mutação do vírus Dengue, causando um aumento de fatalidades na época das chuvas. Uma vez que não existem evidências de que as alterações climáticas estão implicadas, no final da década de 90, os fenómenos El Niño e La Niña foram associados a intensos surtos de dengue e malária, tendo-se esta alastrado em elevadas altitudes das terras altas de Irian Jaya. [116]

Os fenómenos climáticos extremos proporcionam outro conjunto de ameaças. Inundações, secas e tempestades causam resultados ligados ao aumento dos riscos de saúde, como a cólera e a diarreia entre as crianças. Existem já evidências dos impactos das crescentes temperaturas nos países em vias de desenvolvimento. Durante 2005, o Bangladesh, a Índia e o Paquistão enfrentaram temperaturas de 5º a 6º C acima da média regional. Só na Índia, foram registadas 400 mortes, embora as mortes não registadas pudessem multiplicar bastante os números deste quadro.[117] A saúde pública nos países desenvolvidos não tem estado imune. A onda de calor que se abateu sobre a Europa em 2003 custou entre 22 000 a 35 000 vidas, na sua maioria idosos. Em Paris, a cidade mais afectada, 81% das vítimas registavam mais de 75 anos de idade. [118] É provável que outros fenómenos desta natureza ocorram. Por exemplo, espera-se que a incidência de ondas de calor, na maioria das cidades dos Estados Unidos, duplique em 2050. [119]

As autoridades de saúde pública nos países ricos estão a ser forçados a enfrentar os desafios colocados pelas alterações climáticas. A cidade de Nova Iorque fornece o exemplo de um processo mais amplo. As análises dos impactos climáticos apontam para temperaturas de Verão mais elevadas, com um aumento da frequência e duração das ondas de calor. Eis o prognóstico: um projectado aumento da mortalidade causada pelo *stress* térmico de Verão, de modo particular, entre os idosos pobres. A mortalidade associada ao calor do Verão poderá aumentar 55% na década de 2020, mais do dobro na década de 2050 e mais do triplo em 2080.[120] As alterações climáticas poderão, ainda, indirectamente contribuir para, pelo menos, três classes de problemas de saúde mais vastos: a incidência de doenças transmitidas por vectores, como o vírus do Nilo Ocidental, a doença de Lyme e a malária, poderão aumentar; os organismos patogénicos transmitidos pela água poderão tornar-se mais prevalentes; e a poluição atmosférica de natureza fotoquímica poderá aumentar.[121] Estão a ser desenvolvidas estratégias para fazer face aos riscos.

Os governos do mundo desenvolvido têm de dar resposta às ameaças à saúde pública provocadas pelas alterações climáticas. Muitas autoridades – como em Nova Iorque – reconhecem os problemas especiais enfrentados pelos pobres e pelas populações vulneráveis. Porém, não seria correcto o facto dos países com sistemas de saúde de primeira classe e com os necessários recursos financeiros combaterem as ameaças das alterações climáticas no próprio país e fechar os olhos aos riscos e vulnerabilidade enfrentados pelos pobres no mundo em vias de desenvolvimento. É necessária uma acção urgente para proceder a avaliações dos riscos provocados pelas alterações climáticas para a saúde pública no mundo em vias de desenvolvimento, bem como mobilizar recursos para criar um ambiente qualificado para a gestão dos riscos. O ponto de partida para a acção reside no reconhecimento de que os próprios países ricos detêm grande parte da responsabilidade histórica pelas ameaças que, actualmente, desafiam o mundo em vias de desenvolvimento.

Conclusão

"A sabedoria não se constrói através da memória do nosso passado mas através da responsabilidade pelo nosso futuro", escreveu George Bernard Shaw. Sob a perspectiva do desenvolvimento humano, as alterações climáticas colocam o passado e o futuro lado a lado.

Neste capítulo, observámos a "primeira ceifa" das catástrofes das alterações climáticas. Esta ceifa, que já começou, irá inicialmente abrandar o progresso do desenvolvimento humano. À medida que as alterações climáticas se desenvolverem, haverá uma maior probabilidade de surgirem retrocessos em larga escala. As evidências do passado fornecem-nos perspectivas dos processos que irão motivar tais recuos, porém, o futuro, com as alterações climáticas, não será semelhante ao passado. Os recuos no desenvolvimento humano não serão lineares, e terão poderosos efeitos retroactivos de reforço mútuo. As perdas na produtividade agrícola irão reduzir os rendimentos, diminuindo o acesso à saúde e educação. Por sua vez, as oportunidades reduzidas na saúde e educação irão restringir as oportunidades de mercado e agravar a pobreza. Fundamentalmente, as alterações climáticas irão dissipar a capacidade das pessoas mais vulneráveis do mundo formarem decisões e processos que exercerão impacto nas suas vidas. Os devastadores retrocessos do desenvolvimento humano são possíveis de evitar. Existem dois requisitos para mudar o cenário do século XXI para um caminho mais favorável. O primeiro é a mitigação das alterações climáticas. Sem que hajam cortes profundos e atempados nas emissões de CO_2, as perigosas alterações climáticas irão ocorrer e irão destruir o potencial humano à larga escala. As consequências irão reflectir-se nas desigualdades emergentes dentro de cada país e por todos os países, bem como na crescente pobreza. Os países ricos poderão escapar aos efeitos imediatos. Porém, não escaparão às consequências do rancor, ressentimento e de transformação dos padrões de habitação humana, que acompanharão as perigosas alterações climáticas nos países pobres.

O segundo requisito para desviar as ameaças apresentadas neste capítulo é a adaptação. Não há mitigação que possa proteger as pessoas vulneráveis nos países em vias de desenvolvimento dos riscos adicionais provocados pelas alterações climáticas que actualmente enfrentam, ou do aquecimento global com o qual o mundo já estabeleceu compromisso. O aumento da exposição aos riscos é inevitável, mas não os retrocessos do desenvolvimento humano. Em última análise, a adaptação associa-se à construção da resiliência dos pobres do mundo a um problema criado, em grande parte, pelos países ricos do planeta.

Os devastadores retrocessos do desenvolvimento humano são possíveis de evitar

3

Evitar alterações climáticas perigosas: estratégias para a mitigação

"Deveremos adoptar um modo substancialmente diferente de pensar se quisermos que a humanidade sobreviva."

Albert Einstein

"A velocidade é irrelevante quando se vai na direcção errada."

Mahatma Gandhi

"Sozinhos podemos aspirar a tão pouco; juntos podemos alcançar tanto."

Helen Keller

CAPÍTULO 3

Evitar alterações climáticas perigosas: estratégias para a mitigação

Viver com um orçamento de carbono sustentável implica que todos os países ricos reduzam as emissões de gases com efeito de estufa em pelo menos 80% até 2050 e em 30% até 2030

As alterações climáticas representam, a longo prazo, um imenso desafio global, levantando questões relacionadas com a justiça e com os direitos humanos, tanto às gerações actuais como às vindouras. A capacidade de resposta da Humanidade a este desafio é um teste à nossa capacidade para gerir as consequências das nossas próprias acções. As perigosas alterações climáticas são uma ameaça e não um facto pré-estabelecido da vida. Podemos optar por confrontar e eliminar essa ameaça, ou por deixá-la transformar numa crise totalmente desenvolvida, ameaçando a redução da pobreza e as gerações vindouras.

As formas de encarar a mitigação irão determinar o resultado final. Quanto mais atrasamos a resposta ao problema, mais a concentração atmosférica de gases com efeito de estufa aumenta, e mais difícil se torna estabilizar abaixo da meta de 450 ppm CO_2 – e mais provável que no século XXI ocorram alterações climáticas perigosas.

No percurso para as emissões sustentáveis estabelecido no capítulo 1, a mitigação deverá começar a surtir efeito depois de 2030 e as temperaturas mundiais começarão a cair por volta de 2050. Estes resultados evidenciam o longo período de tempo que separa a acção dos seus resultados no que respeita ao combate às alterações climáticas. Estes mesmos resultados chamam também à atenção para a importância de pensar para além dos horizontes temporais definidos pelos ciclos políticos. O perigo das alterações climáticas não representa uma emergência fácil de controlar ou reparar a curto prazo. A actual geração de líderes políticos não conseguirá resolver o problema, mas deverá no entanto encetar a batalha contra as alterações climáticas, de forma a manter aberta a janela de oportunidade para as gerações vindouras poderem dar continuidade a essa batalha. O orçamento de carbono para o século XXI estabelecido no primeiro capítulo oferece uma estratégia para o cumprimento deste objectivo.

Manter aberta essa janela de oportunidade irá implicar mudanças radicais na política energética. Desde a revolução industrial que o crescimento económico e a prosperidade humana assentam em sistemas energéticos à base de carbono. Durante as próximas décadas será necessário que se opere uma revolução energética que providencie a todos os países a capacidade de se transformarem em economias com baixo nível de carbono. Esta revolução deverá ser encetada pelos países desenvolvidos. Viver com um orçamento de carbono sustentável implica que todos os países ricos reduzam as emissões de gases com efeito de estufa em pelo menos 80% até 2050 e em 30% até 2030. Se estes objectivos se destinarem a ser cumpridos, os níveis de emissão colectiva deverão começar a diminuir entre 2012 e 2015. Os países em vias de desenvolvimento também terão que marcar passo numa transição para a diminuição das suas emissões de carbono, embora a um ritmo que reflecte uma maior limitação dos seus recursos, e a prioridade de alcançar um crescimento económico sustentável e de reduzir a pobreza.

Este capítulo oferece um olhar acerca das estratégias necessárias para alcançar uma rápida transição para um futuro com baixos níveis de carbono. O orçamento do carbono para o século XXI fornece uma estratégia viável para o cumprimento dos objectivos estabelecidos – um mundo a salvo de perigosas alterações climáticas. Mas objectivos e estratégias não substituem políticas, apenas podem dar o seu contributo na batalha contra as alterações climáticas no caso de serem apoiadas por métodos de mitigação efectivos.

Existem três alicerces para o sucesso. O primeiro consiste em estabelecer um preço para as emissões de carbono. Os instrumentos de mercado desempenham

Uma mitigação bem sucedida requer, em última instância, que consumidores e investidores direccionem a procura para fontes de energia produtoras de níveis reduzidos de carbono

um papel de relevante importância relativamente à criação de incentivos que transmitam a empresas e consumidores que existe valor na redução das emissões – e que a capacidade de absorção de CO_2 da Terra se encontra saturada. As duas opções para estabelecer um preço para as emissões de carbono são a taxação e o limite-e-negociação.

O segundo alicerce para a mitigação é a alteração comportamental em larga escala. Uma mitigação bem sucedida requer, em última instância, que consumidores e investidores direccionem a procura para fontes de energia produtoras de níveis reduzidos de carbono. Incentivos relacionados com os preços podem encorajar uma alteração comportamental – mas os preços por si só não levarão à diminuição nem na escala nem no ritmo necessários. Os governos desempenham um papel fulcral no encorajamento de uma alteração comportamental que apoie a transição para uma economia com baixos níveis de carbono. Estabelecer padrões, disponibilizar informação, encorajar a pesquisa e o desenvolvimento e, quando necessário, restringir escolhas que comprometam os esforços aplicados na luta contra as alterações climáticas, são partes fundamentais do sistema regulador.

A cooperação internacional representa o terceiro pé deste tripé que é a mitigação das alterações climáticas. Os países ricos devem assumir a liderança no combate às perigosas alterações climáticas, deverão fazer os primeiros e mais profundos cortes nos níveis de emissão. No entanto, qualquer programa que não estabeleça objectivos a ser cumpridos por todos os países possuidores dos mais elevados níveis de emissão de gases com efeito de estufa será um fracasso. Evitar alterações climáticas perigosas requer também uma transição para baixos níveis de carbono nos países em vias de desenvolvimento. A cooperação internacional pode ajudar a facilitar essa transição, assegurando que os planos de redução de emissões não comprometem, de forma alguma, o desenvolvimento humano e o crescimento económico.

Este capítulo oferece uma perspectiva geral do desafio de mitigação, começando por focar o orçamento global de carbono, olhando em seguida o orçamento nacional. Converter o orçamento de carbono do século XXI em orçamentos nacionais é o primeiro passo em direcção à mitigação das perigosas alterações climáticas. É também um pré-requisito para a bem sucedida implementação de um acordo multilateral. Com os governos a negociar o programa pós-2012 para o Protocolo de Quioto, torna-se importante que os objectivos nacionais concordem com objectivos internacionais credíveis. Actualmente, muitos exercícios de criação de metas sofrem de falta de clarividência e de consistência, comprometidos, nalguns casos, por divergências entre objectivos estabelecidos e programas de política energética.

Na secção 3.2 direccionamos a nossa atenção para o papel dos instrumentos de mercado, em transição para um orçamento sustentável de carbono. Expomos o caso da taxação do carbono e dos esquemas de limite-e-negociação, enquanto sublinhamos os problemas que têm levado à redução de eficácia do maior esquema do género a nível mundial – O Regime Comunitário de Licenças de Comércio de Emissões da União Europeia (RCLE UE). A secção 3.3 olha além da taxação e do limite-e-negociação, para o importante papel desempenhado pela regulação e padronização e pelas parcerias público-privadas em investigação e desenvolvimento.

O capítulo termina sublinhando o subaproveitamento do potencial da cooperação internacional. Na secção 3.4 demonstramos como o apoio financeiro e a transferência de tecnologia poderiam aumentar a eficácia energética dos países em vias de desenvolvimento, criando uma situação para o desenvolvimento humano e para as alterações climáticas em que todos sairiam a ganhar: alargar o acesso a energia mais barata, ao mesmo tempo que se diminuem as emissões. A desflorestação e a alteração do sistema de uso de terras, actualmente a fonte de cerca de 20% das emissões de gases com efeito de estufa, são outros dos casos de subaproveitamento da cooperação internacional.

3.1 Estabelecer metas de mitigação

O expirar do período do compromisso assumido com o Protocolo de Quioto em 2012 cria uma oportunidade de progresso no que respeita a mitigação das alterações climáticas. Neste capítulo defendemos a criação de um sistema multilateral de combate às alterações climáticas, com um bem definido orçamento global de carbono. Tal sistema deverá combinar objectivos a longo prazo (uma redução de 50% dos níveis de emissão de 1990 até 2050) com padrões estabelecidos durante o período do actuais compromissos a serem colocados em prática a médio prazo. O sistema multilateral deve também criar um guia prático para a implementação de um princípio de "responsabilidade comum mas diferenciada", identificando programas abrangentes tanto para países desenvolvidos como para países em vias de desenvolvimento.

Sem um sistema multilateral credível o mundo não conseguirá evitar perigosas alterações climáticas. No entanto, nenhum sistema multilateral apresentará resultados caso não seja apoiado por objectivos nacionais e por políticas alinhadas com esses objectivos. Um bem estruturado orçamento global de carbono para o século XXI culminará no desenvolvimento de orçamentos nacionais de carbono que operarão dentro do pacote de recursos globais.

Orçamento de carbono – viver dentro dos nossos recursos ecológicos

A orçamentação nacional de carbono é um alicerce necessário para o sistema multilateral pós-2012. Ao seu mais básico nível, os orçamentos de carbono estabelecem um limite para a quantidade total de CO_2 emitido num determinado período de tempo. Ao estabelecer um período alargável de 3-7 anos para os orçamentos, os governos poderão alcançar um equilíbrio entre a necessidade de cumprir os objectivos nacionais e globais para a redução das emissões de carbono e a variação anual que acompanha as oscilações do crescimento económico, do preço do combustível e dom clima. De uma perspectiva de mitigação do carbono, o importante é a tendência de emissão continuada, em detrimento das variações anuais.

Existem semelhanças entre os orçamentos de carbono globais e nacionais. Ao passo que, tal como descrito no capítulo 1, o orçamento global estabelece uma ponte entre as gerações actuais e as vindouras, os orçamentos nacionais oferecem uma continuidade, mesmo entre os ciclos políticos. Nos mercados monetários as incertezas acerca das futuras políticas relativamente às taxas de juro ou aos níveis de preços podem fomentar a instabilidade. Por esse motivo muitos governos usam bancos centrais independentes para enfrentar o problema. No caso das alterações climáticas, a incerteza é um obstáculo para o sucesso da mitigação. Em qualquer democracia, torna-se difícil para um governo comprometer em definitivo os seus sucessores com políticas específicas de mitigação. No entanto, ajustar compromissos multilaterais às legislações nacionais de forma a alcançar os objectivos de mitigação a longo prazo é vital para uma política de continuidade.

A orçamentação nacional de carbono é também um alicerce para os acordos internacionais. Acordos multilaterais efectivos devem ser baseados na partilha de compromissos e na transparência. Para países que integrem acordos internacionais visando o racionamento das emissões globais de gases com efeito de estufa, é importante que os seus parceiros se mantenham fiéis ao acordo, uma vez que o não cumprimento de uma das partes conduz a um esbatimento da confiança existente. Assegurar que os compromissos multilaterais são legalmente transformados em orçamentos nacionais transparentes é uma forma eficaz de combater este problema.

A nível nacional, os orçamentos de carbono podem reduzir a ameaça de uma quebra económica ao enviar, a fornecedores e consumidores, sinais claros relativamente às futuras políticas energéticas. Para além do mercado económico os orçamentos de carbono podem também desempenhar um importante papel no que respeita a consciencialização pública e a responsabilização governamental, permitindo aos cidadãos, através dos resultados obtidos pelo orçamento, avaliar o contributo dos seus governos no que aos esforços multilaterais de mitigação diz respeito.

Proliferação das metas de redução das emissões

Nos últimos anos tem-se assistido a um aumento da criação de metas a atingir, no que respeita às alterações climáticas. Os governos nacionais têm adoptado um abrangente conjunto de objectivos, e dentro dos próprios países, tanto os governos regionais como os estaduais têm desempenhado um papel bastante activo na criação de metas referentes à redução de emissões (tabela 3.1).

O crescimento verificado na criação de metas e objectivos tem produzido resultados impressionantes. Mesmo o próprio Protocolo de Quioto foi um exercício de criação de limites nacionais ligados aos objectivos globais de mitigação. A maioria dos países da OCDE – à excepção de Austrália e Estados

Nenhum sistema multilateral apresentará resultados caso não seja apoiado por objectivos nacionais e por políticas alinhadas com esses objectivos

Tabela **3.1** **As metas de redução das emissões variam**

Metas e propostas para a redução de emissões de gases com efeito de estufa	Curto prazo (2012–2015)	Médio prazo (2020)	Longo prazo (2050)
Programa de emissões sustentáveis RDH (para países desenvolvidos)	**Início de redução de emissões**	**30%**	**Pelo menos 80%**
Países seleccionados			
	Metas de Quioto [a] (2008–2012)	**Pós-Quioto**	
União Europeia [b]	8%	20% (individualmente) ou 30% (com acordo internacional)	60–80% (com acordos internacionais)
França	0%	–	75%
Alemanha	21%	40%	–
Itália	6.5%	–	–
Suécia	aumento de 4% (meta nacional de redução 4%) (até 2010)	25%	–
Reino Unido	12.5% (meta nacional de 20%)	26–32%	60%
Austrália [c]	aumento de 8%	–	–
Canadá	6%	20% relativamente a 2006	60–70% relativamente a 2006
Japão	6%	–	50%
Noruega	Aumento de 1% (meta nacional de redução de 10%)	30% (até 2030)	100%
Estados Unidos da América [c]	7%	–	–
Propostas seleccionadas a nível estatal nos Estados Unidos da América			
Arizona	–	Níveis de 2000	50% abaixo dos níveis de de 2000 (até 2040)
Califórnia	Níveis de 2000 (até 2010)	Níveis de 1990	80% abaixo dos níveis de 1990
Novo México	Níveis de 2000 (até 2012)	10% abaixo dos níveis de 2000	75% abaixo dos níveis de 2000
Nova Iorque	5% abaixo dos níveis de 1990 (até 2010)	10% abaixo dos níveis de 1990	–
Iniciativa Regional de Gases com Efeito de Estufa (IRGEE) [d]	Estabilização nos níveis de 2002–2004 (até 2015)	10% abaixo dos níveis de 2002–2004 (até 2019)	–
Propostas seleccionadas pelo Congresso dos Estados Unidos da América			
Lei de Inovação e Gestão do Clima	Níveis de 2004 (até 2012)	Níveis de 1990	60% abaixo dos níveis de 1990
Lei de Redução da Poluição e do Aquecimento Global	–	Redução de 2% anuais de 2010–2020	80% abaixo dos níveis de 1990
Lei de Gestão do Clima	Níveis de 2006 (até 2012)	Níveis de 1990	70% abaixo dos níveis de 1990
Lei de Segurança Climática de 2007	Níveis de 2009 (até 2010)	Redução de 2% anuais de 2011–2020	80% abaixo dos níveis de 1990
Propostas não-governamentais dos Estados Unidos da América			
Parceria de Acção Climática dos Estados Unidos da América	0–5% de aumento dos níveis actuais (até 2012)	0–10% abaixo dos "níveis actuais" (até 2017)	60–80% abaixo dos "níveis actuais"

a. As metas de redução do Protocolo de Quioto são normalmente relativas aos níveis de emissão registados em 1990 em cada um dos diferentes países, e até 2008 – 2012, à excepção de alguns gases com efeito de estufa (hidrofluorocarbono, perfluorocarbono, e hexofluoreto sulfúrico) alguns países escolhem o ano de 1995 como ano base.
b. O Protocolo de Quioto apenas se refere aos 15 países membros da União Europeia em 1997, altura da sua assinatura.
c. Assinou mas não ratificou o Protocolo de Quioto, logo não é obrigado ao seu cumprimento.
d. Os estados participantes incluem : Conneticut, Delaware, Maine, Maryland, Massashusetts, Nova Hampshire, Nova Jersey, Nova Iorque, Rhode Island e Vermont.

Fonte: Conselho da União Europeia 2007; Governo da Austrália 2007; Governo do Canadá 2007; Governo da França 2007; Governo da Alemanha 2007; Governo da Noruega 2007; Governo da Suécia 2007; Centro Pew de Alteração Climática; IRGEE 2005; Estado da Califórnia 2005; The Japan Times 2007; UNFCCC 1998; USCAP 2007

Unidos da América – estão empenhados em atingir uma redução, entre 2008 e 2012, relativamente aos valores registados em 1990. Muitos deles estabeleceram ainda algumas metas adicionais, sendo a União Europeia um exemplo disso. De acordo com o Protocolo de Quioto a União Europeia deveria atingir uma redução de 8% nas suas emissões. No entanto, em 2007, comprometeu-se a reduzir as suas emissões de gases com efeito de estufa em "pelo menos" 20%, ou 30% no caso de se obter um acordo internacional, até 2020, e em 60% a 80% até 2050. Vários estados membros adoptaram metas nacionais para a redução de emissões relativamente aos valores registados em 1990, entre eles:

- O Reino Unido estabeleceu a si próprio um objectivo "extra-Quioto", sob a forma de um redução de 20%, relativamente aos valores de 1990, até 2010. A legislação em preparação irá estabelecer uma obrigação legal ao governo para que este alcance reduções na ordem dos 26% a 32% até 2020 e de 60% até 2050.[1]
- A França estabeleceu uma meta nacional de redução de emissões em 75% até 2050.[2]
- Em 2005, a Alemanha actualizou o seu Programa Nacional de Alterações Climáticas para que este passasse a incluir uma meta de redução de 40% até 2020 (assinante do projecto de redução de 30% da União Europeia).[3] Em Agosto de 2007 o Governo Federal Alemão reafirmou o seu compromisso de adoptar um conjunto de políticas com o intuito de alcançar essa meta.[4]

A definição de metas foi também um assunto presente na agenda do G8. Na cimeira de 2007 os líderes do G8 aceitaram os princípios para uma acção urgente focada na eliminação de perigosas alterações climáticas. Não foram adoptadas quaisquer medidas formais mas no entanto, a cimeira concordou em "considerar seriamente" as decisões tomadas pelo Canadá, pela União Europeia e pelo Japão, assentes na ambição de reduzir as emissões globais por metade até 2050.[5]

Definição de metas feita a partir de baixo nos Estados Unidos

Os Estados Unidos da América carecem actualmente de uma meta para uma total redução de emissões. Sob influência da Iniciativa para as Alterações Climáticas Globais (IACG) de 2007, o Governo Federal definiu um objectivo nacional para a redução da intensidade de emissão de gases com efeito de estufa, de acordo com a relação de emissão de gases com efeito de estufa para o PIB. No entanto, a ausência de uma meta nacional de redução de emissões não impediu o surgimento de um conjunto de iniciativas para definição de metas, com cidades e estados definindo as suas próprias metas quantitativas. Alguns exemplos importantes são:

- *Iniciativas estaduais.* Com a aprovação da Lei de Soluções para o Aquecimento Global de 2006, a Califórnia reforçou a ambição de atingir os níveis de emissão de gases com efeito de estufa verificados em1990 até 2020, procedendo a uma redução de 80% até 2050, também de acordo com os níveis de 1990 (caixa 3.1). A preocupação de que estes objectivos irão necessariamente comprometer a competitividade e o emprego não é apoiada pelos dados existentes. O trabalho de definição conclui que novos incentivos criados pelo estado relativamente à redução de emissões poderiam gerar um rendimento adicional de 59 mil milhões de dólares americanos, bem como 20 000 novos postos de trabalho até 2020.[6] Existe neste momento um total de 17 estados pertencentes aos Estados Unidos da América com metas definidas no que respeita à redução de emissões.[7]
- *Iniciativas Regionais.* A Iniciativa Regional para Gases com Efeito de Estufa (IRGEE) criada em 2005 é o primeiro sistema de limite-e-negociação obrigatório dos Estados Unidos da América, que estabelece limites para as emissões geradas por Centrais Energéticas. Este programa abrange actualmente 10 estados.[8] O seu objectivo é estagnar os actuais níveis de emissão no período entre 2009 e 2015 e iniciar a partir daí a sua redução, esperando alcançar um decréscimo de 10% até 2019. Em 2007, a criação da Iniciativa de Acção Climática Regional da Zona Oeste – envolvendo o Arizona, a Califórnia, o Novo México, o Oregon, o Utah e Washinton – expandiu a abrangência das iniciativas regionais. Em 2007 juntaram-se a estes estados as províncias canadianas de Colúmbia Britânica e de Manitoba, transformando a iniciativa numa parceria internacional. Em 2009 estes estados irão definir uma meta para as emissões regionais e desenvolver programas de mercado para a alcançar.[9]
- *Iniciativas Municipais.* As cidades encontram-se também num processo de definição de metas, no total 522 mayors em representação de 65 milhões de americanos almejam alcançar aquela que teria sido a meta americana, tal como definida pelo Protocolo de Quioto, uma redução em 7% dos níveis de 1990 até 2012.[10] Nova Iorque introduziu cortes nas emissões geradas pelas Centrais Energéticas. Os órgãos de governo da cidade de Nova Iorque aprovaram também uma legislação que exige a criação de um relatório para todas as emissões de gases com efeito de estufa feitas na cidade e estabelece a meta de redução de emissões

Na cimeira de 2007 os líderes do G8 aceitaram os princípios para uma acção urgente focada na eliminação de perigosas alterações climáticas

Caixa 3.1

Exemplo de liderança no orçamento de carbono - Califórnia

A sexta maior economia mundial, a Califórnia, tem vindo a ser um líder, tanto a nível nacional como internacional, no que diz respeito à conservação energética e aos cuidados ambientais. Actualmente estabelece o padrão para a acção global de mitigação das alterações climáticas.

A Lei de Soluções para o Aquecimento Global implica que a Califórnia restabeleça os níveis de emissão de gases com efeito de estufa de 1990 até 2020, com uma meta de redução a longo prazo de 80% até 2050. Esta legislação representa o primeiro programa estadual obrigatório de criação de um limite de emissões para a indústria, com coimas aplicáveis ao seu não cumprimento.

A legislação assenta em fortes condições institucionais. O plano estadual atribui ao Comité Estadual de Recursos do Ar (CERA) a autoridade para definir o quanto os grupos industriais devem contribuir para a redução de emissões, estabelecendo metas para os níveis de emissão e coimas para o seu não cumprimento. Tem um prazo estabelecido até 2010 para definir a forma como o sistema deverá actuar, oferecendo às empresas um período de 3 anos para que estas se preparem devidamente para a sua implementação. O CERA é também impelido a desenvolver uma estratégia "para atingir o máximo tecnologicamente possível e economicamente viável de redução na emissão de gases com efeito de estufa até 2020". Esta estratégia, a ser obrigatória até 2010, inclui um programa de limite-e-negociação baseado em objectivos quantitativos. Entre os quais:

- *Padrões de emissão para veículos.* Ao longo dos últimos quatro anos tem sido líder em altos padrões de emissão. A actual legislação relativa aos padrões de emissão para veículos irá requer uma redução de 30% na emissão de gases com efeito de estufa realizada por veículos novos, até 2016. O estado está também a desenvolver um padrão de baixo nível de carbono nos combustíveis que almeja a redução em 10% da intensidade de emissão dos combustíveis até 2020. Espera-se que estas medidas criem incentivos à redução de emissão no processamento de petróleo, e ao uso de bio-combustíveis e de veículos movidos a electricidade.
- *Padrões de eficácia para a electricidade.* A política de acção neste campo tem recebido menos exposição pública que A Lei de Soluções para o Aquecimento Global, mas apresenta também um elevado grau de importância. Ao abrigo da legislação aplicável, a Comissão de Energia da Califórnia deve estabelecer padrões limitados de emissão para a electricidade obtida por meio de contratos de longo prazo, seja esta produzida no próprio estado ou importada de centrais situadas em outros estados. Estes padrões impulsionarão a produção de electricidade de baixo nível de carbono, incluindo pesquisa e desenvolvimento de centrais com capacidade para capturar e armazenar CO_2.
- *Energia Renovável.* A Califórnia é um dos vinte estados que possuem um "conjunto padrão renovável" que está a delinear uma meta para a energia renovável. Até 2020 a Califórnia pretende gerar 20% da sua energia a partir de fontes renováveis. O estado pagará aproximadamente 2,9 mil milhões de dólares americanos de reembolso a particulares e empresas que instalem painéis solares, com juros adicionais que cubram 30% da despesa de instalação. Estes subsídios fazem parte da iniciativa "Um Milhão de Telhados Solares".
- *Estabelecer padrões de conservação.* Durante o ano de 2004 a Califórnia anunciou uma severa meta de conservação que visa salvar o equivalente a 30 000 GWh até 2013. De forma a alcançar este objectivo foram introduzidos novos padrões de construção.

Três importantes características do caso da Califórnia oferecem abrangentes lições acerca do orçamento do carbono. Em primeiro lugar, a legislação estabelece uma meta credível – a ser aplicada por todos os países desenvolvidos, a redução de 80% até 2050 colocaria o mundo no caminho das emissões potencialmente sustentáveis. Em segundo lugar, a regulação e monitorização são efectuadas por fortes mecanismos institucionais que fornecem as bases para a transparência e para a credibilidade. E em terceiro lugar, a legislação estabelece um equilíbrio entre objectivos obrigatórios, incentivos e medidas reguladoras destinadas à redução de emissões e à estimulação da inovação.

Fonte: Arroyo and Linguiti 2007

nos 7% relativamente aos valores de 1990, objectivo este a atingir até 2020. Embora a redução de emissões seja opcional para o sector privado existe um compromisso por parte do Governo de Nova Iorque para reduzir as suas emissões em 30%.[11]

Estas iniciativas devem ser contextualizadas, caso a Califórnia fosse um país, seria o décimo quarto maior emissor de CO_2 a nível mundial – daí advém o facto de a sua liderança ser de importância global. No entanto, a maioria das emissões ainda tem origem em estados sem qualquer programa de redução de emissões: a Califórnia e os estados do IRGEE são em conjunto responsáveis por cerca de 20% das emissões de gases com efeito de estufa dos Estados Unidos da América. Da mesma forma que o gases com efeito de estufa emitido pela Índia e o emitido pelos Estados Unidos se misturam na atmosfera terrestre, uma tonelada de CO_2 emitida em São Francisco tem o mesmo impacto que uma tonelada emitida em Houston. Na ausência de metas federais obrigatórias as reduções nas emissões em alguns estados poderão ser anuladas pelos aumentos de emissão efectuados noutros estados. Mesmo assim, as iniciativas a nível dos governos estaduais e regionais criaram um ímpeto político empenhado no estabelecimento de uma cota máxima de emissão a nível federal. Esse ímpeto reflecte-se no Congresso dos Estados Unidos da América, uma vez que se tem nos últimos anos assistido a uma estável proliferação de propostas legislativas direccionadas à definição de metas para a futura emissão de gases com efeito de

Contributo especial

Nova Iorque na liderança das alterações climáticas

Na batalha contra as alterações climáticas é fácil falar acerca de soberbas metas a longo prazo, mas a questão que se coloca é: o que se faz hoje em dia para as alcançar? Na cidade de Nova Iorque revelámos recentemente um ambicioso mas alcançável plano de combate ao aquecimento global e de criar a primeira cidade verdadeiramente sustentável do século XXI. O plano, de seu nome *PlaNYC*, inclui 127 iniciativas específicas destinadas a reduzir a poluição do ar e da água, limpar terra poluída, modernizar as nossas infra-estruturas e redes de energia e reduzir significativamente as pegadas de carbono da cidade. Em suma, resume-se a criar uma melhor e mais verde cidade para as nossas crianças.

Findos estão os dias em que os líderes dos sectores público e privado podiam agir como se a sustentabilidade ambiental e a competitividade económica agissem uma contra a outra. Na realidade está provado o contrário. O combate contra o aquecimento global começa, de diversos modos, com a aprendizagem de como ser mais eficiente. Investir em tecnologia de poupança energética permite aos governos, empresas e famílias poupar significantes quantias de dinheiro a longo prazo. Como parte do *PlaNYC*, por exemplo, a cidade de Nova Iorque está empenhada em reduzir o seu uso de energia em 30% ao longo dos próximos dez anos. Estamos também a incentivar a construção "verde" no sector privado. Estamos ainda a proceder à actualização e melhoramento de 13 000 dos nossos famosos táxis amarelos, duplicando a sua eficácia no aproveitamento de combustível, de forma a igualar ou superar os actuais veículos híbridos. Esta medida não significa apenas menos emissão de CO2 e menos poluição do ar, significa também menores despesas com combustíveis para os condutores – e isso representa mais dinheiro no bolso.

O *PlaNYC* irá auxiliar-nos a manter o crescimento económico e a proteger o ambiente. Mas, para além disso permitir-nos-á desempenhar e ampliar as nossas responsabilidades enquanto cidadãos globais. O *Relatório de Desenvolvimento Humano 2007/2008* afirma que a alteração climática é um dos maiores desafios impostos à humanidade e que as populações mais vulneráveis são aquelas que mais riscos correm. São as acções das nações mais ricas – as que maior quantidade de gases com efeito de estufa produzem – que provocam consequências reais sofridas pelas pessoas e por todo o mundo, especialmente pelas nações mais pobres.

Não podemos ficar parados à espera da acção de terceiros – e é por esse motivo que cidades por todo o mundo se encontram na linha da frente. Os líderes das cidades focam-se nos resultados e não nas políticas – agindo e não andando em bicos de pé pela linha intermédia. Apesar da dificuldade em alcançar acordos internacionais e em aplicá-los, os líderes das cidades têm encetado inovações e partilhado programas. Em Fevereiro de 2007 a Conferência de Presidentes de Câmara dos Estados Unidos lançou o Centro de Protecção Climática para proporcionar aos mayors a orientação e assistência de que necessitam para liderar os esforços das suas cidades na redução da emissão de gases com efeito de estufa. Também em Maio deste ano, a cidade de Nova Iorque serviu de anfitriã à Cimeira das Maiores Cidades C40 acerca do clima, que juntou mais de 30 presidentes de Câmara das maiores cidades do mundo para que trocassem ideias e programas de combate às alterações climáticas.

O papel de liderança desempenhado pelas cidades no combate às alterações climáticas evidencia-se pelo facto de muitas das iniciativas do *PlaNYC* terem sido inspiradas por outras cidades. Inspirámo-nos em Londres, Estocolmo e Singapura para criar o nosso programa de redução do congestionamento no tráfego comercial; em Berlim para as nossas políticas de energia renovável e de incentivo à colocação de painéis solares; em Nova Deli, Hong Kong e Xangai para os nossos inovadores melhoramentos no trânsito; em Copenhaga para a actualização das nossas vias para pedestres e ciclistas; em Chicago e Los Angeles para o nosso projecto de plantar mais um milhão de árvores; em Amesterdão e Tóquio para as nossas políticas de desenvolvimento de trânsito-orientado; em Bogotá para os nossos projectos de transito rápido de autocarros. Ao enveredar por uma forma global de abordar um problema global estamos aptos a formular um projecto local que irá, claramente, permitir-nos fazer a nossa parte no combate contra as alterações climáticas – e ser um modelo a seguir, tal como esperamos.

O *Relatório de Desenvolvimento Humano 2007/2008* deixa bem claro que deixou de ser aceitável que os governos mundiais ignorem a ameaça das alterações climáticas, ou que órgãos eleitos anunciem metas a longo prazo sem que avancem com projectos reais e adequados para as alcançar, incluindo objectivos temporários que permitam ao público atribuir a esses órgãos, e aos que os sucedam, a responsabilidade de alcançar um progresso estável. Como líderes públicos temos a responsabilidade de agir com ousadia para alcançar mudanças reais – a começar a partir de agora.

Michael R. Bloomberg
Presidente da Câmara da cidade de Nova Iorque

estufa. Na primeira metade de 2007 sete projectos de lei destinados a estabelecer limites quantitativos para a economia abrangente, estavam a ser debatidos no Congresso.[12] Um deles – A Lei de Inovação e Gestão do Clima – prevê um projecto de redução com cortes de 20%, relativamente aos níveis de 1990, até 2030, sendo aumentados para 60% até 2050, para a geração de energia eléctrica, para os transportes e para os sectores comercial e industrial.

Para além do Congresso, tem-se assistido à emersão de várias iniciativas, provenientes de diversas zonas eleitorais, juntando a indústria, os ambientalistas e outros. Um exemplo disso mesmo é a Parceria de Acção Climática dos Estados Unidos (PACEU), uma aliança de 28 grandes empresas – incluindo a BP America, a Caterpillar, a Duke Energy, a DuPont e a General Electric – e seis ONG na linha da frente (com um número de sócios superior a um milhão), a PACEU encetou um

Muitas das metas definidas são, na melhor das hipóteses, apenas debilmente relacionáveis com os requerimentos de um orçamento sustentável de carbono

conjunto de políticas obrigatórias, incentivos tecnológicos e outro tipo de acções de forma a conseguir uma drástica redução das emissões até 2012, reduções de 10% até 2017 e de 80% até 2050, redução esta feita de acordo com os "níveis actuais".[13] Muitas das empresas envolvidas estabeleceram metas voluntárias de redução de emissões, antecipando deste modo a futura criação de metas obrigatórias.

As propostas da PACEU são instrutivas, e para além das metas reflectem importantes alterações na forma de abordar a mitigação das alterações climáticas. Há cinco anos atrás muitas das maiores empresas americanas eram inicialmente hostis à ideia de medidas obrigatórias de restrição quantitativa na emissão de gases com efeito de estufa. Neste momento essa situação alterou-se, cada vez mais as empresas olham para as metas quantitativas não como uma ameaça mas como uma oportunidade que irá criar incentivos e projectos para investimentos com baixos níveis de carbono.

Ironicamente, a ausência de um conjunto de limites a nível nacional para as emissões de gases com efeito de estufa é, hoje em dia, vista pelas maiores empresas como um problema, em parte por criar instabilidade de mercado, mas também porque o surgimento de iniciativas regionais e estaduais está a criar um complexo e "remendado" sistema regulador. A Aliança de Produtores Automóveis, que inclui a General Motors e a Ford Motor Company, tem vindo a pedir uma "forma nacional e federal, que abranja a economia, de abordar a questão dos gases com efeito de estufa".[14] A Associação de Fornecimento de Energia Eléctrica anunciou também o seu apoio a uma "abrangente e obrigatória legislação federal para minimizar o impacto dos gases com efeito de estufa".[15]

Quatro problemas para o orçamento de carbono

Será a nova tendência no que respeita à definição de metas nos países desenvolvidos providenciar a base para orçamentos de carbono que preparem o mundo para a eliminação de perigosas alterações climáticas?

A resposta a esta pergunta é um "não rotundo". Enquanto a definição de metas é um encorajador sinal de que a preocupação pública integra a agenda política, muitas das metas definidas são, na melhor das hipóteses, apenas debilmente relacionáveis com os requerimentos de um orçamento sustentável de carbono. A falta de ambição é um problema comum, assim como a confusão associada à proliferação de metas e objectivos, especialmente quando essas metas e objectivos se reflectem de modo inadequado nas políticas energéticas. Existem quatro potenciais fontes de erro que é necessário referir:

- *Falta ambição.* O nosso percurso para as emissões sustentáveis estabelece duas dimensões plausíveis para a avaliação dos sectores em que os limites de emissão necessitam de ser estabelecidos pelos países desenvolvidos. A longo prazo: começando a redução no período entre 2012 e 2015, reduzindo em 30% até 2020 em pelo menos 80% até 2050, relativamente aos valores registados em 1990. Existem dois problemas. Em primeiro lugar, algumas metas – as do Reino Unido e várias propostas dos Estados Unidos são disso um exemplo – ficam aquém do pretendido (tabela 3.1). Em segundo lugar, a selecção dos anos de referência. Por exemplo, alguns governos interpretam o compromisso do G8, de "seriamente considerar" reduzir as emissões para metade até 2050, como sendo implícito que os níveis considerados nessa redução são os actuais. Aritmética simples aplicada ao carbono demonstra a importância dos anos de referência, por exemplo, mudar o ano de referência dos Estados Unidos de 1990 para 2004 iria aumentar a base de emissões permitidas em cerca de 900Mt CO_2e – aproximadamente o equivalente ao total das emissões da Alemanha em 2004.[16] Para o Canadá, a mesma alteração nos anos de referência iria aumentar a base de emissões em cerca de 27% relativamente aos níveis de 1990. De uma perspectiva de orçamentação do carbono, qualquer alteração no ano de referência deveria incluir ajustamentos no que respeita as metas de redução para compensar qualquer aumento desde 1990.
- *Indicadores Inexactos.* As metas para redução da intensidade do carbono de alguns governos como equivalentes aos objectivos de mitigação das alterações climatéricas. Estas situações confundem os meios e os fins a que se destinam. Reduzir a quantidade de CO_2 emitido por cada dólar de riqueza criado (a intensidade de carbono do crescimento), ou por cada unidade de energia gerada (a intensidade de carbono da energia) é um importante objectivo. Nenhuma estratégia de mitigação tem possibilidade de ser bem sucedida sem progresso nessas áreas. De qualquer modo, o que em última instância realmente interessa é a "redução geral"

das emissões. Na perspectiva de um orçamento de carbono sustentável, as metas para a intensidade do carbono isoladas desviam a atenção dos objectivos de mitigação. Muitos países possuem um impressionante recorde de redução da intensidade do carbono mas mantêm um aumento geral no que toca às emissões (figura 3.1). Os Estados Unidos reduziram desde 1990 a intensidade dos gases com efeito de estufa em cerca de 25%, mas, de modo geral, as suas emissões aumentaram de forma equivalente. O IACG almeja mais uma redução na intensidade dos gases com efeito de estufa, desta feita em 18%, entre 2002 e 2012 – de modo geral, consistente com a tendência existente desde 1980. De qualquer forma, a Administração de Informação energética projecta para o mesmo período de tempo um aumento de aproximadamente 25% nas emissões de CO_2.

- *Inadequada cobertura dos sectores.* A contabilidade efectiva do carbono exige que todas as emissões se reflictam no orçamento. Infelizmente alguns dos actuais sistemas de contabilização mantêm alguns sectores "excluídos do orçamento". Por exemplo, a aviação está excluída dos inventários internacionais de gases com efeito de estufa devido ao Protocolo de Quioto. A atmosfera terrestre não é assim tão discriminatória. Desde 1990 que as emissões de CO_2 derivadas dos combustíveis utilizados na aviação aumentou de 330 $MtCO_2$ anuais para 480 $MtCO_2$. Os últimos números representam cerca de 2% das emissões globais. No entanto, devido ao facto de as emissões serem efectuadas directamente na troposfera, os efeitos provocados são bastante mais acentuados sendo responsáveis por 3% (num intervalo percentual 2-8) do aquecimento global.[18] para vários países da OCDE a aviação representa uma significante e crescente parte do contributo nacional para o aquecimento global. No Reino Unido está projectado que as emissões anuais da aviação cresçam entre 62 e 161 MtCO2 até 2050. De modo a contrabalançar as emissões efectuadas pelo sector da aviação e atingir a meta nacional traçada para a redução geral das emissões até 2050, os restantes sectores deverão reduzir as suas emissões entre 71% a 87%.[19] Esta não é uma opção plausível, sugerindo que a aviação seja também sujeita a reduzir as suas emissões.
- *Urgência insuficiente.* Por vezes as decisões de política pública são adiadas sem grande preocupação. Este não é o caso no que respeita as alterações climáticas, uma vez que as emissões têm um longo período de existência, adiar a decisão de as reduzir aumenta a concentração de gases com efeito de estufa na atmosfera e reduz a fasquia temporal para a sua diminuição. Várias propostas legislativas dos Estados Unidos da América contemplam reduções limitadas até 2020 relativamente aos valores de 1990, seguidas de reduções exageradas daí em diante. Esta abordagem poderá ser errónea. Um estudo realizado para os Estados Unidos mostra que o percurso de contribuição para a estabilização global nos 450 ppm CO_2e pode ser atingido através de diminuições anuais de 3% até 2050. No entanto, atrasar a acção até 2020 irá requer reduções anuais de 8,2% – o que exige severos ajustamentos e uma implausível taxa de inovação tecnológica.[20]

As metas são importantes, mas os resultados também

Estabelecer metas não é o mesmo que apresentar resultados. A experiência adquirida ao abrigo do Protocolo de Quioto fornece a constante lembrança

Figura 3.1 **A queda de intensidade do carbono nem sempre diminui as emissões**

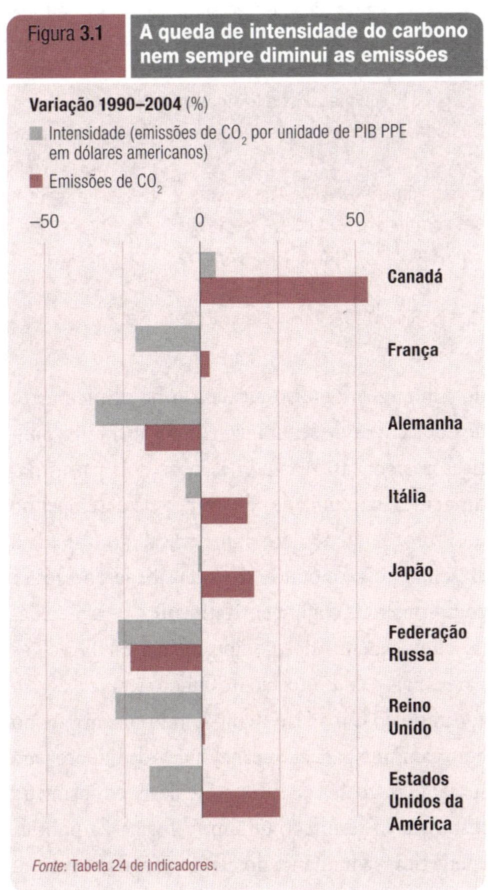

Fonte: Tabela 24 de indicadores.

A experiência adquirida ao abrigo do Protocolo de Quioto fornece a constante lembrança do limitado progresso alcançado no alinhamento dos objectivos de segurança climática com as políticas energéticas

Caixa 3.2 Metas e resultados divergem no Canadá

O crescimento económico baseado na intensidade de carbono empurrou o Canadá para fora dos trilhos que conduzem ao cumprimento dos compromissos assumidos no Protocolo de Quioto. A experiência do país demonstra vigorosamente as dificuldades em alinhar as politicas de economia interna com os compromissos internacionais.

Em 2004 os canadianos contribuíram com a emissão de cerca de 639 milhões de toneladas de CO_2 para a atmosfera terrestre. Representando apenas 2% do total mundial, o Canadá tem um dos mais altos níveis mundiais de emissão per capita – as suas pegadas de carbono aprofundam-se cada vez mais. Desde 1990 que as emissões de CO_2 geradas a partir de combustíveis fósseis aumentaram em 54% ou 5 toneladas *per capita*. Esse aumento é superior ao total das emissões per capita da China.

O Canadá está longe de cumprir os compromissos assumidos no Protocolo de Quioto. As emissões aumentaram em 159 milhões de toneladas de CO_2e desde 1990 – um aumento total de 27% que se coloca 33% acima do nível da meta de Quioto.

Porque é que o Canadá falhou em tão larga escala o cumprimento das metas de Quioto? O rápido crescimento económico tem sido um dos motivos. Outro tem sido a intensidade de carbono do crescimento, derivada do aumento dos investimentos na produção de gás natural e de petróleo. As emissões de gases com efeito de estufa associadas às exportações deste sector aumentaram de 21 milhões para 48 milhões de toneladas anuais desde 1990.

Desenvolvimentos nos mercados do petróleo e do gás natural contribuíram para o défice canadiano no cumprimento dos objectivos de Quioto. Com a subida do preço do petróleo tornou-se comercialmente viável explorar o petróleo arenoso em Alberta. Ao contrário da extracção convencional de petróleo feita a partir de poços, a extracção de petróleo arenoso é feita a partir da remoção das camadas superiores do solo, ou através do uso de vapor de alta pressão para aquecer as camadas arenosas inferiores e tornar o betume menos viscoso. As exigências energéticas e a intensidade dos gases com efeito de estufa por barril de petróleo extraído desta forma são quase o dobro das da extracção convencional.

A exploração de petróleo arenoso tem uma grande relevância no percurso canadiano de redução da emissão de gases com efeito de estufa. A Associação de Produtores de Petróleo Canadianos e a Comissão Nacional de Energia do Canadá estimam que 95 mil milhões de dólares canadianos (108 mil milhões de dólares americanos) serão gastos em operações de extracção de petróleo arenoso entre 2006 e 2016. Espera-se que a produção aumente para mais de três milhões de barris diários, o que traduzido em pegadas de carbono representa um aumento de factor 5 nas emissões de gases com efeito de estufa derivadas do petróleo, aumentando em mais de 40% as emissões nacionais até 2010.

Alterar este percurso será difícil dado o volume dos investimentos já efectuados. Em 2006 foram traçadas novas metas, ao abrigo do Acto de Limpeza do Ar, que define reduções de 45% a 65% relativamente ao ano de 2003 a ser efectuadas até 2050. No entanto, estas metas não são obrigatórias nem articuladas com políticas específicas. Iniciativas a nível provincial e municipal estabeleceram meios mais concretos, produzindo resultados impressionantes. Por exemplo, Toronto alcançou importantes reduções nas emissões (40% abaixo dos níveis de 1990 em 2005) por meio de eficazes iniciativas energéticas, modificação de edifícios antigos e políticas de preenchimento de terra.

O Canadá tem um longa história de liderança global em matéria de ambiente climático global, da chuva ácida à questão do buraco na camada de Ozono e às alterações climáticas. Manter esta tradição exigirá duras decisões. A Fundação David Suzuki sugeriu uma redução de 25% até 2020, sendo alargada para 80% até 2050. Estes objectivos são alcançáveis mas não com as políticas actuais. Entre as opções a considerar estão:

- O aceleramento das tecnologias de baixa emissão de carbono e o aumento do investimento em retenção de carbono de forma a reduzir as emissões a longo prazo;
- Um requerimento visando os exportadores e que obrigue a aquisição de petróleo canadiano a estar ligada à obtenção de reduções de carbono verificáveis através do mercado de transferência de carbono;
- A introdução de um imposto sobre o carbono aplicável a produtores de petróleo arenoso com o intuito de financiar inovações tecnológicas; e a aquisição de créditos de emissão;
- Um rígido regulamento de padrões de produção; e um incentivo nos preços para produção de baixa emissão de petróleo arenoso e de gás natural.

Fonte: Bramley 2005; Governo do Canadá 2005; Henderson 2007; Instituto Pembina 2007a, 2007b.

do limitado progresso alcançado no alinhamento dos objectivos de segurança climática com as políticas energéticas. A experiência de dois países nas diferentes extremidades do gráfico de desempenho do Protocolo de Quioto é instrutiva. No Canadá o crescimento económico da intensidade energética comprometeu, compreensivelmente, as aspirações de cumprimento dos compromissos estabelecidos para o país pelo Protocolo de Quioto (caixa 3.2). Ao contrário do Canadá, o Reino Unido encontra-se no bom caminho para alcançar as metas de Quioto para si traçadas, apesar de isto não se dever em primeira instância ao resultado de uma reforma da política energética – a mudança do carvão para o gás natural na mistura de energia apresenta maior relevância no cumprimento desses objectivos. O país definiu agora um ambicioso orçamento de carbono, que traça um percurso para a redução de emissões, isto mesmo apesar de ser até 2050. Por outro lado, as emissões de CO_2 do Reino Unido não diminuíram na última década, o que cria sérias dúvidas acerca da capacidade ou não de o país conseguir ou não alcançar as metas nacionais para a redução de emissões (caixa 3.3).

Os ajustamentos institucionais desempenham um importante papel na determinação da credibilidade das metas traçadas para redução das emissões. Na orçamentação do carbono, tal como na orçamentação financeira, o controlo desempenha um papel

Caixa 3.3 O preço das alterações climáticas no Reino Unido - estabelecer um orçamento de carbono

A Proposta para as Alterações Climáticas no Reino Unido é um arrojada e inovadora proposta para criar um orçamento nacional de carbono que suporte os esforços da mitigação global. A legislação comprometeria o governo a efectuar regulares reduções de emissão obrigatórias ao longo do tempo. Aplicada a todo o mundo desenvolvido, a sua implementação em larga escala poderia servir de alicerce a um sistema de Quioto reforçado depois de 2012. No entanto, existem sérias dúvidas acerca da capacidade do Reino Unido para alcançar as suas próprias metas de redução de carbono. A Proposta para as Alterações Climáticas define um percurso para a redução das emissões até 2050. Um dos objectivos expressos é o de contribuir para o esforço internacional contra as perigosas alterações climáticas, o que o Reino Unido define como um aumento médio de 2% na temperatura global. O programa estabelece o prazo de 2050 para uma redução de 60% nas emissões de gases com efeito de estufa, com um meta intermédia de reduções para 2020 entre os 26% e os 32%, relativamente aos valores de 1990.

Estas metas serão determinadas num sistema de "orçamentos de carbono" - com prazos rotativos de cinco anos para limitação das emissões. Três orçamentos serão avançados em primeiro lugar, ajudando à criação de um horizonte de decisões para investimentos e negócios a longo prazo. A legislação criará poderes de capacitação para a preparação de futuras políticas mais fáceis e rápidas de implementar. No entanto, duas questões necessitam ser abordadas caso se espere que a Proposta para as Alterações Climáticas forneça a base para um orçamento de carbono sustentável.

O primeiro problema é o da ambição geral. As metas de emissão na Proposta para as Alterações Climáticas não consistentes com o objectivo de evitar perigosas alterações climáticas. O nosso percurso para atingir emissões sustentáveis sugere que os países desenvolvidos devem reduzir as emissões de gases com efeito de estufa até 2050 em pelo menos 80% relativamente aos níveis de 1990, e não apenas em 60%. Pese embora, o facto de a actual conjuntura excluir a aviação e a marinha mercante. Introduzi-los iria levar a um aumento do cumulativo orçamento de carbono do Reino Unido até 2050 em cerca de 5.5 Gt CO_2 ou 27%.

Caso o resto do mundo enverede pelo mesmo percurso da Proposta do Reino Unido, as perigosas alterações climáticas serão inevitáveis. Conduziria a uma concentração de gases com efeito de estufa na atmosfera num excesso de 660 ppm CO_2e, e provavelmente de 750 ppm CO_2e. Estes são resultados que corresponderiam a um aumento de 4-5°C na temperatura média global, muito além do mínimo aceitável no que toca às perigosas alterações climáticas. A necessidade de manter a fasquia num mínimo de 2° remete para a estabilização dos stocks de gases com efeito de estufa nos 450 ppm CO_2e.

O segundo problema a ser abordado é a actual tendência de emissão de gases com efeito de estufa (ver figura). Numa nota positiva, o Reino Unido é parte integrante de um pequeno grupo de países da União Europeia que está no bom caminho para atingir as metas propostas pelo Protocolo de Quioto. Do mesmo modo que a economia cresceu 47% desde 1990, o ano base para o Protocolo, a emissão de CO_2 baixou 5%. As notícias menos boas são que toda a redução aconteceu antes de 1995. Desde 2000 os níveis de emissão aumentaram em 9 MtCO_2 (para 567 MtCO_2 em 2006). O resultado é que a meta nacional de redução das emissões de CO_2 até 2010 em 20% relativamente aos níveis de 1990 é neste momento inatingível - o mais provável resultado é que a redução seja em menos de metade que o previsto.

Reduzir as fontes de emissão de CO_2 por sectores ajuda a identificar alguns desafios apresentados ao Reino Unido. As emissões produzidas por centrais

As tendências estão desajustadas para a meta nacional

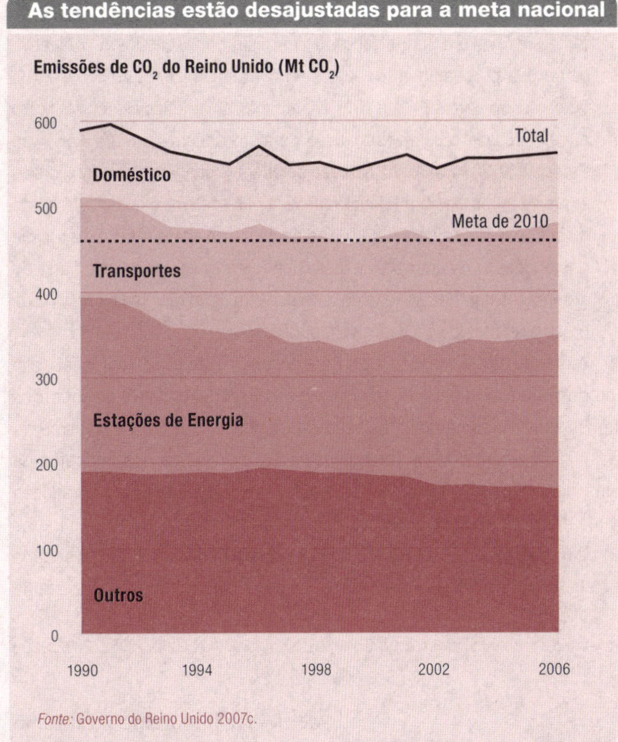

Fonte: Governo do Reino Unido 2007c.

energéticas, que representam cerca de um terço do total, aumentaram em cinco dos últimos sete anos. O sector dos transportes, actualmente a segunda maior fonte de emissões, está em trajectória ascendente, no entanto, as emissões domésticas e industriais não se alteraram significativamente. Seguir estas trajectórias de emissão de CO_2 de forma a tornar possível a redução de 26% a 32% até 2020, necessitará que se adoptem políticas radicais que consigam alinhar a política energética com os objectivos de mitigação das alterações climáticas. Entre as opções a ser tomadas estão:

- A taxação do carbono e o reforço do limite-e-negociação. A definição de preços para o carbono é crítica para a criação de um orçamento sustentável de carbono. A indicação de um compromisso de taxação do carbono dentro dos parâmetros sublinhados neste capítulo oferece uma rota de alinhamento dos mercados energéticos com as metas de um orçamento de carbono sustentável. Trabalhar todo o esquema de limite-e-negociação da União Europeia é outra das opções (secção 3.2), sendo estabelecido um limite para as emissões consistente com a redução de 26% a 32% até 2020.
- Produção de energia. A futura mistura energética na produção de energia dará forma à trajectória tomada pelas emissões do Reino Unido. Desde o princípio de 2000 que o aumento no uso do carvão, o mais poluente dos combustíveis fósseis, tem sido fundamental para o aumento das emissões. Mecanismos reguladores poderiam ser desenvolvidos para iniciar a rápida reforma de centrais energéticas e fábricas altamente poluentes, com o compromisso de acelerar a introdução de centrais carvão com zero emissões. O Reino Unido está também bastante atrasado em relação às melhores práticas de energia renovável da União Europeia - actualmente produz apenas 2% do seu total de energia a partir de fontes renováveis. A Obrigação Renovável, um instrumento regulador, estipula a quantidade

Caixa 3.3 O preço das alterações climáticas no Reino Unido – estabelecer um orçamento de carbono (continuação)

de electricidade a que os fornecedores de energia acedem a partir de fontes renováveis. Tem alcançado um misto de resultados. O objectivo actual é a percentagem de fontes renováveis atingir os 10% até 2010, aumentando para 15% em 2015. No entanto, as tendências actuais ficam aquém desses objectivos, mesmo estando abaixo da meta da União Europeia de 20% até 2020. No caso de querer alcançar os seus objectivos a que se autopropôs, o Reino Unido terá que acelerar o desenvolvimento da energia eólica e do sistema de acumulação da energia das marés. Uma das opções seria um sistema de sustento renovável moldado a partir do sistema alemão de tarifação do fornecimento, com maiores incentivos de preço apoiados pelo investimento público.

- Redução das emissões dos transportes. Taxação e regulação são instrumentos mutuamente reforçadores da redução das emissões dos transportes. O aumento ta taxação do combustível é um mecanismo de gestão da procura. Mais abrangentemente, os deveres dos impostos de circulação automóvel poderiam ser ajustados com uma excessiva gradação que reflectisse as altas emissões associadas ao baixo aproveitamento dos veículos de desporto motorizado. O orçamento nacional de carbono poderia estabelecer um "preçário de carbono" para as taxas automóveis como fonte de rendimento para o investimento em energia renovável, com o registo fiscal de todos os novos automóveis depois de 2010 dividido em níveis de forma a reflectir um preço mais regulado aplicável às emissões de CO_2. As crescentes emissões dos transportes reflectem também as debilidades das infra-estruturas públicas de transporte e a diminuição da diferença de preços entre os sectores público e privado de transporte.
- O sector residencial. O uso de energia no sector residencial permanece altamente ineficaz. Uma casa média exige quatro vezes mais energia do que uma casa nova. Cerca de um terço das casas que estarão ocupadas em 2050 esta ainda para ser construída. A adopção e implementação dos melhores padrões da União Europeia representa uma oportunidade para uma redução das emissões em larga escala.

Estabelecer as metas correctas é o ponto de partida para um orçamento de carbono sustentável. No entanto os governos deverão ser julgados relativamente às suas políticas e aos resultados por elas obtidos. Impressionantes metas de inflação pouco contam quando confrontadas com um descontrolado fornecimento de capital. O mesmo se aplica às metas para a mitigação das alterações climáticas. O desafio do Reino Unido será alinhar uma meta melhor regulada com uma abrangente reforma da política energética.

Fonte: Andersson and Bowes 2007; Governo do Reino Unido 2006b, 2006c, 2007b, 2007c, 2007e; Seager and Milner 2007

de elevada importância, tal como o assegurar que as metas e objectivos se traduzam em resultados. Esta é outra das áreas que têm vindo a ser lideradas pela Califórnia. De modo a implementar os limites estaduais de emissão, uma agência de relevo – o Comité de Recursos do Ar da Califórnia – tem visado o desenvolvimento de regulamentos, estabelecendo um sistema de relatórios obrigatórios e de monitorização dos níveis de emissão. Ao passo que a definição de metas é realizada por líderes políticos eleitos, a sua implementação e administração são conduzidas por agências públicas com forte capacidade técnica. Ao mesmo tempo, as metas têm sido apoiadas por abrangentes reformas energéticas – a política energética é uma preponderante preocupação nacional (caixa 3.4). As economias em transição adoptaram também medidas ao abrigo do Protocolo de Quioto. Estando a maioria no caminho certo para atingir as suas metas e objectivos, situação que se deve mais à recessão económica dos anos 90 do que a um reforma energética – numa área em que o progresso tem sido misto (caixa 3.5).

Os limites do voluntarismo

Alguns países contaram, em primeira instância, com programas voluntários para alcançar os objectivos de mitigação das alterações climáticas. Os resultados têm sido variados. Nalguns casos a acção voluntária tem marcado a diferença. No entanto, encarando uma ameaça ao nível das alterações climáticas, o voluntarismo não pode nunca substituir uma acção estatal efectiva.

Os países desenvolvidos que não ratificaram o Protocolo de Quioto têm dependido de metas voluntárias. A única meta federal nos Estados Unidos é a (não obrigatória) meta de intensidade de emissões. Outros programas pioneiros – tal como a parceria combinada de Calor e Energia e a Parceria de Energia e Ambiente Limpos – tentam encorajar reduções voluntárias do sector empresarial. Na Austrália, a estratégia nacional para as alterações climáticas tem uma meta (não obrigatória) de redução definida em 87 $MtCO_2$ até 2010.[21] Medidas voluntárias, tais como o esclarecimento do consumidor e o compromisso com o sector privado, são os mecanismos primários para alcançar o objectivo.

Os resultados não têm sido animadores. A pedra basilar do programa voluntário na Austrália é a iniciativa Desafio de Estufa Plus (DEP). Às empresas envolvidas é pedido que desenvolvam e emitam inventários de emissão de gases com efeito de estufa a nível da empresa, assim como o desenvolvimento de estratégias para a redução de emissões. O DEP tem desempenhado um importante papel na informação pública, e muitas das empresas envolvidas têm adop-

Caixa 3.4

A União Europeia – metas de 2020 e estratégias para as alterações climáticas e energia

"O objectivo é que a União Europeia lidere o mundo no acelerar da mudança para uma economia com baixos níveis de carbono."

José Manuel Barroso, Presidente da Comissão Europeia, Janeiro de 2007

O que a União Europeia faz em política energética é importante para o mundo. Os seus 27 países são responsáveis por cerca de 15% das emissões globais de CO_2, e a Europa tem voz activa nas negociações internacionais. Fazer com que essa voz seja ouvida depende em larga medida da demonstração de liderança, assim como do exemplo prático.

Foram traçados objectivos ambiciosos. Em 2006 os governos europeus concordaram em estabelecer a meta de redução de gases com efeito de estufa nos 20% relativamente às emissões registadas em 1990, admitindo aumentá-la para os 30% no caso de ser alcançado um acordo internacional. No centro da estratégia para alcançar este objectivo está o empenho em alcançar um aumento de 20% na eficácia energética.

Transformar metas em políticas concretas é algo muito mais complicado. As propostas da União Europeia para alcançar uma maior eficácia através da liberalização do mercado, incluindo a "descentralização" da produção energética são contestadas por vários estados membros. De modo geral, não existe uma estratégia da União Europeia abrangente ao ponto de conseguir introduzir o compromisso de redução de 20% nos orçamentos nacionais de carbono através da taxação, do reforço dos padrões de eficácia ou de um rígido sistema de limite-e-negociação. O Regime Comunitário de Licenças de Comércio de Emissões da União Europeia (RCLE UE) é o mais amplo programa de limite-e-negociação a nível mundial mas, não é direccionado à obtenção de reduções de 20% a 30% nas emissões (secção 3.2). As previsões relativamente ao cumprimento das metas estabelecidas pelo Protocolo de Quioto para a União Europeia permanecem incertas. É esperado que segundo as actuais políticas os membros anteriores a 2004 alcancem uma redução de 0.6% relativamente aos valores de 1990. Isto significa que os estados membros cumpriram menos de 1/10 do percurso traçado para atingir a meta de 8% de redução. Uma actualização mis rígida dos actuais regulamentos de eficácia energética seria um precioso auxílio no preenchimento dessa lacuna.

A União Europeia deu um passo em direcção à liderança na mitigação global do carbono – traçou objectivos ambiciosos. Transformar esses objectivos num coerente conjunto de políticas irá requerer grande coerência assim com reformas ousadas ao RCLE UE, incluindo mais reduções das quotas.

Fonte: CEC 2006b, 2007a; EC 2006c, 2007b; Força de Intervenção de Alto Nível para a Segurança Energética do Reino Unido, Alterações Climáticas e Assistência ao Desenvolvimento 2007

tado estratégias inovadoras para reduzir as emissões. Mas apesar de tudo, as emissões totais da Austrália em 2004 – sem incluir as alterações efectuadas no uso dos solos – estavam 25% acima dos níveis de 1990.[22] As emissões de CO_2 produzidas pela produção de energia subiram 1/3, ao passo que as produzidas pela indústria aumentaram em cerca de 16%. Claramente, o voluntariado não está a produzir os resultados desejados.

O reconhecimento deste facto propulsionou vários governos estaduais e territoriais a exigir a criação de um programa nacional de redução obrigatória de emissões, de modo a suplantar os esforços voluntários. Um exemplo que se destaca é o da Nova Gales, que estabeleceu o objectivo de reduzir as emissões de gases com efeito de estufa em 60% até 2050.[24] A legislação estadual aprovada em 2002 visa, num prazo mais curto, reduzir as emissões per capita derivadas da produção e uso de energia de 8,6 toneladas para 7.3 toneladas entre 2003 e 2007 – uma redução de 5%, de acordo com o mínimo exigido pelo Protocolo de Quioto.[25] O Esquema de Abatimento dos Gases com Efeito de Estufa estabelece metas anuais de redução estadual de emissões, e requer que os fornecedores de electricidade individual cumpram limites obrigatórios relativos à dimensão da sua cota de mercado.[26] tal como nos Estados Unidos, é um exemplo de liderança política a partir de baixo, no que concerne as alterações climáticas.

Os governos dos países que ratificaram o Protocolo de Quioto uniram-se também às iniciativas voluntárias do sector privado. No Japão, o Plano de Acção Voluntária (PAV), foi desenhado pelo governo em parceria com a Federação Japonesa de Negócios. Abrange sete sectores industriais maioritários. O problema é que as empresas são livres de estabelecer as suas próprias metas. Em 2005, o governo japonês estabeleceu um novo plano empenhado em voltar

Caixa 3.5 Redução de intensidade do carbono em economias de transição

A experiência de países de Europa Central e de Leste (ECL) e a Comunidade de Estados Independentes (CEI) serve para sublinhar o importante papel dos mercado e as consequências de enviar os sinais de preço errados.

Quando os regimes comunistas caíram nestes países, há cerca de 18 anos, estes evidenciaram alguns dos mais altos níveis de intensidade energética do mundo. Avultados subsídios atribuídos à criação de energia a partir de carvão, assim como os baixos preços aplicados aos consumidores de energia, criaram fortes desincentivos à eficácia e altos níveis de poluição de CO_2.

A transição a partir de economias centralizadas levou a região a abraçar um doloroso processo de reestruturação. Durante a primeira metade da década de 90, a procura energética e as emissões de CO_2 colocaram a economia numa drástica rota descendente – um facto que explica o porquê de as economias de transição ultrapassarem as suas metas de Quioto. Desde então as políticas de reforma energética têm produzido resultados variados.

A intensidade energética (o consumo de energia por unidade de PIB) e a intensidade de carbono do PIB têm diminuído em todos os países, apesar de em diferente escala e por diferentes motivos (ver tabela). Na Republica Checa, Hungria e Polónia os avanços têm sido impulsionados pelas reformas energéticas e pela privatização. A Polónia já quase atingiu a metade da intensidade energética relativamente aos níveis de 1990. Reformas profundas no sector da energia, incluindo aumentos substanciais nos preços reais, e a transição de uma economia centrada em grandes empresas estatais para uma de pequenas empresas do sector privado, tem estimulado uma rápida mudança tecnológica. Há dez anos atrás, a Polónia usava 2,5 vezes mais energia por unidade de cimento produzida que a média da União Europeia. Essa diferença foi agora suprimida. A intensidade energética do PIB baixou para metade desde 1990.

A Ucrânia alcançou reduções muito menores ao nível da energia e da intensidade do carbono. Pese embora que as reduções se devem menos a reformas do que a alterações na oferta de energia – as importações de gás natural provenientes da Federação Russa diminuíram para metade a percentagem do carvão. O projecto de reforma energética tem ainda que ser despoletado. Continuam ainda a existir avultados subsídios concedidos aos preços da energia, desincentivando os ganhos de eficácia na indústria. Uma influente comissão criada pelo governo – a Comissão da Fita Azul – vai exigir reformas altamente abrangentes. As propostas vão desde preços de recuperação de custos até à criação de um órgão regulador independente para a energia e o retirar dos subsídios. O progresso na sua implementação tem sido lento, mas tem vindo a ganhar ritmo após uma interrupção do fornecimento de gás natural por parte da Federação Russa em 2006.

Os desenvolvimentos no sector energético da Federação Russa são motivo de preocupação global no que respeita as alterações climáticas. O país é o terceiro maior emissor de CO_2 a nível mundial, com pegadas de carbono *per capita* perto da média da OCDE.

A Federação Russa ratificou o Protocolo de Quioto em 2004; quando o fez as emissões de gases com efeito de estufa estavam 32% abaixo dos níveis de 1990 – um facto que testemunha a recessão que acompanhou esta transição. Quando comparados com os níveis de 1990 notamos que houve um progresso considerável. No entanto a Federação Russa continua a ser uma economia com alta intensidade de carbono – com o dobro da intensidade da Polónia. Uma razão para esta situação pode estar relacionada com a natureza parcial das reformas. Ao passo que muitas das mais ineficazes empresas estatais têm vindo a ser desmanteladas, a recuperação económica tem sido levada a cabo por sectores com intensidade energética, tais como o do gás natural e o do minério.

A reforma energética tem também sido parcial. O sector do gás natural ilustra bem este problema. Estima-se que em 2004 a Gazprom, a empresa energética do Estado, tenha perdido 10% da sua produção total devido a fugas ou a compressores ineficientes. A insuficiente incineração de gás é outro dos problemas. Estudos independentes sugerem que cerca de 60 mil milhões de metros cúbicos de gás natural – outros 8% da produção – se perdem através da incineração, o que atribui à Federação Russa a responsabilidade por cerca de um terço das emissões deste tipo.

Países como a Federação Russa demonstram imenso potencial para atingir resultados positivos no que respeita a eficácia da energia nacional e a mitigação das alterações climáticas. A transferência de emissões nos mercados, tal como no RCLE UE, poderia desempenhar um papel no apoio ao investimento com baixo nível de carbono. No entanto impulsionar o potencial para atingir resultados positivos irá requerer a criação de novas estruturas de incentivo através de uma reforma energética. Preços mais altos para a energia, diminuição dos subsídios, implementação de um sector energético mais competitivo e com reforçada regulação independente, assim como reformas governamentais mais amplas, estão entre as prioridades.

As intensidades energéticas e de carbono estão a reduzir nas economias de transição

	Total das emissões de CO_2 (Mt CO_2)			Emissões de CO_2 *per capita* (t CO_2)		Intensidade Energética (uso de energia por unidade de PIB PPC em dólares americanos)		Intensidade do carbono (CO_2 por unidade de PIB PIC em dólares americanos)	
	1990	2000	2004	1990	2004	1990	2004	1990	2004
Federação Russa [a]	1,984	1,470	1,524	13,4	10,6	0,63	0,49	1,61	1,17
Polónia	348	301	307	9,1	8,0	0,36	0,20	1,24	0,68
Ucrânia [a]	600	307	330	11,5	7,0	0,56	0,50	1,59	1,18
Hungria	60	55	57	5,8	5,6	0,24	0,17	0,50	0,37
Republica Checa [a]	138	119	117	13,4	11,4	0,32	0,26	1,03	0,66
Eslováquia [a]	44	35	36	8,4	6,7	0,37	0,26	0,96	0,51
ECL e CEI	4,182	2,981	3,168	10,3	7,9	0,61	0,47	1,49	0,97
OCDE	11,205	12,886	13,319	10,8	11,5	0,23	0,20	0,53	0,45

a. A data de 1990 refere-se a 1992.

Fonte: Cálculos GRDH baseados nas tabelas 22 e 24 de indicadores.

Fonte: GUS 2006; Força de Intervenção de Alto Nível para a Segurança Energética do Reino Unido, Alterações Climáticas e Assistência ao Desenvolvimento 2007; Olshankaya 2007; Perelet, Pegov e Yulkin 2007; Stern 2006; UNDP, Ucrânia 2005; Unge-Vorsatz, Miladinova e Paizs 2006

a por o país no caminho do cumprimento dos seus compromissos de Quioto, alcançando uma redução de 9% das emissões do sector industrial até 2010. O objectivo subjacente ao PAV é o de o sector industrial bem como o da transformação de energia, atingirem níveis de emissão inferiores aos registados em 1990, até 2010.[27]

Nenhum destes objectivos subvaloriza a importância das acções voluntárias do sector empresarial. Nos Estados Unidos, muitas empresas não esperam por metas governamentais obrigatórias para alterar os seus métodos comerciais, estão a agir de iniciativa própria.[28] Em 2003, 35 investidores com 4,5 milhões de milhão de dólares americanos em bens atribuídos ao Projecto de Revelação do Carbono – um programa voluntário de medidas para relatar as emissões empresariais. Há, neste momento, 155 investidores institucionais representados, com bens combinados de 21 milhões de milhão de dólares americanos.[29] Muitos participam num programa voluntário – "Energy Star" – que estabelece padrões para eficácia energética. As empresas com poder no sector estão a investir no desenvolvimento da capacidade de renovação energética. Entretanto, uma das maiores empresas mundiais de fornecimento de energia – American Electric Power – estabeleceu para si própria a ambiciosa meta de ter uma ou mais centrais de Ciclo Combinado de Gás Integrado em funcionamento até 2010. Indústrias de alta intensidade poluidora – como as do cimento e da metalurgia – desenvolveram também tecnologia que permite reduzir as emissões.

Tal como sugerido por estes exemplos positivos, as iniciativas voluntárias para a mitigação das alterações climáticas têm um importante papel a desempenhar. Podem informar o consumidor, criar incentivos para as empresas e estabelecer melhores modelos de acção. Mas a acção voluntária não é suficiente. Não tem sido suficiente para colocar as tendências de emissão numa trajectória descendente, nem nos Estados Unidos nem na Austrália. Noutras áreas de política pública – segurança nacional, segurança nuclear ou a regulamentação da poluição ambiental – os governos não considerariam sequer depender apenas da acção voluntária. No entanto, no que respeita às alterações climáticas existe uma tendência destrutiva de exagerar no papel de "escolha" e minimizar a importância de acção governamental. Por fim, o fracasso no reconhecimento das limitações do voluntarismo irá comprometer a mitigação das alterações climáticas.

Os custos monetários e sociais das emissões de carbono são elevados mas incertos – estando espalhados por países e gerações

3.2 Atribuir um preço ao carbono – o papel dos mercados e dos governos

O debate acerca das alterações climáticas tem-se vindo a alterar nos últimos anos. A discussão deixou de girar em torno do aquecimento ou não do globo e se as mudanças climáticas introduzidas pelo homem eram ou não as responsáveis. Hoje em dia o debate é acerca da forma de combater e parar o problema.

Num mundo ideal o custo limite do carbono estaria alinhado com os danos causados por emissões adicionais, fazendo com que os responsáveis por essas emissões pagassem a totalidade dos custos sociais provocados pelas suas acções. No mundo real, atribuir ao carbono o preço do seu custo total é um assunto complicado. Os custos monetários e sociais das emissões de carbono são elevados mas incertos – estando espalhados por países e gerações. Um relevante resultado disso é que os emissores não encaram as consequências da sua própria poluição.

Nada disto representa um obstáculo intransponível ao desenvolvimento do preço do carbono. Podemos não ser capazes de calcular o custo exacto das emissões sociais, mas, no entanto, conhecemos a imensa dimensão da redução de emissões necessária para evitar perigosas alterações climáticas. O nosso percurso em direcção às emissões sustentáveis fornece uma primeira aproximação. Sendo o desafio imediato elevar o preço do carbono a um nível consistente com este percurso, através da taxação ou da definição de quotas, ou de ambos.

Taxação *versus* limite-e-negociação

A fixação de um preço para o carbono como parte da estratégia de mitigação das alterações climáticas está a ser recebida com bons olhos. Mas que preço deve ser

Continuam a existir fortes bases para a implementação do limite-e-negociação, especialmente para alcançar os objectivos de curto e médio prazo, dos quais depende o sucesso na eliminação da ameaça de perigosas alterações climáticas

estabelecido? E como deve ser criado? Estas questões acerca do valor dado à taxação do carbono e aos programas de limite-e-negociação, são fulcrais para este, um pouco polarizado, debate. Esta polarização não ajuda, sendo mesmo completamente desnecessária.

Tanto a taxação do carbono como os sistemas de limite-e-negociação, caso fossem implementados, viriam a criar incentivos económicos que conduziriam à redução de emissões. Ao abrigo de um imposto aplicado ao carbono os emissores seriam compelidos a pagar um preço por cada tonelada de emissões que criassem. Usar um imposto para alcançar uma específica redução de emissões requer decisões ao mais alto nível da taxação, sobre quem deveria pagar o imposto e sobre o que fazer com as receitas dele provenientes. Ao abrigo de um sistema de limite-e-negogiação o governo estabelece um limite para o total de emissões, emitindo licenças negociáveis – no caso, "licenças para poluir" – que permitam a qualquer ramo de negócios emitir uma determinada quantidade. Aos que conseguirem diminuir as suas emissões com menos custos ser-lhes-á possível vender as suas licenças a outros, que de outro modo seriam incapazes de cumprir o estabelecido. Usar um programa de limite-e-negociação significa tomar decisões acerca de onde estabelecer o limite para a poluição, a quem emitir licenças e quantas dessas licenças devem ser vendidas ou, ao invés, cedidas livremente.

O caso da taxação do carbono

Os apoiantes da taxação do carbono afirmam existir um amplo conjunto de vantagens deste sistema em relação aos sistemas de limite-e-negociação.[30] Estas vantagens podem ser distribuídas por quatro categorias:

- *Administração.* Os apoiantes de uma abordagem baseada na taxação defendem que esta oferece mais vantagens administrativas. Em princípio, os impostos sobre o CO_2 podem ser implementados por meio do sistema fiscal vigente, com a limitação da possibilidade de evasão através de pontos-chave da economia. Uma estimativa realizada para os Estados Unidos sugere que o imposto sobre o carbono aplicado a 2000 entidades poderia, virtualmente, cobrir todo o consumo de combustíveis fósseis, limitando as hipóteses de evasão.[31]
- *Limitar as interferências provocadas por interesses pessoais.* Tal como num sistema de distribuição de quotas, os sistemas de limite-e-negociação estão sujeitos a manipulação por parte de interesses pessoais. Tal como foi escrito por um colunista, emitir concessões é "basicamente imprimir dinheiro para aqueles que controlam as licenças".[32] Quem recebe um determinado número de licenças e a que preço, são questões que devem ser definidas por processos políticos. Inevitavelmente, esses processos são influenciáveis por agentes poderosos – empresas de energia, indústria e comércio, isto para nomear apenas alguns. Este tipo epidémico de influências tem sido sublinhado como sendo o calcanhar de Aquiles das abordagens de limite-e-negociação.
- *Previsibilidade dos preços.* Tanto a taxação como os sistemas de limite-e-negociação aumentam o custo das emissões de CO_2, embora o façam de formas distintas. Os impostos sobre o carbono influenciam o preço de forma previsível, ao passo que os esquemas de limite-e-negociação controlam a quantidade das emissões. Ao controlar a quantidade de emissões, estes esquemas irão praticar preços ajustáveis no que respeita a limitação das quotas. Os críticos do sistema de limite-e-negociação afirmam que as quotas irão aumentar a flutuação dos preços da energia, afectando os investimentos comerciais e as decisões de consumo doméstico
- *Mobilização das receitas.* A taxação do carbono tem o potencial para gerar receitas avultadas. Devido ao facto de o imposto base para os níveis de carbono ser bastante elevado, até um imposto mais modesto poderia também gerar receitas consideráveis. Para a OCDE, um imposto para as emissões de CO_2 relacionadas com a energia, estabelecido nos 20 dólares americanos/t CO_2, iria gerar receitas anuais até 265 mil milhões de dólares.[33] Receitas provenientes da taxação de carbono podem fornecer o investimento para a reforma do sistema fiscal, e ao mesmo tempo manter a neutralidade fiscal (mantendo inalterada a razão entre o imposto e o PIB). As receitas provenientes do imposto sobre o carbono podem ser usadas para reduzir os impostos sobre o emprego e sobre o investimento, ou para criar novos incentivos para o desenvolvimento de tecnologias de baixo nível de carbono. Por exemplo, no início dos anos 90 a Noruega implementou um imposto de carbono sobre a energia, o que gerou

em receitas quase 2% do PIB. O fluxo de receitas da taxação do carbono tem financiado a inovação tecnológica e a redução dos impostos sobre o emprego.[34] Na Dinamarca, a taxação do carbono tem desempenhado um importante papel na redução da intensidade do carbono, e promovido o desenvolvimento da energia renovável. Desde 1990 que a percentagem de carvão usado na produção de energia primária tem descido entre 34% e 19%, enquanto que a percentagem de energia renovável duplicou para 16%.

Impostos e quotas: a diferença pode ser exagerada

A taxação do carbono oferece um meio eficaz de redução de emissões. Muitas das aclamadas vantagens são de facto reais – assim como muitos dos problemas apontados aos sistemas de limite-e-negociação. Continuam a existir fortes bases para a implementação do limite-e-negociação, especialmente para alcançar os objectivos de curto e médio prazo, dos quais depende o sucesso na eliminação da ameaça de perigosas alterações climatéricas. Além disso, as diferenças entre o limite-e-negociação e a taxação podem estar a ser exageradas. Na prática nenhuma das abordagens é, inerentemente, mais complexa que a outra. Ambas requerem monitorização, aplicação e sistema de governo efectivos – e ambas devem abordar a questão relativa à distribuição de custos e benefícios pela sociedade.

A complexidade administrativa é uma área na qual as diferenças têm sido exageradas. Os sistemas para qualquer sector económico baseados em quotas, podem causar problemas administrativos bastante complicados.[35] No entanto, a concentração de emissões de CO_2 criada em larga escala por centrais energéticas e indústrias com alta intensidade de carbono, torna possível o funcionamento de sistemas de limite-e-negociação num relativamente pequeno número de empresas. O RCLE UE, descrito detalhadamente mais à frente, funciona com menos de 11 000 empresas.

A administração dos níveis de carbono por meio do sistema de taxação poderá ter algumas vantagens operacionais. Mesmo assim, os sistemas de imposto podem também ser altamente complexos, especialmente quando incorporam isenções e condições especiais, tal como seria o caso da taxação do carbono. Além disso, a criação e implementação de sistemas de taxação não é menos sujeita a lobbies por parte de certos interesses pessoais do que a distribuição de licenças ao abrigo de um sistema de limite-e-negociação. A volatilidade dos preços é um desafio para os sistemas de limite-e-negociação. Também aqui é importante não sobrevalorizar as diferenças. Se o propósito da política for alcançar objectivos quantitativos sob a forma de redução das emissões, a taxação do carbono terá que ser constantemente actualizada, à luz dos resultados obtidos. Taxas de impostos marginais terão que ser ajustadas de forma a reflectir o cumprir ou não dos objectivos, as incertezas neste tipo de taxas podem transformar-se numa fonte de instabilidade para os preços da energia.

E acerca do argumento de que a taxação do carbono oferece um previsível fluxo de receitas para financiar reformas taxativas mais amplas? É um benefício potencialmente importante. No entanto, os programas de limite-e-negociação podem também gerar receitas através da venda pública de licenças. Vendas transparentes oferecem várias vantagens para além da mobilização de receitas. Ampliando a eficiência e reduzindo o potencial de existência de lobbies, bordando assim duas das maiores fragilidades dos sistemas de quotas. A introdução gradual e o crescimento de importância da venda pública para cobrir 100% da distribuição de licenças deveriam ser partes integrantes do sistema de limite-e-negociação. Infelizmente, isto não acontece com o RCLE UE, apesar de vários estados dos Estados Unidos terem proposto o desenvolvimento de sistemas de limite e negociação baseados em vendas públicas.

De uma perspectiva de mitigação das alterações climáticas, o sistema de limite-e-negociação oferece maiores certezas ambientais. O rígido reforço da cota de emissões garante um limite quantitativo das mesmas, deixando que os mercados se ajustem às consequências.

O programa dos Estados Unidos para a chuva ácida é o exemplo de um sistema de limite-e-negociação que tem alcançado benefícios ambientais tangíveis. Implementado em 1995, o programa almejou a uma redução de 50% nas emissões de Dióxido Sulfúrico (SO_2). Foram distribuídas licenças negociáveis, em duas fases, a centrais energéticas e a outras unidades com um intenso nível de SO_2, criando incentivos para uma rápida mudança tecnológica. Hoje em dia os objectivos estão perto de ser totalmente alcançados – e os ecossistemas sensíveis começaram já a recuperar.[36]

Os exercícios de modelização económica sugerem que um preço do carbono estipulado em cerca de 60 dólares americanos--100/t CO_2 seria em geral consistente com os esforços de mitigação requeridos

Os benefícios alcançados pela taxação do carbono e pelos sistemas de limite-e--negociação relativamente à mitigação das alterações climáticas serão limitados caso os governos não complementem as reformas dessas áreas com uma redução dos subsídios atribuídos aos combustíveis fósseis

3

Evitar alterações climáticas perigosas: estratégias para a mitigação

No contexto das alterações climáticas, as quotas podem ser a opção mais eficaz para alcançar as severas condições de redução de emissões. Posto de forma simples, o limite-e-negociação oferece um mecanismo para alcançar metas quantitativas. Acertando no preço para o imposto marginal, poderá ao longo do tempo produzir um efeito equivalente. Mas errar no preço poderá , nas fases iniciais, comprometer os esforços de mitigação, uma vez que conduzirá a emissões mais elevadas, necessitando de severos ajustamentos no futuro.

Um importante elemento no contexto de qualquer debate acerca dos valores relativos à taxação do carbono e ao limite-e-negociação é a clareza de objectivos. A ambição deve estar alinhada com a trajectória das emissões de carbono, de modo a evitar perigosas alterações climáticas. Para os países desenvolvidos essa trajectória implica cortes de 30% até 2020 e de pelo menos 80% até 2050, relativamente aos níveis de 1990. A credibilidade de qualquer sistema de limite-e-negociação como mecanismo para evitar perigosas alterações climáticas assenta no seu alinhamento com esses mesmos objectivos – um teste em que o RCLE UE actualmente é reprovado (ver abaixo).

Estimar os níveis de taxação do carbono de forma consistente com o nosso percurso em direcção às emissões sustentáveis é complicado. Não existe qualquer fórmula para estimar a taxação marginal de forma consistente com esse percurso. Uma das razões causadoras desta situação é a incerteza acerca da relação entre os alterados incentivos de mercado e a inovação tecnológica. Exercícios de modelização económica sugerem que um preço do carbono estipulado em cerca de 60-100 dólares americanos/t CO_2 seria em geral consistente com os esforços de mitigação requeridos. A implementação do imposto teria que ser cuidadosamente efectuada de forma a alcançar o duplo objectivo de apontar a direcção da política a longo prazo sem dividir os mercados. Uma opção possível e uma abordagem gradual de acordo com os pontos que se seguem:

- Um imposto de 10-20 dólares americanos/t CO_2 a ser implementado em 2010;
- um aumento anual da taxação de 5-10 dólares americanos/t CO_2, ajustado a uma base rotativa a ter em conta para a trajectória nacional de emissões.

Deveria ser enfatizado que o objectivo de implementação da taxação do carbono se prende com a mitigação das alterações climáticas e não com o aumento de receitas. Os impostos aplicáveis ao CO_2 podem ser aumentados sem, no entanto, aumentar o fardo total dos impostos. De facto, um imposto de carbono fiscalmente neutro fornece o potencial para financiar reformas mais abrangentes no sistema fiscal. Tal como observado anteriormente, baixar os impostos relativos ao emprego e ao investimento pode criar incentivos ao desenvolvimento de tecnologias com baixo nível de carbono. Uma vez que a taxação do carbono tem o potencial para atingir os elevados preços da energia e ultrapassar os efeitos regressivos ao utilizar as receitas para sustentar os grupos de baixo investimento, o que é também de alguma relevância.

Neste caso deveria ser aplicada a taxação do carbono ou um sistema de limite-e-negociação? A abordagem mais eficiente seria a de criar um único preço global para o carbono, com as consequências distributivas a serem abordadas através de transferências internacionais (do mesmo modo que as transferências nacionais são usadas para compensar os efeitos da taxação). Em teoria, é possível trilhar um caminho para este objectivo, com impostos ou com um sistema de limite-e-negociação regulados de forma a reflectir as circunstâncias dos países ricos e dos países pobres. Na prática, o mundo carece das estruturas governamentais, administrativas e financeiras para supervisionar tanto a taxação como os sistemas de limite-e-negociação aplicados tanto aos países desenvolvidos como aos países em vias de desenvolvimento.

Isto não significa que o mundo não se possa mover na direcção de um regime global de preços para o carbono, o que é, apenas uma questão de ordenação. Para os países desenvolvidos a prioridade é aproveitar as bases dos programas de limite-e-negociação ou introduzir uma taxação de carbono consistente com os objectivos de redução de emissões estabelecidos para o nosso percurso em direcção às emissões sustentáveis. Integrar os mercados de carbono emergentes da Austrália, da Europa, do Japão e dos Estados Unidos, fornecerá a estrutura base para a transferência global de carbono. Os países em vias de desenvolvimento poderiam gradualmente integrar os sistemas internacionais, estabelecendo os seus próprios sistemas de limite-e-negociação, introduzindo um sistema de taxação de carbono, enquanto procuram reduzir as emissões a longo prazo.

Eliminar subsídios perversos

Independentemente dos seus valores, os benefícios alcançados pela taxação do carbono e pelos sistemas de limite-e-negociação relativamente à mitigação das alterações climáticas serão limitados caso os governos não complementem as reformas dessas áreas com uma redução dos subsídios atribuídos aos combustíveis fósseis. Enquanto os países da OCDE, como grupo, têm vindo a reduzir esses subsídios com o passar do tempo, eles continuam a alterar os mercados e a criar incentivos para investimentos com grande intensidade de carbono. Somados, os subsídios da OCDE para a produção de energia a partir de combustíveis fósseis está estimada em 20-22 mil milhões de dólares americanos por ano. De uma perspectiva de mitigação das alterações climáticas, esses subsídios estão precisamente a enviar os sinais de mercado errados ao encorajar investimentos em infra-estruturas de emissão intensiva de carbono. Alguns desses exemplos:

- Nos Estados Unidos, o Comité de Taxação do Congresso estima que as concessões fiscais feitas à exploração e desenvolvimento de combustíveis fósseis rondem os 2 mil milhões de dólares americanos por ano entre 2006 e 2010.[38] As fábricas de carvão mais antigas, nos Estados Unidos estão também sujeitas a controlos de poluição mais fracos que as fábricas novas, ao abrigo da Lei de Ar Limpo – que, efectivamente, lhes fornece um subsidio para poluir.[39]
- Em 2004 a Agência Europeia do Ambiente estimou os subsídios estatais, orçamentados para a produção de carvão, num total de 6,5 mil milhões de euros (8,1 mil milhões de dólares americanos), liderados pela Alemanha (3,5 mil milhões de euros , qualquer coisa como 4,4 mil milhões de dólares americanos) e pela Espanha (mil milhões de euros, qualquer coisa como 1,2 mil milhões de dólares americanos), com os subsídios extra-orçamentais a gerar um montante similar.[40] Em 2005, a Comissão Europeia aprovou uma concessão de 12 mil milhões de euros para dez minas de carvão na Alemanha.[41]
- O combustível utilizado pela aviação, que tanto em voos nacionais como em voos internacionais se encontra isento de imposto em vários países. Isto contrasta, obviamente, com a posição em relação aos combustíveis usados nos automóveis, em que os impostos sobre os combustíveis figuram proeminentemente nos preços finais pagos pelo consumidor. A vantagem fiscal gozada pelo combustível para aviação representa um implícito subsídio concedido ao transporte aéreo, apesar de o nível do subsídio variar de país para país.[42] A eliminação de subsídios e a taxação aplicada aos voos e aos combustíveis , ou a aplicação de um sistema de limite-e-negociação à indústria da aviação são prioridades.

Um rápido desenvolvimento institucional é uma das lições positivas que emergem do RCLE UE

"Limite-e-negociação" – lições do regime comunitário de comércio de emissões da União Europeia

A política real para as alterações climáticas apresenta um forte caso para o limite-e-negociação. Sejam quais forem os valores teóricos e práticos da taxação de carbono, o momento político por detrás do limite-e-negociação começa a acertar passo. É provável que nos próximos anos se testemunhe a emersão de controlos obrigatórios de emissões nos estados Unidos, com a expansão da institucionalização do comércio de carbono. De modo geral, há a possibilidade de a conjuntura Quioto pós-2012 testemunhar um processo de integração dos mercados de carbono no mundo desenvolvido, com ligações de financiamento reforçado de ligações ao carbono dos países em vias de desenvolvimento. Nenhuma destas situações exclui um abrangente papel para a taxação do carbono. De qualquer modo, os programas de limite-e-negociação continuam a emergir como veículo primário para uma mitigação apoiada na economia – e é vital que sejam implementadas para que se atinja o objectivo principal, a prevenção de perigosas alterações climáticas. Estas são importantes lições que devem ser interiorizadas pela União Europeia.

O regime de comércio de licenças de emissões da UE – um grande esquema com uma curta historia

O RCLE UE é desde logo o maior esquema de limite-e-negociação à escala mundial. Para a União Europeia representa um marco na contribuição para a mitigação das alterações climáticas. Para os seus críticos, o RCLE UE, é um sistema fracassado, uma confirmação de tudo quanto está errado com os sistemas de limite-e-negociação. A realidade é menos pessimista.

A primeira fase do RCLE UE decorreu, por um período de 5 anos, até ao final de 2012.[43] Realizar uma experiência como o RCLE UE antes do fim da sua fase piloto pode ser considerado prematuro. No entanto o esquema tem demonstrado algumas falhas no que respeita ao seu desenvolvimento e implementação.

As origens do RCLE UE remontam aos "mecanismos de flexibilidade" introduzidos ao abrigo do Protocolo de Quioto.[44] Através desse mecanismos, o Protocolo visou criar uma forma de redução das emissões de gases com efeito de estufa. As licenças são distribuídas pelos estados membros e são atribuídas emissões identificadas a quem é oferecida a oportunidade de comprar mais licenças ou de vender as que tenha em excesso. Na primeira fase do RCLE UE 95% das licenças tiveram que ser distribuídas sem cobrança, o que restringiu seriamente a possibilidade de uma venda pública.

Outros mecanismos de flexibilidade criados por Quioto já se encontraram ligados ao RCLE UE. O Mecanismo de Desenvolvimento Limpo (MDL) é disso um exemplo. Isto permite aos países com metas estabelecidas por Quioto investir em projectos de diminuição de emissões nos países em vias de desenvolvimento. As regras que regulam a criação dos créditos de mitigação através do MDL são baseados no duplo principio de "complementaridade" e "adicionalidade" o primeiro requer que a acção interna de mitigação sendo fonte primária de redução não tivesse ocorrido sem a aplicação do investimento no MDL. Entre o fim de 2004 e 2007 apareceram 771 projectos registados com uma declarada meta de redução de 162,5 Mt CO_2e.

Apenas quatro países – Brasil, China, Índia e México – foram responsáveis por três quartos do total dos projectos, com a Africa Subsariana representando apenas 2% do total.

Um rápido desenvolvimento institucional é uma das lições positivas que emergem do RCLE UE. Durante a primeira fase, o esquema cobriu cerca de metade do total de emissões de gases com efeito de estufa da União Europeia, alcançando 25 países e mais de 10 000 instalações num vasto numero de sectores (incluindo o energético, o metalúrgico, o dos minerais e o do papel). Atingiu um vasto mercado. Em 2006, transacções evolvendo 1,1 mil milhões de toneladas de CO_2e no valor de 18,7 mil milhões de euros (24,4 mil milhões de dólares americanos) ocorreram no mercado global de carbono com valor de 23 mil milhões de euros (30 mil milhões de dólares americanos).[46]

Três problemas sistemáticos

O RCLE UE providencia uma estrutura institucional com potencial para desempenhar um papel ful-

Figura 3.2 **Os preços do carbono na União Europeia têm sido volúveis**

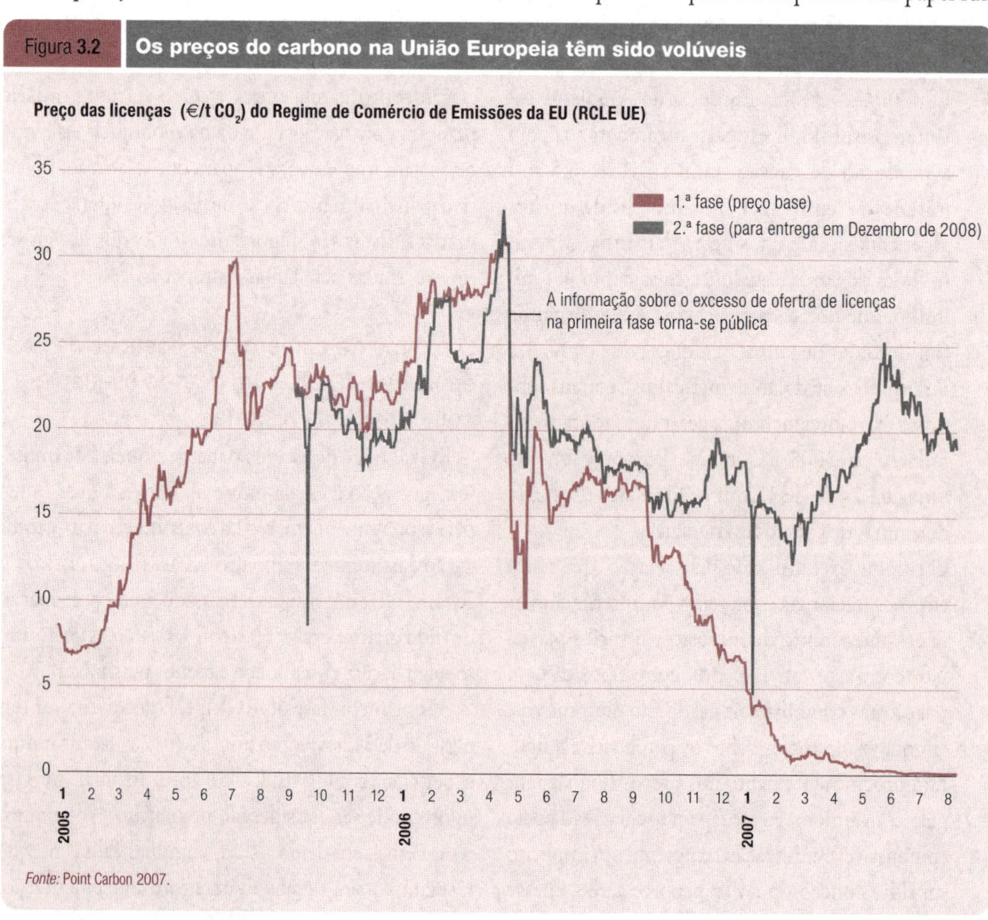

Fonte: Point Carbon 2007.

cral na ambiciosa estratégia de mitigação das alterações climáticas da União Europeia. No entanto, esse potencial está ainda por emergir. Durante a primeira fase surgiram três problemas sistemáticos:

- *Acumulação de licenças, criando sinais de preço errado.* Nas fases iniciais de transferência, os preços subiram em Abril 2006 para 30 euros/tCO_2 (38 dólares americanos/tCO_2) antes de caírem e estabilizarem, em Janeiro de 2007, abaixo de 1 euro/tCO_2 (1,3 dólares americanos/tCO_2).[47] O motivo para a queda dos preços foi a publicação de informação que mostrava que o limite havia sido colocado acima dos níveis de emissão.[48] A acumulação de licenças, o curto tempo de manobra da primeira fase e a incerteza acerca da distinção de licenças da segunda fase aumentaram a volatilidade dos preços e mantiveram-nos baixos, apesar de haverem sinais de recuperação (figura 3.2).
- *Lucros de transferência para alguns.* A transferência de carbono, durante os três primeiros anos de RCLE UE, pouco fez para reduzir o total das emissões, mas criou receitas muito avultadas para alguns. Em especial para a energia, as empresas conseguiram encobrir as suas emissões por meio de quotas livres, passando os custos aos consumidores e beneficiando das oportunidades de mercados para transferirem quotas em excesso.[49] O governo do Reino Unido estima que os produtores de electricidade tenham lucrado 1,2 mil milhões de libras (2,2 mil milhões de dólares americanos) em 2005.[50] Estimativas feitas para os sectores energéticos de França, Alemanha e Holanda colocam os lucros criados com a transferência de emissões, em cerca de 6 mil milhões de euros (7,5 mil milhões de dólares) em 2005.[51]
- *Oportunidades perdidas de mobilização de rendimentos.* As licenças para a emissão de CO_2 têm um valor real de mercado. Para os seus detentor estas simbolizam dinheiro em caixa. Leiloar quotas pode levar os governos a mobilizar recursos, evitar manipulação política e alcançar objectivos de eficácia. Tal nunca aconteceu ao abrigo do RCLE UE. Na primeira fase, foi estabelecido um limite de 5% à quantidade de licenças que podiam ser leiloadas. No entanto apenas um país, a Dinamarca, aproveitou esta oportunidade limitada. As licenças têm sido distribuídas com base no histórico de emissões e não na eficácia – aquilo a que se chama "apadrinhamento" ou "compadrio". O resultado é que os governos decidam previamente as oportunidades de mobilização de rendimentos e/ou reduções físicas sendo as transferências das "rendas" das emissões privatizadas.

Tabela 3.2 Propostas para o Regime de Comércio de Emissões da União Europeia

	Emissões verificadas em 2005 ao abrigo da 2.ª fase do RCLE (Mt CO_2)	Limite de emissões no período 2008-2012		
		Proposto pelo governo (Mt CO_2)	Permitido pela Comissão Europeia (Mt CO_2)	Permitido pela União Europeia como % das emissões de 2005
Áustria	33	33	31	94
Bélgica	56	63	59	105
República Checa	83	102	87	105
Finlândia	33	40	38	115
França	131	133	133	102
Hungria	26	31	27	104
Alemanha	474	482	453	96
Grécia	71	76	69	97
Irlanda	22	23	21	95
Itália	226	209	196	87
Holanda	80	90	86	108
Espanha	183	153	152	83
Suécia	19	25	23	121
Reino Unido	242 [a]	246	246	101
Total	1,943 [a]	2,095	1,897	98

a. Não inclui as instalações do Reino Unido que foram temporariamente excluídas do esquema em 2005, mas serão reportadas em 2008-2012, sendo estimado que atinjam os 30 Mt CO_2.

Fonte: União Europeia 2007c.

Previsões para a Segunda Fase

Irão estes problemas no RCLE UE estar corrigidos na segunda fase (de 2008 a 2012)? Apesar de o esquema ter sido reforçado nalgumas áreas continua a apresentar sérios problemas. Os governos não aproveitaram a oportunidade de usar o RCLE UE para institucionalizar profundos cortes nas emissões. Muito grave é que o esquema se mantém desligado das próprias metas de redução de emissões da União Europeia até 2020.

As licenças foram até este momento apenas aprovadas para 22 estados membros[52] O limite para esses países foi diminuído – está cerca de 10% abaixo do nível estabelecido na primeira fase e tangencialmente abaixo dos níveis de emissão registados em 2005. Existem já provas de que os mercados estão a responder a sinais políticos mais fortes. Os preços aumentaram para as futuras licenças da segunda fase. Prognósticos

Políticas públicas eficazes podem ajudar a criar resultados positivos para a segurança climática global, para a segurança energética nacional e para os padrões de vida

de mercado feitos pela Point Carbon antecipam um alcance de preços até aos 15 euros – 30/tCO_2 (19 dólares americanos – 37/tCO_2), dependendo dos custos de abatimento.

Estes desenvolvimentos são positivos, mas mesmo assim, quando comparados com os parâmetros de gestão de um orçamento de carbono sustentável, o esquema da segunda fase do RCLE UE deve ser severamente julgado. O limite traçado de 2008 a 2012 está 2% abaixo do nível de emissão verificado em 2005. Isto é incompatível com o percurso para as emissões sustentáveis de carbono que deverão levar a um corte de 30% nas emissões até 2020, relativamente aos valores 1990. Para a maioria dos países a segunda fase do RCLE UE não requererá grandes ajuntamentos (tabela 3.2). Um problema subjacente é que o RCLE UE foi interpretado pelos governos da União Europeia como um veículo de entrega dos limitados compromissos de Quioto ao invés de ser de ser encarado como uma forma de acção relativamente aos compromissos para 2020. Isto acontece apesar do facto do mandato do RCLE UE se alargar ao "desenvolvimento do potencial de redução de emissões".[53] Outro elemento de continuidade relativamente à primeira fase e a venda pública. Mesmo tendo a fasquia sido elevada continua a existir um limite de 10% para as licenças que podem ser vendidas publicamente, perpetuando as perdas para as finanças públicas e para eficácia.[54]

As negociações para a segunda fase do RCLE UE sublinharam um largo número de desafios dirigidos à União Europeia. Enquanto a definição de limites se mantiver como única medida dos estados membros a nível interno, a batalha para estabelecer metas mais concretas continuará. A maioria dos governos pediu que as licenças da segunda fase fossem estabelecer um nível acima do das emissões de 2005. O problema subjacente é que a definição de limites a nível nacional é um exigente exercício político que abre as portas a lobbies intensivos e altamente eficazes por parte de industriais nacionais e "campeões de energia". Até á data os governos europeus têm apenas mostrado uma tendência para ceder á pressão exercida por indústrias altamente poluidoras, o que resulta na definição de limites bastante fracos no que respeita às emissões totais.[55]

Posto isto, e sem rodeios os governos da União Europeia têm sido mais arrojados em definir aspirações para 2020 do que em definir limites concretos para as emissões ao abrigo do RCLE UE em funcionamento.

Contra este cenário é apresentada uma conjuntura favorável para atribuir à Comissão Europeia o poder de definir – e reforçar – metas mais concretas alinhadas com os objectivos de redução da União Europeia para 2020. Outra das prioridades é o rápido aumento da percentagem de quotas vendidas publicamente de forma a gerar incentivos à eficácia e financiar reformas mais abrangentes no que concerne a taxação ambiental. Apontar a uma venda pública de 100% até 2015 é um objectivo realista. Para sectores – como o da produção eléctrica – que enfrentam concorrência limitada as regras poderiam ser revistas para permitir que metade das licenças fosse vendida publicamente em 2012.

Existem dois perigos relacionados com o MDL, os quais também deverão ser abordados pela União Europeia. O primeiro é o perigo do uso exagerado. As oportunidades para gerar transferência de créditos de emissão para o estrangeiro não deveriam desordenar por completo a mitigação na União Europeia. Se as companhias conseguem cumprir as suas obrigações estabelecidas pelo RCLE UE, em primeira instância por "comprar" mitigações nos países em vias de desenvolvimento enquanto praticam investimento de alta intensidade de carbono a nível nacional, demonstram a falta de metas suficientemente ambiciosas. Um estudo detalhado de planos nacionais de distribuição de nove países estima que 88% a 100% das reduções de emissões ao abrigo da segunda fase do RCLE UE poderá acontecer fora da União Europeia.[56] Para combater este cenário é necessário que os créditos de emissão desempenhem um papel suplementar tal como contemplado no Protocolo de Quioto.

O segundo perigo diz respeito a autenticidade das reduções de emissão do MDL. As regras que comandam o programa requerem que as reduções de emissão sejam "adicionais" – isto é, não teriam acontecido sem os investimentos do MDL. Na prática isto é muito difícil de verificar. Existem provas de que alguns créditos do MDL foram adquiridos para investimentos que teriam lugar de qualquer forma.[57] Monitorização independente bem mais severa é necessária para assegurar que a transferência de carbono não age de forma a diluir a mitigação real. A necessidade de monitorização mais severa levanta questões acerca da futura expansão do MDL baseado no modelo actual.

3.3 O papel crucial da regulação e da acção governamental

A produção de energia eléctrica é a principal fonte de emissão de CO_2, sendo responsável por quatro em cada dez toneladas de CO_2 despejadas na atmosfera terrestre

Estabelecer um preço para o carbono, quer através de um sistema de taxação, ou de um sistema de limite-e-negociação é uma condição necessária para evitar perigosas alterações climáticas. Mas apenas o estabelecimento de um preço para o carbono não será suficiente para conduzir investimentos e alterar comportamentos à escala e à velocidade necessárias. Há outras barreiras a transpor na mitigação das alterações climáticas – barreiras que só podem ser removidas através acção governamental. Políticas públicas, regulamentação, subsídios à energia e informação, têm todos um papel de importante relevância a desempenhar.

Não existem planos para identificar com antecedência quais as políticas apropriadas para criar um ambiente propício à transição para baixos níveis de carbono. No entanto, os problemas a ser abordados são bem conhecidos. Alterar o uso de energia de forma a favorecer a energia com baixo nível de carbono requer avultados investimentos imediatos e um longo horizonte de planificação. Sozinhos os mercados não apresentarão resultados.

Mecanismos governamentais de regulação apoiados por subsídios e incentivos têm um papel fulcral a desempenhar no que toca a condução de decisões de investimento. Os padrões de eficácia energética para edifícios, sistemas eléctricos e veículos podem cortar drasticamente as emissões a baixo custo. Ao passo que apoio político à pesquisa e desenvolvimento pode criar condições para descobertas tecnológicas.

Políticas públicas eficazes podem ajudar a criar resultados positivos para a segurança climática global, para a segurança energética nacional e para os padrões de vida. Melhoramentos na eficácia da relação meio-finalidade ilustram o potencial. Cenários desenvolvidos pela Agência Internacional de Energia (AIE) apontam o potencial de poupanças eficazes para reduzir as emissões em 16% nos países da OCDE até 2030. Cada dólar americano investido em assegurar essas reduções através de aplicações eléctricas mais eficazes poderá poupar 2,2 dólares americanos de investimentos em centrais eléctricas. De forma semelhante, cada dólar americano investido em padrões mais eficazes se uso de combustível para veículos poderá poupar 2,4 dólares americanos de importação de petróleo.[58]

Enquanto as estimativas de taxas de eficácia custo – beneficio variam, tal como demonstrado, existem avultados ganhos em oferta. Esses ganhos podem ser medidos em termos de poupança do consumidor, redução de dependência de importação de petróleo e redução dos custos para a indústria. Podem também ser medidos em termos de redução – preço no que respeita à mitigação das alterações climáticas. Visto de outra forma, o fracasso a desbloquear os ganhos de eficácia é um resultado negativo para a segurança climática global, para a segurança climática nacional e para os consumidores. Nesta secção abordamos o lugar do fornecimento regulador e das políticas públicas em quatro áreas fundamentais:

Figura 3.3 O carvão determina o aumento das missões de CO_2 no sector energético

Emissões de CO_2 efectuadas pela produção de electricidade, em 2004 e 2030 (projecção de Gt CO_2)

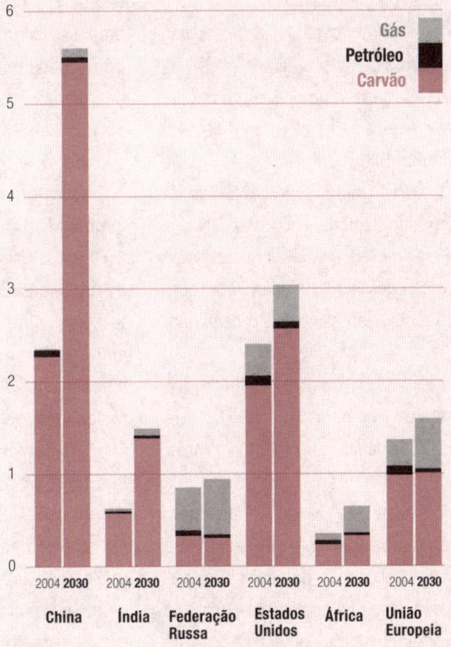

6
5
4
3
2
1
0
Gás
Petróleo
Carvão
2004 2030
China
Índia
Federação Russa
Estados Unidos
África
União Europeia

Nota: As emissões de 2030 referem-se ao cenário de referência da IEA tal como definido em IEA 2006c.

Fonte: AIE 2006c.

3 Evitar alterações climáticas perigosas: estratégias para a mitigação

- Produção energética;
- Sector residencial;
- Padrões de emissão de veículos;
- Pesquisa, desenvolvimento e alargamento das tecnologias de baixo nível de carbono.

Produção de energia eléctrica - mudar a trajectória das emissões

A produção de energia eléctrica é a principal fonte de emissão de CO_2, sendo responsável por quatro em cada dez toneladas de CO_2 despejadas na atmosfera terrestre. Como os países produzem electricidade, quanta produzem e quanto CO_2 é emitido por cada unidade de energia produzida, são aspectos essenciais para dar forma às expectativas de severa mitigação das alterações climáticas.

Os cenários apontam em algumas direcções preocupantes. Projecta-se que a procura mundial de electricidade duplique até 2030.[59] Mais de metade deste investimento acontecerá em países em vias de desenvolvimento caracterizados por baixos níveis de eficiência energética. Sozinha a China será responsável por um quarto dos investimentos globais projectados. Os investimentos projectados para os Estados Unidos estão estimados em cerca de 1,6 biliões de dólares americanos, reflectindo uma substituição em larga escala do existente stock energético.

Os padrões de investimento emergentes na produção eléctrica apontam numa direcção preocupante. Sugerem que o mundo está muito pouco receptivo à alteração das infra-estruturas de alta intensidade de carbono. O carvão figura com proeminência crescente no abastecimento planeado de energia. Os maiores aumentos de investimento são planeados na China, Índia e nos Estados Unidos da América – três das maiores fontes de emissão de CO_2 da actualidade. Em cada um destes países a rápida expansão da capacidade de produção eléctrica gerada a partir de carvão está já em produção ou a ser fornecida. Em 2006 a

Caixa 3.6 Energia nuclear - algumas questões difíceis

Será que a energia nuclear fornece um percurso custo-eficácia para alinhar a segurança energética com a segurança climática? Os seus apoiantes apontam potenciais benefícios para a mitigação do carbono, para a estabilidade de preços e para a redução da dependência de importação de gás natural e de petróleo. Os seus críticos contestam os argumentos económicos e afirmam que os riscos militares e ambientais superam em muito os benefícios. A resposta real encontrar-se-á possivelmente no meio-termo de ambas as posições.

A energia nuclear reduz a pegada de carbono global. É actualmente responsável por cerca de 17% da produção eléctrica mundial, cerca de quatro quintos da sua capacidade estão situados em 346 reactores de países da OCDE. No Reino Unido assim como nos Estados Unidos a percentagem de energia nuclear presente na mistura energética nacional ronda os 20%, já na França essa percentagem é de 80%. Parar o uso de energia nuclear sem iniciar o uso equivalente a partir de um tipo de energia não-nuclear, com zero emissões de carbono e proveniente de uma fonte alternativa – é a receita para aumentar as receitas de CO_2.

Isto não faz da energia nuclear uma vacina contra as alterações climáticas. Em 2006, foi accionado um reactor – no Japão – enquanto seis foram desactivados noutros países da OCDE. Apenas para manter o ritmo, tendo em conta os encerramentos, serão necessárias oito novas centrais até 2007. Enquanto alguns países – como o Canadá e a França – anunciaram planos de expansão para a energia nuclear, outros – incluindo a Alemanha e a Suécia – estão seriamente a considerar a desactivação das suas centrais. Nos Estados Unidos não são construídas novas centrais nucleares há mais de três décadas. Projectos de médio prazo apontam para uma tendência estática ou decrescente da energia nuclear como percentagem do total global do fornecimento de energia.

Estas projecções poderiam mudar – mas existem enormes questões económicas a abordar. As centrais nucleares exigem uma intensa injecção de capital. Os seus custos capitais rondam os 2-3,5 mil milhões de dólares americanos por reactor, isto mesmo sem contabilizar as desactivações e a disposição dos resíduos nucleares. Na ausência de acção governamental para providenciar mercados garantidos, uma redução de riscos e a disposição de resíduos nucleares, existiria muito pouco interesse do sector privado na energia nuclear. A questão para os governos é se a energia nuclear é mais eficiente a nível de custos a longo prazo do que as alternativas com baixo nível de carbono – como as energias solar e eólica.

Questões não económicas relacionadas com governo e regulação também são amplamente abordadas nos debates acerca da energia nuclear. Em muitos países as preocupações públicas acerca da segurança mantêm-se profundamente enraizadas. A um nível internacional existe o perigo de as tecnologias nucleares poderem ser usadas na criação e produção de armamento, independentemente de se destinar a fins militares ou não. Sem um acordo internacional para reforçar o tratado de Não-Proliferação de Armas Nucleares, a rápida expansão da energia nuclear colocaria grandes riscos a todos os países. Os mecanismos institucionais para garantir a não transformação de aplicações nucleares civis em aplicações militares devem incluir alargadas verificações e inspecções. É também requerida uma maior transparência aliada a regras claramente definidas e monitorizadas, com o intuito de serem aplicadas ao uso e eliminação de material que possa ser utilizado na criação de armamento – urânio e plutónio enriquecidos – usado em programas nucleares civis. Os países desenvolvidos poderiam fazer bastante mais para ultrapassar os desafios governamentais, ao reduzir os seus próprios arsenais nucleares e ao promover diplomacia activa para avançar com a não proliferação.

Fonte: Burke 2007; AIE 2006c; NEA 2006.

China construía aproximadamente duas novas centrais eléctricas de carvão por semana. As autoridades dos Estados Unidos estão a considerar propostas para construir para cima de 150 centrais eléctricas de carvão, com um investimento planeado de 145 mil milhões de dólares até 2030.[60] Durante os próximos 10 anos a Índia está a planear aumentar a sua capacidade de produção de electricidade gerada a partir de carvão em mais de 75%.[61] Em cada caso a expansão da capacidade é um dos maiores impulsionadores para um projectável aumento irracional de emissão de CO_2 (figura 3.3).

Quais as expectativas para atingir profundos cortes na emissões de CO_2 relacionados com a produção eléctrica? A resposta a esta pergunta irá depender em parte do ritmo a que tecnologias de baixo nível de emissão são desenvolvidas e aplicadas e também em parte ao ritmo a que os países desenvolvidos adoptam essas tecnologias e em parte aos factores de procura, tal como as poupanças através dos ganhos de eficiência – assuntos que iremos considerar mais adiante neste capítulo. As políticas que dão forma a esta mistura energética serão importantes em cada uma destas áreas.

A mistura energética

A actual mistura energética nos países da OCDE é fortemente dominada pelos combustíveis fósseis. Alterar esta mistura em favorecimento de energia com baixo ou zero nível de emissão poderia levar a cortes nas emissões, no entanto os sistemas energéticos não podem ser transformados de um dia para o outro.

Figura 3.4 **Energia eólica nos Estados Unidos – a capacidade aumenta e os custos diminuem**

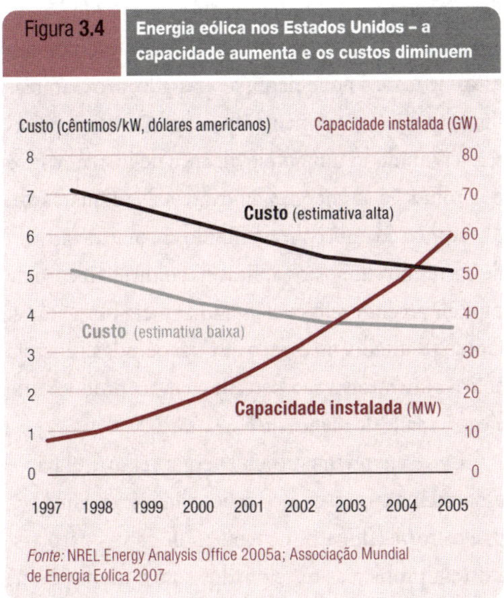

Fonte: NREL Energy Analysis Office 2005a; Associação Mundial de Energia Eólica 2007

A energia nuclear é uma das opções de baixo nível de carbono. Mas é uma opção que levanta difíceis questões aos criadores das políticas. Por outro lado a energia nuclear oferece uma fonte de electricidade com zero pegadas de carbono. Possui as vantagens adicionais de reduzir a dependência de combustíveis fósseis importados e oferece uma fonte de energia que está menos sujeita à volatilidade de preços que os combustíveis fósseis. Mas por outro lado a energia nuclear levanta sérias preocupações acerca da segurança, das repercussões ambientais e da proliferação de armas nucleares – preocupações que se reflectem em larga escala na opinião pública em relação à expansão. Com equilíbrio é provável que a energia nuclear se mantenha como parte importante do fornecimento total. No entanto em termos de potencial de mitigação climática a longo prazo, é pouco provável que venha a desempenhar um papel proeminente, sendo até que a sua cota de mercado pode vir a diminuir (caixa 3.6).[62]

A energia renovável proveniente do sol, vento e marés permanece substancialmente inexplorada. Sem contar a hidroelectricidade o sector de energias renováveis é actualmente responsável por apenas aproximadamente 3% da produção de energia nos países da OCDE. Alcançar uma meta de 20% até 2020, tal como visado pela União Europeia é um objectivo prático. Com as tecnologias actuais a energia renovável não pode competir com a energia eléctrica gerada por carvão. No entanto, aumentar o imposto aplicável às emissões de carbono para 60 dólares americanos – 100/t CO_2 iria alterar radicalmente as estruturas de investimento, dissipando a vantagem actualmente gozada pelos fornecedores de electricidade com alto nível de carbono. Simultaneamente, são requeridas um conjunto de políticas de apoio para estimular o investimento através da criação de previsibilidade e de mercados estáveis de energia renovável.

As tendências actuais realçam o potencial para um rápido crescimento no fornecimento de energias renováveis, tanto a energia solar como a energia eólica estão em expansão. O investimento global em energias renováveis aumentou rapidamente de 27 mil milhões de dólares americanos em 2004 para 71 mil milhões de dólares em 2006.[63] Foram registados ganhos de eficiência fora do comum. Turbinas de vento modernas produzem 180 vezes mais energia a menos de metade do custo por unidade do que as turbinas de há 20 anos atrás.[64] Os investimentos nos Estados Uni-

Muitos países têm combinado um amplo alcance de instrumentos de promoção às energias renováveis

Caixa 3.7 **Energia renovável na Alemanha - sucesso da "tarifa de injecção"**

A experiência da Alemanha prova ser errado o argumento de que a economia da energia milita contra a rápida escalada do fornecimento de energia renovável às redes nacionais de energia. A política pública combina a regulação de mercado com incentivos estruturados que visam combinar os objectivos relativos às alterações climáticas com a produção de ganhos de eficiência dinâmica ao longo do tempo.

Ao abrigo da legislação implementada no início dos anos 90 - A Lei de Abastecimento de Energia (AAE) - os sucessivos governos alemães têm usado a sua autoridade reguladora para alcançar objectivos de política pública no que diz respeito à mitigação do carbono. O AAE - substituído em 2000 pela Lei de Fontes de Energia Renováveis - estabeleceu o princípio da necessidade de serviços públicos de captação de energia eólica e de outras fontes de energia renováveis. A intervenção desta política focava o objectivo de atingir uma produção de energia através de fontes renováveis na ordem dos 12,5% do total da produção de energia da Alemanha até 2010. a intervenção reguladora tem sido apoiada através de uma intervenção directa nos mercados de energia - os preços da energia renovável afixados por prazos de 20 anos numa escala móvel com tendência a decrescer ao longo do tempo. O objectivo foi criar um mercado previsível para os investidores das energias renováveis, de forma a estimular a inovação e ao mesmo tempo assegurar que a pressão competitiva fosse mantida para que os ganhos em eficiência passassem para o público. Os fornecedores de energia solar recebem 0,45 euros por kWh (0,6 dólares americanos por kWh), o que representa cerca de oito vezes a taxa para a energia gerada a partir de carvão, apesar da tendência para redução dos subsídios com o passar do tempo.

Qual o grau de sucesso atingido pelo programa alemão? Em 2005 mais de 7% da electricidade provinha de fontes renováveis - não incluindo a hidroeléctricidade - representando uma diferença positiva de quase 50% em relação à média da União Europeia , com o sector a gerar 21.6 mil milhões de euros (11 mil milhões de dólares americanos) a ser reinvestidos. Os benefícios inesperados incluem o emprego de aproximadamente 170 000 pessoas e o domínio alemão sobre o crescente mercado de células fotovóltaicas. Está estimado que a redução das emissões de CO_2 atinjam os 52 Mt em 2010. Da mesma forma que outros factores também importantes, o rápido crescimento do sector das energias renováveis desempenhou um importante papel no potenciamento da Alemanha para cumprir os compromissos assumidos no Protocolo de Quioto.

Fonte: Butler and Neuhoff 2005; Henderson 2007; Mendonca 2007

dos aumentaram a capacidade da energia eólica num factor 6 relativamente ao período de intervenção (figura 3.4).[65] Mais ou menos o mesmo aconteceu com a energia solar. A eficiência com que as células foto-voltaicas convergem a luz solar em energia eléctrica, subiu de 6% no início dos anos 90 para 15% hoje em dia, ao passo que o seu custo caiu em cerca de 80%.

As políticas públicas têm o potencial para apoiar uma rápida expansão da energia renovável. A intervenção reguladora é um dos instrumentos para a criação de incentivos. Nos Estados Unidos cerca de 21 estados têm padrões para as energias renováveis que requerem que uma determinada quantidade de energia vendida seja proveniente de fornecedores de energia renovável – na Califórnia a quantidade é de 20% até 2017.[67] Ao garantir mercados e estabelecer tarifas favoráveis ao longo de vários anos os governos podem providenciar um mercado seguro aos fornecedores de energias renováveis para que estes possam planear investimentos.

A Lei de Fontes Renováveis da Alemanha é um exemplo. Tem sido usado para fixar o preço da energia renovável por 20 anos numa escala móvel. O objectivo tem sido a criação de um mercado de longo prazo e simultaneamente criação de pressões competitivas para ganhos em eficiência (caixa 3.7). Em Espanha o governo usou uma tarifa de melhoramento nacional para aumentar a contribuição da energia eólica. Que atinge actualmente cerca de 8% da procura eléctrica nacional, aumentando para mais de 20% nas densamente povoadas províncias de Castilla-La Mancha e da Galiza. Só em 2005, o aumento na capacidade das turbinas de vento em Espanha poupou cerca de 19 mil toneladas em emissões de CO_2.[68]

A política fiscal tem também um importante papel a desempenhar no apoio ao desenvolvimento da energia renovável. Os Estados Unidos emergiram como um dos mais dinâmicos mercados mundiais de energia renovável, com estados como a Califórnia e o Texas actualmente estabelecidos como líderes globais em produção de energia eólica. O apoio de mercado tem sido fornecido através de um programa de Crédito de Taxação de Produção com a duração de 3 anos. No entanto, a incerteza acerca da renovação dos créditos de taxação tem dado, no passado, azo a amplas flutuações de investimento e procura.[69] Muitos países têm combinado um amplo alcance de instrumentos de promoção às energias renováveis. Na Dinamarca, o sector de energia eólica tem sido encorajado através de cortes nos impostos aplicáveis ao investimento de capital, preços preferenciais e uma meta obrigatória. Como resultado, no espaço de duas décadas a energia eólica aumentou a sua percentagem na produção de electricidade de menos de 3% para 20%.[70]

O desenvolvimento da energia renovável não é uma vacina contra as alterações climáticas. Uma vez que os fornecimentos dependem de forças naturais, existem problemas relacionados com a produção intermitente. A despesa capital inicial para ligar estas energias à grelha nacional pode também ser elevada, o que explica o porquê de uma rápida expansão verificada nos últimos anos se encontrar relacionada com a atribuição de subsídios. No entanto a energia baseada em combustíveis fósseis tem também vindo a ser altamente subsidiada de há algumas décadas a esta parte – e de forma contrastante com os combustíveis fosseis as energias renováveis fornecem importantes retornos para a mitigação das alterações climáticas.

O sector residencial - mitigação de baixo custo.

Algumas formas de reduzir as emissões de CO_2 são menos dispendiosas que outras. E algumas acabam por ser nada dispendiosas a longo prazo. O sector residencial e de serviços é um particularmente impressionante exemplo disso. As práticas actuais, à escala global, demonstram rigorosamente o alvo de medidas que irão poupar electricidade, reduzir emissões e cortar nas despesas domésticas e nas das economias nacionais.

Os padrões de uso energético no sector residencial são responsáveis por uma importante parte das pegadas globais de carbono. Nos países da OCDE cerca de um terço da electricidade produzida acaba em sistemas de aquecimento e refrigeração, frigoríficos, fornos, lâmpadas e em outros aparelhos domésticos. O sector residencial é responsável por cerca de 35% a 40% das emissões nacionais de CO_2 geradas a partir de combustíveis fósseis, só os electrodomésticos produzem cerca de 12%.[71]

Existe um enorme potencial subaproveitado de poupança energética no sector residencial. Aplicar esse potencial irá gerar um duplo benefício – os esforços de mitigação das alterações climáticas ficam a ganhar com a queda de emissões de CO_2 e os consumidores pouparão dinheiro. Estudos recentes revelam a escala deste potencial, um estudo detalhado para países da OCDE examina um vasto número de políticas relativamente a padrões de construção, regulamentação e procura e definição de padrões e obrigações de eficácia energética para garantir os potenciais custos e benefícios de alcançar redução nas emissões.[72] Os resultados apontam para uma poupança de energia na ordem dos 29% em 2020, o que representa uma redução de 3,2 Gt CO_2 – um número equivalente a cerca de três vezes as actuais emissões da Índia. A poupança energética resultante irá contrabalançar as despesas. Um outro estima que a média das residências da União Europeia pode poupar anualmente entre 200 a 1000 euros (250 a 1243 dólares americanos) através do uso de uma melhor eficiência energética (preços de 2004).[73]

Os utensílios eléctricos são outra grande fonte de ganhos em eficiência. Alguns utensílios usam energia mais eficientemente, produzindo uma menor pegada de carbono que outros. Se todos os utensílios eléctricos em funcionamento nos países da OCDE forem de 2005 em diante ao encontro dos melhores padrões de utilização poderão ser poupadas qualquer coisa como 322 milhões de toneladas de emissão de CO_2 até 2010.[74] Isto seria o equivalente retirar de funcionamento 100 milhões de automóveis – um número que representa a soma de todos os veículos do Canadá, França e Alemanha.[75] Esses altos padrões evitariam, até 2030, emissões de 572 Mt CO_2 por ano, o que seria o equivalente a retirar de funcionamento 200 milhões de automóveis ou a fechar 400 estações eléctricas movidas a gás.

Irão estes ganhos em eficiência significar um aumento devastador nos orçamentos domésticos? Antes pelo contrário, irão reduzir o consumo de electricidade doméstica em cerca de ¼ até 2010. Para a América do Norte, onde as residências consomem 2.4 vezes mais electricidade por unidade que a Europa, essa redução iria poupar aos consumidores cerca de 33 mil milhões de dólares americanos no mesmo período. Até 2020, por cada tonelada de CO_2 de emissão evitada pouparia aos consumidores cerca de 169 euros (reflectindo o maior custo de electricidade e mais baixos padrões de utilização da Europa).[76]

A iluminação fornece outro exemplo. A iluminação mundial representa cerca de 10% da procura global de electricidade e cria 1,9 Gt CO_2 por ano – 7% das emissões totais de CO_2. Tal como um olhar sobre qualquer cidade do mundo desenvolvido pode confirmar, muita da electricidade usada de dia ou de noite é desperdiçada. A iluminação é rotineiramente feita em zonas onde ninguém está presente e por meio de fontes ineficientes. A simples instalação de fontes de baixo custo – tal como lâmpadas florescentes poderia reduzir o total de energia usada em iluminação em cerca de 38%.[77] Qual é o período do retorno para um investimento em iluminação mais eficiente? Em média cerca de 2 anos para os países da OCDE.

A regulamentação e a informação são duas das chaves para abrir a porta aos ganhos de eficiência energética nos sectores residencial e de construção

O ambiente regulador para os transportes é parte fulcral do esforço internacional de mitigação do carbono

A regulamentação e a informação são duas das chaves para abrir a porta aos ganhos de eficiência energética nos sectores residencial e de construção. A política pública tem um papel fulcral a desempenhar não só na consciencialização do consumidor mas também em proibir ou em criar fortes desincentivos para práticas que conduzem a uma diminuição da eficiência e a um aumento das emissões de carbono. Na mesma medida em que há custos associados ao fornecimento, à regulamentação e à informação, há também substanciais benefícios para a mitigação das alterações climáticas. Há também avultadas despesas para o consumidor, associadas a padrões de regulamentação que permitem um ineficiente uso de energia. O alargamento da eficiência energética nesta área pode alcançar poupança de emissões com benefícios líquidos. Entre os instrumentos da política pública estão:

- *Padrões de uso de electrodomésticos.* Estes estão entre as medidas de mitigação de maior relação despesas – eficiência. Um exemplo é proveniente do "Esquema de Agente de Elite" do Japão. Implementado em 1998 para apoiar os esforços nacionais para cumprir os compromissos de redução de Quioto, este esquema requer que todos os nossos produtos vão ao encontro de padrões de eficiência específicos. Ganhos em eficiência superiores a 50% foram registados em alguns produtos, incluindo carros, frigoríficos, arcas congeladoras e televisões. Uma pesquisa efectuada a um considerável número de países aponta largos benefícios advenientes da redução de CO_2 através de padrões de energia melhorados. Estas são áreas em que a gestão da procura de eficiência pode cortar nas emissões de carbono e nas despesas de energia, criando situações benéficas tanto para a economia como para o ambiente. A pesquisa na União Europeia e nos Estados Unidos aponta uma estimativa de benefícios entre os 65 dólares americanos/t CO_2 e os 190 dólares americanos/t CO_2.[78]
- *Informação.* Esta é uma das chaves para abrir a porta aos ganhos de eficiência. Nos Estados Unidos, o programa Estrela de Energia, um esquema de classificação de patrocínios, fornece aos consumidores extensa informação acerca da eficiência energética de mais de 30 produtos. Está estimado que tenha gerado poupanças anuais na ordem dos 5 mil milhões de dólares americanos em 2002.[79] Na Austrália, a classificação obrigatória de certos electrodomésticos – inclui arcas congeladoras e maquinas de lavar loiça – tem contribuído para a poupança de CO_2 com benefícios estimados em cerca de 30 dólares americanos/t CO_2.[80]
- *Códigos para construção.* A regulamentação dos padrões de construção pode gerar grande poupança na emissão de CO_2 associada ao uso de energia. A aplicação das regras é tão importante como elas próprias. No Japão, onde a implementação de padrões de eficiência energética nos edifícios é voluntária, as suas poupanças energéticas têm sido moderadas. Poupanças bastantes mais significativas foram registadas em países como a

Figura 3.5 **Os padrões de eficiência dos combustíveis nos países ricos variam bastante**

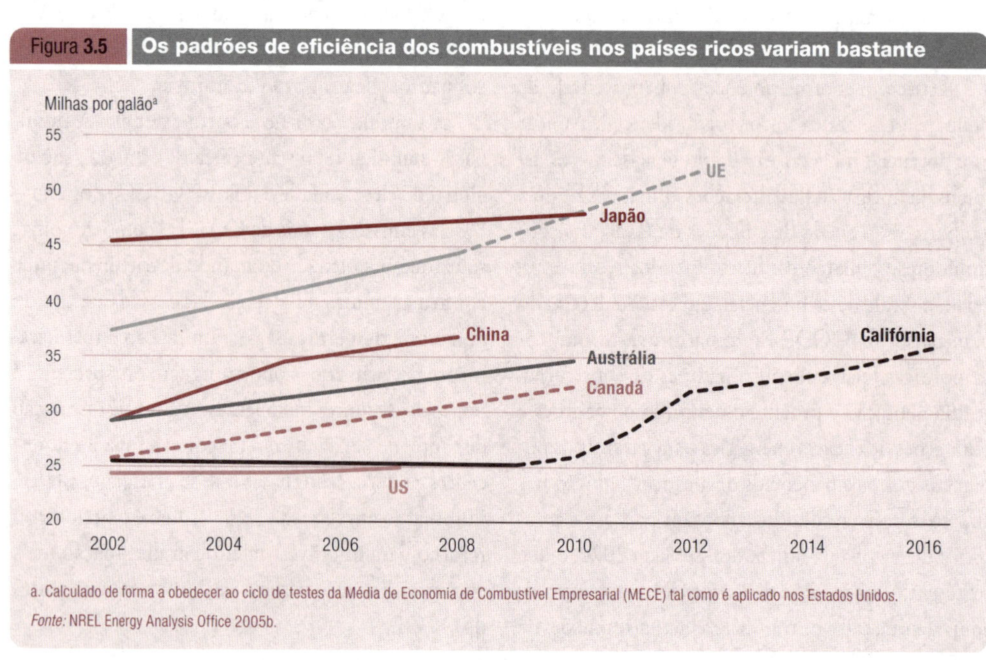

a. Calculado de forma a obedecer ao ciclo de testes da Média de Economia de Combustível Empresarial (MECE) tal como é aplicado nos Estados Unidos.
Fonte: NREL Energy Analysis Office 2005b.

3

Evitar alterações climáticas perigosas: estratégias para a mitigação

Caixa 3.8 **Os níveis de emissões dos veículos nos Estados Unidos**

Estabelecido em 1975, o programa de Economia de Combustível Média Empresarial (CAFE) é um dos mais antigos regimes reguladores de eficiência de combustíveis do mundo. É também um dos mais importantes - os Estados Unidos são responsáveis por cerca de 40% das emissões de CO_2 à base de petróleo utilizado nos transportes.

O nível a que os Estados Unidos estabeleceram os seus padrões de eficiência para o combustível automóvel irá ter repercussões nas pegadas de carbono a nível mundial. Nos anos 70 as regras do CAFE impulsionaram a duplicação da poupança no combustível automóvel, ao estipular um investimento em novas tecnologias. No entanto, os padrões de poupança de combustível não sofreram aumentos aplicáveis a automóveis particulares nos últimos vinte anos e apenas aumentaram ligeiramente para as carrinhas.

Como resultado, a diferença entre o padrão de eficiência dos combustíveis nos Estados Unidos e o padrão do resto do mundo foi ampliada. Hoje em dia o padrão dos Estados Unidos é apenas o equivalente a metade do padrão do Japão. Os 136 milhões de automóveis particulares nas estradas dos Estados Unidos contribuem com 35% das emissões de gases com efeito de estufa originado pelo petróleo, e os 87 milhões de carrinhas contribuem com adicionais 27%.

O plano dos padrões do CAFE tem sido um importante sustento para as emissões relacionadas com os transportes rodoviários. Os padrões médios de combustível para automóveis (27,5 milhas por galão ou de 11,7 km/L) são mais elevados do que os aplicados aos camiões ligeiros (20,7 milhas por galão ou 8,8km/L). o aumento da procura de carrinhas conduziu a um decréscimo total na poupança de combustível dos novos veículos de tarifa-leve. Em 2002 as vendas de carrinhas excederam pela primeira vez as vendas de automóveis de passageiros novos. O resultado é que a eficiência do combustível é hoje em dia mais baixa do que em 1987.

Os padrões do CAFE são o centro de um activo debate nacional. O Discurso do Estado da União de 2007 propôs reformas na ordem dos 5% de redução do consumo de gasolina com base numa projecção de procura futura - e não nos níveis actuais - a ser aplicadas aos padrões do CAFE. Não foi no entanto avançado qualquer objectivo numérico para eficiência do combustível.

Viriam metas mais severas comprometer o emprego e a competitividade? Esta questão está no centro de debates acerca dos padrões do CAFE. A pesquisa indica que a eficiência do combustível de tarifa-leve poderia ser aumentada pelo menos entre um quinto e um terço a menos do valor do combustível poupado - e sem comprometer a segurança do veículo. A médio prazo a implementação de medidas mais severas criaria incentivos ao investimento em motores de diesel avançados, veículos híbridos e veículos com células de combustível accionadas a hidrogénio.

Com o aumento dos preços do petróleo e das preocupações acerca das emissões de CO_2, fracos padrões de eficiência podem enviar sinais errados à indústria automóvel. Que apesar de nos últimos anos ter testemunhado significativos melhoramentos na tecnologia e no design dos veículos, estes têm vindo apenas a ser usados para aumentar a potência , o desempenho e a segurança, sem visar a poupança de combustível. Um dos resultados é que as companhias americanas se viram ultrapassadas pelas companhias japonesas em mercados destinados a modelos com eficiência de combustíveis.

Padrões do CAFE mais severos a ser aplicados nos Estados Unidos podem criar um triplo benefício - demonstrar liderança dos Estados Unidos nos esforços de mitigação das alterações climáticas, adiantar os objectivos de segurança energética nacional ao reduzir a dependência de petróleo importado e criar novas oportunidades de investimento para a industria automóvel.

Fonte: Arroyo e Linguiti 2007; Merryl Lynch and WRI 2005; NCEP 2004b; Sperling and Cannon 2007.

Alemanha e os Estado Unidos, onde o cumprimento é mais severamente aplicado. A União Europeia estima que os ganhos em eficiência de consumo de energia podem ser aumentados um quinto, com potenciais poupanças na ordem dos 60 mil milhões de euros (75 mil milhões de dólares americanos).[81] Metade dos ganhos podiam resultar apenas, com a implementação dos padrões de regulamentação existentes, a maioria deles no sector da construção.

Padrões de emissão por veículo

O transporte particular é o maior consumidor mundial de petróleo – e a sua fonte de emissões possui o mais rápido nível de crescimento. Em 2004 o sector dos transportes produziu 6,3 $GtCO_2$. Ao passo que a percentagem emitida pelos países em vias de desenvolvimento está a aumentar, os países da OCDE são responsáveis por dois terços do total de emissão.[82] O sector automóvel nestes países é responsável por cerca de 30% do total das emissões de gases com efeito de estufa, e a percentagem continua a crescer com o passar do tempo.[83]

O ambiente regulador para os transportes é parte fulcral do esforço internacional de mitigação do carbono. O acumular de emissões de gases com efeito de estufa feito por veículos é o resultado de três factores: milhas percorridas, quantidades de combustível usado em cada milha percorrida, e o conteúdo de carbono do combustível. As emissões estão a aumentar em muitos países porque as distâncias percorridas estão a crescer mais rapidamente que a eficiência do uso de combustível, e porque os lucros económicos dos combustíveis foram reduzidos por uma cada vez maior tendência para uso de veículos gradualmente maiores e mais potentes.

Definição do padrão

Os países variam bastante nos seus padrões de eficiência de combustíveis. A União Europeia e o Japão possuem os mais altos padrões, ao passo que os Estados

Muitos governos vêem agora os bio-combustíveis como uma tecnologia que mata dois coelhos de uma só cajadada, ajudando no combate contra o aquecimento global e ao mesmo tempo reduzindo a dependência da importação de petróleo

Unidos possuem os mais baixos de todo o mundo desenvolvido – ainda mais baixo do que os da China (figura 3.5).[84]

Os padrões de eficiência nos Estados Unidos têm vindo a derrapar em relação aos do resto do mundo. Um motivo que pode ter conduzido a esta situação é que os Estados Unidos apenas alteraram os padrões de forma pouco profunda ao longo das duas ultimas décadas, enquanto que outros países têm vindo a estabelecer padrões mais elevados. Outro motivo é a prevalência de lacunas regulamentares que favorecem os veículos desportivos de baixa eficiência.

Estas lacunas têm reduzido a eficiência da frota e aumentado as emissões. Desde 1990 que as emissões provenientes dos transportes têm vindo a aumentar numa média anual de 1,8%, quase o dobro do valor de todas as outras fontes. O impulsionador primário do crescimento das emissões são as milhas percorridas pelos veículos (que aumentaram em 34%) e o aumento no uso de carrinhas pick-up (caixa 3.8).[85]

Melhorias nos padrões reguladores dos Estados Unidos podem marcar uma diferença global na mitigação das alterações climáticas. Com amplos benefícios associados à segurança nacional de energia. De acordo com a comissão Nacional para a Energia, aumentar os requerimentos de eficiência do combustível para as 20 milhas por galão (o equivalente a 8,5 quilómetros por litro) nos automóveis dos Estados Unidos iria reduzir a projecção em 3,5 milhões de barris por dia, diminuindo as emissões de CO2 em 400 milhões de toneladas por ano no processo.[86]

A poupança resultante dessa mudança reguladora seria equivalente ao total das emissões de CO_2 da França. Para além dos benefícios para a mitigação das alterações climáticas, a redução associada às importações de petróleo iria alcançar um dos principais objectivos da política de segurança energética dos Estados Unidos.

Apesar de a União Europeia ter atingido uma eficiência energética relativamente mais elevada que os Estados Unidos, enfrenta alguns problemas relativos ao alinhamento dos padrões com os objectivos no que respeita às alterações climáticas. Desde 1990 a União Europeia reduziu as suas emissões totais de gases com efeito de estufa em cerca de 1%. De qualquer forma, as emissões relacionadas com os transportes rodoviários aumentaram em 26%. Como resultado, a participação dos transportes no total das emissões subiu de cerca de um terço para um quinto em pouco mais de uma década.[87] O transporte rodoviário é a maior fonte de aumento de emissões, sendo os veículos de passageiros responsáveis por cerca de metade do total. Se as emissões de gases com efeito de estufa relacionadas com o transporte domestico continuarem a aumentar ao mesmo ritmo do crescimento económico poderão vir a estar 30% acima dos níveis de 1990 até 2010 e 50% em 2020.[88] Apesar de as actuais tendências do sector dos transportes não serem consistentes com o compromisso da União Europeia de atingir reduções na ordem dos 20%-30% no total das emissões de gases com efeito de estufa até 2020.

Alinhar políticas reguladoras com mais rígidos objectivos de mitigação das alterações climáticas tem-se revelado uma tarefa complicada. As actuais abordagens são baseadas em três pontos: compromissos voluntários por parte da indústria automóvel, classificação de poupança de combustível e promoção da eficiência através de medidas fiscais. O objectivo há muito estabelecido é alcançar uma meta de eficiência de combustível de 120 g CO_2/km. Mas no entanto o prazo limite para atingir este objectivo tem sido constantemente alargado, inicialmente de 2005 para 2010 e agora para 2012, face ao lobbie instalado pela indústria automóvel e à oposição de alguns estados membros. A meta intermédia é agora 140 g CO_2/ km até 2008-09.

No que respeita os Estados Unidos, o limite da União Europeia para a eficiência do combustível é importante para a mitigação internacional das alterações climáticas. E também na medida em que padrões mais rígidos diminuirão as emissões de CO_2. Ao longo do período de 10 anos até 2020 uma meta de redução de 120 g CO_2/km reduziria as emissões em cerca de 400 Mt CO_2 – mais que o total das emissões da França ou da Espanha em 2004. Esse número representa cerca de 45% do total actual das emissões provenientes dos transportes na União Europeia. De modo geral, e porque a União Europeia é a maior mercado automóvel mundial, padrões de emissão mais limitados seriam sinal de uma importante mudança de direcção da industria global de automóveis, criando incentivos para os fornecedores de componentes desenvolverem tecnologias com baixo nível de carbono. De qualquer modo, a União Europeia está fora dos trilhos para alcançar o seu há muito estabelecido objectivo. Tal como colocado por uma avaliação da comissão Europeia: "Na falta de medidas adicionais o objectivo da União Europeia de atingir em 2012 as

Contributo especial | **Acção nacional para enfrentar um desafio global**

As alterações climáticas são actualmente o desafio a enfrentar pelos líderes políticos de todo o mundo. As gerações futuras julgar-nos-ão pela forma como respondemos a esse desafio. Não existem soluções fáceis – nem quaisquer planos de orientação. Mas eu acredito que é possível alcançar uma vitória na batalha contra as alterações climáticas agindo a nível nacional e trabalhando em conjunto a nível global.

Se queremos ser bem sucedidos na eliminação da ameaça de alteração climática devemos começar por estabelecer regras base. Qualquer estratégia internacional deve ser baseada na lealdade, na justiça social e na equidade. Estas não são ideias abstractas, são directivas para a acção.

O *Relatório de Desenvolvimento Humano 2007/2008* deveria ser leitura obrigatória para todos os governos, em especial para os das nações mais ricas do planeta. Isto porque nos lembra que a responsabilidade histórica da rápida acumulação de gases com efeito de estufa na atmosfera terrestre não pertence aos mais pobres do mundo mas sim ao mundo desenvolvido. São as pessoas nos países mais desenvolvidos que deixam as mais profundas pegadas de carbono. A média brasileira é de 1,8 toneladas de pegadas de carbono anuais, ao passo que nos países desenvolvidos é de 13,2 toneladas anuais. Tal como o Relatório nos lembra, se cada pessoa no mundo em vias de desenvolvimento deixasse a mesma quantidade de pegadas de carbono que a média dos cidadãos norte-americanos necessitaríamos das atmosferas de nove planetas para lidar com as consequências.

Cada pais enfrenta diferentes desafios, mas eu acredito que a experiência do Brasil é instrutiva. Uma das razões por que o Brasil tem um tão baixa pegada de carbono *per capita* é o desenvolvimento dos seus recursos de energia renovável, possuindo actualmente um dos mais limpos sistemas de energia a nível mundial. Por exemplo, a energia hídrica é responsável pela produção de 92% da nossa electricidade. O resultado é que o Brasil não só tem uma mais leve pegada de carbono que os países mais ricos como também produz menos de metade do CO_2 por cada dólar de riqueza gerada . Posto isto de outro modo, baixámos as nossas emissões ao reduzir a intensidade de carbono e a intensidade de energia da nossa economia.

O sector dos transportes fornece um impressionante exemplo de como as políticas energéticas limpas podem criar benefícios nacionais e globais. A experiência do Brasil no desenvolvimento de etanol a partir de cana-de--açúcar como combustível de motor remonta aos anos 70. Actualmente os combustíveis à base etanol reduzem o total das nossas emissões em cerca de 28,5 milhões de toneladas de CO_2 por ano. Contrariamente às afirmações feitas por alguns comentadores não familiarizados com a geografia brasileira, a produção de cana-de-açúcar que sustenta a nossa indústria de etanol está concentrada em São Paulo, bem longe da região da Amazónia.

Actualmente estamos a expandir o nosso programa de etanol. Em 2004 lançámos o Programa Nacional de Produção de Biodiesel (PNPB). O seu objectivo é aumentar a percentagem de biodiesel por cada litro de diesel vendido no Brasil para 5% até 2013. E ao mesmo tempo, o PNPB introduziu incentivos fiscais e subsídios que almejam a expansão de oportunidades de mercado para a produção de biodiesel em pequenas quintas familiares na zona do Norte e do Nordeste.

A experiência do Brasil com biocombustíveis pode ajudar a apoiar e desenvolver cenários positivos de segurança energética e de mitigação das alterações climáticas. O petróleo domina o sector dos combustíveis para transportes rodoviários, no entanto, as preocupações relacionadas com os preços elevados, com os níveis de reserva e com a segurança do fornecimento estão a impulsionar muitos países – tanto ricos como pobres – a desenvolver politicas para reduzir a dependência do petróleo. Essas políticas são tão positivas para a eficiência energética e para as alterações climáticas.

Como país em vias de desenvolvimento, o Brasil pode desenvolver um importante papel de apoio à transição para uma economia com baixos níveis de carbono. A cooperação Sul-Sul tem um papel vital a desempenhar – e o Brasil está já a apoiar os esforços dos países em vias de desenvolvimento para identificar fontes viáveis de energia alternativa. Não devemos, no entanto, menosprezar o potencial da transferência internacional.

Tanto a América do Norte como a União Europeia estão a desenvolver programas de biodiesel altamente subsidiados. Quando comparados com o programa do Brasil esses programas saem a perder tanto ao nível de custos como a nível de redução da emissão de CO_2. Baixar as barreiras de importação impostas ao etanol brasileiro iria reduzir os custos do abatimento de carbono e alcançar a eficiência económica no desenvolvimento de combustíveis alternativos. Apesar de tudo, não há qualquer virtude inerente à auto-suficiência.

Por fim, um breve comentário acerca das florestas tropicais. Reconhecemos que são um recurso que deve ser gerido de forma sustentável, por esse motivo implementámos em 2004 um Plano de Acção para Prevenir e Controlar a Desflorestação na Amazónia. Envolvendo catorze ministérios, o plano fornece uma conjuntura legal para uso e gestão das terras, estabelecendo condições de monitorização e criando incentivos para práticas sustentáveis. O declínio da taxa de desflorestação de 2004 a esta parte registado em estados como o Mato Grosso demonstra que é possível conciliar o crescimento económico com uma gestão ambiental sustentável.

Luiz Inácio Lula da Silva
Presidente da Republica Federativa do Brasil

120 g CO_2/km não será cumprido".[89]

Os esforços para alterar esta política produziram um beco sem saída político. A Comissão Europeia propôs medidas reguladoras para aumentar os padrões de eficiência média da frota automóvel para atingir as há muito estabelecidas 120 g CO_2/km até 2020. Tal como no passado, a proposta atraiu a oposição da Associação Europeia de Produtores de Automóveis – uma coligação de companhias automóveis à escala global. Alguns governos Europeus têm apoiado essa oposição argumentando que um regulamento mais rígido poderá comprometer a competitividade da indústria.

Esta é uma posição que é difícil de enquadrar com as metas da União Europeia para 2020. Argumentos baseados na competitividade económica também não são positivamente apoiados pelos dados existentes. Várias companhias da indústria automóvel têm sido suplantadas em mercados de rápido crescimento para veículos com baixos níveis de emissão, precisamente por terem falhado na definição de padrões de eficiência. Como política de apoio é possível à União Europeia manter progressivos melhoramentos consistentes com os seus objectivos climáticos, melhorando os padrões médios da frota automóvel para atingir os 80 g CO_2/km até 2020.[90]

Os padrões de regulação não podem ser vistos isoladamente. A taxação automóvel é um poderoso instrumento através do qual os governos podem influenciar o comportamento dos consumidores. Uma taxação nivelada que aumente acompanhando os níveis de emissão de CO_2 poderia contribuir para o alinhamento entre as políticas energéticas e os objectivos de mitigação das alterações climáticas. Impostos anuais de circulação e impostos de registo de veículos novos poderiam ser meios para atingir o objectivo. Tais medidas iriam apoiar os esforços de produtores automóveis para atingir padrões melhorados de eficiência, em conjunto com os esforços governamentais para alcançar os aclamados objectivos nela relacionados com as alterações climáticas.

O papel dos combustíveis alternativos

Alterar a mistura de combustíveis do sector dos transportes pode desempenhar um importante papel no alinhamento das políticas energéticas com os orçamentos de carbono. O recorte das emissões de CO_2 numa viagem média de automóvel pode ser transformado usando menos petróleo e mais etanol produzindo a partir de plantas. Muitos governos vêem agora os biocombustíveis como uma tecnologia que mata dois coelhos de uma só cajadada, ajudando no combate contra o aquecimento global e ao mesmo tempo reduzindo a dependência da importação de petróleo.

Os países em vias de desenvolvimento demonstraram o que pode ser alcançado através de uma perspicaz mistura de incentivos e de regulamentação no sector dos transportes. Um dos mais importantes exemplos vem do Brasil. Ao longo das últimas três décadas, o país tem usado uma mistura de regulamentação e de investimentos de governação directa para desenvolver uma indústria altamente eficiente. Subsídios para combustível à base de álcool, padrões reguladores que requerem que os produtores automóveis produzam veículos híbridos, impostos preferenciais e apoio governamental para uma estrutura de fornecimento de biodiesel, todos desempenham um papel. Hoje em dia os biocombustíveis são responsáveis por cerca de um terço do total dos combustíveis utilizados nos transportes, criando amplos benefícios ambientais e reduzindo a dependência de petróleo importado.[91]

Vários países alteraram com sucesso a mistura de combustíveis do sector nacional de transportes, usando um misto de regulamentação e de incentivos de mercado para promover a Compressão de Gás Natural (CGN). Estimulada em parte devido a preocupações acerca da qualidade do ar nos maiores centros urbanos, e também em parte pela preocupação em reduzir a dependência de petróleo importado, tanto a Índia como o Paquistão têm assistido a uma grande expansão do uso do CGN, Na Índia várias cidades têm usado mecanismos reguladores para proibir um conjunto de veículos de usar combustível não-CGN. Por exemplo Nova Deli requer que todos os transportes públicos usem CGN. No Paquistão os incentivos de preço suplementaram as medidas reguladoras. Os preços aplicados à CGN têm sido estipulados cerca de 50%-60% abaixo do preço do petróleo, com apoio dado pelo governo ao desenvolvimento de infra-estruturas destinadas à produção e distribuição. Cerca de 0.8 milhões de veículos usam CGN hoje em dia e percentagem de mercado continua a aumentar rapidamente (figura 3.6). Para Alem de cortar as emissões de CO_2 em cerca de 20%, usar gás natural cria amplos benefícios para a qualidade do ar e para a saúde pública.

No mundo desenvolvido o desenvolvimento de biocombustível é uma das indústrias energéticas com maior nível de crescimento nos últimos cinco anos.

Os Estados Unidos Estabeleceram objectivos particularmente abrangentes. No seu Comunicado do Estado da Nação o Presidente Bush estabeleceu uma meta para o aumento do uso de biocombustíeis para 35 mil milhões de galões em 2007 – 5 vezes os níveis actuais. A ambição é a de trocar cerca de 15%

Figura 3.6 A transição rápida da frota de automóveis é possível – Paquistão

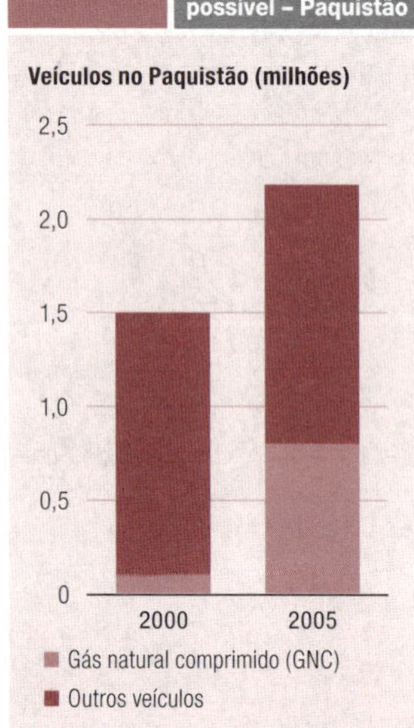

Fonte: Governo do Paquistão 2005.

do petróleo importado por etanol de produção nacional.[92] A União Europeia está também actualmente a promover os biocombustíveis. As metas incluem aumentar em 10% o uso de biocombustíveis em todos os transportes rodoviários até 2020. Estes números são o dobro dos da meta para 2010 – e cerca de 10 vezes superiores aos níveis actuais.[93]

Metas impressionantes têm sido apoiadas por subsídios impressionantes para o desenvolvimento do sector dos biocombustíveis. Nos Estados Unidos, os créditos de taxação para a produção de etanol à base de milho foram estimados em cerca de 2.5 mil milhões de dólares americanos em 2006.[94] Os subsídios totais para o etanol e para o biodiesel, actualmente calculados em 5.5-7.5 mil milhões de dólares americanos, descontando pagamentos directos a produtores de milho, destinam-se a aumentar a produção.[95] Com a percentagem de produção de milho destinado directamente ao crescimento de moinhos de etanol, os preços estão a subir em flecha. Em 2007 atingiram máximo dos últimos 10 anos, apesar da colheita do ano anterior ter sido a terceira maior de todas as registadas.[96] Por os Estados Unidos serem os maiores exportadores de milho a nível mundial a diversão de abastecimento para a indústria de bioetanol tem sido importante no aumento global de preços. No México e outros países da América Central o aumento de preços de milho importado poderia criar problemas de segurança alimentar a agregados familiares pobres.[97]

A "Biocombustível Mania" não deixou até à data uma marca muito profunda na União Europeia. Mas é provável que essa situação se altere. Projecções feitas pela Comissão Europeia apontam que os preços crescentes de cereais e sementes para combustível irão aumentar a exploração de 3 milhões de hectares em 2006 para 17 milhões de hectares em 2020.[98] A maioria do aumento de fornecimento de biocombustível na União Europeia provirá da produção nacional de cereais e sementes para combustível que através de importações estão projectadas para constituírem 15%-20% da procura total até 2020. Para a agricultura europeia um crescente aumento na produção de biodiesel oferece novos mercados bastante lucrativos. Tal como postos pela Comissão: "As metas para a energia renovável podem ser vistas como boas noticias para a agricultura europeia: [...] prometem boas saídas e um desenvolvimento positivo da procura e dos preços numa altura em que os agricultores estão cada vez mais sujeitos a competição internacional."[99]

Figura 3.7 **Alguns biocombustíveis são mais baratos e cortam as emissões de CO_2**

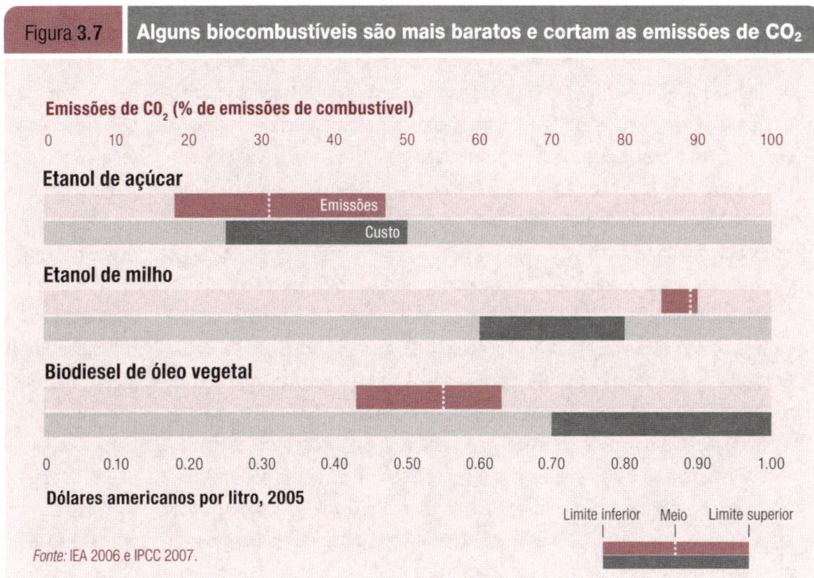

Fonte: IEA 2006 e IPCC 2007.

Ao abrigo da Reforma da Política Agrícola Comum, um subsídio adicional será pago aos agricultores para a produção de colheitas a usar no fabrico de biocombustíveis.[100]

Infelizmente, o que é bom para a agricultura subsidiada para a indústria de biocombustíveis na União Europeia e nos Estados Unidos não é inerentemente positivo para a mitigação das alterações climáticas.

Os biocombustíveis não representam uma séria alternativa ao petróleo para uso nos transportes. No entanto, o custo de produção desses combustíveis relativamente ao abastecimento da quantidade de CO_2 emitida é também importante. Esta é uma área na qual os estados Unidos e a União Europeia não marcam pontos. Por exemplo, o etanol fabricado a partir de cana-de-açúcar pode ser produzido no Brasil a metade do preço por unidade do etanol à base de milho fabricado nos Estados Unidos e enquanto o etanol extraído de cana-de-açúcar no Brasil reduz as emissões em 70% os números comparáveis de etanol extraído de milho nos Estados Unidos são de 13%.[101] A União Europeia esta numa situação ainda mais desvantajosa (figura 3.7).

Vantagens comparativas explicam uma importante parte dos diferenciais de preço. Os custos de produção no Brasil são muito inferiores devido a factores climáticos, disponibilidade de terreno e a maior eficiência do açúcar em converter a energia do sol em etanol celulósico. Estas diferenças apontam para um caso de menor configuração na produção nacional e

Caixa 3.9

A expansão do óleo de palma e do biocombustível – uma história de advertência

As ambiciosas metas da União Europeia para expandir a cota de mercado dos biocombustíveis têm criado fortes incentivos para a produção de cereais e óleos, incluindo o óleo de palma. As oportunidades para fornecer o mercado em expansão da União Europeia têm-se reflectido na emersão de um investimento na produção de óleo de palma na Ásia Oriental. Serão boas notícias para o desenvolvimento humano?

Não nas actuais condições. O óleo de palma pode ser produzido e colhido de formas ambientalmente sustentáveis e socialmente responsáveis, especialmente através da agricultura florestal em pequena escala. Muita da produção da África Ocidental é feita desta forma. De mais a mais, as plantações em larga escala em muitos países não têm dado resultados positivos. Mas apesar disso grande parte da recente produção de óleo de palma tem sido efectuada dessa forma.

Mesmo antes de as metas para a energia renovável da União Europeia terem criado um novo conjunto de incentivos já o cultivo de óleo de palma se expandia a um ritmo alucinante. Em 2005 o cultivo global já atingia os 12 milhões de hectares – quase o dobro da área de 1997. A produção é dominada pela Indonésia e pela Malásia, com esta ultima a registar o mais rápido crescimento em termos de áreas florestais convertidas em plantações de óleo de palma. A estimativa anual para a emissão final de CO_2 a partir de biomassa florestal na Indonésia é de 2,3 Gt desde 1990. É esperado que os mercados de material biocombustível da União Europeia venham a impulsionar ainda mais a proliferação das plantações de óleo de palma. Projecções feitas pela União Europeia sugerem que as importações ião ser responsáveis por cerca de um quarto do fornecimento de combustíveis biodiesel em 2020, com o óleo de palma a representar 3,6 milhões de um total de 11 milhões de importações.

A exportação de óleo de palma representa uma importante fonte de câmbio no estrangeiro. De qualquer forma, a criação de plantações tem sido feita com elevados custos sociais e ambientais. Amplas áreas de floresta tradicionalmente usada por população indígena têm sido expropriadas e as empresas madeireiras têm com frequência usado o óleo de palma como desculpa para cortar madeira.

Com os preços do óleo de palma a agitarem-se, têm sido desenvolvidos planos ambiciosos para expandir o cultivo. Um exemplo disso mesmo é o Projecto de Produção de Óleo de Palma na Fronteira do Kalimantan, na Indonésia, que visa converter três milhões de hectares de floresta no Bornéu. Algumas das concessões já foram inclusivamente atribuídas. Embora a legislação nacional e as linhas de orientação voluntárias para a indústria estipulam a protecção à população indígena, esta condição não tem sido cumprida, tendo em muitos casos sido mesmo ignorada. As áreas consideradas propícias para o estabelecimento de concessões de produção de óleo de palma incluem áreas de densidade florestal, algumas delas usadas por populações indígenas – existem situações documentadas de pessoas que perderam terras e acesso às florestas.

Na Indonésia, tal como em muitos países, o processo judicial é lento, os custos legais estão muito para além das possibilidades do povo indígena e as ligações entre os investidores poderosos e as elites políticas tornam muito difícil o reforço dos direitos dos habitantes das zonas florestais. Para fazer face a esta situação a União Europeia deve cuidadosamente considerar as implicações das directivas internas na política energética para projectos externos de desenvolvimento humano.

Fonte: Colchester et al.2006[a]; Tauli-Corpuz e Tamang 2007.

de um mais abrangente papel de transferência internacional na União Europeia e nos Estados Unidos.

Não existe qualquer virtude inerente à auto-suficiência.

De uma perspectiva de mitigação das alterações climáticas, a prioridade é alcançar um abatimento na emissão de carbono ao mais baixo limite de custo possível. O problema é que as barreiras de transferência e os subsídios estão a fazer subir o custo da mitigação do carbono, enquanto que, simultaneamente, se adiciona o custo da redução da dependência de petróleo.

A maioria dos países desenvolvidos aplica importantes restrições aos combustíveis alternativos – tal como o bioetanol. A estrutura protectora varia em larga medida – mas o efeito final será a substancialmente a baixa procura por parte do consumidor. A União Europeia permite acesso livre de imposto ao mercado de etanol a cerca de 100 países em vias de desenvolvimento, muitos dos quais não exportam etanol. No caso do Brasil um imposto de importação de 0,73 euros (1 dólar americano) por galão é aplicado pela União Europeia – uma tarifa equivalente em excesso de 60%.[102] Nos Estados Unidos, o etanol brasileiro enfrenta um imposto de importação de 0,54 dólares americanos por galão.[103] Apesar de mais baixo de que na União Europeia representa, mesmo assim, uma tarifa de cerca de 25% no mercado nacional de preços do etanol de 2007.

As políticas de comércio aplicadas ao etanol entram em conflito com um amplo número de objectivos relacionados com a mitigação das alterações climáticas. O etanol do Brasil está em desvantagem muito embora tenha uma produção mais barata, crie baixas emissões de CO_2 durante a produção e seja mais eficiente na redução da intensidade de carbono quando utilizado em veículos. De modo geral as elevadas tarifas aplicadas ao etanol brasileiro levantam sérias questões à eficiência económica do sector energético. A conclusão a retirar é que abolir as tarifas aplicadas ao etanol beneficiária o ambiente, a mitigação das alterações climáticas e o desenvolvimento de países que como o Brasil gozam de favoráveis condições de produção. Na União Europeia, a Suécia tem-se debatido por uma redução do ênfase dado ao proteccionismo e por políticas mais fortes para o desenvolvimento de uma "segunda geração" de biocombustíveis em áreas como a biomassa florestal.[104] Nem todas as oportunidades de transferência internacional ligadas ao biocombustível oferecem resultados benéficos. Tal como noutras áreas, os impactos social e ambiental das transferências são condicionados por um alargado conjunto de factores – e os benefícios não são automáticos. No Brasil, a produção de açúcar que sustenta a indústria do etanol está concentrada no estado de São Paulo. Menos de 1% é proveniente da Amazónia. Como resultado, o desenvolvimento de biocombustíveis tem tido um limitado impacto ambiental e não tem contribuído para a destruição da floresta tropical. O cenário noutros países e noutras colheitas é variado. Uma potencial fonte agrícola a adicionar à produção de biodiesel é o óleo de palma. A proliferação desse tipo de colheita na Ásia Oriental tem estado associada a uma vasta desflorestação e à violação dos direitos humanos das populações indígenas. Existe por isso o perigo que a ambiciosa meta União Europeia relativamente aos biocombustíveis venha encorajar a rápida expansão de produções de óleo de palma em países que não conseguiram resolver esses problemas (caixa 3.9). Desde 1999 que as importações da União Europeia de óleo de palma (sobretudo da Malásia e da Indonésia) duplicaram para 2,5 milhões de toneladas, ou cerca de um quinto das importações mundiais.[105] A rápida expansão do mercado tem andado de mãos dadas com o desrespeito pelos directos dos pequenos agricultores e da população indígena.

A I&D e a disposição das tecnologias de baixas emissões de carbono

Joseph Schumpeter cunhou a expressão "destruição criativa" para descrever um "processo de mutação industrial que revoluciona intensamente a economia a partir do interior, incessantemente destruía a velha, criando incessantemente uma nova". Identificou três fases no processo de inovação: invenção, aplicação e difusão.

Uma mitigação das alterações climáticas bem sucedidas irá requerer um processo de acelerada "destruição criativa", com as lacunas entre estas fases a encolher o mais rapidamente possível. O preço do carbono irá ajudar a criar incentivos para a emersão dessas tecnologias – mas não será suficiente. Enfrentando avultados custos capitais, condições incertas de mercado e altos riscos, o sector privado não conseguirá sozinho desenvolver e impulsionar tecnologias ao ritmo necessário, mesmo com os apropriados sinais de preço do carbono. Os governos terão que desempenhar um papel central na remoção de obstáculos para a emersão de descobertas tecnológicas.

O caso para acção de políticas públicas é fundamentado na iminência e na escala da ameaça representada pelas alterações climáticas. Tal como mostrado em capítulos anteriores deste relatório, perigosas alterações climáticas conduzirão ao aumento da pobreza nos países pobres, seguida de catastróficos riscos para toda a humanidade. Evitar estes desfechos é um desafio para o desenvolvimento humano. Mais ainda, é imperativo para a segurança nacional e global.

Em épocas históricas distintas, os governos responderam a ameaças à segurança lançando programas ousados e inovadores. Esperar que os mercados criem e impulsionem as tecnologias que reduzirão a vulnerabilidade não é considerado opção. Em 1932, Albert Einstein conclui: "Não existe a mais pequena indicação de que a energia nuclear venha alguma vez a ser obtida". Pouco mais de uma década depois os Aliados haviam já criado o Projecto Manhattan. Conduzido por imperativos de segurança nacional, este foi um esforço de pesquisa que juntou as melhores cientistas do mundo num programa de 20 mil milhões de euros (a preços de 2004) que alargou as fronteiras tecnológicas. O mesmo aconteceu durante as presidências dos presidentes Eisenhower e Kennedy, quando as rivalidades da Guerra Fria e as preocupações de segurança levaram a liderança governamental a ambiciosos programas de pesquisa e desenvolvimento, que viriam a culminar na criação do programa espacial Apollo.[106]

Contrastes com os esforços de I&D para alcançar uma transição para baixos níveis de carbono são por demais evidentes. Os gastos em I&D para os sectores energéticos dos países da OCDE é actualmente cerca de metade dos níveis registados em termos reais no início dos anos 80 (preços de 2004). Medida como percentagem da reviravolta dos respectivos sectores a despesas da I&O na indústria energética é menos de $^1/_6$ da que a indústria automóvel despende e uma trigésima parte de despesa da indústria eléctrica. A distribuição de despesas de pesquisa é igualmente problemática. A despesa pública em I&D tem sido dominada pela energia nuclear, o que representa ainda metade do total.

A potencial verdadeira descoberta de tecnologia para o carvão é um processo conhecido como Captura e Armazenamento de Carbono

Actualmente, as centrais energéticas à base de carvão convencionais gozam de vantagens comerciais por um simples motivo: os seus preços não reflectem os custos da sua contribuição para as alterações climáticas

Estes padrões de I&D podem ser ligados a uma variedade de factores. O sector da energia, por exemplo é caracterizado por amplas centrais energéticas, dominadas por um pequeno número de fornecedores, com baixa competição na sua cota de mercado. Os avultados subsídios atribuídos à energia baseada em combustíveis fósseis e à energia nuclear têm criado desincentivos para o investimento noutras áreas, tais como as de energia renovável. O resultado final é que o sector da energia tem sido caracterizado por um lento ritmo de inovação com muitas das tecnologias centrais para a produção de energia a partir de carvão e gás a terem mais de três décadas de existência.

"Escolher os vencedores no carvão"

Os desenvolvimentos no sector do carvão demonstram tanto o potencial para descobertas tecnológicas como o lento ritmo de progresso. Existem actualmente cerca de 1200 GigaWatts (GW) de capacidade energética mundial accionada por carvão, sendo este responsável por 40% da produção energética mundial e da emissão de CO_2. Com o preço do gás natural a subir e com reservas de carvão distribuídas por todo o mundo, é provável que a percentagem de energia gerada a partir de carvão venha a aumentar com o tempo. A energia gerada a partir de carvão pode ser o impulsionador que conduzirá o mundo a ultrapassar o limite no que diz respeito às alterações climáticas. No entanto, também oferece uma oportunidade.

As centrais energéticas de carvão variam bastante na sua eficiência térmica.[108] Um aumento na eficiência, o que é uma tarefa da tecnologia, significaria que as centrais produziriam mais energia com menos carvão e com menos emissões. As centrais mais eficientes usam actualmente tecnologias supercríticas que tem atingido níveis de eficiência perto dos 45%. Durante os anos 90 emergiram novas tecnologias de Ciclo Combinado de Gasificação Integrada (CCGI). Estas são capazes de queimar gás sintético, produzido a partir do carvão ou de outro combustível, limpando deste modo as emissões de gases. Apoiadas por fundos públicos na União Europeia e nos Estados Unidos, cinco centrais de demonstração foram lançadas nos anos 90. Estas centrais atingiram níveis de eficiência comparáveis nos das centrais mais eficientes, mas com mais altos níveis de desempenho ambiental.[109]

Qual é a ligação entre as centrais CCGI e a mitigação das alterações climáticas? A potencial verdadeira descoberta de tecnologia para o carvão é um processo conhecido como Captura e Armazenamento de Carbono (CAC). Ao usar tecnologia CAC é possível separar o gás emitido quando ao combustíveis fosseis são queimados, processa-lo para a sua forma liquida ou sólida e transportá-lo através de condutas, ou por via marítima para uma localização – abaixo do nível do mar, em minas desactivadas, poços de petróleo secos ou outros locais – onde possa ser armazenado. Aplicada em fábricas de carvão, a tecnologia CAC oferece o potencial para zero emissões de CO_2. Na teoria, qualquer centro de carvão convencional pode ser convertido para uso da tecnologia CAC, que é de longe a opção de mais baixo custo.[110]

Nenhuma tecnologia oferece uma solução mágica para o problema das alterações climáticas, e "escolher os vencedores" é trabalho árduo. Mesmo assim, a CAC é amplamente reconhecida como sendo a melhor aposta para uma severa mitigação à produção de energia a partir de carvão. O desenvolvimento e a implantação em larga escala da CAC poderiam conciliar o expansivo uso de carvão com um orçamento sustentável de carbono. No caso de ser bem sucedida, poderia eliminar o carbono da produção eléctrica, não só em centrais eléctricas mas também de outros locais de produção com altos níveis de carbono – tais como fábricas de cimento e instalações petroquímicas.

As centrais de demonstração que operam graças a parcerias público-privadas na União Europeia e nos Estados Unidos têm demonstrado a fiabilidade da tecnologia CAC, apesar de se manterem alguns desafios e incertezas.[111] Por exemplo, o armazenamento de CO_2 abaixo do nível do mar é o tema de convenções internacionais e existem ainda dúvidas de segurança relacionadas com potenciais fugas. Por mais encorajadores que os resultados do projecto tenham sido, o esforço actual fica aquém do necessário. Está projectado que tecnologia CAC seja lentamente implementada nos próximos anos. De acordo com as taxas de desenvolvimento planeadas haverá apenas 11 centrais CAC em funcionamento até 2015. O lado positivo desta tardia implementação é que as centrais irão, em conjunto poupar cerca de 15 $MtCO_2$ de emissões, ou 0,2% do total de emissões da produção de energia a partir do carvão.[112] A este ritmo, uma das tecnologias chave para a batalha contra o aquecimento global chegará tarde demais ao campo de batalha para poder ajudar o mundo a evitar perigosas alterações climáticas.

As barreiras que atrasam o desenvolvimento e distribuição da tecnologia CAC estão bem enraizadas nos mercados. As tecnologias de produção de energia que podem facilitar a rápida implementação da CAC não estão Ainda disponíveis à escala necessária. Em particular, as centrais CCGI não estão totalmente comercializadas, em parte devido à insuficiente I&D. Mesmo se os sistemas CAC estivessem hoje disponíveis à escala máxima, o seu custo seria um obstáculo à implementação. Para novas centrais os custos capitais estão calculados em mais mil milhões de dólares do que as centrais convencionais, apesar de existirem amplas variações: modelar fábricas antigas é bastante mais dispendioso do que aplicar a tecnologia CAC em centrais CCGI novas. Está também projectado que a captura de carbono aumente os custos operacionais da produção de electricidade em 35%-60% nas centrais de carvão.[113]

Sem acção governamental estas barreiras de custo continuaram a atrasar a implementação.

Parcerias de carvão – muito poucas e muito limitadas

Alguns dos obstáculos à transformação tecnológica da produção eléctrica à base de carvão poderiam ser transpostas através da atribuição de preço ao carbono. Actualmente, as centrais energéticas à base de carvão convencionais gozam de vantagens comerciais por um simples motivo: os seus preços não reflectem os custos da sua contribuição para as alterações climáticas. Impor um imposto de 60-100 dólares americanos/t CO_2 ou implementar um rígido sistema de limite-e-negociação, iria transformar as estruturas de incentivo da indústria do carvão, colocando os produtores mais poluentes em desvantagem. Criar condições de mercado para aumentar o investimento de capital através de incentivos fiscais é uma das condições para uma transição para baixos níveis de carbono na política energética.

As políticas dos Estados Unidos começam a apontar nessa direcção. Em 2005 A Lei de Energia tinha já impulsionado o planeamento da aplicação de centrais CCGI, ao colocar em prática a Iniciativa de Energia de Carvão Limpo (IECL) no valor de 2 mil milhões de dólares americanos, que incluem subsídios para a gasificação do carvão.[114] Foram concedidos créditos fiscais ao investimento privado em nove instalações de carvão limpo. Emergiram também as parcerias público-privadas. Um dos exemplos são as sete Parcerias Regionais de Captação de Carbono que juntam o Departamento do Ambiente, governos estaduais e companhias privadas. O valor total dos projectos é de cerca de 145 milhões de dólares americanos para os próximos quatro anos. Outro exemplo é a Future Gen, uma parceria público-privada que está empenhada em construir a primeira central energética com quase zero emissões dos Estados Unidos em 2012.[115]

A União Europeia também se moveu no sentido de criar um ambiente impulsionador para o desenvolvimento da CAC. A formação da Plataforma Tecnológica Europeia para Zero Emissões no Combustível Fóssil providenciou uma conjuntura que aproxima governos, indústria, institutos de pesquisa e a Comissão Europeia. O objectivo: estimular a construção e operação de 12 centrais de demonstração até 2015, e todas as centrais de carvão construídas depois de 2020 adaptadas ao CAC.[116] Os fundos totais estimados para as tecnologias de captura e armazenamento de 2002 a 2006 estava em cerca de 70 milhões de euros (88 milhões de dólares americanos).[117] No entanto, ao abrigo da actual conjuntura de pesquisa da União Europeia serão fornecidos até 400 milhões de euros (500 milhões de dólares americanos) para limpar as tecnologias de combustíveis fosseis entre 2007 e 2012, com a CAC como prioridade.[118] Tal como nos Estados Unidos, alguns projectos de demonstração estão em andamento, incluindo colaboração entre a Noruega e o Reino Unido no que respeita ao armazenamento de carbono nos lençóis petrolíferos do Mar do Norte.[119]

As parcerias público-privadas emergentes têm atingido importantes resultados. Mas, de qualquer modo, são necessárias abordagens mais ambiciosas para acelerar as alterações tecnológicas na indústria do carvão. O Centro Pew de Alterações Climáticas Globais tem argumentado o desenvolvimento de um programa de 30 centrais em 10 anos para os Estados Unidos de forma a demonstrar fiabilidade técnica e criar as condições para uma comercialização rápida. Os custos acrescidos estão estimados entre os 23 e 30 mil milhões de dólares americanos.[120] O Centro Pew propôs a criação de um fundo de depósito baseado numa modesta taxa aplicada à produção eléctrica para cobrir os custos. Uma vez que existem estruturas de financiamento e de incentivo que podem ser consideradas, a meta de 30 centrais até 2015 é atingível para os Estados Unidos. Com liderança política a União

O aumento do apoio financeiro e tecnológico para uma produção energética com baixo nível de carbono aos países em vias de desenvolvimento é uma das prioridades

Uma unidade de electricidade produzida num país em vias de desenvolvimento emite 20% mais CO_2 que a unidade média produzida nos países desenvolvidos

Europeia poderia apontar a um equivalente nível de ambição.

O perigo é que os fracassos da política pública irão criar outro obstáculo ao desenvolvimento e implementação da CAC. Os avultados custos relacionados com as centrais equipadas com os sistemas CAC podem dar azo à não implementação do sistema em resultado das decisões de investimento na troca da actual capacidade de produção baseada em carvão. Na ausência de sinais do preço do carbono a longo prazo e de estruturas de incentivo para recompensar a electricidade com baixos níveis de carbono, os produtores de energia podem vir a tomar decisões que dificultem a transição para a CAC.

Espera-se que isto assinale o desperdício de outra oportunidade. Cerca de um terço da capacidade energética de carvão existente na União Europeia alcançará o fim do seu tempo de vida tecnológico nos próximos 10 a 15 anos.[122] Nos Estados Unidos, onde o carvão é ressurgente, foram feitas candidaturas e propostas para o desenvolvimento de cerca de 150 novas centrais energéticas de carvão até 2030 com um investimento projectado de cerca de 143 mil milhões de dólares americanos.[123]

Tanto a União Europeia como os Estados Unidos têm oportunidade de usar a desactivação do stock antigo de energia à base de carvão para criar um ambiente que providencie uma mais rápida transição para a CAC. Aproveitar esta oportunidade irá requerer avanços ousados no que respeita a política energética. Aumentar o investimento nos projectos de demonstração, evidenciar intenções claras de taxação das emissões de carbono e/ou introduzir medidas mais rígidas de limite e negociação, assim como usar autoridade reguladora para limitar a criação de centrais energéticas não-CCGI, são algumas das políticas necessárias.

3.4 O Papel Decisivo da Cooperação internacional

A cooperação internacional pode abrir a porta a vitórias de amplo alcance no que respeita o desenvolvimento humano e a mitigação das alterações climáticas. O aumento do apoio financeiro e tecnológico para uma produção energética com baixo nível de carbono aos países em vias de desenvolvimento é uma das prioridades. A cooperação nestas áreas pode expandir o acesso à energia e apoiar os esforços para redução da pobreza no processo. A desflorestação é outro problema que oferece uma oportunidade. Uma acção internacional para abrandar a destruição da floresta tropical iria reduzir a pegada de carbono global e ao mesmo tempo gerar enormes benefícios a nível social, económico e ambiental.

As abordagens actuais estão a falhar no que respeita ao aproveitamento do potencial da cooperação internacional. Ao abrigo da CQNUAC, a cooperação foi identificada como elemento chave para a mitigação das alterações climáticas. Os países desenvolvidos comprometeram-se a aplicar todas as medidas praticáveis para promover, facilitar e financiar, de forma apropriada à mudança ou acesso a tecnologias amigas do ambiente.[124] Em 2001 foi definido um acordo – os Acordos de Marraquexe – visando atribuir maior substância ao compromisso de mudança tecnológica, no entanto, ficou aquém dos compromissos assumidos e ainda mais aquém do nível de ambição requerido. O processo de combate à desflorestação é igualmente desencorajante.

As negociações para o próximo período de compromisso para o Protocolo de Quioto fornecem uma oportunidade para alterar esta conjuntura. Existem duas prioridades urgentes. Em primeiro lugar, o mundo necessita de uma estratégia de apoio à transição para energia com baixo nível de carbono nos países em vias de desenvolvimento. Os países desenvolvidos deveriam olhar este apoio não como caridade mas sim como uma forma de assegurar o combate ao aquecimento global e como uma forma de investimento no desenvolvimento humano.

Na ausência de uma estratégia internacional coerente para financiar a mudança de tecnologia de forma a espalhar a energia baixa em carbono, os países em vias de desenvolvimento terão pouco incentivo para aderir a um acordo multilateral que estabeleça limites de emissão. Existem no mundo 1,6 mil milhões de pessoas sem acesso à electricidade – são com muita frequência as mulheres que andam muitos quilómetros a pé para recolher lenha e/ou excrementos de vaca para utilizar como combustível. Esperar que os governos que as representam aceitem limites de emissões a médio prazo que comprometam o progresso no acesso à energia é simplesmente irrealista e imoral, para além de ser inconsistente com os compromissos de redução da pobreza.

A segunda prioridade é o desenvolvimento de uma estratégia no que respeita à desflorestação. Isoladamente os mercados de carbono e as transferências financeiras não oferecem uma resposta ao problema, mas podem, de qualquer modo, ajudar a reduzir os perversos incentivos que actualmente agem a favor da desflorestação, provocando consequências negativas para a população e para o planeta.

Um papel alargado para as mudanças tecnológicas e financiamentos

Os níveis de eficiência energética atrasam o desenvolvimento humano e o crescimento económico em muitos países. Um aumento da eficiência é um meio de produzir mais energia com menos combustível – e com menos emissões. Encurtar rapidamente o fosso entre países ricos e pobres irá agir como uma poderosa força para a mitigação das alterações climáticas e para o desenvolvimento humano.

O carvão fornece uma poderosa demonstração deste ponto. A eficiência térmica média das centrais de carvão nos países em vias de desenvolvimento é de cerca de 30%, comparada com 36% nos países da OCDE.[124] Isto significa que uma unidade de electricidade produzida num país em vias de desenvolvimento emite 20% mais CO_2 que a unidade média produzida nos países desenvolvidos. As mais eficientes centrais supercríticas nos países da OCDE, assim chamadas porque queimam carvão a temperaturas mais elevadas e com menos desperdício, têm alcançado níveis de eficiência na ordem dos 45%.[125] As projecções para futuras emissões geradas a partir da produção de energia à base de carvão são altamente sensíveis às escolhas tecnológicas que irão influenciar a eficiência total. Eliminar a lacuna energética entre essas centrais e a média das centrais dos países em vias de desenvolvimento deverá reduzir para metade as emissões de CO_2 geradas a partir da produção de energia baseada no carvão nos países em vias de desenvolvimento.[126]

O potencial impacto dos ganhos de eficiência na mitigação pode ser ilustrado com uma referência à China e à Índia. Ambos os países estão a diversificar as fontes de energia e a expandir o fornecimento de energia renovável. Mas, no entanto, o carvão deverá continuar a ser a principal fonte de produção de energia – os dois países irão ser responsáveis por 80% do aumento na procura global de carvão até 2030. A eficiência térmica média nas centrais de carvão está a aumentar em ambos os países, apesar de estar ainda situada nos 29% a 36%.[127] A rápida expansão de energia gerada a partir de carvão assente nestes níveis de eficiência representaria um desastre na alteração climática. Com avultados investimentos a serem feitos em novas centrais, existe uma oportunidade de prevenir esse desastre, ao aumentar os níveis de eficiência (tabela 3.3).

Produzir mais energia com menos carvão viria desencadear uma série de benefícios para as econo-

Tabela 3.3 As emissões de carbono estão associadas às tecnologias das centrais de carvão

	Emissões de CO_2 aprox. (g/kWh)	Redução a partir da média chinesa (%)	Duração total da poupança CO_2 (Mt CO_2)[a]
Centrais de carvão:			
Média da frota de centrais de carvão chinesa, 2006	1140	–	–
Padrão global	892	22	73,3
Limpeza avançada de carvão	733	36	120,5
Carvão super-crítico com capturação de carbono	94	92	310,8

a. Duração total da poupança de CO_2 refere-se a uma central de 1 GW operacional durante 40 anos com um factor médio de capacidade de 85% em comparação com uma central similar com a média chinesa de eficiência (actualmente 29%)

Fonte: Watson et al. 2007.

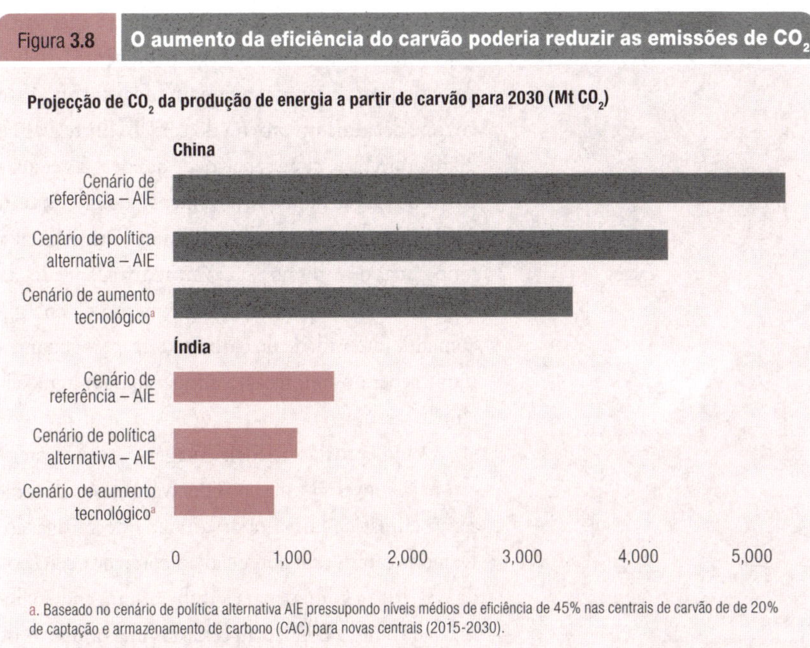

Figura 3.8 O aumento da eficiência do carvão poderia reduzir as emissões de CO_2

a. Baseado no cenário de política alternativa AIE pressupondo níveis médios de eficiência de 45% nas centrais de carvão de de 20% de captação e armazenamento de carbono (CAC) para novas centrais (2015-2030).

Fonte: Watson 2007.

Tabela 3.4 A eficácia da energia industrial varia bastante

Consumo de energia por unidade produzida (100=país mais eficiente)	Aço	Cimento	Amónia
Japão	100	100	–
Europa	110	120	100
Estados Unidos	120	145	105
China	150	160	133
Índia	150	135	120
Melhor tecnologia disponível	75	90	60

Fonte: Watson et al. 2007.

mias nacionais, para o ambiente e para a mitigação das alterações climáticas. A China e a Índia sublinham a tensão entre a segurança energética nacional e os objectivos de segurança contra as alterações climáticas. O carvão é o centro desta tensão. Ao longo da próxima década a China irá tornar-se na maior emissora de CO_2 a nível mundial.[128] Em 2015 a capacidade de produção de energia irá aumentar em cerca de 518 GW, o dobro dos níveis actuais. De acordo com as projecções do AIE voltará a aumentar, desta feita em cerca de 60% até 2030. Para contextualizar os números, o aumento de energia em 2015 é equivalente à actual capacidade combinada da Alemanha, do Japão e do Reino Unido. O carvão será responsável por aproximadamente três quartos do aumento total até 2030.

A capacidade gerada por carvão está também em rápida expansão na Índia, na década até 2015, a Índia irá adicionar quase 100 GW de produção energética à sua actual capacidade – aproximadamente o dobro da actual produção de energia na Califórnia. Este volume de aumento provirá do carvão. Entre 2015 e 2030 projecta-se que a capacidade de energia gerada a partir do carvão duplique novamente, de acordo com o AIE. Apesar de, a Índia e a China continuarem a ter pegadas de carbono *per capita* abaixo da média da OCDE, o actual padrão de crescimento da energia com alta intensidade de carbono tem preocupantes implicações nos reforços de mitigação das alterações climáticas.

O aumento da eficiência energética tem o potencial para converter uma considerável ameaça de alteração climática numa oportunidade de mitigação. Demonstramos este potencial ao comparar cenários da AIE para a China e para a Índia, abrangendo o período de 2004 a 2030, com cenários mais ambiciosos baseados num reforço da cooperação internacional. Sabendo que qualquer cenário é sensível a suposições, os resultados ilustram graficamente tanto os benefícios de uma acção multilateral de apoio à reforma da política energética como os custos implicados com a falta de acção.

Até modestas reformas para alcançar eficiência energética podem contribuir significativamente para a mitigação. A AIE compara o "cenário de referência" da trajectória actual para futuras missões com um "cenário alternativo" no qual os governos aprofundam as reformas do sector energético. Ao abrigo destas reformas está assumido que a eficiência total da energia de carvão na China e na Índia aumenta cerca de 30% a 38% relativamente aos níveis actuais até 2030. A maioria das reformas irá incrementar as medidas existentes apontadas em reduzir a procura.

É possível imaginar um cenário mais ambicioso. Os padrões de eficiência reforçados. As antigas e ineficientes fábricas poderiam ser desactivadas mais rapidamente e substituídas por centrais supercríticas e tecnológicas CCGI abrindo caminho para uma mais rápida transição para a captura e armazenamento de carbono. Obviamente que estas opções irão requerer um financiamento adicional, assim como o desenvolvimento de capacidades tecnológicas. Mas irão também apresentar resultados.

Ao olhar para além do cenário AIE, consideramos uma mais rápida transição para uma produção energética a partir do carvão com altos níveis de eficiência e baixos níveis de carbono. Essa transição faria subir os níveis médios de eficiência para 45% até 2030 – o nível das centrais com melhor desempenho actualmente na OCDE. Consideramos também um elemento adicional: a rápida introdução de tecnologia CAC. Presumimos que 20% da capacidade adicional introduzida entre 2015 e 2030 seja sob a forma da CAC.

Estas hipóteses podem ser arrojadas – mas estão ao alcance das capacidades tecnológicas. Medidas em termos de mitigação das alterações climáticas, as reduções resultantes são consideráveis:

- *China.* Até 2030 as emissões na China seriam de 1,8 GtCO2 abaixo do cenário de influência da AIE. Este número representa cerca de metade das emissões de CO_2 relacionadas com a energia actualmente produzida pela União Europeia. Posto de outra forma, iria reduzir o total das emissões de CO_2 projectadas para os países em vias de de-

Caixa 3.10 Reforma das políticas energéticas e de carvão da China

Com a economia de mais rápido crescimento a nível mundial, com um quinto da população mundial e com um sistema intensivo de energia de carvão, a China ocupa uma posição fulcral no que toca aos esforços para eliminar a ameaça das alterações climáticas. Sendo a segunda maior fonte de emissão de CO_2 imediatamente a seguir aos Estados Unidos, está na eminência de se tornar na primeira. Ao mesmo tempo, a China tem uma pegada de carbono *per capita* que vai de encontro aos padrões internacionais, apenas um quinto do valor da média Estados Unidos e um terço da média dos países desenvolvidos. As alterações climáticas confrontam a China com dois problemas distintos mas interligados. O primeiro é o da adaptação. A China regista actualmente graves impactos de alteração climática. Situações climáticas extremas têm-se tornado cada vez mais comuns. Secas no nordeste da China, inundações nas extensões média e superior do rio Yangtze assim como inundações costeiras nos maiores centros urbanos - como Xangai - são disso um exemplo. Olhando o futuro não será exagerado dizer que a China enfrenta iminentes possibilidades de uma emergência climática. Projecta-se que a produção dos três principais cereais - trigo, arroz e milho - diminua devido à subida das temperaturas e aos alterados padrões de pluviosidade. Está também projectado que os glaciares da China Ocidental estejam reduzidos em 27% até 2050. Estão previstas amplas reduções na disponibilização de água, incluindo os cursos de vários rios, incluindo os do norte da China - que já é uma das regiões mais ecologicamente afectadas a nível mundial.

Tal como sugerido por estes cenários, a China tem um forte interesse nacional em apoiar os esforços globais de mitigação. O desafio é alterar a trajectória das emissões numa economia em franco crescimento sem comprometer o desenvolvimento humano. Actualmente as emissões apresentam uma forte tendência de subida. Projecções da AIE prevêem que as emissões dupliquem para 10,4 $GtCO_2$ até 2030. Ao abrigo do seu 11º Plano de Cinco Anos, o governo chinês estabeleceu um alargado conjunto de metas para a diminuição das futuras emissões.

- *Intensidade Energética.* As metas actuais incluem o objectivo de reduzir a intensidade energética em 20% até 2010, relativamente aos níveis de 2005. Alcançar este objectivo iria reduzir as emissões de CO_2 da trajectória actual em 1,5 Gt até 2020. Os progressos até à presente data têm sido mais lentos do que o previsto, estando a cerca de um quarto do nível pretendido.
- *Grandes Empresas.* Em 2006 a Comissão Nacional de Desenvolvimento e Reforma (CNDR) lançou um programa principal - o Programa 1000 Empresas de Topo - para aumentar a eficiência energética nas maiores empresas nacionais através de programas de planos nacionais de melhoramento da monitorização da eficiência energética.
- *Iniciativas tecnológicas avançadas.* A China está-se a tornar activa no desenvolvimento de tecnologias CCGI que podem aumentar a eficiência energética e estabelecer o cenário para uma rápida transição para a CAC. No entanto, enquanto que um projecto de demonstração foi autorizado, a sua implementação tem vindo a ser atrasada por obstáculos financeiros e incertezas acerca dos riscos comerciais.
- Desactivar centrais de energia e empresas industriais ineficientes. Em 2005, apenas 333 das 6,911 centrais de carvão da China tinham excesso de capacidade de 300MW. Muitas das restantes tinham uma capacidade de menos de 100 MW. Estas unidades de menor dimensão tendem a usar turbinas desenhadas de forma desactualizada que combinam baixa eficiência e altos níveis de emissão. Um plano do CNDR visa a desactivação até 2010 das centrais mais pequenas e ineficientes, de áreas como as da produção de aço e de cimento, com uma capacidade de 50 MW. Foram também estabelecidas metas para fechar centrais ineficientes em áreas como as da produção de aço e de cimento com redução das quotas estipuladas para os governos regionais e provinciais. Em 2004 as grandes e médias fábricas de aço consumiam 705 kg de carvão por cada tonelada de aço, ao passo que as pequenas fábricas consumiam 1045 kg/tonelada.
- Energia renovável. Ao abrigo de uma lei de energia renovável de 2005, a China estabeleceu uma meta nacional para produzir 17% da energia primária a partir de fontes renováveis até 2020 - o dobro dos números actuais. Enquanto a hidroenergia é encarada como a fonte principal, têm sido estabelecidas metas ambiciosas para a energia eólica e para a biomassa, apoiadas por incentivos financeiros e por subsídios.

Estas metas são ambiciosas, mas transformá-las em medidas que moldem os resultados do mercado energético afigura-se um tarefa complicada. Por exemplo, unidades muito pequenas e altamente ineficientes (menos de 200 MW) foram responsáveis por mais de um terço da capacidade energética instalada entre 2002 e 2004. Este resultado aponta para um desafio governamental relativamente á política energética. De facto, uma significativa percentagem do desenvolvimento das centrais de carvão chinesas está fora do controlo do governo central, com os governos locais a não aplicar os padrões nacionais. De forma semelhante, existem grandes lacunas de eficiência entre pequenas e grandes empresas sujeitas à autoridade reguladora governamental.

Aumentar eficiência energética e reduzir a intensidade do carbono irá requerer reformas sustentáveis levadas a cabo na China. Ao mesmo tempo requer que o rumo da actual reforma energética dê uma crescente ênfase à eficiência, às energias renováveis e á mitigação do carbono, criando oportunidades para a cooperação internacional e para o diálogo acerca das alterações climáticas. Todo o mundo tem interesse em que a China implemente tecnologias para uso do carvão que facilitem mais rápidas reduções na emissão de CO_2 - e uma mais rápida transição para o CAC. Um financiamento multilateral e sistemas de transferência de tecnologia poderão desempenhar um papel fulcral ao suprimir os custos adicionais de uma transição para baixos níveis de carbono, criando incentivos e apoiando o desenvolvimento da capacidade.

Fonte: CASS 2006; Li 2007; Watson e tal. 2007; Banco Mundial 2006d.

senvolvimento em 10% de acordo com o cenário de referência da AIE.

- *Índia.* Os ganhos de eficiência iriam também gerar amplos efeitos de mitigação na Índia. Atingindo os 530 $MtCO_2$ em 2030, de acordo com o nível de referência da AIE – um numero que excede as actuais emissões da Itália. Ambas estas ilustrações sublinham o potencial para uma rápida mitigação através dos ganhos em eficiência no sector da energia (figura 3.8). Em considerações importantes, os números sublinham os potenciais ganhos para a mitigação das alterações

Caixa 3.11 Descarbonização do crescimento na Índia

O rápido crescimento económico ao longo das duas últimas décadas tem criado oportunidades sem precedentes para a redução da pobreza na Índia. Crescimento sustentável aliado a politicas que atingem as profundas disparidades sociais é um dos requisitos básicos para ultrapassar o défice de desenvolvimento humano do país. Mas será que existe tensão entre as politicas de segurança da energia nacional necessárias no apoio ao crescimento económico e a segurança climática global?

De uma perspectiva de mitigação das alterações climáticas, um rápido crescimento económico alimentado a carvão no segundo país com maior volume populacional a nível mundial apresenta um óbvio desafio. No entanto apresenta também uma oportunidade de cooperação internacional.

A Índia é actualmente o quarto maior emissor de CO_2 a nível mundial. Entre 1990 e 2004 as emissões aumentaram em 97% - uma das maiores taxas de crescimento do mundo. No entanto, o uso de energia *per capita* está a aumentar a partir de base baixa. O cidadão indiano médio usa 439 kg de energia equivalente a petróleo (kgoe), menos de metade da média estipulada pela China. Os números de comparação dos Estados Unidos são 7 835 kgoe. As pegadas de carbono *per capita* da Índia colocam o país em 128° lugar na tabela mundial.

A desvantagem energética por detrás destes números tem implicações no desenvolvimento humano. Cerca de metade da população indiana - cerca de 500 milhões de pessoas - não tem acesso à electricidade. A nível doméstico, os baixos níveis de energia usados reflectem-se nos altos níveis de dependência de biocombustíveis (ver figura). Por enquanto as persistentes carências energéticas e o fornecimento incerto funcionam como agentes de restrição ao crescimento económico, da produtividade e do emprego. A média de toda a Índia para o máximo de carência energética é de 12%.

A energia ocupa um lugar central no plano de desenvolvimento da Índia. A ambição definida no décimo primeiro Plano de Cinco-Anos é manter as taxas de crescimento económico com um excesso de 8% a 9% por ano. A este nível também a produção de energia terá que ser duplicada. A um mais longo prazo o crescimento sustentável aos níveis actuais até 2030 irá requerer um aumento do quíntuplo da produção de energia.

É provável que o carvão sustente grande parte do aumento. Com abundantes reservas nacionais - a Índia possui cerca de 10% de todas as reservas conhecidas a nível mundial - e preocupações acerca da segurança dos fornecimentos de energia importados, sendo o carvão o combustível de eleição. Cenários da trajectória actual apontam para um aumento da percentagem de carvão no fornecimento de energia e na emissão de CO_2. Projecta-se que as emissões derivadas do carvão aumentem de 734 Mt CO_2 em 2004 para 1 078 Mt CO_2 em 2015 e 1 741 em 2030.

É possível efectuar mudanças radicais nesta trajectória. Os baixos níveis de eficiência energética estão a atrasar os esforços da índia para o aumento energético e para a expansão do acesso à electricidade, e ao mesmo tempo aumentam os níveis de emissão. Uma pesquisa levada a cabo pela Comissão de Planeamento estima que a Índia poderia gerar a mesma quantidade de energia com um terço do combustível. Tal como demonstrado neste capítulo, os ganhos de eficiência têm o potencial para gerar profundas reduções nas emissões.

A tecnologia fornece parte da explicação para os baixos níveis de eficiência no sector do carvão. Mais de 90% da capacidade de produção de energia a partir de carvão na Índia é desaproveitada, muita dela em centrais de pequena dimensão. Aumentar a eficiência destas centrais iria criar amplos benefícios para o sector energético da Índia, assim como para a mitigação global das alterações climáticas. A reforma da política nacional é um dos requerimentos para impulsionar os ganhos de eficiência. O sector da energia da Índia é dominado por vastos monopólios que controlam tanto a produção energética como a sua distribuição. A maioria das ferramentas energéticas do governo encontram-se em fracas condições financeiras, com uma média anual de perdas na ordem doas 40%. Contas por cobrar, um fornecimento de electricidade amplamente subsidiado à agricultura (onde a maioria dos benefícios são dirigidos aos agricultores com mais avultados lucros) e amplas ineficiências, todos estes factos contribuem para as perdas. A conclusão é que as ferramentas governamentais não possuem os recursos financeiros para actualizar a tecnologia.

As reformas actuais dirigem-se a esses problemas. A Lei da Electricidade de 2003 oferece uma conjuntura para tarifas mais eficientes e justas. Novas estruturas reguladoras têm vindo a ser criadas, e alguns estados - tais como Andhra Pradesh e Tamil Nadu - começaram a criar unidades de produção, transmissão e distribuição mais competitivas.

A reforma energética na Índia oferece à comunidade internacional uma oportunidade para apoiar as políticas nacionais que também avançam com objectivos de mitigação das alterações climáticas. A rápida adopção de tecnologias de carvão limpo e dos padrões internacionais de melhores práticas capacitarão a Índia para mudar a sua trajectória de emissão e ao mesmo tempo ir de encontro à exigente procura energética.

Pesquisa levada a cabo para este Relatório pelo Instituto de Pesquisa Energética estima que um aumento anual do investimento na ordem dos 5 mil milhões de dólares americanos como complemento dos actuais planos de investimento é necessário para apoiar a rápida transição para uma produção energética com baixos níveis de carbono. Mobilizar estes recursos através dos mecanismos propostos neste capítulo poderia criar um resultado muito positivo para a eficiência energética da Índia e para a mitigação das alterações climáticas.

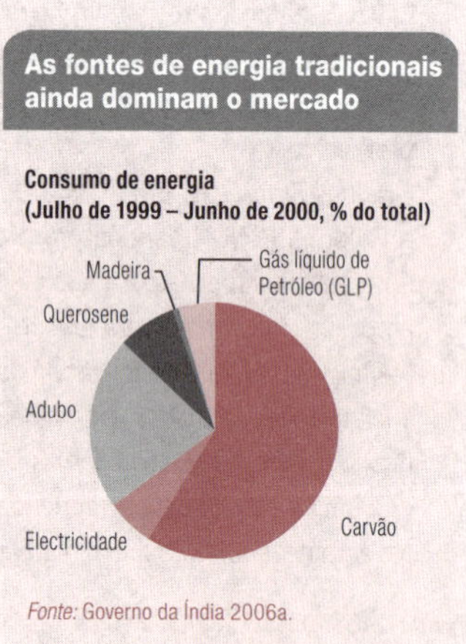

Fonte: Governo da Índia 2006a.

Fonte: Governo da Índia 2006ª, 2006b; Mathur e Bhandari 2007; MIT 2007; Watson e tal. 2007.

climáticas através do alcance da eficiência energética. Uma das razões para isto é que o nosso cenário alternativo se baseia apenas no carvão. Não considera o potencial de amplos ganhos de eficiência energética e de reduções de CO_2 através de inovações tecnológicas mais alargadas no que respeita, por exemplo, o gás natural e a energia renovável. Nem consideramos o amplo potencial para atingir ganhos de eficiência através de descobertas tecnológicas nos sectores industriais de intensidade de carbono – como o do cimento e das indústrias pesadas (tabela 3.4). Mas para além disso, apresentamos os ganhos em termos de uma imagem estática de um ano referentes a 2030, em que os benefícios das reduções de emissões, tal como os custos das crescentes emissões são cumulativos. Acelerar a introdução de tecnologia CAC poderia produzir amplos ganhos cumulativos na era pós-2030.

O nosso centrar de atenções na China e na Índia também sublinha mais amplos potenciais benéficos. Aplicamos o nosso cenário de energia alternativa a estes países devido ao seu peso nas emissões globais. No entanto, o exercício tem uma relevância mais ampla.

Considerar o caso da África do Sul. Com um sector energético dominado por baixa eficiência na produção de energia a partir do carvão (ao qual reporta 90% da produção eléctrica) e uma economia em que as minas e os minerais figuram proeminentemente. A África do Sul é o único país na África Subsariana com uma pegada de carbono que rivaliza com a de alguns países da OCDE. O país tem uma pegada de carbono mais profunda do que as pegadas de países como a França ou a Espanha – e é responsável por 2 terços do total das emissões de carbono da África Subsariana.[129] Aumentar os níveis médios de eficiência da produção de energia baseada em carvão, na África do Sul, para 45% iria reduzir as emissões em cerca de 130 Mt CO_2 até 2030. Este numero é baixo quando comparado com os da Índia e China. Mas, mesmo assim, representa mais de metade de todas as emissões de CO_2 relacionadas com a produção de energia da África Subsariana (excluindo a África do Sul).[130] Na África do Sul o alcançar da eficiência no sector do carvão iria ajudar na abordagem a uma das preocupações ambientais de maior pressão no país – os graves problemas causados pelas emissões de dióxido nitroso e dióxido sulfúrico provocadas pela combustão do carvão.[131] Para o mundo como um todo, alcançar a eficiência energética nos países desenvolvidos oferece algumas vantagens obvias. Se a segurança climática é um bem público global o aumento da eficiência é um investimento para esse bem. Existem ainda benefícios nacionais potencialmente amplos. Por exemplo, a China está a tentar reduzir as emissões das centrais de carvão para dar resposta às preocupações acerca da saúde pública (caixa 3.10). Cerca de 600 milhões de pessoas estão expostas a níveis de dióxido sulfúrico acima dos limites da WHO, e as doenças respiratórias são a quarta causa mais comum de morte nas áreas urbanas. Na Índia, as ineficiências no sector energético têm sido classificadas pela Comissão de Planeamento como um obstáculo à criação de emprego e à redução da pobreza (caixa 3.11).[132] Tal como demonstrado por estes exemplos, ambos os países irão beneficiar com o aumento de eficiência energética e da redução da poluição – e todo o mundo irá beneficiar da mitigação do CO_2 que chegará com melhorada eficiência. Contrariamente, todas as partes sairão a perder se as lacunas na eficiência energética do carvão não forem preenchidas.

Se o potencial para resultados positivos é tão elevado porque é que os investimentos para impulsionar esses resultados não se materializam? Por duas regiões fundamentais. Em primeiro lugar os países em vias de desenvolvimento oferecem obstáculos no que respeita o financiamento e a capacidade. No sector energético, traçar um rumo para uma transição para baixos níveis de carbono requer avultados investimentos imediatos em novas tecnologias, algumas das quais ainda em fase inicial de comercialização. A combinação entre avultados custos capitais, alto risco e aumento da procura de capacidade tecnológica representa um obstáculo para uma rápida implementação. Alcançar progressos no que respeita a transição para baixos níveis de carbono irá impor custos adicionais aos países em vias de desenvolvimento, muitos dos quais se debatem para financiar as actuais reformas energéticas.

Fracassos no que respeita a cooperação internacional representam a segundo obstáculo. Enquanto a segurança climática internacional beneficia com uma transição para baixos níveis de carbono no mundo em vias de desenvolvimento, os mecanismos internacionais de financiamento e de capacidade de construção necessitavam que a potencialização que resulta nesses benefícios tivesse permanecido sub desenvolvida. Na energia como em outras áreas, a comunidade internacional não tem sido bem sucedida no desenvolvimento de uma estratégia de investimento nos bens públicos globais.

Isto não serve para sublinhar a importância da abrangência de programas que estão em caminho. Mesmo assim a experiência do carvão fornece uma poderosa demonstração das actuais falhas da coope-

De acordo com as tendências actuais em 2030 existirão ainda 1,4 mil milhões de pessoas sem acesso à electricidade

O Protocolo de Quioto e a conjuntura providenciada pela CQNUAC fornecem a plataforma principal para a abordagem da cooperação global ao problema das alterações climáticas sob a liderança da Organização das Nações Unidas

ração internacional. Apesar de haver uma proliferação de exercícios de cooperação, estes têm sido apenas limitados ao diálogo. Um exemplo disso é a Parceria Ásia-Pacífico de Desenvolvimento Limpo, que agrupa um vasto número de países – incluindo a China, a Índia, o Japão e os Estados Unidos – empenhados em expandir o desenvolvimento e implementação de tecnologias com baixo nível de carbono. No entanto, esta parceria é baseada em compromissos obrigatórios e até à data produziu pouco mais do que trocas de informação. Muito disto é também aplicável ao Plano de Acção para as Alterações Climáticas, Energia Limpa e Desenvolvimento Sustentável do G8.

O fracasso no desenvolvimento de cooperação real no que respeita a CAC é particularmente preocupante. De uma perspectiva de bens públicos globais, existe um avassalador interesse em que os países desenvolvidos acelerem a aplicação de tecnologias CAC a nível nacional assegurando desta forma a disponibilização destas tecnologias aos países em vias de desenvolvimento com custos reduzidos. Talvez o mais concreto exemplo de cooperação até à data seja o Projecto Quase – Zero Emissões de carvão que integra a Parceria para as Alterações Climáticas estabelecidas entre a União Europeia e a China. Este projecto está planeado em três fases, a começar por um programa de estudo da praticabilidade em 3 anos (2005-2008) para explorar opções tecnológicas. A meta final é uma única central de demonstração em 2020. No entanto, o progresso na sua implementação tem sido lento – e os pormenores para a aplicação das próximas fases não foram ainda revelados.[133] A colaboração no projecto "Carvão Limpo" ente a FutureGen dos Estados Unidos e a Haneng, a terceira maior companhia chinesa de produção de energia baseada em carvão, tem sido acossada pelo mesmo tipo de incertezas.

O elo que falta – uma conjuntura para transferência financeira e tecnológica

O que tem faltado ao trabalho de remendar as iniciativas fragmentadas é uma integrada conjuntura para a transferência financeira e tecnológica. Desenvolver essa conjuntura é bastante urgente.

Existem várias áreas em que a cooperação internacional pode ajudar a fortalecer os esforços de mitigação das alterações climáticas através do apoio às reformas da política energética nacional. Ao abrigo do CQNUAC, países desenvolvidos responsabilizaram-se por "suportar a totalidade acordada dos custos acrescidos" para um conjunto de medidas adoptadas pelos países em vias de desenvolvimento relativas a três áreas fundamentais – finanças, tecnologia e criação de capacidade.[134] A mobilização dos recursos nacionais permanecerá como o veiculo primário de financiamento no que toca à reforma das políticas energéticas. Por enquanto, o ponto a ser focado pela cooperação internacional, o custo financeiro adicional e os aumentos das capacidades tecnológicas requeridas para alcançar uma transição para baixos níveis de carbono. Por exemplo, a cooperação internacional mobilizaria os recursos para cobrir a "lacuna de preço" entre as opções de baixo nível de carbono – como as energias renováveis – as opções de eficiência de carvão e as opções baseadas no combustível fóssil.

O problema subjacente é que os países em vias de desenvolvimento enfrentam já serias barreiras financeiras relacionadas com a política energética. Estimativas da AIE sugerem que apenas um investimento anual para fornecimento de electricidade de 165 mil milhões de dólares americanos é necessário até 2010, aumentando depois 3% anualmente até 2030. Ao abrigo das políticas actuais apenas está disponível menos de metade deste financiamento.[135] Os défices de financiamento reflectem implicações bastante reais no desenvolvimento humano. De acordo com as tendências actuais em 2030 existirão ainda 1,4 mil milhões de pessoas sem acesso à electricidade, e um terço da população mundial – 27 mil milhões de pessoas – continuarão a usar biomassa.

Também os próprios países em vias de desenvolvimento deverão abordar uma série de problemas relacionados com a reforma do sector energético. Em muitos países, os altamente subsidiados preços de energia e baixos níveis de colecta de rendimentos representam uma barreira ao financiamento sustentável. Os subsídios da electricidade são de forma avassaladora direccionados a grupos com vencimentos mais elevados, em parte porque são distribuídos através de grelhas amplamente centralizadas às quais os pobres têm acesso limitado. Uma maior equidade no financiamento energético e o desenvolvimento de sistemas de grelhas descentralizadas que vão de encontro às necessidades dos pobres são dois dos alicerces fundamentais de uma reforma com sentido. No entanto, não é nem realista, nem correcto, esperar que os países mais pobres do mundo financiem tanto os investimentos energéticos vitais para a redução da pobreza como os custos adicionais da transição para baixos níveis de carbono, de forma a apoiar a mitigação internacional das alterações climáticas.

Estes custos estão ligados aos requerimentos capitais para as novas tecnologias, o aumento dos custos recorrentes da produção energética e os riscos associados com a implementação de novas tecnologias. Tal como qualquer nova tecnologia, os riscos e incertezas associadas às tecnologias de baixo nível de carbono, que necessitam ainda de ser vastamente implementadas até no mundo desenvolvido, representam um imenso obstáculo à sua implementação nos países em vias de desenvolvimento.[137]

A conjuntura multilateral para a era pós-2012 irá incluir mecanismos para financiar esses custos adicio-

Caixa 3.12 Articular os mercados de carbono com os ODMs e o desenvolvimento sustentável

Com programas de limite-e-negociação estabelecidos para desempenhar um proeminente papel nos esforços de mitigação dos países ricos, os mercados estão preparados para espoletar a uma escala global. Empresas e governos continuarão à procura de oportunidades de abatimento de baixo custo nos países em vias de desenvolvimento. Poderão os fluxos de impostos de carbono ajudar à expansão de oportunidades de desenvolvimento sustentável e de uma transição para baixos níveis de carbono nos países mais pobres?

Os mecanismos flexíveis que emergiram com o Protocolo de Quioto criaram oportunidades para os países em vias de desenvolvimento participarem nos mercados de carbono. O mercado de MDL está preparado para crescer a partir do seu nível actual de cerca de 5 mil milhões de dólares. No entanto, os projectos do MDL estão altamente concentrados num pequeno número de grandes países em vias de desenvolvimento. Estes países desenvolveram uma forte capacidade de estabelecer um mercado para a mitigação em grandes empresas industriais. Até agora os mais pobres países em via de desenvolvimento têm sido ultrapassados – e têm havido limitados subsídios para o desenvolvimento sustentável de bases amplas (ver figura).

A maioria dos projectos MDL destinam-se a um punhado de países

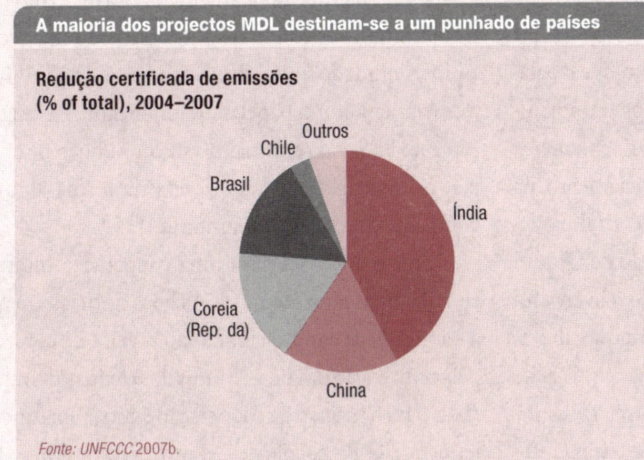

Fonte: UNFCCC 2007b.

Talvez sem surpresas, os mercados de carbono têm concentrado as finanças dos países oferecendo reduções das emissões de carbono aos mais baixos preços de abatimento. A África Subsariana representa menos de 2% dos créditos, com apenas um país a figurar no projecto de 2007. Além disso, os fluxos financeiros do carbono têm sido desviados na direcção dos gases com efeito de estufa (outros para além do CO_2) conhecidos como HFC's, especialmente em países como a China e a Índia.

Uma vez que o custo da destruição desses gases – responsáveis por mais de um terço das emissões – está muito abaixo do preço dos créditos em mercado aberto, as transferências têm gerado avultados lucros às companhias de produtos químicos e aos corretores do carbono – os benefícios para os pobres têm sido menos evidentes.

As barreiras de mercado explicam a limitada participação dos países em vias de desenvolvimento. As actuais regras para os mecanismos de flexibilidade do Protocolo de Quioto restringem a área abrangida pelo financiamento de carbono ligado ao uso de terras (secção 3.4). O mais sério problema estrutural é que grupos como os pequenos agricultores ou os habitantes das zonas florestais não têm oportunidade para entrar nos mercados de carbono, por um lado porque os próprios mercados são remotos e por outro lado porque carecem de direitos de mercado relativos à terra ou aos recursos ambientais. As mulheres agricultoras no Burkina Faso ou na Etiópia não estão muito bem posicionadas para negociar com os corretores de carbono da cidade de Londres – e os corretores num esforço para minimizar os custos de transacção têm preferência por grandes fornecedores de créditos de mitigação.

A organização social é uma das chaves para direccionar o potencial dos mercados de carbono para o desenvolvimento sustentável. Em 2006 o Movimento GreenBelt do Quénia introduziu no mercado um programa para reflorestar duas zonas de montanha do Quénia como parte de um acordo de redução de emissões. Grupos de mulheres irão plantar milhares de árvores com rendimentos a chegar a um transferência de carbono para redução de 350 000 toneladas de CO_2. O objectivo é gerar vastos benefícios sociais e ambientais, incluindo a restauração de solos degradados.

Novas e inovadoras abordagens estão a ser desenvolvidas para dirigir às barreiras de entrada de mercado. Um exemplo é o Fundo de Carbono dos ODMs lançado pelo PNUD. Num esforço para ligar o financiamento do carbono a objectivos de desenvolvimento sustentável, o PNUD "empacotou" um conjunto de projectos originados durante dois anos, gerando até 15 Mt CO2e, e obedecendo ao primeiro período do compromisso de Quioto (2008-2012). Os créditos serão colocados no mercado pelo Fortis Bank. Um grupo de projectos visa programas de energia renovável que transportem energia para áreas remotas. Outro irá apoiar o uso de excremento animal na produção de biogás, libertando as mulheres e crianças da tarefa de recolha de combustível. Têm sido estabelecidos processos rígidos para assegurar que os projectos se traduzem em resultados de mitigação e de benefícios para os pobres. O Fundo de Carbono dos ODMs é uma tentativa de alcançar uma mais ampla distribuição de benefícios pelos mercados de carbono. Envolve o desenvolvimento de novos mecanismos operacionais e de financiamento. Caso seja bem sucedido dará a alguns dos países mais pobres do mundo a oportunidade de participar nos mercados. Irá também ligar a mitigação das alterações climáticas ao desenvolvimento sustentável pró-pobre.

Fonte: PNUD 2007; CQNUAC 2007d; Zeitilin 2007

Ao abrigo de uma abordagem baseada em programas, os países em vias de desenvolvimento podem comprometer-se a alcançar um específico nível de redução de emissões, quer num sector especifico (tal como a produção de electricidade) quer no total nacional

3

nais que ao mesmo tempo facilitarão a transferência de tecnologia. Estabelecer um número para os custos é difícil. Uma estimativa por alto para custos de investimento na facilitação do acesso à tecnologia de baixo nível de carbono amplamente consistente com o nosso percurso para as emissões sustentáveis sugere que uns adicionais 25-50 mil milhões de dólares americanos serão anualmente necessários aos países em vias de desenvolvimento.[138] De qualquer forma, isto é na melhor das hipóteses um valor aproximado. Um dos mais urgentes requerimentos para a cooperação internacional é o desenvolvimento de detalhes das estimativas de financiamento baseadas nos planos da política energética nacional.

Seja qual for o número exacto, as transferências financeiras serão insuficientes na ausência de uma cooperação tecnológica e de criação de capacidade. Os novos instrumentos massivos necessários nos sectores energéticos dos países em vias de desenvolvimento durante os próximos 30 anos abrem uma janela de oportunidade à transformação tecnológica. No entanto, a actualização tecnológica não pode ser alcançada através de um simples processo de transferência tecnológica, as novas tecnologias têm que ser acompanhadas pelo desenvolvimento de conhecimentos, de capacidades em áreas como a manutenção, e pelo desenvolvimento de capacidades nacionais para subir na tabela económica. Esta é uma área em que a colaboração internacional – incluindo a cooperação Sul-Sul – tem um importante papel a desempenhar.

Uma cooperação reforçada no financiamento, na tecnologia e na criação de capacidade é vital para a credibilidade da conjuntura do Protocolo de Quioto pós-2012. Sem essa cooperação o mundo não enveredará pelo caminho certo para evitar perigosas alterações climáticas. De mais a mais, os países em vias de desenvolvimento terão poucos incentivos para se juntarem a um acordo multilateral que requeira da sua parte significantes reformas nas políticas energéticas, sem que providenciem qualquer apoio financeiro.

A história oferece algumas lições importantes . Talvez o melhor de todos os tratados ambientais internacionais tenha sido em 1987 o Protocolo de Montreal – o acordo forjado para reduzir as emissões de substâncias nocivas para o ozono. Movimentado pela alarmante expansão do buraco de ozono sobre a Antártida, o tratado estabeleceu sérias metas temporais para a eliminação dessas substâncias. A participação dos países em vias de desenvolvimento foi assegurada através de um fundo multilateral ao abrigo do qual os custos adicionais de cumprimento dos objectivos eram suportados pelos países desenvolvidos. Actualmente, não há países significantemente fora de rota para o cumprimento dos objectivos do Protocolo de Montreal – e a transferência de tecnologia é uma das principais razões deste resultado.[139] Os benefícios da cooperação internacional reflectem-se no facto de o buraco da camada de ozono esta a diminuir.

A experiência adquirida ao abrigo do Protocolo de Montreal informou a resposta multilateral às alterações climáticas. Ao abrigo da CQNUAC, o Fundo para Ambiente Global (FAG) transformou-se num instrumento financeiro de mobilização de reservas para actividades relacionadas com a mitigação e adaptação das alterações climáticas. Enquanto o financiamento total tem sido limitado, especialmente no caso da adaptação (ver capítulo 4), os fundos controlados pelo FAG demonstraram capacidade para equilibrar investimentos mais avultados. Desde o seu início, em 1997, o FAG distribuiu 3 milhões de dólares americanos, com o co-financiamento de 14 mil milhões de dólares americanos. A actual mobilização de recursos é insuficiente para financiar uma transição para baixos níveis de carbono ao ritmo necessário. Mais ainda, o FAG continua a depender principalmente de contribuições voluntárias – um acordo que reduz a previsibilidade financeira. Se for caso de o FAG vir a desempenhar um papel mais importante na mitigação e no apoio às reformas do sector público de energia, o financiamento não deverá de forma alguma continuar a ser apenas voluntário.[140]

Construir bases para uma cooperação internacional é uma tarefa temível. As boas notícias são que a comunidade internacional não precisa de começar pela reinvenção da roda. Muitos dos elementos industriais para o sucesso da cooperação estão já em funcionamento. O Protocolo de Quioto e a conjuntura providenciada pela CQNUAC fornecem a plataforma principal para a abordagem da cooperação global ao problema das alterações climáticas sob a liderança da Organização das Nações Unidas. O MDL tem providenciado um mecanismo de ligação entre a agenda da mitigação e o financiamento para o desenvolvimento sustentável nos países em vias de desenvolvimento. Isto acontece através dos projectos de redução de gases com efeito de estufa que geram créditos de emissão nos países em vias de desenvolvimento que podem ser usados pelos países desenvolvidos para despejar as suas próprias emissões nacionais. Em 2006, o financiamento do MDL estava estabelecido na ordem dos 5,2 mil milhões de dólares americanos.[141] A um nível o MDL é potencialmente uma importante fonte de financiamento de carbono para a mitigação nos países em vias de desenvolvimento. Mas a outro nível o MDL sofre de um problema de pouca rentabilidade. Por ser baseado num projecto os custos de transacção elevados. Estabelecer que as reduções de emissão do MDL sejam "adicionais", e resultado de monitorização é também problemático. Existem preocupações legítimas que muitas das reduções de emissão ao abrigo do MDL tenham sido ilusórias. Além disso, o abastecimento de carbono tem sido frequentemente comprado a preços mais elevados que os custos (caixas 3.12) Mesmo sem esses problemas, promover o MDL no seu actual formato para alcançar reduções de emissões e financiamento de transferências na escala requerida seria enormemente complexo, iria requerer a implementação de milhares de projectos que teriam que ser validados e registados, com os seus subsequentes resultados de emissão a serem sujeitos a verificação e certificação.

Alterar o modo de actuação para abordagens baseadas em programas poderá oferecer resultados muito mais positivos. Ao abrigo de uma abordagem baseada em programas, os países em vias de desenvolvimento podem comprometer-se a alcançar um específico nível de redução de emissões, quer num sector especifico (tal como a produção de electricidade) quer no total nacional. A meta pode ser estabelecida de acordo com uma especifica dimensão real que nos termos de redução da actual trajectória ou de um cenário de redução absoluta. Os países desenvolvidos podem apoiar o cumprimento dessas metas ao concordarem em suportar os custos adicionais das novas tecnologias e da criação de capacidade, por exemplo, os actuais planos energéticos na China e na Índia poderiam ser revistos para explorar o potencial e os custos de redução nas emissões de CO_2 através da implementação de programas para a energia renovável e a implementação de tecnologias do carvão limpo.

As negociações acerca da conjuntura do Protocolo de Quioto pós-2012 oferecem uma oportunidade para pôr em prática um plano estrutural para a cooperação internacional que ligue a mitigação das alterações climáticas ao financiamento de energia sustentável. Uma opção seria a criação de um Mecanismo de Mitigação das Alterações Climáticas (MMAC) integrado. O MMAC desempenharia um abrangente papel, o seu objectivo seria facilitar o desenvolvimento de sistemas de energia de baixo nível de carbono nos países em vias de desenvolvimento. Para esse fim o objectivo seria providenciar apoio em áreas cruciais através de canais multilaterais – essas áreas incluem o financiamento, a transferência de tecnologia e a criação de capacidade. As operações seriam levadas a cabo de forma a atingir a redução de emissões acordada ao abrigo da conjuntura pós 2012, com diálogo baseado nas estratégias públicas. As regras e os mecanismos do governo teriam que ser desenvolvidos para assegurar que todas as partes cumpriam os seus compromissos, com o apoio do MMAC direccionado a objectivos quantitativos bem definidos e cumpridos de forma previsível. As seguintes deveriam fazer parte das políticas centrais:

- *Mobilização das finanças.* O MMAC mobilizaria 25-50 mil milhões de dólares americanos anualmente necessários para cobrir os estimados custos adicionais da facilitação de acesso às tecnologias com baixos níveis de carbono. Financiamento do fornecimento estaria ligado às circunstâncias dos países. Em países de rendimento médio – como a China e a Africa do Sul o financiamento concessionário poderia ser suficiente, ao passo que nos países de baixo rendimento seria necessário um financiamento total. O desenvolvimento de uma abordagem do MMAC baseada num programa de ligação dos mercados de carbono dos países ricos à mitigação nos países em vias de desenvolvimento seria outro instrumento a ser usado. Um dos amplos objectivos do MMAC seria equilibrar o investimento privado nacional e estrangeiro. As finanças públicas poderiam ser parcial ou totalmente geradas a partir da taxação do carbono ou impostos aplicados aos sistemas de limite-e-negociação.
- *Riscos de mitigação.* Riscos comerciais associados com a introdução de novas tecnologias com baixo nível de carbono, podem funcionar como barreira significantes à entrada no mercado. O financiamento da MMAC pode ser usado para reduzir os níveis através de empréstimos concessionais, juntamente com garantias de ricos totais ou parciais relativas a empréstimos destinados a novas tecnologias – prolongando uma abordagem desenvolvida ao abrigo da Corporação Financeira Internacional (CFI) do Banco Mundial.

Se é para o mundo se reunir em torno de um projecto comum de mitigação, não pode continuar o actual trabalho de remendo de iniciativas fragmentadas

Por todo o mundo em vias de desenvolvimento as florestas tropicais estão a ser abatidas em troca de ganhos que, num mercado de carbono em funcionamento, definhariam perante os benefícios da conservação

- *Criar capacidades tecnológicas.* O MMAC poderia actuar como um ponto focal para uma cooperação abrangente no que respeita a transferência de tecnologia. A agenda irá estender-se desde o apoio aos países em vias de desenvolvimento procurando financiamento para desenvolvimento tecnológico, até ao esforço da capacidade de empresas públicas e privadas, estratégias de partilha de novas tecnologias, apoio ao desenvolvimento de agencias de formação especializadas e centos de excelência no que toca ao desenvolvimento de tecnologia com baixo nível de carbono.
- *Comprar propriedade intelectual.* Não está bem claro que os direitos de propriedade intelectual sejam uma grande barreira colocada à transferência de tecnologia com baixo nível de carbono. Na eventualidade de as transferências de tecnologia de ponta serem coagidas por motivos relacionados com a propriedade intelectual, o MMAC poderia ser usado para financiar uma compra estruturada de direitos de propriedade intelectual, fazendo com que as tecnologias amigas do ambiente se tornem mais acessíveis.
- *Expandir o acesso à energia.* Colmatar as necessidades das populações sem acesso a serviços modernos de energia sem alimentar perigosas alterações climáticas é um dos maiores desafios a enfrentar pela cooperação internacional. Existem fortes bases de eficiência e de equidade para desenvolver sistemas das centralizadas de energias renováveis. Também aqui existem amplas lacunas financeiras. Ao abrigo de um Plano de Acção para o Acesso à Energia em Africa delineado pelo Banco Mundial e por outros, as estratégias foram estabelecidas e apontadas ao aumento de acesso a energia moderna dos 23% actual até aos 47% em 2030.[142] A implementação destas estratégias irá requerer 2 mil milhões de dólares americanos adicionais por ano para a concessão de financiamento – cerca do dobro dos níveis actuais. O MMAC poderia providenciar o ponto focal para que os esforços internacionais mobilizassem estes recursos.

Figura 3.9 As florestas estão em decréscimo

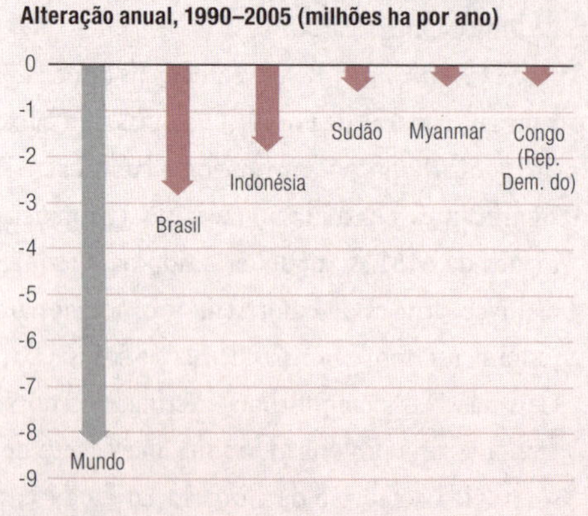

Fonte: FAO 2007.

Criar um MMAC não iria transferir o desenvolvimento de vastas novas estruturas institucionais. Extensas burocracias internacionais que duplicam os mecanismos existentes não ajudarão o desenvolvimento da mitigação das alterações climáticas, do mesmo modo que um programa "mais do mesmo" não o fará. Se é para o mundo se reunir em torno de um projecto comum de mitigação, não pode continuar o actual trabalho de remendo de iniciativas fragmentadas. O que é realmente necessário é uma conjuntura multilateral que ligue metas ambiciosas com a estrutura multilateral, com estratégias práticas de transferência de tecnologia de baixo nível de carbono. Essa conjuntura deveria ser desenvolvida ao abrigo da CQNUAC como parte do Protocolo de Quioto pós-2012. e ser implementado através de um processo que dê uma voz activa aos países em vias de desenvolvimento, incluindo os mais pobres.

O ponto de partida é a liderança política. Uma severa mitigação das alterações climáticas não acontecerá através de discretos arranjos tecnológicos e de diálogo bilateral. Os líderes governamentais precisam de enviar um claro sinal de que a batalha contra as alterações climáticas é feito em conjunto – e que o futuro será muito diferente do passado. Esse sinal tem que incluir um compromisso de parte dos países desenvolvidos de transferir tecnologia e de financiar uma transição para baixos níveis de carbono. De modo geral o que é necessário é uma parceria de mitigação. Essa parceria seria um contrato entre duas partes. Os países em vias de desenvolvimento contariam com o apoio internacional para reforçar as actuais esforços de redução de emissões, estabelecer metas quantitativas que vão para além dos planos actuais. Os países desenvolvidos subscreveriam a realização de elementos adicionais a estas metas apoiariam as estratégias energéticas nacionais que apresentam resultados tangíveis.

Desenvolvido a partir de uma conjuntura MMAC, esta abordagem poderia fornecer o ponto focal para um esforço de ampla base. Porque uma tecnologia com baixos níveis de carbono não se resume apenas à tecnologia e às finanças, agências especializadas da organização das Nações Unidas – tal como o PNUD e o PNUMA – poder-se-iam focar num aumentado esforço de criação de capacidade, construindo a base de recursos humanos para mais profundas reformas energéticas. O Banco Mundial estaria bem posicionado para supervisionar o fornecimento financeiro do proposto MMAC. O seu papel poderia compreender a gestão dos subsídios do MMAC, a fusão das finanças concessionais e não – concessionais, a supervisão dos créditos de redução de risco subsidiado e o nível de empréstimos apoio prestado pelo sector privado. Numa altura em que o futuro papel do Banco Mundial é incerto em muitos dos países em vias de desenvolvimento, o MMAC poderia providenciar à instituição uma clara missão que liga um melhorado acesso à energia e eficiência energética com a mitigação das alterações climáticas. Uma ligação substancial com o sector privado seria imperativa dado o seu papel crucial nas finanças e na inovação tecnológica.

Reduzir a desflorestação

As florestas mundiais são vastos depósitos de carbono. O desaparecimento desses repositórios por meio da desflorestação é responsável por cerca de uma quinta parte da pegada global de carbono. A prevenção da desflorestação pode mitigar as alterações climáticas. Mas as florestas são mais do que um banco de carbono, desempenham um papel crucial nas vidas de milhões de pessoas pobres que delas obtêm comida, combustível e rendimentos. As florestas tropicais são locais de rica biodiversidade. O desafio para a cooperação internacional é encontrar formas de desencadear o triplo beneficio para a mitigação climática, pessoas e biodiversidade que poderia ser gerada através da conservação das florestas.

Os governos não estão actualmente a dar respostas ao desafio. Os factores de desflorestação falam por si próprios (figura3.9). Entre 2000 e 2005 as perdas finais de floresta ao longo do mundo estão estimados em 73 mil quilómetros quadrados por ano – uma área da dimensão de um país como o Chile.[143] As florestas tropicais estão actualmente a diminuir a um ritmo de 5% por ano. Cada hectare perdido é adicionado as emissões de gases com efeito de estufa. Enquanto as florestas variam na quantidade de carbono que armazenam, a floresta tropical primitiva consegue armazenar cerca de 500 toneladas de CO_2 por hectares.

Esta estimativa que a diminuição da área florestal global entre 1990 e 2005 tenha adicionado cerca de 4 Gt CO_2 anuais à atmosfera da Terra.[144] Se as florestas mundiais fossem um país, esse país teria sido um dos principais emissores. Numa estimativa, a desfloração, a degradação da turfa e os incêndios florestais fizeram da Indonésia a terceira maior fonte de emissões de gases com efeito de estufa a nível mundial.[145] A desflorestação na região da Amazónia é outra das grandes fontes de emissão global. Dados do Instituto de Pesquisa Ambiental da Amazónia, um instituto de pesquisa do norte do Brasil, sugerem que esta desflorestação é responsável por emissões anuais estimadas em 730 Mt CO_2.[146]

Transpor os incentivos de mercado para a conservação de floresta tropical irá requerer medidas para distribuir os benefícios pelos agricultores pobres

Os vários causadores da desflorestação

A desflorestação é conduzida por muitos motivos. Nalguns casos a sua causa é a pobreza, com as populações agrícolas a recolher madeira para usar como combustível ou expandir terreno para agricultura de subsistência. Noutros casos as oportunidades para gerar riqueza são o principal factor de destruição.

A expansão de mercados nacionais e internacionais para produtos como a carne bovina, soja, óleo de palma e o cacau podem criar fortes incentivos à desflorestação. No Brasil a desvalorização e um aumento de 30% nos preços das exportações de soja de 1999 até 2004 deram um impulso ao desaparecimento da zona florestal. Num período de 5 anos até 2005, os estados de Goiás, Mato Grosso e Mato Grosso do Sul, plantaram 54 000 quilómetros adicionais de soja – uma área ligeiramente maior que a Costa Rica. Simultaneamente, as florestas estão sob pressão do comércio de madeira: para citar um exemplo, actividades ilegais de abatimento de arvores de madeira dura para exportação foram responsáveis por grande parte dos 30% de redução da área de floresta tropical primitiva desde 2000 – uma das mais rápidas diminuições alguma vez registada pela FAO.[147]

É improvável que as pressões comerciais exercidas sobre as florestas tropicais se dissipem num futuro próximo. As áreas de cultivo, de pastagem e de plantação, assim como as actividades madeireiras, estão-se a expandir nas florestas naturais por todo o mundo. O crescimento populacional, o aumento dos rendimentos e as oportunidades comerciais criam incenti-

A reabilitação de terras de pastagem degradadas e a conversão de zonas de colheita degradadas para zonas florestais ou sistemas agro-florestais pode também criar capacidade de armazenamento de carbono

vos à desflorestação – tal com o fracasso dos mercados à escala global.

A escala de fracasso de mercado é revelada na economia básica de conversão de florestas tropicais. Por todo o mundo em vias de desenvolvimento as florestas tropicais estão a ser abatidas em troca de ganhos que, num mercado de carbono em funcionamento, definhariam perante os benefícios da conservação. Considere o exemplo que se segue: na Indonésia, o cultivo de óleo de palma gera um valor estimado de 114 dólares americanos por hectare. Enquanto as árvores nesse hectare ardem e apodrecem libertam CO_2 para a atmosfera – talvez 500 toneladas por hectare em florestas tropicais densas. Com o preço do carbono estipulado em 20-30 dólares americanos por tonelada, um plausível alcance futuro no RCLE UE, o valor no mercado de carbono para essa libertação subiria aos 10 000 – 15 000 dólares americanos por hectares. Posto de outra forma, os agricultores na Indonésia estão a trocar bens de mercado de carbono no valor de pelo menos 10 000 dólares americanos em termos de mitigação das alterações climáticas, por bens no valor de 114 dólares americanos, ou cerca de 2% do seu valor.[148] Até o abate comercial de madeira, que gere um maior retorno do mercado representa menos de uma década parte do valor do banco de carbono. E estes números não incluem os valores de mercado e exteriores no mercado dos serviços ambientais e da biodiversidade.

Incentivos perversos estão no centro de um cenário negativo. O mundo está a perder imensas oportunidades de mitigação do carbono através de conversão florestal. Os países estão a perder bens que poderiam ter um valor real em termos de finanças de carbono. E as pessoas dependentes das florestas para os seus meios de vida estão a perder para actividades económicas que operam em função de uma falsa economia.

Visto por limitados termos comerciais, a desflorestação faz apenas sentido porque os mercados não atribuem qualquer valor aos repositórios de carbono. Efectivamente, árvores de pé são obstáculos à recolha de dinheiro caído no chão. Apesar de as circunstancias nacionais variarem, em muitos países a maioria desse dinheiro destina-se a agricultores latifundiários, rancheiros e madeireiros ilegais. O resultado é que os fracassos do mercado alterações climáticas, estão a criar incentivos maus para a sustentabilidade ambiental nacional e maus para equidade.

O que seria necessário para alterar a actual estrutura de incentivos? As análises económicas podem oferecer um ponto de vista muito parcial.

O Banco Mundial estima que um preço de 27 dólares americanos/t CO_2 iria induzir à conservação de 5 milhões de quilómetros quadrados de floresta tropical até 2050, prevenindo a libertação de 172 Gt CO_2.[149] Mas, no entanto os mercados não podem ser considerados de forma independente às instituições e as relações de poder. Transpor os incentivos de mercado para a conservação de floresta tropical irá requere medidas para distribuir os benefícios pelos agricultores pobres, reduzindo desta forma a pobreza relacionada com as pressões de desflorestação e regulando as actividades comerciais de agricultores latifundiários e de agentes ilegais.

Os mercados de carbono isolados não irão providenciar um correctivo automático para as forças mais poderosas que conduzem à desflorestação. Isto porque as florestas são muito mais do que bancos de carbono, muitas das suas funções ecológicas não são cotadas nos mercados. Os mercados não estabelecem um preço para as 400 espécies de plantas do Parque Nacional Kerinci-Sebat em Samatra na Indonésia, nem para a imensa biodiversidade existente no *cerrado* ou mata de savana do Brasil. Isto provoca a ilusão de que preço zero está associado a valor económico zero. Tal como um comentador escreveu: "Quando a conservação compete com a conversão, a conversão ganha porque os seus valores têm mercados ao passo que os valores de conservação aparentam ser baixos. Preços e valores não devem ser confundidos."[150]

Desigualdades no poder político são outra fonte de desflorestação difícil de corrigir através do mercado. No Brasil a incursão da agricultura comercial nas floresta tropicais tem sido associada com a violação dos direitos humanos do povo indígena e com o recurso à violência.[151] Na Papua Nova Guiné os direitos florestais residem nas mãos do povo indígena de acordo com a teoria legislativa. No entanto, aos títulos legais de posse não têm impedido as empresas de abate de árvores de operar sem o consentimento da população indígena.[152] Na Indonésia, foram aprovadas leis que reconhecem os direitos do povo indígena que habita na floresta.[153] No entanto, continua sem pausa a exploração do povo indígena para a expansão ilegal do abate de arvores e de plantações comerciais. Habitando em áreas remotas, com falta de poder económico e com fraca voz no que respeita a criação de políticas, os habitantes de zonas florestais são de menos importância do que os poderosos interesses investidos na gestão florestal.

O governo das florestas tem de reflectir as suas diversas funções. As florestas são recursos ecológicos que geram amplos benefícios públicos e privados. São a casa e o modo de vida de muitas pessoas pobres e uma fonte de potenciais lucros para vastos interesses comerciais. São um bem produtivo mas também um fonte de biodiversidade. Um dos desafios do governo de florestas é atingir o equilíbrio entre a procura por parte de interesses competitivos e os diferentes níveis de poder.

Alguns países estão a desenvolver estruturas institucionais para abordar esse desafio. Em 2004 o Brasil deu início à implementação de um Plano de Acção para Prevenir e Controlar a Desflorestação. Este programa integra o trabalho de 14 diferentes ministérios. Estabelece a conjuntura legal para as decisões de uso da terra, reforça a monitorização e cria toda abrangência legal para uma gestão sustentável da floresta. Os resultados irão depender da sua implementação e aplicação por parte dos governos estaduais – uma área em que até à data os resultados têm sido variados. No entanto, os dados preliminares referentes a 2005 e 2006 sugerem que a taxa de desflorestação abrandou em cerca de 40% no estado de Mato Grosso.[154] o empenho do governo e o compromisso activo da sociedade civil têm sido cruciais para dar este passo na direcção certa.

A cooperação internacional para as alterações climáticas por si só é incapaz de resolver os problemas mais amplos que conduzem à desflorestação. O respeito pelos direitos humanos das populações indígenas, a protecção da biodiversidade e a conservação são assuntos para debate político nacional. De qualquer forma, o mundo está a perder uma oportunidade adicionar a agenda da mitigação das alterações climáticas a um vasto conjunto de benefícios para o desenvolvimento humano. A cooperação internacional no contexto do compromisso de Quioto pós-2012 poderia ajudar a criar incentivos que espoletassem estes benefícios.

Preencher as lacunas

A conjuntura do actual Protocolo de Quioto está marcada por um vasto número de defeitos no que respeita a abordagem às emissões de gases com efeito de estufa associadas a alterações no uso de terras. Existe um significante potencial para a criação de triplos benefícios relacionados com a mitigação das alterações climáticas, para a aplicação do desenvolvimento sustentável. No entanto, os mecanismos existentes limitam a possibilidade de munir as finanças do carbono com um mecanismo para o desenvolvimento sustentável.

A desflorestação não figura no actual Protocolo de Quioto, para além de uma breve alusão ao apoio à "reflorestação" através do MDL. As regras do MDL colocam um limite de 1% na percentagem de créditos de carbono que podem ser gerados através do uso de terras e da alteração no uso de terras e zonas florestais, actividades de efectiva desconexão deste sector com a agenda de mitigação das alterações climáticas. O Protocolo não permite aos países em vias de desenvolvimento a criação de reduções de emissão através da prevenção da desflorestação, limitando as oportunidades de transferência de finanças de carbono. Nem tão-pouco estabelece quaisquer mecanismos de financiamento através dos quais os países desenvolvidos possam providenciar incentivos contra a desflorestação.

As florestas são o mais visível recurso ecológico não incluído no guião da cooperação internacional de mitigação, mas não são o único recurso do género. O carbono é também armazenado pelo solo e pela biomassa. A reabilitação de terras de pastagem degradadas e a conversão de zonas de colheita degradadas para zonas florestais ou sistemas agro-florestais pode também criar capacidade de armazenamento de carbono. Porque a degradação ambiental dos solos é simultaneamente causa e efeito da pobreza, direccionar as finanças do carbono para estes propósitos poderia dar azo a múltiplos benefícios. Os quais incluem um aumento no fluxo de finanças para a sustentabilidade ambiental , apoio reforçado ao meio de vida de quem habita em zonas florestais e benefícios para a mitigação das alterações climáticas.

Várias propostas inovadoras têm sido desenvolvidas para abordar as lacunas do actual projecto de Quioto. A Coligação de Nações com Florestas Tropicais, liderada pela Costa Rica e pela Papua Nova Guiné, tem-se debatido para que a "desflorestação evitada" seja adicionada à conjuntura de Quioto, abrindo a porta ao uso de créditos do MDL. De modo geral, a ideia é que cada hectare de floresta que iria ser abatido mas não o foi seja contabilizado com contribuição para a mitigação das alterações climáticas. Caso fosse incorporada num arranjo tipo-MDL esta situação abriria a porta a fluxos potencialmente vastos de finanças em países com florestas que se mantêm. Uma

Há vastas e actualmente desaproveitadas oportunidades de mitigação através da redução da desflorestação e da modificação do uso dos solos

proposta feita pelo Brasil define uma abordagem alternativa, requer o fornecimento de recursos novos e adicionais aos países em vias de desenvolvimento que reduzam voluntariamente as suas emissões de gases com efeito de estufa, através da redução da desflorestação. No entanto, ao abrigo da proposta brasileira as reduções não seriam registadas como créditos de mitigação nos países mais desenvolvidos. Outros países requereram ainda uma revisão das regras do MDL para que permitam um aumento do fluxo de finanças de carbono direccionado à regeneração do solo e restauração das zonas de pastoreio (caixa 3.12). Propostas como estas merecem séria consideração. A limitação dos mercados de carbono com veículo para evitar a desflorestação deve ser reconhecida. Sérios assuntos de governação estão em risco. A "Desflorestação Evitada" é claramente uma fonte de mitigação. Portanto, qualquer floresta tropical que ainda se mantenha de pé é uma potencial candidata a ser classificada como "Desflorestação Evitada". Usando as taxas de tendência para as actividades de desflorestação não ajuda a resolver o problema dos compromissos de quantificação, em parte porque a informação das tendências é inexacta e também em parte porque as alterações nos anos de referência podem produzir amplas discrepâncias nos resultados. Outras preocupações, bastante ouvidas durante a última ronda de negociações de Quioto deverão também ser abordadas. Se a "Desflorestação Evitada" for integrada no MDL sem uma clara quantificação dos limites, o volume absoluto dos créditos de CO_2" poderá inundar os mercados de carbono, levando a um colapso dos preços. Além disso a permanência da mitigação através da "Desflorestação Evitada" é difícil de estabelecer.

Tão sérios quanto os desafios governamentais, nenhum destes problemas representa um caso contra o uso de bem desenhados instrumentos de mercado para criar incentivos à conservação, à reflorestação ou à restauração de zonas de pastoreio absorventes de carbono. Poderá haver limites para aquilo que os mercados de carbono podem alcançar. No entanto, há também vastas e actualmente desaproveitadas oportunidades de mitigação através da redução da desflorestação e da modificação do uso dos solos. Qualquer acção que mantenha uma tonelada de carbono longe da atmosfera tem o mesmo impacto climático, independentemente do local onde ocorre. Ligar essa acção à protecção de ecossistemas poderá criar amplos benefícios ao desenvolvimento humano.

A cooperação para além dos mercados de carbono irá ser necessária para obstruir as forças influentes que conduzem à desflorestação. As florestas mundiais fornecem um vasto conjunto de bens públicos, dos quais a mitigação das alterações climáticas faz parte. Ao pagar para a protecção e manutenção desses bens através de transferências financeiras, os países desenvolvidos podem criar fortes incentivos à conservação.

As transferências financeiras internacionais, tal como defendidas pelo Brasil, podem desempenhar um papel crucial no que diz respeito a uma gestão sustentável das florestas. Mecanismos multilaterais para esse tipo de transferências devem ser desenvolvidos como parte integrante da estratégia para o desenvolvimento humano. Sem este tipo de preparação é impensável que a cooperação internacional abrande a desflorestação. No entanto, não serão alcançados resultados positivos só através de transferências financeiras incondicionais. Mecanismos institucionais e estruturas de governo para supervisão dos objectivos partilhados devem ser expandidos par além das metas de conservação e de emissão até ao campo das preocupações ambientais e de desenvolvimento humano, incluindo o respeito pelos direitos humanos da população indígena.

Conclusão

Uma severa mitigação das alterações climáticas irá requerer alterações fundamentais na política energética – e na cooperação internacional. No caso da política energética não existe alternativa à estipulação de um preço para o carbono por meio da taxação e/ /ou do limite-e-negociação. Uma orçamentação sustentável requer a gestão da escassez – neste caso da escassez de capacidade da Terra para absorver gases com efeito de estufa. Na ausência de mercados que reflictam a escassez implicada pela meta de estabilização de 450 ppm CO_2e os sistemas de energia irão continuar a ser governados pelos perversos incentivos que levam ao uso excessivo de energia com elevados níveis de carbono.

Sem uma fundamental reforma de mercado o mundo não evitará perigosas alterações climáticas. Mas a estipulação dos preços por si só não será suficiente. A regulação de apoios e a cooperação internacional representam as outras duas pernas do tripé que é a mitigação das alterações climáticas. Tal como demonstrado neste capítulo têm existido programas direccionados para as três frentes. Mas apesar disso, o processo fica muito aquém do necessário. As negociações acerca da conjuntura para p Protocolo de Quioto pós-2012 fornecem uma oportunidade para corrigir esta situação. Incorporar uma ambiciosa agenda de transferência de finanças e tecnologia para os países em vias de desenvolvimento é uma medida a tomar com urgência. Outra será a cooperação internacinonal para abrandar o ritmo da desflorestação.

4

Adaptação ao inevitável: acção nacional e cooperação internacional

"Se formos neutrais numa situação de injustiça, teremos escolhido o lado do opressor."

Archbishop Desmond Tutu

"Uma injustiça cometida contra alguém é uma ameaça para todos."

Montesquieu

CHAPTER 4

Adaptação ao inevitável: acção nacional e cooperação internacional

Todos os países terão que adaptar-se às alterações climáticas

A vila de Maasbommel, situada nas margens do rio Maas, na Zelândia, sul da Holanda, está a preparar-se para as alterações climáticas. Tal como a maior parte da Holanda, esta é uma zona de terras baixas, em perigo devido à subida do nível do mar e dos rios avolumados pela chuva. A água domina a paisagem – e, do mesmo modo, também as redes de diques que regulam a corrente. Nas zonas costeiras de Maasbommel localizam-se 37 casas com uma característica distintiva: conseguem flutuar na água. As casas flutuantes são um bom exemplo de como uma parte do mundo desenvolvido se está a adaptar aos riscos, cada vez maiores, de inundações provocadas pelas alterações climáticas.

Os países em vias de desenvolvimento estão, também, a adaptar-se. Em Hoa Thanh Hamlet, no Delta do rio Mekong, no Vietname, as pessoas entendem o significado de viver sob o risco de inundações. Os riscos são maiores na época dos tufões, quando as tempestades, que se desenvolvem no Mar do Sul da China, produzem agitações súbitas, se o Mekong está mais cheio. Na tentativa de manter as águas afastadas, os agricultores sustentam, com o seu trabalho, várias redes de diques terrestres. Também aqui as pessoas são obrigadas a lidar com os riscos das alterações climáticas. Nesse sentido, a estrutura dos diques está a ser reforçada; plantam-se mangais para proteger as vilas das tempestades súbitas e constroem-se casas sobre pilares de bambu. Entretanto, um programa inovador denominado "viver com as cheias", e apoiado por entidades doadoras, está a trabalhar com as comunidades mais vulneráveis, fornecendo coletes salva-vidas e aulas de natação.

As experiências contrastantes de Maasbommel e Hoa Thanh Hamlet ilustram o modo como a adaptação às alterações climáticas está a aumentar as desigualdades a nível mundial. Na Holanda, o investimento público numa elaborada infra-estrutura de protecção contra as inundações oferece um alto nível de protecção contra riscos. A nível familiar, a capacidade tecnológica e os recursos financeiros oferecem às pessoas a possibilidade de lidar com a ameaça das inundações, através da compra de habitações que lhes permite flutuar "sobre" a água. No Vietname, país que enfrenta algumas das mais graves ameaças de alterações climáticas, uma frágil estrutura de defesa contra as inundações oferece apenas uma protecção limitada. Assim, nas aldeias ao longo do Delta do Mekong, a adaptação às alterações climáticas é uma questão de aprender a flutuar "na" água.

Todos os países terão de adaptar-se às alterações climáticas. Nos países ricos os governos estão a investir em estratégias mais abrangentes que possam proteger os seus cidadãos. Nos países em vias de desenvolvimento a adaptação assume uma forma distinta. Algumas das populações mais vulneráveis do mundo, que vivem sob o risco das secas, das inundações e da exposição a tempestades tropicais, estão a ficar desamparadas, obrigadas a lidar com a situação usando apenas os seus próprios, e muito limitados, recursos. A desigualdade na capacidade adaptativa está a surgir como um condutor virtual de disparidades ainda mais vastas em áreas como a saúde, segurança ou oportunidades de desenvolvimento humano. Tal como lembrou Desmond Tutu, antigo Arcebispo da Cidade do Cabo, no seu contributo especial para este Relatório, estamos a ficar à deriva, a ser levados pela corrente para uma situação global de *apartheid* de adaptação.

A cooperação internacional, nas alterações climáticas, exige uma abordagem dual. A prioridade é mitigar os efeitos que podemos controlar e apoiar a adaptação àqueles que não podemos. A adaptação é, em parte, um processo de investimento na "resiliência às alterações climáticas" de infra-estrutura básica. Mas pretende, também, capacitar as pessoas para gerirem os riscos climáticos sem sofrerem recuos no desenvolvimento humano.

Se não dermos a devida atenção à adaptação, estaremos a enfraquecer a esperança no desenvolvimento humano, para uma vasta secção de populações fragilizadas. É fundamental uma acção urgente para a mitigação, porque não importa quanto se planeie a adaptação, mesmo que bem financiada ou bem delineada, ela não irá proteger os mais pobres da trajectória actual das alterações climáticas. Da mesma maneira, nenhuma quantidade de mitigação irá proteger as populações das alterações climáticas que já são inevitáveis. No melhor dos casos, a mitigação irá começar a surtir efeito a partir de 2030, mas as temperaturas irão continuar a subir até perto de 2050. Até lá, a adaptação é uma opção "sem-alternativa". A má notícia é que estamos muito longe do melhor dos casos porque a mitigação ainda tem que começar.

A mitigação faz parte de uma estratégia dual para a segurança, no âmbito das alterações climáticas. Re-

Contributo especial

Não precisamos de um *apartheid* na adaptação às alterações climáticas

Num mundo tão dividido pelas desigualdades na saúde e oportunidades, é fácil esquecer que fazemos parte de uma comunidade humana. Enquanto assistimos ao primeiro impacto das alterações climáticas que se fazem sentir em todo o mundo, cada um de nós tem que reflectir sobre o que significa fazer parte dessa família.

Talvez o ponto de partida seja reflectir na imperfeição da linguagem. A palavra "adaptação" tornou-se parte do vocabulário padrão das alterações climáticas. Mas o que significa adaptação? A resposta a essa questão indica coisas diferentes em lugares diferentes.

Para a maioria das pessoas nos países ricos a adaptação tem sido, até ao momento, um processo relativamente indolor. Suavizado pelos sistemas de aquecimento e arrefecimento, eles podem adaptar-se a um clima severo, bastando dar um toque no termóstato. Confrontados com a ameaça das cheias, os governos podem proteger os habitantes de Londres, Los Angeles e Tóquio com um elaborado sistema de protecção do clima. Em alguns países, as alterações climáticas até trouxeram efeitos benignos, como épocas de cultivo de maior duração para os agricultores.

Agora consideremos o que significa adaptação para a populações mais pobres e frágeis do mundo – 2,6 mil milhões de habitantes que vivem com menos de 2 USD por dia. Como é que uma camponesa pobre do Malaui se vai adaptar quando as secas forem mais frequentes e a falta de chuva diminuir a produção? Talvez cortando na, já de si insuficiente, alimentação familiar, ou tirando os filhos da escola. Como é que um habitante de um bairro de lata em Manila ou Port-au-Prince, que vive debaixo de placas de plástico e de latão encarquilhado, se adapta à ameaça declarada de ciclones mais intensos? E como deveriam as pessoas que vivem nos grandes deltas dos rios Ganges e Mekong, adaptou-se às inundações nas suas casas e regiões?

A adaptação está a tornar-se um eufemismo da injustiça social a nível global. Enquanto os cidadãos do mundo rico estão protegidos contra o mal, os pobres, os frágeis e os famintos estão expostos, cada dia, à dura realidade das alterações climáticas. Para ser franco, os pobres deste mundo estão a ser prejudicados devido a um problema pelo qual não foram responsáveis. A pegada do malauiano ou do habitante do bairro de lata haitiano quase não deixa marca na atmosfera terrestre.

Nenhuma comunidade com sentido de justiça, compaixão ou respeito pelos direitos humanos básicos deve aceitar o caminho actual da adaptação. É moralmente errado deixar os pobres do mundo afundarem-se ou deixá-los a nadar com os seus parcos recursos, face à ameaça que representam as alterações climáticas. Infelizmente, como demonstra o Relatório do Desenvolvimento Humano 2007/2008, é isto que, precisamente, acontece. Estamos à deriva, a entrar num mundo de "*apartheid* da adaptação".

Seremos pouco inteligentes se nos deixarmos levar pela corrente. Obviamente os países ricos podem usar os seus vastos recursos financeiros e tecnológicos para se protegerem contra as alterações climáticas, pelos menos a curto prazo – é um privilégio da abundância. Mas enquanto as alterações climáticas destroem modos de vida, deslocam pessoas e corroem sistemas sociais e económicos por completo, não há país – não importa quão rico ou poderoso – imune às consequências. A longo prazo, os problemas dos pobres chegarão à soleira da porta dos abastados, enquanto a crise climática abre caminho ao desespero, à raiva e às ameaças à segurança colectiva.

Nada disto tem que acontecer. No final, a única solução para as alterações climáticas é a mitigação urgente. Podemos – e devemos – trabalhar em conjunto para assegurar que as alterações climáticas actualmente existentes não levam o desenvolvimento humano a dar um passo atrás. Por isso, apelo aos líderes do mundo rico para colocar a adaptação às alterações climáticas no centro da agenda internacional para a pobreza – e que o façam já, antes que seja tarde.

Desmond Tutu
Arcebispo Emérito da Cidade do Cabo

duzindo a exposição das populações mais vulneráveis aos riscos climáticos, os investimentos na mitigação irão trazer enormes benefícios ao desenvolvimento humano, na segunda metade do século XXI. Investimentos que também oferecem garantias contra os riscos catastróficos que assombram as gerações futuras, independentemente da sua riqueza ou localização. A cooperação internacional para a adaptação é a segunda parte da estratégia de segurança face às alterações climáticas. Representa um investimento na redução do risco para as milhões de pessoas fragilizadas do mundo.

Apesar dos pobres não conseguirem abrir caminho, através da adaptação, para escapar aos perigos das alterações climáticas, o impacto do aquecimento global pode ser atenuado através de políticas benéficas. No que se refere à adaptação, as decisões tomadas à partida podem reduzir os riscos e limitar os danos no desenvolvimento humano, causados pelas alterações climáticas.

Os governos dos países do norte desempenham um papel fundamental. Quando assinaram a Convenção-Quadro das Nações Unidas sobre as Alterações Climáticas (CQNUAC) em 1992, estes governos concordaram em ajudar "o(s) país(es) em vias de desenvolvimento, particularmente vulneráveis aos efeitos adversos das alterações climáticas, a suportarem os custos da adaptação a esses efeitos adversos". Após 15 anos, essa promessa ainda não foi cumprida. Até à data, a cooperação internacional para a adaptação tem sido caracterizada por um subfinanciamento crónico, fraca coordenação e por não conseguir ir além das respostas baseadas em projectos. Em suma, a estrutura actual fornece o equivalente a uma esponja que ajuda a absorver a água durante uma inundação.

Uma adaptação eficaz apresenta muitos desafios. É preciso desenvolver políticas que confrontem as incertezas do momento, a localização e o rigor do impacto das alterações climáticas. Se pensarmos no futuro, a proporção deste impacto será contingente nos esforços da mitigação empreendidos hoje: as demoras ou entraves colocados irão aumentar os custos da adaptação. Estas incertezas têm que ser consideradas no desenvolvimento de estratégias de adaptação e nos planos financeiros. No entanto, não justificam a inacção. Sabemos que, actualmente, as alterações climáticas têm impacto nas vidas das populações vulneráveis – e sabemos que a situação irá piorar antes de melhorar.

Por um lado, o mundo desenvolvido tem mostrado o caminho. Neste caso, e não menos que no mundo em desenvolvimento, os governos e os povos têm de lidar com a incerteza das alterações climáticas. Mas essa incerteza não foi um obstáculo ao investimento em infra-estruturas em grande escala, nem ao desenvolvimento de capacidades adaptativas mais abrangentes. Os governos e as populações dos países ricos, enquanto arquitectos primordiais do problema das alterações climáticas, não podem aplicar uma regra em casa e outra nas comunidades vulneráveis, que acabam por ser as vítimas das suas acções. Observar as consequências das alterações climáticas que assolam os países em vias de desenvolvimento, refugiando-se por detrás de elaborados sistemas de protecção do clima, não é apenas eticamente indefensável. É, também, uma receita para aumentar o fosso entre o mundo dos que têm e dos que não têm, e para o ressentimento e raiva em massa – resultados que terão implicações na segurança de todos os países.

Este capítulo divide-se em duas partes. Na primeira secção concentramo-nos no desafio da adaptação a nível nacional, tendo em atenção o modo como as populações e os países respondem ao desafio e às estratégias que podem fazer diferença. As alterações climáticas representam tal ameaça porque expõem os povos vulneráveis a riscos progressivos. Capacitar as pessoas para gerirem esses riscos requer políticas públicas que possam criar resiliência, através de investimentos em infra-estruturas, segurança social e melhor gestão de riscos. É, também, necessário um compromisso mais sério de políticas abrangentes, que sustente o desenvolvimento humano e reduza as desigualdades extremas.

Na segunda secção voltamos a nossa atenção para o papel da cooperação internacional. Os países ricos têm uma oportunidade valiosa para desempenharem um papel maior no apoio à adaptação. Esta situação deve-se a três factores: responsabilidade histórica pelo problema das alterações climáticas, obrigação moral e respeito pelos direitos humanos e interesse individual consciente. Uma condição é o aumento do financiamento para a integração da adaptação no planeamento da redução da pobreza nacional. Outra é o desenvolvimento inicial de uma estrutura coerente e multilateral que possa gerar apoio.

A cooperação internacional para a adaptação tem sido caracterizada por um subfinanciamento crónico, fraca coordenação e por não conseguir ir além das respostas baseadas em projectos

Nos países desenvolvidos o planeamento para a adaptação às alterações climáticas é uma indústria em rápido crescimento

4.1 O desafio nacional

Todos os países terão de se adaptar às alterações climáticas. Como se irão adaptar e quais as escolhas que as populações e governos têm em aberto é algo a ser determinado por vários factores. A natureza dos riscos, associada às alterações climáticas, varia conforme as regiões e países – tal como a capacidade de adaptação. Quando se trata de definir capacidade todos têm um papel a desempenhar: seja o estado do desenvolvimento humano, as capacidades tecnológicas e institucionais ou os recursos financeiros.

Em alguns aspectos, o risco progressivo das alterações climáticas é gradual. As políticas e instituições que hoje podem capacitar os países e as populações a adaptarem-se aos riscos climáticos – políticas sociais e económicas que formam competências e resiliência contra os choques climáticos, investimento em infra-estruturas de protecção contra inundações e ciclones, instituições para regular a gestão das bacias hidrográficas – são as mesmas que serão necessárias para abordar ameaças futuras. No entanto, a dimensão destas ameaças apresenta desafios tanto quantitativos como qualitativos. E é preciso não esquecer que alguns países – e algumas pessoas – estão muito mais bem equipados do que outros para responder a ameaças.

Adaptação nos países desenvolvidos

Nos países desenvolvidos o planeamento para a adaptação às alterações climáticas é uma indústria em rápido crescimento. Governos nacionais, organismos regionais de planeamento, governos locais, autoridades municipais e companhias de seguro, todos formulam estratégias de adaptação com um objectivo comum: proteger as pessoas, propriedades e infra-estruturas económicas dos riscos emergentes das alterações climáticas.

Consciencializar a opinião pública é um factor que tem definido a agenda da adaptação. Em muitos países desenvolvidos há a percepção geral que as alterações climáticas se somam aos riscos relacionados com o clima. A onde de calor na Europa em 2003, a época dos tufões no Japão em 2004, o Furacão Katrina e a devastação de Nova Orleães, e episódios de secas, inundações e temperaturas extremas por todo o mundo desenvolvido têm sido eventos destacados que aumentam a consciencialização pública. A incerteza acerca da direcção futura das alterações climáticas tem feito pouco para dissuadir os apelos do público para soluções governamentais mais pró-activas.

O sector dos seguros tem sido uma força poderosa para a mudança. Os seguros fornecem um importante mecanismo através do qual os mercados informam sobre mudanças no risco. Ao fixar um preço no risco, os mercados fornecem incentivos aos particulares, empresas e governos para empreenderem medidas de redução de risco, incluindo a adaptação. Tanto na Europa como nos Estados Unidos, o negócio dos seguros tem demonstrado uma crescente preocupação pelas implicações das alterações climáticas nas perdas associadas aos riscos (ver capítulo 2). As sondagens que mostram um aumento da frequência de fenómenos climáticos, como cheias ou tempestades, são uma fonte dessa preocupação. Em vários países o negócio dos seguros emergiu como um poderoso defensor do aumento do investimento público em infra-estruturas de resiliência às alterações climáticas para limitar as perdas privadas. Por exemplo, a Associação de Seguros Britânicos pede que se invista mais 50% em protecção nacional contra as inundações, até 2011.[1]

A adaptação, nos países desenvolvidos, tomou muitas formas. Os donos das "casas flutuantes" de Maasbommel ilustram uma alteração comportamental, a nível familiar. Noutros casos, os negócios são forçados a adaptar-se. Um exemplo vem da indústria de esqui na Europa. O manto de neve nas regiões da Europa alpina já está a diminuir e o PIAC avisou que, em altitudes médias, espera-se que a duração do manto de neve diminua, em várias semanas, por cada 1 °C de subida de temperatura.[2] A indústria do esqui suíço "adaptou-se" investindo fortemente em máquinas que produzem neve artificial. Cobrir um hectare de encostas requer cerca de 3 300 litros de água, utilizando helicópteros para trazer a matéria-prima a ser transformada em neve, através de uma congelação que requer um intenso consumo energético.[3]

Muitos países ricos desenvolveram estudos pormenorizados sobre o impacto das alterações climáticas. Muitos seguem a direcção da implementação de estratégias de adaptação. Na Europa, países como a

França, Alemanha e Reino Unido criaram estruturas nacionais institucionais para o planeamento da adaptação. A Comissão Europeia encorajou os estados-membros a integrarem a adaptação em programas de infra-estruturas e por uma boa razão.[4] Com um tempo útil de vida de 80-100 anos, infra-estruturas como pontes, portos e auto-estradas têm que ter em consideração as condições futuras das alterações climáticas. Sectores como a agricultura e silvicultura terão de lidar com impactos muito mais precoces, tal como o público em geral.

Nos países ricos, a escala dos esforços da adaptação defensiva às alterações climáticas não é, por muitos, valorizada. Apesar do registo variar, a ideia geral defende um aumento dos investimentos na acção preventiva. Entre os exemplos:

- *A Holanda.* Como país de zonas baixas, densamente povoado, com mais de um quarto da sua área abaixo do nível do mar, a Holanda enfrenta sérios riscos com as alterações climáticas. Esses riscos são controlados através de uma vasta rede de canais, bombas hidráulicas e diques. Os diques são construídos para suportar fenómenos climáticos que podem acontecer uma só vez em 10 000 anos. Mas não é apenas o mar que representa uma ameaça. O rio Reno, que forma um largo delta com o rio Mosa, é uma ameaça constante de inundação. Com o nível dos mares a subir, com tempestades mais intensas e modelos climáticos a prever que a precipitação pode aumentar em 25%, o planeamento da adaptação na Holanda é visto como uma questão de segurança nacional. As directrizes políticas holandesas sobre a água reconhecem que as actuais infra-estruturas podem ser insuficientes para lidar com a subida do nível da água dos rios e mares. Em 2000 o documento político nacional – *Room for the River* – definiu uma estrutura detalhada para a adaptação. A estrutura inclui planos de controlo mais rigorosos nas povoações humanas, estratégias para a área de represas (*Catchment Area Strategies)* implementadas pelas autoridades regionais, com vista a desenvolver zonas de retenção de cheias, e um orçamento de 3 mil milhões USD para investimento na protecção contra as inundações. Este plano de acção visa proteger a Holanda das descargas do Reno até 18 000m^3/s a partir de 2015 – cerca de 50% acima do nível mais alto registado até hoje.[5]
- *Reino Unido.* O Programa sobre os Impactos Climáticos do Reino Unido (UKCIP) delineou estudos região por região e estudos sectoriais, com vista aos desafios da adaptação. Estão a ser desenvolvidas estratégias de gestão para as inundações, à luz das avaliações dos riscos da subida do nível dos mares e do aumento da precipitação. Espera-se que as alterações climáticas previstas, tempestades e padrões de chuvas, aumentem o risco de inundação. Contrastando com a Holanda, os sistemas de protecção contra as inundações são projectados para lidarem com as maiores cheias esperadas a cada 100-200 anos. Com o nível dos mares a subir e a possibilidade de mais chuvas e tempestades, as estratégias de protecção contra as inundações estão a ser revistas. Estimativas do sector dos seguros sugerem que o número de casas em risco de inundação pode subir de 2 milhões, em 2004, para 3,5 milhões a longo-prazo, se as infra-estruturas de protecção não forem reforçadas. Apenas cerca de metade das infra-estruturas nacionais de protecção contra as inundações se encontra em boas condições. A Agência Ambiental, um organismo governamental, pediu pelo menos 8 mil milhões USD para gastar no reforço da Barreira do Tamisa – uma estrutura de protecção mecanizada que protege Londres. O capital actual para a gestão das inundações e erosão costeira ronda os 1,2 mil milhões anuais.[6] Mas as grandes inundações em 2007 levaram a pedidos renovados para maiores gastos.
- *Japão.* A preocupação com a adaptação no Japão intensificou-se em 2004 quando o país foi atingido por 10 ciclones tropicais – mais do que em qualquer outro ano do século anterior. As perdas totais atingiram os 14 mil milhões USD, dos quais cerca de metade foi coberto pelos seguros. A subida da temperatura e do nível dos mares são também um risco crescente: o nível médio dos mares está a subir 4-8mm por ano. Apesar do Japão ter um dos sistemas de infra-estruturas de protecção contra as inundações mais desenvolvidos do mundo, os portos, naturais e construídos pelo Homem, são vistos como zonas de grande vulnerabilidade. Uma actividade mais intensa de tempestades tropicais pode levar a uma ruptura económica em grande escala. Há já planos desenvolvidos pelo Governo japonês – para fornecer uma protecção mais eficaz face a uma subida do

A Comissão Europeia encorajou os estados membros a integrarem a adaptação em programas de infra-estruturas

A curto prazo, pelo menos, as alterações climáticas irão criar tanto vencedores como derrotados – estando a maioria dos vencedores nos países ricos

nível dos mares de 1 m, no século XXI – que avaliam os custos em 93 mil milhões USD.[7]

- *Alemanha*. Grandes áreas da Alemanha enfrentam um crescente risco de inundações devido às alterações climáticas. Investigações na região da represa do rio Neckar em Baden-Württemberg e Baviera prevêem um aumento de 40-50% de pequenas e médias inundações por volta de 2050, com um aumento de 15% de inundações de "cem anos". O ministro do Ambiente de Baden-Württemberg avalia os custos adicionais, a longo prazo, das infra-estruturas de protecção das inundações em 685 milhões USD. Após as grandes inundações de 2002 e 2003, a Alemanha adoptou a Lei Artigos de Controlo de Cheias que integra a avaliação das alterações climáticas no planeamento nacional, impondo requisitos rigorosos na designação de áreas de inundações e povoações humanas.[8]
- *Califórnia*. As alterações climáticas irão ter sérias consequências no abastecimento de água em algumas partes da Califórnia. Espera-se que a subida da temperatura no Inverno reduza a acumulação de neve na Serra Nevada, que funciona como um grande sistema de armazenamento de água no estado. Prevê-se que o manto de neve nas áreas de drenagem de água de Sacramento, San Joaquim e Trinity (relativamente à média de 1961-1990) diminua em 37% no período 2035--2064, chegando a 79% no período 2070-2090. Sendo um estado já de si com problemas no abastecimento de água, a Califórnia desenvolveu um extenso sistema de reservatórios e canais de transferência de água para sustentar as zonas áridas. Em 2005, de acordo com o *Water Plan Update*, o Departamento de Recursos Hidráulicos (DWR) iniciou uma estratégia de grande dimensão para gerir correntes de água reduzidas, definindo medidas de eficiência para diminuir o uso da água nas áreas urbanas e na agricultura. Também se faz referência ao crescente investimento em água reciclada, com um objectivo de 930 milhões de metros cúbicos em 2020 ou, aproximadamente, o dobro dos níveis actuais. A Califórnia enfrenta ainda ameaças crescentes de inundações vindas de duas frentes: a subida do nível dos mares e a aceleração do degelo. O DWR prevê custos de mais de 3 mil milhões USD, só de actualização do sistema de controlo de inundações de Central Valley e barragem no Delta. As alterações climáticas podem redesenhar o mapa costeiro da Califórnia, com as propriedades na orla costeira a ficar debaixo de água, o quebra-mar a desmoronar e os penhascos a sofrerem um desgaste cada vez maior.[9]

Estes exemplos demonstram que os responsáveis pelas directrizes políticas nos países ricos não vêem a incerteza das alterações climáticas como um obstáculo à adaptação. Os investimentos públicos são hoje vistos como um seguro contra despesas futuras. No Reino Unido, as entidades governamentais calculam que cada dólar gasto na protecção contra inundações poupe cerca de cinco em prejuízos provocados por inundações.[10] As compensações nos investimentos da adaptação precoce irão, provavelmente, aumentar com o tempo, enquanto o impacto das alterações climáticas fortalece. Estimativas da Comissão Europeia sugerem que os danos causados pela subida do nível dos mares em 2020 podem ser quatro vezes maiores do que os danos ocorridos em caso de medidas preventivas. Por volta de 2080, podem ser oito vezes maiores.[11] Além disso, os custos de tais medidas protectoras representam apenas uma fracção dos danos que evitam (figura 4.1).

Nem toda a adaptação é defensiva. A curto prazo, pelo menos, as alterações climáticas irão criar tanto vencedores como derrotados – estando a maioria dos vencedores nos países ricos. A agricultura é

Figura 4.1 **A adaptação constitui um bom investimento na União Europeia**

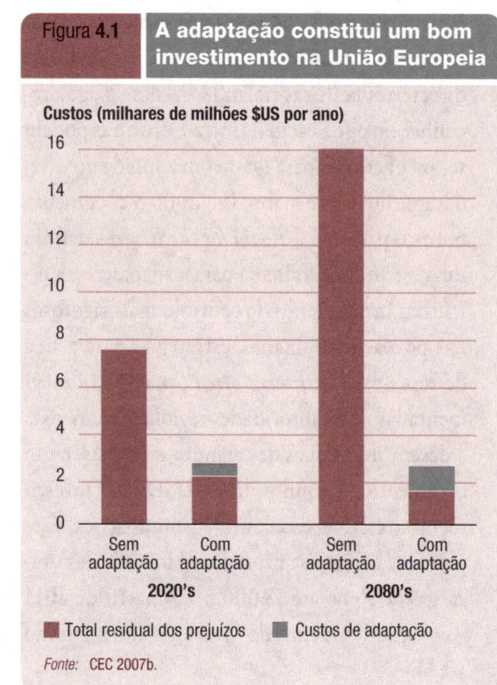

Fonte: CEC 2007b.

um exemplo. Enquanto os pequenos agricultores nos países em vias de desenvolvimento têm muito a perder devido às alterações climáticas, os impactos a médio prazo podem criar oportunidades em muitos dos países desenvolvidos. Nos Estados Unidos as previsões nacionais sobre as alterações climáticas mostram que, a médio prazo, a produção agrícola de alimentos pode aumentar, apesar dos estados do Sul ficarem para trás e as Grandes Planícies enfrentarem mais secas enquanto os centros de produção se deslocam para norte.[12] O Norte da Europa também fica a ganhar com épocas de cultivo mais longas e amenas, abrindo caminho para uma competitividade melhorada, relativamente à produção de fruta e vegetais.[13] A deslocação das importações dos países em vias de desenvolvimento mantém-se, portanto, uma ameaça ao desenvolvimento humano em algumas áreas de produção.

Viver com as alterações climáticas - adaptação nos países em vias de desenvolvimento

Enquanto os países ricos preparam a adaptação às alterações climáticas, os países em vias de desenvolvimento são forçados a enfrentar o fardo mais pesado em termos de impactos adversos nos níveis de vida, empregos, crescimento económico e vulnerabilidade humana. Tal como no mundo desenvolvido, as pessoas nos países mais pobres terão de lidar com as consequências de um clima em mudança. Há no entanto, duas grandes diferenças. Em primeiro lugar, os países em vias de desenvolvimento nas regiões tropicais e subtropicais irão sofrer algumas das consequências mais marcantes das alterações climáticas. Em segundo, o crescente risco que chega com as alterações climáticas será imposto às sociedades marcadas pela pobreza em massa e por uma enorme fragilidade. Enquanto os governos do Norte têm a capacidade financeira, tecnológica e humana para responder aos riscos das alterações climáticas que os seus cidadãos enfrentam, os países em vias de desenvolvimento estão muito mais limitados.

Para os países em vias de desenvolvimento, a adaptação às alterações climáticas não representa um cenário futuro. Tal como nos países ricos, está já a acontecer. Mas os contrastes de adaptação no mundo desenvolvido são impressionantes. Em Londres e Nova Iorque as pessoas estão a ser protegidas dos riscos associados à subida do nível dos mares através do investimento público nas infra-estruturas. Nos países mais pobres a adaptação é, sobretudo, uma questão de auto-ajuda. Milhões de pessoas, com pouco mais do que parcos recursos para alimentar, vestir e abrigar as suas famílias, estão a ser forçadas a empregar dinheiro e trabalho na adaptação. Entre os exemplos dessa luta:

- No norte do Quénia, uma crescente frequência de secas significa que as mulheres têm que percorrer distâncias cada vez maiores para ir buscar água, chegando, muitas vezes aos 10-15km por dia. Isto confronta as mulheres com riscos pessoais de segurança, tira as raparigas da escola e pressupõe um fardo físico imenso – um contentor de plástico cheio com 20 litros de água pesa cerca de 20 kg.[14]
- Na Bengala Ocidental, na Índia, as mulheres que vivem em aldeias no Delta do Ganges estão a construir plataformas de bambu, conhecidas como *machan,* sobre as quais se refugiam acima do nível da água, durante as inundações da monção. No vizinho Bangladesh, entidades doadoras e ONGs estão a trabalhar com as pessoas que vivem em *chars* – ilhas altamente propensas a inundações que ficam isoladas durante a monção – para elevar as suas casa acima do nível das águas, edificando-as sobre pilares ou elevando as represas.[15]
- Comunidades no Vietname estão a reforçar antigos sistemas de diques e represas para se protegerem da agitação marítima. No Delta do Mekong, as cooperativas agrícolas cobram, actualmente, um imposto para protecção costeira e encontram-se a apoiar a reabilitação das áreas de mangais que actuam como uma barreira contra as vagas de tempestades.[16]
- Estão a aumentar os investimentos de pequena dimensão para a recolha de água. Os agricultores no Equador estão a construir lagos tradicionais em forma de U ou *albarradas*, para reter a água durante os anos mais chuvosos e reencher aquíferos durante os anos de seca.[17] Em Maharashtra, na Índia, os agricultores estão a lidar com a crescente exposição à seca investindo no desenvolvimento de bacias hidrográficas e instalações, em pequena escala, de recolha de água para recolher e conservar a água da chuva.[18]
- No Nepal, as comunidades que vivem em zonas propensas a inundações estão a construir siste-

Os países em vias de desenvolvimento são forçados a enfrentar o fardo mais pesado em termos de impactos adversos nos níveis de vida, empregos, crescimento económico e vulnerabilidade humana

O próprio desenvolvimento humano é a base mais segura para a adaptação às alterações climáticas

mas de aviso imediato – como torres de vigia elevadas – e a contribuir com trabalho e material para sustentar represas que possam evitar que os lagos glaciares rebentem as margens.

- Os agricultores nos países em vias de desenvolvimento estão a responder às ameaças climáticas emergentes inspirando-se na tecnologia tradicional de cultivo. No Bangladesh, as camponesas constroem "jardins flutuantes" – jangadas de jacintos onde podem cultivar vegetais, nas zonas propensas a inundações. No Sri Lanka, os agricultores estão a experimentar variedades de arroz capazes de resistir à intrusão salina e de medrar mesmo com diminuição de água.[19]

Nenhum destes casos fornece evidências de adaptação directamente atribuída às alterações climáticas. É, de facto, impossível estabelecer causalidade entre fenómenos climáticos específicos e o aquecimento global. Mas comprova-se uma impressionante e provável ligação entre alterações climáticas e o tipo de fenómenos – secas, falta de água, tempestades e variação climática – que forçam a adaptação. De qualquer modo, é inútil tentar quantificar os componentes do aumento do risco das alterações climáticas. Mas ignorar a evidência dos riscos, crescentes e constantes, seria base para um estudo à miopia.

O próprio desenvolvimento humano é a base mais segura para a adaptação às alterações climáticas. Políticas que promovam o crescimento justo e a diversificação de vivências, que desenvolvam oportunidades na saúde e educação, forneçam segurança social às populações mais frágeis, melhorem a gestão de catástrofes e apoiem a recuperação após as emergências, são factores que fortalecem a resiliência das populações pobres face aos riscos climáticos. É por isso que o planeamento da adaptação às alterações climáticas deve ser visto, não como um novo segmento da política pública, mas como parte integrante de estratégias mais abrangentes para a redução da pobreza e desenvolvimento humano.

Um bom planeamento da adaptação às alterações climáticas não neutraliza, por si só, os conflitos associados à desigualdade e marginalização. Neste sentido, a experiência do Quénia é esclarecedora. Para os 2 milhões de pastores nómadas do Quénia, a crescente exposição às secas futuras é uma ameaça real. No entanto, essa ameaça é ampliada por forças ainda mais vastas, que estão a fragilizar a arte pastoril nos dias de hoje, incluindo uma preferência política em favor da agricultura fixa, a privatização dos direitos da água e a desconsideração dos direitos consuetudinários dos pastores nómadas. No distrito Wajir, no norte do Quénia, para dar um exemplo, a invasão da produção de colheitas nas áreas pastoris restringiu o acesso a pastagens, bloqueou corredores de migração e minou a gestão da partilha tradicional de água, levando ao aumento da destruição de áreas de pasto e à diminuição da produção de leite.[20]

Estruturação de políticas nacionais de adaptação

Não há um plano para uma adaptação bem sucedida às alterações climáticas. Os países enfrentam diferentes graus e tipos de riscos, começando por diferentes níveis de desenvolvimento humano, e variam largamente nas suas capacidades tecnológica e financeira.

Apesar das políticas para o desenvolvimento humano serem a base mais segura para a adaptação, mesmo a melhor prática de desenvolvimento humano terá de ter em conta os riscos emergentes das alterações climáticas. Estes riscos irão aumentar os custos do fracasso de políticas passadas e irão pedir uma reavaliação da prática actual do desenvolvimento humano, incentivando a integração de cenários de alterações climáticas em programas nacionais mais amplos.

Até ao momento, o planeamento da adaptação tem sido uma actividade à margem na maioria dos países em vias de desenvolvimento. As estratégias de adaptação que estão a emergir concentram-se, sobretudo, em infra-estruturas de resiliência às alterações climáticas – e esta é uma área fundamental. Mas adaptação significa mais do que infra-estruturas. O ponto de partida consiste em realizar uma avaliação dos riscos das alterações climáticas em todos os aspectos do planeamento de políticas. Por outro lado, uma gestão de riscos requer que as estratégias para criar resiliência estejam incorporadas nas políticas públicas. Para países com capacidade governativa limitada esta é uma tarefa árdua.

A magnitude de tal tarefa não é suficientemente compreendida. No Egipto, uma subida do nível do mar de 0,5 m pode levar a perdas económicas de mais de 35 mil milhões USD e à deslocação de 2 milhões de pessoas.[21] O país está a desenvolver uma resposta institucional através de conversações a nível político, lideradas pelo Ministro do Ambiente. Mas a dimensão absoluta dos riscos climáticos irá pedir reformas políticas de maior alcance em toda a economia.

Outro exemplo vem da Namíbia.[22] Também neste país as alterações climáticas representam uma ameaça em vários sectores. O sector pesqueiro fornece um exemplo. A venda de peixe é, actualmente, um dos suportes da economia namibiana: representa quase um terço das exportações. Uma das fontes de receitas das zonas de pesca mais ricas da Namíbia é a corrente de Benguela – uma corrente de águas geladas que corre ao longo da sua costa. Com a temperatura das águas a subir, há uma preocupação cada vez maior de que as espécies de peixes migrem na direcção do sul. Isto cria um enorme desafio de adaptação para o sector pesqueiro. Dadas as incertezas, será que a Namíbia deveria aumentar os investimentos no processamento de peixe? Ou deveria, antes, procurar a diversidade?

Adaptando-nos ao contexto de país, é este o tipo de questões que estão a ser colocadas aos governos um pouco por todo o mundo desenvolvido. Fornecer respostas requer uma capacidade, largamente reforçada, da avaliação de riscos e planeamento da resiliência. Apesar de ter surgido uma resposta internacional através de mecanismos como o Fundo para Ambiente Global (FAG), essa resposta permanece subfinanciada, pobremente coordenada e fracamente gerida.

Um planeamento de adaptação bem sucedido irá requerer uma mudança transformadora nas práticas de governação. É garantido que as medidas reactivas se mostram insuficientes, tal como o são as respostas que falham na abordagem transnacional dos impactos das alterações climáticas através da cooperação regional. Mas, a maior transformação é necessária no planeamento do desenvolvimento e da redução da pobreza. Criar resiliência e capacidade adaptativa nas secções mais vulneráveis da sociedade irá requerer algo mais do que chamadas de atenção retóricas sobre os ODMs e sobre o desenvolvimento em prol dos pobres. Irá requerer uma reavaliação fundamental das estratégias de redução da pobreza, apoiadas por um compromisso que reforce a equidade e reduza as disparidades sociais.

Tal como noutras áreas, as políticas de adaptação têm mais probabilidade de serem bem sucedidas e sensíveis às necessidades dos pobres quando a sua voz identifica prioridades e molda o desenho das políticas. Uma adaptação e desenvolvimento humano bem sucedidos requerem uma governação responsável e receptiva, mas também a participação das pessoas no aperfeiçoamento das suas próprias vidas. As bases para um planeamento da adaptação bem sucedido podem ser resumidas em 4 pontos:

- *Informação* para um planeamento eficaz;
- *Infra-estruturas* para resiliência às alterações climáticas;
- *Seguros* para gestão do risco social e redução de pobreza;
- *Instituições* para gestão de risco de desastres.

Informação sobre riscos climáticos

No planeamento da adaptação às alterações climáticas, informação significa poder. Países que não tenham a capacidade ou os recursos para seguir padrões meteorológicos, prever impactos e avaliar riscos, não podem fornecer aos seus cidadãos informação de qualidade – sendo, assim, menos capazes de definir quais os investimentos públicos e políticas que podem reduzir a vulnerabilidade.

A nível global há uma relação inversa entre exposição aos riscos das alterações climáticas e informa-

As políticas de adaptação têm mais probabilidade de serem bem sucedidas e sensíveis às necessidades dos pobres quando a sua voz identifica prioridades e molda o desenho das políticas

Figura 4.2 **Falhas de informação climática em África**

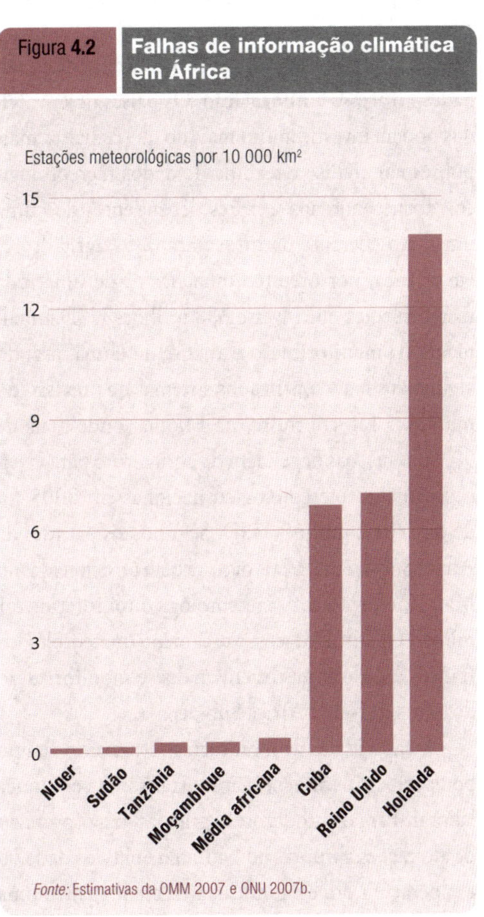

Fonte: Estimativas da OMM 2007 e ONU 2007b.

Sem um melhor acesso à informação, são negadas oportunidades para desenvolver estratégias efectivas de adaptação climática, aos governos e às pessoas nos países em vias de desenvolvimento

ção. O PIAC reconhece que os modelos climáticos actuais em África fornecem informação insuficiente para recolher dados sobre precipitação, distribuição espacial dos ciclones tropicais e ocorrência de secas. Uma razão é que a região tem a densidade mais baixa de estações meteorológicas, com uma instalação por cada 25.460km^2 – um oitavo do nível mínimo recomendado pela Organização Mundial de Meteorologia (OMM).[23] A Holanda, em contraste, tem uma instalação por cada 716km^2 – quatro vezes acima do mínimo indicado pela OMM (figura 4.2).

As desproporções nas infra-estruturas de monitorização do clima estão intimamente ligadas a maiores desigualdades. As oportunidades na educação e formação são decisivas para o desenvolvimento de infra-estruturas meteorológicas e a para a condução de investigações relevantes. Em países com acesso restrito à educação secundária e ao ensino superior falta, muitas vezes, o capital humano necessário a estas actividades. Esta situação verifica-se, por exemplo, através da distribuição de investigação internacional publicada. Enquanto a Europa e América do Norte contam com mais de dois terços de todos os trabalhos publicados sobre o clima em duas grandes publicações sobre o clima, a África conta com apenas 4%.[24]

As restrições financeiras aumentam as desigualdades no acesso à informação. Os países desenvolvidos podem investir muito mais do que os países mais pobres em análise e recolha de dados meteorológicos, fornecendo aos sectores dependentes do clima um fluxo coerente de informação. Os agricultores em França, por exemplo, beneficiam de uma rede meteorológica que investe 388 milhões USD anualmente na monitorização e análise do clima, usando alguns dos mais sofisticados sistemas de previsão do mundo.[25] Em contraste, na Etiópia, onde mais de 90% das pessoas dependem da agricultura para viver, o orçamento meteorológico nacional em 2005 foi de cerca de 2 milhões USD. Segundo os padrões da África Subsariana, a Etiópia está bem posicionada: no Malaui, o orçamento meteorológico foi inferior a 1 milhão USD.[26] De facto, o orçamento meteorológico francês excede os gastos em análise e monitorização do clima de toda a África Subsariana.[27]

A capacidade de monitorizar e prever o tempo pode ter uma influência importante na segurança laboral. Para os produtores agrícolas, o aviso prévio de alterações abruptas no padrão da pluviosidade ou temperatura pode significar a diferença entre uma colheita bem sucedida e uma safra mal sucedida. Os sistemas de previsão sazonais e disseminação eficiente da informação que geram podem permitir aos produtores monitorizar riscos potenciais e responder ajustando as decisões de cultivo ou alterando a mistura de culturas.

Um exemplo bem sucedido vem do Mali. Neste país o serviço meteorológico nacional – Direction Nationale de la Météorologie (DNM) – desenvolveu um programa para transmitir informação sobre precipitação e humidade do solo através de uma rede de organizações representativas de agricultores, ONGs e governos locais. A informação é recolhida de diversas fontes, incluindo a OMM, de sistemas de monitorização regionais e de uma rede nacional de simples medidores de pluviosidade. Ao longo da época de cultivo, os agricultores recebem boletins regulares, que lhes permite adaptar as práticas produtivas. A avaliação dos resultados na época de cultivo de 2003-2004 mostra que as produções e os rendimentos foram maiores nas áreas onde foi usada informação agrometeorológica, sobretudo no cultivo do milho.[28]

A experiência de Mali demonstra que os rendimentos baixos não têm que ser um obstáculo à acção bem sucedida. Neste caso, governo, agricultores e climatólogos trabalharam em conjunto para gerar e disseminar informação de modo a apoiar os pequenos produtores, reduzindo os riscos e incertezas associadas às chuvas erráticas. Noutros países, a informação é menos acessível e, quando está acessível, é distribuída desigualmente, ou apresentada de um modo que não é útil aos agricultores ou outros utilizadores. Muitas vezes, os grandes empresários do sector agrícola têm acesso a informação meteorológica de boa qualidade enquanto os pequenos agricultores nas áreas marginais, que enfrentam os maiores riscos climáticos, estão em zonas sem acesso à informação.

Criar capacidade de monitorização meteorológica irá requerer cooperação internacional. Muitos países em vias de desenvolvimento não têm nem a capacidade financeira nem tecnológica para aumentar as actividades de monitorização. No entanto, sem um melhor acesso à informação, são negadas oportunidades para desenvolver estratégias efectivas de adaptação climática, aos governos e às pessoas nos países em vias de desenvolvimento.

Tem havido alguns progressos animadores. Na cimeira de Gleneagles em 2005, os líderes do G8 reconheceram a importância da capacidade de monitorização do clima. Apelaram ao fortalecimento das instituições que estudam o clima em África e à ajuda da região na obtenção de benefícios de cooperação através do Sistema de Observação Global do Clima (SOGC), com "vista a desenvolver centros regionais de clima inteiramente operacionais em África".[29] O Governo da Finlândia tem apoiado activamente o desenvolvimento de infra-estruturas meteorológicas na África Oriental. No Reino Unido, o Gabinete Meteorológico do Centro Hadley desenvolveu um modelo de monitorização climática de alta resolução, a baixo custo, que se tornou disponível gratuitamente em 11 centros regionais no mundo em desenvolvimento, a do apoio e formação necessário.[30]

Por mais animadoras que estas iniciativas tenham sido, a resposta internacional ficou aquém do necessário. Baseada nos compromissos feitos pelo G8, a Comissão Económica para a África e a OMM formularam planos que requerem um gasto modesto de 200 milhões USD em 10 anos, para expandir a capacidade de observação e infra-estruturas da região.[31] No entanto, o apoio dos doadores tem sido, até ao momento, limitado. Foram mobilizados recursos suficientes apenas para os exercícios iniciais, tendo os G8 falhado na monitorização do progresso nas cimeiras subsequentes. Num relatório sobre a evolução até à data, o Fórum de Parceria de África (*Africa Partnership Fórum*) concluiu: "Apesar do compromisso dos G8 e do grande apoio de instituições chave africanas... o financiamento do projecto ainda aguarda concretização."[32]

Infra-estruturas para a resiliência às alterações climáticas

Ao longo da História, as comunidades têm tentado proteger-se dos caprichos do clima construindo infra-estruturas. Sistemas de protecção contra inundações e de drenagem, reservatórios, poços e canais de irrigação são apenas alguns exemplos. Mas não há infra-estrutura que forneça imunidade face às forças climatéricas. O que o investimento em infra-estrutura pode fazer é dar uma protecção parcial, permitindo aos países e pessoas gerir os riscos e limitar a vulnerabilidade.

As alterações climáticas têm implicações importantes no planeamento dos investimentos em infra-estruturas. A subida do nível dos mares, a subida das temperaturas e a crescente exposição às inundações e tempestades afectam, no seu todo, a viabilidade de tais investimentos. As actuais abordagens ao planeamento da adaptação em muitos países em vias de desenvolvimento concentram-se mais na resiliência às alterações climáticas dos investimentos já existentes contra riscos incrementais. Os exemplos seguintes, retirados do Plano Nacional para Adaptação às Alterações Climáticas (NAPA), ilustram estas abordagens:

- O Camboja calcula que será necessário investir 10 milhões USD na construção de represas e aquedutos que visam reabilitar uma rede de estradas, anteriormente desenvolvidas sem ter em conta os riscos de inundações.
- No Bangladesh, o governo identificou projectos no valor de 23 milhões USD para criar uma zona costeira tampão, em regiões vulneráveis à agressão de tempestades, com uns adicionais 6,5 milhões USD para contrariar os efeitos da crescente salinização dos solos costeiros. No sector dos transportes, o Governo calcula que elevar uma rede de estradas de 800 km em cerca de 0,5 e 1 m, para contrapor às subidas do nível do mar, irá custar 128 milhões USD num período de 25 anos.
- No Haiti, de acordo com o plano de adaptação nacional, calcula-se que seja necessário um orçamento de 11 milhões USD para investir em projectos de combate à falta de água e às ameaças de inundação, através de medidas para deter a erosão dos solos.

A abordagem – baseada em projectos – ao planeamento da adaptação definido no NAPA, que especifica apenas as necessidades mais urgentes e imediatas, fornece uma perspectiva limitada na escala do financiamento necessário para uma resiliência eficaz às alterações climáticas. No Vietname, as agências da ONU e o Ministro da Agricultura e Desenvolvimento Rural redigiram uma estratégia abrangente para reduzir os riscos de catástrofe no Delta do rio Mekong. A estratégia assenta em avaliações de comunidades e ecologias vulneráveis às alterações climáticas, com o planeamento da adaptação integrado num programa mais vasto de gestão da zona costeira. Inclui investimentos destinados a reforçar os sistemas de drenagem, reforçar os diques e valas em volta das povoações humanas e áreas agrícolas e a apoiar a reabilitação de zonas de mangais. Estima-se que seja necessário investir cerca de 1,6 mil milhões USD

As actuais abordagens ao planeamento da adaptação em muitos países em vias de desenvolvimento concentram-se mais na resiliência às alterações climáticas dos investimentos já existentes contra riscos incrementais

Um perigo óbvio é que as necessidades de adaptação de comunidades marginalizadas serão negligenciadas face às exigências de grupos poderosos com uma voz política mais forte

entre 2006 e 2010 e 1,3 mil milhões USD de 2010 a 2020.[33]

A estratégia do Vietname para a redução do risco de catástrofe no Delta do Mekong ilustra três pontos fundamentais nas abordagens à adaptação. O primeiro chama a atenção para o facto de o planeamento de uma adaptação eficaz, em ambientes de alto risco, precisar de investimentos que estão além da capacidade financeira da maioria dos governos que actuam sozinhos. O segundo recorda que o planeamento da adaptação necessita um horizonte a longo-prazo – no caso do Mekong são 15 anos. O terceiro prevê que o planeamento da adaptação provavelmente não será bem sucedido se for abordado como um exercício independente. No Vietname, a estratégia do Mekong está integrada na estratégia de redução da pobreza nacional do país e na estrutura de gastos a médio prazo, ligando-a a políticas públicas que visam ultrapassar a fome, reduzir a vulnerabilidade e alargar as parcerias com entidades doadoras.

O desenvolvimento infra-estrutural pode ser um caminho eficaz para melhorar a gestão de risco de desastres, com uma boa relação custo-benefício. Nos países ricos, reconhecer que prevenir as catástrofes é mais compensador, em termos de custos, do que remediar, foi um importante factor para moldou o investimento dos governos nas infra-estruturas. Princípios semelhantes à relação custo-benefício aplicam-se, também, nos países em vias de desenvolvimento. Um estudo global recente avaliou que 1 dólar investido em actividades de gestão de risco pré-catástrofe, nos países em vias de desenvolvimento, pode prevenir 7 dólares de perdas.[34] Investigações nacionais confirmam a situação. Na China, estima-se que os 3 mil milhões USD gastos em protecção contra as inundações, nas quatro décadas anteriores a 2000, tenham evitado perdas de 12 mil milhões USD.[35] Também no Vietname se provou que um projecto de plantação de mangais, elaborado para proteger as populações costeiras das ondas de tempestade, originou benefícios económicos 52 vezes superiores aos custos.[36]

Um planeamento de adaptação bem sucedido tem o potencial de evitar largas perdas económicas. No Bangladesh, análises dos riscos de catástrofe lançam uma nova luz sobre os investimentos na adaptação, no que se refere a benefícios. Usando métodos de análise de riscos análogos aos utilizados no sector dos seguros, os investigadores avaliaram as perdas económicas de bens associadas aos riscos de inundação actualmente, em 2020 e em 2050, e à luz de uma vasta gama de cenários possíveis de alterações climáticas. Se a adaptação não fosse adoptada, os custos associados a fenómenos mais extremos, com tendência a acontecer a cada 50 anos, chegariam a 7% do PIB em 2050. Com a adaptação esse valor cai para cerca de 2%.[37] O diferencial traduz-se em potenciais recuos na produção agrícola, emprego e investimento, com implicações negativas para o desenvolvimento humano.

A consideração de factores distributivos é decisiva no planeamento da adaptação. Os governos têm de tomar decisões difíceis sobre onde distribuir os limitados recursos para investimento público. Um perigo óbvio é que as necessidades de adaptação de comunidades marginalizadas serão negligenciadas face às exigências de grupos poderosos com uma voz política mais forte.

As estratégias de adaptação a favor dos pobres não podem desenvolver-se afastadas de políticas mais abrangentes que visam reduzir a pobreza e ultrapassar a desigualdade. No Bangladesh, o governo e entidades doadoras começaram a identificar estratégias de adaptação que abrangem algumas das populações mais marginalizadas do país, como os habitantes das ilhas *char* – zona muito propensa a sofrer inundações. Tal como em outras áreas, há fortes razões custo-benefício para empreender a adaptação a favor dos pobres: estima-se que as compensações de investimento nas ilhas *char* seja cerca de 3:1 (caixa 4.1). A dualidade custo-benefício é poderosamente reforçada pelas considerações básicas de equidade: 1 dólar de rendimento familiar num lar pobre de Bangladesh tem que ter mais peso do que, digamos, 1 dólar poupado por grupos com rendimentos elevados.

As infra-estruturas de gestão de água podem desempenhar um papel importante em realçar – ou diminuir – as oportunidades para o desenvolvimento humano. Alguns dos produtores agrícolas mais pobres do mundo irão enfrentar alguns dos desafios mais duros de adaptação às alterações climáticas. Com as suas vidas a depender do momento e da duração da pluviosidade, da temperatura e dos padrões de chuvas, os pobres nas zonas rurais enfrentam riscos imediatos e com recursos muito limitados. Isto é especialmente verdade para os produtores dependentes da água da chuva em vez da irrigação. Mais de 90% da agricultura da África Subsariana recai nesta categoria. Mais ainda, a região tem um dos indicadores mais baixos de conversão de água da chuva em caudais de água, por um lado devido à alta evaporação, por outro devido à falta de uma tradição de irrigação.[38] Apesar do sul da Ásia ter maior acesso à irrigação, duas em cada três pessoas rurais ainda dependem de agricultura à base da chuva.

Os produtores agrícolas que vivem em ambientes com problemas de água e que dependem da precipitação, trabalham no sentido de desenvolver sistemas que recolham e conservem a água da chuva. Enquanto as alterações climáticas aumentam os riscos, um dos desafios do planeamento da adaptação é apoiar estes esforços. Em muitos países, o desenvolvimento de sistemas de irrigação têm, também, um papel a desempenhar. Em 2005 a Comissão Económica de África pediu a duplicação de área cultivável sob irrigação até 2015. Melhor acesso à irrigação podia ajudar simultaneamente a aumentar a produtividade e a reduzir os riscos climáticos. No entanto, as propostas nesta área devem ter em consideração o impacto das alterações climáticas futuras na disponibilidade de água.

Para além da irrigação há oportunidades mais vastas para desenvolver sistemas de recolha de água,

Caixa **4.1** **Adaptação nas ilhas islands do Bangladesh**

Os deltas dos rios em Bangladesh estão na linha da frente nas alterações climáticas. Localizadas no Delta do Ganges - Brahmaputra, ilhas e outras zonas baixas do delta - conhecidas como *chars*, são a casa de mais de 2,5 milhões de pessoas altamente vulneráveis a viver sob o risco de inundações frequentes. Já foi reconhecido há muito o imperativo do desenvolvimento humano de ajudar essas comunidades a adaptarem-se às crescentes ameaças das alterações climáticas. Mas colocando em prática a fórmula custo-beneficio verifica-se que economicamente também faz sentido.

As vidas dos habitantes das *char* estão intimamente ligadas às correntes fluviais - e às inundações. As próprias *chars* passam por erosões constantes e reformas, enquanto os rios arrastam terra e depositam lodo. São ilhas inteiras vulneráveis à erosão e às inundações, de qualquer forma as pessoas que vivem perto dos canais de rios desprotegidos enfrentam riscos específicos.

A capacidade de enfrentar a situação é limitada pela pobreza. As áreas ribeirinhas de Bangladesh estão marcadas por altos níveis de indigência: mais de 80% vivem em pobreza extrema (ver tabela). Os indicadores relativos à alimentação, mortalidade infantil e saúde pública estão entre os piores do país. As inundações são uma ameaça constante. As pessoas lidam com a situação construindo represas e diques em torno das terras cultivadas - e reconstruindo as suas casas sempre que são destruídas. Até as pequenas inundações causam grandes estragos. Fenómenos graves - como as inundações de 1998 e 2004 - destroem a produção agrícola e as casas em grande escala, isolando as comunidades dos serviços essenciais de saúde e outros serviços públicos.

Os governos, doadores e comunidades locais desenvolveram uma série de abordagens para reduzir a vulnerabilidade. A protecção das casas foi considerada uma prioridade. Sob o *Chars Livelihood Programme*, um projecto-piloto que visa a "resiliência" das propriedades às inundações com probabilidade de ocorrência a cada 20 anos (a maioria das casas é vulnerável a fenómenos que ocorrem a cada 2 anos). O objectivo é construir plataformas para edificar casas para quatro famílias, com árvores e relva plantada como protecção contra a erosão do solo. Bombas de água manuais e saneamento básico para assegurar o acesso a água limpa e asseio. Até agora, cerca de 56 000 pessoas das *chars* participaram neste programa de realojamento.

Os benefícios para os envolvidos traduzem-se numa redução da exposição às inundações. Mas fará sentido, economicamente, levar a iniciativa aos 2,5 milhões de pessoas que habitam as *chars*? Os investigadores conduziram uma análise custo-beneficio para avaliar possíveis compensações; para isso usaram informação fornecida pelas pessoas locais para avaliar a altura apropriada para elevar as plataformas do solo, para identificar o material mais apropriado para limitar a erosão do solo e para projectar danos futuros sob cenários distintos de alterações climáticas.

Os resultados foram favoráveis ao investimento económico. Edificar as 125 000 plataformas necessárias para proteger todos os habitantes das *chars* de inundações de 20 anos custaria 117 milhões USD. No entanto, calcula-se que cada dólar desse valor proteja 2-3 USD de bens e produção que, de outro modo, seriam perdidos durante as inundações. Estes valores não dizem tudo a respeito dos enormes benefícios para o desenvolvimento humano. Os habitantes das *chars* são dos mais pobres do Bangladesh. Acontece que as perdas sofridas durante as inundações têm implicações altamente prejudiciais para a sua alimentação, saúde e educação. Como mostrado no capítulo 2, as perdas sofridas nestas áreas podem aprisionar as pessoas em longos ciclos de privação, arruinando oportunidades para toda a vida e passando a pobreza a várias gerações. Há, por isso, uma necessidade urgente de apoiar avaliações internas sobre os custos e benefícios das opções de adaptação identificadas, e de estender tais avaliações aos exercícios de planeamento orçamental nacionais direccionados às necessidades dos mais vulneráveis às alterações climáticas.

Indigência humana nas ilhas *char*

2005	Ilhas Char	Média do Bangladesh
Pobreza extrema (%)	80	23
Taxa de literacia (homens, a partir dos 10 anos, %)	29	57
Taxa de literacia (mulheres, a partir dos 10 anos, %)	21	46
Percentagem de famílias com carlências alimentares (%)		
1 mês ou mais	95	..
2 meses ou mais	84	..
3 meses ou mais	24	..
4 meses ou mais	9	..

Source: Dasgupta et al. 2005.

Fonte: Dasgupta et al. 2005; DFID 2002; Tanner et al. 2007.

As alterações climáticas fornecem um forte argumento para fortalecer as redes de segurança da protecção social dos pobres

especialmente em países – como a Etiópia, Quénia e Tanzânia – com precipitação relativamente abundante mas concentrada.[39] A Etiópia compreende 12 grandes bacias hidrográficas e embora tenha água relativamente abundante, tem uma das mais baixas capacidades de armazenamento em reservatório no mundo: 50 metros cúbicos por pessoa comparado com 4 700 na Austrália. Em países sem capacidade de armazenamento de água, chuva mais abundante não significa maior disponibilidade de água; de facto, os resultados mais prováveis nesta situação poderão ser um aumento de riscos e correntes de água provocadas pelas inundações.

A experiência da Índia é instrutiva. Aqui, como em qualquer outro sítio, as alterações climáticas irão trazer pressões adicionais aos sistemas já de si problemáticos relativamente à água. Apesar de se prever um aumento dos níveis de precipitação, irá chover cada vez menos na maior parte do país. As comunidades locais já estão a reagir ao problema da água com ideias inovadores.

Em Gujarat, onde secas persistentes e problemas de gestão de irrigação levaram à exaustão das águas subterrâneas, iniciativas comunitárias restauraram 10 000 barragens de correcção para armazenar as chuvas da monção e recarregar água subterrânea. Programas nacionais e estaduais estão a apoiar as iniciativas comunitárias. Em Andhra Pradesh, o Programa para as áreas propensas a secas (*Drought-Prone Áreas Programme)* cobre mais de 3 000 áreas de bacias hidrográficas, incorporando um vasto leque de medidas de "resiliência às secas", incluindo a conservação do solo, recolha de água e florestação.[40]

Um planeamento invertido, irrigação em grande escala e grandes sistemas de recolha de água não são uma panaceia para os riscos emergentes que os produtores agrícolas enfrentam devido às alterações climáticas. O desafio consiste em apoiar iniciativas locais, através de estratégias nacionais e subnacionais que mobilizam recursos e criam incentivos. A adaptação bem sucedida não é apenas uma infra-estrutura física. Trata-se também do local onde essa infra-estrutura foi criada, quem a controla e quem tem acesso à água que conserva.

Seguros de protecção social

As alterações climáticas irão criar riscos cada vez maiores nas vidas e nos empregos dos pobres. Já que muitos milhões de pobres não conseguem gerir por completo os riscos climáticos actuais com os seus próprios recursos, qualquer estratégia de adaptação precisa de fortalecer as capacidades de gestão de riscos. Capacitar as pessoas para lidarem com os choques climáticos – especialmente choques catastróficos – sem sofrerem os retrocessos a longo-prazo analisados no capítulo 2, é uma condição para o progresso sustentável no desenvolvimento humano.

A possibilidade de uma adaptação às alterações climáticas bem sucedida será moldada por condições de desenvolvimento humano mais abrangentes. Políticas públicas em áreas como a saúde, educação, emprego e planeamento económico podem reforçar ou diminuir a capacidade da gestão de riscos. Em última análise, a primeira linha de defesa da política pública contra os riscos das alterações climáticas consiste numa estratégia eficaz para ultrapassar a pobreza e a desigualdade extrema. A protecção social é uma parte integrante de qualquer estratégia desse género.

Os programas de protecção social abarcam um vasto leque de intervenções. Incluem esquemas contributivos através dos quais as pessoas podem conciliar riscos (pensões de velhice e subsídios de desemprego são exemplos) com transferências baseadas em impostos beneficiando, deste modo, as populações. Um dos objectivos dominantes é evitar que choques temporários se tornem uma fonte de privação a longo prazo. No contexto das alterações climáticas, os programas de protecção social implementados como parte de uma estratégia de adaptação mais vasta podem desempenhar um papel crucial ao ajudar os pobres a gerirem riscos e a evitarem retrocessos a longo-prazo no desenvolvimento humano.

Como vimos no capítulo 2, os choques climáticos podem corroer rapidamente os direitos das pessoas vulneráveis através do impacto nos rendimentos, alimentação, emprego, saúde e educação. Medidas de protecção social bem elaboradas podem proteger os direitos nestas áreas, e ao mesmo tempo alargar as oportunidades. Os riscos crescentes das alterações climáticas e a adaptação a esses riscos, não são a única motivação para uma ênfase crescente na protecção social. Nesta área são fundamentais políticas bem definidas, em qualquer estratégia nacional, para acelerar a redução da pobreza, redução da vulnerabilidade e ultrapassar a marginalização. Contudo, as alterações climáticas fornecem um forte argumento para fortalecer as redes de segurança da protecção social dos pobres, especialmente nas quatro áreas que se seguem:

- Programas de emprego;
- Atribuição de subsídios;
- Transferências relativas a crises;
- Transferências relativas a seguros.

Programas de emprego. Os programas de emprego do estado podem fornecer uma medida para a protecção da alimentação e saúde, criando emprego e gerando rendimentos, quando os choques climáticos levarem a uma perda dos empregos na agricultura ou reduzirem a oferta de comida. Os programas baseados no emprego de apoio a transferências monetárias ou esquemas de transferência de alimentos podem também proporcionar uma rede de segurança de maior duração. Um dos exemplos mais conhecidos é o *Employment Guarantee Scheme* em Maharashtra, na Índia. O sucesso do programa em estabilizar os rendimentos familiares e prevenir situações de fome deu origem a uma campanha nacional para assegurar o "direito ao trabalho" – e à legislação em toda a Índia. A Lei de Emprego ?? Garantido, de 2005, garante 100 dias de trabalho, com o salário mínimo, a cada família rural na Índia.[41] Os custos avaliam-se em 10 mil milhões USD anuais, ou cerca de 1% do PIB.[42]

Até transferências monetárias relativamente pequenas podem fazer a diferença. Na Etiópia, o Programa da Rede de Segurança da Produção (Productive Safety Net Programme) (PSNP) proporciona às pessoas transferências até 4 USD por mês em dinheiro ou alimentação. Definido para ultrapassar as incertezas associadas aos pedidos anuais de ajuda alimentar, o programa proporciona a cerca de 5 milhões de pessoas uma fonte previsível de rendimento e emprego (caixa 4.2). Para além de reduzir a vulnerabilidade, devido à má nutrição durante episódios de secas, as transferências permitiram às famílias pobres consolidar os seus bens produtivos e investir na saúde e educação.

Atribuição de subsídios. As inundações, secas ou outros choques climáticos podem forçar as famílias pobres a tirar os filhos da escola para aumentar a mão-de-obra, ou podem, também obrigá-las a cortar nas despesas da saúde ou alimentação. Este modo de lidar com a situação diminui oportunidades futuras, aprisionando as famílias em armadilhas de baixo desenvolvimento humano. Os subsídios, associados a objectivos claros no desenvolvimento humano, podem enfraquecer os mecanismos de transmissão que transformam risco em vulnerabilidade. Também podem criar incentivos ao desenvolvimento de capacidades humanas: Eis alguns exemplos:

- No México, o programa Progresa atribui subsídios aos municípios mais pobres, com a condição dos pais não tirarem os filhos da escola e consultarem os serviços médicos com regularidade. Em 2003 o Progresa apoiou 4 milhões de famílias, num custo anual de 2,2 mil milhões USD. A cobertura deste programa reduziu em 23% a probabilidade das crianças com idades compreendidas entre os 12 e os 14 anos deixarem a escola e entrarem no mercado de trabalho em caso de seca, desemprego dos pais ou outros choques.[43]
- No Brasil vários programas de atribuição de subsídios foram integrados num único esquema protector – o Programa Bolsa Família (BFP) – que actualmente abrange cerca de 46 milhões de pessoas, aproximadamente um quarto da população. O BFP, que representa um direito legal ao subsídio, em caso de elegibilidade da família, reduziu a vulnerabilidade e apoiou avanços no desenvolvimento humano, numa cobertura abrangente, permitindo às famílias gerir os choques sem tirar os filhos da escola (caixa 4.3).
- Os Programas na América Central também têm aumentado a resiliência aos choques. Desde 2000, a Red de Protección Social (RPS) da Nicarágua atribui subsídios com a condição de que as crianças vão à escola e consultem o médico regularmente. Vários estudos de avaliação aleatórios mostraram que a RPS foi bem sucedida, protegendo as famílias contra vários choques, incluindo uma crise nos preços do café. O nível dos gastos nas famílias beneficiadas manteve-se constante em 2001, apesar de uma queda no preço do café ter reduzido os rendimentos nas famílias não beneficiadas em 22%. As Honduras, através do seu Programa de Asignación Familiar (PRAF),[44] provaram que os subsídios contribuíram para a assiduidade escolar e para a manutenção da saúde das crianças durante choques na agricultura
- Na Zâmbia o programa-piloto Kalomo proporciona 6 USD por mês (8 USD para os que têm filhos) aos 10% de famílias mais pobres, o suficiente para fazer face aos custos de uma refeição diária e para eliminar a pobreza absoluta. Entre os beneficiários, verificou-se um investimento crescente nas famílias, melhor alimentação para as crianças e maior assiduidade escolar. Além disso, algumas famílias conseguiram poupar algum dinheiro e investiram em sementes e pequenos animais.

Os subsídios, associados a objectivos claros no desenvolvimento humano, podem enfraquecer os mecanismos de transmissão que transformam risco em vulnerabilidade

Caixa 4.2 Programa da Rede de Segurança da Produção na Etiópia

"Antes deste programa só podíamos comer duas vezes. Quando passávamos fome, antes da colheita, só comíamos uma refeição. As crianças sofriam. Às vezes não os podia ter na escola, nem podia pagar os medicamentos quando estavam doentes. É claro que a vida é difícil, mas pelo menos agora temos algo que nos ajuda a ultrapassar os momentos mais difíceis. Agora temos uma alimentação melhor, o meu filho de nove anos está na escola e eu estou a poupar para comprar um bezerro."

Estas palavras são de Debre Wondimi, uma mulher de 28 anos com quatro filhos, a viver no distrito de Lay Gant Woreda, Gondar, no sul da Etiópia. Tal como acontece com milhões de pessoas em todo o país, a sua vida é uma luta para lidar com a interacção letal das secas e da pobreza. Mas actualmente ela é beneficiária do Programa da Rede de Segurança da Produção (PSNP) na Etiópia, uma tentativa ousada de travar as ameaças da falta de comida provocada pelas alterações climáticas.

Quando chove na Etiópia, o bem-estar e as vidas de pessoas como Debre Wondimi e seus filhos ficam em risco. Secas e fome repetem-se ao longo da história do país. Só desde 2000, já houve três enormes secas, incluindo um episódio devastador em 2002-2003. Estas catástrofes são impostas a altos níveis de privação crónica. A Etiópia classifica-se em 169° lugar, em 177 países cobertos pelo IDH, 23% da sua população sobrevive com menos de um dólar por dia e cerca de duas crianças em cada cinco (38%) têm peso a menos para a idade.

A falta de comida é, portanto, parte integrante da pobreza na Etiópia. De modo geral, a resposta à falta de comida tem sido a ajuda alimentar. Todos os anos, entidades doadoras e governos avaliam a quantidade de ajuda alimentar necessária para cobrir défices crónicos, completando essa quantia com pedidos de emergência.

O PSNP é uma tentativa de quebrar este modelo humanitário. É um programa de transferência social baseado no emprego. Visa as pessoas que têm, previsivelmente, falta de comida devido à pobreza e não devido a choques temporários; o programa garante emprego 5 dias por mês em troca de transferências ou comida ou dinheiro – 4 USD por mês para cada membro da família. O objectivo é alargar a cobertura de 5 milhões de pessoas em 2005 para 8 milhões em 2009. Ao contrário do modelo de ajuda alimentar, o PSNP é um sistema plurianual. Financiado por governos e doadores irá operar durante 5 anos, desviando-se do modelo de apoio de ajudas de emergências esporádicas, em direcção a transferências de recursos previsíveis.

A previsibilidade é uma das bases do PSNP. O programa foi estimulado, em parte, por preocupações do Governo Etíope e comunidades doadoras pelo facto dos pedidos para as emergências geralmente ficarem aquém dos seus objectivos, ou dando apoio tardio e errático. Para as famílias pobres, a ajuda tardio durante uma seca prolongada pode ter consequências devastadoras a curto e longo prazo. Em 1983-1984 levou à morte de milhares de pessoas vulneráveis.

Outra diferença entre o PSNP e a ajuda alimentar humanitária é o seu nível de ambição. Os objectivos incluem, não só uniformizar o consumo das famílias ligando défices de produção, mas também proteger os bens das famílias. As transferências monetárias são vistas como veículos para adquirir bens, aumentar o investimento e estimular os mercados rurais, servindo também para prevenir a venda em hasta pública, o que empurra as pessoas para a privação.

Que sucesso o programa tem obtido? Avaliações independentes dão azo a optimismo em vários níveis. Há fortes evidências que as transferências chegam a um grande número de pessoas pobres e fazem diferença nas suas vidas (ver tabela). Os pontos que se seguem estão entre o que se verifica numa pesquisa feita às famílias sobre os impactos das transferências do PSNP durante o primeiro ano:

- Três quartos de famílias indicaram ter-se alimentado mais ou melhor que no ano anterior; 60% também acrescentou que lhes foi possível reter mais da sua comida para comer do que para vender para fazer face a outras necessidades;
- Três em cada cinco beneficiários evitaram ter de vender bens para comprar comida – uma resposta comum à "aflição" – com mais de 90% a atribuir esta situação directamente ao PSNP;
- Quase metade dos beneficiários indicou que consultou os serviços médicos mais vezes que no ano anterior; mais do que um terço das famílias matriculou os filhos na escola e quase metade manteve os filhos na escola durante mais tempo;
- Cerca de um quarto dos beneficiários adquiriu novos bens, com 55% a atribuir a situação directamente ao PSNP.

Ainda assim, o PSNP enfrenta uma série de desafios. Cerca de 35 milhões de pessoas na Etiópia vivem abaixo do limiar nacional da pobreza, o que revela que muitos beneficiários potenciais estão excluídos. Os objectivos da "graduação" – a percentagem de receptores que "passou" no programa depois de 3 anos – podem também ser demasiado ambiciosos. Não é claro que o PSNP equipe as pessoas com os bens e recursos necessários para fugir à privação e pobreza para sempre. No entanto, a fase inicial de implementação do programa demonstra, de facto, o potencial das intervenções bem direccionadas para apoiar famílias nas estratégias que as ajudam a lidar com algumas situações.

O impacto humano das redes de segurança

	Resultados do programa de redes de segurança produtivas (PSNP)	Famílias beneficiárias (%)	Famílias que beneficiaram directamente dos resultados do PSNP (% de famílias beneficiadas)
Garantia alimentar	Consumiu mais ou alimentou-se melhor que no ano anterior	74,8	93,5
	Manteve produção de comida para consumo	62,4	89,7
Protecção de bens	Não foi necessário vender bens para comprar comida	62,0	91,3
	Não foi necessário recorrer a poupanças para comprar comida	35,6	89,7
Acesso a serviços	Utilizou os serviços de saúde mais vezes do que no ano anteriorr	46,1	75,9
	As crianças foram à escola durante um período mais longo do que no ano anterior	49,7	86,5
Criação de bens	Adquiriu novos bens para a família	23,4	55,3
	Adquiriu novas competências ou educação	28,6	85,5

Fonte: Devereux et al 2006.

Fonte: Devereux et al. 2006; Governo da Republica Federal da Etiópia 2006; Menon 2007; Sharp, Brown e Teshome 2006; Slater et al. 2006.

O programa pretende chegar a mais de 9 000 famílias (58 000 pessoas) até ao final de 2007 e está a ser considerado um aumento, a nível nacional, que pode custar 16 milhões USD por ano (0,2% do PIB ou 1,6% das correntes de ajuda actuais).[45]

Transferências relativas a crises. Os choques climáticos têm a capacidade de aprisionar pequenos agricultores em espirais descendentes que destroem as possibilidades de desenvolvimento humano. Quando uma seca ou inundação destrói uma colheita, as pessoas enfrentam ameaças nutricionais imediatas. Mas os agricultores também ficam sem as sementes, ou sem o dinheiro para comprar sementes ou outra matéria-prima necessária para a colheita seguinte. Isto aumenta as probabilidades do rendimento ser menor, de se perder o emprego, e, consequentemente, de continuar a depender da ajuda alimentar.

Esta espiral descendente que se auto-fortalece pode ser quebrada, ou pelo menos enfraquecida, através da transferência de uma série de *inputs* produtivos, por exemplo:

- No Malaui, a transferência subsidiada de "pacotes produtivos" de sementes e fertilizantes desempenhou um papel importante ajudando na recuperação da seca de 2005 (caixa 4.4).
- Após um seca grave na região do Gao, no Mali, em 2005-2006, a ONG internacional Oxfam iniciou um programa de trabalho combinado de dinheiro e crédito, actuando através de governos locais e organizações baseadas em comunidades locais. As pessoas eram empregadas, criando estruturas de conservação de água de pequena dimensão, com parte do salário pago em dinheiro e a outra em crédito para adquirir produtos essenciais, como sementes, ou outros *inputs*, gado e instrução.[46]
- No Quénia as secas nas regiões pastoris estão associadas com a venda de gado em "hasta pública" já que a provisão de alimento dos animais está em de-

Caixa 4.3 **Transferências monetárias condicionais – Programa Bolsa de Família do Brasil**

As transferências monetárias condicionais (CCTs) podem desempenhar um importante papel na quebra da ligação entre risco e vulnerabilidade. Definindo níveis mínimos garantidos para o rendimento e maiores regalias sociais na saúde, educação e alimentação, as CCTs permitem às populações pobres criar uma base legal para os seus direitos sociais. O Programa Bolsa Família no Brasil (BFP), um dos maiores esquemas CCT, demonstra que isso é possível.

Inicialmente desenvolvido para diminuir o trabalho infantil durante as crises, a CCT do Brasil subiu dramaticamente entre 2001 e 2003. O programa original Bolsa Escola (uma transferência financeira contingente atribuída aos pais que mantivessem os filhos na escola) foi acrescido de três programas adicionais. O Bolsa Alimentação foi elaborado como uma transferência de comida ou dinheiro para reduzir a malnutrição entre as famílias pobres. O Auxílio Gás foi uma medida compensatória para famílias pobres que seguiu a eliminação gradual de subsídios nos preços de gás de cozinha, e o Fome Zero foi apresentado em 2003 para combater as piores formas de fome no Brasil. Começando em 2003, os esforços para consolidar estes vários CCTs num único programa abrangente – o BFP – intensificaram-se.

Os beneficiários do BFP são seleccionados através de vários métodos direccionados, incluindo a avaliação geográfica e familiar baseadas no rendimento per capita. Em 2006, os critérios da elegibilidade foram definidos em rendimentos mensais de Cr$60 (28 USD) e Cr$120 (55 USD) para famílias pobres e moderadamente pobres, respectivamente.

Em Junho de 2006, o BFP abrangeu 11,1 milhões de famílias ou cerca de 46 milhões de pessoas – um quarto da população do Brasil e quase a totalidade dos seus pobres. Estima-se que os custos cheguem a 4 mil milhões USD, ou 0,5% do PIB do Brasil. Trata-se de uma transferência modesta que produziu resultados surpreendentes. Entre eles:

- O programa chega a 100% das famílias que vivem abaixo do limiar oficial de pobreza de Cr$120 por mês; 73% de todas as transferências vão para as famílias mais pobres e 94% chegam a famílias que vivem nos dois últimos quintis.
- O BFP é responsável por quase um quarto da recente queda abrupta na desigualdade no Brasil e por 16% do seu declínio na pobreza extrema.
- O BFP também está a aumentar a taxa de matrículas escolares. De acordo com estudos realizados espera-se que 60% das crianças pobres, com idades compreendidas entre os 10-15 anos, que actualmente não frequentam a escola, se matriculem em resposta ao BFP e seu predecessor. A taxa de desistências diminui em cerca de 8%.
- Alguns dos impactos mais pronunciados do BFP notaram-se na alimentação. A incidência da malnutrição entre crianças com idades compreendidas entre os 6-11 meses baixou em 60% nas famílias pobres abrangidas pelo programa alimentar.
- A administração do BFP tem apoiado autonomia associada ao género, definindo as mulheres como subsidiárias com direitos a regalias sociais.

Quando se trata de travar a vulnerabilidade, cada país enfrenta restrições financeiras, institucionais e políticas diferentes. Uma das razões por que o BFP funcionou no Brasil é porque foi implementado através de um sistema político descentralizado, mas com forte apoio federal em termos de definição de regras, de formação de capacidades e por obrigar os provedores a responsabilizarem-se. O caso do Brasil, como outros citados neste capítulo, demonstra o potencial das CCTs, não apenas para reduzir a vulnerabilidade mas ir além disso, permitindo às pessoas pobres reivindicar direitos sociais que facilitam o progresso do desenvolvimento humano.

Fonte: de Janvry et al. 2006; Lindert et al. 2007; Vakis 2006.

Caixa 4.4 **Reduzir a vulnerabilidade através da agricultura em Malaui**

Os choques climáticos criam ciclos de desvantagem, por exemplo, através do seu impacto na produção agrícola. Quando uma seca ou uma inundação destrói uma colheita, as perdas de rendimentos e bens resultantes podem impedir as famílias de comprar as sementes, fertilizantes e outros inputs necessários para restaurar a produção no ano seguinte. As intervenções de políticas públicas bem estruturadas podem quebrar o ciclo, como foi demonstrado em experiências recentes no Malaui.

A colheita de milho no Malaui, em 2005, bateu um dos piores recordes. Após seca e cheias sucessivas, a produção caiu de 1,6 milhões no ano anterior para 1,2 milhões de toneladas – um declínio de 29%. Mais de 5 milhões de pessoas enfrentaram uma falta de alimentos. Com os rendimentos rurais em queda livre, as famílias não tinham recursos para investir nos produtos necessários para a época de cultivo de 2006, elevando o espectro da fome ao nível experimentado em 2002.

Apoiado por um grupo de doadores, o Governo do Malaui accionou uma estratégia para fazer chegar produtos de cultivo às mãos dos pequenos agricultores. Cerca de 311 000 toneladas de fertilizante e 11 000 toneladas de sementes de milho foram vendidas a preços subsidiados. Mais de 2 milhões de famílias compraram fertilizante ao preço de 7 USD por 50kg – menos de um terço do valor a nível mundial. Para a distribuição, o governo usou *outlets* do sector privado, tal como agências estaduais, permitindo aos agricultores escolher a sua fonte de fornecimento.

As colheitas seguintes mostraram que este programa de *inputs* produtivos teve um sucesso moderado. Boas chuvas e um aumento na área cultivada para melhorar a variedade de colheitas aumentaram a produtividade e o rendimento geral. Calcula-se que o programa tenha gerado cerca de 600 000-700 000 toneladas de milho adicionais em 2007, independentemente da variação das chuvas. O valor desta produção extra foi calculado em cerca de 100 milhões USD e 160 milhões USD, comparados com os custos de 70 milhões do programa. A economia malauiana também beneficiou de uma redução na importação de géneros alimentícios e o aumento da produção gerou rendimentos familiares e oportunidades de emprego.

O programa de *inputs* produtivos não é uma estratégia isolada no desenvolvimento humano. Nem é uma panaceia para a pobreza rural. Muito mais deve ser feito para fortalecer a responsabilidade do governo, parar as desigualdades enraizadas e aumentar o nível de investimento em provimento de serviços básicos aos pobres. O programa terá de ser mantido vários anos se pretende quebrar o ciclo da baixa produtividade que preocupa a agricultura malauiana. No entanto, a experiência do país destaca o papel que as políticas públicas podem desempenhar na redução da vulnerabilidade aos riscos climáticos, criando um ambiente propício à redução da pobreza.

Fonte: Denning e Sachs 2007; DFID 2007

clínio – uma estratégia que baixa os preços do gado, tal como os preços dos cereais sobem. Um programa inovador do governo forneceu subsídios de transporte aos os comerciantes, permitindo-lhes deslocar os animais até aos mercados situados fora das áreas de seca, fixando eficazmente um preço mínimo no que se pretende vender.[47]

Transferências relativas a seguros. Lidar com os riscos climáticos é uma parte intrínseca da vida, especialmente para as famílias pobres e rurais. Os mercados seguradores oficiais desempenham um papel limitado na mitigação de tais riscos. As barreiras ao desenvolvimento do mercado são bem conhecidas. Em qualquer mercado segurador que funcione, o preço dos prémios aumento com o risco. Para as famílias pobres, de áreas marginais de alto risco, os prémios dos seguros são insustentáveis.

Há um conflito de interesses na fusão entre riscos e planos de seguros. A verificação de perdas, especialmente em áreas rurais remotas, e a criação de incentivos perversos (como declarar uma perda em vez de fazer a colheita se os preços estiverem baixos) são dois exemplos. Até certo ponto, estes problemas podem ser abordados através da indexação climática (caixa 4.5). As políticas públicas podem, também, ajudar as pessoas vulneráveis a criar e a gerir os seus próprios esquemas, para lidarem com riscos potencialmente catastróficos. Quando o terramoto de 2001 em Gujarat atingiu a Índia, só 2% dos afectados tinham seguro. A baixa cobertura dos seguros aumentou a vulnerabilidade e impediu a recuperação económica. Um resultado positivo foi, no entanto, a criação de um esquema de micro-seguro para os pobres, apoiado pelas ONGs e pela comunidade empresarial. O esquema *Afat Vimo* sob a *Regional Risk Transfer Initiative* abrange actualmente 5 000 famílias de baixo rendimento contra 19 tipos de desastre, com prémios de cerca de 5 USD por ano. Este exercício demonstra o potencial de expansão de riscos em várias localizações geográficas, mesmo em áreas marcadas por altos índices de pobreza e vulnerabilidade.[48]

Instituições de gestão de risco de catástrofes

A gestão de risco de catástrofes é uma parte integrante do planeamento da adaptação. A exposição ao risco é uma função, não apenas do desenvolvimento humano passado, mas também da política pública ac-

Caixa 4.5 **Seguro contra riscos e adaptação**

Será que os esquemas de seguros agrícolas podem fazer parte de uma estratégia integrante para a adaptação às alterações climáticas e desenvolvimento humano? Nos países em vias de desenvolvimento, as alterações climáticas deram um ímpeto a uma vasta gama de iniciativas, com vista a alargar o acesso ao micro-seguro e derivados climáticos. Mas há dificuldades em desenvolver esquemas acessíveis aos pobres.

As tentativas para expandir seguros com base nos mercados tiveram enorme sucesso. Nas Caraíbas, por exemplo, o Windward Island's Crop Insurance Programme cobriu cerca de 20% das perdas sentidas pelos seus membros - causadas por cerca de 267 fenómenos de tempestades entre 1998 e 2004 apenas - fornecendo uma rede de segurança suficiente para ajudar os agricultores a recuperar.

No entanto, enquanto as alterações climáticas aumentam a frequência e a gravidade das secas, aumenta também o custo dos seguros, empurrando os mais vulneráveis para fora do mercado. O facto das famílias mais vulneráveis serem geralmente pobres, precisamente porque vivem num ambiente de alto risco, é um problema adicional, porque os mercados seguradores acrescentam um prémio de risco às propostas das pessoas que vivem nesses ambientes.

Um outro problema que se coloca é o facto do seguro agrícola mais comum - o tradicional seguro de colheitas - criar incentivos perversos, incluindo o incentivo de deixar as colheitas apodrecerem quando os preços estão mais baixos. A indexação climática pode abordar este problema. Na Índia, o Comprehensive Crop Insurance Scheme (CCI) assegura aos agricultores que usam sistemas oficiais de créditos pagam um pequeno prémio e usam a indexação climática (em vez de produção agrícola) a definição das suas reivindicações. Os titulares do prémio são beneficiados em resposta a "fenómenos activadores" como monções atrasadas ou chuvas invulgares. No entanto, o CCI da Índia actualmente tem apenas 25.000 membros, sobretudo produtores mais abastados.

A participação de grupos de produtores mais pequenos na estrutura dos pacotes de seguros e nas cláusulas de garantias através de "capital social" tem produzido alguns resultados prometedores. No Malaui o Banco Mundial e outros doadores desenvolveram um programa segurador envolvendo empresas do sector privado e a Associação nacional de pequenos agricultores (National Smallholder Farmers Association). O programa oferece seguros para o cultivo de milho e amendoim, com pagamentos efectuados quando a chuva não atinge o limiar especificado pelos registos das estações meteorológicas. Este "seguro de índice de cheias" é fornecido como parte de um pacote de empréstimos de inputs a grupos de 20-30 agricultores, com pagamentos efectuados se não chover o suficiente durante a época de cultivo (cláusula de "não-semear") ou durante três períodos chave para o crescimento das colheitas. O esquema tem tido sucesso nos primeiros dois anos, motivando os agricultores a correr o risco de usar inputs para aumentar os lucros, mas o seu alargamento é limitado pela parca rede de estações meteorológicas do Malaui.

O Banco Mundial e um número de entidades doadoras estão a explorar mecanismos para aumentar o número de esquemas deste tipo, com programas-piloto adicionais na Etiópia, Marrocos, Nicarágua e Tunísia. Apesar de haver, sem dúvida, espaço para uma maior cobertura dos seguros, usando o índice climático, há limites para o que os mercadores seguradores privados podem fazer para grande parte de população vulnerável que enfrenta riscos co-variáveis associados às alterações climáticas.

Fonte: DFID 2004; IRI 2007; Mechler, Linnerooth-Bayer e Peppiatt 2006; Mosley 2000; Banco Mundial 2006f.

tual e capacidade institucional. Nem todas as inundações ou tempestades produzem catástrofes climáticas – e o mesmo fenómeno pode produzir resultados muito diferentes em países distintos.

Em 2004, a República Dominicana e o Haiti foram, simultaneamente, atingidos pelo Furacão Jeanne. Na República Dominicana, cerca de 2 milhões de pessoas foram afectadas e uma grande cidade ficou quase destruída, mas houve apenas 23 mortes e a recuperação foi relativamente rápida. No Haiti, morreram mais de 2 000 pessoas só na cidade de Gonaives. E dezenas de milhares ficaram presas numa espiral descendente de pobreza.

Os impactos contrastantes não foram um produto da meteorologia. No Haiti, um ciclo de pobreza e destruição ambiental desnudou encostas de árvores e deixou milhões de pessoas em bairros de lata vulneráveis.

Os problemas de governo, os baixos níveis de financiamento e uma capacidade limitada de resposta ao desastre deixaram as agências públicas incapazes de iniciarem operações de recuperação numa escala necessária. Na República Dominicana, as leis nacionais limitaram a desflorestação e a protecção civil tem 10 vezes mais funcionários que a sua congénere no Haiti para responder a uma população de dimensão semelhante.[49]

A capacidade institucional e infra-estrutural para a gestão de riscos de desastre não está automaticamente ligada à saúde nacional. Alguns países mostraram que pode ser feito muito mesmo com um baixo nível de rendimentos. Moçambique usou a experiência de punição das cheias de 2000 para fortalecer a capacidade institucional na gestão de catástrofes, accionando sistemas mais eficazes de aviso e resposta rápida (caixa 4.6). Cuba dá outro exemplo impressionante de um país que construiu, com sucesso, infra-estruturas que protegem vidas. Localizada no centro de uma das mais severas zonas de ciclones tropicais, a ilha é atingida por várias tem-

Caixa 4.6 **Aprendizagem pela experiência em Moçambique**

Os países não conseguem escapar aos acidentes da geografia que os colocam no caminho da desgraça e aumentam a sua exposição aos riscos climáticos. Podem, no entanto, reduzir esses riscos através de políticas e instituições que minimizam os impactos e maximizam a resiliência. A experiência de Moçambique demonstra, de um modo valioso, que as políticas públicas podem fazer a diferença.

Um dos países mais pobres do mundo, Moçambique está em 172º lugar em 177 no IDH e tem mais de um terço da sua população a viver com menos de 1 USD por dia. O progresso no desenvolvimento humano ganhou velocidade na última década, mas os fenómenos climáticos extremos são uma fonte constante de vulnerabilidade. Os ciclones tropicais que se agrupam no Oceano Indico são causa de preocupação de tempestades e inundações. Inundações estas que são agravadas pelo facto de Moçambique se situar em volta de bacias de zonas baixas de nove dos maiores rios – incluindo o Limpopo e Zambezi – que drenam vastas áreas do sudeste africano antes de atravessar o país até chegarem ao oceano.

Em 2000 Moçambique foi atingido em duas frentes. Chuvas intensas no final de 1999 incharam os sistemas dos rios até níveis recordes. Mais tarde, em Fevereiro de 2000, deu-se o ciclone Eline, causando inundações intensas no centro e no sul do país. Para piorar a situação, outro ciclone – Gloria – atingiu o país em Março. Os serviços de emergência foram surpreendidos e as entidades doadoras foram lentas a responder. Pelo menos 700 pessoas morreram e 650 000 foram deslocadas.

Em 2007 Moçambique foi revisitado por um fenómenos climáticos semelhantes. Um ciclone violento, acompanhado de chuvas intensas, destruiu 227 000 hectares de área cultivada e afectou quase meio milhão de pessoas na bacia do Zambezi. No entanto, nesta ocasião "apenas" 80 pessoas morreram e a recuperação foi mais rápida. O que fez a diferença?

A experiência das inundações de 2000 deu origem a intensas conversações em Moçambique e entre Moçambique e os doadores de ajuda. Foram feitas análise de riscos detalhadas por todas as bacias do país, identificando 40 distritos com uma população de 5,7 milhões, altamente vulnerável às inundações. Foram efectuados exercícios de simulações de catástrofes em várias bacias de alto risco e definiram-se estratégias de gestão de risco de desastres baseadas na comunidade. Entretanto a rede meteorológica foi reforçada: por exemplo em Sofala, província muito propensa a inundações, o número de estações aumentou de 6 para 14. Além disso, Moçambique desenvolveu um sistema de aviso atempado de ciclones tropicais.

Os responsáveis políticos de Moçambique também reconheceram a importância dos meios de comunicação na preparação para a catástrofe. A rádio é particularmente importante. A rede Rádio Moçambique transmite na língua local actualizações regulares sobre riscos climáticos, dando informação do Instituo Nacional de Meteorologia. Durante 2007, os sistemas de aviso atempado e os meios de comunicação permitiram ao governo e às comunidades locais identificar atempadamente as áreas mais expostas ao risco. Nos distritos de zonas baixas mais ameaçados foram efectuadas evacuações em massa. Noutros locais forneceram às populações provisões de alimentos e equipamento médico, antes da chegada das inundações.

Apesar de muito ainda ter de ser feito, a experiência de Moçambique demonstra como os países podem aprender a viver com a ameaça de inundações, reduzindo a vulnerabilidade nas comunidades em risco.

Fonte: Bambaige 2007; Chhibber e Laajaj 2006; IRI 2007; Banco Mundial 2005b; WFP 2007

pestades todos os anos. Esta situação causa danos enormes nas propriedades. No entanto, a perda de vidas e os impactos no desenvolvimento são limitados. A razão: um sistema de aviso eficaz e uma estrutura de protecção civil muito desenvolvida baseada na mobilização comunitária. As autoridades locais desempenham um papel crucial na ligação entre a informação atempada de aviso e o trabalho nas comunidades em risco. Quando o Furacão Wilma, na época o mais intenso jamais registado na Bacia Atlântica, atingiu a ilha em 2005, mais de 640 000 pessoas foram evacuadas – e só houve uma morte.[50]

Comparações simples em vários países fornecem apenas um indicador rude da eficácia das medidas de gestão de risco de desastres. O impacto das tempestades e inundações é condicionado não apenas pela sua intensidade, mas pela topografia e padrão de colonização humana nos países que atingem.

Mesmo com esta limitação, a informação que circula no país diz-nos algo importante: as instituições de gestão de risco bem desenvolvidas funcionam. O rendimento médio de Cuba é mais baixo do que na República Dominicana – um país que enfrenta riscos climáticos semelhantes. No entanto, em 2005, a informação internacional sobre catástrofes mostra que Cuba tinha a mesma percentagem de pessoas afectadas pelo desastre mas menos de um sétimo das mortes.[51] Pode verificar-se uma diferença nas infra-estruturas muito desenvolvidas de Cuba e nas políticas de gestão de riscos climáticos. Com as tempestades tropicais a aumentar a intensidade, há espaço considerável para aprender, em todo o país, com as melhores práticas na gestão de risco de desastres relacionados com o clima. A conclusão: pode haver benefícios consideráveis em alertar consciências e com a organização institucional – medidas que não têm que significar muito capital investido.

4.2 Cooperação internacional na adaptação às alterações climáticas

A CQNUAC definiu uma agenda ousada para a acção na adaptação. Pede a ajuda da cooperação internacional na preparação para os impactos das alterações climáticas em áreas que vão desde a agricultura, passando pela gestão da protecção costeira, até às cidades em zonas baixas com risco de inundações. Sob esta estrutura abrangente, pede-se aos países ricos que apoiem os países em vias de desenvolvimento que são particularmente vulneráveis aos efeitos adversos das alterações climáticas, fomentando a sua capacidade adaptativa e fornecendo ajuda financeira.[52]

Os governos do Norte não honraram o espírito do compromisso do CQNUAC. Apesar de investirem seriamente na adaptação em casa, eles falharam o seu apoio paralelo nos investimentos nos países em vias de desenvolvimento. Além disso, o mundo está dividido em países que estão a desenvolver a capacidade de adaptação às alterações climáticas e os que não estão.

As desigualdades na adaptação às alterações climáticas não podem ser vistas isoladamente. Elas interagem com desigualdades mais vastas no rendimento, saúde, educação e segurança humana básica. Em qualquer nível de risco de alterações climáticas, os países com capacidade adaptativa mais limitada irão sofrer os impactos mais adversos no desenvolvimento humano e crescimento económico. O perigo é que as desigualdades na adaptação irão reforçar motores de marginalização mais vastos, atrasando os esforços para forjar um modelo de globalização mais inclusivo.

Uma cooperação internacional mais coesa não pode garantir uma adaptação mais eficaz ou substituir a liderança política nacional. No entanto pode criar um ambiente que permita aos países em vias de desenvolvimento agirem e pode capacitar as pessoas vulneráveis, criando a resiliência necessária para prevenir riscos acrescidos opondo-se, assim, a uma maior vulnerabilidade.

O processo para a acção internacional

Porque devem os países mais ricos do mundo apoiar os esforços dos mais pobres na adaptação às alterações climáticas? O argumento de desenvolvimento humano para uma acção internacional urgente é fundamentado pelas implicações éticas, sociais e económicas na nossa interdependência ecológica. Neste sentido há quatro considerações que merecem ênfase especial:

Valores partilhados

"Pensem na pessoa mais pobre que já viram" disse Ghandi "e perguntem-se se a vossa próxima acção lhe será útil". Esta prescrição captura uma ideia básica: que o verdadeiro teste ético de qualquer comunidade reside não na sua riqueza mas, sobretudo, em como trata os membros mais frágeis. Virar as costas às necessidades de adaptação dos mais pobres não iria ao encontra dos critérios de comportamento ético estabelecidos por Ghandi, ou qualquer outro critério. Qualquer que seja a motivação para a acção – uma preocupação pelo ambiente, valores religiosos, humanismo secular ou direitos humanos – a acção para a adaptação às alterações climáticas por parte dos países desenvolvidos é um imperativo ético.

Os objectivos de Desenvolvimento do Milénio

Os ODMs galvanizaram esforços sem precedentes para abordar as necessidades dos mais pobres do mundo. Os objectivos, de duração limitada, para 2015 – como reduzir em metade a pobreza extrema e a fome, fornecer educação universal, acabar com a mortalidade infantil e promover a equidade no género – foram abraçados pelos governos, sociedade civil e grandes instituições de desenvolvimento. Apesar dos ODMs não serem uma agenda completa sobre o desenvolvimento humano, eles reflectem um sentimento de urgência e definem um conjunto de prioridades comuns. Com as alterações climáticas já a causarem impacto nas vidas dos pobres, a adaptação reforçada é uma condição para apoiar o progresso até aos objectivos de 2015. No mundo para além de 2015, e até a mitigação começar a surtir efeito, as alterações climáticas actuarão como um travão no desenvolvimento humano, atrasando, ou mesmo fazendo regredir o progresso humano. Aumen-

O argumento de desenvolvimento humano para uma acção internacional urgente é fundamentado pelas implicações éticas, sociais e económicas na nossa interdependência ecológica

Em primeiro lugar as entidades doadoras têm de cumprir os compromissos do passado

tar a adaptação para conter essa ameaça é algo a ser encarado como parte da estratégia pós 2015 para atingir os objectivos do processo dos ODMs. Uma adaptação mal sucedida iria, rapidamente, corroer o que teria sido atingido até ao momento. Seria inconsistente com o compromisso dos ODMs.

Interesse comum

Apesar das primeiras vítimas das alterações climáticas e do fracasso na adaptação serem os mais pobres, as consequências não irão respeitar as linhas claramente delineadas das fronteiras nacionais. As alterações climáticas têm o potencial de criar catástrofes humanas, colapsos ecológicos e deslocações económicas numa escala muito maior do que alguma vez visto. Os países ricos não serão imunes às consequências. Deslocações ambientais em massa, perda de vidas, aumento da fome e faltas de água trazem a possibilidade de novas ameaças à segurança nacional, regional e global. Os estados já fragilizados podem colapsar sob o peso do aumento da pobreza e das tensões sociais. As pressões para migrar intensificar-se-ão. Os conflitos provocados pelo problema da água podem tornar-se mais severos e abrangentes.

Num mundo interdependente, os impactos das alterações climáticas irão, necessariamente, ultrapassar fronteiras. Entretanto, se se perceber que os principais países responsáveis pelo problema viram as costas, o ressentimento e a raiva que seguramente surgirá poderá fomentar as condições para um extremismo político.

Responsabilidade e obrigação

A responsabilidade histórica pelas alterações climáticas e as emissões constantes e recorrentes de CO_2 levantam importantes questões aos cidadãos dos países ricos. O princípio, que define que devemos ser protegidos do mal que os outros possam causar, está consagrado no código legal de quase todos os países. Fumar é um exemplo claro. Em 1998, os Procuradores Gerais que representavam cinco estados Americanos e dezoito cidades processaram um grupo de companhias de tabaco por causarem várias doenças. Os danos punitivos ascenderam a 206 mil milhões USD, para além obrigarem as companhias à aceitação de cláusulas legais que alterassem o comportamento relativo ao *marketing*.[53] Os danos ao meio ambiente estão, também, sob a alçada da lei. Em 1989 o navio *Exxon Valdez* encalhou no Alasca, despejando 42 milhões de litros de petróleo numa área selvagem de grande relevância ambiental. O *National Transportation Safety Board*, dos Estados Unidos, indicou que tinha havido negligência, levando a uma acção legal que resultou em danos criminais e processos civis no valor de mais de 2 mil milhões USD.[54] De um modo mais abrangente, quando as fábricas poluem os rios ou o ar, o princípio de "o poluidor pagador" é aplicado para cobrir os custos de limpeza. Se os danos ambientais gerados pelas alterações climáticas fossem enquadrados numa jurisdição legal, os responsáveis por tais danos enfrentariam uma obrigação legal para compensar as vítimas. Isso obrigaria os países ricos, não apenas a parar com as práticas danosas (mitigação) mas, também, a compensar pelos danos (adaptação).

Actual financiamento para a adaptação – demasiado pequeno, tardio e fragmentado

A cooperação internacional na adaptação pode ser vista como um mecanismo segurador para os mais pobres. A mitigação das alterações climáticas fará pouca diferença às perspectivas de desenvolvimento humano nas populações vulneráveis na primeira metade do século XXI – mas fará uma grande diferença na segunda metade. Inversamente, as políticas de adaptação podem fazer uma grande diferença já durante os próximos 50 anos – e continuarão essenciais para além disso. Para os governos preocupados em atingir o progresso, seguindo as directrizes dos ODMs durante a próxima década, e trabalhar depois sobre esse progresso, a adaptação é a única opção para limitar os danos causados pelas alterações climáticas actuais.

Os governos nacionais nos países em vias de desenvolvimento têm a responsabilidade principal de desenvolver as estratégias necessárias à resiliência contra as alterações climáticas. No entanto, o sucesso da adaptação irá requerer uma acção coordenada a vários níveis. As entidades doadoras e agências de desenvolvimento terão de trabalhar em conjunto com os governos nacionais, para integrarem a adaptação em estratégias mais abrangentes de redução da pobreza e processos de planeamento. Dado que muitos dos países afectados são alguns dos mais pobres, a ajuda internacional tem um papel primordial na criação de condições para a adaptação.

Cumprir os compromissos

Em primeiro lugar as entidades doadoras têm de cumprir os compromissos do passado. Os anos recentes testemunharam uma alteração impressionante na ajuda prestada. Durante a década de 1990, o desenvolvimento dos fluxos de ajuda entrou em declínio, atrasando os esforços de redução da pobreza global. A Cimeira do Milénio da ONU em 2000, então a maior reunião de líderes mundiais na história, marcou um ponto de viragem; originou um compromisso sem precedentes, para atingir objectivos comuns – os ODMs – através de uma parceria entre países pobres e ricos. Os compromissos definidos em Monterrey em 2002, pela União Europeia em 2005 e pelos G8 em Gleneagles apoiaram essa parceria com promessas de ajuda. O Consenso de Monterrey reafirmou o objectivo de desenvolvimento de ajuda milenar de 0,7% do PIB para os países ricos. Os compromissos acordados pela União Europeia e pelos G8 em 2005 incluíram um pedido para duplicar os fluxos de ajuda até 2010 – um aumento de 50 mil milhões USD, com cerca de meio milhão destinado a África. Estes são recursos que podem ajudar os países a atingir o desafio de aumentar os esforços da adaptação.

Os primeiros sinais de cumprimento não são encorajadores. A ajuda internacional tem aumentado desde o final da década de 1990. No entanto, em 2006, o desenvolvimento na ajuda caiu em 5% – a primeira queda registada desde 1997. Este valor é aumentado, parcialmente, devido ao perdão excepcional da dívida ao Iraque e à Nigéria em 2005. Mas mesmo excluindo estas operações, os níveis de ajuda caíram em 2%.[55] Os números mais marcantes sobre a ajuda também ensombram algumas preocupações mais abrangentes. Por exemplo, muito do aumento desde 2004 pode ser traçado até ao perdão da dívida e ajuda humanitária. O perdão da dívida inflaciona o valor das verdadeiras transferências de recursos por razões de contabilidade financeira: a informação sobre assistência regista reduções no *stock* da dívida como aumentos de fluxo de ajuda. A ajuda humanitária está fortemente concentrada e – por definição – engrenada na direcção à resposta ao desastre em vez do desenvolvimento a longo prazo.

Contributo especial **A nossa escolha é não ter escolha**

As alterações climáticas estão a mudar o nosso mundo para sempre e para pior – muito pior. Isto sabemos nós.

O que devemos agora aprender é como podemos lidar com este clima em mudança e como podemos mesmo (e como devemos) evitar a catástrofe através da redução das nossas emissões. O facto é que mesmo com a alteração na temperatura global até ao momento – cerca de 0,7C desde meados de 1800 até agora – começamos a agora a assistir à devastação à nossa volta. Sabemos que estamos a testemunhar um aumento de fenómenos climáticos extremos. Sabemos que as inundações devastaram milhões na Ásia; que ciclones e tufões destruíram povoações inteiras em zonas costeiras; que ondas de calor mataram pessoas mesmos nos países ricos e a lista continua.

Mas o que devemos recordar é que estes danos são limitados e que vivemos num tempo emprestado. Se este é o nível de devastação causado por aquele, aparentemente, pequeno aumento de temperatura, então pensemos no que poderá acontecer quando o mundo aquecer mais 0,7°C, o que parece ser inevitável, de acordo com os cientistas – é o resultado das emissões que já lançamos na atmosfera. Pensemos, também, no que poderá acontecer se formos ainda mais irresponsáveis, no que se refere ao clima, e a temperatura subir 5°C, como previsto em todos os modelos das directrizes actuais. Imaginem: esta é a diferença de temperatura entre a última idade do gelo e o mundo que agora conhecemos. Pensemos e actuemos.

È agora claro que lidar com as alterações climáticas não é assim tão difícil. Trata-se de progresso. Os pobres já vivem nas margens da subsistência. A sua capacidade de resistir à seca seguinte, à cheia seguinte ou à catástrofe seguinte já está no limite. Adaptação significa investir em tudo o que pode tornar as sociedades mais resilientes, especialmente os mais pobres e vulneráveis ao clima. Adaptação significa, também, progresso para todos. Mas necessita de muito mais investimento e de maior rapidez.

Isto é apenas uma parte do que é preciso. A outra, mais difícil, é reduzir, drasticamente, as emissões actuais. Não há outra verdade. Também sabemos que as emissões estão ligadas ao desenvolvimento e que este está associado a estilos de vida. Devido a isso os nossos esforços para reduzir as emissões têm sido produtivos na retórica mas mínimos na acção. Isto tem que mudar.

Terá que mudar enquanto testemunhamos outra verdade: vivemos num planeta Terra e para vivermos juntos temos que partilhar os seus recursos. O facto é que, mesmo que os países ricos reduzam a sua pegada de carbono, os países pobres precisam de espaço ecológico para aumentar a sua riqueza. Trata-se do direito ao desenvolvimento.

A única questão que se coloca é se podemos aprender novos modos de aumentar a riqueza e o bem-estar; a única resposta é que não temos outra escolha.

Sunita Narain
Director do Centro para a Ciência e Desenvolvimento

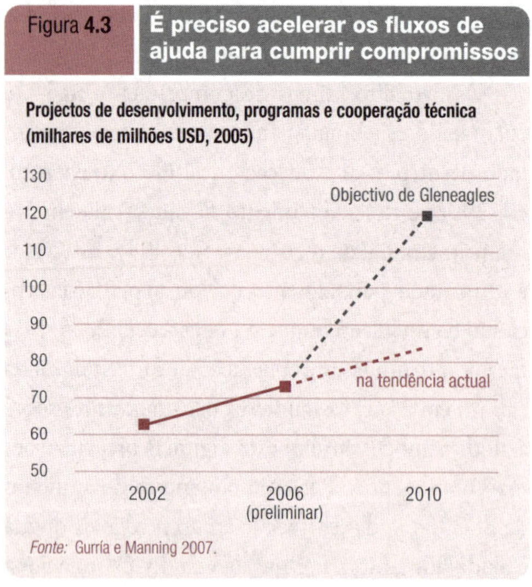

Figura 4.3 É preciso acelerar os fluxos de ajuda para cumprir compromissos

Fonte: Gurría e Manning 2007.

Análises do OCDE levantaram questões importantes sobre como, na tendência actual, os doadores que prestam auxílio poderão cumprir os seus próprios compromissos. Descontando a redução da dívida e ajuda humanitária, a taxa de aumento terá de triplicar durante os próximos 4 anos se se pretender cumprir o compromisso de 2005 de duplicar a ajuda até 2010 (figura 4.3).[56] A preocupação principal é a estagnação desde 2002 nos fluxos de ajuda para o desenvolvimento de programas centrais na África Subsariana (figura 4.4). Esta tendência não é compatível com as exigências financeiras da adaptação às alterações climáticas.

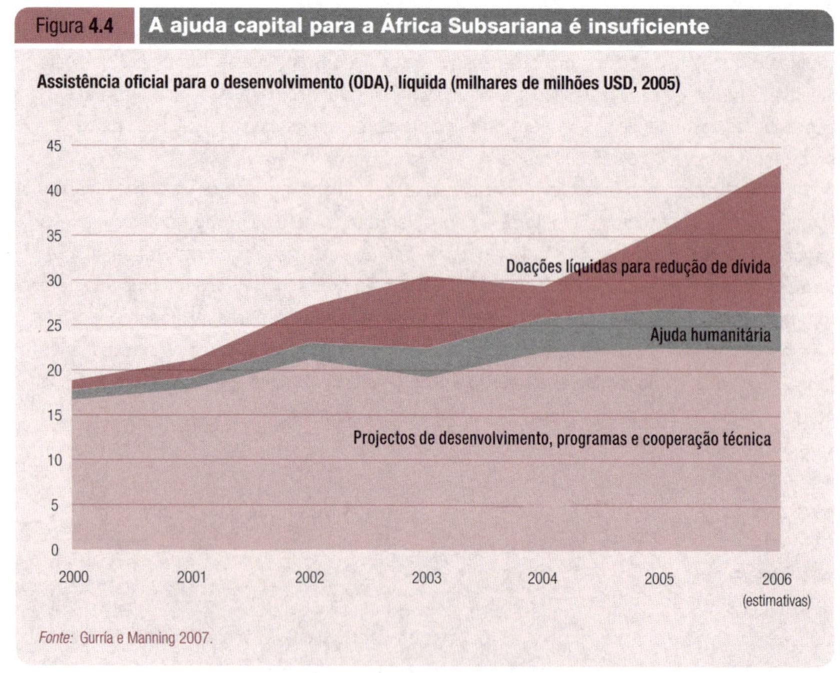

Figura 4.4 A ajuda capital para a África Subsariana é insuficiente

Fonte: Gurría e Manning 2007.

Cumprimento limitado através de mecanismos de adaptação exclusivos

A resposta de ajuda multilateral ao financiamento da adaptação nos países em vias de desenvolvimento foi lento a arrancar, contrastando, assim, com o planeamento absoluto da adaptação nos países desenvolvidos

De facto, a resposta tem-se caracterizado por um subfinanciamento crónico, fragmentação e liderança fracas. Para piorar o caso, a cooperação internacional para a adaptação não foi desenvolvida como parte de uma parceria internacional mais alargada de ajuda à redução da pobreza. O resultado final indica que os mecanismos de financiamento multilateral estão a entregar pequenos fluxos de financiamento com custos elevados de transacção, produzindo resultados muito limitados.

Os mecanismos multilaterais para a adaptação foram desenvolvidos sob uma vasta gama de iniciativas (tabela 4.1). Dois fundos da CQNUAC – o Fundo para os Países menos Desenvolvidos (LDCF) e o Fundo Especial para as Alterações Climáticas (SCCF) – foram definidos sob os auspícios do FAG. São ambos financiados por doadores através de donativos voluntários. Em 2004, outro mecanismo, o Strategic Priority on Adaptation (SPA), foi criado para financiar projectos-piloto através dos próprios recursos do FAG, durante um período de 3 anos. O objectivo estabelecido pelos fundos do FAG é reduzir a vulnerabilidade dos países, apoiando projectos que reforcem a capacidade adaptativa. Com a entrada em vigor do Protocolo de Quioto em 2005, foi criada outra fonte potencial de financiamento na forma de um Adaptation Fund – uma instalação a ser financiada através das transacções do Mecanismo de Desenvolvimento Limpo (MDL) (ver capítulo 3).

O registo de execução até à data não é impressionante. Pode ser resumido no seguinte:

- *Fundo para os Países menos Desenvolvidos.* Criado em 2001, o LDCF já recebeu, até hoje, donativos de 17 doadores num total de 157 milhões USD. Menos de metade desta quantia foi entregue a contas do FAG. Os gastos actuais, em termos de execução, através de projectos atingem 9.8 milhões USD.[57] O produto mais tangível do LDCF, até ao momento, foram 20 NAPAs completas. Muitos destes planos incluem trabalho analítico útil, fornecendo visões importantes sobre o que é prioritário. Sofrem, no entanto, de duas desvantagens básicas. Primeiro, fornecem uma resposta muito limitada ao desafio da adaptação, focando primeiro a resiliência às alterações climáticas através de projectos em pequena escala: as propostas de financiamento típicas dos países geradas nos planos chegam aos 24 milhões USD.[58] Segundo, as NAPAs têm, na maioria dos países, sido desenvolvidas fora da estrutura institucional do planeamento nacional para a redução da pobreza. O resultado é uma resposta baseada em projectos que falha a integração no planeamento da adaptação e no desenvolvimento de politicas mais abrangentes que visam ultrapassar a vulnerabilidade e a marginalização (caixa 4.7).

- *Fundo Especial para as Alterações Climáticas.* Operacional desde 2005, o SCCF recebeu donativo de 67.3 milhões USD, dos quais 56,7 milhões USD foram especificamente direccionados para a adaptação.[59] O SCCF foi criado para abordar as necessidades de adaptação especiais, a longo prazo, dos países em vias de desenvolvimento, com uma área de actuação que cobre a saúde, agricultura, água e ecossistemas vulneráveis. O gasto actual dos projectos até ao momento chega a 1,4 milhões USD.[60]
- *Prioridade Estratégica para a Adaptação.* Tornou-se operacional em 2004. Destina 50 milhões USD durante um período de 3 anos a projectos-piloto num vasto leque de áreas, sobretudo na

Caixa 4.7 Programas de Acção Nacional para a Adaptação (NAPAs) – numa abordagem limitada

Os programas de Acção Nacional para a Adaptação (NAPAs) estão entre os poucos produtos tangíveis da cooperação multilateral para a adaptação. Financiados pelo Fundo para os Países menos Desenvolvidos (LDCF) do FAG, os NAPAs pretendem identificar necessidades urgentes e imediatas, desenvolvendo simultaneamente uma estrutura para trazer a adaptação à tendência predominante do planeamento nacional. Mas será que tiveram sucesso?

Fazendo o balanço, a resposta é "não". Até ao momento foram produzidos 20 NAPAs. Apesar de alguns incluírem excelente trabalho analítico, os exercícios gerais sofrem de quatro desvantagens inter-relacionadas:

- Financiamento inadequado. No âmbito do LDCF é alocado inicialmente a cada país um valor de 200 000 USD para financiar a formulação de um NAPA. Esse valor representa uma fracção pequena comparativamente com o que alguns distritos e cidades na Europa gastaram em risco analítico e avaliação de vulnerabilidade. As restrições financeiras limitaram a possibilidade dos governos efectuarem pesquisas em campo, junto das comunidades em risco ou mesmo a nível nacional.
- Subestimação dos custos da adaptação. Apesar dos NAPAs não serem supostamente exercícios isolados, as suas provisões financeiras são irrisoriamente baixas. O pacote médio financeiro proposto para os primeiros 16 NAPAs é de 24 milhões USD, a ser utilizados num ciclo orçamental de 3-5 anos. Os países num estado avançado de preparação de projectos sob o LDCF irão receber uma média de 3-5 milhões USD cada, para começar a implementar as primeiras prioridades identificadas pelos seus NAPAs. Mesmo para países que não estão nesta situação, torna-se difíceis adaptar os valores mais marcantes às necessidades urgentes e imediatas das famílias pobres. Por exemplo, os 74 milhões propostos para o Bangladesh e os 128 milhões para o Camboja ficam aquém das condições necessárias.
- Influência baseada em projecto. A maior parte das NAPAs concentra-se inteiramente nas intervenções baseadas em projectos, em pequena escala, co-financiadas pelos doadores. Por exemplo, o Níger identifica 14 projectos em áreas como a gestão de bacias hidrográficas e desenvolvimento da forragem dos animais. O Bangladesh identifica uma série de projectos para a protecção costeira. Apesar de serem necessários esquemas bem elaborados para abordar as necessidades urgentes dos mais vulneráveis, eles não fornecem a base para uma estratégia de adaptação eficaz. Como em outras áreas de ajuda, o apoio baseado em projectos tende a ter altos custos de transacção, com uma parcialidade intrínseca a favor das preferências e prioridades dos doadores. Um planeamento eficaz da adaptação tem de ser desenvolvido através de programas e orçamentos nacionais, com os governos a definirem prioridades, através de estruturas políticas que respondam às necessidades dos mais afectados. Não há muita evidência que sugira que isto tenha sido atingido a um nível necessário.
- Elos frágeis ao desenvolvimento humano. Alguns NAPAs fornecem visões importantes sobre o impacto dos riscos das alterações climáticas emergentes nos grupos vulneráveis. Contudo, não providenciam uma base para integrar a adaptação nas estratégias nacionais para a redução da pobreza. A ênfase é posta quase inteiramente na "resiliência às alterações climáticas", chegando a excluir a protecção social e estratégias mais vastas para ajudar as famílias pobres. O afastamento político entre o planeamento da adaptação e o planeamento da redução da pobreza é evidente nos Poverty Reduction Strategy Papers (PRSPs), documentos que definem objectivos e prioridades nacionais de desenvolvimento, apoiados através de parcerias de ajuda. Numa análise de 19 PRSPs, desenvolvida para este relatório, a maioria identificou os fenómenos climáticos e a variabilidade do tempo, como importantes condutores de pobreza e de restrições no desenvolvimento humano. No entanto, apenas quatro países – Bangladesh, Índia Malaui e Iémen – identificaram ligações específicas entre as alterações climáticas e a vulnerabilidade futura. Em muitos casos, o planeamento da adaptação está a desenvolver-se num curso completamente separado do planeamento da redução da pobreza. Por exemplo, a Mauritânia não incluiu as respostas do seu NAPA 2004 no seu PRSP de 2006 – um resultado que sugere que a adaptação às alterações climáticas não têm lugar de destaque ao definir prioridades de ajuda das parcerias.

Fonte: Governo da República Popular do Bangladesh 2005b; Matus Kramer 2007; Reid e Huq 2007; República do Níger 2006; Real Governo do Camboja 2006.

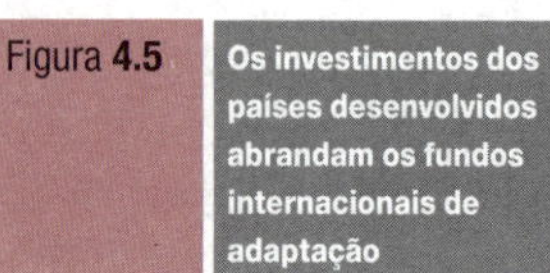

Figura 4.5 Os investimentos dos países desenvolvidos abrangem os fundos internacionais de adaptação

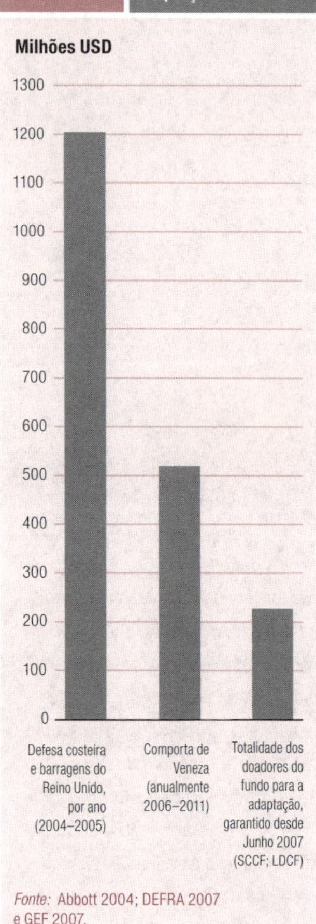

Fonte: Abbott 2004; DEFRA 2007 e GEF 2007.

gestão de ecossistemas. Até hoje, foram utilizados 28 milhões USD, tendo 4,8 milhões sido desembolsados.[61]

- *Fundo de Adaptação.* Foi criado para apoiar "actividades concretas", a serem financiadas através de 2% de taxas sobre créditos gerados nos projectos MDL. Se forem implementadas, as taxas podem gerar um rendimento total de cerca de 160-950 milhões USD até 2012, dependendo do volume comercial e dos preços.[62] Contudo, o Fundo para a Adaptação ainda tem que apoiar qualquer actividade devido a desacordos sobre o controlo.

Para reduzir uma história complexa a uma simples folha de balanço financeiro: em meados de 2007, o financiamento multilateral, efectivamente, entregue no âmbito das várias iniciativas definidas sob a CQNUAC, tinha atingido um total de 26 milhões USD. Isto é o equivalente a uma semana de gastos na protecção contra as inundações no Reino Unido. No futuro, o financiamento total reservado para a adaptação através de fundos multilaterais exclusivos atinge um total de 279 milhões USD.

Estes fundos serão desembolsados ao longo de vários anos. Os contrastes com os esforços da adaptação nos países ricos são impressionantes. O estado alemão de Baden-Württemberg está a planear gastar mais do dobro do esforço total multilateral de adaptação na consolidação da protecção contra as inundações. Entretanto, o plano de Veneza do rio Mosa, que pretende proteger a cidade contra a subida do nível da água, irá gastar 3,8 mil milhões USD ao longo de cinco anos (figura 4.5).[63]

A preocupação dos países ricos em investir na sua própria adaptação às alterações climáticas é, claro, legítima. O subfinanciamento constante e crónico da adaptação nos países em vias de desenvolvimento é menos legítimo, sobretudo devido ao papel desempenhado pelos países ricos na criação dos riscos das alterações climáticas.

Portfólios de ajuda sob ameaça

Haverá entidades doadoras que tenham compensado o défice da ajuda, através de fundos exclusivos de adaptação às alterações climáticas? Torna-se difícil avaliar o esforço mais abrangente da ajuda, até porque não há uma definição comum daquilo que representa uma actividade de adaptação. Contudo, análises detalhadas sugerem que a integração do planeamento da adaptação nas políticas de ajuda permanecem no seu início.

Os doadores bilaterais e multilaterais estão a aumentar, gradualmente, o apoio à adaptação, partindo de uma base mínima. Uma análise de 10 agências bilaterais, responsáveis por quase dois terços da ajuda internacional ao desenvolvimento, tentou identificar projectos nos quais a adaptação às alterações climáticas fosse uma consideração explícita. Essa análise documentou compromissos totais no valor de 94 milhões USD durante os anos de 2001 a 2005 – menos de 0,2% de fluxos médios de ajuda ao desenvolvimento.[64] Como é natural, este valor capta apenas o que aconteceu no passado. Mas há, neste momento, sinais que indicam que os doadores começam a responder às necessidades da adaptação às alterações climáticas. Entre 2005 e 2007 a actividade do Banco Mundial, relativa à adaptação, aumentou de cerca de 10 para 40 projectos, por exemplo.[65] Mas ainda assim, o planeamento e financiamento da adaptação às alterações climáticas mantêm-se actividades marginais na maioria das agências doadoras.

Se não for possível alterar esta conjuntura haverá consequências, não apenas na pobreza e vulnerabilidade dos países em vias de desenvolvimento, mas também na eficiência da ajuda. Embora a maioria das entidades doadoras tenha sido lenta a responder ao desafio da adaptação, os seus programas de ajuda serão directamente afectados pelas alterações climáticas. Os programas rurais de desenvolvimento, para pegarmos num exemplo óbvio, não serão imunes às consequências das alterações nos padrões das chuvas. Um aumento na frequência das secas na África Subsariana terá impactos directos nos programas para a saúde, alimentação e educação. E um aumento na severidade e frequência das tempestades irá comprometer os programas de ajuda em várias áreas. As imagens transmitidas pelos meios de comunicação, de

Tabela 4.1 Estimativa do financiamento para a adaptação multilateral

Fundo para a adaptação	Total garantido (milhões USD)	Total recebido (milhões USD)	Total gasto (excluindo taxas) (milhões USD)
Fundo dos Países Menos Desenvolvidos	156.7	52.1	9.8
Fundo Especial para as Alterações Climáticas	67.3	53.3	1.4
Fundo para a Adaptação	5	5	–
Subtotal	229	110.4	11.2
Prioridade Estratégica para a Adaptação	50	50	14.8 [a]
Total	279	160.4	26

a. Inclui taxas.
Nota: dados de 30 de Abril 2007.

Fonte: GEF 2007a, 2007b, 2007c.

escolas e clínicas médicas a serem arrastadas durante as inundações de 2007 no Bangladesh, capturam graficamente o modo como os investimentos no sector social podem ficar comprometidos pelas catástrofes relacionadas com o clima.

Nos países desenvolvidos há investimentos de ajuda associados a projectos e programas que são vulneráveis às alterações climáticas. O Comité de Ajuda ao Desenvolvimento (CAD) da OCDE desenvolveu uma estrutura para identificar actividades de ajuda sensíveis às alterações climáticas. Aplicou, de seguida, essa estrutura em vários países em vias de desenvolvimento. Nos casos do Bangladesh e do Nepal, o CAD estima que mais de metade de toda a ajuda está concentrada em actividades que serão negativamente afectadas pelas alterações climáticas.[66]

Utilizando o sistema de informação do CAD, foi possível desenvolver uma análise média "susceptível à ajuda" para os *portfólios* dos doadores no período 2001-2005. De modo geral, identificámos actividades de ajuda ao desenvolvimento que podem ser consideradas vulneráveis em vários níveis de riscos de alterações climáticas. O alcance desses riscos vai desde a identificação de actividades altamente sensíveis – como a agricultura e o provimento de água – até uma faixa mais vasta de projectos e programas afectados em sectores como os transportes.[67]

Os resultados são impressionantes. A nossa análise indica que 17% de toda a ajuda ao desenvolvimento recai nas actividades altamente sensíveis, elevando-se a 33% na faixa mais vasta de projectos. Expresso em termos financeiros, entre 16 mil milhões USD e 32 mil milhões USD estão em risco imediato. Estes valores indicam que a ajuda à "resiliência às alterações climáticas" deve ser vista como uma parte importante do desafio da adaptação. Os custos aproximados para a ajuda a essa "resiliência às alterações climáticas" situam-se perto dos 4,5 mil milhões, ou 4% dos fluxos de ajuda de 2005. [68] Convém não esquecer que isto representa apenas o custo de protecção dos investimentos contra as alterações climáticas, não o custo acrescido de utilização dos programas de ajuda para construir resiliência.

Sob estes valores marcantes, há variações entre os doadores. Alguns doadores bilaterais mais importantes – incluindo o Canadá, Alemanha, Japão e Reino Unido – enfrentam altos níveis de exposição ao risco (figura 4.6). Agencias multilaterais como os *portfólios* do African Development Bank (ADB) e da International Development Association (IDA) do Banco Mundial estão numa posição semelhante.

Adaptar a ajuda às alterações climáticas em caso de catástrofe

As catástrofes climáticas representam um enorme conjunto de desafios para a comunidade doadora. As alterações climáticas irão aumentar a frequência e a severidade das catástrofes naturais. O aumento de investimento na redução do risco de catástrofe é uma condição essencial para lidar com este desafio. Contudo, a realidade é que as catástrofes irão acontecer – e a comunidade internacional terá que responder através da ajuda humanitária. Nesta situação, são fundamentais dois requisitos: o aumento dos níveis de ajuda e o reforço da capacidade de apoio à recuperação após a catástrofe.

A assistência em caso de catástrofe é já uma área em rápido crescimento no âmbito da ajuda internacional, com gastos bilaterais a atingir os 8,4 mil milhões USD – ou 7,5% da ajuda total – em 2005.[69] As catástrofes climáticas estão entre os motores mais fortes que pedem o aumento da ajuda humanitária, e, neste caso, as alterações climáticas irão reforçar a situação. É provável que a exposição ao risco de catástrofes climáticas aumente com a urbanização, com a expansão de povoações humanas não planeadas em bairros de lata, com a degradação ambiental e com a marginalização das zonas rurais. Como se mostrou no capítulo 2, as catástrofes climáticas podem atrasar ou travar o progresso no desenvolvimento humano. Mas responder às catástrofes constantes implica, provavelmente, um desvio da ajuda de programas de desenvolvimento, a longo-prazo, de outras áreas – uma possibilidade que aponta à necessidade de novos recursos de ajuda para lidar com exigências futuras.

Os níveis de ajuda não são o único problema. O tempo e a execução das obrigações apresentam mais limitações. Em 2004, por exemplo, apenas 40% de 3,4 mil milhões USD de fundos de emergência pedidos pela ONU foi entregue, grande parte dos quais demasiado tarde para fazer face aos retrocessos no desenvolvimento humano.[70] Um aumento de catástrofes climáticas representa uma maior ameaça ao desenvolvimento, tendo que ser abordada através de melhorias na qualidade da assistência prestada. Há o perigo das "emergências silenciosas" e discretas, associadas às alterações climáticas, não terem a atenção merecida. Secas persistentes locais na África Subsa-

Figura 4.6 **A ajuda é vulnerável às alterações climáticas**

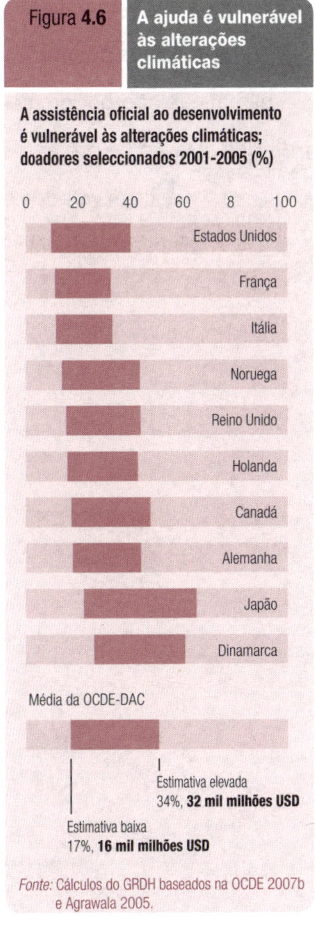

Fonte: Cálculos do GRDH baseados na OCDE 2007b e Agrawala 2005.

Os riscos e vulnerabilidade associados às alterações climáticas não podem ser tratados através de projectos micronivelados e "iniciativas especiais"

riana geram menos atenção por parte dos meios de comunicação do que terramotos ou tsunamis, apesar dos seus efeitos a longo-prazo poderem ser mais devastadores. Infelizmente, menos atenção por parte dos meios de comunicação geralmente traduz-se em menos interesse por parte dos doadores e menos subfinanciamento nos apelos humanitários.

A recuperação após a catástrofe é outra área de gestão de ajuda que tem implicações importantes na adaptação. Quando comunidades vulneráveis são atingidas por secas, inundações ou desabamento de terras, o sofrimento humano imediato pode rapidamente transformar-se em atrasos, a longo-prazo, no desenvolvimento humano. O apoio para uma recuperação rápida é vital para superar esse resultado. Contudo, apesar dos fluxos de ajuda nas catástrofes terem aumentado, a recuperação tem sido, sistematicamente, subfinanciada. Como resultado, a transição da ajuda até à recuperação é regularmente comprometida pelos fundos insuficientes e por não se usarem recursos comprometidos. Os agricultores são deixados sem sementes e sem acesso ao crédito de que precisam para reconstruir as suas capacidades produtivas; os habitantes dos bairros de lata são deixados a recompor os seus bens valendo-se apenas dos seus recursos, e as infra-estruturas para a saúde e educação são deixadas devastadas.

Só agora começam a surgir as bases para um sistema multilateral equipado para lidar com emergências climáticas. O Fundo Central Emergency Response (CERF), gerido sob os auspícios da ONU, é uma tentativa de assegurar que a comunidade internacional tenha os recursos necessários para iniciar uma acção imediata e tratar das "emergências silenciosas". O seu objectivo consiste em proporcionar ajuda humanitária urgente e eficaz nas primeiras 72 horas de crise. Desde o seu lançamento em 2006, o CERF recebeu verbas de 77 países. A proposta actual pretende dispor de um orçamento anual renovado de 450 milhões até 2008. O sistema multilateral mais alargado está a ser alvo de reforma. A Global Facility for Disaster Reduction and Recovery (GFDRR) do Banco Mundial também inclui um mecanismo – o Standby Recovery Financing Facility – um fundo fiduciário de multi-doadores que visa apoiar a transição para a recuperação através de financiamentos rápidos, constantes e previsíveis. Ambos CERF e GFDRR abordam directamente as falhas do sistema actual de resposta à emergência. Contudo, mantém-se o risco de os crescentes custos associados à resposta à emergência irem desviar a ajuda de outras áreas de desenvolvimento a longo-prazo.

Despertar para o desafio da adaptação – reforço da cooperação internacional para a adaptação

A adaptação às alterações climáticas tem de ser trazida ao topo da agenda internacional para a redução da pobreza. Não há esquemas a seguir – mas há duas condições para o sucesso.

Em primeiro lugar, os países desenvolvidos têm que ir além do sistema actual de subfinanciamento e de iniciativas pobremente coordenadas, para que possam executar mecanismos que cumpram correctamente e com a eficiência pretendida. Face à ameaça ao desenvolvimento humano representada pelas alterações climáticas, o mundo precisa de uma estratégia financeira de adaptação global. Essa estratégia deve ser vista, não como um acto de caridade por parte dos países ricos, mas como um investimento no seguro das alterações climáticas dos pobres. O objectivo desse seguro consiste em capacitar as pessoas vulneráveis a lidarem com uma ameaça pela qual não são responsáveis.

A segunda condição para o sucesso da adaptação é institucional. Os riscos e vulnerabilidade associados às alterações climáticas não podem ser tratados através de projectos micronivelados e "iniciativas especiais". Têm de ser trazidos à tendência predominante das estratégias de redução da pobreza e planeamento de orçamentos. Uma estrutura possível para a acção é a reavaliação dos *Poverty Reduction Strategy Papers* (PRSPs) que fornecem a estrutura para políticas nacionais e parcerias com doadores.

Financiamento de seguro para a adaptação

Avaliar as condições financeiras para a adaptação às alterações climáticas apresenta alguns problemas óbvios. Por definição, os custos precisos das intervenções não podem ser conhecidos *a priori*. O momento exacto e a intensidade dos impactos locais continuam incertos. Além disso, como as intervenções têm de cobrir um largo espectro de actividades, incluindo infra-estruturas físicas, apoio às famílias e políticas ambientais e sociais, torna-se difícil alocar custos a riscos climáticos específicos. São advertências importantes. Mas não constituem uma justificação para as abordagens que seguem a trajectória política actual.

Foram efectuadas várias tentativas para fornecer avaliações aproximadas do financiamento necessário para a adaptação. A maioria foca a atenção na "resiliência às alterações climáticas". Isto é, olharam sobretudo para os custos de adaptação dos investimentos actuais e infra-estruturas para os proteger contra os riscos climáticos. O Banco Mundial forneceu um conjunto de estimativas baseadas em diversos investimentos actuais e realizou "cálculos e tentativas" dos custos de adaptação. Se actualizarmos os valores de 2005 do Banco Mundial temos um custo médio calculado em cerca de 30 mil milhões USD (tabela 4.2). Mais importante, estas estimativas são baseadas em indicadores económicos nacionais. Outra fonte valiosa de informação vem da análise "invertida". Extrapolando os custos estimados actuais do NAPA, um estudo indica a necessidade financeira para uma "resiliência às alterações climáticas" imediata em cerca de 1,1 mil milhões USD e 2,2 mil milhões para LDCs, subindo até 7,7-33 mil milhões para todos os países em vias desenvolvimento.[71] Os valores são baseados nos custos de projectos indicados no NAPA.

Usando uma abordagem diferente, a Oxfam tentou avaliar as vastas condições financeiras para a adaptação com base na comunidade. Mobilizando uma série de avaliações *per capita*, baseadas em projectos, chega-se a um valor de cerca de 7,5 mil milhões USD em requisitos financeiros para a adaptação, para pessoas que vivem com menos de 2 USD por dia.[72] Exercícios como este chamam a atenção para alguns dos custos de adaptação que caem directamente sobre os pobres – custos que não são captados em muitos exercícios de planeamento nacional.

Todas estas estimativas de custo fornecem uma visão de conceitos plausíveis da magnitude para a adaptação financeira. Entender os custos financeiros da "resiliência às alterações climáticas" é decisivo para o planeamento financeiro nacional. Os governos não podem construir planos credíveis na ausência de informação sobre condições financeiras nacionais. Ao mesmo tempo, é importante para o desenvolvimento humano que os investimentos baseados nas comunidades, muitos dos quais não são monetizados, também sejam considerados. É necessário mais pesquisa nestas áreas para a integração do planeamento da adaptação no planeamento orçamental a longo prazo e nas estratégias de redução da pobreza.

Também devemos considerar a adaptação para além da "resiliência às alterações climáticas". Proteger as infra-estruturas contra os riscos climáticos é um elemento decisivo na adaptação. Outro é o financiamento da recuperação após as catástrofes climáticas. Contudo, construir resiliência contra riscos crescentes é mais do que um investimento na infra-estrutura física e na recuperação após a emergência. Consiste, também, em capacitar as pessoas a lidarem com choques climáticos através de investimentos em políticas públicas que reduzam a vulnerabilidade. Um dos mais sérios problemas nas abordagens actuais é o foco impressionante na infra-estrutura "resiliente às alterações climáticas", e a exclusão de estratégias para capacitar as pessoas a resistirem – e daí a resiliência às alterações climáticas. É mais difícil fixar um valor a esta última questão, mas nem por isso ela é menos necessária para o sucesso da adaptação. O aumento financeiro para o desenvolvimento humano deve ser visto como um elemento central na cooperação internacional da adaptação: as incertezas sobre os custos não podem ensombrar o facto de que as alterações climáticas irão diminuir os benefícios de fluxos de ajuda e prender os esforços internacionais da redução da pobreza. Com efeito, o aumento dos riscos associados às alterações climáticas estão a elevar os custos para atingir os objectivos do desenvolvimento humano, especialmente os ODMs. É por isso que o investimento constante na adaptação deve ser visto como parte da resposta aos crescentes requisitos financeiros que visam cumprir os objectivos dos ODMs, em 2015 e após.

O ponto de partida decisivo é que o financiamento da adaptação tem de tomar a forma de um recurso novo e adicional. Isso significa que o esforço internacional deve ser suplementar aos objectivos de ajuda acordados em Gleneagles e suplementar, tam-

Investimento constante na adaptação deve ser visto como parte da resposta aos crescentes requisitos financeiros que visam cumprir os objectivos dos ODMs

Tabela 4.2 O custo do desenvolvimento da resistência às alterações climáticas

	Países em vias de desenvolvimento (milhares de milhões USD) 2005	Estimativa da porção susceptível às alterações climáticas (%)	Estimativa dos custos da adaptação climática (%)	Estimativa dos custos (milhares de milhões USD) 2005	Estimativa do médio (milhares de milhões USD) 2005
Investimento (milhares de milhões USD)	2,724	2–10	5–20	3–54	~30
Investimento directo estrangeiro (milhares de milhões USD)	281	10	5–20	1–6	~3
Assistência oficial para o desenvolvimento, líquida	107	17–33	5–20	1–7	~4

Fonte: Dados sobre investimentos retirados do FMI 2007; dados sobre investimento estrangeiro directo retirados do Banco Mundial 2007d; dados sobre a ODA retirados da Tabela de Indicadores 18; suposições sobre susceptibilidade ao clima e custos retirados de Stern 2006.

Os países desenvolvidos teriam de mobilizar cerca de 0,2% do PIB em 2015 – aproximadamente um décimo do que actualmente mobilizam em despesas militares

bém, a aspirações mais vastas de atingir um nível de ajuda PIB de 0,7% em 2015. As estimativas dos requisitos de financiamento para a adaptação não podem ser desenvolvidas através da aplicação de fórmulas mecanicistas. É preciso calibrar garantias em relação a avaliações do impacto do desenvolvimento humano e às experiências dos pobres. Terão de ser feitos ajustes à luz de novas provas científicas e avaliações nacionais. A longo prazo, a escala do desafio da adaptação irá, em parte, ser determinada pelo esforço da mitigação. Todas estas considerações apontam na direcção da importância da flexibilidade. Mas reconhecer o processo de flexibilidade não é razão para uma acção retardada nem justificação para o que é, claramente, um esforço internacional inadequado. As alterações climáticas são um perigo real e presente para os ODMs – e para um progresso no desenvolvimento humano após 2015.

A abordagem a esse perigo irá requerer um esforço de mobilização de recursos reforçado que inclui, mas vai além disso, a resiliência às alterações climáticas. A nossa estimativa aproximada para as condições financeiras em 2015 são as seguintes:

- *Desenvolvimento do investimento da resiliência às alterações climáticas.* É uma prioridade executar exercícios detalhados de custos para a protecção de infra-estruturas existentes. Baseando-nos na metodologia do Banco Mundial esboçado em cima e actualizando a informação de 2005, estimamos os custos de investimento para o desenvolvimento da resiliência às alterações climáticas e infra-estruturas em pelo menos 44 mil milhões USD anuais em 2015.[73]
- *Adaptar programas de redução de pobreza às alterações climáticas.* Os programas de redução de pobreza não podem ser completamente resilientes às alterações climáticas. Contudo, podem ser fortalecidos de modo a criar resiliência e reduzir a vulnerabilidade. Os planos nacionais de redução da pobreza e orçamentos são o canal mais eficiente para atingir estes objectivos. Programas de protecção social, do tipo já descrito anteriormente neste capítulo, fornecem uma estratégia eficiente no que se refere a custos. Na cimeira de 2007, os líderes do G8 identificaram a protecção social como uma área para a cooperação futura no desenvolvimento. Ao mesmo tempo, os crescentes riscos criados pelas alterações climáticas pedem uma resposta mais alargada, incluindo, por exemplo, apoio à saúde pública, desenvolvimento rural e protecção ambiental baseada na comunidade. Estes investimentos terão que ser mais profundos com o tempo. O objectivo de 2015 deve ser um compromisso de pelo menos 40 mil milhões USD por ano – um valor que representa cerca de 0,5% do PIB de países de rendimento baixo e médio baixo – para reforçar os programas de protecção social e aumentar a ajuda em outras áreas chave.[74]
- *Reforçar o sistema de resposta às catástrofes.* O investimento na redução dos riscos de catástrofe através de ajuda irá originar compensações maiores do que a ajuda após a catástrofe. Contudo, as catástrofes climáticas irão acontecer – e as alterações climáticas aumentarão a pressão nos sistemas internacionais para lidar com emergências humanitárias. O modo como estes sistemas respondem terá uma influência decisiva nas possibilidades de desenvolvimento humano nas comunidades afectadas em todo o mundo. Um dos maiores desafios consiste em assegurar que os recursos são mobilizados rapidamente para lidar com emergências climáticas. Outro consiste em financiar a transição de ajuda até à recuperação. Deverá garantir-se um aumento da resposta às crescentes catástrofes climáticas em 2 mil milhões USD por ano em ajuda bilateral e multilateral até 2015, para prevenir o desvio da ajuda ao desenvolvimento.

Os valores mais baixos que emergem parecem ser elevados. No total acrescentam um novo valor aos custos da adaptação de cerca de 86 mil milhões USD por ano em 2015 (tabela 4.3). Será necessário um esforço constante para mobilizar recursos a este nível. Contudo, os valores têm que ser contextualizados. No total, os países desenvolvidos teriam de mobilizar cerca de 0,2% do PIB em 2015 – aproximadamente

Tabela **4.3** **Investir na adaptação até 2015**

	Estimativa de custos	
	% do PIB OCDE	Milhares de Milhões USD
Estimativa de custos dos países doadores	**2015**	**2015**
Investimento no desenvolvimento da resistência às alterações climáticas	0.1	44
Adaptar a redução da pobreza às alterações climáticas	0.1	40
Fortalecer a resposta às calamidades	(.)	2
Total	**0.2**	**86**

Fonte: Estimativas do GRDH baseadas nas projecções do PIB por parte do Banco Mundial 2007d.

um décimo do que actualmente mobilizam em despesas militares.[75]

A responsabilidade dos países ricos pesa muito no processo do financiamento da adaptação. O impacto das alterações climáticas nas vidas dos pobres não é o resultado de forças naturais. É a consequência de acções humanas. Mais especificamente, é o produto de padrões de uso energéticos e decisões tomadas por pessoas e governos no mundo desenvolvido. O processo para reforçar o financiamento da adaptação nos países em vias de desenvolvimento baseia-se, em parte, num simples princípio ético: países responsáveis por causar o mal são também responsáveis por ajudar os afectados a lidar com as consequências. A cooperação internacional na adaptação deve ser vista, não como um acto de caridade, mas como uma expressão de justiça social, equidade e solidariedade humana.

Nada disto deve atenuar a escala do desafio que enfrentam os doadores. Mobilizar os recursos à escala necessária à adaptação nas alterações climáticas irá requerer um compromisso político de alto nível. Os doadores de ajuda precisarão de trabalhar com os governos dos países em vias de desenvolvimento para identificar os crescentes riscos das alterações climáticas, avaliando as condições financeiras para responder a esses riscos, e travar um diálogo sobre políticas de adaptação. Ao mesmo tempo, os próprios doadores terão de forjar um consenso muito mais forte no processo de acção internacional sobre adaptação, indo além de afirmações de princípios passando para a acção prática. Dada a escala de mobilização de recursos necessária, os doadores podem também ter de considerar o desenvolvimento urgente de propostas financeiras inovadoras. Há várias opções:

- *Mobilização de recursos através de mercados de carbono.* O Fundo de Adaptação do Protocolo de Quioto já define o princípio que indica que o financiamento da adaptação pode ser associado aos mercados do carbono. Deve trabalhar-se sobre esse princípio. Mobilizar recursos para a adaptação através de um mercado para a mitigação oferece duas grandes vantagens; um fluxo previsível de financiamento e uma ligação da fonte do problema a uma solução parcial. A taxação do carbono fornece um caminho para a mobilização de recursos (ver capítulo 3). Por exemplo, uma taxa de apenas 3 USD/tonelada de CO_2 nas emissões relativas a energia na OCDE iriam mobilizar cerca de 40 mil milhões por ano (tendo em conta o nível de emissões em 2005). Esquemas de limite e negociação indicam um outro percurso, baseado nos mercados, para a mobilização de recursos financeiros. Por exemplo, o Regime de Comércio de Emissões da União Europeia irão alocar cerca de 1,9 Gt em licenças de emissões, anualmente, na segunda fase até 2012. Sob as directrizes actuais, até 10% destas licenças podem ser leiloadas. Para propósitos ilustrativos, um imposto de adaptação definido em 3 USD/tonelada de CO_2 neste volume iria elevar o valor a 570 milhões USD. Com um aumento nos leilões após 2012, o leilão do RCLE da União Europeia pode fornecer uma fundação mais segura para o financiamento da adaptação.
- *Taxas mais abrangentes.* Em princípio, o financiamento da adaptação pode ser mobilizado através de várias taxas. Cobrar taxas nas emissões de carbono tem o duplo benefício de gerar compensações para a adaptação e, simultaneamente, melhorar os incentivos para promover a mitigação. Um exemplo disso é o *air-ticket levy.* Em 2006 a França lançou uma campanha de "contribuição internacional para a solidariedade" lançando um imposto sobre todos os bilhetes de avião nos voos Europeus e internacionais.[76] O objectivo é gerar receitas de 275 milhões USD para financiar o tratamento do VIH/SIDA e outras epidemias. Foi criado um centro internacional de aquisição de medicamentos para distribuir as receitas deste esquema. O Reino Unido usa parte da taxa *Air Passenger Duty* para financiar investimentos de imunização nos países em vias de desenvolvimento. Definir um imposto de 7 USD por voo não irá deter os transportes aéreos, mas poderá render cerca de 14 mil milhões USD em receitas que podem ser alocadas à adaptação.[77] Os impostos podem ser alargados a outras áreas através da taxação, incluindo o petróleo, fornecimento de electricidade comercial e emissões de CO_2 das indústrias. Também se poderia considerar um imposto regular que reflectisse o alto nível de emissões de CO_2 dos veículos utilitários desportivos e outros automóveis que gastam menos combustível também poderiam ser considerados.
- *Financiamento ligado ao rendimento e capacidades.* Alguns comentadores argumentaram que os compromissos da adaptação deveria estar associados à riqueza do país desenvolvido. Uma proposta sugeria que todas as Partes indicadas no Anexo I

Os doadores podem também ter de considerar o desenvolvimento urgente de propostas financeiras inovadoras

Os melhores PSRPs ligam objectivos bem definidos a uma análise da pobreza e a sistemas de alocação financeira sob orçamentos anuais e estruturas rotativas de gastos a médio prazo

do Protocolo de Quioto reservassem um valor fixo do seu PIB para o financiamento da adaptação.[78] Outra defendia o desenvolvimento de uma fórmula de contribuições ao financiamento da adaptação que ligasse a responsabilidade das emissões de carbono (como reflectido nas quotas históricas) às capacidades financeiras (medidas pela referência ao IDH e rendimento nacional).[79]

Propostas em todas estas áreas merecem sérias considerações. Um requisito óbvio é que a mobilização de receitas para apoiar a adaptação deve ser transparente e eficiente. Há armadilhas potenciais com a criação de mecanismos especiais de financiamento e de fontes de financiamento exclusivas. Depender demasiado dos impostos tem o potencial de introduzir um elemento de imprevisibilidade nos fluxos de receitas. Dada a natureza abrangente, a longo prazo, do desafio financeiro da adaptação, há razões convincentes para integrá-la nos processos orçamentais normais. Contudo, isto não exclui uma função mais alargado para um financiamento suplementar, seja no financiamento directo da adaptação ou na mobilização adicional de recursos orçamentais.

Adaptação de tendência predominante

O financiamento não é a única limitação no desenvolvimento de estratégias de adaptação bem sucedidas. A adaptação, na maior parte dos países, não é tratada como parte integrante dos programas nacionais. Tanto os doadores como os governos nacionais estão a responder ao desafio da adaptação, sobretudo através de estruturas institucionais baseadas em projectos, a operar fora dos sistemas de planeamento orçamentais e das estratégias de redução da pobreza.

Este pano de fundo ajuda a explicar a baixa prioridade ligada à adaptação nas actuais parcerias de ajuda. Apesar dos acordos variarem, em muitos países desenvolvidos o planeamento da adaptação localiza-se nos ministérios do ambiente, que têm uma influência limitada nos outros ministérios, sobretudo o das finanças. A maior parte dos PRSPs – documentos que definem os termos das parcerias de ajuda – dão um tratamento superficial à adaptação às alterações climáticas (ver caixa 4.7). Um resultado é que grande parte da ajuda financeira para a adaptação acontece, embora seja baseada em projectos.

Alguns projectos sobre adaptação às alterações climáticas estão a mostrar resultados. Pensando no futuro, os projectos irão continuar a desempenhar um papel importante. Contudo, a ajuda baseada em projectos não pode fornecer uma fundação para aumentar as parcerias da adaptação ao ritmo necessário. A ajuda baseada em projectos tende a aumentar os custos das transacções devido às preferências internas dos doadores para com os seus próprios sistemas de informação, fraca coordenação e pressões na capacidade administrativa. Os custos de transacção da ajuda nestas áreas já impõem um fardo pesado na capacidade. Em 34 países receptores de ajuda, abrangidos por um relatório da OCDE em 2005, houve 10 507 missões doadoras no decurso do ano.[80]

Corre-se o risco de que as abordagens actuais à adaptação possam elevar os custos das transacções. Os países desenvolvidos já enfrentam pressões para integrar a adaptação às alterações climáticas em processos de planeamento nacional. Também estão a ceder às pressões em muitas outras áreas – VIH/ /SIDA, alimentação, educação e desenvolvimento rural, para nomear algumas – onde estão muitas vezes ligados com múltiplos doadores. Se o caminho para um crescente financiamento para a adaptação ao clima funciona através de iniciativas multilaterais, cada uma com o seu próprio sistema de informação, pode ser com certeza previsível que os custos das transacções irão subir. Fazer a transição para uma estrutura baseada em programas integrada em exercícios de planeamento nacionais mais vastos é o ponto de partida para aumentar o planeamento da adaptação.

Os pequenos Estados insulares em vias de desenvolvimento já demonstraram a sua capacidade de liderança nesta área. Confrontados com riscos climáticos que tocam todos os aspectos da vida, social, económico e ecológico, os seus governos desenvolveram uma resposta integrada ligando planeamentos nacionais e regionais. Nas Caraíbas, por exemplo, o programa *Mainstream Adaptation* teve início em 2002 para promover a integração da adaptação e estratégias de gestão de riscos climáticos na gestão dos recursos da água, turismo, sector pesqueiro, agricultura e outras áreas. Outro exemplo é Kiribati, no Pacífico, onde o governo trabalhou com doadores para integrar avaliações dos riscos das alterações climáticas em planeamentos nacionais, trabalhando através de comités ministeriais de alto nível. A fase de preparação de 2 anos (2003-2005) deverá ser seguida por um período de implementação de 3 anos, durante a qual os doadores co-financiam os crescentes riscos da adaptação às alterações climáticas investindo em áreas fulcrais.

Trabalhar através dos PRSPs

Para países de baixo rendimento, as conversações com base nos PRSPs fornecem um veículo óbvio para a transição para uma maior ênfase nos programas. Os melhores PSRPs ligam objectivos bem definidos a uma análise da pobreza e a sistemas de alocação financeira sob orçamentos anuais e estruturas rotativas de gastos a médio prazo. Enquanto os projectos operam em ciclos a curto prazo, o planeamento da adaptação e provisões financeiras têm que operar num horizonte temporal mais alargado. Em países com capacidade de execução, canalizar o apoio dos doadores através de orçamentos nacionais que financiam programas nacionais e subnacionais, revela-se, provavelmente, mais eficaz do que financiar dúzias de projectos de pequena dimensão. O PRSP fornece uma ligação entre os objectivos de redução da pobreza e os orçamentos nacionais, sendo assim, o melhor instrumento para transferir programas públicos de gastos engrenados nos ODMs e em objectivos macroeconómicos mais vastos.

Em muitos países, o aumento do apoio a nível dos programas pode originar benefícios mais rápidos na adaptação que sustenta maiores esforços na redução da pobreza. O Bangladesh fornece um exemplo. Muitos doadores no país estão ligados a um vasto leque de projectos e programas com vista a reduzir os riscos climáticos. Contudo, muito mais pode ser feito para expandir o apoio a projectos em áreas chave. Vejamos dois exemplos:

- *Programas de rede de segurança social* (*Social safety net programmes*) (SSNPs). Através dos PRSPs os pobres identificaram os programas de rede de segurança como um requisito crucial para reduzir a vulnerabilidade. Actualmente, o Bangladesh tem um *portfólio* considerável de programas, com um gasto estimado em cerca de 0,8% do PIB. Incluem um esquema de pensão de velhice, pensões para grupos problemáticos, um Programa de Manutenção Rural – fornecendo, respectivamente, dinheiro por trabalho e comida por trabalho – e transferências monetárias condicionadas que fornecem comida para a educação e salários para raparigas. Para além de fornecer ajuda imediata, estes programas proporcionaram a possibilidade das pessoas escaparem à pobreza. Há, contudo, alguns problemas. Primeiro, a cobertura é inadequada: há cerca de 24 milhões de pessoas no Bangladesh que se enquadram na categoria de "extremamente pobre", no entanto, as redes de segurança, actualmente, só chegam a cerca de 10 milhões. Segundo, não há um SSNP nacional integrado baseado em riscos compreendidos e actualizados e num mapeamento da vulnerabilidade. Cada SSNP é financiado por várias entidades doadoras, o que origina problemas de sobreposição de autoridades. A capacidade reforçada e o aumento de programas nacionais, nestas áreas, pode fornecer a milhões de pessoas que enfrentam riscos imediatos das alterações climáticas, apoio para a adaptação.[82]
- *Gestão abrangente de catástrofe*. Ao trabalhar com doadores através de um vasto leque de programas inovadores, o Bangladesh desenvolveu um sistema cada vez mais eficaz de gestão de catástrofes. Explicitamente associado aos ODMs, agrega um conjunto de actividades previamente fragmentadas, incluindo o desenvolvimento de sistemas de aviso prévio, protecção contra as inundações baseada nas comunidades e recuperação após a inundação.[83] Contudo, o financiamento actual -14,5 milhões USD durante quatro anos – é inconsistente com os objectivos ambiciosos de reduzir a vulnerabilidade dos pobres a "níveis de gestão aceitáveis".

Apesar de cada país ser diferente, estes exemplos ilustram o potencial abrangente da integração de estratégias para a adaptação nas políticas nacionais. As conversações sobre os PRSPs fornecem uma estrutura através da qual os países desenvolvidos podem apoiar os esforços dos governos dos países em vias de desenvolvimento. Também podem fornecer-lhes um mecanismo para fortalecer as estratégias de gestão de risco de catástrofes.

O progresso inicial foi feito sobre mecanismos de ajuda multilaterais. Ao abrigo do Hyogo Framework for Action, uma estrutura internacional de redução do risco de catástrofe assinado por 168 países em 2005, foram definidas directrizes claras para a incorporação da redução do risco de catástrofe nos processos de planeamento nacional. Começaram a surgir elementos de arquitectura que visam transformar directrizes teóricas em resultados concretos.[84] O GFDRR do Banco Mundial apoia, também, o *Hyogo Framework for Action*. Um dos seus principais

O aumento do apoio a nível dos programas pode originar benefícios mais rápidos na adaptação que sustenta maiores esforços na redução da pobreza

A chave para a esperança no desenvolvimento humano para o século 21 e seguintes é a adaptação bem sucedida associada à mitigação rigorosa

objectivos consiste em capacitar os países de baixo rendimento para integrar a análise e acção de redução de risco de catástrofe (incluindo o produzido pelas alterações climáticas) nos PRSPs e em processos de planeamento estratégico mais vastos.[85] Prevê-se que sejam necessários 2 mil milhões USD de financiamento total para os programas, até 2016.[86]

Há algumas lições a retirar da experiência da adaptação nos países em vias de desenvolvimento, associadas às condições que ajudam a desenvolver estratégias:

- *Fundos de reforma multilaterais exclusivos.* A maior parte dos fundos multilaterais devem ser unificados num único fundo com procedimentos de entendimento simplificados e uma mudança de ênfase na direcção da adaptação baseada em programas.
- *Rever os PSRPs.* Todos os PSRPs devem ser actualizados durante os próximos dois anos para incorporar uma análise sistemática dos riscos de alterações climáticas e vulnerabilidades, identificar políticas de prioridades para reduzir a vulnerabilidade e fornecer avaliações indicadoras para as condições financeiras das mesmas políticas.
- *Colocar a adaptação no centro das parcerias de ajuda.* Os doadores precisam de popularizar a adaptação nos seus programas de ajuda, para que o efeito das alterações climáticas possa ser abordado em todos os sectores. Além disso, os governos nacionais precisam de divulgar a adaptação nos ministérios, com a coordenação do planeamento a ter lugar num nível político mais alto.

Conclusão

As limitações das estratégias de adaptação têm que ser reconhecidas. Em última análise, a adaptação é um exercício que limita os danos e lida com os sintomas de um problema que só pode ser tratado através da mitigação. Contudo, o fracasso ao lidar com os sintomas levará a perdas em grande escala no desenvolvimento humano.

Os pobres do mundo e as pessoas mais vulneráveis já estão a adaptar-se às alterações climáticas. Nas próximas décadas, não têm outra escolha a não ser continuar a adaptar-se. Na melhor das hipóteses, as temperaturas médias atingirão o seu pico perto de 2050, antes de atingirem o perigoso limiar de 2°C nas alterações climáticas. Na pior das hipóteses, com uma mitigação limitada, o mundo irá atingir o limiar de 2°C antes de 2050 e estará no caminho de subidas de temperatura ainda maiores. Esperando – e trabalhando – o melhor, enquanto nos preparamos para o pior, é um princípio útil a seguir no planeamento da adaptação.

A chave para a esperança no desenvolvimento humano para o século XXI e seguintes é a adaptação bem sucedida associada à mitigação rigorosa. As alterações climáticas de que o mundo é prisioneiro têm o potencial de atrasar o desenvolvimento humano, primeiro devagar, depois protelando e por fim revertendo o progresso da redução da pobreza, alimentação, saúde, educação e outras áreas.

Os países em vias de desenvolvimento e os pobres do mundo não podem evitar estes atrasos actuando sozinhos – nem devem. Como mostrado no capítulo 1 deste Relatório, os pobres do mundo têm uma pegada de carbono leve. Os países ricos têm a obrigação moral de apoiar a adaptação nos países em vias de desenvolvimento, seja pela sua responsabilidade histórica pelas emissões de energia que conduzem às alterações climáticas, seja pela sua pegada de carbono muito mais marcante. Têm ainda os recursos financeiros que lhes permite agir de acordo com essa obrigação. O modelo de adaptação actual é indefensável e insustentável. Apostar fortemente na adaptação nos países ricos, enquanto se abandonam os pobres entregues a si mesmos, não é apenas uma receita para retrocessos no desenvolvimento humano; é uma receita para um século XXI mais dividido, menos próspero e mais inseguro.

Notas

Capítulo 1

1 Diamond 2005.
2 Kennedy 1963.
3 Sen 1999.
4 UN 2007b.
5 World Bank 2007c.
6 UNDP 2006b.
7 Government of India 2007.
8 World Bank 2007c.
9 UNDP 2006b.
10 WHO 2006; WHO and UNICEF 2005.
11 Lopez 2006.
12 Wagstaff and Claeson 2004.
13 World Bank 2003.
14 Hansen et al. 2006.
15 ISSC 2005.
16 ISSC 2005; European Union 2007b; den Elzen and Meinshausen 2005; Schellnhuber 2006; Government of France 2006.
17 Warren et al. 2006.
18 Warren et al. 2006.
19 OFDA and CRED 2007.
20 Anthoff et al. 2006; Dasgupta et al. 2007.
21 IPCC 2007b, Capítulo 4: Ecossistemas, suas Propriedades, Bens e Serviços; Warren et al. 2006.
22 IPCC 2007b, Capítulo 8: Saúde Humana, Tabela Resumo 8.2.
23 Sen 1999.
24 IPCC 2007d.
25 Esta correlação destaca a reacção do ciclo do carbono; como resposta às temperaturas altas, a biosfera perde carbono para a atmosfera, acabando por elevar essas mesmas temperaturas.
26 Lockwood and Fröhlich 2007.
27 IPCC 2007d.
28 O efeito radioactivo total dos gases com efeito de estufa é medido em termos de concentração equivalente de CO_2 (em partes por milhão ou ppm). O Protocolo de Quioto incide nas emissões de seis gases com efeito de estufa: dióxido de carbono, metano, óxido nitroso, hidrocarbonetos fluorados (HFC), hidrocarbonetos perfluorados (PFC) e hexafluoreto de enxofre (SF_6).
29 As contribuições antropogénicas nos aerossóis (sobretudo sulfato, carbono orgânico, carbono preto, nitratos e pó) produzem um efeito refrigerador ao bloquear a radiação solar.
30 O valor do forçamento radioactivo de gases com efeito de estufa de longa duração, que não o CO_2, é de 0,98 (Wm^{-2}) e o efeito refrigerador dos aerossóis é 1,2 (Wm^{-2}) (IPCC 2007d).
31 ppm significa partes por milhão e, neste caso, refere-se ao número de moléculas de gás com efeito de estufa existente por milhão de moléculas de ar seco
32 IPCC 2007d.
33 Henderson 2006a.
34 Caldeira 2007; Caldeira, Jain and Hoffert 2003; Henderson 2006a.
35 IPCC 2007f.
36 Flannery 2005.
37 Stern 2006.
38 O termo temperatura pré-industrial refere-se à temperatura média no período 1861-1890.
39 IPCC 2007a, Chapter 10: Global Climate Projections.
40 Meinshausen 2005.
41 Meinshausen 2005.
42 Correspondência pessoal com Dr. Malte Meinshausen, Potsdam Institute for Climate Impact Research.
43 Correspondência pessoal com Dr. Malte Meinshausen. O período de referência relativamente ao aumento da temperatura situa-se entre 1980 e 1999.
44 Schlesinger et al. 2005.
45 IPCC 2007d.
46 Hansen et al. 2007; Pritchard and Vaughn 2007.
47 Hansen 2007a, 2007b.
48 Schellnhuber and Lane 2006; Schellnhuber 2006.
49 Jones, Cox and Huntingford 2005.
50 CNA Corporation 2007.
51 Gullison et al. 2007.
52 IPCC 2007e.
53 WRI 2007a.
54 IEA 2006c.
55 Volpi 2007.
56 Volpi 2007.
57 PEACE 2007.
58 Modi et al. 2005.
59 IEA 2006c.
60 IEA 2006c.
61 O valor de um orçamento de equivalente de carbono que abranja todos os gases considerados por Quioto ronda as 600Gt de CO_2e, ou 6 Gt de CO_2e anuais. Isto traduz-se em cerca de 22 Gt de CO_2e. As emissões actuais rondam o dobro. Em 2004, o total de emissões de gases com efeito de estufa, segundo cálculos do PIAC, rondava as 49 Gt anuais de CO_2e (IPCC 2007c).
62 Stern 2006.
63 Barker and Jenkins 2007.
64 Por exemplo, o Relatório Stern examinou um cenário de estabilização definido em 550 ppm. A investigação desenvolvida para o RDH deste ano extrapola estes modelos para chegar às implicações financeiras de manter o limiar de 2°C, ou cerca de 450 de CO_2e.
65 Cálculos do GRDH baseados no custo anual indicado em percentagem do PIB em Barker e Jenkins 2007. O cálculo traduz-se no custo anual médio nos anos 2000 a 2030, tendo em conta a dimensão da economia global durante esse período. Barker e Jenkins 2007 apresenta, também, outros cenários com custos de mitigação mais baixos.
66 Stern (2006), no qual se baseiam estes valores, discute um vasto leque de estimativas.
67 Barker e Jenkins (2007) fazem uma projecção do custo de estabilização em 450 ppm de CO_2e e em 2-3% do PIB; no que se refere à comercialização de licenças, aquele valor desce para 1-2%. Se a estrutura política também permitir que as receitas de licenças leiloadas e de taxas de carbono sejam recicladas, estas poderão obrigar a uma reforma fiscal. As economias globais e nacionais poderiam beneficiar até 5% do PIB acima da avaliação inicial de 2030.
68 O Protocolo de Quioto foi negociado no Japão em 1997 no âmbito da estrutura do CQNUAC. Ao abrigo do Protocolo, foi pedido às partes indicadas no Anexo I, e que representam 55% das emissões de 1990, que aceitassem limites de emissão vinculativos. A ratificação por parte da Federação Russa, em 2004, forneceu a massa crítica para atingir esta condição.
69 Cálculo baseado em informação da IEA 2006c.
70 As partes do Anexo I incluem os países industrializados que eram membros da OCDE em 1992, países com economias

em transição (EIT), incluindo os Estados Bálticos, vários Estados da Europa Central e de Leste e a Federação Russa; as partes indicadas no Não-Anexo I são, na sua maioria, países em vias de desenvolvimento.
71 Roberts 2005.
72 Council on Foreign Relations 2006.
73 IEA 2006c.
74 Hansen 2007c.
75 UNDP 2006b; UNDP Ukraine 2006.
76 IEA 2006c.
77 IPCC 2007f.
78 Stern 2006; Nordhaus 2007.
79 IMF 2006.
80 Smith 1854.
81 World Commission on Environment and Development 1987.
82 Anand and Sen 1996.
83 Sen 2004.
84 Appiah 2006.
85 Nordhaus 2007.
86 Nordhaus 2006.
87 De acordo com um modelo económico tipo muito simples – que considera um único agente representativo, e outras hipóteses simplificativas – surge uma percentagem de desconto que pode ser expressa por: $\rho = \delta + \eta g$, onde δ é a percentagem social de preferência temporal, g é o crescimento da taxa de consumo projectado per capita, e η é a elasticidade do peso social – ou utilidade marginal – atribuída a uma mudança no consumo. É habitual assumir que a ultidade marginal diminui quando o consumo aumenta, mantendo-se semore positiva. Neste contexto simplista, tambem se considera a utilidade marginal constante.
88 Segundo Stern (2006), a única razão justificável para minar o bem-estar das gerações futuras, era a possibilidade de extinção. Por isso, ele permite apenas uma pequeníssima percentagem de preferência temporal pura de 0.1%..
89 Arrow 2007.
90 Ramsey 1928.
91 Stern and Taylor 2007.
92 No entanto, o caso não se baseia apenas na economia. Arrow (2007) mostrou que, se aceitarmos os custos e benefícios da mitigação sugeridos no Relatório Stern, o caso para uma acção imediata só é rejeitado perante uma taxa de preferência temporal pura acima dos 8,5% – um valor que não seria defendido nem pelos críticos mais acérrimos de Stern.
93 Wolf 2006b; Weitzman 2007.
94 Schelling 2007.
95 Dasgupta 2001.
96 HSBC 2007.
97 Pew Center on Global Climatic Change 2006.
98 Pew Center on Global Climatic Change 2006.
99 Leiserowitz 2007.
100 Leiserowitz 2006.
101 Leiserowitz 2006.
102 European Commission, Directorate General for Energy and Transport 2006.
103 HSBC 2007; The Economist 2007a.
104 Bernstein 1998.
105 Boykoff and Roberts 2007.
106 Boykoff and Roberts 2007; Boykoff and Boykoff 2004.

Capítulo 2

1 de Montesquiou 2005.
2 Itano 2002.
3 Entrevista pessoal a Kaseyitu Agumas, 22 Março 2007, Etiópia.
4 Raworth 2007b.
5 Entrevista pessoal a Instar Husain, 2 Fevereiro 2007, Bangladesh.
6 Sen 1999.
7 OFDA and CRED 2007.
8 ABI 2005a.
9 WMO 2006.
10 OFDA and CRED 2007.
11 Reliefweb 2007; BBC News 2007.
12 IFRC 2006.
13 OFDA and CRED 2007.
14 Skutsch et al. 2004.
15 IPCC 2007e.
16 Dercon 2005; Chambers 2006.
17 Calvo and Dercon 2005.
18 A nossa estrutura de avaliação de riscos e vulnerabilidades difere na ênfase da estrutura conceptual usada pela comunidade *disaster-risk*. A abordagem tipo baseia-se na seguinte fórmula: risco = exposição ao perigo/vulnerabilidade (com exposição ao perigo, há uma função gradativa dos elementos de perigo/expostos) (Maskrey et al. 2007).
19 ADB 2001.
20 GSS, NMIMR and ORC Macro 2004; CBS, MOH and ORC Macro 2004.
21 Roberts and Parks 2007.
22 USAID FEWS NET 2006.
23 OFDA and CRED 2007.
24 WEDO 2007.
25 Watt-Cloutier 2006.
26 Chafe 2007.
27 Rosenzweig and Binswanger 1993.
28 Dercon 1996.
29 Elbers and Gunning 2003.
30 OECD 2006b.
31 GAO 2007.
32 Devereux 2002.
33 Dercon, Hoddinott and Woldehanna 2005.
34 Dercon 2005.
35 Carter et al. 2007.
36 WFP 2005; IFRC 2005b.
37 Behrman and Deolalikar 1990; Dercon and Krishnan 2000; Rose 1999.
38 Baez and Santos 2007; de Janvry et al. 2006a.
39 de la Fuente and Fuentes 2007.
40 Devereux 2006b.
41 Hoddinott and Kinsley 2001.
42 Banerjee Bénabou and Mookherjee 2006.
43 Carter and Barrett 2006.
44 IPCC 2007d, 2007e.
45 O PIAC usa intervalos de confiança bilaterais de 90%.
46 IPCC 2007e.
47 Warren et al. 2006.
48 World Bank 2006b.
49 World Bank 2003.
50 World Bank 2003.
51 Delgado et al. 1998.
52 Cline 2007.
53 Fischer et al. 2005; Agoumi 2003 cited in IPCC 2007b, Chapter 9: Africa.
54 Kurukulasuriya and Mendelsohn 2006.
55 UNEP and GRID – Arendal 2001.
56 Carvajal 2007.
57 UNEP 2007a.
58 Vaid et al. 2006.
59 World Bank 2006f.
60 Stern 2006.
61 Government of India 2007.
62 Government of the People's Republic of Bangladesh 2005b.
63 Kelkar and Bhadwal 2007.
64 PEACE 2007.
65 Jones and Thornton 2003.
66 IPCC 2001.
67 FAO 2004.
68 O *stress* hídrico define uma situação em que a disponibilidade de água fresca renovável *per capita* se situa entre 1000 e 1667 metros cúbicos. A escassez de água traduz uma situação em que se vive com uma disponibilidade de água fresca renovável per capita de 1000 metros cúbicos ou menos.
69 Bou-Zeid and El-Fadel 2002.
70 IPCC 2007b, Chapter 9: Africa.
71 Bou-Zeid and El-Fadel 2002.
72 UNEP 2007b.
73 Carvajal 2007.
74 Khoday 2007.
75 UNEP 2007b.
76 Regmi and Adhikari 2007.
77 Khoday 2007.
78 UNDP 2006b; Rosegrant, Cai and Cline 2002.
79 Vergara et al. 2007.
80 Maskrey et al. 2007.
81 Emanuel 2005.
82 Pierce et al. 2005.
83 Maskrey et al. 2007.
84 Arnell 2004.
85 Anthoff et al. 2006; Dasgupta et al. 2007.
86 Hemming 2007.
87 Hemming 2007; Brown 2007.
88 Brown 2007.
89 Agrawala et al. 2003.
90 World Bank 2006c.
91 IPCC 2007b, Chapter 16: Small Islands; Dasgupta et al. 2007.
92 UN-HABITAT 2006.
93 Millennium Ecosystem Assessment 2005.
94 World Watch Institute 2005.
95 Finlayson and Spiers 2000.

96 Hansen 2006.
97 IPCC 2007b, Chapter 4: Ecosystems, their Properties, Goods, and Services.
98 ACIA 2004.
99 Government of the United States 2006b.
100 A Convenção dos Estados Unidos sobre a Lei Marítima entrou em vigor em 1994. Trata-se de um conjunto de regras que incide sobre a utilização dos oceanos, os quais cobrem 70% da superfície terrestre.
101 ACIA 2004; Perelet, Pegov and Yulkin 2007.
102 Hare 2005; Henderson 2007.
103 Henderson 2006b.
104 PEACE 2007.
105 Gardner et al. 2003.
106 Caldeira 2007.
107 Caldeira 2007.
108 Caldeira 2007.
109 Carvajal 2007.
110 McMichael et al. 2003.
111 WHO and UNICEF 2005; WHO 2006.
112 Tanser, Sharp and le Seur 2003.
113 van Lieshout et al. 2004.
114 Chretien et al. 2007.
115 Stern 2006.
116 PEACE 2007.
117 WMO 2006.
118 Epstein and Mills 2005.
119 Epstein and Rogers 2004.
120 New York Climate & Health Project 2004.
121 New York Climate & Health Project 2004.

Capítulo 3

1 Government of the United Kingdom 2007a.
2 Government of France 2006.
3 Government of France 2006.
4 Government of Germany 2007.
5 G8 2007.
6 Hanemann and Farrell 2006.
7 Estes estados incluem: Arizona, Califórnia, Connecticut, Florida, Havai, Illinois, Maine, Massachusetts, Minnesota, New Hampshire, New Jersey, Novo México, Nova Iorque, Oregon, Rhode Island, Vermont e Washington (Pew Center on Global Climate Change 2007c).
8 Os Governadores de Connecticut, Delaware, Maine, New Hampshire, New Jersey, Nova Iorque e Vermont instituíram a RGGI em 2005. Maryland, Massachusetts e Rhode Island juntaram-se em 2007 (Pew Center on Global Climate Change 2007c).
9 Arroyo and Linguiti 2007.
10 Claussen 2007.
11 Brammer et al. 2006.
12 Pew Center on Global Climate Change 2007a.
13 USCAP 2007.
14 Arroyo and Linguiti 2007.
15 Arroyo and Linguiti 2007.
16 UNFCCC 2006.
17 EIA 2006; Arroyo and Linguiti 2007.
18 IPCC 2007c, Chapter 5: Transport and its infrastructure.
19 Cairns and Newson 2006.
20 Doniger, Herzog and Lashof 2006.
21 Sullivan 2007.
22 UNFCCC 2006.
23 Government of Australia 2007.
24 Henderson 2007.
25 Government of New South Wales 2007.
26 Acuiti Legal 2003.
27 Pederson 2007; Nippon Keidanren 2005.
28 Os exemplos neste parágrafo foram retirados do Pew Center on Global Climate Change 2007b.
29 Roosevelt 2006.
30 No caso da taxação do carbono e das críticas ao sistema de limite-e-negociação ver Cooper 2000, 2005; Nordhaus 2005; Shapiro 2007.
31 Hanson and Hendricks 2006.
32 Nordhaus 2006.
33 Os cálculos no RDH foram baseados na informação da Tabela de Indicadores 24; as emissões de CO_2 da OCDE foram de 13,3Gt em 2004.
34 Stern 2006.
35 Shapiro 2007.
36 Shapiro 2007; EPA 2006.
37 IPCC 2007f. O potencial da mitigação global relativo ao cenário de não-mitigação do SRES A1B do PIAC é calculado em 17-
-26 Gt de equivalente CO_2/ano com o preço do carbono em 1 USD/t de equivalente CO_2 ou 25-38%.
38 Toder 2007.
39 Sierra Club 2006.
40 EEA 2004.
41 International Network for Sustainable Energy 2006.
42 Cairns and Newson 2006.
43 During Phase II the scheme will cover 27 countries.
44 Há três mecanismos de flexibilidade introduzidos pelo Protocolo de Quioto: Comercialização de Emissões, Mecanismo de Desenvolvimento Limpo (MDL) e Implementação Conjunta (IC). Ao contrario do MDL que une os esforcos de mitigacao dos paises em vias de desenvolvimento e dos paises desenvolvidos (partes dos Anexos -I e nao-Anexo I), atraves da Implementacao Conjunta as partes do Anexo I podem criar projectos de reducao de emissoes em outros paises do mesmo Anexo-I (provavelmente paises da Europa de Leste).
45 UNFCCC 2007e.
46 Point Carbon 2007.
47 Carbon Trust 2006.
48 Grubb and Neuhoff 2006.
49 Carbon Trust 2006.
50 Government of the United Kingdom 2006b.
51 Sijm, Neuhoff and Chen 2006.
52 EU 2007c.
53 Hoffmann 2006.
54 Hoffmann 2006.
55 WWF 2007a, 2007b.
56 Reece et al. 2006; WWF 2006b, 2007a.
57 WWF 2007a, 2007b.
58 IEA 2006c.
59 IEA 2006c.
60 Government of the United States 2007a.
61 IEA 2006c.
62 NEA 2006.
63 The Economist 2007b.
64 Greenpeace and GWEC 2006.
65 NCEP 2004a.
66 Philibert 2006.
67 Arroyo and Linguiti 2007.
68 Greenpeace and GWEC 2006.
69 NCEP 2004a.
70 NCEP 2004a.
71 Ürge-Vorsatz et al. 2007a; IEA 2006b.
72 Ürge-Vorsatz, Mirasgedis and Koeppel 2007b.
73 Ürge-Vorsatz, Mirasgedis and Koeppel 2007b; EC 2005a.
74 IEA 2003.
75 IEA 2003; World Bank 2007d.
76 IEA 2003, page 128.
77 IEA 2006b.
78 Ürge-Vorsatz, Mirasgedis and Koeppel 2007b.
79 IEA 2003, 2006a.
80 Ürge-Vorsatz, Mirasgedis and Koeppel 2007b.
81 EC 2006a.
82 IPCC 2007c, Chapter 5: Transport and its infrastructure.
83 Merrill Lynch and WRI 2005.
84 Merrill Lynch and WRI 2005; NCEP 2004a.
85 Arroyo and Linguiti 2007.
86 NCEP 2004a.
87 EFTA 2007.
88 CEC 2007c.
89 CEC 2007c.
90 EFTA 2007.
91 Baumert, Herzog and Pershing 2005.
92 Government of the United States 2007c.
93 EC 2007a.
94 Steenblik 2007.
95 Runnalls 2007.
96 Runge and Senauer 2007.
97 Runge and Senauer 2007.
98 EC 2007a.
99 Summa 2007.
100 O valor do pagamento situa-se nos €45 por hectare com uma área mínima garantida de 1,5 milhões de hectares (CEC 2005b).
101 IEA 2006c; IPCC 2007c, Chapter 5: Transport and its infrastructure.
102 CEC 2006c; Jank et al. 2007.
103 Elobeid and Tokgoz 2006.
104 Tolgfors, Erlandsson and Carlgren 2007.
105 Schnepf 2006.
106 NASA 2005; Smithsonian National Air and Space Museum 1999.
107 Stern 2006.

108 Eficiência termal descreve o valor em que o combustível se transforma em energia.
109 Watson et al. 2007.
110 IEA 2006b.
111 Government of the United States 2007b.
112 Government of the United States 2007b.
113 Watson et al. 2007; Rubin 2007.
114 Government of the United States 2005.
115 Government of the United States 2006a.
116 European Technology Platform on Zero Emission Fossil Fuel Power Plants (ZEP) 2007.
117 EC 2005b.
118 European Technology Platform on Zero Emission Fossil Fuel Power Plants (ZEP) 2007.
119 Government of the United Kingdom 2006c.
120 Rubin 2007a; Claussen 2007.
121 CEC 2007d.
122 Government of the United States 2007a.
123 Watson 2007.
124 OECD 2005c.
125 Watson 2007.
126 OECD 2005c.
127 Watson et al. 2007.
128 Data in this section is derived from tables in Annex A of IEA 2006c.
129 Winkler and Marquard 2007.
130 Watson et al. 2007.
131 Davidson et al. 2006.
132 Government of India 2006a, 2006b.
133 Watson et al. 2007.
134 Winkler and Marquand 2007.
135 IEA 2006c.
136 IEA 2006c.
137 Watson 2007.
138 Watson 2007.
139 Victor 2001.
140 UNFCCC 2007c.
141 World Bank 2007f.
142 World Bank 2007b.
143 FAO 2007b.
144 Este valor refere-se à alteração dos *stocks* de carbono na biomassa acima e abaixo do solo. Para converter os valores relatados de carbono em dióxido de carbono, foi aplicado um factor de conversão de 3664 (FAO 2007b).
145 PEACE 2007.
146 Há grandes variações nos cálculos das emissões de CO_2 ligadas às alterações nas áreas florestais. A informação, por parte da Avaliação dos Recursos Florestais da FAO, sobre os *stocks* de carbono nas florestas durante o período 1990-2005, sugere que, só de biomassa viva (acima e abaixo do solo), é libertada anualmente cerca de 1,1 Gt de CO_2 nas florestas brasileiras (FAO 2007b).
147 Butler 2006.
148 The values used in this example are drawn from Chomitz et al. 2007.
149 Chomitz et al. 2007.
150 Pearce 2001.
151 Volpi 2007.
152 Chomitz et al. 2007.
153 Tauli-Corpuz and Tamang 2007.
154 INPE 2007.

Capítulo 4

1 ABI 2007b.
2 IPCC 2007b, Chapter 12: Europe.
3 Linklater 2007.
4 CEC 2007b.
5 Huisman 2002; EEA 2007.
6 UKCIP 2007; The Economist 2007c; ABI 2007b.
7 Hulme and Sheard 1999b; British Oceanographic Data Centre 2007; Government of Japan 2002; EEA 2007.
8 EEA 2007; WWF 2002; Schröter, Zebisch and Grothmann 2005.
9 California Public Utilities Commission 2005; California Department of Water Resources 2006; Franco 2005; Government of California 2006; Cayan et al. 2005.
10 National Audit Office 2001.
11 CEC 2007b.
12 Branosky 2006; EPA 2006.
13 NFU 2005.
14 Practical Action 2006a.
15 Rahman et al. 2007; Raworth 2007b.
16 Chaudhry and Rysschaert 2007.
17 Cornejo 2007.
18 WRI, UNEP, and World Bank 2005; Narain 2006.
19 Practical Action 2006b.
20 Birch and Grahn 2007.
21 Glemarec 2007a.
22 Glemarec 2007b.
23 Washington et al. 2006.
24 Washington et al. 2006; Intsiful et al. 2007.
25 Meteo France 2007.
26 Regional Hunger and Vulnerability Programme 2007.
27 Intsiful et al. 2007.
28 IRI 2007.
29 G8 2005.
30 Intsiful et al. 2007.
31 Global Climate Observing System, UN Economic Commission for Africa and African Union Commission 2006.
32 OECD 2007a.
33 Nguyen 2007.
34 Jha 2007.
35 DFID 2006.
36 IFRC 2002.
37 Tanner et al. 2007.
38 O factor de conversão é de cerca de 15%.
39 A Etiópia, por exemplo, tem um potencial de colheita de 11800m^3 per capita comparado com 1600m^3 per capita de águas dos rios e subterrâneas renováveis. Semelhante ao Quénia: 12300m^3 comparado com 600m^3 per capita; e a Tanzânia: 24700m^3 de potencial de recolha de água comparado com 2200m^3 per capita de potencial de águas subterrâneas e dos rios renováveis (UNEP 2005).
40 Narain 2006.
41 Devereux 2006b.
42 Grinspun 2005.
43 de Janvry and Sadoulet 2004.
44 de Janvry et al. 2006b; Barrientos and Holmes 2006.
45 Schubert 2005; Barrientos and Holmes 2006; Randel 2007. Cálculos baseados em informação nas Tabelas de Indicadoras 14 e 18.
46 ISDR 2007a.
47 de la Fuente 2007a.
48 ISDR 2007b.
49 IFRCa 2005; Catholic Relief Services 2004; Carvajal 2007; OFDA and CRED 2007.
50 Thompson and Gaviria 2004; IFRC 2005a. Por comparação, houve 36 mortes na Florida.
51 IFRC 2006.
52 O PNUMA refere a adaptação em vários artigos. No Artigo 4.1 (f): Todas as Partes devem "ter em consideração, até um máximo exequível, as alterações climáticas, nas suas políticas e acções relevantes sociais, económicas e ambientais; no que se refere a projectos ou medidas tomadas para a mitigação ou adaptação às alterações climáticas, devem empregar métodos apropriados, como por exemplo, avaliações dos impactos – formuladas e determinadas a nível nacional – com vista a minimizar os efeitos adversos na economia, na saúde pública e na qualidade do ambiente". No Artigo 4.4 " As Partes dos países desenvolvidos e outras Partes desenvolvidas incluídos no Anexo II devem prestar assistência aos países em vias de desenvolvimento, que são particularmente vulneráveis aos efeitos adversos das alterações climáticas, indo ao encontro dos custos da adaptação a esses efeitos adversos."
53 Heimann and Bernstein 2007.
54 Alaska Oil Spill Commission 1990.
55 Gurría and Manning 2007.
56 Gurría and Manning 2007.
57 Verificar GEF 2007a, data de 30 de Abril 2007. Os custos empresariais, despesas administrativas e pagamentos efectuados às três agências executoras – Banco Mundial, PNUD e PNUMA – rondam cerca de 2 milhões USD, ou perto de 20% dos gastos totais até ao momento.
58 Espera-se que algumas propostas já em fase avançada, como o Bangladesh, Butão, Malaui, Mauritânia e Níger, recebam uma média de 3-3,5 milhões USD cada, para que possam começar a executar as prioridades definidas na NAPA.
59 O fundo também inclui transferência de tecnologia.

60 GEF 2007a, 2007c.
61 GEF 2007b.
62 Müller and Hepburn 2006.
63 Abbott 2004.
64 Frankel-Reed 2006. A amostra abarcou projectos em que os riscos e vulnerabilidade das alterações climáticas eram factores explícitos. Não foram consideradas actividades de desenvolvimento, enquadradas nas medidas e políticas existentes, (como por exemplo, o aumento da provisão de água, a capacidade da saúde pública) que podem ter reduzido a vulnerabilidade face às alterações climáticas, mas que não foram intencionalmente elaboradas para apoiar a adaptação.
65 World Bank 2007g.
66 Agrawala 2005.
67 Ver Agrawata 2005 para confirmar o resumo da metodologia, a lista do sector DAC e códigos usados.
68 O Banco Mundial avalia os custos da adaptação em 5-20% do investimento no desenvolvimento relativo às alterações climáticas. Para a ODA 2005, esta percentagem atinge um valor entre 1.0 mil milhões USD e 8,1 mil milhões USD, sendo 4,5 mil milhões o valor médio.
69 Gurría and Manning 2007.
70 OCHA Financial Tracking System [www.reliefweb.int/fts,] cited in Oxfam International 2005.
71 Müller and Hepburn 2006; Oxfam International 2007.
72 Oxfam International 2007.
73 Este valor baseia-se na suposição de que os requisitos financeiros para a adaptação nos países em vias de desenvolvimento irão representar cerca de 0.1% do PIB dos países desenvolvidos (nível aproximado em 2005, baseado na metodologia do Banco Mundial).
74 Este valor representaria cerca de 0.5% do PIB para países de rendimento baixo e médio-baixo.
75 SIPRI 2007.
76 Landau 2004.
77 Müller and Hepburn 2006.
78 Bouwer and Aerts 2006.
79 Oxfam International 2007.
80 OECD 2005b, 2006e.
81 Barrientos and Holmes 2006.
82 Government of the People's Republic of Bangladesh 2005a; UNDP 2005; Rahman et al. 2007; Mallick et al. 2005.
83 Government of the People's Republic of Bangladesh, mimeo.
84 ISDR 2007c.
85 ISDR and the World Bank GFDRR 2006, 2007.
86 Os planos de acção financeiros iniciais foram estabelecidos para 2006-2016 (ISDR e GFDRR do Banco Mundial 2006), através de um fundo fiduciário de multi-doadores, e do qual cerca de 42 milhões USD foram penhorados desde Agosto de 2007. Ver: hppt//siteresources.worldbank.org/EXTDISGMT/Resources/GfdrrDonorPledgesAugust7.pdf

Bibliografia

Bibliografia Complementar

Arroyo, Vicki and Peter Linguiti. 2007. "Current Directions in the Climate Change Debate in the United States."

Barker, Terry and Katie Jenkins. 2007. "The Costs of Avoiding Dangerous Climate Change: Estimates Derived from a Meta-Analysis of the Literature."

Boykoff, Maxwell T. and J. Timmons Roberts. 2007. "Media Coverage of Climate Change: Current Trends, Strengths, Weaknesses."

de la Fuente, Alejandro and Ricardo Fuentes. 2007. "The Impact of Natural Disasters on Children Morbidity in Rural Mexico."

Fuentes, Ricardo and Papa Seck. 2007. "The Short and Long-term Human Development Effects of Climate-Related Shocks: Some Empirical Evidence."

Helm, Dieter. 2007. "Climate Change: Sustainable Growth, Markets, and Institutions."

Henderson, Caspar. 2007. "Carbon Budget—the Agenda for Mitigation. Australia, Canada, the European Union and Japan."

IGAD (Intergovernmental Authority on Development) Climate Prediction and Applications Centre (ICPAC). 2007. "Climate Change and Human Development in Africa: Assessing the Risks and Vulnerability of Climate Change in Kenya, Malawi and Ethiopia."

O'Brien, Karen and Robin Leichenko. 2007. "Human Security, Vulnerability and Sustainable Adaptation."

Osbahr, Henny. 2007. "Building Resilience: Adaptation Mechanisms and Mainstreaming for the Poor."

Perelet, Renat. 2007. "Central Asia: Background Paper on Climate Change."

Perelet, Renat, Serguey Pegov and Mikhail Yulkin. 2007. "Climate Change. Russia Country Paper. Perelet, Renat, Serguey Pegov and Mikhail Yulkin. 2007. "Climate Change. Russia Country Paper."

Rahman, Atiq, Mozaharul Alam, Sarder Shafiqul Alam, Md. Rabi Uzzaman, Mariam Rashid and Golam Rabbani. 2007. "Risks, Vulnerability and Adaptation in Bangladesh."

Reid, Hannah and Saleemul Huq. 2007. "International and National Mechanisms and Politics of Adaptation: An Agenda for Reform."

Seck, Papa. 2007a. "Links between Natural Disasters, Humanitarian Assistance and Disaster Risk Reduction: A Critical Perspective."

Watson, Jim, Gordon MacKerron, David Ockwell and Tao Wang. 2007. "Technology and Carbon Mitigation in Developing Countries: Are Cleaner Coal Technologies a Viable Option?"

Bibliografia Temática

Brown, Oli. 2007. "Climate Change and Forced Migration: Observations, Projections and Implications."

Carvajal, Liliana. 2007. "Impacts of Climate Change on Human Development."

Conceição, P., Y. Zhang and R. Bandura. 2007. "Brief on Discounting in the Context of Climate Change Economics."

Conde, Cecilia, Sergio Saldaña and Víctor Magaña. 2007. "Thematic Regional Papers. Latin America."

de Buen, Odón. 2007. "Decarbonizing Growth in Mexico."

de la Fuente, Alejandro. 2007a. "Private and Public Responses to Climate Shocks."

———. 2007b. "Climate Shocks and their Impact on Assets."

Dobie, Philip, Barry Shapiro, Patrick Webb and Mark Winslow. 2007. "How do Poor People Adapt to Weather Variability and Natural Disasters Today?"

Gaye, Amie. 2007. "Access to Energy and Human Development."

Intsiful, Joseph D, Richard Jones, Philip Beauvais and Vicky Pope. 2007. "Meteorological Capacity in Africa."

Kelkar, Ulka and Suruchi Bhadwal. 2007. "South Asian Regional Study on Climate Change Impacts and Adaptation: Implications for Human Development."

Khoday, Kishan. 2007. "Climate Change and the Right to Development. Himalayan Glacial Melting and the Future of Development on the Tibetan Plateau."

Krznaric, Roman. 2007. "For God's Sake, Do Something! How Religions Can Find Unexpected Unity Around Climate Change."

Kuonqui, Christopher. 2007. "Responding to Clear and Present Dangers: A New Manhattan Project for Climate Change?"

Leiserowitz, Anthony. 2007. "Public Perception, Opinion and Understanding of Climate Change—Current Patterns, Trends and Limitations."

Li, Junfeng. 2007. "Mitigation Country Study—China."

Mathur, Ritu and Preety Bhandari. 2007. "Living Within a Carbon Budget—the Agenda for Mitigation."

Matus Kramer, Arnoldo. 2007. "Adaptation to Climate Change in Poverty Reduction Strategies."

Menon, Roshni. 2007a. "Famine in Malawi: Causes and Consequences."

———. 2007b. "Managing Disaster, Mitigating Vulnerability: Social Safety Nets in Ethiopia."

Newell, Peter. 2007. "The Kyoto Protocol and Beyond: The World After 2012."

Tolan, Sandy. 2007. "Coverage of Climate Change in Chinese Media."

Volpi, Giulio. 2007. "Climate Mitigation, Deforestation and Human Development in Brazil."

Winkler, Harald and Andrew Marquard. 2007. "Energy Development and Climate Change: Decarbonising Growth in South Africa."

Yue, Li, Lin Erda and Li Yan. 2007. "Impacts of, and Vulnerability and Adaptation to, Climate Change in Water Resources and Agricultural Sectors in China."

Notas de Referência

Arredondo Brun, Juan Carlos. 2007. "Adapting to Impacts of Climate Change on Water Supply in Mexico City."

Bambaige, Albertina. 2007. "National Adaptation Strategies to Climate Change Impacts. A Case Study of Mozambique."

Bhadwal, Suruchi and Sreeja Nair. 2007. "India Case Study." Tata Energy Resources Institute (TERI), Mumbai.

Birch, Isobel and Richard Grahn. 2007. "Pastoralism—Managing Multiple Stressors and the Threat of Climate Variability and Change."

Chaudhry, Peter and Greet Ruysschaert. 2007. "Climate Change and Human Development in Viet Nam."

Canales Davila, Caridad and Alberto Carillo Pineda. 2007. "Spain Country Study."

Cornejo, Pilar. 2007. "Ecuador Case Study: Climate Change Impact on Fisheries."

Donner, Simon D. 2007. "Canada Country Study."

Lemos, Maria Carmen. 2007. "Drought, Governance and Adaptive Capacity in North East Brazil: a Case Study of Ceará."

Meinshausen, Malte. 2007. "Stylized Emission Path."

Nangoma, Everhart. 2007. "National Adaptation Strategy to Climate Change Impacts: A Case Study of Malawi".

Nguyen, Huu Ninh. 2007. "Flooding in Mekong River Delta, Viet Nam."

Orindi, Victor A., Anthony Nyong and Mario Herrero. 2007. "Pastoral Livelihood Adaptation to Drought and Institutional Interventions in Kenya."

Painter, James. 2007. "Deglaciation in the Andean Region."

Pederson, Peter D. 2007. "Japan—Country Study."

Regmi, Bimal R. and Adhikari, A. 2007. "Climate Change and Human Development—Risk and Vulnerability in a Warming World. Country Case Study Nepal."

Salem, Boshra. 2007. "Sustainable Management of the North African Marginal Drylands."

Schmid, Jürgen. 2007. "Mitigation Country Study for Germany."

Seck, Papa. 2007b. "The Rural Energy challenge in Senegal: A Mission Report."

Sullivan, Rory. 2007. "Australia Country Study."

Trigoso Rubio, Erika. 2007. "Climate Change Impacts and Adaptation in Peru: the Case of Puno and Piura."

Referências

ABI (Association of British Insurers). 2004. "A Changing Climate for Insurance. A Summary Report for Chief Executives and Policymakers." Association of British Insurers, London. [http://www.abi.org.uk/Display/File/Child/552/A_Changing_Climate_for_Insurance_2004.pdf]. July 2007.

———. **2005a.** "Financial Risks of Climate Change." Summary Report. Association of British Insurers, London.

———. **2005b.** "A Changing Climate for Risk Insurance." [http://www.abi.org.uk/Display/File/Child/552/A_Changing_Climate_for_Insurance_2004.pdf]. August 2007.

———. **2007a.** "Adapting to Our Changing Climate: A Manifesto for Business, Government and the Public." Association of British Insurers, London.

———. **2007b.** "Flooding and Insurance." Association of British Insurers. London. [http://www.abi.org.uk/Display/Display_Popup/default.asp?Menu_ID=1090&Menu_All=1,1088,1090&Child_ID=553]. July 2007.

Abbott, Alison. 2004. "Saving Venice." *Nature.* London. [http://www.nature.com/news/2004/040112/full/040112-8.html;jsessionid=26CC93DEBA2BEDF8762546E0413759D5]. January 2007.

ACIA (Arctic Climate Impacts Assessment). 2004. *Impacts of a Warming Arctic—Arctic Climate Impacts Assessment.* Cambridge University Press, Cambridge.

ActionAid. 2006. "Climate Change and Smallholder Farmers in Malawi. Understanding Poor People's Experiences in Climate Change Adaptation." ActionAid International, London and Johannesburg.

Acuiti Legal. 2003. "Overview of the NSW Greenhouse Gas Abatement Scheme." Research Paper No. 20. Independent Pricing and Regulatory Tribunal of New South Wales, Sydney.

Adan, Mohamud and Ruto Pkalya. 2005. "Closed to Progress: An Assessment of the Socio-Economic Impacts of Conflict on Pastoral and Semi Pastoral Economies in Kenya and Uganda." Practical Action–Eastern Africa, Nairobi.

ADB (Asian Development Bank). 2001. "Technical Assistance to the Republic of the Philippines for preparing the Metro-Manila Urban Services for the Poor Project." Manila.

Agoumi, A. 2003. "Vulnerability of North African Countries to Climatic Changes, Adaptation and Implementation Strategies for Climatic Change." International Institute for Sustainable Development (IISD), Winnipeg.

Agrawala, Shardul (ed). 2005. "Bridge Over Troubled Waters. Linking Climate Change and Development." OECD (Organisation for Economic Co-operation and Development), Paris.

Agrawala, Shardul, Tomoko Ota, Ahsan Uddin Ahmed, Joel Smith and Maarten van Aalst. 2003. "Development and Climate Change in Bangladesh: Focus on Coastal Flooding and the Sundarbans." OECD (Organisation for Economic Co-operation and Development), Paris.

Alaska Oil Spill Commission. 1990. "Spill, the Wreck of the Exxon Valdez: Implications for Safe Transportation of Oil." Final Report. Alaska Oil Spill Commission, Juneau, Alaska.

Anand, Sudhir and Amartya K. Sen. 1996. "Sustainable Human Development: Concepts and Priorities." Discussion Paper Series No.1. Office of Development Studies, United Nations Development Programme, New York.

Anderson, Kevin and Alice Bows. 2007. "A Response to the Draft Climate Change Bill's Carbon Reduction Targets." Tyndall Briefing Note 17. March 2007. Tyndall Centre for Climate Change Research, University of Manchester, Manchester.

Anthoff, David, Robert J. Nichols, Richard S.J. Tol and Athanasios T. Vafeidis. 2006. "Global and Regional Exposure to Large Rises in Sea-level: A Sensitivity Analysis." Working Paper No. 96. Tyndall Centre for Climate Change Research, University of East Anglia, Norwich.

Appiah, Kwame Anthony. 2006. *Cosmopolitanism: Ethics in a World of Strangers.* W.W. Norton, New York.

Arnell, N.W. 2004. "Climate Change and Global Water Resources: SRES Emissions and Socio-Economic Scenarios." *Global Environmental Change* 14: 31–52.

———. **2006.** "Climate Change and Water Resources: A Global Perspective. Avoiding Dangerous Climate Change." Symposium on Stabilization of Greenhouse Gases, 1–3 February 2005, Met Office Hadley Centre for Climate Change, Exeter, UK. Department for Environment, Food and Rural Affairs, London.

Arrhenius, Svante. 1896. "On the Influence of Carbonic Acid in the Air upon the Temperature of the Ground." *London, Edinburgh and Dublin Philosophical Magazine and Journal of Science.* [Fifth series]. April 1896. 41: 237–275.

Arrow, Kenneth. 2007. "Global Climate Change: A Challenge to Policy." *Economists' Voice* 4(3), Article 2. [http://www.bepress.com/ev/vol4/iss3/art2]. September 2007.

Baez, Javier Eduardo and Indhira Vanessa Santos. 2007. "Children's Vulnerability to Weather Shocks: A Natural Disaster as a Natural Experiment." Social Science Research Network, New York.

BBC News. 2007. "Devastating Floods hit South Asia." 3 August 2007. [http://news.bbc.co.uk/2/hi/south_asia/6927389.stm]. August 2007.

Banerjee, Abhijit Vinayak, Roland Bénabou and Dilip Mookherjee, eds. 2006. *Understanding Poverty.* Oxford University Press, Oxford.

Barrientos, Armando and Rebecca Holmes. 2006. "Social Assistance in Developing Countries Database." Institute of Development Studies, University of Sussex, Brighton.

Baumert, Kevin, Timothy Herzog and Jonathan Pershing. 2005. *Navigating the Numbers: Greenhouse Gas Data and International Climate Policy.* World Resources Institute, Washington, DC.

Behrman, Jere R. and Anil Deolalikar. 1990. "The Intra-Household Demand for Nutrients in Rural South India: Individual Estimates, Fixed Effects and Permanent Income." *Journal of Human Resources* 24(4): 655–96.

Bernstein, Carl. 1998. "The Best Obtainable Version of the Truth." Speech to the Annual Convention of the Radio and Television News Directors Association, 26 September. San Antonio, Texas.

Bouwer, L.M. and J.C. Aerts. 2006. "Financing Climate Change Adaptation." *Disasters* 30(1): 49–63.

Bou-Zeid, E. and M. El-Fadel. 2002. "Climate Change and Water Resources in Lebanon and the Middle East." *Journal of Water Resources Planning and Management* 128(5): 343–355.

Boykoff, M. T. and J. M. Boykoff. 2004. "Bias as Balance: Global Warming and the U.S. Prestige Press." *Global Environmental Change* 14(2): 125–136.

Brammer, Marc, Dan Miner, Jeff Perlman, Richard Klein, Dick Koral and John Nettleton. 2006. "New York City Energy Policy for 2006 and Beyond." The American Lung Association, Bright Power Inc., Clean Air Cool Planet, The Long Island City Business Development Council, Natural Resources Defense Council, New York Climate Rescue, NYPIRG and Quixotic Systems, Inc., New York. [http://www.climaterescue.org/New%20York%20Energy%20Policy%20Proposal-2006%20Exec%20Sum.pdf]. August 2007.

Bramley, Matthew. 2005. "The Case for Deep Reductions: Canada's Role in Preventing Dangerous Climate Change." David Suzuki Foundation and the Pembina Institute. Vancouver. 24 November 2005. [http://www.pembina.org/climate-change/pubs/doc.php?id=536]. August 2007.

Branosky, Evan. 2006. "Agriculture and Climate Change: The Policy Context." World Resources Institute Policy Note, Climate: Agriculture No.1. World Resources Institute, Washington, DC.

Brieger. T., T. Fleck and D. Macdonald. 2001. "Political Action by the Canadian Insurance Industry on Climate Change." *Environmental Politics* 10: 111–126.

British Antarctic Survey. 2006. "Climate Change – Our View." [http://www.antarctica.ac.uk/bas_research/our_views/climate_change.php]. September 2007.

British Oceanographic Data Centre. 2007. "GLOSS Station Handbook: Station Information Sheet for Kuchiro." [http://www.bodc.ac.uk/data/information_and_inventories/gloss_handbook/stations/89/]. September 2007.

Broome, John. 2006a. "Should We Value Population." *The Journal of Political Philosophy* 13(4): 399–413.

———. 2006b. "Valuing Policies in Response to Climate Change: Some Ethical Issues." A Contribution to the Work of the Stern Review on the Economics of Climate Change. Cambridge University Press, Cambridge.

Brundtland, Gro Harlem. 2007. "UN Special Envoy for Climate Change Gro Harlem Brundtland addresses the 15th Session of the UN Commission on Sustainable Development." Speech at the UN Commission on Sustainable Development. 9 May 2007. [http://www.regjeringen.no/en/dep/ud/selected-topics/un/Brundtland_speech_CSD.html?id=465906]. September 2007.

Burke, Tom. 2007. "Is Nuclear Inevitable? Policy and Politics in a Carbon Constrained World." The Professor David Hall Memorial Lecture, 17 May. The Law Society, London.

Butler, Rhett A. 2006. "A World Imperiled: Forces Behind Forest Loss." Mongabay.com / A Place Out of Time: Tropical Rainforests and the Perils They Face. [http://rainforests.mongabay.com/0801.htm]. January 2007.

Butler, Lucy and Karsten Neuhoff. 2005. "Comparison of Feed in Tariff, Quota and Auction Mechanisms to Support Wind Power Development." CMI Working Paper 70. Department of Applied Economics, University of Cambridge.

Cafiero, Carlo and Renos Vakis. 2006. "Risk and Vulnerability Considerations in Poverty Analysis: Recent Advances and Future Directions." Social Protection Discussion Paper No. 0610. World Bank, Washington, DC.

Cai, Ximing. 2006. "Water Stress, Water Transfer and Social Equity in Northern China: Implications for Policy Reforms." Issue note for the *Human Development Report 2006: Beyond Scarcity: Power, Poverty and the Global Water Crisis.* Palgrave Macmillan, New York.

Cairns, Sally and Carey Newson with Brenda Boardman and Jillian Anable. 2006. "Predict and Decide. Aviation, Climate Change and UK Policy." Final Report. Environmental Change Institute, University of Oxford.

Caldeira, Ken. 2007. "Climate Change and Acidification Are Affecting Our Oceans." Written testimony to *Wildlife and Oceans in a Changing Climate,* Subcommittee on Fisheries, Wildlife and Oceans, House Committee on Natural Resources, 17 April 2007, Washington, DC.

Caldeira Ken, A.K. Jain and M.I. Hoffert. 2003. "Climate Sensitivity Uncertainty and the Need for Energy without CO_2 Emission." Science 299 (5615): 2052–4.

Calvo, Cesar and Stefan Dercon. 2005. "Measuring Individual Vulnerability." Department of Economics Working Paper Series No. 229. University of Oxford.

California Department of Water Resources. 2006. "Progress on Incorporating Climate Change into Planning and Management of California's Water Resources." Technical Memorandum Report. San Francisco, July 2006.

California Public Utilities Commission. 2005. "Water Action Plan." San Francisco, 15 December 2005. [http://www.cpuc.ca.gov/Static/hottopics/3water/water_action_plan_final_12_27_05.pdf]. September 2007.

Carbon Trust. 2006. "Allocation and Competitiveness in the EU Emissions Trading Scheme. Options for Phase II and Beyond." Carbon Trust, London.

Carter, Michael and Christopher Barrett. 2006. "The Economics of Poverty Traps and Persistent Poverty: An Asset-Based Approach," *The Journal of Development Studies.* 42(2): 178–199.

Carter, Michael, R., Peter D. Little, Tewodaj Mogues and Workneh Negatu. 2005. "Shocks, Sensitivity and Resilience: Tracking the Economic Impacts of Environmental Disaster on Assets in Ethiopia and Honduras." Staff Paper No. 489. Department of Agricultural and Applied Economics, University of Wisconsin–Madison.

Carter, Michael, Peter Little, Tewodaj Mogues and Workneh Negatu. 2007. "Poverty Traps and Natural Disasters in Ethiopia and Honduras." *World Development* 35(5): 835–856.

CASS (Chinese Academy of Social Sciences). 2006. "Understanding China's Energy Policy: Economic Growth and Energy Use, Fuel Diversity, Energy/Carbon Intensity, and International Cooperation." Background Paper Prepared for Stern Review on the Economics of Climate Change. Research Centre for Sustainable Development, Beijing.

Catholic Relief Services. 2004. "CRS Allocates $200,000 for Relief Efforts in Haiti and the Dominican Republic." InterAction. 28 May. [http://www.interaction.org/newswire/detail.php?id=2938]. September 2007.

Cayan, Dan, Ed Maurer, Mike Dettinger, Mary Tyree, Katharine Hayhoe, Celine Bonfils, Phil Duffy and Ben Santer. 2005. "Climate Scenarios for California." Draft White Paper. California Climate Change Centre, Sacramento.

CBS (Central Bureau of Statistics, Kenya) MOH (Ministry of Health, Kenya) and ORC Macro. 2004. "Kenya Demographic and Health Survey 2003." Calverton, Maryland.

CDIAC (Carbon Dioxide Information Analysis Center). 2007. Correspondence on carbon dioxide emissions. US Department of Energy, Oak Ridge National Laboratory, Tennessee.

CEC (Commission of the European Communities). 2005a. "Winning the Battle Against Global Climate Change." Communication from the Commission to the Council, the European Parliament, the European Economic and Social Committee and the Committee of the Regions. COM. 2005. 35 final. Brussels.

———. 2005b. "Biomass Action Plan." Communication from the Commission to the Council, the European Parliament, the European Economic and Social Committee and the Committee of the Regions, COM. 2005. 628 Final. Brussels.

———. **2006a.** "Building a Global Carbon Market—Report Pursuant to Article 30 of Directive 2003/87/EC." Communication from the Commission to the Council, the European Parliament, the European Economic and Social Committee and the Committee of the Regions, COM. 2006. 676 Final. Brussels.

———. **2006b.** *Green Paper: A European Strategy for Sustainable, Competitive and Secure Energy.* COM. 2006. 105 Final. Brussels.

———. **2006c.** "An EU Strategy for Biofuels." Communication from the Commission to the Council, the European Parliament, the European Economic and Social Committee and the Committee of the Regions. COM. 2006. 34 Final. Brussels.

———. **2007a.** "Renewable Energy Road Map. Renewable Energies in the 21st Century: Building a More Sustainable Future." COM. 2006. 848 Final. Brussels.

———. **2007b.** "Green Paper from the Commission to the Council, the European Parliament, the European Economic and Social Committee and the Committee of the Region. Adapting to Climate Change in Europe—Options for EU Action." COM. 2007. 354 Final. Brussels.

———. **2007c.** "On the Review of the Community Strategy to Reduce CO_2 Emissions and Improve Fuel Efficiency from Passenger Cars." Communication from the Commission to the European Parliament and Council, SEC 200760. Brussels.

———. **2007d.** "Sustainable power generation from fossil fuels: aiming for near zero emissions from coal after 2020." Communication from the Commission to the Council and the European Parliament. COM.2006. 843 Final. Brussels.

CEI (Committee of European Insurers). 2005. "Climate Change. Insurers Present Risk Management Recommendations for a Safer, Unpolluted World." Press Release. 9 November. Brussels. [http://www.cea.assur.org/cea/v1.1/actu/pdf/uk/communique239.pdf]. July 2007.

Chafe, Zoë. 2007. "Reducing Natural Disaster Risk in Cities." In Linda Stark, (ed.) *State of the World 2007: Our Urban Future.* 24th edition. A Worldwatch Institute Report on Progress Toward a Sustainable Society. Earthscan, London.

Chambers, Robert. 2006. "Editorial Introduction: Vulnerability, Coping and Policy." IDS Bulletin 37(4): 33–40.

Chen, Dorothée and Nicolas Meisel. 2006. "The Integration of Food Aid Programmes in Niger's Development Policies: the 2004–2005 food crisis." Working Paper 26. Agence Française de Développement, Paris.

Chhibber, Ajay and Rachid Laajaj. 2006. "Disasters, Climate Change, and Economic Development in sub-Saharan Africa: Lessons and Directions." Independent Evaluation Group, World Bank, Washington, DC.

Chomitz, Kenneth M. with Piet Buys, Giacomo de Luca, Timothy S. Thoas and Sheila Wertz-Kanounnikoff. 2007. *At Loggerheads? Agricultural Expansion, Poverty Reduction, and Environment in the Tropical Forests.* A World Bank Policy Research Report. World Bank, Washington, DC.

Chretien, Jean-Paul, Assaf Anyamba, Sheryl A. Bedno, Robert F. Breiman, Rosemary Sang, Kibet Sergon, Ann M. Powers, Clayton O. Onyango, Jennifer Small, Compton J. Tucker and Kenneth J. Linthicum. 2007. "Drought-Associated Chikungunya Emergence Along Coastal East Africa." *American Journal of Tropical Medicine and Hygiene* 76(3): 405–407.

Claussen, Eileen. 2007a. "Speech by Eileen Claussen, President, Pew Center on Global Climate Change." American College and University Presidents Climate Commitment Summit. 12 June 2007. Washington, DC. [http://www.pewclimate.org/press_room/speech_transcripts/ec_acupcc]. August 2007.

———. **2007b.** "Can Technology Transform the Climate Debate?" Remarks by Eileen Claussen, President, Pew Center on Global Climate Change at the Exxonmobil Longer Range Research Meeting, 16 May 2007. Paulboro, New Jersey.

Climate Institute, The. 2006. "Common Belief. Australia's Faith Communities on Climate Change." The Climate Institute (Australia), Sydney.

Cline, William. 2007. *Global Warming and Agriculture: Impact Estimates by Country.* Center for Global Development, Peterson Institute for International Economics, Washington, DC.

CNA (Center for Naval Analyses) Corporation. 2007. *National Security and the Threat of Climate Change.* Center for Naval Analyses, Alexandria, Virginia. [http://securityandclimate.cna.org/report/National%20Security%20and%20the%20Threat%20of%20Climate%20Change.pdf]. August 2007.

Coal Industry Advisory Board, International Energy Agency. 2006. *Case Studies in Sustainable Development in the Coal Industry.* OECD/IEA, Paris.

Colchester, Marcus, Norman Jiwan, Andiko, Martua Sirait, Asep Yunan Firdaus, A. Surambo and Herbert Pane. 2006a. "Promised Land: Palm Oil and Land Acquisition in Indonesia." Forest Peoples Programme, Perkumpulan Sawit Watch, HuMA and the World Agroforestry Centre, Moreton-in-the-Marsh and West Java.

Colchester, Marcus with Nalua Silva Monterrey, Ramon Tomedes, Henry Zaalman, Georgette Kumanajare, Louis Biswana, Grace Watalmaleo, Michel Barend, Sylvia Oeloekanamoe, Steven Majarawai, Harold Galgren, Ellen-Rose Kambel, Caroline de Jong, Belmond Tchoumba, John Nelson, George Thierry Handja, Stephen Nounah, Emmanuel Minsolo, Beryl David, Percival Isaacs, Angelbert Johnny, Larry Johnson, Maxi Pugsley, Claudine Ramacindo, Gavin Winter and Yolanda Winter, Peter Poole, Tom Griffiths, Fergus MacKay and Maurizio Farhan Ferrari. 2006b. "Forest Peoples, Customary Use and State Forests: The Case for Reform." Draft paper to be presented to the 11th Biennial Congress of the International Association for the Study of Common Property, Bali, Indonesia, 19–23 June 2006. Forest Peoples Programme, Moreton-in-the-Marsh.

Commission for Africa. 2005. "Our Common Interest: Report of the Commission for Africa." London. [http://www.commissionforafrica.org/english/report/introduction.html#report]. September 2007.

CONAM (Consejo Nacional del Ambiente). 2004. "Estado del Ambiente de Cusco y el Cambio Climático a Nivel Nacional." Reporte Ambiental No. 4. [http://www.conam.gob.pe/Modulos/home/reportes.asp]. September 2007.

Cooper, Richard N. 2000. "International Approaches to Global Climate Change." *The World Bank Research Observer* 15: 2 (August): 145–72.

———. **2005.** "Alternative to Kyoto: the Case for a Carbon Tax." [http://www.economics.harvard.edu/faculty/cooper/papers.html]. July 2007.

Coudrain, Anne, Bernard Francou and Zbifniew Kundzewicz. 2005. "Glacial shrinkage in the Andes and consequences for water resources – Editorial" *Hydrological Sciences–Journal des Sciences Hydrologiques* 50(6) December: 925–932.

Council of the European Union. 2007. "Presidency Conclusions 8/9 March 2007." 7224/1/07 REV 1. 2 May. Brussels.

Council on Foreign Relations. 2006. "National Security Consequences of US Oil Dependency." Independent Task Force Report No. 58. Council on Foreign Relations, New York.

Dasgupta, Partha. 2001. *Human Well-Being and the Natural Environment.* Oxford University Press, Oxford.

Dasgupta, Nandini with Mitra Associates. 2005 "Chars Baseline Survey 2005: Volume I. Household." Chars Livelihoods Programme. [http://www.livelihoods.org/lessons/project_summaries/comdev7_projsum.html]. May 2007.

Dasgupta, Susmita, Benoit Laplante, Craig Meisner, David Wheeler and Jinping Yan. 2007. "The Impact of Sea Level Rise on Developing Countries: A Comparative Analysis." Policy Research Working Paper 4136. World Bank, Washington, DC.

Davidson, Ogunlade, Harald Winkler, Andrew Kenny, Gisela Prasad, Jabavu Nkomo, Debbie Sparks, Mark Howells and Thomas Alfstad with Stanford Mwakasonda, Bill Cowan and Eugene Visagie. 2006. *Energy Policies for Sustainable Development in South Africa: Options for the Future.* (Harald Winkler, ed.). Energy Research Centre, University of Cape Town.

de Janvry, Alain and Elisabeth Sadoulet. 2004. "Conditional Cash Transfer Programs: Are They Really Magic Bullets?" Department of Agricultural and Resource Economics, University of California, Berkeley.

de Janvry, Alain, Elisabeth Sadoulet, Pantelis Solomon and Renos Vakis. 2006a. "Uninsured Risk and Asset Protection: Can Conditional Transfer Programs Serve as Safety Nets?" Social Protection Discussion Paper No. 0604. World Bank, Washington, DC.

———. 2006b. "Can Conditional Cash Transfer Programs Serve as Safety Nets in Keeping Children at School and from Working when Exposed to Shocks?" *Journal of Development Economics* 79: 349–373.

———. 2006c. "Evaluating Brazil's Bolsa Escola Program: Impact on Schooling and Municipal Roles." University of California, Berkeley.

de Montesquiou, Alfred. 2005. "Haitian Town Struggles to Recover One Year after Devastating Floods." The Associated Press. 19 September.

Deaton, Angus. 2001. "Health, inequality and economic development." Based on a paper prepared for the Working Group 1 of the WHO Commission on Macroeconomics and Health. Princeton University.

DEFRA (Department for Environment, Food and Rural Affairs). 2007. "New Bill and Strategy Lay Foundations for Tackling Climate Change – Miliband." News Release. 13 March. London. [http://www.defra.gov.uk/news/2007/070313a.htm]. July 2007.

Delgado, Christopher L., Jane Hopkins, and Valerie A. Kelly with Peter Hazell, Anna A. McKenna, Peter Gruhn, Behjat Hojjati, Jayashree Sil, and Claude Courbois. 1998. "Agricultural Growth Linkages in sub-Saharan Africa." IFPRI Research Report No. 107. International Food Policy Research Institute, Washington, DC.

del Ninno, Carlo, and Lisa C. Smith. 2003. "Public Policy, Markets and Household Coping Strategies in Bangladesh: Avoiding a Food Security Crisis Following the 1998 Floods." *World Development* 31(7): 1221–1238.

den Elzen, M. G. J. and M. Meinshausen. 2005. "Meeting the EU 2°C Climate Target: Global and Regional Emission Implications." Report 728001031/2005. Netherlands Environmental Assessment Agency, Amsterdam.

Denning, Glenn and Jeffrey Sachs. 2007. "How the Rich World Can Help Africa Help Itself." *The Financial Times.* May 29. [http://www.ft.com/cms/s/2/81059fb4-0e02-11dc-8219-000b5df10621,dwp_uuid=8806bae8-0dc4-11dc-8219-000b5df10621.html]. August 2007.

Dercon, Stefan. 1996. "Risk, Crop Choice and Savings: Evidence from Tanzania." *Economic Development Cultural Change.* 44(3): 385–514.

———. 2004. "Growth and Shocks: Evidence from Rural Ethiopia. *Journal of Development Economics* 74: 309–329.

———. 2005. "Vulnerability: A Micro-perspective." Paper presented at the Annual Bank Conference on Development Economics (ABCDE) Conference. Amsterdam, May 2005. World Bank, Washington, DC.

Dercon, Stefan and Pramila Krishnan. 2000. "In Sickness and in Health: Risk Sharing within Households in Rural Ethiopia." *Journal of Political Economy* 108(4): 668–727.

Dercon, Stefan, John Hoddinott and Tassew Woldehanna. 2005. "Shocks and Consumption in 15 Ethiopian Villages, 1999–2004." International Food Policy Research Institute, Washington, DC.

Devereux, Stephen. 1999. "Making Less Last Longer. Informal Safety Nets in Malawi." IDS Discussion Paper No. 373. Institute of Development Studies, University of Sussex, Brighton.

———. 2002. "State of Disaster. Causes, Consequences and Policy Lessons from Malawi." ActionAid Malawi, Lilongwe.

———. 2006a. "Vulnerable Livelihoods in Somali Region, Ethiopia." Institute of Development Studies, University of Sussex, Brighton.

———. 2006b. "Cash Transfers and Social Protection." Paper prepared for the regional workshop on "Cash Transfer Activities in Southern Africa", 9–10 October 2006, Johannesburg, South Africa. Southern African Regional Poverty Network (SARPN), Regional Hunger and Vulnerability Programme (RHVP) and Oxfam GB. Johannesburg.

———. 2006c. "The Impacts of Droughts and Floods on Food Security and Policy Options to Alleviate Negative Effects." Paper submitted for plenary session on "Economics of Natural Disasters" International Association of Agricultural Economists (IAAE) conference. Gold Coast Convention and Exhibition Center, Queensland, Australia. 12–18 August. Institute of Development Studies, University of Sussex, Brighton.

Devereux, Stephen, Rachel Sabates-Wheeler, Mulugeta Tefera and Hailemichael Taye. 2006. "Ethiopia's Productive Safety Net Programme (PSNP): Trends in PSNP Transfers Within Targeted Households." Final Report for the Department for International Development. DFID, Ethiopia and the Institute of Development Studies (IDS), University of Sussex. Brighton and Addis Ababa.

Devereux, Stephen and Zoltan Tiba. 2007. "Malawi's First Famine, 2001–2002." In Stephen Devereux (ed.), *The New Famines. Why Famines Persist in an Era of Globalization.* Routledge, London.

DFID (Department for International Development). 2002. "Bangladesh. Chars Livelihood Programme." London.

———. 2004 "Adaptation to Climate Change: Can Insurance Reduce Vulnerability of the Poor?" Key Sheet No. 8, London.

———. 2006. "Natural Disaster and Disaster Risk Reduction Measures– A Desk Review of Costs and Benefits." Environmental Resources Management, DFID, London.

———. 2007. "A Record Maize Harvest in Malawi." Case Studies. [http://www.dfid.gov.uk/casestudies/fi les/africa%5Cmalawiharvest.asp]. July 2007.

Diamond, Jared. 2005. *Collapse: How Societies Choose to Fail or Succeed.* Viking, New York.

Doniger, David D., Antonia V. Herzog and Daniel A. Lashof. 2006. "Climate Change: An Ambitious, Centrist Approach to Global Warming Legislation." *Science* 314: 764.

EEA (European Environment Agency). 2004. "Energy Subsidies in the European Union: A Brief Overview." DEA Technical Report 1/2004. Brussels.

———. 2006. "Greenhouse Gas Emission Trends and Projections in Europe 2006." EEA Report No. 9/2006. Copenhagen.

———. 2007. "Climate Change and Water Adaptation Issues." EEA Technical Report No. 2/2007. Office for Official Publications of the European Communities, Luxembourg. [http://reports.eea.europa.eu/technical_report_2007_2/en/eea_technical_report_2_2007.pdf]. July 2007.

EFTA (European Federation for Transport and Environment). 2007. "Regulating Fuel Efficiency of New Cars." Background Briefing. January 2007. Brussels.

Elbers, Chris and Jan Willem Gunning. 2003. "Growth and Risk: Methodology and Micro-Evidence." Tin Bergen Institute Discussion Papers 03-068/2. University of Amsterdam.

Elobeid, Amani and Simla Tokgoz. 2006. "Removal of US Ethanol Domestic and Trade Distortions: Impact on US and Brazilian Ethanol Markets." Working Paper 06-WP 427. Center for Agricultural and Rural Development, Iowa University, Ames.

Emanuel, Kerry. 2005. "Increasing Destructiveness of Tropical Cyclones over the Past 30 Years." Nature 436: 686–688.

EIA (Energy Information Administration). 2006. "Emission of Greenhouse Gases in the United States 2005." Washington, DC.

EPA (Environment Protection Agency). 2006. "Clean Air Markets — Data and Publications." [www.epa.gov/airmarkets/auctions/index.html]. August 2007.

Epstein, Paul R. and Christine Rogers. 2004. *Inside the Greenhouse. The Impacts of CO_2 and Climate Change on Public Health in the Inner City.* Center for Health and the Global Environment, Boston, Massachusetts.

Epstein, Paul R. and Evan Mills (eds.). 2005. *Climate Change Futures: Health, Ecological and Economic Dimensions.* The Center for Health and the Global Environment, Harvard Medical School, Cambridge, Massachusetts.

EC (European Commission). 2005a. "Doing More With Less." Green Paper on Energy Efficiency. Brussels.

———. 2005b. "Zero emissions technology platform: Commission Fosters CO_2-free Energy in the Future." IP/05/1512. Information and Communication Unit, Research DG, Brussels.

———. 2006a. "Action Plan for Energy Efficiency: Realizing the Potential." Communication from the Commission. Brussels. [http://ec.europa.eu/energy/action_plan_energy_efficiency/doc/com_2006_0545_en.pdf]. September 2007.

———. 2006b. "Clean Coal Technology." EUROPA, Brussels. [http://ec.europa.eu/energy/coal/clean_coal/index_en.htm]. September 2007.

———. 2006c. EU Greenhouse Gas Emission Trends and Projections. [http://reports.eea.europa.eu/eea_report_2006_9/en/eea_report_9_2006.pdf]. September 2007.

———. 2007a. "The Impact of a Minimum 10% Obligation for Biofuel Use in the EU-27 in 2020 on Agricultural Markets." Directorate-General for Agriculture and Rural Development, Brussels. [http://ec.europa.eu/agriculture/analysis/markets/biofuel/impact042007/text_en.pdf]. August 2007.

———. 2007b. "Commission Proposes an Integrated Energy and Climate Change Package to Cut Emissions for the 21st Century." Press Release, 10 January. EUROPA, Brussels.

———. 2007b. "Energy for a Changing World." EUROPA. On President José Manuel Barroso. [http://ec.europa.eu/commission_barroso/president/focus/energy_en.htm]. July 2007.

———. 2007c. "Commission Reports on the Application of State Aid Rules to the Coal Industry in the EU." Press Release. EUROPA, Brussels.

EC (European Commission), Directorate General for Energy and Transport. 2006. "European Survey—Attitude on Issues Related to EU Energy Policy." Press Release. EUROPA. Brussels.

———. 2007. "Energy for a Changing World. An Energy Policy for Europe—the Need for Action." Brussels.

EFTA (European Federation for Transport and Environment). 2007. "Regulating Fuel Efficiency of New Cars." Background Briefing January 2007. Brussels. [http://www.transportenvironment.org/docs/Publications/2007/2007-01_background_briefing_cars_co2_regulation.pdf]. August 2007.

European Technology Platform on Zero Emission Fossil Fuel Power Plants (ZEP). 2007. "European Technology Platform for Zero Emission Fossil Fuel Power Plants (ZEP): Strategic Overview." ZEP Secretariat, Brussels.

———. 2006a. *Green Paper: A European Strategy for Sustainable, Competitive and Secure Energy.* European Union, Brussels.

———. 2006b. "An EU Strategy for Bio-fuels' Communication from the Commission." COM. 2006. 34 Final. Brussels.

EU (European Union). 2007a. "EU almost On Track in Reaching its 2010 Renewable Electricity Target." Press Release. 10 January. MEMO/07/12. EUROPA. Brussels.

———. 2007b. "Limiting Global Climate Change to 2 degrees Celsius." Press Release. 10 January. MEMO/07/16. EUROPA. Brussels.

———. 2007c. "Emissions Trading: Commission Adopts Decision on Finland's National Allocation Plan for 2008–2012." Press Release. 4 June. [IP/07/749]. EUROPA. Brussels. 3 53

EWEA (European Wind Energy Association). 2006. "Large Scale Integration of Wind Energy in the European Power Supply: Analysis, Issues and Recommendations." EWEA Grid Report. Brussels.

FAO (Food and Agriculture Organization of the United Nations). 2004. 28ava Conferencia regional de la FAO para América Latina y el Caribe. Seguridad Alimentaria como estrategia de Desarrollo rural. Ciudad de Guatemala (Guatemala), 26 al 30 de abril de 2004.

———. 2007a. *State of the Worlds Forests* 2007. Forestry Department, Rome.

———. 2007b. "Forest Resources Assessment." Correspondence on carbon stocks in forests. Extract from database. August 2007. Forestry Department, Rome.

Finlayson, C.M. and A.G. Spiers. 2000. "Global Review of Wetland Resources." In *World Resources 2000–2001.* World Resources Institute, Washington, DC.

Fischer, G., M. Shah, N. Tubiello and H. van Velthuizen. 2005. "Socio-economic and Climate Change Impacts on Agriculture: An Integrated Assessment, 1990–2000." *Philosophical Transactions of the Royal Society* 360: 2067–2083.

Flannery, Tim. 2005. *The Weather Makers: The History and Future Impact of Climate Change.* Penguin, London.

Franco, Guido. 2005. "Climate Change Impacts and Adaptation in California." Support document to the 2005 Integrated Energy Policy Report. Staff Paper. California Energy Commission, Sacramento.

Frankel-Reed, Jenny. 2006. "Adaptation Through Development: A Review of Bilateral Development Agency Programmes, Methods and Projects." Global Environment Fund (GEF), New York.

Friends of the Earth Middle East. 2007. "Climate Change May Further Erode Political Stability in the Middle East." [http://www.foeme.org/press.php?ind=49]. June 2007.

GAO (US Government Accountability Office). 2007. "Climate Change: Financial Risks to Federal and Private Insurers in Coming Decades are Potentially Significant." March 2007. GAO-07-285. Report to the Committee on Homeland Security and Government Affairs, US Senate. Washington, DC.

G8 (Group of Eight). 2005. "Geneagles Plan of Action. Climate Change, Clean Energy and Sustainable Development." Gleneagles.

———. 2007. "Growth and Responsibility in the World Economy." Summit Declaration Heiligendamm. [http://www.whitehouse.gov/g8/2007/g8agenda.pdf]. September 2007.

Gardner, T.A., Isabelle M. Côté, Jennifer A. Gill, Alastair Grant and Andrew R. Watkinson. 2003. "Long Term Region-wide Declines in Carribbean Corals." *Science* 301(5635): 958–960. 15 August.

GCOS (Global Climate Observing System), UN Economic Commission for Africa and African Union Commission. 2006. "Climate Information for Development Needs: An Action Plan for Africa. Report and Implementation Strategy." 18-21 April, Addis Ababa.

GEF (Global Environment Facility). 2007a. "Status Report on the Climate Change Funds as of April 30, 2007." Report of the Trustee. GEF Secretariat, Washington, DC.

———. 2007b. "SPA (Strategic Priority on Adaptation) Status Report June 2007." GEF Secretariat, Washington, DC.

———. 2007c. "Pledging Meeting for Climate Change Funds 15 June 2007." GEF Secretariat, Washington, DC.

Glemarec, Yannick. 2007a. "Embedding climate resilience thinking into national planning in Egypt." Internal Communication.

———. 2007b. "The impacts of climate change: creating an uncertain future for fisheries in Namibia." Internal Communication.

Global Representation for the Wind Energy Sector and Greenpeace. 2006. *Global Wind Energy Outlook* 2006. Greenpeace and Global Wind Energy Council, London. [http://www.greenpeace.org/raw/content/international/press/reports/globalwindenergyoutlook.pdf]. August 2007.

Government of Australia. 2007. *National Greenhouse Gas Inventory 2005.* Canberra: Australian Greenhouse Office, Department of the Environment and Water Resources. [http://www.greenhouse.gov.au/inventory/2005/index.html]. March 2007.

Government of California. 2006. "Proposition 1E. Disaster Preparedness and Flood Prevention Bond Act of 2006." Legislative Analyst's Office, Sacramento, California. [http://www.lao.ca.gov/ballot/2006/1E_11_2006.htm]. September 2007.

Government of Canada. 2005. "Canada's Greenhouse Gas Inventory, 1990–2003." Greenhouse Gas Division, Environment Canada, Ottawa. [http://www.ec.gc.ca/pdb/ghg/inventory_report/2003_report/sum_e.cfm]. September 2007.

———. 2006. "Canada's Greenhouse Gas Emissions Reporting Program. Overview of the Reported 2005 Facility Level GHG Emissions." Environment Canada, Ottawa. [http://www.ec.gc.ca/pdb/ghg]. August 2007.

———. 2007. "Regulatory Framework for Air Emissions." Ministry of Environment, Ottawa.

Government of the Federal Democratic Republic of Ethiopia. 2006. "Productive Safety Net Programme: Programme Implementation Manual." Ministry of Agriculture and Rural development, Addis Ababa.

Government of France. 2006. "Report from the Working Group on Achieving a fourfold reduction in greenhouse gas emissions in France by 2050." Chaired by Christian de Boisseau. Ministère de l'économie des finances et de l'industrie and Ministère de l'écologie et du développement durable, Paris.

———. 2007. "Actions futures et facteur 4." Ministère de l'écologie, du développement et de l'aménagement, Paris. [http://www.ecologie.gouv.fr/-Actions-futures-et-facteur-4-.html]. August 2007.

Government of Germany. 2007. "Sigmar Gabriel: Klimaschutz nutzt auch Verbrauchern und Wirtschaft." Pressemitteilungen Nr. 224/07. 24 August. Bundesministerium für Umwelt, Naturschutz und Reaktorsicherheit, Berlin.

Government of India. 2006a. *Integrated Energy Policy. Report of the Expert Committee.* New Delhi: Planning Commission.

———. 2006b. *Towards Faster and More Inclusive Growth. An Approach to the 11th Five Year Plan (2007–2012).* Planning Commission, New Delhi.

Government of India. 2007. "2005–2006 National Family Health Survey (NFHS-3)." Ministry of Health and Family Welfare, International Institute for Population Sciences, Mumbai.

Government of Japan. 2002. "Japan's Third National Communication under the United Nations Framework Convention on Climate Change." [http://unfccc.int/resource/docs/natc/japnc3.pdf]. July 2007.

Government of New South Wales. 2007. "Greenhouse Gas Abatement Scheme (GGAS)." Sydney. [http://www.greenhousegas.nsw.gov.au/overview/scheme_overview/overview.asp]. September 2007.

Government of Norway. 2007. "The Prime Minister sets New Climate Goals." Office of the Prime Minister, Oslo.

Government of Pakistan. 2005. Annual Report 2005–06. Oil and Gas Regulatory Authority, Islamabad.

Government of the People's Republic of Bangladesh. 2005a. *Bangladesh. Unlocking the Potential. National Strategy for Accelerated Poverty Reduction.* Dhaka: General Economics Division.

———. 2005b. *National Adaptation Plan of Action. Final Report.* Dhaka: Ministry of Environment and Forests.

———. Mimeo. "Comprehensive Disaster Management Bangladesh Experience." Comprehensive Disaster Management Programme, Ministry of Food and Disaster Management, Dhaka.

Government of Sweden. 2006. "Making Sweden an OIL-FREE Society." Commission on Oil Independence, Stockholm.

———. 2007. "Regeringens proposition 2005/06: 172. Nationell klimatpolitik i global samverkan." Harpsund. [http://www.regeringen.se/content/1/c6/06/07/78/a096b1c8.pdf]. September 2007.

Government of the United Kingdom. 2006a. *Climate Change. The UK Programme 2006.* Presented to Parliament by the Secretary of State for the Environment, Food and Rural Affairs. Her Majesty's Stationery Office, Norwich.

———. 2006b. "UK Energy and CO_2 Emissions Projections. Updated Projections to 2020." Department of Trade and Industry, London.

———. 2006c. *The Energy Challenge: Energy Review Report 2006.* London: Department of Trade and Industry.

———. 2007a. *Draft Climate Change Bill.* Presented to Parliament by the Secretary of State for Environment, Food and Rural Affairs. Her Majesty's Stationery Office, Norwich.

———. 2007b. *Draft Climate Change Bill. Partial Regulatory Impact Assessment.* London: Department for Environment, Food and Rural Affairs. [http://www.defra.gov.uk/corporate/consult/climatechange-bill/ria.pdf]. September 2007.

———. 2007c. *Energy Trends and Quarterly Energy Prices.* Department of Trade and Industry, London. [http://www.dti.gov.uk/energy/statistics/publications/dukes/page29812.html]. March 2007.

———. 2007d. "Funding UK Flood Management." Department for Environment, Food and Rural Affairs, London. [http://www.defra.gov.uk/environ/fcd/policy/funding.htm]. July 2007.

———. 2007e. *Meeting the Energy Challenge: A White Paper on Energy.* London: Department of Trade and Industry. [http://www.berr.gov.uk/files/file39387.pdf]. May 2007.

Government of the United States. 2005. "Regional Carbon Sequestration Partnerships: Phase I Accomplishments." Department of Energy, NETL (National Energy Technology Laboratory), Pittsburg, Pennsylvania.

———. 2006a. "*FutureGen*—A Sequestration and Hydrogen Initiative." Project Update: December 2006. Department of Energy, Office of Fossil Energy, Washington, DC. [http://www.fossil.energy.gov/programs/powersystems/futuregen/index.html]. August 2007.

———. 2006b. "Interior Secretary Kempthorne Announces Proposal to List Polar Bears as Threatened Under Endangered Species Act." Department of the Interior. Press Release. [http://www.doi.gov/news/06_News_Releases/061227.html]. December 2006.

———. 2007a. "Tracking New Coal-Fired Power Plants. Coal's Resurgence in Electric Power Generation." Department of Energy, NETL (National Energy Technology Laboratory), Pittsburg, Pennsylvania. [http://www.netl.doe.gov/coal/refshelf/ncp.pdf]. September 2007.

———. 2007b. "Carbon Sequestration Technology; Roadmap and Program Plan 2007. Ensuring the Future of Fossil Energy Systems through the Successful Deployment of Carbon Capture and Storage Technologies." Department of Energy, NETL (National Energy Technology Laboratory), Pittsburg, Pennsylvania.

———. 2007c. "President Bush Delivers State of the Union Address." United States Capitol, Washington, DC. [http://www.whitehouse.gov/news/releases/2007/01/20070123-2.html]. August 2007.

Greenpeace and GWEC (Global Wind Energy Council). 2006. *Global Wind Energy Outlook 2006.* GWEC and Greenpeace, Brussels and Amsterdam.

Grinspun, Alejandro. 2005. "Three models of social protection." One Pager No. 17. UNDP-International Poverty Agenda, Brasilia.

Grubb, Michael and Karsten Neuhoff. 2006. "Allocation and Competitiveness in the EU Emissions Trading Scheme: Policy Overview." *Climate Policy* 6: 7–30.

GSS (Ghana Statistical Service), NMIMR (Noguchi Memorial Institute for Medical Research), and ORC Macro. 2004. "Ghana Demographic and Health Survey 2003." Calverton, Maryland.

Gurría, Angel, and Richard Manning. 2007. "Statement by Angel Gurría, OECD Secretary-General, and Richard Manning, Chairman,

OECD Development Assistance Committee (DAC)." Meeting. Washington, 15 April 2007. OECD, Washington, DC.

Główny Urz d Statystyczny (GUS) [Central Statistical Office, Poland]. 2006. *Energy Consumption Efficiency, 1994–2004.* Warsaw.

Hanemann, Michael and A. Farrel. 2006. Managing Greenhouse Gas Emissions in California. The California Climate Change Center at University of California, Berkeley. [http://calclimate.berkeley.edu/managing GHGs in CA.html]. January 2006.

Hansen, James. 2006. "The Threat to the Planet." *New York Review of Books* 55 (12). [http://www.nybooks.com/articles/19131]. July 2007.

———. 2007a. "Scientific Reticence and Sea Level Rise." *Environmental Research Letters* 2 024002 (6pp). [http://www.iop.org/EJ/article/1748-9326/2/2/024002/erl7_2_024002.html]. March 2007.

———. 2007b. "Why We Can't Wait." *The Nation.* 7 May. New York.

———. 2007c. "Dangerous Human-Made Interference with Climate." Testimony to Select Committee on Energy Independence and Global Warming, United States House of Representatives, 26 April, Washington, DC.

Hansen, James, Makiko Sato, Reto Ruedy, Ken Lo, David W. Lea and Martin Medina-Elizade. 2006. "Global Temperature Change." *Proceedings of the National Academy of Sciences* 103 (39): 14288–14293.

Hansen, J., Mki Sato, R. Ruedy, P. Kharecha, A. Lacis, R.L. Miller, L. Nazarenko, K. Lo, G.A. Schmidt, G. Russell, I. Aleinov, S. Bauer, E. Baum, B. Cairns, V. Canuto, M. Chandler, Y. Cheng, A. Cohen, A. Del Genio, G. Faluvegi, E. Fleming, A. Friend, T. Hall, C. Jackman, J. Jonas, M. Kelley, N.Y. Kiang, D. Koch, G. Labow, J. Lerner, S. Menon, T. Novakov, V. Oinas, Ja. Perlwitz, Ju. Perlwitz, D. Rind, A. Romanou, R. Schmunk, D. Shindell, P. Stone, S. Sun, D. Streets, N. Tausnev, D. Thresher, N. Unger, M. Yao, and S. Zhang. 2007. Dangerous Human-made Interference with Climate: A GISS modelE study. *Atmospheric Chemistry and Physics* 7: 2287–2312.

Hanson, Craig and James R. Hendricks Jr. 2006. "Taxing Carbon to Finance Tax Reform." Issue Brief. Duke Energy and World Resources Institute. Charlotte, North Carolina and Washington, DC.

Hare, William. 2005. "Relationship Between Increases in Global Mean Temperature and Impacts on Ecosystems, Food Production, Water and Socio-Economic Systems." In *Avoiding Dangerous Climate Change.* Conference Report for Symposium on Stabilization of Greenhouse Gases, 1–3 February, 2005. Hadley Centre, Exeter, Department for Environment, Food and Rural Affairs, London.

Heimann, Lieff Cabraser and L.L.P. Bernstein. 2007. "Tobacco and Smokers Litigation." [http://www.lieffcabraser.com/tobacco.htm]. April 2007.

Hemming, D. 2007. "Impacts of Mean Sea Level Rise Based on Current State-of-the-Art Modelling." Hadley Centre, Exeter University.

Henderson, Caspar. 2006a. "Ocean acidification: The Other CO_2 Problem." NewScientist.com news service. 5 August 2006. [http://environment.newscientist.com/channel/earth/mg19125631.200-ocean-acidification-the-iotheri-cosub2sub-problem.html]. September 2007.

———. 2006b. "Paradise Lost," *New Scientist* 191 (2563): 28–33. 5 August 2006.

High-Level Task Force on UK Energy Security, Climate Change and Development Assistance. 2007. *Energy, Politics, and Poverty. A Strategy for Energy Security, Climate Change and Development Assistance.* University of Oxford.

Hoddinott, John and Bill Kinsley. 2000. "Adult Health in the Time of Drought." Food Consumption and Nutrition Division (FCND) Discussion Paper No. 79. International Food Policy Research Institute, Washington, DC.

———. 2001. "Child Growth in the Times of Drought." *Oxford Bulletin of Economics and Statistics* 63(4):0305–0949.

Hoffmann, Yvonne. 2006. "Auctioning of CO_2 Emission Allowances in the EU ETS." Report under the project "Review of EU Emissions Trading Scheme." European Commission Directorate General for Environment, Brussels.

Houghton, R.A. 2005. "Tropical Deforestation as a Source of Greenhouse Gas Emission." In *Tropical Deforestation and Climate Change* (P. Mutinho and S. Schwartzman eds). Belém: Instituto de Pesquisa Ambiental da Amazônia (IPAM). Environmental Defense, Washington, DC.

Hoyois, P., J-M. Scheuren, R. Below and D. Guha-Sapir. 2007. *Annual Disaster Statistical Review: Numbers and Trends 2006.* Centre for Research on the Epidemiology of Disasters (CRED). Brussels.

HSBC (Hong Kong Shanghai Bank of Commerce). 2007. "HSBC Climate Confidence Index 2007." HSBC Holdings plc.

Huisman, Pieter. 2002. "How the Netherlands Finance Public Water Management." European Water Management Online. Official Publication of the European Water Association. [http://www.ewaonline.de/journal/2002_03.pdf]. May 2007.

Hulme, Mike and Nicola Sheard. 1999a. "Climate Change Scenarios for Australia." Climatic Research Unit, Norwich. [http://www.cru.uea.ac.uk/~mikeh/research/australia.pdf]. August 2007.

———. 1999b. "Climate Change Scenarios for Japan." Climate Research Unit. Norwich. [http://www.cru.uea.ac.uk/~mikeh/research/wwf.japan.pdf]. September 2007.

Ikkatai, Seiji. 2007. "Current Status of Japanese Climate Change Policy and Issues on Emission Trading Scheme in Japan." The Research Center for Advanced Policy Studies Institute of Economic Research, Kyoto University, Kyoto.

IEA (International Energy Agency). 2003. "Cool Appliances: Policy Strategies for Energy-Efficient Homes." Energy Efficiency Policy Profiles. OECD (Organisation for Economic Co-operation and Development)/IEA, Paris.

———. 2006a. "Energy Policies of IEA Countries. 2006 Review." OECD (Organisation for Economic Co-operation and Development)/IEA, Paris.

———. 2006b. *Energy Technology Perspectives. Scenarios and Strategies to 2050.* OECD (Organisation for Economic Co-operation and Development)/IEA, Paris.

———. 2006c. *World Energy Outlook.* OECD (Organisation for Economic Co-operation and Development)/IEA, Paris.

IFEES (Islamic Foundation for Ecology and Environmental Sciences). 2006. "EcoIslam." Newsletter. Issue No.02. [http://ifees.org.uk/newsletter_2_small.pdf]. August 2007.

IFRC (International Federation of the Red Cross and Red Crescent Societies). 2002. *World Disasters Report 2002.* Geneva.

———. 2005a. *World Disasters Report 2005: Focus on Information in Disasters.* Geneva.

———. 2005b. Operations Update No 3. Kenya: Drought. 4 February. [www.reliefweb.int/library/documents/2005/IFRC/ifrc-drought-04feb.pdf]. July 2007.

———. 2006. *World Disasters Report 2006: Focus on Neglected Crises.* Geneva.

IMF (International Monetary Fund). 2006. *World Economic Outlook Report 2006: Financial Systems and Economic Cycles.* September. Washington, DC.

———. 2007. *World Economic Outlook Database.* April 2007. Washington, DC.

International Network for Sustainable Energy – Europe. 2006. "Subsidies and Public Support for Energy." [http://www.inforse.org/europe/subsidies.htm]. August 2007.

INPE (Instituto Nacional de Pesquisas Espaciais). 2007. "Sistema de Detecção do Desmatamento em Tempo Real (DETER)." Database. São José dos Campos.

International Network for Sustainable Energy. 2006. "Subsidies and Public Support for Energy." [http://www.inforse.org/europe/subsidies.htm]. August 2007.

IRI (International Research Institute for Climate and Society). 2007. "Climate Risk Management in Africa: Learning from Practice." *Climate and Society* No 1. The Earth Institute, Columbia University, New York.

ISSC (International Scientific Steering Committee). 2005. *Report of the International Scientific Steering Committee. International Symposium on Stabilization on Greenhouse Gas Concentrations—Avoiding Dangerous Climate Change, 1–3 February, 2005 Met-Office Hadley Centre for Climate Change, Exeter, UK.* Department for Environment, Food and Rural Affairs, London.

IPCC (Intergovernmental Panel on Climate Change). 1999. "Summary for Policymakers. Aviation and the Global Atmosphere." A Special Report of IPCC Working Groups I and III in collaboration with the Scientific Assessment Panel to the Montreal Protocol on Substances that Deplete the Ozone Layer. (Joyce E. Penner, David H. Lister, David J. Griggs, David J. Dokken and Mack McFarland, eds.). Cambridge University Press, Cambridge and New York.

———**. 2001.** "Technical Summary." In *Climate Change 2001: Impacts, Adaptation, and Vulnerability. Contribution of Working Group II to the Third Assessment Report of the Intergovernmental Panel on Climate Change* (James J. McCarthy, Osvaldo F. Canziani, Neil A. Leary, David J. Dokken and Kasey S. White, eds.). Cambridge University Press, Cambridge and New York.

———**. 2007a.** *Climate Change 2007—The Physical Science Basis. Contribution of Working Group I to the Fourth Assessment Report of the Intergovernmental Panel on Climate Change.* (S. Solomon, D. Qin, M. Manning, Z. Chen, M. Marquis, K.B. Averyt, M. Tignor and H.L. Miller, eds.). Cambridge University Press, Cambridge and New York.

———**. 2007b.** *Climate Change 2007: Climate Change Impacts, Adaptation and Vulnerability. Working Group II Contribution to the Fourth Assessment Report of the Intergovernmental Panel on Climate Change.* (S. Solomon, D. Qin, M. Manning, Z. Chen, M. Marquis, K.B. Averyt, M. Tignor and H.L. Miller, eds.). Cambridge University Press, Cambridge and New York.

———**. 2007c.** *Climate Change 2007: Mitigation of Climate Change. Working Group III Contribution to the Fourth Assessment Report of the Intergovernmental Panel on Climate Change.* (S. Solomon, D. Qin, M. Manning, Z. Chen, M. Marquis, K.B. Averyt, M. Tignor and H.L. Miller, eds.). Cambridge University Press, Cambridge and New York.

———**. 2007d.** "Summary for Policymakers." In *Climate Change 2007— The Physical Science Basis. Contribution of Working Group I to the Fourth Assessment Report of the Intergovernmental Panel on Climate Change.* (S. Solomon, D. Qin, M. Manning, Z. Chen, M. Marquis, K.B. Averyt, M. Tignor and H.L. Miller,eds.). Cambridge University Press, Cambridge and New York.

———**. 2007e.** "Summary for Policymakers." In *Climate Change 2007: Climate Change Impacts, Adaptation and Vulnerability. Working Group II Contribution to the Fourth Assessment Report of the Intergovernmental Panel on Climate Change.* (S. Solomon, D. Qin, M. Manning, Z. Chen, M. Marquis, K.B. Averyt, M. Tignor and H.L. Miller, eds.). Cambridge University Press, Cambridge and New York.

———**. 2007f.** "Summary for Policymakers." *In Climate Change 2007: Mitigation of Climate Change. Working Group III Contribution to the Fourth Assessment Report of the Intergovernmental Panel on Climate Change.* (S. Solomon, D. Qin, M. Manning, Z. Chen, M. Marquis, K.B. Averyt, M. Tignor and H.L. Miller, eds.). Cambridge University Press, Cambridge and New York.

———**. 2007g.** "Technical Summary." In *Climate Change 2007: Climate Change Impacts, Adaptation and Vulnerability. Working Group II Contribution to the Fourth Assessment Report of the Intergovernmental Panel on Climate Change.* (S. Solomon, D. Qin, M. Manning, Z. Chen, M. Marquis, K.B. Averyt, M. Tignor and H.L. Miller, eds.). Cambridge University Press, Cambridge and New York.

IRI (International Research Institute for Climate and Society). 2007. "Climate Risk Management in Africa: Learning from Practice." *Climate and Society* No 1. The Earth Institute, Columbia University, New York.

ISDR (International Strategy for Disaster Reduction). 2007a. "Drought Risk Reduction Framework and Practices: Contributing to the Implementation of the Hyogo Framework for Action." Geneva.

———**. 2007b.** "Building Disaster Resilient Communities. Good Practices and Lessons Learned." Geneva.

———**. 2007c.** "Words into Action: A Guide for Implementing the Hyogo Framework. Hyogo Framework for Action 2005–2015: Building the Resilience of Nations and Communities to Disasters." Geneva.

ISDR (International Strategy for Disaster Reduction) and World Bank GFDRR (Global Facility for Disaster Reduction and Recovery). 2006. "A Partnership for Mainstreaming Disaster Mitigation in Poverty Reduction Strategies." Geneva and Washington, DC.

———**. 2007.** "Committed to Reducing Vulnerabilities to Hazards by Mainstreaming Disaster Reduction and Recovery in Development. Progress Report 1. Geneva and Washington, DC.

Itano, Nicole. 2002. "Famine, AIDS Devastating Malawi Women." WOMENSENEWS. 26 February. [http://www.sahims.net/doclibrary/2004/02_February/11%20Wed/Regional%20abstract/Famine,%20AIDS%20Devastating%20Malawi%20Women.pdf]. August 2007.

Jank, Marcos J., Géraldine Kutas, Luiz Fernando do Amaral and André M. Nassar. 2007. "EU and US Policies on Biofuels: Potential Impacts on Developing Countries." The German Marshall Fund of the United States, Washington, DC.

Jacquet, Pierre and Laurence Tubiana (eds.) 2007. *Regards sur la terre: L'annuel du développement durable. 2007. Energie et changements climatiques.* Presses de Sciences Pos, Paris.

Jha, Saroj Kumar. 2007. "GFDRR. Track II. Multi-donor Trust Fund for Mainstreaming Disaster Reduction for Sustainable Poverty Reduction." ISDR and the Global Facility for Disaster Reduction and Recovery, The World Bank Group. Washington, DC. [http://www.unisdr.org/eng/partner-netw/wb-isdr/Twb-isdr-rackII-ApproachPaper-Results-CG-comments.doc]. August 2007.

Jones, P. and P.K. Thornton. 2003. "The Potential Impacts of Climate Change on Maize Production in Africa and Latin America in 2055." *Global Environmental Change* 13: 51–59.

Jones, Chris, Peter Cox and Chris Huntingford. 2005. "Impact of climate-carbon cycle feedbacks on emissions scenarios to achieve stabilization." In *Avoiding Dangerous Climate Change.* Conference Report for Symposium on Stabilization of Greenhouse Gases, 1–3 February, 2005 Met Office Hadley Centre for Climate Change, Exeter, UK. Department for Environment, Food and Rural Affairs, London.

Kennedy, John F. 1963. Address before the Irish Parliament, June 28, 1963. [http://www.jfklibrary.org/Asset+Tree/Asset+Viewers/Audio+Video+Asset+Viewer.htm?guid={D8A7601E-F3DA-451F-86B4-43B3EE316F64}&type=Audio]. August 2007.

Klein, R.J.T., S.E.H.Eriksen, L.O. Næss, A. Hammill, C. Robledo, K.L.O. Brien and T.M.Tanner. 2007. "Portfolio Screening to Support the Mainstreaming of Adaptation to Climate Change into Development Assistance." Working Paper 102. Tyndall Centre for Climate Change Research, University of East Anglia, Norwich.

Kurukulasuriya, Pradeep and Robert Mendelsohn. 2006. "A Ricardian Analysis of the Impact of Climate Change on African Cropland." CEEPA Discussion Paper No. 8. Centre for Environmental Economics and Policy in Africa (CEEPA), University of Pretoria.

Landau, J.P. 2004. "Rapport à Monsieur Jacques Chirac, Président de la Republique, Group de travail sur les nouvelles contributions financières internationales." [http://www.diplomatie.gouv.fr/en/IMG/pdf/LandauENG1.pdf]. August 2007.

Leiserowitz, Anthony. 2006. "Climate Change, Risk Perception and Policy Preferences." *Climate Change* 77 (Spring): 45–72.

Lindert, Kathy, Anja Linder, Jason Hobbs and Bénédicte de la Brière. 2007. "The Nuts and Bolts of Brazil's Bolsa Família Program: Implementing Conditional Cash Transfers in a Decentralized Context". Social Protection Discussion Paper 0709. World Bank, Washington, DC.

Linklater, Magnus. 2007. "A Brilliantly Swiss Scheme to Ignore Global Warming." *The Times*. London. 18 July. [http://www.timesonline.co.uk/tol/comment/columnists/magnus_linklater/article2093516.ece]. September 2007.

Lockwood, Mike and Claus Fröhlich. 2007. "Recent Oppositely Directed Trends in Solar Climate Forcings and the Global Mean Surface Air Temperature." *Proceedings of the Royal Society A* 463 (2086): 2447–2460. [http://www.journals.royalsoc.ac.uk/content/h844264320314105/]. August 2007.

Lopez, Humberto. 2006. "Did Growth Become Less Pro-Poor in the 1990s?" World Bank Policy Research Working Paper Series No. 3931. World Bank, Washington, DC. [http://econ.worldbank.org]. June 2006.

Mallick, Dwijendra Lal, Atiq Rahman, Mozaharul Alam, Abu Saleh Md Juel, Azra N. Ahmad and Sarder Shafiqul Alam. 2005. "Floods in Bangladesh: A Shift from Disaster Management Towards Disaster Preparedness." *IDS Bulletin* 36(4): 53–70.

Maskrey, A., Gabriella Buescher, Pascal Peduzzi and Carolin Schaerpf. 2007. Disaster Risk Reduction: 2007 Global Review. Consultation Edition. Prepared for the Global Platform for Disaster Risk Reduction First Session, Geneva, Switzerland, 5–7 June 2007. Geneva.

McMichael, A.J., D.H. Campbell-Lendrum, C.F. Corvalán, K.L. Ebi, A. Githeko, J.D. Scheraga and A. Woodward. 2003. "Chapter 1: Global Climate Change and Health: An Old Story Writ Large." In: *Climate Change and Human Health—Risks and Responses*. Geneva: World Health Organization.

Mechler, Reinhard, Joanne Linnerooth-Bayer and David Peppiatt. 2006. Disaster Insurance for the Poor? A Review of Micro-Insurance for Natural Disaster Risks in Developing Countries." Provention/IIASA Study. Provention Consortium, Geneva.

Meinshausen, Malte. 2005. "On the Risk of Overshooting 2°C." Paper presented at Scientific Symposium: *Avoiding Dangerous Climate Change*. Symposium on Stabilisation of Greenhouse Gases, 1–3 February, 2005. MetOffice Hadley Centre Exeter, UK. London: Department for Environment, Food and Rural Affairs.

Mendonca, Miguel. 2007. *Feed-in Tariffs – Accelerating the Development of Renewable Energy*. Earthscan, London.

Merrill Lynch and WRI (World Resources Institute). 2005. "Energy Security and Climate Change. Investing in the Clean Car Revolution." Washington, DC.

Meteo France. 2007. "L'établissement Météo-France." [http://www.meteofrance.com/FR/qui_sommes_nous/enbref/enbref.jsp]. September 2007.

Met Office. 2006. "Effects of Climate Change in Developing Countries. Met Office Hadley Centre for Climate Change." Exeter.

Millennium Ecosystem Assessment. 2005. *Ecosystems and Human Well-being—Synthesis*. Island Press, Washington, DC. [http://www.millenniumassessment.org/documents/document.356.aspx.pdf]. September 2007.

Mills, Evan. 2006. "The Role of NAIC in Responding to Climate Change." Testimony to the National Association of Insurance Commissioners. University of California, Berkeley.

Mills, E., R.J. Roth and E. Lecomte. 2005. "Availability and Affordability of Insurance Under Climate Change. A Growing Challenge for the U.S." Prepared for The National Association of Insurance Commissioners. University of California, Berkeley.

MIT (Massachusetts Institute of Technology). 2007. *The Future of Coal: Options for a Carbon Constrained World*. Boston.

Modi, Vijay, Susan McDade, Dominique Lallement and Jamal Saghir. 2005. "Energy Services for the Millennium Development Goals." Energy Sector Management Assistance Programme, UN Millennium Project, United Nations Development Programme and World Bank, New York.

Monbiot, George. 2006. *Heat*. Penguin Books, London.

Morris, S., O. Neidecker-Gonzales, C. Carletto, M. Munguia, J.M. Medina and Q. Wodon. 2001. "Hurricane Mitch and Livelihoods of the Rural Poor in Honduras," *World Development* 30(1): 39–60.

Mosley, P. 2000. "Insurance Against Poverty? Design and Impact of "New Generation" Agricultural Micro-Insurance Schemes." University of Sheffield.

Mousseau, Frederic and Anuradha Mittal. 2006. *Sahel: A Prisoner of Starvation? A case study of the 2005 food crisis in Niger*. The Oakland Institute, California.

Müller, Benito and Cameron Hepburn. 2006. "IATAL – an Outline Proposal for an International Air Travel Adaptation Levy." Oxford Institute for Energy Studies, Oxford.

Narain, Sunita. 2006. "Community-let Alternatives to Water Management: India Case Study. Paper commissioned for *Human Development Report 2006: Beyond Scarcity: Power, Poverty and the Global Water Crisis*. Palgrave Macmillan, New York.

National Audit Office. 2001. "Inland Flood Defence." Report by the Comptroller and Auditor General, London.

NASA (North American Space Agency). 2005. "NASA History — Human Space Flight." [http://spaceflight.nasa.gov/history/]. September 2007.

NCEP (National Commission on Energy Policy). 2004a. "Ending the Energy Stalemate. A Bipartisan Strategy to Meet America's Energy Challenges. Summary of Recommendations." National Commission on Energy Policy, Washington, DC.

———. 2004b. "Taking Climate Change into Account in US Transportation." In Innovative Policy Solutions to Global Climate Change, Brief No.6, National Commission on Energy Policy, Washington, DC.

NEA (Nuclear Energy Authority). 2006. *Annual Report*. OECD (Organisation for Economic Co-operation and Development), Paris.

NERC (Natural Environment Research Council) British Antarctic Survey. 2000. "Future Changes in the Size of the Antarctic Ice Sheet." [http://www.antarctica.ac.uk/Key_Topics/IceSheet_SeaLevel/ice_sheet_change.html]. August 2007.

NETL (National Energy Technology Laboratory). 2007. "Tracking New Coal-fired Power Plants." United States Department of Energy, Pittsburgh, Pennsylvania. [http://www.netl.doe.gov/coal/refshelf/ncp.pdf]. August 2007.

New York Climate & Health Project. 2004. "Assessing Potential Public Health and Air Quality Impacts of Changing Climate and Land Use in Metropolitan New York." Columbia University, New York.

NFU (National Farmers Union). 2005. *Agriculture and Climate Change*. London. [http://www.nfuonline.com/documents/Policy%20Services/Environment/Climate%20Change/NFU%20Climate%20Change.pdf]. May 2007.

Nippon Keidanren. 2005. "Results of the Fiscal 2005 Follow-up to the Keidanren Voluntary Action Plan on the Environment (Summary)." Section on Global Warming Measures–Performance in Fiscal 2004. Tokyo. [http://www.keidanren.or.jp/english/policy/2005/086.pdf]. September 2007.

Nobre, Carlos. 2007. "Climate Policy: It's Good to be in the "RED." News Release. 10 May. Carnegie Institution, Washington, DC.

Nordhaus, William D. 2005. "Life after Kyoto: Alternative Approaches to Global Warming Policies." National Bureau of Economic Research, Working Paper 11889. Cambridge, Massachusetts.

———. **2006.** "The Stern Review on the Economics of Climate Change." National Bureau of Economic Research, Working Paper 12741. Cambridge, Massachusetts. [http://papers.ssrn.com/sol3/papers.cfm?abstract_id=948654]. December 2006.

———. **2007.** "Critical Assumptions in the Stern Review on Climate Change." Science 317 (5835): 203–204. 13 July.

NREL (National Renewable Energy Laboratory) Energy Analysis Office. 2005a. Renewable Energy Cost Trends. Presentation. [http://www.nrel.gov/analysis/docs/cost_curves_2005.ppt]. November 2005.

———. **2005b.** Global Competitiveness in Fuel Economy and Greenhouse Gas Emission Standards for Vehicles. Presentation by Amanda Sauer, 10 February. World Resources Institute, Washington, DC. [http://www.nrel.gov/analysis/seminar/docs/2005/ea_seminar_feb_10.ppt]. September 2007.

OECD (Organisation for Economic Co-operation and Development). 2005b. "Harmonisation, Alignment, Results: Report on Progress, Challenges and Opportunities." Paris.

———. **2005c.** "Reducing Greenhouse Gas Emissions: the Potential of Coal." Paris. [http://www.iea.org/Textbase/work/2006/gb/publications/ciab_ghg.pdf]. September 2007.

———. **2006a.** *Declaration on Integrating Climate Change Adaptation into Development Cooperation.* Paris.

———. **2006b.** *Agricultural Policies in OECD Countries: At a Glance,* 2006 Edition. Paris.

———. **2006c.** "DAC Members' net ODA 1990–2005 and SAC Secretariat Simulation of net ODA in 2006 and 2010." [http://www.oecd.org/dac/stats]. March 2007.

———. **2006d.** "Japan Floods." OECD Studies in Risk Management. Paris.

———. **2006e.** "Survey on Harmonisation and Alignment of Donor Practices." Paris.

———. **2007a.** "Climate Change and Africa." Paper prepared by the AFP Support Unit and NEPAD Secretariat for the 8th Meeting of the Africa Partnership Forum. 22–23 May, Berlin.

———. **2007b.** "International Development Statistics (CRS)." Online Database on Aid and Other Resource Flows. Paris [http://www.oecd.org/dac/stats/idsonline]. July 2007.

OFDA (Office of US Foreign Disaster Assistance) and CRED (Collaborating Centre for Research on the Epidemiology of Disasters). 2007. *Emergency Events Database (EM-DAT).* Database. Brussels. [http://www.em-dat.net/who.htm]. September 2007.

Olshanskaya, Marina. 2007. "Russia and the Kyoto Protocol: Global and National Human Development Perspectives." UNDP Bratislava Regional Centre, Bratislava.

Oxfam International. 2005. "Predictable Funding for Humanitarian Emergencies: a Challenge to Donors." Oxfam Briefing Note. [http://www.oxfam.org/en/files/bn051024_CERF_predictablefunding/download]. October 2005.

———. **2007.** "Adapting to Climate Change. What's Needed in Poor Countries, and Who Should Pay." Oxfam Briefing Paper 104. Oxford.

Page, Edward A. 2006. *Climate Change, Justice and Future Generations.* Cheltenham: Edward Elgar. [http://www2.warwick.ac.uk/fac/soc/pais/staff/page/publications/]. July 2007.

PEACE (Pelangi Energi Abadi Citra Enviro). 2007. "Indonesia and Climate Change." Working Paper on Current Status and Policies. Department for International Development, World Bank, and State Ministry of Environment in Indonesia, Jakarta.

Pearce, David. 2001. "The Economic Value of Forest Ecosystems." CSERGE–Economics, University College London, London. [http://www.cserge.ucl.ac.uk/web-pa_1.HTM]. September 2007.

Pembina Institute. 2007a. "Canada's Implementation of the Kyoto Protocol." Gatineau. [http://www.pembina.org/climate-change/work-kyoto.php]. April 2007.

———. **2007b.** "Future Greenhouse Gas Emission Reductions."Gatineau. [http://www.pembina.org/climate-change/work-future.php]. April 2007.

People's Republic of China. 2007. *China's National Climate Change Programme.* People's Republic of China: National Development Reform Commission.

Perry, Michael, Adrianne Dulio, Samantha Artiga, Adele Shartzer and David Rousseau. 2006. "Voices of the Storm. Health Experiences of Low-Income Katrina Survivors." Henry J. Kaiser Foundation, California.

Pew Center on Global Climate Change. 2006. "Little Consensus on Global Warming. Partisanship Drives Opinion." Survey Report. Arlington, Virginia.

———. **2007a.** "Senate Greenhouse Gas Cap-And-Trade Proposals in the 110th Congress." Washington, DC. [http://www.earthscape.org/l2/ES17454/PEW_SenateGreenHouse.pdf]. September 2007.

———. **2007b.** "What's Being Done in the Business Community." [http://www.pewclimate.org/what_s_being_done/in_the_business_community/]. August 2007.

———. **2007c.** "A Look at Emission Targets." [http://www.pewclimate.org/what_s_being_done/targets]. September 2007.

Philibert, Cedric. 2006. "Barriers to Technology Diffusion. The Case of Solar Thermal Technologies." OECD/IEA (Organisation for Economic Co-operation and Development/International Energy Authority), Paris.

Philibert, Cédric and Jacek Podkanski. 2005. "International Energy Technology Collaboration and Climate Change Mitigation. Case Study 4: Clean Coal Technologies." OECD/IEA (Organisation for Economic Co-operation and Development/International Energy Authority), Paris.

Phiri, Frank. 2006. "Challenges 2005–2006: A Difficult Year Ahead for Famine-Hit Malawi." IPS Terraviva Online. [http://www.ipsterraviva.net/Africa/print.asp?idnews=484]. January 2006.

Pierce, David W., Tim P. Barnett, Krishna M. AchutaRao, Peter J. Gleckler, Jonathan M. Gregory and Warren M. Washington. 2005. "Anthropogenic Warming of the Oceans: Observations and Model Results." (Version 2). Scripps Institution of Oceanography, San Diego, California.

Point Carbon. 2007. "Carbon 2007—A New Climate for Carbon Trading." K. Roine and H. Hasselknippe (eds.). Report published at Point Carbon's 4th Annual Conference, Carbon Market Insights 2007. Copenhagen, 13–15 March.

Practical Action. 2006a. "Shouldering the burden. Adapting to climate change in Kenya." [http://practicalaction.org/?id=climatechange_panniers]. August 2007.

———. **2006b.** "Rainwater harvesting." [http://practicalaction.org/?id=rainwater_case_study]. October 2007.

Pritchard, H. D., and D. G. Vaughan. 2007. "Widespread Acceleration of Tidewater Glaciers on the Antarctic Peninsula." *Journal of Geophysical Research* 112 online (F03S29, doi:10.1029/2006JF000597). September 2007.

Ramsey, Frank. 1928. "A Mathematical Theory of Saving." *The Economic Journal* 38(152) December: 543–559.

Randel, Judith. 2007. "Social Protection in Zambia, Bangladesh, Nicaragua, Ethiopia, Viet Nam and Uganda." Development Initiatives, Somerton, Somerset.

Raworth, Kate. 2007a. "Adapting to Climate Change. What's Needed in Poor Countries and Who Should Pay." Oxfam Briefing Paper No.104. Oxfam International, Oxford.

———. **2007b.** "West Bengal River Basin Programme. Climate Change Research Visit Note." Oxfam–GB, Oxford.

Reece, Gemma, Dian Phylipsen, Max Rathmann, Max Horstink and Tana Angelini. 2006. "Use of JI/CDM Credits by Participants in Phase II of the EU Emissions Trading Scheme." Final report. Ecofys UK, London.

Regional Hunger and Vulnerability Programme. 2007. "Malawi: Summary of Information Systems." [http://www.wahenga.net/uploads/documents/nationalsp/Malawi_SP_Info_systems_Jan2007.pdf]. September 2007.

Reliefweb. 2007. Information on Complex Emergencies and Natural Disasters. [http://www.reliefweb.int/]. September 2007.

Republic of Malawi. 2006. *Malawi's National Adaptation Programmes of Action.* Ministry of Mines, Natural Resources and Environment, Lilongwe.

Republic of Niger. 2006. *National Adaptation Programme of Action.* Cabinet of Prime Minister, Niamey.

RGGI (Regional Greenhouse Gas Initiative). 2005. "Memorandum of Understanding." [http://www.rggi.org/docs/mou_12_20_05.pdf]. September 2007.

Roberts, Paul. 2005. *The End of Oil: On the Edge of a Perilous New World.* Houghton Mifflin, Boston.

Roberts, Timmons and Bradley C. Parks. 2007. *A Climate of Injustice: Global Inequality, North-South Politics and Climate Policy.* MIT Press, Cambridge, Massachusetts.

Roosevelt, Theodore IV. 2006. "Solutions Testimony at the US House of Representatives Committee on Government Reform regarding Climate Change: Understanding the Degree of the Problem—and the Nature of its Solutions." Pew Center on Global Climate Change, Washington DC. [http://www.pewclimate.org/what_s_being_done/in_the_congress/roosevelt_7_20_06.cfm]. August 2007.

Rose, Elaina. 1999. "Consumption Smoothing and Excess Female Mortality in Rural India." *Review of Economics and Statistics.* 81(1): 41–49.

Rosegrant, Mark W., Ximing Cai and Sarah A. Cline. 2002. "Global Water Outlook 2025: Dealing with Scarcity." International Food Policy Research Institute, Washington, DC.

Rosenzweig, Mark, R. and Hans P. Binswagner. 1993. "Wealth, Weather Risk and the Composition and Profitability of Agricultural Investments." *The Economic Journal* 103:56–78.

Rowland, Diane. 2007. "Health Care: Squeezing the Middle Class with More Costs and Less Coverage." Testimony before the US House of Representatives, Ways and Means Committee: *Economic Challenges Facing Middle Class Families.* January 2007. Washington, DC.

Royal Government of Cambodia. 2006. *National Adaptation Programme of Action to Climate Change (NAPA).* Ministry of Environment, Phnom Penh.

Rubin, Edward S. 2007. "Accelerating Deployment of CCS at US Coal-Based Power Plants." Presentation to the Sixth Annual Carbon Capture and Sequestration Conference. 8 May 2007. Department of Engineering and Public Policy, Carnegie Mellon University, Pittsburg, Pennsylvania.

Runge, C. Ford and Benjamin Senauer. 2007. "How Biofuels Could Starve the Poor." *Foreign Affairs* 86(3). [http://www.foreignaffairs.org/20070501faessay86305/c-ford-runge-benjamin-senauer/how-biofuels-could-starve-the-poor.html]. June 2007.

Runnalls, David. 2007. "Subsidizing Biofuels Backfires." IISD Commentary. International Institute for Sustainable Development, Winnipeg.

Scheer, Hermann. 2001. *A Solar Manifesto.* Second Edition. James and James (Science Publishers), London.

Schelling, Thomas. 2007. "Climate Change: The Uncertainties, the Certainties, and What They Imply About Action." *Economists' Voice* 4(3): Article 3. [http://www.bepress.com/ev/vol4/iss3/art3/]. September 2007.

Schellnhuber, John. 2006. "The Irregular Side of Climate Change". Presentation made at the Cambridge University Business and Environment Programme Climate Science Meeting. 15 December. London. Mimeo.

Schellnhuber, John and Janica Lane. 2006. In *Avoiding Dangerous Climate Change.* Conference Report for Symposium on Stabilization of Greenhouse Gases, 1–3 February, 2005 Met Office Hadley Centre for Climate Change, Exeter. Department for Environment, Food and Rural Affairs, London. [http://www.stabilisation2005.com/outcomes.html]. August 2007.

Schlesinger, Michael E., Jianjun Yin, Gary Yohe, Natalia G. Andronova, Sergey Malyshev and Bin Li. 2005. "Assessing the Risk of a Collapse of the Atlantic Thermohaline Circulation." In Avoiding Dangerous Climate Change. Conference Report for Symposium on Stabilization of Greenhouse Gases, 1–3 February, 2005. Met Office Hadley Centre for Climate Change, Exeter. Department for Environment, Food and Rural Affairs, London.

Schnepf, Randy. 2006. "European Union Biofuels Policy and Agriculture: An Overview." Congressional Research Service (CRS) Report for Congress, Washington, DC.

Schröter, D., M. Zebisch and T. Grothmann. 2005. "Climate Change in Germany - Vulnerability and Adaptation of Climate-Sensitive Sectors." Klimastatusbericht. [http://www.schroeter-patt.net/Schroeter-et-al-KSB06.pdf]. July 2007.

Schubert, Bernd. 2005. "The Pilot Social Cash Transfer Scheme. Kalomo District, Zambia." CPRC Working Paper 52. Chronic Poverty Research Centre, Institute for Development Policy and Management, University of Manchester.

Seager, Ashley and Mark Milner. 2007. "No Policies, no Cash: The Result: Missed Targets." The Guardian, London. 13 August. [http://www.guardian.co.uk/environment/2007/aug/13/renewableenergy.climatechange]. September 2007.

Sen, Amartya. 1999. *Development as Freedom.* Anchor Books, New York.

———. 2004. "Why We Should Preserve the Spotted Owl." *London Review of Books* 26(3). [http://www.lrb.co.uk/v26/n03/sen_01_.html]. August 2007.

Shapiro, Robert J. 2007. "Addressing the Risks of Climate Change: The Environmental Effectiveness and Economic Efficiency of Emissions Caps and Tradeable Permits, Compared to Carbon Taxes." February. [http://www.theamericanconsumer.org/shapiro.pdf]. August 2007.

Sharp, Kay, Taylor Brown and Amdissa Teshome. 2006. "Targeting Ethiopia's Productive Safety Net Programme (PSNP)." Overseas Development Institute, London and the IDL Group Ltd., Bristol.

Shen, Dajun and Ruiju Liang. 2003. "State of China's Water." Research Report. Third World Centre for Water Management with the Nippon Foundation. [www.thirdworldcentre.org/epubli.html]. August 2007.

Sierra Club. 2006. "Dirty Coal Power—Clean Air." [http://www.sierraclub.org/cleanair/factsheets/power.asp]. August 2007.

Sijm, Jos, Karsten Neuhoff and Yihsu Chen. 2006. "CO_2 Cost Pass-through and Windfall Profits in the Power Sector." *Climate Policy* 6: 49–72.

Singer, Peter. 1993. *Practical Ethics.* 2nd Edition. Cambridge University Press, Cambridge.

———. 2002. *One World: The Ethics of Globalization.* 2nd Edition. Yale University Press, New Haven, Connecticut.

SIPRI (Stockholm International Peace Research Institute). 2007. "World and regional military expenditure estimates 1988-2006." [http://www.sipri.org/contents/milap/milex/mex_wnr_table.html]. June 2007.

Skutsch, Margaret, Ulrike Roehr, Gotelind Alber, Joanne Rose and Roselyne van der Heul. 2004. "Mainstreaming Gender into the Climate Change Regime." *Gender and Climate Change.* [http://www.gencc.interconnection.org/Gender&CCCOP10.pdf]. August 2007.

Slater, Rachel, Steve Ashley, Mulugeta Tefera, Mengistu Buta and Delelegne Esubalew. 2006. Ethiopia Productive Safety Net Programme (PSNP). Policy, Programme and Institutional

Linkages. Final Report. Overseas Development Institute, London; the IDL Group Ltd., Bristol; and Indak International Pvt., Addis Ababa.

Smale, Robin, Murray Hartley, Cameron Hepburn, John Ward and Michael Grubb. 2006. "The Impact of CO_2 Emissions Trading on Firm Profits and Market Prices." *Climate Policy* 6: 29–46.

Smith, Adam. 1854. *The Theory of Moral Sentiments.* Paperback edition 2004. Kessinger Publishing, Oxford.

Smith, Joseph and David Shearman. 2006. *Climate Change Litigation. Analysing the Law, Scientific Evidence and Impacts on the Environment, Health and Property.* Presidian Legal Publications, Adelaide.

Smithsonian National Air and Space Museum. 1999. "Apollo to the Moon." [http://www.nasm.si.edu/exhibitions/attm/attm.html]. September 2007.

Solórzano, Raúl, Ronnie de Camino, Richard Woodward, Joseph Tosi, Vicente Watson, Alexis Vásquez, Carlos Villalobos, Jorge Jiménez, Roberth Repetto and Wilfrido Cruz. 1991. *Accounts Overdue: Natural Resource Depreciation in Costa Rica.* World Resources Institute, Washington, DC.

Sperling, Daniel and James S. Cannon. 2007. *Driving Climate Change. Cutting Carbon from Transportation.* Elsevier, New York.

State of California. 2005. "Executive Order S-3-05 by the Governor of the State of California." Executive Department. Sacramento, California.

State of California. 2006. *Chapter 488, Assembly Bill No. 32.* 27 September.

Steenblik, Ronald. 2007. "Born Subsidized: Biofuel Production in the USA." Global Subsidies Initiative. International Institute for Sustainable Development, Winnipeg.

Stern, Nicholas. 2006. *The Economics of Climate Change. The Stern Review.* Cambridge University Press, Cambridge and New York.

Stern, Nicholas and Chris Taylor. 2007. "Climate Change: Risk, Ethics and the Stern Review," *Science* 317 (5835): 203–204.

Sumaila, Ussif R. and Carl Walters. 2005. "Intergenerational Discounting: a New Intuitive Approach." *Ecological Economics* 52: 135–142.

Sumaila, Ussif R. and Kevin Stephanus. 2006. "Declines in Namibia's Pilchard Catch : the Reasons and Consequences." In *Climate Change and the Economics of the World's Fisheries.* (R. Hannesson, Manuel Barange and Samuel Herrick Jr., eds.) Edward Elgar Publishing, Cheltenham.

Summa, Hilkka. 2007. "Energy Crops and the Common Agricultural Policy." Speech for the Third International European Conference on GMO-free Regions, Biodiversity and Rural Development. European Commission, Directorate-General Agriculture and Rural Development. 19–20 April 2007. Brussels.

Tanner T.M., A. Hassan, K.M.N. Islam, D. Conway, R. Mechler, A.U. Ahmed and M. Alam. 2007. "ORCHID: Piloting Climate Risk Screening in DFID Bangladesh." Research Report. Institute of Development Studies, University of Sussex, Brighton.

Tanser, F.C., B. Sharp and D. le Sueur. 2003. "Potential Effect of Climate Change on Malaria Transmission in Africa." *Lancet Infectious Diseases* 362: 1792–1798.

Tauli-Corpuz, Victor and Parshuram Tamang. 2007. "Oil Palm and Other Commercial Tree Plantations, Monocropping: Impacts on Indigenous People's Land Tenure and Resource Management Systems and Livelihoods." Paper presented to the Sixth Session, United Nations Permanent Forum on Indigenous Issues, 14–25 May 2007, New York.

TERI (The Energy and Resources Institute). 2006. "Modeling a Low Carbon Pathway for India." Presentation at CoP 12/MoP2. November.

———. 2007. "Adaptation to Climate Change in the Context of Sustainable Development." Background Paper No.9. Mumbai.

The Economist. 2007a. "Losing Sleep over Climate Change." 16 July. London.

———. 2007b. "Cleaning up." 31 May. London.

———. 2007c. "Double Deluge." 26 July. London.

The Japan Times. 2007. "Japan to Seek 50% Global Emission Cut at G-8 Meet." 9 May. Tokyo. [http://search.japantimes.co.jp/print/nn20070509al.html]. August 2007.

The Spectator. 2007. "The Leader : Climate of Opinion". 2007. I The Spectator. 10 March 2007. Pg. 5. London. [http://www.spectator.co.uk/archive/the-week/28377/climate-of-opinion.thtml]. August 2007.

Thompson, Martha and Izaskun Gaviria. 2004. "Cuba, Weathering the Storm. Lessons in Risk Reduction from Cuba." Oxfam America, Boston.

Thorpe, Donald. 2007. "Broader, Deeper—and Less Risky?" Environmental Finance. February print edition: 20–21.

Time Magazine. 1962. "The Thalidomide Disaster." Friday, 10 August. [http://www.time.com/time/magazine/article/0,9171,873697,00.html]. August 2007.

Toder, Eric. 2007. "Eliminating Tax Expenditures with Adverse Environmental Effects." Tax Reform, Energy and the Environment Policy Brief. The Brookings Institute and World Resources Institute, Washington, DC.

Tolgfors, Sten, Eskil Erlandsson and Andreas Carlgren. 2007. "The EU Should Scrap High Tariffs on Ethanol." Government Offices of Sweden, Stockholm.

Turner, Margery Austin and Sheila R. Zedlewski. 2006. "After Katrina. Rebuilding Opportunity and Equity into the New New Orleans." The Urban Institute, Washington, DC.

UKCIP (United Kingdom Climate Information Programme). 2007. "UKCIP Climate Digest: April." [http://www.ukcip.org.uk/news_releases/38.pdf]. May 2007.

UN (United Nations). 2005a. "In Larger Freedom: Towards Development, Security and Human Rights for All." Report of the Secretary-General. A/59/2005. UN General Assembly, Fifty-ninth session. Agenda items 45 and 55. New York.

———. 2005b. *Report on the World Conference on Disaster Reduction.* 18–22 January, Kobe, Hyogo, Japan 2005. UN, New York.

———. 2007a. "Press Conference by Security Council President." 4 April 2007. Department of Public Information, News and Media Division, New York. [http://www.un.org/News/briefings/docs/2007/070404_Parry.doc.htm]. October 2007.

———. 2007b. *The Millennium Development Goals Report.* New York.

———. 2007c. *Energy Statistics Year book 2004.* DESA (Department of Economic and Social Affairs) Statistics Division, New York.

UNDP (United Nations Development Programme). 2005. *Human Development Report 2005. International Cooperation at a Crossroads: Aid, Trade and Security in an Unequal World.* Palgrave Macmillan, New York.

———. 2006a. "Human Security and Human Development: A Deliberate Choice." National Human Development Report for Kenya 2006. Nairobi.

———. 2006b. *Human Development Report 2006. Beyond Scarcity: Power, Poverty and the Global Water* Crisis. Palgrave Macmillan, New York.

———. 2007. "MDG Carbon Facility: Leveraging carbon finance for Sustainable Development." New York. [http://www.undp.org/mdgcarbonfacility/docs/brochure-eng-29may07.pdf]. September 2007.

UNDP (United Nations Development Programme)-Dryland Development Centre/Bureau for Conflict Prevention and Recovery and UN (United Nations)-International Strategy for Disaster Reduction. 2005. "Drought Risk and Development Policy." Discussion paper prepared for the UNDP-DDC/BCPR and UN-ISDR Expert Workshop *Drought Risk and Development Policy,* 31 January–2 February, 2005, Nairobi.

UNDP and AusAID 2004. "The Regional Poverty Assessment Mekong River Region." UNDP and AusAID. [http://siteresources.worldbank.org/INTVIET NAM/Resources/Mekong_PPA_English.pdf]. September 2007.

UNDP (United Nations Development Programme)–Global Environment Facility (GEF). 2003. "The Adaptation Policy Framework. User's Guidebook." UNDP, New York.

UNDP (United Nations Development Programme) Ukraine. 2005. "The New Wave of Reform : On Track to Succeed. Analysis of policy developments in January – June 2005 and further recommendations." The Blue Ribbon Commission for Ukraine, Kiev. [http://www.un.org.ua/brc/brci/docs/BRC2Final190705Eng.pdf?id=1123140007&cm=doc&fn=brc2final190705eng.pdf&l=e]. September 2007.

———**. 2006.** "The State and the Citizen: Delivering on Promises." Blue Ribbon Commission Report for Ukraine, Kiev. [http://www.un.org.ua/files/BRC3_Eng.pdf]. September 2007.

UNESCO (United Nations Educational, Scientific and Cultural Organization). 2006. *EFA Global Monitoring Report 2006: Education for All, Literacy for Life.* Paris.

UN-E (United Nations – Energy). 2005. "The Energy Challenge for Achieving the Millennium Development Goals." [http://es.un.org/un-energy]. August 2007.

UNEP (United Nations Environment Programme). 2005. "Potential for Rainwater Harvesting in Africa. A GIS Overview." Nairobi.

———**. 2007a.** *Sudan. Post-Conflict Environmental Assessment.* Nairobi. [http://sudanreport.unep.ch/UNEP_Sudan.pdf]. September 2007.

———**. 2007b.** "Global Outlook for Ice and Snow." DEWA (Division of Early Warning and Assessment), Nairobi.

UNEP (United Nations Environment Programme) and GRID (Global Resource Information Database)–Arendal. 2001. "Vital Climate Graphics." Arendal, Norway. [http://www.grida.no/climate/vital/36.htm]. May 2007.

UNFCCC (United Nations Framework Convention on Climate Change). 1998. "Kyoto Protocol to the United Nations Framework Convention on Climate Change." Climate Change Secretariat, Bonn. [http://unfccc.int/resource/docs/convkp/kpeng.pdf]. September 2007.

———**. 2006.** "National Greenhouse Gas Inventory Data for the Period 1990 to 2004 and Status of Reporting." Document number FCCC/SPI/2006/26. Note by the Secretariat. Bonn.

———**. 2007a.** Vulnerability and Adaptation to Climate Change in Small Island Developing States. Background paper for Expert Meeting on Adaptation for Small Island Developing States, 5–7 February Jamaica and 26–28 February Cook Islands. Climate Change Secretariat, Bonn.

———**. 2007b.** "Registered Project Activities by Host Party". [http://cdm.unfccc.int/Statistics/Issuance/CERsIssuedByHostPartyPieChart.html]. July 2007.

———**. 2007c.** "Report on the analysis of existing and potential investment and financial flows relevant to the development of an effective and appropriate international response to climate change." Dialogue on Long term Cooperative Action to Address Climate Change by Enhancing Implementation of the Convention. Dialogue Working Paper 8. Bonn.

———**. 2007d.** "Clean Development Mechanism (CDM)." Webpage. [http://cdm.unfccc.int/index.html]. September 2007.

———**. 2007e.** "CDM Statistics." [http://cdm.unfccc.int/Statistics/index.html]. September 2007.

UN-HABITAT (United Nations Human Settlements Programme). 2006. *The State of the World's Cities Report 2006/07.* Nairobi.

UNICEF (United Nations Children's Fund). 2006. "Schools Empty as Drought Effects Linger in Ethiopia." Press Report. New York. [http://www.unicef.org.uk/press/news_detail.asp?news_id=724]. January 2007.

Urban Institute. 2005. "Katrina: Demographics of a Disaster." The Urban Institute, Washington, DC.

USAID FEWS NET (United States Agency for International Development Famine Early Warning Systems Network). 2006. "Guatemala Food Security Update." [http://www.fews.net/centers/innerSections.aspx]. April 2006.

———**. 2007.** "Hurricane Stan Affecting Household Stocks." [http://www.fews.net/centers/innerSections.aspx]. August 2007.

USCAP (United States Climate Action Partnership). 2007. "A Call for Action." [www.us-cap.org/uscap/callforaction.pdf]. September 2007.

Ürge-Vorsatz, Diana, Gergana Miladinova and László Paizs. 2006. "Energy in Transition: From the Iron Curtain to the European Union." Energy Policy 34(15): 2279–2297.

Ürge-Vorsatz, Diana, L.D. Danny Harvey, Sevastianos Mirasgedis and Mark Levine. 2007a. "Mitigating CO_2 Emissions from Energy Use in the World's Buildings." *Building Research and Information* 35(4) 370–398.

Ürge-Vorsatz, Diana, Sebastian Mirasgedis and Sojia Koeppel. 2007b. "Appraisal of Policy Instruments for Reducing Buildings' CO_2 Emissions." *Building Research and Information* 35(4): 458–477.

Vaid, B.H., C. Gnanaseelan, P.S. Polito and P.S. Salvekar. 2006. *Influence of El Nino on the Biennial and Annual Rossby Waves Propagation in the Indian Ocean with Special Emphasis on Indian Ocean Dipole.* Indian Institute of Tropical Meteorology, Pune.

Vakis, Renos. 2006. "Complementing Natural Disasters Management: The Role of Social Protection." Social Protection Discussion Paper No. 0543. World Bank, Washington, DC.

Van Lieshout, M., R.S. Kovats, M.T.J. Livermore and P. Martens. 2004. "Climate Change and Malaria: Analysis of the SRES Climate and Socio-Economic Scenarios." *Global Environmental Change* 14: 87–99.

Vergara, W., A. M. Deeb, A. M. Valencia, R. S. Bradley, B. Francou, A. Zarzar, A. Grünwaldt and S. M. Haeussling. 2007. Economic Impacts of Rapid Glacier Retreat in the Andes, Eos. *Transactions of the American Geophysical Union,* 88(25): 261.

Victor, David G. 2001. *The Collapse of the Kyoto Protocol and the Struggle to Slow Global Warming.* A Council on Foreign Relations Book. Princeton University Press, Princeton and Oxford.

Wagstaff, Adam and Mariam Claeson. 2004. *The Millennium Development Goals for Health. Rising to the Challenges.* World Bank, Washington, DC.

Warren, Rachel, Nigel Arnell, Robert Nicholls, Peter Levy and Jeff Price. 2006. "Understanding the Regional Impacts of Climate Change. Research Report Prepared for the Stern Review on the Economics of Climate Change." Research Working Paper No. 90. Tyndall Centre for Climate Change, Norwich.

Washington, Richard, Mike Harrison, Declan Conway, Emily Black, Andrew Challinor, David Grimes, Richard Jones, Andy Morse, Gillian Kay and Martin Todd. 2006. "African Climate Change. Taking the Shorter Route." *Bulletin of the American Meteorological Society* 87(10): 1355–1366.

Watson, Robert. 2007. "Financing the Transition to a Low Carbon Economy. Beyond Stern: Financing International Investment in Low Carbon." World Bank, Washington, DC.

Watt-Cloutier, Sheila. 2006. "The Canadian Environment Awards Citation of Lifetime Achievement. Remarks by Sheila Watt-Cloutier." Inuit Circumpolar Conference, Canada. 5 June. Vancouver. [http://www.inuitcircumpolar.com/index.php?auto_slide=&ID=357&Lang=En&Parent_ID=¤t_slide_num=]. August 2007.

Watt-Cloutier, Sheila, Terry Fenge and Paul Crowley. 2004. "Responding to Global Climate Change: The Perspective of the Inuit Circumpolar Conference on the Arctic Climate Impact Assessment." Inuit Circumpolar Conference. Ontario.

WEDO (Women's Environment and Development Organization). 2007. "Changing the Climate: Why Women's Perspectives Matter." New York.

Weitzman, Martin L. 2007. "The Stern Review of the Economics of Climate Change." Book review for *Journal of Economic Literature (JEL).* Harvard University, Cambridge, Massachusetts. [http://www.

economics.harvard.edu/faculty/Weitzman/papers/JELSternReport.pdf]. July 2007.

Wolf, Martin. 2006a. "Curbs on Emissions Will Take a Change of Political Climate." Financial Times. 7 November 2006. London. [http://www.ft.com/cms/s/cb25e5a4-6e7f-11db-b5c4-0000779e2340.html]. August 2007.

Wolf, Martin. 2006b. "Figures Still Justify Swift Climate Action." *Financial Times.* 14 November 2006. London. [http://www.ft.com/cms/s/8dc6191a-740e-11db-8dd7-0000779e2340.html]. July 2007.

World Bank. 2003. *Reaching the Rural Poor: A Renewed Strategy for Rural Development.* Washington, DC.

———**. 2004a.** *Saving Fish and Fishers: Toward Sustainable and Equitable Governance of the Global Fishing Sector.* Agriculture and Rural Development Department, Washington, DC.

———**. 2004b.** "Coral Reef Targeted Research and Capacity Building for Management Project." Project Appraisal Document. World Bank, Washington, DC. and East Asia Environment and Social Development Unit (EASES), Environment Department, University of Queensland, Brisbane.

———**. 2005a.** "World Bank Group Progress on Renewable Energy and Energy Efficiency: Fiscal Year 2005." The Energy and Mining Sector Board, Washington, DC.

———**. 2005b.** "Learning the Lessons from Disasters Recovery, The Case of Mozambique." Disaster Risk Management Working Paper Series No.12, Hazard Management Unit, Washington, DC.

———**. 2006a.** *Hazards of Nature, Risks to Development: An IEG (Independent Evaluation Group) Evaluation of World Bank Assistance for Natural Disasters.* Washington, DC.

———**. 2006b.** *Re-engaging in Agricultural Water Management. Challenges and Options.* Washington, DC.

———**. 2006c.** "Not If, But When: Adapting to Natural Hazards in the Pacific Islands Region, A Policy Note." Washington, DC.

———**. 2006d.** *"Clean Energy and Development: Towards an Investment Framework."* Washington, DC.

———**. 2006e.** *Global Monitoring Report 2006.* Washington, DC.

———**. 2006f.** "Overcoming Drought: Adaptation Strategies for Andhra Pradesh." Washington, DC.

———**. 2006g.** *World Development Report 2006: Equity and Development.* Washington, DC.

———**. 2007a.** "An Investment Framework for Clean Energy and Development. A Platform for Convergence of Public and Private Investments." Washington, DC.

———**. 2007b.** "Clean Energy for Development Investment Framework: World Bank Group Action Plan." Development Committee (Joint Ministerial Committee of the Boards of Governors of the Bank and the Fund On the Transfer of Real Resources to Developing Countries), Washington, DC.

———**. 2007c.** *Global Monitoring Report 2007: Confronting the Challenges of Gender Equality and Fragile States.* Washington, DC.

———**. 2007d.** *World Development Indicators.* CD-ROM. Washington, DC.

———**. 2007e.** *Global Economic Prospects 2007: Managing the Next Wave of Globalization.* Washington, DC.

———**. 2007f.** State and Trends of the Carbon Market 2007. Washington, DC.

———**. 2007g.** "Climate Change. Frequently Asked Questions." [http://web.worldbank.org/WBSITE/EXTERNAL/EXTSITETOOLS/ 0,,contentMDK:20205607~menuPK:43533 2~pagePK:98400~piPK:98424~theSitePK:95474,00.html]. August 2007.

World Commission on Environment and Development. 1987. *Our Common Future.* Oxford University Press, Oxford.

WFP (World Food Programme). 2005a. "Emergency Assessment Brief: Niger." August. Rome.

———**. 2005b.** "Emergency Report No. 18, 29 April 2005." [http://www.wfp.org/english/?ModuleID=78&Key=631#404]. July 2007.

———**. 2007.** "Mozambique Emergency Situation Report." 30 March. WFP, Rome.

WHO (World Health Organization). 2006. *The World Health Report 2006 – Working Together for Health.* Geneva.

WHO (World Health Organization) and UNICEF (United Nations Children's Fund). 2005. *World Malaria Report 2005.* WHO and UNICEF, Geneva and New York. [http://www.rbm.who.int/wmr2005/index.html]. March 2007.

WMO (World Meteorological Organization). 2006. *Statement on the Status of the Global Climate in 2005.* Geneva.

———**. 2007.** "Observing Stations." Publication No. 9, Volume A, (9 July 2007). [http://www.wmo.int/pages/prog/www/ois/volume-a/vola-home.htm]. September 2007.

WRI (World Resources Institute). 2007a. "Climate Analysis Indicators Tool (CAIT)." [http://www.wri.org/climate/project_description2.cfm?pid=93]. July 2007.

———**. 2007b.** *Earth Trends, the Environmental Information Portal.* Online database. Accessed July 2007.

WRI (World Resources Institute), UNEP (United Nations Environment Programme) and World Bank in collaboration with United Nations Development Programme (UNDP). 2005. *World Resources 2005: The Wealth of the Poor – Managing Ecosystems to Fight Poverty.* World Resources Institute, Washington, DC.

World Watch Institute. 2005. *Vital Signs.* [http://www.amazon.com/Vital-Signs-2006-2007-Trends-Shaping/dp/0393328724]. August 2007.

WWF (World Wide Fund for Nature). 2002. "Managing Floods in Europe: The Answers Already Exist." WWF Danube-Carpathian Programme and WWF Loving Waters Programme-Europe. [http://assets.panda.org/downloads/managingfloodingbriefingpaper.pdf]. August 2007.

———**. 2006a.** "Including aviation into the EU Emissions Trading Scheme—WWF Position Statement." London.

———**. 2006b.** "Use of CDM/JI Project Credits by Participant in Phase II of the EU Emissions Trading Scheme—A WWF Summary of the Ecofys UK Report." London.

———**. 2007a.** "Emission Impossible: access to JI/CDM credits in Phase II of the EU Emissions Trading Scheme WWF–UK." London. [http://www.panda.org/about_wwf/where_we_work/europe/what_we_do/epo/intiatives/climate/eu_emissions_trading/index.cfm]. August 2007.

———**. 2007b.** "The EU Emissions Trading Scheme." London.

World Wind Energy Association. 2007. "New World Record in Wind Power Capacity: 14,9 GW added in 2006 – Worldwide Capacity at 73,9 GW." 29 January. [http://www.wwindea.org/home/index.php?option=com_content&task=view&id=167&Itermid=43]. August 2007.

Wu, Zongxin, Pat de la Quil, Eric D. Larson, Chen Wenying and Gao Pengfei. 2001. "Future Implications of China's Energy-Technology Choices." Prepared for the Working Group on Energy Strategies and Technologies. China Council for International Cooperation on Environment and Development (CCICED), Beijing.

Zeitlin, June. 2007. "Statement by June Zeitlin, Women's Environment and Development Organization in informal thematic debate on Climate Change as a Global Challenge. United Nations General Assembly." UNDP (United Nations Development Programme), Washington, DC.

Zero Emissions Fossil Fuel Power Plants Technology Platform. 2006. "A Vision for Zero Emission Fossil Fuel Power Plants." EUR 22043. European Commission, Luxembourg.

Indicadores do desenvolvimento humano

Guia do leitor e notas das tabelas

Tabelas de Indicadores de Desenvolvimento Humano

As tabelas de indicadores de desenvolvimento humano oferecem uma avaliação geral das metas alcançadas pelos países em variadas áreas de desenvolvimento humano. As tabelas principais estão organizadas tematicamente, como descrito pelos seus títulos, e incluem dados de 175 Estados-membros das Nações Unidas - a saber, aqueles cujo índice de desenvolvimento humano (IDH) pôde ser calculado. A eles juntou-se Hong Kong, uma Região Administrativa Especial da China, e Autoridade Palestiniana. Devido à respectiva escassez de dados de qualidade para a comparação entre nações, o IDH não foi calculado para os restantes 17 países membros das Nações Unidas. Em vez disso, apresentamos um conjunto de indicadores de desenvolvimento básicos para esses países na Tabela 1a.

Nestas tabelas, os países e as áreas estão ordenados de acordo com o valor do seu IDH. Para localizar um país nas tabelas, o leitor deverá consultar o *Acesso-Chave aos países*, na badana da contracapa, onde os países com os respectivos índices de desenvolvimento humano são apresentados em lista e alfabeticamente. A maioria dos dados que constam nas tabelas reportam-se a 2005 e são aqueles disponibilizados ao Gabinete do Relatório de Desenvolvimento Humano (GRDH) como sendo para 1 de Julho de 2007, a menos que se especifique em contrário.

Fontes e Definições

O GRDH é sobretudo um utilizador, e não um produtor, de estatísticas, baseando-se em bases de dados internacionais com missão, recursos e competência para recolherem e compilarem dados internacionais sobre indicadores estatísticos específicos. As fontes de todos os dados usadas para compilar as tabelas dos indicadores são sucintamente citadas no final de cada tabela. A essas citações correspondem referências completas na secção *Referências Estatísticas*. Quando uma base de dados fornece elementos que recolheu de uma outra fonte, ambas as fontes são referidas nas notas das tabelas. Mas quando uma base de dados desenvolveu o seu trabalho essencialmente a partir do contributo do trabalho de outras bases de dados, apenas essa fonte irá ser citada enquanto tal. Para garantir que todos os cálculos possam ser facilmente repetidos, as notas às fontes também mostram as componentes dos dados originais usadas nos cálculos do GRDH. Os indicadores, para os quais poderão ser fornecidas breves definições significativas, estão incluídos na secção das *Definições de Termos Estatísticos*. Outras informações relevantes surgem em nota de rodapé no final de cada página. Para informações técnicas mais detalhadas acerca destes indicadores, consulte, por favor, os *websites* relevantes das bases de dados através do *website* do Relatório de Desenvolvimento Humano: http://hdr.undp.org/statistics/

Inconsistências entre estimativas nacionais e internacionais

Ao compilar-se o conjunto de dados internacionais, as bases de dados internacionais aplicam frequentemente padrões internacionais e procedimentos de harmonização para melhorar a comparação entre países. Quando os dados internacionais se baseiam em estatísticas nacionais, como geralmente acontece, os dados nacionais poderão precisar de ser ajustados. Quando faltam dados para um país, uma base de dados internacional poderá produzir uma estimativa caso se possa usar outra informação relevante. E devido à difícil coordenação entre bases de dados nacionais e internacionais, os conjuntos de dados internacionais podem não incorporar os dados nacionais mais recentes. Todos estes factores poderão levar a diferenças substanciais entre as estimativas nacionais e internacionais

Este Relatório trouxe frequentemente essas inconsistências à luz do dia. Quando emergiram inconsistências de dados, o GRDH ajudou a ligar as autoridades dos dados nacionais e internacionais para solucionar essas inconsistências. Em muitos casos isto levou a uma melhor estatística no Relatório. O GRDH continua a defender a melhoria dos dados internacionais e desempenha um papel activo no apoio de esforços para melhorar a qualidade dos dados. Nesse sentido, colabora com organizações nacionais e órgãos internacionais para melhorar a consistência dos dados através de um controlo mais sistemático da qualidade dos dados.

A comparabilidade no eixo temporal

As estatísticas apresentadas em diferentes edições do Relatório podem não ser comparáveis devido a revisões dos dados ou mudanças na metodologia. Por esta razão, o GRDH desaconselha fortemente uma análise de tendências baseada em dados fornecidos por diferentes edições. Do mesmo modo, os valores e níveis do IDH não são comparáveis entre as edições do Relatório. Para uma análise de tendências de IDH baseada em dados e metodologia consistentes, consulte a Tabela 2 (Tendências do índice de desenvolvimento humano).

Classificações dos países

Os países são classificados sob quatro aspectos, nomeadamente, por nível de desenvolvimento humano, por rendimentos, pelos principais grupos mundiais e por região. (cf. *Classificação de países*). Estas designações não exprimem necessariamente um juízo sobre o estágio de desenvolvimento de um país ou área em particular. O termo *país*, tal como usado no texto e nas tabelas, refere-se, conforme se adeque, a territórios ou áreas.

Classificações de desenvolvimento humano. Todos os países incluídos no IDH são classificados em um dos três grupos de concretização de metas em termos de desenvolvimento humano: desenvolvimento humano elevado (com um IDH de 0,800 ou superior), desenvolvimento humano médio (IDH de 0,500 -0,799) e desenvolvimento humano baixo (IDH inferior a 0,500).

Classificações de rendimento. Todos os países são agrupados por rendimento usando-se as classificações do Banco Mundial: rendimento elevado (rendimento nacional bruto *per capita* de US$10726 ou superior em 2005), rendimento médio (US$876 - $10725) e rendimento baixo (US$875 ou menos).

Principais classificações mundiais. Os três grupos globais são os *países em vias de desenvolvimento, Europa Central e Oriental e a Comunidade de Estados Independentes (CEI)* e a *Organização para a Cooperação e Desenvolvimento (OCDE).* Estes grupos não são mutuamente exclusivos (substituir o grupo da OCDE pelo grupo da OCDE de rendimento elevado e excluir a República da Coreia produziria grupos mutuamente exclusivos). A não ser que especificado em contrário, o *mundo* da classificação representa o universo de 194 países e áreas incluídos – 192 países membros das Nações Unidas mais Hong Kong, Região Administrativa Especial da China, e Autoridade Palestiniana.

Classificações Regionais. Os países em vias de desenvolvimento são ainda classificados por regiões: *Estados Árabes, Ásia Oriental e o Pacífico, América Latina e as Caraíbas (incluído o México), Sul da Ásia, Sul da Europa e África Subsariana.* Estas classificações regionais são consistentes com a Delegação Regional do Programa de Desenvolvimento das Nações Unidas. Uma classificação adicional é a que respeita aos *países menos desenvolvidos,* tal como definido pelas Nações Unidas (UN-OHRLLS 2007).

Agregados e taxas de crescimento

Agregados. Os agregados das classificações acima descritas são apresentados no final das tabelas, sempre que seja relevante do ponto de vista analítico fazê-lo e que haja suficientes dados. Os agregados que são os totais das classificações (tal como para a população) são indicados através de um T. Todos os outros agregados são médias calculadas.

De um modo geral, só se apresenta um agregado para um grupo de países quando houver dados disponíveis para, pelo menos, metade dos países e que representar, pelo menos, dois terços de peso nessa classificação. O GRDH não fornece dados em falta para fins de apresentação de agregados. Por isso, a não ser que se especifique em contrário, os agregados para cada classificação representam só os países: para os quais os dados estejam disponíveis, digam respeito ao ano ou período especificado; e seja apenas provenientes das fontes primárias indicadas. Não se apresentará agregados quando os procedimentos de cálculo apropriados não estejam disponíveis.

Os agregados para índices, taxas de crescimento e indicadores que incluam mais do que um momento no tempo baseiam-se apenas em países para os quais existam dados referentes a todos os momentos necessários. Quando não se apresenta qualquer agregado para uma ou mais regiões, os agregados não são sempre apresentados para a classificação *mundial*, que se refere apenas ao universo de 194 países e áreas.

Os agregados neste Relatório nem sempre estarão em conformidade com aqueles de outras publicações, devido a diferenças nas classificações de países e metodologia. Quando indicado, os agregados são calculados pela empresa de estatística que forneceu os dados para o indicador.

Taxas de crescimento. As taxas de crescimento em vários anos são expressas enquanto taxas médias de mudança anual. Para calcular as taxas de crescimento, o GRDH utiliza apenas os pontos iniciais e finais. As taxas de crescimento de ano após ano são expressas como mudanças de percentagem anuais.

Notas sobre os países

A não ser que se especifique em contrário, os dados para a China não incluem as Regiões de Administração Especial de Hong Kong, Macau ou a Província de Taiwan da China. Na maioria dos casos, os dados para a Eritreia antes de 1992 estão incluídos nos dados da Etiópia. Os dados da Alemanha referem-se á Alemanha unificada, a não ser que se especifique em contrário. Os dados para a Indonésia incluem Timor-Leste ao longo de 1999, a não ser que se especifique em contrário. Os dados para a Jordânia referem-se apenas à Margem Oriental. Os dados económicos para a República Unida da Tanzânia cobrem apenas o território principal. Os dados para o Sudão baseiam-se muitas vezes em informação recolhida do norte do país. Embora a Sérvia e o Montenegro se tenham tornado dois Estados independentes em Julho de 2006, usaram-se dados referentes ao conjunto dos dois Estados sempre que não existiam dados respeitantes aos dois países em separado. Sempre que for esse o caso, incluiu-se uma nota a esse respeito. E os dados de Iémen referem-se a esse país a partir de 1990, sendo que os dados anteriores a essa data correspondem aos dados agregados para a República Democrática Popular do Iémen e a anterior República Árabe do Iémen.

Alterações às tabelas de indicadores existentes e a introdução de novas tabelas

Este ano, foi introduzido um número de alterações em algumas das tabelas de indicadores existentes e três novas tabelas foram incluídas. O objectivo foi tornar as tabelas de indicadores mais relevantes do ponto de vista politico e também estabelecer um elo de ligação com o tema do relatório deste ano. Novos indicadores foram também introduzidos em resposta a algumas das recomendações do relatório de IDG-IEG realizado em 2006. Consequentemente, algumas tabelas não correspondem à tabela do indicador com o mesmo número no *Relatório de Desenvolvimento Humano 2006*.

Alterações às tabelas existentes

A tabela da 'Energia e Ambiente' (anteriormente a tabela 21 no *Relatório de Desenvolvimento Humano de 2006* foi aumentada e dividida em quatro tabelas: energia e ambiente (Tabela 22), Recursos Energéticos (Tabela 23), Emissões e *stocks* de dióxido de carbono (Tabela 24) e Posição dos principais tratados internacionais do ambiente (Tabela 25).

Os seguintes novos indicadores foram introduzidos na Tabela 'Energia e Ambiente' (Tabela 22):

- Mudança da percentagem do consumo de electricidade entre 1990 e 2004
- Taxa de instalações eléctricas
- População sem acesso à electricidade
- Mudança no PIB *per capita* por unidade de uso de energia entre 1990 e 2004
- Floresta como percentagem de terra total
- Área total da floresta em 2005
- Mudança absoluta da área florestal entre 1990 e 2005
- Mudança da percentagem média anual da área florestal

Estes indicadores podem ser usados para monitorizar o progresso no acesso à electricidade moderna; na redução da intensidade de energia do crescimento do PIB; e para avaliar níveis de desflorestação ou *aflorestação* dos países

A tabela dos 'Recursos Energéticos' (Tabela 23) é uma tabela completamente nova, que descreve a taxa de fornecimento de energia primária a partir de diferentes fontes: combustíveis fósseis (carvão, petróleo e gás natural), energia renovável (desde a hídrica à solar, eólica e, geotérmica, assim como a biomassa e o desperdício) e outras fontes (nuclear). O fornecimento de energia primária total é também apresentado nesta tabela.

A tabela das 'Emissões e *stocks* de dióxido de carbono' (Tabela 24) reúne indicadores sobre as emissões de CO_2 anteriormente incluídos na tabela da 'Energia e ambiente' original, e introduz alguns novos indicadores, incluindo:

- Emissões totais de CO_2 e a mudança de percentagem média annual entre 1990 e 2004;
- A participação dos países nas emissões totais de CO_2;
- Emissões de CO_2 *per capita* (pegadas de carbono);
- Emissões de CO_2 por unidade de uso de energia (intensidade de carbono na energia);
- Emissões de CO_2 por unidade de PIB (intensidade do carbono no crescimento);
- Emissões de CO_2 provenientes da biomassa das florestas e dos *stocks* de carbono totais nas florestas.

Na tabela da 'Posição dos principais tratados internacionais do ambiente' (Tabela 25) expandiu-se o número de tratados ambientais sobre a energia e o ambiente relativamente aos incluídos na tabela original, apresentando-os todos numa única tabela.

A tabela 'Vítimas de Crime' (anteriormente a tabela 23 no *Relatório de Desenvolvimento Humano 2006* foi posta de parte neste Relatório, na ausência de um novo Inquérito Internacional de Vitimação em que a tabela se baseia desde 2000-01. Essa tabela foi, assim, substituída por uma tabela para o 'Crime e justiça' (Tabela 27), que apresenta informações sobre txas de homicídio, populações prisionais e a abolição ou suspensão da pena de morte.

Tabelas introduzidas em resposta a algumas recomendações do relatório de IDG-IEG

As estatísticas desagregadas referentes ao género comparáveis entre países são um desafio importante para avaliação do progresso na eliminação de todas as formas de discriminação contra homens e mulheres. Em resposta a algumas das recomendações avançadas pelo relatório de IDG-IEG, introduziu-se novos indicadores de género desagregados acerca da participação na força laboral em países que não da OCDE, e uma tabela de indicadores já anteriormente existente foi alterada de modo a oferecer mais informação.

Anteriormente, a informação sobre o desemprego foi apresentada apenas para os países da OCDE devido à ausência de dados de comparação suficientes relativamente a outros países. Na nova Tabela 21, para além dos dados para homens e mulheres, tais como a estatísticas da força laboral em termos de totais de emprego e desemprego, são ainda apresentadas a distribuição de emprego por actividade económica e a participação no sector informal.

A Tabela 32 'Género, trabalho e afectação do tempo' é uma modificação da Tabela 28 do anterior *Relatório de Desenvolvimento Humano* que oferece informação sobre como homens e mulheres partilham o seu tempo entre actividades no mercado de trabalho e fora dele. As actividades fora do mercado foram ainda mais especificadas no sentido de obter informações sobre o tempo que homens e mulheres gastam por dia com tarefas domésticas, por exemplo, na cozinha, na limpeza e na prestação de cuidados a crianças, ou com outras actividades como sendo os cuidados pessoais, bem como com actividades de lazer ou outras actividades sociais nos seus tempos livres.

O GRDH continuará a trabalhar com organizações nacionais, regionais e internacionais no sentido de melhorar a disponibilização de dados desagregados de qualidade relativamente aos géneros.

Conversão da moeda

Ao longo deste Relatório, junto às unidades de moeda originalmente registadas em moedas que não o dólar americano, será acrescentado o valor equivalente estimado em US$. As taxas de conversão usadas são as taxas do 'período médio' para o ano específico, enquanto para as moedas sem ano especificado foi usada a taxa ao ano para o 'período médio' mais recente disponível, de acordo com os registos no relatório de *Estatísticas Financeiras Internacionais* do Fundo Monetário Internacional.

Símbolos

Na ausência das palavras *anual, taxa anual ou crescimento anual*, um travessão entre dois anos, por exemplo, 1995-2000, indica que os dados foram recolhidos durante um dos anos apresentados. Uma barra entre dois anos, por exemplo, 1998/2001, indica que foi apurada uma média para os anos apresentados, excepto se especificado em contrário. São usados os seguintes símbolos:

.. Dados não disponíveis
(.) Superior (ou inferior) a zero, mas suficientemente baixo para que possa ser arredondado para zero, face os algarismos decimais.
< menos do que
— Não aplicável
T Total

Nota à Tabela 1: sobre o índice de desenvolvimento humano deste ano

O índice de desenvolvimento humano (IDH) é um índice composto que mede a média de metas alcançadas num país em três dimensões básicas de desenvolvimento humano: uma vida longa e saudável, acesso à educação e condições de vida condignas. Estas dimensões básicas são medidas pela esperança de vida à nascença, a alfabetização entre os adultos e a escolarização bruta combinada nos níveis de ensino primário, secundário e superior, bem como o produto interno bruto *per capita* em Poder de Paridade de Compra (PPC) em dólares americanos (PPC US$), respectivamente. O índice é construído a partir de indicadores que estão disponíveis globalmente usando uma metodologia que seja simples e transparente (cf. *Nota Técnica 1*)

Embora o conceito de desenvolvimento humano tenha uma dimensão mais lata do que um único índice, qualquer que este seja, possa medir, o IDH representa uma alternativa poderosa ao PIB *per capita* enquanto medida sumária do bem-estar humano. Oferece um ponto de partida útil para obtermos uma informação rica contida nas tabelas de indicadores subsequentes sobre diferentes aspectos do desenvolvimento humano.

A disponibilização de dados determina a cobertura de países do IDH

O IDH neste Relatório refere-se a 2005. Abrange 175 países membros das Nações Unidas, juntamente com Hong Kong, uma Região Administrativa Especial da China, e Autoridade Palestiniana.

Para permitir comparações entre países, o IDH é, dentro da medida do possível, calculado com base em dados fornecidos por organizações internacionais de dados líderes, disponibilizadas na altura em que o Relatório foi elaborado (cf. *Fontes internacionais de dados primárias*, em baixo). Mas, para um conjunto de países, não existem dados nestas organizações relativamente a um ou mais elementos dos quatro que compõem o IDH. Por esta razão, 17 países membros não puderam ser incluídos nas classificações do IDH este ano. Em alternativa, apresentamos um conjunto de IDH básicos para estes países na Tabela 1a.

Em casos muito raros, o GRDH produziu esforços especiais para obter estimativas a partir de outras fontes internacionais, regionais ou nacionais, quando as bases de dados das fontes primárias não dispunham destes dados relativamente a uma ou duas componentes de IDH para um país. Em alguns casos, o GRDH apresentou uma estimativa. Estas estimativas provenientes de fontes que não os organismos internacionais primários estão claramente documentadas nas notas de rodapé referentes à Tabela 1. Elas são de qualidade e fidedignidade variada e não são apresentadas noutras tabelas de indicadores que mostram dados semelhantes.

Fontes internacionais de dados primárias

Esperança de vida à nascença. As estimativas da esperança de vida à nascença são retiradas da *Revisão de 2006 do Relatório de Perspectivas da População Mundial* (ONU 2007e), a fonte oficial da Organização das Nações Unidas para estimativas e projecções relativas à população. São preparadas bianualmente pelo Departamento dos Assuntos Económicos e Sociais, Divisão da População (PNUD), usando-se dados procedentes de sistemas de registo nacionais, bem como censos e inquéritos populacionais.

Na Revisão de 2006 o PNUD introduziu dados nacionais disponíveis até ao final de 2006. Para avaliar o impacto do VIH/SIDA, as últimas estimativas da prevalência do VIH elaboradas pelo Programa Conjunto das Nações Unidas sobre VIH/SIDA (ONU/SIDA) foram combinadas com uma série de princípios sobre as tendências demográficas e a mortalidade de pessoas infectadas e não infectadas em cada um dos 62 países para os quais o impacto da doença foi explicitamente calculado em modelos.

A disponibilização de novas evidência empíricas sobre as tendências epidémicas e demográficas do VIH/SIDA requer ajustamentos relativamente a anteriores estimativas. Recentes dados da ONU/SIDA apontam para um declínio na taxa de transição de novos indivíduos para grupos de alto risco. Baseando-se nestas estimativas, bem como e outro elementos, a *Revisão de 2006 do Relatório de Perspectivas da População Mundial* introduziu várias alterações de metodologia, que resultaram num significativo aumento das estimativa da esperança média de vida à nascença para alguns dos países. Primeiro, a Revisão de 2006 inclui uma mais longa sobrevivência para pessoas infectadas a receber tratamento. Segundo, estima-se igualmente que a taxa de transmissão de mãe para filho diminua em diferentes graus, dependendo do progresso alcançado por cada país no aumento do acesso ao tratamento. As estimativas de esperança de vida publicadas pelo PNUD são geralmente médias calculadas a cada cinco anos, embora também se produza estimativas de esperança de vida anuais interpoladas nas médias de cinco anos. As expectativas de esperança média de vida para 2005 apresentadas na Tabela 1, e aquelas subjacentes à Tabela 2 são provenientes destes dados intermédios. Para detalhes sobre a *Revisão de 2006 do Relatório de Perspectivas da População Mundial*, cf. www.un.org/esa/population/unpop.htm.

Taxa de alfabetização entre os adultos. Este Relatório faz uso de dados sobre as taxas de alfabetização entre adultos provenientes da Organização das Nações Unidas para a Educação, Ciência e Cultura (UNESCO), Instituto de Estatísticas, Avaliação de Abril de 2007. As estimativas nacionais, disponibilizadas através dos esforços objectivos do Instituto de Estatísticas para a recolha de dados de alfabetização recentes junto dos países, são obtidas através de censos ou inquéritos nacionais entre 1995 e 2005. Sempre que não se dispunha de estimativas recentes, foram antes usadas estimativas mais antigas do Instituto de Estimativas, produzidas em Julho de 2002 e baseadas essencialmente em dados nacionais recolhidos antes de 1995.

Muitos países de rendimento elevado, havendo alcançado elevados níveis de alfabetização, já não recolhem estatísticas de alfabetização básica, e portanto já não estão incluídos nos dados do Instituto de Estatística. Para efeitos de cálculo do IDH, impõe-se uma taxa de alfabetização de 99,0% para aqueles países, visto que os mesmos já não registam informação sobre a alfabetização de adultos.

Na recolha de dados sobre a alfabetização, muitos países estimam o número de pessoas alfabetizadas baseando-se em dados internos. Alguns usam os dados das metas da educação alcançadas como uma referência, mas as medidas de frequência escolar e de conclusão de ano podem diferir. Sendo que as definições e os métodos de recolha de dados variam de país para país, as estimativas da alfabetização deverão ser usadas com precaução.

O Instituto de Estatísticas, em colaboração com organizações associadas, está activamente a procurar uma metodologia alternativa para comensurar a alfabetização, no âmbito do Programa de Avaliação e de Monitorização da Alfabetização (LAMP). O LAMP procura ir para além das actuais categorias de alfabetização simples (que se traduzem pela dicotomia literado/iliterado), fornecendo informação continuada sobre o processo de alfabetização e as capacidades atingidas. Espera-se que as taxas de alfabetização do LAMP possam oferecer estimativas mais fidedignas.

Taxa de escolarização bruta combinada referente ao ensino primário, secundário e superior. As taxas de escolarização bruta são produzidas pelo Instituto de Estatísticas da UNESCO (UNESCO, Instituto de Estatísticas, 2007c), com base em dados de escolarização recolhidos junto dos governos nacionais (geralmente provenientes de fontes administrativas) e dados populacionais da *Revisão de 2004 do Relatório de Perspectivas da População Mundial*. As taxas são calculadas dividindo-se o número de estudantes inscritos nos níveis de ensino primário, secundário e superior pela população total em cada grupo em idade escolar teoricamente relacionada com cada um daqueles níveis. Supõe-se que o grupo etário que corresponderá teoricamente ao ensino superior é aquele composto por indivíduos com idades variáveis em cinco anos, no nível que se segue ao final do ensino secundário em todos os países.

Embora se queira como uma referência relativa às metas educacionais atingidas, as taxas de escolarização bruta combinada não reflectem a qualidade dos resultados educativos. Mesmo quando usada para apurar o acesso a oportunidades de educação, a taxa de escolarização bruta combinada pode ocultar importantes diferenças entre os países, devido às diferenças etárias relativas a um nível de ensino e na duração dos programas da educação. As taxas de reprovações e desistências podem também distorcer os dados. Critérios de medida como as médias de anos de escolarização de uma população ou a expectativa média de vida escolar poderiam mais adequadamente reflectir o sucesso educacional e deveriam idealmente suplantar as taxas de escolarização bruta no IDH. Contudo, esses dados ainda não estão regularmente disponíveis para um número suficiente de países.

Tal como actualmente definido, a taxa de escolarização bruta combinada mede a escolarização no país em estudo, e por isso exclui estudantes que estudem no estrangeiro da taxa de escolarização do seu próprio país. Os actuais dados para muitos países mais pequenos, em que a procura de frequência no ensino superior no estrangeiro é frequente, poderá substancialmente subestimar o acesso à educação ou a concretização de metas educativas da população e por isso levar a um IDH mais baixo.

PIB per capita *(US$ em PPC)*. Comparando os *padrões* de vida entre os países, as estatísticas económicas deverão ser convertidas em termos de poder de paridade de compra (PPC) para eliminar as diferenças nos níveis de preços nacionais. Os dados do PIB *per capita* (PPC em US$) para o IDH são fornecidos pelo Banco Mundial (Banco Mundial 2007b) para 168 países, com base em dados de preços do último inquérito do Programa de Comparação Internacional (PCI) e do PIB em moeda local dos dados contabilísticos nacionais. A última ronda de inquéritos do PCI conduzida entre 1993 e 1996 abrangeu 118 países. O PPC para estes países é estimado directamente por extrapolação a partir dos últimos resultados de mercado. Para países não incluídos nos inquéritos do PCI, as estimativas são apuradas através da regressão econométrica. Para países não abrangidos pelo Banco Mundial, usa-se estimativas de PPC procedentes das *Penn World Tables* da Universidade da Pensilvânia (Heston, Summers e Aten 2006)

Embora se tenha feito um grande progresso nas últimas décadas, o conjunto actual de dados sobre o PPC sofre de várias deficiências, incluindo falta de abrangência universal, actualidade dos dados e uniformidade na qualidade dos resultados de diferentes regiões e países. Preencher lacunas na cobertura de países com regressões econométricas requer fortes pressupostos, enquanto a extrapolação no tempo implica que os resultados se tornem mais fracos à medida que a distância entre o ano de referência do inquérito e o ano presente aumenta. A importância do PPC na análise económica subjaz à necessidade de melhorias nos dados do PPC. Foi criada uma nova Ronda do Milénio do PCI que promete melhores dados do PPC para a análise da política económica. Espera-se que os primeiros resultados sejam publicados no final de 2007 ou no início de 2008. Para detalhes sobre o PCI e a metodologia do PPC, cf. *website* do PCI em www.worldbank.org/data/icp.

Comparações no tempo e entre edições do Relatório

O IDH é um instrumento importante para monitorizar tendências de longo prazo no desenvolvimento humano. Para facilitar a análise de tendências entre países, o IDH é calculado em intervalos de cinco anos no período de 1975-2005. Estas estimativas, apresentadas na Tabela 2, baseiam-se numa metodologia consistente e em dados de tendências comparáveis, disponibilizados quando o Relatório é preparado.

Como as agências internacionais de dados melhoram continuamente as suas bases de dados, incluindo através da actualização periódica de dados históricos, as alterações anuais dos valores do IDH e das classificações entre edições do Relatório do Desenvolvimento Humano reflectem, geralmente, essas revisões de dados — tanto específicas de um país, como relativas a outros países – e não verdadeiras mudanças num país. Além disso, as alterações ocasionais na cobertura de países também podem afectar a posição de um país em termos de IDH, mesmo quando é utilizada uma metodologia consistente para calcular o IDH. Como resultado, a classificação de um país pode cair consideravelmente entre dois Relatórios consecutivos, mas quando são usados dados comparáveis revistos para reconstruir o IDH dos últimos anos, a ordem e o valor do IDH podem, realmente, apresentar uma melhoria.

Por essas razões, as análises de tendências do IDH não devem basear-se em dados de edições diferentes do Relatório. A Tabela 2 fornece dados de tendências do IDH actualizados com base em dados e metodologia consistentes.

IDH para países de desenvolvimento humano elevado

O IDH deste Relatório está construído para comparar as metas alcançadas pelos países no que respeita as dimensões mais básicas de desenvolvimento humano. Assim, os indicadores utilizados presentemente no IDH produzem diferenças muito pequenas entre os países do topo do IDH e, portanto, o topo das classificações do IDH geralmente só reflecte as diferenças muito pequenas nos indicadores subjacentes. Para estes países de rendimento elevado, um índice alternativo – o índice da pobreza humana (apresentado na Tabela 4) – pode reflectir melhor a extensão da privação humana que ainda existe nas populações destes países e ajudar a orientar o enfoque das políticas públicas. Para discussões adicionais sobre o uso e as limitações do IDH e dos indicadores que o compõem, ver http://hdr.undp.org/statistics.

Acrónimos e abreviaturas

ACNUR Alto Comissariado das Nações Unidas para os Refugiados
AIE Agência Internacional de Energia
AOD Assistência Oficial para o Desenvolvimento
ARJM Antiga República Jugoslava da Macedónia
CAD Comissão de Ajuda ao Desenvolvimento da OCDE
CDIAC Centro de Análise e Informação sobre o Dióxido de Carbono
CEI Comunidade de Estados Independentes
CISP Classificação internacional segundo a situação na profissão
CITE Classificação Internacional Tipo da Educação
CITP Classificação Internacional Tipo das Profissões
CMDI Centro de Monitorização das Deslocações Internas
CNUCD Conferência das Nações Unidas para o Comércio e Desenvolvimento
CO_2 Dióxido de carbono
CO_2e Dióxido de carbono equivalente
CTCI Classificação Tipo para o Comércio Internacional
EM-DAT Base de Dados Global sobre Emergências
FAO Organização para a Alimentação e Agricultura
FNUAP Fundo das Nações Unidas para a População
UNODC Gabinete das Nações Unidas contra a Droga e o Crime
GRDH Gabinete do Relatório de Desenvolvimento Humano
Gt Gigatonelada
I&D Investigação e Desenvolvimento
ICPS Centro Internacional de Estudos Penitenciários
IDG Índice de Desenvolvimento relativo ao Género
IDH Índice de Desenvolvimento Humano
IDS Inquérito Demográfico e de Saúde
IIAA Inquérito Internacional sobre a Alfabetização dos Adultos
IIEE Instituto Internacional de Estudos Estratégicos
ILOLEX Base de dados das Normas Internacionais do Trabalho da OIT
IEG O Índice de Equidade de Género
IPH-1 Índice de Pobreza Humana (em países em vias de desenvolvimento)
IPH-2 Índice de Pobreza Humana (em países da OCDE, Europa de Leste e CEI)
ISIC Classificação Internacional Tipo da Indústria
LIS Estudos do Rendimento do Luxemburgo
MICS Estudo de Indicadores Múltiplos
Mt Megatonelada
OCDE Organização para a Cooperação e Desenvolvimento Económico
ODMs Objectivos de Desenvolvimento do Milénio
OIT Organização Internacional do Trabalho
OMPI Organização Mundial da Propriedade Intelectual
OMS Organização Mundial de Saúde
ONU Organização das Nações Unidas
ONUSIDA Programa Conjunto das Nações Unidas sobre o VIH/SIDA
PIB Produto Interno Bruto
PNUD Programa das Nações Unidas para o Desenvolvimento
PPC Paridade do Poder de Compra
RAE Região Administrativa Especial (da República Popular da China)
RNB Rendimento Nacional Bruto
SIPRI Instituto Internacional de Investigação para a Paz de Estocolmo
TEB Taxa de Escolarização Bruta
TOD Terapêutica Observada Directa
UIP União Interparlamentar
UIT União Internacional de Telecomunicações
UNESCO Organização das Nações Unidas para a Educação, Ciência e Cultura
UNICEF Fundo das Nações Unidas para a Infância
UN-OHRLLS Gabinete das Nações Unidas do Alto Representante para os Países Menos Desenvolvidos, e Países Interiores e Pequenos Estados Insulares em Desenvolvimento
VIH/SIDA Vírus da Imunodeficiência Humana / Síndrome da Imunodeficiência Adquirida

Monotorizar o desenvolvimento humano: alargar as escolhas das pessoas...

Índice de desenvolvimento humano

Ordem do IDH[a]	Valor do índice de desvolvimento humano (IDH) 2005	Esperança de vida à nascença (anos) 2005	Taxa de alfabetização adultos (% 15 anos e mais) 1995-2005[b]	Taxa de escolarização bruta combinada dos ensinos primário, secundário e supeerior (%) 2005	PIB per capita (Dólares PPC) 2005	Índice da esperança de vida	Índice da educação	Índice do PIB	Ordem do PIB per capita (dól, PPC) menos ordem IDH[c]
DESENVOLVIMENTO HUMANO ELEVADO									
1 Islândia	0,968	81,5	.. [d]	95,4 [e]	36,510	0,941	0,978	0,985	4
2 Noruega	0,968	79,8	.. [d]	99,2	41,420 [f]	0,913	0,991	1,000	1
3 Austrália	0,962	80,9	.. [d]	113,0 [g]	31,794	0,931	0,993	0,962	13
4 Canadá	0,961	80,3	.. [d]	99,2 [e,h]	33,375	0,921	0,991	0,970	6
5 Irlanda	0,959	78,4	.. [d]	99,9	38,505	0,890	0,993	0,994	-1
6 Suécia	0,956	80,5	.. [d]	95,3	32,525	0,925	0,978	0,965	7
7 Suiça	0,955	81,3	.. [d]	85,7	35,633	0,938	0,946	0,981	-1
8 Japão	0,953	82,3	.. [d]	85,9	31,267	0,954	0,946	0,959	9
9 Países Baixos	0,953	79,2	.. [d]	98,4	32,684	0,904	0,988	0,966	3
10 França	0,952	80,2	.. [d]	96,5	30,386	0,919	0,982	0,954	8
11 Filândia	0,952	78,9	.. [d]	101,0 [g]	32,153	0,898	0,993	0,964	3
12 Estados Unidos	0,951	77,9	.. [d]	93,3	41,890 [f]	0,881	0,971	1,000	-10
13 Espanha	0,949	80,5	.. [d]	98,0	27,169	0,925	0,987	0,935	11
14 Dinamarca	0,949	77,9	.. [d]	102,7 [g]	33,973	0,881	0,993	0,973	-6
15 Áustria	0,948	79,4	.. [d]	91,9	33,700	0,907	0,966	0,971	-6
16 Reino Unido	0,946	79,0	.. [d]	93,0 [e]	33,238	0,900	0,970	0,969	-5
17 Bélgica	0,946	78,8	.. [d]	95,1	32,119	0,897	0,977	0,963	-2
18 Luxemburgo	0,944	78,4	.. [d]	84,7 [i]	60,228 [f]	0,891	0,942	1,000	-17
19 Nova Zelândia	0,943	79,8	.. [d]	108,4 [g]	24,996	0,913	0,993	0,922	9
20 Itália	0,941	80,3	98,4	90,6	28,529	0,922	0,958	0,944	1
21 Hong Kong, China (RAE)	0,937	81,9	.. [j]	76,3	34,833	0,949	0,885	0,977	-14
22 Alemanha	0,935	79,1	.. [d]	88,0 [e]	29,461	0,902	0,953	0,949	-2
23 Israel	0,932	80,3	97,1 [k]	89,6	25,864	0,921	0,946	0,927	3
24 Grécia	0,926	78,9	96,0	99,0	23,381	0,898	0,970	0,910	5
25 Singapura	0,922	79,4	92,5	87,3 [h,k]	29,663	0,907	0,908	0,950	-6
26 República da Coreia	0,921	77,9	.. [d]	96,0	22,029	0,882	0,980	0,900	6
27 Eslovénia	0,917	77,4	99,7 [d,l]	94,3	22,273	0,874	0,974	0,902	4
28 Chipre	0,903	79,0	96,8	77,6 [e]	22,699 [h]	0,900	0,904	0,905	2
29 Portugal	0,897	77,7	93,8 [l]	89,8	20,410	0,879	0,925	0,888	6
30 Estado do Brunei Darussalam	0,894	76,7	92,7	77,7	28,161 [h,m]	0,862	0,877	0,941	-8
31 Barbados	0,892	76,6	.. [d,j]	88,9 [h]	17,297 [h,m]	0,861	0,956	0,860	8
32 República Checa	0,891	75,9	.. [d]	82,9	20,538	0,849	0,936	0,889	2
33 Koweit	0,891	77,3	93,3	74,9	26,321 [n]	0,871	0,871	0,930	-8
34 Malta	0,878	79,1	87,9	80,9	19,189	0,901	0,856	0,877	2
35 Catar	0,875	75,0	89,0	77,7	27,664 [h,m]	0,834	0,852	0,938	-12
36 Hungria	0,874	72,9	.. [d,j]	89,3	17,887	0,799	0,958	0,866	2
37 Polónia	0,870	75,2	.. [d,j]	87,2	13,847	0,836	0,951	0,823	11
38 Argentina	0,869	74,8	97,2	89,7 [h]	14,280	0,831	0,947	0,828	9
39 Emirados Árabes Unidos	0,868	78,3	88,7 [l]	59,9 [e,h]	25,514 [n]	0,889	0,791	0,925	-12
40 Chile	0,867	78,3	95,7	82,9	12,027	0,889	0,914	0,799	15
41 Barém	0,866	75,2	86,5	86,1	21,482	0,837	0,864	0,896	-8
42 Eslováquia	0,863	74,2	.. [d]	78,3	15,871	0,821	0,921	0,846	-1
43 Lituânia	0,862	72,5	99,6 [d]	91,4	14,494	0,792	0,965	0,831	3
44 Estónia	0,860	71,2	99,8 [d]	92,4	15,478	0,770	0,968	0,842	0
45 Letónia	0,855	72,0	99,7 [d]	90,2	13,646	0,784	0,961	0,821	4
46 Uruguai	0,852	75,9	96,8	88,9 [e,h]	9,962	0,848	0,942	0,768	16
47 Croácia	0,850	75,3	98,1	73,5 [h]	13,042	0,839	0,899	0,813	4
48 Costa Rica	0,846	78,5	94,9	73,0 [e]	10,180 [n]	0,891	0,876	0,772	13
49 Baamas	0,845	72,3	.. [j]	70,8	18,380 [h]	0,789	0,875	0,870	-12
50 Seicheles	0,843	72,7 [h,k]	91,8	82,2 [e]	16,106	0,795	0,886	0,848	-10
51 Cuba	0,838	77,7	99,8 [d]	87,6	6,000 [o]	0,879	0,952	0,683	43
52 México	0,829	75,6	91,6	75,6	10,751	0,843	0,863	0,781	7
53 Bulgária	0,824	72,7	98,2	81,5	9,032	0,795	0,926	0,752	11

Ordem do IDH [a]	Valor do índice de desvolvimento humano (IDH) 2005	Esperança de vida à nascença (anos) 2005	Taxa de alfabetização adultos (% 15 anos e mais) 1995-2005[b]	Taxa de escolarização bruta combinada dos ensinos primário, secundário e supeerior (%) 2005	PIB per capita (Dólares PPC) 2005	Índice da esperança de vida	Índice da educação	Índice do PIB	Ordem do PIB per capita (dól, PPC) menos ordem IDH [c]
54 São Cristóvão e Nevis	0,821	70,0 [h,p]	97,8 [k]	73,1 [e]	13,307 [h]	0,750	0,896	0,816	-4
55 Tonga	0,819	72,8	98,9	80,1 [e]	8,177 [n]	0,797	0,926	0,735	15
56 Jamahira Árabe Líbia	0,818	73,4	84,2 [l]	94,1 [e,h]	10,335 [h,m]	0,806	0,875	0,774	4
57 Antigua e Barbuda	0,815	73,9 [h,p]	85,8 [q]	.. [r]	12,500 [h]	0,815	0,824	0,806	-4
58 Omã	0,814	75,0	81,4	67,1	15,602 [h]	0,833	0,766	0,843	-15
59 Trinidade e Tobago	0,814	69,2	98,4 [l]	64,9 [e]	14,603	0,737	0,872	0,832	-14
60 Roménia	0,813	71,9	97,3	76,8	9,060	0,782	0,905	0,752	3
61 Arábia Saudita	0,812	72,2	82,9	76,0	15,711 [n]	0,787	0,806	0,844	-19
62 Panamá	0,812	75,1	91,9	79,5	7,605	0,836	0,878	0,723	15
63 Malásia	0,811	73,7	88,7	74,3 [h]	10,882	0,811	0,839	0,783	-6
64 Bielorússia	0,804	68,7	99,6 [d]	88,7	7,918	0,728	0,956	0,730	8
65 Maurícia	0,804	72,4	84,3	75,3 [e]	12,715	0,790	0,813	0,809	-13
66 Bósnia e Herzegovina	0,803	74,5	96,7	69,0 [h,s]	7,032 [h,t]	0,825	0,874	0,710	17
67 Federação da Rússia	0,802	65,0	99,4 [d]	88,9 [e]	10,845	0,667	0,956	0,782	-9
68 Albânia	0,801	76,2	98,7	68,6 [h]	5,316	0,853	0,887	0,663	30
69 Macedónia (ARJM)	0,801	73,8	96,1	70,1	7,200	0,814	0,875	0,714	11
70 Brasil	0,800	71,7	88,6	87,5 [h]	8,402	0,779	0,883	0,740	-3
DESENVOLVIMENTO HUMANO MÉDIO									
71 Domínica	0,798	75,6 [h,q]	88,0 [q]	81,0 [e]	6,393 [h]	0,844	0,857	0,694	19
72 Santa Lúcia	0,795	73,1	94,8 [q]	74,8	6,707 [h]	0,802	0,881	0,702	15
73 Cazaquistão	0,794	65,9	99,5 [d]	93,8	7,857	0,682	0,973	0,728	1
74 Venezuela, República Bolivariana	0,792	73,2	93,0	75,5 [e,h]	6,632	0,804	0,872	0,700	14
75 Colómbia	0,791	72,3	92,8	75,1	7,304 [n]	0,788	0,869	0,716	4
76 Ucrania	0,788	67,7	99,4 [d]	86,5	6,848	0,711	0,948	0,705	9
77 Samoa	0,785	70,8	98,6 [l]	73,7 [e]	6,170	0,763	0,903	0,688	14
78 Tailândia	0,781	69,6	92,6	71,2 [e]	8,677	0,743	0,855	0,745	-13
79 República Dominicana	0,779	71,5	87,0	74,1 [e,h]	8,217 [n]	0,776	0,827	0,736	-10
80 Belize	0,778	75,9	75,1 [q]	81,8 [e]	7,109	0,849	0,773	0,712	1
81 China	0,777	72,5	90,9	69,1 [e]	6,757 [u]	0,792	0,837	0,703	5
82 Grenada	0,777	68,2	96,0 [q]	73,1 [e]	7,843 [h]	0,720	0,884	0,728	-7
83 Arménia	0,775	71,7	99,4 [d]	70,8	4,945	0,779	0,896	0,651	20
84 Turquia	0,775	71,4	87,4	68,7 [e]	8,407	0,773	0,812	0,740	-18
85 Suriname	0,774	69,6	89,6	77,1 [e]	7,722	0,743	0,854	0,725	-9
86 Jordânia	0,773	71,9	91,1	78,1	5,530	0,782	0,868	0,670	11
87 Perú	0,773	70,7	87,9	85,8 [e]	6,039	0,761	0,872	0,684	6
88 Líbano	0,772	71,5	.. [j]	84,6	5,584	0,775	0,871	0,671	8
89 Equador	0,772	74,7	91,0	.. [r]	4,341	0,828	0,858	0,629	21
90 Filipinas	0,771	71,0	92,6	81,1	5,137	0,767	0,888	0,657	11
91 Tunísia	0,766	73,5	74,3	76,3	8,371	0,808	0,750	0,739	-23
92 Fiji	0,762	68,3	.. [j]	74,8 [e]	6,049	0,722	0,879	0,685	0
93 São Vicente e Granadinas	0,761	71,1	88,1 [q]	68,9	6,568	0,768	0,817	0,698	-4
94 Irão, República Islâmica do	0,759	70,2	82,4	72,8 [e]	7,968	0,754	0,792	0,731	-23
95 Paraguai	0,755	71,3	93,5 [l]	69,1 [e,h]	4,642 [n]	0,771	0,853	0,641	10
96 Geórgia	0,754	70,7	100,0 [d,v]	76,3	3,365	0,761	0,914	0,587	24
97 Guiana	0,750	65,2	.. [j]	85,0	4,508 [n]	0,670	0,943	0,636	12
98 Azerbeijão	0,746	67,1	98,8	67,1	5,016	0,702	0,882	0,653	4
99 Sri Lanka	0,743	71,6	90,7 [w]	62,7 [e,h]	4,595	0,776	0,814	0,639	7
100 Maldivas	0,741	67,0	96,3	65,8 [e]	5,261 [h,m]	0,701	0,862	0,661	-1
101 Jamaica	0,736	72,2	79,9	77,9 [e]	4,291	0,787	0,792	0,627	11
102 Cabo Verde	0,736	71,0	81,2 [l]	66,4	5,803 [n]	0,766	0,763	0,678	-7
103 El Salvador	0,735	71,3	80,6 [l]	70,4	5,255 [n]	0,772	0,772	0,661	-3
104 Argélia	0,733	71,7	69,9	73,7 [e]	7,062 [n]	0,778	0,711	0,711	-22
105 Vietname	0,733	73,7	90,3	63,9	3,071	0,812	0,815	0,572	18
106 Territórios Ocupados da Palestina	0,731	72,9	92,4	82,4 [e]	.. [x]	0,799	0,891	0,505	33

Ordem do IDH [a]		Valor do índice de desvolvimento humano (IDH) 2005	Esperança de vida à nascença (anos) 2005	Taxa de alfabetização adultos (% 15 anos e mais) 1995-2005[b]	Taxa de escolarização bruta combinada dos ensinos primário, secundário e supeerior (%) 2005	PIB per capita (Dólares PPC) 2005	Índice da esperança de vida	Índice da educação	Índice do PIB	Ordem do PIB per capita (dól, PPC) menos ordem IDH [c]
107	Indonésia	0,728	69,7	90,4	68,2 [e]	3,843	0,745	0,830	0,609	6
108	República Árabe Síria	0,724	73,6	80,8	64,8 [e]	3,808	0,811	0,755	0,607	7
109	Turquemenistão	0,713	62,6	98,8	.. [r]	3,838 [h]	0,627	0,903	0,609	5
110	Nicarágua	0,710	71,9	76,7	70,6 [e]	3,674 [n]	0,782	0,747	0,601	6
111	Moldávia	0,708	68,4	99,1 [d,l]	69,7 [e]	2,100	0,724	0,892	0,508	25
112	Egipto	0,708	70,7	71,4	76,9 [e]	4,337	0,761	0,732	0,629	-1
113	Usbequistão	0,702	66,8	.. [d,j]	73,8 [e,h]	2,063	0,696	0,906	0,505	25
114	Mongólia	0,700	65,9	97,8	77,4	2,107	0,682	0,910	0,509	21
115	Honduras	0,700	69,4	80,0	71,2 [e]	3,430 [n]	0,739	0,771	0,590	3
116	Quirguizistão	0,696	65,6	98,7	77,7	1,927	0,676	0,917	0,494	29
117	Bolívia	0,695	64,7	86,7	86,0 [e,h]	2,819	0,662	0,865	0,557	7
118	Guatemala	0,689	69,7	69,1	67,3 [e]	4,568 [n]	0,746	0,685	0,638	-11
119	Gabão	0,677	56,2	84,0 [l]	72,4 [e,h]	6,954	0,521	0,801	0,708	-35
120	Vanuatu	0,674	69,3	74,0	63,4 [e]	3,225 [n]	0,738	0,705	0,580	2
121	África do Sul	0,674	50,8	82,4	77,0 [h]	11,110 [n]	0,430	0,806	0,786	-65
122	Tajiquistão	0,673	66,3	99,5 [d]	70,8	1,356	0,689	0,896	0,435	32
123	São Tomé and Príncipe	0,654	64,9	84,9	65,2	2,178	0,665	0,783	0,514	10
124	Botsuana	0,654	48,1	81,2	69,5 [e]	12,387	0,385	0,773	0,804	-70
125	Namíbia	0,650	51,6	85,0	64,7 [e]	7,586 [n]	0,444	0,783	0,723	-47
126	Marrocos	0,646	70,4	52,3	58,5 [e]	4,555	0,757	0,544	0,637	-18
127	Guiné Equatorial	0,642	50,4	87,0	58,1 [e,h]	7,874 [h,n]	0,423	0,773	0,729	-54
128	Índia	0,619	63,7	61,0	63,8 [e]	3,452 [n]	0,645	0,620	0,591	-11
129	Ilhas Salomão	0,602	63,0	76,6 [k]	47,6	2,031 [n]	0,633	0,669	0,503	14
130	Laos, Rep. Democrática Popular do	0,601	63,2	68,7	61,5	2,039	0,637	0,663	0,503	11
131	Camboja	0,598	58,0	73,6	60,0 [e]	2,727 [n]	0,550	0,691	0,552	-6
132	Mianmar	0,583	60,8	89,9	49,5 [e]	1,027 [h,y]	0,596	0,764	0,389	35
133	Butão	0,579	64,7	47,0 [v]	.. [r]	.. [h,z]	0,662	0,485	0,589	-14
134	Comores	0,561	64,1	.. [j]	46,4 [e]	1,993 [n]	0,651	0,533	0,499	10
135	Gana	0,553	59,1	57,9	50,7 [e]	2,480 [n]	0,568	0,555	0,536	-8
136	Paquistão	0,551	64,6	49,9	40,0 [e]	2,370	0,659	0,466	0,528	-8
137	Mauritânia	0,550	63,2	51,2	45,6	2,234 [n]	0,637	0,493	0,519	-5
138	Lesoto	0,549	42,6	82,2	66,0 [e]	3,335 [n]	0,293	0,768	0,585	-17
139	Congo	0,548	54,0	84,7 [l]	51,4 [e]	1,262	0,484	0,736	0,423	16
140	Bangladesh	0,547	63,1	47,5	56,0 [h]	2,053	0,635	0,503	0,504	0
141	Suazilândia	0,547	40,9	79,6	59,8 [e]	4,824	0,265	0,730	0,647	-37
142	Nepal	0,534	62,6	48,6	58,1 [e]	1,550	0,626	0,518	0,458	8
143	Madagáscar	0,533	58,4	70,7	59,7 [e]	923	0,557	0,670	0,371	27
144	Camarões	0,532	49,8	67,9	62,3 [e]	2,299	0,414	0,660	0,523	-13
145	Papua- Nova Guiné	0,530	56,9	57,3	40,7 [e,h]	2,563 [n]	0,532	0,518	0,541	-19
146	Haiti	0,529	59,5	.. [j]	.. [r]	1,663 [n]	0,575	0,542	0,469	2
147	Sudão	0,526	57,4	60,9 [aa]	37,3 [e]	2,083 [n]	0,540	0,531	0,507	-10
148	Quénia	0,521	52,1	73,6	60,6 [e]	1,240	0,451	0,693	0,420	9
149	Djibuti	0,516	53,9	.. [j]	25,3	2,178 [n]	0,482	0,553	0,514	-15
150	Timor-Leste	0,514	59,7	50,1 [ab]	72,0 [e]	.. [h,ac]	0,578	0,574	0,390	16
151	Zimbabué	0,513	40,9	89,4 [l]	52,4 [e,h]	2,038	0,265	0,770	0,503	-9
152	Togo	0,512	57,8	53,2	55,0 [e]	1,506 [n]	0,547	0,538	0,453	-1
153	Iémen	0,508	61,5	54,1 [l]	55,2	930	0,608	0,545	0,372	16
154	Uganda	0,505	49,7	66,8	63,0 [e]	1,454 [n]	0,412	0,655	0,447	-2
155	Gâmbia	0,502	58,8	.. [j]	50,1 [e,h]	1,921 [n]	0,563	0,450	0,493	-9
DESENVOLVIMENTO HUMANO BAIXO										
156	Senegal	0,499	62,3	39,3	39,6 [e]	1,792	0,622	0,394	0,482	-9
157	Eritreia	0,483	56,6	.. [j]	35,3 [e]	1,109 [n]	0,527	0,521	0,402	6
158	Nigéria	0,470	46,5	69,1 [l]	56,2 [e]	1,128	0,359	0,648	0,404	4
159	Tanzânia, Rep. Unida da	0,467	51,0	69,4	50,4 [e]	744	0,434	0,631	0,335	15

TABELA 1

Ordem do IDH[a]	Valor do índice de desvolvimento humano (IDH) 2005	Esperança de vida à nascença (anos) 2005	Taxa de alfabetização adultos (% 15 anos e mais) 1995-2005[b]	Taxa de escolarização bruta combinada dos ensinos primário, secundário e supeerior (%) 2005	PIB per capita (Dólares PPC) 2005	Índice da esperança de vida	Índice da educação	Índice do PIB	Ordem do PIB per capita (dól, PPC) menos ordem IDH[c]
160 Guiné	0,456	54,8	29,5	45,1 [e]	2,316	0,497	0,347	0,524	-30
161 Ruanda	0,452	45,2	64,9	50,9 [e]	1,206 [n]	0,337	0,602	0,416	-1
162 Angola	0,446	41,7	67,4	25,6 [e,h]	2,335 [n]	0,279	0,535	0,526	-33
163 Benim	0,437	55,4	34,7	50,7 [e]	1,141	0,506	0,400	0,406	-2
164 Malawi	0,437	46,3	64,1	63,1 [e]	667	0,355	0,638	0,317	13
165 Zâmbia	0,434	40,5	68,0	60,5 [e]	1,023	0,259	0,655	0,388	3
166 Costa do Marfim	0,432	47,4	48,7	39,6 [e,h]	1,648	0,373	0,457	0,468	-17
167 Burundi	0,413	48,5	59,3	37,9 [e]	699 [n]	0,391	0,522	0,325	9
168 Congo, República Democrática do	0,411	45,8	67,2	33,7 [e,h]	714 [n]	0,346	0,560	0,328	7
169 Etiópia	0,406	51,8	35,9	42,1 [e]	1,055 [n]	0,446	0,380	0,393	-5
170 Chade	0,388	50,4	25,7	37,5 [e]	1,427 [n]	0,423	0,296	0,444	-17
171 República Centro-Africana	0,384	43,7	48,6	29,8 [e,h]	1,224 [n]	0,311	0,423	0,418	-13
172 Moçambique	0,384	42,8	38,7	52,9	1,242 [n]	0,296	0,435	0,421	-16
173 Mali	0,380	53,1	24,0	36,7	1,033	0,469	0,282	0,390	-8
174 Niger	0,374	55,8	28,7	22,7	781 [n]	0,513	0,267	0,343	-1
175 Guiné-Bissau	0,374	45,8	.. [j]	36,7 [e,h]	827 [n]	0,347	0,421	0,353	-4
176 Burquina Faso	0,370	51,4	23,6	29,3	1,213 [n]	0,440	0,255	0,417	-17
177 Serra Leoa	0,336	41,8	34,8	44,6 [h]	806	0,280	0,381	0,348	-5
Países em vias de Desenvolvimento	0,691	66,1	76,7	64,1	5,282	0,685	0,725	0,662	..
Países menos desenvolvidos	0,488	54,5	53,9	48,0	1,499	0,492	0,519	0,452	..
Países Árabes	0,699	67,5	70,3	65,5	6,716	0,708	0,687	0,702	..
Ásia Oriental e Pacífico	0,771	71,7	90,7	69,4	6,604	0,779	0,836	0,699	..
América Latina e Caraíbas	0,803	72,8	90,3	81,2	8,417	0,797	0,873	0,740	..
Ásia do Sul	0,611	63,8	59,5	60,3	3,416	0,646	0,598	0,589	..
África Subsariana	0,493	49,6	60,3	50,6	1,998	0,410	0,571	0,500	..
Europa Central, Oriental e CEI	0,808	68,6	99,0	83,5	9,527	0,726	0,938	0,761	..
OCDE	0,916	78,3	..	88,6	29,197	0,888	0,912	0,947	..
OCDE de rendimento elevado	0,947	79,4	..	93,5	33,831	0,906	0,961	0,972	..
Desenvolvimento Humano elevado	0,897	76,2	..	88,4	23,986	0,854	0,922	0,915	..
Desenvolvimento Humano médio	0,698	67,5	78,0	65,3	4,876	0,709	0,738	0,649	..
Desenvolvimento Humano Baixo	0,436	48,5	54,4	45,8	1,112	0,391	0,516	0,402	..
Rendimento elevado	0,936	79,2	..	92,3	33,082	0,903	0,937	0,968	..
Rendimento médio	0,776	70,9	89,9	73,3	7,416	0,764	0,843	0,719	..
Rendimento baixo	0,570	60,0	60,2	56,3	2,531	0,583	0,589	0,539	..
Mundo	0,743	68,1	78,6	67,8	9,543	0,718	0,750	0,761	..

NOTAS

a. A ordenação do IDH é determinada utilizando os valores IDH até à sexta casa decimal.

b. Os dados referem-se a estimativas nacionais da alfabetização produzidas a partir de censos e inquéritos realizados entre1995 e 2005, salvo indicação em contrário. Devido a diferenças de metodologia e de oportunidade dos dados subjacentes, as comparações no tempo e entre países devem ser feitas com precaução. P http://www.uis.unesco.org/.

c. Um valor positivo indica que a ordem do IDH é mais elevada que a do PIB per capita (dólares PPC); um valor negativo indica o oposto.

d. Para calcular o IDH, foi utilizado um valor de 99,0%.

e. Estimativas nacionais do Instituto de Estatística ou da UNESCO.

f. Com a finalidade de calcular o IDH, foi utilizado um valor de 40.000 dólares (PPC).

g. Com a finalidade de calcular o IDH, foi utilizado um valor de 100%.

h. Os dados referem-se ao ano anterior ao indicado.

i. Statec 2006. Os dados referem-se aos nacionais matriculados tanto no país como no estrangeiro e, por isso, diferem da definição padrão.

j. Na ausência de dados recentes, foram utilizadas as seguintes estimativas do Instituto de Estatística da UNESCO 2003, baseadas no censos desactualizados ou informação de inquéritos, e deverão ser interpretadas com precaução: Baamas 95,8, Barbados 99,7, Comores 56,8, Djibuti 70,3, Eritreia 60,5, Fiji 94,4, Gâmbia 42,5, Guiné-Bissau 44,8, Guiana 99, Haiti 54,8, Hong Kong, China (RAE) 94,6, Hungria 99,4, Libano 88,3, Polónia 99,8 and Usbequistão 99,4.

k. Os dados são de fontes nacionais.

l. O Instituto de Estatísticas da UNESCO faz uma estimativa com base no seu modelo de projecções global da escolarização de determinada idade de Abril de 2007.

m. Heston, Summers e Aten 2006. Os dados diferem da definição padrão.

n. Estimativa do Banco Mundial baseada numa regressão.

o. Estão em curso esforços para produzir estimativas mais precisas e recentes (ver Guia do Leitor e notas relativas aos quadros). Utilizou-se uma estimativa provisória de 6.000 dólares (PPC).

p. Os dados são do Secretariado da Organização dos Estados das Caraíbas Ocidentais, baseados em fontes nacionais.

q. Os dados são do Secretariado da Comunidade das Caraíbas, baseados em fontes nacionais.

r. Porque a taxa de escolarização bruta combinada não estava disponível, foram utilizadas as seguintes estatísticas do Gabinete do Relatório de Desenvolvimento Humano: Antigua and Barbuda 76, Butão 52, Equador 75, Haiti 53 and Turquemenistão 73.

s. PNUD 2007.

t. Banco Mundial 2006.

u. Estimativas do Banco Mundial baseadas numa comparação bilateral entre a China e os Estados Unidos (Ruoen e Kai. 1995.).

v. UNICEF 2004.

w. Os dados referem-se apenas a 18 dos 25 estados do país.

x. a ausência de uma estimativa do PIB per capita (dólares PPC), o Gabinete do Relatório do Desenvolvimento Humano utilizou uma estimativa de 3.413 dólares, calculado usando o valor do PIB em dólares EUA e o rácio médio ponderado entre dólares PPC e dólares EUA nos Países Árabes.

y. Heston, Summers e Aten 2001. Os dados diferem da definição padrão.

z. Na ausência de uma estimativa do PIB per capita (doláres PPC), o Gabinete do Relatório do Desenvolvimento Humano utilizou uma estimativa de 3.413 dólares, calculado usando o valor do PIB em dólares EUA estimado por Heston, Summers e Aten 2006 ajustado para reflectir a última estimativa de população das NU 2007e.

aa. Os dados referem-se apenas ao norte do Sudão.

ab. PNUD 2006.

ac. Foi utilizada uma estimativa nacional de 1.033 (dólares PPC).

FONTE:

Coluna 1: calculada com base nos dados das colunas 6-8; para pormenores, ver nota técnica 1.

Coluna 2: UN 2007e, salvo indicação em contrário.

Coluna 3: UNESCO Institute for Statistics 2007a, salvo indicação em contrário.

Coluna 4: UNESCO Institute for Statistics 2007c,salvo indicação em contrário.

Coluna 5: World Bank 2007b, salvo indicação em contrário; os agregados foram calculados pelo Banco Mundial para o Gabinete do Relatório de Desenvolvimento Humano.

Coluna 6: calculada com base nos dados da coluna 2.

Coluna 7: calculada com base nos dados das colunas 3 e 4.

Coluna 8: calculada com base nos dados da coluna 5.

Coluna 9: calculada com base nos dados das colunas 1 e 5.

TABELA **1a**

Monotorizar o desenvolvimento humano: alargar as escolhas das pessoas...

Indicadores básicos para outros estados membros da ONU

	Componentes do índice de desenvolvimento humano						ODM	ODM		ODM	ODM
	Esperança de vida á nascença (anos) 2005	**Taxa de alfabetização de adultos** (% 15 anos e mais) 1995–2005 [b]	**Taxa de escolarização bruta combinada dos ensinos primário, secundário e superior** (%) 2005	**PIB per capita** (dólares PPC) 2005	**População Total** (milhares) 2005	**Taxa de fertilidade total** (nasc. por mulher) 2000–05	**Taxa de mortalidade de menores de cinco** (por 1.000 nados-vivos) 2005	**Taxa de escolarização primária líquida** (%) 2005	**Prevalência do HIV** [a] (% 15–49 anos) 2005	**Pessoas sub-nutridas** (% da população total) 2002/04 [c]	**População com acesso a uma fonte de água melhorada** (%) 2004
Afeganistão	42,9	28,0	42,8 [d]	..	25,067	7,5	257	..	<0,1 [<0,2]	..	39
Andorra	..	..	62,6 [d]	..	73	..	3	80 [d]	..	..	100
Iraque	57,7	74,1	59,6 [d]	..	27,996	4,9	125	88 [d]	[<0,2]	..	81
Quiribati	..	...	75,1 [d]	4,597	92	..	65	97 [d,e]	..	7	65
Coreia, República da	66,8	..	..	..	23,616	1,9	55	..	[<0,2]	33	100
Libéria	44,7	51,9 [f]	57,4 [e]	..	3,442	6,8	235	66 [e]	[2,0–5,0]	50	61
Listenstein	..	..	86,4 [d,e]	..	35	..	4	88 [d,e]	..	..	..
Ilhas Marshall	..	...	71,1 [d]	..	57	..	58	90 [d,e]	..	..	87
Micronésia, Estados Federais da	68,0	..	..	7,242	110	4,2	42	..	..	..	94
Mónaco	..	..	..	..	33	..	5	..	..	..	100
Montenegro	74,1	96,4 [g,h]	74,5 [d,e,h]	..	608	1,8	15 [h]	96 [d,e,h]	0,2 [0,1–0,3] [h]	9 [h]	93 [h]
Nauru	..	...	50,6 [d,e]	..	10	..	30	..	..	..	..
Palau	..	...	96,9 [d,e]	..	20	..	11	96 [d,e]	..	..	85
São Marino	..	..	..	..	30	..	3	..	..	..	..
Sérvia	73,6	96,4 [g,h]	74,5 [d,e,h]	..	9,863	1,7	15 [h]	96 [d,e,h]	0,2 [0,1–0,3] [h]	9 [h]	93 [h]
Somália	47,1	...	..	..	8,196	6,4	225	..	0,9 [0,5–1,6]	..	29
Tuvalu	..	...	69,2 [d,e]	..	10	..	38	..	..	..	100

NOTAS

a. Os dados referem-se a estimativas do ponto e intervalo baseadas em novos modelos de estimação desenvolvidos pelo Programa Conjunto das Nações Unidas sobre VIH/SIDA (ONUSIDA). As estimativas do intervalo estão apresentadas dentro de parênteses.

b. Os dados referem-se a estimativas nacionais de alfabetização produzidas a partir de censos ou inquéritos realizados entre 1995 e 2005, salvo indicação em contrário. Devido a diferenças de metodologia e de oportunidade dos dados primários, as comparações no tempo e entre países devem ser feitas com precaução. Para mais pormenores, consulte http://www.uis.unesco.org/.

c. Os dados referem-se a estimativas para o período indicado.

d. Estimativas do Instituto de Estatísticas Nacional ou da UNESCO.

e. Heston, Summers e Aten 2006. Os dados diferem da definição padrão.

f. Os dados referem-se ao ano anterior do ano em questão.

g. O Instituto de Estatísticas da UNESCO faz uma estimativa com base no seu modelo de projecções global da escolarização de determinada idade de Abril de 2007.

h. Os dados não incluem o Kosovo e Metohia.

i. Os dados referem-se á Sérvia e Montenegro antes da sua separação em dois países independentes, em Junho de 2006.

FONTES

Coluna 1: UN 2007e, salvo indicação em contrário.
Coluna 2: Instituto de estatística da UNESCO. 2007a, salvo indicação em contrário.
Coluna 3: Instituto de estatística da UNESCO. 2007c, salvo indicação em contrário.
Coluna 4: Banco Mundial 2007b.
Colunas 5 e 6: UN 2007e, salvo indicação em contrário.
Coluna 7: UNICEF 2006.
Coluna 8: Instituto de estatística da UNESCO 2007c.
Coluna 9: ONUSIDA 2006.
Coluna 10: FAO 2007.
Coluna 11: UN 2006a, baseado em dados de um estudo comum da UNICEF e WHO.

Monotorizar o desenvolvimento humano: alargar as escolhas das pessoas...

Tendências do índice de desenvolvimento humano

Ordem do IDH		1975	1980	1985	1990	1995	2000	2005
DESENVOLVIMENTO HUMANO ELEVADO								
1	Islândia	0,868	0,890	0,899	0,918	0,923	0,947	0,968
2	Noruega	0,870	0,889	0,900	0,913	0,938	0,958	0,968
3	Austrália	0,851	0,868	0,880	0,894	0,934	0,949	0,962
4	Canadá	0,873	0,888	0,911	0,931	0,936	0,946	0,961
5	Irlanda	0,823	0,835	0,851	0,875	0,898	0,931	0,959
6	Suécia	0,872	0,882	0,893	0,904	0,935	0,952	0,956
7	Suiça	0,883	0,895	0,902	0,915	0,926	0,946	0,955
8	Japão	0,861	0,886	0,899	0,916	0,929	0,941	0,953
9	Países Baixos	0,873	0,885	0,899	0,914	0,934	0,947	0,953
10	França	0,856	0,872	0,884	0,907	0,925	0,938	0,952
11	Filândia	0,846	0,866	0,884	0,906	0,918	0,940	0,952
12	Estados Unidos	0,870	0,890	0,904	0,919	0,931	0,942	0,951
13	Espanha	0,846	0,863	0,877	0,896	0,914	0,932	0,949
14	Dinamarca	0,875	0,883	0,890	0,898	0,916	0,935	0,949
15	Áustria	0,848	0,862	0,876	0,899	0,918	0,938	0,948
16	Reino Unido	0,853	0,860	0,870	0,890	0,929	0,931	0,946
17	Bélgica	0,852	0,869	0,883	0,903	0,931	0,943	0,946
18	Luxemburgo	0,836	0,850	0,863	0,890	0,913	0,929	0,944
19	Nova Zelândia	0,854	0,860	0,871	0,880	0,908	0,927	0,943
20	Itália	0,845	0,861	0,869	0,892	0,910	0,926	0,941
21	Hong Kong, China (RAE)	0,763	0,803	0,830	0,865	0,886	0,919	0,937
22	Alemanha	..	0,863	0,871	0,890	0,913	0,928	0,935
23	Israel	0,805	0,830	0,850	0,869	0,891	0,918	0,932
24	Grécia	0,841	0,856	0,869	0,877	0,882	0,897	0,926
25	Singapura	0,729	0,762	0,789	0,827	0,865	..	0,922
26	República da Coreia	0,713	0,747	0,785	0,825	0,861	0,892	0,921
27	Eslovénia	..	..	..	0,851	0,857	0,891	0,917
28	Chipre	..	0,809	0,828	0,851	0,870	0,893	0,903
29	Portugal	0,793	0,807	0,829	0,855	0,885	0,904	0,897
30	Estado do Brunei Darussalam	..	..	..	..	..	..	0,894
31	Barbados	..	..	..	..	..	..	0,892
32	República Checa	..	..	..	0,845	0,854	0,866	0,891
33	Koweit	0,771	0,789	0,794	..	0,826	0,855	0,891
34	Malta	0,738	0,772	0,799	0,833	0,857	0,877	0,878
35	Catar	..	..	..	..	..	..	0,875
36	Hungria	0,786	0,801	0,813	0,813	0,817	0,845	0,874
37	Polónia	..	..	..	0,806	0,822	0,852	0,870
38	Argentina	0,790	0,804	0,811	0,813	0,836	0,862	0,869
39	Emirados Árabes Unidos	0,734	0,769	0,790	0,816	0,825	0,837	0,868
40	Chile	0,708	0,743	0,761	0,788	0,819	0,845	0,867
41	Barém	..	0,747	0,783	0,808	0,834	0,846	0,866
42	Eslováquia	..	..	..	..	..	..	0,863
43	Lituânia	..	..	..	0,827	0,791	0,831	0,862
44	Estónia	..	0,811	0,820	0,813	0,792	0,829	0,860
45	Letónia	..	0,797	0,810	0,804	0,771	0,817	0,855
46	Uruguai	0,762	0,782	0,787	0,806	0,821	0,842	0,852
47	Croácia	..	..	..	0,812	0,805	0,828	0,850
48	Costa Rica	0,746	0,772	0,774	0,794	0,814	0,830	0,846
49	Baamas	..	0,809	0,822	0,831	0,820	0,825	0,845
50	Seicheles	..	..	..	..	..	..	0,843
51	Cuba	..	..	..	..	..	..	0,838
52	México	0,694	0,739	0,758	0,768	0,786	0,814	0,829
53	Bulgária	..	0,771	0,792	0,794	0,785	0,800	0,824

Ordem do IDH	1975	1980	1985	1990	1995	2000	2005
54 São Cristóvão e Nevis	..	..	..	..	..	..	0,821
55 Tonga	..	..	..	..	..	..	0,819
56 Jamahira Árabe Líbia	..	..	..	..	..	..	0,818
57 Antigua e Barbuda	..	..	..	..	..	..	0,815
58 Omã	0,487	0,547	0,641	0,697	0,741	0,779	0,814
59 Trinidade e Tobago	0,756	0,784	0,782	0,784	0,785	0,796	0,814
60 Roménia	..	0,786	0,792	0,777	0,772	0,780	0,813
61 Arábia Saudita	0,611	0,666	0,684	0,717	0,748	0,788	0,812
62 Panamá	0,718	0,737	0,751	0,752	0,775	0,797	0,812
63 Malásia	0,619	0,662	0,696	0,725	0,763	0,790	0,811
64 Bielorússia	..	..	..	0,790	0,755	0,778	0,804
65 Maurícia	..	0,662	0,692	0,728	0,751	0,781	0,804
66 Bósnia e Herzegovina	..	..	..	..	..	..	0,803
67 Federação da Rússia	..	..	..	0,815	0,771	0,782	0,802
68 Albânia	..	0,675	0,694	0,704	0,705	0,746	0,801
69 Macedónia (ARJM)	..	..	..	..	..	..	0,801
70 Brasil	0,649	0,685	0,700	0,723	0,753	0,789	0,800
DESENVOLVIMENTO HUMANO MÉDIO							
71 Domínica	..	..	..	..	..	..	0,798
72 Santa Lúcia	..	..	..	..	..	..	0,795
73 Cazaquistão	..	..	..	0,771	0,724	0,738	0,794
74 Venezuela, República Bolivariana	0,723	0,737	0,743	0,762	0,770	0,776	0,792
75 Colómbia	0,663	0,694	0,709	0,729	0,753	0,772	0,791
76 Ucrania	..	..	..	0,809	0,756	0,761	0,788
77 Samoa	..	..	0,709	0,721	0,740	0,765	0,785
78 Tailândia	0,615	0,654	0,679	0,712	0,745	0,761	0,781
79 República Dominicana	0,628	0,660	0,684	0,697	0,723	0,757	0,779
80 Belize	..	0,712	0,718	0,750	0,777	0,795	0,778
81 China	0,530	0,559	0,595	0,634	0,691	0,732	0,777
82 Grenada	..	..	..	..	..	..	0,777
83 Arménia	..	..	..	0,737	0,701	0,738	0,775
84 Turquia	0,594	0,615	0,651	0,683	0,717	0,753	0,775
85 Suriname	..	..	..	..	..	..	0,774
86 Jordânia	..	0,647	0,669	0,684	0,710	0,751	0,773
87 Perú	0,647	0,676	0,699	0,710	0,737	0,763	0,773
88 Líbano	..	..	..	0,692	0,730	0,748	0,772
89 Equador	0,636	0,678	0,699	0,714	0,734	..	0,772
90 Filipinas	0,655	0,688	0,692	0,721	0,739	0,758	0,771
91 Tunísia	0,519	0,575	0,626	0,662	0,702	0,741	0,766
92 Fiji	0,665	0,688	0,702	..	0,743	0,747	0,762
93 São Vicente e Granadinas	..	..	..	..	..	..	0,761
94 Irão, Rep. Islâmica do	0,571	0,578	0,615	0,653	0,693	0,722	0,759
95 Paraguai	0,667	0,701	0,707	0,718	0,737	0,749	0,755
96 Geórgia	..	..	..	..	..	..	0,754
97 Guiana	0,682	0,684	0,675	0,679	0,699	0,722	0,750
98 Azerbeijão	..	..	..	..	..	..	0,746
99 Sri Lanka	0,619	0,656	0,683	0,702	0,721	0,731	0,743
100 Maldivas	..	..	..	..	..	..	0,741
101 Jamaica	0,686	0,689	0,690	0,713	0,728	0,744	0,736
102 Cabo Verde	..	..	0,589	0,627	0,678	0,709	0,736
103 El Salvador	0,595	0,590	0,611	0,653	0,692	0,716	0,735
104 Argélia	0,511	0,562	0,613	0,652	0,672	0,702	0,733
105 Vietname	..	..	0,590	0,620	0,672	0,711	0,733
106 Territórios Ocupados da Palestina	..	..	..	..	..	..	0,731

TABELA 2

Tendências do índice de desenvolvimento humano

Ordem do IDH	1975	1980	1985	1990	1995	2000	2005
107 Indonésia	0,471	0,533	0,585	0,626	0,670	0,692	0,728
108 República Árabe Síria	0,547	0,593	0,628	0,646	0,676	0,690	0,724
109 Turquemenistão	..	..	..	..	..	..	0,713
110 Nicarágua	0,583	0,593	0,601	0,610	0,637	0,671	0,710
111 Moldávia	..	0,700	0,722	0,740	0,684	0,683	0,708
112 Egipto	0,434	0,482	0,532	0,575	0,613	0,659	0,708
113 Usbequistão	..	..	..	0,704	0,683	0,691	0,702
114 Mongólia	..	..	0,637	0,654	0,638	0,667	0,700
115 Honduras	0,528	0,578	0,611	0,634	0,653	0,668	0,700
116 Quirguizistão	..	..	..	..	..	..	0,696
117 Bolívia	0,519	0,553	0,580	0,606	0,639	0,677	0,695
118 Guatemala	0,514	0,550	0,566	0,592	0,626	0,667	0,689
119 Gabão	..	..	..	..	..	..	0,677
120 Vanuatu	..	..	..	..	..	..	0,674
121 África do Sul	0,650	0,670	0,699	0,731	0,745	0,707	0,674
122 Tajiquistão	..	..	0,705	0,703	0,638	0,640	0,673
123 São Tomé and Príncipe	..	..	..	..	..	..	0,654
124 Botsuana	0,509	0,571	0,624	0,674	0,658	0,631	0,654
125 Namíbia	..	..	..	..	0,698	0,657	0,650
126 Marrocos	0,435	0,483	0,519	0,551	0,581	0,613	0,646
127 Guiné Equatorial	..	..	0,484	0,505	0,529	0,606	0,642
128 Índia	0,419	0,450	0,487	0,521	0,551	0,578	0,619
129 Ilhas Salomão	..	..	..	..	..	..	0,602
130 Laos, Rep. Democrática Popular do	..	..	0,448	0,478	0,524	0,563	0,601
131 Camboja	..	..	..	..	0,540	0,547	0,598
132 Mianmar	..	..	..	..	..	..	0,583
133 Butão	..	..	..	..	..	..	0,579
134 Comores	..	0,483	0,500	0,506	0,521	0,540	0,561
135 Gana	0,442	0,471	0,486	0,517	0,542	0,568	0,553
136 Paquistão	0,367	0,394	0,427	0,467	0,497	0,516	0,551
137 Mauritânia	0,383	0,410	0,435	0,455	0,487	0,509	0,550
138 Lesoto	0,499	0,541	0,571	0,605	0,616	0,581	0,549
139 Congo	0,478	0,520	0,567	0,559	0,546	0,518	0,548
140 Bangladesh	0,347	0,365	0,392	0,422	0,453	0,511	0,547
141 Suazilândia	0,527	0,561	0,588	0,633	0,641	0,592	0,547
142 Nepal	0,301	0,338	0,380	0,427	0,469	0,502	0,534
143 Madagáscar	0,407	0,444	0,440	0,450	0,463	0,493	0,533
144 Camarões	0,422	0,468	0,523	0,529	0,513	0,525	0,532
145 Papua- Nova Guiné	0,431	0,462	0,481	0,495	0,532	0,544	0,530
146 Haiti	..	0,442	0,462	0,472	0,487	..	0,529
147 Sudão	0,354	0,381	0,400	0,429	0,463	0,491	0,526
148 Quénia	0,466	0,514	0,534	0,556	0,544	0,529	0,521
149 Djibuti	..	..	..	0,476	0,485	0,490	0,516
150 Timor-Leste	..	..	..	..	..	..	0,514
151 Zimbabué	0,550	0,579	0,645	0,654	0,613	0,541	0,513
152 Togo	0,423	0,473	0,469	0,496	0,514	0,521	0,512
153 Iémen	..	..	..	0,402	0,439	0,473	0,508
154 Uganda	..	..	0,420	0,434	0,433	0,480	0,505
155 Gâmbia	0,290	..	..	..	0,436	0,472	0,502
DESENVOLVIMENTO HUMANO BAIXO							
156 Senegal	0,342	0,367	0,401	0,428	0,449	0,473	0,499
157 Eritreia	..	..	..	..	0,435	0,459	0,483
158 Nigéria	0,321	0,378	0,391	0,411	0,432	0,445	0,470
159 Tanzânia, Rep. Unida da	..	..	..	0,421	0,419	0,433	0,467

Ordem do IDH	1975	1980	1985	1990	1995	2000	2005
160 Guiné	..	..	..	..	..	..	0,456
161 Ruanda	0,337	0,385	0,403	0,340	0,330	0,418	0,452
162 Angola	..	..	..	..	..	..	0,446
163 Benim	0,312	0,344	0,367	0,374	0,403	0,424	0,437
164 Malawi	0,330	0,355	0,370	0,388	0,444	0,431	0,437
165 Zâmbia	0,470	0,478	0,489	0,477	0,439	0,420	0,434
166 Costa do Marfim	0,419	0,448	0,453	0,450	0,436	0,432	0,432
167 Burundi	0,290	0,318	0,352	0,366	0,347	0,368	0,413
168 Congo, Rep. Democrática do	0,414	0,423	0,430	0,423	0,391	0,375	0,411
169 Etiópia	..	..	0,311	0,332	0,347	0,379	0,406
170 Chade	0,296	0,298	0,342	0,364	0,377	0,397	0,388
171 República Centro-Africana	0,350	0,371	0,394	0,398	0,390	0,394	0,384
172 Moçambique	..	0,304	0,291	0,317	0,335	0,375	0,384
173 Mali	0,245	0,268	0,272	0,296	0,321	0,352	0,380
174 Niger	0,246	0,264	0,261	0,279	0,296	0,321	0,374
175 Guiné-Bissau	0,267	0,271	0,300	0,322	0,350	0,365	0,374
176 Burquina Faso	0,257	0,280	0,305	0,321	0,337	0,353	0,370
177 Serra Leoa	..	..	..	..	..	..	0,336

NOTA

Os valores do índice de desenvolvimento humano deste quadro foram calculados utilizando séries de dados e uma metodologia consistentes. Não são exactamente comparáveis com os valores publicados nos Relatórios de Desenvolvimento Humano anteriores. Para discussão pormenorizada ver Guia do Leitor e notas relativas aos quadros.

FONTES

Colunas 1-6: calculadas com base nos dados da esperança de vida à nascença de UN 2007e; os dados das taxas de alfabetização de adultos são do Instituto de Estatística da UNESCO 2003 e 2007a; os dados das taxas de escolarização bruta combinada são do Instituto de Estatística da UNESCO 1999 e 2007c e os dados do PIB per capita (PPC em USD de 2005) são do World Bank 2007b.
Coluna 7: coluna 1 do quadro de indicadores 1.

TABELA 3

Monotorizar o desenvolvimento humano: alargar as escolhas das pessoas...

Pobreza humana e de rendimentos: países em vias de desenvolvimento

Ordem do IDH		Índice de pobreza humana (IPH-1) Ordem	Índice de pobreza humana (IPH-1) Valor (%)	Probabilidade à nascença de não viver até aos 40 anos[a,†] (% da coorte) 2000-05	Taxa de analfabetismo de adultos[b,†] (% 15 anos e mais) 1995-2005	População sem acesso a uma fonte de água melhorada[†] (%) 2004	ODM Crianças com peso a menos para a idade[†] (% menores de 5 anos) 1996-2005[d]	ODM População abaixo da linha de pobreza (%) 1 dólar por dia 1990-2005[d]	2 dólares por dia 1990-2005[d]	National poverty line 1990-2004[d]	Ordem IPH-1 menos ordem de privação de rendimento[c]
DESENVOLVIMENTO HUMANO ELEVADO											
21	Hong Kong, China (RAE)	..	..	1,5[e]	..	..	..	..	..	..	..
25	Singapura	7	5,2	1,8	7,5	0	3	..	..	..	..
26	República da Coreia	..	..	2,5	1,0	8	..	<2	<2	..	..
28	Chipre	..	..	2,4	3,2	0	..	..	..	..	..
30	Estado do Brunei Darussalam	..	..	3,0	7,3	..	..	..	..	..	..
31	Barbados	1	3,0	3,7	..[f]	0	6[e,g]	..	..	..	..
33	Koweit	..	..	2,7	6,7	..	10	..	..	..	..
35	Catar	13	7,8	3,7	11,0	0	6[e]	..	..	..	..
38	Argentina	4	4,1	4,9	2,8	4	4	6,6	17,4	..	-14
39	Emirados Árabes Unidos	17	8,4	2,1	11,3[h]	0	14[e]	..	..	..	..
40	Chile	3	3,7	3,5	4,3	5	1	<2	5,6	17,0	1
41	Barém	..	..	3,4	13,5	..	9[e]	..	..	..	..
46	Uruguai	2	3,5	4,3	3,2	0	5[e]	<2	5,7	..	0
48	Costa Rica	5	4,4	3,7	5,1	3	5	3,3	9,8	22,0	-10
49	Baamas	..	..	10,6	..	3	..	..	..	..	..
50	Seicheles	..	..	..	8,2	12	6[e,g]	..	..	..	..
51	Cuba	6	4,7	3,1	..[i]	9	4	..	..	..	..
52	México	10	6,8	5,8	8,4	3	8	3,0	11,6	17,6	-7
54	São Cristovão e Nevis	..	..	..	2,2[j]	0	..	..	..	..	..
55	Tonga	..	..	5,0	1,1	0	..	..	..	..	..
56	Jamahira Árabe Líbia	..	..	4,6	15,8[h]	..	5[e]	..	..	..	..
57	Antígua e Barbuda	..	..	..	14,2[k]	9	10[e,g]	..	..	..	..
58	Omã	..	..	3,7	18,6	..	18	..	..	..	..
59	Trinidade e Tobago	12	7,3	9,1	1,6[h]	9	6	12,4	39,0	21,0	-19
61	Arábia Saudita	..	..	5,7	17,1	..	14	..	..	..	..
62	Panamá	15	8,0	6,5	8,1	10	8	7,4	18,0	37,3	-10
63	Malásia	16	8,3	4,4	11,3	1	11	<2	9,3	15,5[e]	9
65	Maurícia	27	11,4	5,1[e]	15,7	0	15[e]	..	..	..	..
70	Brasil	23	9,7	9,2	11,4	10	6	7,5	21,2	21,5	-6
DESENVOLVIMENTO HUMANO MÉDIO											
71	Dominica	..	..	..	12,0[k]	3	5[e,g]	..	..	..	..
72	Santa Lúcia	8	6,5	5,6	5,2[k]	2	14[e,g]	..	..	..	..
74	Venezuela, República Bolivariana	21	8,8	7,3	7,0	17	5	18,5	40,1	31,3[e]	-24
75	Colômbia	14	7,9	9,2	7,2	7	7	7,0	17,8	64,0	-10
77	Samoa	..	..	6,6	1,4[h]	12	..	..	..	..	..
78	Tailândia	24	10,0	12,1	7,4	1	18[e]	<2	25,2	13,6	15
79	República Dominicana	26	10,5	10,5	13,0	5	5	2,8	16,2	42,2	6
80	Belize	43	17,5	5,4	24,9[k]	9	6[e,g]	..	..	..	..
81	China	29	11,7	6,8[e]	9,1	23	8	9,9	34,9	4,6	-3
82	Granada	..	..	9,7	4,0[k]	5	..	..	..	..	..
84	Turquia	22	9,2	6,5	12,6	4	4	3,4	18,7	27,0	-1
85	Suriname	25	10,2	9,8	10,4	8	13	..	..	..	..
86	Jordânia	11	6,9	6,4	8,9	3	4	<2	7,0	14,2	5
87	Perú	28	11,6	9,7	12,1	17	8	10,5	30,6	53,1	-5
88	Libano	18	8,5	6,3	..[f]	0	4	..	..	..	..
89	Equador	19	8,7	8,1	9,0	6	12	17,7	40,8	46,0	-25
90	Filipinas	37	15,3	7,0	7,4	15	28	14,8	43,0	36,8	-6
91	Tunísia	45	17,9	4,6	25,7	7	4	<2	6,6	7,6	27
92	Fiji	50	21,2	6,9	..[f]	53	8[e,g]	..	..	..	..
93	São Vicente e Granadinas	..	..	6,7	11,9[k]	..	..	..	..	..	..
94	Irão, República Islâmica do	30	12,9	7,8	17,6	6	11	<2	7,3	..	19
95	Paraguai	20	8,8	9,7	6,5[h]	14	5	13,6	29,8	21,8	-16
97	Guiana	33	14,0	16,6	..[f]	17	14	..	..	..	..

Ordem do IDH	Índice de pobreza humana (IPH-1) Ordem	Índice de pobreza humana (IPH-1) Valor (%)	Probabilidade à nascença de não viver até aos 40 anos[a,†] (% da coorte) 2000–05	Taxa de analfabetismo de adultos[b,†] (% 15 anos e mais) 1995–2005	População sem acesso a uma fonte de água melhorada[†] (%) 2004	ODM Crianças com peso a menos para a idade[†] (% menores de 5 anos) 1996-2005[d]	ODM População abaixo da linha de pobreza (%) 1 dólar por dia 1990–2005[d]	2 dólares por dia 1990–2005[d]	National poverty line 1990–2004[d]	Ordem IPH-1 menos ordem de privação de rendimento[c]
99 Sri Lanka	44	17,8	7,2	9,3[e]	21	29	5,6	41,6	25,0	11
100 Maldivas	42	17,0	12,1	3,7	17	30	..	..	..	..
101 Jamaica	34	14,3	8,3	20,1	7	4	<2	14,4	18,7	21
102 Cabo Verde	38	15,8	7,5	18,8[h]	20	14[e,g]	..	..	..	..
103 El Salvador	35	15,1	9,6	19,4[h]	16	10	19,0	40,6	37,2	-15
104 Argélia	51	21,5	7,7	30,1	15	10	<2	15,1	22,6	31
105 Vietname	36	15,2	6,7	9,7	15	27	..	..	28,9	..
106 Territórios Ocupados da Palestina	9	6,6	5,2	7,6	8	5	..	..	..	..
107 Indonésia	47	18,2	8,7	9,6	23	28	7,5	52,4	27,1	10
108 República Árabe Síria	31	13,6	4,6	19,2	7	7	..	..	..	..
110 Nicarágua	46	17,9	9,5	23,3	21	10	45,1	79,9	47,9	-28
112 Egipto	48	20,0	7,5	28,6	2	6	3,1	43,9	16,7	18
114 Mongólia	40	16,3	11,6	2,2	38	7	10,8	44,6	36,1	0
115 Honduras	41	16,5	12,9	20,0	13	17	14,9	35,7	50,7	-5
117 Bolívia	32	13,6	15,5	13,3	15	8	23,2	42,2	62,7	-21
118 Guatemala	54	22,5	12,5	30,9	5	23	13,5	31,9	56,2	6
119 Gabão	49	20,4	27,1	16,0[h]	12	12	..	..	..	..
120 Vanuatu	56	24,6	8,8	26,0	40	20[e,g]	..	..	..	..
121 África do Sul	55	23,5	31,7	17,6	12	12	10,7	34,1	..	10
123 São Tomé e Príncipe	39	15,8	15,1	15,1	21	13	..	..	..	..
124 Botsuana	63	31,4	44,0	18,8	5	13	28,0	55,5	..	-9
125 Namíbia	58	26,5	35,9	15,0	13	24	34,9	55,8	..	-16
126 Marrocos	68	33,4	8,2	47,7	19	10	<2	14,3	19,0	41
127 Guiné Equatorial	66	32,4	35,6	13,0	57	19	..	..	..	..
128 Índia	62	31,3	16,8	39,0[e]	14	47	34,3	80,4	28,6	-13
129 Ilhas Salomão	53	22,4	16,1	23,4[j]	30	21[e,g]	..	..	..	..
130 Lao, Rep. Democrática Popular	70	34,5	16,6	31,3	49	40	27,0	74,1	38,6	-2
131 Camboja	85	38,6	24,1	26,4	59	45	34,1	77,7	35,0	6
132 Mianmar	52	21,5	21,0	10,1	22	32	..	..	..	..
133 Butão	86	38,9	16,8	53,0[l]	38	19	..	..	..	..
134 Comores	61	31,3	15,3[e]	..[f]	14	25	..	..	..	..
135 Gana	65	32,3	23,8	42,1	25	22	44,8	78,5	39,5	-16
136 Paquistão	77	36,2	15,4	50,1	9	38	17,0	73,6	32,6	15
137 Mauritânia	87	39,2	14,6	48,8	47	32	25,9	63,1	46,3	12
138 Lesoto	71	34,5	47,8	17,8	21	20	36,4	56,1	..	-10
139 Congo	57	26,2	30,1	15,3[h]	42	15	..	..	..	..
140 Bangladesh	93	40,5	16,4	52,5	26	48	41,3	84,0	49,8	4
141 Suazilândia	73	35,4	48,0	20,4	38	10	47,7	77,8	..	-13
142 Nepal	84	38,1	17,4	51,4	10	48	24,1	68,5	30,9	11
143 Madagáscar	75	35,8	24,4	29,3	50	42	61,0	85,1	71,3	-20
144 Camarões	64	31,8	35,7	32,1	34	18	17,1	50,6	40,2	4
145 Papua- Nova Guiné	90	40,3	20,7	42,7	61	35[e,g]	..	..	37,5	..
146 Haiti	74	35,4	21,4	..[f]	46	17	53,9	78,0	65,0[e]	-13
147 Sudão	69	34,4	26,1	39,1[e]	30	41	..	..	..	..
148 Quénia	60	30,8	35,1	26,4	39	20	22,8	58,3	52,0	-4
149 Djibuti	59	28,5	28,6	..[f]	27	27	..	..	..	..
150 Timor-Leste	95	41,8	21,2	49,9[m]	42	46	..	..	..	..
151 Zimbabué	91	40,3	57,4	10,6[h]	19	17	56,1	83,0	34,9	-4
152 Togo	83	38,1	24,1	46,8	48	25	..	..	32,3[e]	..
153 Iémen	82	38,0	18,6	45,9[h]	33	46	15,7	45,2	41,8	21
154 Uganda	72	34,7	38,5	33,2	40	23	..	..	37,7	..
155 Gâmbia	94	40,9	20,9	..[f]	18	17	59,3	82,9	57,6	-4

3 Pobreza humana e de rendimentos: países em vias de desenvolvimento

Ordem do IDH	Índice de pobreza humana (IPH-1) Ordem	Índice de pobreza humana (IPH-1) Valor (%)	Probabilidade à nascença de não viver até aos 40 anos[a, †] (% da coorte) 2000–05	Taxa de analfabetismo de adultos[b,†] (% 15 anos e mais) 1995–2005	População sem acesso a uma fonte de água melhorada[†] (%) 2004	ODM Crianças com peso a menos para a idade[†] (% menores de 5 anos) 1996-2005[d]	ODM População abaixo da linha de pobreza (%) 1 dólar por dia 1990–2005[d]	2 dólares por dia 1990–2005[d]	National poverty line 1990–2004[d]	Ordem IPH-1 menos ordem de privação de rendimento[c]
DESENVOLVIMENTO HUMANO BAIXO										
156 Senegal	97	42,9	17,1	60,7	24	17	17,0	56,2	33,4	28
157 Eritreia	76	36,0	24,1	..[f]	40	40	..	..	53,0	..
158 Nigéria	80	37,3	39,0	30,9[h]	52	29	70,8	92,4	34,1	-19
159 Tanzânia, Rep. Unida da	67	32,5	36,2	30,6	38	22	57,8	89,9	35,7	-22
160 Guiné	103	52,3	28,6	70,5	50	26	..	..	40,0	..
161 Ruanda	78	36,5	44,6	35,1	26	23	60,3	87,8	60,3	-16
162 Angola	89	40,3	46,7	32,6	47	31	..	..	..	..
163 Benim	100	47,6	27,9	65,3	33	23	30,9	73,7	29,0	16
164 Malawi	79	36,7	44,4	35,9	27	22	20,8	62,9	65,3	11
165 Zâmbia	96	41,8	53,9	32,0	42	20	63,8	87,2	68,0	-7
166 Costa do Marfim	92	40,3	38,6	51,3	16	17	14,8	48,8	..	29
167 Burundi	81	37,6	38,2	40,7	21	45	54,6	87,6	36,4	-8
168 Congo, Rep. Democrática do	88	39,3	41,1	32,8	54	31	..	..	..	..
169 Etiópia	105	54,9	33,3	64,1	78	38	23,0	77,8	44,2	27
170 Chade	108	56,9	32,9	74,3	58	37	..	..	64,0	..
171 República Centro-Africana	98	43,6	46,2	51,4	25	24	66,6	84,0	..	-6
172 Moçambique	101	50,6	45,0	61,3	57	24	36,2	74,1	69,4	12
173 Mali	107	56,4	30,4	76,0	50	33	36,1	72,1	63,8	18
174 Níger	104	54,7	28,7	71,3	54	40	60,6	85,8	63,0[e]	1
175 Guiné-Bissau	99	44,8	40,5	..[f]	41	25	..	..	..	..
176 Burquina Faso	106	55,8	26,5	76,4	39	38	27,2	71,8	46,4	23
177 Serra Leoa	102	51,7	45,6	65,2	43	27	57,0[e]	74,5[e]	70,2	4

NOTES

† Assinala os indicadores utilizados para calcular o índice de pobreza humana (IPH-1). Para mais pormenores, ver Nota técnica 1.

a. Os dados referem-se à probabilidade à nascença de não viver até aos 40 anos, vezes 100. .

b. Os dados referem-se a estimativas nacionais de alfabetização, a partir de censos ou inquéritos realizados entre 1995 e 2005, salvo indicação em contrário. Devido a diferenças de metodologia e de oportunidade dos dados primários, as comparações entre países e no tempo devem ser feitas com precaução. Para mais pormenores, ver www.uis.unesco.org.

c. A privação de rendimento refere-se à percentagem da população que vive com menos de 1 dólar por dia. Todos os países com uma taxa de privação de rendimento inferior a 2% foram classificados na mesma posição. As classificações são baseadas nos países com dados disponíveis para ambos os indicadores. Um valor positivo indica que o país tem melhor desempenho na privação de rendimento do que na pobreza humana; um valor negativo indica o oposto.

d. Os dados referem-se ao ano mais recente disponível durante o período especificado.

e. Os dados referem-se a ano ou período diferentes do indicado, diferem da definição padrão ou respeitam apenas a uma parte do país.

f. Na ausência de dados recentes, as estimativas são do Instituto de Estatística da UNESCO 2003 foram utilizadas informações baseadas em censos ou inquéritos desactualizados e devem ser interpretadas com precaução: Barbados 0,3, Comores 43,2, Djibuti 29,7, Eritreia 39,5, Fiji 5,6, Gambia 57,5, Guinea-Bissau 55.2, Guyana 1,0, Haiti 45,2, e Líbano 11,7.

g. UNICEF 2005.

h. Estimativas do Instituto de Estatísticas da UNESCO com base no modelo de projecções global da escolarização de determinada idade(2007).

i. Foi utlizada uma taxa de analfabetismo de adultos de 0,2 para calcular o IPH de Cuba.

j. Os dados são de fontes nacionais.

k. Os dados são do Secretariado da Comunidade das Caraíbas, baseados em fontes nacionais..

l. UNICEF 2004.

m. UNDP 2006.

FONTES

Coluna 1: determinada com base nos valores do IPH-1 da coluna 2.

Coluna 2: calculada com base nos dados das colunas 3-6, para pormenores ver nota técnica 1.

Coluna 3: ONU 2007e.

Coluna 4: calculada com base nos dados das taxas de alfabetização de adultos do Instituto de Estatística da UNESCO 2007a.

Coluna 5: ONU 2006a, baseado em dados de um esforço comum da UNICEF e OMS.

Coluna 6: UNICEF 2006.

Colunas 7–9: Banco Mundial 2007b.

Coluna 10: calculada com base nos dados das colunas 1 e 7.

Posições IPH-1 para 108 países e áreas em vias de desenvolvimento

1 Barbádos
2 Uruguai
3 Chile
4 Argentina
5 Costa Rica
6 Cuba
7 Singapura
8 Santa Lúcia
9 Territórios Palestinianos Ocupados
10 México
11 Jordão
12 Trinidade e Tobago
13 Catar
14 Colómbia
15 Panamá
16 Malásia
17 Emirados Árabes Unidos
18 Líbano
19 Equador
20 Paraguai
21 Venezuela
22 Turquia
23 Brasil
24 Tailândia
25 Suriname
26 República Dominicana
27 Maurícia
28 Perú
29 China
30 Irão, República Islâmica do
31 República Árabe Síria
32 Bolivia
33 Guiana
34 Jamaica
35 El Salvador
36 Vietname
37 Filipinas
38 Cabo Verde
39 São Tomé e Príncipe
40 Mongólia
41 Honduras
42 Maldivas
43 Belize
44 Sri Lanka
45 Tunisia
46 Nicaragua
47 Indonesia
48 Egipto
49 Gabon
50 Fiji
51 Algeria
52 Myanmar
53 Ilhas Salomão
54 Guatemala
55 África do Sul
56 Vanuatu
57 Congo
58 Namíbia
59 Djibuti
60 Quénia
61 Comores
62 Índia
63 Botsuana
64 Camarões
65 Gana
66 Guiné Equatorial
67 Tanzâmia, República Unida da
68 Marrocos
69 Sudão
70 Laos Rep. Democrática Popular
71 Lesotho
72 Uganda
73 Swaziland
74 Haiti
75 Madagascar
76 Eritreia
77 Paquistão
78 Ruanda
79 Malawi
80 Nigéria
81 Burundi
82 Iémen
83 Togo
84 Nepal
85 Camboja
86 Butão
87 Mauritânia
88 Congo, República Democrática de
89 Angola
90 Papua Nova Guiné
91 Zimbabué
92 Costa do Marfim
93 Bangladesh
94 Gambia
95 Timor-Leste
96 Zambia
97 Senegal
98 República Centro-Africana
99 Guiné-Bissau
100 Benin
101 Moçambique
102 Serra Leoa
103 Guiné
104 Níger
105 Etiópia
106 Burquina Faso
107 Mali
108 Chade

TABELA 4

Monitorizar o desenvolvimento humano: aumentar as escolhas das pessoas...

Pobreza humana e de rendimentos: países da OCDE, Europa Central e Oriental e CEI

Ordem IDH		Índice de pobreza humana (IPH-2)[a] Ordem	Índice de pobreza humana (IPH-2)[a] Valor (%)	Probabilidade à nascença de não viver até aos 60 anos[b,†] (% de coortet) 2000–05	Pessoas que são funcionalmente analfabetas[†] (% idades 16–65) 1994–2003[e]	Desemprego de longo duração[†] (% da população activa) 2006	População abaixo do limiar de privação de rendimento (%): 50% de rendimento médio[†] 2000–04[e]	População abaixo do limiar de privação de rendimento (%): 11 dólares por dia 1994–95[e]	População abaixo do limiar de privação de rendimento (%): 4 dólares por dia 2000–04[e]	Ordem IPH-2 menos ordem de privação de rendimento[d]
DESENVOLVIMENTO HUMANO ELEVADO										
1	Islândia	..	..	5,9	..	0.2	..	..	..	..
2	Noruega	2	6,8	7,9[f]	7,9	0.5	6,4	4,3	..	-2
3	Austrália	13	12,1	7,3[f]	17,0[g]	0.9	12,2	17,6	..	-1
4	Canadá	8	10.9	8,1	14,6	0.5	11,4	7,4	..	-4
5	Irlanda	18	16,0	8,7	22,6[g]	1,5	16,2	..	..	0
6	Suécia	1	6,3	6,7	7,5[g]	1,1	6,5	6,3	..	-4
7	Suiça	7	10.7	7,2	15,9	1,5	7,6	..	..	-1
8	Japão	12	11,7	6,9	..[h]	1,3	11,8[i]	..	..	-1
9	Holanda	3	8,1	8,3	10.5[g]	1,8	7,3[j]	7,1	..	-3
10	França	11	11,2	8,9	..[h]	4,1	7,3	9,9	..	5
11	Finlândia	4	8,1	9,4[f]	10.4[g]	1,8	5,4	4,8	..	3
12	Estados Unidos	17	15,4	11,6	20.0	0.5	17,0	13,6	..	-2
13	Espanha	15	12,5	7,7	..[h]	2,2	14,2	..	..	-2
14	Dinamarca	5	8,2	10.3	9,6[g]	0.8	5,6	..	..	3
15	Áustria	10	11,1	8,8	..[h]	1,3	7,7	..	..	1
16	Reino Unido	16	14,8	8,7	21,8[g]	1,2	12,5[j]	15,7	..	1
17	Bélgica	14	12,4	9,3	18,4[f,g]	4,6	8,0	..	..	4
18	Luxemburgo	9	11,1	9,2	..[h]	1,2[k]	6,0	0.3	..	6
19	Nova Zelândia	..	..	8,3	18,4[g]	0.2	..	..	..	..
20	Itália	19	29,8	7,7	47,0	3,4	12,7	..	..	3
22	Alemanha	6	10.3	8,6	14,4[g]	5,8	8,4	7,3	..	-5
23	Israel	..	..	7,2	..	..	15,6	..	..	..
24	Grécia	..	..	8,2	..	4,9	14,3	..	..	..
27	Eslovênia	..	..	10.8	..	..	8,2[j]	..	..	..
29	Portugal	..	..	9,5	..	3,8	..	..	..	..
32	República Checa	..	..	11,6	..	3,9	4,9[j]	..	1,0[j]	..
34	Malta	..	..	7,6	..	..	..	..	..	..
36	Hungria	..	..	17,9	..	3,4	6,7[j]	..	15,9	..
37	Polónia	..	..	14,5	..	7,0	8,6[j]	..	20.6	..
42	Eslováquia	..	..	14,6	..	9,7	7,0[j]	..	11,4[j]	..
43	Lituânia	..	..	20.0	..	..	..	..	36,0	..
44	Estónia	..	..	21,4	..	..	12,4	..	33,2	..
45	Letónia	..	..	19,8	..	..	..	..	26,3	..
47	Croácia	..	..	12,7	..	..	..	..	10.0	..
53	Bulgária	..	..	15,9	..	..	..	..	39,9	..
60	Roménia	..	..	17,7	..	..	8,1[j]	..	54,8	..
64	Bielorússia	..	..	24,8	..	..	..	..	15,9	..
66	Bósnia e Herzegovina	..	..	13,5	..	..	..	..	..	..
67	Rússia	..	..	32,4	..	..	18,8	..	45,3	..
68	Albânia	..	..	11,3	..	..	..	..	48,0	..
69	Macedónia (ARJM)	..	..	13,5[f]	..	..	..	..	22,0	..

TABELA

4 Pobreza humana e de rendimentos: países da OCDE, Europa Central e Oriental e CEI

Ordem IDH		Índice de pobreza humana (IPH-2)[a] Ordem	Valor (%)	Probabilidade à nascença de não viver até aos 60 anos[b,†] (% de coortet) 2000–05	Pessoas que são funcionalmente analfabetas[†] (% idades 16–65) 1994–2003[e]	Desemprego de longo duração[†] (% da população activa) 2006	População abaixo do limiar de privação de rendimento (%): 50% de rendimento médio[†] 2000–04[e]	11 dólares por dia 1994–95[e]	4 dólares por dia 2000–04[e]	Ordem IPH-2 menos ordem de privação de rendimento[d]
DESENVOLVIMENTO HUMANO MÉDIO										
73	Cazaquistão	..	..	31,1	..	..	..	..	56,7	..
76	Ucrânia	..	..	26,5	..	..	..	..	44,7	..
83	Arménia	..	..	17,6	..	..	..	..	80.5	..
96	Georgia	..	..	19,1	..	..	..	..	61,9	..
98	Azerbeijão	..	..	24,5	..	..	..	..	85,9[j]	..
109	Turquemenistão	..	..	31,3	..	..	..	..	79,4[j]	..
111	Moldávia	..	..	24,2	..	..	..	..	64,7	..
113	Usbequistão	..	..	25,9	..	..	..	..	16,9	..
116	Quirguizitão	..	..	26,9	..	..	..	..	72,5	..
122	Tajiquistão	..	..	25,9	..	..	..	..	84,7	..

NOTAS

Esta tabela inclui Israel e Malta, que não são países membros da Organização para a Cooperação e Desenvolvimento Económico (OCDE), mas exclui a República da Coreia, México e Turquia, que são membros. Sobre o índice de pobreza humana (IPH-2) e indicadores relacionados para estes países, ver tabela 3.

† Assinala os indicadores utilizados para calcular o IPH-2; para pormenores ver nota técnica 1.

a. O IPH-2 é calculado apenas para países da OCDE de rendimento elevado seleccionados.

b. Os dados referem-se à probabilidade à nascença de não viver até aos 60 anos, vezes 100.

c. Baseados nos resultados do nível 1 da escala da literacia de prosa, do Inquérito Internacional sobre Literacia de Adultos.

d. A privação de rendimento refere-se à percentagem da população que vive com menos de 50% do rendimento familiar disponível ajustado médio. Um valor positivo indica que o país tem melhor desempenho na privação de rendimento do que na pobreza humana; um valor negativo indica o contrário.

e. Os dados referem-se ao ano mais recente disponível durante o período indicado.

f. Os dados referem-se ao ano ou período anterior ao que está em questão, diferindo do padrão ou referindo-se apenas a uma parte do país.

g. Baseados na OCDE e Estatísticas Canadá 2000. Os dados referem-se ao ano mais recente disponível durante o período indicado.

h. Para calcular o IPH-2, foi utilizada uma estimativa de 16,4%, a média não ponderada dos países com dados disponíveis.

i. Smeeding 1997.

j. Os dados referem-se aos anos entre 1996 e 1999.

k. Os dados referem-se a 2005.

FONTES

Coluna 1: determinada com base nos valores do IPH-2 da coluna 2.

Coluna 2: calculada com base nos dados das colunas 3-6; para mais pormenores ver Nota Técnica 1.

Coluna 3: calculada com base em dados de sobrevivência da ONU 2007e.

Coluna 4: OECD e Estatísticas Canadá 2005, salvo indicação em contrário .

Coluna 5: calculada com base em dados do desemprego a longo prazo e da população activa de OCDE 2007.

Coluna 6: LIS 2007.

Coluna 7: Smeeding e al. 2000.

Coluna 8: Banco Mundial 2007a.

Coluna 9: calculada com base nos dados das colunas 1 e 6.

Posições IPH-2 para 19 países seleccionados da OCDE

1 Suécia
2 Noruega
3 Países Baixos
4 Finlândia
5 Dinamarca
6 Alemanha
7 Suiça
8 Canadá
9 Luxemburgo
10 Áustria
11 França
12 Japão
13 Austrália
14 Bélgica
15 Espanha
16 Reino Unido
17 Estado Unidos
18 Irlanda
19 Itália

TABELA 5

... para viverem uma vida longa e saudável...

Tendências demográficas

Ordem do IDH	População total (milhões)			Taxa de crescimento anual da população (%)		População urbana[a] (% do total)			População com menos de 15 anos (% do total)		População com 65 anos e mais (% do total)		Taxa de fertilidade total (nascimentos por mulher)	
	1975	2005	2015[b]	1975–2005	2005–2015[b]	1975	2005	2015[b]	2005	2015[b]	2005	2015[b]	1970–1975[c]	2000–2005[c]
DESENVOLVIMENTO HUMANO ELEVADO														
1 Islândia	0,2	0,3	0,3	1,0	0,8	86,7	92,8	93,6	22,1	20,0	11,7	14,2	2,8	2,0
2 Noruega	4,0	4,6	4,9	0,5	0,6	68,2	77,4	78,6	19,6	17,7	14,7	17,0	2,2	1,8
3 Austrália	13,6	20,3	22,4	1,3	1,0	85,9	88,2	89,9	19,5	17,9	13,1	16,1	2,5	1,8
4 Canadá	23,1	32,3	35,2	1,1	0,9	75,6	80,1	81,4	17,6	15,6	13,1	16,1	2,0	1,5
5 Irlanda	3,2	4,1	4,8	0,9	1,5	53,6	60,5	63,8	20,7	21,1	11,1	12,4	3,8	2,0
6 Suécia	8,2	9,0	9,4	0,3	0,4	82,7	84,2	85,1	17,4	16,7	17,2	20,2	1,9	1,7
7 Suiça	6,3	7,4	7,7	0,5	0,4	55,7	75,2	78,7	16,7	14,5	15,4	18,7	1,8	1,4
8 Japão	111,5	127,9	126,6	0,5	-0,1	56,8	65,8	68,2	13,9	12,5	19,7	26,2	2,1	1,3
9 Países Baixos	13,7	16,3	16,6	0,6	0,2	63,2	80,2	84,9	18,4	16,5	14,2	18,0	2,1	1,7
10 França	52,7	61,0	63,7	0,5	0,4	72,9	76,7	79,0	18,4	17,8	16,3	18,5	2,3	1,9
11 Filândia	4,7	5,2	5,4	0,4	0,3	58,3	61,1	62,7	17,4	16,5	15,9	20,1	1,6	1,8
12 Estados Unidos	220,2	299,8	329,0	1,0	0,9	73,7	80,8	83,7	20,8	19,8	12,3	14,1	2,0	2,0
13 Espanha	35,7	43,4	46,0	0,7	0,6	69,6	76,7	78,3	14,4	15,4	16,8	18,3	2,9	1,3
14 Dinamarca	5,1	5,4	5,5	0,2	0,2	82,1	85,6	86,9	18,8	17,0	15,1	18,8	2,0	1,8
15 Áustria	7,6	8,3	8,5	0,3	0,3	65,6	66,0	67,7	15,8	14,1	16,2	18,6	2,0	1,4
16 Reino Unido	56,2	60,2	62,8	0,2	0,4	82,7	89,7	90,6	18,0	17,2	16,1	18,1	2,0	1,7
17 Bélgica	9,8	10,4	10,6	0,2	0,2	94,5	97,2	97,5	17,0	15,8	17,3	19,0	2,0	1,6
18 Luxemburgo	0,4	0,5	0,5	0,8	1,1	77,3	82,8	82,1	18,5	17,0	14,2	14,6	1,7	1,7
19 Nova Zelândia	3,1	4,1	4,5	0,9	0,8	82,8	86,2	87,4	21,5	19,4	12,2	14,7	2,8	2,0
20 Itália	55,4	58,6	59,0	0,2	0,1	65,6	67,6	69,5	14,0	13,5	19,7	22,1	2,3	1,3
21 Hong Kong, China (RAE)	4,4	7,1	7,7	1,6	0,9	89,7	100,0	100,0	15,1	12,3	12,0	14,5	2,9	0,9
22 Alemanha	78,7	82,7	81,8	0,2	-0,1	72,7	75,2	76,3	14,4	12,9	18,8	20,9	1,6	1,3
23 Israel	3,4	6,7	7,8	2,3	1,5	86,6	91,6	91,9	27,9	26,2	10,1	11,5	3,8	2,9
24 Grécia	9,0	11,1	11,3	0,7	0,2	55,3	59,0	61,0	14,3	13,7	18,3	19,9	2,3	1,3
25 Singapura	2,3	4,3	4,8	2,2	1,1	100,0	100,0	100,0	19,5	12,8	8,5	13,5	2,6	1,4
26 República da Coreia	35,3	47,9	49,1	1,0	0,3	48,0	80,8	83,1	18,6	13,7	9,4	13,3	4,3	1,2
27 Eslovénia	1,7	2,0	2,0	0,5	(.)	42,4	51,0	53,3	14,1	13,4	15,6	18,2	2,2	1,2
28 Chipre	0,6	0,8	0,9	1,1	1,0	47,3	69,3	71,5	19,9	17,3	12,1	14,2	2,5	1,6
29 Portugal	9,1	10,5	10,8	0,5	0,3	40,8	57,6	63,6	15,7	15,3	16,9	18,5	2,7	1,5
30 Estado do Brunei Darussalam	0,2	0,4	0,5	2,8	1,9	62,0	73,5	77,6	29,6	25,8	3,2	4,3	5,4	2,5
31 Barbados	0,2	0,3	0,3	0,6	0,3	40,8	52,7	58,8	18,9	16,1	9,2	11,6	2,7	1,5
32 República Checa	10,0	10,2	10,1	0,1	-0,1	63,7	73,5	74,0	14,8	13,8	14,2	18,2	2,2	1,2
33 Koweit	1,0	2,7	3,4	3,3	2,2	89,4	98,3	98,5	23,8	22,5	1,8	3,1	6,9	2,3
34 Malta	0,3	0,4	0,4	0,9	0,4	89,7	95,3	97,2	17,4	14,6	13,2	17,7	2,1	1,5
35 Catar	0,2	0,8	1,0	5,1	1,9	88,9	95,4	96,2	21,7	20,6	1,3	2,1	6,8	2,9
36 Hungria	10,5	10,1	9,8	-0,1	-0,3	62,2	66,3	70,3	15,8	14,2	15,2	17,3	2,1	1,3
37 Polónia	34,0	38,2	37,6	0,4	-0,2	55,3	62,1	64,0	16,3	14,2	13,3	15,5	2,3	1,3
38 Argentina	26,0	38,7	42,7	1,3	1,0	81,0	90,1	91,6	26,4	23,9	10,2	11,1	3,1	2,4
39 Emirados Árabes Unidos	0,5	4,1	5,3	6,8	2,5	83,6	76,7	77,4	19,8	19,7	1,1	1,6	6,4	2,5
40 Chile	10,4	16,3	17,9	1,5	1,0	78,4	87,6	90,1	24,9	20,9	8,1	10,5	3,6	2,0
41 Barém	0,3	0,7	0,9	3,3	1,7	85,0	96,5	98,2	26,3	22,2	3,1	4,2	5,9	2,5
42 Eslováquia	4,7	5,4	5,4	0,4	(.)	46,3	56,2	58,0	16,8	14,6	11,7	13,8	2,5	1,2
43 Lituânia	3,3	3,4	3,3	0,1	-0,5	55,7	66,6	66,8	16,8	14,0	15,3	16,8	2,3	1,3
44 Estónia	1,4	1,3	1,3	-0,2	-0,3	67,6	69,1	70,1	15,2	16,0	16,6	17,3	2,2	1,4
45 Letónia	2,5	2,3	2,2	-0,2	-0,5	64,2	67,8	68,9	14,4	14,2	16,6	17,7	2,0	1,2
46 Uruguai	2,8	3,3	3,4	0,5	0,3	83,4	92,0	93,1	23,8	21,4	13,5	14,4	3,0	2,2
47 Croácia	4,3	4,6	4,5	0,2	-0,2	45,1	56,5	59,5	15,5	13,9	17,2	18,7	2,0	1,3
48 Costa Rica	2,1	4,3	5,0	2,5	1,4	41,3	61,7	66,9	28,4	23,8	5,8	7,4	4,3	2,3
49 Baamas	0,2	0,3	0,4	1,8	1,2	71,5	90,4	92,2	27,6	23,0	6,2	8,2	3,4	2,1
50 Seicheles	0,1	0,1	0,1	1,1	0,4	46,3	52,9	58,2	..	..	..	..	..	..
51 Cuba	9,4	11,3	11,3	0,6	(.)	64,2	75,5	74,7	19,2	15,7	11,2	14,3	3,6	1,6
52 México	60,7	104,3	115,8	1,8	1,0	62,8	76,0	78,7	30,8	25,6	5,8	7,5	6,5	2,4
53 Bulgária	8,7	7,7	7,2	-0,4	-0,8	57,6	70,0	72,8	13,8	13,5	17,2	19,2	2,2	1,3

TABELA 5

Tendências demográficas

Ordem do IDH		População total (milhões) 1975	População total 2005	População total 2015[b]	Taxa de crescimento anual da população (%) 1975–2005	Taxa de crescimento 2005–2015[b]	População urbana[a] (% do total) 1975	População urbana 2005	População urbana 2015[b]	População com menos de 15 anos (% do total) 2005	População com menos de 15 anos 2015[b]	População com 65 anos e mais (% do total) 2005	População com 65 anos e mais 2015[b]	Taxa de fertilidade total (nascimentos por mulher) 1970–1975[c]	Taxa de fertilidade total 2000–2005[c]
54	São Cristóvão e Nevis	(.)	(.)	0,1	0,3	1,2	35,0	32,2	33,5	..	..	..	..	..	..
55	Tonga	0,1	0,1	0,1	0,2	0,4	20,3	24,0	27,4	37,5	33,9	6,4	6,8	5,5	3,7
56	Jamahira Árabe Líbia	2,5	5,9	7,1	2,9	1,9	57,3	84,8	87,4	30,3	29,4	3,8	4,9	7,6	3,0
57	Antigua e Barbuda	0,1	0,1	0,1	0,3	1,1	34,2	39,1	44,7	..	..	..	..	..	..
58	Omã	0,9	2,5	3,1	3,4	2,0	34,1	71,5	72,3	33,8	28,6	2,6	3,6	7,2	3,7
59	Trinidade e Tobago	1,0	1,3	1,4	0,9	0,4	11,4	12,2	15,8	22,2	20,8	6,5	8,2	3,5	1,6
60	Roménia	21,2	21,6	20,6	0,1	-0,5	42,8	53,7	56,1	15,7	14,7	14,8	15,7	2,6	1,3
61	Arábia Saudita	7,3	23,6	29,3	3,9	2,1	58,3	81,0	83,2	34,5	30,7	2,8	3,3	7,3	3,8
62	Panamá	1,7	3,2	3,8	2,1	1,6	49,0	70,8	77,9	30,4	27,2	6,0	7,5	4,9	2,7
63	Malásia	12,3	25,7	30,0	2,5	1,6	37,7	67,3	75,4	31,4	27,3	4,4	5,8	5,2	2,9
64	Bielorússia	9,4	9,8	9,3	0,1	-0,6	50,6	72,2	76,7	15,7	14,4	14,4	13,7	2,3	1,2
65	Maurícia	0,9	1,2	1,3	1,1	0,7	43,4	42,4	44,1	24,4	20,9	6,6	8,3	3,2	1,9
66	Bósnia e Herzegovina	3,7	3,9	3,9	0,1	(.)	31,3	45,7	51,8	17,6	13,9	13,7	16,3	2,6	1,3
67	Federação da Rússia	134,2	144,0	136,5[b]	0,2	-0,5	66,9	73,0	72,6	15,1	15,9	13,8	13,1	2,0	1,3
68	Albânia	2,4	3,2	3,3	0,9	0,6	32,7	45,4	52,8	26,3	22,3	8,4	10,6	4,7	2,2
69	Macedónia (ARJM)	1,7	2,0	2,0	0,6	(.)	50,6	68,9	75,1	19,7	16,2	11,1	13,0	3,0	1,6
70	Brasil	108,1	186,8	210,0	1,8	1,2	61,7	84,2	88,2	27,8	25,4	6,1	7,7	4,7	2,3
DESENVOLVIMENTO HUMANO MÉDIO															
71	Domínica	0,1	0,1	0,1	(.)	-0,1	55,3	72,9	76,4	..	..	..	..	..	..
72	Santa Lúcia	0,1	0,2	0,2	1,3	1,1	25,2	27,6	29,0	27,9	25,4	7,2	7,3	5,7	2,2
73	Cazaquistão	14,1	15,2	16,3	0,2	0,7	52,6	57,3	60,3	24,2	24,9	8,0	7,5	3,5	2,0
74	Venezuela, República Bolivariana	12,7	26,7	31,3	2,5	1,6	75,8	93,4	95,9	31,3	27,9	5,0	6,6	4,9	2,7
75	Colómbia	25,3	44,9	50,7	1,9	1,2	60,0	72,7	75,7	30,3	25,4	5,1	6,8	5,0	2,5
76	Ucrania	49,0	46,9	43,4	-0,1	-0,8	58,4	67,8	70,2	14,7	13,9	16,1	15,9	2,2	1,2
77	Samoa	0,2	0,2	0,2	0,7	0,8	21,0	22,4	24,9	40,8	33,8	4,6	4,8	5,7	4,4
78	Tailândia	42,2	63,0	66,8	1,3	0,6	23,8	32,3	36,2	21,7	19,7	7,8	10,2	5,0	1,8
79	República Dominicana	5,3	9,5	10,9	2,0	1,4	45,7	66,8	73,6	33,5	30,5	5,6	6,7	5,7	3,0
80	Belize	0,1	0,3	0,3	2,4	2,0	50,2	48,3	51,2	37,6	32,0	4,2	4,6	6,3	3,4
81	China	927,8[d]	1,313,0[d]	1,388,6[d]	1,2[d]	0,6[d]	17,4	40,4	49,2	21,6	18,5	7,7	9,6	4,9	1,7
82	Grenada	0,1	0,1	0,1	0,4	0,1	32,6	30,6	32,2	34,2	26,7	6,8	6,0	4,6	2,4
83	Arménia	2,8	3,0	3,0	0,2	-0,1	63,6	64,1	64,1	20,8	17,5	12,1	11,0	3,0	1,3
84	Turquia	41,2	73,0	82,1	1,9	1,2	41,6	67,3	71,9	28,3	24,4	5,6	6,5	5,3	2,2
85	Suriname	0,4	0,5	0,5	0,7	0,5	49,5	73,9	77,4	29,8	26,2	6,3	7,3	5,3	2,6
86	Jordânia	1,9	5,5	6,9	3,5	2,2	57,7	82,3	85,3	37,2	32,2	3,2	3,9	7,8	3,5
87	Perú	15,2	27,3	30,8	2,0	1,2	61,5	72,6	74,9	31,8	27,4	5,6	6,7	6,0	2,7
88	Líbano	2,7	4,0	4,4	1,3	1,0	67,0	86,6	87,9	28,6	24,6	7,2	7,6	4,8	2,3
89	Equador	6,9	13,1	14,6	2,1	1,1	42,4	62,8	67,6	32,6	28,2	5,9	7,5	6,0	2,8
90	Filipinas	42,0	84,6	101,1	2,3	1,8	35,6	62,7	69,6	36,2	32,5	3,8	4,7	6,0	3,5
91	Tunísia	5,7	10,1	11,2	1,9	1,0	49,9	65,3	69,1	26,0	22,5	6,3	6,7	6,2	2,0
92	Fiji	0,6	0,8	0,9	1,2	0,5	36,7	50,8	56,1	32,9	28,7	4,2	6,0	4,2	3,0
93	São Vicente e Granadinas	0,1	0,1	0,1	0,7	0,4	27,0	45,9	50,0	29,3	26,8	6,5	7,0	5,5	2,3
94	Irão, Rep. Islâmica do	33,3	69,4	79,4	2,4	1,3	45,7	66,9	71,9	28,8	25,6	4,5	4,9	6,4	2,1
95	Paraguai	2,8	5,9	7,0	2,5	1,7	39,0	58,5	64,4	35,8	31,4	4,8	5,8	5,4	3,5
96	Geórgia	4,9	4,5	4,2	-0,3	-0,7	49,5	52,2	53,8	18,9	15,9	14,3	14,4	2,6	1,5
97	Guiana	0,7	0,7	0,7	(.)	-0,3	30,0	28,2	29,4	31,1	25,3	5,7	8,2	4,9	2,4
98	Azerbeijão	5,7	8,4	9,0	1,3	0,8	51,9	51,5	52,8	25,3	20,6	7,2	6,8	4,3	1,7
99	Sri Lanka	13,7	19,1	20,0	1,1	0,4	19,5	15,1	15,7	24,2	21,4	6,5	9,3	4,1	2,0
100	Maldivas	0,1	0,3	0,4	2,6	1,8	17,3	29,6	34,8	34,0	29,0	3,8	3,9	7,0	2,8
101	Jamaica	2,0	2,7	2,8	1,0	0,5	44,1	53,1	56,7	31,7	27,9	7,5	7,9	5,0	2,6
102	Cabo Verde	0,3	0,5	0,6	2,0	2,1	21,4	57,3	64,3	39,5	35,6	4,3	3,3	7,0	3,8
103	El Salvador	4,1	6,7	7,6	1,6	1,3	41,5	59,8	63,2	34,1	29,7	5,5	6,5	6,1	2,9
104	Argélia	16,0	32,9	38,1	2,4	1,5	40,3	63,3	69,3	29,6	26,7	4,5	5,0	7,4	2,5
105	Vietname	48,0	85,0	96,5	1,9	1,3	18,8	26,4	31,6	29,6	25,0	5,6	5,8	6,7	2,3
106	Territórios Ocupados da Palestina	1,3	3,8	5,1	3,7	3,0	59,6	71,6	72,9	45,9	41,9	3,1	3,0	7,7	5,6

Ordem do IDH		População total (milhões) 1975	2005	2015[b]	Taxa de crescimento anual da população (%) 1975–2005	2005–2015[b]	População urbana[a] (% do total) 1975	2005	2015[b]	População com menos de 15 anos (% do total) 2005	2015[b]	População com 65 anos e mais (% do total) 2005	2015[b]	Taxa de fertilidade total (nascimentos por mulher) 1970–1975[c]	2000–2005[c]
107	Indonésia	135,4	226,1	251,6	1,7	1,1	19,3	48,1	58,5	28,4	24,9	5,5	6,6	5,3	2,4
108	República Árabe Síria	7,5	18,9	23,5	3,1	2,2	45,1	50,6	53,4	36,6	33,0	3,2	3,6	7,5	3,5
109	Turquemenistão	2,5	4,8	5,5	2,2	1,3	47,6	46,2	50,8	31,8	27,0	4,7	4,4	6,2	2,8
110	Nicarágua	2,8	5,5	6,3	2,2	1,4	48,9	59,0	63,0	37,9	32,0	4,0	4,8	6,8	3,0
111	Moldávia	3,8	3,9	3,6	(.)	-0,6	36,2	46,7	50,0	20,0	17,2	11,1	11,8	2,6	1,5
112	Egipto	39,2	72,8	86,2	2,1	1,7	43,5	42,8	45,4	33,3	30,7	4,8	5,6	5,9	3,2
113	Usbequistão	14,0	26,6	30,6	2,1	1,4	39,1	36,7	38,0	33,2	28,3	4,7	4,4	6,3	2,7
114	Mongólia	1,4	2,6	2,9	1,9	1,0	48,7	56,7	58,8	28,9	24,3	3,9	4,3	7,3	2,1
115	Honduras	3,1	6,8	8,3	2,6	1,9	32,1	46,5	51,4	40,0	34,3	4,1	4,6	7,1	3,7
116	Quirguizistão	3,3	5,2	5,8	1,5	1,1	38,2	35,8	38,1	31,0	27,3	5,9	5,1	4,7	2,5
117	Bolívia	4,8	9,2	10,9	2,2	1,7	41,3	64,2	68,8	38,1	33,5	4,5	5,2	6,5	4,0
118	Guatemala	6,2	12,7	16,2	2,4	2,4	36,7	47,2	52,0	43,1	39,5	4,3	4,7	6,2	4,6
119	Gabão	0,6	1,3	1,5	2,6	1,5	43,0	83,6	87,7	35,9	31,8	4,7	4,8	5,0	3,4
120	Vanuatu	0,1	0,2	0,3	2,5	2,3	13,4	23,5	28,1	39,8	35,1	3,3	3,8	6,1	4,2
121	África do Sul	25,7	47,9	50,3	2,1	0,5	48,1	59,3	64,1	32,1	30,2	4,2	5,5	5,5	2,8
122	Tajiquistão	3,4	6,6	7,7	2,1	1,6	35,5	24,7	24,6	39,4	33,6	3,9	3,5	6,8	3,8
123	São Tomé and Príncipe	0,1	0,2	0,2	2,1	1,6	31,6	58,0	65,8	41,6	38,1	4,4	3,5	6,5	4,3
124	Botsuana	0,8	1,8	2,1	2,7	1,2	11,8	57,4	64,6	35,6	32,1	3,4	3,8	6,5	3,2
125	Namíbia	0,9	2,0	2,3	2,7	1,2	23,7	35,1	41,1	39,1	33,2	3,5	4,0	6,6	3,6
126	Marrocos	17,3	30,5	34,3	1,9	1,2	37,8	58,7	65,0	30,3	26,8	5,2	5,9	6,9	2,5
127	Guiné Equatorial	0,2	0,5	0,6	2,6	2,4	27,4	38,9	41,1	42,4	41,3	4,1	3,9	5,7	5,6
128	Índia	613,8	1.134,4	1.302,5	2,0	1,4	21,3	28,7	32,0	33,0	28,7	5,0	5,8	5,3	3,1
129	Ilhas Salomão	0,2	0,5	0,6	3,0	2,2	9,1	17,0	20,5	40,5	35,9	2,9	3,3	7,2	4,4
130	Laos, Rep. Democrática Popular do	2,9	5,7	6,7	2,2	1,7	11,1	20,6	24,9	39,8	32,8	3,5	3,4	6,4	3,6
131	Camboja	7,1	14,0	16,6	2,3	1,8	10,3	19,7	26,1	37,6	32,1	3,1	4,0	5,5	3,6
132	Mianmar	29,8	48,0	52,0	1,6	0,8	23,9	30,6	37,4	27,3	23,1	5,6	6,3	5,9	2,2
133	Butão	0,4	0,6	0,7	1,9	1,5	4,6	11,1	14,8	33,0	24,9	4,6	5,4	6,7	2,9
134	Comores	0,3	0,8	1,0	3,1	2,3	21,2	37,0	44,0	42,0	38,5	2,7	3,1	7,1	4,9
135	Gana	10,3	22,5	27,3	2,6	1,9	30,1	47,8	55,1	39,0	35,1	3,6	4,3	6,7	4,4
136	Paquistão	68,3	158,1	190,7	2,8	1,9	26,3	34,9	39,6	37,2	32,1	3,9	4,3	6,6	4,0
137	Mauritânia	1,3	3,0	3,8	2,7	2,4	20,6	40,4	43,1	40,3	36,9	3,6	3,6	6,6	4,8
138	Lesoto	1,1	2,0	2,1	1,8	0,6	10,8	18,7	22,0	40,4	37,4	4,7	4,7	5,8	3,8
139	Congo	1,5	3,6	4,5	2,8	2,1	43,3	60,2	64,2	41,9	39,8	3,2	3,3	6,3	4,8
140	Bangladesh	79,0	153,3	180,1	2,2	1,6	9,9	25,1	29,9	35,2	31,1	3,5	4,3	6,2	3,2
141	Suazilândia	0,5	1,1	1,2	2,5	0,6	14,0	24,1	27,5	39,8	36,5	3,2	3,8	6,9	3,9
142	Nepal	13,5	27,1	32,8	2,3	1,9	4,8	15,8	20,9	39,0	34,1	3,7	4,2	5,8	3,7
143	Madagáscar	7,9	18,6	24,1	2,9	2,6	16,3	26,8	30,1	43,8	40,4	3,1	3,3	6,7	5,3
144	Camarões	7,8	17,8	21,5	2,7	1,9	27,3	54,6	62,7	41,8	38,4	3,5	3,6	6,3	4,9
145	Papua- Nova Guiné	2,9	6,1	7,3	2,5	1,9	11,9	13,4	15,0	40,6	35,8	2,4	2,7	6,1	4,3
146	Haiti	5,1	9,3	10,8	2,0	1,5	21,7	38,8	45,5	38,0	34,1	4,1	4,6	5,6	4,0
147	Sudão	16,8	36,9	45,6	2,6	2,1	18,9	40,8	49,4	40,7	36,4	3,5	4,1	6,6	4,8
148	Quénia	13,5	35,6	46,2	3,2	2,6	12,9	20,7	24,1	42,6	42,5	2,7	2,6	8,0	5,0
149	Djibuti	0,2	0,8	1,0	4,3	1,7	67,1	86,1	89,6	38,5	33,5	3,0	3,7	7,2	4,5
150	Timor-Leste	0,7	1,1	1,5	1,5	3,4	14,6	26,5	31,2	45,0	44,0	2,7	3,0	6,2	7,0
151	Zimbabué	6,2	13,1	14,5	2,5	1,0	19,9	35,9	40,9	39,5	35,2	3,5	3,7	7,4	3,6
152	Togo	2,4	6,2	8,0	3,1	2,5	22,8	40,1	47,4	43,3	40,0	3,1	3,3	7,1	5,4
153	Iémen	7,1	21,1	28,3	3,6	2,9	14,8	27,3	31,9	45,9	42,4	2,3	2,5	8,7	6,0
154	Uganda	10,9	28,9	40,0	3,3	3,2	7,0	12,6	14,5	49,4	48,0	2,5	2,3	7,1	6,7
155	Gâmbia	0,6	1,6	2,1	3,5	2,5	24,4	53,9	61,8	41,2	38,3	3,7	4,5	6,6	5,2
DESENVOLVIMENTO HUMANO BAIXO															
156	Senegal	5,1	11,8	14,9	2,8	2,3	33,7	41,6	44,7	42,2	39,0	4,2	4,4	7,0	5,2
157	Eritreia	2,1	4,5	6,2	2,5	3,1	13,5	19,4	24,3	43,0	42,6	2,3	2,5	6,5	5,5
158	Nigéria	61,2	141,4	175,7	2,8	2,2	23,4	48,2	55,9	44,3	41,3	2,9	3,0	6,9	5,8
159	Tanzânia, Rep. Unida da	16,0	38,5	49,0	2,9	2,4	11,1	24,2	28,9	44,4	42,8	3,0	3,2	6,8	5,7

TABELA 5

Tendências demográficas

Ordem do IDH	População total (milhões) 1975	População total (milhões) 2005	População total (milhões) 2015[b]	Taxa de crescimento anual da população (%) 1975–2005	Taxa de crescimento anual da população (%) 2005–2015[b]	População urbana[a] (% do total) 1975	População urbana[a] (% do total) 2005	População urbana[a] (% do total) 2015[b]	População com menos de 15 anos (% do total) 2005	População com menos de 15 anos (% do total) 2015[b]	População com 65 anos e mais (% do total) 2005	População com 65 anos e mais (% do total) 2015[b]	Taxa de fertilidade total (nascimentos por mulher) 1970–1975[c]	Taxa de fertilidade total (nascimentos por mulher) 2000–2005[c]
160 Guiné	4,0	9,0	11,4	2,7	2,4	19,5	33,0	38,1	43,4	41,5	3,1	3,4	7,0	5,8
161 Ruanda	4,4	9,2	12,1	2,5	2,7	4,0	19,3	28,7	43,5	43,7	2,5	2,2	8,3	6,0
162 Angola	6,8	16,1	21,2	2,9	2,8	19,1	53,3	59,7	46,4	45,3	2,4	2,4	7,2	6,8
163 Benim	3,2	8,5	11,3	3,2	2,9	21,9	40,1	44,6	44,2	41,9	2,7	2,9	7,1	5,9
164 Malawi	5,3	13,2	17,0	3,1	2,5	7,7	17,2	22,1	47,1	44,6	3,0	3,1	7,4	6,0
165 Zâmbia	5,0	11,5	13,8	2,7	1,9	34,9	35,0	37,0	45,7	43,4	2,9	3,0	7,4	5,6
166 Costa do Marfim	6,6	18,6	22,3	3,5	1,8	32,2	45,0	49,8	41,7	37,9	3,2	3,5	7,4	5,1
167 Burundi	3,7	7,9	11,2	2,5	3,6	3,2	10,0	13,5	45,1	45,9	2,6	2,4	6,8	6,8
168 Congo, Rep. Democrática do	24,0	58,7	80,6	3,0	3,2	29,5	32,1	38,6	47,2	47,8	2,6	2,5	6,5	6,7
169 Etiópia	34,2	79,0	101,0	2,8	2,5	9,5	16,0	19,1	44,5	41,0	2,9	3,1	6,8	5,8
170 Chade	4,2	10,1	13,4	3,0	2,8	15,6	25,3	30,5	46,2	45,2	3,0	2,8	6,6	6,5
171 Rep. Centro-Africana	2,1	4,2	5,0	2,4	1,8	32,0	38,0	40,4	42,7	39,9	3,9	3,7	5,7	5,0
172 Moçambique	10,6	20,5	24,7	2,2	1,8	8,7	34,5	42,4	44,2	43,2	3,2	3,4	6,6	5,5
173 Mali	5,4	11,6	15,7	2,5	3,0	16,2	30,5	36,5	47,7	46,4	3,6	3,0	7,6	6,7
174 Níger	4,9	13,3	18,8	3,3	3,5	11,4	16,8	19,3	48,0	47,3	3,1	3,4	8,1	7,4
175 Guiné-Bissau	0,7	1,6	2,2	3,0	3,0	16,0	29,6	31,1	47,4	47,9	3,0	2,7	7,1	7,1
176 Burquina Faso	6,1	13,9	18,5	2,8	2,8	6,4	18,3	22,8	46,2	44,2	3,1	2,6	7,8	6,4
177 Serra Leoa	2,9	5,6	6,9	2,1	2,2	21,2	40,7	48,2	42,8	42,8	3,3	3,3	6,5	6,5
Países em vias de Desenvolvimento	2.972,0 T	5.215,0 T	5.956,6 T	1,9	1,3	26,5	42,7	47,9	30,9	28,0	5,5	6,4	5,4	2,9
Países menos desenvolvidos	357,6 T	765,7 T	965,2 T	2,5	2,3	14,8	26,7	31,6	41,5	39,3	3,3	3,5	6,6	4,9
Países Árabes	144,4 T	313,9 T	380,4 T	2,6	1,9	41,8	55,1	58,8	35,2	32,1	3,9	4,4	6,7	3,6
Ásia Oriental e Pacífico	1.312,3 T	1.960,6 T	2.111,2 T	1,3	0,7	20,5	42,8	51,1	23,8	20,6	7,1	8,8	5,0	1,9
América Latina e Caraíbas	323,9 T	556,6 T	626,5 T	1,8	1,2	61,1	77,3	80,6	29,8	26,3	6,3	7,7	5,0	2,5
Ásia do Sul	835,4 T	1.587,4 T	1.842,2 T	2,1	1,5	21,2	30,2	33,8	33,6	29,5	4,7	5,4	5,5	3,2
África Subsariana	314,1 T	722,7 T	913,2 T	2,8	2,3	21,2	34,9	39,6	43,6	41,7	3,1	3,2	6,8	5,5
Europa Central, Oriental e CEI	366,6 T	405,2 T	398,6 T	0,3	-0,2	57,7	63,2	63,9	18,1	17,4	12,8	12,9	2,5	1,5
OCDE	928,0 T	1.172,6 T	1.237,3 T	0,8	0,5	66,9	75,6	78,2	19,4	17,8	13,8	16,1	2,6	1,7
OCDE de rendimento elevado	766,8 T	931,5 T	976,6 T	0,6	0,5	69,3	77,0	79,4	17,6	16,5	15,3	18,0	2,2	1,7
Desenvolvimento Humano elevado	1.280,6 T	1.658,7 T	1.751,1 T	0,9	0,5	66,4	76,8	79,4	20,2	18,8	12,7	14,5	2,7	1,8
Desenvolvimento Humano médio	2.514,9 T	4.239,6 T	4.759,8 T	1,7	1,2	23,8	39,3	44,9	29,3	26,0	5,8	6,8	5,3	2,6
Desenvolvimento Humano Baixo	218,5 T	508,7 T	653,0 T	2,8	2,5	18,6	33,2	38,6	44,9	43,0	2,9	3,0	6,9	6,0
Rendimento elevado	793,3 T	991,5 T	1.047,2 T	0,7	0,5	69,4	77,6	80,0	18,1	17,0	14,8	17,3	2,3	1,7
Rendimento médio	2.054,2 T	3.084,7 T	3.339,7 T	1,4	0,8	34,7	53,9	60,3	25,1	22,5	7,3	8,6	4,6	2,1
Rendimento baixo	1.218,0 T	2.425,5 T	2.894,7 T	2,3	1,8	20,5	30,0	34,2	36,6	33,3	4,2	4,7	5,9	3,8
Mundo	4.076,1 T[e]	6.514,8 T[e]	7.295,1 T[e]	1,6	1,1	37,2	48,6	52,8	28,3	26,0	7,3	8,3	4,5	2,6

NOTAS

a. Como os dados são mais baseados em definições nacionais do que são cidades e áreas metropolitanas, as comparações transfronteiriças devem ser feitas com precaução.

b. Os dados referem-se a projecções de variações médias.

c. Os dados referem-se a estimativas para o período indicado.

d. As estimativas da população incluem Taiwan, província da China.

e. Os dados referem-se à população mundial total, de acordo com ONU 2005b. A população total dos 177 países incluídos nos principais quadros de indicadores foi estimada em 4.013,6 milhões em 1975, 6.406,9 milhões em 2005 e foi projectada em 7.164,3 em 2015.

FONTES

Colunas 1–3 e 9–14: ONU 2007e.

Colunas 4 e 5: calculadas com base nos dados das colunas 1 e 2.

Colunas 6–8: ONU 2006b.

... para viverem uma vida longa e saudável...

Compromisso com a saúde: recursos, acesso e serviços

Ordem do IDH	Despesas de saúde: Pública (% do PIB) 2004	Despesas de saúde: Privada (% do PIB) 2004	Despesas de saúde: Per capita (dólares PPC) 2004	Crianças de um ano vacinadas: Contra a tuberculose (%) 2005	Crianças de um ano vacinadas (ODM): Contra o sarampo (%) 2005	Crianças com diarreia que recebem rehidratação oral e alimentação continuada (% men. de 5 anos) 1998–2005[b]	ODM Taxa de prevalência de contraceptivos[a] (% de mulheres casadas com 15–49 anos) 1997–2005[b]	ODM Partos assistidos por profissionais de saúde qualificados (%) 1997–2005[b]	Médicos (por 100.000 pessoas) 2000–04[b]
DESENVOLVIMENTO HUMANO ELEVADO									
1 Islândia	8,3	1,6	3,294	..	90	..	..	..	362
2 Noruega	8,1	1,6	4,080	..	90	..	..	100[c,d]	313
3 Austrália	6,5	3,1	3,123	..	94	..	..	100	247
4 Canadá	6,8	3,0	3,173	..	94	..	75[d]	98	214
5 Irlanda	5,7	1,5	2,618	93	84	..	..	100	279
6 Suécia	7,7	1,4	2,828	16	94	..	78[c,d]	100[c,d]	328
7 Suiça	6,7	4,8	4,011	..	82	..	82[d]	..	361
8 Japão	6,3	1,5	2,293	..	99	..	56	100[d]	198
9 Países Baixos	5,7	3,5	3,092	94	96	..	79[d]	100	315
10 França	8,2	2,3	3,040	84	87	..	75[d]	99[d]	337
11 Filândia	5,7	1,7	2,203	98	97	..	..	100	316
12 Estados Unidos	6,9	8,5	6,096	..	93	..	76[d]	99	256
13 Espanha	5,7	2,4	2,099	..	97	..	81[d]	..	330[e]
14 Dinamarca	7,1	1,5	2,780	..	95	..	..	100[c,d]	293
15 Áustria	7,8	2,5	3,418	..	75	..	51[d]	100[d]	338
16 Reino Unido	7,0	1,1	2,560	..	82	..	84	99	230
17 Bélgica	6,9	2,8	3,133	..	88	..	78[d]	100[c,d]	449
18 Luxemburgo	7,2	0,8	5,178	..	95	..	..	100	266
19 Nova Zelândia	6,5	1,9	2,081	..	82	..	75[d]	100[d]	237
20 Itália	6,5	2,2	2,414	..	87	..	60[d]	..	420
21 Hong Kong, China (RAE)	..	..	..	..	..	..	..	..	..
22 Alemanha	8,2	2,4	3,171	..	93	..	75[d]	100[c,d]	337
23 Israel	6,1	2,6	1,972	61	95	..	..	99[c,d]	382
24 Grécia	4,2	3,7	2,179	88	88	..	..	..	438
25 Singapura	1,3	2,4	1,118	98	96	..	62	100	140
26 República da Coreia	2,9	2,7	1,135	97	99	..	81	100	157
27 Eslovénia	6,6	2,1	1,815	98[c]	94	..	74[d]	100	225
28 Chipre	2,6	3,2	1,128	..	86	..	..	100[c,d]	234
29 Portugal	7,0	2,8	1,897	89	93	..	..	100	342
30 Estado do Brunei Darussalam	2,6	0,6	621	96	97	..	..	99	101
31 Barbados	4,5	2,6	1,151	..	93	..	55	100	121[e]
32 República Checa	6,5	0,8	1,412	99	97	..	72	100	351
33 Koweit	2,2	0,6	538	..	99	..	50[d]	98[d]	153
34 Malta	7,0	2,2	1,733	..	86	..	..	98[d]	318
35 Catar	1,8	0,6	688	99	99	..	43	99	222
36 Hungria	5,7	2,2	1,308	99	99	..	77[d]	100	333
37 Polónia	4,3	1,9	814	94	98	..	49[d]	100	247
38 Argentina	4,3	5,3	1,274	99	99	..	..	99	301[e]
39 Emirados Árabes Unidos	2,0	0,9	503	98	92	..	28[d]	99[d]	202
40 Chile	2,9	3,2	720	95	90	..	56[d]	100	109
41 Barém	2,7	1,3	871	70[c]	99	..	62[d]	98[d]	109
42 Eslováquia	5,3	1,9	1,061	98	98	..	74[d]	99	318
43 Lituânia	4,9	1,6	843	99	97	..	47[d]	100	397
44 Estónia	4,0	1,3	752	99	96	..	70[d]	100	448
45 Letónia	4,0	3,1	852	99	95	..	48[d]	100	301
46 Uruguai	3,6	4,6	784	99	95	..	84	100	365
47 Croácia	6,1[d]	1,5[d]	917	98	96	..	..	100	244
48 Costa Rica	5,1	1,5	592	88	89	..	80	99	132[e]
49 Baamas	3,4	3,4	1,349	..	85	..	..	99	105[e]
50 Seicheles	4,6	1,5	634	99	99	..	..	..	151
51 Cuba	5,5	0,8	229	99	98	..	73	100	591
52 México	3,0	3,5	655	99	96	..	74	83	198
53 Bulgária	4,6	3,4	671	98	96	..	42	99	356

TABELA

6 Compromisso com a saúde: recursos, acesso e serviços

Ordem do IDH	Despesas de saúde: Pública (% do PIB)	Despesas de saúde: Privada (% do PIB)	Despesas de saúde: Per capita (dólares PPC)	ODM Crianças de um ano vacinadas: Contra a tuberculose (%)	ODM Crianças de um ano vacinadas: Contra o sarampo (%)	Crianças com diarreia que recebem rehidratação oral e alimentação continuada (% men. de 5 anos)	ODM Taxa de prevalência de contraceptivos[a] (% de mulheres casadas com 15–49 anos)	ODM Partos assistidos por profissionais de saúde qualificados (%)	Médicos (por 100.000 pessoas)
	2004	2004	2004	2005	2005	1998–2005[b]	1997–2005[b]	1997–2005[b]	2000–04[b]
54 São Cristóvão e Nevis	3,3	1,9	710	99	99	..	41	100	119[e]
55 Tonga	5,0	1,3	316	99	99	..	33	95	34
56 Jamahira Árabe Líbia	2,8	1,0	328	99	97	..	45[d]	94[d]	129[e]
57 Antigua e Barbuda	3,4	1,4	516	..	99	..	53	100	17[e]
58 Omã	2,4	0,6	419	98	98	..	32	95	132
59 Trinidade e Tobago	1,4	2,1	523	98	93	31	38	96	79[e]
60 Roménia	3,4	1,7	433	98	97	..	70	99	190
61 Arábia Saudita	2,5	0,8	601	96	96	..	32[d]	91[d]	137
62 Panamá	5,2	2,5	632	99	99	..	..	93	150
63 Malásia	2,2	1,6	402	99	90	..	55[d]	97	70
64 Bielorússia	4,6	1,6	427	99	99	..	50[d]	100	455
65 Maurícia	2,4	1,9	516	99	98	..	76	98	106
66 Bósnia e Herzegovina	4,1	4,2	603	95	90	23	48	100	134
67 Federação da Rússia	3,7	2,3	583	97	99	..	..	99	425
68 Albânia	3,0	3,7	339	98	97	51	75	98	131
69 Macedónia (ARJM)	5,7	2,3	471	99	96	..	..	99	219
70 Brasil	4,8	4,0	1,520	99	99	28[d]	77[d]	97	115
DESENVOLVIMENTO HUMANO MÉDIO									
71 Domínica	4,2	1,7	309	98	98	..	50	100	50[e]
72 Santa Lúcia	3,3	1,8	302	99	94	..	47	99	517[e]
73 Cazaquistão	2,3	1,5	264	69	99	22	66	99	354
74 Venezuela, República Bolivariana	2,0	2,7	285	95	76	51	77	95	194
75 Colómbia	6,7	1,1	570	87	89	39	78	96	135
76 Ucrania	3,7	2,8	427	96	96	..	68	100	295
77 Samoa	4,1	1,2	218	86	57	..	30[d]	100	70[e]
78 Tailândia	2,3	1,2	293	99	96	..	79	99	37
79 República Dominicana	1,9	4,1	377	99	99	42	70	99	188
80 Belize	2,7	2,4	339	96	95	..	56	83	105
81 China	1,8[d]	2,9[d]	277	86	86	..	87	97	106
82 Grenada	5,0	1,9	480	..	99	..	54	100	50[e]
83 Arménia	1,4	4,0	226	94	94	48	53	98	359
84 Turquia	5,2[d]	2,1[d]	557	89	91	19	71	83	135
85 Suriname	3,6	4,2	376	..	91	43	42	85	45
86 Jordânia	4,7[d]	5,1[d]	502	89	95	44	56	100	203
87 Perú	1,9	2,2	235	93	80	57	71	73	117[e]
88 Líbano	3,2	8,4	817	..	96	..	58	89[d]	325
89 Equador	2,2	3,3	261	99	93	..	73	75	148
90 Filipinas	1,4	2,0	203	91	80	76	49	60	58
91 Tunísia	2,8[f]	2,8[f]	502	97[c]	96	..	66	90	134
92 Fiji	2,9	1,7	284	90	70	..	44	99	34[e]
93 São Vicente e Granadinas	3,9	2,2	418	95	97	..	58	100	87[e]
94 Irão, República Islâmica do	3,2	3,4	604	99	94	..	74	90	87
95 Paraguai	2,6	5,1	327	78	90	..	73	77	111
96 Geórgia	1,5	3,8	171	95	92	..	47	92	409
97 Guiana	4,4	0,9	329	96	92	40	37	86	48
98 Azerbeijão	0,9	2,7	138	98	98	40	55	88	355
99 Sri Lanka	2,0	2,3	163	99	99	..	70	96	55
100 Maldivas	6,3	1,4	494	99	97	..	39	70	92
101 Jamaica	2,8	2,4	223	95	84	21	69	97	85
102 Cabo Verde	3,9	1,3	225	78	65	..	53	89	49
103 El Salvador	3,5	4,4	375	84	99	..	67	92	124
104 Argélia	2,6	1,0	167	98	83	..	57	96	113
105 Vietname	1,5	4,0	184	95	95	39	77	85	53
106 Territórios Ocupados da Palestina	7,8[f]	5,2[f]	..	99	99	..	51	97	..

Ordem do IDH	Despesas de saúde: Pública (% do PIB) 2004	Despesas de saúde: Privada (% do PIB) 2004	Despesas de saúde: Per capita (dólares PPC) 2004	Crianças de um ano vacinadas: Contra a tuberculose (%) 2005	ODM Crianças de um ano vacinadas: Contra o sarampo (%) 2005	Crianças com diarreia que recebem rehidratação oral e alimentação continuada (% men. de 5 anos) 1998–2005 [b]	ODM Taxa de prevalência de contraceptivos [a] (% de mulheres casadas com 15–49 anos) 1997–2005 [b]	ODM Partos assistidos por profissionais de saúde qualificados (%) 1997–2005 [b]	Médicos (por 100.000 pessoas) 2000–04 [b]
107 Indonésia	1,0	1,8	118	82	72	56	57	72	13
108 República Árabe Síria	2,2	2,5	109	99	98	..	48	77 [d]	140
109 Turquemenistão	3,3	1,5	245	99	99	..	62	97	418
110 Nicarágua	3,9	4,3	231	88 [c]	96	49	69	67	37
111 Moldávia	4,2	3,2	138	97	97	52	68	100	264
112 Egipto	2,2	3,7	258	98	98	29	59	74	54
113 Usbequistão	2,4	2,7	160	93	99	33	68	96	274
114 Mongólia	4,0	2,0	141	99	99	66	69	97	263
115 Honduras	4,0	3,2	197	91	92	..	62	56	57
116 Quirguizistão	2,3	3,3	102	96	99	16 [d]	60	98	251
117 Bolívia	4,1	2,7	186	93	64	54	58	67	122
118 Guatemala	2,3	3,4	256	96	77	22	43	41	90 [e]
119 Gabão	3,1	1,4	264	89	55	44	33	86	29
120 Vanuatu	3,1	1,0	123	65	70	..	28	88	11 [e]
121 África do Sul	3,5	5,1	748	97	82	37	60	92	77
122 Tajiquistão	1,0	3,4	54	98	84	29	34	71	203
123 São Tomé and Príncipe	9,9	1,6	141	98	88	44	29	76	49
124 Botsuana	4,0	2,4	504	99	90	7	48	94	40
125 Namíbia	4,7	2,1	407	95	73	39	44	76	30
126 Marrocos	1,7	3,4	234	95	97	46	63	63	51
127 Guiné Equatorial	1,2	0,4	223	73	51	36	..	65	30
128 Índia	0,9	4,1	91	75	58	22	47	43	60
129 Ilhas Salomão	5,6	0,3	114	84	72	..	11 [d]	85	13 [e]
130 Laos, Rep. Democrática Popular do	0,8	3,1	74	65	41	37	32	19	..
131 Camboja	1,7	5,0	140	87	79	59	24	32	16
132 Mianmar	0,3	1,9	38	76	72	48	34	57	36
133 Butão	3,0	1,6	93	99	93	..	31	37	5
134 Comores	1,6	1,2	25	90	80	31	26	62	15
135 Gana	2,8	3,9	95	99	83	40	25	47	15
136 Paquistão	0,4	1,8	48	82	78	33 [d]	28	31	74
137 Mauritânia	2,0	0,9	43	87	61	28	8	57	11
138 Lesoto	5,5	1,0	139	96	85	53	37	55	5
139 Congo	1,2	1,3	30	85 [c]	56	..	44	86	20
140 Bangladeche	0,9	2,2	64	99	81	52	58	13	26
141 Suazilândia	4,0	2,3	367	84	60	24	48	74	16
142 Nepal	1,5	4,1	71	87	74	43	38	11	21
143 Madagáscar	1,8	1,2	29	72	59	47	27	51	29
144 Camarões	1,5	3,7	83	77	68	43	26	62	19
145 Papua - Nova Guiné	3,0	0,6	147	73	60	..	26 [d]	41	5
146 Haiti	2,9	4,7	82	71	54	41	28	24	25 [e]
147 Sudão	1,5	2,6	54	57	60	38	7	87	22
148 Quénia	1,8	2,3	86	85	69	33	39	42	14
149 Djibuti	4,4	1,9	87	52	65	..	9	61	18
150 Timor-Leste	8,8	2,4	143	70	48	..	10	18	10
151 Zimbabué	3,5	4,0	139	98	85	80	54	73	16
152 Togo	1,1	4,4	63	96	70	25	26	61	4
153 Iémen	1,9	3,1	82	66	76	23 [d]	23	27	33
154 Uganda	2,5	5,1	135	92	86	29	20	39	8
155 Gâmbia	1,8	5,0	88	89	84	38	18	55	11
DESENVOLVIMENTO HUMANO BAIXO									
156 Senegal	2,4	3,5	72	92	74	33	12	58	6
157 Eritreia	1,8	2,7	27	91	84	54	8	28	5
158 Nigéria	1,4	3,2	53	48	35	28	13	35	28
159 Tanzânia, República Unida da	1,7	2,3	29	91	91	53	26	43	2

TABELA

6 Compromisso com a saúde: recursos, acesso e serviços

Ordem do IDH	Despesas de saúde Pública (% do PIB) 2004	Despesas de saúde Privada (% do PIB) 2004	Despesas de saúde Per capita (dólares PPC) 2004	ODM Crianças de um ano vacinadas Contra a tuberculose (%) 2005	ODM Crianças de um ano vacinadas Contra o sarampo (%) 2005	Crianças com diarreia que recebem rehidratação oral e alimentação continuada (% men. de 5 anos) 1998–2005[b]	ODM Taxa de prevalência de contraceptivos[a] (% de mulheres casadas com 15–49 anos) 1997–2005[b]	ODM Partos assistidos por profissionais de saúde qualificados (%) 1997–2005[b]	Médicos (por 100.000 pessoas) 2000–04[b]
160 Guiné	0,7	4,6	96	90	59	44	7	56	11
161 Ruanda	4,3	3,2	126	91	89	16	17	39	5
162 Angola	1,5	0,4	38	61	45	32	6	45	8
163 Benim	2,5	2,4	40	99	85	42	19	66	4
164 Malawi	9,6	3,3	58	97[c]	82	51	33	56	2
165 Zâmbia	3,4	2,9	63	94	84	48	34	43	12
166 Costa do Marfim	0,9	2,9	64	51[c]	51	34	15	68	12
167 Burundi	0,8	2,4	16	84	75	16	16	25	3
168 Congo, Rep. Democrática do	1,1	2,9	15	84	70	17	31	61	11
169 Etiópia	2,7	2,6	21	67	59	38	15	6	3
170 Chade	1,5	2,7	42	40	23	27	3	14	4
171 República Centro-Africana	1,5	2,6	54	70	35	47	28	44	8
172 Moçambique	2,7	1,3	42	87	77	47	17	48	3
173 Mali	3,2	3,4	54	82	86	45	8	41	8
174 Níger	2,2	2,0	26	93	83	43	14	16	2
175 Guiné-Bissau	1,3	3,5	28	80	80	23	8	35	12
176 Burquina Faso	3,3	2,8	77	99	84	47	14	38	5
177 Serra Leoa	1,9	1,4	34	83[c]	67	39	4	42	3
Países em vias de Desenvolvimento	..	..	..	83	74	..	..	60	..
Países menos desenvolvidos	..	..	..	82	72	..	..	35	..
Países Árabes	..	..	..	86	86	..	..	74	..
Ásia Oriental e Pacífico	..	..	..	87	84	..	..	87	..
América Latina e Caraíbas	..	..	..	96	92	..	..	87	..
Ásia do Sul	..	..	..	79	65	..	..	39	..
África Subsariana	..	..	..	76	65	..	..	43	..
Europa Central, Oriental e CEI	..	..	..	95	97	..	..	97	..
OCDE	..	..	..	92	93	..	..	95	..
OCDE de rendimento elevado	..	..	..	86	92	..	..	99	..
Desenvolvimento Humano elevado	..	..	..	96	95	..	..	97	..
Desenvolvimento Humano médio	..	..	..	84	75	..	..	63	..
Desenvolvimento Humano Baixo	..	..	..	71	61	..	..	38	..
Rendimento elevado	..	..	..	87	93	..	..	99	..
Rendimento médio	..	..	..	90	87	..	..	88	..
Rendimento baixo	..	..	..	77	65	..	..	41	..
Mundo	..	..	..	83[g]	77[g]	..	..	63[g]	..

NOTAS

- **a.** Os dados referem-se normalmente a mulheres com 15-49 anos, casadas ou que vivem em união de facto; o conjunto real de idades coberto pode variar entre países.
- **b.** Os dados referem-se ao ano mais recente disponível durante o período indicado.
- **c.** UNICEF 2005.
- **d.** Os dados referem-se a ano ou período diferentes do indicado, diferem da definição padrão ou respeitam apenas a uma parte do país.
- **e.** Os dados referem-se aos anos entre 1997 e 1999.
- **f.** Os dados referem-se a 2003.
- **h.** Os dados referem-se a agregados disponibilizados por fonte original.

FONTES

Colunas 1 e 2: Banco Mundial 2007b.
Coluna 3: OMS 2007a.
Colunas 4–8: UNICEF 2006.
Coluna 9: calculado com base em dados do número de médicos por 1.000 pessoas da OMS 2007a.

... para viverem uma vida longa e saudável ...

Água, saneamento e estado de nutrição

Ordem do IDH		ODM População com acesso a saneamento melhorado (%)		ODM População com acesso a uma fonte de água melhorada (%)		ODM Pessoas subnutridas (% do total da população)		ODM Crianças com peso a menos para a idade (% de menores de 5 anos)	Crianças com altura a menos para a idade (% menores de 5 anos)	Crianças nascidas com pouco peso (%)
		1990	2004	1990	2004	1990/92 [a]	2002/04 [a]	1996–2005 [b]	1996–2005 [b]	1998–2005 [b]
DESENVOLVIMENTO HUMANO ELEVADO										
1	Islândia	100	100	100	100	<2.5	<2.5	..	..	4
2	Noruega	..	..	100	100	<2.5	<2.5	..	..	5
3	Austrália	100	100	100	100	<2.5	<2.5	..	..	7
4	Canadá	100	100	100	100	<2.5	<2.5	..	..	6
5	Irlanda	..	..	..	..	<2.5	<2.5	..	..	6
6	Suécia	100	100	100	100	<2.5	<2.5	..	..	4
7	Suiça	100	100	100	100	<2.5	<2.5	..	..	6
8	Japão	100	100	100	100	<2.5	<2.5	..	..	8
9	Países Baixos	100	100	100	100	<2.5	<2.5	..	..	..
10	França	..	..	100	100	<2.5	<2.5	..	..	7
11	Filândia	100	100	100	100	<2.5	<2.5	..	..	4
12	Estados Unidos	100	100	100	100	<2.5	<2.5	2	3	8
13	Espanha	100	100	100	100	<2.5	<2.5	..	..	6 [c]
14	Dinamarca	..	..	100	100	<2.5	<2.5	..	..	5
15	Áustria	100	100	100	100	<2.5	<2.5	..	..	7
16	Reino Unido	..	..	100	100	<2.5	<2.5	..	..	8
17	Bélgica	..	..	..	..	<2.5	<2.5	..	..	8 [c]
18	Luxemburgo	..	..	100	100	<2.5	<2.5	..	..	8
19	Nova Zelândia	..	..	97	..	<2.5	<2.5	..	..	6
20	Itália	..	..	..	..	<2.5	<2.5	..	..	6
21	Hong Kong, China (RAE)	..	..	..	..	..	..	..	..	..
22	Alemanha	100	100	100	100	<2.5	<2.5	..	..	7
23	Israel	..	..	100	100	<2.5	<2.5	..	..	8
24	Grécia	..	..	..	..	<2.5	<2.5	..	..	8
25	Singapura	100	100	100	100	..	..	3	4	8
26	República da Coreia	..	..	..	92	<2.5	<2.5	..	..	4
27	Eslovénia	..	..	..	..	3 [d]	3	..	..	6
28	Chipre	100	100	100	100	<2.5	<2.5	..	..	..
29	Portugal	..	..	..	..	<2.5	<2.5	..	..	8
30	Estado do Brunei Darussalam	..	..	..	..	4	4	..	..	10
31	Barbados	100	100	100	100	<2.5	<2.5	6 [c,e]	..	11
32	República Checa	99	98	100	100	..	<2.5	1 [c,e]	3	7
33	Koweit	..	..	..	..	24	5	10	7	7
34	Malta	..	..	100	100	<2.5	<2.5	..	..	6
35	Catar	100	100	100	100	..	..	6 [c]	..	10
36	Hungria	..	95	99	99	..	<2.5	2 [c,e]	..	9
37	Polónia	..	..	..	..	..	<2.5	..	..	6
38	Argentina	81	91	94	96	<2.5	3	4	8	8
39	Emirados Árabes Unidos	97	98	100	100	4	<2.5	14 [c]	..	15 [c]
40	Chile	84	91	90	95	8	4	1	3	6
41	Barém	..	..	..	..	..	..	9 [c]	..	8
42	Eslováquia	99	99	100	100	4 [d]	7	..	..	7
43	Lituânia	..	..	..	..	4 [d]	<2.5	..	..	4
44	Estónia	97	97	100	100	9 [d]	<2.5	..	..	4
45	Letónia	..	78	99	99	3 [d]	3	..	..	5
46	Uruguai	100	100	100	100	7	<2.5	5 [c]	14	8
47	Croácia	100	100	100	100	16 [d]	7	1	..	6
48	Costa Rica	..	92	..	97	6	5	5	..	7
49	Baamas	100	100	..	97	9	8	..	..	7
50	Seicheles	..	..	88	88	14	9	6 [c,e]	..	..
51	Cuba	98	98	..	91	7	<2.5	4	10	5
52	México	58	79	82	97	5	5	8	16	8
53	Bulgária	99	99	99	99	8 [d]	8	..	9	10

TABELA 7

Água, saneamento e estado de nutrição

Ordem do IDH	ODM População com acesso a saneamento melhorado (%)		ODM População com acesso a uma fonte de água melhorada (%)		ODM Pessoas subnutridas (% do total da população)		ODM Crianças com peso a menos para a idade (% de menores de 5 anos)	Crianças com altura a menos para a idade (% menores de 5 anos)	Crianças nascidas com pouco peso (%)
	1990	2004	1990	2004	1990/92 [a]	2002/04 [a]	1996–2005 [b]	1996–2005 [b]	1998–2005 [b]
54 São Cristóvão e Nevis	95	95	100	100	13	10	..	..	9
55 Tonga	96	96	100	100	..	..	..	..	0
56 Jamahira Árabe Líbia	97	97	71	..	<2.5	<2.5	5 [c]	..	7 [c]
57 Antigua e Barbuda	..	95	..	91	..	..	10 [c,e]	..	8
58 Omã	83	..	80	..	..	..	18	16	8
59 Trinidade e Tobago	100	100	92	91	13	10	6	5	23
60 Roménia	..	..	..	57	..	<2.5	3	13	8
61 Arábia Saudita	..	..	90	..	4	4	14	..	11 [c]
62 Panamá	71	73	90	90	21	23	8	22	10
63 Malásia	..	94	98	99	3	3	11	20	9
64 Bielorússia	..	84	100	100	..	4	..	..	5
65 Maurícia	..	94	100	100	6	5	15 [c]	..	14
66 Bósnia e Herzegovina	..	95	97	97	9 [d]	9	4	12	4
67 Federação da Rússia	87	87	94	97	4 [d]	3	3 [c]	..	6
68 Albânia	..	91	96	96	5 [d]	6	14	39	5
69 Macedónia (ARJM)	..	..	..	..	15 [d]	5	6	1	6
70 Brasil	71	75	83	90	12	7	6	..	8
DESENVOLVIMENTO HUMANO MÉDIO									
71 Domínica	..	84	..	97	4	8	5 [c,e]	..	11
72 Santa Lúcia	..	89	98	98	8	5	14 [c,e]	..	10
73 Cazaquistão	72	72	87	86	..	6	4	14	8
74 Venezuela, República Bolivariana	..	68	..	83	11	18	5	17	9
75 Colómbia	82	86	92	93	17	13	7	16	9
76 Ucrania	..	96	..	96	..	<2.5	1	6	5
77 Samoa	98	100	91	88	11	4	..	9	4 [c]
78 Tailândia	80	99	95	99	30	22	18 [c]	16	9
79 República Dominicana	52	78	84	95	27	29	5	12	11
80 Belize	..	47	..	91	7	4	6 [c,e]	..	6
81 China	23	44	70	77	16 [f]	12 [f]	8	19	4
82 Grenada	97	96	..	95	9	7	..	..	8
83 Arménia	..	83	..	92	52 [d]	24	4	18	7
84 Turquia	85	88	85	96	<2.5	3	4	19	16
85 Suriname	..	94	..	92	13	8	13	15	13
86 Jordânia	93	93	97	97	4	6	4	12	12
87 Perú	52	63	74	83	42	12	8	31	11
88 Líbano	..	98	100	100	<2.5	3	4	6	6
89 Equador	63	89	73	94	8	6	12	29	16
90 Filipinas	57	72	87	85	26	18	28	34	20
91 Tunísia	75	85	81	93	<2.5	<2.5	4	16	7
92 Fiji	68	72	..	47	10	5	8 [c,e]	..	10
93 São Vicente e Granadinas	..	..	..	..	22	10	..	..	10
94 Irão, República Islâmica do	83	..	92	94	4	4	11	20	7 [c]
95 Paraguai	58	80	62	86	18	15	5	..	9
96 Geórgia	97	94	80	82	44 [d]	9	3	15	7
97 Guiana	..	70	..	83	21	8	14	14	13
98 Azerbeijão	..	..	68	77	34 [d]	7	7	24	12
99 Sri Lanka	69	91	68	79	28	22	29	18	22
100 Maldivas	..	59	96	83	17	10	30	32	22
101 Jamaica	75	80	92	93	14	9	4	5	10
102 Cabo Verde	..	43	..	80	..	..	14 [c,e]	..	13
103 El Salvador	51	62	67	84	12	11	10	25	7
104 Argélia	88	92	94	85	5	4	10	22	7
105 Vietname	36	61	65	85	31	16	27	43	9
106 Territórios Ocupados da Palestina	..	73	..	92	..	16	5	..	9

Ordem do IDH	ODM População com acesso a saneamento melhorado (%)		ODM População com acesso a uma fonte de água melhorada (%)		ODM Pessoas subnutridas (% do total da população)		ODM Crianças com peso a menos para a idade (% de menores de 5 anos)	Crianças com altura a menos para a idade (% menores de 5 anos)	Crianças nascidas com pouco peso (%)
	1990	2004	1990	2004	1990/92 [a]	2002/04 [a]	1996–2005 [b]	1996–2005 [b]	1998–2005 [b]
107 Indonésia	46	55	72	77	9	6	28	29	9
108 República Árabe Síria	73	90	80	93	5	4	7	24	6
109 Turquemenistão	..	62	..	72	12 [d]	7	12	28	6
110 Nicarágua	45	47	70	79	30	27	10	25	12
111 Moldávia	..	68	..	92	5 [d]	11	4	11	5
112 Egipto	54	70	94	98	4	4	6	24	12
113 Usbequistão	51	67	94	82	8 [d]	25	8	26	7
114 Mongólia	..	59	63	62	34	27	7	24	7
115 Honduras	50	69	84	87	23	23	17	30	14
116 Quirguizistão	60	59	78	77	21 [d]	4	11	33	7 [c]
117 Bolívia	33	46	72	85	28	23	8	33	7
118 Guatemala	58	86	79	95	16	22	23	54	12
119 Gabão	..	36	..	88	10	5	12	26	14
120 Vanuatu	..	50	60	60	12	11	20 [c,e]	..	6
121 África do Sul	69	65	83	88	<2.5	<2.5	12	31	15
122 Tajiquistão	..	51	..	59	22 [d]	56	..	42	15
123 São Tomé and Príncipe	..	25	..	79	18	10	13	35	20
124 Botsuana	38	42	93	95	23	32	13	29	10
125 Namíbia	24	25	57	87	34	24	24	30	14
126 Marrocos	56	73	75	81	6	6	10	23	15
127 Guiné Equatorial	..	53	..	43	..	..	19	43	13
128 Índia	14	33	70	86	25	20	47	51	30
129 Ilhas Salomão	..	31	..	70	33	21	21 [c,e]	..	13 [c]
130 Laos, Rep. Democrática Popular do	..	30	..	51	29	19	40	48	14
131 Camboja	..	17	..	41	43	33	45	49	11
132 Mianmar	24	77	57	78	10	5	32	41	15
133 Butão	..	70	..	62	..	..	19	48	15
134 Comores	32	33	93	86	47	60	25	47	25
135 Gana	15	18	55	75	37	11	22	36	16
136 Paquistão	37	59	83	91	24	24	38	42	19 [c]
137 Mauritânia	31	34	38	53	15	10	32	40	..
138 Lesoto	37	37	..	79	17	13	20	53	13
139 Congo	..	27	..	58	54	33	15	31	..
140 Bangladesh	20	39	72	74	35	30	48	51	36
141 Suazilândia	..	48	..	62	14	22	10	37	9
142 Nepal	11	35	70	90	20	17	48	57	21
143 Madagáscar	14	34	40	50	35	38	42	53	17
144 Camarões	48	51	50	66	33	26	18	35	13
145 Papua- Nova Guiné	44	44	39	39	..	..	35 [c,e]	44	11 [c]
146 Haiti	24	30	47	54	65	46	17	28	21
147 Sudão	33	34	64	70	31	26	41	48	31
148 Quénia	40	43	45	61	39	31	20	36	10
149 Djibuti	79	82	72	73	53	24	27	29	16
150 Timor-Leste	..	36	..	58	11	9	46	56	12
151 Zimbabué	50	53	78	81	45	47	17	34	11
152 Togo	37	35	50	52	33	24	25	30	18
153 Iémen	32	43	71	67	34	38	46	60	32 [c]
154 Uganda	42	43	44	60	24	19	23	45	12
155 Gâmbia	..	53	..	82	22	29	17	24	17
DESENVOLVIMENTO HUMANO BAIXO									
156 Senegal	33	57	65	76	23	20	17	20	18
157 Eritreia	7	9	43	60	70 [d]	75	40	44	14
158 Nigéria	39	44	49	48	13	9	29	43	14
159 Tanzânia, República Unida da	47	47	46	62	37	44	22	44	10

TABELA 7

Água, saneamento e estado de nutrição

	ODM População com acesso a saneamento melhorado (%)		ODM População com acesso a uma fonte de água melhorada (%)		ODM Pessoas subnutridas (% do total da população)		ODM Crianças com peso a menos para a idade (% de menores de 5 anos)	Crianças com altura a menos para a idade (% menores de 5 anos)	Crianças nascidas com pouco peso (%)
Ordem do IDH	1990	2004	1990	2004	1990/92 [a]	2002/04 [a]	1996–2005 [b]	1996–2005 [b]	1998–2005 [b]
160 Guiné	14	18	44	50	39	24	26	39	16
161 Ruanda	37	42	59	74	43	33	23	48	9
162 Angola	29	31	36	53	58	35	31	51	12
163 Benim	12	33	63	67	20	12	23	39	16
164 Malawi	47	61	40	73	50	35	22	53	16
165 Zâmbia	44	55	50	58	48	46	20	53	12
166 Costa do Marfim	21	37	69	84	18	13	17	32	17
167 Burundi	44	36	69	79	48	66	45	63	16
168 Congo, República Democrática do	16	30	43	46	31	74	31	44	12
169 Etiópia	3	13	23	22	69 [d]	46	38	51	15
170 Chade	7	9	19	42	58	35	37	45	22
171 República Centro-Africana	23	27	52	75	50	44	24	45	14
172 Moçambique	20	32	36	43	66	44	24	47	15
173 Mali	36	46	34	50	29	29	33	43	23
174 Niger	7	13	39	46	41	32	40	54	13
175 Guiné-Bissau	..	35	..	59	24	39	25	36	22
176 Burquina Faso	7	13	38	61	21	15	38	43	19
177 Serra Leoa	..	39	..	57	46	51	27	38	23
Países em vias de Desenvolvimento	33	49	71	79	21	17	..	..	..
Países menos desenvolvidos	22	37	51	59	38	35	..	..	..
Países Árabes	61	71	84	86	..	..	..	..	..
Ásia Oriental e Pacífico	30	50	72	79	17	12	..	..	..
América Latina e Caraíbas	67	77	83	91	14	10	..	..	..
Ásia do Sul	18	37	72	85	25	21	..	..	..
África Subsariana	32	37	48	55	36	32	..	..	..
Europa Central, Oriental e CEI	..	..	93	94	..	..	..	..	..
OCDE	94	96	97	99	..	..	..	..	..
OCDE de rendimento elevado	100	100	100	100	..	..	..	..	..
Desenvolvimento Humano elevado	90	92	96	98	..	..	..	..	..
Desenvolvimento Humano médio	30	48	73	82	20	16	..	..	..
Desenvolvimento Humano Baixo	26	34	43	49	36	34	..	..	..
Rendimento elevado	..	..	100	100	..	..	..	..	..
Rendimento médio	46	61	78	84	14	11	..	..	..
Rendimento baixo	21	38	64	76	28	24	..	..	..
Mundo	49 [g]	59 [g]	78 [g]	83 [g]	20	17	..	..	..

NOTAS

a. Os dados referem-se à média para os anos indicados.

b. Os dados referem-se ao ano mais recente disponível durante o período indicado.

c. Os dados referem-se a ano ou período diferentes do indicado, diferem da definição padrão ou respeitam apenas a uma parte do país.

d. Os dados referem ao período de 1993/95.

e. UNICEF 2005.

f. Os dados da China incluem Hong Kong RAE, Macau RAE e a Província de Taiwan.

g. Os dados referem-se ao agregado fornecido pela UNICEF.

FONTES

Colunas 1–4: UN 2006a, baseado em dados de um estudo comum feito pela UNICEF e pela OMS.
Colunas 5 e 6: FAO 2007a.
Coluna 7: UNICEF 2006.
Coluna 8: OMS 2007a.
Coluna 9: UNICEF 2006.

... para viverem uma vida longa e saudável ...

Desigualdades na saúde materna e infantil

Ordem do IDH		Ano do inquérito	Partos assistidos por técnicos de saúde (%)		Crianças de um ano vacinadas [a] (%)		Crianças com pouca altura para a idade (% menos de 5 anos)		Taxa de mortalidade infantil [b] (por 1.000 nados-vivos)		Taxa de mortalidade de menores de 5 anos [b] (por 1.000 nados-vivos)	
			20% mais pobres	20% mais ricos	20% mais pobres	20% mais ricos	20% mais pobres	20% mais ricos	20% mais pobres	20% mais ricos	20% mais pobres	20% mais ricos
DESENVOLVIMENTO HUMANO ELEVADO												
70	Brasil	1996	72	99	57	74	23	2	83	29	99	33
DESENVOLVIMENTO HUMANO MÉDIO												
73	Casaquistão	1999	99	99	69	62 [c]	15	8	68	42	82	45
75	Colômbia	2005	72	99	47	72	20	3	32	14	39	16
78	Tailândia [d]	2005–06	93	100	92 [e]	86 [e]	16	7	..	..	..	..
79	República Dominicana	1996	89	98	34	47	14	2	67	23	90	27
83	Arménia	2005	96	100	59 [e]	51 [c,e]	15	8	41	14	52	23
84	Turquia	1998	53	98	28	70	29	4	68	30	85	33
86	Jordânia	1997	91	99	21	17	14	5	35	23	42	25
87	Perú	2004–05	34	100	65 [e]	73 [e]	46	4	46	6	63	11
90	Filipinas	2003	25	92	56	83	..	..	42	19	66	21
95	Paraguai	1990	41	98	20	53	23	3	43	16	57	20
105	Vietname	2002	58	100	44	92	..	..	39	14	53	16
107	Indonésia	1997	21	89	43	72	..	..	78	23	109	29
109	Turquemenistão	2000	97	98	85	78	25	17	89	58	106	70
110	Nicarágua	2001	78	99	64	71	35	5	50	16	64	19
111	Moldávia	2005	99	100	86 [c,f]	86 [f]	14	6	20	16	29	17
112	Egipto	2005	51	96	85 [e]	91 [e]	24	14	59	23	75	25
113	Usbequistão	1996	92	100	81	78	40	31	54	46	70	50
116	Quirguizistão	1997	96	100	69	73	34	14	83	46	96	49
117	Bolívia	2003	27	98	48 [e]	57 [e]	42	5	72 [g]	27 [g]	105 [g]	32 [g]
118	Guatemala	1998–99	9	92	66	56	65	8	58	39	78	39
119	Gabão	2000	67	97	6	24	33	12	57	36	93	55
121	África do Sul	1998	68	98	51	70	..	..	62	17	87	22
122	Tajiquistão [d,h]	2006	69	91	..	..	32	21	..	..	..	..
125	Namíbia	2000	55	97	60	68	27	15	36	23	55	31
126	Marrocos	2003–04	30	95	81 [e]	97 [e]	29	10	62	24	78	26
128	Índia	1998–99	16	84	21	64	58	27	97	38	141	46
131	Camboja	2005	21	90	56 [e]	76 [e]	47	19	101	34	127	43
134	Comores	1996	26	85	40	82	45	23	87	65	129	87 [i]
135	Gana [d,h]	2006	..	..	62 [e]	86 [e]	31	7	75	64	118	100
136	Paquistão	1990	5	55	23	55	61	33	89	63	125	74
137	Mauritânia	2000–01	15	93	16	45	39	23	61	62	98	79
138	Lesoto	2004	34	83	66 [e]	69 [e]	47	25	88	70	114	82
139	Congo	2005	70	98	29 [e]	73 [e]	32	20	91	56	135	85
140	Bangladesh	2004	3	40	57 [e]	87 [e]	54	25	90	65	121	72
142	Nepal	2001	4	45	54	82	62	36	86	53	130	68
143	Madagáscar	2003–04	30	94	32	80	51	38	87	33	142	49
144	Camarões	2004	29	94	36	60	41	12	101	51	189	88
146	Haiti	2005–06	6	68	34	56	34	5	78	45	125	55
148	Quénia	2003	17	75	40 [f]	65 [f]	38	19	96	62	149	91
151	Zimbabué	1999	57	94	64	64	33	19	59	44	100	62
152	Togo	1998	25	91	22	52	29	11	84	66	168	97
153	Iémen	1997	7	50	8	56	58	35	109	60	163	73
154	Uganda	2000–01	20	77	27	43	43	25	106	60	192	106

TABELA 8

Desigualdades na saúde materna e infantil

Ordem do IDH	Ano do inquérito	Partos assistidos por técnicos de saúde (%) 20% mais pobres	Partos assistidos por técnicos de saúde (%) 20% mais ricos	Crianças de um ano vacinadas[a] (%) 20% mais pobres	Crianças de um ano vacinadas[a] (%) 20% mais ricos	Crianças com pouca altura para a idade (% menos de 5 anos) 20% mais pobres	Crianças com pouca altura para a idade (% menos de 5 anos) 20% mais ricos	Taxa de mortalidade infantil[b] (por 1.000 nados-vivos) 20% mais pobres	Taxa de mortalidade infantil[b] (por 1.000 nados-vivos) 20% mais ricos	Taxa de mortalidade de menores de 5 anos[b] (por 1.000 nados-vivos) 20% mais pobres	Taxa de mortalidade de menores de 5 anos[b] (por 1.000 nados-vivos) 20% mais ricos
LOW HUMAN DEVELOPMENT											
156 Senegal	2005	20	89	59	65	26	6	89	41	183	64
157 Eritreia	2002	7	81	74	91	45	18	48	38	100	65
158 Nigéria	2003	12	84	3	40	49	18	133	52	257	79
159 Tanzânia, República U.	1999	29	83	53	78	50	23	115	92	160	135
160 Guiné	2005	15	87	29	45	41	22	127	68	217	113
161 Ruanda	2005	27	66	74	74	55	30	114	73	211	122
163 Benim	2001	50	99	49	73	35	18	112	50	198	93
164 Malawi [d,h]	2000	43	83	65	81	26	23	132	86	231	149
165 Zâmbia	2001–02	20	91	64	80	54	32	115	57	192	92
166 Costa do Marfim	2005	27	88	..	..	..	..	93	79	150	100
169 Etópia	2005	1	27	14	36	48	35	80	60	130	92
170 Chade	2004	4	55	1	24	51	32	109	101	176	187
171 República Centro-Africana	1994–95	14	82	18	64	42	25	132	54	193	98
172 Moçambique	2003	25	89	45	90	49	20	143	71	196	108
173 Mali	2001	8	82	20	56	45	20	137	90	248	148
174 Niger	2006	21	71	20	48	54	37	91	67	206	157
176 Burquina Faso	2003	39	91	34	61	46	21	97	78	206	144
177 Serra Leoa [d,h]	2005	27	83	..	..	44	26	159	108	268	179

NOTAS

Este quadro apresenta dados para os países em desenvolvimento baseados nos Inquéritos Demográicos e de Saúde realizados desde 1999. Os quintis são definidos pelo estatuto socioeconómico em termos de activos ou riqueza, em vez de rendimento ou consumo. Para mais pormenores ver Macro International. 2007b.

a. Inclui vacinação contra tuberculose (BCG), sarampo e difteria, tosse convulsa e tétano (DTT).
b. Baseado em nascimentos nos 10 anos que precedem o inquérito.
c. Os números baseiam-se em menos de 50 casos.
d. UNICEF 2007b.
e. Inclui vacinação contra a BCG, sarampo e difteria, tosse convulsa e tétano (DTT) ou Pentavalente e poliomielite.
f. Incluí vacinação contra a BCG, sarampo e difteria, tosse convulsa e tétano (DTT) ou Pentavalente e poliomielite.
g. Os dados pertencem a um período de 5 anos anterior à pesquisa.
h. Os dados são de relatórios anteriores do MICS.
i. Grande erro de amostragem devido ao pequeno número de casos.

FONTES

Todas as colunas : Macro International 2007a e 2007b, salvo indicação em contrário.

... para viverem uma vida longa e saudável ...

Principais crises e riscos de saúde mundiais

Ordem do IDH		Prevalência do VIH [a] (% 15–49 anos) 2005	ODM Uso de preservativo na última relacção sexual de alto risco [b] (% 15–24 anos) Mulher 1999–2005 [g]	Homem 1999–2005 [g]	ODM Medidas anti-maláricas: Uso de insecticida – com mosquiteiros (% crianças menores de 5 anos) 1999–2005 [g]	ODM Febres tratadas com medicamentos antimaláricos (% crianças menores de 5 anos) 1999–2005 [g]	ODM Casos de tuberculose: Prevalência [c] (por 100.000 pessoas) 2005	ODM Detectados com base na TODB [d] (%) 2005	ODM Curados com base na TODB [e] (%) 2004	Prevalência de fumadores (% de adultos) [f] Mulher 2002–04 [g]	Homem 2002–04 [g]
DESENVOLVIMENTO HUMANO ELEVADO											
1	Islândia	0.2 [0.1–0.3]	..	..	..	..	2	53	50	20	25
2	Noruega	0.1 [0.1–0.2]	..	..	..	..	4	44	89	25	27
3	Austrália	0.1 [<0.2]	..	..	..	..	6	42	85	16	19
4	Canadá	0.3 [0.2–0.5]	..	..	..	..	4	64	62	17	22
5	Irlanda	0.2 [0.1–0.4]	..	..	..	..	10	0	..	26	28
6	Suécia	0.2 [0.1–0.3]	..	..	..	..	5	56	64	18	17
7	Suiça	0.4 [0.3–0.8]	..	..	..	..	6	0	..	23	27
8	Japão	<0.1 [<0.2]	..	..	..	..	38	57	57	15	47
9	Países Baixos	0.2 [0.1–0.4]	..	..	..	..	5	47	83	28	36
10	França	0.4 [0.3–0.8]	..	..	..	..	10	0 [h]	..	21	30
11	Filândia	0.1 [<0.2]	..	..	..	..	5	0 [h]	..	19	26
12	Estados Unidos	0.6 [0.4–1.0]	..	..	..	..	3	85	61	19	24
13	Espanha	0.6 [0.4–1.0]	..	..	..	..	22	0	..	25 [h]	39 [h]
14	Dinamarca	0.2 [0.1–0.4]	..	..	..	..	6	71	88	25	31
15	Áustria	0.3 [0.2–0.5]	..	..	..	..	9	56	69	..	..
16	Reino Unido	0.2 [0.1–0.4]	..	..	..	..	11	0	..	25	27
17	Bélgica	0.3 [0.2–0.5]	..	..	..	..	10	64	72	25	30
18	Luxemburgo	0.2 [0.1–0.4]	..	..	..	..	9	59	..	26	39
19	Nova Zelândia	0.1 [<0.2]	..	..	..	..	9	51	66	22	24
20	Itália	0.5 [0.3–0.9]	..	..	..	..	5	72	95 [h]	17	31
21	Hong Kong, China (RAE)	..	..	..	..	..	77 [i]	55 [h,i]	78 [h,i]	4 [h]	22 [h]
22	Alemanha	0.1 [0.1–0.2]	..	..	..	..	6	52	68	28	37
23	Israel	[<0.2]	..	..	..	..	6	42	80	18	32
24	Grécia	0.2 [0.1–0.3]	..	..	..	..	15	0	..	29 [h]	47 [h]
25	Singapura	0.3 [0.2–0.7]	..	..	..	..	28	100	81	4 [h]	24 [h]
26	República da Coreia	<0.1 [<0.2]	..	..	..	..	135	18	80	..	..
27	Eslovénia	<0.1 [<0.2]	..	..	..	..	15	84	90	20 [h]	28 [h]
28	Chipre	[<0.2]	..	..	..	..	5	57	20	..	..
29	Portugal	0.4 [0.3–0.9]	..	..	..	..	25	85	84	..	..
30	Estado do Brunei Darussalam	<0.1 [<0.2]	..	..	..	..	63	112	71	..	..
31	Barbados	1.5 [0.8–2.5]	..	..	..	..	12	135 [h]	100 [h]	..	..
32	República Checa	0.1 [<0.2]	..	..	..	..	11	65	73	20	31
33	Koweit	[<0.2]	..	..	..	..	28	66	63	..	..
34	Malta	0.1 [0.1–0.2]	..	..	..	..	4	50	100	18	30
35	Catar	[<0.2]	..	..	..	..	65	47	78	..	..
36	Hungria	0.1 [<0.2]	..	..	..	..	25	43	54	28	41
37	Polónia	0.1 [0.1–0.2]	..	..	..	..	29	62	79	25	40
38	Argentina	0.6 [0.3–1.9]	..	..	..	..	51	67	58	25	32
39	Emirados Árabes Unidos	[<0.2]	..	..	..	..	24	19	70	1	17
40	Chile	0.3 [0.2–1.2]	..	..	..	..	16	112	83	37	48
41	Barém	[<0.2]	..	..	..	..	43	77	82	3 [h]	15 [h]
42	Eslováquia	<0.1 [<0.2]	..	..	..	..	20	39	88	..	..
43	Lituânia	0.2 [0.1–0.6]	..	..	..	..	63	100	72	13	44
44	Estónia	1.3 [0.6–4.3]	..	..	..	..	46	64	71	18	45
45	Letónia	0.8 [0.5–1.3]	..	..	..	..	66	83	73	19	51
46	Uruguai	0.5 [0.2–6.1]	..	..	..	..	33	83	86 [h]	24	35
47	Croácia	<0.1 [<0.2]	..	..	..	..	65	0 [h]	..	27 [h]	34 [h]
48	Costa Rica	0.3 [0.1–3.6]	..	..	..	..	17	118	94 [h]	10 [h]	29 [h]
49	Baamas	3.3 [1.3–4.5]	..	..	..	..	49	67 [h]	62 [h]	..	..
50	Seicheles	..	..	..	..	..	56	65	92	..	..
51	Cuba	0.1 [<0.2]	..	..	..	..	11	98	93	..	..
52	México	0.3 [0.2–0.7]	..	..	..	..	27	110	82	5	13
53	Bulgária	<0.1 [<0.2]	..	..	..	..	41	90	80	23 [h]	44 [h]

Principais crises e riscos de saúde mundiais

Ordem do IDH		Prevalência do VIH [a] (% 15–49 anos) 2005	ODM Uso de preservativo na última relacção sexual de alto risco [b] (% 15–24 anos) Mulher 1999–2005 [g]	Homem 1999–2005 [g]	ODM Medidas anti-maláricas: Uso de insecticida – com mosquiteiros (% crianças menores de 5 anos) 1999–2005 [g]	ODM Febres tratadas com medicamentos antimaláricos (% crianças menores de 5 anos) 1999–2005 [g]	ODM Casos de tuberculose: Prevalência [c] (por 100.000 pessoas) 2005	ODM Detectados com base na TODB [d] (%) 2005	ODM Curados com base na TODB [e] (%) 2004	Prevalência de fumadores (% de adultos) [f] Mulher 2002–04 [g]	Homem 2002–04 [g]
54	São Cristóvão e Nevis	..	..	..	..	..	17	0	50 [h]	..	..
55	Tonga	..	..	..	..	..	32	96	83 [h]	11 [h]	53 [h]
56	Jamahira Árabe Líbia	[<0.2]	..	..	..	..	18	178	64	..	..
57	Antigua e Barbuda	..	..	..	..	..	9	246	100	..	..
58	Omã	[<0.2]	..	..	..	..	11	108	90	..	..
59	Trinidade e Tobago	2.6 [1.4–4.2]	..	..	..	..	13	..	..	..	..
60	Roménia	<0.1 [<0.2]	..	..	..	..	146	82	82	10 [h]	32 [h]
61	Arábia Saudita	[<0.2]	..	..	..	..	58	38	82	8 [h]	19 [h]
62	Panamá	0.9 [0.5–3.7]	..	..	..	..	46	131	78	..	..
63	Malásia	0.5 [0.2–1.5]	..	..	..	..	131	73	56	2	43
64	Bielorússia	0.3 [0.2–0.8]	..	..	..	..	70	46	74	7	53
65	Maurícia	0.6 [0.3–1.8]	..	..	..	..	132	32	89	1	32
66	Bósnia e Herzegovina	<0.1 [<0.2]	..	..	..	..	57	71	98	30	49
67	Federação da Rússia	1.1 [0.7–1.8]	..	..	..	..	150	30	59	16 [h]	60 [h]
68	Albânia	[<0.2]	..	..	..	..	28	25	78	18 [h]	60 [h]
69	Macedónia (ARJM)	<0.1 [<0.2]	..	..	..	..	33	66	84	..	..
70	Brasil	0.5 [0.3–1.6]	..	..	..	..	76	53	81	14	22
DESENVOLVIMENTO HUMANO MÉDIO											
71	Domínica	..	..	..	..	..	24	35 [h]	100 [h]	..	..
72	Santa Lúcia	..	..	..	..	..	22	92	64	..	..
73	Cazaquistão	0.1 [0.1–3.2]	32	65	..	..	155	72	72	9 [h]	65 [h]
74	Venezuela, República Bolivariana	0.7 [0.3–8.9]	..	..	..	..	52	73	81	..	..
75	Colómbia	0.6 [0.3–2.5]	30	..	1 [j]	..	66	26	85	..	..
76	Ucrania	1.4 [0.8–4.3]	..	..	..	..	120	..	..	11 [h]	53 [h]
77	Samoa	..	..	..	..	..	27	66	100	..	..
78	Tailândia	1.4 [0.7–2.1]	..	..	..	..	204	73	74	3 [h]	49 [h]
79	República Dominicana	1.1 [0.9–1.3]	29	52	..	..	116	76	80	11	16
80	Belize	2.5 [1.4–4.0]	..	..	..	..	55	102	60	..	..
81	China	0.1 [<0.2]	..	..	..	..	208	80	94	4 [k]	67 [k]
82	Grenada	..	..	..	..	..	8	..	..	..	..
83	Arménia	0.1 [0.1–0.6]	..	44	..	..	79	60	71	2 [h]	62 [h]
84	Turquia	[<0.2]	..	..	..	..	44	3	91	18	49
85	Suriname	1.9 [1.1–3.1]	..	..	3	..	99	..	..	..	..
86	Jordânia	[<0.2]	..	..	..	..	6	63	85	8	51
87	Perú	0.6 [0.3–1.7]	19	..	..	..	206	86	90	..	..
88	Líbano	0.1 [0.1–0.5]	..	..	..	..	12	74	90	31	42
89	Equador	0.3 [0.1–3.5]	..	..	..	..	202	28	85	..	..
90	Filipinas	<0.1 [<0.2]	..	..	..	..	450	75	87	8	41
91	Tunísia	0.1 [0.1–0.3]	..	..	..	..	28	82	90	2	50
92	Fiji	0.1 [0.1–0.4]	..	..	..	..	30	72	86 [h]	4	26
93	São Vicente e Granadinas	..	..	..	..	..	42	39	86	..	..
94	Irão, República Islâmica do	0.2 [0.1–0.4]	..	..	..	..	30	64	84	2 [h]	22 [h]
95	Paraguai	0.4 [0.2–4.6]	..	..	..	..	100	33	83	7	23
96	Geórgia	0.2 [0.1–2.7]	..	..	..	..	86	91	68	6 [h]	53 [h]
97	Guiana	2.4 [1.0–4.9]	..	..	6	3	194	40	72	..	..
98	Azerbeijão	0.1 [0.1–0.4]	..	..	1	1	85	55	60	1 [h]	..
99	Sri Lanka	<0.1 [<0.2]	..	..	..	..	80	86	85	2	23
100	Maldivas	[<0.2]	..	..	..	..	53	94	95	16 [h]	37 [h]
101	Jamaica	1.5 [0.8–2.4]	..	..	..	..	10	61	46	..	..
102	Cabo Verde	..	..	..	..	..	327	34	71	..	..
103	El Salvador	0.9 [0.5–3.8]	..	..	..	..	68	67	90	15 [h]	42 [h]
104	Argélia	0.1 [<0.2]	..	..	..	..	55	106	91	(.)	32
105	Vietname	0.5 [0.3–0.9]	..	68	16	7	235	84	93	2	35
106	Territórios Ocupados da Palestina	..	..	..	..	..	36	1 [h,i]	80 [h,i]	..	..

Ordem do IDH		Prevalência do VIH [a] (% 15–49 anos) 2005	ODM Uso de preservativo na última relacção sexual de alto risco [b] (% 15–24 anos) Mulher 1999–2005 [g]	Homem 1999–2005 [g]	ODM Medidas anti-malárias: Uso de insecticida – com mosquiteiros (% crianças menores de 5 anos) 1999–2005 [g]	ODM Febres tratadas com medicamentos antimaláricos (% crianças menores de 5 anos) 1999–2005 [g]	ODM Casos de tuberculose: Prevalência [c] (por 100.000 pessoas) 2005	ODM Detectados com base na TODB [d] (%) 2005	ODM Curados com base na TODB [e] (%) 2004	Prevalência de fumadores (% de adultos) [f] Mulher 2002–04 [g]	Homem 2002–04 [g]
107	Indonésia	0.1 [0.1–0.2]	..	..	26	1	262	66	90	3 [h]	58 [h]
108	República Árabe Síria	[<0.2]	..	..	..	..	46	42	86	..	..
109	Turquemenistão	<0.1 [<0.2]	..	..	..	..	90	43	86	..	..
110	Nicarágua	0.2 [0.1–0.6]	17	..	..	2	74	88	87	5 [h]	..
111	Moldávia	1.1 [0.6–2.6]	44	63	..	..	149	65	62	2	34
112	Egipto	<0.1 [<0.2]	..	..	..	..	32	63	70	18 [h]	40 [h]
113	Usbequistão	0.2 [0.1–0.7]	..	50	..	..	139	39	78	1	24
114	Mongólia	<0.1 [<0.2]	..	..	..	..	206	82	88	26 [h]	68 [h]
115	Honduras	1.5 [0.8–2.4]	..	..	..	..	99	82	85	..	..
116	Quirguizistão	0.1 [0.1–1.7]	..	..	..	..	133	67	85	5 [h]	51 [h]
117	Bolívia	0.1 [0.1–0.3]	20	37	..	..	280	72	80	..	..
118	Guatemala	0.9 [0.5–2.7]	..	..	1	..	110	55	85	2 [h]	21 [h]
119	Gabão	7.9 [5.1–11.5]	33	48	..	..	385	57	40	..	..
120	Vanuatu	..	..	..	..	..	84	61	90	..	..
121	África do Sul	18.8 [16.8–20.7]	20 [j]	..	..	..	511	103	70	8	23
122	Tajiquistão	0.1 [0.1–1.7]	..	..	2	69	297	22	84	..	..
123	São Tomé and Príncipe	..	..	..	..	61	258	..	..	..	..
124	Botsuana	24.1 [23.0–32.0]	75	88	..	..	556	69	65	..	..
125	Namíbia	19.6 [8.6–31.7]	48	69	3	14	577	90	68	10	23
126	Marrocos	0.1 [0.1–0.4]	..	..	..	..	73	101	87	(.)	29
127	Guiné Equatorial	3.2 [2.6–3.8]	..	..	1	49	355	81 [h]	51 [h]	..	..
128	Índia	0.9 [0.5–1.5]	51	59	..	12	299	61	86	17	47
129	Ilhas Salomão	..	..	..	..	..	201	55	87	..	..
130	Laos, Rep. Democrática Popular do	0.1 [0.1–0.4]	..	..	18	9	306	68	86	13	59
131	Camboja	1.6 [0.9–2.6]	..	..	..	..	703	66	91	..	..
132	Mianmar	1.3 [0.7–2.0]	..	..	..	..	170	95	84	12	36
133	Butão	<0.1 [<0.2]	..	..	..	..	174	31	83	..	..
134	Comores	<0.1 [<0.2]	..	..	9	63	89	49	94	..	..
135	Gana	2.3 [1.9–2.6]	33	52	4	63	380	37	72	1	7
136	Paquistão	0.1 [0.1–0.2]	..	..	..	..	297	37	82	..	..
137	Mauritânia	0.7 [0.4–2.8]	..	..	2	33	590	28	22	..	..
138	Lesoto	23.2 [21.9–24.7]	50	48	..	..	588	85	69	..	..
139	Congo	5.3 [3.3–7.5]	20	38	..	..	449	57	63	..	..
140	Bangladesh	<0.1 [<0.2]	..	..	..	..	406	59	90	27	55
141	Suazilândia	33.4 [21.2–45.3]	..	..	0	26	1,211	42	50	3	11
142	Nepal	0.5 [0.3–1.3]	..	..	..	..	244	67	87	24	49
143	Madagáscar	0.5 [0.2–1.2]	5	12	..	34	396	67	71	..	..
144	Camarões	5.4 [4.9–5.9]	46	57	1	53	206	106	71	..	..
145	Papua- Nova Guiné	1.8 [0.9–4.4]	..	..	..	..	475	21	65	..	..
146	Haiti	3.8 [2.2–5.4]	19	30	..	12	405	57	80	6 [k]	15 [k]
147	Sudão	1.6 [0.8–2.7]	..	..	0	50	400	35	77	..	..
148	Quénia	6.1 [5.2–7.0]	25	47	5	27	936	43	80	1	21
149	Djibuti	3.1 [0.8–6.9]	..	..	..	..	1,161	42	80	..	..
150	Timor-Leste	[<0.2]	..	..	8 [j]	19	713	44	80	..	..
151	Zimbabué	20.1 [13.3–27.6]	42	69	..	..	631	41	54	2	20
152	Togo	3.2 [1.9–4.7]	22 [j]	54 [j]	54	60	753	18	67	..	..
153	Iémen	[<0.2]	..	..	..	..	136	41	82	..	..
154	Uganda	6.7 [5.7–7.6]	53	55	0	..	559	45	70	3 [h]	25 [h]
155	Gâmbia	2.4 [1.2–4.1]	..	..	15	55	352	69	86	..	..
DESENVOLVIMENTO HUMANO BAIXO											
156	Senegal	0.9 [0.4–1.5]	36	52	14	29	466	51	74	..	..
157	Eritreia	2.4 [1.3–3.9]	..	..	4	4	515	13	85	..	..
158	Nigéria	3.9 [2.3–5.6]	24	46	1	34	536	22	73	1	..
159	Tanzânia, República Unida da	6.5 [5.8–7.2]	42	47	16	58	496	45	81	..	..

TABELA

9 Principais crises e riscos de saúde mundiais

Ordem do IDH	Prevalência do VIH [a] (% 15–49 anos) 2005	ODM Uso de preservativo na última relacção sexual de alto risco [b] (% 15–24 anos) Mulher 1999–2005 [g]	Homem 1999–2005 [g]	ODM Medidas anti-maláricas: Uso de insecticida – com mosquiteiros (% crianças menores de 5 anos) 1999–2005 [g]	ODM Febres tratadas com medicamentos antimaláricos (% crianças menores de 5 anos) 1999–2005 [g]	ODM Casos de tuberculose: Prevalência [c] (por 100.000 pessoas) 2005	ODM Detectados com base na TODB [d] (%) 2005	ODM Curados com base na TODB [e] (%) 2004	Prevalência de fumadores (% de adultos) [f] Mulher 2002–04 [g]	Homem 2002–04 [g]
160 Guiné	1.5 [1.2–1.8]	17	32	4	56	431	56	72	..	..
161 Ruanda	3.1 [2.9–3.2]	26	40	5	13	673	29	77	..	..
162 Angola	3.7 [2.3–5.3]	..	..	2	63	333	85	68	..	..
163 Benim	1.8 [1.2–2.5]	19	34	7	60	144	83	83	..	..
164 Malawi	14.1 [6.9–21.4]	35	47	15	28	518	39	71	5	21
165 Zâmbia	17.0 [15.9–18.1]	35	40	7	52	618	52	83	1	16
166 Costa do Marfim	7.1 [4.3–9.7]	25 [j]	56 [j]	4	58	659	38	71	..	..
167 Burundi	3.3 [2.7–3.8]	..	..	1	31	602	30	78	..	..
168 Congo, República Democrática do	3.2 [1.8–4.9]	..	..	1	45	541	72	85	..	..
169 Etiópia	[0.9–3.5]	17	30	1	3	546	33	79	(.)	6
170 Chade	3.5 [1.7–6.0]	17	25	1 [j]	44	495	22	69	..	..
171 República Centro-Africana	10.7 [4.5–17.2]	..	..	2	69	483	40	91	..	..
172 Moçambique	16.1 [12.5–20.0]	29	33	..	15	597	49	77	..	..
173 Mali	1.7 [1.3–2.1]	14	30	8	38	578	21	71	..	..
174 Niger	1.1 [0.5–1.9]	7 [j]	30 [j]	6	48	294	50	61	..	..
175 Guiné-Bissau	3.8 [2.1–6.0]	..	..	7	58	293	79	75	..	..
176 Burquina Faso	2.0 [1.5–2.5]	54	67	2	50	461	18	67	..	..
177 Serra Leoa	1.6 [0.9–2.4]	..	..	2	61	905	37	82	..	..

NOTAS

a. Os dados referem-se a estimativas do ponto e intervalo baseadas em novos modelos de estimativa desenvolvidos pelo Programa Conjunto das Nações Unidas para o VIH/SIDA (ONUSIDA). As estimativas do intervalo estão apresentadas dentro de parênteses rectos.

b. Devido às limitações de dados, as comparações entre países devem ser feitas com precaução. Os dados para alguns países podem respeitar apenas a parte do país, ou diferir da definição padrão.

c. Os dados referem-se à prevalência de todas as formas de tuberculose.

d. Calculado dividindo os novos casos de tuberculose detectados com base no tratamento observado directamente (DOTS), a estratégia de controlo de tuberculose recomendada a nível internacional, pela incidência anual estimada de novos casos. Os valores podem exceder 100% devido à intensa detecção de casos numa área com uma acumulação de casos crónicos, sobreregisto (contagem dupla, por exemplo), sobrediagnóstico ou subestimação da incidência. (OMS 2007b).

e. Os dados referem-se à percentagem de novos casos positivos registados para tratamento, detectados através das DOTS e estratégias de tratamento, que foram tratados com sucesso.

f. O intervalo de idades varia entre países, mas na maior parte é de 18 anos e idades superiores, ou 15 anos e idades superiores.

g. Os dados referem-se ao ano mais recente disponível durante o período indicado.

h. Os dados referem-se a 2006.

i. ONU 2006a.

j. UNICEF 2005.

k. Os dados referem-se a 2005.

FONTES

Coluna 1: ONUSIDA 2006.
Colunas 2–5: UNICEF 2006.
Colunas 6–8: OMS 2007a.
Colunas 9 e 10: Banco Mundial 2007b, daseado em dados do Atlas de Tobacco Atlas, 2.ª edição (2006).

... para viverem uma vida longa e saudável ...

Sobrevivência: progressos e retrocessos

Ordem do IDH	Esperança de vida à nascença (anos)		ODM Taxa de mortalidade infantil (por 1.000 nados-vivos)		ODM Taxa de mortalidade de menores de cinco anos (por 1.000 nados-vivos)		Probabilidade à nascença de viver até aos 65 anos[a] (% do grupo)		ODM Taxa de mortalidade materna (por 1.000 nados-vivos)	
							Feminino	Masculino	Refere-se a[b]	Ajustado[c]
	1970–75[d]	2000–05[d]	1970	2005	1970	2005	2000–05[d]	2000–05[d]	1990–2005[e]	2005
DESENVOLVIMENTO HUMANO ELEVADO										
1 Islândia	74,3	81,0	13	2	14	3	92,4	88,7	..	4
2 Noruega	74,4	79,3	13	3	15	4	91,7	85,1	6	7
3 Austrália	71,7	80,4	17	5	20	6	92,2	86,2	..	4
4 Canadá	73,2	79,8	19	5	23	6	91,0	84,9	..	7
5 Irlanda	71,3	77,8	20	5	27	6	90,0	83,2	6	1
6 Suécia	74,7	80,1	11	3	15	4	92,3	87,0	5	3
7 Suiça	73,8	80,7	15	4	18	5	92,6	86,1	5	5
8 Japão	73,3	81,9	14	3	21	4	93,8	86,1	8	6
9 Países Baixos	74,0	78,7	13	4	15	5	90,4	84,4	7	6
10 França	72,4	79,6	18	4	24	5	92,2	82,1	10	8
11 Filândia	70,7	78,4	13	3	16	4	91,8	81,0	6	7
12 Estados Unidos	71,5	77,4	20	6	26	7	87,0	79,4	8	11
13 Espanha	72,9	80,0	27	4	34	5	93,5	83,9	6	4
14 Dinamarca	73,6	77,3	14	4	19	5	87,4	81,3	10	3
15 Áustria	70,6	78,9	26	4	33	5	91,9	82,4	..	4
16 Reino Unido	72,0	78,5	18	5	23	6	89,6	83,7	7	8
17 Bélgica	71,6	78,2	21	4	29	5	91,0	81,9	..	8
18 Luxemburgo	70,6	78,2	19	4	26	5	90,8	82,4	0	12
19 Nova Zelândia	71,7	79,2	17	5	20	6	90,0	84,9	15	9
20 Itália	72,1	79,9	30	4	33	4	92,5	84,6	7	3
21 Hong Kong, China (RAE)	72,0	81,5	..	..	..	..	93,6	86,3	..	..
22 Alemanha	71,0	78,7	22	4	26	5	91,0	82,9	8	4
23 Israel	71,6	79,7	24	5	27	6	92,3	85,8	5	4
24 Grécia	72,3	78,3	38	4	54	5	91,3	83,7	1	3
25 Singapura	69,5	78,8	22	3	27	3	90,8	84,4	6	14
26 República da Coreia	62,6	77,0	43	5	54	5	90,8	78,6	20	14
27 Eslovénia	69,8	76,8	25	3	29	4	90,1	77,6	17	6
28 Chipre	71,4	79,0	29	4	33	5	92,3	86,1	0	10
29 Portugal	68,0	77,2	53	4	62	5	90,9	81,0	8	11
30 Estado do Brunei Darussalam	68,3	76,3	58	8	78	9	87,7	84,5	0	41
31 Barbados	69,4	76,0	40	11	54	12	88,3	79,0	0	16
32 República Checa	70,1	75,4	21	3	24	4	89,0	75,3	4	4
33 Koweit	67,7	76,9	49	9	59	11	88,9	83,8	5	4
34 Malta	70,6	78,6	25	5	32	6	90,4	86,0	..	8
35 Catar	62,1	74,3	45	18	65	21	80,1	78,7	10	12
36 Hungria	69,3	72,4	36	7	39	8	84,4	64,4	7	6
37 Polónia	70,5	74,6	32	6	36	7	88,0	69,7	4	8
38 Argentina	67,1	74,3	59	15	71	18	85,6	72,5	40	77
39 Emirados Árabes Unidos	62,2	77,8	63	8	84	9	90,2	85,3	3	37
40 Chile	63,4	77,9	78	8	98	10	88,6	79,1	17	16
41 Barém	63,3	74,8	55	9	82	11	85,9	80,2	46	32
42 Eslováquia	70,0	73,8	25	7	29	8	87,3	68,9	4	6
43 Lituânia	71,3	72,1	23	7	28	9	85,6	60,0	3	11
44 Estónia	70,5	70,9	21	6	26	7	84,3	57,2	8	25
45 Letónia	70,1	71,3	21	9	26	11	84,8	60,0	14	10
46 Uruguai	68,7	75,3	48	14	57	15	87,1	74,4	26	20
47 Croácia	69,6	74,9	34	6	42	7	88,5	73,4	8	7
48 Costa Rica	67,8	78,1	62	11	83	12	88,6	81,0	36	30
49 Baamas	66,5	71,1	38	13	49	15	75,9	65,2	..	16
50 Seicheles	..	..	46	12	59	13	..	..	57	..
51 Cuba	70,7	77,2	34	6	43	7	86,8	80,6	37	45
52 México	62,4	74,9	79	22	110	27	84,5	76,2	63	60
53 Bulgária	71,0	72,4	28	12	32	15	85,3	68,3	6	11

TABELA

10 Sobrevivência: progressos e retrocessos

Ordem do IDH	Esperança de vida à nascença (anos) 1970–75 [d]	Esperança de vida à nascença (anos) 2000–05 [d]	ODM Taxa de mortalidade infantil (por 1.000 nados-vivos) 1970	ODM Taxa de mortalidade infantil (por 1.000 nados-vivos) 2005	ODM Taxa de mortalidade de menores de cinco anos (por 1.000 nados-vivos) 1970	ODM Taxa de mortalidade de menores de cinco anos (por 1.000 nados-vivos) 2005	Probabilidade à nascença de viver até aos 65 anos [a] (% do grupo) Feminino 2000–05 [d]	Probabilidade à nascença de viver até aos 65 anos [a] (% do grupo) Masculino 2000–05 [d]	ODM Taxa de mortalidade materna (por 1.000 nados-vivos) Refere-se a [b] 1990–2005 [e]	ODM Taxa de mortalidade materna (por 1.000 nados-vivos) Ajustado [c] 2005
54 São Cristóvão e Nevis	..	..	..	18	..	20	..	..	250	..
55 Tonga	65,6	72,3	40	20	50	24	78,2	73,8	..	..
56 Jamahira Árabe Líbia	52,8	72,7	105	18	160	19	82,1	72,2	77	97
57 Antigua e Barbuda	..	..	..	11	..	12	..	..	65	..
58 Omã	52,1	74,2	126	10	200	12	84,9	79,5	23	64
59 Trinidade e Tobago	65,9	69,0	49	17	57	19	72,1	63,8	45	45
60 Roménia	69,2	71,3	46	16	57	19	83,7	66,3	17	24
61 Arábia Saudita	53,9	71,6	118	21	185	26	82,0	73,7	..	18
62 Panamá	66,2	74,7	46	19	68	24	85,9	77,4	40	83
63 Malásia	63,0	73,0	46	10	70	12	83,1	72,9	30	62
64 Bielorússia	71,5	68,4	31	10	37	12	81,3	50,7	17	18
65 Maurícia	62,9	72,0	64	13	86	15	80,9	66,4	22	15
66 Bósnia e Herzegovina	67,5	74,1	60	13	82	15	85,3	74,4	8	3
67 Federação da Rússia	69,0	64,8	29	14	36	18	76,0	42,1	32	28
68 Albânia	67,7	75,7	78	16	109	18	89,5	79,7	17	92
69 Macedónia (ARJM)	67,5	73,4	85	15	119	17	84,3	75,3	21	10
70 Brasil	59,5	71,0	95	31	135	33	78,5	64,2	72	110
DESENVOLVIMENTO HUMANO MÉDIO										
71 Domínica	..	..	..	13	..	15	..	..	67	..
72 Santa Lúcia	65,3	72,5	..	12	..	14	78,2	72,3	35	..
73 Cazaquistão	63,1	64,9	..	63	..	73	73,7	45,8	42	140
74 Venezuela, República Bolivariana	65,7	72,8	48	18	62	21	82,6	71,9	58	57
75 Colômbia	61,6	71,7	68	17	105	21	81,8	69,0	84	120
76 Ucrania	70,1	67,6	22	13	27	17	79,5	50,4	13	18
77 Samoa	56,1	70,0	73	24	101	29	78,6	65,1	..	..
78 Tailândia	60,4	68,6	74	18	102	21	75,5	57,8	24	110
79 República Dominicana	59,6	70,8	91	26	127	31	76,7	65,7	180	150
80 Belize	67,6	75,6	..	15	..	17	86,8	77,3	140	52
81 China	63,2 [f]	72,0 [f]	85	23	120	27	80,9 [f]	73,8 [f]	51	45
82 Grenada	64,6	67,7	..	17	..	21	73,8	67,0	1	..
83 Arménia	70,8	71,4	..	26	..	29	81,9	66,9	22	39
84 Turquia	57,0	70,8	150	26	201	29	82,3	71,9	130 [g]	44
85 Suriname	64,0	69,1	..	30	..	39	76,9	63,3	150	72
86 Jordânia	56,5	71,3	77	22	107	26	78,2	70,9	41	62
87 Perú	55,4	69,9	119	23	174	27	77,5	68,0	190	240
88 Líbano	65,4	71,0	45	27	54	30	80,6	72,1	100 [g]	150
89 Equador	58,8	74,2	87	22	140	25	84,0	74,0	80	110
90 Filipinas	58,1	70,3	56	25	90	33	79,3	70,7	170	230
91 Tunísia	55,6	73,0	135	20	201	24	85,3	76,5	69	100
92 Fiji	60,6	67,8	50	16	65	18	72,9	62,0	38	210
93 São Vicente e Granadinas	61,6	70,6	..	17	..	20	79,9	71,3	93	..
94 Irão, República Islâmica do	55,2	69,5	122	31	191	36	78,3	71,1	37	140
95 Paraguai	65,8	70,8	58	20	78	23	77,7	70,8	180	150
96 Geórgia	68,2	70,5	..	41	..	45	83,0	66,1	52	66
97 Guiana	60,0	63,6	..	47	..	63	66,8	55,0	120	470
98 Azerbeijão	65,6	66,8	..	74	..	89	76,0	61,2	19	82
99 Sri Lanka	65,0	70,8	65	12	100	14	81,3	62,8	43	58
100 Maldivas	51,4	65,6	157	33	255	42	67,7	66,2	140	120
101 Jamaica	69,0	72,0	49	17	64	20	78,3	69,1	110	26
102 Cabo Verde	57,5	70,2	..	26	..	35	80,3	68,3	76	210
103 El Salvador	58,2	70,7	111	23	162	27	78,5	68,3	170	170
104 Argélia	54,5	71,0	143	34	220	39	78,9	75,9	120	180
105 Vietname	50,3	73,0	55	16	87	19	82,7	76,0	170	150
106 Territórios Ocupados da Palestina	56,5	72,4	..	21	..	23	81,8	75,5	..	..

Ordem do IDH	Esperança de vida à nascença (anos)		ODM Taxa de mortalidade infantil (por 1.000 nados-vivos)		ODM Taxa de mortalidade de menores de cinco anos (por 1.000 nados-vivos)		Probabilidade à nascença de viver até aos 65 anos [a] (% do grupo)		ODM Taxa de mortalidade materna (por 1.000 nados-vivos)	
							Feminino	Masculino	Refere-se a [b]	Ajustado [c]
	1970–75 [d]	2000–05 [d]	1970	2005	1970	2005	2000–05 [d]	2000–05 [d]	1990–2005 [e]	2005
107 Indonésia	49,2	68,6	104	28	172	36	75,8	68,1	310	420
108 República Árabe Síria	57,3	73,1	90	14	123	15	83,6	76,4	65	130
109 Turquemenistão	59,1	62,4	..	81	..	104	70,8	52,1	14	130
110 Nicarágua	55,2	70,8	113	30	165	37	77,3	67,0	83	170
111 Moldávia	64,8	67,9	53	14	70	16	75,5	56,7	22	22
112 Egipto	51,1	69,8	157	28	235	33	80,2	70,4	84	130
113 Usbequistão	63,6	66,5	83	57	101	68	73,3	60,0	30	24
114 Mongólia	53,8	65,0	..	39	..	49	68,0	55,3	93	46
115 Honduras	53,9	68,6	116	31	170	40	76,6	62,1	110	280
116 Quirguizistão	61,2	65,3	104	58	130	67	74,4	56,3	49	150
117 Bolívia	46,7	63,9	147	52	243	65	69,0	61,0	30	290
118 Guatemala	53,7	69,0	115	32	168	43	77,6	65,4	150	290
119 Gabão	48,7	56,8	..	60	..	91	53,8	48,9	520	520
120 Vanuatu	54,0	68,4	107	31	155	38	75,6	68,2	68	..
121 África do Sul	53,7	53,4	..	55	..	68	46,0	33,9	150	400
122 Tajiquistão	60,9	65,9	108	59	140	71	72,0	61,9	37	170
123 São Tomé and Príncipe	56,5	64,3	..	75	..	118	72,7	65,2	100	..
124 Botsuana	56,0	46,6	99	87	142	120	31,9	24,4	330	380
125 Namíbia	53,9	51,5	85	46	135	62	41,9	34,3	270	210
126 Marrocos	52,9	69,6	119	36	184	40	79,4	71,2	230	240
127 Guiné Equatorial	40,5	49,3	..	123	..	205	44,7	39,7	..	680
128 Índia	50,7	62,9	127	56	202	74	66,1	57,4	540	450
129 Ilhas Salomão	55,5	62,3	70	24	97	29	63,6	59,6	550 [g]	220
130 Laos, Rep. Democrática Popular do	46,5	61,9	145	62	218	79	63,7	57,9	410	660
131 Camboja	40,3	56,8	..	98	..	143	57,8	43,7	440	590
132 Mianmar	53,1	59,9	122	75	179	105	64,1	50,7	230	380
133 Butão	41,8	63,5	156	65	267	75	67,6	61,3	260	440
134 Comores	48,9	63,0	159	53	215	71	66,9	58,3	380	400
135 Gana	49,9	58,5	111	68	186	112	56,5	54,3	210 [g]	560
136 Paquistão	51,9	63,6	120	79	181	99	66,6	63,2	530	320
137 Mauritânia	48,4	62,2	151	78	250	125	69,4	60,4	750	820
138 Lesoto	49,8	44,6	140	102	186	132	30,7	21,9	760	960
139 Congo	54,9	53,0	100	81	160	108	45,9	39,7	..	740
140 Bangladesh	45,3	62,0	145	54	239	73	63,2	59,0	320	570
141 Suazilândia	49,6	43,9	132	110	196	160	31,1	22,9	230	390
142 Nepal	44,0	61,3	165	56	250	74	61,3	58,4	540	830
143 Madagáscar	44,9	57,3	109	74	180	119	58,1	52,1	470	510
144 Camarões	47,0	49,9	127	87	215	149	42,5	39,9	670	1,000
145 Papua- Nova Guiné	44,7	56,7	110	55	158	74	54,3	40,3	370 [g]	470
146 Haiti	48,0	58,1	148	84	221	120	57,5	50,8	520	670
147 Sudão	45,1	56,4	104	62	172	90	55,3	49,7	550 [g]	450
148 Quénia	53,6	51,0	96	79	156	120	42,5	37,0	410	560
149 Djibuti	44,4	53,4	..	88	..	133	50,4	43,7	74	650
150 Timor-Leste	40,0	58,3	..	52	..	61	57,3	52,9	..	380
151 Zimbabué	55,6	40,0	86	81	138	132	18,0	15,0	1,100	880
152 Togo	49,8	57,6	128	78	216	139	61,2	52,8	480	510
153 Iémen	39,8	60,3	202	76	303	102	61,7	55,0	370	430
154 Uganda	51,0	47,8	100	79	170	136	36,6	33,6	510	550
155 Gâmbia	38,3	58,0	180	97	311	137	61,4	54,8	730	690
DESENVOLVIMENTO HUMANO BAIXO										
156 Senegal	45,8	61,6	164	77	279	136	69,7	60,7	430	980
157 Eritreia	44,1	55,2	143	50	237	78	50,2	36,4	1,000	450
158 Nigéria	42,8	46,6	140	100	265	194	40,6	37,0	..	1,100
159 Tanzânia, República Unida da	47,6	49,7	129	76	218	122	41,0	36,0	580	950

TABELA

10 Sobrevivência: progressos e retrocessos

Ordem do IDH		Esperança de vida à nascença (anos)		ODM Taxa de mortalidade infantil (por 1.000 nados-vivos)		ODM Taxa de mortalidade de menores de cinco anos (por 1.000 nados-vivos)		Probabilidade à nascença de viver até aos 65 anos[a] (% do grupo)		ODM Taxa de mortalidade materna (por 1.000 nados-vivos)	
								Feminino	Masculino	Refere-se a[b]	Ajustado[c]
		1970–75[d]	2000–05[d]	1970	2005	1970	2005	2000–05[d]	2000–05[d]	1990–2005[e]	2005
160	Guiné	38,8	53,7	197	98	345	150	55,7	48,9	530	910
161	Ruanda	44,6	43,4	124	118	209	203	34,5	28,3	1,100	1,300
162	Angola	37,9	41,0	180	154	300	260	33,9	27,5	..	1,400
163	Benim	47,0	54,4	149	89	252	150	55,7	48,6	500	840
164	Malawi	41,8	45,0	204	79	341	125	33,7	27,4	980	1,100
165	Zâmbia	50,1	39,2	109	102	181	182	21,9	18,6	730	830
166	Costa do Marfim	49,8	46,8	158	118	239	195	40,7	34,9	600	810
167	Burundi	44,1	47,4	138	114	233	190	41,1	35,9	..	1,100
168	Congo, República Democrática do	46,0	45,0	148	129	245	205	38,8	33,3	1,300	1,100
169	Etiópia	43,5	50,7	160	109	239	164	46,9	41,4	870	720
170	Chade	45,6	50,5	154	124	261	208	50,5	43,7	1,100	1,500
171	República Centro-Africana	43,5	43,3	145	115	238	193	32,1	25,7	1,100	980
172	Moçambique	40,3	44,0	168	100	278	145	35,3	29,2	410	520
173	Mali	40,0	51,8	225	120	400	218	54,1	44,3	580	970
174	Niger	40,5	54,5	197	150	330	256	54,4	56,8	590	1,800
175	Guiné-Bissau	36,5	45,5	..	124	..	200	40,9	34,2	910	1,100
176	Burquina Faso	43,6	50,7	166	96	295	191	54,5	44,0	480	700
177	Serra Leoa	35,4	41,0	206	165	363	282	37,6	30,4	1,800	2,100
Países em vias de Desenvolvimento		55,8	65,5	109[h]	57[h]	167[h]	83[h]	70,3	62,6	..	..
Países menos desenvolvidos		44,6[h]	52,7[h]	152[h]	97[h]	245[h]	153[h]	49,9[h]	44,3[h]	..	..
Países Árabes		51,9	66,7	129	46	196	58	73,5	66,4	..	..
Ásia Oriental e Pacífico		60,6	71,1	84	25	123	31	79,6	71,8	..	..
América Latina e Caraíbas		61,2	72,2	86	26	123	31	80,8	69,3	..	..
Ásia do Sul		50,3	62,9	130	60	206	80	66,0	58,4	..	..
África Subsariana		46,0	49,1	144	102	244	172	43,3	37,8	..	..
Europa Central, Oriental e CEI		68,7	68,2	39	22	48	27	79,5	54,9	..	..
OCDE		70,3	77,8	41	9	54	11	89,2	80,5	..	..
OCDE de rendimento elevado		71,7	78,9	22	5	28	6	90,3	82,4	..	..
Desenvolvimento Humano elevado		69,4	75,7	43	13	59	15	86,6	74,8	..	..
Desenvolvimento Humano médio		56,6	66,9	106	45	162	59	72,6	64,5	..	..
Desenvolvimento Humano Baixo		43,7	47,9	155	108	264	184	42,6	37,4	..	..
Rendimento elevado		71,5	78,7	24	6	32	7	90,2	82,2	..	..
Rendimento médio		61,8	70,3	87	28	127	35	78,9	68,4	..	..
Rendimento baixo		49,1	59,2	..130	75	209	113	60,0	53,2	..	..
Mundo		58,3[h]	66,0[h]	96[h]	52[h]	148[h]	76[h]	72,0[h]	63,1[h]	..	..

NOTAS

a. Os dados referem-se à probabilidade à nascença de viver até aos 65 anos, vezes 100.

b. Dados declarados pelas autoridades nacionais.

c. Dados ajustados com base nas revisões realizadas pelo Fundo das Nações Unidas para a Infância (UNICEF), Organização Mundial de Saúde (OMS) e Fundo das Nações Unidas para a População, a fim de dar conta dos conhecidos problemas de sub-registo e má classificação.

d. Os dados referem-se a estimativas para o período indicado.

e. Os dados referem-se ao ano mais recente disponível durante o período indicado.

f. Para fins estatísticos os dados da China não foram incluídos em Hong Kong e Macau, RAEs da China.

g. Os dados referem-se a 2006, diferem da definição padrão ou referem-se apenas a uma parte do país.

h. Os dados são números totais fornecidos pela base de dados original.

FONTES

Colunas 1, 2, 7 e 8: ONU 2007e.
Colunas 3 e 9: UNICEF 2006.
Coluna 10: UNICEF 2007a.

... adquirirem conhecimento...

Compromisso com a educação: despesa pública

Ordem do IDH		Despesa pública com a educação				Despesa pública corrente por nível de ensino[a] (% da despesa pública corrente total com a educação)					
		Em % do PIB		Em % da despesa pública total		Pré-primária e primária		Secundário		Superior	
		1991	2002–05[b]	1991	2002–05[b]	1991	2002–05[b]	1991	2002–05[b]	1991	2002–05[b]
DESENVOLVIMENTO HUMANO ELEVADO											
1	Islândia	..	8,1	..	16,6	..	40	..	35	..	19
2	Noruega	7,1	7,7	14,6	16,6	38	28	27	35	16	33
3	Austrália	4,9	4,7	14,8	13,3[c]	..	34	..	41	..	25
4	Canadá	6,5	5,2	14,2	12,5[c]	..[d]	..	68	..	31	34[e]
5	Irlanda	5,0	4,8	9,7	14,0	37	33	40	43	21	24
6	Suécia	7,1	7,4	13,8	12,9	48	34	20	38	13	28
7	Suiça	5,3	6,0	18,8	13,0	50	33	26	37	19	28
8	Japão	..	3,6	..	9,8	..	38[c,e]	..	40[c,e]	..	14[c,e]
9	Países Baixos	5,6	5,4	14,3	11,2	23	33	37	40	32	27
10	França	5,5	5,9	..	10,9	26	31	40	48	14	21
11	Filândia	6,5	6,5	11,9	12,8	30	26	41	41	28	33
12	Estados Unidos	5,1	5,9	12,3	15,3	..	..	..	..	..	..
13	Espanha	4,1	4,3	..	11,0	29	39	45	41	16	20
14	Dinamarca	6,9	8,5	11,8	15,3	..	31	..	35	..	30
15	Áustria	5,3	5,5	7,6	10,8	24	26	46	48	20	26
16	Reino Unido	4,8	5,4	..	12,1	30	..	44	..	20	..
17	Bélgica	5,0	6,1	..	12,2	24	33	42	43	16	22
18	Luxemburgo	3,0	3,6[c,e]	10,8	8,5[c,e]	..	..	..	..	..	..
19	Nova Zelândia	6,1	6,5	..	20,9	31	29	25	46	37	23
20	Itália	3,0	4,7	..	9,6	35	35	62	48	..	17
21	Hong Kong, China (RAE)	2,8	4,2	17,4	23,0	..	26	..	36	..	32
22	Alemanha	..	4,6	..	9,8	..	22	..	51	..	24
23	Israel	6,5	6,9	11,4	13,7	41	47	31	30	26	17
24	Grécia	2,3	4,3	..	8,5	34	30[e]	45	37	20	30
25	Singapura	3,1	3,7[c]	18,2	..	..	23[c]	..	43[c]	..	23[c]
26	República da Coreia	3,8	4,6	25,6	16,5	45	35	39	43	7	13
27	Eslovénia	4,8	6,0	16,1	12,6	43	28[e]	37	48[e]	17	24
28	Chipre	3,7	6,3	11,6	14,4	39	35	50	50	4	14
29	Portugal	4,6	5,7	..	11,5	43	39	35	41	15	16
30	Estado do Brunei Darussalam	3,5	..	..	9,1[c,e]	22	..	30	..	2	..
31	Barbados	7,8	6,9	22,2	16,4	..	35[e]	..	33	..	33
32	República Checa	..	4,4	..	10,0	..	24	..	53	..	20
33	Koweit	4,8	5,1	3,4	12,7	..	31	..	38	..	30
34	Malta	4,4	4,5	8,5	10,1	23	32	40	48	19	20
35	Catar	3,5	1,6[e]	..	..	..	..	..	..	..	..
36	Hungria	6,1	5,5	7,8	11,1	55	34	25	46	15	17
37	Polónia	5,2	5,4	14,6	12,7	..	42	..	37	..	21
38	Argentina	3,3	3,8	..	13,1	..	45	..	38	..	17
39	Emirados Árabes Unidos	2,0	1,3	15,0	27,4[e]	..	..	..	..	..	..
40	Chile	2,4	3,5	10,0	18,5	..	47	..	39	..	15
41	Barém	3,9	..	12,8	..	..	..	..	..	..	..
42	Eslováquia	5,6	4,3	..	10,8	..	23	..	51	..	22
43	Lituânia	5,5	5,2	20,6	15,6	..	28	..	52	..	20
44	Estónia	..	5,3	..	14,9	..	31	..	50	..	18
45	Letónia	4,1	5,3	16,9	15,4	..	..	..	..	..	..
46	Uruguai	2,5	2,6	16,6	7,9	36	42[c,e]	29	38[c,e]	24	20[c,e]
47	Croácia	5,5	4,7	..	10,0	..	29[e]	..	49[e]	..	19
48	Costa Rica	3,4	4,9	21,8	18,5	38	66	22	34	36	—
49	Baamas	3,7	3,6[c,e]	16,3	19,7[c,e]	..	..	..	..	..	..
50	Seicheles	6,5	5,4[e]	11,6	..	..	40[e]	..	42[e]	..	18[e]
51	Cuba	9,7	9,8	10,8	16,6	27	41	37	38	15	22
52	México	3,8	5,4	15,3	25,6	39	50	28	30	17	17
53	Bulgária	5,4	4,2	..	..	70	36	..	45	14	19

TABELA

11 Compromisso com a educação: despesa pública

		Despesa pública com a educação				Despesa pública corrente por nível de ensino[a] (% da despesa pública corrente total com a educação)					
		Em % do PIB		Em % da despesa pública total		Pré-primária e primária		Secundário		Superior	
Ordem do IDH		1991	2002–05[b]	1991	2002–05[b]	1991	2002–05[b]	1991	2002–05[b]	1991	2002–05[b]
54	São Cristóvão e Nevis	2,7	9,3	11,6	12,7	43	42	56	58	—	—
55	Tonga	..	4,8	..	13,5	..	59	..	34	..	—
56	Jamahira Árabe Líbia	..	2,7[c]	..	..	..	12[c,e]	..	19[c,e]	..	69[c]
57	Antigua e Barbuda	..	3,8	..	..	..	32	..	46	..	7
58	Omã	3,0	3,6	15,8	24,2	52	50	40	41	7	8
59	Trinidade e Tobago	4,1	4,2[e]	12,4	13,4[c]	..	42[c]	..	39[c]	..	11[c]
60	Roménia	3,5	3,4	..	..	..	25[e]	..	42[e]	..	18
61	Arábia Saudita	5,8	6,8	17,8	27,6	..	..	..	..	..	..
62	Panamá	4,6	3,8[e]	18,9	8,9[e]	36	..	22	..	20	26[c]
63	Malásia	5,1	6,2	18,0	25,2	34	30	35	35	20	35
64	Bielorússia	5,7	6,0	..	11,3	..	27[e]	..	48[e]	..	25
65	Maurícia	3,8	4,5	11,8	14,3	38	32	36	43	17	12
66	Bósnia e Herzegovina	..	..	..	..	..	..	..	..	..	..
67	Federação da Rússia	3,6	3,6[e]	..	12,9[e]	..	..	..	..	..	..
68	Albânia	..	2,9[e]	..	8,4[e]	..	..	..	..	..	..
69	Macedónia (ARJM)	..	3,5	..	15,6	..	..	..	..	..	..
70	Brasil	..	4,4	..	10,9	..	41	..	40	..	19
DESENVOLVIMENTO HUMANO MÉDIO											
71	Domínica	..	5,0[c,e]	..	..	..	..	..	..	..	..
72	Santa Lúcia	..	5,8	..	16,9	..	40	..	41	..	0
73	Cazaquistão	3,9	2,3	19,1	12,1[c]	..	..	..	..	..	..
74	Venezuela, República Bolivariana	4,6	..	17,0	..	..	..	..	..	..	..
75	Colómbia	2,4	4,8	14,3	11,1	..	51	..	36	..	13
76	Ucrania	6,2	6,4	18,9	18,9	..	..	..	..	..	..
77	Samoa	..	4,5[e]	..	13,7[e]	..	34[c,e]	..	29[c,e]	..	37[c]
78	Tailândia	3,1	4,2	20,0	25,0	56	44[c,e]	22	19[c,e]	15	20[c,e]
79	República Dominicana	..	1,8	..	9,7	..	66[e]	..	29[e]	..	..
80	Belize	4,6	5,4	18,5	18,1	..	48	..	48	..	1
81	China	2,2	1,9[c]	12,7	13,0[c]	..	36[c,e]	..	38[c,e]	..	21[c,e]
82	Grenada	4,9	5,2	11,9	12,9	..	41[e]	..	39[e]	..	11[e]
83	Arménia	..	3,2[c]	..	..	..	16[c,e]	..	53[c,e]	..	30[c]
84	Turquia	2,4	3,7	..	..	59	40[c,e]	29	32[c,e]	..	28[c,e]
85	Suriname	5,9	..	..	..	59	..	15	..	9	..
86	Jordânia	8,0	4,9[c]	19,1	20,6[c]	..	..	..	..	..	..
87	Perú	2,8	2,4	..	13,7	..	51	..	36[e]	..	11
88	Líbano	..	2,6	..	11,0	..	33[e]	..	30[e]	..	31
89	Equador	2,5	1,0[c,e]	17,5	8,0[c]	..	..	..	..	..	..
90	Filipinas	3,0	2,7	10,5	16,4	..	55	..	27	..	14
91	Tunísia	6,0	7,3	14,3	20,8	..	35[e]	..	43[e]	..	22
92	Fiji	5,1	6,4	..	20,0	..	40	..	34	..	16
93	São Vicente e Granadinas	5,9	8,2	13,8	16,1	64	50	32	36	..	5
94	Irão, República Islâmica do	4,1	4,7	22,4	22,8	..	24	..	37	..	14
95	Paraguai	1,9	4,3	10,3	10,8	..	54	..	28	..	18
96	Geórgia	..	2,9	..	13,1	..	..	..	..	..	..
97	Guiana	2,2	8,5	6,5	14,5	..	44	..	13	..	4
98	Azerbeijão	7,7	2,5	24,7	19,6	..	25[e]	..	56[e]	..	6
99	Sri Lanka	3,2	..	8,4	..	..	..	..	..	..	..
100	Maldivas	7,0	7,1	16,0[e]	15,0	..	54[e]	..	..	..	..
101	Jamaica	4,5	5,3	12,8	8,8	37	37[e]	33	44[e]	21	20[e]
102	Cabo Verde	3,6	6,6	19,9	25,4	..	54	..	36	..	10
103	El Salvador	1,8	2,8	15,2	20,0	..	60[e]	..	29[e]	..	11[e]
104	Argélia	5,1	..	22,0	..	95	..	..[f]	..	..[f]	..
105	Vietname	1,8	..	9,7	..	..	..	..	..	..	..
106	Territórios Ocupados da Palestina	..	..	..	..	..	..	..	..	..	..

Ordem do IDH		Despesa pública com a educação				Despesa pública corrente por nível de ensino [a] (% da despesa pública corrente total com a educação)					
		Em % do PIB		Em % da despesa pública total		Pré-primária e primária		Secundário		Superior	
		1991	2002–05 [b]	1991	2002–05 [b]	1991	2002–05 [b]	1991	2002–05 [b]	1991	2002–05 [b]
107	Indonésia	1.0	0.9	..	9.0 [e]	..	39 [e]	..	42 [e]	..	19 [e]
108	República Árabe Síria	3.9	..	14.2	..	..	..	..	..	..	..
109	Turquemenistão	3.9	..	19.7	..	..	..	..	..	..	..
110	Nicarágua	3.4	3.1 [e]	12.1	15.0	..	..	..	..	..	..
111	Moldávia	5.3	4.3	21.6	21.1	..	36 [e]	..	55 [e]	..	9
112	Egipto	3.9	..	..	..	..	..	..	..	..	..
113	Usbequistão	9.4	..	17.8	..	..	..	..	..	..	..
114	Mongólia	11.5	5.3	22.7	..	..	43	..	37	..	19
115	Honduras	3.8	..	..	..	..	..	..	..	..	..
116	Quirguizistão	6.0	4.4 [e]	22.7	18.6 [c]	..	23 [e]	..	46 [e]	..	19
117	Bolívia	2.4	6.4	..	18.1	..	49	..	25	..	23
118	Guatemala	1.3	..	13.0	..	..	..	..	..	..	..
119	Gabão	..	3.9 [c,e]	..	..	..	..	..	..	..	..
120	Vanuatu	4.6	9.6	18.8	26.7 [c]	..	44 [c]	..	41 [c]	..	9 [c]
121	África do Sul	5.9	5.4	..	17.9	76	43	..	33	22	16
122	Tajiquistão	9.1	3.5	24.4	18.0	..	31 [e]	..	54 [e]	..	5
123	São Tomé and Príncipe	..	..	..	..	..	..	..	..	..	..
124	Botsuana	6.2	10.7	17.0	21.5	..	25	..	41	..	32
125	Namíbia	7.9	6.9	..	21.0 [c]	..	60 [c,e]	..	29 [c,e]	..	11 [c,e]
126	Marrocos	5.0	6.7	26.3	27.2	35	45	49	38	16	16
127	Guiné Equatorial	..	0.6 [e]	..	4.0 [e]	..	35 [c,e]	..	..	..	34 [c]
128	Índia	3.7	3.8	12.2	10.7	..	31 [c,e]	..	..	..	18 [c,e]
129	Ilhas Salomão	3.8	3.3 [c,e]	7.9	..	57	..	30	..	14	..
130	Laos, Rep. Democrática Popular do	..	2.3	..	11.7	..	49	..	35	..	15
131	Camboja	..	1.9	..	14.6 [c]	..	74 [c]	..	21 [c]	..	5 [c]
132	Mianmar	..	1.3 [c]	..	18.1 [c,e]	..	..	..	..	..	..
133	Butão	..	5.6 [c]	..	12.9 [c]	..	27 [c,e]	..	54 [c,e]	..	20 [c,e]
134	Comores	..	3.9	..	24.1	..	..	..	..	..	..
135	Gana	..	5.4	..	..	..	39	..	42	..	18
136	Paquistão	2.6	2.3	7.4	10.9	..	..	..	..	..	..
137	Mauritânia	4.6	2.3	13.9	8.3	..	62 [e]	..	33 [e]	..	5 [e]
138	Lesoto	6.2	13.4	12.2	29.8	..	39 [e]	..	21 [e]	..	42 [e]
139	Congo	7.4	2.2	..	8.1	..	30	..	44	..	26
140	Bangladesh	1.5	2.5	10.3	14.2	..	38 [e]	..	48	..	14
141	Suazilândia	5.7	6.2	19.5	..	..	38 [e]	..	30 [e]	..	27
142	Nepal	2.0	3.4	8.5	14.9	..	53 [e]	..	28	..	12
143	Madagáscar	2.5	3.2	..	25.3	..	47	..	23	..	12
144	Camarões	3.2	1.8 [e]	19.6	8.6 [e]	..	68 [e]	..	8 [e]	..	24 [e]
145	Papua- Nova Guiné	..	..	..	..	..	..	..	..	..	..
146	Haiti	1.4	..	20.0	..	53	..	19	..	9	..
147	Sudão	6.0	..	2.8	..	..	..	..	..	..	..
148	Quénia	6.7	6.7	17.0	29.2	..	64	..	25	..	11
149	Djibuti	3.5	7.9	11.1	27.3	53	44	21	42	14	15
150	Timor-Leste	..	..	..	..	..	..	..	..	..	..
151	Zimbabué	7.7	4.6 [c,e]	..	..	54	..	29	..	..	..
152	Togo	..	2.6	..	13.6	..	45 [c,e]	..	31 [c]	..	19 [c]
153	Iémen	..	9.6 [c,e]	..	32.8 [c]	..	..	..	..	..	..
154	Uganda	1.5	5.2 [e]	11.5	18.3 [e]	..	62 [e]	..	24 [e]	..	12 [e]
155	Gâmbia	3.8	2.0 [e]	14.6	8.9	42	..	21	..	18	..
DESENVOLVIMENTO HUMANO BAIXO											
156	Senegal	3.9	5.4	26.9	18.9	..	48 [e]	..	28 [e]	..	24 [e]
157	Eritreia	..	5.4	..	..	..	25	..	13	..	48
158	Nigéria	0.9	..	..	..	..	..	..	..	..	..
159	Tanzânia, República Unida da	2.8	2.2 [c,e]	11.4	..	..	..	..	..	..	..

TABELA

11 Compromisso com a educação: despesa pública

Ordem do IDH	Despesa pública com a educação				Despesa pública corrente por nível de ensino [a] (% da despesa pública corrente total com a educação)					
	Em % do PIB		Em % da despesa pública total		Pré-primária e primária		Secundário		Superior	
	1991	2002–05 [b]	1991	2002–05 [b]	1991	2002–05 [b]	1991	2002–05 [b]	1991	2002–05 [b]
160 Guiné	2,0	2,0	25,7	25,6 [c,e]	..	..	..	..	..	..
161 Ruanda	..	3,8	..	12,2	..	55	..	11	..	34
162 Angola	..	2,6 [c,e]	..	6,4 [c,e]	..	..	..	..	..	..
163 Benim	..	3,5 [e]	..	14,1 [e]	..	50	..	28	..	22
164 Malawi	3,2	5,8	11,1	24,6 [c]	..	63	..	..	..	..
165 Zâmbia	2,8	2,0	7,1	14,8	..	59	..	15	..	26
166 Costa do Marfim	..	4,6 [c,e]	..	21,5 [c]	..	43 [c]	..	36 [c]	..	20 [c]
167 Burundi	3,5	5,1	17,7	17,7	43	52	28	33	27	15
168 Congo, República Democrática do	..	..	..	..	..	..	..	..	..	..
169 Etiópia	2,4	6,1 [g]	9,4	17,5 [g]	54	51 [g]	28	..	..	17 [g]
170 Chade	1,6	2,1	..	10,1	47	48	21	29	8	23
171 República Centro-Africana	2,2	..	..	..	55	..	17	..	24	..
172 Moçambique	..	3,7	..	19,5	..	70	..	17	..	13
173 Mali	..	4,3	..	14,8	..	50 [c,e]	..	34 [c,e]	..	16 [c,e]
174 Niger	3,3	2,3	18,6	..	..	..	..	..	..	..
175 Guiné-Bissau	..	5,2 [c]	..	11,9 [c]	..	..	..	..	..	..
176 Burquina Faso	2,6	4,7	..	16,6	..	71	..	18	..	9
177 Serra Leoa	..	4,6 [e]	..	..	..	52 [e]	..	27 [e]	..	20 [e]

NOTAS

a. As despesas por nível podem não somar 100% devido aos arredondamentos ou à omissão das despesas não atribuídas por níveis.
b. Os dados referem-se ao ano mais recente disponível durante o período indicado.
c. Os dados referem-se ao ano anterior ao especificado (no período entre 1999 e 2001).
d. Despesas incluídas no ensino secundário.
e. Os dados referem-se a estatísticas nacionais ou da UNESCO.
f. Despesas incluídas na pré-primária e primária.
g. Os dados referem-se a 2006.

FONTES

Colunas 1–4, 7, 9 e 10: Instituto de estatísticas da UNESCO 2007b.
Colunas 5 e 6: calculada com base nos dados da despesa pública de educação nos níveis pré-primário e primário do Instituto de Estatística da UNESCO 2007b.
Coluna 8: calculada com base nos dados da despesa pública de educação nos níveis secundário e não-superior do Instituto de Estatística da UNESCO 2007b.

... adquirirem conhecimento ...

Alfabetização e escolarização

Ordem do IDH	Taxa de alfabetização entre os adultos (% 15 anos e mais)		ODM Taxa de alfabetização entre os jovens (% entre 15 e 24 anos)		ODM Taxa líquida de escolarização primária (%)		Taxa líquida de escolarização secundária[a] (%)		ODM Crianças que atingem o 5.° ano (% de estudantes do 1.° ano)		Estudantes do ensino superior em ciências, engenharia, indústria e construção (% de estudantes do ensino superior)
	1985–1994[b]	1995–2005[c]	1985–1994[b]	1995–2005[c]	1991	2005	1991	2005	1991	2004	1999–2005[d]
DESENVOLVIMENTO HUMANO ELEVADO											
1 Islândia	..	..	..	..	100[e]	99[e]	..	88[e]	..	100[f]	16
2 Noruega	..	..	..	..	100	98	88	97	100	100	16
3 Austrália	..	..	..	..	99	97	79[e]	86[e]	99	..	22
4 Canadá	..	..	..	..	98	99[e,f]	89	..	97	..	20[g]
5 Irlanda	..	..	..	..	90	96	80	88	100	100[e]	23[g]
6 Suécia	..	..	..	..	100	96	85	99	100	..	26
7 Suiça	..	..	..	..	84	93	80	84	..	..	24
8 Japão	..	..	..	..	100	100	97	100[e]	100	..	19
9 Países Baixos	..	..	..	..	95	99	84	87	..	99	15
10 França	..	..	..	..	100	99	..	99	96	98[f]	..
11 Filândia	..	..	..	..	98[e]	98	93	95	100	99	38
12 Estados Unidos	..	..	..	..	97	92	85	89	..	..	16[g]
13 Espanha	96,5	..	99,6	..	100	99	..	98	..	100[e]	30
14 Dinamarca	..	..	..	..	98	95	87	..	94	93	18
15 Áustria	..	..	..	..	88[e]	97[e]	..	..	..	..	24
16 Reino Unido	..	..	..	..	98[e]	99	81	95	..	..	22
17 Bélgica	..	..	..	..	96	99	87	97	91	..	17
18 Luxemburgo	..	..	..	..	..	95	..	82	..	92[e,f]	..
19 Nova Zelândia	..	..	..	..	98	99	85	91	..	..	17
20 Itália	..	98,4	..	99,8	100[e]	99	..	92	..	100	24
21 Hong Kong, China (RAE)	..	..	..	..	..	93[e]	..	80[e]	100	100	31[e]
22 Alemanha	..	..	..	..	84[e]	96[e]	..	..	..	..	..
23 Israel	..	..	..	..	92[e]	97	..	89	..	100	28
24 Grécia	92,6	96,0	99,0	98,9	95	99	83	91	100	99	32
25 Singapura	89,1	92,5	99,0	99,5	..	..	..	..	..	..	..
26 República da Coreia	..	..	..	..	100	99	86	90	99	98	40
27 Eslovénia	99,5	99,7[h]	99,8	99,8[h]	96[e]	98	..	94	..	..	21
28 Chipre	94,4	96,8	99,6	99,8	87	99[e]	69	94[e]	100	99	18
29 Portugal	87,9	93,8[h]	99,2	99,6[h]	98	98	..	83	..	..	29
30 Estado do Brunei Darussalam	87,8	92,7	98,1	98,9	92	93	71	87	..	100	10
31 Barbados	..	..	..	..	80[e]	98	..	96	..	98	..
32 República Checa	..	..	..	..	87[e]	92[e]	..	..	..	98	29
33 Koweit	74,5	93,3	87,5	99,7	49[e]	87	..	78[e]	..	..	..
34 Malta	..	87,9	..	96,0	97	86	78	84	99	99[f]	14
35 Catar	75,6	89,0	89,5	95,9	89	96	70	90	64	..	19
36 Hungria	..	..	..	..	91	89	75	90	98	..	18
37 Polónia	..	..	..	..	97	96	76	93	98	99	20
38 Argentina	96,1	97,2	98,3	98,9	..	99[f]	..	79[f]	..	97[f]	19
39 Emirados Árabes Unidos	79,5[h]	88,7[h]	93,6[h]	97,0[h]	99	71	60	57	80	97	..
40 Chile	94,3	95,7	98,4	99,0	89	90[e]	55	..	92	100	28
41 Barém	84,0	86,5	96,9	97,0	99	97	85	90	89	99	17
42 Eslováquia	..	..	..	..	..	92[e]	..	..	..	..	26
43 Lituânia	98,4	99,6	99,7	99,7	..	89	..	91	..	..	25
44 Estónia	99,7	99,8	99,9	99,8	99[e]	95	..	91	..	99	23
45 Letónia	99,5	99,7	99,8	99,8	92[e]	88[e]	..	..	..	..	15
46 Uruguai	95,4	96,8	98,6	98,6	91	93[e,f]	..	..	97	91[f]	..
47 Croácia	96,7	98,1	99,6	99,6	79	87[f]	63[e]	85	..	..	24
48 Costa Rica	..	94,9	..	97,6	87	..	38	..	84	87	23
49 Baamas	..	..	..	..	90[e]	91	..	84	84	99[e]	..
50 Seicheles	87,8	91,8	98,8	99,1	..	99[e,f]	..	97[e]	93	99[f]	..
51 Cuba	..	99,8	..	100,0	93	97	70	87	92	97	..
52 México	87,6	91,6	95,4	97,6	98	98	44	65	80	94	31
53 Bulgária	..	98,2	..	98,2	86	93	63	88	91	..	27

Indicadores de desenvolvimento humano

TABELA

12 Alfabetização e escolarização

Ordem do IDH		Taxa de alfabetização entre os adultos (% 15 anos e mais)		ODM Taxa de alfabetização entre os jovens (% entre 15 e 24 anos)		ODM Taxa líquida de escolarização primária (%)		Taxa líquida de escolarização secundária[a] (%)		ODM Crianças que atingem o 5.° ano (% de estudantes do 1.° ano)		Estudantes do ensino superior em ciências, engenharia, indústria e construção (% de estudantes do ensino superior)
		1985–1994[b]	1995–2005[c]	1985–1994[b]	1995–2005[c]	1991	2005	1991	2005	1991	2004	1999–2005[d]
54	São Cristóvão e Nevis	..	..	..	..	..	93[e]	..	86[e]	..	87[f]	..
55	Tonga	..	98,9	..	99,3	..	95[e]	..	68[e,f]	..	89[e]	..
56	Jamahira Árabe Líbia	74,7[h]	84,2[h]	94,9[h]	98,0[h]	96[e]	..	..	..	..	..	31
57	Antigua e Barbuda	..	..	..	..	..	..	..	..	..	..	..
58	Omã	..	81,4	..	97,3	69	76	..	75	97	98	20[e,g]
59	Trinidade e Tobago	97,1[h]	98,4[h]	99,3[h]	99,5[h]	91	90[e]	..	69[e]	..	91[e]	36
60	Roménia	96,7	97,3	99,1	97,8	81[e]	93	..	80	..	..	25[g]
61	Arábia Saudita	70,8	82,9	87,9	95,8	59	78	31	66	83	96	17
62	Panamá	88,8	91,9	95,1	96,1	..	98	..	64	..	85	20[g]
63	Malásia	82,9	88,7	95,6	97,2	..	95[f]	..	76[f]	97	98[f]	40
64	Bielorússia	97,9	99,6	99,8	99,8	86[e]	89	..	89	..	..	27
65	Maurícia	79,9	84,3	91,2	94,5	91	95	..	82[e]	97	97	26
66	Bósnia e Herzegovina	..	96,7	..	99,8	..	..	..	..	..	..	..
67	Federação da Rússia	98,0	99,4	99,7	99,7	99[e]	92[e]	..	..	..	..	..
68	Albânia	..	98,7	..	99,4	95[e]	94[f]	..	74[e,f]	..	..	12
69	Macedónia (ARJM)	94,1	96,1	98,9	98,7	94	92	..	82	..	..	26
70	Brasil	..	88,6	..	96,8	85	95[f]	17	78[f]	73	..	16
DESENVOLVIMENTO HUMANO MÉDIO												
71	Domínica	..	..	..	..	..	84[e]	..	..	75	93	..
72	Santa Lúcia	..	..	..	..	95[e]	97	..	68[e]	96	96	..
73	Cazaquistão	97,5	99,5	99,7	99,8	89[e]	91	..	92	..	..	..
74	Venezuela, República Bolivariana	89,8	93,0	95,4	97,2	87	91	18	63	86	91	..
75	Colómbia	81,4	92,8	90,5	98,0	69	87	34	55[e]	76	81	33
76	Ucrania	..	99,4	..	99,8	80[e]	83	..	79	..	..	27
77	Samoa	98,1[h]	98,6[h]	99,1[h]	99,3[h]	..	90[e,f]	..	66[e,f]	..	94[f]	14
78	Tailândia	..	92,6	..	98,0	76[e]	88[i]	..	64[i]	..	..	..
79	República Dominicana	..	87,0	..	94,2	57[e]	88	..	53	..	86	..
80	Belize	70,3	..	76,4	..	94[e]	94	31	71[e]	67	91[f]	9[g]
81	China	77,8	90,9	94,3	98,9	97	..	..	..	86	..	..
82	Grenada	..	..	..	..	..	84[e]	..	79[e]	..	79[f]	..
83	Arménia	98,8	99,4	99,9	99,8	..	79	..	84	..	..	7[g]
84	Turquia	79,2	87,4	92,5	95,6	89	89	42	67[e]	98	97	21[g]
85	Suriname	..	89,6	..	94,9	81[e]	94	..	75[e]	..	..	19
86	Jordânia	..	91,1	..	99,0	94	89	..	79	..	96	22
87	Perú	87,2	87,9	95,4	97,1	..	96	..	70	..	90	..
88	Líbano	..	..	..	..	73[e]	92	..	..	..	93	24
89	Equador	88,3	91,0	96,2	96,4	98[e]	98[e,f]	..	52[f]	..	76[e,f]	..
90	Filipinas	93,6	92,6	96,6	95,1	96[e]	94	..	61	..	75	27[g]
91	Tunísia	..	74,3	..	94,3	94	97	..	65[e]	86	97	31[g]
92	Fiji	..	..	..	..	..	96[e]	..	83[e]	87	99[f]	..
93	São Vicente e Granadinas	..	..	..	..	..	90	..	64[e]	..	88[e,f]	..
94	Irão, República Islâmica do	65,5	82,4	87,0	97,4	92[e]	95	..	77	90	88[f]	40
95	Paraguai	90,3	93,5[h]	95,6	95,9[h]	94	88[f]	26	..	74	81[f]	..
96	Geórgia	..	..	..	..	97[e]	93[f]	..	81[f]	..	..	23
97	Guiana	..	..	..	..	89	..	67	..	..	64[e,f]	14
98	Azerbeijão	..	98,8	..	99,9	89	85	..	78	..	..	..
99	Sri Lanka	..	90,7[j]	..	95,6[j]	..	97[e,f]	..	..	92	..	..
100	Maldivas	96,0	96,3	98,2	98,2	..	79	..	63[e]	..	92	..
101	Jamaica	..	79,9[k]	..	..[k]	96	90[e]	64	78[e]	..	90[f]	..
102	Cabo Verde	62,8	81,2[h]	88,2	96,3[h]	91[e]	90	..	58	..	93	..
103	El Salvador	74,1	80,6[h]	84,9	88,5[h]	..	93	..	53[e]	58	69[e]	23
104	Argélia	49,6	69,9	74,3	90,1	89	97	53	66[e,f]	95	96	18[g]
105	Vietname	87,6	90,3	93,7	93,9	90[e]	88	..	69[e]	..	87[e,f]	20
106	Territórios Ocupados da Palestina	..	92,4	..	99,0	..	80	..	95	..	..	18

Ordem do IDH	Taxa de alfabetização entre os adultos (% 15 anos e mais)		ODM Taxa de alfabetização entre os jovens (% entre 15 e 24 anos)		ODM Taxa líquida de escolarização primária (%)		Taxa líquida de escolarização secundária[a] (%)		ODM Crianças que atingem o 5.° ano (% de estudantes do 1.° ano)		Estudantes do ensino superior em ciências, engenharia, indústria e construção (% de estudantes do ensino superior)
	1985–1994[b]	1995–2005[c]	1985–1994[b]	1995–2005[c]	1991	2005	1991	2005	1991	2004	1999–2005[d]
107 Indonésia	81,5	90,4	96,2	98,7	97	96[e]	39	58[e]	84	89[e]	..
108 República Árabe Síria	..	80,8	..	92,5	91	95[f]	43	62	96	92[f]	..
109 Turquemenistão	..	98,8	..	99,8	..	..	..	..	..	..	..
110 Nicarágua	..	76,7	..	86,2	73	87	..	43	44	54	..
111 Moldávia	96,4	99,1[h]	99,7	99,7[h]	89[e]	86[e]	..	76[e]	..	..	..
112 Egipto	44,4	71,4	63,3	84,9	84[e]	94[e]	..	82[e]	..	94[e]	..
113 Usbequistão	..	..	..	..	78[e]	..	..	..	..	..	..
114 Mongólia	..	97,8	..	97,7	90[e]	84	..	84	..	..	23
115 Honduras	..	80,0	..	88,9	89[e]	91[e]	21	..	..	70[e]	23
116 Quirguizistão	..	98,7	..	99,7	92[e]	87	..	80	..	..	17
117 Bolívia	80,0	86,7	93,9	97,3	..	95[e,f]	..	73[e,f]	..	85[e,f]	..
118 Guatemala	64,2	69,1	76,0	82,2	..	94	..	34[e,f]	..	68	19[g]
119 Gabão	72,2	84,0[h]	93,2	96,2[h]	85[e]	77[e,f]	..	..	..	69[e,f]	..
120 Vanuatu	..	74,0	..	..	..	94[e]	17	39[e,f]	..	78[e]	..
121 África do Sul	..	82,4	..	93,9	90	87[f]	45	62[e]	..	82[f]	20
122 Tajiquistão	97,7	99,5	99,7	99,8	77[e]	97	..	80	..	..	18
123 São Tomé and Príncipe	73,2	84,9	93,8	95,4	..	97	..	32	..	76	..
124 Botsuana	68,6	81,2	89,3	94,0	83	85[e]	35	60[e]	84	90[e,f]	17[g]
125 Namíbia	75,8	85,0	88,1	92,3	..	72	..	39	62	86	12
126 Marrocos	41,6	52,3	58,4	70,5	56	86	..	35[e]	75	79	21
127 Guiné Equatorial	..	87,0	..	94,9	91[e]	81[f]	..	24[e]	..	33[e,f]	..
128 Índia	48,2	61,0[l]	61,9	76,4[l]	..	89[e]	..	..	..	73	22[g]
129 Ilhas Salomão	..	..	..	..	..	63[e,f]	..	26[e]	88	..	..
130 Laos, Rep. Democrática Popular do	..	68,7	..	78,5	63[e]	84	..	38	..	63	6[g]
131 Camboja	..	73,6	..	83,4	69[e]	99	..	24[e]	..	63	19
132 Mianmar	..	89,9	..	94,5	98[e]	90	..	37	..	70	42
133 Butão	..	..	..	..	..	..	..	..	..	91[f]	..
134 Comores	..	..	..	..	57[e]	55[e,f]	..	..	..	80[e]	11
135 Gana	..	57,9	..	70,7	54[e]	65	..	37[e]	80	63[f]	26
136 Paquistão	..	49,9	..	65,1	33[e]	68	..	21[e]	..	70	24[g]
137 Mauritânia	..	51,2	..	61,3	35[e]	72	..	15	75	53	6[g]
138 Lesoto	..	82,2	..	..	71	87	15	25	66	73	24
139 Congo	73,8[h]	84,7[h]	93,7[h]	97,4[h]	79[e]	44	..	..	60	66[f]	11[g]
140 Seicheles	35,3	47,5	44,7	63,6	..	94[e,f]	..	44[f]	..	65[f]	20[g]
141 Suazilândia	67,2	79,6	83,7	88,4	75[e]	80[e]	30	33[e]	77	77[f]	9
142 Nepal	33,0	48,6	49,6	70,1	..	79[e,f]	..	..	51	61[e]	..
143 Madagáscar	..	70,7	..	70,2	64[e]	92	..	..	21	43	20
144 Camarões	..	67,9	..	..	74[e]	..	..	..	..	64[e,f]	23[e]
145 Papua- Nova Guiné	..	57,3	..	66,7	..	..	..	..	69	68[e,f]	..
146 Haiti	..	..	..	..	22	..	..	..	..	..	..
147 Sudão	..	60,9[m]	..	77,2[m]	40[e]	43[e,f]	..	..	94	79	..
148 Quénia	..	73,6	..	80,3	..	79	..	42[e]	77	83[e]	29
149 Djibuti	..	..	..	..	29	33	..	23[e]	87	77[f]	9[g]
150 Timor-Leste	..	..	..	..	..	98[e]	..	..	..	..	..
151 Zimbabué	83,5	89,4[h]	95,4	97,7[h]	..	82[f]	..	34	76	70[e,f]	..
152 Togo	..	53,2	..	74,4	64	78	15	22[e]	48	75	8
153 Iémen	37,1	54,1[h]	60,2	75,2[h]	51[e]	75[e,f]	..	..	..	73[e,f]	..
154 Uganda	56,1	66,8	69,8	76,6	..	..	..	15[e]	36	49[e]	10
155 Gâmbia	..	..	..	..	48[e]	77[e,f]	..	45[e]	..	..	21
DESENVOLVIMENTO HUMANO BAIXO											
156 Senegal	26,9	39,3	37,9	49,1	43[e]	69	..	17[e,f]	85	73	..
157 Eritreia	..	..	..	..	16[e]	47	..	25	..	79	37
158 Nigéria	55,4	69,1[h]	71,2	84,2[h]	58[e]	68[e]	..	27	89	73[e,f]	..
159 Tanzânia, República Unida da	59,1	69,4	81,8	78,4	49	91	..	..	81[e]	84	24[e,g]

Alfabetização e escolarização

Ordem do IDH	Taxa de alfabetização entre os adultos (% 15 anos e mais) 1985–1994[b]	1995–2005[c]	ODM Taxa de alfabetização entre os jovens (% entre 15 e 24 anos) 1985–1994[b]	1995–2005[c]	ODM Taxa líquida de escolarização primária (%) 1991	2005	Taxa líquida de escolarização secundária[a] (%) 1991	2005	ODM Crianças que atingem o 5.° ano (% de estudantes do 1.° ano) 1991	2004	Estudantes do ensino superior em ciências, engenharia, indústria e construção (% de estudantes do ensino superior) 1999–2005[d]
160 Guiné	..	29,5	..	46,6	27[e]	66	..	24[e]	59	76	34
161 Ruanda	57,9	64,9	74,9	77,6	66	74[e]	7	..	60	46[f]	..
162 Angola	..	67,4	..	72,2	50[e]	..	..	..	..	..	18
163 Benim	27,2	34,7	39,9	45,3	41[e]	78	..	17[e]	55	52	..
164 Malawi	48,5	64,1	59,0	76,0	48	95	..	24	64	42	..
165 Zâmbia	65,0	68,0	66,4	69,5	..	89	..	26[e]	..	94[f]	..
166 Costa do Marfim	34,1	48,7	48,5	60,7	45	56[e,f]	..	20[e]	73	88[e,f]	..
167 Burundi	37,4	59,3	53,6	73,3	53[e]	60	..	..	62	67	10[g]
168 Congo, Rep. Democrática do	..	67,2	..	70,4	54	..	..	..	55	..	..
169 Etiópia	27,0	35,9	33,6	49,9	22[e]	61	..	28[e]	18	..	17
170 Chade	12,2	25,7	17,0	37,6	35[e]	61[e,f]	..	11[e]	51[e]	33	..
171 República Centro-Africana	33,6	48,6	48,2	58,5	52	..	..	..	23	..	..
172 Moçambique	..	38,7	..	47,0	43	77	..	7	34	62	24
173 Mali	..	24,0	..	..	21[e]	51	5[e]	..	70[e]	87	..
174 Níger	..	28,7	..	36,5	22	40	5	8	62	65	..
175 Guiné-Bissau	..	..	..	..	38[e]	45[e,f]	..	9[e]	..	..	..
176 Burquina Faso	13,6	23,6	20,2	33,0	29	45	..	11	70	76	..
177 Serra Leoa	..	34,8	..	47,9	43[e]	..	..	..	..	..	8
Países em vias de Desenvolvimento	68,2[n]	77,1[n]	80,2[n]	85,6[n]	80	85	..	53[n]	..	..	..
Países menos desenvolvidos	47,4[n]	53,4[n]	56,3[n]	65,5[n]	47	77	..	27[n]	..	..	..
Países Árabes	58,2[n]	70,3[n]	74,8[n]	85,2[n]	71	83	..	59[n]	..	..	..
Ásia Oriental e Pacífico	..	90,7	..	97,8	..	93	..	69[n]	..	..	..
América Latina e Caraíbas	87,6[n]	89,9[n]	93,7[n]	96,6[n]	86	95	..	68[n]	..	..	..
Ásia do Sul	47,6[n]	59,7[n]	60,7[n]	74,7[n]	..	87	..	..	..	..	..
África Subsariana	54,2[n]	59,3[n]	64,4[n]	71,2[n]	52	72	..	26[n]	..	..	..
Europa Central, Oriental e CEI	97,5	99,1	..	99,6	90	91	..	84[n]	..	..	..
OCDE	..	..	..	..	97	96	..	87[n]	..	..	..
OCDE de rendimento elevado	98,9[n]	99,1[n]	99,4[n]	..	97	96	..	92[n]	..	..	..
Desenvolvimento Humano elevado	..	94,1	..	98,1	93	95	..	..	..	..	..
Desenvolvimento Humano médio	..	78,3	..	87,3	..	87	..	..	..	..	..
Desenvolvimento Humano Baixo	43,5	54,1	55,9	66,4	45	69	..	..	..	..	..
Rendimento elevado	98,4[n]	98,6[n]	99,0[n]	..	96	95	..	91[n]	..	..	..
Rendimento médio	82,3[n]	90,1[n]	93,1[n]	96,8[n]	92	93	..	70[n]	..	..	..
Rendimento baixo	51,5[n]	60,8[n]	63,0[n]	73,4[n]	..	81	..	40[n]	..	..	..
Mundo	76,4[n]	82,4[n]	83,5[n]	86,5[n]	83	87	..	59[n]	..	..	..

NOTAS

a. As taxas de escolarização para os anos mais recentes baseiam-se na nova Classiicação Internacional Tipo de Educação, adoptada em 1997 (UNESCO 1997), e por isso podem não ser exactamente comparáveis com as de 1991.

b. Os dados referem-se a estimativas de alfabetização nacional feitas nos census e inquéritos realizados entre 1985 e 1994, salvo indicação em contrário. Devido a diferenças de metodologia e de oportunidade dos dados referenciais, as comparações entre países e no tempo devem ser feitas com precaução. Para mais pormenores, ver http://www.uis.unesco.org/.

c. Os dados referem-se a estimativas de alfabetização nacional feitas nos census e inquéritos realizados entre 1995 e 2005, salvo indicação em contrário. Devido a diferenças de metodologia e de oportunidade dos dados referenciais, as comparações entre países e no tempo devem ser feitas com precaução. Para mais pormenores, ver http://www.uis.unesco.org/.

d. Os dados referem-se ao ano mais recente disponível durante o período indicado.

e. Estimativa do Instituto de Estatística Nacional ou da UNESCO.

f. Os dados referem-se a 2006.

g. Os valores devem ser tratados com precaução, porque o número relatado de alunos matriculados na categoria "desconhecido ou não especificado" representa mais de 10% do total das matrículas.

h. Estimativas do Instituto de Estatísticas da UNESCO com base no modelo de projecções global da escolarização de determinada idade, Abril de 2007

i. Os dados referem-se 2006.

j. Os dados referem-se apenas a 10 dos 25 estados do país.

k. Os dados baseiam-se numa avaliação da alfabetização.

l. Os dados excluem três sub-divisões do distrito de Senapati em Manipur: Mao Maram, Paomata e Purul.

m. Os dados referem-se apenas ao norte do Sudão.

n. Os dados referem-se a estimativas feitas pelo Instituto de Estatísticas da UNESCO.

FONTES

Colunas 1–4: Instituto de Estatísticas da UNESCO 2007a.

Colunas 5–11: Instituto de Estatísticas da UNESCO 2007c.

TABELA 13

... adquirirem conhecimento ...

Tecnologia: difusão e criação

Ordem do IDH		ODM Linhas telefónicas [a] (por 1.000 pessoas) 1990	2005	ODM Assinantes de telemóveis [a] (por 1.000 pessoas) 1990	2005	ODM Utilizadores de internet (por 1.000 pessoas) 1990	2005	Patentes garantidas a residentes (por milhão de pessoas) 2000–05 [b]	Receitas de royalties e direitos de licenças (dólares EUA por pessoa) 2005	Despesas com investigação e desenvolvimento (I&D) (% do PIB) 2000–05 [b]	Investigadores na I&D (por milhão de pessoas) 1990–2005 [b]
DESENVOLVIMENTO HUMANO ELEVADO											
1	Islândia	512	653	39	1,024	0	869	0	0,0	3,0	6,807
2	Noruega	503	460	46	1,028	7	735	103	78,4	1,7	4,587
3	Austrália	456	564	11	906	6	698	31	25,0	1,7	3,759
4	Canadá	550	566	21	514	4	520	35	107,6	1,9	3,597
5	Irlanda	280	489	7	1,012	0	276	80	142,2	1,2	2,674
6	Suécia	683	717 [c]	54	935	6	764	166	367,7	3,7	5,416
7	Suiça	587	689	19	921	6	498	77	..	2,6	3,601
8	Japão	441	460	7	742	(.)	668	857	138,0	3,1	5,287
9	Países Baixos	464	466	5	970	3	739	110	236,8	1,8	2,482
10	França	495	586	5	789	1	430	155	97,1	2,2	3,213
11	Filândia	535	404	52	997	4	534	214	230,0	3,5	7,832
12	Estados Unidos	545	606 [c]	21	680	8	630 [c]	244	191,5	2,7	4,605
13	Espanha	325	422	1	952	(.)	348	53	12,9	1,1	2,195
14	Dinamarca	566	619	29	1,010	1	527	19	..	2,6	5,016
15	Áustria	418	450	10	991	1	486	92	21,3	2,3	2,968
16	Reino Unido	441	528	19	1,088	1	473	62	220,8	1,9	2,706
17	Bélgica	393	461 [c]	4	903	(.)	458	51	106,5	1,9	3,065
18	Luxemburgo	481	535	2	1,576	0	690	31	627,9	1,8	4,301
19	Nova Zelândia	426	422	16	861	0	672	10	24,8	1,2	3,945
20	Itália	394	427	5	1,232	(.)	478	71	19,3	1,1	1,213
21	Hong Kong, China (RAE)	434	546	23	1,252	0	508	5	31,2 [c]	0,6	1,564
22	Alemanha	401	667	3	960	1	455	158	82,6	2,5	3,261
23	Israel	349	424	3	1,120	1	470 [c]	48	91,2	4,5	..
24	Grécia	389	568	0	904	0	180	29	5,4	0,6	1,413
25	Singapura	346	425	17	1,010	0	571 [c]	96	125,8	2,3	4,999
26	República da Coreia	310	492	2	794	(.)	684	1,113	38,2	2,6	3,187
27	Eslovénia	211	408	0	879	0	545	113	8,2	1,6	2,543
28	Chipre	424	554	5	949	0	430	7	18,1	0,4	630
29	Portugal	240	401	1	1,085	0	279	14	5,7	0,8	1,949
30	Estado do Brunei Darussalam	136	224	7	623	0	277 [c]	..	..	0,0	274
31	Barbados	281	500	0	765	0	594	..	5,8	..	..
32	República Checa	157	314	0	1,151	0	269	34	6,2	1,3	1,594
33	Koweit	156	201	10	939	0	276	..	0,0	0,2	..
34	Malta	356	501	0	803	0	315	0	7,5	0,3	681
35	Catar	197	253	8	882	0	269	..	..	..	..
36	Hungria	96	333	(.)	924	0	297	13	82,7	0,9	1,472
37	Polónia	86	309	0	764	0	262	28	1,6	0,6	1,581
38	Argentina	93	227	(.)	570	0	177	4	1,4	0,4	720
39	Emirados Árabes Unidos	224	273	19	1,000	0	308	..	..	..	..
40	Chile	66	211	1	649	0	172	1	3,3	0,6	444
41	Barém	191	270	10	1,030	0	213	..	..	..	..
42	Eslováquia	135	222	0	843	0	464	9	9,2 [d]	0,5	1,984
43	Lituânia	211	235	0	1,275	0	358	21	0,6	0,8	2,136
44	Estónia	204	328	0	1,074	0	513	56	4,0	0,9	2,523
45	Letónia	232	318	0	814	0	448	36	4,3	0,4	1,434
46	Uruguai	134	290	0	333	0	193	1	(.)	0,3	366
47	Croácia	172	425	(.)	672	0	327	4	16,1	1,1	1,296
48	Costa Rica	92	321	0	254	0	254	..	0,0	0,4	..
49	Baamas	274	439 [c]	8	584 [c]	0	319	..	..	..	..
50	Seicheles	124	253	0	675	0	249	..	..	0,1	19
51	Cuba	32	75	0	12	0	17	3	..	0,6	..
52	México	64	189	1	460	0	181	1	0,7	0,4	268
53	Bulgária	250	321	0	807	0	206	10	0,7	0,5	1,263

TABELA

13 Tecnologia: difusão e criação

Ordem do IDH		ODM Linhas telefónicas [a] (por 1.000 pessoas)		ODM Assinantes de telemóveis [a] (por 1.000 pessoas)		ODM Utilizadores de internet (por 1.000 pessoas)		Patentes garantidas a residentes (por milhão de pessoas)	Receitas de royalties e direitos de licenças (dólares EUA por pessoa)	Despesas com investigação e desenvolvimento (I&D) (% do PIB)	Investigadores na I&D (por milhão de pessoas)
		1990	2005	1990	2005	1990	2005	2000–05 [b]	2005	2000–05 [b]	1990–2005 [b]
54	São Cristóvão e Nevis	231	532 [c]	0	213 [c]	0	..	..	0,0	..	..
55	Tonga	46	..	0	161 [c]	0	29	..	..	..	45,454
56	Jamahira Árabe Líbia	51	133 [d]	0	41 [c]	0	36 [c]	..	0,0 [c]	..	361
57	Antigua e Barbuda	252	467 [c]	0	663 [c]	0	350	..	0,0	..	..
58	Omã	57	103	1	519	0	111	..	..	..	..
59	Trinidade e Tobago	136	248	0	613	0	123 [c]	..	..	0,1	..
60	Roménia	102	203	0	617	0	208 [c]	24	2,2	0,4	976
61	Arábia Saudita	75	164	1	575	0	70 [c]	(.)	0,0	..	..
62	Panamá	90	136	0	418	0	64	..	0,0	0,3	97
63	Malásia	89	172	5	771	0	435	..	1,1	0,7	299
64	Bielorússia	154	336	0	419	0	347	76	0,3	0,6	..
65	Maurícia	53	289	2	574	0	146 [c]	..	(.)	0,4	360
66	Bósnia e Herzegovina	..	248	0	408	0	206	3	..	..	..
67	Federação da Rússia	140	280	0	838	0	152	135	1,8	1,2	3,319
68	Albânia	12	88 [c]	0	405 [c]	0	60	..	0,2	..	..
69	Macedónia (ARJM)	150	262	0	620	0	79	11	1,5	0,3	504
70	Brasil	63	230 [c]	(.)	462	0	195	1	0,5	1,0	344
DESENVOLVIMENTO HUMANO MÉDIO											
71	Domínica	161	293 [c]	0	585 [c]	0	361	..	0,0	..	..
72	Santa Lúcia	127	..	0	573 [c]	0	339 [c]	0	..	0,4 [e]	..
73	Cazaquistão	82	167 [c]	0	327	0	27 [c]	83	(.)	0,2	629
74	Venezuela, República Bolivariana	75	136	(.)	470	0	125	1	0,0	0,3	..
75	Colômbia	69	168	0	479	0	104	(.)	0,2	0,2	109
76	Ucrania	135	256 [c]	0	366	0	97	52	0,5	1,2	..
77	Samoa	25	73 [d]	0	130	0	32	0	..	..	..
78	Tailândia	24	110	1	430 [c]	0	110	1	0,3	0,3	287
79	República Dominicana	48	101	(.)	407	0	169	..	0,0	..	..
80	Belize	92	114	0	319	0	130	..	..	..	..
81	China	6	269	(.)	302	0	85	16	0,1	1,4	708
82	Grenada	162	309 [c]	2	410 [c]	0	182	..	0,0	..	..
83	Arménia	158	192 [c]	0	106	0	53	39	..	0,3	..
84	Turquia	122	263	1	605	0	222	1	0,0 [c]	0,7	341
85	Suriname	91	180	0	518	0	71	..	..	..	..
86	Jordânia	78	119 [c]	(.)	304 [c]	0	118 [c]	..	..	..	1,927
87	Perú	26	80	(.)	200	0	164	(.)	0,1	0,1	226
88	Líbano	144	277	0	277	0	196	..	0,0 [c]	..	..
89	Equador	48	129	0	472	0	47	0	0,0 [c]	0,1	50
90	Filipinas	10	41	0	419	0	54 [c]	(.)	0,1	0,1	48
91	Tunísia	37	125	(.)	566	0	95	..	1,4	0,6	1,013
92	Fiji	59	122 [d]	0	229	0	77	..	..	..	..
93	São Vicente e Granadinas	120	189	0	593	0	84	0	..	0,2	..
94	Irão, República Islâmica do	40	278	0	106	0	103	8	..	0,7	1,279
95	Paraguai	27	54	0	320	0	34	..	33,2	0,1	79
96	Geórgia	99	151 [c]	0	326	0	39 [c]	42	2,1	0,3	..
97	Guiana	22	147	0	375	0	213	..	47,9	..	..
98	Azerbeijão	87	130	0	267	0	81	..	(.)	0,3	..
99	Sri Lanka	7	63	(.)	171	0	14 [c]	3	..	0,1	128
100	Maldivas	29	98	0	466	0	59 [c]	..	8,6	..	..
101	Jamaica	44	129	0	1,017	0	404 [c]	1	4,7	0,1	..
102	Cabo Verde	23	141	0	161	0	49	..	0,2 [d]	..	127
103	El Salvador	24	141	0	350	0	93	..	0,4	0,1 [e]	47
104	Argélia	32	78	(.)	416	0	58	1	..	..	..
105	Vietname	1	191	0	115	0	129	(.)	..	0,2	115
106	Territórios Ocupados da Palestina	..	96	0	302	0	67	..	..	..	..

Ordem do IDH		ODM Linhas telefónicas[a] (por 1.000 pessoas)		ODM Assinantes de telemóveis[a] (por 1.000 pessoas)		ODM Utilizadores de internet (por 1.000 pessoas)		Patentes garantidas a residentes (por milhão de pessoas)	Receitas de royalties e direitos de licenças (dólares EUA por pessoa)	Despesas com investigação e desenvolvimento (I&D) (% do PIB)	Investigadores na I&D (por milhão de pessoas)
		1990	2005	1990	2005	1990	2005	2000–05[b]	2005	2000–05[b]	1990–2005[b]
107	Indonésia	6	58	(.)	213	0	73	..	1,2	0,1	207
108	República Árabe Síria	39	152	0	155	0	58	2	..	..	29
109	Turquemenistão	60	80[d]	0	11[c]	0	8[c]	..	..	..	..
110	Nicarágua	12	43	0	217	0	27	1	0,0	0,0	73
111	Moldávia	106	221	0	259	0	96[c]	67	0,4	0,8[e]	..
112	Egipto	29	140	(.)	184	0	68	1	1,9	0,2	493
113	Usbequistão	68	67[d]	0	28	0	34[c]	10	..	..	1,754
114	Mongólia	32	61	0	218	0	105	44	..	0,3	..
115	Honduras	18	69	0	178	0	36	1	0,0	0,0	..
116	Quirguizistão	71	85	0	105	0	54	17	0,4	0,2	..
117	Bolívia	27	70	0	264	0	52	..	0,2	0,3	120
118	Guatemala	21	99	(.)	358	0	79	(.)	(.)[c]	..	..
119	Gabão	22	28	0	470	0	48	..	..	..	..
120	Vanuatu	17	33[c]	(.)	60	0	38	..	..	..	..
121	África do Sul	94	101	(.)	724	0	109	..	0,9	0,8	307
122	Tajiquistão	45	39[d]	0	41	0	1[c]	2	0,2	..	660
123	São Tomé and Príncipe	19	46[c]	0	77	0	131[c]	..	..	..	..
124	Botsuana	18	75	0	466	0	34	..	0,3	..	..
125	Namíbia	38	64[c]	0	244	0	37[c]	..	0,0[d]	..	..
126	Marrocos	17	44	(.)	411	0	152	1	0,4	0,6	..
127	Guiné Equatorial	4	20	0	192	0	14	..	..	..	..
128	Índia	6	45	0	82	0	55	1	(.)[d]	0,8	119
129	Ilhas Salomão	15	16	0	13	0	8	..	..	..	..
130	Laos, Rep. Democrática Popular do	2	13	0	108	0	4	..	..	..	..
131	Camboja	(.)	3[d]	0	75	0	3[c]	..	(.)	..	..
132	Mianmar	2	9	0	4	0	2	..	0,0[d]	0,1	17
133	Butão	3	51	0	59	0	39	..	..	..	..
134	Comores	8	28	0	27	0	33	..	..	..	..
135	Gana	3	15	0	129	0	18	..	0,0	..	..
136	Paquistão	8	34	(.)	82	0	67	0	0,1	0,2	75
137	Mauritânia	3	13	0	243	0	7	..	..	..	..
138	Lesoto	8	27	0	137	0	24[c]	..	9,1	0,0	..
139	Congo	6	4[c]	0	123	0	13	..	..	..	30
140	Bangladesh	2	8	0	63	0	3	..	(.)	0,6	51
141	Suazilândia	18	31	0	177	0	32[c]	..	(.)	..	..
142	Nepal	3	17	0	9	0	4	..	..	0,7	59
143	Madagáscar	3	4	0	27	0	5	(.)	(.)	0,1	15
144	Camarões	3	6[c]	0	138	0	15	..	(.)[d]	..	..
145	Papua- Nova Guiné	7	11[c]	0	4	0	23	..	..	..	..
146	Haiti	7	17[c]	0	48[c]	0	70	..	0,0	..	..
147	Sudão	2	18	0	50	0	77	..	0,0	0,3	..
148	Quénia	7	8	0	135	0	32	..	0,5	..	..
149	Djibuti	10	14	0	56	0	13	..	..	..	..
150	Timor-Leste	..	..	..	..	..	..	..	..	..	..
151	Zimbabué	12	25	0	54	0	77	0	..	..	..
152	Togo	3	10	0	72	0	49	..	0,0[c]	..	102
153	Iémen	10	39[c]	0	95	0	9[c]	..	..	..	..
154	Uganda	2	3	0	53	0	17	..	0,3	0,8	..
155	Gâmbia	7	29	0	163	0	33[c]	..	..	..	..
DESENVOLVIMENTO HUMANO BAIXO											
156	Senegal	6	23	0	148	0	46	..	0,0[c]	..	..
157	Eritreia	..	9	0	9	0	16	..	..	..	..
158	Nigéria	3	9	0	141	0	38	..	..	..	..
159	Tanzânia, República Unida da	3	4[c]	0	52[c]	0	9[c]	..	0,0	..	..

TABELA 13

Tecnologia: difusão e criação

Ordem do IDH	ODM Linhas telefónicas[a] (por 1.000 pessoas)		ODM Assinantes de telemóveis[a] (por 1.000 pessoas)		ODM Utilizadores de internet (por 1.000 pessoas)		Patentes garantidas a residentes (por milhão de pessoas)	Receitas de royalties e direitos de licenças (dólares EUA por pessoa)	Despesas com investigação e desenvolvimento (I&D) (% do PIB)	Investigadores na I&D (por milhão de pessoas)
	1990	2005	1990	2005	1990	2005	2000–05[b]	2005	2000–05[b]	1990–2005[b]
160 Guiné	2	3[c]	0	20	0	5	..	0,0[c]	..	..
161 Ruanda	1	3[c]	0	32	0	6	..	0,0	..	..
162 Angola	7	6	0	69	0	11	..	3,1	..	..
163 Benim	3	9	0	89	0	50	..	0,0[c]	..	..
164 Malawi	3	8	0	33	0	4	0	..	..	..
165 Zâmbia	8	8	0	81	0	20[c]	..	..	0,0[e]	51
166 Costa do Marfim	6	14[c]	0	121	0	11	..	(.)[c]	..	..
167 Burundi	1	4[c]	0	20	0	5	..	0,0	..	..
168 Congo, República Democrática do	1	(.)	0	48	0	2	..	..	..	..
169 Etiópia	2	9	0	6	0	2	..	(.)	..	..
170 Chade	1	1[c]	0	22	0	4	..	..	..	..
171 República Centro-Africana	2	2	0	25	0	3	..	..	..	47
172 Moçambique	4	4[c]	0	62	0	7[c]	..	0,1	0,6	..
173 Mali	1	6	0	64	0	4	..	(.)[c]	..	..
174 Niger	1	2	0	21	0	2	..	..	..	..
175 Guiné-Bissau	6	7[d]	0	42	0	20	..	..	..	..
176 Burquina Faso	2	7	0	43	0	5	..	..	0,2[e]	17
177 Serra Leoa	3	..	0	22[d]	0	2[c]	..	0,2[c]	..	..
Países em vias de Desenvolvimento	21	132	(.)	229	(.)	86	..	..	1,0	..
Países menos desenvolvidos	3	9	0	48	0	12	..	0,2	..	..
Países Árabes	34	106	(.)	284	0	88	..	0,9	..	..
Ásia Oriental e Pacífico	18	223	(.)	301	(.)	106	..	1,7	1,6	722
América Latina e Caraíbas	61	..	(.)	439	0	156	..	1,1	0,6	256
Ásia do Sul	7	51	(.)	81	0	52	..	(.)	0,7	119
África Subsariana	10	17	(.)	130	0	26	..	0,3	..	..
Europa Central, Oriental e CEI	125	277	(.)	629	0	185	73	4,1	1,0	2,423
OCDE	390	441	10	785	3	445	239	104,2	2,4	3,096
OCDE de rendimento elevado	462	..	12	828	3	524	299	130,4	2,4	3,807
Desenvolvimento Humano elevado	308	394	7	743	2	365	189	75,8	2,4	3,035
Desenvolvimento Humano médio	16	135	(.)	209	0	73	..	0,3	0,8	..
Desenvolvimento Humano Baixo	3	7	0	74	0	17	..	0,2	..	..
Rendimento elevado	450	500	12	831	3	525	286	125,3	2,4	3,781
Rendimento médio	40	211	(.)	379	0	115	..	1,0	0,8	725
Rendimento baixo	6	37	(.)	77	0	45	..	(.)	0,7	..
Mundo	98	180	2	341	1	136	..	21,6	2,3	..

NOTAS

a. Linhas de telefone principais e assinantes de telemóveis formam, em conjunto, um indicador do 8º Objectivo de Desenvolvimento do Milénio; ver *Índice dos Indicadores dos Objectivos de Desenvolvimento do Milénio nos quadros dos indicadores.*

b. Os dados referem-se ao ano mais recente disponível durante o período indicado.

c. Os dados referem-se a 2004.

d. Os dados referem-se a 2003.

e. Os dados referm-se a 2004.

FONTES

Colunas 1–6, 9 e 10: Banco Mundial 2007b; os valores totais foram calculados pelo Banco Mundial para o Gabinete do Relatório do Desenvolvimento Humano.

Coluna 7: Calculada com base em dados de patentes concedidas de OMPI 2007 e em dados da população da ONU 2007e.

Coluna 8: Calculada com base em dados de receitas de royalties e direitos de licenças Banco Mundial 2007 e em dados da população em ONU 2007e; valores totais calculados pelo Banco Mundial para o Gabinete do Relatório do Desenvolvimento Humano.

TABELA

14

... terem acesso aos recursos necessários para um nível de vida digno ...

Desempenho económico

Ordem do IDH	PIB: Mil milhões de USD 2005	PIB: Mil milhões USD de PPC 2005	PIB per capita: USD 2005	PIB per capita: USD de PPC[a] 2005	PIB per capita: Taxa Anual de Crescimento (%) 1975–2005	PIB per capita: Taxa Anual de Crescimento (%) 1990–2005	PIB per capita: Valor mais elevado entre 1975-2005 USD de PPC 2005 [a]	PIB per capita: Anos de valor mais elevado	Variação média anual do índice de preços ao consumidor (%) 1990–2005	Variação média anual do índice de preços ao consumidor (%) 2004–05
DESENVOLVIMENTO HUMANO ELEVADO										
1 Islândia	15,8	10,8	53,290	36,510	1,8	2,2	36,510	2005	3,3	4,2
2 Noruega	295,5	191,5	63,918	41,420	2,6	2,7	41,420	2005	2,2	1,5
3 Austrália	732,5	646,3	36,032	31,794	2,0	2,5	31,794	2005	2,5	2,7
4 Canadá	1.113,8	1.078,0	34,484	33,375	1,6	2,2	33,375	2005	1,9	2,2
5 Irlanda	201,8	160,1	48,524	38,505	4,5	6,2	38,505	2005	2,9	2,4
6 Suécia	357,7	293,5	39,637	32,525	1,6	2,1	32,525	2005	1,6	0,5
7 Suiça	367,0	265,0	49,351	35,633	1,0	0,6	35,633	2005	1,2	1,2
8 Japão	4.534,0	3.995,1	35,484	31,267	2,2	0,8	31,267	2005	0,2	-0,3
9 Países Baixos	624,2	533,4	38,248	32,684	1,8	1,9	32,684	2005	2,5	1,7
10 França	2.126,6	1.849,7	34,936	30,386	1,8	1,6	30,386	2005	1,6	1,7
11 Filândia	193,2	168,7	36,820	32,153	2,0	2,5	32,153	2005	1,6	0,9
12 Estados Unidos	12.416,5	12.416,5	41,890	41,890	2,0	2,1	41,890	2005	2,6	3,4
13 Espanha	1.124,6	1.179,1	25,914	27,169	2,3	2,5	27,169	2005	3,4	3,4
14 Dinamarca	258,7	184,0	47,769	33,973	1,7	1,9	33,973	2005	2,1	1,8
15 Áustria	306,1	277,5	37,175	33,700	2,1	1,9	33,700	2005	2,0	2,3
16 Reino Unido	2.198,8	2.001,8	36,509	33,238	2,2	2,5	33,238	2005	2,7	2,8
17 Bélgica	370,8	336,6	35,389	32,119	1,9	1,7	32,119	2005	1,9	2,8
18 Luxemburgo	36,5	27,5	79,851	60,228	3,8	3,3	60,228	2005	2,0	2,5
19 Nova Zelândia	109,3	102,5	26,664	24,996	1,1	2,1	24,996	2005	1,9	3,0
20 Itália	1.762,5	1.672,0	30,073	28,529	2,0	1,3	28,944	2002	3,1	2,0
21 Hong Kong, China (RAE)	177,7	241,9	25,592	34,833	4,2	2,4	34,833	2005	2,5	0,9
22 Alemanha	2.794,9	2.429,6	33,890	29,461	2,0	1,4	29,461	2005	1,7	2,0
23 Israel	123,4	179,1	17,828	25,864	1,8	1,5	25,864	2005	6,6	1,3
24 Grécia	225,2	259,6	20,282	23,381	1,3	2,5	23,381	2005	6,5	3,6
25 Singapura	116,8	128,8	26,893	29,663	4,7	3,6	29,663	2005	1,2	0,5
26 República da Coreia	787,6	1.063,9	16,309	22,029	6,0	4,5	22,029	2005	4,3	2,7
27 Eslovénia	34,4	44,6	17,173	22,273	3,2 [b]	3,2	22,273 [b]	2005	9,2	2,5
28 Chipre	15,4 [c]	16,3 [c]	20,841 [c]	22,699 [c]	4,0 [b]	2,3	22,699 [b]	2004	3,3	2,6
29 Portugal	183,3	215,3	17,376	20,410	2,7	2,1	20,679	2002	3,8	2,3
30 Estado do Brunei Darussalam	6,4	..	17,121	..	-1,9 [b]	-0,8 [b]	..	..	1,3	1,2
31 Barbados	3,1	..	11,465	..	1,3 [b]	1,5 [b]	..	..	2,2	6,1
32 República Checa	124,4	210,2	12,152	20,538	1,9 [b]	1,9	20,538 [b]	2005	5,2	1,8
33 Koweit	80,8	66,7 [d]	31,861	26,321 [d]	-0,5 [b]	0,6 [b]	34,680 [b]	1979	1,8	4,1
34 Malta	5,6	7,7	13,803	19,189	4,1	2,7	19,862	2002	2,8	3,0
35 Catar	42,5	..	52,240	..	..	..	..	..	2,7	8,8
36 Hungria	109,2	180,4	10,830	17,887	1,3	3,1	17,887	2005	15,0	3,6
37 Polónia	303,2	528,5	7,945	13,847	4,3 [b]	4,3	13,847 [b]	2005	16,0	2,1
38 Argentina	183,2	553,3	4,728	14,280	0,3	1,1	14,489	1998	7,1	9,6
39 Emirados Árabes Unidos	129,7	115,7 [d]	28,612	25,514 [d]	-2,6	-0,9	50,405	1981	..	..
40 Chile	115,2	196,0	7,073	12,027	3,9	3,8	12,027	2005	6,3	3,1
41 Barém	12,9	15,6	17,773	21,482	1,5 [b]	2,3	21,482 [b]	2005	0,5	2,6
42 Eslováquia	46,4	85,5	8,616	15,871	1,0 [b]	2,8	15,871 [b]	2005	7,8	2,7
43 Lituânia	25,6	49,5	7,505	14,494	1,9 [b]	1,9	14,494 [b]	2005	14,6	2,7
44 Estónia	13,1	20,8	9,733	15,478	1,1 [b]	4,2	15,478 [b]	2005	12,0	4,1
45 Letónia	15,8	31,4	6,879	13,646	0,6	3,6	13,646	2005	15,5	6,8
46 Uruguai	16,8	34,5	4,848	9,962	1,1	0,8	10,459	1998	22,3	4,7
47 Croácia	38,5	57,9	8,666	13,042	2,6 [b]	2,6	13,042 [b]	2005	40,6	3,3
48 Costa Rica	20,0	44,1 [d]	4,627	10,180 [d]	1,5	2,3	10,180	2005	13,5	13,8
49 Baamas	5,5 [e]	5,3 [f]	17,497 [e]	18,380 [f]	1,3 [b]	0,4 [b]	19,162 [b]	2000	2,0	1,6
50 Seicheles	0,7	1,4	8,209	16,106	2,6	1,5	18,872	2000	2,5	0,9
51 Cuba	..	..	..	..	..	3,5 [b]	..	..	..	..
52 México	768,4	1.108,3	7,454	10,751	1,0	1,5	10,751	2005	14,8	4,0
53 Bulgária	26,6	69,9	3,443	9,032	0,7 [b]	1,5	9,032 [b]	2005	67,6	5,0

TABELA

14 Desempenho económico

Ordem do IDH		PIB: Mil milhões de USD 2005	PIB: Mil milhões USD de PPC 2005	PIB per capita: USD 2005	PIB per capita: USD de PPC[a] 2005	PIB per capita: Taxa Anual de Crescimento (%) 1975–2005	PIB per capita: Taxa Anual de Crescimento (%) 1990–2005	PIB per capita: Valor mais elevado entre 1975-2005 USD de PPC 2005[a]	PIB per capita: Anos de valor mais elevado	Variação média anual do índice de preços ao consumidor (%) 1990–2005	Variação média anual do índice de preços ao consumidor (%) 2004–05
54	São Cristóvão e Nevis	0,5	0,6[c]	9,438	13,307[c]	4,9[b]	2,9	13,307[b]	2004	3,0	1,8
55	Tonga	0,2	0,8[d]	2,090	8,177[d]	1,8[b]	1,9	8,177[b]	2005	5,2	8,3
56	Jamahira Árabe Líbia	38,8	..	6,621	..	2,5[b]	..	..	..	1,9	..
57	Antigua e Barbuda	0,9	1,0[c]	10,578	12,500[c]	3,7[b]	1,5	12,500[b]	2004	..	..
58	Omã	24,3[c]	38,4[c]	9,584[c]	15,602[c]	2,4[b]	1,8	15,602[b]	2004	0,1	1,2
59	Trinidade e Tobago	14,4	19,1	11,000	14,603	0,6	4,3	14,603	2005	5,1	6,9
60	Roménia	98,6	196,0	4,556	9,060	-0,3[b]	1,6	9,060[b]	2005	66,5	9,0
61	Arábia Saudita	309,8	363,2[d]	13,399	15,711[d]	-2,0	0,1	27,686	1977	0,4	0,7
62	Panamá	15,5	24,6	4,786	7,605	1,0	2,2	7,605	2005	1,0	3,3
63	Malásia	130,3	275,8	5,142	10,882	3,9	3,3	10,882	2005	2,9	3,0
64	Bielorússia	29,6	77,4	3,024	7,918	2,2[b]	2,2	7,918[b]	2005	144,6	10,3
65	Maurícia	6,3	15,8	5,059	12,715	4,4[b]	3,8	12,715[b]	2005	5,8	4,9
66	Bósnia e Herzegovina	9,9	..	2,546	..	..	12,7[b]	..	..	..	..
67	Federação da Rússia	763,7	1,552,0	5,336	10,845	-0,7[b]	-0,1	11,947[b]	1989	53,5	12,7
68	Albânia	8,4	16,6	2,678	5,316	0,9[b]	5,2	5,316[b]	2005	15,6	2,4
69	Macedónia (ARJM)	5,8	14,6	2,835	7,200	-0,1[b]	-0,1	7,850[b]	1990	5,7	(.)
70	Brasil	796,1	1,566,3	4,271	8,402	0,7	1,1	8,402	2005	86,0	6,9
DESENVOLVIMENTO HUMANO MÉDIO											
71	Domínica	0,3	0,4[c]	3,938	6,393[c]	3,1[b]	1,3	6,393[b]	2004	1,6	2,2
72	Santa Lúcia	0,8	1,1[c]	5,007	6,707[c]	3,6[b]	0,9	6,707[b]	2004	2,7	3,9
73	Cazaquistão	57,1	119,0	3,772	7,857	2,0[b]	2,0	7,857[b]	2005	29,7	7,6
74	Venezuela, República Bolivariana	140,2	176,3[d]	5,275	6,632	-1,0	-1,0	8,756	1977	37,6	16,0
75	Colômbia	122,3	333,1[d]	2,682	7,304[d]	1,4	0,6	7,304	2005	15,2	5,0
76	Ucrania	82,9	322,4	1,761	6,848	-3,8[b]	-2,4	10,587[b]	1989	63,9	13,5
77	Samoa	0,4	1,1	2,184	6,170	1,4[b]	2,5	6,170[b]	2005	4,0	1,8
78	Tailândia	176,6	557,4	2,750	8,677	4,9	2,7	8,677	2005	3,7	4,5
79	República Dominicana	29,5	73,1[d]	3,317	8,217[d]	2,1	3,9	8,217	2005	10,5	4,2
80	Belize	1,1	2,1	3,786	7,109	3,1	2,3	7,120	2004	1,8	3,6
81	China	2.234,3	8,814,9[g]	1,713	6,757[g]	8,4	8,8	6,757	2005	5,1	1,8
82	Grenada	0,5	0,8[c]	4,451	7,843[c]	3,4[b]	2,5	8,264[b]	2003	2,0	..
83	Arménia	4,9	14,9	1,625	4,945	4,4[b]	4,4	4,945[b]	2005	27,3	0,6
84	Turquia	362,5	605,9	5,030	8,407	1,8	1,7	8,407	2005	64,2	8,2
85	Suriname	1,3	3,5	2,986	7,722	-0,5	1,1	8,634	1978	60,7	..
86	Jordânia	12,7	30,3	2,323	5,530	0,5	1,6	5,613	1986	2,8	3,5
87	Perú	79,4	168,9	2,838	6,039	-0,3	2,2	6,097	1981	15,0	1,6
88	Líbano	21,9	20,0	6,135	5,584	3,2[b]	2,8	5,586[b]	2004	..	..
89	Equador	36,5	57,4	2,758	4,341	0,3	0,8	4,341	2005	34,1	2,4
90	Filipinas	99,0	426,7	1,192	5,137	0,4	1,6	5,137	2005	6,6	7,6
91	Tunísia	28,7	84,0	2,860	8,371	2,3	3,3	8,371	2005	3,6	2,0
92	Fiji	2,7	5,1	3,219	6,049	0,9[b]	1,4[b]	6,056[b]	2004	3,1	2,4
93	São Vicente e Granadinas	0,4	0,8	3,612	6,568	3,2	1,6	6,568	2005	1,8	3,7
94	Irão, República Islâmica do	189,8	543,8	2,781	7,968	-0,2	2,3	9,311	1976	21,3	13,4
95	Paraguai	7,3	27,4[d]	1,242	4,642[d]	0,5	-0,6	5,430	1981	11,1	6,8
96	Geórgia	6,4	15,1	1,429	3,365	-3,9	0,2	6,884	1985	12,8	8,2
97	Guiana	0,8	3,4[d]	1,048	4,508[d]	0,9	3,2	4,618	2004	5,5	6,3
98	Azerbeijão	12,6	42,1	1,498	5,016	(.)[b]	(.)	5,310[b]	1990	66,4	9,5
99	Sri Lanka	23,5	90,2	1,196	4,595	3,2	3,7	4,595	2005	9,5	11,6
100	Maldivas	0,8	..	2,326	..	..	3,8[b]	..	..	4,3	3,3
101	Jamaica	9,6	11,4	3,607	4,291	1,0	0,7	4,291	2005	16,6	15,3
102	Cabo Verde	1,0	2,9[d]	1,940	5,803[d]	2,9[b]	3,4	5,803[b]	2005	3,9	0,4
103	El Salvador	17,0	36,2[d]	2,467	5,255[d]	0,3	1,6	5,745	1978	5,9	4,7
104	Argélia	102,3	232,0[d]	3,112	7,062[d]	0,1	1,1	7,062	2005	10,7	1,6
105	Vietname	52,4	255,3	631	3,071	5,2[b]	5,9	3,071[b]	2005	3,3	8,3
106	Territórios Ocupados da Palestina	4,0	..	1,107	..	..	-2,9[b]	..	..	..	..

Ordem do IDH	PIB		PIB per capita						Variação média anual do índice de preços ao consumidor (%)	
	Mil milhões de USD 2005	Mil milhões USD de PPC 2005	USD 2005	USD de PPC[a] 2005	Taxa Anual de Crescimento (%) 1975–2005	1990–2005	Valor mais elevado entre 1975-2005 USD de PPC 2005[a]	Anos de valor mais elevado	1990–2005	2004–05
107 Indonésia	287,2	847,6	1,302	3,843	3,9	2,1	3,843	2005	13,3	10,5
108 República Árabe Síria	26,3	72,5	1,382	3,808	0,9	1,4	3,808	2005	4,9	..
109 Turquemenistão	8,1	15,4[h]	1,669	3,838[h]	..	-6,8[b]	6,752[b]	1988	..	..
110 Nicarágua	4,9	18,9[d]	954	3,674[d]	-2,1	1,8	7,187	1977	18,9	9,4
111 Moldávia	2,9	8,8	694	2,100	-4,4[b]	-3,5	4,168[b]	1989	16,5	13,1
112 Egipto	89,4	321,1	1,207	4,337	2,8	2,4	4,337	2005	6,6	4,9
113 Usbequistão	14,0	54,0	533	2,063	-0,4[b]	0,3	2,080[b]	1989	..	..
114 Mongólia	1,9	5,4	736	2,107	1,2[b]	2,2	2,107[b]	2005	19,2	8,9
115 Honduras	8,3	24,7[d]	1,151	3,430[d]	0,2	0,5	3,430	2005	15,0	8,8
116 Quirguizistão	2,4	9,9	475	1,927	-2,3[b]	-1,3	2,806[b]	1990	13,2	4,4
117 Bolívia	9,3	25,9	1,017	2,819	-0,2	1,3	3,025	1977	6,3	5,4
118 Guatemala	31,7	57,6[d]	2,517	4,568[d]	0,4	1,3	4,568	2005	8,6	8,4
119 Gabão	8,1	9,6	5,821	6,954	-1,4	-0,4	13,812	1976	3,0	(.)
120 Vanuatu	..	..	..	3,225	0,1[b]	..	3,833[b]	1984	..	..
121 África do Sul	239,5	520,9[d]	5,109	11,110[d]	-0,3	0,6	11,617	1981	7,4	3,4
122 Tajiquistão	2,3	8,8	355	1,356	-6,3[b]	-4,0	3,150[b]	1988	..	..
123 São Tomé and Príncipe	0,1	0,3	451	2,178	0,3[b]	0,5	2,178[b]	2005	..	..
124 Botsuana	10,3	21,9	5,846	12,387	5,9	4,8	12,387	2005	7,9	8,6
125 Namíbia	6,1	15,4[d]	3,016	7,586[d]	0,1[b]	1,4	7,586[b]	2005	..	2,3
126 Marrocos	51,6	137,4	1,711	4,555	1,4	1,5	4,555	2005	2,8	1,0
127 Guiné Equatorial	3,2	3,8[c,d]	6,416	7,874[c,d]	11,7[b]	16,6	7,874[b]	2004	7,6	..
128 Índia	805,7	3,779,0[d]	736	3,452[d]	3,4	4,2	3,452	2005	7,2	4,2
129 Ilhas Salomão	0,3	1,0[d]	624	2,031[d]	1,1	-2,4	2,804	1996	9,6	7,2
130 Laos, Rep. Democrática Popular do	2,9	12,1	485	2,039	3,4[b]	3,8	2,039[b]	2005	28,0	7,2
131 Camboja	6,2	38,4[d]	440	2,727[d]	..	5,5[b]	2,727[b]	2005	3,9	5,7
132 Mianmar	..	..	..	..	2,6[b]	6,6[b]	..	..	25,2	9,4
133 Butão	0,8	..	1,325	..	5,4[b]	5,6[b]	..	..	7,0	5,3
134 Comores	0,4	1,2[d]	645	1,993[d]	-0,6[b]	-0,4	2,272[b]	1984	..	..
135 Gana	10,7	54,8[d]	485	2,480[d]	0,7	2,0	2,480	2005	25,6	15,1
136 Paquistão	110,7	369,2	711	2,370	2,5	1,3	2,370	2005	7,5	9,1
137 Mauritânia	1,9	6,9[d]	603	2,234[d]	-0,1	0,3	2,338	1976	5,8	12,1
138 Lesoto	1,5	6,0[d]	808	3,335[d]	2,7	2,3	3,335	2005	8,5	3,4
139 Congo	5,1	5,0	1,273	1,262	-0,1	-1,0	1,758	1984	6,4	5,3
140 Bangladesh	60,0	291,2	423	2,053	2,0	2,9	2,053	2005	5,1	7,0
141 Suazilândia	2,7	5,5	2,414	4,824	1,6	0,2	4,824	2005	8,7	4,8
142 Nepal	7,4	42,1	272	1,550	2,0	2,0	1,550	2005	6,8	6,8
143 Madagáscar	5,0	17,2	271	923	-1,6	-0,7	1,450	1975	14,7	18,5
144 Camarões	16,9	37,5	1,034	2,299	-0,4	0,6	3,175	1986	4,7	2,0
145 Papua- Nova Guiné	4,9	15,1[d]	840	2,563[d]	0,5	0,2	2,986	1994	10,1	1,7
146 Haiti	4,3	14,2[d]	500	1,663[d]	-2,2	-2,0	3,151	1980	19,6	15,7
147 Sudão	27,5	75,5[d]	760	2,083[d]	1,3	3,5	2,083	2005	41,8	8,5
148 Quénia	18,7	42,5	547	1,240	0,1	-0,1	1,263	1990	11,6	10,3
149 Djibuti	0,7	1,7[d]	894	2,178[d]	-2,7[b]	-2,7	3,200[b]	1990	..	..
150 Timor-Leste	0,3	..	358	..	..	..	..	..	..	..
151 Zimbabué	3,4	26,5	259	2,038	-0,5	-2,1	3,228	1998	36,1	..
152 Togo	2,2	9,3[d]	358	1,506[d]	-1,1	(.)	2,133	1980	5,7	6,8
153 Iémen	15,1	19,5	718	930	1,5[b]	1,5	943[b]	2002	20,8	..
154 Uganda	8,7	41,9[d]	303	1,454[d]	2,4[b]	3,2	1,454[b]	2005	7,1	8,2
155 Gâmbia	0,5	2,9[d]	304	1,921[d]	-0,1	0,1	1,932	1984	5,0	3,2
DESENVOLVIMENTO HUMANO BAIXO										
156 Senegal	8,2	20,9	707	1,792	(.)	1,2	1,792	2005	3,7	1,7
157 Eritreia	1,0	4,9[d]	220	1,109[d]	..	0,3[b]	1,435[b]	1997	..	..
158 Nigéria	99,0	148,3	752	1,128	-0,1	0,8	1,177	1977	23,5	13,5
159 Tanzânia, República Unida da	12,1	28,5	316	744	1,4[b]	1,7	744[b]	2005	13,8	8,6

TABELA

14 Desempenho económico

Ordem do IDH	PIB: Mil milhões de USD 2005	PIB: Mil milhões USD de PPC 2005	PIB per capita: USD 2005	PIB per capita: USD de PPC[a] 2005	PIB per capita: Taxa Anual de Crescimento (%) 1975–2005	PIB per capita: Taxa Anual de Crescimento (%) 1990–2005	Valor mais elevado entre 1975-2005 USD de PPC 2005[a]	Anos de valor mais elevado	Variação média anual do índice de preços ao consumidor (%) 1990–2005	Variação média anual do índice de preços ao consumidor (%) 2004–05
160 Guiné	3,3	21,8	350	2,316	1,0[b]	1,2	2,316[b]	2005	..	..
161 Ruanda	2,2	10,9[d]	238	1,206[d]	-0,3	0,1	1,358	1983	11,2	9,1
162 Angola	32,8	37,2[d]	2,058	2,335[d]	-0,6[b]	1,5	2,335[b]	2005	393,3	23,0
163 Benim	4,3	9,6	508	1,141	0,4	1,4	1,141	2005	5,6	5,4
164 Malawi	2,1	8,6	161	667	-0,2	1,0	719	1979	28,4	15,4
165 Zâmbia	7,3	11,9	623	1,023	-1,8	-0,3	1,559	1976	40,0	18,3
166 Costa do Marfim	16,3	29,9	900	1,648	-2,1	-0,5	3,195	1978	5,4	3,9
167 Burundi	0,8	5,3[d]	106	699[d]	-1,0	-2,8	1,047	1991	13,8	13,0
168 Congo, República Democrática do	7,1	41,1[d]	123	714[d]	-4,9	-5,2	2,488	1975	424,3	21,3
169 Etiópia	11,2	75,1[d]	157	1,055[d]	-0,2[b]	1,5	1,055[b]	2005	4,2	11,6
170 Chade	5,5	13,9[d]	561	1,427[d]	0,5	1,7	1,427	2005	5,3	7,9
171 República Centro-Africana	1,4	4,9[d]	339	1,224[d]	-1,5	-0,6	1,935	1977	3,9	2,9
172 Moçambique	6,6	24,6[d]	335	1,242[d]	2,3[b]	4,3	1,242[b]	2005	22,1	7,2
173 Mali	5,3	14,0	392	1,033	0,2	2,2	1,033	2005	3,8	6,4
174 Níger	3,4	10,9[d]	244	781[d]	-1,7	-0,5	1,293	1979	4,4	7,8
175 Guiné-Bissau	0,3	1,3[d]	190	827[d]	-0,6	-2,6	1,264	1997	20,2	3,3
176 Burquina Faso	5,2	16,0[d]	391	1,213[d]	0,9	1,3	1,213	2005	4,1	6,4
177 Serra Leoa	1,2	4,5	216	806	-2,1	-1,4	1,111	1982	19,7	12,1
Países em vias de Desenvolvimento	9.812,5 T	26.732,3 T	1,939	5,282	2,5	3,1	..	..	..	..
Países menos desenvolvidos	306,2 T	1.081,8 T	424	1,499	0,9	1,8	..	..	..	..
Países Árabes	1.043,4 T	1.915,2 T	3,659	6,716	0,7	2,3	..	..	..	..
Ásia Oriental e Pacífico	4.122,5 T	12.846,6 T	2,119	6,604	6,1	5,8	..	..	..	..
América Latina e Caraíbas	2.469,5 T	4.639,2 T	4,480	8,417	0,7	1,2	..	..	..	..
Ásia do Sul	1.206,1 T	5.152,2 T	800	3,416	2,6	3,4	..	..	..	..
África Subsariana	589,9 T	1.395,6 T	845	1,998	-0,5	0,5	..	..	..	..
Europa Central, Oriental e CEI	1.873,0 T	3.827,2 T	4,662	9,527	1,4	1,4	..	..	..	..
OCDE	34.851,2 T	34.076,8 T	29,860	29,197	2,0	1,8	..	..	..	..
OCDE de rendimento elevado	32.404,5 T	30.711,7 T	35,696	33,831	2,1	1,8	..	..	..	..
Desenvolvimento Humano elevado	37.978,4 T	39.633,4 T	22,984	23,986	1,9	1,8	..	..	..	..
Desenvolvimento Humano médio	5.881,2 T	20.312,6 T	1,412	4,876	3,2	4,0	..	..	..	..
Desenvolvimento Humano Baixo	236,4 T	544,2 T	483	1,112	-0,7	0,6	..	..	..	..
Rendimento elevado	34.338,1 T	32.680,7 T	34,759	33,082	2,1	1,8	..	..	..	..
Rendimento médio	8.552,0 T	22.586,3 T	2,808	7,416	2,1	3,0	..	..	..	..
Rendimento baixo	1.416,2 T	5.879,1 T	610	2,531	2,2	2,9	..	..	..	..
Mundo	44.155,7 T	60.597,3 T	6,954	9,543	1,4	1,5	..	..	..	..

NOTAS

a. Em 2005, os valores do PIB expressam preços contínuos.
b. Os dados referem-se a um período mais pequeno do especificado.
c. Os dados referem-se a 2004.
d. Estimativas do Banco Mundial baseadas na regressão.
e. Os dados referem-se a 2003.
f. Os dados referem-se a 2002.
g. As estimativas são baseadas numa comparação bilateral entre a China e os Estados Unidos (Ruoen e Kai. 1995).
h. Os dados referem-se a 2000.
i. Os dados referem-se a 2001.

FONTES

Colunas 1–4: Banco Mundial 2007b; os valores totais foram calculados pelo Banco Mundial para o Gabinete do Relatório do Desenvolvimento Humano.
Colunas 5 e 6: Banco Mundial 2007b; os valores totais foram calculados pelo Banco Mundial para o Gabinete do Relatório do Desenvolvimento Humano, utilizando o método dos mínimos quadrados.
Colunas 7 e 8: calculado com base no PIB per capita (PPC em USD) em períodos de tempo do Banco Mundial 2007b.
Colunas 9 e 10: Calculado com base nos dados do índice do preço ao consumidor do Banco Mundial 2007b.

TABELA 15

... terem acesso aos recursos necessários para um nível de vida digno ...

Desigualdade no rendimento e consumo

Ordem do IDH		Ano do inquérito	ODM Parcela de rendimento ou consumo (%) 10% mais pobres	20% mais pobres	20% mais ricos	10% mais ricos	Medidas de desigualdade 10% mais ricos para 10% mais pobres[a]	20% mais ricos para 20% mais pobres[a]	Índice Gini[b]
DESENVOLVIMENTO HUMANO ELEVADO									
1	Islândia	..	..	..	..	..	..	..	..
2	Noruega	2000[c]	3,9	9,6	37,2	23,4	6,1	3,9	25,8
3	Austrália	1994[c]	2,0	5,9	41,3	25,4	12,5	7,0	35,2
4	Canadá	2000[c]	2,6	7,2	39,9	24,8	9,4	5,5	32,6
5	Irlanda	2000[c]	2,9	7,4	42,0	27,2	9,4	5,6	34,3
6	Suécia	2000[c]	3,6	9,1	36,6	22,2	6,2	4,0	25,0
7	Suiça	2000[c]	2,9	7,6	41,3	25,9	9,0	5,5	33,7
8	Japão	1993[c]	4,8	10,6	35,7	21,7	4,5	3,4	24,9
9	Países Baixos	1999[c]	2,5	7,6	38,7	22,9	9,2	5,1	30,9
10	França	1995[c]	2,8	7,2	40,2	25,1	9,1	5,6	32,7
11	Filândia	2000[c]	4,0	9,6	36,7	22,6	5,6	3,8	26,9
12	Estados Unidos	2000[c]	1,9	5,4	45,8	29,9	15,9	8,4	40,8
13	Espanha	2000[c]	2,6	7,0	42,0	26,6	10,3	6,0	34,7
14	Dinamarca	1997[c]	2,6	8,3	35,8	21,3	8,1	4,3	24,7
15	Áustria	2000[c]	3,3	8,6	37,8	23,0	6,9	4,4	29,1
16	Reino Unido	1999[c]	2,1	6,1	44,0	28,5	13,8	7,2	36,0
17	Bélgica	2000[c]	3,4	8,5	41,4	28,1	8,2	4,9	33,0
18	Luxemburgo	..	..	..	..	..	..	..	..
19	Nova Zelândia	1997[c]	2,2	6,4	43,8	27,8	12,5	6,8	36,2
20	Itália	2000[c]	2,3	6,5	42,0	26,8	11,6	6,5	36,0
21	Hong Kong, China (RAE)	1996[c]	2,0	5,3	50,7	34,9	17,8	9,7	43,4
22	Alemanha	2000[c]	3,2	8,5	36,9	22,1	6,9	4,3	28,3
23	Israel	2001[c]	2,1	5,7	44,9	28,8	13,4	7,9	39,2
24	Grécia	2000[c]	2,5	6,7	41,5	26,0	10,2	6,2	34,3
25	Singapura	1998[c]	1,9	5,0	49,0	32,8	17,7	9,7	42,5
26	República da Coreia	1998[c]	2,9	7,9	37,5	22,5	7,8	4,7	31,6
27	Eslovénia	1998[d]	3,6	9,1	35,7	21,4	5,9	3,9	28,4
28	Chipre	..	..	..	..	..	..	..	..
29	Portugal	1997[c]	2,0	5,8	45,9	29,8	15,0	8,0	38,5
30	Estado do Brunei Darussalam	..	..	..	..	..	..	..	..
31	Barbados	..	..	..	..	..	..	..	..
32	República Checa	1996[c]	4,3	10,3	35,9	22,4	5,2	3,5	25,4
33	Koweit	..	..	..	..	..	..	..	..
34	Malta	..	..	..	..	..	..	..	..
35	Catar	..	..	..	..	..	..	..	..
36	Hungria	2002[d]	4,0	9,5	36,5	22,2	5,5	3,8	26,9
37	Polónia	2002[d]	3,1	7,5	42,2	27,0	8,8	5,6	34,5
38	Argentina[e]	2004[c]	0,9	3,1	55,4	38,2	40,9	17,8	51,3
39	Emirados Árabes Unidos	..	..	..	..	..	..	..	..
40	Chile	2003[c]	1,4	3,8	60,0	45,0	33,0	15,7	54,9
41	Barém	..	..	..	..	..	..	..	..
42	Eslováquia	1996[c]	3,1	8,8	34,8	20,9	6,7	4,0	25,8
43	Lituânia	2003[d]	2,7	6,8	43,2	27,7	10,4	6,3	36,0
44	Estónia	2003[d]	2,5	6,7	42,8	27,6	10,8	6,4	35,8
45	Letónia	2003[d]	2,5	6,6	44,7	29,1	11,6	6,8	37,7
46	Uruguai[e]	2003[c]	1,9	5,0	50,5	34,0	17,9	10,2	44,9
47	Croácia	2001[d]	3,4	8,3	39,6	24,5	7,3	4,8	29,0
48	Costa Rica	2003[c]	1,0	3,5	54,1	37,4	37,8	15,6	49,8
49	Baamas	..	..	..	..	..	..	..	..
50	Seicheles	..	..	..	..	..	..	..	..
51	Cuba	..	..	..	..	..	..	..	..
52	México	2004[d]	1,6	4,3	55,1	39,4	24,6	12,8	46,1
53	Bulgária	2003[d]	3,4	8,7	38,3	23,9	7,0	4,4	29,2

TABELA

15 Desigualdade no rendimento e consumo

Ordem do IDH		Ano do inquérito	ODM Parcela de rendimento ou consumo (%) 10% mais pobres	20% mais pobres	20% mais ricos	10% mais ricos	Medidas de desigualdade 10% mais ricos para 10% mais pobres[a]	20% mais ricos para 20% mais pobres[a]	Índice Gini[b]
54	São Cristóvão e Nevis	..	..	..	..	..	..	..	..
55	Tonga	..	..	..	..	..	..	..	..
56	Jamahira Árabe Líbia	..	..	..	..	..	..	..	..
57	Antigua e Barbuda	..	..	..	..	..	..	..	..
58	Omã	..	..	..	..	..	..	..	..
59	Trinidade e Tobago	1992[c]	2,2	5,9	44,9	28,8	12,9	7,6	38,9
60	Roménia	2003[d]	3,3	8,1	39,2	24,4	7,5	4,9	31,0
61	Arábia Saudita	..	..	..	..	..	..	..	..
62	Panamá	2003[c]	0,7	2,5	59,9	43,0	57,5	23,9	56,1
63	Malásia	1997[c]	1,7	4,4	54,3	38,4	22,1	12,4	49,2
64	Bielorússia	2002[d]	3,4	8,5	38,3	23,5	6,9	4,5	29,7
65	Maurícia	..	..	..	..	..	..	..	..
66	Bósnia e Herzegovina	2001[d]	3,9	9,5	35,8	21,4	5,4	3,8	26,2
67	Federação da Rússia	2002[d]	2,4	6,1	46,6	30,6	12,7	7,6	39,9
68	Albânia	2004[d]	3,4	8,2	39,5	24,4	7,2	4,8	31,1
69	Macedónia (ARJM)	2003[d]	2,4	6,1	45,5	29,6	12,5	7,5	39,0
70	Brasil	2004[c]	0,9	2,8	61,1	44,8	51,3	21,8	57,0
DESENVOLVIMENTO HUMANO MÉDIO									
71	Domínica	..	..	..	..	..	..	..	..
72	Santa Lúcia	..	..	..	..	..	..	..	..
73	Cazaquistão	2003[d]	3,0	7,4	41,5	25,9	8,5	5,6	33,9
74	Venezuela, República Bolivariana	2003	0,7	3,3	52,1	35,2	48,3	16,0	48,2
75	Colómbia	2003[c]	0,7	2,5	62,7	46,9	63,8	25,3	58,6
76	Ucrania	2003[d]	3,9	9,2	37,5	23,0	5,9	4,1	28,1
77	Samoa	..	..	..	..	..	..	..	..
78	Tailândia	2002[d]	2,7	6,3	49,0	33,4	12,6	7,7	42,0
79	República Dominicana	2004[c]	1,4	4,0	56,7	41,1	28,5	14,3	51,6
80	Belize	..	..	..	..	..	..	..	..
81	China	2004[c]	1,6	4,3	51,9	34,9	21,6	12,2	46,9
82	Grenada	..	..	..	..	..	..	..	..
83	Arménia	2003[d]	3,6	8,5	42,8	29,0	8,0	5,0	33,8
84	Turquia	2003[d]	2,0	5,3	49,7	34,1	16,8	9,3	43,6
85	Suriname	..	..	..	..	..	..	..	..
86	Jordânia	2002-03[d]	2,7	6,7	46,3	30,6	11,3	6,9	38,8
87	Perú	2003[c]	1,3	3,7	56,7	40,9	30,4	15,2	52,0
88	Líbano	..	..	..	..	..	..	..	..
89	Equador	1998[d]	0,9	3,3	58,0	41,6	44,9	17,3	53,6
90	Filipinas	2003[d]	2,2	5,4	50,6	34,2	15,5	9,3	44,5
91	Tunísia	2000[d]	2,3	6,0	47,3	31,5	13,4	7,9	39,8
92	Fiji	..	..	..	..	..	..	..	..
93	São Vicente e Granadinas	..	..	..	..	..	..	..	..
94	Irão, República Islâmica do	1998[d]	2,0	5,1	49,9	33,7	17,2	9,7	43,0
95	Paraguai	2003[c]	0,7	2,4	61,9	46,1	65,4	25,7	58,4
96	Geórgia	2003[d]	2,0	5,6	46,4	30,3	15,4	8,3	40,4
97	Guiana	..	..	..	..	..	..	..	..
98	Azerbeijão	2001[d]	3,1	7,4	44,5	29,5	9,7	6,0	36,5
99	Sri Lanka	2002[d]	3,0	7,0	48,0	32,7	11,1	6,9	40,2
100	Maldivas	..	..	..	..	..	..	..	..
101	Jamaica	2004[d]	2,1	5,3	51,6	35,8	17,3	9,8	45,5
102	Cabo Verde	..	..	..	..	..	..	..	..
103	El Salvador	2002[c]	0,7	2,7	55,9	38,8	57,5	20,9	52,4
104	Argélia	1995[d]	2,8	7,0	42,6	26,8	9,6	6,1	35,3
105	Vietname	2004[d]	4,2	9,0	44,3	28,8	6,9	4,9	34,4
106	Territórios Ocupados da Palestina	..	..	..	..	..	..	..	..

Ordem do IDH	Ano do inquérito	ODM Parcela de rendimento ou consumo (%) 10% mais pobres	20% mais pobres	20% mais ricos	10% mais ricos	Medidas de desigualdade 10% mais ricos para 10% mais pobres [a]	20% mais ricos para 20% mais pobres [a]	Índice Gini [b]
107 Indonésia	2002 [d]	3,6	8,4	43,3	28,5	7,8	5,2	34,3
108 República Árabe Síria	..	..	..	..	..	..	..	..
109 Turquemenistão	1998 [d]	2,6	6,1	47,5	31,7	12,3	7,7	40,8
110 Nicarágua	2001 [d]	2,2	5,6	49,3	33,8	15,5	8,8	43,1
111 Moldávia	2003 [d]	3,2	7,8	41,4	26,4	8,2	5,3	33,2
112 Egipto	1999-00 [d]	3,7	8,6	43,6	29,5	8,0	5,1	34,4
113 Usbequistão	2003 [d]	2,8	7,2	44,7	29,6	10,6	6,2	36,8
114 Mongólia	2002 [d]	3,0	7,5	40,5	24,6	8,2	5,4	32,8
115 Honduras	2003 [c]	1,2	3,4	58,3	42,2	34,2	17,2	53,8
116 Quirguizistão	2003 [d]	3,8	8,9	39,4	24,3	6,4	4,4	30,3
117 Bolívia	2002 [c]	0,3	1,5	63,0	47,2	168,1	42,3	60,1
118 Guatemala	2002 [c]	0,9	2,9	59,5	43,4	48,2	20,3	55,1
119 Gabão	..	..	..	..	..	..	..	..
120 Vanuatu	..	..	..	..	..	..	..	..
121 África do Sul	2000 [d]	1,4	3,5	62,2	44,7	33,1	17,9	57,8
122 Tajiquistão	2003 [d]	3,3	7,9	40,8	25,6	7,8	5,2	32,6
123 São Tomé and Príncipe	..	..	..	..	..	..	..	..
124 Botsuana	1993 [d]	1,2	3,2	65,1	51,0	43,0	20,4	60,5
125 Namíbia	1993 [c]	0,5	1,4	78,7	64,5	128,8	56,1	74,3
126 Marrocos	1998-99 [d]	2,6	6,5	46,6	30,9	11,7	7,2	39,5
127 Guiné Equatorial	..	..	..	..	..	..	..	..
128 Índia	2004-05 [d]	3,6	8,1	45,3	31,1	8,6	5,6	36,8
129 Ilhas Salomão	..	..	..	..	..	..	..	..
130 Laos, Rep. Democrática Popular do	2002 [d]	3,4	8,1	43,3	28,5	8,3	5,4	34,6
131 Camboja	2004 [d]	2,9	6,8	49,6	34,8	12,2	7,3	41,7
132 Mianmar	..	..	..	..	..	..	..	..
133 Butão	..	..	..	..	..	..	..	..
134 Comores	..	..	..	..	..	..	..	..
135 Gana	1998-99 [d]	2,1	5,6	46,6	30,0	14,1	8,4	40,8
136 Paquistão	2002 [d]	4,0	9,3	40,3	26,3	6,5	4,3	30,6
137 Mauritânia	2000 [d]	2,5	6,2	45,7	29,5	12,0	7,4	39,0
138 Lesoto	1995 [d]	0,5	1,5	66,5	48,3	105,0	44,2	63,2
139 Congo	..	..	..	..	..	..	..	..
140 Bangladesh	2000 [d]	3,7	8,6	42,7	27,9	7,5	4,9	33,4
141 Suazilândia	2000-01 [c]	1,6	4,3	56,3	40,7	25,1	13,0	50,4
142 Nepal	2003-04 [d]	2,6	6,0	54,6	40,6	15,8	9,1	47,2
143 Madagáscar	2001 [d]	1,9	4,9	53,5	36,6	19,2	11,0	47,5
144 Camarões	2001 [d]	2,3	5,6	50,9	35,4	15,7	9,1	44,6
145 Papua- Nova Guiné	1996 [d]	1,7	4,5	56,5	40,5	23,8	12,6	50,9
146 Haiti	2001 [c]	0,7	2,4	63,4	47,7	71,7	26,6	59,2
147 Sudão	..	..	..	..	..	..	..	..
148 Quénia	1997 [d]	2,5	6,0	49,1	33,9	13,6	8,2	42,5
149 Djibuti	..	..	..	..	..	..	..	..
150 Timor-Leste	..	..	..	..	..	..	..	..
151 Zimbabué	1995-96 [d]	1,8	4,6	55,7	40,3	22,0	12,0	50,1
152 Togo	..	..	..	..	..	..	..	..
153 Iémen	1998 [d]	3,0	7,4	41,2	25,9	8,6	5,6	33,4
154 Uganda	2002 [d]	2,3	5,7	52,5	37,7	16,6	9,2	45,7
155 Gâmbia	1998 [d]	1,8	4,8	53,4	37,0	20,2	11,2	50,2
DESENVOLVIMENTO HUMANO BAIXO								
156 Senegal	2001 [d]	2,7	6,6	48,4	33,4	12,3	7,4	41,3
157 Eritreia	..	..	..	..	..	..	..	..
158 Nigéria	2003 [d]	1,9	5,0	49,2	33,2	17,8	9,7	43,7
159 Tanzânia, República Unida da	2000-01 [d]	2,9	7,3	42,4	26,9	9,2	5,8	34,6

TABELA 15

Desigualdade no rendimento e consumo

Ordem do IDH	Ano do inquérito	ODM Parcela de rendimento ou consumo (%) 10% mais pobres	20% mais pobres	20% mais ricos	10% mais ricos	Medidas de desigualdade 10% mais ricos para 10% mais pobres [a]	20% mais ricos para 20% mais pobres [a]	Índice Gini [b]
160 Guiné	2003 [d]	2,9	7,0	46,1	30,7	10,5	6,6	38,6
161 Ruanda	2000 [d]	2,1	5,3	53,0	38,2	18,6	9,9	46,8
162 Angola	..	..	..	..	..	..	..	..
163 Benim	2003 [d]	3,1	7,4	44,5	29,0	9,4	6,0	36,5
164 Malawi	2004-05 [d]	2,9	7,0	46,6	31,8	10,9	6,7	39,0
165 Zâmbia	2004 [d]	1,2	3,6	55,1	38,8	32,3	15,3	50,8
166 Costa do Marfim	2002 [d]	2,0	5,2	50,7	34,0	16,6	9,7	44,6
167 Burundi	1998 [d]	1,7	5,1	48,0	32,8	19,3	9,5	42,4
168 Congo, República Democrática do	..	..	..	..	..	..	..	..
169 Etiópia	1999-00 [d]	3,9	9,1	39,4	25,5	6,6	4,3	30,0
170 Chade	..	..	..	..	..	..	..	..
171 República Centro-Africana	1993 [d]	0,7	2,0	65,0	47,7	69,2	32,7	61,3
172 Moçambique	2002-03 [d]	2,1	5,4	53,6	39,4	18,8	9,9	47,3
173 Mali	2001 [d]	2,4	6,1	46,6	30,2	12,5	7,6	40,1
174 Niger	1995 [d]	0,8	2,6	53,3	35,4	46,0	20,7	50,5
175 Guiné-Bissau	1993 [d]	2,1	5,2	53,4	39,3	19,0	10,3	47,0
176 Burquina Faso	2003 [d]	2,8	6,9	47,2	32,2	11,6	6,9	39,5
177 Serra Leoa	1989 [d]	0,5	1,1	63,4	43,6	87,2	57,6	62,9

NOTAS

Como os inquéritos aos agregados familiares diferem no método e no tipo de dados recolhidos, os dados sobre distribuição não são exactamente comparáveis entre países.

a. Os dados mostram o rácio entre a parte do rendimento ou consumo do grupo mais rico e a do grupo mais pobre. Devido aos arredondamentos, os resultados podem diferir dos rácios calculados com as parcelas do rendimento, ou consumo das colunas 2-5.

b. Um valor igual a 0 representa a igualdade perfeita e um valor igual a 100 a desigualdade perfeita.

c. Os dados referem-se a parcelas de rendimento por percentis de população, ordenadas por rendimento per capita.

d. Os dados referem-se a parcelas de rendimento por percentis de população, ordenadas por rendimento per capita.

e. Os dados referem-se apenas a zonas urbanas.

FONTES

Colunas 1–5 e 8: Banco Mundial 2007b.

Colunas 6 e 7: Banco Mundial 2007b, calculado com base em dados sobre o rendimento ou consumo do Banco Mundial 2007b.

Estrutura do comércio

Ordem do IDH	Importações de bens e serviços (% do PIB)		Exportações de bens e serviços (% do PIB)		Exportações de produtos primários [a] (% das exportações de mercadorias)		Exportações de produtos manufacturados (% das exportações de mercadorias)		Exportações de produtos de alta tecnologia (% das exportações de mercadoria)		Termos de comércio (2000=100) [b]
	1990	2005	1990	2005	1990	2005	1990	2005	1990	2005	2004–05 [c]
DESENVOLVIMENTO HUMANO ELEVADO											
1 Islândia	32	45	34	32	91	80	8	19	10,0	27,1	..
2 Noruega	34	28	40	45	67	80	32	17	12,4	17,3	122
3 Austrália	16	21 [d]	16	18 [d]	73	67	27	25	11,9	12,7	131
4 Canadá	26	34 [d]	26	39 [d]	36	37	59	58	13,7	14,4	111
5 Irlanda	52	68 [d]	57	83 [d]	26	10	70	86	..	..	99
6 Suécia	30	41	30	49	16	15	83	79	13,3	16,7	90
7 Suiça	34	39 [d]	36	46 [d]	6	6	94	93	12,1	21,7	..
8 Japão	10	11 [d]	10	13 [d]	3	4	96	92	23,8	22,5	83
9 Países Baixos	52	63	56	71	37	31	59	68	16,4	30,1	100
10 França	23	27	21	26	23	18	77	80	16,1	20,0	111
11 Filândia	24	35	22	39	17	15	83	84	7,6	25,2	86
12 Estados Unidos	11	15 [d]	10	10 [d]	21	15	75	82	33,7	31,8	97
13 Espanha	19	31	16	25	24	22	75	77	6,4	7,1	102
14 Dinamarca	33	44	37	49	35	31	60	65	15,2	21,6	104
15 Áustria	37	48	38	53	12	16	88	80	7,8	12,8	102
16 Reino Unido	27	30	24	26	19	18	79	77	23,6	28,0	105
17 Bélgica	68	85	69	87	19 [e]	19	77 [e]	79	..	8,7	99
18 Luxemburgo	88	136	102	158	..	14	..	82	..	11,8	..
19 Nova Zelândia	27	30 [d]	27	29 [d]	72	66	26	31	9,5	14,2	112
20 Itália	19	26	19	26	11	12	88	85	7,6	7,8	101
21 Hong Kong, China (RAE)	122	185	131	198	7	3	92	96	12,1 [f]	33,9	98
22 Alemanha	25	35	25	40	10	10	89	83	11,1	16,9	101
23 Israel	45	51	35	46	13	4	87	83	10,4	13,9	95
24 Grécia	28	28	18	21	46	41	54	56	2,2	10,2	95
25 Singapura	..	213	..	243	27	15	72	81	39,7	56,6	87
26 República da Coreia	29	40	28	42	6	9	94	91	17,8	32,3	77
27 Eslovénia	79	65	91	65	14 [f]	12	86 [f]	88	3,2 [f]	4,6	..
28 Chipre	57	..	52	..	42	36	58	63	8,2	46,3	..
29 Portugal	38	37	31	29	19	16	80	75	4,4	8,7 [d]	102 [d]
30 Estado do Brunei Darussalam	..	..	..	..	97	88 [d]	3	12 [d]	..	4,9 [d]	..
31 Barbados	52	69	49	58	55	56	43	43	20,2 [f]	14,8 [d]	..
32 República Checa	43	70	45	72	..	10	..	88	..	12,9 [d]	..
33 Koweit	58	30	45	68	94	93 [d]	6	7 [d]	3,5	1,0 [d]	..
34 Malta	99	82	85	71	7	4	93	95	43,6	53,5	85
35 Catar	..	33	..	68	82	84	18	7	0,4 [f]	1,2	..
36 Hungria	29	69	31	66	35	11	63	84	4,0 [f]	24,5	97
37 Polónia	22	37	29	37	36	20	58	78	3,7 [f]	3,8	107
38 Argentina	5	19	10	25	71	68	29	31	7,1 [f]	6,6	107
39 Emirados Árabes Unidos	41	76	66	94	88 [f]	76 [d]	12 [f]	24 [d]	(.) [f]	10,2 [d]	..
40 Chile	31	34	34	42	87	84	11	14	4,6	4,8 [d]	115
41 Barém	95	64 [d]	116	82 [d]	54	93	45	7	..	2,0	..
42 Eslováquia	36	83	27	79	..	16	..	84	..	7,3	..
43 Lituânia	61	65	52	58	38 [f]	44	59 [f]	56	0,4 [f]	6,1	..
44 Estónia	54 [f]	90	60 [f]	84	..	22	..	69	..	17,6	..
45 Letónia	49	62	48	48	..	40	..	57	..	5,3	..
46 Uruguai	18	28	24	30	61	68	39	32	..	2,4 [d]	108
47 Croácia	86 [f]	56	78 [f]	47	32 [f]	32	68 [f]	68	5,3 [f]	11,5	..
48 Costa Rica	36	54	30	48	66	34	27	66	..	38,0	102
49 Baamas	..	..	..	..	81 [f]	58 [d]	19 [f]	42 [d]	..	4,9 [d]	..
50 Seicheles	67	121	62	110	74	93	26	6	59,4 [f]	18,2	99 [d]
51 Cuba	..	..	..	..	..	81 [d]	..	19 [d]	..	29,1 [d]	..
52 México	20	32	19	30	56	23	43	77	8,3	19,6	98
53 Bulgária	37	77	33	61	..	37	..	59	..	4,7	..

TABELA

16 Estrutura do comércio

Ordem do IDH	Importações de bens e serviços (% do PIB) 1990	Importações de bens e serviços (% do PIB) 2005	Exportações de bens e serviços (% do PIB) 1990	Exportações de bens e serviços (% do PIB) 2005	Exportações de produtos primários [a] (% das exportações de mercadorias) 1990	Exportações de produtos primários [a] (% das exportações de mercadorias) 2005	Exportações de produtos manufacturados (% das exportações de mercadorias) 1990	Exportações de produtos manufacturados (% das exportações de mercadorias) 2005	Exportações de produtos de alta tecnologia (% das exportações de mercadoria) 1990	Exportações de produtos de alta tecnologia (% das exportações de mercadoria) 2005	Termos de comércio (2000=100) [b] 2004–05 [c]
54 São Cristóvão e Nevis	83	61 [d]	52	49 [d]	..	4	..	96	..	0,7 [d]	..
55 Tonga	65	44 [d]	34	10 [d]	74 [g]	93 [d]	24	5 [d]	..	0,3 [d]	..
56 Jamahira Árabe Líbia	31	36 [d]	40	48 [d]	96 [f,g]	..	4 [f]	..	..	..	186 [d]
57 Antigua e Barbuda	87	69 [d]	89	62 [d]	..	71	..	29	..	16,1 [d]	..
58 Omã	28	43 [d]	47	57 [d]	94	89	5	6	2,1	2,2	..
59 Trinidade e Tobago	29	46 [d]	45	58 [d]	73	74	27	26	0,8 [f]	1,3	..
60 Roménia	26	43	17	33	26	20	73	80	2,5	3,4	..
61 Arábia Saudita	32	26	41	61	92	90	8	9	0,7 [f]	1,3	..
62 Panamá	79	72	87	69	78	91	21	9	..	0,9	94
63 Malásia	72	100	75	123	46	24	54	75	38,2	54,7	99
64 Bielorússia	44	60	46	61	..	46	..	52	..	2,6	..
65 Maurícia	71	61	64	57	34	29	66	70	0,5	21,3	85
66 Bósnia e Herzegovina	..	81	..	36	..	..	..	..	..	..	..
67 Federação da Rússia	18	22	18	35	..	60	..	19	..	8,1	..
68 Albânia	23	46	15	22	..	20	..	80	..	1,0	..
69 Macedónia (ARJM)	36	62	26	45	..	28	..	72	..	1,1	..
70 Brasil	7	12	8	17	47	46	52	54	7,1	12,8	101
DESENVOLVIMENTO HUMANO MÉDIO											
71 Domínica	81	69	55	45	65	40	35	60	..	7,2	..
72 Santa Lúcia	84	70 [d]	73	60 [d]	68	63	32	36	4,5 [f]	20,1 [d]	..
73 Cazaquistão	75 [f]	45	74 [f]	54	..	84 [d]	..	16 [d]	..	2,3 [d]	..
74 Venezuela, República Bolivariana	20	21	39	41	90	91	10	9	3,9	2,7 [d]	108
75 Colómbia	15	21	21	21	74	64	25	36	5,2 [f]	4,9	93
76 Ucrania	29	53	28	54	..	30	..	69	..	3,7	..
77 Samoa	..	51 [d]	..	27 [d]	90	23 [d]	10	77 [d]	..	0,1 [d]	..
78 Tailândia	42	75	34	74	36	22	63	77	20,7	26,6	93
79 República Dominicana	44	38	34	34	22 [f]	60 [d]	78 [f]	34 [d]	..	1,3 [d]	95
80 Belize	60	63	62	55	88 [g]	86 [d]	15	13 [d]	10,4 [f]	2,8 [d]	..
81 China	16	32	19	37	27	8	72	92	6,1 [f]	30,6	92
82 Grenada	63	76 [d]	42	43 [d]	66	64 [d]	34	36 [d]	..	4,7 [d]	..
83 Arménia	46	40	35	27	..	29	..	71	..	0,7	..
84 Turquia	18	34	13	27	32	17	68	82	1,2	1,5	101
85 Suriname	44	60	42	41	26	27 [d]	74	80 [d]	..	0,2 [d]	..
86 Jordânia	93	93	62	52	44	28	56	72	6,8	5,2	88
87 Perú	14	19	16	25	82	83	18	17	1,6 [f]	2,6	109
88 Líbano	100	44	18	19	..	29 [d]	..	70 [d]	..	2,4 [d]	..
89 Equador	32	32	33	31	98	91	2	9	0,3	7,6	108
90 Filipinas	33	52	28	47	31	11	38	89	32,5 [f]	71,0	89
91 Tunísia	51	51	44	48	31	22 [d]	69	78 [d]	2,1	4,9 [d]	99
92 Fiji	67	..	62	74 [d]	64	74	35	25	12,1	3,2	..
93 São Vicente e Granadinas	77	65	66	44	..	75	..	25	..	7,7 [d]	..
94 Irão, República Islâmica do	23	30	15	39	..	88	..	9	..	2,6 [d]	..
95 Paraguai	39	54	33	47	90 [g]	87 [d]	10	13 [d]	0,2	6,6 [d]	112 [d]
96 Geórgia	46	54	40	42	..	60	..	40	..	22,6	..
97 Guiana	80	124	63	88	..	78	..	20	..	1,1	..
98 Azerbeijão	39	54	44	57	..	87	..	13	..	0,8	..
99 Sri Lanka	38	46	29	34	42	28	54	70	0,6	1,5 [d]	101 [d]
100 Maldivas	..	110	..	62	..	92	..	8	..	2,1	..
101 Jamaica	52	61	48	41	30	34 [d]	70	66 [d]	9,5 [f]	0,4 [d]	..
102 Cabo Verde	44	66 [d]	13	32 [d]	..	65 [d]	..	90 [d]	..	(.) [d]	91
103 El Salvador	31	45	19	27	62	40 [d]	38	60 [d]	..	4,1 [d]	91
104 Argélia	25	23	23	48	97	98 [d]	3	2 [d]	1,3 [f]	1,0 [d]	126
105 Vietname	45	75	36	70	..	46 [d]	..	53 [d]	..	5,6 [d]	..
106 Territórios Ocupados da Palestina	..	68	..	14	..	..	..	..	..	..	..

Ordem do IDH		Importações de bens e serviços (% do PIB)		Exportações de bens e serviços (% do PIB)		Exportações de produtos primários[a] (% das exportações de mercadorias)		Exportações de produtos manufacturados (% das exportações de mercadorias)		Exportações de produtos de alta tecnologia (% das exportações de mercadoria)		Termos de comércio (2000=100)[b]
		1990	2005	1990	2005	1990	2005	1990	2005	1990	2005	2004–05[c]
107	Indonésia	24	29	25	34	65	53	35	47	1,2	16,3	104
108	República Árabe Síria	28	40	28	37	64	87[d]	36	11[d]	..	1,0[d]	..
109	Turquemenistão	..	48	..	65	..	92[d]	..	7[d]	..	4,9[d]	..
110	Nicarágua	46	58	25	28	92	89	8	11	..	5,2	91
111	Moldávia	51	91	48	53	..	61	..	39	..	2,7	..
112	Egipto	33	33	20	30	57	64[d]	42	31[d]	..	0,6[d]	107
113	Usbequistão	48	30	29	40	..	..	..	..	..	..	..
114	Mongólia	49	84	22	76	..	79	..	21	..	0,1	..
115	Honduras	40	61	37	41	91	64	9	36	..	2,2[d]	90
116	Quirguizistão	50	58	29	39	..	35	..	27	..	2,2	..
117	Bolívia	24	33	23	36	95	89	5	11	6,8[f]	9,2[d]	108
118	Guatemala	25	30	21	16	76	43	24	57	..	3,2	93
119	Gabão	31	39	46	59	..	93[d]	..	7[d]	..	14,5[d]	125
120	Vanuatu	77	..	49	..	87[g]	92[d]	13	8[d]	19,8	1,2[d]	..
121	África do Sul	19	29	24	27	29[f,h]	43[h]	29[f,h]	57[h]	6,8[f]	6,6	109
122	Tajiquistão	35	73	28	54	..	87[d]	..	13[d]	..	41,8[d]	..
123	São Tomé and Príncipe	72	99	14	40	..	..	..	..	..	..	137
124	Botsuana	50	35	55	51	..[i]	13[d,i]	..[i]	86[d,i]	..	0,2[d]	92
125	Namíbia	67	45	52	46	..[i]	58[d,i]	..[i]	41[d,i]	..	2,9[d]	97
126	Marrocos	32	43	26	36	48	35	52	65	..	10,1	100
127	Guiné Equatorial	70	..	32	..	..	..	..	..	..	..	124
128	Índia	9	24	7	21	28	29	70	70	2,4	4,9[d]	76
129	Ilhas Salomão	73	46[d]	47	48[d]	109[f,g]	..	..	..	..	..	..
130	Laos, Rep. Democrática Popular do	25	31	12	27	..	..	..	..	..	..	..
131	Camboja	13	74	6	65	..	3[d]	..	97[d]	..	0,2[d]	..
132	Mianmar	5	..	3	..	89[f]	..	11[f]	..	3,0[f]	..	102
133	Butão	31	55	27	27	58[f]	..	42[f]	..	..	..	..
134	Comores	37	35	14	12	..	89[d]	..	8[d]	..	0,5[d]	58
135	Gana	26	62	17	36	92[f]	88[d]	8[f]	12[d]	2,1[f]	9,3[d]	123
136	Paquistão	23	20	16	15	21	18	79	82	0,4	1,6	75
137	Mauritânia	61	95	46	36	..	..	..	..	..	..	95
138	Lesoto	122	88	17	48	..[i]	..[i]	..[i]	..[i]	..	..	91
139	Congo	46	55	54	82	..	..	..	..	..	..	121
140	Bangladesh	14	23	6	17	22[g]	10[d]	77	90[d]	0,1	(.)[d]	88
141	Suazilândia	87	95	75	88	..[i]	23[d,i]	..[i]	76[d,i]	..	0,5[d]	94
142	Nepal	21	33	11	16	17[g]	26[d]	83	74[d]	..	0,1[d]	..
143	Madagáscar	28	40	17	26	85	76[d]	14	22[d]	7,5	0,8[d]	82
144	Camarões	17	25	20	23	91	85	9	3	3,1	2,0	112
145	Papua-Nova Guiné	49	54[d]	41	45[d]	89	94[d]	10	6[d]	..	39,4[d]	..
146	Haiti	20	45[d]	18	16[d]	15	..	85	..	13,8	..	87
147	Sudão	..	28	..	18	98[f,g]	99	2[f]	(.)	..	(.)[d]	121
148	Quénia	31	35	26	27	70	79[d]	30	21[d]	3,9	3,1[d]	..
149	Djibuti	78	54	54	37	44	..	8	..	..	..	..
150	Timor-Leste	..	..	..	..	..	..	..	..	..	..	..
151	Zimbabué	23	53	23	43	68	72[d]	31	28[d]	1,5	0,9[d]	104
152	Togo	45	47	33	34	89	42	9	58	0,6[f]	0,1	30
153	Iémen	20	38	14	46	85[f]	96	15[f]	4	..	5,3	..
154	Uganda	19	27	7	13	..	83	..	17	..	14,0	88
155	Gâmbia	72	65	60	45	..	84[g]	..	17	..	5,9	115
DESENVOLVIMENTO HUMANO BAIXO												
156	Senegal	30	42	25	27	77	55	23	43	..	11,7	96
157	Eritreia	45[f]	56	11[f]	9	..	..	..	..	..	..	93
158	Nigéria	29	35	43	53	99[f]	98[d]	1[f]	2[d]	..	1,7[d]	122
159	Tanzânia, República Unida da	37	26	13	17	..	85	..	14	..	0,8	100

TABELA

16 Estrutura do comércio

Ordem do IDH	Importações de bens e serviços (% do PIB)		Exportações de bens e serviços (% do PIB)		Exportações de produtos primários [a] (% das exportações de mercadorias)		Exportações de produtos manufacturados (% das exportações de mercadorias)		Exportações de produtos de alta tecnologia (% das exportações de mercadoria)		Termos de comércio (2000=100) [b]
	1990	2005	1990	2005	1990	2005	1990	2005	1990	2005	2004–05 [c]
160 Guiné	31	30	31	26	..	75 [d]	..	25 [d]	..	(.) [d]	106
161 Ruanda	14	31	6	11	..	90 [d]	..	10 [d]	..	25,4 [d]	89
162 Angola	21	48	39	74	100	..	(.)	..	..	..	121
163 Benim	26	26	14	13	87 [f]	87	13 [f]	13	..	0,3	93
164 Malawi	33	53	24	27	93	84	7	16	3,8	7,5	82
165 Zâmbia	37	25	36	16	..	91	..	9	..	1,1	119
166 Costa do Marfim	27	42	32	50	..	78 [d]	..	20 [d]	..	8,4 [d]	121
167 Burundi	28	36	8	8	..	94	..	6	..	5,9 [d]	84
168 Congo, República Democrática do	29	39	30	32	..	..	..	..	..	..	94
169 Etiópia	9	39	6	16	..	89 [d]	..	11 [d]	..	0,2 [d]	91
170 Chade	28	39	13	59	..	..	..	..	..	..	101
171 República Centro-Africana	28	17 [d]	15	12 [d]	56 [f]	59	44 [f]	36	..	(.)	99
172 Moçambique	36	42	8	33	..	89	..	7	..	7,5	94
173 Mali	34	37	17	26	98 [g]	44 [d]	2	55 [d]	..	6,6 [d]	113 [d]
174 Níger	22	24	15	15	..	91 [d]	..	8 [d]	..	3,2 [d]	131
175 Guiné-Bissau	37	55	10	38	..	..	..	..	..	..	94
176 Burquina Faso	24	22	11	9	..	92 [d]	..	8 [d]	..	9,8 [d]	97
177 Serra Leoa	24	43	22	24	..	93 [d]	..	7 [d]	..	31,1 [d]	78
Países em vias de Desenvolvimento	24	40	25	44	40	28	59	71	10,4 [f]	28,3	..
Países menos desenvolvidos	22	34	13	24	..	..	31 [f]	..	..	..	..
Países Árabes	38	38	38	54	87 [f]	..	14 [f]	..	1,2 [f]	2,0 [d]	..
Ásia Oriental e Pacífico	32	59	34	66	25	13	73	86	15,3 [f]	36,4	..
América Latina e Caraíbas	15	23	17	26	63	46	36	54	6,6	14,5	..
Ásia do Sul	13	25	10	23	28	47	71	51	2,0 [f]	3,8 [d]	..
África Subsariana	26	35	27	33	..	66 [d]	..	34 [d]	..	4,0 [d]	..
Europa Central, Oriental e CEI	28	43	29	45	..	36	..	54	..	8,3	..
OCDE	18	23 [d]	17	22 [d]	21	18	77	79	18,1	18,2	..
OCDE de rendimento elevado	18	22 [d]	17	21 [d]	19	17	79	79	18,5	18,8	..
Desenvolvimento Humano elevado	19	25 [d]	19	25 [d]	24	20	74	76	18,1	20,3	..
Desenvolvimento Humano médio	21	34	20	35	42	30	55	69	7,2 [f]	24,3	..
Desenvolvimento Humano Baixo	28	36	28	38	98 [f]	93 [d]	1 [f]	7 [d]	..	3,1 [d]	..
Rendimento elevado	19	24	18	24 [d]	21	18	77	78	18,3	20,9	..
Rendimento médio	21	33	22	36	48	33	50	65	..	21,5	..
Rendimento baixo	16	29	13	25	50 [f]	49 [d]	49 [f]	50 [d]	..	3,8 [d]	..
Mundo	19	26	19	26 [d]	26	21	72	75	17,5	21,0	..

NOTES

a. As exportações de produtos primários incluem as exportações de matérias em bruto para a agricultura, alimentos, combustíveis, minérios e metais de acordo com a Classificação Internacional Normalizada para Comércio (SITC) da ONU

b. O rácio entre o índice de preços de exportação e o índice de preços de importação é medido em relação ao ano de 2000. Um valor superior a 100 significa que o preço das exportações subiu em relação ao preço das importações.

c. Os dados referem-se ao ano mais próximo, salvo indicação em contrário.

d. Os dados referem-se ao ano anterior ao ano em questão; de 2000 em diante.

e. Os dados anteriores a 1999 incluem Luxemburgo.

f. Os dados referem-se ao ano mais próximo entre 1988 e 1992.

g. Faltam um ou mais componentes das exportações de produtos primários.

h. Os dados referem-se à União Aduaneira de África do Sul, que inclui Botsuana, Lesoto, Namíbia, África do Sul e Suazilândia

i. Incluído nos dados para a África do Sul.

FONTE

Colunas 1–4 e 7–10: Banco Mundial 2007b, baseado em dados da Conferência das Nações Unidas sobre o Comércio e o Desenvolvimento; os agregados foram calculados pelo Banco Mundial para o Gabinete do Relatório do Desenvolvimento Humano.

Colunas 5 e 6: calculada com base em dados dos materiais em bruto para a agricultura, comida, combustíveis, minérios e metais e mercadoria total do Banco Mundial 2007b, baseado em dados da Conferência das Nações Unidas sobre o Comércio e o Desenvolvimento; os agregados foram calculados pelo Banco Mundial para o Gabinete do Relatório do Desenvolvimento Humano.

TABELA 17

... para terem acesso aos recursos necessários para um nível de vida digno ...

Despesas dos países da OCDE-CAD com a ajuda

	ODM Ajuda pública ao desenvolvimento (APD) líquida desembolsada			APD per capita do país doador (dólares americanos 2005)		OMD APD dos países menos desenvolvidos [b] (% do total)		ODM APD dos serviços sociais básicos [c] (% do total atribuído por sector)		ODM APD bilateral sem retorno (% do total)	
	Total [a] (milhões de dóls. americanos)	Como % do RNB									
Ordem do IDH	2005	1990 [d]	2005	1990	2005	1990	2005	1996/97 [e]	2004/05 [e]	1990	2005
DESENVOLVIMENTO HUMANO ELEVADO											
2 Noruega	2,786	1,17	0,94	453	600	44	37	12,9	14,3	61	100
3 Austrália	1,680	0,34	0,25	76	83	18	25	12,0	10,7	33	72
4 Canadá	3,756	0,44	0,34	115	116	30	28	5,7	30,4	47	66
5 Irlanda	719	0,16	0,42	27	180	37	51	0,5	32,0	..	100
6 Suécia	3,362	0,91	0,94	256	371	39	33	10,3	15,2	87	98
7 Suiça	1,767	0,32	0,44	148	237	43	23	8,6	7,2	78	97
8 Japão	13,147	0,31	0,28	91	103	19	18	2,5	4,6	89	90
9 Países Baixos	5,115	0,92	0,82	247	313	33	32	13,1	22,0	56	96
10 França	10,026	0,60	0,47	166	165	32	24	..	6,3	64	95
11 Finlândia	902	0,65	0,46	174	171	38	27	6,5	13,4	31	95
12 Estados Unidos da América	27,622	0,21	0,22	63	93	19	21	20,0	18,4	..	..
13 Espanha	3,018	0,20	0,27	35	70	20	27	10,4	18,3	..	87
14 Dinamarca	2,109	0,94	0,81	315	388	39	39	9,6	17,6	..	87
15 Áustria	1,573	0,11	0,52	29	191	63	16	4,5	13,9	32	89
16 Reino Unido	10,767	0,27	0,47	72	179	32	25	22,9	30,2	..	100
17 Bélgica	1,963	0,46	0,53	123	188	41	31	11,3	16,5	..	96
18 Luxemburgo	256	0,21	0,82	101	570	39	41	34,4	29,5	..	99
19 Nova Zelândia	274	0,23	0,27	44	67	19	25	..	29,9	100	92
20 Itália	5,091	0,31	0,29	77	87	41	28	7,3	9,4	22	92
22 Alemanha	10,082	0,42	0,36	125	122	28	19	9,7	12,1	62	93
24 Grécia	384	..	0,17	..	35	..	21	16,9	18,8	..	74
29 Portugal	377	0,24	0,21	25	36	70	56	8,5	2,7	..	61
DAC	106,777 T	0,33	0,33	93	122	28	24	7,3	15,3	68 [e]	92 [e]

NOTAS

Este quadro apresenta os dados dos membros do Comité de Ajuda ao Desenvolvimento (CAD) da Organização para a Cooperação e Desenvolvimento Económico (OCDE).

a. Algumas regiões e países não membros da CAD também fornecem APD. De acordo com OCCE-CAD 2007a, a APD líquida desembolsada em 2005 Província da China Taiwan, República Checa, Hungria, Islândia, Israel, Coreia, Koweit, Polónia, Arábia Saudita, Eslováquia, Turquia, Emirados Árabes Unidos e outros pequenos doadores, incluindo a Estónia, a Letónia, a Lituânia e a Eslovênia, totalizou 3.2311 milhões de dólares. A China também fornece ajuda mas não revela o montante.

b. Inclui fluxos multilaterais imputados que têm em conta as contribuições através de organizações multilaterais. Estas são calculadas utilizando a distribuição geográfica dos desembolsos para o ano indicado.

c. Os dados excluem cooperação técnica e custos administrativos.

d. Os dados incluem o perdão das responsabilidades não-APD, salvo para total da APD .

e. Os agregados são considerados incompletos porque faltam dados que compreendem uma parcela significatica do total da APD líquida desembolsada.

FONTES

Todas as colunas: OCDE-CAD 2007b; agregados calculados para o Gabinete do Relatório de Desenvolvimento Humano pela OCDE.

TABELA

18

... para terem acesso aos recursos necessários para um nível de vida digno...

Fluxos de ajuda, capital privado e dívida

Ordem do IDH	Ajuda pública ao desenvolvimento recebida [a] (desembolsos líquidos): Total (por milhões de dól. americanos)	Per capita (dólares americanos)	Em % do PIB		Entradas líquidas de invest. directo do estrangeiro [b] (% do PIB)		Outros fluxos privados [b, c] (% do PIB)		ODM Serviço da dívida total: Em % do PIB		Em % das exportações de bens, serviços e rendimento líquido do exterior	
	2005	2005	1990	2005	1990	2005	1990	2005	1990	2005	1990	2005
DESENVOLVIMENTO HUMANO ELEVADO												
1 Islândia	..	..	..	..	0,3	15,6	..	..	..	..	..	..
2 Noruega	..	..	..	..	0,9	1,1	..	..	..	..	..	..
3 Austrália	..	..	..	..	2,5	-4,7	..	..	..	..	..	..
4 Canadá	..	..	..	..	1,3	3,1	..	..	..	..	..	..
5 Irlanda	..	..	..	..	1,3	-14,7	..	..	..	..	..	..
6 Suécia	..	..	..	..	0,8	3,0	..	..	..	..	..	..
7 Suiça	..	..	..	..	2,4	4,2	..	..	..	..	..	..
8 Japão	..	..	..	..	0,1	0,1	..	..	..	..	..	..
9 Países Baixos	..	..	..	..	3,5	6,5	..	..	..	..	..	..
10 França	..	..	..	..	1,1	3,3	..	..	..	..	..	..
11 Filândia	..	..	..	..	0,6	2,1	..	..	..	..	..	..
12 Estados Unidos	..	..	..	..	0,8	0,9	..	..	..	..	..	..
13 Espanha	..	..	..	..	2,7	2,0	..	..	..	..	..	..
14 Dinamarca	..	..	..	..	0,8	2,0	..	..	..	..	..	..
15 Áustria	..	..	..	..	0,4	3,0	..	..	..	..	..	..
16 Reino Unido	..	..	..	..	3,4	7,2	..	..	..	..	..	..
17 Bélgica	..	..	..	..	4,0	8,6	..	..	..	..	..	..
18 Luxemburgo	..	..	..	..	..	301,3	..	..	..	..	..	..
19 Nova Zelândia	..	..	..	..	4,0	1,8	..	..	..	..	..	..
20 Itália	..	..	..	..	0,6	1,1	..	..	..	..	..	..
21 Hong Kong, China (RAE)	..	..	(.)	..	..	20,2	..	..	..	..	..	..
22 Alemanha	..	..	..	..	0,2	1,1	..	..	..	..	..	..
23 Israel	..	..	2,6	..	0,3	4,5	..	..	..	..	..	..
24 Grécia	..	..	..	..	1,2	0,3	..	..	..	..	..	..
25 Singapura	..	..	(.)	..	15,1	17,2	..	..	..	..	..	..
26 República da Coreia	..	..	(.)	..	0,3	0,6	..	..	..	..	..	..
27 Eslovénia	..	..	..	..	..	1,6	..	..	..	..	..	..
28 Chipre	..	..	0,7	..	2,3	7,3 [d]	..	..	..	..	..	..
29 Portugal	..	..	..	..	3,5	1,7	..	..	..	..	..	..
30 Estado do Brunei Darussalam	..	..	0,1	..	..	..	..	..	..	..	..	..
31 Barbados	-2,1	-7,7	0,2	-0,1	0,7	2,0	-0,8	-0,3	8,2	3,1	15,1	4,7
32 República Checa	..	..	..	..	0,0	4,1 [d]	1,9	-3,8	3,0	4,8	..	..
33 Koweit	..	..	(.)	..	0,0	0,3	..	..	..	..	..	..
34 Malta	..	..	0,2	..	..	..	..	..	..	..	..	..
35 Catar	..	..	(.)	..	..	..	..	..	..	..	..	..
36 Hungria	..	..	..	..	1,9	5,9	-1,4	4,7	12,8	21,5	34,3	31,0
37 Polónia	..	..	..	..	0,2	3,2	(.)	5,1	1,6	11,2	4,9	28,8
38 Argentina	99,7	2,6	0,1	0,1	1,3	2,6	-1,5	0,5	4,4	5,8	37,0	20,7
39 Emirados Árabes Unidos	..	..	(.)	..	..	..	..	..	..	..	..	..
40 Chile	151,7	9,3	0,3	0,1	2,1	5,8	4,9	4,2	8,8	6,7	25,9	15,4
41 Barém	..	..	3,2	..	..	..	..	..	..	..	..	..
42 Eslováquia	..	..	..	..	0,6	4,1	0,0	-5,0	..	12,6	..	13,8 [e]
43 Lituânia	..	..	..	..	..	4,0	0,0	0,4	..	10,1	..	16,5
44 Estónia	..	..	..	..	..	22,9	0,0	-7,1	..	12,1	..	13,7
45 Letónia	..	..	..	..	..	4,6	0,0	15,8	..	19,6	..	37,4
46 Uruguai	14,6	4,2	0,6	0,1	0,4	4,2	-2,1	2,1	10,6	13,3	40,8	38,9
47 Croácia	125,4	28,2	..	0,3	..	4,6	..	4,6	..	12,8	..	23,9
48 Costa Rica	29,5	6,8	3,1	0,1	2,2	4,3	-1,9	1,3	6,8	3,0	23,9	5,9
49 Baamas	..	..	0,1	..	-0,6	3,5 [e]	..	..	..	..	..	..
50 Seicheles	18,8	222,6	9,6	2,7	5,5	11,9	-1,7	2,6	5,8	7,9	8,9	7,4
51 Cuba	87,8	7,8	..	..	..	..	..	..	..	..	..	..
52 México	189,4	1,8	0,1	(.)	1,0	2,4	2,7	0,5	4,3	5,7	20,7	17,2
53 Bulgária	..	..	..	..	(.)	9,8	0,0	4,7	..	21,7	..	31,5

Ordem do IDH		Ajuda pública ao desenvolvimento recebida[a] (desembolsos líquidos) Total (por milhões de dól. americanos)	Per capita (dólares americanos)	Em % do PIB		Entradas líquidas de invest. directo do estrangeiro[b] (% do PIB)		Outros fluxos privados[b, c] (% do PIB)		ODM Serviço da dívida total Em % do PIB		Em % das exportações de bens, serviços e rendimento líquido do exterior	
		2005	2005	1990	2005	1990	2005	1990	2005	1990	2005	1990	2005
54	São Cristóvão e Nevis	3,5	73,3	5,1	0,8	30,6	10,4	-0,3	-3,2	1,9	10,6	2,9	22,8
55	Tonga	31,8	310,3	26,2	14,8	0,2	2,1	-0,1	0,0	1,7	1,9	2,9	..
56	Jamahira Árabe Líbia	24,4	..	(.)	0,1	..	..	..	..	..	..	..	..
57	Antigua e Barbuda	7,2	89,3	1,2	0,8	..	..	..	..	..	..	..	..
58	Omã	30,7	12,0	0,5	..	1,2	0,8[d]	0,0	-0,1[d]	..	4,1[d]	..	7,5
59	Trinidade e Tobago	-2,1	-1,6	0,4	(.)	2,2	7,7	-3,5	-1,0	8,9	2,6	19,3	5,4[d]
60	Roménia	..	..	..	..	(.)	6,7	(.)	7,7	(.)	7,0	0,3	18,3
61	Arábia Saudita	26,3	1,1	(.)	(.)	..	..	..	..	..	..	..	..
62	Panamá	19,5	6,0	1,9	0,1	2,6	6,6	-0,1	2,5	6,5	13,5	6,2	17,5
63	Malásia	31,6	1,2	1,1	(.)	5,3	3,0	-4,2	-1,6	9,8	7,2	12,6	5,6
64	Bielorússia	53,8	..	..	0,2	..	1,0	0,0	0,1	..	2,3	..	3,7
65	Maurícia	31,9	25,6	3,7	0,5	1,7	0,6	1,9	(.)	6,5	4,5	8,8	7,2
66	Bósnia e Herzegovina	546,1	139,8	..	5,5	..	3,0	..	2,8	..	2,7	..	4,9
67	Federação da Rússia	..	..	..	..	..	2,0	0,0	5,6	..	5,5	..	14,6
68	Albânia	318,7	101,8	0,5	3,8	..	3,1	0,0	0,4	..	1,0	..	2,5
69	Macedónia (ARJM)	230,3	113,2	..	4,0	..	1,7	0,0	2,8	..	4,1	..	8,6
70	Brasil	191,9	1,0	(.)	(.)	0,2	1,9	-0,1	1,0	1,8	7,9	22,2	44,8
DESENVOLVIMENTO HUMANO MÉDIO													
71	Domínica	15,2	210,7	11,8	5,3	7,7	9,2	-0,3	-0,2	3,5	6,0	5,6	13,2
72	Santa Lúcia	11,1	66,8	3,1	1,3	11,3	13,1	-0,1	-0,6	1,6	4,0	2,1	7,1
73	Cazaquistão	229,2	15,1	..	0,4	..	3,5	0,0	11,9	..	23,1	..	42,1
74	Venezuela, República Bolivariana	48,7	1,8	0,2	(.)	1,0	2,1	-1,2	3,5	10,6	4,0	23,3	9,1
75	Colómbia	511,1	11,2	0,2	0,4	1,2	8,5	-0,4	-0,2	9,7	8,3	40,9	35,3
76	Ucrania	409,6	..	..	0,5	..	9,4	0,0	4,8	..	7,1	..	13,0
77	Samoa	44,0	237,6	42,4	10,9	5,9	-0,9	0,0	0,0	4,9	5,5	5,8	17,3
78	Tailândia	-171,1	-2,7	0,9	-0,1	2,9	2,6	2,3	3,0	6,2	11,0	16,9	14,6
79	República Dominicana	77,0	8,7	1,4	0,3	1,9	3,5	(.)	0,6	3,3	3,0	10,4	6,9
80	Belize	12,9	44,2	7,3	1,2	4,2	11,4	0,5	2,5	4,4	20,7	6,8	34,5
81	China	1.756,9	1,3	0,6	0,1	1,0	3,5	1,3	1,1	2,0	1,2	11,7	3,1
82	Grenada	44,9	421,3	6,2	9,5	5,8	5,6	0,1	-0,4	1,5	2,6	3,1	7,1
83	Arménia	193,3	64,1	..	3,9	81,4	5,3	0,0	1,7	..	2,8	..	7,9
84	Turquia	464,0	6,4	0,8	0,1	0,5	2,7	0,8	6,5	4,9	11,6	29,4	39,1
85	Suriname	44,0	97,9	15,3	3,3	..	..	..	..	..	..	..	..
86	Jordânia	622,0	114,9	22,0	4,9	0,9	12,1	5,3	1,6	15,6	4,8	20,4	6,5
87	Perú	397,8	14,2	1,5	0,5	0,2	3,2	0,1	3,1	1,8	7,0	10,8	26,0
88	Líbano	243,0	67,9	8,9	1,1	0,2	11,7	0,2	11,3	3,5	16,1	..	17,7
89	Equador	209,5	15,8	1,5	0,6	1,2	4,5	0,6	1,6	10,5	11,4	32,5	30,6
90	Filipinas	561,8	6,8	2,9	0,6	1,2	1,1	0,2	2,6	8,1	10,0	27,0	16,7
91	Tunísia	376,5	37,6	3,2	1,3	0,6	2,5	-1,6	-0,4	11,6	7,2	24,5	13,0
92	Fiji	64,0	75,5	3,7	2,3	6,9	-0,1	-1,2	-0,1	7,9	0,6	12,0	..
93	São Vicente e Granadinas	4,9	41,1	7,8	1,1	3,9	12,9	0,0	5,3	2,2	5,5	2,9	11,2
94	Irão, República Islâmica do	104,0	1,5	0,1	0,1	-0,3	(.)	(.)	0,3	0,6	1,3	3,2	..
95	Paraguai	51,1	8,3	1,1	0,7	1,5	0,9	-0,2	(.)	6,2	6,7	12,4	11,4
96	Geórgia	309,8	69,2	..	4,8	..	7,0	0,0	0,8	..	2,9	..	7,4
97	Guiana	136,8	182,1	42,4	17,4	2,0	9,8	-4,1	-0,1	74,5	4,2	..	3,7
98	Azerbeijão	223,4	26,6	..	1,8	(.)	13,4	0,0	0,1	..	1,9	..	2,6
99	Sri Lanka	1.189,3	60,7	9,1	5,1	0,5	1,2	0,1	-1,3	4,8	1,9	13,8	4,5
100	Maldivas	66,8	203,0	9,7	8,7	2,6	1,2	0,5	0,6	4,1	4,4	4,8	6,9
101	Jamaica	35,7	13,5	5,9	0,4	3,0	7,1	-1,0	9,8	14,4	10,1	26,9	16,3
102	Cabo Verde	160,6	316,9	31,1	16,3	0,1	5,5	(.)	0,4	1,7	3,4	4,8	6,4
103	El Salvador	199,4	29,0	7,2	1,2	(.)	3,0	0,1	2,7	4,3	3,8	15,3	8,6
104	Argélia	370,6	11,3	0,2	0,4	(.)	1,1	-0,7	-0,8	14,2	5,8	63,4	..
105	Vietname	1.904,9	23,0	2,8	3,6	2,8	3,7	(.)	1,3	2,7	1,8	..	2,6
106	Territórios Ocupados da Palestina	1.101,6	303,8	..	27,4	..	..	..	..	..	..	..	..

Fluxos de ajuda, capital privado e dívida

Ordem do IDH	Ajuda pública ao desenvolvimento recebida[a] (desembolsos líquidos) Total (por milhões de dól. americanos)	Per capita (dólares americanos)	Em % do PIB		Entradas líquidas de invest. directo do estrangeiro[b] (% do PIB)		Outros fluxos privados[b, c] (% do PIB)		ODM Serviço da dívida total Em % do PIB		Em % das exportações de bens, serviços e rendimento líquido do exterior	
	2005	2005	1990	2005	1990	2005	1990	2005	1990	2005	1990	2005
107 Indonésia	2.523,5	11,4	1,5	0,9	1,0	1,8	1,6	0,5	8,7	6,3	33,3	22,0[d]
108 República Árabe Síria	77,9	4,1	5,5	0,3	0,6	1,6	-0,1	(.)	9,7	0,8	21,8	1,9
109 Turquemenistão	28,3	5,8	..	0,4	..	0,8	0,0	-1,0	..	3,8	..	..
110 Nicarágua	740,1	134,9	32,6	15,1	0,1	4,9	2,0	0,3	1,6	3,5	3,9	6,9
111 Moldávia	191,8	45,6	..	6,6	..	6,8	0,0	2,9	..	8,6	..	10,2
112 Egipto	925,9	12,5	12,6	1,0	1,7	6,0	-0,2	5,8	7,1	2,8	20,4	6,8
113 Usbequistão	172,3	6,5	..	1,2	..	0,3	0,0	-1,7	..	5,6	..	..
114 Mongólia	211,9	82,9	0,6	11,3	..	9,7	0,0	(.)	..	2,4	..	2,9[d]
115 Honduras	680,8	94,5	14,7	8,2	1,4	5,6	1,0	0,7	12,8	4,6	35,3	7,2
116 Quirguizistão	268,5	52,1	..	11,0	..	1,7	0,0	(.)	..	5,2	..	10,0
117 Bolívia	582,9	63,5	11,2	6,2	0,6	-3,0	-0,5	3,4	7,9	5,7	38,6	14,8
118 Guatemala	253,6	20,1	2,6	0,8	0,6	0,7	-0,1	(.)	3,0	1,5	13,6	5,8
119 Gabão	53,9	38,9	2,2	0,7	1,2	3,7	0,5	0,1	3,0	1,4	6,4	5,3[d]
120 Vanuatu	39,5	186,8	32,9	11,6	8,7	3,9	-0,1	0,0	1,6	0,7	2,1	1,3
121 África do Sul	700,0	15,5	..	0,3	-0,1	2,6	0,3	3,4	..	2,0	..	6,9
122 Tajiquistão	241,4	37,1	..	10,4	..	2,4	0,0	-0,1	..	3,4	..	4,5
123 São Tomé and Príncipe	31,9	203,8	94,0	45,2	..	9,9	-0,2	0,0	4,9	13,8	34,4	..
124 Botsuana	70,9	40,2	3,8	0,7	2,5	2,7	-0,5	0,6	2,8	0,5	4,3	0,9
125 Namíbia	123,4	60,7	5,1	2,0	..	..	..	..	..	..	..	..
126 Marrocos	651,8	21,6	4,1	1,3	0,6	3,0	1,2	0,3	6,9	5,3	21,5	11,3
127 Guiné Equatorial	39,0	77,5	45,6	1,2	8,4	57,6	0,0	0,0	3,9	0,1	12,1	..
128 Índia	1.724,1	1,6	0,4	0,2	0,1	0,8	0,5	1,5	2,6	3,0	31,9	19,1[e]
129 Ilhas Salomão	198,2	415,0	21,6	66,5	4,9	-0,3	-1,5	-2,1	5,5	4,7	11,8	..
130 Laos, Rep. Democrática Popular do	295,7	49,9	17,2	10,3	0,7	1,0	0,0	7,9	1,0	6,0	8,7	..
131 Camboja	537,8	38,2	3,7	8,7	..	6,1	0,0	0,0	2,7	0,5	..	0,7
132 Mianmar	144,7	2,9	..	..	..	..	..	..	..	..	18,4	3,8[d]
133 Butão	90,0	98,1	15,4	10,7	0,5	0,1	-0,9	0,0	1,7	0,8	..	..
134 Comores	25,2	42,0	17,9	6,5	0,2	0,3	0,0	0,0	0,4	1,0	2,3	..
135 Gana	1.119,9	50,6	9,5	10,4	0,3	1,0	-0,4	0,1	6,2	2,7	38,1	7,1
136 Paquistão	1.666,5	10,7	2,8	1,5	0,6	2,0	-0,2	1,3	4,8	2,2	21,3	10,2
137 Mauritânia	190,4	62,0	23,2	10,3	0,7	6,2	-0,1	0,8	14,3	3,6	29,8	..
138 Lesoto	68,8	38,3	22,6	4,7	2,8	6,3	(.)	-0,5	3,8	3,7	4,2	5,0
139 Congo	1.448,9	362,3	7,8	28,5	-0,5	14,2	-3,6	0,0	19,0	2,3	35,3	2,4
140 Bangladeche	1.320,5	9,3	6,9	2,2	(.)	1,3	0,2	(.)	2,5	1,3	25,8	5,3
141 Suazilândia	46,0	40,7	6,1	1,7	3,4	-0,6	-0,5	0,4	5,3	1,6	5,7	1,9
142 Nepal	427,9	15,8	11,7	5,8	0,2	(.)	-0,4	(.)	1,9	1,6	15,7	4,6
143 Madagáscar	929,2	49,9	12,9	18,4	0,7	0,6	-0,5	(.)	7,2	1,5	45,5	17,0
144 Camarões	413,8	25,4	4,0	2,5	-1,0	0,1	-0,1	-0,3	4,6	4,7	20,3	15,4[e]
145 Papua- Nova Guiné	266,1	45,2	12,8	5,4	4,8	0,7	1,5	-3,3	17,2	7,9	37,2	10,7
146 Haiti	515,0	60,4	5,8	12,1	0,3	0,2	0,0	0,0	1,3	1,4	11,1	3,7
147 Sudão	1.828,6	50,5	6,2	6,6	-0,2	8,4	0,0	0,2	0,4	1,4	8,7	6,5
148 Quénia	768,3	22,4	13,8	4,1	0,7	0,1	0,8	(.)	9,2	1,3	35,4	4,4
149 Djibuti	78,6	99,1	42,8	11,1	..	3,2	-0,1	0,0	3,3	2,6	..	..
150 Timor-Leste	184,7	189,4	..	52,9	..	..	..	..	..	..	..	..
151 Zimbabué	367,7	28,3	3,8	10,9	-0,1	3,0	1,1	-0,5	5,4	6,7	23,1	..
152 Togo	86,7	14,1	15,9	3,9	1,1	0,1	0,3	0,0	5,3	0,8	11,9	2,2[d]
153 Iémen	335,9	16,0	8,3	2,2	-2,7	-1,8	3,3	0,2	3,5	1,4	5,6	2,6
154 Uganda	1.198,0	41,6	15,4	13,7	-0,1	2,9	0,4	0,1	3,4	2,0	81,4	9,2
155 Gâmbia	58,2	38,3	30,7	12,6	4,5	11,3	-2,4	0,0	11,9	6,3	22,2	12,0
DESENVOLVIMENTO HUMANO BAIXO												
156 Senegal	689,3	59,1	14,2	8,4	1,0	0,7	-0,2	0,2	5,7	2,3	19,9	11,8[d]
157 Eritreia	355,2	80,7	..	36,6	..	1,2	..	0,0	..	2,1	..	..
158 Nigéria	6.437,3	48,9	0,9	6,5	2,1	2,0	-0,4	-0,2	11,7	9,0	22,6	15,8
159 Tanzânia, República Unida da	1.505,1	39,3	27,3	12,4	(.)	3,9	0,1	(.)	4,2	1,1	32,9	4,3

Ordem do IDH	Ajuda pública ao desenvolvimento recebida[a] (desembolsos líquidos): Total (por milhões de dól. americanos)	Per capita (dólares americanos)	Em % do PIB		Entradas líquidas de invest. directo do estrangeiro[b] (% do PIB)		Outros fluxos privados[b, c] (% do PIB)		ODM Serviço da dívida total: Em % do PIB		Em % das exportações de bens, serviços e rendimento líquido do exterior	
	2005	2005	1990	2005	1990	2005	1990	2005	1990	2005	1990	2005
160 Guiné	182,1	19,4	10,3	5,5	0,6	3,1	-0,7	0,0	6,0	4,9	20,0	19,9[d]
161 Ruanda	576,0	63,7	11,1	26,7	0,3	0,4	-0,1	0,0	0,8	1,1	14,2	8,1
162 Angola	441,8	27,7	2,6	1,3	-3,3	-4,0	5,6	4,7	3,2	6,8	8,1	9,2
163 Benim	349,1	41,4	14,5	8,1	3,4	0,5	(.)	-0,1	2,1	1,6	8,2	7,2[d]
164 Malawi	575,3	44,7	26,6	27,8	1,2	0,1	0,1	-0,1	7,1	4,6	29,3	..
165 Zâmbia	945,0	81,0	14,4	13,0	6,2	3,6	-0,3	1,8	6,1	3,3	14,7	..
166 Costa do Marfim	119,1	6,6	6,4	0,7	0,4	1,6	0,1	-0,8	11,7	2,8	35,4	5,5
167 Burundi	365,0	48,4	23,2	45,6	0,1	0,1	-0,5	-0,6	3,7	4,9	43,4	41,4
168 Congo, República Democrática do	1.827,6	31,8	9,6	25,7	0,2	5,7	-0,1	(.)	3,7	3,0	..	..
169 Etiópia	1.937,3	27,2	8,4	17,3	0,1	2,4	-0,5	1,0	2,0	0,8	39,0	4,1
170 Chade	379,8	39,0	17,9	6,9	0,5	12,9	(.)	(.)	0,7	1,1	4,4	..
171 República Centro-Africana	95,3	23,6	16,7	7,0	(.)	0,4	(.)	0,0	2,0	0,4	13,2	..
172 Moçambique	1.285,9	65,0	40,5	19,4	0,4	1,6	1,0	-0,3	3,2	1,4	26,2	4,2
173 Mali	691,5	51,1	19,8	13,0	0,2	3,0	(.)	0,2	2,8	1,7	12,3	7,2[d]
174 Niger	515,4	36,9	15,6	15,1	1,6	0,4	0,4	-0,2	4,0	1,1	17,4	7,1[d]
175 Guiné-Bissau	79,1	49,9	51,8	26,3	0,8	3,3	(.)	0,0	3,5	10,8	31,1	40,2[d]
176 Burquina Faso	659,6	49,9	10,5	12,8	(.)	0,4	(.)	(.)	1,1	0,9	6,8	..
177 Serra Leoa	343,4	62,1	9,1	28,8	5,0	4,9	0,6	0,0	3,3	2,1	10,1	9,2
Países em vias de Desenvolvimento	86.043,0 T	16,5	1,4	0,9	0,9	2,7	0,5	1,5	4,4	4,6	..	13,0
Países menos desenvolvidos	25.979,5 T	33,9	11,8	9,3	0,3	2,6	0,5	0,8	3,0	2,3	16,9	7,0
Países Árabes	29.612,0 T	94,3	2,9	3,0	..	..	..	1,8	..	..	..	..
Ásia Oriental e Pacífico	9.541,6 T	4,9	0,8	0,2	..	..	..	..	..	..	..	..
América Latina e Caraíbas	6.249,5 T	11,3	0,5	0,3	0,8	2,9	0,5	1,2	4,0	6,6	23,7	22,9
Ásia do Sul	9.937,5 T	6,3	1,2	0,8	(.)	0,8	0,3	1,2	2,3	2,6	..	15,4
África Subsariana	30.167,7 T	41,7	5,7	5,1	0,4	2,4	0,3	1,7	..	..	..	..
Europa Central, Oriental e CEI	5.299,4 T	13,1	(.)	0,3	..	..	(.)	4,4	..	..	..	..
OCDE	759,4 T[f]	..	..	(.)	1,0	1,6	..	..	..	..	..	..
OCDE de rendimento elevado	0,0 T	0,0	..	0,0	1,0	1,6	..		..		..	
Desenvolvimento Humano elevado	2.633,0 T	1,6	..	(.)	1,0	1,7	..	..	..	..	..	..
Desenvolvimento Humano médio	40.160,4 T	9,4	1,8	0,7	0,7	2,8	0,6	1,9	4,8	3,7	22,2	10,3
Desenvolvimento Humano Baixo	21.150,9 T	42,0	9,7	9,0	0,7	1,5	0,4	0,6	6,4	5,6	22,0	12,2
Rendimento elevado	.. T	..	..	..	1,0	1,6	..		..		..	
Rendimento médio	42.242,2 T	13,7	0,7	1,3	0,9	3,1	0,4	2,2	4,5	5,5	20,3	14,3
Rendimento baixo	44.123,0 T	18,2	4,1	3,2	0,4	1,4	0,3	1,0	3,7	3,1	27,1	13,7
Mundo	106.372,9 T[g]	16,3	0,3	0,2	1,0	1,9	..	2,0	..	5,1	..	..

NOTAS

Este quadro apresenta dados para países incluídos nas Partes I e II da lista de beneficiários de ajuda da Comissão de Ajuda ao Desenvolvimento (OCDE-CAD 2007a). O denominador utilizado convencionalmente para comparar a ajuda pública ao desenvolvimento e o serviço da dívida total com a dimensão da economia é o RNB e não o PIB (ver Definições de termos estatísticos). Contudo, o PIB é utilizado aqui para permitir comparações ao longo do quadro. Com poucas excepções, os denominadores produzem resultados semelhantes.

a. As receitas da APD são os fluxos APD totais líquidos dos países da CAD, bem como de Taiwan Província da China, República Checa, Hungria, Islândia, Israel, República da Coreia, Koweit, Polónia, Arábia Saudita, Eslováquia, Turquia, Emirados Árabes Unidos e outros pequenos doadores incluindo a Estónia, Letónia, Lituânia e Eslovênia, e as principais concessões das organizações multilaterais. Um valor negativo indica que os reembolsos de empréstimos APD excedem o valor de APD recebidos.
b. Um valor negativo indica que a saída de capitais do país excede a entrada.
c. Outros fluxos privados compreendem fluxos de investimento de carteira não criadores de dívida, fluxos de carteira criadores de dívida e empréstimos bancários e relacionados com o comércio.
d. Os dados referem-se a 2004.
e. Os dados referem-se a 2003.
f. O México e a Turquia são os únicos países membros da OCDE a APD destas fontes em 2005.
g. O total mundial inclui 14.614 milhões de dólares não atribuídos a países individualmente ou a regiões específicas.

FONTES

Coluna 1: OCDE-APD 2007b.
Column 2: calculadas com base nos dados da APD e da população do OCDE-APD 2007b.
Colunas 3 e 4: calculadas com base nos dados da APD da OCDE-APD 2007b e do PIB do Banco Mundial 2007b.
Colunas 5 e 6: calculadas com base em dados do investimento directo estrangeiro e do PIB do Banco Mundial 2007b e PIB do Banco Mundial 2007b.
Colunas 7 e 8: calculadas com base em dados do investimento de carteira, dos empréstimos bancários e relacionados com o comércio e em dados do PIB do Banco Mundial 2007b.
Colunas 9 e 10: calculado com base em dados do serviço da dívida total e do PIB, do Banco Mundial 2007b.
Colunas 11 e 12: Banco Mundial 2007b.

TABELA 19

... para terem acesso aos recursos necessários para um nível de vida digno ...

Prioridades da despesa pública

Ordem do IDH	Despesa pública com a saúde (% do PIB)	Despesa pública com a educação (% do PIB)		Despesa militar [a] (% do PIB)		Serviço da dívida total [b] (% do PIB)	
	2004	1991	2002–05 [c]	1990	2005	1990	2005
DESENVOLVIMENTO HUMANO ELEVADO							
1 Islândia	8,3	..	8,1	0,0	0,0	..	..
2 Noruega	8,1	7,1	7,7	2,9	1,7	..	..
3 Austrália	6,5	4,9	4,7	2,0	1,8	..	..
4 Canadá	6,8	6,5	5,2	2,0	1,1	..	..
5 Irlanda	5,7	5,0	4,8	1,3	0,6	..	..
6 Suécia	7,7	7,1	7,4	2,6	1,5	..	..
7 Suiça	6,7	5,3	6,0	1,8	1,0	..	..
8 Japão	6,3	..	3,6	0,9	1,0	..	..
9 Países Baixos	5,7	5,6	5,4	2,5	1,5	..	..
10 França	8,2	5,5	5,9	3,4	2,5	..	..
11 Filândia	5,7	6,5	6,5	1,6	1,4	..	..
12 Estados Unidos	6,9	5,1	5,9	5,3	4,1	..	..
13 Espanha	5,7	4,1	4,3	1,8	1,1	..	..
14 Dinamarca	7,1	6,9	8,5	2,0	1,8	..	..
15 Áustria	7,8	5,3	5,5	1,2	0,9	..	..
16 Reino Unido	7,0	4,8	5,4	3,9	2,7	..	..
17 Bélgica	6,9	5,0	6,1	2,4	1,1	..	..
18 Luxemburgo	7,2	3,0	3,6 [d,e]	0,9	0,8	..	..
19 Nova Zelândia	6,5	6,1	6,5	1,9	1,0	..	..
20 Itália	6,5	3,0	4,7	2,1	1,9	..	..
21 Hong Kong, China (RAE)	..	2,8	4,2	..	..	..	..
22 Alemanha	8,2	..	4,6	2,8 [f]	1,4	..	..
23 Israel	6,1	6,5	6,9	12,3	9,7	..	..
24 Grécia	4,2	2,3	4,3	4,5	4,1	..	..
25 Singapura	1,3	3,1	3,7 [e]	4,9	4,7	..	..
26 República da Coreia	2,9	3,8	4,6	3,7	2,6	..	..
27 Eslovénia	6,6	4,8	6,0	2,2 [g]	1,5	..	..
28 Chipre	2,6	3,7	6,3	5,0	1,4	..	..
29 Portugal	7,0	4,6	5,7	2,7	2,3	..	..
30 Estado do Brunei Darussalam	2,6	3,5	..	6,4	3,9	..	..
31 Barbados	4,5	7,8	6,9	0,8	0,8 [e]	8,2	3,1
32 República Checa	6,5	..	4,4	..	1,8	3,0	4,8
33 Koweit	2,2	4,8	5,1	48,5	4,8	..	..
34 Malta	7,0	4,4	4,5	0,9	0,7	..	..
35 Catar	1,8	3,5	1,6 [d]	..	..	..	..
36 Hungria	5,7	6,1	5,5	2,8	1,5	12,8	21,5
37 Polónia	4,3	5,2	5,4	2,8	1,9	1,6	11,2
38 Argentina	4,3	3,3	3,8	1,2	1,0	4,4	5,8
39 Emirados Árabes Unidos	2,0	2,0	1,3 [d]	6,2	2,0	..	..
40 Chile	2,9	2,4	3,5	4,3	3,8	8,8	6,7
41 Barém	2,7	3,9	..	5,1	3,6	..	..
42 Eslováquia	5,3	5,6	4,3	..	1,7	..	12,6
43 Lituânia	4,9	5,5	5,2	..	1,2	..	10,1
44 Estónia	4,0	..	5,3	0,5 [g]	1,5	..	12,1
45 Letónia	4,0	4,1	5,3	..	1,7	..	19,6
46 Uruguai	3,6	2,5	2,6	3,1	1,3	10,6	13,3
47 Croácia	6,2 [h,i]	5,5	4,7	7,6 [g]	1,6	..	12,8
48 Costa Rica	5,1	3,4	4,9	0,0	0,0	6,8	3,0
49 Baamas	3,4	3,7	3,6 [d,e]	0,8	0,7	..	..
50 Seicheles	4,6	6,5	5,4 [d]	4,0	1,8	5,8	7,9
51 Cuba	5,5	9,7	9,8	..	..	..	..
52 México	3,0	3,8	5,4	0,4	0,4	4,3	5,7
53 Bulgária	4,6	5,4	4,2	3,5	2,4	..	21,7

Ordem do IDH	Despesa pública com a saúde (% do PIB)	Despesa pública com a educação (% do PIB)		Despesa militar[a] (% do PIB)		Serviço da dívida total[b] (% do PIB)	
	2004	1991	2002–05[c]	1990	2005	1990	2005
54 São Cristóvão e Nevis	3,3	2,7	9,3	..	..	1,9	10,6
55 Tonga	5,0	..	4,8	..	1,0[e]	1,7	1,9
56 Jamahira Árabe Líbia	2,8	..	2,7[e]	..	2,0	..	..
57 Antigua e Barbuda	3,4	..	3,8	..	..	..	..
58 Omã	2,4	3,0	3,6	16,5	11,9	..	4,1
59 Trinidade e Tobago	1,4	4,1	4,2[d]	..	..	8,9	2,6
60 Roménia	3,4	3,5	3,4	4,6	2,0	(.)	7,0
61 Arábia Saudita	2,5	5,8	6,8	14,0	8,2	..	..
62 Panamá	5,2	4,6	3,8[d]	1,3	1,0[e]	6,5	13,5
63 Malásia	2,2	5,1	6,2	2,6	2,4	9,8	7,2
64 Bielorússia	4,6	5,7	6,0	1,5[g]	1,2	..	2,3
65 Maurícia	2,4	3,8	4,5	0,3	0,2	6,5	4,5
66 Bósnia e Herzegovina	4,1	..	..	..	1,9	..	2,7
67 Federação da Rússia	3,7	3,6	3,6[d]	12,3	4,1	..	5,5
68 Albânia	3,0	..	2,9[d]	5,9	1,4	..	1,0
69 Macedónia (ARJM)	5,7	..	3,5	..	2,2	..	4,1
70 Brasil	4,8	..	4,4	2,4	1,6	1,8	7,9
DESENVOLVIMENTO HUMANO MÉDIO							
71 Domínica	4,2	..	5,0[d,e]	..	..	3,5	6,0
72 Santa Lúcia	3,3	..	5,8	..	..	1,6	4,0
73 Cazaquistão	2,3	3,9	2,3	..	1,1	..	23,1
74 Venezuela, República Bolivariana	2,0	4,6	..	1,8[g]	1,2	10,6	4,0
75 Colómbia	6,7	2,4	4,8	1,8	3,7	9,7	8,3
76 Ucrania	3,7	6,2	6,4	..	2,4	..	7,1
77 Samoa	4,1	..	4,5[d]	..	..	4,9	5,5
78 Tailândia	2,3	3,1	4,2	2,6	1,1	6,2	11,0
79 República Dominicana	1,9	..	1,8	0,6	0,5	3,3	3,0
80 Belize	2,7	4,6	5,4	1,2	..	4,4	20,7
81 China	1,8[i]	2,2	1,9[e]	2,7	2,0	2,0	1,2
82 Grenada	5,0	4,9	5,2	..	..	1,5	2,6
83 Arménia	1,4	..	3,2[e]	2,2[g]	2,7	..	2,8
84 Turquia	5,6[h,i]	2,4	3,7	3,5	2,8	4,9	11,6
85 Suriname	3,6	5,9	..	..	..	..	..
86 Jordânia	4,7[i]	8,0	4,9[e]	6,9	5,3	15,6	4,8
87 Perú	1,9	2,8	2,4	0,1	1,4	1,8	7,0
88 Líbano	3,2	..	2,6	7,6	4,5	3,5	16,1
89 Equador	2,2	2,5	1,0[d,e]	1,9	2,6	10,5	11,4
90 Filipinas	1,4	3,0	2,7	1,4	0,9	8,1	10,0
91 Tunísia	2,8[e]	6,0	7,3	2,0	1,6	11,6	7,2
92 Fiji	2,9	5,1	6,4	2,3	1,2[e]	7,9	0,6
93 São Vicente e Granadinas	3,9	5,9	8,2	..	..	2,2	5,5
94 Irão, República Islâmica do	3,2	4,1	4,7	2,9	5,8	0,6	1,3
95 Paraguai	2,6	1,9	4,3	1,0	0,7	6,2	6,7
96 Geórgia	1,5	..	2,9	..	3,5	..	2,9
97 Guiana	4,4	2,2	8,5	0,9	..	74,5	4,2
98 Azerbeijão	0,9	7,7	2,5	2,5[g]	2,5	..	1,9
99 Sri Lanka	2,0	3,2	..	2,1	2,6	4,8	1,9
100 Maldivas	6,3	7,0	7,1	..	..	4,1	4,4
101 Jamaica	2,8	4,5	5,3	0,6	0,6	14,4	10,1
102 Cabo Verde	3,9	3,6	6,6	..	0,7[e]	1,7	3,4
103 El Salvador	3,5	1,8	2,8	2,0	0,6	4,3	3,8
104 Argélia	2,6	5,1	..	1,5	2,9	14,2	5,8
105 Vietname	1,5	1,8	..	..	..	2,7	1,8
106 Territórios Ocupados da Palestina	7,8[e]	..	..	..	..	..	..

TABELA 19 Prioridades da despesa pública

Ordem do IDH	Despesa pública com a saúde (% do PIB)	Despesa pública com a educação (% do PIB)		Despesa militar[a] (% do PIB)		Serviço da dívida total[b] (% do PIB)	
	2004	1991	2002–05[c]	1990	2005	1990	2005
107 Indonésia	1,0	1,0	0,9	1,8	1,2	8,7	6,3
108 República Árabe Síria	2,2	3,9	..	6,0	5,1	9,7	0,8
109 Turquemenistão	3,3	3,9	..	..	2,9[e]	..	3,8
110 Nicarágua	3,9	3,4	3,1[d]	4,0[g]	0,7	1,6	3,5
111 Moldávia	4,2	5,3	4,3	..	0,3	..	8,6
112 Egipto	2,2	3,9	..	4,7	2,8	7,1	2,8
113 Usbequistão	2,4	9,4	..	..	0,5[e]	..	5,6
114 Mongólia	4,0	11,5	5,3	4,3	1,6	..	2,4
115 Honduras	4,0	3,8	..	..	0,6	12,8	4,6
116 Quirguizistão	2,3	6,0	4,4[d]	1,6[g]	3,1	..	5,2
117 Bolívia	4,1	2,4	6,4	2,3	1,6	7,9	5,7
118 Guatemala	2,3	1,3	..	1,5	0,3	3,0	1,5
119 Gabão	3,1	..	3,9[d,e]	..	1,5	3,0	1,4
120 Vanuatu	3,1	4,6	9,6	..	..	1,6	0,7
121 África do Sul	3,5	5,9	5,4	3,8	1,5	..	2,0
122 Tajiquistão	1,0	9,1	3,5	0,3[g]	2,2[e]	..	3,4
123 São Tomé and Príncipe	9,9	..	..	..	..	4,9	13,8
124 Botsuana	4,0	6,2	10,7	4,1	3,0	2,8	0,5
125 Namíbia	4,7	7,9	6,9	5,6[g]	3,2	..	..
126 Marrocos	1,7	5,0	6,7	5,0	4,5	6,9	5,3
127 Guiné Equatorial	1,2	..	0,6[d]	..	..	3,9	0,1
128 Índia	0,9	3,7	3,8	3,2	2,8	2,6	3,0
129 Ilhas Salomão	5,6	3,8	3,3[d,e]	..	..	5,5	4,7
130 Laos, Rep. Democrática Popular do	0,8	..	2,3	..	2,1[e]	1,0	6,0
131 Camboja	1,7	..	1,9	3,1	1,8	2,7	0,5
132 Mianmar	0,3	..	1,3[e]	..	..	..	..
133 Butão	3,0	..	5,6[e]	..	..	1,7	0,8
134 Comores	1,6	..	3,9	..	..	0,4	1,0
135 Gana	2,8	..	5,4	0,4	0,7	6,2	2,7
136 Paquistão	0,4	2,6	2,3	5,8	3,5	4,8	2,2
137 Mauritânia	2,0	4,6	2,3	3,8	3,6	14,3	3,6
138 Lesoto	5,5	6,2	13,4	4,5	2,3	3,8	3,7
139 Congo	1,2	7,4	2,2	..	1,4	19,0	2,3
140 Bangladeche	0,9	1,5	2,5	1,0	1,0	2,5	1,3
141 Suazilândia	4,0	5,7	6,2	1,8	1,8[e]	5,3	1,6
142 Nepal	1,5	2,0	3,4	0,9	2,1	1,9	1,6
143 Madagáscar	1,8	2,5	3,2	1,2	1,1	7,2	1,5
144 Camarões	1,5	3,2	1,8[d]	1,5	1,3	4,6	4,7
145 Papua- Nova Guiné	3,0	..	..	2,1	0,6	17,2	7,9
146 Haiti	2,9	1,4	..	..	..	1,3	1,4
147 Sudão	1,5	6,0	..	3,5	2,3[e]	0,4	1,4
148 Quénia	1,8	6,7	6,7	2,9	1,7	9,2	1,3
149 Djibuti	4,4	3,5	7,9	5,9	4,2[e]	3,3	2,6
150 Timor-Leste	8,8	..	..	..	..	..	..
151 Zimbabué	3,5	7,7	4,6[d,e]	4,4	2,3	5,4	6,7
152 Togo	1,1	..	2,6	3,1	1,5	5,3	0,8
153 Iémen	1,9	..	9,6[d,e]	7,9	7,0	3,5	1,4
154 Uganda	2,5	1,5	5,2[d]	3,1	2,3	3,4	2,0
155 Gâmbia	1,8	3,8	2,0[d]	1,2	0,5[e]	11,9	6,3
DESENVOLVIMENTO HUMANO BAIXO							
156 Senegal	2,4	3,9	5,4	2,0	1,5	5,7	2,3
157 Eritreia	1,8	..	5,4	..	24,1[e]	..	2,1
158 Nigéria	1,4	0,9	..	0,9	0,7	11,7	9,0
159 Tanzânia, República Unida da	1,7	2,8	2,2[d,e]	2,0	1,1	4,2	1,1

Ordem do IDH	Despesa pública com a saúde (% do PIB)	Despesa pública com a educação (% do PIB)		Despesa militar[a] (% do PIB)		Serviço da dívida total[b] (% do PIB)	
	2004	1991	2002–05[c]	1990	2005	1990	2005
160 Guiné	0,7	2,0	2,0	2,4[g]	2,0[e]	6,0	4,9
161 Ruanda	4,3	..	3,8	3,7	2,9	0,8	1,1
162 Angola	1,5	..	2,6[d,e]	2,7	5,7	3,2	6,8
163 Benim	2,5	..	3,5[d]	..	..	2,1	1,6
164 Malawi	9,6	3,2	5,8	1,3	0,7[e]	7,1	4,6
165 Zâmbia	3,4	2,8	2,0	3,7	2,3[e]	6,1	3,3
166 Costa do Marfim	0,9	..	4,6[d,e]	1,3	1,5[e]	11,7	2,8
167 Burundi	0,8	3,5	5,1	3,4	6,2	3,7	4,9
168 Congo, República Democrática do	1,1	..	..	..	2,4	3,7	3,0
169 Etiópia	2,7	2,4	6,1[j]	8,5	2,6	2,0	0,8
170 Chade	1,5	1,6	2,1	..	1,0	0,7	1,1
171 República Centro-Africana	1,5	2,2	..	1,6[g]	1,1	2,0	0,4
172 Moçambique	2,7	..	3,7	5,9	0,9	3,2	1,4
173 Mali	3,2	..	4,3	2,1	2,3	2,8	1,7
174 Niger	2,2	3,3	2,3	..	1,2[e]	4,0	1,1
175 Guiné-Bissau	1,3	..	5,2[e]	..	4,0	3,5	10,8
176 Burquina Faso	3,3	2,6	4,7	2,7	1,3	1,1	0,9
177 Serra Leoa	1,9	..	3,8[d]	1,4	1,0	3,3	2,1

NOTAS

a. Devido a várias limitações nos dados, as comparações no tempo e entre países devem ser feitas com precaução. Para notas pormenorizadas sobre os dados, ver SIPRI 2007c.
b. Para os agregados ver tabela 18.
c. Os dados referem-se ao ano mais recente disponível durante o período indicado.
d. Estimativas do Instituto Nacional de Estatísticas ou da UNESCO.
e. Os dados referem-se a 2004; de 1999 em diante.
f. Os dados referem-se à República Federal da Alemanha antes da reunificação.
g. Em casos em que os dados de 1990 não estão disponíveis, foram utilizados dados dos anos mais próximos entre 1991 e 1992.
h. Os dados referem-se a 2005.
i. Os dados referem-se a um ano antes do ano em questão, diferem da definição padrão ou referem-se apenas a uma parte do país.
j. Os dados referem-se a 2006.

FONTES

Coluna 1: Banco Mundial 2007b.
Colunas 2 e 3: Instituto de Estatísticas da UNESCO 2007b.
Coluna 4: SIPRI 2007b.
Coluna 5: SIPRI 2007c.
Colunas 6 e 7: calculadas com base nos dados do serviço de dívida e do PIB do Banco Mundial 2007b.

... para terem acesso aos recursos necessários para um nível de vida digno ...

Desemprego nos países da OCDE

Ordem do IDH		Pessoas desempregadas (milhares)	Taxa de desemprego: Total (% da população activa)	Taxa de desemprego: Média anual (% da populção activa)	Taxa de desemprego: Mulheres (% da taxa masculina)	ODM Taxa de desemprego jovem: Total (% da população activa com 15–24 anos)[a]	Taxa de desemprego jovem: Mulheres (% da taxa masculina)	Desemprego de longa duração (% do desemprego total): Mulher	Desemprego de longa duração (% do desemprego total): Homem
		2006	2006	1996/2006	2006	2006	2006	2006	2006
DESENVOLVIMENTO HUMANO ELEVADO									
1	Islândia	5,2	3,0	2,9	110	8,4	81	5,3	9,2
2	Noruega	83,8	3,5	3,9	94	8,6	101	11,1	16,8
3	Austrália	527,0	4,9	6,6	104	10,4	90	15,2	20,1
4	Canadá	1.106,0	6,3	7,7	94	11,6	80	8,3	9,1
5	Irlanda	91,4	4,4	6,0	89	8,4	89	24,5	40,8
6	Suécia	331,9	7,0	6,9	103	21,3	102	12,2	16,1
7	Suiça	168,7	4,0	3,7	138	7,7	94	42,6	35,0
8	Japão	2.730,0	4,1	4,5	91	8,0	81	20,8	40,9
9	Países Baixos	365,0	3,9	3,9	126	7,6	117	43,6	46,8
10	França	2.729,0	9,4	9,9	121	23,9	115	43,3	44,8
11	Filândia	204,0	7,7	10,1	109	18,8	95	21,8	28,0
12	Estados Unidos	7.002,0	4,6	5,0	100	10,5	86	9,2	10,7
13	Espanha	1.837,1	8,5	12,2	184	17,9	144	32,2	25,9
14	Dinamarca	114,2	3,9	5,0	136	7,6	100	20,2	20,7
15	Áustria	195,5	4,8	4,3	118	9,1	105	25,1	29,5
16	Reino Unido	1.602,0	5,3	5,6	86	13,9	75	14,9	27,5
17	Bélgica	381,8	8,2	8,3	126	18,9	106	56,5	54,7
18	Luxemburgo	9,1[b]	4,8	3,3	180	13,7[b]	138[b]	20,5[b]	33,8[b]
19	Nova Zelândia	82,6	3,8	5,4	117	9,6	108	5,5	8,8
20	Itália	1.673,6	6,8	9,4	165	21,6	132	54,8	50,8
22	Alemanha	4.250,0	8,4	8,5	119	13,5	89	56,5	57,8
24	Grécia	427,4	8,9	10,3	243	24,5	196	60,1	48,1
26	República da Coreia	824,0	3,5	4,0	76	10,0	77	0,9	1,2
29	Portugal	427,8	7,7	5,9	138	16,2	126	53,3	50,3
32	República Checa	371,1	7,2	7,2	153	17,5	112	56,3	53,9
36	Hungria	316,8	7,5	7,1	108	19,1	107	45,1	47,1
37	Polónia	2.344,3	13,8	15,7	116	29,8	112	52,0	49,0
42	Eslováquia	353,1	13,4	15,8	120	26,6	103	72,3	73,9
52	México	1.367,3	3,2	3,3	118	6,2	138	2,3	2,7
DESENVOLVIMENTO HUMANO MÉDIO									
84	Turquia	2.445,0	9,9	8,6	106	18,7	109	44,2	32,6
OCDE		34.366,6 T	6,0	6,7	112	12,5	98	32,0	32,4

NOTAS

a. O intervalo de idades pode variar entre os 16 e os 24 anos em alguns países.

b. Os dados referem-se a 2005.

FONTES

Colunas 1—3, 5, 7 e 8: OCDE 2007.

Colunas 4 e 6: calculadas com base em dados das taxas de desemprego masculino e feminino de OCDE 2007.

... para terem acesso aos recursos necessários para um nível de vida digno ...

Desemprego e trabalho do sector informal em países que não integram a OCDE

Ordem do IDH		Pessoas desempregadas (milhares) 1996–2005[d]	Taxa de desemprego[a] Total (% da população activa) 1996–2005[d]	Taxa de desemprego[a] Mulheres (% da taxa masculina) 1996–2005[d]	Emprego por actividade económica[b] Total (milhares) 1996–2005[d]	Emprego por actividade económica[b] Agricultura (%) 1996–2005[d]	Emprego por actividade económica[b] Indústria (%) 1996–2005[d]	Emprego por actividade económica[b] Serviços (%) 1996–2005[d]	Emprego no sector informal em % do emprego não-agrícola[c] Ano do inquérito	Emprego no sector informal em % do emprego não-agrícola[c] Ambos os sexos (%)	Emprego no sector informal em % do emprego não-agrícola[c] Feminino (%)	Emprego no sector informal em % do emprego não-agrícola[c] Masculino (%)
DESENVOLVIMENTO HUMANO ELEVADO												
21	Hong Kong, China (RAE)	201	5,6	68	3,386	(.)	15	85	..	..	..	..
23	Israel	246	9,0	112	2,494	2	22	76	..	..	..	..
25	Singapura	116	5,3	98	2,267	0	30	70	..	..	..	..
27	Eslovénia	58	5,8	111	946	9	37	53	..	..	..	..
28	Chipre	19	5,3	148	338	5	24	71	..	..	..	..
30	Estado do Brunei Darussalam	7[e]	..	..	146	1	21	77	..	..	..	..
31	Barbados	14	9,8	118	132	3	17	70	..	..	..	..
33	Koweit	15[f]	1,1[f]	173[f]	..	..	..	..	..	..	..	..
34	Malta	12	7,5	142	149	2	29	68	..	..	..	..
35	Catar	13	3,9	548	438	3	41	56	..	..	..	..
38	Argentina	1,141	10,6	135	9,639	1	24	75	2003[g]	40[g]	31[g]	46[g]
39	Emirados Árabes Unidos	41	2,3	118	1,779	8	33	59	..	..	..	..
40	Chile	440	6,9	139	5,905	13	23	64	1996[h]	36[h]	44[h]	31[h]
41	Barém	16	..	..	..	..	..	..	..	..	..	..
43	Lituânia	133	8,3	101	1,474	14	29	57	..	..	..	..
44	Estónia	52	7,9	81	607	5	34	61	..	..	..	..
45	Letónia	99	8,7	93	1,036[g]	12[g]	26[g]	62[g]	..	..	..	..
46	Uruguai	155	12,2	161	1,115[g]	5[g]	22[g]	74[g]	2000	30	25	34
47	Croácia	229	12,7	120	1,573	17	29	54	..	..	..	..
48	Costa Rica	126	6,6	192	1,777	15	22	63	2000	20	17	22
49	Baamas	18	10,2	122	161	4	18	78	..	..	..	..
50	Seychelles	4	..	..	..	..	..	..	..	..	..	..
51	Cuba	88	1,9	129	4,642	21	19	59	..	..	..	..
53	Bulgária	334	10,1	95	2,980	9	34	57	..	..	..	..
57	Antigua e Barbuda	..	..	..	28[g]	4[g]	19[g]	74[g]	..	..	..	..
58	Omã	53	..	..	282[g]	6[g]	11[g]	82[g]	..	..	..	..
59	Trinidade e Tobago	50	8,0	190	525	7	28	64	..	..	..	..
60	Roménia	705	7,2	83	9,147	32	30	38	..	..	..	..
61	Arábia Saudita	327	5,2	274	5,913	5	21	74	..	..	..	..
62	Panamá	137	10,3	173	1,188	16	17	67	2004	33	29	35
63	Malásia	370	3,6	100	9,987	15	30	53	..	..	..	..
64	Bielorússia	68[f]	1,5[f]	325[f]	4,701[g]	21[g]	35[g]	40[g]	..	..	..	..
65	Maurícia	52	9,6	284	490	10	32	57	2004	8	6	9
67	Federação da Rússia	5,775	7,8	105	68,169	10	30	60	2004	12	11	12
68	Albânia	157	14,4	141	931	58	14	28[i]	..	..	..	..
69	Macedónia (ARJM)	324	37,3	105	545	20	32	48	..	..	..	..
70	Brasil	8,264	8,9	172	84,596	21	21	58	2003	37	31	42
DESENVOLVIMENTO HUMANO MÉDIO												
71	Domínica	3	11,0	80	26	24	18	54	..	..	..	..
72	Santa Lúcia	13	16,4	164	59	11	18	53	..	..	..	..
73	Cazaquistão	659	8,4	140	7,182	34	17	49	..	..	..	..
74	Venezuela, República Bolivariana	1,823	15,8	127	9,994	11	20	69	2004	46	45	47
75	Colômbia	2,406	11,8	174	18,217	22	19	59[i]	2004[g]	58[g]	59[g]	55[g]
76	Ucrania	1,601	7,2	91	20,680	19	24	56[i]	2004	4	4	4
78	Tailândia	496	1,4	80	36,302	43	20	37	2002	72	..	..
79	República Dominicana	716	17,9	254	3,315	16	21	63	1997[h]	48[h]	50[h]	47[h]
80	Belize	12	11,0	230	78	28	17	55	..	..	..	..
81	China	8,390	4,2	..	737,400	44	18	16	..	..	..	..
82	Grenada	..	..	..	35	14	24	59	..	..	..	..
83	Arménia	424	36,4	91	1,108	46	17	38	..	..	..	..
85	Suriname	12	14,0	200	73	6	15	75	..	..	..	..
86	Jordânia	..	..	..	43	4	22	74	..	..	..	..
87	Perú	437	11,4	143	3,400	1	24	76	2004[g]	56[g]	55[g]	57[g]

Desemprego e trabalho do sector informal em países que não integram a OCDE

Ordem do IDH		Pessoas desempregadas (milhares) 1996–2005[d]	Taxa de desemprego[a] Total (% da população activa) 1996–2005[d]	Taxa de desemprego[a] Mulheres (% da taxa masculina) 1996–2005[d]	Emprego por actividade económica[b] Total (milhares) 1996–2005[d]	Emprego por actividade económica[b] Agricultura (%) 1996–2005[d]	Emprego por actividade económica[b] Indústria (%) 1996–2005[d]	Emprego por actividade económica[b] Serviços (%) 1996–2005[d]	Emprego no sector informal em % do emprego não-agrícola[c] Ano do inquérito	Emprego no sector informal em % do emprego não-agrícola[c] Ambos os sexos (%)	Emprego no sector informal em % do emprego não-agrícola[c] Feminino (%)	Emprego no sector informal em % do emprego não-agrícola[c] Masculino (%)
88	Líbano	116	..	..	..	..	..	..	..	..	..	..
89	Equador	334	7,9	186	3,892	8	21	70	2004[g]	40[g]	44[g]	37[g]
90	Filipinas	2,619	7,4	99	32,875	37	15	48	1995[h]	72[h]	73[h]	71[h]
91	Tunísia	486	14,2	132	..	..	..	..	1994-95	50[h]	39[h]	53[h]
93	São Vicente e Granadinas	..	..	..	35	15	20	56	..	..	..	..
94	Irão, República Islâmica do	2,556	11,5	170	19,760	25	30	45	..	..	..	..
95	Paraguai	206	8,1	151	2,247	32	16	53	1995[h]	66[h]	..	..
96	Geórgia	279	13,8	85	1,745	54	9	36	..	..	..	..
97	Guiana	..	..	..	240	28	23	48	..	..	..	..
98	Azerbeijão	369	8,5	125	3,850[g]	39[g]	12[g]	49[g]	..	..	..	..
99	Sri Lanka	623	7,7	216	6,943	34	23	39	..	..	..	..
100	Maldivas	2	..	..	86	14	19	50	..	..	..	..
101	Jamaica	130	10,9	207	1,063	18	18	64	..	..	..	..
103	El Salvador	184	6,8	44	2,526	19	24	57	1997[h]	57[h]	69[h]	46[h]
104	Argélia	1,475	15,3	103	7,798	21	26	53	1997[h]	43[h]	41[h]	43[h]
105	Vietname	926	2,1	131	42,316	58	17	25	..	..	..	..
106	Territórios Ocupados da Palestina	212	26,7	71	578	16	25	58	..	..	..	..
107	Indonésia	10,854	9,1	155	94,948	44	18	38	1998[h]	78[h]	77[h]	78[h]
108	República Árabe Síria	638	11,7	290	4,822	30	27	43	2003	22	7	24
110	Nicarágua	135	12,2	165	1,953	31	18	40	2000[g]	55[g]	59[g]	52[g]
111	Moldávia	104	7,3	69	1,319	41	16	43	2004	8	5	11
112	Egipto	2,241	11,0	311	18,119	30	20	50	2003[g]	45[g]	59[g]	42[g]
113	Usbequistão	..	..	..	8,885	39	19	35	..	..	..	..
114	Mongólia	33[f]	3,3[f]	120[f]	951	40	16	44	..	..	..	..
115	Honduras	108	4,1	197	2,544	39	21	40	1997[h]	58[h]	66[h]	74[h]
116	Quirguizistão	186	8,5	116	1,807	53	10	37	2003	43	39	45
117	Bolívia	222	5,5	161	2,091[g]	5[g]	28[g]	67[g]	1997[h]	64[h]	74[h]	55[h]
118	Guatemala	172	3,4	196	4,769	39	20	38	..	..	..	..
121	África do Sul	4,385	26,6	100	11,622	10	25	65	2004	16	16	15
122	Tajiquistão	51[f]	2,7[f]	121[f]	..	..	..	..	..	..	..	..
124	Botsuana	144	23,8	123	567	23	22	50	..	..	..	..
125	Namíbia	221	33,8	138	432	31	12	56	..	..	..	..
126	Marrocos	1,226	11,0	106	9,603	44	20	36[i]	1995[h]	45[h]	47[h]	44[h]
128	Índia	16,634	4,3	100	308,760[g]	67[g]	13[g]	20[g,i]	2000[g]	56[g]	57[g]	55[g]
130	Laos, Rep. Democrática Popular do	38	..	..	2,165[g]	85[g]	4[g]	11[g]	..	..	..	..
131	Camboja	503	1,8	147	6,243	70	11	19	..	..	..	..
132	Mianmar	190[f]	..	..	18,359	63	12	25[i]	..	..	..	..
135	Gana	..	..	..	8,300	55	14	31	..	..	..	..
136	Paquistão	3,566	7,7	194	38,882	42	21	37	2003–04	70	66	70
138	Lesoto	216	39,3	153	353	57	15	23	..	..	..	..
140	Bangladeche	2,002	4,3	117	44,322	52	14	35	..	..	..	..
142	Nepal	178	1,8	85	7,459[g]	79[g]	6[g]	21[g]	..	..	..	..
143	Madagáscar	383	4,5	160	8,099	78	7	15	..	..	..	..
144	Camarões	468	7,5	82	5,806[g]	61[g]	9[g]	23[g]	..	..	..	..
145	Papua- Nova Guiné	69	2,8	30	2,345	72	4	23	..	..	..	..
146	Haiti	..	..	..	..	51	11	39	..	..	..	..
148	Quénia	1,276	..	..	1,674	19	20	62	1999[h]	72[h]	83[h]	59[h]
149	Djibuti	..	..	..	77[g]	2[g]	8[g]	80[g]	..	..	..	..
151	Zimbabué	298	6,0	63	..	..	..	..	..	..	..	..
153	Iémen	469	11,5	66	3,622	54	11	35	..	..	..	..
154	Uganda	346	3,2	156	9,257	69	8	22	..	..	..	..

Ordem do IDH	Pessoas desempregadas (milhares) 1996–2005[d]	Taxa de desemprego[a] Total (% da população activa) 1996–2005[d]	Taxa de desemprego[a] Mulheres (% da taxa masculina) 1996–2005[d]	Emprego por actividade económica[b] Total (milhares) 1996–2005[d]	Emprego por actividade económica[b] Agricultura (%) 1996–2005[d]	Emprego por actividade económica[b] Indústria (%) 1996–2005[d]	Emprego por actividade económica[b] Serviços (%) 1996–2005[d]	Emprego no sector informal em % do emprego não-agrícola[c] Ano do inquérito	Ambos os sexos (%)	Feminino (%)	Masculino (%)
DESENVOLVIMENTO HUMANO BAIXO											
157 Eritreia	..	..	..	82[g]	4[g]	19[g]	77[g]	..	..	..	..
158 Nigéria	..	..	..	5,229[g]	3[g]	22[g]	75[g]	..	..	..	..
159 Tanzânia, República Unida da	913	5,1	132	16,915	82	3	15	2001	43	41	46
160 Guiné	..	..	..	..	..	..	..	1991[h]	72[h]	87[h]	66[h]
161 Ruanda	16	0,6	38	3,143[g]	90[g]	3[g]	7[g]	..	..	..	..
162 Angola	19[e]	..	..	..	..	..	..	..	..	..	..
163 Benim	..	..	..	..	..	..	..	1992[h]	93[h]	97[h]	87[h]
165 Zâmbia	508	12,0	92	3,530	70	7	23	..	..	..	..
167 Burundi	1[e]	14,0[e]	88[e]	..	..	..	..	..	..	..	..
169 Etiópia	1,654	5,0	312	20,843[g]	93[g]	3[g]	5[g]	2004	41	48	36
170 Chade	..	..	..	..	..	..	..	1993[h]	74[h]	95[h]	60[h]
171 República Centro-Africana	..	..	..	..	..	..	..	2003[g]	21[g]	21[g]	21[g]
172 Moçambique	192	..	..	..	..	..	..	1999[h]	74[h]	..	..
173 Mali	227	8,8	153	..	..	..	..	2004	71	80	63
176 Burquina Faso	7[e]	..	..	..	..	..	..	2000[h]	77[h]	..	..

NOTAS

Os dados não são completamente comparáveis entre países porque foram compilados utilizando várias fontes.Como resultado os dados podem ser diferentes das definições padrão de desemprego no sector informal.

a. Os dados referem-se à definição de emprego da OIT, salvo indicação em contrário.
b. O emprego por actividade económica pode não ter uma soma de 100 como resultado dos arredondamentos ou omissões do emprego na actividade económica que não está bem definido.
c. Os dados do sector informal podem não ser do mesmo ano dos dados do emprego e desemprego. Assim, podem não ser completamente comparáveis.
d. Os dados referem-se ao ano mais recente do período especificado.
e. Os dados referem-se a candidatos a emprego.
f. Os dados referem-se ao desemprego registado.
g. Os dados referem-se a um ano ou período diferente do especificado, diferem da definição padrão ou referem-se apenas a uma parte do país.
h. Os dados são do Charmes e Rani 2007.
i. Os serviços incluem pessoas envolvidas em organizações e forças extra-territoriais ou forças e/ou pessoas não classificáveis pela actividade económica.

FONTES

Colunas 1–3: OIT 2007b.
Colunas 4–7: OIT 2005.
Colunas 8–11: Serviço de Estatísticas da OIT 2007, salvo indicação em contrário.

... enquanto os preservam para as gerações futuras ...

Energia e ambiente

		Consumo de electricidade per capita		Taxa de electrificação	População sem electricidade	PIB por unidade de energia utilizada		Área de floresta			
		(kilowatt-hora)	(Variação em %)	(%)	(milhões)	(dólares PPC 2000 por kg de equiv. de petróleo)	(Variação em %)	% da área total (%)	Total (milhares km²)	Variação total (milhares km²)	Variação média anual (%)
Ordem do IDH		2004	1990–2004	2000–05 [a]	2005	2004	1990–2004	2005	2005	1990–2005	1990–2005
DESENVOLVIMENTO HUMANO ELEVADO											
1	Islândia	29,430	66,4	100	..	2,5	-12,1	0,5	0,5	0,2	5,6
2	Noruega	26,657	6,5	100	..	5,9	15,9	30,7	93,9	2,6	0,2
3	Austrália	11,849	30,4	100	..	4,8	21,3	21,3	1,636,8	-42,3	-0,2
4	Canadá	18,408	5,9	100	..	3,4	12,5	33,6	3,101,3	..	..
5	Irlanda	6,751	62,7	100	..	9,5	81,9	9,7	6,7	2,3	3,4
6	Suécia	16,670	-1,9	100	..	4,5	13,0	66,9	275,3	1,6	(.)
7	Suiça	8,669 [b]	10,3 [b]	100	..	8,3	0,9	30,9	12,2	0,7	0,4
8	Japão	8,459	21,8	100	..	6,4	-1,4	68,2	248,7	-0,8	(.)
9	Países Baixos	7,196	32,7	100	..	5,8	11,7	10,8	3,7	0,2	0,4
10	França	8,231 [c]	24,6 [c]	100	..	5,9	8,0	28,3	155,5	10,2	0,5
11	Filândia	17,374	33,2	100	..	3,8	-1,1	73,9	225,0	3,1	0,1
12	Estados Unidos	14,240	11,9	100	..	4,6	25,3	33,1	3,030,9	44,4	0,1
13	Espanha	6,412	63,3	100	..	6,9	-4,9	35,9	179,2	44,4	2,2
14	Dinamarca	6,967	7,4	100	..	7,9	14,7	11,8	5,0	0,6	0,8
15	Áustria	8,256	27,7	100	..	7,3	2,9	46,7	38,6	0,9	0,2
16	Reino Unido	6,756	15,9	100	..	7,3	22,2	11,8	28,5	2,3	0,6
17	Bélgica	8,986	33,4	100	..	5,2	10,3	22,0	6,7	-0,1	-0,1
18	Luxemburgo	16,630	21,1	100	..	6,1	77,5	33,5	0,9	(.)	0,1
19	Nova Zelândia	10,238	6,7	100	..	5,1	25,0	31,0	83,1	5,9	0,5
20	Itália	6,029 [d]	36,1 [d]	100	..	8,2	-2,5	33,9	99,8	16,0	1,3
21	Hong Kong, China (RAE)	6,401	34,4	..	..	11,5	6,4	..	..	..	..
22	Alemanha	7,442	10,4	100	..	6,2	31,6	31,7	110,8	3,4	0,2
23	Israel	6,924	62,8	97	0,2	7,3	4,7	8,3	1,7	0,2	0,7
24	Grécia	5,630	60,1	100	..	7,4	11,1	29,1	37,5	4,5	0,9
25	Singapura	8,685	67,7	100	0,0	4,4	30,6	3,4	(.)	0,0	0,0
26	República da Coreia	7,710	178,3	100	..	4,2	-6,3	63,5	62,7	-1,1	-0,1
27	Eslovénia	7,262	..	..	..	5,4	10,6	62,8	12,6	0,8	0,4
28	Chipre	5,718	97,2	..	..	5,9	8,5	18,9	1,7	0,1	0,5
29	Portugal	4,925	69,9	100	..	7,1	-9,8	41,3	37,8	6,8	1,5
30	Estado do Brunei Darussalam	8,842	80,9	99	0,0	..	..	52,8	2,8	-0,4	-0,7
31	Barbados	3,304	85,0	..	..	..	..	4,0	(.)	..	..
32	República Checa	6,720	..	..	..	4,0	30,8	34,3	26,5	0,2	(.)
33	Koweit	15,423	75,0	100	0,0	1,9	63,1	0,3	0,1	(.)	6,7
34	Malta	5,542	53,4	..	..	7,5	47,9	1,1	..	..	..
35	Catar	19,840	101,8	71	0,2	..	..	(.)	..	..	..
36	Hungria	4,070	6,7	..	..	5,9	40,6	21,5	19,8	1,8	0,6
37	Polónia	3,793	6,9	..	..	5,1	74,8	30,0	91,9	3,1	0,2
38	Argentina	2,714	70,6	95	1,8	7,4	15,8	12,1	330,2	-22,4	-0,4
39	Emirados Árabes Unidos	12,000	41,5	92	0,4	2,2	15,7	3,7	3,1	0,7	1,8
40	Chile	3,347	138,7	99	0,2	6,1	11,9	21,5	161,2	8,6	0,4
41	Barém	11,932	52,3	99	0,0	1,8	21,5	0,6	..	..	..
42	Eslováquia	5,335	..	..	..	3,9	45,3	40,1	19,3	0,1	(.)
43	Lituânia	3,505	..	..	..	4,5	60,5	33,5	21,0	1,5	0,5
44	Estónia	6,168	..	..	..	3,5	113,2	53,9	22,8	1,2	0,4
45	Letónia	2,923	..	..	..	5,6	122,6	47,4	29,4	1,7	0,4
46	Uruguai	2,408	52,4	95	0,2	10,4	5,3	8,6	15,1	6,0	4,4
47	Croácia	3,818	..	..	..	5,6	12,0	38,2	21,4	0,2	0,1
48	Costa Rica	1,876	54,4	99	0,1	10,0	2,9	46,8	23,9	-1,7	-0,4
49	Baamas	6,964 [e]	87,0	..	..	..	..	51,5	5,2	..	..
50	Seicheles	2,716 [e]	88,2	..	..	..	..	88,9	0,4	0,0	0,0
51	Cuba	1,380	0,6	96	0,5	..	..	24,7	27,1	6,6	2,1
52	México	2,130	46,5	..	..	5,5	8,5	33,7	642,4	-47,8	-0,5
53	Bulgária	4,582	-10,3	..	..	3,0	44,7	32,8	36,3	3,0	0,6

Ordem do IDH	Consumo de electricidade per capita (kilowatt-hora) 2004	Consumo de electricidade per capita (Variação em %) 1990–2004	Taxa de electrificação (%) 2000–05 [a]	População sem electricidade (milhões) 2005	PIB por unidade de energia utilizada (dólares PPC 2000 por kg de equiv. de petróleo) 2004	PIB por unidade de energia utilizada (Variação em %) 1990–2004	Área de floresta: % da área total (%) 2005	Área de floresta: Total (milhares km²) 2005	Área de floresta: Variação total (milhares km²) 1990–2005	Área de floresta: Variação média anual (%) 1990–2005
54 São Cristóvão e Nevis	3,333 [e]	115,3	..	..	..	..	14,7	0,1	0,0	0,0
55 Tonga	327 [e]	30,8	..	..	..	..	5,0	(.)	0,0	0,0
56 Jamahira Árabe Líbia	3,147	-22,2	97	0,2	..	..	0,1	2,2	0,0	0,0
57 Antigua e Barbuda	1,346 [e]	-10,7	..	..	..	..	21,4	0,1	..	..
58 Omã	5,079	83,2	96	0,1	3,0	-29,9	(.)	(.)	0,0	0,0
59 Trinidade e Tobago	4,921	67,1	99	0,0	1,3	-5,3	44,1	2,3	-0,1	-0,3
60 Roménia	2,548	-19,9	..	..	4,5	80,9	27,7	63,7	(.)	0,0
61 Arábia Saudita	6,902	57,9	97	0,8	2,0	-28,2	1,3	27,3	0,0	0,0
62 Panamá	1,807	51,0	85	0,5	8,4	13,5	57,7	42,9	-0,8	-0,1
63 Malásia	3,196	129,6	98	0,6	4,1	-5,1	63,6	208,9	-14,9	-0,4
64 Bielorússia	3,508	..	..	..	2,4	89,6	38,0	78,9	5,2	0,5
65 Maurícia	1,775	147,2	94	0,1	..	..	18,2	0,4	(.)	-0,3
66 Bósnia e Herzegovina	2,690	..	..	..	5,3	..	43,1	21,9	-0,3	-0,1
67 Federação da Rússia	6,425	..	..	..	2,0	28,3	47,9	8,087,9	-1,6	0,0
68 Albânia	1,847	82,3	..	..	5,9	55,2	29,0	7,9	0,1	(.)
69 Macedónia (ARJM)	3,863	..	..	..	4,6	13,7	35,8	9,1	0,0	0,0
70 Brasil	2,340	39,5	97	6,5	6,8	-6,7	57,2	4,777,0	-423,3	-0,5
DESENVOLVIMENTO HUMANO MÉDIO										
71 Domínica	1,129	170,7	..	..	..	..	61,3	0,5	(.)	-0,5
72 Santa Lúcia	1,879	136,6	..	..	..	..	27,9	0,2	0,0	0,0
73 Cazaquistão	4,320	..	..	..	1,9	86,7	1,2	33,4	-0,9	-0,2
74 Venezuela, República Bolivariana	3,770	23,6	99	0,4	2,6	0,5	54,1	477,1	-43,1	-0,6
75 Colómbia	1,074 [e]	3,1	86	6,3	10,9	29,6	58,5	607,3	-7,1	-0,1
76 Ucrania	3,727	..	..	..	2,0	11,7	16,5	95,8	3,0	0,2
77 Samoa	619 [e]	103,0	..	..	..	..	60,4	1,7	0,4	2,1
78 Tailândia	2,020 [e]	141,1	99	0,6	4,9	-14,0	28,4	145,2	-14,5	-0,6
79 República Dominicana	1,536	197,7	93	0,7	7,6	7,0	28,4	13,8	..	..
80 Belize	686 [e]	13,8	..	..	..	..	72,5	16,5	..	..
81 China	1,684	212,4	99	8,5	4,4	108,6	21,2	1,972,9	401,5	1,7
82 Grenada	1,963	225,0	..	..	..	..	12,2	(.)	..	..
83 Arménia	1,744	..	..	..	5,6	122,8	10,0	2,8	-0,6	-1,2
84 Turquia	2,122	109,5	..	..	6,2	6,4	13,2	101,8	5,0	0,3
85 Suriname	3,437	-9,9	..	..	..	..	94,7	147,8	0,0	0,0
86 Jordânia	1,738	53,4	100	0,0	3,6	4,3	0,9	0,8	0,0	0,0
87 Perú	927	44,6	72	7,7	10,9	30,0	53,7	687,4	-14,1	-0,1
88 Líbano	2,691	374,6	100	0,0	3,5	29,9	13,3	1,4 [f]	0,2	0,8
89 Equador	1,092	77,3	90	1,3	4,8	-17,7	39,2	108,5	-29,6	-1,4
90 Filipinas	677	68,8	81	16,2	7,9	-12,7	24,0	71,6	-34,1	-2,2
91 Tunísia	1,313	93,7	99	0,1	8,2	22,2	6,8	10,6	4,1	4,3
92 Fiji	926 [e]	44,9	..	..	..	..	54,7	10,0	0,2	0,1
93 São Vicente e Granadinas	1,030	114,1	..	..	..	..	27,4	0,1	(.)	1,5
94 Irão, República Islâmica do	2,460	126,7	97	1,8	3,1	-13,6	6,8	110,8	0,0	0,0
95 Paraguai	1,146	99,3	86	0,9	6,4	-2,0	46,5	184,0	26,8	-0,8
96 Geórgia	1,577	..	..	..	4,1	236,3	39,7	27,6	..	..
97 Guiana	1,090	155,3	..	..	..	..	76,7	151,0 [f]	..	..
98 Azerbeijão	2,796	..	..	..	2,5	..	11,3	9,4	..	..
99 Sri Lanka	420	127,0	66	6,7	8,3	13,8	29,9	19,3	-4,2	-1,2
100 Maldivas	539	385,6	..	..	..	..	3,0	(.)	0,0	0,0
101 Jamaica	2,697	160,8	87	0,3	2,5	-18,2	31,3	3,4	-0,1	-0,1
102 Cabo Verde	529	330,1	..	..	..	..	20,7	0,8	0,3	3,0
103 El Salvador	732	62,7	80	1,4	7,0	-3,1	14,4	3,0	-0,8	-1,4
104 Argélia	889	40,7	98	0,6	6,0	4,5	1,0	22,8	4,9	1,8
105 Vietname	560	324,2	84	13,2	4,2	26,5	39,7	129,3	35,7	2,5
106 Territórios Ocupados da Palestina	513	..	..	..	..	..	1,5	0,1 [f]	0,0	0,0

TABELA

22 Energia e ambiente

Ordem do IDH		Consumo de electricidade per capita (kilowatt-hora) 2004	Consumo de electricidade per capita (Variação em %) 1990–2004	Taxa de electrificação (%) 2000–05[a]	População sem electricidade (milhões) 2005	PIB por unidade de energia utilizada (dólares PPC 2000 por kg de equiv. de petróleo) 2004	PIB por unidade de energia utilizada (Variação em %) 1990–2004	Área de floresta: % da área total (%) 2005	Área de floresta: Total (milhares km²) 2005	Área de floresta: Variação total (milhares km²) 1990–2005	Área de floresta: Variação média anual (%) 1990–2005
107	Indonésia	476[e]	75,0	54	101,2	4,1	-0,1	48,8	885,0	-280,7	-1,6
108	República Árabe Síria	1,784	88,4	90	1,9	3,4	19,9	2,5	4,6	0,9	1,6
109	Turquemenistão	2,060	..	..	..	1,3[g]	-21,3	8,8	41,3	0,0	0,0
110	Nicarágua	525	37,1	69	1,7	5,2	-2,3	42,7	51,9	-13,5	-1,4
111	Moldávia	1,554	..	..	..	2,0	40,8	10,0	3,3	0,1	0,2
112	Egipto	1,465[e]	93,0	98	1,5	4,9	-2,2	0,1	0,7	0,2	3,5
113	Usbequistão	1,944	..	..	..	0,8	11,1	8,0	33,0	2,5	0,5
114	Mongólia	1,260	-25,2	65	1,0	..	..	6,5	102,5	-12,4	-0,7
115	Honduras	730	79,4	62	2,7	4,8	-3,9	41,5	46,5	-27,4	-2,5
116	Quirguizistão	2,320	..	..	..	3,3	92,3	4,5	8,7	0,3	0,3
117	Bolívia	493	42,1	64	3,3	4,5	-10,6	54,2	587,4	-40,6	-0,4
118	Guatemala	532	100,0	79	2,7	6,4	-3,6	36,3	39,4	-8,1	-1,1
119	Gabão	1,128	5,4	48	0,7	4,9	3,1	84,5	217,8	-1,5	(.)
120	Vanuatu	206[e]	18,4	..	..	..	..	36,1	4,4	0,0	0,0
121	África do Sul	4,818[h]	20,8[h]	70	14,0	3,7	-4,5	7,6	92,0	0,0	0,0
122	Tajiquistão	2,638	..	..	..	2,1	139,6	2,9	4,1	(.)	(.)
123	São Tomé and Príncipe	99[e]	-23,8	..	..	..	..	28,4	0,3	0,0	0,0
124	Botsuana	..[i]	..[i]	39	1,1	8,6	40,0	21,1	119,4	-17,8	-0,9
125	Namíbia	..[i]	..[i]	34	1,4	10,2	-16,5	9,3	76,6	-11,0	-0,8
126	Marrocos	652	84,7	85	4,5	10,3	-13,9	9,8	43,6	0,8	0,1
127	Guiné Equatorial	52[e]	0	..	..	..	..	58,2	16,3	-2,3	-0,8
128	Índia	618	77,6	56	487,2	5,5	37,1	22,8	677,0	37,6	0,4
129	Ilhas Salomão	107[e]	13,8	..	..	..	..	77,6	21,7	-6,0	-1,4
130	Laos, Rep. Democrática Popular do	126[e]	80,0	..	..	..	..	69,9	161,4	-11,7	-0,5
131	Camboja	10[e]	-44,4	20	10,9	..	..	59,2	104,5	-25,0	-1,3
132	Mianmar	129	111,5	11	45,1	..	..	49,0	322,2	-70,0	-1,2
133	Butão	229[e]	126,7	..	..	..	..	68,0	32,0	1,6	0,4
134	Comores	31[e]	3,3	..	..	..	..	2,9	0,1	-0,1	-3,9
135	Gana	289	-22,3	49	11,3	5,4	18,3	24,2	55,2	-19,3	-1,7
136	Paquistão	564	61,6	54	71,1	4,2	7,7	2,5	19,0	-6,3	-1,6
137	Mauritânia	112[e]	60,0	..	..	..	..	0,3	2,7	-1,5	-2,4
138	Lesoto	..[i]	..[i]	11	1,9	..	..	0,3	0,1	(.)	4,0
139	Congo	229	-2,1	20	3,2	3,3	45,4	65,8	224,7	-2,6	-0,1
140	Bangladeche	154	111,0	32	96,2	10,5	7,2	6,7	8,7	-0,1	-0,1
141	Suazilândia	..[i]	..[i]	..	..	..	..	31,5	5,4	0,7	1,0
142	Nepal	86	104,8	33	18,1	4,0	18,4	25,4	36,4	-11,8	-1,6
143	Madagáscar	56	5,7	15	15,2	..	..	22,1	128,4	-8,5	-0,4
144	Camarões	256	8,9	47	8,7	4,5	-4,4	45,6	212,5	-33,0	-0,9
145	Papua- Nova Guiné	620[e]	28,1	..	..	..	..	65,0	294,4	-20,9	-0,4
146	Haiti	61	-17,6	36	5,5	6,2	-39,9	3,8	1,1	-0,1	-0,6
147	Sudão	116	123,1	30	25,4	3,7	33,2	28,4	675,5	-88,4	-0,8
148	Quénia	169	26,1	14	29,4	2,1	-3,8	6,2	35,2	-1,9	-0,3
149	Djibuti	260[e]	-46,8	..	..	..	..	0,2	0,1	..	..
150	Timor-Leste	294[e]	..	..	..	..	..	53,7	8,0	-1,7	-1,2
151	Zimbabué	924	-10,1	34	8,7	2,6	-13,4	45,3	175,4	-46,9	-1,4
152	Togo	102	1,0	17	5,1	3,1	-26,9	7,1	3,9	-3,0	-2,9
153	Iémen	208	34,2	36	13,2	2,8	-6,0	1,0	5,5	0,0	0,0
154	Uganda	63[e]	61,5	9	24,6	..	..	18,4	36,3	-13,0	-1,8
155	Gâmbia	98[e]	30,7	..	..	..	..	41,7	4,7	0,3	0,4
DESENVOLVIMENTO HUMANO BAIXO											
156	Senegal	206	70,2	33	7,8	6,5	28,2	45,0	86,7	-6,8	-0,5
157	Eritreia	67	..	20	3,5	..	..	15,4	15,5	-0,7	-0,3
158	Nigéria	157	-1,9	46	71,1	1,4	22,7	12,2	110,9	-61,5	-2,4
159	Tanzânia, República Unida da	69	4,5	11	34,2	1,3	-12,5	39,9	352,6	-61,8	-1,0

Ordem do IDH	Consumo de electricidade per capita (kilowatt-hora) 2004	Consumo de electricidade per capita (Variação em %) 1990–2004	Taxa de electrificação (%) 2000–05 [a]	População sem electricidade (milhões) 2005	PIB por unidade de energia utilizada (dólares PPC 2000 por kg de equiv. de petróleo) 2004	PIB por unidade de energia utilizada (Variação em %) 1990–2004	Área de floresta: % da área total (%) 2005	Área de floresta: Total (milhares km²) 2005	Área de floresta: Variação total (milhares km²) 1990–2005	Área de floresta: Variação média anual (%) 1990–2005
160 Guiné	87[e]	3,6	..	..	..	..	27,4	67,2	-6,8	-0,6
161 Ruanda	31[e]	24,0	..	..	..	..	19,5	4,8	1,6	3,4
162 Angola	220	161,9	15	13,5	3,3	-12,4	47,4	591,0	-18,7	-0,2
163 Benim	81	72,3	22	6,5	3,3	25,8	21,3	23,5	-9,7	-1,9
164 Malawi	100[e]	14,9	7	11,8	..	..	36,2	34,0	-4,9	-0,8
165 Zâmbia	721	-7,8	19	9,5	1,5	0,4	57,1	424,5	-66,7	-0,9
166 Costa do Marfim	224	7,7	50	9,1	3,7	-29,1	32,7	104,1	1,8	0,1
167 Burundi	22[e]	-4,3	..	..	..	..	5,9	1,5	-1,4	-3,2
168 Congo, República Democrática do	92	-42,1	6	53,8	2,2	-55,8	58,9	1.336,1	-69,2	-0,3
169 Etiópia	36	..	15	60,8	2,8	5,8	11,9	130,0	-21,1	-0,9
170 Chade	11[e]	-31,3	..	..	..	..	9,5	119,2	-11,9	-0,6
171 República Centro-Africana	28[e]	-12,5	..	..	..	..	36,5	227,6	-4,5	-0,1
172 Moçambique	545	856,1	6	18,6	2,6	105,8	24,6	192,6	-7,5	-0,2
173 Mali	41[e]	36,7	..	..	..	..	10,3	125,7	-15,0	-0,7
174 Niger	40[e]	-13,0	..	..	..	..	1,0	12,7	-6,8	-2,3
175 Guiné-Bissau	44[e]	4,8	..	..	..	..	73,7	20,7	-1,4	-0,4
176 Burquina Faso	31[e]	55,0	7	12,4	..	..	29,0	67,9	-3,6	-0,3
177 Serra Leoa	24	-54,7	..	..	..	..	38,5	27,5	-2,9	-0,6
Países em vias de Desenvolvimento	1,221	..	68[j]	1,569,0[j]	4,6	..	27,9	21.147,8	-1.381,7	-0,4
Países menos desenvolvidos	119	..	..	..	..	..	27,5	5.541,6	-583,6	-0,6
Países Árabes	1,841	..	..	..	3,4	..	7,2	877,7	-88,0	-0,6
Ásia Oriental e Pacífico	1,599	..	..	..	..	..	28,6	4.579,3	-75,5	0,1
América Latina e Caraíbas	2,043	..	90[j]	45,0[j]	6,2	..	45,9	9.159,0	-686,3	-0,5
Ásia do Sul	628	..	..	..	5,1	..	14,2	911,8	12,5	0,1
África Subsariana	478	..	26[j]	547,0[j]	..	..	26,8	5.516,4	-549,6	-0,6
Europa Central, Oriental e CEI	4,539	..	..	..	2,6	..	38,3	8.856,5	22,7	(.)
OCDE	8,795	..	100	..	5,3	..	30,9	10.382,4	67,9	0,1
OCDE de rendimento elevado	10,360	..	100	..	5,3	..	31,2	9.480,8	105,6	0,1
Desenvolvimento Humano elevado	7,518	..	99	..	5,0	..	36,2	24.327,1	-366,8	-0,1
Desenvolvimento Humano médio	1,146	..	72	..	4,5	..	23,3	10.799,6	-462,4	-0,2
Desenvolvimento Humano Baixo	134	..	25	..	..	..	29,8	4.076,5	-379,5	-0,5
Rendimento elevado	10,210	..	100	..	5,2	..	29,2	9.548,4	107,1	0,1
Rendimento médio	2,039	..	90	..	4,2	..	33,8	23.132,3	-683,1	-0,2
Rendimento baixo	449	..	45	..	..	..	23,9	6.745,6	-676,2	-0,6
Mundo	2,701[j]	..	76[j]	1,577,0[j]	4,8[j]	..	30,3[j]	39.520,3[j]	-1.252,7[j]	-0,2

NOTAS

a. Os dados referem-se ao ano mais recente disponível durante o período especificado.
b. Inclui o Liechenstein.
c. Inclui o Mónaco.
d. Inclui San Marino.
e. Os dados são estimativas produzidas pela Divisão de Estatísticas da ONU.
f. Estimativa produzida pelo FAO com base na informação fornecida pelo país.
g. Os dados referem-se a um ano ou período diferente do especificado.
h. Os dados referem-se à União Aduaneira da África do Sul, que inclui Botsuana, Lesoto, Namíbia e Suazilândia.
i. Incluído nos dados da África do Sul.
j. Os dados agregados são fornecidos por fontes de dados originais.

FONTES

Coluna 1: UN2007d.
Coluna 2: calculadas com base nos dados da ONU 2007db.
Coluna 3 e 4: IEA 2002 e IEA 2006.
Coluna 5: Banco Mundial 2007b, com base em dados da AIE.Coluna 6: calculadas com base nos dados do Banco Mundial 2007b.Colunas 7 e 8: FAO 2006.
Colunas 9 e 10: calculadas com base nos dados do FAO 2006.

TABELA

23

... enquanto os preservam para as gerações futuras ...

Recursos energéticos

Ordem do IDH	Produção total de energia primária[a] (Milhões de toneladas de petróleo equiv.)		Parcela da produção total de energia primária[a] — Combustíveis fósseis — Carvão[c] (%)		Petróleo[d] (%)		Gás natural (%)		Energia renovável[b] — Hidráulica, solar, eólica e geotermal (%)		Biomassa e desperdício[e] (%)		Outra — Nuclear (%)	
	1990	2005	1990	2005	1990	2005	1990	2005	1990	2005	1990	2005	1990	2005
DESENVOLVIMENTO HUMANO ELEVADO														
1 Islândia	2,2	3,6	3,0	2,7	32,6	24,6	0,0	0,0	64,5	72,6	0,0	0,1	0,0	0,0
2 Noruega	21,5	32,1	4,0	2,4	39,8	44,1	9,2	16,1	48,5	36,6	4,8	4,1	0,0	0,0
3 Austrália	87,5	122,0	40,0	44,5	37,1	31,1	16,9	18,9	1,5	1,2	4,5	4,3	0,0	0,0
4 Canadá	209,4	272,0	11,6	10,3	36,9	35,8	26,1	29,6	12,2	11,5	3,9	4,6	9,3	8,8
5 Irlanda	10,4	15,3	33,3	17,6	47,0	56,0	18,1	22,7	0,6	1,0	1,0	1,6	0,0	0,0
6 Suécia	47,6	52,2	6,2	5,0	30,8	28,5	1,2	1,6	13,1	12,7	11,6	17,2	37,4	36,2
7 Suiça	25,0	27,2	1,4	0,6	53,8	47,1	6,5	10,2	10,5	10,5	3,7	7,1	24,7	22,5
8 Japão	444,5	530,5	17,4	21,1	57,4	47,4	9,9	13,3	2,3	2,0	1,1	1,2	11,9	15,0
9 Países Baixos	66,8	81,8	13,4	10,0	36,5	40,2	46,1	43,1	(.)	0,3	1,4	3,2	1,4	1,3
10 França	227,8	276,0	8,9	5,2	38,3	33,1	11,4	14,9	2,1	1,7	5,1	4,3	35,9	42,6
11 Filândia	29,2	35,0	18,2	14,1	35,1	30,6	7,5	10,3	3,2	3,9	15,6	19,6	17,2	17,3
12 Estados Unidos	1,927,5	2,340,3	23,8	23,7	40,0	40,7	22,8	21,8	2,0	1,5	3,2	3,2	8,3	9,0
13 Espanha	91,1	145,2	21,2	14,1	51,0	49,1	5,5	20,5	2,4	2,5	4,5	3,5	15,5	10,3
14 Dinamarca	17,9	19,6	34,0	18,9	45,7	41,8	10,2	22,4	0,3	3,0	6,4	13,2	0,0	0,0
15 Áustria	25,1	34,4	16,3	11,8	42,4	42,2	20,7	24,0	10,9	9,7	9,8	11,6	0,0	0,0
16 Reino Unido	212,2	233,9	29,7	16,1	38,9	36,2	22,2	36,3	0,2	0,3	0,3	1,7	8,1	9,1
17 Bélgica	49,2	56,7	21,7	9,0	38,1	40,2	16,6	24,9	0,1	0,2	1,5	2,8	22,6	21,9
18 Luxemburgo	3,6	4,8	31,7	1,7	45,9	66,2	12,0	24,7	0,2	0,3	0,7	1,2	0,0	0,0
19 Nova Zelândia	13,8	16,9	8,2	11,8	28,8	40,3	28,3	18,9	30,7	23,8	4,0	5,1	0,0	0,0
20 Itália	148,0	185,2	9,9	8,9	57,3	44,2	26,4	38,1	3,8	4,3	0,6	2,3	0,0	0,0
21 Hong Kong, China (RAE)	10,7	18,1	51,5	36,8	49,4	47,7	0,0	12,1	0,0	0,0	0,5	0,3	0,0	0,0
22 Alemanha	356,2	344,7	36,1	23,7	35,5	35,8	15,4	23,4	0,4	1,3	1,3	3,5	11,2	12,3
23 Israel	12,1	19,5	19,8	39,2	77,3	51,2	0,2	6,6	3,0	3,7	(.)	(.)	0,0	0,0
24 Grécia	22,2	31,0	36,4	28,9	57,7	57,1	0,6	7,6	1,0	2,1	4,0	3,3	0,0	0,0
25 Singapura	13,4	30,1	0,2	(.)	99,8	80,3	0,0	19,7	0,0	0,0	0,0	0,0	0,0	0,0
26 República da Coreia	93,4	213,8	27,4	23,1	53,6	45,0	2,9	12,8	0,6	0,2	0,8	1,0	14,8	17,9
27 Eslovénia	5,6	7,3	25,4	20,2	31,7	35,8	13,6	12,7	4,5	4,1	4,8	6,7	21,5	21,0
28 Chipre	1,6	2,6	3,7	1,5	95,9	96,3	0,0	0,0	0,0	1,6	0,4	0,6	0,0	0,0
29 Portugal	17,7	27,2	15,5	12,3	66,0	58,5	0,0	13,8	4,5	2,4	14,0	10,8	0,0	0,0
30 Estado do Brunei Darussalam	1,8	2,6	0,0	0,0	6,8	29,7	92,2	69,6	0,0	0,0	1,0	0,7	0,0	0,0
31 Barbados	..	..	..	..	..	..	..	..	..	..	..	..	..	..
32 República Checa	49,0	45,2	64,2	44,7	18,3	22,1	10,7	17,0	0,2	0,5	0,0	3,9	6,7	14,3
33 Koweit	8,5	28,1	0,0	0,0	40,1	66,5	59,8	33,5	0,0	0,0	0,1	0,0	0,0	0,0
34 Malta	0,8	0,9	23,8	0,0	76,2	100,0	0,0	0,0	0,0	0,0	0,0	0,0	0,0	0,0
35 Catar	6,3	15,8	0,0	0,0	12,1	15,7	87,8	84,3	0,0	0,0	0,1	(.)	0,0	0,0
36 Hungria	28,6	27,8	21,4	11,1	29,8	26,0	31,2	43,6	0,4	0,4	1,3	4,0	12,5	13,0
37 Polónia	99,9	93,0	75,5	58,7	13,3	23,8	9,0	13,2	0,1	0,2	2,2	5,1	0,0	0,0
38 Argentina	46,1	63,7	2,1	1,4	45,7	36,7	40,8	50,4	3,4	4,6	3,7	3,5	4,1	2,8
39 Emirados Árabes Unidos	22,5	46,9	0,0	0,0	39,9	27,9	60,1	72,1	0,0	0,0	0,0	(.)	0,0	0,0
40 Chile	14,1	29,6	18,4	13,9	45,8	39,2	10,6	23,8	6,2	7,0	19,0	15,5	0,0	0,0
41 Barém	4,8	8,1	0,0	0,0	26,5	23,2	73,5	76,8	0,0	0,0	0,0	0,0	0,0	0,0
42 Eslováquia	21,3	18,8	36,7	22,5	21,1	18,4	23,9	31,2	0,8	2,2	0,8	2,4	14,7	24,8
43 Lituânia	16,2	8,6	4,9	2,3	42,2	29,1	28,9	28,8	0,7	2,4	1,8	8,3	27,8	31,9
44 Estónia	9,6	5,1	59,9	59,3	31,7	15,5	12,8	15,7	0,0	0,1	2,0	12,1	0,0	0,0
45 Letónia	7,8	4,7	6,3	1,3	45,3	29,7	30,6	28,8	5,4	6,1	8,5	30,2	0,0	0,0
46 Uruguai	2,3	2,9	(.)	0,1	58,6	59,4	0,0	3,1	26,8	19,9	24,2	15,4	0,0	0,0
47 Croácia	9,1	8,9	9,0	7,5	53,4	50,7	24,2	26,7	3,6	6,1	3,4	4,0	0,0	0,0
48 Costa Rica	2,0	3,8	0,1	0,5	48,3	51,4	0,0	0,0	14,4	41,1	36,6	7,0	0,0	0,0
49 Baamas	..	..	..	..	..	..	..	..	..	..	..	..	..	..
50 Seicheles	..	..	..	..	..	..	..	..	..	..	..	..	..	..
51 Cuba	16,8	10,2	0,8	0,2	64,1	73,4	0,2	6,0	(.)	0,1	34,9	20,3	0,0	0,0
52 México	124,3	176,5	2,8	4,9	67,0	58,8	18,6	25,0	5,2	4,9	5,9	4,7	0,6	1,6
53 Bulgária	28,8	20,1	32,1	34,6	33,7	24,6	18,7	14,0	0,6	2,0	0,6	3,7	13,3	24,3

Ordem do IDH	Produção total de energia primária[a] (Milhões de toneladas de petróleo equiv.)		Parcela da produção total de energia primária[a]: Combustíveis fósseis: Carvão[c] (%)		Petróleo[d] (%)		Gás natural (%)		Energia renovável[b]: Hidráulica, solar, eólica e geotermal (%)		Biomassa e desperdício[e] (%)		Outra: Nuclear (%)	
	1990	2005	1990	2005	1990	2005	1990	2005	1990	2005	1990	2005	1990	2005
54 São Cristóvão e Nevis	..	..	..	..	..	..	..	..	..	..	..	..	..	..
55 Tonga	..	..	..	..	..	..	..	..	..	..	..	..	..	..
56 Jamahira Árabe Líbia	11,5	19,0	0,0	0,0	63,8	72,2	35,1	27,0	0,0	0,0	1,1	0,8	0,0	0,0
57 Antigua e Barbuda	..	..	..	..	..	..	..	..	..	..	..	..	..	..
58 Omã	4,6	14,0	0,0	0,0	46,6	33,3	53,4	66,7	0,0	0,0	0,0	0,0	0,0	0,0
59 Trinidade e Tobago	6,0	12,7	0,0	0,0	21,4	13,6	77,8	86,2	0,0	0,0	0,8	0,2	0,0	0,0
60 Roménia	62,4	38,3	20,7	22,7	29,2	24,6	46,2	36,4	1,6	4,7	1,0	8,5	0,0	3,8
61 Arábia Saudita	61,3	140,3	0,0	0,0	64,7	63,6	35,3	36,4	0,0	0,0	(.)	(.)	0,0	0,0
62 Panamá	1,5	2,6	1,3	0,0	57,1	71,7	0,0	0,0	12,8	12,3	28,3	16,1	0,0	0,0
63 Malásia	23,3	61,3	4,4	9,6	55,8	43,3	29,2	41,8	1,5	0,8	9,1	4,5	0,0	0,0
64 Bielorússia	42,2	26,6	5,6	2,4	62,2	27,9	29,7	63,7	(.)	(.)	0,5	4,8	0,0	0,0
65 Maurícia	..	..	..	..	..	..	..	..	..	..	..	..	..	..
66 Bósnia e Herzegovina	7,0	5,0	59,4	55,3	29,0	26,6	5,5	7,4	3,7	9,5	2,3	3,7	0,0	0,0
67 Federação da Rússia	878,3	646,7	20,7	16,0	31,0	20,6	41,8	54,1	1,6	2,4	1,4	1,1	3,6	6,1
68 Albânia	2,7	2,4	23,7	1,0	45,2	68,1	7,6	0,6	9,2	19,3	13,6	9,6	0,0	0,0
69 Macedónia (ARJM)	2,7	2,7	57,6	48,7	40,6	33,2	0,0	2,3	1,6	5,1	0,0	5,6	0,0	0,0
70 Brasil	134,0	209,5	7,2	6,5	43,9	42,2	2,4	8,0	13,3	13,9	31,1	26,5	0,4	1,2
DESENVOLVIMENTO HUMANO MÉDIO														
71 Domínica	..	..	..	..	..	..	..	..	..	..	..	..	..	..
72 Santa Lúcia	..	..	..	..	..	..	..	..	..	..	..	..	..	..
73 Cazaquistão	73,7	52,4	54,2	52,6	28,2	14,5	14,5	33,5	0,9	1,3	0,2	0,1	0,0	0,0
74 Venezuela, República Bolivariana	43,9	60,9	1,1	0,1	43,2	50,4	47,2	38,1	7,2	10,6	1,2	0,9	0,0	0,0
75 Colômbia	24,7	28,6	12,4	9,4	42,0	43,3	13,6	21,4	9,6	12,0	22,3	14,4	0,0	0,0
76 Ucrania	251,7	143,2	32,0	26,0	24,1	10,3	36,5	47,1	0,4	0,7	0,1	0,2	7,9	16,1
77 Samoa	..	..	..	..	..	..	..	..	..	..	..	..	..	..
78 Tailândia	43,9	100,0	8,7	11,2	45,2	45,5	11,6	25,9	1,0	0,5	33,4	16,5	0,0	0,0
79 República Dominicana	4,1	7,4	0,3	4,0	74,8	75,1	0,0	0,1	0,7	2,2	24,2	18,6	0,0	0,0
80 Belize	..	..	..	..	..	..	..	..	..	..	..	..	..	..
81 China	863,2	1.717,2	61,2	63,3	12,8	18,5	1,5	2,3	1,3	2,0	23,2	13,0	0,0	0,8
82 Grenada	..	..	..	..	..	..	..	..	..	..	..	..	..	..
83 Arménia	7,9	2,6	3,1	0,0	48,9	16,6	45,2	52,3	1,7	6,0	(.)	(.)	0,0	27,7
84 Turquia	53,0	85,2	31,9	26,4	44,6	35,1	5,4	26,7	4,6	5,6	13,6	6,3	0,0	0,0
85 Suriname	..	..	..	..	..	..	..	..	..	..	..	..	..	..
86 Jordânia	3,5	7,1	0,0	0,0	95,3	78,5	2,9	19,5	1,7	1,0	0,1	(.)	0,0	0,0
87 Perú	10,0	13,8	1,5	6,7	58,5	53,5	4,1	10,6	9,0	12,8	26,9	16,4	0,0	0,0
88 Líbano	2,3	5,6	0,0	2,4	93,7	92,9	0,0	0,0	1,9	1,8	4,4	2,3	0,0	0,0
89 Equador	6,1	10,4	0,0	0,0	75,9	83,5	3,7	4,4	7,0	5,7	13,5	5,1	0,0	0,0
90 Filipinas	26,2	44,7	5,0	13,6	45,9	35,4	0,0	5,9	20,0	20,7	29,2	24,4	0,0	0,0
91 Tunísia	5,5	8,5	1,4	0,0	57,5	50,0	22,3	36,6	0,1	0,2	18,7	13,3	0,0	0,0
92 Fiji	..	..	..	..	..	..	..	..	..	..	..	..	..	..
93 São Vicente e Granadinas	..	..	..	..	..	..	..	..	..	..	..	..	..	..
94 Irão, República Islâmica do	68,8	162,5	0,9	0,7	71,9	47,5	25,4	50,5	0,8	0,9	1,0	0,5	0,0	0,0
95 Paraguai	3,1	4,0	..	..	..	..	..	..	..	..	..	..	..	..
96 Geórgia	12,3	3,2	4,8	0,5	47,1	25,3	36,9	33,5	5,3	17,0	3,7	20,1	0,0	0,0
97 Guiana	..	..	..	..	..	..	..	..	..	..	..	..	..	..
98 Azerbeijão	26,0	13,8	0,3	0,0	45,2	38,6	54,7	58,7	0,2	1,9	(.)	(.)	0,0	0,0
99 Sri Lanka	5,5	9,4	0,1	0,7	24,0	43,2	0,0	0,0	4,9	3,2	71,0	52,9	0,0	0,0
100 Maldivas	..	..	..	..	..	..	..	..	..	..	..	..	..	..
101 Jamaica	2,9	3,8	1,1	1,0	82,4	86,5	0,0	0,0	0,3	0,3	16,2	12,2	0,0	0,0
102 Cabo Verde	..	..	..	..	..	..	..	..	..	..	..	..	..	..
103 El Salvador	2,5	4,6	0,0	(.)	32,0	44,4	0,0	0,0	19,8	22,6	48,1	32,4	0,0	0,0
104 Argélia	23,9	34,8	2,6	2,0	40,6	31,7	56,7	66,0	(.)	0,1	0,1	0,2	0,0	0,0
105 Vietname	24,3	51,3	9,1	15,8	11,3	24,3	(.)	9,6	1,9	3,6	77,7	46,7	0,0	0,0
106 Territórios Ocupados da Palestina	..	..	..	..	..	..	..	..	..	..	..	..	..	..

Recursos energéticos

Ordem do IDH		Produção total de energia primária[a] (Milhões de toneladas de petróleo equiv.)		Parcela da produção total de energia primária[a]													
				Combustíveis fósseis						Energia renovável[b]				Outra	
				Carvão[c] (%)		Petróleo[d] (%)		Gás natural (%)		Hidráulica, solar, eólica e geotermal (%)		Biomassa e desperdício[e] (%)		Nuclear (%)	
		1990	2005	1990	2005	1990	2005	1990	2005	1990	2005	1990	2005	1990	2005
107	Indonésia	103,2	179,5	3,8	14,2	33,2	36,6	17,9	17,1	1,5	3,7	43,6	28,5	0,0	0,0
108	República Árabe Síria	11,7	17,9	0,0	(.)	86,3	65,3	11,7	33,0	2,0	1,7	(.)	(.)	0,0	0,0
109	Turquemenistão	19,6	16,3	1,5	0,0	38,0	26,5	62,4	75,0	0,3	(.)	0,0	0,0	0,0	0,0
110	Nicarágua	2,1	3,3	0,0	0,0	29,2	41,4	0,0	0,0	17,3	8,1	53,2	50,5	0,0	0,0
111	Moldávia	10,0	3,6	20,0	2,1	49,3	19,0	32,8	69,0	0,2	0,2	0,4	2,1	0,0	0,0
112	Egipto	31,9	61,3	2,4	1,5	70,5	49,2	21,1	45,3	2,7	1,9	3,3	2,3	0,0	0,0
113	Usbequistão	46,4	47,0	7,3	2,2	21,8	12,1	70,0	84,6	1,2	1,1	(.)	(.)	0,0	0,0
114	Mongólia	3,4	2,6	73,6	75,0	24,5	22,7	0,0	0,0	0,0	0,0	1,3	1,7	0,0	0,0
115	Honduras	2,4	3,9	(.)	2,9	31,1	51,0	0,0	0,0	8,1	4,0	62,0	42,0	0,0	0,0
116	Quirguizistão	7,6	2,8	33,2	19,7	40,5	22,5	19,9	22,1	11,3	43,8	0,1	0,1	0,0	0,0
117	Bolívia	2,8	5,3	0,0	0,0	46,5	56,2	22,6	25,8	3,7	4,0	27,2	14,0	0,0	0,0
118	Guatemala	4,5	8,0	0,0	3,1	28,8	40,5	0,0	0,0	3,4	3,5	67,9	53,2	0,0	0,0
119	Gabão	1,2	1,7	0,0	0,0	28,2	31,0	7,2	6,1	4,9	4,1	59,7	58,8	0,0	0,0
120	Vanuatu	..	..	..	..	..	..	..	..	..	..	..	..	..	..
121	África do Sul	91,2	127,6	72,9	72,0	11,6	12,2	1,6	2,8	0,1	0,2	11,4	10,5	2,4	2,3
122	Tajiquistão	5,6	3,5	11,2	1,3	36,8	42,6	24,8	14,0	25,4	41,5	0,0	0,0	0,0	0,0
123	São Tomé and Príncipe	..	..	..	..	..	..	..	..	..	..	..	..	..	..
124	Botsuana	1,3	1,9	39,4	31,5	26,9	36,5	0,0	0,0	(.)	(.)	33,1	24,1	0,0	0,0
125	Namíbia	..	1,4	..	0,2	..	66,8	..	0,0	..	10,3	..	13,5	..	0,0
126	Marrocos	6,7	13,8	16,8	32,3	76,1	60,2	0,6	2,8	1,6	1,0	4,7	3,3	0,0	0,0
127	Guiné Equatorial	..	..	..	..	..	..	..	..	..	..	..	..	..	..
128	Índia	319,9	537,3	33,2	38,7	19,6	23,9	3,1	5,4	1,9	1,7	41,7	29,4	0,5	0,8
129	Ilhas Salomão	..	..	..	..	..	..	..	..	..	..	..	..	..	..
130	Laos, Rep. Democrática Popular do	..	..	..	..	..	..	..	..	..	..	..	..	..	..
131	Camboja	..	4,8	..	0,0	..	26,6	..	0,0	..	0,1	..	73,2	..	0,0
132	Mianmar	10,7	14,7	0,6	0,6	6,9	13,7	7,1	14,4	1,0	1,8	84,4	69,6	0,0	0,0
133	Butão	..	..	..	..	..	..	..	..	..	..	..	..	..	..
134	Comores	..	..	..	..	..	..	..	..	..	..	..	..	..	..
135	Gana	5,3	8,9	0,0	0,0	18,9	28,7	0,0	0,0	9,2	5,1	73,1	66,0	0,0	0,0
136	Paquistão	43,4	76,3	4,8	5,3	25,2	21,9	23,2	33,0	3,4	3,5	43,2	35,5	0,2	0,8
137	Mauritânia	..	..	..	..	..	..	..	..	..	..	..	..	..	..
138	Lesoto	..	..	..	..	..	..	..	..	..	..	..	..	..	..
139	Congo	1,1	1,2	0,0	0,0	26,5	38,2	0,0	0,0	4,0	2,5	69,4	56,3	0,0	0,0
140	Bangladeche	12,8	24,2	2,2	1,4	14,7	19,1	29,0	44,7	0,6	0,5	53,5	34,3	0,0	0,0
141	Suazilândia	..	..	..	..	..	..	..	..	..	..	..	..	..	..
142	Nepal	5,8	9,2	0,8	2,0	4,5	9,2	0,0	0,0	1,3	2,3	93,4	86,6	0,0	0,0
143	Madagáscar	..	..	..	..	..	..	..	..	..	..	..	..	..	..
144	Camarões	5,0	7,0	0,0	0,0	19,5	16,6	0,0	0,0	4,5	4,8	75,9	78,6	0,0	0,0
145	Papua- Nova Guiné	..	..	..	..	..	..	..	..	..	..	..	..	..	..
146	Haiti	1,6	2,5	0,5	0,0	20,5	23,2	0,0	0,0	2,5	0,9	76,5	75,8	0,0	0,0
147	Sudão	10,6	18,4	0,0	0,0	17,5	19,9	0,0	0,0	0,8	0,6	81,7	79,5	0,0	0,0
148	Quénia	12,5	17,2	0,7	0,4	16,8	19,1	0,0	0,0	4,0	5,9	78,4	74,6	0,0	0,0
149	Djibuti	..	..	..	..	..	..	..	..	..	..	..	..	..	..
150	Timor-Leste	..	..	..	..	..	..	..	..	..	..	..	..	..	..
151	Zimbabué	9,4	9,7	36,6	23,1	8,7	7,1	0,0	0,0	4,0	5,2	50,4	61,9	0,0	0,0
152	Togo	1,4	2,0	0,0	0,0	15,6	18,2	0,0	0,0	0,6	0,3	82,6	79,4	0,0	0,0
153	Iémen	2,6	6,7	0,0	0,0	97,0	98,8	0,0	0,0	0,0	0,0	3,0	1,2	0,0	0,0
154	Uganda	..	..	..	..	..	..	..	..	..	..	..	..	..	..
155	Gâmbia	..	..	..	..	..	..	..	..	..	..	..	..	..	..
DESENVOLVIMENTO HUMANO BAIXO															
156	Senegal	2,2	3,0	0,0	3,1	39,2	55,3	0,2	0,4	0,0	2,0	60,6	39,2	0,0	0,0
157	Eritreia	..	0,8	..	0,0	..	35,2	..	0,0	..	(.)	..	64,8	..	0,0
158	Nigéria	70,9	103,8	0,1	(.)	15,0	13,9	4,6	7,5	0,5	0,7	79,8	78,0	0,0	0,0
159	Tanzânia, República Unida da	9,8	20,4	(.)	0,2	7,6	6,3	0,0	0,6	1,4	0,7	91,0	92,1	0,0	0,0

Ordem do IDH	Produção total de energia primária[a] (Milhões de toneladas de petróleo equiv.)		Parcela da produção total de energia primária[a] — Combustíveis fósseis — Carvão[c] (%)		Petróleo[d] (%)		Gás natural (%)		Energia renovável[b] — Hidráulica, solar, eólica e geotermal (%)		Biomassa e desperdício[e] (%)		Outra — Nuclear (%)	
	1990	2005	1990	2005	1990	2005	1990	2005	1990	2005	1990	2005	1990	2005
160 Guiné	..	..	..	..	..	..	..	..	..	..	..	..	..	..
161 Ruanda	..	..	..	..	..	..	..	..	..	..	..	..	..	..
162 Angola	6,3	9,9	0,0	0,0	23,2	28,5	7,0	6,2	1,0	1,5	68,8	63,8	0,0	0,0
163 Benim	1,7	2,6	0,0	0,0	5,8	33,3	0,0	0,0	0,0	(.)	93,2	64,7	0,0	0,0
164 Malawi	..	..	..	..	..	..	..	..	..	..	..	..	..	..
165 Zâmbia	5,5	7,1	4,0	1,3	12,6	9,6	0,0	0,0	12,5	10,7	73,4	78,7	0,0	0,0
166 Costa do Marfim	4,4	7,8	0,0	0,0	24,8	23,9	0,0	17,8	2,6	1,6	72,1	58,3	0,0	0,0
167 Burundi	..	..	..	..	..	..	..	..	..	..	..	..	..	..
168 Congo, República Democrática do	11,9	17,0	1,8	1,5	10,1	3,2	0,0	0,0	4,1	3,7	84,0	92,5	0,0	0,0
169 Etiópia	15,2	21,6	0,0	0,0	6,6	8,2	0,0	0,0	0,6	1,1	92,8	90,6	0,0	0,0
170 Chade	..	..	..	..	..	..	..	..	..	..	..	..	..	..
171 República Centro-Africana	..	..	..	..	..	..	..	..	..	..	..	..	..	..
172 Moçambique	7,2	10,2	0,5	0,0	4,6	5,2	0,0	0,2	0,3	11,2	94,4	85,4	0,0	0,0
173 Mali	..	..	..	..	..	..	..	..	..	..	..	..	..	..
174 Niger	..	..	..	..	..	..	..	..	..	..	..	..	..	..
175 Guiné-Bissau	..	..	..	..	..	..	..	..	..	..	..	..	..	..
176 Burquina Faso	..	..	..	..	..	..	..	..	..	..	..	..	..	..
177 Serra Leoa	..	..	..	..	..	..	..	..	..	..	..	..	..	..
Países em vias de Desenvolvimento	.. T	.. T	30,3	32,5	30,5	31,0	9,4	14,1	2,7	2,9	26,3	18,0	0,8	1,4
Países menos desenvolvidos	.. T	.. T	..	..	..	17,4	..	..	..	..	..	..	..	..
Países Árabes	237,4 T	477,1 T	1,1	1,3	59,5	54,2	33,9	40,2	0,7	0,4	4,8	3,8	0,0	0,0
Ásia Oriental e Pacífico	.. T	.. T	..	..	..	25,1	..	..	..	..	..	..	..	..
América Latina e Caraíbas	.. T	.. T	4,5	4,8	51,9	48,7	16,8	21,7	7,9	9,0	17,7	14,3	0,7	1,1
Ásia do Sul	456,2 T	818,9 T	23,9	26,1	27,7	28,3	9,0	17,9	1,9	1,7	37,1	25,3	0,4	0,6
África Subsariana	.. T	.. T	..	..	..	13,8	..	..	..	..	..	..	..	..
Europa Central, Oriental e CEI	1.751,5 T	1,266,3 T	27,6	22,6	29,8	20,5	36,1	46,0	1,4	2,2	1,2	2,1	4,0	7,0
OCDE	4.525,5 T	5,547,6 T	23,5	20,4	42,0	40,5	18,6	21,8	2,9	2,7	3,1	3,5	9,9	11,0
OCDE de rendimento elevado	4.149,4 T	5,101,1 T	22,2	19,9	42,3	40,6	19,0	21,7	2,9	2,6	3,0	3,4	10,6	11,6
Desenvolvimento Humano elevado	5.950,8 T	6,981,2 T	21,7	18,3	40,9	39,3	22,8	26,0	2,8	2,9	3,4	3,9	8,3	9,5
Desenvolvimento Humano médio	.. T	3,816,7 T	36,8	40,6	24,7	25,1	12,9	13,8	2,0	2,5	22,7	16,8	1,0	1,2
Desenvolvimento Humano Baixo	.. T	.. T	..	..	..	13,1	..	..	..	..	..	..	..	..
Rendimento elevado	4.300,4 T	5,423,2 T	21,7	19,0	42,9	41,5	19,5	22,7	2,8	2,5	2,9	3,2	10,2	11,0
Rendimento médio	3.556,4 T	4,594,4 T	31,6	34,3	31,0	28,3	21,7	21,7	2,3	3,1	11,4	10,1	2,1	2,4
Rendimento baixo	.. T	.. T	..	23,3	..	20,6	..	11,6	..	2,3	..	41,8	..	0,5
Mundo	8.757,7 T[f]	11,433,9 T[f]	25,3	25,3 [g]	36,8 [g]	35,0 [g]	19,1 [g]	20,7 [g]	2,5 [g]	2,6 [g]	10,3 [g]	10,0 [g]	6,0 [g]	6,3 [g]

NOTAS

a. A Produção Total de energia primária (TPES) é constituída por "produção indígena + importação - exportação - reabastecimento de navios marítimos internacionais ± variação das existências". TPES é uma medida do consumo de energia comercial. Em alguns casos, a soma das parcelas da partilha de fontes de energia pode não dar 100 porque a geração reversível não foi retirada da geração da hidroelectricidade.

b. Em 2005, 12,6% das necessidades de energia mundial foram fornecidas por energias renováveis. A energia hidroeléctrica constitui 17% deste total, solar/aeólica/outra 1%, geotermal 3% e biomassa e lixo 79%. As parcelas para países a nível individual são diferentes.

c. Carvão e produtos de carvão.

d. Crude, GNL, matérias-primas e produtos de petróleo.

e. Biomassa, também designada como combustível tradicional, é composta por materiais de origem animal e vegetal (madeira, lixo vegetal, etanol, produtos/desperdícios animais e sódio). O lixo é abrange o desperdício municipal (lixo produzido pelos sectores residencial, comercial e público que são recolhidos pelas autoridades locais numa localização central para a produção de calor e/ou energia) e lixo industrial.

f. Os dados são um agregado mundial da AIE.

g. Os são calculados com base nos agregados mundiais da AIE 2007.

FONTES

Colunas 1-2: AIE 2007.

Colunas 3-14: calculadas com base nos dados da produção de energia primária da AIE 2007.

... enquanto os preservam para as gerações futuras ...

Emissões e stocks de dióxido de carbono

		Emissões de dióxido de carbono[a]												
	Total (Mt CO_2)		Alteração anual (%)	Parcela do total mudial[b] (%)		Per capita (t CO_2)		Intensidade de carbono da energia Emissões de CO_2 por unidade de utilização de energia (kt de CO_2 por kt de petróleo equivalente		Intensidade de carbono do crescimento Emissões de CO_2 por unidade do PIB (kt de CO_2 por milhão dólares PPC 2000)		Emissões de dióxido de carbono da biomassa florestal[c] (Mt CO_2 / ano)	*Stocks* de carbono na biomassa florestal[d] (Mt Carbono)
Ordem do IDH	1990	2004	1990–2004	1990	2004	1990	2004	1990	2004	1990	2004	1990–2005	2005
DESENVOLVIMENTO HUMANO ELEVADO													
1 Islândia	2,0	2,2	0,7	(.)	(.)	7,9	7,6	0,93	0,64	0,32	0,24	-0,1	1,5
2 Noruega	33,2	87,5	11,7	0,1	0,3	7,8	19,1	1,54	3,17	0,31	0,53	-15,6	344,0
3 Austrália	278,5	326,6	1,2	1,2	1,1	16,3	16,2	3,18	2,82	0,81	0,58	..	8,339,0
4 Canadá	415,8	639,0	3,8	1,8	2,2	15,0	20,0	1,99	2,38	0,66	0,69	..	..
5 Irlanda	30,6	42,3	2,7	0,1	0,1	8,8	10,5	2,94	2,78	0,55	0,31	-1,0	19,8
6 Suécia	49,5	53,0	0,5	0,2	0,2	5,8	5,9	1,04	0,98	0,26	0,21	-30,2	1,170,0
7 Suiça	42,7	40,4	-0,4	0,2	0,1	6,2	5,4	1,71	1,49	0,21	0,17	-6,1	154,0
8 Japão	1,070,7	1,257,2	1,2	4,7	4,3	8,7	9,9	2,40	2,36	0,37	0,36	-118,5	1,892,0
9 Países Baixos	141,0	142,0	(.)	0,6	0,5	9,4	8,7	2,11	1,73	0,41	0,30	-1,2	25,0
10 França	363,8	373,5	0,2	1,6	1,3	6,4	6,0	1,60	1,36	0,29	0,23	-44,2	1,165,0
11 Filândia	51,2	65,8	2,0	0,2	0,2	10,3	12,6	1,76	1,73	0,46	0,45	-22,5	815,7
12 Estados Unidos	4,818,3	6,045,8	1,8	21,2	20,9	19,3	20,6	2,50	2,60	0,68	0,56	-499,5	18,964,0
13 Espanha	212,1	330,3	4,0	0,9	1,1	5,5	7,6	2,33	2,32	0,31	0,33	-28,3	392,0
14 Dinamarca	49,8	52,9	0,5	0,2	0,2	9,7	9,8	2,78	2,64	0,42	0,33	-1,0	26,0
15 Áustria	57,6	69,8	1,5	0,3	0,2	7,4	8,6	2,30	2,10	0,32	0,29	..	..
16 Reino Unido	579,4	586,9	0,1	2,6	2,0	10,0	9,8	2,73	2,51	0,47	0,34	-4,2	112,0
17 Bélgica	100,6	100,7	(.)	0,4	0,3	10,1	9,7	2,05	1,74	0,45	0,34	-3,7	65,3
18 Luxemburgo	9,9	11,3	1,0	(.)	(.)	25,9	25,0	2,77	2,37	0,78	0,48	-0,5	9,0
19 Nova Zelândia	22,6	31,6	2,8	0,1	0,1	6,7	7,7	1,65	1,79	0,39	0,35	..	..
20 Itália	389,7	449,7	1,1	1,7	1,6	6,9	7,8	2,63	2,44	0,32	0,30	-51,9	636,0
21 Hong Kong, China (RAE)	26,2	37,4	3,1	0,1	0,1	4,6	5,5	2,46	2,18	0,23	0,19	..	..
22 Alemanha	980,4[h]	808,3	-1,3	4,3[h]	2,8	12,3[h]	9,8	2,75[h]	2,32	0,58[h]	0,38	-74,9	1,303,0
23 Israel	33,1	71,2	8,2	0,1	0,2	6,9	10,4	2,74	3,43	0,39	0,47	..	..
24 Grécia	72,4	96,6	2,4	0,3	0,3	7,1	8,8	3,26	3,17	0,49	0,43	-1,7	58,7
25 Singapura	45,1	52,2	1,1	0,2	0,2	14,9	12,3	3,37	2,04	0,99	0,48	..	..
26 República da Coreia	241,2	465,4	6,6	1,1	1,6	5,6	9,7	2,60	2,18	0,57	0,51	-32,2	258,0
27 Eslovénia	12,3[i]	16,2	2,6[j]	0,1[i]	0,1	6,2[i]	8,1	2,46	2,26	0,51[i]	0,43	-8,5	147,1
28 Chipre	4,6	6,7	3,2	(.)	(.)	6,8	9,2	3,02	2,58	0,52	0,45	-0,1	2,8
29 Portugal	42,3	58,9	2,8	0,2	0,2	4,3	5,6	2,39	2,22	0,30	0,31	-8,9	113,8
30 Estado do Brunei Darussalam	5,8	8,8	3,7	(.)	(.)	23,0	24,0	3,20	3,27	..	..	1,2	39,3
31 Barbados	1,1	1,3	1,3	(.)	(.)	4,1	4,7	..	..	..	..	..	..
32 República Checa	138,4[i]	116,9	-1,3[j]	0,6[i]	0,4	13,4[i]	11,4	3,20	2,57	1,03[i]	0,66	-12,6	326,3
33 Koweit	43,4	99,3	9,2	0,2	0,3	20,3	37,1	5,13	3,95	..	1,81	..	..
34 Malta	2,2	2,5	0,7	(.)	(.)	6,3	6,1	2,88	2,70	0,53	0,36	0,0	0,1
35 Catar	12,2	52,9	23,9	0,1	0,2	24,9	79,3	1,76	2,93	..	..	..	..
36 Hungria	60,1	57,1	-0,4	0,3	0,2	5,8	5,6	2,10	2,17	0,50	0,37	-6,2	173,0
37 Polónia	347,6	307,1	-0,8	1,5	1,1	9,1	8,0	3,48	3,35	1,24	0,68	-44,1	895,6
38 Argentina	109,7	141,7	2,1	0,5	0,5	3,4	3,7	2,38	2,22	0,38	0,31	121,6	2,411,0
39 Emirados Árabes Unidos	54,7	149,1	12,3	0,2	0,5	27,2	34,1	2,43	3,40	1,19	1,57	-0,7	16,6
40 Chile	35,6	62,4	5,4	0,2	0,2	2,7	3,9	2,53	2,23	0,47	0,38	-105,9	1,945,9
41 Barém	11,7	16,9	3,2	0,1	0,1	24,2	23,9	2,43	2,26	1,92	1,30	..	..
42 Eslováquia	44,3[i]	36,3	-1,5[j]	0,2[i]	0,1	8,4[i]	6,7	2,45	1,98	0,96[i]	0,51	-9,8	202,9
43 Lituânia	21,4[i]	13,3	-3,1[j]	0,1[i]	(.)	5,7[i]	3,8	1,92	1,45	0,67[i]	0,32	-6,3	128,9
44 Estónia	24,9[i]	18,9	-2,0[j]	0,1[i]	0,1	16,1[i]	14,0	3,96	3,66	2,46[i]	1,12	..	167,2
45 Letónia	12,7[i]	7,1	-3,7[j]	0,1[i]	(.)	4,8[i]	3,0	2,15	1,54	0,85[i]	0,28	-13,9	230,9
46 Uruguai	3,9	5,5	2,9	(.)	(.)	1,2	1,6	1,74	1,91	0,18	0,19	..	..
47 Croácia	17,4[i]	23,5	2,9[j]	0,1[i]	0,1	3,9[i]	5,3	2,59	2,66	0,52[i]	0,48	-10,8	192,4
48 Costa Rica	2,9	6,4	8,5	(.)	(.)	1,0	1,5	1,44	1,73	0,15	0,17	3,4	192,8
49 Baamas	1,9	2,0	0,2	(.)	(.)	7,6	6,7	..	..	0,46	..	..	..
50 Seicheles	0,1	0,5	27,2	(.)	(.)	1,6	6,7	..	..	0,13	0,44	0,0	3,7
51 Cuba	32,0	25,8	-1,4	0,1	0,1	3,0	2,3	1,91	2,41	..	..	-34,7	347,0
52 México	413,3	437,8	0,4	1,8	1,5	5,0	4,2	3,32	2,65	0,65	0,46	..	..
53 Bulgária	75,3	42,5	-3,1	0,3	0,1	8,4	5,5	2,61	2,25	1,29	0,72	-18,3	263,0

Ordem do IDH	Emissões de dióxido de carbono[a] Total (Mt CO_2) 1990	Total 2004	Alteração anual (%) 1990–2004	Parcela do total mudial[b] (%) 1990	Parcela do total mudial 2004	Per capita (t CO_2) 1990	Per capita 2004	Intensidade de carbono da energia. Emissões de CO_2 por unidade de utilização de energia(kt de CO_2 por kt de petróleo equivalente 1990	Intensidade de carbono da energia 2004	Intensidade de carbono do crescimento. Emissões de CO_2 por unidade do PIB (kt de CO_2 por milhão dólares PPC 2000) 1990	Intensidade de carbono do crescimento 2004	Emissões de dióxido de carbono da biomassa florestal[c] (Mt CO_2 / ano) 1990–2005	*Stocks* de carbono na biomassa florestal[d] (Mt Carbono) 2005
54 São Cristóvão e Nevis	0,1	0,1	6,3	(.)	(.)	1,5	3,2	..	..	0,20	0,22	..	..
55 Tonga	0,1	0,1	3,7	(.)	(.)	0,8	1,1	..	..	0,15	0,16	..	..
56 Jamahira Árabe Líbia	37,8	59,9	4,2	0,2	0,2	9,1	9,3	3,27	3,29	..	..	0,0	6,4
57 Antigua e Barbuda	0,3	0,4	2,7	(.)	(.)	4,8	6,0	..	..	0,54	0,46	..	..
58 Omã	10,3	30,9	14,3	(.)	0,1	6,3	13,6	2,25	2,61	0,52	0,88	..	..
59 Trinidade e Tobago	16,9	32,5	6,6	0,1	0,1	13,9	24,9	2,80	2,88	1,98	2,05	0,2	23,6
60 Roménia	155,1	90,4	-3,0	0,7	0,3	6,7	4,2	2,48	2,34	0,99	0,54	(.)	566,5
61 Arábia Saudita	254,8	308,2	1,5	1,1	1,1	15,9	13,6	3,78	2,19	1,18	1,02	0,0	17,5
62 Panamá	3,1	5,7	5,8	(.)	(.)	1,3	1,8	2,10	2,22	0,29	0,28	9,8	620,0
63 Malásia	55,3	177,5	15,8	0,2	0,6	3,0	7,5	2,44	3,13	0,56	0,76	3,4	3.510,0
64 Bielorússia	94,6[i]	64,9	-2,6[j]	0,4[i]	0,2	9,2[i]	6,6	2,43	2,42	1,96[i]	1,03	-20,0	539,0
65 Maurícia	1,5	3,2	8,5	(.)	(.)	1,4	2,6	..	..	0,21	0,24	(.)	3,9
66 Bósnia e Herzegovina	4,7[i]	15,6	19,2[j]	(.)[i]	0,1	1,1[i]	4,0	1,06	3,31	..	..	-10,9	175,5
67 Federação da Rússia	1.984,1[i]	1,524,1	-1,9[j]	8,8[i]	5,3	13,4[i]	10,6	2,56	2,38	1,61[i]	1,17	71,8	32.210,0
68 Albânia	7,3	3,7	-3,5	(.)	(.)	2,2	1,2	2,73	1,55	0,73	0,26	-0,7	52,0
69 Macedónia (ARJM)	10,6[i]	10,4	-0,2[j]	(.)[i]	(.)	5,2[i]	5,1	3,63	3,86	0,91[i]	0,83	0,0	20,3
70 Brasil	209,5	331,6	4,2	0,9	1,1	1,4	1,8	1,56	1,62	0,22	0,24	1,111,4	49.335,0
DESENVOLVIMENTO HUMANO MÉDIO													
71 Domínica	0,1	0,1	5,8	(.)	(.)	0,8	1,5	..	..	0,17	0,26	..	..
72 Santa Lúcia	0,2	0,4	9,1	(.)	(.)	1,2	2,2	..	..	0,24	0,38	..	..
73 Cazaquistão	259,2[i]	200,2	-1,9[j]	1,1[i]	0,7	15,7[i]	13,3	3,25	3,65	3,30[i]	2,07	0,2	136,7
74 Venezuela, República Bolivariana	117,4	172,5	3,4	0,5	0,6	6,0	6,6	2,67	3,07	1,03	1,20	..	..
75 Colômbia	58,0	53,6	-0,5	0,3	0,2	1,6	1,2	2,32	1,94	0,30	0,19	23,8	8.062,2
76 Ucrania	600,0[i]	329,8	-3,8[j]	2,6[i]	1,1	11,5[i]	7,0	2,86	2,35	1,59[i]	1,18	-60,5	744,5
77 Samoa	0,1	0,2	1,5	(.)	(.)	0,8	0,8	..	..	0,19	0,16	..	..
78 Tailândia	95,7	267,9	12,8	0,4	0,9	1,7	4,2	2,18	2,76	0,38	0,56	17,8	716,0
79 República Dominicana	9,6	19,6	7,5	(.)	0,1	1,3	2,2	2,31	2,56	0,31	0,33	0,0	82,0
80 Belize	0,3	0,8	11,0	(.)	(.)	1,6	2,9	..	..	0,39	0,44	0,0	59,0
81 China	2.398,9	5,007,1	7,8	10,6	17,3	2,1	3,8	2,77	3,11	1,30	0,70	-334,9	6.096,0
82 Grenada	0,1	0,2	5,6	(.)	(.)	1,3	2,7	..	..	0,23	0,29	..	..
83 Arménia	3,7[i]	3,6	-0,1[j]	(.)[i]	(.)	1,0[i]	1,2	0,86	1,71	0,65[i]	0,31	0,4	18,1
84 Turquia	146,2	226,0	3,9	0,6	0,8	2,6	3,2	2,76	2,76	0,48	0,45	-18,0	816,8
85 Suriname	1,8	2,3	1,9	(.)	(.)	4,5	5,2	..	..	0,81	0,78	0,0	5.692,0
86 Jordânia	10,2	16,5	4,4	(.)	0,1	3,1	2,9	2,91	2,52	0,84	0,66	0,0	2,3
87 Perú	21,0	31,5	3,5	0,1	0,1	1,0	1,1	2,11	2,38	0,25	0,22	..	..
88 Líbano	9,1	16,3	5,6	(.)	0,1	3,3	4,2	3,94	3,01	1,24	0,92	..	1,8
89 Equador	16,7	29,3	5,4	0,1	0,1	1,6	2,2	2,73	2,90	0,50	0,60	..	..
90 Filipinas	43,9	80,5	5,9	0,2	0,3	0,7	1,0	1,68	1,82	0,19	0,22	111,2	970,7
91 Tunísia	13,3	22,9	5,2	0,1	0,1	1,6	2,3	2,40	2,63	0,35	0,32	-0,9	9,8
92 Fiji	0,8	1,1	2,3	(.)	(.)	1,1	1,2	..	..	0,22[i]	0,24	..	..
93 São Vicente e Granadinas	0,1	0,2	10,4	(.)	(.)	0,8	1,7	..	..	0,16	0,29	..	..
94 Irão, República Islâmica do	218,3	433,3	7,0	1,0	1,5	4,0	6,4	3,17	2,97	0,85	0,93	-1,7	334,0
95 Paraguai	2,3	4,2	6,1	(.)	(.)	0,5	0,7	0,73	1,04	0,12	0,18	..	..
96 Geórgia	15,1[i]	3,9	-6,2[j]	0,1[i]	(.)	2,8[i]	0,8	1,73	1,38	1,39[i]	0,32	-4,6	210,0
97 Guiana	1,1	1,4	2,0	(.)	(.)	1,5	1,9	..	..	0,63	0,47	..	1.722,0
98 Azerbeijão	49,8[i]	31,3	-3,1[j]	0,2[i]	0,1	6,9[i]	3,8	2,99	2,42	1,92[i]	1,06	0,0	57,9
99 Sri Lanka	3,8	11,5	14,8	(.)	(.)	0,2	0,6	0,68	1,22	0,09	0,15	3,2	40,0
100 Maldivas	0,2	0,7	26,5	(.)	(.)	0,7	2,5	..	..	..	..	..	..
101 Jamaica	8,0	10,6	2,4	(.)	(.)	3,3	4,0	2,70	2,60	1,04	1,06	0,2	34,0
102 Cabo Verde	0,1	0,3	15,2	(.)	(.)	0,3	0,7	..	..	0,08	0,11	-0,6	7,9
103 El Salvador	2,6	6,2	9,7	(.)	(.)	0,5	0,9	1,03	1,37	0,14	0,20	..	..
104 Argélia	77,0	193,9	10,8	0,3	0,7	3,0	5,5	3,23	5,89	0,56	0,99	-6,0	114,0
105 Vietname	21,4	98,6	25,8	0,1	0,3	0,3	1,2	0,88	1,96	0,28	0,47	-72,5	1.174,0
106 Territórios Ocupados da Palestina	..	0,6	..	..	(.)	..	0,2	..	..	..	..	..	..

24 Emissão e stocks de dióxido de carbono

Ordem do IDH		Emissões de dióxido de carbono[a] Total (Mt CO_2)		Alteração anual (%)	Parcela do total mudial[b] (%)		Per capita (t CO_2)		Intensidade de carbono da energia — Emissões de CO_2 por unidade de utilização de energia (kt de CO_2 por kt de petróleo equivalente		Intensidade de carbono do crescimento — Emissões de CO_2 por unidade do PIB (kt de CO_2 por milhão dólares PPC 2000)		Emissões de dióxido de carbono da biomassa florestal[c] (Mt CO_2 / ano)	*Stocks* de carbono na biomassa florestal[d] (Mt Carbono)
		1990	2004	1990–2004	1990	2004	1990	2004	1990	2004	1990	2004	1990–2005	2005
107	Indonésia	213.8	378.0	5.5	0.9	1.3	1.2	1.7	2.19	2.17	0.54	0.53	2,271.5	5,897.0
108	República Árabe Síria	35.9	68.4	6.5	0.2	0.2	3.0	3.8	3.08	3.71	1.11	1.11	..	..
109	Turquemenistão	28.0[i]	41.7	4.1[j]	0.1[i]	0.1	7.0[i]	8.8	2.48	2.68	1.54[i]	..	-0.2	17.4
110	Nicarágua	2.6	4.0	3.7	(.)	(.)	0.7	0.7	1.25	1.22	0.24	0.24	45.4	716.0
111	Moldávia	20.9[i]	7.7	-5.3[j]	0.1[i]	(.)	4.8[i]	1.8	3.03	2.27	2.23[i]	1.05	-0.7	13.2
112	Egipto	75.4	158.1	7.8	0.3	0.5	1.5	2.3	2.37	2.78	0.48	0.58	-0.6	7.1
113	Usbequistão	118.1[i]	137.8	1.4[j]	0.5[i]	0.5	5.5[i]	5.3	2.62	2.55	3.55[i]	3.07	-1.7	12.4
114	Mongólia	10.0	8.5	-1.0	(.)	(.)	4.7	3.1	..	..	2.71	1.90	16.9	573.9
115	Honduras	2.6	7.6	13.8	(.)	(.)	0.5	1.1	1.07	1.97	0.19	0.36	..	..
116	Quirguizistão	11.0[i]	5.7	-4.0[j]	(.)[i]	(.)	2.4[i]	1.1	2.18	2.06	1.26[i]	0.65	-0.8	12.6
117	Bolívia	5.5	7.0	1.9	(.)	(.)	0.9	0.8	1.98	1.40	0.40	0.31	89.4	5,296.0
118	Guatemala	5.1	12.2	10.0	(.)	(.)	0.6	1.0	1.14	1.61	0.17	0.25	25.0	498.0
119	Gabão	6.0	1.4	-5.5	(.)	(.)	6.4	1.0	4.82	0.81	0.96	0.16	5.9	3,643.0
120	Vanuatu	0.1	0.1	2.4	(.)	(.)	0.5	0.4	..	..	0.16	0.15	..	..
121	África do Sul	331.8	436.8	2.3	1.5	1.5	9.1	9.8	3.64	3.33	1.03	0.99	0.0	823.9
122	Tajiquistão	20.6[i]	5.0	-6.3[j]	0.1[i]	(.)	3.7[i]	0.8	2.26	1.50	2.38[i]	0.68	0.1	2.8
123	São Tomé and Príncipe	0.1	0.1	2.8	(.)	(.)	0.6	0.5	..	..	0.32	0.31	0.0	4.6
124	Botsuana	2.2	4.3	7.0	(.)	(.)	1.7	2.4	1.71	2.30	0.27	0.23	5.1	141.5
125	Namíbia	(.)	2.5	..	(.)	(.)	0.0	1.2	0.02	1.85	(.)	0.19	8.1	230.9
126	Marrocos	23.5	41.1	5.4	0.1	0.1	1.0	1.4	3.49	3.59	0.29	0.34	-9.5	240.0
127	Guiné Equatorial	0.1	5.4	..	(.)	(.)	0.3	10.5	..	..	0.28	1.57	3.9	115.0
128	Índia	681.7	1,342.1	6.9	3.0	4.6	0.8	1.2	1.89	2.34	0.48	0.44	-40.8	2,343.0
129	Ilhas Salomão	0.2	0.2	0.6	(.)	(.)	0.5	0.3	..	..	0.23	0.21	..	..
130	Laos, Rep. Democrática Popular do	0.2	1.3	32.4	(.)	(.)	0.1	0.2	..	..	0.05	0.13	26.4	1,487.0
131	Camboja	0.5	0.5	1.3	(.)	(.)	(.)	(.)	..	..	..	0.02	80.6	1,266.0
132	Mianmar	4.3	9.8	9.2	(.)	(.)	0.1	0.2	0.40	0.69	..	..	156.6	3,168.0
133	Butão	0.1	0.4	15.9	(.)	(.)	0.1	0.2	..	..	..	..	-7.3	345.0
134	Comores	0.1	0.1	2.4	(.)	(.)	0.1	0.1	..	..	0.08	0.09	0.2	0.8
135	Gana	3.8	7.2	6.5	(.)	(.)	0.3	0.3	0.71	0.86	0.15	0.16	40.9	496.4
136	Paquistão	68.0	125.6	6.0	0.3	0.4	0.6	0.8	1.57	1.69	0.39	0.41	22.2	259.0
137	Mauritânia	2.6	2.6	-0.2	(.)	(.)	1.3	0.8	..	..	0.70	0.44	0.9	6.6
138	Lesoto	..	..	..	..	..	..	..	..	..	..	..	..	..
139	Congo	1.2	3.5	14.4	(.)	(.)	0.5	1.0	1.11	3.33	0.38	0.86	14.2	5,181.0
140	Bangladeche	15.4	37.1	10.1	0.1	0.1	0.1	0.3	1.20	1.63	0.12	0.15	1.2	31.0
141	Suazilândia	0.4	1.0	8.9	(.)	(.)	0.5	0.8	..	..	0.13	0.20	0.2	23.4
142	Nepal	0.6	3.0	27.3	(.)	(.)	(.)	0.1	0.11	0.34	0.03	0.08	-26.9	485.0
143	Madagáscar	0.9	2.7	13.6	(.)	(.)	0.1	0.1	..	..	0.08	0.19	50.8	3,130.0
144	Camarões	1.6	3.8	9.9	(.)	(.)	0.1	0.3	0.32	0.55	0.07	0.12	72.1	1,902.0
145	Papua- Nova Guiné	2.4	2.4	0.1	(.)	(.)	0.7	0.4	..	..	0.31	0.19	..	..
146	Haiti	1.0	1.8	5.5	(.)	(.)	0.1	0.2	0.63	0.80	0.07	0.14	0.2	8.3
147	Sudão	5.4	10.4	6.6	(.)	(.)	0.2	0.3	0.51	0.59	0.19	0.17	48.9	1,530.7
148	Quénia	5.8	10.6	5.8	(.)	(.)	0.3	0.3	0.47	0.63	0.22	0.30	5.5	334.7
149	Djibuti	0.4	0.4	0.3	(.)	(.)	1.0	0.5	..	..	0.22	0.25	0.0	0.4
150	Timor-Leste	..	0.2	..	..	(.)	..	0.2	..	..	..	..	..	..
151	Zimbabué	16.6	10.6	-2.6	0.1	(.)	1.6	0.8	1.77	1.13	0.58	0.42	34.2	535.0
152	Togo	0.8	2.3	14.8	(.)	(.)	0.2	0.4	0.52	0.86	0.13	0.29	..	..
153	Iémen	10.1[i]	21.1	8.3[j]	(.)[i]	0.1	0.9[i,k]	1.0	3.25	3.31	1.15[i]	1.25	0.0	5.1
154	Uganda	0.8	1.8	8.9	(.)	(.)	(.)	0.1	..	..	0.06	0.05	12.1	138.2
155	Gâmbia	0.2	0.3	3.6	(.)	(.)	0.2	0.2	..	..	0.12	0.12	-0.5	33.2
DESENVOLVIMENTO HUMANO BAIXO														
156	Senegal	3.1	5.0	4.2	(.)	(.)	0.4	0.4	1.40	1.81	0.28	0.28	6.8	371.0
157	Eritreia	..	0.8	..	..	(.)	..	0.2	..	..	..	0.17	..	..
158	Nigéria	45.3	114.0	10.8	0.2	0.4	0.5	0.9	0.64	1.15	0.59	0.92	181.6	1,401.5
159	Tanzânia, República Unida da	2.3	4.3	6.2	(.)	(.)	0.1	0.1	0.24	0.23	0.17	0.18	167.3	2,254.0

Ordem do IDH	Emissões de dióxido de carbono[a]: Total (Mt CO_2)		Alteração anual (%)	Parcela do total mudial[b] (%)		Per capita (t CO_2)		Intensidade de carbono da energia: Emissões de CO_2 por unidade de utilização de energia(kt de CO_2 por kt de petróleo equivalente		Intensidade de carbono do crescimento: Emissões de CO_2 por unidade do PIB (kt de CO_2 por milhão dólares PPC 2000)		Emissões de dióxido de carbono da biomassa florestal[c] (Mt CO_2 / ano)	*Stocks* de carbono na biomassa florestal[d] (Mt Carbono)
	1990	2004	1990–2004	1990	2004	1990	2004	1990	2004	1990	2004	1990–2005	2005
160 Guiné	1,0	1,3	2,3	(.)	(.)	0,2	0,1	..	..	0,09	0,07	15,9	636,0
161 Ruanda	0,5	0,6	0,6	(.)	(.)	0,1	0,1	..	..	0,07	0,06	-2,1	44,1
162 Angola	4,6	7,9	5,0	(.)	(.)	0,5	0,7	0,74	0,83	0,25	0,29	37,6	4,829,3
163 Benim	0,7	2,4	16,7	(.)	(.)	0,1	0,3	0,43	0,96	0,16	0,29	..	..
164 Malawi	0,6	1,0	5,3	(.)	(.)	0,1	0,1	..	..	0,13	0,14	5,6	161,0
165 Zâmbia	2,4	2,3	-0,5	(.)	(.)	0,3	0,2	0,45	0,33	0,31	0,23	44,4	1,156,1
166 Costa do Marfim	5,4	5,2	-0,3	(.)	(.)	0,5	0,3	1,22	0,74	0,26	0,20	-9,0	1,864,0
167 Burundi	0,2	0,2	0,9	(.)	(.)	(.)	(.)	..	..	0,04	0,05	..	..
168 Congo, República Democrática do	4,0	2,1	-3,4	(.)	(.)	0,1	(.)	0,33	0,13	0,07	0,06	293,1	23,173,0
169 Etiópia	3,0	8,0	12,1	(.)	(.)	0,1	0,1	0,20	0,38	0,07	0,13	13,4	252,0
170 Chade	0,1	0,1	-0,9	(.)	(.)	(.)	0,0	..	..	0,03	0,01	5,6	236,0
171 República Centro-Africana	0,2	0,3	2,0	(.)	(.)	0,1	0,1	..	..	0,05	0,06	13,7	2,801,0
172 Moçambique	1,0	2,2	8,4	(.)	(.)	0,1	0,1	0,14	0,25	0,12	0,11	5,7	606,3
173 Mali	0,4	0,6	2,4	(.)	(.)	(.)	(.)	..	..	0,07	0,05	7,1	241,9
174 Niger	1,0	1,2	1,1	(.)	(.)	0,1	0,1	..	..	0,16	0,13	1,7	12,5
175 Guiné-Bissau	0,2	0,3	2,1	(.)	(.)	0,2	0,2	..	..	0,21	0,24	0,5	61,0
176 Burquina Faso	1,0	1,1	0,7	(.)	(.)	0,1	0,1	..	..	0,13	0,08	19,1	298,0
177 Serra Leoa	0,3	1,0	14,1	(.)	(.)	0,1	0,2	..	..	0,10	0,27	..	..
Países em vias de Desenvolvimento	6.831,1 T	12.303,3 T	5,7	30,1	42,5	1,7	2,4	2,34	2,59	0,64	0,56	5.091,5	190.359,7
Países menos desenvolvidos	74,1 T	146,3 T	7,0	0,3	0,5	0,2	0,2	..	..	0,14	0,17	1.097,8	50.811,2
Países Árabes	733,6 T	1.348,4 T	6,0	3,2	4,7	3,4	4,5	3,02	2,94	0,75	0,86	44,4	2.393,3
Ásia Oriental e Pacífico	3.413,5 T	6.682,0 T	6,8	15,0	23,1	2,1	3,5	..	..	0,90	0,63	2.293,8	27.222,9
América Latina e Caraíbas	1.087,7 T	1.422,6 T	2,2	4,8	4,9	2,5	2,6	2,25	2,19	0,40	0,36	1.667,0	97.557,2
Ásia do Sul	990,7 T	1.954,6 T	7,0	4,4	6,7	0,8	1,3	1,94	2,34	0,49	0,46	-49,3	3.843,5
África Subsariana	454,8 T	663,1 T	3,3	2,0	2,3	1,0	1,0	..	..	0,55	0,57	1.153,6	58.523,2
Europa Central, Oriental e CEI	4.182,0 T	3.168,0 T	-2,0	18,4	10,9	10,3	7,9	2,71	2,51	1,49	0,97	-165,9	37.592,0
OCDE	11.205,2 T	13.318,6 T	1,3	49,4	46,0	10,8	11,5	2,47	2,42	0,54	0,45	-999,7	59.956,6
OCDE de rendimento elevado	10.055,4 T	12.137,5 T	1,5	44,3	41,9	12,0	13,2	2,42	2,39	0,52	0,45	-979,6	45.488,9
Desenvolvimento Humano elevado	14.495,5 T	16.615,8 T	1,0	63,9	57,3	9,8	10,1	2,45	2,40	0,60	0,48	89,8	152.467,3
Desenvolvimento Humano médio	5.944,4 T	10.215,2 T	5,1	26,2	35,2	1,8	2,5	2,39	2,76	0,83	0,61	3.026,5	86.534,2
Desenvolvimento Humano Baixo	77,6 T	161,7 T	7,7	0,3	0,6	0,3	0,3	..	..	0,24	0,36	858,0	41.254,0
Rendimento elevado	10.572,1 T	12.975,1 T	1,6	46,6	44,8	12,1	13,3	2,44	2,40	0,53	0,46	-937,4	54.215,3
Rendimento médio	8.971,5 T	12.162,9 T	2,5	39,5	42,0	3,4	4,0	2,57	2,76	0,95	0,65	3.693,1	170.735,6
Rendimento baixo	1.323,4 T	2.083,9 T	4,1	5,8	7,2	0,8	0,9	..	..	0,47	0,43	1.275,1	56.686,1
Mundo	22.702,5 T[b]	28.982,7 T[b]	2,0	100,0	100,0	4,3	4,5	2,64	2,63	0,68	0,55	4.038,1	282.650,1

NOTAS

a. Refere-se às emissões de dióxido de carbono derivadas do consumo de combustíveis fósseis no estado sólido, líquido e gasoso, bem como de gás em tocha e da produção de cimento. Os valores originais foram apresentados em termos de toneladas métricas de carbono. Para converter esses valores para toneladas métricas de dióxido de carbono, foi aplicado um factor de conversão de 3,664 (44/12 peso molecular relativo).

b. O total mundial inclui emissões de dióxido de carbono não incluídas no total nacional, tais como as dos combustíveis de bancas, a oxidação de produtos de hidrocarboneto que não são combustíveis (ex.: asfalto) e as emissões, por países, que não estão presentes nos principais indicadores dos quadros. Essas emissões perfazem um valor de aproximadamente 5% do total mundial. Assim, neste quadro, as percentagens listadas para os países individuais não somam 100%.

c. Refere-se às emissões líquidas ou armazenamento devido a alterações nos stocks de carbono da biomassa florestal. Um valor positivo sugere emissões de carbono, enquanto que um valor negativo sugere armazenamento de carbono. Parte-se do princípio de que todas as alterações de stocks de carbono negativas são libertadas como emissões.

d. Refere-se apenas a biomassa viva - acima e abaixo do solo. O carbono em lenha, solo e lixo não estão incluídos.

e. Inclui o Mónaco.

f. Incui a Samoa Americana, Guam, Porto Rico, Ilhas Turcas e Caicos e as Ilhas Virgem nos EUA.

g. Inclui San Marino.

h. Os dados referem-se à soma das emissões da anterior República Federal da Alemanha e da anterior República Democrática Alemã em 1990.

i. Em casos em que os dados referentes a 1990 não estão disponíveis, foram utilizados dados para o ano mais próximo entre 1991 e 1992.

j. Refere-se ao período entre 1992-2004.

FONTES

Colunas 1, 2 e 4-7: calculadas com base em dados do CDIAC 2007.

Coluna 3: calculadas com base nos dados das colunas 1 e 2.

Colunas 8–11: calculadas com bases nos dados do CDIAC 2007 e do Banco Mundial 2007b.

Coluna 12: calculadas com base nos dados da FAO 2007b; agregados calculados pelo FAO para o GRDH.

Coluna 13: FAO 2007b; agregados calculados pelo FAO para o GRDH.

... enquanto os preservam para as gerações futuras ...

Posição dos principais tratados internacionais do ambiente

Ordem do IDH	Protocolo de Cartagena sob a Biosegurança 2000	Convenção-Quadro sobre as Alterações Climáticas 1992	Protocolo de Quioto à Convenção-Quadro sobre as Alterações Climáticas 1997	Convenção sobre a Diversidade Biológica 1992	Convenção de Viena para a Protecção da Camada de Ozono 1988	Protocolo de Montreal sobre Substâncias que Destroem a Camada de Ozono 1989	Convenção de Estocolmo sobre Poluentes Orgânicos Persistentes 2001	Convenção sobre o Direito do Mar 1982	Convenção de Combate à Desertificação 1994
DESENVOLVIMENTO HUMANO ELEVADO									
1 Islândia	**2001**	1993	2002	1994	1989	1989	2002	1985	1997
2 Noruega	2001	1993	2002	1993	1986	1988	2002	1996	1996
3 Austrália	..	1992	**1998**	1993	1987	1989	2004	1994	2000
4 Canadá	**2001**	1992	2002	1992	1986	1988	2001	2003	1995
5 Irlanda	2003	1994	2002	1996	1988	1988	**2001**	1996	1997
6 Suécia	2002	1993	2002	1993	1986	1988	2002	1996	1995
7 Suiça	2002	1993	2003	1994	1987	1988	2003	**1984**	1996
8 Japão	2003	1993	2002	1993	1988	1988	2002	1996	1998
9 Países Baixos	2002	1993	2002	1994	1988	1988	2002	1996	1995
10 França	2003	1994	2002	1994	1987	1988	2004	1996	1997
11 Filândia	2004	1994	2002	1994	1986	1988	2002	1996	1995
12 Estados Unidos	..	1992	**1998**	**1993**	1986	1988	**2001**	..	2000
13 Espanha	2002	1993	2002	1993	1988	1988	2004	1997	1996
14 Dinamarca	2002	1993	2002	1993	1988	1988	2003	2004	1995
15 Áustria	2002	1994	2002	1994	1987	1989	2002	1995	1997
16 Reino Unido	2003	1993	2002	1994	1987	1988	2005	1997	1996
17 Bélgica	2004	1996	2002	1996	1988	1988	2006	1998	1997
18 Luxemburgo	2002	1994	2002	1994	1988	1988	2003	2000	1997
19 Nova Zelândia	2005	1993	2002	1993	1987	1988	2004	1996	2000
20 Itália	2004	1994	2002	1994	1988	1988	**2001**	1995	1997
21 Hong Kong, China (RAE)	..	..	..	..	..	..	..	..	..
22 Alemanha	2003	1993	2002	1993	1988	1988	2002	1994	1996
23 Israel	..	1996	2004	1995	1992	1992	**2001**	..	1996
24 Grécia	2004	1994	2002	1994	1988	1988	2006	1995	1997
25 Singapura	..	1997	2006	1995	1989	1989	2005	1994	1999
26 República da Coreia	**2000**	1993	2002	1994	1992	1992	..	1996	1999
27 Eslovénia	2002	1995	2002	1996	1992	1992	2004	1995	2001
28 Chipre	2003	1997	1999	1996	1992	1992	2005	1988	2000
29 Portugal	2004	1993	2002	1993	1988	1988	2004	1997	1996
30 Estado do Brunei Darussalam	..	..	..	..	1990	1993	**2002**	1996	2002
31 Barbados	2002	1994	2000	1993	1992	1992	2004	1993	1997
32 República Checa	2001	1993	2001	1993	1993	1993	2002	1996	2000
33 Koweit	..	1994	2005	2002	1992	1992	2006	1986	1997
34 Malta	2007	1994	2001	2000	1988	1988	**2001**	1993	1998
35 Catar	2007	1996	2005	1996	1996	1996	2004	2002	1999
36 Hungria	2004	1994	2002	1994	1988	1989	**2001**	2002	1999
37 Polónia	2003	1994	2002	1996	1990	1990	**2001**	1998	2001
38 Argentina	**2000**	1994	2001	1994	1990	1990	2005	1995	1997
39 Emirados Árabes Unidos	..	1995	2005	2000	1989	1989	2002	**1982**	1998
40 Chile	**2000**	1994	2002	1994	1990	1990	2005	1997	1997
41 Barém	..	1994	2006	1996	1990	1990	2006	1985	1997
42 Eslováquia	2003	1994	2002	1994	1993	1993	2002	1996	2002
43 Lituânia	2003	1995	2003	1996	1995	1995	2006	2003	2003
44 Estónia	2004	1994	2002	1994	1996	1996	..	2005	..
45 Letónia	2004	1995	2002	1995	1995	1995	2004	2004	2002
46 Uruguai	**2001**	1994	2001	1993	1989	1991	2004	1992	1999
47 Croácia	2002	1996	**1999**	1996	1992	1992	2007	1995	2000
48 Costa Rica	2007	1994	2002	1994	1991	1991	2007	1992	1998
49 Baamas	2004	1994	1999	1993	1993	1993	2005	1983	2000
50 Seicheles	2004	1992	2002	1992	1993	1993	**2002**	1991	1997
51 Cuba	2002	1994	2002	1994	1992	1992	**2001**	1984	1997
52 México	2002	1993	2000	1993	1987	1988	2003	1983	1995
53 Bulgária	2000	1995	2002	1996	1990	1990	2004	1996	2001

Ordem do IDH	Protocolo de Cartagena sob a Biosegurança 2000	Convenção--Quadro sobre as Alterações Climáticas 1992	Protocolo de Quioto à Convenção--Quadro sobre as Alterações Climáticas 1997	Convenção sobre a Diversidade Biológica 1992	Convenção de Viena para a Protecção da Camada de Ozono 1988	Protocolo de Montreal sobre Substâncias que Destroem a Camada de Ozono 1989	Convenção de Estocolmo sobre Poluentes Orgânicos Persistentes 2001	Convenção sobre o Direito do Mar 1982	Convenção de Combate à Desertificação 1994
54 São Cristóvão e Nevis	2001	1993	..	1993	1992	1992	2004	1993	1997
55 Tonga	2003	1998	..	1998	1998	1998	**2002**	1995	1998
56 Jamahira Árabe Líbia	2005	1999	2006	2001	1990	1990	2005	**1984**	1996
57 Antigua e Barbuda	2003	1993	1998	1993	1992	1992	2003	1989	1997
58 Omã	2003	1995	2005	1995	1999	1999	2005	1989	1996
59 Trinidade e Tobago	2000	1994	1999	1996	1989	1989	2002	1986	2000
60 Roménia	2003	1994	2001	1994	1993	1993	2004	1996	1998
61 Arábia Saudita	..	1994	2005	2001	1993	1993	**2002**	1996	1997
62 Panamá	2002	1995	1999	1995	1989	1989	2003	1996	1996
63 Malásia	2003	1994	2002	1994	1989	1989	**2002**	1996	1997
64 Bielorússia	2002	2000	2005	1993	1986	1988	2004	2006	2001
65 Maurícia	2002	1992	2001	1992	1992	1992	2004	1994	1996
66 Bósnia e Herzegovina	..	2000	2007	2002	1993	1993	**2001**	1994	2002
67 Federação da Rússia	..	1994	2004	1995	1986	1988	**2002**	1997	2003
68 Albânia	2005	1994	2005	1994	1999	1999	2004	2003	2000
69 Macedónia (ARJM)	2005	1998	2004	1997	1994	1994	2004	1994	2002
70 Brasil	2003	1994	2002	1994	1990	1990	2004	1988	1997
DESENVOLVIMENTO HUMANO MÉDIO									
71 Domínica	2004	1993	2005	1994	1993	1993	2003	1991	1997
72 Santa Lúcia	2005	1993	2003	1993	1993	1993	2002	1985	1997
73 Cazaquistão	..	1995	**1999**	1994	1998	1998	**2001**	..	1997
74 Venezuela, República Bolivariana	2002	1994	2005	1994	1988	1989	2005	..	1998
75 Colómbia	2003	1995	2001	1994	1990	1993	**2001**	**1982**	1999
76 Ucrania	2002	1997	2004	1995	1986	1988	**2001**	1999	2002
77 Samoa	2002	1994	2000	1994	1992	1992	2002	1995	1998
78 Tailândia	2005	1994	2002	2003	1989	1989	2005	**1982**	2001
79 República Dominicana	2006	1998	2002	1996	1993	1993	2007	**1982**	1997
80 Belize	2004	1994	2003	1993	1997	1998	**2002**	1983	1998
81 China	2005	1993	2002	1993	1989	1991	2004	1996	1997
82 Grenada	2004	1994	2002	1994	1993	1993	..	1991	1997
83 Arménia	2004	1993	2003	1993	1999	1999	2003	2002	1997
84 Turquia	2003	2004	..	1997	1991	1991	**2001**	..	1998
85 Suriname	..	1997	2006	1996	1997	1997	**2002**	1998	2000
86 Jordânia	2003	1993	2003	1993	1989	1989	2004	1995	1996
87 Perú	2004	1993	2002	1993	1989	1993	2005	..	1995
88 Líbano	..	1994	2006	1994	1993	1993	2003	1995	1996
89 Equador	2003	1993	2000	1993	1990	1990	2004	..	1995
90 Filipinas	2006	1994	2003	1993	1991	1991	2004	1984	2000
91 Tunísia	2003	1993	2003	1993	1989	1989	2004	1985	1995
92 Fiji	2001	1993	1998	1993	1989	1989	2001	1982	1998
93 São Vicente e Granadinas	2003	1996	2004	1996	1996	1996	2005	1993	1998
94 Irão, República Islâmica do	2003	1996	2005	1996	1990	1990	2006	**1982**	1997
95 Paraguai	2004	1994	1999	1994	1992	1992	2004	1986	1997
96 Geórgia	..	1994	1999	1994	1996	1996	2006	1996	1999
97 Guiana	..	1994	2003	1994	1993	1993	..	1993	1997
98 Azerbeijão	2005	1995	2000	2000	1996	1996	2004	..	1998
99 Sri Lanka	2004	1993	2002	1994	1989	1989	2005	1994	1998
100 Maldivas	2002	1992	1998	1992	1988	1989	2006	2000	2002
101 Jamaica	**2001**	1995	1999	1995	1993	1993	2007	1983	1997
102 Cabo Verde	2005	1995	2006	1995	2001	2001	2006	1987	1995
103 El Salvador	2003	1995	1998	1994	1992	1992	**2001**	**1984**	1997
104 Argélia	2004	1993	2005	1995	1992	1992	2006	1996	1996
105 Vietname	2004	1994	2002	1994	1994	1994	2002	1994	1998
106 Territórios Ocupados da Palestina	..	..	..	..	..	..	..	..	..

Posição dos principais tratados internacionais do ambiente

Ordem do IDH	Protocolo de Cartagena sob a Biosegurança 2000	Convenção--Quadro sobre as Alterações Climáticas 1992	Protocolo de Quioto à Convenção--Quadro sobre as Alterações Climáticas 1997	Convenção sobre a Diversidade Biológica 1992	Convenção de Viena para a Protecção da Camada de Ozono 1988	Protocolo de Montreal sobre Substâncias que Destroem a Camada de Ozono 1989	Convenção de Estocolmo sobre Poluentes Orgânicos Persistentes 2001	Convenção sobre o Direito do Mar 1982	Convenção de Combate à Desertificação 1994
107 Indonésia	2004	1994	2004	1994	1992	1992	**2001**	1986	1998
108 República Árabe Síria	2004	1996	2006	1996	1989	1989	2005	..	1997
109 Turquemenistão	..	1995	1999	1996	1993	1993	..	..	1996
110 Nicarágua	2002	1995	1999	1995	1993	1993	2005	2000	1998
111 Moldávia	2003	1995	2003	1995	1996	1996	2004	2007	1999
112 Egipto	2003	1994	2005	1994	1988	1988	2003	1983	1995
113 Usbequistão	..	1993	1999	1995	1993	1993	..	..	1995
114 Mongólia	2003	1993	1999	1993	1996	1996	2004	1996	1996
115 Honduras	**2000**	1995	2000	1995	1993	1993	2005	1993	1997
116 Quirguizistão	2005	2000	2003	1996	2000	2000	2006	..	1997
117 Bolívia	2002	1994	1999	1994	1994	1994	2003	1995	1996
118 Guatemala	2004	1995	1999	1995	1987	1989	**2002**	1997	1998
119 Gabão	2007	1998	2006	1997	1994	1994	2007	1998	1996
120 Vanuatu	..	1993	2001	1993	1994	1994	2005	1999	1999
121 África do Sul	2003	1997	2002	1995	1990	1990	2002	1997	1997
122 Tajiquistão	2004	1998	..	1997	1996	1998	2007	..	1997
123 São Tomé and Príncipe	..	1999	..	1999	2001	2001	2006	1987	1998
124 Botsuana	2002	1994	2003	1995	1991	1991	2002	1990	1996
125 Namíbia	2005	1995	2003	1997	1993	1993	2005	1983	1997
126 Marrocos	**2000**	1995	2002	1995	1995	1995	2004	2007	1996
127 Guiné Equatorial	..	2000	2000	1994	1988	2006	..	1997	1997
128 Índia	2003	1993	2002	1994	1991	1992	2006	1995	1996
129 Ilhas Salomão	2004	1994	2003	1995	1993	1993	2004	1997	1999
130 Laos, Rep. Democrática Popular do	2004	1995	2003	1996	1998	1998	2006	1998	1996
131 Camboja	2003	1995	2002	1995	2001	2001	2006	**1983**	1997
132 Mianmar	**2001**	1994	2003	1994	1993	1993	2004	1996	1997
133 Butão	2002	1995	2002	1995	2004	2004	..	**1982**	2003
134 Comores	..	1994	..	1994	1994	1994	2007	1994	1998
135 Gana	2003	1995	2003	1994	1989	1989	2003	1983	1996
136 Paquistão	**2001**	1994	2005	1994	1992	1992	**2001**	1997	1997
137 Mauritânia	2005	1994	2005	1996	1994	1994	2005	1996	1996
138 Lesoto	2001	1995	2000	1995	1994	1994	2002	2007	1995
139 Congo	2006	1996	2007	1996	1994	1994	2007	**1982**	1999
140 Bangladeche	2004	1994	2001	1994	1990	1990	2007	2001	1996
141 Suazilândia	2006	1996	2006	1994	1992	1992	2006	**1984**	1996
142 Nepal	**2001**	1994	2005	1993	1994	1994	2007	1998	1996
143 Madagáscar	2003	1999	2003	1996	1996	1996	2005	2001	1997
144 Camarões	2003	1994	2002	1994	1989	1989	**2001**	1985	1997
145 Papua- Nova Guiné	2005	1993	2002	1993	1992	1992	2003	1997	2000
146 Haiti	**2000**	1996	2005	1996	2000	2000	**2001**	1996	1996
147 Sudão	2005	1993	2004	1995	1993	1993	2006	1985	1995
148 Quénia	2002	1994	2005	1994	1988	1988	2004	1989	1997
149 Djibuti	2002	1995	2002	1994	1999	1999	2004	1991	1997
150 Timor-Leste	..	2006	..	2006	..	..	..	..	2003
151 Zimbabué	2005	1992	..	1994	1992	1992	**2001**	1993	1997
152 Togo	2004	1995	2004	1995	1991	1991	2004	1985	1995
153 Iémen	2005	1996	2004	1996	1996	1996	2004	1987	1997
154 Uganda	2001	1993	2002	1993	1988	1988	2004	1990	1997
155 Gâmbia	2004	1994	2001	1994	1990	1990	2006	1984	1996
DESENVOLVIMENTO HUMANO BAIXO									
156 Senegal	2003	1994	2001	1994	1993	1993	2003	1984	1995
157 Eritreia	2005	1995	2005	1996	2005	2005	2005	..	1996
158 Nigéria	2003	1994	2004	1994	1988	1988	2004	1986	1997
159 Tanzânia, República Unida da	2003	1996	2002	1996	1993	1993	2004	1985	1997

Ordem do IDH		Protocolo de Cartagena sob a Biosegurança 2000	Convenção-Quadro sobre as Alterações Climáticas 1992	Protocolo de Quioto à Convenção-Quadro sobre as Alterações Climáticas 1997	Convenção sobre a Diversidade Biológica 1992	Convenção de Viena para a Protecção da Camada de Ozono 1988	Protocolo de Montreal sobre Substâncias que Destroem a Camada de Ozono 1989	Convenção de Estocolmo sobre Poluentes Orgânicos Persistentes 2001	Convenção sobre o Direito do Mar 1982	Convenção de Combate à Desertificação 1994
160	Guiné	**2000**	1993	2000	1993	1992	1992	**2001**	1985	1997
161	Ruanda	2004	1998	2004	1996	2001	2001	2002	**1982**	1998
162	Angola	..	2000	2007	1998	2000	2000	2006	1990	1997
163	Benim	2005	1994	2002	1994	1993	1993	2004	1997	1996
164	Malawi	**2000**	1994	2001	1994	1991	1991	**2002**	**1984**	1996
165	Zâmbia	2004	1993	2006	1993	1990	1990	2006	1983	1996
166	Costa do Marfim	..	1994	2007	1994	1993	1993	2004	1984	1997
167	Burundi	..	1997	2001	1997	1997	1997	2005	**1982**	1997
168	Congo, República Democrática do	2005	1995	2005	1994	1994	1994	2005	1989	1997
169	Etiópia	2003	1994	2005	1994	1994	1994	2003	**1982**	1997
170	Chade	2006	1994	..	1994	1989	1994	2004	**1982**	1996
171	República Centro-Africana	**2000**	1995	..	1995	1993	1993	**2002**	**1984**	1996
172	Moçambique	2002	1995	2005	1995	1994	1994	2005	1997	1997
173	Mali	2002	1994	2002	1995	1994	1994	2003	1985	1995
174	Niger	2004	1995	2004	1995	1992	1992	2006	**1982**	1996
175	Guiné-Bissau	..	1995	2005	1995	2002	2002	**2002**	1986	1995
176	Burquina Faso	2003	1993	2005	1993	1989	1989	2004	2005	1996
177	Serra Leoa	..	1995	2006	1994	2001	2001	2003	1994	1997
Outros [a]										
	Afeganistão	..	2002	..	2002	2004	2004	..	**1983**	1995
	Andorra	..	..	..	..	..	..	..	..	2002
	Ilhas Cook	**2001**	1993	2001	1993	2003	2003	2004	1995	1998
	Iraque	..	..	..	..	..	..	..	1985	..
	Kiribati	2004	1995	2000	1994	1993	1993	2004	2003	1998
	Coreia	2003	1994	2005	1994	1995	1995	2002	**1982**	2003
	Libéria	2002	2002	2002	2000	1996	1996	2002	**1982**	1998
	Liechtenstein	..	1994	2004	1997	1989	1989	2004	**1984**	1999
	Ilhas Marshall	2003	1992	2003	1992	1993	1993	2003	1991	1998
	Micronésia	..	1993	1999	1994	1994	1995	2005	1991	1996
	Mónaco	**2000**	1992	2006	1992	1993	1993	2004	1996	1999
	Montenegro	2006	2006	2007	2006	2006	2006	**2006**	2006	2007
	Nauru	2001	1993	2001	1993	2001	2001	2002	1996	1998
	Niue	2002	1996	1999	1996	2003	2003	2005	2006	1998
	Palau	2003	1999	1999	1999	2001	2001	**2002**	1996	1999
	San Marino	..	1994	..	1994	..	..	..	..	1999
	Sérvia	2006	2001	..	2002	2001	2001	**2002**	2001	..
	Somália	..	..	..	..	2001	2001	..	1989	2002
	Tuvalu	..	1993	1998	2002	1993	1993	2004	2002	1998
Total de Estados partes [c]		**140**	**190**	**173**	**189**	**190**	**190**	**145**	**154**	**191**
Tratados assinados ainda não ratificados		**18**	**0**	**4**	**1**	**0**	**0**	**35**	**23**	**0**

NOTAS

Os dados são de 2 de Julho de 2007. Os dados referem-se ao ano de ratificação, aprovação de adesão ou sucessão, salvo indicação em contrário. Todos estes estados têm os mesmos efeitos legais. O negrito significa que a assinatura ainda não foi seguida de ratificação.

a. Países ou áreas, além dos países ou áreas incluídos nas tabelas dos principais indicadores, que assinaram pelo menos um dos nove tratados ambientais colocados neste quadro.

b. Após a separação da Sérvia e Montenegro em dois estados independentes em Junho de 2006, todas as acções dos tratados (ratificação, assinatura, etc...) continuam a ser feitas pela República da Sérvia.

c. Refere-se à ratificação, aceitação, aprovação, adesão ou sucessão.

FONTE

Todas as colunas: UN 2007a

... protegendo a segurança pessoal ...

Refugiados e armamentos

Ordem do IDH	Pessoas deslocadas internamente [a] (milhares) 2006 [e]	Refugiados: Por país de asilo (milhares) 2006 [e]	Refugiados: Por país de origem [c] (milhares) 2006 [e]	Transferência de armas convencionais [b] (preços de 1990): Importações (milhões de dólares) 1996	Importações (milhões de dólares) 2006	Exportações: Milhões de dólares 2006	Exportações: Parcela [d] (%) 2002–2006	Forças armadas totais: Milhares 2007	Forças armadas totais: Índice (1985=100) 2007
DESENVOLVIMENTO HUMANO ELEVADO									
1 Islândia	..	(.)	(.)	..	..	..	..	0	..
2 Noruega	..	43	..	183	501	2	(.)	23	62
3 Austrália	..	69	(.)	582	768	4	(.)	52	74
4 Canadá	..	152	(.)	389	100	227	1	63	76
5 Irlanda	..	8	..	0	11	..	..	10	73
6 Suécia	..	80	(.)	104	122	472	2	28	43
7 Suiça	..	49	(.)	187	72	144	1	4	..
8 Japão	..	2	(.)	813	400	0	(.)	240	99
9 Países Baixos	..	101	(.)	181	171	1,481	3	53	50
10 França	..	146	(.)	28	121	1,557	8	255	55
11 Filândia	..	12	(.)	605	84	31	(.)	29	79
12 Estados Unidos	..	844	1	540	417	7,888	30	1,506	70
13 Espanha	..	5	2	435	378	803	1	147	46
14 Dinamarca	..	37	(.)	70	133	3	(.)	22	74
15 Áustria	..	25	(.)	10	0	61	(.)	40	73
16 Reino Unido	..	302	0	735	462	1,071	4	191	57
17 Bélgica	..	17	(.)	4	4	50	(.)	40	44
18 Luxemburgo	..	2	..	4	0	..	..	1	129
19 Nova Zelândia	..	5	(.)	7	8	0	(.)	9	73
20 Itália	..	27	(.)	293	697	860	2	191	50
21 Hong Kong, China (RAE)	..	2	(.)	..	..	..	..	..	..
22 Alemanha	..	605	(.)	213	529	3,850	9	246	51
23 Israel	150–420 [f]	1	1	88	994	224	2	168	118
24 Grécia	..	2	(.)	377	1,452	23	(.)	147	73
25 Singapura	..	..	(.)	153	54	0	(.)	73	133
26 República da Coreia	..	(.)	1	1,759	1,292	89	(.)	687	115
27 Eslovénia	..	(.)	2	14	2	..	..	7	..
28 Chipre	210 [g]	1	(.)	169	26	0	(.)	10	100
29 Portugal	..	(.)	(.)	7	431	..	..	44	60
30 Estado do Brunei Darussalam	..	..	..	17	3	..	..	7	171
31 Barbados	..	..	(.)	..	..	..	..	1	61
32 República Checa	..	2	2	24	65	56	(.)	25	12
33 Koweit	..	(.)	1	1,161	107	0	(.)	16	133
34 Malta	..	2	(.)	1	0	0	(.)	2	250
35 Catar	..	(.)	(.)	201	0	0	(.)	12	200
36 Hungria	..	8	3	138	337	0	(.)	32	30
37 Polónia	..	7	14	99	224	169	(.)	142	45
38 Argentina	..	3	1	57	53	0	(.)	72	67
39 Emirados Árabes Unidos	..	(.)	(.)	474	2,439	7	(.)	51	119
40 Chile	..	1	1	180	1,125	0	(.)	76	75
41 Barém	..	..	(.)	181	60	0	(.)	11	393
42 Eslováquia	..	(.)	1	30	0	0	(.)	15	..
43 Lituânia	..	1	1	15	33	0	(.)	12	..
44 Estónia	..	(.)	1	1	8	0	(.)	4	..
45 Letónia	..	(.)	1	0	4	..	..	5	..
46 Uruguai	..	(.)	(.)	4	7	0	(.)	25	78
47 Croácia	4–7	2	94	14	0	0	(.)	21	..
48 Costa Rica	..	12	(.)	..	..	..	..	0	..
49 Baamas	..	..	(.)	0	0	..	..	1	172
50 Seicheles	..	..	(.)	..	..	..	..	(.)	17
51 Cuba	..	1	34	..	..	..	..	49	30
52 México	10–12 [g]	3	3	79	68	..	..	238	184
53 Bulgária	..	5	3	123	20	0	(.)	51	34

Ordem do IDH	Pessoas deslocadas internamente[a] (milhares) 2006[e]	Refugiados: Por país de asilo (milhares) 2006[e]	Refugiados: Por país de origem[c] (milhares) 2006[e]	Transferência de armas convencionais[b] (preços de 1990): Importações (milhões de dólares) 1996	Importações (milhões de dólares) 2006	Exportações: Milhões de dólares 2006	Exportações: Parcela[d] (%) 2002–2006	Forças armadas totais: Milhares 2007	Forças armadas totais: Índice (1985=100) 2007
54 São Cristóvão e Nevis	..	..	..	..	..	..	..	..	..
55 Tonga	..	..	(.)	0	0	..	..	..	..
56 Jamahira Árabe Líbia	..	3	2	0	5	24	(.)	76	..
57 Antigua e Barbuda	..	..	(.)	..	..	..	..	(.)	170
58 Omã	..	(.)	(.)	284	406	0	(.)	42	144
59 Trinidade e Tobago	..	..	(.)	0	0	..	..	3	143
60 Roménia	..	2	7	41	131	0	(.)	70	37
61 Arábia Saudita	..	241	1	1,725	148	0	(.)	225	360
62 Panamá	..	2	(.)	0	0	..	..	0	0
63 Malásia	..	37	1	38	654	0	(.)	109	99
64 Bielorússia	..	1	9	0	254	0	(.)	73	..
65 Maurícia	..	..	(.)	30	0	..	..	0	0
66 Bósnia e Herzegovina	180	10	200	52	0	0	(.)	12	..
67 Federação da Rússia	82–190	1	159	0	4	6,733	29	1,027	19
68 Albânia	..	(.)	14	0	0	..	..	11	27
69 Macedónia (ARJM)	1	1	8	0	0	..	..	11	..
70 Brasil	..	3	1	531	323	1	(.)	288	104
DESENVOLVIMENTO HUMANO MÉDIO									
71 Domínica	..	..	(.)	..	..	..	..	..	..
72 Santa Lúcia	..	..	(.)	..	..	..	..	..	..
73 Cazaquistão	..	4	7	170	53	0	(.)	66	..
74 Venezuela, República Bolivariana	..	1	4	35	498	6	(.)	82	167
75 Colómbia	1853–3833[h]	(.)	73	57	33	..	..	209	316
76 Ucrania	..	2	64	..	..	133	1	188	..
77 Samoa	..	..	..	..	..	..	..	..	..
78 Tailândia	..	133	3	611	47	0	(.)	307	130
79 República Dominicana	..	..	(.)	4	0	..	..	25	113
80 Belize	..	(.)	(.)	0	0	..	..	1	167
81 China	..	301	141	1,274	3,261	564	2	2,255	58
82 Grenada	..	..	(.)	..	..	..	..	..	..
83 Arménia	8[g]	114	15	104	0	..	..	44	..
84 Turquia	954–1201	3	227	1,510	454	45	(.)	515	82
85 Suriname	..	..	(.)	0	0	..	..	2	100
86 Jordânia	..	500	2	76	117	13	(.)	101	144
87 Perú	60[g]	1	7	138	365	0	(.)	80	63
88 Líbano	216–800	20	12	20	0	0	(.)	72	414
89 Equador	..	12	1	29	0	..	..	57	134
90 Filipinas	120	(.)	1	32	43	..	..	106	92
91 Tunísia	..	(.)	3	56	16	..	..	35	100
92 Fiji	..	..	2	0	0	..	..	4	148
93 São Vicente e Granadinas	..	..	(.)	..	..	..	..	..	..
94 Irão, República Islâmica do	..	968	102	630	891	9	(.)	545	89
95 Paraguai	..	(.)	(.)	2	0	..	..	10	69
96 Geórgia	222–241	1	6	0	0	0	(.)	11	..
97 Guiana	..	..	1	0	0	..	..	1	15
98 Azerbeijão	579–687[i]	3	126	0	0	..	..	67	..
99 Sri Lanka	600[g]	(.)	117	152	20	..	..	151	699
100 Maldivas	..	..	(.)	0	0	..	..	..	..
101 Jamaica	..	..	1	0	25	..	..	3	143
102 Cabo Verde	..	..	(.)	0	0	..	..	1	13
103 El Salvador	..	(.)	6	3	0	..	..	16	38
104 Argélia	1,000[g]	94[j]	8	87	173	..	..	138	81
105 Vietname	..	2	374	207	179	..	..	455	44
106 Territórios Ocupados da Palestina	25–57[g,k]	..	334	9	0	..	..	..	..

Refugiados e armamentos

Ordem do IDH	Pessoas deslocadas internamente [a] (milhares) 2006 [e]	Refugiados: Por país de asilo (milhares) 2006 [e]	Refugiados: Por país de origem [c] (milhares) 2006 [e]	Transferência de armas convencionais [b] (preços de 1990): Importações (milhões de dólares) 1996	Importações (milhões de dólares) 2006	Exportações: Milhões de dólares 2006	Exportações: Parcela [d] (%) 2002–2006	Forças armadas totais: Milhares 2007	Forças armadas totais: Índice (1985=100) 2007
107 Indonésia	150–250	(.)	35	435	54	8	(.)	302	109
108 República Árabe Síria	305 [g]	702	12	21	9	3	(.)	308	77
109 Turquemenistão	0	1	1	0	0	..	..	26	..
110 Nicarágua	..	(.)	2	..	..	0	(.)	14	22
111 Moldávia	..	(.)	12	0	0	0	(.)	7	..
112 Egipto	..	88	8	986	526	0	(.)	469	105
113 Usbequistão	3 [g]	1	9	0	0	0	1	55	..
114 Mongólia	..	(.)	1	..	..	..	..	9	27
115 Honduras	..	(.)	1	..	..	..	..	12	72
116 Quirguizistão	..	(.)	2	0	1	0	(.)	13	..
117 Bolívia	..	1	(.)	0	26	..	..	46	167
118 Guatemala	242 [g]	(.)	7	0	0	..	..	16	50
119 Gabão	..	8	(.)	0	63	..	..	5	208
120 Vanuatu	..	..	..	..	..	..	..	..	..
121 África do Sul	..	35	1	38	862	115	(.)	62	58
122 Tajiquistão	..	1	1	0	13	..	..	8	..
123 São Tomé and Príncipe	..	..	(.)	..	..	..	..	..	..
124 Botsuana	..	3	(.)	29	0	..	..	9	225
125 Namíbia	..	5	1	0	0	..	..	9	..
126 Marrocos	..	1	5	86	49	..	..	201	135
127 Guiné Equatorial	..	..	(.)	0	0	..	..	1	45
128 Índia	600	158	18	996	1,672	11	(.)	1,316	104
129 Ilhas Salomão	..	..	(.)	..	..	..	..	..	..
130 Laos, Rep. Democrática Popular do	..	..	26	0	0	..	..	29	54
131 Camboja	..	(.)	18	33	0	0	(.)	124	354
132 Mianmar	500 [l]	..	203	120	7	..	..	375	202
133 Butão	..	..	108	0	0	..	..	..	..
134 Comores	..	..	(.)	..	..	..	..	..	..
135 Gana	..	45	10	7	0	..	..	14	93
136 Paquistão	.. [m]	1,044 [n]	26	529	309	0	(.)	619	..
137 Mauritânia	..	1	33	2	0	..	..	16	188
138 Lesoto	..	..	(.)	0	0	..	..	2	100
139 Congo	8 [g]	56	21	0	0	..	..	10	115
140 Bangladeche	500	26	8	5	208	..	..	127	139
141 Suazilândia	..	1	(.)	0	0	..	..	..	..
142 Nepal	100–200	128	3	0	0	..	..	69	276
143 Madagáscar	..	..	(.)	19	0	..	..	14	66
144 Camarões	..	35	10	4	0	..	..	14	192
145 Papua- Nova Guiné	..	10	(.)	0	0	..	..	3	94
146 Haiti	..	..	21	..	..	..	..	..	..
147 Sudão	5,355	202	686	29	48	..	..	105	186
148 Quénia	431	273	5	0	0	..	..	24	175
149 Djibuti	..	9	(.)	0	0	..	..	11	367
150 Timor-Leste	100	..	(.)	..	..	..	..	1	..
151 Zimbabué	570 [g,o]	4	13	0	20	..	..	29	71
152 Togo	2	6	27	0	0	..	..	9	250
153 Iémen	..	96	1	0	0	..	..	67	105
154 Uganda	1200–1700	272	22	0	0	..	..	45	225
155 Gâmbia	..	14	1	0	0	..	..	1	200
RELATÓRIO DE DESENVOLVIMENTO BAIXO									
156 Senegal	64 [g]	21	15	0	0	..	..	14	139
157 Eritreia	40–45	5	187	15	70	0	(.)	202	..
158 Nigéria	..	9	13	16	72	..	..	85	90
159 Tanzânia, República Unida da	..	485	2	0	0	..	..	27	67

Ordem do IDH	Pessoas deslocadas internamente [a] (milhares) 2006 [e]	Refugiados: Por país de asilo (milhares) 2006 [e]	Refugiados: Por país de origem [c] (milhares) 2006 [e]	Transferência de armas convencionais [b] (preços de 1990): Importações (milhões de dólares) 1996	Importações (milhões de dólares) 2006	Exportações: Milhões de dólares 2006	Exportações: Parcela [d] (%) 2002–2006	Forças armadas totais: Milhares 2007	Forças armadas totais: Índice (1985=100) 2007
160 Guiné	19 [g]	31	7	0	0	..	..	12	121
161 Ruanda	..	49	93	1	0	..	..	33	635
162 Angola	62 [g]	13	207	9	0	0	(.)	107	216
163 Benim	..	11	(.)	0	0	..	..	5	111
164 Malawi	..	4	(.)	..	..	0	(.)	5	94
165 Zâmbia	..	120	(.)	5	15	..	..	15	93
166 Costa do Marfim	750	39	26	0	0	..	..	17	129
167 Burundi	100	13	397	0	0	..	..	35	673
168 Congo, República Democrática do	1,100	208	402	46	13	..	..	51	106
169 Etiópia	100–280	97	83	0	0	..	..	153	71
170 Chade	113	287	36	0	2	..	..	17	139
171 República Centro-Africana	212	12	72	0	9	..	..	3	130
172 Moçambique	..	3	(.)	0	0	..	..	11	70
173 Mali	..	11	1	0	0	..	..	7	143
174 Niger	..	(.)	1	0	0	..	..	5	227
175 Guiné-Bissau	..	8	1	..	..	..	..	9	105
176 Burquina Faso	..	1	(.)	0	0	..	..	11	275
177 Serra Leoa	..	27	43	0	0	..	..	11	355
Países em vias de Desenvolvimento	..	7,084	..	..	..	..	..	13,950 T	90
Países menos desenvolvidos	..	2,177	..	..	..	..	..	1,781 T	152
Países Árabes	..	2,001	..	..	..	..	..	2,167 T	80
Ásia Oriental e Pacífico	..	..	..	..	..	..	..	5,952 T	80
América Latina e Caraíbas	..	..	..	..	..	..	..	1,327 T	99
Ásia do Sul	..	2,326	..	..	..	..	..	2,877 T	113
África Subsariana	..	2,227	..	..	..	..	..	1,102 T	130
Europa Central, Oriental e CEI	..	168	..	..	..	..	..	2,050 T	..
OCDE	..	2,556	..	..	..	..	..	4,995 T	69
OCDE de rendimento elevado	..	2,533	..	..	..	..	..	4,028	69
Desenvolvimento Humano elevado	..	2,885	..	..	..	25,830	..	7,101	52
Desenvolvimento Humano médio	..	5,389	..	..	..	..	..	10,143	91
Desenvolvimento Humano Baixo	..	1,453	..	..	..	..	..	835	146
Rendimento elevado	..	..	..	..	..	..	..	4,611	74
Rendimento médio	..	3,267	..	..	..	..	..	9,440	..
Rendimento baixo	..	3,741	..	..	..	..	..	5,413	110
Mundo	23,700 T[p]	9,894 T[p]	9,894 T[p]	22,115 T[p]	26,130 T[p]	26,742 T[p]	..	19,801 T	73

NOTAS

a. Refere-se a estimativas mantidas pelo IDMC baseadas em várias fontes. As estimativas estão associadas a níveis elevados de incerteza.

b. Os dados são de 10 de Maio de 2007 e constituem indicadores de tendências, que são indicadores apenas do volume das transferências internacionais de armas e não do seu valor financeiro actual. Os relatórios de transferência de armas publicados fornecem informação parcial, porque nem todas as transferências estão totalmente relatadas. As estimativas apresentadas são conservadoras e podem subavaliar as transferências reais de armas convencionais.

c. O país de origem de muitos refugiados não está disponível ou não foi relatado. Estes dados podem, deste modo, estar subestimados.

d. Calculado utilizando os totais de 2002-06 para todos os países e actores não estatais com exportações das principais armas convencionais, como definido em SIPRI 2007a.

e. Os dados referem-se ao final de 2006, salvo indicação em contrário.

f. Os valores mais altos incluem as estimativas das pessoas deslocadas internamente de Bedoin.

g. Os dados referem-se a um ano ou período diferente do especificado.

h. As estimativas mais baixas foram acumuladas desde 1994. Os valores mais elevados foram acumulados desde 1985.

i. Os números não incluem uma estimativa de 30.000 arménios étnicos deslocados para Nagorno Karabakh.

j. De acordo com o estado da Argélia, há uma estimativa de 165.000 refugiados do Saara nos campos de Tindouf.

k. As estimativas mais baixas incluem apenas pessoas deslocadas internamente, expulsas principalmente por demolições de habitação desde 2000. Os valores mais elevados foram acumulados desde 1967.

l. As estimativas excluem certas partes do país ou alguns grupos de pessoas deslocadas internamente.

m. Existiram deslocamentos induzidos por conflito em Balochistan e Waziristan, mas não há estimativas disponíveis devido à dificuldade de acesso.

n. Os números são apenas para os Afegãos que vivem nos campos e são assistidos pelo ACNUR.

o. Não inclui pessoas deslocadas anteriormente devido a aquisições de terra ou violência política. Também não inclui as pessoas que foram deslocadas recentemente devido ao facto de terem perdido os seus negócios ou outros meios de subsistência.

p. Os dados são agregados fornecidos por fontes de dados originais.

FONTES

Coluna 1: IDMC 2007.
Colunas 2 e 3: ACNUR 2007.
Colunas 4 e 5 4-6: SIPRI 2007a.
Coluna 6: SIPRI 2007b.
Coluna 7: calculadas com base em dados sobre transferência de armas do SIPRI 2007a.
Coluna 8: IIEE 2007.
Coluna 9: calculadas com base em dados das forças armadas do IIEE 2007.

TABELA 27

... protegendo a segurança pessoal ...

Crime e justiça

Ordem do IDH	Homicídios intencionais[a] (por 100.000 pessoas) 2000-04[c]	População presa: Total 2007[d]	População presa: (por 100.000 pessoas) 2007[d]	População presa: Mulheres (% do total) 2007[e]	Ano em que os países aboliram parcial ou totalmente a pena de morte[b]
DESENVOLVIMENTO HUMANO ELEVADO					
1 Islândia	1.0	119	40	6	1928
2 Noruega	0.8	3,048	66	5	1979
3 Austrália	1.3	25,353	126	7	1985
4 Canadá	1.9	34,096[f]	107[f]	5	1998
5 Irlanda	0.9	3,080	72	4	1990
6 Suécia	2.4	7,450	82	5	1972
7 Suiça	2.9	6,111	83	5	1992
8 Japão	0.5	79,055	62	6	..[g]
9 Países Baixos	1.0	21,013	128	9	1982
10 França	1.6	52,009[f]	85[f]	4	1981
11 Filândia	2.8	3,954	75	6	1972
12 Estados Unidos	5.6	2,186,230	738	9	..[g]
13 Espanha	1.2	64,215	145	8	1995
14 Dinamarca	0.8	4,198	77	5	1978
15 Áustria	0.8	8,766	105	5	1968
16 Reino Unido	2.1	88,458[f]	124[f]	6[f]	1998
17 Bélgica	1.5	9,597	91	4	1996
18 Luxemburgo	0.9	768	167	5	1979
19 Nova Zelândia	1.3	7,620	186	6	1989
20 Itália	1.2	61,721[f]	104[f]	5	1994
21 Hong Kong, China (RAE)	0.6	11,580	168	20	..
22 Alemanha	1.0	78,581	95	5	1987
23 Israel	2.6	13,909	209	2	1954[h]
24 Grécia	0.8	9,984	90	6	2004
25 Singapura	0.5	15,038[f]	350[f]	11	..[g]
26 República da Coreia	2.2	45,882	97	5	..[g]
27 Eslovénia	1.5	1,301	65	4	1989
28 Chipre	1.7	580[f]	76[f]	3	2002
29 Portugal	1.8	12,870	121	7	1976
30 Estado do Brunei Darussalam	1.4	529	140	8	1957[i]
31 Barbados	7.5	997	367	5	..[g]
32 República Checa	2.2	18,950	185	5	1990
33 Koweit	1.0	3,500	130	15	..[g]
34 Malta	1.8	352	86	4	2000
35 Catar	0.8	465	55	1	..[g]
36 Hungria	2.1	15,720	156	6	1990
37 Polónia	1.6	87,901	230	3	1997
38 Argentina	9.5	54,472	140	5	1984[h]
39 Emirados Árabes Unidos	0.6	8,927	288	11	..[g]
40 Chile	1.7	39,916	240	7	2001[h]
41 Barém	1.0	701	95	..	..[g]
42 Eslováquia	2.3	8,493	158	5	1990
43 Lituânia	9.4	8,124	240	3	1998
44 Estónia	6.8	4,463	333	4	1998
45 Letónia	8.6	6,676	292	6	1999[h]
46 Uruguai	5.6	6,947	193	6	1907
47 Croácia	1.8	3,594	81	5	1990
48 Costa Rica	6.2	7,782	181	7	1877
49 Baamas	15.9[f]	1,500	462	2	..[g]
50 Seicheles	7.4	193	239	8	1993
51 Cuba	..	55,000	487	..	..[g]
52 México	13.0	214,450	196	5	2005
53 Bulgária	3.1	11,436	148	3	1998

Ordem do IDH	Homicídios intencionais[a] (por 100.000 pessoas) 2000–04[c]	População presa: Total 2007[d]	População presa: (por 100.000 pessoas) 2007[d]	População presa: Mulheres (% do total) 2007[e]	Ano em que os países aboliram parcial ou totalmente a pena de morte[b]
54 São Cristóvão e Nevis	4.8[f]	214	547	1	..[g]
55 Tonga	2.0[f]	128	114	6	1982[i]
56 Jamahira Árabe Líbia	..	11,790	207	3	..[g]
57 Antigua e Barbuda	..	176	225	3	..[g]
58 Omã	0.6	2,020	81	5	..[g]
59 Trinidade e Tobago	..	3,851	296	3	..[g]
60 Roménia	2.4	35,429	164	5	1989
61 Arábia Saudita	0.9	28,612	132	6	..[g]
62 Panamá	9.6	11,649	364	7	1922
63 Malásia	2.4	35,644	141	7	..[g]
64 Bielorússia	8.3	41,583	426	8	..[g]
65 Maurícia	2.5	2,464	205	6	1995
66 Bósnia e Herzegovina	..	1,526	59	3	2001
67 Federação da Rússia	19.9	869,814	611	7	1999[i]
68 Albânia	5.7	3,491	111	3	2007
69 Macedónia (ARJM)	2.3	2,026	99	2	1991
70 Brasil	..	361,402	191	6	1979[h]
DESENVOLVIMENTO HUMANO MÉDIO					
71 Domínica	2.8	289	419	(.)	..[g]
72 Santa Lúcia	..	503	303	2	..[g]
73 Cazaquistão	16.8[f]	49,292	340	7	..[g]
74 Venezuela, República Bolivariana	33.2	19,853	74	6	1863
75 Colômbia	62.7	62,216	134	6	1910
76 Ucrania	7.4	165,716	356	6	1999
77 Samoa	..	223	123	9	2004
78 Tailândia	8.5	164,443	256	17	..[g]
79 República Dominicana	..	12,725	143	3	1966
80 Belize	..	1,359	487	2	..[g]
81 China	2.1[f]	1,548,498[f]	118[f]	5	..[g]
82 Grenada	..	237	265	1	1978[i]
83 Arménia	2.5	2,879	89	3	2003
84 Turquia	3.8	65,458	91	3	2004
85 Suriname	10.3	1,600	356	6	1982[i]
86 Jordânia	0.9[f]	5,589	104	2	..[g]
87 Perú	5.5	35,642	126	7	1979[h]
88 Líbano	5.7[f]	5,971	168	4	..[g]
89 Equador	18.3	12,251	93	11	1906
90 Filipinas	4.3	89,639	108	8	2006
91 Tunísia	1.2	26,000	263	..	1991[i]
92 Fiji	1.7[f]	1,113	131	2	1979[h]
93 São Vicente e Granadinas	..	367	312	3	..[g]
94 Irão, República Islâmica do	2.9	147,926	214	4	..[g]
95 Paraguai	12.6	5,063	86	5	1992
96 Geórgia	6.2	11,731	276	2	1997
97 Guiana	13.8[f]	1,524	199	4	..[g]
98 Azerbeijão	2.4	18,259	219	2	1998
99 Sri Lanka	6.7	23,613	114	4	1976[i]
100 Maldivas	1.3	1,125[f]	343[f]	22	1952[i]
101 Jamaica	34.4	4,913	182	5	..[g]
102 Cabo Verde	..	755	178	5	1981
103 El Salvador	31.5	12,176	174	6	1983[h]
104 Argélia	1.4	42,000	127	1	1993[i]
105 Vietname	..	88,414	105	12	..[g]
106 Territórios Ocupados da Palestina	4.0	..	..	..	..[g]

TABELA

27 Crime e justiça

Ordem do IDH		Homicídios intencionais[a] (por 100.000 pessoas) 2000-04 [c]	População presa: Total 2007 [d]	População presa: (por 100.000 pessoas) 2007 [d]	População presa: Mulheres (% do total) 2007 [e]	Ano em que os países aboliram parcial ou totalmente a pena de morte [b]
107	Indonésia	1.1	99,946	45	5	.. [g]
108	República Árabe Síria	1.1	10,599	58	7	.. [g]
109	Turquemenistão	..	22,000	489	..	1999
110	Nicarágua	12.8 [f]	5,610	98	7	1979
111	Moldávia	6.7	8,876 [f]	247 [f]	5	1995
112	Egipto	0.4 [f]	61,845	87	4	.. [g]
113	Usbequistão	..	48,000	184	..	.. [g]
114	Mongólia	12.8	6,998	269	4	.. [g]
115	Honduras	..	11,589	161	3	1956
116	Quirguizistão	8.0	15,744	292	5	1998 [i]
117	Bolívia	2.8	7,710	83	7	1997 [h]
118	Guatemala	25.5	7,227	57	5	.. [g]
119	Gabão	..	2,750 [j]	212 [j]	..	..
120	Vanuatu	0.7 [f]	138	65	4	1980 [i]
121	África do Sul	47.5	157,402	335	2	1997
122	Tajiquistão	7.6 [f]	10,804	164	4	.. [g]
123	São Tomé and Príncipe	6.2 [f]	155	82	2	1990
124	Botsuana	0.5 [f]	6,259	348	5	.. [g]
125	Namíbia	6.3	4,814	267	2	1990
126	Marrocos	0.5	54,542	175	2	1993 [i]
127	Guiné Equatorial	..	..	..	..	.. [g]
128	Índia	3.7 [f]	332,112	30	4	.. [g]
129	Ilhas Salomão	..	297	62	1	1966 [h]
130	Laos, Rep. Democrática Popular do	..	4,020	69	11	.. [g]
131	Camboja	..	8,160	58	6	1989
132	Mianmar	0.2	60,000	120	18	..
133	Butão	..	..	..	..	2004
134	Comores	..	200	30	..	.. [g]
135	Gana	..	12,736	55	2	1957 [i]
136	Paquistão	0.0	89,370	57	2	.. [g]
137	Mauritânia	..	815	26	3 [k]	1987 [i]
138	Lesoto	50.7 [f]	2,924	156	3	.. [g]
139	Congo	..	918	38	..	1982 [i]
140	Bangladeche	..	71,200	50	3	.. [g]
141	Suazilândia	13.6	2,734	249	3	1968 [i]
142	Nepal	3.4	7,135	26	8	1997
143	Madagáscar	0.5 [f]	20,294	107	3	1958 [i]
144	Camarões	..	20,000	125	..	.. [g]
145	Papua- Nova Guiné	9.1	4,056	69	5	1950 [i]
146	Haiti	..	3,670	43	7	1987
147	Sudão	0.3 [f]	12,000	36	2	.. [g]
148	Quénia	..	47,036	130	4	1987 [i]
149	Djibuti	..	384	61	..	1995
150	Timor-Leste	..	320	41	(.)	1999
151	Zimbabué	8.4	18,033	139	3	.. [g]
152	Togo	..	3,200	65	2	1960 [i]
153	Iémen	4.0	14,000 [f]	83 [f]	.. [l]	.. [g]
154	Uganda	7.4	26,126	95	3	.. [g]
155	Gâmbia	..	450	32	1	1981 [i]
DESENVOLVIMENTO HUMANO BAIXO						
156	Senegal	..	5,360	54	4	2004
157	Eritreia	..	..	..	..	.. [g]
158	Nigéria	1.5 [f]	40,444	30	2	.. [g]
159	Tanzânia, República Unida da	7.5 [f]	43,911	113	3	.. [g]

Ordem do IDH	Homicídios intencionais[a] (por 100.000 pessoas) 2000–04[c]	População presa Total 2007[d]	(por 100.000 pessoas) 2007[d]	Mulheres (% do total) 2007[e]	Ano em que os países aboliram parcial ou totalmente a pena de morte[b]
160 Guiné	..	3,070	37	2	..[g]
161 Ruanda	8.0[f]	67,000[f]	691[f,j]	3	..[g]
162 Angola	..	6,008	44	3	1992
163 Benim	..	5,834	75	4	1987[i]
164 Malawi	..	9,656	74	1	1992[i]
165 Zâmbia	8.1	14,347	120	3	..[g]
166 Costa do Marfim	4.1	9,274[f]	49[f]	2	2000
167 Burundi	..	7,969	106	3	..[g]
168 Congo, República Democrática do	..	30,000	57	3	..[g]
169 Etiópia	..	65,000	92	..	..[g]
170 Chade	..	3,416	35	2	..[g]
171 República Centro-Africana	..	4,168	110	..	1981[i]
172 Moçambique	..	10,000	51	6	1990
173 Mali	..	4,407	33	2	1980[i]
174 Niger	..	5,709	46	3	1976[i]
175 Guiné-Bissau	..	..	..	..	1993
176 Burquina Faso	..	2,800	23	1	1988[i]
177 Serra Leoa	..	1,740	32	..	..[g]

NOTAS

a. Devido às diferenças na definição legal das ofensas, os dados não são estritamente comparáveis entre países.
b. Os dados são de Abril de 2007 e referem-se ao ano de abolição por todos os crimes (salvo indicação em contrário).
c. Os dados foram recolhidos durante um dos anos em questão.
d. Os dados são de Janeiro de 2007.
e. Os dados são de Maio de 2007, salvo indicação em contrário.
f. Os dados referem-se a anos ou períodos diferentes dos especificados no título da coluna, diferem da definição padrão ou referem-se apenas a uma parte do país
g. País que retém a pena de morte.
h. Pena de morte abolida apenas em casos de crimes comuns.
i. Pena de morte abolida na prática, mas não na lei. Não houve nenhuma execução desde o ano em questão.
j. Os dados foram retirados do download feito directamente do site http://www.w.kcl.ac.uk/depsta/rel/icps/worldbrief/highest_to_lowest_rates.php.
k. Em 2005, 6 dos 435 prisioneiros da principal prisão de Nouakchott eram mulheres.
l. Em 2005 a Comissão Parlamentar dos Direitos Humano afirmou que 2,7% dos prisioneiros na prisão central de Sana eram mulheres.

FONTES

Coluna 1: UNODC 2007.
Colunas 2–4: ICPS 2007.
Coluna 5: Amnistia Internacional 2007.

... e alcançando a igualdade para todas as mulheres e homens ...

Índice de desenvolvimento relativo ao género

Ordem do IDH		Índice de desenvolvimento relativo ao género (IDG)		Esperança de vida à nascença (anos) 2005		Taxa de alfabetização entre adultos[a] (% 15 anos e mais) 1995-2005		Taxa de alfabetização bruta combinada dos ensinos primário, secundário e superior[b] (%) 2005		Rendimento auferido estimado[c] (PPC em dólares americanos) 2005		Ordem do IDH menos ordem do IDG[d]
		Ordem	Valor	Mulheres	Homens	Mulheres	Homens	Mulheres	Homens	Mulheres	Homens	
DESENVOLVIMENTO HUMANO ELEVADO												
1	Islândia	1	0,962	83,1	79,9	..[e]	..[e]	101[f]	90[f]	28,637[f]	40,000[f]	0
2	Noruega	3	0,957	82,2	77,3	..[e]	..[e]	103[f]	95[f]	30,749[f]	40,000[f]	-1
3	Austrália	2	0,960	83,3	78,5	..[e]	..[e]	114[f]	112[f]	26,311	37,414	1
4	Canadá	4	0,956	82,6	77,9	..[e]	..[e]	101[f,g]	98[f,g]	25,448[f,h]	40,000[f,h]	0
5	Irlanda	15	0,940	80,9	76,0	..[e]	..[e]	102[f]	98[f]	21,076[f]	40,000[f]	-10
6	Suécia	5	0,955	82,7	78,3	..[e]	..[e]	100[f]	91[f]	29,044	36,059	1
7	Suiça	9	0,946	83,7	78,5	..[e]	..[e]	83	88	25,056[f]	40,000[f]	-2
8	Japão	13	0,942	85,7	78,7	..[e]	..[e]	85	87	17,802[f]	40,000[f]	-5
9	Países Baixos	6	0,951	81,4	76,9	..[e]	..[e]	98	99	25,625	39,845	3
10	França	7	0,950	83,7	76,6	..[e]	..[e]	99	94	23,945	37,169	3
11	Filândia	8	0,947	82,0	75,6	..[e]	..[e]	105[f]	98[f]	26,795	37,739	3
12	Estados Unidos	16	0,937	80,4	75,2	..[e]	..[e]	98	89	25,005[f,h]	40,000[f,h]	-4
13	Espanha	12	0,944	83,8	77,2	..[e]	..[e]	101[f]	95[f]	18,335[h]	36,324[h]	1
14	Dinamarca	11	0,944	80,1	75,5	..[e]	..[e]	107[f]	99[f]	28,766	39,288	3
15	Áustria	19	0,934	82,2	76,5	..[e]	..[e]	93	91	18,397[f]	40,000[f]	-4
16	Reino Unido	10	0,944	81,2	76,7	..[e]	..[e]	96	90	26,242[f]	40,000[f]	6
17	Bélgica	14	0,940	81,8	75,8	..[e]	..[e]	97	94	22,182[f]	40,000[f]	3
18	Luxemburgo	23	0,924	81,4	75,4	..[e]	..[e]	85[i]	84[i]	20,446[f]	40,000[f]	-5
19	Nova Zelândia	18	0,935	81,8	77,7	..[e]	..[e]	115[f]	102[f]	20,666	29,479	1
20	Itália	17	0,936	83,2	77,2	98,0	98,8	93	88	18,501[h]	39,163[h]	3
21	Hong Kong, China (RAE)	22	0,926	84,9	79,1	97,3[j]	97,3[j]	73	79	22,433[f]	40,000[f]	-1
22	Alemanha	20	0,931	81,8	76,2	..[e]	..[e]	87	88	21,823	37,461	2
23	Israel	21	0,927	82,3	78,1	97,7[j]	97,7[j]	92	87	20,497[h]	31,345[h]	2
24	Grécia	24	0,922	80,9	76,7	94,2	97,8	101[f]	97[f]	16,738	30,184	0
25	Singapura	..	..	81,4	77,5	88,6	96,6	..	..	20,044	39,150	..
26	República da Coreia	26	0,910	81,5	74,3	..[e]	..[e]	89[f]	102[f]	12,531	31,476	-1
27	Eslovénia	25	0,914	81,1	73,6	99,6[f,k]	99,7[f,k]	99	90	17,022[h]	27,779[h]	1
28	Chipre	27	0,899	81,5	76,6	95,1	98,6	78	77	16,805[l]	27,808[l]	0
29	Portugal	28	0,895	80,9	74,5	92,0[k]	95,8[k]	93	87	15,294	25,881	0
30	Estado do Brunei Darussalam	31	0,886	79,3	74,6	90,2	95,2	79	76	15,658[h,m]	37,506[h,m]	-2
31	Barbados	30	0,887	79,3	73,6	99,7[f,j]	99,7[f,j]	94[g]	84[g]	12,868[h,m]	20,309[h,m]	0
32	República Checa	29	0,887	79,1	72,7	..[e]	..[e]	84	82	13,992	27,440	2
33	Koweit	32	0,884	79,6	75,7	91,0	94,4	79	71	12,623[h]	36,403[h]	0
34	Malta	33	0,873	81,1	76,8	89,2	86,4	81	81	12,834	25,623	0
35	Catar	37	0,863	75,8	74,6	88,6	89,1	85	71	9,211[h,m]	37,774[h,m]	-3
36	Hungria	34	0,872	77,0	68,8	..[e]	..[e]	93	86	14,058	22,098	1
37	Polónia	35	0,867	79,4	71,0	..[e]	..[e]	91	84	10,414[h]	17,493[h]	1
38	Argentina	36	0,865	78,6	71,1	97,2	97,2	94[g]	86[g]	10,063[h]	18,686[h]	1
39	Emirados Árabes Unidos	43	0,855	81,0	76,8	87,8[k]	89,0[k]	68[g]	54[g]	8,329[h]	33,555[h]	-5
40	Chile	40	0,859	81,3	75,3	95,6	95,8	82	84	6,871[h]	17,293[h]	-1
41	Barém	42	0,857	77,0	73,9	83,6	88,6	90	82	10,496	29,796	-2
42	Eslováquia	39	0,860	78,2	70,3	..[e]	..[e]	80	77	11,777[h]	20,218[h]	2
43	Lituânia	38	0,861	78,0	66,9	99,6[f]	99,6[f]	97	87	12,000	17,349	4
44	Estónia	41	0,858	76,8	65,5	99,8[f]	99,8[f]	99	86	12,112[h]	19,430[h]	2
45	Letónia	44	0,853	77,3	66,5	99,7[f]	99,8[f]	97	83	10,951	16,842	0
46	Uruguai	45	0,849	79,4	72,2	97,3	96,2	95[g]	83[g]	7,203[h]	12,890[h]	0
47	Croácia	46	0,848	78,8	71,8	97,1[f]	99,3[f]	75[g]	72[g]	10,587	15,687	0
48	Costa Rica	47	0,842	80,9	76,2	95,1	94,7	74	72	6,983	13,271	0
49	Baamas	48	0,841	75,0	69,6	95,0[j]	95,0[j]	71	71	14,656[h,l]	20,803[h,l]	0
50	Seicheles	..	..	..	..	92,3	91,4	84	81	..[h]	..[h]	..
51	Cuba	49	0,839	79,8	75,8	99,8[f]	99,8[f]	92	83	4,268[h,m]	9,489[h,m]	0
52	México	51	0,820	78,0	73,1	90,2	93,2	76	75	6,039	15,680	-1
53	Bulgária	50	0,823	76,4	69,2	97,7	98,7	81	82	7,176	11,010	1

Ordem do IDH		Índice de desenvolvimento relativo ao género (IDG)		Esperança de vida à nascença (anos) 2005		Taxa de alfabetização entre adultos[a] (% 15 anos e mais) 1995-2005		Taxa de alfabetização bruta combinada dos ensinos primário, secundário e superior[b] (%) 2005		Rendimento auferido estimado[c] (PPC em dólares americanos) 2005		Ordem do IDH menos ordem do IDG[d]
		Ordem	Valor	Mulheres	Homens	Mulheres	Homens	Mulheres	Homens	Mulheres	Homens	
54	São Cristóvão e Nevis	..	..	..	..	..	..	74	72	..[h,l]	..[h,l]	..
55	Tonga	53	0,814	73,8	71,8	99,0	98,8	81	79	5,243[h]	10,981[h]	-1
56	Jamahira Árabe Líbia	62	0,797	76,3	71,1	74,8[k]	92,8[k]	97[g]	91[g]	4,054[h,m]	13,460[h,m]	-9
57	Antigua e Barbuda	..	..	..	..	..	..	..	..	..[h,l]	..[h,l]	..
58	Omã	67	0,788	76,7	73,6	73,5	86,9	67	67	4,516[h,l]	23,880[h,l]	-13
59	Trinidade e Tobago	56	0,808	71,2	67,2	97,8[k]	98,9[k]	66	64	9,307[h]	20,053[h]	-1
60	Roménia	54	0,812	75,6	68,4	96,3	98,4	79	75	7,443	10,761	2
61	Arábia Saudita	70	0,783	74,6	70,3	76,3	87,5	76	76	4,031[h]	25,678[h]	-13
62	Panamá	55	0,810	77,8	72,7	91,2	92,5	83	76	5,537	9,636	3
63	Malásia	58	0,802	76,1	71,4	85,4	92,0	77[g]	72[g]	5,751	15,861	1
64	Bielorússia	57	0,803	74,9	62,7	99,4[f]	99,8[f]	91	87	6,236	9,835	3
65	Maurícia	63	0,796	75,8	69,1	80,5	88,2	75	76	7,407[h]	18,098[h]	-2
66	Bósnia e Herzegovina	..	..	77,1	71,8	94,4[f]	99,0[f]	..	..	2,864[h,m]	4,341[h,m]	..
67	Federação da Rússia	59	0,801	72,1	58,6	99,2[f]	99,7[f]	93	85	8,476[h]	13,581[h]	3
68	Albânia	61	0,797	79,5	73,1	98,3[f]	99,2[f]	68[g]	69[g]	3,728[h]	6,930[h]	2
69	Macedónia (ARJM)	64	0,795	76,3	71,4	94,1	98,2	71	69	4,676[h]	9,734[h]	0
70	Brasil	60	0,798	75,5	68,1	88,8	88,4	89[g]	86[g]	6,204	10,664	5
DESENVOLVIMENTO HUMANO MÉDIO												
71	Domínica	..	..	..	..	..	..	84	78	..[h,l]	..[h,l]	..
72	Santa Lúcia	..	..	75,0	71,3	..	..	78	72	4,501[h,l]	8,805[h,l]	..
73	Cazaquistão	65	0,792	71,5	60,5	99,3[f]	99,8[f]	97	91	6,141	9,723	1
74	Venezuela, República Bolivariana	68	0,787	76,3	70,4	92,7	93,3	76[g]	73[g]	4,560[h]	8,683[h]	-1
75	Colómbia	66	0,789	76,0	68,7	92,9	92,8	77	74	5,680	8,966	2
76	Ucrania	69	0,785	73,6	62,0	99,2[f]	99,7[f]	87	86	4,970	9,067	0
77	Samoa	72	0,776	74,2	67,8	98,3[k]	98,9[k]	76	72	3,338[h]	8,797[h]	-2
78	Tailândia	71	0,779	74,5	65,0	90,5	94,9	72	71	6,695	10,732	0
79	República Dominicana	74	0,773	74,8	68,6	87,2	86,8	78[g]	70[g]	4,907[h]	11,465[h]	-2
80	Belize	52	0,814	79,1	73,1	94,6[j]	94,6[j]	81	83	4,022[h]	10,117[h]	21
81	China	73	0,776	74,3[n]	71,0[n]	86,5	95,1	69	70	5,220[h]	8,213[h]	1
82	Grenada	..	..	69,8	66,5	..	..	74	72	..[h,l]	..[h,l]	..
83	Arménia	75	0,772	74,9	68,2	99,2[f]	99,7[f]	74	68	3,893[h]	6,150[h]	0
84	Turquia	79	0,763	73,9	69,0	79,6	95,3	64	73	4,385	12,368	-3
85	Suriname	78	0,767	73,0	66,4	87,2	92,0	82	72	4,426[h]	11,029[h]	-1
86	Jordânia	80	0,760	73,8	70,3	87,0	95,2	79	77	2,566	8,270	-2
87	Perú	76	0,769	73,3	68,2	82,5	93,7	87	85	4,269[h]	7,791[h]	3
88	Líbano	81	0,759	73,7	69,4	93,6[j]	93,6[j]	86	83	2,701[h]	8,585[h]	-1
89	Equador	..	..	77,7	71,8	89,7	92,3	..	..	3,102[h]	5,572[h]	..
90	Filipinas	77	0,768	73,3	68,9	93,6	91,6	83	79	3,883	6,375	4
91	Tunísia	83	0,750	75,6	71,5	65,3	83,4	79	74	3,748[h]	12,924[h]	-1
92	Fiji	82	0,757	70,6	66,1	95,9[j]	95,9[j]	76	74	3,928[h]	8,103[h]	1
93	São Vicente e Granadinas	..	..	73,2	69,0	..	..	70	68	4,449[h]	8,722[h]	..
94	Irão, República Islâmica do	84	0,750	71,8	68,7	76,8	88,0	73	73	4,475[h]	11,363[h]	0
95	Paraguai	86	0,744	73,4	69,2	92,7[k]	94,3[k]	70[g]	69[g]	2,358	6,892	-1
96	Geórgia	..	..	74,5	66,7	..	..	77	75	1,731	5,188	..
97	Guiana	88	0,742	68,1	62,4	99,2[f,j]	99,2[f,j]	87	84	2,665[h]	6,467[h]	-2
98	Azerbeijão	87	0,743	70,8	63,5	98,2[f]	99,5[f]	66	68	3,960[h]	6,137[h]	0
99	Sri Lanka	89	0,735	75,6	67,9	89,1[o]	92,3[o]	64[g]	63[g]	2,647	6,479	-1
100	Maldivas	85	0,744	67,6	66,6	96,4	96,2	66	65	3,992[h,m]	7,946[h,m]	4
101	Jamaica	90	0,732	74,9	69,6	85,9[o]	74,1[o]	82	74	3,107[h]	5,503[h]	0
102	Cabo Verde	93	0,723	73,8	67,5	75,5[k]	87,8[k]	66	67	3,087[h]	8,756[h]	-2
103	El Salvador	92	0,726	74,3	68,2	79,2[k]	82,1[k]	70	70	3,043	7,543	0
104	Argélia	95	0,720	73,0	70,4	60,1	79,6	74	73	3,546[h]	10,515[h]	-2
105	Vietname	91	0,732	75,7	71,9	86,9	93,9	62	66	2,540[h]	3,604[h]	3
106	Territórios Ocupados da Palestina	..	..	74,4	71,3	88,0	96,7	84	81	..	..	..

Índice de desenvolvimento relativo ao género

Ordem do IDH		Índice de desenvolvimento relativo ao género (IDG)		Esperança de vida à nascença (anos) 2005		Taxa de alfabetização entre adultos[a] (% 15 anos e mais) 1995-2005		Taxa de alfabetização bruta combinada dos ensinos primário, secundário e superior[b] (%) 2005		Rendimento auferido estimado[c] (PPC em dólares americanos) 2005		Ordem do IDH menos ordem do IDG[d]
		Ordem	Valor	Mulheres	Homens	Mulheres	Homens	Mulheres	Homens	Mulheres	Homens	
107	Indonésia	94	0,721	71,6	67,8	86,8	94,0	67	70	2,410[h]	5,280[h]	1
108	República Árabe Síria	96	0,710	75,5	71,8	73,6	87,8	63	67	1,907[h]	5,684[h]	0
109	Turquemenistão	..	..	67,0	58,5	98,3[f]	99,3[f]	..	..	6,108[h,m]	9,596[h,m]	..
110	Nicarágua	99	0,696	75,0	69,0	76,6	76,8	72	70	1,773[h]	5,577[h]	-2
111	Moldávia	97	0,704	72,0	64,7	98,6[f,k]	99,6[f,k]	73	67	1,634[h]	2,608[h]	1
112	Egipto	..	..	73,0	68,5	59,4	83,0	..	..	1,635	7,024	..
113	Usbequistão	98	0,699	70,0	63,6	99,6[f,j]	99,6[f,j]	72[g]	75[g]	1,547[h]	2,585[h]	1
114	Mongólia	100	0,695	69,2	62,8	97,5	98,0	83	72	1,413[h]	2,799[h]	0
115	Honduras	101	0,694	73,1	65,8	80,2	79,8	74	68	2,160[h]	4,680[h]	0
116	Quirguizistão	102	0,692	69,6	61,7	98,1[f]	99,3[f]	80	76	1,414[h]	2,455[h]	0
117	Bolívia	103	0,691	66,9	62,6	80,7	93,1	84[g]	90[g]	2,059[h]	3,584[h]	0
118	Guatemala	104	0,675	73,2	66,2	63,3	75,4	64	70	2,267[h]	6,990[h]	0
119	Gabão	105	0,670	56,9	55,6	79,7[k]	88,5[k]	68[g]	72[g]	5,049[h]	8,876[h]	0
120	Vanuatu	..	..	71,3	67,5	..	..	61	66	2,601[h]	3,830[h]	..
121	África do Sul	107	0,667	52,0	49,5	80,9	84,1	77[g]	77[g]	6,927[h]	15,446[h]	-1
122	Tajiquistão	106	0,669	69,0	63,8	99,2[f]	99,7[f]	64	77	992[h]	1,725[h]	1
123	São Tomé and Príncipe	110	0,637	66,7	63,0	77,9	92,2	65	65	1,022[h]	3,357[h]	-2
124	Botsuana	109	0,639	48,4	47,6	81,8	80,4	70	69	5,913	19,094	0
125	Namíbia	108	0,645	52,2	50,9	83,5	86,8	66	63	5,527[h]	9,679[h]	2
126	Marrocos	112	0,621	72,7	68,3	39,6	65,7	55	62	1,846[h]	7,297[h]	-1
127	Guiné Equatorial	111	0,631	51,6	49,1	80,5	93,4	52[g]	64[g]	4,635[h,l]	10,814[h,l]	1
128	Índia	113	0,600	65,3	62,3	47,8[o]	73,4[o]	60	68	1,620[h]	5,194[h]	0
129	Ilhas Salomão	..	..	63,8	62,2	..	..	46	50	1,345[h]	2,672[h]	..
130	Laos, Rep. Democrática Popular do	115	0,593	64,5	61,9	60,9	77,0	56	67	1,385[h]	2,692[h]	-1
131	Camboja	114	0,594	60,6	55,2	64,1	84,7	56	64	2,332[h]	3,149[h]	1
132	Mianmar	..	..	64,2	57,6	86,4	93,9	51	48	..	..	..
133	Butão	..	..	66,5	63,1	..	..	..	..	2,141[h,m]	4,463[h,m]	..
134	Comores	116	0,554	66,3	62,0	63,9[j]	63,9[j]	42	50	1,337[h]	2,643[h]	0
135	Gana	117	0,549	59,5	58,7	49,8	66,4	48	53	2,056[h]	2,893[h]	0
136	Paquistão	125	0,525	64,8	64,3	35,4	64,1	34	45	1,059[h]	3,607[h]	-7
137	Mauritânia	118	0,543	65,0	61,5	43,4	59,5	45	47	1,489[h]	2,996[h]	1
138	Lesoto	119	0,541	42,9	42,1	90,3	73,7	67	65	2,340[h]	4,480[h]	1
139	Congo	120	0,540	55,2	52,8	79,0[k]	90,5[k]	48	54	841[h]	1,691[h]	1
140	Bangladeche	121	0,539	64,0	62,3	40,8	53,9	56[g]	56[g]	1,282[h]	2,792[h]	1
141	Suazilândia	123	0,529	41,4	40,4	78,3	80,9	58	62	2,187	7,659	0
142	Nepal	128	0,520	62,9	62,1	34,9	62,7	54	62	1,038[h]	2,072[h]	-4
143	Madagáscar	122	0,530	60,1	56,7	65,3	76,5	58	61	758[h]	1,090[h]	3
144	Camarões	126	0,524	50,2	49,4	59,8	77,0	57	68	1,519[h]	3,086[h]	0
145	Papua- Nova Guiné	124	0,529	60,1	54,3	50,9	63,4	38[g]	43[g]	2,140[h]	2,960[h]	3
146	Haiti	..	..	61,3	57,7	56,5[j]	56,5[j]	..	..	1,146[h]	2,195[h]	..
147	Sudão	131	0,502	58,9	56,0	51,8[o]	71,1[o]	35	39	832[h]	3,317[h]	-3
148	Quénia	127	0,521	53,1	51,1	70,2	77,7	59	62	1,126	1,354	2
149	Djibuti	129	0,507	55,2	52,6	79,9[j]	79,9[j]	22	29	1,422[h]	2,935[h]	1
150	Timor-Leste	..	..	60,5	58,9	..	..	71	73	..[h]	..[h]	..
151	Zimbabué	130	0,505	40,2	41,4	86,2[k]	92,7[k]	51[g]	54[g]	1,499[h]	2,585[h]	1
152	Togo	134	0,494	59,6	56,0	38,5	68,7	46	64	907[h]	2,119[h]	-2
153	Iémen	136	0,472	63,1	60,0	34,7[k]	73,1[k]	43	67	424[h]	1,422[h]	-3
154	Uganda	132	0,501	50,2	49,1	57,7	76,8	62	64	1,199[h]	1,708[h]	2
155	Gâmbia	133	0,496	59,9	57,7	49,9[j]	49,9[j]	49[g]	51[g]	1,327[h]	2,525[h]	2
DESENVOLVIMENTO HUMANO BAIXO												
156	Senegal	135	0,492	64,4	60,4	29,2	51,1	37	42	1,256[h]	2,346[h]	1
157	Eritreia	137	0,469	59,0	54,0	71,5[j]	71,5[j]	29	41	689	1,544	0
158	Nigéria	139	0,456	47,1	46,0	60,1[k]	78,2[k]	51	61	652[h]	1,592[h]	-1
159	Tanzânia, República Unida da	138	0,464	52,0	50,0	62,2	77,5	49	52	627[h]	863[h]	1

Ordem do IDH	Índice de desenvolvimento relativo ao género (IDG)		Esperança de vida à nascença (anos) 2005		Taxa de alfabetização entre adultos[a] (% 15 anos e mais) 1995-2005		Taxa de alfabetização bruta combinada dos ensinos primário, secundário e superior[b] (%) 2005		Rendimento auferido estimado[c] (PPC em dólares americanos) 2005		Ordem do IDH menos ordem do IDG[d]
	Ordem	Valor	Mulheres	Homens	Mulheres	Homens	Mulheres	Homens	Mulheres	Homens	
160 Guiné	141	0,446	56,4	53,2	18,1	42,6	38	52	1,876[h]	2,734[h]	-1
161 Ruanda	140	0,450	46,7	43,6	59,8	71,4	51	51	1,031[h]	1,392[h]	1
162 Angola	142	0,439	43,3	40,1	54,2	82,9	24[g]	28[g]	1,787[h]	2,898[h]	0
163 Benim	145	0,422	56,5	54,1	23,3	47,9	42	59	732[h]	1,543[h]	-2
164 Malawi	143	0,432	46,7	46,0	54,0	74,9	62	64	565[h]	771[h]	1
165 Zâmbia	144	0,425	40,6	40,3	59,8	76,3	58	63	725[h]	1,319[h]	1
166 Costa do Marfim	146	0,413	48,3	46,5	38,6	60,8	32[g]	47[g]	795[h]	2,472[h]	0
167 Burundi	147	0,409	49,8	47,1	52,2	67,3	34	42	611[h]	791[h]	0
168 Congo, República Democrática do	148	0,398	47,1	44,4	54,1	80,9	28[g]	39[g]	488[h]	944[h]	0
169 Etiópia	149	0,393	53,1	50,5	22,8	50,0	36	48	796[h]	1,316[h]	0
170 Chade	152	0,370	51,8	49,0	12,8	40,8	28	47	1,126[h]	1,735[h]	-2
171 República Centro-Africana	153	0,368	45,0	42,3	33,5	64,8	23[g]	36[g]	933[h]	1,530[h]	-2
172 Moçambique	150	0,373	43,6	42,0	25,0	54,8	48	58	1,115[h]	1,378[h]	2
173 Mali	151	0,371	55,3	50,8	15,9	32,7	31	42	833[h]	1,234[h]	2
174 Niger	155	0,355	54,9	56,7	15,1	42,9	19	26	561[h]	991[h]	-1
175 Guiné-Bissau	156	0,355	47,5	44,2	60,0	60,0[j]	29[g]	45[g]	558[h]	1,103[h]	-1
176 Burquina Faso	154	0,364	52,9	49,8	16,6	31,4	25	33	966[h]	1,458[h]	2
177 Serra Leoa	157	0,320	43,4	40,2	24,2	46,7	38[g]	52[g]	507[h]	1,114[h]	0

NOTAS

a. Os dados referem-se a estimativas nacionais de alfabetização produzidas a partir de censos e inquéritos realizados entre 1995 e 2005, salvo indicação em contrário. Devido a diferenças de metodologia e de oportunidade dos dados primários, as comparações no tempo e entre países devem ser feitas com precaução. Para mais pormenores, ver www.uis.unesco.org.

b. Os dados de alguns países podem referir-se a estimativas do Instituto Nacional de Estatísticas ou da UNESCO. Para mais pormenores, ver http://www.uis.unesco.org/.

c. Devido à falta de dados sobre o rendimento desagregado por sexos, os rendimentos auferidos femininos e masculinos foram estimados, grosso; modo, com base nos dados do rácio entre salários não agrícolas femininos e masculinos, das parcelas feminina e masculina da população economicamente activa, da população total feminina e masculina e do PIB per capita em dólares de PPC dos EUA (ver Nota técnica 1). As estimativas são baseadas em dados do ano mais recente disponível entre 1996 e 2005, salvo indicação em contrário. A rácio de salários utilizada nestes cálculos é baseada em dados do ano mais recente disponível entre 1996 e 2005.

d. As posições do IDH utilizadas nesta coluna são recalculadas para o universo dos 157 países com valores IDG. Um valor positivo indica que a ordenação IDG é melhor do que a do IDH; e um valor negativo indica o contrário.

e. Com o fim de calcular o IDG, foi aplicado um valor de 99,0%.

f. Com o fim de calcular o IDG, os valores para as mulheres e para os homens que aparecem nesta tabela foram reduzidos para reflectirem os valores máximos para a taxa de alfabetização de adultos (99%), taxa de escolarização bruta (100%), and PIB per capita (40.000 dólares). Para mais pormenores, ver Nota Técnica 1.

g. Os dados referem-se a 2004.

h. Não há dados de salário disponíveis. Com o fim de calcular os rendimentos auferidos femininos e masculinos, foi utilizado um valor de 0,75 para a rácio de salários não agrícolas femininos e masculinos.

i. Statec. 2006.

j. Na ausência de dados recentes, as estimativas são do Instituto de Estatísticas da UNESCO 2003, baseadas em informações desactualizadas de censos ou inquéritos e devem ser interpretadas com precaução.

k. Estimativas do Instituto de Estatísticas da UNESCO com base no modelo de projecções global da escolarização de determinada idade.

l. Os dados dos anos anteriores foram ajustados de modo a reflectir os seus valores nos preços de 2005.

m. Heston, Alan, Robert Summers e Bettina Aten 2006. Os dados podem diferir da definição padrão.

n. Para fins estatísticos, os dados da China não incluem Hong Kong e Macau, RAEs da China.

o. Os dados referem-se a anos ou períodos diferentes dos especificados no título da coluna, diferem da definição padrão ou referem-se apenas a uma parte do país.

FONTES

Coluna 1: determinada com base nos valores IDG da coluna 2.
Coluna 2: calculadas com base nos dados das colunas; para pormenores ver Nota Técnica 1.
Colunas 3 e 4: ONU 2007e.
Colunas 5 e 6: Instituto de Estatísticas da UNESCO 2007a.
Colunas 7 e 8: Instituto de Estatísticas da UNESCO 2007c.
Colunas 9 e 10: calculadas com base nos dados do PIB per capita (dólares de PPC) e da população do Banco Mundial 2007b, salvo indicação em contrário; dados sobre salários da OIT 2007b; dados sobre a população economicamente activa da OIT 2005.
Coluna 11: calculada com base nas posições IDH recalculadas e nas posições do IDG da coluna 1.

Posições IDG para 157 países e áreas

1 Islândia
2 Austrália
3 Noruega
4 Canadá
5 Suécia
6 Países Baixo
7 França
8 Finlândia
9 Suiça
10 Reino Unido
11 Dinamarca
12 Espanha
13 Japão
14 Bélgica
15 Irlanda
16 Estados Unidos
17 Itália
18 Nova Zelândia
19 Áustria
20 Alemanha
21 Israel
22 Hong Kong, China (RAE)
23 Luxemburgo
24 Grécia
25 Eslovénia
26 Coreia (República de)
27 Chipre
28 Portugal
29 República Checa
30 Barbados
31 Brunei Darussalam
32 Koweit
33 Malta
34 Hungria
35 Polónia
36 Argentina
37 Qatar
38 Lituânia
39 Eslováquia
40 Chile
41 Estónia
42 Bahrain
43 Emirados Árabes Unidos
44 Letónia
45 Uruguai
46 Croácia
47 Costa Rica
48 Baamas
49 Cuba
50 Bulgária
51 México
52 Belize
53 Tonga
54 Roménia
55 Panamá
56 Trinidade e Tobago
57 Belarus
58 Malásia
59 Federação Russa
60 Brasil
61 Albânia
62 Jamahiriya Árabe Libia
63 Maurícia
64 Macedónia (ARJM)
65 Cazaquistão
66 Colômbia
67 Omã
68 Venezuela República Boliveriana da
69 Ucrânia
70 Arábia Saudita
71 Tailândia
72 Samoa
73 China
74 República Dominicana
75 Arménia
76 Perú
77 Filipinas
78 Suriname
79 Turquia
80 Jordão
81 Líbano
82 Fiji
83 Tunísia
84 Irão,Rep. Islâmica do
85 Maldivas
86 Paraguai
87 Azerbeijão
88 Guiana
89 Sri Lanka
90 Jamaica
91 Vietname
92 El Salvador
93 Cabo Verde
94 Indonésia
95 Argélia
96 República Árabe Síria
97 Nicarágua
98 Moldávia
99 Usbequistão
100 Mongólia
101 Honduras
102 Quirguizistão
103 Bolívia
104 Guatemala
105 Gabão
106 Tajiquistão
107 África do Sul
108 Namíbia
109 Botswana
110 Sao Tomé and Principe
111 Guiné Equatorial
112 Marrocos
113 Índia
114 Camboja
115 Laos, República Democrática Popular do
116 Comores
117 Gana
118 Mauritânia
119 Lesoto
120 Congo
121 Bangladeche
122 Suazilândia
123 Madagáscar
124 Papua- Nova Guiné
125 Paquistão
126 Paquistão
127 Quénia
128 Nepal
129 Djibuti
130 Zimbabué
131 Sudão
132 Uganda
133 Gâmbia
134 Togo
135 Senegal
136 Iémen
137 Eritreia
138 Tanzânia, República Unida da
139 Nigéria
140 Ruanda
141 Guiné
142 Angola
143 Malawi
144 Zâmbia
145 Benin
146 Costa do Marfim
147 Burundi
148 Congo, República Democrática do
149 Etiópia
150 Moçambique
151 Mali
152 Chade
153 República Centro-Africana
154 Burkina Faso
155 Nigéria
156 Guiné-Bissau
157 Serra Leoa

... e alcançando a igualdade para todas as mulheres e homens ...

Medida de participação segundo o género

Ordem do IDH		Índice de Equidade de Género (IEG) Ordem	Índice de Equidade de Género (IEG) Valor	ODM Assentos parlamentares ocupados por mulheres [a] (% do total)	Legisladoras, funcionárias superiores e gestoras [b] (% do total)	Trabalhadoras especializadas e técnicas [b] (% do total)	Rácio entre rendimentos auferidos estimados feminino e masculino [c]
DESENVOLVIMENTO HUMANO ELEVADO							
1	Islândia	5	0,862	31,7	27	56	0,72
2	Noruega	1	0,910	37,9	30	50	0,77
3	Austrália	8	0,847	28,3	37	56	0,70
4	Canadá	10	0,820	24,3	36	56	0,64
5	Irlanda	19	0,699	14,2	31	52	0,53
6	Suécia	2	0,906	47,3	30	51	0,81
7	Suiça	27	0,660	24,8	8	22	0,63
8	Japão	54	0,557	11,1	10 [d]	46 [d]	0,45
9	Países Baixos	6	0,859	36,0	26	50	0,64
10	França	18	0,718	13,9	37	47	0,64
11	Filândia	3	0,887	42,0	30	55	0,71
12	Estados Unidos	15	0,762	16,3	42	56	0,63
13	Espanha	12	0,794	30,5	32	48	0,50
14	Dinamarca	4	0,875	36,9	25	53	0,73
15	Áustria	13	0,788	31,0	27	49	0,46
16	Reino Unido	14	0,783	19,3	34	47	0,66
17	Bélgica	7	0,850	35,7	32	49	0,55
18	Luxemburgo	..	..	23,3	..	..	0,51
19	Nova Zelândia	11	0,811	32,2	36	53	0,70
20	Itália	21	0,693	16,1	32	46	0,47
21	Hong Kong, China (RAE)	..	..	..	27	40	0,56
22	Alemanha	9	0,831	30,6	37	50	0,58
23	Israel	28	0,660	14,2	26	54	0,65
24	Grécia	37	0,622	13,0	26	49	0,55
25	Singapura	16	0,761	24,5	26	44	0,51
26	República da Coreia	64	0,510	13,4	8	39	0,40
27	Eslovénia	41	0,611	10,8	33	57	0,61
28	Chipre	48	0,580	14,3	15	45	0,60
29	Portugal	22	0,692	21,3	34	50	0,59
30	Estado do Brunei Darussalam	..	..	.. [e]	26	44	0,42
31	Barbados	30	0,649	17,6	43	52	0,63
32	República Checa	34	0,627	15,3	30	52	0,51
33	Koweit	..	..	3,1 [f]	..	..	0,35
34	Malta	63	0,514	9,2	20	38	0,50
35	Catar	84	0,374	0,0	8	24	0,24
36	Hungria	50	0,569	10,4	35	62	0,64
37	Polónia	39	0,614	19,1	33	61	0,60
38	Argentina	17	0,728	36,8	33	53	0,54
39	Emirados Árabes Unidos	29	0,652	22,5	8	25	0,25
40	Chile	60	0,519	12,7	25 [d]	52 [d]	0,40
41	Barém	..	..	13,8	..	..	0,35
42	Eslováquia	33	0,630	19,3	31	58	0,58
43	Lituânia	25	0,669	24,8	43	67	0,69
44	Estónia	31	0,637	21,8	37	70	0,62
45	Letónia	38	0,619	19,0	42	65	0,65
46	Uruguai	59	0,525	10,8	40	54	0,56
47	Croácia	40	0,612	21,7	24	50	0,67
48	Costa Rica	24	0,680	38,6	25	40	0,53
49	Baamas	20	0,696	22,2	46	60	0,70
50	Seicheles	..	..	23,5	..	..	..
51	Cuba	26	0,661	36,0	34 [d]	62 [d]	0,45
52	México	46	0,589	21,5	29	42	0,39
53	Bulgária	42	0,606	22,1	34	60	0,65

Ordem do IDH		Índice de Equidade de Género (IEG) Ordem	Valor	ODM Assentos parlamentares ocupados por mulheres [a] (% do total)	Legisladoras, funcionárias superiores e gestoras [b] (% do total)	Trabalhadoras especializadas e técnicas [b] (% do total)	Rácio entre rendimentos auferidos estimados feminino e masculino [c]
54	São Cristóvão e Nevis	..	..	0,0	..	..	..
55	Tonga	..	..	3,3	..	..	0,48
56	Jamahira Árabe Líbia	..	..	7,7	..	..	0,30
57	Antigua e Barbuda	..	..	13,9	45	55	..
58	Omã	80	0,391	7,8	9	33	0,19
59	Trinidade e Tobago	23	0,685	25,4	43	53	0,46
60	Roménia	68	0,497	10,7	29	57	0,69
61	Arábia Saudita	92	0,254	0,0	31	6	0,16
62	Panamá	49	0,574	16,7	43	51	0,57
63	Malásia	65	0,504	13,1	23	40	0,36
64	Bielorússia	..	..	29,8	..	..	0,63
65	Maurícia	51	0,562	17,1	25	43	0,41
66	Bósnia e Herzegovina	..	..	14,0	..	..	..
67	Federação da Rússia	71	0,489	8,0	39	65	0,62
68	Albânia	..	..	7,1	..	..	0,54
69	Macedónia (ARJM)	35	0,625	28,3	29	52	0,48
70	Brasil	70	0,490	9,3	34	52	0,58
DESENVOLVIMENTO HUMANO MÉDIO							
71	Domínica	..	..	12,9	48	55	..
72	Santa Lúcia	66	0,502	10,3 [g]	55	53	0,51
73	Cazaquistão	74	0,469	8,6	38	67	0,63
74	Venezuela, República Bolivariana	56	0,542	18,6	27 [d]	61 [d]	0,53
75	Colómbia	69	0,496	9,7	38 [d]	50 [d]	0,63
76	Ucrania	75	0,462	8,7	38	64	0,55
77	Samoa	..	..	6,1	..	..	0,38
78	Tailândia	73	0,472	8,7	29	54	0,62
79	República Dominicana	53	0,559	17,1	32	51	0,43
80	Belize	62	0,517	11,9	41	50	0,40
81	China	57	0,534	20,3	17	52	0,64
82	Grenada	..	..	28,6	..	..	..
83	Arménia	..	..	9,2	..	..	0,63
84	Turquia	90	0,298	4,4	7	32	0,35
85	Suriname	..	..	25,5	..	..	0,40
86	Jordânia	..	..	7,9	..	..	0,31
87	Perú	32	0,636	29,2	34	46	0,55
88	Líbano	..	..	4,7	..	..	0,31
89	Equador	43	0,600	25,0	35	48	0,56
90	Filipinas	45	0,590	22,1	58	61	0,61
91	Tunísia	..	..	19,3	..	..	0,29
92	Fiji	..	..	.. [h]	..	..	0,48
93	São Vicente e Granadinas	..	..	18,2	..	..	0,51
94	Irão, República Islâmica do	87	0,347	4,1	16	34	0,39
95	Paraguai	78	0,428	9,6	23	54 [d]	0,34
96	Geórgia	79	0,414	9,4	26	62	0,33
97	Guiana	..	..	29,0	..	..	0,41
98	Azerbeijão	..	..	11,3	..	..	0,65
99	Sri Lanka	85	0,369	4,9	21	46	0,41
100	Maldivas	76	0,437	12,0	15	40	0,50
101	Jamaica	..	..	13,6	..	..	0,56
102	Cabo Verde	..	..	15,3	..	..	0,35
103	El Salvador	58	0,529	16,7	33	45	0,40
104	Argélia	..	..	6,2	..	32	0,34
105	Vietname	52	0,561	25,8	22	51	0,70
106	Territórios Ocupados da Palestina	..	..	..	11	35	..

Medida de participação segundo o género

Ordem do IDH		Índice de Equidade de Género (IEG) Ordem	Índice de Equidade de Género (IEG) Valor	ODM Assentos parlamentares ocupados por mulheres[a] (% do total)	Legisladoras, funcionárias superiores e gestoras[b] (% do total)	Trabalhadoras especializadas e técnicas[b] (% do total)	Rácio entre rendimentos auferidos estimados feminino e masculino[c]
107	Indonésia	..	..	11,3	..	..	0,46
108	República Árabe Síria	..	..	12,0	..	40[d]	0,34
109	Turquemenistão	..	..	16,0	..	..	0,64
110	Nicarágua	..	..	18,5	..	..	0,32
111	Moldávia	55	0,547	21,8	39	66	0,63
112	Egipto	91	0,263	3,8	9	30	0,23
113	Usbequistão	..	..	16,4	..	..	0,60
114	Mongólia	77	0,429	6,6	50	54	0,50
115	Honduras	47	0,589	23,4	41[d]	52[d]	0,46
116	Quirguizistão	89	0,302	0,0	25	57	0,58
117	Bolívia	67	0,500	14,6	36	40	0,57
118	Guatemala	..	..	8,2	..	..	0,32
119	Gabão	..	..	13,7	..	..	0,57
120	Vanuatu	..	..	3,8	..	..	0,68
121	África do Sul	..	..	32,8[i]	..	..	0,45
122	Tajiquistão	..	..	19,6	..	..	0,57
123	São Tomé and Príncipe	..	..	7,3	..	..	0,30
124	Botsuana	61	0,518	11,1	33	51	0,31
125	Namíbia	36	0,623	26,9	30	55	0,57
126	Marrocos	88	0,325	6,4	12	35	0,25
127	Guiné Equatorial	..	..	18,0	..	..	0,43
128	Índia	..	..	9,0	..	..	0,31
129	Ilhas Salomão	..	..	0,0	..	..	0,50
130	Laos, Rep. Democrática Popular do	..	..	25,2	..	..	0,51
131	Camboja	83	0,377	11,4	14	33	0,74
132	Mianmar	..	..	..[j]	..	..	..
133	Butão	..	..	2,7	..	..	..
134	Comores	..	..	3,0	..	..	0,51
135	Gana	..	..	10,9	..	..	0,71
136	Paquistão	82	0,377	20,4	2	26	0,29
137	Mauritânia	..	..	17,6	..	..	0,50
138	Lesoto	..	..	25,0	..	..	0,52
139	Congo	..	..	10,1	..	..	0,50
140	Bangladeche	81	0,379	15,1[k]	23	12	0,46
141	Suazilândia	..	..	16,8	..	..	0,29
142	Nepal	86	0,351	17,3[l]	8	19	0,50
143	Madagáscar	..	..	8,4	..	..	0,70
144	Camarões	..	..	8,9	..	..	0,49
145	Papua- Nova Guiné	..	..	0,9	..	..	0,72
146	Haiti	..	..	6,3	..	..	0,52
147	Sudão	..	..	16,4	..	..	0,25
148	Quénia	..	..	7,3	..	..	0,83
149	Djibuti	..	..	10,8	..	..	0,48
150	Timor-Leste	..	..	25,3[m]	..	..	..
151	Zimbabué	..	..	22,2	..	..	0,58
152	Togo	..	..	8,6	..	..	0,43
153	Iémen	93	0,129	0,7	4	15	0,30
154	Uganda	..	..	29,8	..	..	0,70
155	Gâmbia	..	..	9,4	..	..	0,53
DESENVOLVIMENTO HUMANO BAIXO							
156	Senegal	..	..	19,2	..	..	0,54
157	Eritreia	..	..	22,0	..	..	0,45
158	Nigéria	..	..	..	..	..	0,41
159	Tanzânia, República Unida da	44	0,597	30,4	49	32	0,73

Ordem do IDH	Índice de Equidade de Género (IEG) Ordem	Valor	ODM Assentos parlamentares ocupados por mulheres [a] (% do total)	Legisladoras, funcionárias superiores e gestoras [b] (% do total)	Trabalhadoras especializadas e técnicas [b] (% do total)	Rácio entre rendimentos auferidos estimados feminino e masculino [c]
160 Guiné	..	..	19.3	..	..	0.69
161 Ruanda	..	..	45.3	..	..	0.74
162 Angola	..	..	15.0	..	..	0.62
163 Benim	..	..	8.4	..	..	0.47
164 Malawi	..	..	13.6	..	..	0.73
165 Zâmbia	..	..	14.6	..	..	0.55
166 Costa do Marfim	..	..	8.5	..	..	0.32
167 Burundi	..	..	31.7	..	..	0.77
168 Congo, República Democrática do	..	..	7.7	..	..	0.52
169 Etiópia	72	0.477	21.4	20	30	0.60
170 Chade	..	..	6.5	..	..	0.65
171 República Centro-Africana	..	..	10.5	..	..	0.61
172 Moçambique	..	..	34.8	..	..	0.81
173 Mali	..	..	10.2	..	..	0.68
174 Niger	..	..	12.4	..	..	0.57
175 Guiné-Bissau	..	..	14.0	..	..	0.51
176 Burquina Faso	..	..	11.7	..	..	0.66
177 Serra Leoa	..	..	14.5	..	..	0.45

NOTAS

a. Os dados são de 31 de Maio de 2007, salvo indicação em contrário.Onde existem câmaras alta e baixa, os dados referem-se à média ponderada da parcela dos assentos das mulheres em ambas as câmaras.

b. Os dados referem-se ao ano mais recente disponível entre 1994 e 2005. As estimativas para os países que implementaram a recente Classificação Internacional Tipo das Profissões (CITP-88) não são exactamente comparáveis com as dos países que utilizaram a classificação anterior (CITO-1968).

c. Calculadas com base nos dados das colunas 9 e 10 do quadro 28. As estimativas são baseadas em dados do ano mais recente disponível entre 1996 e 2005. Seguindo a metodologia implementada para o cálculo do PIB, a componente do rendimento do MPG ajustado para menos nos países em que o rendimento excede a meta do valor do PIB per capita de 40.000 (dólares PPC). Para mais pormenores, ver Nota técnica 1.

d. Os dados estão de acordo com a classificação CITO-68.

e. Actualmente, o estado do Brunei Darussalam não tem parlamento.

f. Nas eleições de 2006 nenhuma mulher candidata foi eleita. Em Julho de 2006, uma das mulheres foi nomeada para os 16 membros ajuramentados do conselho de ministros. Em Março de 2007, um novo conselho de ministros fez juramento e nele estava presente uma mulher. Como os ministros que fazem parte do conselho de ministros também têm assento no parlamento, num total de 65 membros, estão presentes duas mulheres.

g. Nas eleições de 2006, não foi eleita nenhuma mulher. No entanto, foi nomeada uma mulher para Presidente da Câmara dos Comuns e, por isso, tornou-se membro da Câmara.

h. O Parlamento foi dissolvido ou suspenso por tempo indeterminado.

i. Os números da distribuição de assentos não incluem os 36 deputados rotativos especiais da câmara alta, designados numa base ad hoc. As percentagens apresentadas foram, portanto, calculadas com base nos 54 assentos permanentes.

j. O parlamento eleito em 1990 nunca foi convocado nem autorizado a reunir, e muitos dos seus membros foram detidos ou forçados ao exílio.

k. Em 2004, o número de assentos no parlamento aumentou de 300 para 345, com os adicionais 45 assentos reservados para mulheres e preenchidos em Setembro e Outubro de 2005, sendo atribuídos a partidos políticos em relação à percentagem de votos nacionais recebidos nas eleições de 2001.

l. Em 2007 estabeleceu-se uma Assembleia de transição. As eleições para a Assembleia Constituinte terão lugar em 2007.

m. O objectivo das eleições realizadas a 30 de Agosto de 2001 foi a eleição dos membros da Assembleia Constituinte de Timor-Leste. A Assembleia transformou-se em Parlamento Nacional a 20 de Maio de 2002, data em que o país se tornou independente, sem novas eleições.

FONTES

Coluna 1: determinada com base nos valores IEG da coluna 2.
Coluna 2: calculada com base nos dados das colunas 3–6; para mais pormenores, ver Nota Técnica 1.
Coluna 3: Coluna 3: calculada com base nos dados dos assentos parlamentares de IPU 2007c.
Colunas 4 e 5: calculadas com base em dados ocupacionais da OIT 2007b.
Coluna 6: calculada com base nos dados das colunas 9 e 10 do quadro 27.

Ordem IEG para 93 países

1 Noruega
2 Suécia
3 Filândia
4 Dinamarca
5 Islândia
6 Países Baixo
7 Bélgica
8 Austrália
9 Alemanha
10 Canadá
11 Nova Zelândia
12 Espanha
13 Áustria
14 Reino Unido
15 Estados Unido
16 Singapura
17 Argentina
18 França
19 Irlanda
20 Baamas
21 Itália
22 Portugal
23 Trinidade e Tobago
24 Costa Rica
25 Lituânia
26 Cuba
27 Suiça
28 Israel
29 Emirados Árabes Unidos
30 Barbados
31 Estónia
32 Peru
33 Eslováquia
34 República Checa
35 Macedónia (ARJM)
36 Namíbia
37 Grécia
38 Letónia
39 Polónia
40 Croácia
41 Eslovénia
42 Bulgária
43 Equador
44 Tanzânia, República Unida da
45 Filipinas
46 México
47 Honduras
48 Chipre
49 Panamá
50 Hungria
51 Maurícia
52 Vietname
53 República Dominicana
54 Japão
55 Moldávia
56 Venezuela, Rep. Bolivariana
57 China
58 El Salvador
59 Uruguai
60 Chile
61 Botswana
62 Belize
63 Malta
64 República da Coreia
65 Malásia
66 Santa Lúcia
67 Bolívia
68 Roménia
69 Colombia
70 Brasil
71 Federação da Rússia
72 Etiópia
73 Tailândia
74 Cazaquistão
75 Ucrania
76 Maldívas
77 Mongólia
78 Paraguai
79 Geórgia
80 Omã
81 Bangladeche
82 Paquistão
83 Camboja
84 Qatar
85 Sri Lanka
86 Nepal
87 Irão, República Islâmica do
88 Marrocos
89 Quirguizistão
90 Turquia
91 Egipto
92 Arábia Saudita
93 Iémen

TABELA 

... e alcançando a igualdade para todas as mulheres e homens ...

Desigualdade de género na educação

Ordem do IDH		Alfabetização entre adultos [a]		ODM Alfabetização entre os jovens [a]		ODM Escolarização primária líquida [b, d]		ODM Escolarização primária bruta [b, d]		ODM Escolarização secundária bruta [b, d]		ODM Escolarização superior bruta [b, d]	
		Taxa feminina (%15 anos e maisr) 1995–2005	Rácio da taxa feminina para a taxa masculina 1995–2005	Taxa feminina (% 15–24 anos) 1995–2005	Rácio da taxa feminina para a taxa masculina 1995–2005	Taxa feminina (%) 2005	Rácio da taxa feminina para a taxa masculina 2005	Taxa feminina (%) 2005	Rácio da taxa feminina para a taxa masculina 2005	Taxa feminina (%) 2005	Rácio da taxa feminina para a taxa masculina 2005	Taxa feminina (%) 2005	Rácio da taxa feminina para a taxa masculina 2005
DESENVOLVIMENTO HUMANO MÉDIO													
1	Islândia	..	..	..	..	97 [e]	0,97 [e]	98 [e]	0,97 [e]	109 [e]	1,03 [e]	93 [e]	1,85 [e]
2	Noruega	..	..	..	..	98	1,00	98	1,00	114	1,01	97	1,54
3	Austrália	..	..	..	..	97	1,00	104	0,99	144	0,95	80	1,25
4	Canadá	..	..	..	..	..	..	99 [e,f]	1,00 [e,f]	116 [e,f]	0,98 [e,f]	72 [e,f]	1,36 [e,f]
5	Irlanda	..	..	..	..	96	1,00	106	0,99	118	1,09	67	1,27
6	Suécia	..	..	..	..	96	1,00	97	1,00	103	1,00	100	1,55
7	Suiça	..	..	..	..	93	0,99	101	0,99	91	0,93	43	0,84
8	Japão	..	..	..	..	100	1,00	100	1,00	102	1,00	52	0,89
9	Países Baixos	..	..	..	..	98	0,99	106	0,98	117	0,98	63	1,08
10	França	..	..	..	..	99 [f]	1,00 [f]	110	0,99	116	1,00	64	1,29
11	Filândia	..	..	..	..	98	1,00	99	0,99	113	1,05	101	1,21
12	Estados Unidos	..	..	..	..	93	1,01	99	0,99	95	1,02	97	1,40
13	Espanha	..	..	..	..	99	0,99	105	0,98	127	1,05	74	1,22
14	Dinamarca	..	..	..	..	96	1,01	99	1,00	126	1,03	94	1,39
15	Áustria	..	..	..	..	98 [e]	1,02 [e]	106	1,00	100	0,95	55	1,20
16	Reino Unido	..	..	..	..	99	1,00	107	1,00	107	1,03	70	1,39
17	Bélgica	..	..	..	..	99	1,00	103	0,99	108	0,97	70	1,24
18	Luxemburgo	..	..	..	..	95	1,01	100	1,00	97	1,06	13 [e,f]	1,18 [e,f]
19	Nova Zelândia	..	..	..	..	99	1,00	102	1,00	127	1,07	99	1,50
20	Itália	98,0	0,99	99,8	1,00	98	0,99	102	0,99	99	0,99	76	1,36
21	Hong Kong, China (RAE)	..	..	..	..	90 [e]	0,94 [e]	101	0,94	85	0,96	31	0,95
22	Alemanha	..	..	..	..	96 [e]	1,01 [e]	101	1,00	99	0,98	..	..
23	Israel	..	..	..	..	98	1,01	110	1,01	92	0,99	66	1,34
24	Grécia	94,2	0,96	99,0	1,00	99	1,00	101	1,00	101	0,98	95	1,14
25	Singapura	88,6	0,92	99,6	1,00	..	..	..	..	..	..	..	..
26	República da Coreia	..	..	..	..	99	1,00	104	0,99	93	1,00	69	0,62
27	Eslovénia	99,6 [g]	1,00 [g]	99,9 [g]	1,00 [g]	98	0,99	100	0,99	99	1,00	96	1,43
28	Chipre	95,1	0,96	99,8	1,00	99 [e]	1,00 [e]	101 [e]	1,00 [e]	97 [e]	1,02 [e]	35 [e]	1,13 [e]
29	Portugal	92,0 [g]	0,96 [g]	99,6 [g]	1,00 [g]	98	1,00	112	0,96	104	1,10	64	1,30
30	Estado do Brunei Darussalam	90,2	0,95	98,9	1,00	94	1,01	107	1,00	98	1,04	20	2,02
31	Barbados	..	..	..	..	98	1,00	108	1,00	113	1,00	54 [f]	2,47 [f]
32	República Checa	..	..	..	..	93 [e]	1,02 [e]	100	0,98	97	1,02	52	1,16
33	Koweit	91,0	0,96	99,8	1,00	86	0,99	97	0,98	98	1,06	29	2,66
34	Malta	89,2	1,03	97,8	1,04	84	0,95	95	0,94	101	1,03	37	1,36
35	Catar	88,6	0,99	97,5	1,03	96	1,00	106	0,99	99	0,98	33	3,45
36	Hungria	..	..	..	..	88	0,98	97	0,98	96	0,99	78	1,46
37	Polónia	..	..	..	..	97	1,00	98	0,99	99	0,99	74	1,41
38	Argentina	97,2	1,00	99,1	1,00	98 [f]	0,99 [f]	112 [f]	0,99 [f]	89 [f]	1,07 [f]	76 [f]	1,41 [f]
39	Emirados Árabes Unidos	87,8 [g]	0,99 [g]	95,5 [g]	0,98 [g]	70	0,97	82	0,97	66	1,05	39 [e,f]	3,24 [e,f]
40	Chile	95,6	1,00	99,2	1,00	89 [e]	0,98 [e]	101	0,96	91	1,01	47	0,96
41	Barém	83,6	0,94	97,3	1,00	97	1,00	104	0,99	102	1,06	50	2,23
42	Eslováquia	..	..	..	..	92 [e]	1,01 [e]	98	0,99	95	1,01	46	1,29
43	Lituânia	99,6	1,00	99,7	1,00	89	1,00	95	1,00	96	0,99	93	1,57
44	Estónia	99,8	1,00	99,8	1,00	95	0,99	99	0,97	101	1,01	82	1,66
45	Letónia	99,7	1,00	99,8	1,00	89 [e]	1,03 [e]	90	0,96	98	1,01	96	1,79
46	Uruguai	97,3	1,01	99,0	1,01	93 [e,f]	1,01 [e,f]	108 [f]	0,98 [f]	113 [f]	1,16 [f]	55 [e,f]	2,03 [e,f]
47	Croácia	97,1	0,98	99,7	1,00	87 [f]	0,99 [f]	94 [f]	0,99 [f]	89 [f]	1,02 [f]	42 [f]	1,19 [f]
48	Costa Rica	95,1	1,00	98,0	1,01	..	..	109	0,99	82	1,06	28 [e]	1,26 [e]
49	Baamas	..	..	..	..	92	1,03	101	1,00	91	1,00	..	..
50	Seicheles	92,3	1,01	99,4	1,01	100 [e,f]	1,01 [e,f]	116 [e]	1,01 [e]	105 [e]	0,99 [e]	..	..
51	Cuba	99,8	1,00	100,0	1,00	96	0,98	99	0,95	94	1,00	78 [e]	1,72 [e]
52	México	90,2	0,97	97,6	1,00	98	1,00	108	0,98	83	1,07	24	0,99
53	Bulgária	97,7	0,99	98,1	1,00	93	0,99	101	0,99	101	0,95	47	1,14

Ordem do IDH	Alfabetização entre adultos[a]		ODM Alfabetização entre os jovens[a]		Escolarização primária líquida[b, d]		ODM Escolarização primária bruta[b, d]		ODM Escolarização secundária bruta[b, d]		ODM Escolarização superior bruta[b, d]	
	Taxa feminina (%15 anos e maisr) 1995–2005	Rácio da taxa feminina para a taxa masculina 1995–2005	Taxa feminina (% 15–24 anos) 1995–2005	Rácio da taxa feminina para a taxa masculina 1995–2005	Taxa feminina (%) 2005	Rácio da taxa feminina para a taxa masculina 2005	Taxa feminina (%) 2005	Rácio da taxa feminina para a taxa masculina 2005	Taxa feminina (%) 2005	Rácio da taxa feminina para a taxa masculina 2005	Taxa feminina (%) 2005	Rácio da taxa feminina para a taxa masculina 2005
54 São Cristóvão e Nevis	..	..	..	..	96[e]	1,06[e]	102[e]	1,06[e]	93[e]	0,98[e]	..	..
55 Tonga	99,0	1,00	99,4	1,00	93[e]	0,96[e]	112[e]	0,95[e]	102[e,f]	1,08[e,f]	8[e,f]	1,67[e,f]
56 Jamahira Árabe Líbia	74,8[g]	0,81[g]	96,5[g]	0,97[g]	..	..	106	0,98	107[e]	1,19[e]	59[e,f]	1,09[e,f]
57 Antigua e Barbuda	..	..	..	..	..	..	..	..	..	..	..	..
58 Omã	73,5	0,85	96,7	0,99	76	1,01	85	1,00	85	0,96	19	1,09
59 Trinidade e Tobago	97,8[g]	0,99[g]	99,5[g]	1,00[g]	90[e]	1,00[e]	99[e]	0,97[e]	82[e]	1,04[e]	14[e]	1,27[e]
60 Roménia	96,3	0,98	97,8	1,00	92	0,99	106	0,99	86	1,01	50	1,26
61 Arábia Saudita	76,3	0,87	94,7	0,98	79	1,03	91	1,00	86	0,96	34	1,47
62 Panamá	91,2	0,99	95,6	0,99	98	0,99	109	0,97	73	1,07	55	1,63
63 Malásia	85,4	0,93	97,3	1,00	95[f]	1,00[f]	96[f]	1,00[f]	81[f]	1,14[f]	36[f]	1,31[f]
64 Bielorússia	99,4	1,00	99,8	1,00	88[e]	0,97[e]	100	0,97	96	1,01	72	1,37
65 Maurícia	80,5	0,91	95,4	1,02	96	1,02	102	1,00	88[e]	0,99[e]	19	1,26
66 Bósnia e Herzegovina	94,4	0,95	99,8	1,00	..	..	..	..	..	..	..	..
67 Federação da Rússia	99,2	1,00	99,8	1,00	93[e]	1,01[e]	128	1,00	91	0,99	82[e]	1,36[e]
68 Albânia	98,3	0,99	99,5	1,00	94[f]	1,00[f]	105[f]	0,99[f]	77[f]	0,96[f]	23[f]	1,57[f]
69 Macedónia (ARJM)	94,1	0,96	98,5	0,99	92	1,00	98	1,00	83	0,98	35	1,38
70 Brasil	88,8	1,00	97,9	1,02	95[f]	1,00[f]	135[f]	0,93[f]	111[f]	1,10[f]	27[f]	1,32[f]
DESENVOLVIMENTO HUMANO MÉDIO												
71 Domínica	..	..	..	..	85[e]	1,02[e]	92[e]	0,99[e]	106[e]	0,97[e]	..	..
72 Santa Lúcia	..	..	..	..	96	0,98	107	0,97	85	1,21	20	2,80
73 Cazaquistão	99,3	1,00	99,9	1,00	90	0,98	108	0,99	97	0,97	62	1,42
74 Venezuela, República Bolivariana	92,7	0,99	98,1	1,02	92	1,01	104	0,98	79	1,13	41[e,f]	1,08[e,f]
75 Colómbia	92,9	1,00	98,4	1,01	87	1,00	111	0,98	82	1,11	31	1,09
76 Ucrania	99,2	0,99	99,8	1,00	83[e]	1,00[e]	107	1,00	85	0,92	75	1,20
77 Samoa	98,3[g]	0,99[g]	99,4[g]	1,00[g]	91[e,f]	1,00[e,f]	100[e]	1,00[e]	85[e]	1,12[e]	7[e,f]	0,93[e,f]
78 Tailândia	90,5	0,95	97,8	1,00	86[h]	0,96[h]	94[h]	0,96[h]	72[h]	1,05[h]	44[h]	1,06[h]
79 República Dominicana	87,2	1,00	95,4	1,03	88	1,01	110	0,95	78	1,21	41[e,f]	1,64[e,f]
80 Belize	..	..	..	..	96	1,03	125	0,96	85[e]	1,02[e]	4[f]	2,43[f]
81 China	86,5	0,91	98,5	0,99	..	..	112[e]	0,99[e]	74[e]	1,00[e]	20	0,95
82 Grenada	..	..	..	..	83[e]	0,99[e]	91[e]	0,96[e]	102[e]	1,03[e]	..	..
83 Arménia	99,2	0,99	99,9	1,00	81	1,05	96	1,04	89	1,03	31	1,22
84 Turquia	79,6	0,84	93,3	0,95	87	0,95	91[e]	0,95[e]	68[e]	0,82[e]	26	0,74
85 Suriname	87,2	0,95	94,1	0,98	96	1,04	120	1,00	100	1,33	15[f]	1,62[f]
86 Jordânia	87,0	0,91	99,0	1,00	90	1,02	96	1,01	88	1,02	40	1,06
87 Perú	82,5	0,88	96,3	0,98	97	1,00	112	1,00	92	1,01	34[e]	1,03[e]
88 Líbano	..	..	..	..	92	0,99	105	0,97	93	1,10	54	1,15
89 Equador	89,7	0,97	96,5	1,00	98[e,f]	1,01[e,f]	117[e]	1,00[e]	61[e]	1,00[e]	..	..
90 Filipinas	93,6	1,02	96,6	1,03	95	1,02	112	0,99	90	1,12	31	1,23
91 Tunísia	65,3	0,78	92,2	0,96	97	1,01	108	0,97	88	1,09	35	1,40
92 Fiji	..	..	..	..	96[e]	0,99[e]	105[e]	0,98[e]	91[e]	1,07[e]	17[e]	1,20[e]
93 São Vicente e Granadinas	..	..	..	..	88	0,95	105	0,90	83	1,24	..	..
94 Irão, República Islâmica do	76,8	0,87	96,7	0,99	100	1,10	122	1,22	78	0,94	25	1,09
95 Paraguai	92,7[g]	0,98[g]	96,1[g]	1,00[g]	88[f]	1,00[f]	103[f]	0,97[f]	64[f]	1,02[f]	28[e,f]	1,34[e,f]
96 Geórgia	..	..	..	..	92[f]	0,99[f]	94	1,01	83	1,01	47	1,04
97 Guiana	..	..	..	..	..	..	131	0,98	103	1,02	13	2,13
98 Azerbeijão	98,2	0,99	99,9	1,00	84	0,98	95	0,98	81	0,96	14	0,90
99 Sri Lanka	89,1	0,97	96,1	1,01	98[e,f]	1,00[e,f]	101[e,f]	0,99[e,f]	83[e,f]	1,00[e,f]	..	..
100 Maldivas	96,4	1,00	98,3	1,00	79	1,00	93	0,98	78[e,f]	1,14[e,f]	(.)[e,f]	2,37[e,f]
101 Jamaica	85,9	1,16	..	..	90[e]	1,00[e]	94	1,00	89	1,03	26[e,f]	2,29[e,f]
102 Cabo Verde	75,5[g]	0,86[g]	96,7[g]	1,01[g]	89	0,98	105	0,95	70	1,07	7	1,04
103 El Salvador	79,2[g]	0,96[g]	90,3[g]	1,04[g]	93	1,00	111	0,96	64	1,03	21	1,23
104 Argélia	60,1	0,76	86,1	0,92	95	0,98	107	0,93	86[e]	1,07[e]	24	1,37
105 Vietname	86,9	0,93	93,6	0,99	..	..	91	0,94	75	0,97	13	0,71
106 Territórios Ocupados da Palestina	88,0	0,91	98,8	1,00	80	0,99	88	0,99	102	1,07	39[e]	1,04[e]

Desigualdade de género na educação

Ordem do IDH		Alfabetização entre adultos [a]		ODM Alfabetização entre os jovens [a]		Escolarização primária líquida [b, d]		ODM Escolarização primária bruta [b, d]		ODM Escolarização secundária bruta [b, d]		ODM Escolarização superior bruta [b, d]	
		Taxa feminina (%15 anos e maisr) 1995–2005	Rácio da taxa feminina para a taxa masculina 1995–2005	Taxa feminina (% 15–24 anos) 1995–2005	Rácio da taxa feminina para a taxa masculina 1995–2005	Taxa feminina (%) 2005	Rácio da taxa feminina para a taxa masculina 2005	Taxa feminina (%) 2005	Rácio da taxa feminina para a taxa masculina 2005	Taxa feminina (%) 2005	Rácio da taxa feminina para a taxa masculina 2005	Taxa feminina (%) 2005	Rácio da taxa feminina para a taxa masculina 2005
107	Indonésia	86,8	0,92	98,5	1,00	94 [e]	0,96 [e]	115 [e]	0,96 [e]	63 [e]	0,99 [e]	15 [e]	0,79 [e]
108	República Árabe Síria	73,6	0,84	90,2	0,95	..	..	121	0,95	65	0,94	..	..
109	Turquemenistão	98,3	0,99	99,8	1,00	..	..	..	..	..	..	..	..
110	Nicarágua	76,6	1,00	88,8	1,06	86	0,98	110	0,97	71	1,15	19 [e,f]	1,11 [e,f]
111	Moldávia	98,6 [g]	0,99 [g]	99,7 [g]	1,00 [g]	86 [e]	0,99 [e]	92 [e]	0,99 [e]	83 [e]	1,03 [e]	41 [e]	1,48 [e]
112	Egipto	59,4	0,71	78,9	0,88	91 [e]	0,95 [e]	97	0,94	82	0,92	..	..
113	Usbequistão	..	..	..	..	..	..	99 [e,f]	0,99 [e,f]	93 [e,f]	0,97 [e,f]	14 [e,f]	0,80 [e,f]
114	Mongólia	97,5	1,00	98,4	1,01	85	1,03	94	1,02	98	1,13	54	1,62
115	Honduras	80,2	1,01	90,9	1,05	92 [e]	1,02 [e]	113 [e]	1,00 [e]	73 [e]	1,24 [e]	20 [e,f]	1,46 [e,f]
116	Quirguizistão	98,1	0,99	99,7	1,00	86	0,99	97	0,99	87	1,01	46	1,25
117	Bolívia	80,7	0,87	96,1	0,98	96 [e,f]	1,01 [e,f]	113 [e,f]	1,00 [e,f]	87 [f]	0,97 [f]	..	..
118	Guatemala	63,3	0,84	78,4	0,91	92	0,95	109	0,92	49	0,91	8 [e,f]	0,72 [e,f]
119	Gabão	79,7 [g]	0,90 [g]	95,1 [g]	0,98 [g]	..	..	129 [e,f]	0,99 [e,f]	42 [e,f]	0,86 [e,f]	..	..
120	Vanuatu	..	..	..	..	93 [e]	0,98 [e]	116 [e]	0,97 [e]	38 [f]	0,86 [f]	4 [e,f]	0,58 [e,f]
121	África do Sul	80,9	0,96	94,3	1,01	87 [f]	1,00 [f]	102 [f]	0,96 [f]	97 [f]	1,07 [f]	17	1,22
122	Tajiquistão	99,2	1,00	99,8	1,00	96	0,96	99	0,96	74	0,83	9	0,35
123	São Tomé and Príncipe	77,9	0,85	94,9	0,99	96	0,99	132	0,98	46	1,08	..	..
124	Botsuana	81,8	1,02	95,6	1,04	84 [e]	1,00 [e]	105	0,98	75 [e]	1,05 [e]	5	1,00
125	Namíbia	83,5	0,96	93,5	1,03	74	1,07	100	1,01	60	1,15	7 [f]	1,15 [f]
126	Marrocos	39,6	0,60	60,5	0,75	83	0,94	99	0,89	46 [e]	0,85 [e]	10	0,85
127	Guiné Equatorial	80,5	0,86	94,9	1,00	..	..	111	0,95	22 [e,f]	0,57 [e,f]	2 [f]	0,43 [f]
128	Índia	47,8	0,65	67,7	0,80	85 [e]	0,93 [e]	116 [e]	0,94 [e]	50	0,80	9	0,70
129	Ilhas Salomão	..	..	..	..	..	..	94	0,95	27	0,83	..	..
130	Laos, Rep. Democrática Popular do	60,9	0,79	74,7	0,90	81	0,95	108	0,88	40	0,76	7	0,72
131	Camboja	64,1	0,76	78,9	0,90	98	0,98	129	0,92	24 [e,f]	0,69 [e,f]	2	0,46
132	Mianmar	86,4	0,92	93,4	0,98	91	1,02	101	1,02	40	0,99	..	..
133	Butão	..	..	..	..	..	..	..	..	..	..	..	..
134	Comores	..	..	..	..	..	..	80 [e]	0,88 [e]	30 [e]	0,76 [e]	2 [e,f]	0,77 [e,f]
135	Gana	49,8	0,75	65,5	0,86	65	0,99	87	0,96	40 [e]	0,85 [e]	4	0,56
136	Paquistão	35,4	0,55	53,1	0,69	59	0,76	75	0,76	23	0,74	4	0,88
137	Mauritânia	43,4	0,73	55,5	0,82	72	1,00	94	1,01	19	0,85	2	0,33
138	Lesoto	90,3	1,23	..	..	89	1,06	131	1,00	43	1,26	4	1,27
139	Congo	79,0 [g]	0,87 [g]	96,5 [g]	0,98 [g]	48	1,20	84	0,92	35 [e,f]	0,84 [e,f]	1 [e,f]	0,19 [e,f]
140	Bangladeche	40,8	0,76	60,3	0,90	96 [e,f]	1,03 [e,f]	111 [f]	1,03 [f]	48 [f]	1,03 [f]	4	0,53
141	Suazilândia	78,3	0,97	89,8	1,03	80 [e]	1,01 [e]	104 [e]	0,93 [e]	44 [e]	0,96 [e]	5	1,06
142	Nepal	34,9	0,56	60,1	0,75	74 [e,f]	0,87 [e,f]	108	0,91	42 [e]	0,86 [e]	3 [f]	0,40 [f]
143	Madagáscar	65,3	0,85	68,2	0,94	92	1,00	136	0,96	..	..	2	0,89
144	Camarões	59,8	0,78	..	..	..	..	107 [e]	0,85 [e]	39 [e]	0,80 [e]	5 [e]	0,66 [e]
145	Papua- Nova Guiné	50,9	0,80	64,1	0,93	..	..	70 [e,f]	0,88 [e,f]	23 [e,f]	0,79 [e,f]	..	..
146	Haiti	..	..	..	..	..	..	..	..	..	..	..	..
147	Sudão	51,8	0,73	71,4	0,84	..	..	56	0,87	33	0,94	..	..
148	Quénia	70,2	0,90	80,7	1,01	79	1,01	110	0,96	48 [e]	0,95 [e]	2 [f]	0,60 [f]
149	Djibuti	..	..	..	..	30	0,81	36	0,82	19	0,66	2	0,73
150	Timor-Leste	..	..	..	..	..	..	145	0,92	52	1,00	12 [e,f]	1,48 [e,f]
151	Zimbabué	86,2 [g]	0,93 [g]	97,9 [g]	1,00 [g]	82 [f]	1,01 [f]	95 [f]	0,98 [f]	35 [f]	0,91 [f]	3 [e,f]	0,63 [e,f]
152	Togo	38,5	0,56	63,6	0,76	72	0,86	92	0,85	27 [e]	0,51 [e]	1 [e,f]	0,20 [e,f]
153	Iémen	34,7 [g]	0,47 [g]	58,9 [g]	0,65 [g]	63 [e,f]	0,73 [e,f]	75	0,74	31	0,49	5	0,37
154	Uganda	57,7	0,75	71,2	0,86	..	..	119	1,00	17 [e]	0,81 [e]	3 [f]	0,62 [f]
155	Gâmbia	..	..	..	..	77 [e,f]	0,99 [e,f]	84 [f]	1,06 [f]	42 [f]	0,82 [f]	(.) [f]	0,23 [f]
DESENVOLVIMENTO HUMANO BAIXO													
156	Senegal	29,2	0,57	41,0	0,70	67	0,97	77	0,97	18	0,75	..	..
157	Eritreia	..	..	..	..	43	0,86	57	0,81	23	0,59	(.) [f]	0,15 [f]
158	Nigéria	60,1 [g]	0,77 [g]	81,3 [g]	0,94 [g]	64 [e]	0,88 [e]	95	0,86	31	0,84	7 [f]	0,55 [f]
159	Tanzânia, República Unida da	62,2	0,80	76,2	0,94	91	0,98	104	0,96	..	..	1 [e]	0,48 [e]

Ordem do IDH	Alfabetização entre adultos [a]		ODM Alfabetização entre os jovens [a]		Escolarização primária líquida [b, d]		ODM Escolarização primária bruta [b, d]		ODM Escolarização secundária bruta [b, d]		ODM Escolarização superior bruta [b, d]	
	Taxa feminina (%15 anos e maisr) 1995–2005	Rácio da taxa feminina para a taxa masculina 1995–2005	Taxa feminina (% 15–24 anos) 1995–2005	Rácio da taxa feminina para a taxa masculina 1995–2005	Taxa feminina (%) 2005	Rácio da taxa feminina para a taxa masculina 2005	Taxa feminina (%) 2005	Rácio da taxa feminina para a taxa masculina 2005	Taxa feminina (%) 2005	Rácio da taxa feminina para a taxa masculina 2005	Taxa feminina (%) 2005	Rácio da taxa feminina para a taxa masculina 2005
160 Guiné	18,1	0,43	33,7	0,57	61	0,87	74	0,84	21 [e]	0,53 [e]	1	0,24
161 Ruanda	59,8	0,84	76,9	0,98	75 [e]	1,04 [e]	121 [e]	1,02 [e]	13 [e]	0,89 [e]	2 [e]	0,62 [e]
162 Angola	54,2	0,65	63,2	0,75	..	..	..	..	15 [f]	0,78 [f]	1 [e,f]	0,66 [e,f]
163 Benim	23,3	0,49	33,2	0,56	70	0,81	85	0,80	23 [e]	0,57 [e]	1 [e,f]	0,25 [e,f]
164 Malawi	54,0	0,72	70,7	0,86	97	1,05	124	1,02	25	0,81	(.) [f]	0,54 [f]
165 Zâmbia	59,8	0,78	66,2	0,91	89	1,00	108	0,95	25 [e]	0,82 [e]	..	..
166 Costa do Marfim	38,6	0,63	52,1	0,74	50 [e,f]	0,80 [e,f]	63 [e,f]	0,79 [e,f]	18 [e,f]	0,55 [e,f]	..	..
167 Burundi	52,2	0,78	70,4	0,92	58	0,91	78	0,86	11 [e]	0,74 [e]	1 [e]	0,38 [e]
168 Congo, República Democrática do	54,1	0,67	63,1	0,81	..	..	54 [e,f]	0,78 [e,f]	16 [e,f]	0,58 [e,f]	..	..
169 Etiópia	22,8	0,46	38,5	0,62	59	0,92	86	0,86	24	0,65	1	0,32
170 Chade	12,8	0,31	23,2	0,42	..	..	62	0,67	8 [e]	0,33 [e]	(.) [e]	0,14 [e]
171 República Centro-Africana	33,5	0,52	46,9	0,67	..	..	44 [e]	0,66 [e]	..	..	..	..
172 Moçambique	25,0	0,46	36,6	0,61	74	0,91	94	0,85	11	0,69	1	0,49
173 Mali	15,9	0,49	16,9	0,52	45	0,81	59	0,80	18 [e]	0,62 [e]	2 [e]	0,47 [e]
174 Niger	15,1	0,35	23,2	0,44	33	0,73	39	0,73	7	0,68	1	0,45
175 Guiné-Bissau	..	..	..	..	37 [e,f]	0,71 [e,f]	56 [e,f]	0,67 [e,f]	13 [e,f]	0,54 [e,f]	(.) [e,f]	0,18 [e,f]
176 Burquina Faso	16,6	0,53	26,5	0,66	40	0,79	51	0,80	12	0,70	1	0,45
177 Serra Leoa	24,2	0,52	37,4	0,63	..	..	65 [f]	0,71 [f]	22 [e,f]	0,71 [e,f]	1 [e,f]	0,40 [e,f]
Países em vias de Desenvolvimento	69,9	0,91	81,4	0,91	83 [i]	0,95 [i]	104 [i]	0,94 [i]	58 [i]	0,93 [i]	16 [i]	0,91 [i]
Países menos desenvolvidos	44,3	0,80	58,0	0,80	70 [i]	0,92 [i]	90 [i]	0,89 [i]	28 [i]	0,81 [i]	3 [i]	0,63 [i]
Países Árabes	59,4	0,88	79,5	0,88	77 [i]	0,92 [i]	88 [i]	0,90 [i]	65 [i]	0,92 [i]	21 [i]	1,01 [i]
Ásia Oriental e Pacífico	86,7	0,99	97,5	0,99	93 [i]	0,99 [i]	110 [i]	0,98 [i]	72 [i]	1,00 [i]	21 [i]	0,93 [i]
América Latina e Caraíbas	89,7	1,01	97,0	1,01	95 [i]	1,00 [i]	115 [i]	0,96 [i]	91 [i]	1,08 [i]	32 [i]	1,17 [i]
Ásia do Sul	47,4	0,81	66,6	0,81	82 [i]	0,92 [i]	109 [i]	0,93 [i]	48 [i]	0,83 [i]	9 [i]	0,74 [i]
África Subsariana	51,2	0,84	65,1	0,84	68 [i]	0,93 [i]	92 [i]	0,89 [i]	28 [i]	0,79 [i]	4 [i]	0,62 [i]
Europa Central, Oriental e CEI	98,7	1,00	99,6	1,00	91 [i]	1,00 [i]	107 [i]	0,99 [i]	90 [i]	0,98 [i]	63 [i]	1,30 [i]
OCDE	..	..	..	..	96 [i]	1,00 [i]	101 [i]	0,99 [i]	98 [i]	1,00 [i]	65 [i]	1,17 [i]
OCDE de rendimento elevado	..	..	..	..	96 [i]	1,01 [i]	102 [i]	0,99 [i]	103 [i]	1,00 [i]	76 [i]	1,20 [i]
Desenvolvimento Humano elevado	93,6	1,01	98,4	1,01	..	..	..	..	..	..	..	..
Desenvolvimento Humano médio	71,2	0,92	83,2	0,92	..	..	..	..	..	..	..	..
Desenvolvimento Humano Baixo	43,8	0,80	58,9	0,80	..	..	..	..	..	..	..	..
Rendimento elevado	..	..	..	..	95 [i]	1,01 [i]	101 [i]	0,99 [i]	102 [i]	1,00 [i]	73 [i]	1,21 [i]
Rendimento médio	86,5	0,99	96,2	0,99	92 [i]	0,99 [i]	110 [i]	0,97 [i]	78 [i]	1,01 [i]	28 [i]	1,09 [i]
Rendimento baixo	48,8	0,82	65,8	0,82	76 [i]	0,92 [i]	99 [i]	0,91 [i]	41 [i]	0,82 [i]	7 [i]	0,68 [i]
Mundo	72,7	0,92	82,5	0,92	85 [i]	0,96 [i]	104 [i]	0,95 [i]	64 [i]	0,94 [i]	25 [i]	1,05 [i]

NOTAS

a. Os dados referem-se a estimativas nacionais de alfabetização produzidas a partir de censos ou inquéritos realizados entre 1995 e 2005, salvo indicação em contrário. Devido a diferenças de metodologia e de momento dos dados primários, as comparações no tempo e entre países devem ser feitas com precaução. Para mais pormenores, ver www.uis.unesco.org.

b. Os dados de alguns países podem corresponder a estimativas nacionais ou do Instituto de Estatística da UNESCO (Organização das Nações Unidas para a Educação, a Ciência e a Cultura). Para pormenores, ver www.uis.unesco.org.

c. A taxa de escolarização líquida é o número de alunos do grupo em idade escolar teórico para um determinado nível de educação que estão matriculados nesse nível, expresso como uma percentagem da população total daquele determinado grupo.

d. O rácio da escolarização bruta é o número total de alunos ou estudantes matriculados num determinado nível de educação, independentemente da idade, expresso como uma percentagem da população no grupo de idades teórico para o mesmo nível de educação. Para o ensino superior, a população usada é o grupo de cinco anos resultante da idade de fim do ensino secundário. As taxas da escolarização bruta que excedem os 100 indicam que os alunos ou estudantes fora do grupo de idades teórico estão matriculados nesse nível de educação.

e. Estimativas nacionais ou do Instituto de Estatística da UNESCO.

f. Os dados referem-se a 2004.

g. O Instituto de Estatísticas da UNESCO faz uma estimativa com base no seu modelo de projecções global da escolarização de determinada idade de Abril de 2007.

h. Os dados referem-se ao ano escolar de 2006.

i. Os dados referem-se a agregados calculados pelo Instituto de Estatística da UNESCO.

FONTES

Colunas 1–4: Instituto de Estatísticas da UNESCO 2007a.

Colunas 5–12: Instituto de Estatísticas da UNESCO 2007c.

... e alcançando a igualdade para todas as mulheres e homens ...

Desigualdade de género na actividade económica

Ordem do IDH	Actividade económica feminina (15 anos e mais)			Emprego por actividade económica [a] (%)						Trabalhadores em seio familiar (%)	
				Agricultura		Indústria		Serviços			
	Taxa (%) 2005	Índice (1990=100) 2005	Em % da taxa masc. 2005	Mulheres 1995–2005 [b]	Homens 1995–2005 [b]	Mulheres 1995–2005 [b]	Homens 1995–2005 [b]	Mulheres 1995–2005 [b]	Homens 1995–2005 [b]	Mulheres 1995–2005 [b]	Homens 1995–2005 [b]
DESENVOLVIMENTO HUMANO ELEVADO											
1 Islândia	70,5	104	86	4	11	11	34	85	55	50	50
2 Noruega	63,3	112	87	2	5	8	32	90	63	50	50
3 Austrália	56,4	109	80	3	5	9	31	88	65	60	40
4 Canadá	60,5	105	84	2	4	11	32	88	64	61	39
5 Irlanda	53,2	150	74	1	9	12	39	86	51	53	47
6 Suécia	58,7	93	87	1	3	9	34	90	63	50	50
7 Suiça	60,4	116	80	3	5	12	32	85	63	62	38
8 Japão	48,3	96	66	5	4	18	35	77	59	80	20
9 Países Baixos	56,2	129	77	2	4	8	30	86	62	79	21
10 França	48,2	105	79	3	5	12	35	84	60	..	..
11 Filândia	56,9	98	86	3	7	12	38	84	56	40	60
12 Estados Unidos	59,6	105	82	1	2	10	30	90	68	62	38
13 Espanha	44,9	132	66	4	6	12	41	84	52	64	36
14 Dinamarca	59,3	96	84	2	4	12	34	86	62	84	16
15 Áustria	49,5	115	76	6	6	13	40	81	55	68	32
16 Reino Unido	55,2	104	80	1	2	9	33	90	65	60	40
17 Bélgica	43,7	120	73	1	3	11	35	82	62	85	15
18 Luxemburgo	44,6	124	69	3 [c]	3 [c]	8 [c]	42 [c]	89 [c]	55 [c]	..	..
19 Nova Zelândia	60,4	113	82	5	9	11	32	84	59	66	34
20 Itália	37,4	104	62	3	5	18	39	79	56	54	46
21 Hong Kong, China (RAE)	53,7	114	76	(.)	(.)	7	22	93	77	..	..
22 Alemanha	50,8	114	77	2	3	16	41	82	56	76	24
23 Israel	50,1	122	85	1	3	11	32	88	64	72	28
24 Grécia	43,5	121	67	14	12	10	30	76	58	68	32
25 Singapura	50,6	101	66	(.)	(.)	21	36	79	63	..	..
26 República da Coreia	50,2	107	68	9	7	17	34	74	59	..	..
27 Eslovénia	53,6	99	80	9	9	25	47	65	43	58	42
28 Chipre	53,7	113	76	4	6	11	34	85	59	75	25
29 Portugal	55,7	113	79	13	12	21	42	66	46	65	35
30 Estado do Brunei Darussalam	44,1	98	55	(.)	2	11	29	88	69	..	..
31 Barbados	64,9	110	83	3	4	8	26	78	62	..	..
32 República Checa	51,9	85	77	3	5	27	49	71	46	74	26
33 Koweit	49,0	141	58	..	..	..	..	..	..	..	..
34 Malta	34,0	159	49	1	2	18	34	81	63	..	..
35 Catar	36,3	123	41	(.)	3	3	48	97	49	..	..
36 Hungria	42,1	91	73	3	7	21	42	76	51	69	31
37 Polónia	47,7	83	78	17	18	17	39	66	43	60	40
38 Argentina	53,3	139	70	1	2	11	33	88	66	..	..
39 Emirados Árabes Unidos	38,2	152	42	(.)	9	14	36	86	55	..	..
40 Chile	36,6	114	52	6	17	12	29	83	54	..	..
41 Barém	29,3	103	33	..	..	..	..	..	..	..	..
42 Eslováquia	51,8	87	76	3	6	25	50	72	44	74	26
43 Lituânia	51,7	87	82	11	17	21	37	68	46	62	38
44 Estónia	52,3	81	80	4	7	24	44	72	49	50	50
45 Letónia	49,0	78	77	8	15	16	35	75	49	43	57
46 Uruguai	56,4	123	72	2	7	13	29	86	64	..	..
47 Croácia	44,7	96	74	19	16	18	37	63	47	73	27
48 Costa Rica	44,9	137	56	5	21	13	26	82	52	..	..
49 Baamas	64,4	105	91	(.)	6	5	30	94	64	..	..
50 Seicheles	..	..	..	..	..	..	..	..	..	..	..
51 Cuba	43,9	113	59	10	28	14	23	76	50	..	..
52 México	40,2	116	50	5	21	19	30	76	49	..	..
53 Bulgária	41,2	69	78	7	11	29	39	64	50	65	35

Ordem do IDH	Actividade económica feminina (15 anos e mais)			Emprego por actividade económica[a] (%)						Trabalhadores em seio familiar (%)	
	Taxa	Índice	Em % da taxa masc.	Agricultura		Indústria		Serviços			
	(%)	(1990=100)		Mulheres	Homens	Mulheres	Homens	Mulheres	Homens	Mulheres	Homens
	2005	2005	2005	1995–2005[b]	1995–2005[b]	1995–2005[b]	1995–2005[b]	1995–2005[b]	1995–2005[b]	1995–2005[b]	1995–2005[b]
54 São Cristóvão e Nevis	..	..	..	..	..	..	..	..	..	..	..
55 Tonga	47,5	126	63	..	..	..	..	..	..	..	..
56 Jamahira Árabe Líbia	32,1	168	40	..	..	..	..	..	..	..	..
57 Antigua e Barbuda	..	..	..	3[c]	5[c]	7[c]	29[c]	87[c]	63[c]	..	..
58 Omã	22,7	149	28	5	7	14	11	80	82	..	..
59 Trinidade e Tobago	46,7	112	61	2	10	14	37	84	53	..	..
60 Roménia	50,1	94	80	33	31	25	35	42	34	70	30
61 Arábia Saudita	17,6	118	22	1	5	1	24	98	71	..	..
62 Panamá	50,8	131	64	4	22	9	22	86	56	..	..
63 Malásia	46,5	105	57	11	16	27	35	62	49	..	..
64 Bielorússia	52,5	87	82	..	..	..	..	..	..	..	..
65 Maurícia	42,7	102	54	9	11	29	34	62	55	..	..
66 Bósnia e Herzegovina	58,3	97	86	..	..	..	..	..	..	..	..
67 Federação da Rússia	54,3	90	80	8	12	21	38	71	50	24	76
68 Albânia	49,0	84	70	..	..	..	..	..	..	..	..
69 Macedónia (ARJM)	40,8	85	63	19	20	30	34	51	46	54	46
70 Brasil	56,7	127	71	16	25	13	27	71	48	..	..
DESENVOLVIMENTO HUMANO MÉDIO											
71 Domínica	..	..	..	14	31	10	24	72	40	..	..
72 Santa Lúcia	54,0	116	67	9	14	11	23	62	45	..	..
73 Cazaquistão	65,3	106	87	32	35	10	24	58	41	54	46
74 Venezuela, República Bolivariana	57,4	152	69	2	16	11	25	86	59	..	..
75 Colômbia	61,3	135	76	8	32	16	21	76	48	..	..
76 Ucrania	49,6	86	79	17	21	21	38	62	41	50	50
77 Samoa	39,2	97	51	..	..	..	..	..	..	..	..
78 Tailândia	65,6	87	81	41	44	19	22	41	34	..	..
79 República Dominicana	46,4	127	57	2	23	15	24	83	53	..	..
80 Belize	43,3	139	52	6	37	12	19	83	44	..	..
81 China	68,8	94	83	..	..	..	..	..	..	..	..
82 Grenada	..	..	..	10	17	12	32	77	46	..	..
83 Arménia	47,9	67	79	..	..	..	..	..	..	38	63
84 Turquia	27,7	81	36	52	22	15	28	33	50	67	33
85 Suriname	33,6	92	52	2	8	1	22	97	64	..	..
86 Jordânia	27,5	155	36	2	4	13	23	83	73	..	..
87 Perú	59,1	126	72	(.)	1	13	31	86	68	..	..
88 Líbano	32,4	102	41	..	..	..	..	..	..	..	..
89 Equador	60,0	184	73	4	11	12	27	84	62	..	..
90 Filipinas	54,7	115	66	25	45	12	17	64	39	..	..
91 Tunísia	28,6	138	38	..	..	..	..	..	..	..	..
92 Fiji	51,8	106	64	..	..	..	..	..	..	..	..
93 São Vicente e Granadinas	55,3	124	68	8	20	8	27	72	46	..	..
94 Irão, República Islâmica do	38,6	180	52	34	23	28	31	37	46	..	..
95 Paraguai	65,1	126	77	20	39	10	19	70	42	..	..
96 Geórgia	50,1	73	66	57	52	4	14	38	34	65	35
97 Guiana	43,5	120	53	16	34	20	24	61	42	..	..
98 Azerbeijão	60,2	95	82	37	41	9	15	54	44	..	..
99 Sri Lanka	34,9	77	45	40	32	35	40	25	29	..	..
100 Maldivas	48,5	233	67	5	18	24	16	39	56	..	..
101 Jamaica	54,1	83	73	9	25	5	27	86	48	..	..
102 Cabo Verde	34,0	81	45	..	..	..	..	..	..	..	..
103 El Salvador	47,3	93	62	3	30	22	25	75	45	..	..
104 Argélia	35,7	158	45	22	20	28	26	49	54	..	..
105 Vietname	72,2	98	92	60	56	14	21	26	23	..	..
106 Territórios Ocupados da Palestina	10,3	111	15	34	12	8	28	56	59	..	..

TABELA 31 Desigualdade de género na actividade económica

Ordem do IDH		Actividade económica feminina (15 anos e mais) Taxa (%) 2005	Índice (1990=100) 2005	Em % da taxa masc. 2005	Emprego por actividade económica[a] (%) Agricultura Mulheres 1995–2005[b]	Agricultura Homens 1995–2005[b]	Indústria Mulheres 1995–2005[b]	Indústria Homens 1995–2005[b]	Serviços Mulheres 1995–2005[b]	Serviços Homens 1995–2005[b]	Trabalhadores em seio familiar (%) Mulheres 1995–2005[b]	Trabalhadores em seio familiar (%) Homens 1995–2005[b]
107	Indonésia	51,0	101	60	45	43	15	20	40	37	..	..
108	República Árabe Síria	38,6	135	44	58	24	7	31	35	45	..	..
109	Turquemenistão	60,5	94	83	..	..	..	..	..	..	..	..
110	Nicarágua	35,7	100	41	10	43	17	19	52	32	..	..
111	Moldávia	56,6	92	81	40	41	12	21	48	38	75	25
112	Egipto	20,1	76	27	39	28	6	23	55	49	..	..
113	Usbequistão	56,6	95	78	..	..	..	..	..	..	..	..
114	Mongólia	53,9	97	66	38	43	14	19	49	39	..	..
115	Honduras	54,0	162	61	13	51	23	20	63	29	..	..
116	Quirguizistão	55,0	94	74	55	51	7	13	38	36	65	35
117	Bolívia	62,6	129	74	3	6	14	39	82	55	..	..
118	Guatemala	33,8	116	41	18	50	23	18	56	27	..	..
119	Gabão	61,4	98	75	..	..	..	..	..	..	..	..
120	Vanuatu	79,3	99	91	..	..	..	..	..	..	..	..
121	África do Sul	45,9	85	58	7	13	14	33	79	54	..	..
122	Tajiquistão	46,3	89	74	..	..	..	..	..	..	..	..
123	São Tomé and Príncipe	29,8	83	40	..	..	..	..	..	..	..	..
124	Botsuana	45,3	79	67	19	26	13	29	58	43	..	..
125	Namíbia	46,6	96	74	29	33	7	17	63	49	..	..
126	Marrocos	26,8	110	33	57	39	19	21	25	40	..	..
127	Guiné Equatorial	50,3	106	56	..	..	..	..	..	..	..	..
128	Índia	34,0	94	42	..	..	..	..	..	..	..	..
129	Ilhas Salomão	54,3	98	66	..	..	..	..	..	..	..	..
130	Laos, Rep. Democrática Popular do	54,0	101	67	89	81	3	4	8	14	..	..
131	Camboja	74,4	96	93	75	72	10	7	15	20	..	..
132	Mianmar	68,2	99	79	..	..	..	..	..	..	..	..
133	Butão	46,7	134	58	..	..	..	..	..	..	..	..
134	Comores	57,9	92	67	..	..	..	..	..	..	..	..
135	Gana	70,3	92	94	50	60	15	14	36	27	..	..
136	Paquistão	32,7	117	39	65	38	16	22	20	40	..	..
137	Mauritânia	54,4	98	65	..	..	..	..	..	..	..	..
138	Lesoto	45,7	81	63	45	66	13	17	31	17	..	..
139	Congo	56,4	98	65	..	..	..	..	..	..	..	..
140	Bangladeche	52,7	83	61	59	50	18	12	23	38	..	..
141	Suazilândia	31,2	82	43	..	..	..	..	..	..	..	..
142	Nepal	49,9	104	64	..	..	..	..	..	..	..	..
143	Madagáscar	78,9	100	92	79	77	6	7	15	16	..	..
144	Camarões	51,7	92	65	68[c]	53[c]	4[c]	14[c]	23[c]	26[c]	..	..
145	Papua- Nova Guiné	71,8	101	96	..	..	..	..	..	..	..	..
146	Haiti	55,6	97	67	37	63	6	15	57	23	..	..
147	Sudão	23,7	86	33	..	..	..	..	..	..	..	..
148	Quénia	69,1	93	78	16	20	10	23	75	57	..	..
149	Djibuti	52,9	94	64	(.)[c]	3[c]	1[c]	11[c]	88[c]	78[c]	..	..
150	Timor-Leste	54,3	109	67	..	..	..	..	..	..	..	..
151	Zimbabué	64,0	92	76	..	..	..	..	..	..	..	..
152	Togo	50,3	93	56	..	..	..	..	..	..	..	..
153	Iémen	29,7	108	39	88	43	3	14	9	43	..	..
154	Uganda	79,7	99	92	77	60	5	11	17	28	..	..
155	Gâmbia	59,1	94	69	..	..	..	..	..	..	..	..
DESENVOLVIMENTO HUMANO BAIXO												
156	Senegal	56,3	92	69	..	..	..	..	..	..	..	..
157	Eritreia	58,1	95	64	..	..	..	..	..	..	..	..
158	Nigéria	45,4	95	53	2	4	11	30	87	67	..	..
159	Tanzânia, República Unida da	85,8	97	95	84	80	1	4	15	16	..	..

Ordem do IDH	Actividade económica feminina (15 anos e mais)			Emprego por actividade económica[a] (%)						Trabalhadores em seio familiar (%)	
				Agricultura		Indústria		Serviços			
	Taxa (%) 2005	Índice (1990=100) 2005	Em % da taxa masc. 2005	Mulheres 1995–2005[b]	Homens 1995–2005[b]	Mulheres 1995–2005[b]	Homens 1995–2005[b]	Mulheres 1995–2005[b]	Homens 1995–2005[b]	Mulheres 1995–2005[b]	Homens 1995–2005[b]
160 Guiné	79,4	100	91	..	..	..	..	..	..	..	..
161 Ruanda	80,0	93	95	..	..	..	..	..	..	..	..
162 Angola	73,7	99	81	..	..	..	..	..	..	..	..
163 Benim	53,7	92	62	..	..	..	..	..	..	..	..
164 Malawi	85,4	100	95	..	..	..	..	..	..	..	..
165 Zâmbia	66,0	100	73	78	64	2	10	20	27	..	..
166 Costa do Marfim	38,8	89	44	..	..	..	..	..	..	..	..
167 Burundi	91,8	101	99	..	..	..	..	..	..	..	..
168 Congo, República Democrática do	61,2	101	68	..	..	..	..	..	..	..	..
169 Etiópia	70,8	98	79	91[c]	94[c]	3[c]	3[c]	6[c]	3[c]	..	..
170 Chade	65,6	102	85	..	..	..	..	..	..	..	..
171 República Centro-Africana	70,3	99	79	..	..	..	..	..	..	..	..
172 Moçambique	84,5	96	102	..	..	..	..	..	..	..	..
173 Mali	72,5	100	87	..	..	..	..	..	..	..	..
174 Niger	71,3	101	75	..	..	..	..	..	..	..	..
175 Guiné-Bissau	61,0	105	66	..	..	..	..	..	..	..	..
176 Burquina Faso	77,6	101	87	..	..	..	..	..	..	..	..
177 Serra Leoa	56,1	105	60	..	..	..	..	..	..	..	..
Países em vias de Desenvolvimento	52,4	101	64	..	..	..	..	..	..	..	..
Países menos desenvolvidos	61,8	95	72	..	..	..	..	..	..	..	..
Países Árabes	26,7	110	34	..	..	..	..	..	..	..	..
Ásia Oriental e Pacífico	65,2	96	79	..	..	..	..	..	..	..	..
América Latina e Caraíbas	51,9	127	65	..	..	..	..	..	..	..	..
Ásia do Sul	36,2	99	44	..	..	..	..	..	..	..	..
África Subsariana	62,6	96	73	..	..	..	..	..	..	..	..
Europa Central, Oriental e CEI	52,4	89	79	..	..	..	..	..	..	..	..
OCDE	50,3	105	72	..	..	..	..	..	..	..	..
OCDE de rendimento elevado	52,8	107	76	..	..	..	..	..	..	..	..
Desenvolvimento Humano elevado	51,6	107	73	..	..	..	..	..	..	..	..
Desenvolvimento Humano médio	52,2	98	64	..	..	..	..	..	..	..	..
Desenvolvimento Humano Baixo	63,4	97	72	..	..	..	..	..	..	..	..
Rendimento elevado	52,1	107	75	..	..	..	..	..	..	..	..
Rendimento médio	57,0	101	72	..	..	..	..	..	..	..	..
Rendimento baixo	45,7	96	55	..	..	..	..	..	..	..	..
Mundo	52,5	101	67	..	..	..	..	..	..	..	..

NOTAS

Devido a limitações nos dados, as comparações de estatísticas do trabalho no tempo e entre países devem ser feitas com precaução. Para notas pormenorizadas sobre os dados, ver ILO 2005.

a. As parcelas percentuais do emprego por actividade económica podem não somar 100 devido aos arredondamentos ou à omissão de actividades não classificadas.

b. Os dados referem-se ao ano mais recente disponível durante o período indicado.

c. Os dados referem-se a um ano ou período diferente do referido.

FONTES

Colunas 1 e 4–9: OIT 2005.

Colunas 2, 3, 10 e 11: Colunas 2 e 3: calculadas com base em dados das taxas de população economicamente activa da ILO 2005.

QUADRO

32

... e alcançando a igualdade para todas as mulheres e homens ...

Género, trabalho e afectação do tempo

Ordem do IDH	Ano	Ocupação de tempo em actividades no mercado e fora do mercado de trabalho (horas e minutos por dia)		Actividades no mercado de trabalho[a] (em % do total de tempo de trabalho)		Actividades fora do mercado de trabalho específicas: Cozinhar e limpar[b] (horas e minutos por dia)		Cuidar de crianças[c]		Outras actividades: Tempo livre[d] (horas e minutos por dia)		Cuidado pessoal[e]	
		Mulheres	Homens	Mulheres	Homens	Mulheres	Homens	Mulheres	Homens	Mulheres	Homens	Mulheres	Homens
DESENVOLVIMENTO HUMANO ELEVADO													
2 Noruega	2000–01	7:13	7:23	41	61	2:14	0:52	0:34	0:17	6:08	6:23	10:18	9:59
3 Austrália	1997	7:15	6:58	30	62	..	..	..	..	..	..	..	..
4 Canadá[f]	2005	7:57	7:51	40	59	1:54	0:48	0:35[g]	0:17[g]	5:28	5:53	10:49	10:26
5 Irlanda	2005	6:38	6:10	30	72	2:46	1:14	1:55[g]	0:31[g]	5:35	6:08	10:06	9:54
6 Suécia	2000–01	7:32	7:43	42	59	2:04	0:59	0:29	0:16	5:16	5:37	10:39	10:12
8 Japão[h]	1996	6:33	6:03	43	93	..	..	..	..	..	..	..	..
9 Países Baixos	1995	5:08	5:15	27	69	..	..	..	..	..	..	..	..
10 França	1998–99	7:01	6:27	33	59	3:04	0:48	0:28	0:09	3:52	4:26	11:57	11:46
11 Filândia	1999–00	7:20	6:58	38	59	2:28	1:01	0:28	0:11	5:29	6:08	10:38	10:23
12 Estados Unidos	2005	8:06	7:54	42	64	1:54	0:36	0:48[g]	0:24[g]	4:54	5:18	10:42	10:24
13 Espanha	2002–03	7:54	6:51	30	71	3:22	0:37	0:30	0:12	4:34	5:34	11:05	11:11
16 Reino Unido	2000–01	7:41	7:32	35	62	2:34	0:59	0:33	0:12	5:11	5:44	10:43	10:22
17 Bélgica	1999–00	6:35	6:04	29	54	2:57	0:55	0:35	0:19	4:40	5:12	11:12	10:55
19 Nova Zelândia[h]	1999	7:00	6:57	32	60	..	..	..	..	..	..	..	..
20 Itália	2002–03	8:08	6:51	26	70	4:02	0:31	0:28	0:11	4:15	5:29	11:12	11:16
22 Alemanha	2001–02	7:00	6:49	30	55	2:32	0:52	0:26	0:10	5:35	6:02	11:02	10:44
26 República da Coreia	2004	7:30	6:51	40	86	2:36	0:20	0:55	0:15	5:03	5:34	10:41	10:45
Rural[f]	2005	11:11	10:35	67	96	2:22	0:07	0:37[g]	0:11[g]	3:37	3:52	9:08	9:29
27 Eslovénia	2000–01	8:22	7:24	35	57	3:21	0:54	0:29	0:12	4:40	5:43	10:32	10:30
29 Portugal[f]	1999	7:39	6:05	39	82	3:59	0:57	0:42[g]	0:10[g]	3:08	4:05	11:26	11:25
36 Hungria	1999–00	8:00	7:08	32	56	3:16	0:47	0:35	0:15	4:44	5:36	11:00	11:00
37 Polónia	2003–04	7:55	7:25	31	59	3:13	1:02	0:39	0:16	4:33	5:23	11:03	10:44
43 Lituânia	2003–04	8:55	8:00	43	65	3:05	1:05	0:25	0:07	3:51	4:52	10:57	10:53
44 Estónia	1999–00	8:55	8:09	38	60	3:07	1:01	0:37	0:10	4:19	5:01	10:30	10:35
45 Letónia	2003–04	8:31	8:02	46	70	2:31	0:47	0:22	0:04	4:17	4:58	10:53	10:46
46 Uruguai[i]	2002	7:20	6:56	33	68	..	..	..	..	..	..	..	..
52 México[f]	2002	8:10	6:25	23	78	4:43	0:39	1:01[g]	0:21[g]	2:37	3:01	9:56	9:43
65 Maurícia[j]	2003	6:33	6:09	30	80	3:33	0:30	0:44	0:13	4:34	5:09	11:49	11:35
DESENVOLVIMENTO HUMANO MÉDIO E BAIXO													
110 Nicarágua[j]	1998	6:29	6:08	28	74	3:31	0:31	1:01	0:17	5:05	5:05	10:48	10:42
Rural[j]	1998	6:33	6:40	36	73	3:49	0:21	1:00	0:11	5:05	5:18	11:00	10:42
Urbana[j]	1998	6:30	5:30	18	76	3:16	0:43	1:01	0:24	5:52	5:56	10:42	10:36
114 Mongólia[f]	2000	9:02	8:16	49	76	3:49	1:45	0:45	0:16	2:54	3:39	10:29	10:40
Rural[j]	2000	10:35	9:52	48	80	4:46	1:46	0:43	0:12	2:18	2:51	10:20	10:31
Urbana[j]	2000	7:41	6:49	51	70	3:00	1:44	0:47	0:19	3:25	4:23	10:38	10:47
121 África do Sul	2000	6:52	6:01	38	76	3:06	1:00	0:39[g]	0:04[g]	4:08	4:53	12:11	11:58
128 Índia[k]	2000	7:37	6:31	35	92	..	..	..	..	..	..	..	..
143 Madagáscar[j]	2001	7:14	7:03	50	80	2:51	0:17	0:31	0:08	1:45	2:15	13:09	13:04
Rural[j]	2001	7:30	7:40	53	78	2:52	0:14	0:31	0:07	1:24	1:54	13:18	13:13
Urbana[j]	2001	6:36	5:37	44	86	2:49	0:22	0:31	0:11	2:35	3:05	12:47	12:43
163 Benim[j]	1998	8:03	5:36	59	80	2:49	0:27	0:45	0:05	1:32	3:22	12:05	11:59
Rural[j]	1998	8:20	5:50	61	81	2:50	0:22	0:50	0:05	1:51	3:26	11:52	11:55
Urbana[j]	1998	7:23	5:02	53	78	2:46	0:37	0:35	0:04	1:58	3:16	12:13	12:06

NOTAS

As comparações entre países e áreas têm de ser feitas com precaução. Salvo registo em contrário, os dados do tempo utilizados neste quadro referem-se a um dia do ano normal para a população total com idade doa 20 aos 74 anos. O tempo de deslocação para cada actividade é incluído no tempo referido para a maior parte dos países, mas podem existir excepções.

a. Referem-se a actividades de produção orientadas para o mercado, tal como definido pelo Sistema de Contas Nacionais da ONU, revisão de 1993.

b. Inclui as actividades seguintes: lavar a louça, limpeza da casa, lavar a roupa, passar a ferro e outras actividades domésticas.

c. Inclui cuidados físicos das crianças, ensinar, brincar, etc. com crianças e outros cuidados das crianças.

d. Inclui vida social, diversão, descanso, actividade física, artes, computadores, media, etc.

e. Inclui dormir, comer e outros cuidados pessoais.

f. Os dados referem-se a grupos etários diferentes dos especificados na definição padrão.

g. A juntar aos cuidados com as crianças, o valor representado inclui cuidar de adultos com necessidades especiais ou pessoas idosas, ambos em casa ou noutro lugar (ex.: ajudar nos cuidados pessoais).

i. Os dados refrem-se apenas à população urbana.

j. Os dados das colunas 1-4 pertencem a um grupo etário diferente dos dados das colunas 5-12. Nem num caso nem noutro a população de referência é a mesma que a da definição padrão.

k. ONU 2002.

FONTE

Todas as colunas: Time use. 2007.

... e alcançando a igualdade para todas as mulheres e homens ...

Participação política das mulheres

Ordem do IDH		Ano em que as mulheres receberam o direito [a]		Ano da primeira mulher eleita (E) ou nomeada (A) para o parlamento	Mulheres no governo ao nível ministerial (% do total) [b]	ODM Assentos no parlamento ocupados por mulheres (% do total) [c]		
						Câmara baixa ou única		Câmara alta ou senado
		Ao voto	De se candidatar às eleições		2005	1990	2007	2007
DESENVOLVIMENTO HUMANO ELEVADO								
1	Islândia	1915, 1920	1915, 1920	1922 E	27,3	20,6	31,7	—
2	Noruega	1913	1907, 1913	1911 A	44,4	35,8	37,9	—
3	Austrália	1902, 1962	1902, 1962	1943 E	20,0	6,1	24,7	35,5
4	Canadá	1917, 1960	1920, 1960	1921 E	23,1	13,3	20,8	35,0
5	Irlanda	1918, 1928	1918, 1928	1918 E	21,4	7,8	13,3	16,7
6	Suécia	1919, 1921	1919, 1921	1921 E	52,4	38,4	47,3	—
7	Suiça	1971	1971	1971 E	14,3	14,0	25,0	23,9
8	Japão	1945, 1947	1945, 1947	1946 E	12,5	1,4	9,4	14,5
9	Países Baixos	1919	1917	1918 E	36,0	21,3	36,7	34,7
10	França	1944	1944	1945 E	17,6	6,9	12,2	16,9
11	Filândia	1906	1906	1907 E	47,1	31,5	42,0	—
12	Estados Unidos	1920, 1965	1788 [d]	1917 E	14,3	6,6	16,3	16,0
13	Espanha	1931	1931	1931 E	50,0	14,6	36,0	23,2
14	Dinamarca	1915	1915	1918 E	33,3	30,7	36,9	—
15	Áustria	1918	1918	1919 E	35,3	11,5	32,2	27,4
16	Reino Unido	1918, 1928	1918, 1928	1918 E	28,6	6,3	19,7	18,9
17	Bélgica	1919, 1948	1921	1921 A	21,4	8,5	34,7	38,0
18	Luxemburgo	1919	1919	1919 E	14,3	13,3	23,3	—
19	Nova Zelândia	1893	1919	1933 E	23,1	14,4	32,2	—
20	Itália	1945	1945	1946 E	8,3	12,9	17,3	13,7
21	Hong Kong, China (RAE)	..	..	..	..	..	..	..
22	Alemanha	1918	1918	1919 E	46,2	..	31,6	21,7
23	Israel	1948	1948	1949 E	16,7	6,7	14,2	—
24	Grécia	1952	1952	1952 E	5,6	6,7	13,0	—
25	Singapura	1947	1947	1963 E	0,0	4,9	24,5	—
26	República da Coreia	1948	1948	1948 E	5,6	2,0	13,4	—
27	Eslovénia	1946	1946	1992 E [e]	6,3	..	12,2	7,5
28	Chipre	1960	1960	1963 E	0,0	1,8	14,3	—
29	Portugal	1931, 1976	1931, 1976	1934 E	16,7	7,6	21,3	—
30	Estado do Brunei Darussalam	—	—	—	9,1	.. [f]	.. [f]	.. [f]
31	Barbados	1950	1950	1966 A	29,4	3,7	13,3	23,8
32	República Checa	1920	1920	1992 E [e]	11,1	..	15,5	14,8
33	Koweit	2005	2005	2005 A	0,0	..	3,1 [g]	—
34	Malta	1947	1947	1966 E	15,4	2,9	9,2	—
35	Catar	2003 [h]	..	..	7,7	..	0,0	—
36	Hungria	1918, 1945	1918, 1945	1920 E	11,8	20,7	10,4	—
37	Polónia	1918	1918	1919 E	5,9	13,5	20,4	13,0
38	Argentina	1947	1947	1951 E	8,3	6,3	35,0	43,1
39	Emirados Árabes Unidos	—	—	—	5,6	0,0	22,5	—
40	Chile	1949	1949	1951 E	16,7	..	15,0	5,3
41	Barém	1973, 2002	1973, 2002	2002 A	8,7	..	2,5	25,0
42	Eslováquia	1920	1920	1992 E [e]	0,0	..	19,3	—
43	Lituânia	1919	1919	1920 A	15,4	..	24,8	—
44	Estónia	1918	1918	1919 E	15,4	..	21,8	—
45	Letónia	1918	1918	..	23,5	..	19,0	—
46	Uruguai	1932	1932	1942 E	0,0	6,1	11,1	9,7
47	Croácia	1945	1945	1992 E [e]	33,3	..	21,7	—
48	Costa Rica	1949	1949	1953 E	25,0	10,5	38,6	—
49	Baamas	1961, 1964	1961, 1964	1977 A	26,7	4,1	12,2	53,8
50	Seicheles	1948	1948	1976 E+A	12,5	16,0	23,5	—
51	Cuba	1934	1934	1940 E	16,2	33,9	36,0	—
52	México	1947	1953	1952 A	9,4	12,0	22,6	17,2
53	Bulgária	1937, 1945	1945	1945 E	23,8	21,0	22,1	—

Participação política das mulheres

Ordem do IDH	Ano em que as mulheres receberam o direito[a] Ao voto	De se candidatar às eleições	Ano da primeira mulher eleita (E) ou nomeada (A) para o parlamento	Mulheres no governo ao nível ministerial (% do total)[b] 2005	ODM Assentos no parlamento ocupados por mulheres (% do total)[c] Câmara baixa ou única 1990	Câmara baixa ou única 2007	Câmara alta ou senado 2007
54 São Cristóvão e Nevis	1951	1951	1984 E	0,0	6,7	0,0	—
55 Tonga	1960	1960	1993 E	..	0,0	3,3	—
56 Jamahira Árabe Líbia	1964	1964	..	..	..	7,7	—
57 Antigua e Barbuda	1951	1951	1984 A	15,4	0,0	10,5	17,6
58 Omã	1994, 2003	1994, 2003	..	10,0	..	2,4	15,5
59 Trinidade e Tobago	1946	1946	1962 E+A	18,2	16,7	19,4	32,3
60 Roménia	1929, 1946	1929, 1946	1946 E	12,5	34,4	11,2	9,5
61 Arábia Saudita	—	—	—	0,0	..	0,0	—
62 Panamá	1941, 1946	1941, 1946	1946 E	14,3	7,5	16,7	—
63 Malásia	1957	1957	1959 E	9,1	5,1	9,1	25,7
64 Bielorússia	1918	1919	1990 E[e]	10,0	..	29,1	31,0
65 Maurícia	1956	1956	1976 E	8,0	7,1	17,1	—
66 Bósnia e Herzegovina	1946	1946	1990 E[e]	11,1	..	14,3	13,3
67 Federação da Rússia	1918	1918	1993 E[e]	0,0	..	9,8	3,4
68 Albânia	1920	1920	1945 E	5,3	28,8	7,1	—
69 Macedónia (ARJM)	1946	1946	1990 E[e]	16,7	..	28,3	—
70 Brasil	1932	1932	1933 E	11,4	5,3	8,8	12,3
DESENVOLVIMENTO HUMANO MÉDIO							
71 Domínica	1951	1951	1980 E	0,0	10,0	12,9	—
72 Santa Lúcia	1951	1951	1979 A	8,3	0,0	5,6[i]	18,2
73 Cazaquistão	1924, 1993	1924, 1993	1990 E[e]	17,6	..	10,4	5,1
74 Venezuela, República Bolivariana	1946	1946	1948 E	13,6	10,0	18,6	—
75 Colómbia	1954	1954	1954 A	35,7	4,5	8,4	11,8
76 Ucrania	1919	1919	1990 E[e]	5,6	..	8,7	—
77 Samoa	1948, 1990	1948, 1990	1976 A	7,7	0,0	6,1	—
78 Tailândia	1932	1932	1948 A	7,7	2,8	8,7	—
79 República Dominicana	1942	1942	1942 E	14,3	7,5	19,7	3,1
80 Belize	1954	1954	1984 E+A	6,3	0,0	6,7	25,0
81 China	1949	1949	1954 E	6,3	21,3	20,3	—
82 Grenada	1951	1951	1976 E+A	40,0	..	26,7	30,8
83 Arménia	1918	1918	1990 E[e]	0,0	35,6	9,2	—
84 Turquia	1930, 1934	1930, 1934	1935 A	4,3	1,3	4,4	—
85 Suriname	1948	1948	1975 E	11,8	7,8	25,5	—
86 Jordânia	1974	1974	1989 A	10,7	0,0	5,5	12,7
87 Perú	1955	1955	1956 E	11,8	5,6	29,2	—
88 Líbano	1952	1952	1991 A	6,9	0,0	4,7	—
89 Equador	1929	1929	1956 E	14,3	4,5	25,0	—
90 Filipinas	1937	1937	1941 E	25,0	9,1	22,5	18,2
91 Tunísia	1959	1959	1959 E	7,1	4,3	22,8	13,4
92 Fiji	1963	1963	1970 A	9,1	..[j]	..[j]	..[j]
93 São Vicente e Granadinas	1951	1951	1979 E	20,0	9,5	18,2	—
94 Irão, República Islâmica do	1963	1963	1963 E+A	6,7	1,5	4,1	—
95 Paraguai	1961	1961	1963 E	30,8	5,6	10,0	8,9
96 Geórgia	1918, 1921	1918, 1921	1992 E[e]	22,2	..	9,4	—
97 Guiana	1953	1945	1968 E	22,2	36,9	29,0	—
98 Azerbeijão	1918	1918	1990 E[e]	15,0	..	11,3	—
99 Sri Lanka	1931	1931	1947 E	10,3	4,9	4,9	—
100 Maldivas	1932	1932	1979 E	11,8	6,3	12,0	—
101 Jamaica	1944	1944	1944 E	17,6	5,0	11,7	19,0
102 Cabo Verde	1975	1975	1975 E	18,8	12,0	15,3	—
103 El Salvador	1939	1961	1961 E	35,3	11,7	16,7	—
104 Argélia	1962	1962	1962 A	10,5	2,4	7,2	3,1
105 Vietname	1946	1946	1976 E	11,5	17,7	25,8	—
106 Territórios Ocupados da Palestina	..	..	..	..	..	..	..

Ordem do IDH	Ano em que as mulheres receberam o direito[a]: Ao voto	De se candidatar às eleições	Ano da primeira mulher eleita (E) ou nomeada (A) para o parlamento	Mulheres no governo ao nível ministerial (% do total)[b] 2005	ODM Assentos no parlamento ocupados por mulheres (% do total)[c]: Câmara baixa ou única 1990	Câmara baixa ou única 2007	Câmara alta ou senado 2007
107 Indonésia	1945, 2003	1945	1950 A	10,8	12,4	11,3	—
108 República Árabe Síria	1949, 1953	1953	1973 E	6,3	9,2	12,0	—
109 Turquemenistão	1927	1927	1990 E[e]	9,5	26,0	16,0	—
110 Nicarágua	1955	1955	1972 E	14,3	14,8	18,5	—
111 Moldávia	1924, 1993	1924, 1993	1990 E	11,1	..	21,8	—
112 Egipto	1956	1956	1957 E	5,9	3,9	2,0	6,8
113 Usbequistão	1938	1938	1990 E[e]	3,6	..	17,5	15,0
114 Mongólia	1924	1924	1951 E	5,9	24,9	6,6	—
115 Honduras	1955	1955	1957 E	14,3	10,2	23,4	—
116 Quirguizistão	1918	1918	1990 E[e]	12,5	..	0,0	—
117 Bolívia	1938, 1952	1938, 1952	1966 E	6,7	9,2	16,9	3,7
118 Guatemala	1946	1946, 1965	1956 E	25,0	7,0	8,2	—
119 Gabão	1956	1956	1961 E	11,8	13,3	12,5	15,4
120 Vanuatu	1975, 1980	1975, 1980	1987 E	8,3	4,3	3,8	—
121 África do Sul	1930, 1994	1930, 1994	1933 E	41,4	2,8	32,8[k]	33,3[k]
122 Tajiquistão	1924	1924	1990 E[e]	3,1	..	17,5	23,5
123 São Tomé and Príncipe	1975	1975	1975 E	14,3	11,8	7,3	—
124 Botsuana	1965	1965	1979 E	26,7	5,0	11,1	—
125 Namíbia	1989	1989	1989 E	19,0	6,9	26,9	26,9
126 Marrocos	1963	1963	1993 E	5,9	0,0	10,8	1,1
127 Guiné Equatorial	1963	1963	1968 E	4,5	13,3	18,0	—
128 Índia	1935, 1950	1935, 1950	1952 E	3,4	5,0	8,3	10,7
129 Ilhas Salomão	1974	1974	1993 E	0,0	0,0	0,0	—
130 Laos, Rep. Democrática Popular do	1958	1958	1958 E	0,0	6,3	25,2	—
131 Camboja	1955	1955	1958 E	7,1	..	9,8	14,8
132 Mianmar	1935	1946	1947 E	..	..[l]	..[l]	..[l]
133 Butão	1953	1953	1975 E	0,0	2,0	2,7	—
134 Comores	1956	1956	1993 E	..	0,0	3,0	—
135 Gana	1954	1954	1960 A	11,8	..	10,9	—
136 Paquistão	1935, 1947	1935, 1947	1973 E[e]	5,6	10,1	21,3	17,0
137 Mauritânia	1961	1961	1975 E	9,1	..	17,9	17,0
138 Lesoto	1965	1965	1965 A	27,8	..	23,5	30,3
139 Congo	1947, 1961	1963	1963 E	14,7	14,3	8,5	13,3
140 Bangladeche	1935, 1972	1935, 1972	1973 E	8,3	10,3	15,1[m]	—
141 Suazilândia	1968	1968	1972 E+A	13,3	3,6	10,8	30,0
142 Nepal	1951	1951	1952 A	7,4	6,1	17,3[n]	—
143 Madagáscar	1959	1959	1965 E	5,9	6,5	6,9	11,1
144 Camarões	1946	1946	1960 E	11,1	14,4	8,9	—
145 Papua- Nova Guiné	1964	1963	1977 E	..	0,0	0,9	—
146 Haiti	1957	1957	1961 E	25,0	..	4,1	13,3
147 Sudão	1964	1964	1964 E	2,6	..	17,8	4,0
148 Quénia	1919, 1963	1919, 1963	1969 E+A	10,3	1,1	7,3	—
149 Djibuti	1946	1986	2003 E	5,3	0,0	10,8	—
150 Timor-Leste	..	..	..	22,2	..	25,3[o]	—
151 Zimbabué	1919, 1957	1919, 1978	1980 E+A	14,7	11,0	16,7	34,8
152 Togo	1945	1945	1961 E	20,0	5,2	8,6	—
153 Iémen	1967, 1970	1967, 1970	1990 E[e]	2,9	4,1	0,3	1,8
154 Uganda	1962	1962	1962 A	23,4	12,2	29,8	—
155 Gâmbia	1960	1960	1982 E	20,0	7,8	9,4	—
DESENVOLVIMENTO HUMANO BAIXO							
156 Senegal	1945	1945	1963 E	20,6	12,5	19,2	—
157 Eritreia	1955[p]	1955[p]	1994 E	17,6	..	22,0	—
158 Nigéria	1958	1958	..	10,0	..	6,4[q]	7,3
159 Tanzânia, República Unida da	1959	1959	..	15,4	..	30,4	—

TABELA

33 Participação política das mulheres

Ordem do IDH		Ano em que as mulheres receberam o direito[a]: Ao voto	Ano em que as mulheres receberam o direito[a]: De se candidatar às eleições	Ano da primeira mulher eleita (E) ou nomeada (A) para o parlamento	Mulheres no governo ao nível ministerial (% do total)[b] 2005	ODM Assentos no parlamento ocupados por mulheres (% do total)[c]: Câmara baixa ou única 1990	ODM Assentos no parlamento ocupados por mulheres (% do total)[c]: Câmara baixa ou única 2007	ODM Assentos no parlamento ocupados por mulheres (% do total)[c]: Câmara alta ou senado 2007
160	Guiné	1958	1958	1963 E	15,4	..	19,3	—
161	Ruanda	1961	1961	1981 E	35,7	17,1	48,8	34,6
162	Angola	1975	1975	1980 E	5,7	14,5	15,0	—
163	Benim	1956	1956	1979 E	19,0	2,9	8,4	—
164	Malawi	1961	1961	1964 E	14,3	9,8	13,6	—
165	Zâmbia	1962	1962	1964 E+A	25,0	6,6	14,6	—
166	Costa do Marfim	1952	1952	1965 E	17,1	5,7	8,5	—
167	Burundi	1961	1961	1982 E	10,7	..	30,5	34,7
168	Congo, República Democrática do	1967	1970	1970 E	12,5	5,4	8,4	4,6
169	Etiópia	1955	1955	1957 E	5,9	..	21,9	18,8
170	Chade	1958	1958	1962 E	11,5	..	6,5	—
171	República Centro-Africana	1986	1986	1987 E	10,0	3,8	10,5	—
172	Moçambique	1975	1975	1977 E	13,0	15,7	34,8	—
173	Mali	1956	1956	1959 E	18,5	..	10,2	—
174	Níger	1948	1948	1989 E	23,1	5,4	12,4	—
175	Guiné-Bissau	1977	1977	1972 A	37,5	20,0	14,0	—
176	Burquina Faso	1958	1958	1978 E	14,8	..	11,7	—
177	Serra Leoa	1961	1961	..	13,0	..	14,5	—
OUTROS								
	Afeganistão	1963	1963	1965 E	10,0	3,7	27,3	22,5
	Andorra	1970	1973	1993 E	33,3	..	28,6	—
	Iraque	1980	1980	1980 E	18,8	10,8	25,5	—
	Quiribati	1967	1967	1990 E	0,0	0,0	7,1	—
	Coreia, República democrática da	1946	1946	1948 E	..	21,1	20,1	—
	Libéria	1946	1946	..	13,6	..	12,5	16,7
	Liechtenstein	1984	1984	1986 E	20,0	4,0	24,0	—
	Ilhas Marshall	1979	1979	1991 E	0,0	..	3,0	—
	Micronésia, Estados Federados da	1979	1979	..	..	..	0,0	—
	Mónaco	1962	1962	1963 E	0,0	11,1	20,8	—
	Montenegro	1946 [r]	1946 [r]	..	..	..	8,6	—
	Nauru	1968	1968	1986 E	0,0	5,6	0,0	—
	Palau	1979	1979	..	12,5	..	0,0	0,0
	San Marino	1959	1973	1974 E	12,5	11,7	11,7	—
	Sérvia	1946 [r]	1946 [r]	..	..	..	20,4	—
	Somália	1956	1956	1979 E	..	4,0	8,2	—
	Tuvalu	1967	1967	1989 E	0,0	7,7	0,0	—

NOTAS

a. Os dados referem-se ao ano em que foi reconhecido o direito de votar, ou de se candidatar às eleições, numa base universal e igual. Onde são apresentados dois anos, o primeiro refere-se ao primeiro reconhecimento parcial do direito de votar, ou de se candidatar às eleições. Em alguns países concedeu-se às mulheres o direito de votar ou de se candidatarem às eleições antes de obterem estes direitos para as eleições nacionais. Os dados relativos aos direitos locais de eleição não estão incluídos nesta tabela.

b. Os dados são de 1 de Janeiro de 2005. O total inclui vice-primeiros-ministros e ministros. Os primeiros-ministros também estão incluídos quando detêm pastas ministeriais e os Vice-presidentes e directores de departamentos ou agências de nível ministerial também estão incluídos quando exercem uma função ministerial na estrutura governamental.

c. Os dados são de 31 de Maio de 2007, salvo indicação contrária. A percentagem foi calculada tomando como referência o número total de assentos então ocupados no parlamento.

d. Não há informação disponível sobre o ano em que as mulheres receberam o direito de se candidatarem às eleições. Contudo, a constituição não menciona o género em relação a este direito.

e. Refere-se ao ano em que foram eleitas mulheres para o sistema parlamentar corrente.

f. O Estado do Brunei Darussalam não tem actualmente um parlamento.

g. Nas eleições de 2006 nenhuma candidata mulher foi eleita. Em Julho de 2006, uma das mulheres foi nomeada para os 16 membros ajuramentados do conselho de ministros. Em Março de 2007, um novo conselho de ministros fez juramento e nele estava presente uma mulher. Como os ministros que fazem parte do conselho de ministros também têm assento no parlamento, num total de 65 membros, estão presentes duas mulheres.

h. De acordo com a nova constituição aprovada em 2003, as mulheres têm direito de voto. Até à data ainda não foram realizadas eleições.

i. Nas eleições de 2006 não foi eleita nenhuma mulher. No entanto, foi nomeada uma mulher para Presidente da Câmara dos Comuns e, por isso, tornou-se membro da Câmara.

j. O Parlamento foi dissolvido ou suspenso por tempo indeterminado.

k. Os dados não incluem os 36 delegados rotativos especiais designados numa base ad hoc. As percentagens apresentadas foram, por conseguinte, calculadas com base nos 54 lugares permanentes.

l. O parlamento eleito em 1990 nunca foi convocado nem autorizado a reunir e muitos dos seus membros foram detidos ou forçados ao exílio.

m. Em 2004 o número de assentos no parlamento subiu de 300 para 345, com 45 assentos adicionais reservados às mulheres e ocupados em Setembro e Outubro de 2005, sendo atribuídos a partidos políticos em relação à percentagem de votos nacionais recebidos nas eleições de 2001.

n. Em Janeiro de 2007 foi estabelecido um parlamento legislativo transitório. As eleições para a Assembleia Constituinte terão lugar em 2007.

o. O objectivo das eleições realizadas a 30 de Agosto de 2001 foi a eleição dos membros da Assembleia Constituinte de Timor-Leste. A Assembleia transformou-se em Parlamento Nacional a 20 de Maio de 2002, data em que o país se tornou independente, sem novas eleições.

p. Em Novembro de 1955 a Eritreia fazia parte da Etiópia. A constituição da soberana Eritreia adoptada em Maio de 1997 estipula que "Todos os habitantes da Eritreia, com dezoito anos ou mais, têm o direito ao voto".

q. Os dados são de Maio de 2006.

r. A Sérvia e Montenegro estão separados em dois estados independentes desde Junho de 2006. As mulheres receberam o direito de votar e de candidatar às eleições em 1946, quando a Sérvia e Montenegro faziam parte da antiga Jugoslávia.

FONTES

Colunas 1–3: IPU 2007b.
Coluna 4: IPU 2007a.
Coluna 5: ONU 2007c, baseada nos dados da UIP.
Colunas 6 e 7: IPU 2007c.

TABELA

34

Instrumentos dos direitos humanos e do trabalho

Posição dos principais instrumentos internacionais de direitos humanos

Ordem do IDH	Convenção Internacional para a Prevenção e Punição do Crime de Genocídio 1948	Convenção Internacional para a Eliminação de Todas as Formas de Discriminação Racial 1965	Convénio Internacional sobre os Direitos Civis e Políticos 1966	Convénio Internacional sobre os Direitos Económicos, Sociais e Culturais 1966	Convenção para a Eliminação de Todas as Formas de Discriminação contra as Mulheres 1979	Convenção contra a Tortura e Outras Punições ou Tratamentos Cruéis, Desumanos ou Degradantes 1984	Convenção sobre os Direitos da Criança 1989
DESENVOLVIMENTO HUMANO ELEVADO							
1 Islândia	1949	1967	1979	1979	1985	1996	1992
2 Noruega	1949	1970	1972	1972	1981	1986	1991
3 Austrália	1949	1975	1980	1975	1983	1989	1990
4 Canadá	1952	1970	1976	1976	1981	1987	1991
5 Irlanda	1976	2000	1989	1989	1985	2002	1992
6 Suécia	1952	1971	1971	1971	1980	1986	1990
7 Suiça	2000	1994	1992	1992	1997	1986	1997
8 Japão	..	1995	1979	1979	1985	1999	1994
9 Países Baixos	1966	1971	1978	1978	1991	1988	..
10 França	1950	1971	1980	1980	1983	1986	1990
11 Filândia	1959	1970	1975	1975	1986	1989	1991
12 Estados Unidos	1988	1994	1992	1977	1980	1994	1995
13 Espanha	1968	1968	1977	1977	1984	1987	1990
14 Dinamarca	1951	1971	1972	1972	1983	1987	1991
15 Áustria	1958	1972	1978	1978	1982	1987	1992
16 Reino Unido	1970	1969	1976	1976	1986	1988	1991
17 Bélgica	1951	1975	1983	1983	1985	1999	1991
18 Luxemburgo	1981	1978	1983	1983	1989	1987	1994
19 Nova Zelândia	1978	1972	1978	1978	1985	1989	1993
20 Itália	1952	1976	1978	1978	1985	1989	1991
22 Alemanha	1954	1969	1973	1973	1985	1990	1992
23 Israel	1950	1979	1991	1991	1991	1991	1991
24 Grécia	1954	1970	1997	1985	1983	1988	1993
25 Singapura	1995	..	..	..	1995	..	1995
26 República da Coreia	1950	1978	1990	1990	1984	1995	1991
27 Eslovénia	1992	1992	1992	1992	1992	1993	1992
28 Chipre	1982	1967	1969	1969	1985	1991	1991
29 Portugal	1999	1982	1978	1978	1980	1989	1990
30 Estado do Brunei Darussalam	..	..	..	..	2006	..	1995
31 Barbados	1980	1972	1973	1973	1980	..	1990
32 República Checa	1993	1993	1993	1993	1993	1993	1993
33 Koweit	1995	1968	1996	1996	1994	1996	1991
34 Malta	..	1971	1990	1990	1991	1990	1990
35 Catar	..	1976	..	..	..	2000	1995
36 Hungria	1952	1967	1974	1974	1980	1987	1991
37 Polónia	1950	1968	1977	1977	1980	1989	1991
38 Argentina	1956	1968	1986	1986	1985	1986	1990
39 Emirados Árabes Unidos	2005	1974	..	..	2004	..	1997
40 Chile	1953	1971	1972	1972	1989	1988	1990
41 Barém	1990	1990	2006	..	2002	1998	1992
42 Eslováquia	1993	1993	1993	1993	1993	1993	1993
43 Lituânia	1996	1998	1991	1991	1994	1996	1992
44 Estónia	1991	1991	1991	1991	1991	1991	1991
45 Letónia	1992	1992	1992	1992	1992	1992	1992
46 Uruguai	1967	1968	1970	1970	1981	1986	1990
47 Croácia	1992	1992	1992	1992	1992	1992	1992
48 Costa Rica	1950	1967	1968	1968	1986	1993	1990
49 Baamas	1975	1975	..	..	1993	..	1991
50 Seicheles	1992	1978	1992	1992	1992	1992	1990
51 Cuba	1953	1972	..	..	1980	1995	1991
52 México	1952	1975	1981	1981	1981	1986	1990
53 Bulgária	1950	1966	1970	1970	1982	1986	1991
54 São Cristóvão e Nevis	..	2006	..	..	1985	..	1990

TABELA 34

Posição dos principais instrumentos internacionais de direitos humanos

Ordem do IDH		Convenção Internacional para a Prevenção e Punição do Crime de Genocídio 1948	Convenção Internacional para a Eliminação de Todas as Formas de Discriminação Racial 1965	Convénio Internacional sobre os Direitos Civis e Políticos 1966	Convénio Internacional sobre os Direitos Económicos, Sociais e Culturais 1966	Convenção para a Eliminação de Todas as Formas de Discriminação contra as Mulheres 1979	Convenção contra a Tortura e Outras Punições ou Tratamentos Cruéis, Desumanos ou Degradantes 1984	Convenção sobre os Direitos da Criança 1989
55	Tonga	1972	1972	..	..	..	..	1995
56	Jamahira Árabe Líbia	1989	1968	1970	1970	1989	1989	1993
57	Antigua e Barbuda	1988	1988	..	..	1989	1993	1993
58	Omã	..	2003	..	..	2006	..	1996
59	Trinidade e Tobago	2002	1973	1978	1978	1990	..	1991
60	Roménia	1950	1970	1974	1974	1982	1990	1990
61	Arábia Saudita	1950	1997	..	..	2000	1997	1996
62	Panamá	1950	1967	1977	1977	1981	1987	1990
63	Malásia	1994	..	..	..	1995	..	1995
64	Bielorússia	1954	1969	1973	1973	1981	1987	1990
65	Maurícia	..	1972	1973	1973	1984	1992	1990
66	Bósnia e Herzegovina	1992	1993	1993	1993	1993	1993	1993
67	Federação da Rússia	1954	1969	1973	1973	1981	1987	1990
68	Albânia	1955	1994	1991	1991	1994	1994	1992
69	Macedónia (ARJM)	1994	1994	1994	1994	1994	1994	1993
70	Brasil	1952	1968	1992	1992	1984	1989	1990
DESENVOLVIMENTO HUMANO MÉDIO								
71	Domínica	..	..	1993	1993	1980	..	1991
72	Santa Lúcia	..	1990	..	..	1982	..	1993
73	Cazaquistão	1998	1998	2006	2006	1998	1998	1994
74	Venezuela, República Bolivariana	1960	1967	1978	1978	1983	1991	1990
75	Colômbia	1959	1981	1969	1969	1982	1987	1991
76	Ucrania	1954	1969	1973	1973	1981	1987	1991
77	Samoa	..	..	..	..	1992	..	1994
78	Tailândia	..	2003	1996	1999	1985	..	1992
79	República Dominicana	**1948**	1983	1978	1978	1982	**1985**	1991
80	Belize	1998	2001	1996	**2000**	1990	1986	1990
81	China	1983	1981	**1998**	2001	1980	1988	1992
82	Grenada	..	**1981**	1991	1991	1990	..	1990
83	Arménia	1993	1993	1993	1993	1993	1993	1993
84	Turquia	1950	2002	2003	2003	1985	1988	1995
85	Suriname	..	1984	1976	1976	1993	..	1993
86	Jordânia	1950	1974	1975	1975	1992	1991	1991
87	Perú	1960	1971	1978	1978	1982	1988	1990
88	Líbano	1953	1971	1972	1972	1997	2000	1991
89	Equador	1949	1966	1969	1969	1981	1988	1990
90	Filipinas	1950	1967	1986	1974	1981	1986	1990
91	Tunísia	1956	1967	1969	1969	1985	1988	1992
92	Fiji	1973	1973	..	..	1995	..	1993
93	São Vicente e Granadinas	1981	1981	1981	1981	1981	2001	1993
94	Irão, República Islâmica do	1956	1968	1975	1975	..	..	1994
95	Paraguai	2001	2003	1992	1992	1987	1990	1990
96	Geórgia	1993	1999	1994	1994	1994	1994	1994
97	Guiana	..	1977	1977	1977	1980	1988	1991
98	Azerbeijão	1996	1996	1992	1992	1995	1996	1992
99	Sri Lanka	1950	1982	1980	1980	1981	1994	1991
100	Maldivas	1984	1984	2006	2006	1993	2004	1991
101	Jamaica	1968	1971	1975	1975	1984	..	1991
102	Cabo Verde	..	1979	1993	1993	1980	1992	1992
103	El Salvador	1950	1979	1979	1979	1981	1996	1990
104	Argélia	1963	1972	1989	1989	1996	1989	1993
105	Vietname	1981	1982	1982	1982	1982	..	1990
106	Territórios Ocupados da Palestina	..	..	..	..	..	..	..
107	Indonésia	..	1999	2006	2006	1984	1998	1990

Ordem do IDH		Convenção Internacional para a Prevenção e Punição do Crime de Genocídio 1948	Convenção Internacional para a Eliminação de Todas as Formas de Discriminação Racial 1965	Convénio Internacional sobre os Direitos Civis e Políticos 1966	Convénio Internacional sobre os Direitos Económicos, Sociais e Culturais 1966	Convenção para a Eliminação de Todas as Formas de Discriminação contra as Mulheres 1979	Convenção contra a Tortura e Outras Punições ou Tratamentos Cruéis, Desumanos ou Degradantes 1984	Convenção sobre os Direitos da Criança 1989
108	República Árabe Síria	1955	1969	1969	1969	2003	2004	1993
109	Turquemenistão	..	1994	1997	1997	1997	1999	1993
110	Nicarágua	1952	1978	1980	1980	1981	2005	1990
111	Moldávia	1993	1993	1993	1993	1994	1995	1993
112	Egipto	1952	1967	1982	1982	1981	1986	1990
113	Usbequistão	1999	1995	1995	1995	1995	1995	1994
114	Mongólia	1967	1969	1974	1974	1981	2002	1990
115	Honduras	1952	2002	1997	1981	1983	1996	1990
116	Quirguizistão	1997	1997	1994	1994	1997	1997	1994
117	Bolívia	2005	1970	1982	1982	1990	1999	1990
118	Guatemala	1950	1983	1992	1988	1982	1990	1990
119	Gabão	1983	1980	1983	1983	1983	2000	1994
120	Vanuatu	..	..	..	..	1995	..	1993
121	África do Sul	1998	1998	1998	**1994**	1995	1998	1995
122	Tajiquistão	..	1995	1999	1999	1993	1995	1993
123	São Tomé and Príncipe	..	**2000**	**1995**	..	2003	**2000**	1991
124	Botsuana	..	1974	2000	..	1996	2000	1995
125	Namíbia	1994	1982	1994	1994	1992	1994	1990
126	Marrocos	1958	1970	1979	1979	1993	1993	1993
127	Guiné Equatorial	..	2002	1987	1987	1984	2002	1992
128	Índia	1959	1968	1979	1979	1993	**1997**	1992
129	Ilhas Salomão	..	1982	..	1982	2002	..	1995
130	Laos, Rep. Democrática Popular do	1950	1974	2000[a]	2007	1981	..	1991
131	Camboja	1950	1983	1992	1992	1992	1992	1992
132	Mianmar	1956	..	..	..	1997	..	1991
133	Butão	..	**1973**	..	..	1981	..	1990
134	Comores	2004	2004	..	..	1994	**2000**	1993
135	Gana	1958	1966	2000	2000	1986	2000	1990
136	Paquistão	1957	1966	..	**2004**	1996	..	1990
137	Mauritânia	..	1988	2004	2004	2001	2004	1991
138	Lesoto	1974	1971	1992	1992	1995	2001	1992
139	Congo	..	1988	1983	1983	1982	2003	1993
140	Bangladeche	1998	1979	2000	1998	1984	1998	1990
141	Suazilândia	..	1969	2004	2004	2004	2004	1995
142	Nepal	1969	1971	1991	1991	1991	1991	1990
143	Madagáscar	..	1969	1971	1971	1989	2005	1991
144	Camarões	..	1971	1984	1984	1994	1986	1993
145	Papua- Nova Guiné	1982	1982	..	..	1995	..	1993
146	Haiti	1950	1972	1991	..	1981	..	1995
147	Sudão	2003	1977	1986	1986	..	**1986**	1990
148	Quénia	..	2001	1972	1972	1984	1997	1990
149	Djibuti	..	**2006**	2002	2002	1998	2002	1990
150	Timor-Leste	..	2003	2003	2003	2003	2003	2003
151	Zimbabué	1991	1991	1991	1991	1991	..	1990
152	Togo	1984	1972	1984	1984	1983	1987	1990
153	Iémen	1987	1972	1987	1987	1984	1991	1991
154	Uganda	1995	1980	1995	1987	1985	1986	1990
155	Gâmbia	1978	1978	1979	1978	1993	**1985**	1990
DESENVOLVIMENTO HUMANO BAIXO								
156	Senegal	1983	1972	1978	1978	1985	1986	1990
157	Eritreia	..	2001	2002	2001	1995	..	1994
158	Nigéria	..	1967	1993	1993	1985	2001	1991
159	Tanzânia, República Unida da	1984	1972	1976	1976	1985	..	1991
160	Guiné	2000	1977	1978	1978	1982	1989	1990

TABELA

34 Posição dos principais instrumentos internacionais de direitos humanos

Ordem do IDH		Convenção Internacional para a Prevenção e Punição do Crime de Genocídio 1948	Convenção Internacional para a Eliminação de Todas as Formas de Discriminação Racial 1965	Convénio Internacional sobre os Direitos Civis e Políticos 1966	Convénio Internacional sobre os Direitos Económicos, Sociais e Culturais 1966	Convenção para a Eliminação de Todas as Formas de Discriminação contra as Mulheres 1979	Convenção contra a Tortura e Outras Punições ou Tratamentos Cruéis, Desumanos ou Degradantes 1984	Convenção sobre os Direitos da Criança 1989
161	Ruanda	1975	1975	1975	1975	1981	..	1991
162	Angola	..	..	1992	1992	1986	..	1990
163	Benim	..	2001	1992	1992	1992	1992	1990
164	Malawi	..	1996	1993	1993	1987	1996	1991
165	Zâmbia	..	1972	1984	1984	1985	1998	1991
166	Costa do Marfim	1995	1973	1992	1992	1995	1995	1991
167	Burundi	1997	1977	1990	1990	1992	1993	1990
168	Congo, República Democrática do	1962	1976	1976	1976	1986	1996	1990
169	Etiópia	1949	1976	1993	1993	1981	1994	1991
170	Chade	..	1977	1995	1995	1995	1995	1990
171	República Centro-Africana	..	1971	1981	1981	1991	..	1992
172	Moçambique	1983	1983	1993	..	1997	1999	1994
173	Mali	1974	1974	1974	1974	1985	1999	1990
174	Niger	..	1967	1986	1986	1999	1998	1990
175	Guiné-Bissau	..	2000 [a]	2000 [a]	1992	1985	2000 [a]	1990
176	Burquina Faso	1965	1974	1999	1999	1987	1999	1990
177	Serra Leoa	..	1967	1996	1996	1988	2001	1990
OUTROS[a]								
	Afeganistão	1956	1983	1983	1983	2003	1987	1994
	Andorra	2006	2006	2006	..	1997	2006	1996
	Iraque	1959	1970	1971	1971	1986	..	1994
	Quiribati	..	..	..	..	2004	..	1995
	Coreia, República democrática da	1989	..	1981	1981	2001	..	1990
	Libéria	1950	1976	2004	2004	1984	2004	1993
	Liechtenstein	1994	2000	1998	1998	1995	1990	1995
	Ilhas Marshall	..	..	..	..	2006	..	1993
	Mónaco	1950	1995	1997	1997	2005	1991	1993
	Montenegro[b]	2006	2006	2006	2006	2006	2006	2006
	Nauru	..	2001	2001	..	..	2001 [a]	1994
	Palau	..	..	..	..	..	..	1995
	San Marino	..	2002	1985	1985	2003	2006	1991
	Sérvia[b]	2001	2001	2001	2001	2001	2001	2001
	Somália	..	1975	1990	1990	..	1990	2002
	Tuvalu	..	..	..	..	1999	..	1995
	Total de estados participantes[c]	**140**	**172**	**160**	**156**	**183**	**143**	**189**
	Tratados assinados, ainda não ratificados	**1**	**6**	**5**	**5**	**1**	**8**	**2**

NOTAS

Os dados referem-se à ratificação, adesão ou sucessão, salvo indicação em contrário. Todos estes períodos têm os mesmos efeitos legais. O negrito significa que a assinatura ainda não foi seguida por ratificação. Os dados são de Julho de 2007.

a. Estes são os países ou áreas que, para além dos 177 países ou áreas incluídos nos principais quadros de indicadores, assinaram ou ratificaram pelo menos um dos sete instrumentos de direitos humanos.

b. Na sequência da separação, em Junho de 2006, da Sérvia e do Montenegro em dois estados independentes, todos os actos do tratado (tais como, ratificação ou assinatura) continuam em vigor na República da Sérvia. Salvo indicação em contrário, até 1 de Julho de 2007 o Secretário Geral das Nações Unidas não tinha recebido qualquer notificação da República do Montenegro relativamente aos tratados indicados na presente tabela.

c. Refere-se à ratificação, adesão ou sucessão.

FONTE

Colunas 1–7: UN 2007a.

TABELA 35

Instrumentos dos direitos humanos e do trabalho

Posição das convenções sobre direitos fundamentais do trabalho

Ordem do IDH	Liberdade de associação e negociação colectiva		Eliminação de trabalho forçado e obrigatório		Eliminação da discriminação em relação ao emprego e ocupação		Abolição do trabalho infantil	
	Convenção 87[a]	Convenção 98[b]	Convenção 29[c]	Convenção 105[d]	Convenção 100[e]	Convenção 111[f]	Convenção 138[g]	Convenção 182[h]
DESENVOLVIMENTO HUMANO ELEVADO								
1 Islândia	1950	1952	1958	1960	1958	1963	1999	2000
2 Noruega	1949	1955	1932	1958	1959	1959	1980	2000
3 Austrália	1973	1973	1932	1960	1974	1973	..	2006
4 Canadá	1972	..	..	1959	1972	1964	..	2000
5 Irlanda	1955	1955	1931	1958	1974	1999	1978	1999
6 Suécia	1949	1950	1931	1958	1962	1962	1990	2001
7 Suíça	1975	1999	1940	1958	1972	1961	1999	2000
8 Japão	1965	1953	1932	..	1967	..	2000	2001
9 Países Baixos	1950	1993	1933	1959	1971	1973	1976	2002
10 França	1951	1951	1937	1969	1953	1981	1990	2001
11 Filândia	1950	1951	1936	1960	1963	1970	1976	2000
12 Estados Unidos	..	..	..	1991	..	..	..	1999
13 Espanha	1977	1977	1932	1967	1967	1967	1977	2001
14 Dinamarca	1951	1955	1932	1958	1960	1960	1997	2000
15 Áustria	1950	1951	1960	1958	1953	1973	2000	2001
16 Reino Unido	1949	1950	1931	1957	1971	1999	2000	2000
17 Bélgica	1951	1953	1944	1961	1952	1977	1988	2002
18 Luxemburgo	1958	1958	1964	1964	1967	2001	1977	2001
19 Nova Zelândia	..	2003	1938	1968	1983	1983	..	2001
20 Itália	1958	1958	1934	1968	1956	1963	1981	2000
22 Alemanha	1957	1956	1956	1959	1956	1961	1976	2002
23 Israel	1957	1957	1955	1958	1965	1959	1979	2005
24 Grécia	1962	1962	1952	1962	1975	1984	1986	2001
25 Singapura	..	1965	1965	[1965][i]	2002	..	2005	2001
26 República da Coreia	..	..	..	..	1997	1998	1999	2001
27 Eslovénia	1992	1992	1992	1997	1992	1992	1992	2001
28 Chipre	1966	1966	1960	1960	1987	1968	1997	2000
29 Portugal	1977	1964	1956	1959	1967	1959	1998	2000
30 Estado do Brunei Darussalam	..	..	..	..	..	..	..	..
31 Barbados	1967	1967	1967	1967	1974	1974	2000	2000
32 República Checa	1993	1993	1993	1996	1993	1993	2007	2001
33 Koweit	1961	..	1968	1961	..	1966	1999	2000
34 Malta	1965	1965	1965	1965	1988	1968	1988	2001
35 Catar	..	..	1998	2007	..	1976	2006	2000
36 Hungria	1957	1957	1956	1994	1956	1961	1998	2000
37 Polónia	1957	1957	1958	1958	1954	1961	1978	2002
38 Argentina	1960	1956	1950	1960	1956	1968	1996	2001
39 Emirados Árabes Unidos	..	..	1982	1997	1997	2001	1998	2001
40 Chile	1999	1999	1933	1999	1971	1971	1999	2000
41 Barém	..	..	1981	1998	..	2000	..	2001
42 Eslováquia	1993	1993	1993	1997	1993	1993	1997	1999
43 Lituânia	1994	1994	1994	1994	1994	1994	1998	2003
44 Estónia	1994	1994	1996	1996	1996	2005	2007	2001
45 Letónia	1992	1992	2006	1992	1992	1992	2006	2006
46 Uruguai	1954	1954	1995	1968	1989	1989	1977	2001
47 Croácia	1991	1991	1991	1997	1991	1991	1991	2001
48 Costa Rica	1960	1960	1960	1959	1960	1962	1976	2001
49 Baamas	2001	1976	1976	1976	2001	2001	2001	2001
50 Seicheles	1978	1999	1978	1978	1999	1999	2000	1999
51 Cuba	1952	1952	1953	1958	1954	1965	1975	..
52 México	1950	..	1934	1959	1952	1961	..	2000
53 Bulgária	1959	1959	1932	1999	1955	1960	1980	2000
54 São Cristóvão e Nevis	2000	2000	2000	2000	2000	2000	2005	2000

Posição das convenções sobre direitos fundamentais do trabalho

Ordem do IDH	Liberdade de associação e negociação colectiva		Eliminação de trabalho forçado e obrigatório		Eliminação da discriminação em relação ao emprego e ocupação		Abolição do trabalho infantil	
	Convenção 87 [a]	Convenção 98 [b]	Convenção 29 [c]	Convenção 105 [d]	Convenção 100 [e]	Convenção 111 [f]	Convenção 138 [g]	Convenção 182 [h]
55 Tonga	..	..	..	..	..	..	..	..
56 Jamahira Árabe Líbia	2000	1962	1961	1961	1962	1961	1975	2000
57 Antigua e Barbuda	1983	1983	1983	1983	2003	1983	1983	2002
58 Omã	..	..	1998	2005	..	..	2005	2001
59 Trinidade e Tobago	1963	1963	1963	1963	1997	1970	2004	2003
60 Roménia	1957	1958	1957	1998	1957	1973	1975	2000
61 Arábia Saudita	..	..	1978	1978	1978	1978	..	2001
62 Panamá	1958	1966	1966	1966	1958	1966	2000	2000
63 Malásia	..	1961	1957	[1958] [j]	1997	..	1997	2000
64 Bielorússia	1956	1956	1956	1995	1956	1961	1979	2000
65 Maurícia	2005	1969	1969	1969	2002	2002	1990	2000
66 Bósnia e Herzegovina	1993	1993	1993	2000	1993	1993	1993	2001
67 Federação da Rússia	1956	1956	1956	1998	1956	1961	1979	2003
68 Albânia	1957	1957	1957	1997	1957	1997	1998	2001
69 Macedónia (ARJM)	1991	1991	1991	2003	1991	1991	1991	2002
70 Brasil	..	1952	1957	1965	1957	1965	2001	2000
DESENVOLVIMENTO HUMANO MÉDIO								
71 Domínica	1983	1983	1983	1983	1983	1983	1983	2001
72 Santa Lúcia	1980	1980	1980	1980	1983	1983	..	2000
73 Cazaquistão	2000	2001	2001	2001	2001	1999	2001	2003
74 Venezuela, República Bolivariana	1982	1968	1944	1964	1982	1971	1987	2005
75 Colómbia	1976	1976	1969	1963	1963	1969	2001	2005
76 Ucrania	1956	1956	1956	2000	1956	1961	1979	2000
77 Samoa	..	..	..	..	..	..	..	..
78 Tailândia	..	..	1969	1969	1999	..	2004	2001
79 República Dominicana	1956	1953	1956	1958	1953	1964	1999	2000
80 Belize	1983	1983	1983	1983	1999	1999	2000	2000
81 China	..	..	..	..	1990	2006	1999	2002
82 Grenada	1994	1979	1979	1979	1994	2003	2003	2003
83 Arménia	2006	2003	2004	2004	1994	1994	2006	2006
84 Turquia	1993	1952	1998	1961	1967	1967	1998	2001
85 Suriname	1976	1996	1976	1976	..	..	..	2006
86 Jordânia	..	1968	1966	1958	1966	1963	1998	2000
87 Perú	1960	1964	1960	1960	1960	1970	2002	2002
88 Líbano	..	1977	1977	1977	1977	1977	2003	2001
89 Equador	1967	1959	1954	1962	1957	1962	2000	2000
90 Filipinas	1953	1953	2005	1960	1953	1960	1998	2000
91 Tunísia	1957	1957	1962	1959	1968	1959	1995	2000
92 Fiji	2002	1974	1974	1974	2002	2002	2003	2002
93 São Vicente e Granadinas	2001	1998	1998	1998	2001	2001	2006	2001
94 Irão, República Islâmica do	..	..	1957	1959	1972	1964	..	2002
95 Paraguai	1962	1966	1967	1968	1964	1967	2004	2001
96 Geórgia	1999	1993	1997	1996	1993	1993	1996	2002
97 Guiana	1967	1966	1966	1966	1975	1975	1998	2001
98 Azerbeijão	1992	1992	1992	2000	1992	1992	1992	2004
99 Sri Lanka	1995	1972	1950	2003	1993	1998	2000	2001
100 Maldivas	..	..	..	..	..	..	..	..
101 Jamaica	1962	1962	1962	1962	1975	1975	2003	2003
102 Cabo Verde	1999	1979	1979	1979	1979	1979	..	2001
103 El Salvador	2006	2006	1995	1958	2000	1995	1996	2000
104 Argélia	1962	1962	1962	1969	1962	1969	1984	2001
105 Vietname	..	..	2007	..	1997	1997	2003	2000
107 Indonésia	1998	1957	1950	1999	1958	1999	1999	2000
108 República Árabe Síria	1960	1957	1960	1958	1957	1960	2001	2003

Ordem do IDH	Liberdade de associação e negociação colectiva		Eliminação de trabalho forçado e obrigatório		Eliminação da discriminação em relação ao emprego e ocupação		Abolição do trabalho infantil	
	Convenção 87 [a]	Convenção 98 [b]	Convenção 29 [c]	Convenção 105 [d]	Convenção 100 [e]	Convenção 111 [f]	Convenção 138 [g]	Convenção 182 [h]
109 Turquemenistão	1997	1997	1997	1997	1997	1997	..	..
110 Nicarágua	1967	1967	1934	1967	1967	1967	1981	2000
111 Moldávia	1996	1996	2000	1993	2000	1996	1999	2002
112 Egipto	1957	1954	1955	1958	1960	1960	1999	2002
113 Usbequistão	..	1992	1992	1997	1992	1992	..	..
114 Mongólia	1969	1969	2005	2005	1969	1969	2002	2001
115 Honduras	1956	1956	1957	1958	1956	1960	1980	2001
116 Quirguizistão	1992	1992	1992	1999	1992	1992	1992	2004
117 Bolívia	1965	1973	2005	1990	1973	1977	1997	2003
118 Guatemala	1952	1952	1989	1959	1961	1960	1990	2001
119 Gabão	1960	1961	1960	1961	1961	1961	..	2001
120 Vanuatu	2006	2006	2006	2006	2006	2006	..	2006
121 África do Sul	1996	1996	1997	1997	2000	1997	2000	2000
122 Tajiquistão	1993	1993	1993	1999	1993	1993	1993	2005
123 São Tomé and Príncipe	1992	1992	2005	2005	1982	1982	2005	2005
124 Botsuana	1997	1997	1997	1997	1997	1997	1997	2000
125 Namíbia	1995	1995	2000	2000	..	2001	2000	2000
126 Marrocos	..	1957	1957	1966	1979	1963	2000	2001
127 Guiné Equatorial	2001	2001	2001	2001	1985	2001	1985	2001
128 Índia	..	..	1954	2000	1958	1960	..	..
129 Ilhas Salomão	..	..	1985	..	..	..	..	..
130 Laos, Rep. Democrática Popular do	..	..	1964	..	..	..	2005	2005
131 Camboja	1999	1999	1969	1999	1999	1999	1999	2006
132 Mianmar	1955	..	1955	..	..	..	..	..
133 Butão	..	..	..	..	..	..	..	..
134 Comores	1978	1978	1978	1978	1978	2004	2004	2004
135 Gana	1965	1959	1957	1958	1968	1961	..	2000
136 Paquistão	1951	1952	1957	1960	2001	1961	2006	2001
137 Mauritânia	1961	2001	1961	1997	2001	1963	2001	2001
138 Lesoto	1966	1966	1966	2001	1998	1998	2001	2001
139 Congo	1960	1999	1960	1999	1999	1999	1999	2002
140 Bangladeche	1972	1972	1972	1972	1998	1972	..	2001
141 Suazilândia	1978	1978	1978	1979	1981	1981	2002	2002
142 Nepal	..	1996	2002	..	1976	1974	1997	2002
143 Madagáscar	1960	1998	1960	2007	1962	1961	2000	2001
144 Camarões	1960	1962	1960	1962	1970	1988	2001	2002
145 Papua- Nova Guiné	2000	1976	1976	1976	2000	2000	2000	2000
146 Haiti	1979	1957	1958	1958	1958	1976	..	..
147 Sudão	..	1957	1957	1970	1970	1970	2002	2003
148 Quénia	..	1964	1964	1964	2001	2001	1979	2001
149 Djibuti	1978	1978	1978	1978	1978	2005	2005	2005
150 Timor-Leste	..	..	..	..	..	..	..	..
151 Zimbabué	2003	1998	1998	1998	1989	1999	2000	2000
152 Togo	1960	1983	1960	1999	1983	1983	1984	2000
153 Iémen	1976	1969	1969	1969	1976	1969	2000	2000
154 Uganda	2005	1963	1963	1963	2005	2005	2003	2001
155 Gâmbia	2000	2000	2000	2000	2000	2000	2000	2001
DESENVOLVIMENTO HUMANO BAIXO								
156 Senegal	1960	1961	1960	1961	1962	1967	1999	2000
157 Eritreia	2000	2000	2000	2000	2000	2000	2000	..
158 Nigéria	1960	1960	1960	1960	1974	2002	2002	2002
159 Tanzânia, República Unida da	2000	1962	1962	1962	2002	2002	1998	2001
160 Guiné	1959	1959	1959	1961	1967	1960	2003	2003
161 Ruanda	1988	1988	2001	1962	1980	1981	1981	2000

Posição das convenções sobre direitos fundamentais do trabalho

Ordem do IDH	Liberdade de associação e negociação colectiva		Eliminação de trabalho forçado e obrigatório		Eliminação da discriminação em relação ao emprego e ocupação		Abolição do trabalho infantil	
	Convenção 87 [a]	Convenção 98 [b]	Convenção 29 [c]	Convenção 105 [d]	Convenção 100 [e]	Convenção 111 [f]	Convenção 138 [g]	Convenção 182 [h]
162 Angola	2001	1976	1976	1976	1976	1976	2001	2001
163 Benim	1960	1968	1960	1961	1968	1961	2001	2001
164 Malawi	1999	1965	1999	1999	1965	1965	1999	1999
165 Zâmbia	1996	1996	1964	1965	1972	1979	1976	2001
166 Costa do Marfim	1960	1961	1960	1961	1961	1961	2003	2003
167 Burundi	1993	1997	1963	1963	1993	1993	2000	2002
168 Congo, República Democrática do	2001	1969	1960	2001	1969	2001	2001	2001
169 Etiópia	1963	1963	2003	1999	1999	1966	1999	2003
170 Chade	1960	1961	1960	1961	1966	1966	2005	2000
171 República Centro-Africana	1960	1964	1960	1964	1964	1964	2000	2000
172 Moçambique	1996	1996	2003	1977	1977	1977	2003	2003
173 Mali	1960	1964	1960	1962	1968	1964	2002	2000
174 Níger	1961	1962	1961	1962	1966	1962	1978	2000
175 Guiné-Bissau	..	1977	1977	1977	1977	1977	..	..
176 Burquina Faso	1960	1962	1960	1997	1969	1962	1999	2001
177 Serra Leoa	1961	1961	1961	1961	1968	1966	..	..
OUTROS[k]								
Afeganistão	..	..	..	1963	1969	1969	..	..
Iraque	..	1962	1962	1959	1963	1959	1985	2001
Quiribati	2000	2000	2000	2000	..	..	..	..
Libéria	1962	1962	1931	1962	..	1959	..	2003
Montenegro	2006	2006	2006	2006	2006	2006	2006	2006
San Marino	1986	1986	1995	1995	1985	1986	1995	2000
Sérvia	2000	2000	2000	2003	2000	2000	2000	2003
Somália	..	..	1960	1961	..	1961	..	..
Ratificações totais	**142**	**150**	**164**	**158**	**158**	**158**	**145**	**158**

NOTAS

A tabela inclui países membros das Nações Unidas. A informação é de Julho de 2007. Os anos indicam a data de ratificação.

- **a.** Convenção sobre a Liberdade Sindical e a Protecção do Direito Sindical (1948).
- **b.** Convenção sobre o Direito de Organização e de Negociação Colectiva (1949).
- **c.** Convenção sobre o Trabalho Forçado (1930).
- **d.** Convenção sobre a Abolição do Trabalho Forçado (1957).
- **e.** Convenção sobre a Igualdade de Remuneração (1951).
- **f.** Convenção sobre a Discriminação em matéria de Emprego e Profissão (1958).
- **g.** Convenção sobre a Idade Mínima (1973).
- **h.** Convenção sobre as Formas Mais Abusivas de Trabalho Infantil (1999).
- **i.** A Convenção foi denunciada em 1979.
- **j.** A Convenção foi denunciada em 1990.
- **k.** Países ou áreas que, para além dos 177 países ou áreas incluídos nos principais quadros de indicadores, são membros da OIT.

FONTE

Todas as colunas: ILO 2007a.

NOTA TÉCNICA 1

Cálculo dos índices de desenvolvimento humano

Os diagramas que se seguem resumem o modo como são apurados os cinco índices de desenvolvimento humano utilizados no Relatório do Desenvolvimento Humano, realçando as suas semelhanças e diferenças. O texto das páginas que se seguem fornece uma explicação pormenorizada.

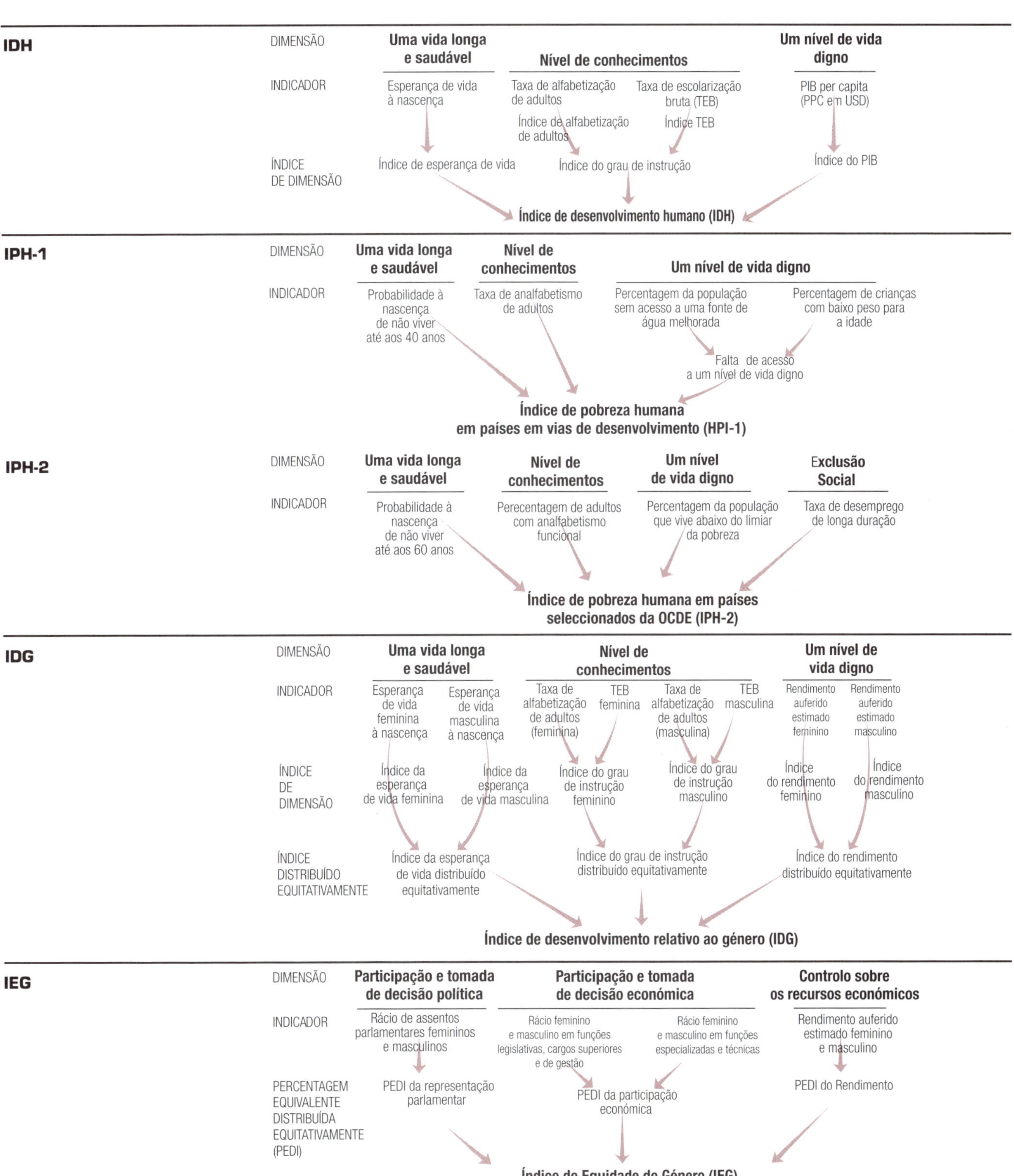

O índice de desenvolvimento humano (IDH)

O IDH consiste numa medida que sintetiza os diversos índices de desenvolvimento humano. Ou seja mede os progressos registados, em média, num determinado país, em três dimensões básicas do desenvolvimento humano:

- Uma vida longa e saudável, medida através da esperança de vida à nascença.
- Nível de conhecimentos, medido através da taxa de alfabetização de adultos (com ponderação de dois terços) e da taxa de escolarização bruta combinada do ensino básico, secundário e superior (com ponderação de um terço).
- Um nível de vida digno, medido através do PIB per capita (PPC em USD).

Antes de se calcular o IDH propriamente dito, é necessário criar um índice para cada uma destas três dimensões. Para o cálculo destes índices – índices de esperança de vida, de grau de instrução e de PIB –, são seleccionados valores mínimos e máximos (balizas) para cada indicador primário.

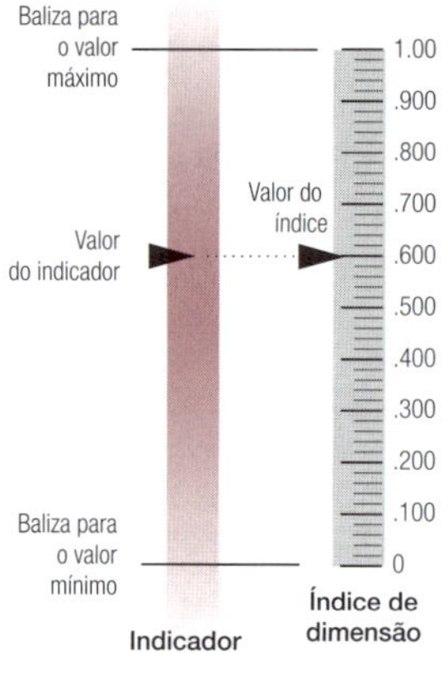

O desempenho em cada dimensão é expresso em termos de valor entre 0 e 1, utilizando a seguinte fórmula geral:

$$\text{Índice de dimensão} = \frac{\text{valor efectivo} - \text{valor mínimo}}{\text{valor máximo} - \text{valor mínimo}}$$

O IDH é, então, calculado como uma média simples dos vários índices das dimensões. A caixa à direita ilustra o método de cálculo do IDH de um país como amostra.

Balizas para o cálculo do IDH

Indicador	Valor máximo	Valor mínimo
Esperança de vida à nascença (anos)	85	25
Taxa de alfabetização de adultos (%)*	100	0
Taxa de escolarização bruta combinada (%)	100	0
PIB per capita (PPC em USD)	40,000	100

* A baliza para o cálculo da alfabetização de adultos implica que a taxa máxima de alfabetização é de 100%. Porém, na prática, o IDH é calculado com base num valor máximo de 99%.

Método de cálculo do IDH

Nesta ilustração para o cálculo do IDH utilizaremos dados referentes à Turquia.

1. Cálculo do índice da esperança de vida

O índice da esperança de vida mede os progressos relativos de um país em termos de esperança de vida à nascença. No caso da Turquia, com um valor observado de 71,4 anos em 2005, o índice da esperança de vida é de 0,773.

$$\text{Índice da esperança de vida} = \frac{71{,}4 - 25}{85 - 25} = \mathbf{0{,}773}$$

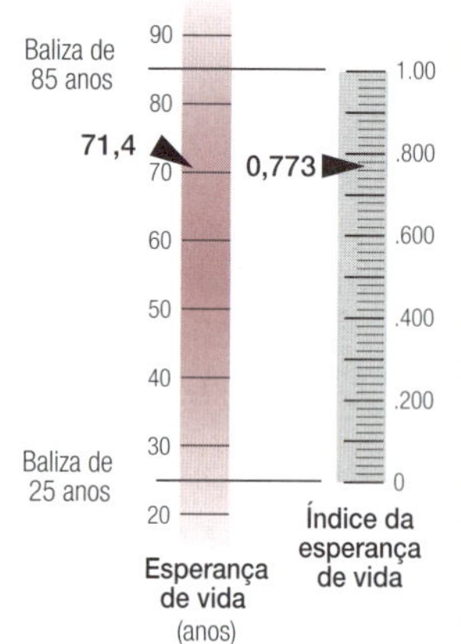

2. Cálculo do índice do grau de instrução

O índice do grau de instrução mede os progressos relativos de um país tanto quanto à alfabetização de adultos como à escolarização bruta combinada do ensino básico, primário, secundário e superior. Primeiro, são calculados os índices da alfabetização de adultos e da escolarização bruta combinada. Posteriormente, estes dois índices são combinados de modo a se obter o índice do grau de instrução, sendo atribuída uma ponderação de dois terços à alfabetização de adultos e de um terço à escolarização combinada. No caso da Turquia, com uma taxa de alfabetização de adultos de 87,4% em 2005, e uma taxa de escolarização bruta combinada de 68,7% em 2005, o índice da educação é de 0,812.

$$\text{Índice de alfabetização de adultos} = \frac{87{,}4 - 0}{100 - 0} = 0{,}874$$

$$\text{Índice de escolarização bruta} = \frac{68{,}7 - 0}{100 - 0} = 0{,}687$$

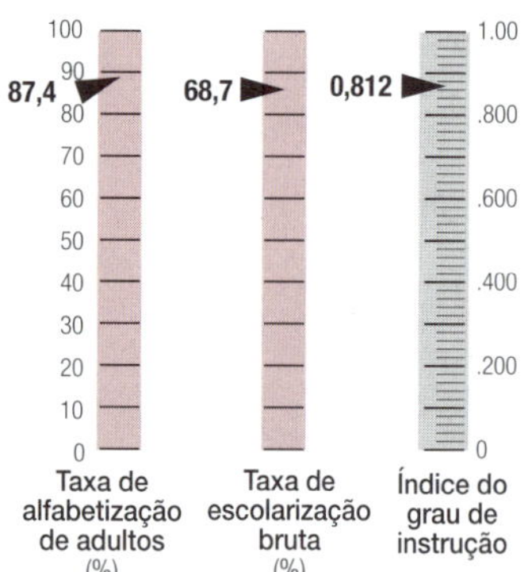

Índice do grau de instrução = 2/3 (índice de alfabetização de adultos) + 1/3 (índice de escolarização bruta)
= 2/3 (0,874) + 1/3 (0,687) = **0,812**

3. Cálculo do índice do PIB

O índice do PIB é calculado com base no PIB per capita ajustado (PPC em USD). No IDH, o rendimento entra como substituto de todas as dimensões do desenvolvimento humano não reflectidas numa vida longa e saudável e no nível de conhecimentos. O rendimento é ajustado porque, para atingir um nível elevado de desenvolvimento humano, não é necessário um rendimento ilimitado. Sendo assim, utiliza-se o logaritmo do rendimento. No caso da Turquia, com um PIB per capita de 8.407 (PPC em USD) em 2005, o índice do PIB é de 0,740.

$$\text{Índice do PIB} = \frac{\log(8.407) - \log(100) = 0{,}740}{\log(40.000) - \log(100)} = \mathbf{0{,}740}$$

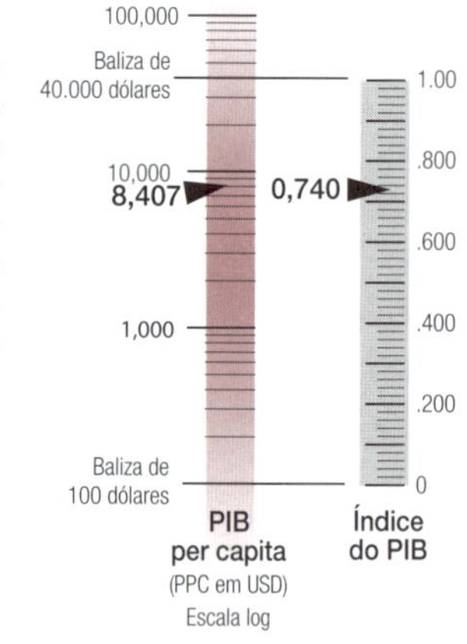

4. Cálculo do IDH

Uma vez calculados os índices das dimensões, torna-se muito simples determinar o IDH. Ele corresponderá à média simples dos três índices de dimensão.

IDH = 1/3 (índice de esperança de vida)
+ 1/3 (índice do grau de instrução)
+ 1/3 (índice do PIB)
= 1/3 (0,773) + 1/3 (0,812) + 1/3 (0,740) = **0,775**

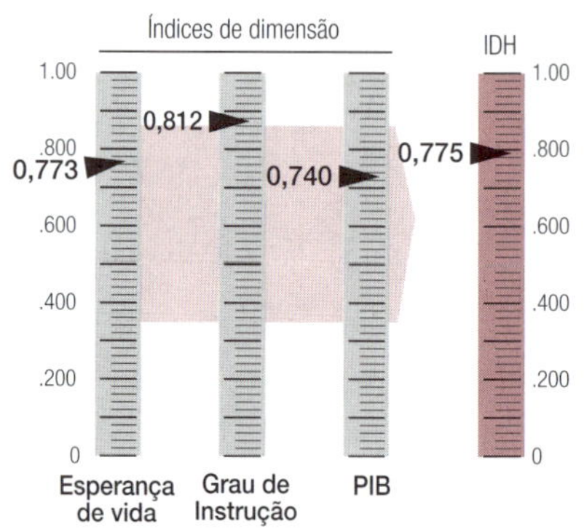

O índice de pobreza humana (IPH-1) para países em desenvolvimento

Enquanto o IDH mede os progressos médios alcançados, o IPH-1 mede o grau de privação em três dimensões básicas do desenvolvimento humano contempladas no IDH:

- Uma vida longa e saudável – grau de vulnerabilidade à morte numa idade relativamente prematura, medido através da probabilidade à nascença de não viver até aos 40 anos.
- Nível de conhecimentos – exclusão do mundo da leitura e das comunicações, medida através da taxa de analfabetismo de adultos.
- Um nível de vida digno – falta de acesso a meios económicos de subsistência, medida através da média não ponderada de dois indicadores, a Percentagem da população sem acesso sustentável a um recurso de água em melhores condições de consumo e a percentagem de crianças com baixo peso para a idade.

A fórmula de cálculo do IPH-1 é obtida de forma mais directa do que a do cálculo do IDH. Os indicadores utilizados para medir as privações já estão normalizados entre 0 e 100 (porque são expressos em percentagens), pelo que não há necessidade de criar índices de dimensão como no caso do IDH.

O índice de pobreza humana (IPH-2) em países seleccionados da OCDE

O IPH-2 mede o grau de privação nas mesmas dimensões que o IPH-1, e também contempla a exclusão social. Reflecte, assim, o grau de privação em quatro dimensões:

- Uma vida longa e saudável – grau de vulnerabilidade à morte numa idade relativamente prematura, medida através da probabilidade à nascença de não viver até aos 60 anos.
- Nível de conhecimentos – exclusão do mundo da leitura e das comunicações, medida através da percentagem de adultos (idades entre 16 e 65 anos) funcionalmente analfabetos.

  Um nível de vida digno – medido através da percentagem de pessoas que vivem abaixo do limiar de pobreza por falta de rendimento (50% do rendimento disponível familiar médio ajustado).

  Exclusão social – medida através da taxa de desemprego de longa duração (12 meses ou mais).

Cálculo do IPH-1

1. Medida do grau de privação de um nível de vida digno.
O grau de privação de um nível de vida digno é medido através de uma média não ponderada de dois indicadores.

Média não ponderada = 1/2 (população sem acesso sustentável a um recurso de água em melhores condições de consumo) + 1/2 (crianças com baixo peso para a idade)

Exemplo de cálculo: Bolívia
Percentagem da população sem acesso sustentável a um recurso de água em melhores condições de consumo = 15%
Crianças com baixo peso para a idade = 8%

Média não ponderada = 1/2 (15) + 1/2 (8) = 11,3%

2. Calcular o IPH-1
A fórmula de cálculo do IPH-1 é a seguinte:

$$\text{IPH-1} = [1/3\,(P_1^{\alpha} + P_2^{\alpha} + P_3^{\alpha})]^{1/\alpha}$$

Em que:
P_1 = Probabilidade à nascença de não viver até aos 40 anos (vezes 100)
P_2 = Taxa de analfabetismo de adultos
P_3 = Média não ponderada da população sem acesso sustentável a uma fonte de água melhorada e das crianças com baixo peso para a idade

$\alpha = 3$

Exemplo de cálculo: Canadá
P_1 = 15,5%
P_2 = 13,3%
P_3 = 11,3%

$$\text{HPI-1} = [1/3\,(15.5^3 + 13.3^3 + 11.3^3)]^{1/3} = \mathbf{13.6}$$

Cálculo do IPH-2

A fórmula de cálculo do IPH-2 é a seguinte:

$$\text{HPI-2} = [1/4\,(P_1^{\alpha} + P_2^{\alpha} + P_3^{\alpha} + P_4^{\alpha})]^{1/\alpha}$$

Em que:
P_1 = Probabilidade à nascença de não viver até aos 60 anos (vezes 100)
P_2 = Adultos funcionalmente analfabetos
P_3 = Percentagem de população abaixo do limiar da pobreza por falta de rendimento (50% do rendimento disponível familiar médio ajustado)
P_4 = Taxa de desemprego de longa duração (12 meses ou mais)

$\alpha = 3$

Exemplo de cálculo: Canadá
P_1 = 8,1%
P_2 = 14,6%
P_3 = 11,4%
P_4 = 0,5%

$$\text{HPI-2} = [1/4\,(8.1^3 + 14.6^3 + 11.4^3 + 0.5^3)]^{1/3} = \mathbf{10.9}$$

Porquê $\alpha = 3$ no cálculo do IPH-1 e do IPH-2?

O valor α detem um impacto importante no valor do IPH 1. Se $\alpha = 1$, o IPH corresponde à média das suas dimensões. Quando α aumenta, atribui-se maior peso à dimensão em que houver maior privação. Assim, α à medida que aumenta para infinito, o IPH tenderá para o valor da dimensão em que o grau de privação é máxima (no caso da Bolívia, o exemplo utilizado para calcular o IPH-1, seria de 15,5 equivalente à probabilidade à nascença de não viver até aos 40 anos).

Neste Relatório, o valor 3 é utilizado para conferir um peso adicional, embora não excessivo, às áreas de privação mais aguda. Para uma análise pormenorizada da formulação matemática do IPH, veja-se a obra de Sudhir Anand e Amartya Sen Concepts of Human Development and Poverty: A Multidimensional Perspective, e a Nota técnica no *Relatório do Desenvolvimento Humano 1997* (cf. a lista de referências seleccionadas no fim desta nota técnica).

O índice do desenvolvimento relativo ao género (IDG)

Enquanto o IDH mede os progressos médios, o IDG ajusta os progressos médios, com o objectivo de reflectir as desigualdades entre homens e mulheres nas seguintes dimensões:

- Uma vida longa e saudável, medida pela esperança de vida à nascença.
- Nível de conhecimentos, medido pela taxa de alfabetização de adultos e pela taxa de escolarização bruta combinada do ensino primário, secundário e superior.
- Um nível de vida digno, medido pelo rendimento auferido estimado (PPC em USD).

O cálculo do IDG envolve três patamares. Primeiro, os índices feminino e masculino de cada dimensão são calculados de acordo com a seguinte fórmula geral:

$$\text{Índice de dimensão} = \frac{\text{valor efectivo} - \text{valor mínimo}}{\text{valor máximo} - \text{valor mínimo}}$$

Segundo, os índices feminino e masculino de cada dimensão são combinados de forma a penalizar as diferenças de progressos registados entre homens e mulheres. O índice daí resultante, designado como índice distribuído equitativamente, é calculado de acordo com a seguinte fórmula geral:

Índice distribuído equitativamente
$=\{[\text{parcela feminina da população (índice feminino}^{1-\varepsilon}]$
$+ [\text{parcela masculina da população}$
$(\text{índice masculino}^{1-\varepsilon})]\}^{1/1-\varepsilon}$

ε mede o grau de aversão à desigualdade. No IDG, $\varepsilon = 2$. Assim, a equação geral passa a ser:

Índice distribuído equitativamente
$= \{[\text{parcela feminina da população (índice feminino}^{-1})] +$
$[\text{parcela masculina da população (índice masculino}^{1})]\}^{-1}$

o que dá a média harmónica dos índices feminino e masculino.

Terceiro, o IDG é calculado através da combinação dos três índices distribuídos equitativamente numa média não ponderada.

Balizas para o cálculo do IDG

Indicador	Valor máximo	Valor máinimo
Esperança de vida feminina à nascença (anos)	87,5	27,5
Esperança de vida masculina à nascença (anos)	82,5	22,5
Taxa de alfabetização de adultos (%)	100	0
Taxa de escolarização bruta combinada (%)	100	0
Rendimentos auferidos estimados (PPC em USD)	40,00	100

Nota: Os valores máximo e mínimo (balizas) para a esperança de vida das mulheres são de mais cinco anos, tendo em consideração que elas vivem, em média, mais anos. Para preservar a relação entre valores femininos e masculinos de cada indicador, os valores apurados em escala são introduzidos no cálculo e usados no lugar de números em que o valor feminino ou o valor masculino excede o limiar (no caso da alfabetização entre adultos é utilizado um limiar de 99%). A escala é apurada multiplicando-se os valores femininos e masculinos pelo valor limiar dividido pelo valor máximo registado para os sexos feminino e masculino.

Cálculo do IDG

Este exemplo do cálculo do IDG utiliza dados relativos ao Botsuana.

1. Cálculo do índice da esperança de vida distribuído equitativamente
O primeiro passo consiste em calcular separadamente os índices relativos aos progressos registados em termos de esperança de vida feminina e masculina, utilizando para tal a fórmula geral dos índices de dimensão.

FEMININO
Esperança de vida: 48,4 anos

$$\text{Índice da esperança de vida} = \frac{48{,}4 - 27{,}5}{87{,}5 - 27{,}5} = 0{,}348$$

MASCULINO
Esperança de vida: 47,6 anos

$$\text{Índice da esperança de vida} = \frac{47{,}6 - 22{,}5}{82{,}5 - 22{,}5} = 0{,}419$$

A seguir, combinam-se os índices feminino e masculino para obter o índice da esperança de vida distribuído equitativamente, utilizando para tal a fórmula geral dos índices distribuídos equitativamente.

FEMININO
Parcela da população: 0,504
Índice da esperança de vida: 0,348

MASCULINO
Parcela da população: 0,496
Índice da esperança de vida: 0,419

Índice da esperança de vida distribuído equitativamente = 0,504 (0,348-1) + 0,46 (0,419-1)-1 = **0,0380**

2. Cálculo do índice do grau de instrução distribuído equitativamente
Primeiro, são calculados separadamente, para mulheres e para homens, os índices da taxa de alfabetização de adultos e da taxa de escolarização bruta combinada do primário, secundário e superior. O cálculo destes índices é feito directamente, porque os indicadores utilizados já estão normalizados entre 0 e 100.

FEMININO
Taxa de alfabetização de adultos: 81,8%
Índice de alfabetização de adultos: 0,818
Taxa de escolarização bruta: 70,1%
Índice de escolarização bruta: 0,701

MASCULINO
Taxa de alfabetização de adultos: 80,4%
Índice de alfabetização de adultos: 0,804
Taxa de escolarização bruta: 69,0%
Taxa de escolarização bruta: 0,690

Segundo, é calculado separadamente, para mulheres e para homens, o índice do grau de instrução, que dá uma ponderação de dois terços ao índice de alfabetização de adultos e de um terço ao índice de escolarização bruta.

Índice do grau de instrução = 2/3 (índice de alfabetização de adultos) + 1/3 (índice de escolarização bruta)

Índice do grau de instrução feminina = 2/3 (0,818) + 1/3 (0,701) = 0,779

Índice do grau de instrução masculina = 2/3 (0,804) + 1/3 (0,690) = 0,766

Finalmente, os índices do grau de instrução femininos e masculinos são combinados com o objectivo de se obter o índice do grau de instrução distribuído equitativamente.

FEMININO
Parcela da população: 0,504
Índice do grau de instrução: 0,779

MASCULINO
Parcela da população: 0,496
Índice do grau de instrução: 0,766

Índice do grau de instrução distribuído equitativamente = 0,504 (0,779-1) + 0,496 (0,766-1)-1 = **0,773**

3. Cálculo do índice do rendimento distribuído equitativamente
Primeiro, são estimados os rendimentos auferidos (PPC em USD) feminino e masculino (para mais pormenores sobre o cálculo, ver adenda a esta nota técnica). Depois, é calculado o índice do rendimento para cada género. Tal como para o IDH, o rendimento é ajustado com base no logaritmo do rendimento auferido estimado (PPC em USD).

$$\text{Índice do rendimento} = \frac{\log(\text{valor efectivo}) - \log(\text{valor mínimo})}{\log(\text{valor máximo}) - \log(\text{valor mínimo})}$$

EMININO
Rendimento auferido estimado (PPC em USD): 5.913

$$\text{Índice do rendimento} = \frac{\log(5.913) - \log(100)}{\log(40.000) - \log(100)} = 0{,}681$$

MASCULINO
Rendimento auferido estimado (PPC em USD): 19.094

$$\text{Índice do rendimento} = \frac{\log(19.094) - \log(100)}{\log(40.000) - \log(100)} = 0{,}877$$

O cálculo do IDG continua na próxima página

Cálculo do IDG (continuação)

Segundo, os índices do rendimento feminino e masculino são combinados com o objectivo de se obter o índice do rendimento distribuído equitativamente.

FEMININO	MASCULINO
Parcela da população: 0,504	Parcela da população: 0,496
Índice do rendimento: 0,681	Índice do rendimento: 0,877

Índice do rendimento distribuído equitativamentye = $\{[0{,}504\ (0{,}681^{-1})] + [0{,}496\ (0{,}877^{-1})]\}^{-1}$ = **0,766**

4. Cálculo do IDG

O cálculo do IDG é feito directamente. Consiste, simplesmente, na média não ponderada dos três índices componentes — o índice da esperança de vida distribuído equitativamente, o índice do grau de instrução distribuído equitativamente e o índice do rendimento distribuído equitativamente.

IDG = 1/3 (índice da esperança de vida) + 1/3 (índice do grau de instrução) + 1/3 (índice de rendimento)

= 1/3 (0,380) + 1/3 (0,773) + 1/3 (0,766) = **0,639**

Porquê ϵ = 2 no cálculo do IDG

O valor de ϵ corresponde à dimensão da penalização pela desigualdade de género. Quanto maior for o valor, mais penalizada será a sociedade pela existência de desigualdades.

Se $\epsilon = 0$, a desigualdade de género não é penalizada (neste caso, o IDG teria o mesmo valor que o IDH). À medida que ϵ cresce para infinito, atribui-se cada vez maior peso ao grupo que registe menor grau de progressos.

O valor 2 é utilizado no cálculo do IDG (bem como na MPG). Este valor penaliza moderadamente a desigualdade de género no capítulo dos progressos obtidos.

Para uma análise pormenorizada da formulação matemática do IDG, cf. Sudhir Anand e Amartya Sen Gender Inequality in Human Development: Theories and Measurement; e Kalpana Bardhan e Stephan Klasen UNDP's Gender-Related Indices: A Critical Review e as notas técnicas do *Relatório do Desenvolvimento Humano 1995* e do *Relatório do Desenvolvimento Humano 1999* (cf. lista de referências seleccionadas no fim desta nota técnica).

Índice de Equidade de Género (IEG)

Concentrando-se mais nas oportunidades das mulheres do que nas suas capacidades, o IEG contempla a desigualdade de género em três áreas fundamentais:

- Capacidade de participação e de tomada de decisão política, medida pelas parcelas percentuais dos assentos parlamentares ocupados por mulheres e por homens.
- Capacidade de participação e de tomada de decisão económica, medida através de dois indicadores — as parcelas percentuais de mulheres e homens em funções legislativas, cargos superiores e de gestão e as parcelas percentuais de mulheres e homens em funções especializadas e técnicas.
- Controlo sobre os recursos económicos, medido pelo rendimento auferido estimado de mulheres e homens (PPC em USD).

Para cada uma destas três dimensões, é calculada uma percentagem equivalente distribuída equitativamente (PEDI), como uma média ponderada da população, de acordo com a seguinte fórmula geral:

$$\text{PEDI} = \{[\text{parcela feminina da população (índice feminino}^{1-\varepsilon})] + [\text{parcela masculina da população (índice masculino}^{1-\varepsilon})]\}^{1-\varepsilon}$$

ε mede o grau de aversão à desigualdade. No IEG (tal como no IDG), $\varepsilon = 2$, o que penaliza moderadamente a desigualdade. A fórmula passa a ser:

$$\text{PEDI} = \{[\text{parcela feminina da população (índice feminino}^{-1})] + [\text{parcela masculina da população (índice masculino}^{-1})]\}^{-1}$$

Para efeitos de medição da participação e da tomada de decisão política e económica, a PEDI é, então, indexada através da sua divisão por 50. Motivo desta indexação: numa sociedade ideal, que promova a igualdade do poder de ambos os sexos, as variáveis MPG serão equivalentes a 50% – ou seja, a parcela das mulheres será igual à dos homens para cada variável em análise.

De acordo com a fórmula acima, a PEDI não é definida sempre que o valor de um índice masculino ou feminino for igual a zero. Contudo, quando o índice tende para zero, o limite da PEDI é zero. Sendo assim, nestes casos, o valor da PEDI é fixado em zero.

Finalmente, o IEG é calculado como média simples das três PEDI indexadas.

Cálculo do IEG

Este exemplo do cálculo do IEG utiliza dados relativos à Federação Russa.

1. Cálculo da PEDI da representação parlamentar

A PEDI da representação parlamentar mede o grau de capacitação relativa das mulheres em função da sua participação política. A PEDI é calculada a partir das parcelas feminina e masculina da população, e do rácio dos assentos parlamentares de mulheres e homens, de acordo com a fórmula geral.

FEMININO	MASCULINO
Parcela da população: 0,536	Parcela da população: 0,464
Parcela parlamentar: 8,0%	Parcela parlamentar: 92,0%

$$\text{PEDI indexada da representação parlamentar} = \{[0.536\ (8.0^{-1})] + [0.464\ (92.0^{-1})]\}^{-1} = 13.88$$

Esta PEDI inicial é, então, indexada a um valor ideal de 50%.

$$\text{PEDI indexada da representação parlamentar} = \frac{13.88}{50} = \mathbf{0.278}$$

2. Cálculo da PEDI da participação económica

Se recorrermos a esta fórmula geral, poderemos calcular uma PEDI para o rácio de mulheres e homens em funções legislativas, cargos superiores e de gestão, e uma outra para o rácio de mulheres e de homens em funções especializadas e técnicas. A média simples das duas medidas determina a PEDI relativa à participação económica.

FEMININO	MASCULINO
Parcela da população: 0,536	Parcela da população: 0,464
Parcelas percentuais em funções legislativas, cargos superiores e de gestão	Parcelas percentuais em funções legislativas, cargos superiores e de gestão 61,0%
Parcelas percentuais em funções especializadas e técnicas: 39,0%	Parcelas percentuais em funções especializadas e técnicas: 35,3%

$$\text{PEDI das funções legislativas, cargos superiores e de gestão} = \{[0.536\ (39.0^{-1})] + [0.464\ (61.0^{-1})]\}^{-1} = 46.85$$

$$\text{PEDI indexada das funções legislativas, cargos superiores e de gestão} = \frac{46.85}{50} = 0.937$$

$$\text{PEDI das funções especializadas e técnicas} = \{[0.536\ (64.7^{-1})] + [0.464\ (35.3^{-1})]\}^{-1} = 46.67$$

$$\text{PEDI indexada das funções especializadas e técnicas} = \frac{46.67}{50} = 0.933$$

As duas PEDI indexadas são repartidas de forma proporcional a fim de se obter o cálculo da PEDI da participação económica:

$$\text{PEDI de participação económica} = \frac{0.937 + 0.933}{2} = \mathbf{0.935}$$

3. Cálculo da PEDI do rendimento

O rendimento auferido (PPC em USD) é estimado separadamente para mulheres e homens, e em seguida, indexado às balizas, tanto para o IDH como para o IDG. No entanto, para o IEG, o rendimento indexado baseia-se em valores não ajustados, e não no logaritmo do rendimento auferido estimado. (Para mais pormenores sobre a estimativa do rendimento auferido por homens e mulheres, ver a adenda a esta nota técnica).

FEMININO	MASCULINO
Parcela da população: 0,536	Parcela da população: 0,464
Rendimento auferido estimado (PPC em USD): 8.476	Rendimento auferido estimado (PPC em USD): 13.581

$$\text{Índice de rendimento} = \frac{8{,}476 - 100}{40{,}000 - 100} = 0.210 \qquad \text{Índice de rendimento} = \frac{13{,}581 - 100}{40{,}000 - 100} = 0.338$$

Os índices feminino e masculino são, por fim, combinados para se obter o índice distribuído equitativamente.

$$\text{PEDI do rendimento} = \{[0.536\ (0.210^{-1})] + [0.464\ (0.338^{-1})]\}^{-1} = \mathbf{0.255}$$

4. Cálculo do IEG

Uma vez calculada a PEDI para as três dimensões do IEG, a determinação deste é feita directamente. Corresponde a uma média simples dos três índices PEDI.

$$\text{IEG} = \frac{0.278 + 0.935 + 0.255}{3} = \mathbf{0.489}$$

ADENDA À NOTA TÉCNICA 1

Rendimento auferido feminino e masculino

Apesar de se reconhecer a importância dos dados relativos ao rendimento desagregado ajustado ao género, não existe ainda uma medição directa destes factores. Procedeu-se, assim, a uma estimativa bruta dos rendimentos auferidos por mulheres e homens para efeitos do presente Relatório.

O rendimento pode ser visto de duas formas: como recurso destinado ao consumo ou como ganho dos indivíduos. Enquanto medida de consumo, é difícil proceder à sua desagregação entre homens e mulheres, porque os dois sexos partilham os recursos no âmbito familiar. Pelo contrário, os ganhos já são separáveis, dado que os diferentes membros da família são remunerados separadamente.

A medida do rendimento utilizada no IDG e no IEG indica a capacidade de cada indivíduo para obter rendimentos. É utilizada no IDG para detectar as disparidades entre homens e mulheres em termos de controlo dos recursos e, na MPG, para avaliar a independência económica das mulheres. (Para questões conceptuais e metodológicas relacionadas com esta abordagem, cf. Sudhir Anand e Amartya Sem, Gender Inequality in *Human Development* e, no *Relatório do Desenvolvimento Humano 1995*, o capítulo 3 e as Notas técnicas 1 e 2; cf. lista de referências seleccionadas no fim desta nota técnica.)

Os rendimentos auferidos femininos e masculinos (PPC em USD) são estimados a partir dos dados que se seguem:

- Rácio entre o salário não agrícola feminino e o salário não agrícola masculino.
- Parcelas masculina e feminina da população economicamente activa.
- População total feminina e masculina.• PIB per capita (PPC em USD).

Estimativa dos rendimentos auferidos femininos e masculinos

Este exemplo da estimativa dos rendimentos auferidos, feminino e masculino, utiliza dados de 2005 relativos à Suécia.

1. Cálculo do PIB total (PPC em USD).
O PIB total (PPC em USD) é calculado através da multiplicação da população total pelo PIB per capita (PPC em USD).

População total: 9.024 (milhares)
PIB per capita (PPC em USD): 32.525
PIB total (PPC em USD) = 9.024 (32.525) = 293.510.764 (milhares)

2. Cálculo da parcela feminina da remuneração salarial
Como escasseiam dados relativos a salários nos sectores rural e informal, o Relatório recorreu aos salários não agrícolas, e presumiu que o rácio entre salários femininos e salários masculinos no sector não agrícola é aplicável ao resto da economia. A parcela feminina da remuneração salarial é calculada a partir do rácio entre os salários não agrícola feminino e masculino, e das parcelas percentuais feminina e masculina da população economicamente activa. Sempre que não se encontram disponíveis dados sobre o rácio salarial, é utilizado um valor de 75%.

Rácio entre os salários não agrícolas feminino e masculino (W_f/W_m) = 0,907
Parcela percentual feminina da população economicamente activa (EA_f) = 47,4%
Parcela percentual masculina da população economicamente activa (EA_m) = 52,6%

$$\text{Parcela feminina da remuneração salarial } (S_f) = \frac{W_f/W_m\,(EA_f)}{[W_f/W_m\,(EA_f)] + EA_m} = \frac{0.907\ (47.4)}{[0.907\ (47.4) + 52.6} = \mathbf{0.450}$$

3. Cálculo dos rendimentos auferidos feminino e masculino (PPC em USD).
Uma conclusão há que retirar: a parcela feminina da remuneração salarial é equivalente à parcela feminina do PIB.

Parcela feminina da remuneração salarial (S_f) = 0,450
PIB total (PPC em USD) (Y) = 293.510.764 (milhares)
População feminina (N_f) = 4.546 (milhares)

$$\text{Rendimento auferido feminino estimado (PPC em USD) } (Y_f) = \frac{S_f\,(Y)}{N_f} = \frac{0.450\ (293{,}510{,}764)}{4{,}546} = \mathbf{29{,}044}$$

População masculina (N_m) =4.478 (milhares)

$$\text{Rendimento auferido masculino estimado (PPC em USD) } (Y_m) = \frac{Y - S_f\,(Y)}{N_m} = \frac{293{,}510{,}764 - [0.450\ (293{,}510{,}764)]}{4{,}478} = \mathbf{36{,}059}$$

Símbolos

W_f / W_m = rácio entre o salário não agrícola feminino e o salário não agrícola masculino
EA_f = parcela feminina da população economicamente activa
EA_m = parcela masculina da população economicamente activa
S_f = parcela feminina da remuneração salarial
Y = PIB total (PPC em USD)
N_f = população feminina total
N_m = população masculina total
Y_f = rendimento auferido feminino estimado (PPC em USD)
Y_m = rendimento auferido masculino estimado (PPC em USD)

Nota

Devido aos arredondamentos, os cálculos baseados em dados que constam nesta nota técnica poderão produzir resultados diferentes dos apresentados nos quadros de indicadores.

Referências seleccionadas

Anand, Sudhir, and Amartya Sen. 1994. "Human Development Index: Methodology and Measurement". Occasional Paper 12, United Nations Development Programme, Human Development Report Office, New York. *(HDI)*

——, 1995, "Gender Inequality in Human Development Theories and Measurement." Occasional Paper 19, United Nations Development Programme, Human Development Report Office, New York. *(GDI, GEM)*

——, 1997, "Concepts of Human Development and Poverty: A Multi-dimensional Perspective." In United Nations Development Programme, *Human Development Report 1997 Papers : Poverty and Human Development* New York. *(HPI-1, HPI-2)*

Bardhan, Kalpana, and Stephan Klasen, 1999. "UNDP's Gender-Related Indices. A Critical Review." *World Development* 27 (6): 985–1010 *(GDI, GEM)*

United Nations Development Programme, 1995. *Human Development Report 1995.* New York: Oxford University Press, Technical notes 1 and 2 and chapter 3. *(GDI, GEM)*

——, 1997, *Human Development Report 1997.* New York: Oxford University Press. Technical note 1 and chapter 1. *(HPI-1, HPI-2)*

——, 1999, *Human Development Report 1999.* New York: Oxford University Press. Technical note *(HDI, GDI)*

Klasen, Stephan. 2006. "UNDP's Gender-related Measures: Some Conceptual Problems and Possible Solutions." Journal of Human Development Alternative Economics in Action, 7 (2): 243 - 274.

NOTA TÉCNICA 2

A medição dos efeitos dos desastres naturais a curto e a longo prazo

O desenvolvimento humano relaciona-se com o alargamento de liberdades e capacidades. Porém, tal como se explicou no capítulo 2, este processo poderá ser perturbado por desastres naturais. Para além dos seus custos imediatos em termos de perda de vidas humanas e destruição de modos de vida, os choques climáticos acarretam custos intrínsecos substanciais que provavelmente perdurarão ao longo da vida das populações, relegando-as para baixos níveis de desenvolvimento. As alterações climáticas prometem aumentar estes obstáculos para milhares de milhões de pessoas vulneráveis.

Para se apurar a extensão da ameaça ao desenvolvimento humano levantada pelos choques climáticos, procedeu-se à medição dos efeitos a curto e a longo prazo sobre aqueles que nascem em áreas afectadas por desastres naturais. Mais especificamente, realizou-se uma avaliação de alguns factores determinantes para a evolução do desenvolvimento humano relativamente a crianças com idades inferiores a cinco anos e mulheres adultas com idades compreendidas entre os 15 e os 30 anos, sendo que os indivíduos afectados por um desastre natural foram comparados com aqueles que não o sofreram.

Dados

Os dados para a investigação foram recolhidos a partir de Inquéritos Demográficos e de Saúde (IDS) e a base de dados sobre desastres internacionais da EM-DAT foi mantida pela Universidade de Louvain.

Inquéritos Demográficos e de Saúde (IDS)

Os IDS são inquéritos dirigidos aos agregados familiares e comunidades realizados pela Macro International e parcialmente financiados pela Agência dos Estados Unidos para o Desenvolvimento Internacional (USAID). Estes inquéritos recolhem informação sobre um abrangente conjunto de variáveis socioeconómicas aos níveis do indivíduo, da família e da comunidade, e são geralmente realizados de cinco em cinco anos, permitindo assim estabelecer comparações ao longo do tempo. Os IDS consistem geralmente numa amostra de 5.000 – 30.000 agregados familiares, mas não obedecem a um plano longitudinal. O plano de inquérito é representativo aos níveis nacionais, urbanos e rurais.

Embora o seu principal enfoque seja sobre mulheres com idades entre os 15 e os 49 anos, os IDS recolhem também informações sobre indicadores demográficos para todos os membros do agregado. Para crianças com idades inferiores a cinco anos, estes inquéritos recolhem também variáveis de monitorização e de avaliação de impacto tais como os indicadores de saúde e de nutrição.

EM-DAT – Base de dados de desastres naturais internacional

A EM-DAT é uma base de dados de desastres naturais internacional que apresenta dados essenciais sobre a ocorrência de desastres em todo o mundo desde 1900 até ao momento presente. A EM-DAT define desastres como sendo "situações ou eventos que ultrapassam a capacidade de resposta local, levando por isso à necessidade de dirigir um apelo de ajuda ao nível nacional ou internacional, ou que sejam assim reconhecidos por uma agência multilateral, ou pelo menos por duas fontes, como as organizações de ajuda nacional, regional ou internacional, e os media". Para que um desastre seja registado nesta base de dados, terá de obedecer pelo menos a um dos seguintes critérios:

- 10 ou mais pessoas foram mortas;
- 100 ou mais pessoas foram oficialmente registadas como tendo sido afectadas;
- Declarou-se estado de emergência;
- Apelou-se à ajuda internacional;

Uma característica central desta base de dados consiste no facto de nela se registar tanto a data de ocorrência de um desastre (que tenha sido relativamente recente), a sua localização e o grau de gravidade com base no número de pessoas afectadas, no número de acidentes e no prejuízo financeiro.[1]

Critérios de selecção de países

Para este estudo, apenas se seleccionaram aqueles países em que mais de 1.000.000 pessoas foram registadas como tendo sido oficialmente afectadas por um desastre. Para crianças com idade inferior a cinco anos, seleccionou-se aqueles países que foram submetidos a um IDS com um módulo de sistema de posicionamento geográfico (GPS) dois ou três anos subsequentes a um desastre. A selecção de países com módulos de GPS foi necessária, especialmente em países em que algumas regiões administrativas foram mais afectadas que outras. Para mulheres adultas, a selecção limitou-se a desastres mais significativos que ocorreram durante os anos 70 e 80, e apenas quando o mesmo tenha ocorrido pelo menos 15 anos antes do primeiro IDS. Ver tabela para a cobertura de países e características da respectiva amostra.

Metodologia

Esta abordagem segue técnicas de avaliação de impacto amplamente usadas nas ciências sociais. Para crianças com idades inferiores a cinco anos, os indicadores de resultados usados foram: raquitismo (estatura demasiado baixa para a idade), magreza (peso demasiado baixo para a estatura) e subnutrição (peso demasiado baixo para a idade). Para mulheres adultas entre os 15 e 30 anos, o indicador usado foi o grau de instrução. Na ausência de dados longitudinais, construiu-se um conjunto de coortes sintéticos anteriores e posteriores e os seus resultados foram comparados com base numa regressão logit através de uma abordagem de "diferenças-em-diferenças", controlando-se as características do indivíduo, do agregado familiar e da comunidade.

Para construir as coortes, as crianças e mulheres adultas do IDS foram identificadas e as suas datas de nascimento apuradas. A data e o local de nascimento do sujeito foram, então, cruzados com a ocorrência de um desastre natural como indicado na EM-DAT. Identificou-se os seguintes grupos:

- Sujeitos nascidos antes de um desastre, numa área que foi posteriormente afectada (nascidos antes, afectados – grupo 1, afectados).
- Sujeitos nascidos antes de um desastre, numa área que não foi posteriormente afectada (nascidos antes, não afectados – grupo 1, não afectados).
- Sujeitos nascidos durante um desastre, numa área que foi afectada (nascidos durante, afectados – grupo 2, afectados).
- Sujeitos nascidos durante um desastre, numa área que não foi afectada (nascidos durante, não afectados – grupo 2, não afectados).

Usando estes diferentes grupos, estimou-se o seguinte modelo:

em que $\hat{\phi} = \frac{1}{N}\sum_{i=1}^{n}[(y_{i2}^{a} - y_{i1}^{a}) - (y_{i2}^{na} - y_{i2}^{na})]$ representa o resultado em questão para a i.ª pessoa.[2]

Em cada momento, usou-se um conjunto de variáveis de controlo para identificar os efeitos de características específicas nos resultados referentes à alimentação das crianças. Estas incluíram variáveis individuais (o sexo da criança, os intervalos entre nascimentos, e características relativas às mães, tais como a sua idade e graus de instrução.) e variáveis ao nível da comunidade (por exemplo, localização urbana/rural). Implementou-se, então, uma análise de regressão de modo a isolar aqueles riscos específicos associados ao facto de se ter sido afectado por um desastre.

Relativamente aos adultos, se partirmos do princípio de que os desastres são um processo determinante, então todos os indicadores, incluindo as características socio-económicas dos agregados familiares, são virtualmente determinados pela anterior exposição a um desastre, sendo, por isso, endógenos. Consequentemente, apenas se incluiu as variáveis que podemos razoavelmente considerar como sendo exógenas, tais como a religião, por exemplo.

A maioria dos resultados é apresentada e discutida no capítulo 2, e em Fuentes e Seck 2007.

Notas

1 Guha-Sapir et al. 2004
2 Cameron e Trivedi 2005

Tabela — Cobertura de países e características da amostra

País	Ano do inquérito	Dimensão da amostra	Raquitismo (%)	Subnutrição (%)	Magreza (%)
Crianças					
Etiópia	2005	9,861	43.4	37,8	11,1
Quénia	2003	5,949	32.5	20,2	6,7
Nigéria	1992	6,899	38.2	38,9	14,5
Adultos	**Ano do inquérito**	**Dimensões da amostra**	**Sem instrução (%)**	**Com pelo menos o ensino básico (%)**	**Com pelo menos o ensino secundário (%)**
India	1998	90,303	35.3	50,5	33,6

Definições de termos estatísticos

Actividades fora do mercado de trabalho Ver *Tempo despendido, em actividades fora do mercado de trabalho.*

Actividades no mercado de trabalho Ver *Tempo despendido em actividades no mercado de trabalho.*

Ajuda Pública ao Desenvolvimento (APD) dos países menos desenvolvidos Ver *Ajuda Pública ao Desenvolvimento (APD), líquida* e a classificação de países para os países menos desenvolvidos.

Ajuda Pública Empréstimos ou donativos que se regem pelos mesmos padrões da Ajuda Pública ao Desenvolvimento (APD), com a excepção de os países receptores não se qualificarem como receptores da APD. Estes países estão identificados na parte II da lista de países receptores, concebida pelo Comité de Ajuda ao Desenvolvimento (CAD), a qual inclui os países mais avançados da Europa Central e de Leste, os países da antiga União Soviética e alguns países e territórios em vias de desenvolvimento um pouco mais avançados. Ver *Ajuda Pública ao Desenvolvimento, líquida*

Ajuda Pública ao Desenvolvimento (APD) dos serviços sociais básicos APD dirigida aos serviços sociais básicos, os quais incluem: ensino básico (ensino primário, ensino pré-primário e instrução básica direccionada a jovens e adultos); saúde básica (incluindo cuidados básicos de saúde, infra-estruturas básicas de saúde, nutrição básica, controlo de doenças infecciosas, educação acerca de cuidados básicos de saúde e formação de pessoal médico qualificado); programas e políticas para a população; e saúde reprodutiva (políticas para a população e gestão administrativa, cuidados de saúde reprodutiva, planeamento familiar, controlo de doenças sexualmente transmissíveis, incluindo o VIH/SIDA, e formação de profissionais para os cuidados de saúde da população e saúde reprodutiva). O auxílio relativamente ao fornecimento de água e saneamento só será incluído no caso de existir um foco de pobreza.

Ajuda Pública ao Desenvolvimento (APD), líquida Distribuição de empréstimos feita com base em condições concessionais (pagamento líquido do montante principal) efectuadas por agências oficiais pertencentes aos membros do Comité de Assistência ao Desenvolvimento (CAD), por instituições multilaterais e por países não pertencentes ao CAD, de modo a promover o desenvolvimento e o bem-estar em países e territórios da parte I da lista de países receptores de auxílio concebida pelo CAD. Esta assistência inclui empréstimos com um elemento de concessão de pelo menos 25% (calculada com uma taxa de desconto de 10%).

Ajuda Pública ao Desenvolvimento (APD), *per capita* do país doador A Assistência Oficial para o Desenvolvimento concedida por um determinado país dividida pela sua população total. Ver *Ajuda Pública ao Desenvolvimento (APD), líquida* e *População, total.*

Ajuda Pública ao Desenvolvimento (APD), sem retorno APD bilateral em que os respectivos bens e serviços podem ser total e livremente obtidos por todos os países, e em que a APD é oferecida por um país a outro.

Alfabetização entre adultos, taxa de A fracção de população alfabetizada com idade superior a 15 anos, de um determinado sexo, num determinado país, território ou área geográfica, numa determinada altura (por norma, a meio do ano), representada como percentagem da população total em que se insere. Uma pessoa alfabetizada, para fins estatísticos, é aquela que consegue ler e escrever uma frase simples no seu dia-a-dia.

Alfabetização entre os jovens, taxa de Percentagem da população com idades compreendidas entre os 15 e os 24 anos que consegue ler e escrever um texto relacionado com o seu quotidiano. Ver *Alfabetização entre adultos, taxa de.*

Analfabetismo entre adultos, taxa de O cálculo efectua-se do seguinte modo: 100 menos a taxa de alfabetização entre adultos. Ver *Alfabetização entre adultos, taxa de.*

Analfabetismo funcional, nível de A percentagem da população com idades compreendidas entre os 16 e os 65 anos que integram o nível 1 da escala de literacia em prosa do Inquérito Internacional sobre a Alfabetização dos Adultos. Na maioria dos exercícios solicita-se ao leitor que identifique no texto uma informação que sinónima ou idêntica àquela fornecida pelo exercício.

Área Florestal É o terreno onde se encontram zonas de arvoredo denso, plantado ou em estado natural, seja terreno de produção ou não.

Assentos parlamentares ocupados por mulheres Refere-se às posições ocupadas por mulheres numa câmara baixa ou única e numa câmara alta ou senado, conforme aplicável.

Assinantes de telemóveis Assinantes de um serviço público de telefone móvel que oferece acesso à rede de telefone pública através de tecnologia celular. Os sistemas podem ser analógicos ou digitais.

Ciências, Matemática e Engenharia, estudantes do ensino superior inscritos em A percentagem de alunos do ensino superior inscritos em ciências naturais, engenharia, matemática, ciências informáticas, arquitectura e planeamento urbano, transportes e comunicações, programas de comércio, artesanato e indústria, agricultura, silvicultura e pesca. Ver *Educação, níveis de.*

Combustíveis fósseis São os combustíveis extraídos de recursos naturais formados por biomassa criada no passado geológico. Os principais combustíveis fósseis são o carvão, o petróleo e o gás natural. Por conseguinte, o termo *fóssil* aplica-se também a qualquer combustível derivado de um dos combustíveis fósseis referidos. Os combustíveis fósseis pertencem ao grupo das energias primárias.

Crianças com idade inferior a cinco anos que padecem de diarreia, a receber hidratação oral e alimentação contínua A percentagem de crianças com idades compreendidas entre os 0 e os 4 anos que, na semana anterior ao estudo, padeciam de diarreia, e a quem está a ser administrada uma terapia de hidratação por via oral (soluções de hidratação ou fluidos caseiros recomendados, administrados por via oral).

Crianças que atingem o quinto ano de escolaridade Percentagem de crianças que, tendo começado o ensino primário, eventualmente atingem o quinto ano de escolaridade. As estimativas são baseadas na reconstituição do percurso escolar de um grupo específico de alunos, utilizando dados relativos a inscrições e a alunos repetentes em dois anos lectivos consecutivos, de forma a estimar as taxas de permanência dos alunos ao longo dos vários níveis de ensino primário.

Desemprego Refere-se a toda a população acima de uma idade específica que não se encontra a exercer uma actividade profissional remunerada, nem trabalha por conta própria, mas que está disponível para trabalhar e, por isso, em busca de emprego, ou a tomar as medidas necessárias no sentido de iniciar uma actividade profissional por conta própria.

Desemprego, a longo prazo Situações de desemprego que se prolonguem por mais de 12 meses. Ver *Desemprego.*

Desemprego entre os jovens, taxa de Refere-se à taxa de desemprego referente a pessoas com idades compreendidas entre os 15 (ou 16) e os 24 anos de idade, dependendo do que estiver estabelecido por cada país. Ver *Desemprego* e *Desemprego, taxa de.*

Desemprego, taxa de O desemprego dividido pela força laboral (o conjunto de empregados e desempregados). Ver: *Desemprego* e *Força Laboral.*

Educação, despesa pública com a Abrange tanto as despesas avultadas (despesas de construção, renovação, reparação em larga escala e aquisição de equipamento de grandes dimensões ou de veículos), como as despesas correntes. Ver *Educação, despesa pública corrente com a.*

Educação, despesa pública corrente com a Gastos em bens e serviços que são utilizados no decorrer do ano lectivo que terão de ser renovados no próximo. Estes gastos incluem salários e benefícios fiscais dos funcionários, serviços contratados ou adquiridos, livros e materiais escolares, serviços relacionados com a saúde e bem-estar, mobília e equipamento, pequenas reparações, combustíveis, seguros, rendas, telecomunicações e deslocações.

Educação, índice da Um dos três indicadores em que assenta o índice de desenvolvimento humano. É baseado na taxa de alfabetização entre adultos e no conjunto total das taxas de matrículas nos três diferentes níveis de ensino. Ver *Alfabetização entre adultos, taxa de* e *Escolarização bruta combinada referente ao ensino primário, secundário e superior, taxa de.* Para mais detalhes acerca da forma como o indicador é calculado ver *Nota técnica 1.*

Educação, níveis de Divididos nas categorias de ensino pré-primário, primário, secundário, pós-secundário e superior, de acordo com a Classificação Internacional Tipo da Educação (CITE). O ensino pré-primário (nível 0 da CITE) é a fase inicial da instrução organizada, concebida para inserir crianças de tenra idade num ambiente escolar e para estabelecer uma ponte entre o lar e a escola. O ensino primário (nível 1 da CITE) oferece uma instrução básica nos campos da leitura, da escrita e da matemática, combinada com uma introdução a disciplinas como a história, a geografia, as ciências naturais e sociais, a arte, a música e a educação moral e religiosa. O ensino secundário (níveis dois e três da CITE) foi, na sua generalidade, concebido para dar continuidade aos programas básicos do ensino primário, sendo a instrução um pouco mais aprofundada, requerendo portanto professores especializados nas diferentes disciplinas. O ensino pós-secundário (não técnico) (nível 4 da CITE) é formado por programas que se encontram entre os níveis do ensino secundário-superior e do ensino superior (níveis 5 e 6 da CITE), focados num contexto internacional, apesar de em certos países se centrarem num ou noutro ponto directamente relacionados com o respectivo contexto nacional. Os programas de nível 4 da CITE não são, por norma, muito mais avançados que os programas de nível 3, servindo apenas para alargar o conhecimento dos estudantes que já tenham completado um programa de ensino secundário-superior. O ensino superior (CITE 5) é composto por programas com um conteúdo educacional mais avançado que o ensino secundário-superior ou que o ensino pós-secundário. A primeira fase do ensino superior (CITE 5) é composta por programas de conteúdo teórico (CITE 5A) concebidos para proporcionar acesso a programas de pesquisa avançada e a profissões que requerem um alto nível de habilitações; e por programas de natureza mais prática ou tecnológica (CITE 5B). A segunda fase do ensino superior (CITE 6) compreende programas direccionados a estudos e pesquisas avançadas, oferecendo a possibilidade de uma especialização em pesquisa avançada ou de um doutoramento.

Electricidade *per capita*, consumo de Refere-se à produção total de energia eléctrica *per capita*, incluindo o consumo energético feito por mecanismos auxiliares de estações eléctricas e por quaisquer perdas de energia nos transformadores que constituam parte integrante da estação. Também se inclui a totalidade da energia eléctrica produzida por estações de bombagem, sem dedução da electricidade consumida pelo bombeamento.

Electricidade, população sem acesso à Refere-se à falta de acesso à energia eléctrica ao nível domiciliário, isto é, o número de pessoas que não tem energia eléctrica em casa. Por acesso à energia eléctrica entende-se a electricidade obtida comercialmente, ligada ou não à rede. Também inclui electricidade auto-produzida, nos países onde o acesso à electricidade tem sido calculado através de estudos levados a cabo por administrações nacionais. Esta entrada não engloba as ligações não autorizadas.

Electricidade, taxa de instalações de Indica a percentagem de pessoas com acesso à energia eléctrica inserida no conjunto da população total.

Emissões de Dióxido de Carbono Emissões antropogénicas (por acção do homem) de dióxido de carbono, provenientes da combustão de combustíveis fósseis, da queima de gases residuais e da produção de cimento. As emissões são calculadas com base em dados referentes ao consumo de combustíveis sólidos, líquidos e gasosos, à queima de gases residuais e à produção de cimento. As emissões de dióxido de carbono podem também ser provocadas pela redução em larga escala da biomassa florestal.

Emprego de acordo com a actividade económica Emprego na indústria, na agricultura ou nos serviços; definido de acordo com a Classificação Internacional Tipo da Indústria (CITI). Indústria refere-se à exploração de minas, exploração de pedreiras, produção de bens em larga escala, construção, serviço público (gás, água e electricidade). Agricultura refere-se a actividades agrícolas, florestais, piscatórias e de caça. Serviços referem-se à venda de produtos em larga escala, vendas ao público, restauração e hotelaria, transportes, armazenamento, comunicações, finanças, seguradoras, imobiliárias, e outro tipo de serviços comunitários, sociais e pessoais.

Energia, PIB por unidade de uso de A relação entre o PIB (em 2000 dólares americanos de PPC) e o uso de energia comercial, medida em quilogramas do seu equivalente em petróleo. Este indicador fornece uma medida de eficiência energética ao apresentar estimativas consistentes e comparáveis do PIB real de diversos países relativamente às suas ligações físicas (unidades de uso de energia). Ver *PIB (Produto Interno Bruto)* e *PPC (Paridade de Poder de Compra).* As diferenças encontradas nesta relação, ao longo do tempo e em determinados países, reflectem em certa medida mudanças estruturais na economia, mudanças na eficiência energética de determinados sectores e diferenças nas misturas de combustíveis.

Energia primária, fornecimento de Refere-se ao fornecimento de energia extraída, ou directamente proveniente de recursos naturais – crude; carvão natural; gás natural; ou produtos derivados de todas estas matérias-primas. Os produtos de energia primária podem ainda ser divididos em dois subgrupos – Combustíveis fósseis e Energias renováveis. Ver *Combustíveis fósseis* e *Energia renovável.*

Energia renovável Energia produzida a partir de processos naturais que são constantemente restabelecidos. Entre as formas de energia renovável incluem-se as que derivam directa ou indirectamente do sol ou do calor produzido pelo interior da terra. As energias renováveis compreendem diferentes formas de energia – solar, eólica, produzida a partir de biomassa, geotérmica, hídrica, criada a partir dos recursos dos oceanos e de alguns tipos de lixo – e fazem parte do grupo de energias primárias.

Escolarização bruta combinada referente ao ensino primário, secundário e superior, taxa de Número de alunos inscritos nos níveis de ensino primário, secundário e superior, independentemente da sua idade, representado como percentagem da população, teoricamente, nas faixas etárias indicadas para esses três níveis de ensino. Ver *Educação, níveis de* e *Escolarização, taxa bruta de.*

Escolarização, taxa bruta de Número total de alunos ou estudantes, independentemente da sua idade, inscritos num determinado nível de ensino, representados como uma percentagem da população, teoricamente, na faixa etária indicada para esse nível de ensino. Para o nível superior a população usada abrange os cinco anos posteriores à conclusão do ensino secundário. A taxa total de escolarização excedendo os 100% indica que existem alunos ou estudantes fora do grupo etário que teoricamente se encontra inscrito nesse nível de ensino. Ver *Educação, níveis de.*

Escolarização, taxa líquida de Número de alunos pertencentes a uma faixa etária oficialmente indicada para o nível de ensino em que se encontram matriculados, representado como uma percentagem da população com a idade escolar oficialmente indicada para o seu nível. Ver *Educação, níveis de.*

Esperança média de vida à nascença O número de anos que se pode esperar que um recém-nascido viva, caso se mantenham os padrões das taxas de mortalidade específicas de cada idade existentes na altura do seu nascimento.

Esperança média de vida, índice da Um dos três índices sobre os quais assenta o índice de desenvolvimento humano. Para detalhes sobre como este índice é calculado, ver *Nota técnica 1.*

Estatura demasiado baixa para a idade, crianças com idades inferiores a cinco anos Inclui o raquitismo (que se define como dois ou três desvios-padrão abaixo da média relativamente à faixa de população referencial) e o raquitismo acentuado (que se define como mais do que três desvios-padrão abaixo da média relativamente à faixa de população referencial).

Exportação de alta tecnologia Exportação de produtos que resultam de um elevado grau de pesquisa e desenvolvimento, incluindo produtos de alta tecnologia usados na indústria aeroespacial, produtos informáticos, farmacêuticos, instrumentos de uso científico e maquinaria eléctrica.

Exportação de bens e serviços O valor de todos os bens e serviços de mercado fornecidos ao resto do mundo. Inclui o valor de: mercadorias, seguros, transporte, taxas de transporte, licenças; e de outro tipo de serviços, nomeadamente: serviços de comunicação, de informação, de negócios, pessoais e governamentais. Excluído está o valor dos vencimentos referentes ao trabalho e à propriedade, assim como os pagamentos referentes a transferências comerciais.

Exportação de produtos manufacturados Definidos de acordo com a Classificação Tipo para o Comércio Internacional, incluindo: exportação de produtos químicos, produtos básicos manufacturados, maquinaria e equipamentos de transporte, e todo um leque de outros produtos manufacturados.

Exportação de produtos primários Definida de acordo com a Classificação Tipo para o Comércio Internacional, inclui a exportação de alimentos, materiais agrícolas em bruto, combustíveis, rochas de características metálicas e metais.

Fertilidade, taxa total de Número total de crianças que nasceriam se cada mulher vivesse até ao fim da idade fértil e desse à luz nas idades previstas pelas taxas especificas de fertilidade para essa idade/período de vida, num determinado país, território ou área geográfica.

Fluxos privados, outros Uma categoria que combina fluxos de investimento de carteira não criadores de dívida (a soma de capitais nacionais, receitas de depósitos e aquisições directas de acções por investidores estrangeiros), e fluxos de carteira criadores de dívida (obrigações emitidas compradas por investidores estrangeiros) e empréstimos bancários e relacionados com o comércio (empréstimos de bancos comerciais e outros créditos comerciais).

Força Laboral Todas as pessoas empregadas (incluindo as pessoas acima de uma determinada idade que durante um dado período de tempo exerceram uma actividade remunerada, estiveram a trabalhar, foram trabalhadores por conta própria, ou que, apesar de não terem trabalhado, tiveram um emprego) e desempregadas (incluindo as pessoas acima de uma determinada idade que durante um dado período de tempo estiveram sem trabalho, disponíveis para trabalhar ou procuraram emprego activamente).

Força laboral feminina, taxa de participação da O número de mulheres integradas na força laboral, representado em termos de uma percentagem da população feminina em idade activa. *Ver Força laboral, taxa de participação da* e *Força laboral.*

Força laboral, taxa de participação da A fracção da população de um determinado país em idade activa e que participa activamente no mercado de trabalho quer por se encontrar empregada, quer por se encontrar activamente em busca de trabalho. Calcula-se através da obtenção do número de pessoas que constituem a força laboral em termos de uma percentagem da população em idade activa. Considera-se em idade activa a população com idades acima dos 15 anos (tal como definido neste Relatório). Ver *Força Laboral.*

Forças Armadas, totais Forças estratégicas, terrestres, navais, aéreas, de comando, administrativas e de apoio. Inclui também todas as forças paramilitares, como as forças policiais, a brigada de serviços alfandegários e a guarda fronteiriça, caso tenha recebido formação militar.

Homicídio intencional A morte infligida a um indivíduo por um outro indivíduo, incluindo o infanticídio.

Importação de bens e serviços O valor de todos os bens e outros serviços de mercado provenientes do resto do mundo. Incluído está o valor de mercadorias, seguros, transportes, taxas de transporte, licenças; bem como o de outros serviços, nomeadamente, comunicações, construção, serviços financeiros, serviços informativos, serviços pessoais e governamentais. Excluído está o valor dos rendimentos referentes ao trabalho e à propriedade, bem como o valor de pagamentos de transferências comerciais.

Índice de Desenvolvimento Humano (IDH) É o índice que mede o grau, em média, de três dimensões básicas de desenvolvimento humano – vida longa e saudável; nível de conhecimentos; um padrão de vida digno. Para mais detalhes acerca da forma como o índice é calculado, ver *Nota técnica 1*

Índice de Desenvolvimento relativo ao Género (IDG) É o indicador que, a partir do índice de desenvolvimento humano, calcula os níveis médios alcançados relativamente a três dimensões básicas – vida longa e saudável; nível de conhecimentos; um padrão de vida digno –, ajustando-as para apurar as diferenças entre homens e mulheres. Para mais informações acerca de como o Indicador é calculado, ver *Nota técnica 1.*

Índice de Equidade de Género (IEG) Um índice que mede as desigualdades entre os sexos masculino e feminino no que diz respeito a três diferentes dimensões de equidade – poder de decisão e participação na economia, participação política, e poder de decisão relativamente aos recursos económicos. Para mais informações acerca da forma como o Indicador é calculado, ver *Nota técnica 1.*

Índice de GINI Mede a disparidade de distribuição (ou consumo) de rendimentos entre os diversos indivíduos ou agregados familiares num determinado país. A curva de Lorenz marca a percentagem total de acumulação de rendimentos distribuídos relativamente ao número de beneficiários, começando pelos indivíduos ou agregados familiares mais pobres. O índice de GINI mede a área entre a curva de Lorenz e a hipotética linha de igualdade absoluta, representada como percentagem da área máxima abaixo da linha. O valor 0 representa absoluta igualdade, ao passo que o valor 100 representa absoluta desigualdade.

Índice de pobreza humana em determinados países da OCDE de elevado (IPH-2). É o índice que mede as privações referentes às três dimensões básicas compreendidas no Índice de Desenvolvimento Humano – vida longa e saudável; nível de conhecimentos; um padrão de vida digno –, às quais uma parte da população está sujeita, abrangendo-se ainda a exclusão social. Para mais detalhes acerca da forma como o Indicador é calculado, ver *Nota técnica 1.*

Índice de pobreza humana em países em vias de desenvolvimento (IPH-1) É o indicador que mede as privações referentes às três dimensões básicas compreendidas no Índice de Desenvolvimento Humano, a que parte da população está sujeita – vida longa e saudável; conhecimentos; um padrão de vida decente. Para mais detalhes acerca da forma como o Indicador é calculado, ver *Nota técnica 1.*

Índice de preços ao consumidor, alteração média anual no Reflecte as alterações nos custos tidos pelo consumidor médio ao adquirir um conjunto de bens e serviços. Estes custos poderão ser fixos ou alteráveis de acordo com intervalos de tempo específicos.

Instalações sanitárias, melhores, população com acesso a Percentagem de população com acesso a um sistema de descarga das excreções adequado – por exemplo, uma ligação a um sistema de esgotos ou a um reservatório séptico, uma sanita com autoclismo, uma sanita simples com fossa ou uma sanita de fossa ventilada e melhorada. Um sistema de descarga das excreções é considerado adequado se for privado ou partilhado (mas não público) e se permitir prevenir o contacto humano, animal ou de insectos com as excreções de forma eficaz.

Intensidade de carbono na energia Refere-se à quantidade de dióxido de carbono (CO_2) produzida por cada unidade de energia usada. É a relação entre a emissão de CO_2 e a energia usada.

Intensidade de carbono no crescimento Também conhecida como intensidade de carbono na economia, refere-se à quantidade de dióxido de carbono por cada crescimento de 1 dólar (americano) na economia mundial. É a relação entre as emissões de CO_2 e o PIB (em termos da PPC).

Investigação e Desenvolvimento (I&D), despesas com Despesas correntes e de capital (incluindo despesas fixas) com actividades criativas e sistemáticas destinadas a aumentar o *stock* de conhecimento. Incluem-se a investigação fundamental e aplicada e os trabalhos de desenvolvimento experimental que conduzem a novos aparelhos, produtos ou processos.

Investigadores na I&D Pessoas formadas para trabalhar em qualquer área científica c, que se encontram envolvidas em actividades especializadas de investigação e desenvolvimento. A maioria destas actividades requer a conclusão de um grau de ensino superior.

Investimento directo estrangeiro, fluxos líquidos de Fluxos líquidos de investimento para a aquisição de uma participação permanente na gestão (10% ou mais poder de acções com direito a voto) de uma empresa que opere num mercado económico que não o do investidor. É a soma do capital social, do reinvestimento de lucros e de outros capitais de longo e de curto prazo.

Legisladores, altos funcionários e dirigentes, femininos Percentagem de cargos, definidos de acordo com a Classificação Internacional Tipo das Profissões (CITP-88), ocupados por mulheres. Estes cargos incluem legisladoras, dirigentes do governo, chefes tribais, cargos de chefia autárquica, membros de conselhos de administração de organizações, gestoras, directoras e administradoras executivas, directoras de produção e de departamentos de operações ou de outros departamentos e directoras gerais.

Linhas telefónicas principais Linhas telefónicas que estabelecem a ligação entre o equipamento do cliente e a rede telefónica pública.

Médicos Inclui todas as pessoas formadas numa faculdade ou escola de medicina que exerçam funções no campo da medicina (incluindo aquelas ligadas ao ensino, pesquisa ou prática da actividade médica).

Medidas contra a malária, febres tratadas com medicação de combate à malária A percentagem de crianças com idade inferior a cinco anos que padecia de febre nas duas semanas que antecederam o estudo, e a quem foram administrados medicamentos anti-malária.

Medidas contra a malária, uso de redes de cama com propriedades insecticidas A percentagem de crianças com idade inferior a cinco anos que dormem protegidas por redes de cama com propriedades insecticidas.

Militar, despesa Todas as despesas pagas pelo Ministério da Defesa ou por outros Ministérios relativamente ao recrutamento e treino de militares, à construção e aquisição de produtos e equipamentos militares. O auxílio militar é contabilizado nas despesas do país que o fornece.

Mortalidade ajustada à maternidade, taxa de A taxa de mortalidade materna é ajustada tendo em consideração os bem documentados problemas de falta de notificações, e de classificações erróneas da mortalidade materna, assim como de estimativas feitas para países onde não existem dados a esse respeito. Ver *Mortalidade materna, taxa de.*

Mortalidade de crianças com idades inferiores a cinco anos, taxa de A probabilidade de morte no tempo que medeia o parto e os 5 anos de idade, representada por cada 1000 nados-vivos.

Mortalidade infantil, taxa de A probabilidade de morte entre o nascimento e exactamente 1 ano de idade, expressa por cada 1000 nados-vivos.

Mortalidade materna, taxa de O quociente obtido da relação entre o número de mortes maternas num determinado ano e o número de nados-vivos referente ao mesmo período, representado por cada 100.000 nados vivos num determinado país, território ou área geográfica. A morte materna define-se como a morte de uma mulher enquanto grávida ou num período de 42 dias após o término da gravidez, independentemente da sua duração e do local onde é efectuado o parto. Estão incluídas todas as causas de morte relacionadas ou agravadas pela gravidez, mas não se encontram incluídas quaisquer causas de morte provocadas por acidentes ou incidentes.

Mortalidade materna, taxa declarada de A taxa de mortalidade materna tal como divulgada pelas autoridades nacionais. Ver *Mortalidade materna, taxa de.*

Mulheres em cargos de chefia no governo Inclui vice-primeiras ministras e ministras. Consideraram-se também primeiras-ministras nos casos em que detivessem pastas ministeriais. Foram também incluídas vice-presidentes e chefes de departamentos ou agências a nível ministerial quando exercendo funções ministeriais na estrutura governamental.

Nascimentos assistidos por profissionais de saúde credenciados a percentagem de partos efectuados por profissionais de saúde (médicos, enfermeiras, parteiras) com a devida formação para a prestação dos cuidados de saúde necessários, acompanhamento e aconselhamento da mulher durante a gravidez, o parto e o período pós-parto, assistência ao parto e prestação de cuidados aos recém-nascidos. As parteiras tradicionais, com ou sem formação, estão incluídas nesta categoria.

Patentes garantidas a residentes Refere-se a documentos emitidos por uma entidade governamental, que descrevem uma invenção e criam uma situação legal em que a invenção patenteada só pode ser explorada (fabricada, usada, vendida, importada) pelo portador da patente ou por alguém com a sua autorização. A política de protecção instituída é, geralmente, limitada a 20 anos a começar na data da emissão.

Peso à nascença, crianças com baixo A percentagem de crianças com um peso inferior a 2,5 kg à nascença.

Peso demasiado baixo para a idade, crianças com idades inferiores a cinco anos Inclui a subnutrição moderada (que se define como dois ou três desvios-padrão abaixo da média relativamente à faixa de população referencial), e a subnutrição acentuada (que se define como mais do que três desvios-padrão abaixo da média relativamente à faixa de população referencial).

PIB (em dólares americanos) Produto Interno Bruto convertido para dólares americanos, utilizando a taxa de câmbio oficial média fixada pelo Fundo Monetário Internacional. Um factor de conversão alternativo será aplicado caso a taxa em vigor se diferencie em elevada margem da taxa em vigor nas transacções em divisa estrangeira e em produtos comercializados. Ver *PIB (Produto Interno Bruto).*

PIB, índice do Um dos três indicadores sobre os quais assenta o Índice de Desenvolvimento Humano. Baseia-se no

Produto Interno Bruto *per capita* (nos termos da paridade de poder de compra em dólares americanos). Para mais informações acerca da forma de calcular o Indicador, ver *Nota técnica 1.*

PIB *per capita* (em dólares americanos) Produto Interno Bruto (nos termos da Paridade e Poder de Compra em dólares americanos) dividido pela população total a meio do ano. Ver *PIB (em dólares americanos)* e *População, total.*

PIB *per capita* (PPC em dólares americanos) Valor do Produto Interno Bruto (nos termos da Paridade de Poder de Compra em dólares americanos) dividido pela população total a meio do ano. Ver *PIB (Produto Interno Bruto), PPC (Paridade de Poder de Compra)* e *População, total.*

PIB *per capita*, taxa de crescimento anual do Representa a taxa de crescimento anual (mínimos quadrados), calculada a partir do PIB *per capita* a preços constantes, em moeda local.

PIB (Produto Interno Bruto) A soma do valor acrescentado por todos os produtores residentes na economia, acrescida de quaisquer impostos sobre o produto (à excepção de subsídios) não incluídos na valorização da produção. É calculado sem incluir as deduções da depreciação dos activos de capital ou do esgotamento e deterioração dos recursos naturais. O valor acrescentado é o produto líquido de uma indústria depois da soma de todos os produtos finais e da subtracção de todos os produtos intermédios utilizados.

Pobreza, população abaixo do limiar da Indica a percentagem de população que vive abaixo do nível de pobreza estabelecido:

- 1 Dólar americano por dia – de acordo com os preços internacionais de 1985 (o equivalente a 1.08 dólares por dia de acordo com os preços internacionais de 1993) ajustados à paridade do poder de compra.
- 2 Dólares americanos por dia – de acordo com os preços internacionais de 1985 (o equivalente a 2.15 dólares por dia de acordo com os preços internacionais de 1993) ajustados à paridade do poder de compra.
- 4 Dólares americanos por dia – de acordo com os preços internacionais de 1990, ajustados à paridade do poder de compra.
- 11 Dólares americanos por dia (por pessoa ou agregado familiar) – de acordo com os preços internacionais de 1994, ajustados à paridade do poder de compra.
- Limiar nacional de pobreza – o limiar de pobreza considerado adequado para um país pelas autoridades competentes. As estimativas são realizadas de acordo com estudos efectuados com agregados familiares pertencentes a subgrupos desfavorecidos da população.
- 50% do vencimento médio – 50% do vencimento médio disponível por cada agregado familiar. Ver *PPC (Paridade de Poder de Compra).*

População deslocada internamente Pessoas ou grupos de pessoas que se viram obrigadas a fugir ou a abandonar as suas casas ou locais de habitual residência, para tentar evitar, ou como consequência de, um conflito armado, situações de violência generalizada, violações dos direitos humanos ou desastres naturais, e que não atravessaram uma fronteira internacionalmente reconhecida.

População subnutrida População cuja ingestão de alimentos é cronicamente insuficiente para assegurar as suas necessidades mínimas de energia.

População, taxa de crescimento anual da Refere-se à taxa média de crescimento exponencial da população num determinado período de tempo.

População, total Refere-se à população real de um país, área ou região a 1 de Julho de um determinado ano.

População, urbana Refere-se à população real, residente em áreas classificadas como urbanas, de acordo com os critérios para cada área ou país. Os dados são referentes a 1 de Julho do ano indicado. Ver *População, total.*

PPC (Paridade de Poder de Compra) Uma taxa de câmbio que dá conta da variação de preços nos vários países, permitindo efectuar comparações internacionais de produção e rendimentos reais. À taxa da PPC em dólares americanos (tal como usada neste Relatório), existe um igual poder de compra com 1 dólar americano na economia interna e na economia dos E.U.A.

Probabilidade à nascença de não sobreviver até uma idade específica Calculada da seguinte forma: 100 menos a probabilidade (apresentada em pontos percentuais) de sobrevivência até uma idade específica para um dado grupo. Ver *Probabilidade à nascença de sobreviver até uma idade específica.*

Probabilidade à nascença de sobreviver até uma idade específica A probabilidade (apresentada em pontos percentuais) de uma criança recém-nascida sobreviver até uma determinada idade, caso esteja sujeita aos padrões predominantes das taxas de mortalidade para idades específicas.

Projecção média variável Projecção populacional feita pela Divisão da População das Nações Unidas, assumindo padrões médios de fertilidade, mortalidade e de níveis finais de migração, de acordo com as diferentes características demográficas e políticas relevantes de cada país ou grupo de países. Mais, para os países altamente afectados pelo vírus VIH/SIDA, o impacto causado por esta epidemia será incluído na projecção. A Divisão de População das Nações Unidas publica ainda projecções que apresentam possíveis variações, altas e baixas. Para mais informações, consulte o site http://esa.un.org/unpp/assumptions.html.

Fontes de água melhorada, população com acesso a A percentagem de população com um acesso razoável a qualquer um dos seguintes tipos de recursos de água potável: canalizações domésticas, fontes públicas, furos de captação de água, poços cobertos e nascentes protegidas ou recolha de águas pluviais. Por *acesso razoável* entende-se a disponibilização de pelo menos 20 litros diários por pessoa, provenientes de um recurso em boas condições num raio de um quilómetro de distância da habitação do utilizador.

Fontes de água melhorada, população sem acesso a Calculada da seguinte forma: 100 menos a percentagem de população que tem acesso a um recurso de água em melhores condições de consumo. Recursos de água sem boas condições de consumo são: água fornecida por vendedores, água engarrafada, camiões cisterna e fontes e poços sem protecção. Ver *Recursos de água em melhores condições de consumo, população com acesso sustentável a.*

Refugiados Pessoas que abandonaram o seu país devido ao receio fundamentado de serem perseguidas por motivos raciais ou religiosos, por motivos relacionados com a sua nacionalidade, opinião política, ou com a sua integração num determinado grupo social, e que não podem ou não querem regressar. O *país de asilo* é o país onde um refugiado efectuou um pedido de asilo, mas do qual ainda não obteve a respectiva resposta, ou se encontra, por outra, registado como alguém que procura asilo. *País de origem* é o país de nacionalidade ou de cidadania do refugiado.

Rendimento auferido (PPC em dólares americanos), estimados Disparidade entre os vencimentos de trabalhadores de sectores não agrícolas do sexo feminino e do sexo masculino. Calcula-se a partir das percentagens de população feminina e de população masculina economicamente activas, em relação à população total (masculina e feminina) e ao PIB *per capita* (nos termos da paridade de poder de compra em dólares americanos). Para detalhes acerca desta estimativa ver *Nota técnica 1.*

Rendimento auferido, diferença estimada entre homens e mulheres Comparação feita entre a estimativa dos vencimentos masculinos e a estimativa dos vencimentos femininos. Ver *Vencimentos (PPC em dólares americanos).*

Rendimento ou consumo, Taxas de As taxas de rendimento ou consumo que respeitam os subgrupos da população, indicados por decis e quintis, calculadas com base em inquéritos nacionais aos agregados familiares, efectuados ao longo de um período de vários anos. Os inquéritos sobre o consumo demonstram uma desigualdade entre ricos e pobres mais baixa relativamente àquela apurada nos inquéritos sobre os rendimentos, em que se verifica uma acentuada diferença, sendo que a população pobre se vê forçada a gastar uma parte maior dos seus rendimentos. Uma vez que os dados fornecidos representam diferentes épocas e estudos efectuados de acordo com diferentes metodologias, as comparações entre diferentes países devem ser feitas com precaução.

RNB (Rendimento Nacional Bruto) A soma do valor adicionado por todos os produtores residentes na economia, acrescida de quaisquer impostos sobre o produto (à excepção de subsídios), não incluídos na valorização da produção, mais as receitas líquidas do rendimento primário (remuneração de empregados e rendimentos de propriedade) provenientes do estrangeiro. O valor acrescentado é o produto líquido de uma indústria depois da soma de todos os produtos finais e da subtracção de todos os produtos intermédios utilizados. Os dados são apresentados em dólares americanos correntes, convertidos utilizando o método *Atlas do Banco Mundial.*

Royalties e direitos de licenças, receitas de Receitas que os residentes recebem de não residentes pela utilização autorizada de activos intangíveis, não produzidos, não financeiros e direitos de propriedade (tais como patentes, marcas registadas, copyrights, franchising e processos industriais) e pelo uso, devidamente licenciado através de acordos de concessão, de originais produzidos e protótipos (tais como filmes e manuscritos). Os dados baseiam-se na balança de pagamentos.

Saúde, despesa *per capita* (PPC em dólares americanos) A soma de despesas públicas e privadas (nos termos da paridade de poder de compra) dividida pela população total existente a meio do ano. A despesa de saúde inclui a disponibilização de serviços de saúde (preventivos e curativos), actividades relacionadas com o planeamento familiar, actividades de nutrição e de prestação de serviços de emergência. Exclui o fornecimento de água e de serviços sanitários. Ver *Saúde, despesa privada de, Saúde, despesa pública de, População, total* e *PPC (Paridade de Poder de Compra).*

Saúde, despesa privada de Despesa directa das famílias (reembolsáveis), seguros privados e gastos das organizações sem fins lucrativos que servem as famílias e pagamentos directos de serviços por empresas privadas. Juntamente com a despesa pública de saúde resulta na despesa total de saúde. Ver *Saúde, despesa per capita (PPC em dólares americanos)* e *Saúde, despesa pública de.*

Saúde, despesa pública de Despesa corrente e de capital referente a orçamentos da administração (central e local), empréstimos externos e donativos (incluindo donativos de agências internacionais e de organizações não governamentais) e fundos sociais (ou obrigatórios) de seguros de saúde. Somada à despesa privada de saúde, perfaz a despesa total de saúde. Ver *Saúde, despesa per capita (PPC em dólares americanos)* e *Saúde, despesa privada de.*

Sector informal O sector informal, tal como definido pelo Grupo de Especialistas das Nações Unidas para Estatísticas do Sector Informal (o Grupo Delhi), inclui pequenas empresas privadas que produzam pelo menos uma parte dos seus produtos de venda ou câmbio, que tenham menos de 5 empregados contratados, que não estejam registadas e que estejam envolvidas em actividades não agrícolas (incluindo actividades técnicas ou profissionais). Os empregados contratados que pertençam ao agregado familiar da entidade empregadora estão excluídos desta categoria.

Sector informal, emprego no, como percentagem do emprego não agrícola Refere-se à percentagem representada pelo emprego no sector informal na totalidade do emprego em sectores não agrícolas. Ver *Sector informal.*

Serviço de dívidas, totais A soma dos principais pagamentos de empréstimos e de juros relativos a dívidas de longo prazo (com mais de um ano) realmente efectuados, em moeda estrangeira, em mercadorias ou em serviços. Pagamento de juros relativos a dívidas de curto prazo e pagamento de empréstimos ao Fundo Monetário Internacional.

Tabagismo, prevalência entre adultos de A percentagem de homens e mulheres que fumam.

Taxa de mortalidade, crianças com idades inferiores a cinco anos Ver *Mortalidade de crianças com idades inferiores a cinco anos, taxa de.*

Taxa de mortalidade infantil Ver: *Mortalidade infantil, taxa de.*

Taxa de uso de contraceptivos Percentagem de mulheres em idade fértil (15-49 anos) que usam, ou cujos parceiros usam um método contraceptivo, seja este moderno ou tradicional.

Tempo despendido, em actividades fora do mercado de trabalho Tempo despendido em actividades relacionadas com as actividades domésticas (limpeza, tratamento de roupa, confecção de refeições e arrumação), gestão do lar, compras domésticas, cuidados prestados a crianças, doentes, idosos ou a pessoas portadoras de deficiência dentro do agregado familiar, e com serviços comunitários, em conformidade com os termos do Sistema de Contas Nacionais da ONU, revisão de 1993. Ver *Tempo despendido, em actividades no mercado de trabalho* e *Tempo despendido, tempo de trabalho, total.*

Tempo despendido, em actividades no mercado de trabalho Tempo despendido em actividades associadas ao emprego em estabelecimentos, à produção primária que não realizada em estabelecimentos, à venda de serviços, e a outras produções de bens não realizadas em estabelecimentos, em conformidade com os termos do Sistema de Contas Nacionais da ONU, revisão de 1993. Ver *Tempo despendido, em actividades fora do mercado de trabalho* e *Tempo despendido, tempo de trabalho, total.*

Tempo despendido, tempo de trabalho, total Tempo despendido em actividades no mercado de trabalho e fora dele, tal como definido nos termos do Sistema de Contas Nacionais da ONU, revisão de 1993. Ver *Tempo despendido, em actividades no mercado de trabalho* e *Tempo despendido, em actividades fora do mercado de trabalho.*

Tempo de trabalho, total Ver *Tempo despendido, tempo de trabalho, total*

Termos de comércio Rácio entre o índice de preços das exportações e o índice de preços das importações, actualizado anualmente. Um valor superior a 100 indica que o preço das exportações aumentou relativamente ao preço das importações.

Trabalhador em seio familiar Definido, de acordo com a Classificação Internacional segundo o Estatuto no Emprego (CIEE) de 1993, como a pessoa que trabalha sem receber ordenado numa empresa de família gerida por um membro do seu agregado familiar.

Trabalhadoras técnicas e especializadas A taxa de posições ocupadas por mulheres, que de acordo com a Classificação Internacional Tipo das Profissões (CITP-88) incluem profissionais das áreas da física, da matemática e da engenharia (e profissionais associados), profissionais das áreas das ciências da vida e da saúde (e profissionais associados), profissionais do ensino (profissionais associados), e outros profissionais e respectivos colaboradores.

Transferência de armas convencionais Refere-se à entrega voluntária por parte do fornecedor de armas com fins militares (o que exclui todas as armas apreendidas ou obtidas junto de desertores) destinadas às forças armadas, paramilitares ou às agências de serviços secretos de um outro país. Inclui-se os principais sistemas ou armas convencionais, divididos em seis categorias –navios, aeronaves, mísseis, artilharia, veículos blindados, sistemas de radar e navegação (excluídos estão: camiões, serviços, munições, armas de pequeno porte, artigos de apoio, componentes tecnológicos e artilharia naval de calibre inferior a 100 milímetros).

Tratados, ratificação de Após a assinatura de um tratado, este deve ser ratificado pelo país assinante, normalmente com a aprovação do seu órgão legislativo. Este processo implica não só uma expressão de interesse, tal como certifica a assinatura, mas também a alteração da lei nacional para que passe a abranger os princípios e obrigações previstos no tratado.

Tuberculose, casos curados através das DOTS A percentagem estimada de novos casos de infecção por tuberculose curados através das DOTS, a estratégia para o controlo da tuberculose internacionalmente recomendada.

Tuberculose, casos detectados através das DOTS A percentagem estimada de novos casos de infecção por tuberculose detectados (diagnosticados num determinado período de tempo) através das DOTS, a estratégia para o controlo da tuberculose internacionalmente recomendada.

Tuberculose, preponderância de casos de Número total de casos de tuberculose notificados junto da Organização Mundial de Saúde. Um caso de tuberculose define-se como um paciente a quem a tuberculose foi bacteriologicamente confirmada ou diagnosticada por um profissional de saúde.

Uso de preservativo durante a última relação sexual de risco Percentagem de homens e mulheres que tiveram relações sexuais com um parceiro extraconjugal nos últimos 12 meses e afirmam ter usado preservativo nessa situação.

Utilizadores de Internet Pessoas com acesso à *world wide web.*

Vacinação, crianças com um ano de idade totalmente imunes ao sarampo e à tuberculose Crianças com um ano de idade a quem foram administradas vacinas antigénicas ou um soro contendo anticorpos específicos para combater o sarampo ou a tuberculose.

VIH/SIDA, prevalência do Percentagem de pessoas com idades compreendidas entre os 15 e os 49 anos portadoras do vírus VIH/SIDA.

Referências estatísticas

Amnesty International. 2007. "Facts and Statistics on the Death Penalty." [http://www.amnesty.org/]. Accessed June 2007.

Cameron, A. Colin and Pravin K. Trivedi. 2005. Microeconometrics: Methods and Applications, Cambridge University Press.

CDIAC (Carbon Dioxide Information Analysis Center). 2007. Correspondence on carbon dioxide emissions. July. Oak Ridge.

Charmes, Jacques and Uma Rani. 2007. "An overview of size and contribution of informal sector in the total economy: A comparison across countries". Paris. l'Institut de Recherche pour le Développement.

FAO (Food and Agriculture Organization). 2006. Global Forest Resources Assessment 2005. Rome. FAO.

———. **2007a.** FAOSTAT Database. [http://faostat.fao.org/]. Accessed May 2007.

———. **2007b.** "Forest Resources Assessment". Correspondence on carbon stocks in forests; extract from database. August. Rome.

Fuentes, Ricardo and Papa Seck. 2007. "The short- and long-term human development effects of climate-related shocks: some empirical evidence."

Guha-Sapir, Debarati, David Hargitt, Philippe Hoyois. 2004. Thirty years of Natural Disasters 1974–2003: the numbers. Presses universitaires de Louvain, Louvain-la-Neuve. Brussels, Belgium.

Harvey, Andrew S. 2001. "National Time Use Data on Market and Non-Market Work by Both Women and Men." Background paper for UNDP, Human Development Report 2001. United Nations Development Programme, Human Development Report Office, New York.

Heston, Alan, Robert Summers, and Bettina Aten. 2001. Correspondence on data from the Penn World Table Version 6.0. University of Pennsylvania, Center for International Comparisons of Production, Income and Prices. [http://pwt.econ.upenn.edu/]. March. Philadelphia.

———. **2006.** "Penn World Table Version 6.2." University of Pennsylvania, Center for International Comparisons of Production, Income and Prices, Philadelphia. [http://pwt.econ.upenn.edu/]. Accessed June 2007.

ICPS (International Centre for Prison Studies). 2007. World Prison Population List. Seventh Edition. King's College London. London.

IDMC (Internally Displaced Monitoring Centre). 2007. "Global Statistics." [http://www.internal-displacement.org/]. Accessed April 2007.

IEA (International Energy Agency). 2002. World Energy Outlook 2002. Paris. IEA Publication Service.

———. **2006.** World Energy Outlook 2006. Paris. IEA Publication Service.

———. **2007.** Energy Balances for OECD and non-OECD countries Vol 2007, release 01 Database. Paris. IEA Energy Statistics and Balances. Accessed August 2007.

IISS (International Institute for Strategic Studies). 2007. Military Balance 2006–2007. London: Routledge, Taylor and Francis Group.

ILO (International Labour Organization). 2005. Key Indicators of the Labour Market. Fourth Edition. Geneva. CD-ROM. Geneva. [www.ilo.org/kilm/]. Accessed July 2006.

———. **2007a.** International Labour Standards (ILOEX) Database. [http://www.ilo.org/ilolex/]. Accessed July 2007.

———. **2007b.** LABORSTA Database. Geneva. [http://laborsta.ilo.org]. Accessed June 2007.

ILO (International Labour Organization) Bureau of Statistics. 2007. Correspondence on informal sector data. June. Geneva.

IPU (Inter-Parliamentary Union). 2007a. Correspondence on women in government at the ministerial level. June. Geneva.

———. **2007b.** Correspondence on year women received the right to vote and to stand for election and year first woman was elected or appointed to parliament. June. Geneva.

———. **2007c.** Parline Database. [www.ipu.org]. Accessed June 2007.

LIS (Luxembourg Income Studies). 2007. "Relative Poverty Rates for the Total Population, Children and the Elderly." Luxembourg. [http://www.lisproject.org/]. Accessed May 2007.

Macro International. 2007a. Correspondence on household data. May 2007. Calverton, MD.

———. **2007b.** Demographic and Health Surveys (DHS) reports. Calverton, MD. [http://www.measuredhs.com/]. Accessed June 2007.

OECD (Organisation for Economic Co-operation and Development). 2007. OECD Main Economic Indicators. Paris. [http://www.oecd.org/statsportal]. Accessed July 2007.

OECD (Organisation for Economic Co-operation and Development) and Statistics Canada. 2000. Literacy in the Information age. Final Report on the International Adult Literacy Survey. OECD Publishing. Paris.

———. **2005.** Learning a Living by Earning Skills: First Results of the Adult Literacy and Life Skills Survey. OECD Publishing. Paris.

OECD-DAC (Organisation for Economic Co-operation and Development, Development Assistance Committee). 2007a. OECD Journal on Development: Development Co-operation Report 2006. OECD Publishing. Paris.

———. **2007b.** Correspondence on official development assistance disbursed. May. Paris.

Ruoen, Ren, and Chen Kai. 1995. "China's GDP in U.S. Dollars Based on Purchasing Power Parity." Policy Research Working Paper 1415. World Bank, Washington, D.C.

SIPRI (Stockholm International Peace Research Institute). 2007a. Correspondence on arms transfers. March. Stockholm.

———. **2007b.** Correspondence on military expenditures. March. Stockholm.

———. **2007c.** SIPRI Yearbook: Armaments, Disarmaments and International Security. Oxford, U.K.: Oxford University Press.

Smeeding, Timothy M. 1997. "Financial Poverty in Developed Countries: The Evidence from the Luxembourg Income Study." Background paper for UNDP, Human Development Report 1997. United Nations Development Programme, Human Development Report Office, New York.

Smeeding, Timothy M., Lee Rainwater, and Gary Burtless. 2000. "United States Poverty in a Cross-National Context." In Sheldon H. Danziger and Robert H. Haveman, eds., Understanding Poverty. New York: Russell Sage Foundation; and Cambridge, MA: Harvard University Press.

Statec. 2006. Correspondence on gross enrolment ratio for Luxembourg. May. Luxembourg.

Time use. 2007. Correspondence with time use professionals: Debbie Budlender (Community Agency for Social Enquiry) for South Africa based on "A Survey of Time Use"; Jacques Charmes (Institut de recherche pour le développement) for Benin, Nicaragua, Madagascar, Mauritius and Uruguay based on country specific time use surveys 1998–2002; Choi Yoon Ji (Rural Development Administration of the Republic of Korea) for Rural Republic of Korea; Jamie Spinney (St. Mary's University), Marcel Bechard (Statistics Canada) and Isabelle Marchand (Statistics Canada) for Canada based on "Canadian Time Use Survey 2005"; Marcela Eternod and Elsa Contreras (INEGI) for Mexico based on "Encuesta Nacional sobre Uso del Tiempo 2002"; Elsa Fontainha (ISEG - Technical University of Lisbon) for Portugal based on "INE, Inquérito à Ocupação do Tempo, 1999"; Rachel Krantz-Kent (Bureau of Labor Statistics) for the United Sates based on "American Time Use Survey 2005"; Fran McGinnity (Economic and Social Research Institute) for Ireland based on "Irish National Time Use Survey 2005"; Iiris Niemi (Statistics Finland) for Belgium, Finland, France, Estonia, Germany, Hungary, Italy, Latvia, Lithuania, Norway, Poland, Slovenia, Spain, Sweden, United Kingdom based on Harmonized European Time Use Surveys 1998–2004; Andries van den Broek (Social and Culture Planning Office of The Netherlands) for the Netherlands based on "Trends in Time"; Jayoung Yoon (University of Massachusetts) for Republic of Korea based on "Korean Time Use Survey 2004."

UN (United Nations). 2002. Correspondence on time use surveys. Department of Economic and Social Affairs. Statistics Division. February. New York.

———. **2006a.** Millennium Development Goals Indicators Database. Department of Economic and Social Affairs, Statistics Division. New York. [http://mdgs.un.org]. Accessed May 2007.

———. **2006b.** World Urbanization Prospects: The 2005 Revision. Database. Department of Economic and Social Affairs, Population Division. New York.

———. **2007a.** Multilateral Treaties Deposited with the Secretary-General. New York. [http://untreaty.un.org]. Accessed June 2007.

———. **2007b.** Correspondence on electricity consumption. Department of Economic and Social Affairs, Statistics Division. March. New York.

———. **2007c.** Correspondence on the Millennium Development Goals Indicators. Department of Economic and Social Affairs, Statistics Division. July. New York.

———. **2007d.** The 2004 Energy Statistics Yearbook. Department of Economic and Social Affairs, Statistics Division. New York.

———. **2007e.** World Population Prospects 1950–2050: The 2006 Revision. Database. Department of Economic and Social Affairs, Population Division. New York. Accessed July 2007.

UNAIDS (Joint United Nations Programme on HIV/AIDS). 2006. Correspondence on HIV prevalence. May 2006. Geneva.

UNDP (United Nations Development Programme). 2006. The Path out of Poverty. National Human Development Report for Timor-Leste. Dili.

———. **2007.** Social Inclusion in BiH. National Human Development Report for Bosnia and Herzegovina. Sarajevo.

UNESCO (United Nations Educational, Scientific and Cultural Organization). 1997. "International Standard Classification of Education 1997." Paris. [http://www.uis.unesco.org/TEMPLATE/pdf/isced/ISCED_A.pdf]. Accessed August 2007.

UNESCO (United Nations Educational, Scientific and Cultural Organization) Institute for Statistics. 1999. Statistical yearbook. Montreal.

———. **2003.** Correspondence on adult and youth literacy rates. March. Montreal.

———. **2006.** Correspondence on students in science, engineering, manufacturing and construction. April. Montreal.

———. **2007a.** Correspondence on adult and youth literacy rates. May. Montreal.

———. **2007b.** Correspondence on education expenditure data. April. Montreal.

———. **2007c.** Correspondence on gross and net enrolment ratios, children reaching grade 5 and tertiary education. April. Montreal.

UNHCR (United Nations High Commission for Refugees). 2007. Correspondence on refugees by country of asylum and country of origin. May. Geneva.

UNICEF (United Nations Children's Fund). 2004. State of the World's Children 2005. New York.

———. **2005.** State of the World's Children 2006. New York.

———. **2006.** State of the World's Children 2007. New York.

———. **2007a.** Correspondence on maternal mortality. New York. August 2007.

———. **2007b.** Multiple Indicator Cluster Surveys (MICS) reports. New York. [http://www.childinfo.org]. Accessed June 2007.

UNODC (United Nations Office on Drugs and Crime). 2007. Correspondence on "The Ninth United Nations Survey on Crime Trends and the Operations of the Criminal Justice Systems".May Vienna.

WHO (World Health Organization). 2007a. Core Health Indicators 2007 Database. Geneva. [http://www.who.int/whosis/database/]. Accessed July 2007.

———. **2007b.** Global Tuberculosis Control: WHO Report 2007. Geneva.[http://www.who.int/tb/publications/global_report/2007/en/index.html]. Accessed July 2007.

WIPO (World Intellectual Property Organization). 2007. "Patents Granted by Office (1985–2005)." Geneva. [http://wipo.int/ipstats/en/statistics/]. Accessed May 2007.

World Bank. 2006. World Development Indicators 2006. CD-ROM. Washington, D.C.

———. **2007a.** Povcalnet. Washington, D.C.. [http://iresearch.worldbank.org/]. Accessed May 2007.

———. **2007b.** World Development Indicators 2007. CD-ROM. Washington, D.C.

Classificação dos países

Países incluídos nos agregados de desenvolvimento humano

Desenvolvimento humano elevado

(IDH 0,800 e superior)

Albânia
Alemanha
Antigua e Barbuda
Arábia Saudita
Argentina
Austrália
Áustria
Baamas
Barbados
Barém
Bélgica
Bielorrússia
Bósnia e Herzegovina
Brasil
Bulgária
Canadá
Catar
Chile
Chipre
Coreia (República da)
Costa Rica
Croácia
Cuba
Dinamarca
Emirados Árabes Unidos
Eslováquia
Eslovénia
Espanha
Estado do Brunei Darussalam
Estados Unidos
Estónia
Federação da Rússia
Finlândia
França
Grécia
Hong Kong, China (RAE)
Hungria
Irlanda
Islândia
Israel
Itália
Jamahira Árabe Líbia
Japão
Koweit
Letónia
Lituânia
Luxemburgo
Macedónia (ARJM)
Malásia
Malta
Maurícia
México
Noruega
Nova Zelândia
Omã
Países Baixos
Panamá
Polónia
Portugal
Reino Unido
República Checa
Roménia
São Cristovão e Nevis
Seicheles
Singapura
Suécia
Suíça
Tonga
Trinidade e Tobago
Uruguai
(70 países ou áreas)

Desenvolvimento humano médio

(IDH 0,500–0,799)

África do Sul
Argélia
Arménia
Azerbaijão
Bangladeche
Belize
Bolívia
Botsuana
Butão
Cabo Verde
Camarões
Cambodja
Cazaquistão
China
Colômbia
Comores
Congo
Djibuti
Domínica
Egipto
El Salvador
Equador
Fiji
Filipinas
Gabão
Gâmbia
Gana
Geórgia
Granada
Guatemala
Guiana
Guiné Equatorial
Haiti
Honduras
Iémen
Ilhas Salomão
Índia
Indonésia
Irão (República Islâmica do)
Jamaica
Jordânia
Laos, Rep. Dem. Popular do Líbano
Lesoto
Líbano
Madagáscar
Maldivas
Marrocos
Mauritânia
Mianmar
Moldávia, República da
Mongólia
Namíbia
Nepal
Nicarágua
Papuásia - Nova Guiné
Paquistão
Paraguai
Perú
Quénia
Quirguizistão
República Árabe Síria
República Dominicana
Samoa
Santa Lúcia
São Tomé e Príncipe
São Vincente e Granadinas
Sri Lanca
Suazilândia
Sudão
Suriname
Tailândia
Tajiquistão
Territórios Ocupados da Palestina
Timor-Leste
Togo
Tunísia
Turquemenistão
Turquia
Ucrânia
Uganda
Usbequistão
Vanuatu
Venezuela (República Bolivariana da)
Vietname
Zimbabué
(85 países ou áreas)

Desenvolvimento humano baixo

(IDH abaixo de 0,500)

Angola
Benim
Burquina Faso
Burundi
Chade
Congo (República Democrática do)
Costa do Marfim
Eritreia
Etiópia
Guiné
Guiné-Bissau
Malawi
Mali
Moçambique
Níger
Nigéria
Repúlica Centro-Africana
Ruanda
Senegal
Serra Leoa
Tanzânia (Rep. Unida da)
Zâmbia
(22 países ou áreas)

Nota: Os seguintes países membros das Nações Unidas não estão incluídos nos cálculos de desenvolvimento humano porque não é possível calcular o IDH: Afeganistão, Andorra, Coreia (República Democrática Popular da), Ilhas Marshall, Iraque, Libéria, Liechtenstein, Micronésia (Estados Federados da), Mónaco, Montenegro, Nauru, Palau, Quiribati, São Marino, Sérvia, Somália e Tuvalu.

Países incluídos nos agregados de rendimentos

Rendimento elevado

(RNB per capita de US$10.726 ou superior em 2005)

Alemanha
Andorra
Antígua e Barbuda
Antilhas Holandesas
Arábia Saudita
Aruba
Austrália
Áustria
Baamas
Barém
Bélgica
Bermudas
Canadá
Catar
Chipre
Coreia (República da)
Dinamarca
Emirados Árabes Unidos
Eslovénia
Espanha
Estado do Brunei Darussalam
Estados Unidos
Finlândia
França
Grécia
Gronelândia
Guam
Hong Kong, China (RAE)
Ilha de Man
Ilhas Caimão
Ilhas Faroés
Ilhas Virgens Americanas
Irlanda
Islândia
Israel
Itália
Japão
Koweit
Liechtenstein
Luxemburgo
Macau, China (RAE)
Malta
Mónaco
Noruega
Nova Caledónia
Nova Zelândia
Países Baixos
Polinésia Francesa
Porto Rico
Portugal
Reino Unido
São Marino
Singapure
Suécia
Suiça
(55 países ou áreas)

Rendimento médio

(RNB per capita de US$876–US$10.725 em 2005)

Jamahira Árabe Líbia
Samoa Americana
África do Sul
Albânia
Angola
Argélia
Argentina
Arménia
Azerbaijão
Barbados
Belize
Bielorrússia
Bolívia
Bósnia e Herzegovina
Botsuana
Brasil
Bulgária
Cabo Verde
Camarões
Cazaquistão
Chile
China
Colômbia
Congo
Costa Rica
Croácia
Cuba
Djibuti
Domínica
Egipto
El Salvador
Equador
Eslováquia
Estónia
Federação da Rússia
Fiji
Filipinas
Gabão
Geórgia
Granada
Guatemala
Guiana
Guiné Equatorial
Honduras
Hungria
Ilhas Marianas do Norte
Ilhas Marshall
Indonésia
Irão (República Islâmica do)
Iraque
Jamaica
Jordânia
Lesoto
Letónia
Líbano
Lituânia
Macedónia (ARJM)
Malásia
Maldivas
Marrocos
Maurícia
México
Micronésia (Estados Federados da)
Moldávia
Montenegro
Namíbia
Nicarágua
Omã
Palau
Panamá
Paraguai
Perú
Polónia
Quiribati
República Árabe Síria
República Checa
República Dominicana
Roménia
Samoa
Santa Lúcia
São Cristovão e Nevis
São Vincente e Granadinas
Seicheles
Sérvia
Sri Lanca
Suazilândia
Suriname
Tailândia
Territórios Ocupados da Palestina
Tonga
Tunísia
Turquemenistão
Turquia
Ucrânia
Uruguai
Vanuatu
Venezuela (República Bolivariana da)
(97 países ou áreas)
Afeganistão

Rendimento baixo

(RNB per capita de US$875 ou menos em 2005)

Bangladesh
Benim
Burquina Faso
Burundi
Butão
Cambodja
Chade
Comores
Congo (República Democrática do)
Coreia (República Democrática Popular da)
Costa do Marfim
Eritreia
Etiópia
Gâmbia
Gana
Guiné
Guiné-Bissau
Haiti
Iémen
Ilhas Salomão
Índia
Laos, República Democrática Popular da
Libéria
Madagáscar
Malawi
Mali
Mauritânia
Mianmar
Moçambique
Mongólia
Nepal
Níger
Nigéria
Papua - Nova Guiné
Paquistão
Quénia
Quirguizistão
República Centro-Africana
Ruanda
São Tomé e Príncipe
Senegal
Serra Leoa
Somália
Sudão
Tajiquistão
Tanzânia (Rep. Unida da)
Timor-Leste
Togo
Uganda
Usbequistão
Vietname
Zâmbia
Zimbabué
(54 países ou áreas)

Nota: O cálculo de rendimentos segue a classificação do Banco Mundial (com efeito desde 1 de Julho de 2006) baseada no rendimento nacional bruto (RNB) per capita. Nele foram incluídos os seguintes países ou áreas que, não sendo estados membros das Nações Unidas, foram excluídos das tabelas do IDH: rendimento elevado - Antilhas Holandesas, Aruba, Bermudas, China (RAE), Gronelândia, Guam, Ilha de Man, Ilhas Caimão, Ilhas Faroés, Ilhas Virgens Americanas, Macau, Nova Caledónia, Polinésia Francesa e Porto Rico; rendimento médio - Samoa Americana. Estes países ou áreas estão incluídos no cálculo por nível de rendimento. Os países membros das Nações Unidas Nauru and Tuvalu não estão incluídos por falta de dados.

Países nos principais grupos mundiais

Países em vias de desenvolvimento

Afeganistão
África do Sul
Angola
Antígua e Barbuda
Arábia Saudita
Argélia
Argentina
Baamas
Bangladesh
Barbados
Barém
Belize
Benim
Bolívia
Botsuana
Brasil
Burquina Faso
Burundi
Butão
Cabo Verde
Camarões
Cambodja
Catar
Chade
Chile
China
Chipre
Colômbia
Comores
Congo
Congo (Rep. Democrática do)
Coreia (República da)
Coreia (República Democrática Popular da)
Costa do Marfim
Costa Rica
Cuba
Djibuti
Domínica
Egipto
El Salvador
Emirados Árabes Unidos
Equador
Eritreia
Estado do Brunei Darussalam
Etiópia
Fiji
Filipinas
Gabão
Gâmbia
Gana
Granada
Guatemala
Guiana
Guiné
Guiné Equatorial
Guiné-Bissau
Haiti
Honduras
Hong Kong, China (RAE)
Iémen
Ilhas Marshall
Ilhas Salomão
Índia
Indonésia
Irão (República Islâmica do)
Iraque
Jamaica
Jordânia
Koweit
Laos, Rep. Dem. Popular do
Líbano
Lesoto
Líbano
Libéria
Líbia
Madagáscar
Malásia
Malawi
Maldivas
Mali
Marrocos
Maurícia
Mauritânia
México
Mianmar
Micronésia (Estados Federados da)
Moçambique
Mongólia
Namíbia
Nauru
Nepal
Nicarágua
Níger
Nigéria
Omã
Palau
Panamá
Papua - Nova Guiné
Paquistão
Paraguai
Perú
Quénia
Quiribati
República Árabe Síria
República Centro-Africana
República Dominicana
Ruanda
Samoa
Santa Lúcia
São Cristovão e Nevis
São Tomé and Príncipe
São Vivente e Granadinas
Seicheles
Senegal
Serra Leoa
Singapura
Somália
Sri Lanca
Suazilândia
Sudão
Suriname
Tailândia
Tanzânia (Rep. Unida da)
Territórios Ocupados da Palestina
Timor-Leste
Togo
Tonga
Trinidade e Tobago
Tunísia
Turquia
Tuvalu
Uganda
Uruguai
Vanuatu
Venezuela (República Bolivariana da)
Vietname
Zâmbia
Zimbabué
(137 países ou áreas)

Países menos desenvolvidos[a]

Guiné Equatorial
Afeganistão
Angola
Bangladesh
Benim
Burquina Faso
Burundi
Butão
Cabo Verde
Cambodja
Chade
Comores
Congo (República Democrática do)
Djibuti
Eritreia
Etiópia
Gâmbia
Guiné
Guiné-Bissau
Haiti
Iémen
Ilhas Salomão
Laos, República Democrática Popular da
Lesoto
Libéria
Madagáscar
Malawi
Maldivas
Mali
Mauritânia
Mianmar
Moçambique
Nepal
Níger
Quiribati
República Centro-Africana
Ruanda
Samoa
São Tomé and Príncipe
Senegal
Serra Leoa
Somália
Sudão
Tanzânia (Rep.a Unida da)
Timor-Leste
Togo
Tuvalu
Uganda
Vanuatu
Zâmbia
(50 países ou áreas)

Europa Central e Oriental e a Comunidade de Estados Independentes (CEI)

Albânia
Arménia
Azerbaijão
Bielorrússia
Bósnia e Herzegovina
Bulgária
Cazaquistão
Croácia
Eslováquia
Eslovénia
Estónia
Federação da Rússia
Geórgia
Hungria
Letónia
Lituânia
Macedónia (ARJM)
Moldávia
Montenegro
Polónia
Quirguizistão
República Checa
Roménia
Sérvia
Tajiquistão
Turquemenistão
Ucrânia
Usbequistão
(28 países ou áreas)

Organização para a Cooperação e o Desenvolvimento Económico (OCDE)

Alemanha
Austrália
Áustria
Bélgica
Canadá
Coreia (República da)
Dinamarca
Eslováquia
Espanha
Estados Unidos
Finlândia
França
Grécia
Hungria
Irlanda
Islândia
Itália
Japão
Luxemburgo
México
Noruega
Nova Zelândia
Países Baixos
Polónia
Portugal
Reino Unido
República Checa
Suécia
Suiça
Turquia
(30 países ou áreas)

Países da OCDE de rendimento elevado

Alemanha
Austrália
Áustria
Bélgica
Canadá
Coreia (República da)
Dinamarca
Espanha
Estados Unidos
Finlândia
França
Grécia
Irlanda
Islândia
Itália
Japão
Luxemburgo
Noruega
Nova Zelândia
Países Baixos
Portugal
Reino Unido
Suécia
Suíça
(24 países ou áreas)

a Classificação das Nações Unidas baseadas em UN-OHRLLS 2007.

Países em desenvolvimento incluídos nos agregados regionais

Países Árabes
Arábia Saudita
Argélia
Barém
Catar
Djibuti
Egipto
Emirados Árabes Unidos
Iémen
Iraque
Jordânia
Koweit
Líbano
Líbia
Marrocos
Omã
República Árabe Síria
Somália
Sudão
Territórios Ocupados da Palestina
Tunísia
(20 países ou áreas)

Ásia Oriental e Pacífico
Cambodja
China
Coreia (República da)
Coreia (República Democrática Popular da)
Estado do Brunei Darussalam
Fiji
Filipinas
Hong Kong, China (RAE)
Ilhas Marshall
Ilhas Salomão
Indonésia
Laos, República Democrática Popular da
Malásia
Mianmar
Micronésia (Estados Federados da)
Mongólia
Nauru
Palau
Papua - Nova Guiné
Quiribati
Samoa
Singapura
Tailândia
Timor-Leste
Tonga
Tuvalu
Vanuatu
Vietname
(28 países ou áreas)

Ásia do Sul
Afeganistão
Bangladesh
Butão
Índia
Irão (República Islâmica do)
Maldivas
Nepal
Paquistão
Sri Lanca
(9 países ou áreas)

América Latina e Caraíbas
Antígua e Barbuda
Argentina
Baamas
Barbados
Belize
Bolívia
Brasil
Chile
Colômbia
Costa Rica
Cuba
Domínica
El Salvador
Equador
Granada
Guatemala
Guiana
Haiti
Honduras
Jamaica
México
Nicarágua
Panamá
Paraguai
Perú
República Dominicana
Santa Lúcia
São Cristovão e Nevis
São Vicente e Granadinas
Suriname
Trinidade e Tobago
Uruguai
Venezuela (República Bolivariana da)
(33 países ou áreas)

Sul da Europa
Chipre
Turquia
(2 países ou áreas)

África Subsariana
Guiné Equatorial
África do Sul
Angola
Benim
Botsuana
Burquina Faso
Burundi
Cabo Verde
Camarões
Chade
Comores
Congo
Congo (República Democrática do)
Costa do Marfim
Eritreia
Etiópia
Gabão
Gâmbia
Gana
Guiné
Guiné-Bissau
Lesoto
Libéria
Madagáscar
Malawi
Mali
Maurícia
Mauritânia
Moçambique
Namíbia
Níger
Nigéria
Quénia
República Centro-Africana
Ruanda
São Tomé e Príncipe
Seicheles
Senegal
Serra Leoa
Suazilândia
Tanzânia (República Unida da)
Togo
Uganda
Zâmbia
Zimbabué
(45 países ou áreas)

Índice de indicadores

Tabela de indicadores	Indicador
	A
	Armadas, Forças
26	índice
26	total
	Armas convencionais, Transferência
	exportações
26	taxa
26	total
26	importações, total
	B
7	Nascença, % de crianças com baixo peso à
6	Nascimentos, % assistência ao parto por profissionais de saúde
8	20% mais pobres
8	20% mais ricos
	C
	Dióxido de carbono, emissões de
24	alterações médias anuais de
24	*per capita*
24	por unidade de PIB
24	por unidade de uso de energia
24	provenientes da biomassa das florestas
24	taxa total no mundo
24	total
	Carbono nas florestas, *stocks* de
24	total
13	Redes móveis, assinantes de
	Crianças
7, 8	abaixo da altura para a idade (com raquitismo)
3, 7	abaixo do peso para a idade (subnutridas)
6	com diarreia, a receber hidratação oral e alimentação contínua
	crianças com um ano vacinadas, total de
6	contra o sarampo
6	contra a tuberculose
8	20% mais pobres
8	20% mais ricos
9	febres tratadas com medicamentos de combate à malária (tratamento à malária)
12	que atingem o quinto ano de escolaridade
1a, 8, 10	taxa de mortalidade, abaixo dos cinco anos
8, 10	taxa de mortalidade, infantil
9	uso de redes de cama com propriedades insecticidas (prevenção da malária)
	Preservativo na última relação sexual de risco, taxa do uso de
9	homens
9	mulheres
14	Preços ao consumidor, alteração média anual no índice de
6	Contraceptivos, taxa de uso de
	Trabalhadores em seio familiar
31	homens
31	mulheres
	Convénios, tratados, e instrumentos internacionais
35	convenções dos direitos laborais fundamentais, estatuto das
34	instrumentos dos direitos humanos internacionais, estatuto dos principais
25	tratados ambientais, estatuto dos principais
	D
27	Pena de morte, ano da abolição da
	Serviço de dívida, total
18	como % de exportações de bens e serviços e rendimentos líquidos do exterior
18,19	como % do PIB
	Diarreia
6	tratamento, crianças com diarreia a receber hidratação oral e alimentação contínua
	E
	Actividade económica, taxa de
31	como % da taxa dos homens
31	índice
31	mulheres
	Educação, despesa pública com a
11	como % da despesa total do governo
11,19	como % do PIB
	Educação, (%)despesa pública corrente com a
11	pré-primária e primária
11	secundária e pós secundária, não superior
11	superior
1	Educação, índice da
33	Eleita ou obteve assento parlamentar, ano em que a primeira mulher foi

Tabela de indicadores	Indicador
33	Eleições, ano em que as mulheres receberam o direito de se candidatar a
	Electricidade *per capita*, consumo de
22	alterações da %
22	kilowatt-horas
22	Electricidade, população sem acesso à
22	Electricidade, taxa de instalações de
	Emancipação das mulheres
33	ano em que a primeira mulher foi eleita ou obteve assento parlamentar
33	ano em que as mulheres receberam o direito ao voto
33	ano em que as mulheres receberam o direito de se candidatar a eleições
33	mulheres em cargos de chefia no governo
21	Emprego, milhares
	de acordo com a actividade económica
21	agricultura, % do total na
31	homens
31	mulheres
21	indústria, % do total na
31	homens
31	mulheres
21	serviços, % do total nos
31	homens
31	mulheres
21	no sector informal, como % de emprego não agrícola
21	homens
21	mulheres
21	total
	Energia primária, fornecimento de
23	biomassa e lixo
23	carvão
23	energia hídrica e outras energias renováveis
23	gás natural
23	nuclear
23	petróleo
23	total
22	Energia, PIB por unidade de uso de
	Escolarização, taxa bruta de
1,1a	combinada referente ao ensino primário, secundário e superior, total
28	feminina
28	masculina
	primária
30	feminina
30	rácio entre a taxa de escolarização feminina e a masculina
	secundária
30	feminina
30	rácio entre a taxa de escolarização feminina e a masculina
	superior
30	feminina

Tabela de indicadores	Indicador
30	rácio entre a taxa de escolarização feminina e a masculina
	Escolarização, taxa líquida de
1a, 12	primária, total
30	feminina
30	rácio entre a taxa de escolarização feminina e a masculina
12	secundária, total
25	Tratados ambientais, estatuto dos principais
Despesa	
13	com Investigação e Desenvolvimento (I&D)
11,19	da educação
6,19	da saúde
18,19	do serviço de dívida
19	militar
	Exportação
16	de alta tecnologia, como % de produtos de exportação manufacturados
16	de bens e serviços, como % do PIB
16	de produtos manufacturados, como % das exportações de mercadoria
16	de produtos primários, como % das exportações de mercadoria
26	transferências de armas convencionais

F

	Família, trabalhadores no seio da
31	homens
31	mulheres
1a, 5	Fertilidade, taxa de
I	nvestimento directo estrangeiro, fluxos líquidos de
18	como % do PIB
	Área Florestal
22	% da extensão total da área
22	alterações anuais médias
22	alterações totais
22	total
	Florestas
24	dióxido de carbono, emissões de
24	stocks de carbono nas

G

1	PIB, índice do
	PIB per capita
14	em US$
1, 1a	em US$ de PPC
14	em US$ de PPC em 2005
14	taxa de crescimento anual
14	ano do valor mais elevado
14	o valor mais elevado no período de 1975-2005
	PIB, total
14	em milhares de milhão de US$
14	em milhares de milhão de US$ de PPC

Tabela de indicadores	Indicador
22	por unidade de uso de energia
	Índice de Equidade de Género (IEG)
29	ordem
29	valor
	Índice de Desenvolvimento relativo ao Género (IDG)
28	ordem
28	ordem do IDH menos a ordem do IDG
28	valor
15	Índice de Gini
	Bens e serviços
16	exportações de, como % do PIB
16	importações de, como % do PIB
	H
	Saúde, despesa da
6	per capita
6	privada, como uma % do PIB
6,19	pública, como uma % do PIB
1a, 9	VIH, taxa de prevalência do
27	Homicídios, intencionais
	Índice de desenvolvimento humano (IDH)
1	ordem
1	ordem do PIB per capita menos a ordem do IDH
2	tendências no
1	valor
	Índice de pobreza humana (IPH-1)
3	ordem
3	ordem do IPH-1menos a ordem da pobreza de rendimento
3	valor
	Índice de Pobreza humana (IPH-2)
4	ordem
4	ordem do IPH-2 menos a ordem da pobreza de rendimento
4	valor
34	Instrumentos dos direitos humanos internacionais, estatuto dos principais
	I
	Taxa de analfabetismo entre adultos
3	total
	Vacinadas, crianças com um ano
8	20% mais pobres
8	20% mais ricos
6	contra a tuberculose
6	contra o sarampo
	Importações
16	bens e serviços como % do PIB
26	transferências de armas convencionais
	Rendimento recebido, estimado
28	homens
28	mulheres
29	rácio entre mulheres e homens

Tabela de indicadores	Indicador
	Rendimento, medidas de desigualdade
15	índice de Gini
15	rácio de rendimento, 10% mais ricos face os 10% mais pobres
15	rácio de rendimento, 20% mais ricos face os 20% mais pobres
	Rendimento ou consumo, taxa de
15	10% mais pobres
15	10% mais ricos
15	20% mais pobres
15	20% mais ricos
10	Taxa de mortalidade infantil, total
8	20% mais pobres
8	20% mais ricos
26	População deslocada internamente
	Instrumentos Internacionais, convenções e tratados
35	convenções de direitos laborais fundamentais, estatuto das
34	instrumentos dos direitos humanos internacionais, estatuto dos principais
25	tratados ambientais internacionais, estatuto dos principais
13	Internet, utilizadores da
	L
35	Direitos laborais fundamentais, estatuto dos
	Legisladores, altos funcionários e dirigentes
29	mulheres
1, 1a, 10	Esperança média de vida à nascença, total
28	mulheres
28	homens
1	Esperança média de vida, índice de
	Alfabetização entre adultos, taxa de
28	homens
28, 30	mulheres
30	rácio entre a taxa de mulheres e a taxa de homens
1, 1a, 12	total
	Alfabetização entre os jovens, taxa de
30	mulheres
30	rácio entre a taxa de mulheres e a taxa de homens
12	total
4	Analfabetismo funcional, % de adultos com
	M
	Malária
9	prevenção, crianças com idades inferiores a cinco anos que usam redes de cama com propriedades insecticidas
9	tratamento, crianças com idades inferiores a cinco anos com febre tratadas com medicamentos de combate à malária
	Taxa de mortalidade maternal
10	ajustada
10	registada
	Sarampo

Tabela de indicadores	Indicador
6	crianças com um ano vacinadas contra o
19	Despesa militar, como uma % do PIB
33	Pastas ministeriais, mulheres no governo com
	Taxas de mortalidade
1a, 8, 10	abaixo dos cinco anos de idade
8, 10	infantil
10	maternal

O

Tabela de indicadores	Indicador
	Ajuda Pública ao Desenvolvimento (APD), desembolsos líquidos
17	como % do PNB
17	dos países menos desenvolvidos, % do total
17	dos serviços sociais básicos, % do total atribuível por sector
17	per capita do país doador
17	sem retorno bilateral, % do total
17	total
	Ajuda Pública ao Desenvolvimento (APD), recebida (desembolsos líquidos)
18	como % do PIB
18	per capita
18	total

P

Tabela de indicadores	Indicador
	Parlamento
33	ano em que a primeira mulher foi eleita ou obteve assento parlamentar
33	ano em que as mulheres receberam o direito de se candidatar a eleições
29	Assentos parlamentares detidos por mulheres
33	câmara alta ou senado
33	câmara baixa ou única
13	Patentes garantidas a residentes
6	Médicos
	População
4	% com analfabetismo funcional
1a, 7	% de subnutridas
3	a viver abaixo do limiar da pobreza
4	a viver com menos de 50% do salário médio
3	a viver com menos de US$1 por dia
4	a viver com menos de US$11 por dia
3	a viver com menos de US$2 por dia
4	a viver com menos de US$4 por dia
5	com 65 anos ou mais
7	com acesso a melhores instalações sanitárias
1a, 7	com acesso a melhores recursos de água
5	com menos de 15 anos
27	em prisões
22	sem acesso a electricidade
3	sem acesso a melhores recursos de água

Tabela de indicadores	Indicador
5	taxa de crescimento anual
1a, 5	total
5	urbanas
	Pobreza, rendimento
3	população a viver com menos de US$1 por dia
3	população a viver com menos de US$2 por dia
4	população a viver com menos de US$4 por dia
4	população a viver com menos de US$11 por dia
4	população a viver com menos de 50% do salário médio
3	população a viver abaixo do limiar da pobreza nacional
	Energia primária, fornecimento de
23	biomassa e lixo
23	carvão
23	energia hídrica e outras energias renováveis
23	gás natural
23	nuclear
23	petróleo
23	total
	População prisional
27	% feminina
27	por 100.000 pessoas
27	total
	Fluxos privados (de capital), outros
18	como % do PIB
	Trabalhadores técnicos e especializados
29	mulheres

R

Tabela de indicadores	Indicador
	Refugiados
26	por país de acolhimento
26	por país de origem
	Investigação e desenvolvimento (I&D)
13	despesas com
13	investigadores
13	Royalties e direitos de licenças, receitas de

S

Tabela de indicadores	Indicador
7	Instalações sanitárias, população com acesso a melhores
29	Assentos no parlamento detidos por mulheres
33	câmara alta ou senado
33	câmara baixa ou única
	Tabagismo, prevalência entre os adultos de
9	homens
9	mulheres
	Sobrevivência
12	crianças a atingirem o quinto ano
3	probabilidade à nascença de não sobreviver até aos 40 anos
4	probabilidade à nascença de não sobreviver até aos 60 anos
	probabilidade à nascença de sobreviver até aos 65 anos

Tabela de indicadores	Indicador
10	mulheres
10	homens
	T
	Telefones
13	assinantes de um serviço de telefone móvel
13	redes principais
	Estudantes do ensino superior
12	% de inscritos em ciências, engenharia, produção e construção
	Ocupação do tempo
	de trabalho, apenas actividades no mercado de trabalho
32	homens, % de trabalho total
32	mulheres, % de trabalho total
	de trabalho, total
32	homens
32	mulheres
	em actividades fora do mercado de trabalho, cuidados prestados a crianças
32	homens
32	mulheres
	fora do mercado de trabalho, confecção de refeições e limpeza
32	homens
32	mulheres
	outras actividades, cuidados pessoais
32	homens
32	mulheres
	outras actividades, tempos livres
32	homens
32	mulheres
16	Termos de comércio
	Tratados, convenções e instrumentos internacionais
25	tratados ambientais internacionais, estatuto dos principais
34	instrumentos dos direitos humanos internacionais, estatuto dos principais
35	convenções dos direitos laborais fundamentais, estatuto dos
	Tuberculose
	casos
9	curados através das DOTs
9	detectados através das DOTs
6	crianças de um ano vacinadas contra
9	taxa de prevalência de
	U
1a, 10	Taxa de mortalidade de crianças com idades inferiores a cinco anos, total
8	20% mais pobres
8	20% mais ricos

Tabela de indicadores	Indicador
7	Abaixo da altura para a idade, % de crianças com idades inferiores a cinco anos e
8	20% mais pobres
8	20% mais ricos
1a, 7	População subnutrida, %
3, 7	Abaixo do peso para a idade, % de crianças com idades inferiores a cinco anos e
20, 21	Pessoas desempregadas
	Desemprego, a longo prazo
20	% de homens desempregados
20	% de mulheres desempregadas
	Desemprego, taxa de
	adultos
20	média anual
20, 21	taxa de mulheres como % da taxa de homens
20, 21	total
	a longo prazo
4	total
	jovens
20	taxa de mulheres como % da taxa de
20	total
	V
33	Voto, ano em que as mulheres receberam o direito ao
	W
	Recursos de água, em melhores condições de consumo
1a, 7	% de população com acesso a
3	% de população sem acesso a
	Participação política e económica das mulheres
33	ano em que a primeira mulher foi eleita ou obteve assento parlamentar
33	ano em que as mulheres receberam o direito ao voto
33	ano em que as mulheres receberam o direito de se candidatar a eleições
29	assentos parlamentares detidos por mulheres
29	legisladores, altos funcionários e dirigentes, femininos
33	mulheres no governo com pastas ministeriais
33	trabalhadoras técnicas e especializadas
33	câmara alta ou senado
33	câmara baixa ou única
	Tempo de trabalho
	total
32	homens
32	mulheres
	Actividades no mercado de trabalho apenas
32	homens, % do trabalho total
32	mulheres, % do trabalho total

Índice dos indicadores dos Objectivos de Desenvolvimento do Milénio nas tabelas dos indicadores

Objectivos e metas da Declaração do Milénio*	Indicadores para a monitorização do progresso	Indicador de tabelas
Objectivo 1 Erradicar a pobreza extrema e a fome		
Meta 1 Reduzir para metade, entre 1990 e 2015, a percentagem da população com rendimento inferior a 1 dólar por dia	1. Percentagem da população com menos de 1 dólar (PPC) por dia	3
	2. Rácio do hiato da pobreza (incidência x dimensão da pobreza)	
	3. Parcela do quintil mais pobre em termos de consumo nacional	15
Meta 2 Reduzir para metade, entre 1990 e 2015, a percentagem da população atingida pela fome	4. Prevalência de crianças menores de cinco anos com peso insuficiente	3, 7
	5. Percentagem da população abaixo do limiar mínimo de consumo de energia dietética	1a[a], 7[a]
Objectivo 2 Atingir o ensino primário universal		
Meta 3 Assegurar que, até 2015, as crianças de todo o mundo, rapazes e raparigas, poderão concluir um ciclo completo de ensino primário	6. Taxa de escolarização líquida no ensino primário	1a, 12
	7. Percentagem de alunos do 1º ano que atingem o 5º ano	12
	8. Taxa de alfabetização entre os 15 e os 24 anos	12
Objectivo 3 Promover a igualdade de género e a capacitação das mulheres		
Meta 4 Eliminar as disparidades de género nos ensinos primário e secundário, de preferência até 2005, e em todos os níveis de ensino até 2015	9. Rácio entre raparigas e rapazes nos ensinos primário, secundário e superior	30 [b]
	10. Rácio entre mulheres e homens alfabetizados, entre os 15 e os 24 anos	30
	11. Percentagem de mulheres assalariadas no sector não agrícola	31 [c]
	12. Percentagem de assentos ocupados por mulheres nos parlamentos nacionais	29, 33 [d]
Objectivo 4 Reduzir a mortalidade infantil		
Meta 5 Reduzir em dois terços, entre 1990 e 2015, a taxa de mortalidade de crianças menores de cinco anos	13. Taxa de mortalidade de menores de cinco anos	1a, 10
	14. Taxa de mortalidade infantil	10
	15. Percentagem de crianças de 1 ano vacinadas contra o sarampo	6
Objectivo 5 Melhorar a saúde materna		
Meta 6 Reduzir em três quartos, entre 1990 e 2015, a taxa de mortalidade materna	16. Taxa de mortalidade materna.	10
	17. Percentagem de partos assistidos por profissionais de saúde qualificados	6
Objectivo 6 Combater o VIH/SIDA, a malária e outras doenças		
Meta 7 Interromper a propagação do VIH/SIDA até 2015, e começar a inverter o grau de incidência da doença	18. Prevalência do VIH em mulheres grávidas entre os 15 e os 24 anos e	1a [e], 9 [e]
	19. Taxa de utilização de preservativos sobre a taxa de prevalência de contraceptivos	
	19a. Uso de preservativo na última relação sexual de alto risco	9
	19b. Percentagem de indivíduos entre os 15 e os 24 anos com informação correcta e exaustiva sobre o VIH/SIDA	
	19c. Taxa de prevalência de contraceptivos	6
	20. Rácio entre a frequência escolar de orfãos e de não orfãos, entre os 10 e os 14 anos	
Meta 8 Interromper a propagação de malária e de outras doenças graves até 2015, e começar a inverter a sua taxa de incidência	21. Taxas de prevalência e de mortalidade associadas à malária	
	22. Percentagem da população em áreas de risco de malária que usa medidas eficazes de prevenção e tratamento desta doença	9 [f]
	23. Taxas de prevalência e de mortalidade associadas à tuberculose	9 [g]
	24. Proporção de casos de tuberculose detectados e curados através de tratamento directo de curto prazo (DOTS))	9
Objectivo 7 Assegurar a sustentabilidade ambiental		
Meta 9 Integrar os princípios do desenvolvimento sustentável nas políticas e programas nacionais e inverter a perda de recursos ambientais	25. Percentagem de área terrestre coberta por florestas	22
	26. Rácio da área protegida destinada à conservação da diversidade biológica à superfície	
	27. Consumo de energia (kg de equivalente ao petróleo) por 1 dólar do PIB (PPC)	22 [h]
	28. Emissões de dióxido de carbono per capita e consumo de clorofluorcarbonos que destroem o ozono (ton. PDO)	24 [i]
	29. Percentagem da população que utiliza combustíveis sólidos	
Meta 10 Reduzir para metade, até 2015, a percentagem da população privada de acesso sustentável à água potável e saneamento básico	30. Percentagem da população com acesso sustentável a uma fonte de água melhorada, urbana e rurall	1a, 7 , 3 [j]
	31. Percentagem da população com acesso a saneamento melhorado, urbano e rural	7

Índice dos indicadores dos Objectivos de Desenvolvimento do Milénio nas tabelas dos indicadores

(continuação)

Objectivos e metas da Declaração do Milénio*	Indicadores para a monitorização do progresso	Indicador de tabelas
Meta 11: Atingir, até 2020, uma melhoria significativa na qualidade de vida de, pelo menos, 100 milhões de habitantes de bairros degradados	32. Percentagem de famílias com garantia de acesso a uma habitação segura	
Objectivo 8 Desenvolver uma parceria mundial para o desenvolvimento		
Meta 12 Continuar a desenvolver um sistema comercial e financeiro aberto, regulamentado, previsível e não discriminatório. Inclui um compromisso para a boa governação, desenvolvimento e redução da pobreza — tanto a nível nacional como internacional	Alguns dos indicadores listados abaixo são monitorizados separadamente para os países menos desenvolvidos (PMDs), África, países interiores e pequenos Estado insulares em vias de desenvolvimento.	
	Ajuda pública ao desenvolvimento (APD)	
Meta 13: Atender às necessidades especiais dos países menos desenvolvidos. Address the special needs of the least developed countries Inclui: acesso livre e de quotas para as exportações dos países menos desenvolvidos; reforço do programa de alívio da dívida dos PPAE e cancelamento da dívida bilateral pública; e uma APD mais generosa para os países comprometidos com a redução da pobreza.	33. APD líquida, total e para os países menos desenvolvidos, com base numa percentagem do rendimento nacional bruto (RNB) dos doadores da OCDE/CAD	17 [k]
	34. Percentagem da APD bilateral total atribuível sectorialmente pelos doadores da OCDE/CAD, destinada a serviços sociais básicos (ensino básico, cuidados de saúde primários, alimentação, água potável e saneamento)	17
	35. Percentagem da APD bilateral não ligada concedida pelos doadores da OCDE/CAD	17
Meta 14: Atender às necessidades especiais dos países interiores e dos pequenos Estados insulares em vias de desenvolvimento (através do Programa de Acção para o Desenvolvimento Sustentável de Pequenos Estados Insulares em vias de Desenvolvimento e dos resultados da vigésima segunda sessão especial da Assembleia geral).	36. APD recebida nos países interiores proporcional aos respectivos rendimentos nacionais brutos	18 [l]
	37. APD recebida nos pequenos Estados insulares em vias de desenvolvimento, proporcionalmente aos respectivos rendimentos nacionais brutos.	18 [l]
	Acesso ao mercado	
Meta 15: Lidar com os problemas da dívida dos países em vias de desenvolvimento de forma compreensiva, através de medidas nacionais e internacionais, de forma a tornar a dívida sustentável a longo prazo.	38. Percentagem do total de importações de países desenvolvidos (em quantitativo e excluindo armamento) provenientes de países em vias de desenvolvimento e países menos desenvolvidos, admitidos livres de direitos	
	39. Tarifas médias aplicadas pelos países desenvolvidos aos produtos agrícolas, têxteis e vestuário provenientes dos países em vias de desenvolvimento	
	40. Apoio agrícola estimado nos países da OCDE em proporção dos seus produtos nacionais brutos	
	41. Percentagem da APD fornecida para ajuda à capacitação comercial	
	Sustentabilidade da dívida	
	42. Número total de países que atingiram os seus pontos de decisão PPAE e número dos que alcançaram os seus pontos de conclusão PPAE (cumulativo)	
	43. Alívio da dívida comprometido no quadro da Iniciativa da Dívida PPAE	
	44. Serviço da dívida percentual sobre as exportações de bens e serviços	18
Meta 16: Desenvolver e implementar estratégias que proporcionem aos jovens um trabalho digno e produtivo, em cooperação com os países em vias de desenvolvimento	45. Taxa de desemprego de jovens entre os 15 e os 24 anos, por género e total	
Meta 17: Garantir o acesso a medicamentos essenciais e a preços comportáveis nos países em vias de desenvolvimento, em cooperação com empresas farmacêuticas	46. Percentagem da população com acesso sustentável a medicamentos essenciais, a preços comportáveis	
Meta 18 Promover o acesso aos benefícios das novas tecnologias, em particular as de informação e comunicação, em cooperação com o sector privado	47. Linhas telefónicas e assinantes de telemóveis por 100 pessoas	13 [m]
	48a. Computadores pessoais em uso por 100 pessoas	
	48b. Utilizadores de Internet por 100 pessoas	13 [m]

* Os Objectivos e metas de Desenvolvimento do Milénio derivam da Declaração do Milénio, assinada por 189 países, incluindo 147 chefes de Estado e Governo, em Setembro de 2000 (http://www.un.org/millennium/declaration/ares552e.htm). Os Objectivos e metas estão interrelacionados e deverão ser vistos como um todo. Eles representam uma parceria entre os países desenvolvidos e os países em vias de desenvolvimento "para criar um ambiente - aos níveis nacional e global - que conduza ao desenvolvimento e à erradicação da pobreza".

a As tabelas 1a e 7 apresentam este indicador como população subnutrida em termos de uma percentagem da população total.
b As tabelas apresentam a taxa de escolarização feminina (líquida ou bruta), em termos de percentagem da taxa masculina dos níveis de ensino primário, secundário e superior, considerados separadamente.
c A tabela inclui dados do emprego feminino por actividade económica.
d A tabela 33 apresenta um decréscimo da percentagem de assentos em câmaras baixas e altas detidos por mulheres.
e As tabelas 1a e 9 apresentam a prevalência de VIH entre pessoas dos 15 aos 49 anos.
f A tabela inclui dados sobre crianças menores de cinco anos com mosquiteiros tratados com insecticida e sobre crianças menores de cinco anos com febre tratada com medicamentos antimaláricos.
g A tabela apresenta as taxas de prevalência de tuberculose. Não estão incluídos od dados sobre as taxas de mortalidade.
h A tabelas apresenta este indicador como PIB por unidade de energia utilizada em 2000 US$ de PPC por kg de equivalente em petróleo.
i A tabela inclui dados sobre emissões de dióxido de carbono per capita. Não estão incluídos o dados sobre o consumo de CFCs prejudiciais à camada do ozono.
j As tabelas 1a e 7 apresentam este indicador em termos de uma percentagem da população com acesso a recursos de água em melhores condições de consumo, e a tabela 3 inclui dados sobre pessoas sem acesso a recursos de água em melhores condições de consumo.
k A tabela inclui dados sobre a ajuda pública ao desenvolvimento (APD) em países menos desenvolvidos, em termos de percentagem da APD total.
l A tabela inclui os dados sobre a APD recebida por todos os países receptores em termos de uma percentagem do PIB.
m Dados sobre as principais linhas telefónicas, assinantes de redes móveis, e utilizadores da internet expressos em termos de 'utilizadores por 1.000 pessoas'.